Staats- und Verwaltungsrecht
Nordrhein-Westfalen

Textbuch
Deutsches Recht

Staats- und Verwaltungsrecht Nordrhein-Westfalen

Stand: 2. Februar 2018

Zusammengestellt und herausgegeben von

Prof. Dr. Dr. h.c. Hans-Uwe Erichsen
Westfälische Wilhelms-Universität Münster

und

Prof. Dr. Hinnerk Wißmann
Westfälische Wilhelms-Universität Münster

28., neu bearbeitete und erweiterte Auflage

C.F. Müller

CFM

Bibliografische Informationen der Deutschen Nationalbibliothek
Die Deutsche Nationalbibliothek verzeichnet diese Publikation in der Deutschen Nationalbibliografie; detaillierte bibliografische Daten sind im Internet über http://dnb.d-nb.de abrufbar.

ISBN 978-3-8114-4671-7

E-Mail: kundenservice@cfmueller.de
Telefon: +49 89 2183 7923
Telefax: +49 89 2183 7620

www.cfmueller.de
www.cfmueller-campus.de

Satz: Textservice Zink, Schwarzach
Druck: Kessler Druck + Medien, Bobingen

Vorwort

Das Textbuch wendet sich in erster Linie an Studierende, aber auch an Wissenschaft und Praxis sowie an alle Rechtsinteressierten, die auf das geltende Recht des Landes Nordrhein-Westfalen in übersichtlicher und kompakter Form zurückgreifen wollen. Die abgedruckten Vorschriften befinden sich auf dem Stand vom 2. Februar 2018. Die Neuauflage zeichnet die ersten Neuregelungen nach dem Regierungswechsel in Düsseldorf nach. Neben Änderungen im Polizei- und Beamtenrecht enthält sie die Landesbauordnung von 2000 sowie zusätzlich die Landesbauordnung von 2016, die nunmehr zum überwiegenden Teil erst zum 1. Januar 2019 in Kraft treten soll.

Die Rechtssammlung wird weiterhin bewusst in einer schlanken, konzentrierten Fassung vorgelegt: Ihr Gegenstand sind die zentralen Gesetze des nordrhein-westfälischen Staatsorganisationsrechts sowie die allgemeinen und ressortübergreifenden Regelungen des Verwaltungsrechts (einschließlich des Datenschutzes, der Informationsfreiheit, des Dienstrechts). Hinzu kommen als Referenzgebiete des besonderen (Landes-)Verwaltungsrechts das Kommunalrecht, das Polizeirecht und das Bauordnungsrecht. Dieser Pflichtstoff prägt die Grundausbildung an den juristischen Fakultäten ebenso wie in den einschlägigen Fachhochschulstudiengängen. Er schafft zugleich das unverzichtbare Fundament für eine Spezialisierung in Schwerpunktfächern.

Die Herausgeber danken Frau Marieke Klomp und den weiteren Mitarbeiterinnen und Mitarbeitern des Lehrstuhls für Öffentliches Recht, Verwaltungswissenschaften, Kultur- und Religionsverfassungsrecht an der Westfälischen Wilhelms-Universität Münster für die sorgfältige Vorbereitung der Neuauflage.

Anregungen und Kritik werden erbeten an Prof. Dr. Hinnerk Wißmann, Wilmergasse 28, 48143 Münster, oer@uni-muenster.de.

Münster, im Februar 2018

Hans-Uwe Erichsen
Hinnerk Wißmann

Inhaltsverzeichnis

Verfassung des Landes Nordrhein-Westfalen

vom 28. Juni 1950 (GV NRW S. 127/SGV NRW 100);
zuletzt geändert durch Gesetz vom 25. Oktober 2016 (GV NRW S. 860).

INHALTSÜBERSICHT*

* *Inhaltsübersicht und Artikelüberschriften sind nicht amtlich.*

Präambel

In Verantwortung vor Gott und den Menschen, verbunden mit allen Deutschen, erfüllt von dem Willen, die Not der Gegenwart in gemeinschaftlicher Arbeit zu überwinden, dem inneren und äußeren Frieden zu dienen, Freiheit, Gerechtigkeit und Wohlstand für alle zu schaffen, haben sich die Männer und Frauen des Landes Nordrhein-Westfalen diese Verfassung gegeben:

ERSTER TEIL

Von den Grundlagen des Landes

Art. 1 [Staatsaufbau]. (1) [1]Nordrhein-Westfalen ist ein Gliedstaat der Bundesrepublik Deutschland. [2]Das Land gliedert sich in Gemeinden und Gemeindeverbände.

(2) Die Landesfarben und das Landeswappen werden durch Gesetz bestimmt.

Art. 2 [Bekundung des Volkswillens]. Das Volk bekundet seinen Willen durch Wahl, Volksbegehren und Volksentscheid.

Art. 3 [Funktionenordnung]. (1) Die Gesetzgebung steht dem Volk und der Volksvertretung zu.

(2) Die Verwaltung liegt in den Händen der Landesregierung, der Gemeinden und der Gemeindeverbände.

(3) Die Rechtsprechung wird durch unabhängige Richter ausgeübt.

ZWEITER TEIL

Von den Grundrechten und der Ordnung des Gemeinschaftslebens

1. Abschnitt

Von den Grundrechten

Art. 4 [Grundrechtsgeltung]. (1) Die im Grundgesetz für die Bundesrepublik Deutschland in der Fassung vom 23. Mai 1949 festgelegten Grundrechte und staatsbürgerlichen Rechte sind Bestandteil dieser Verfassung und unmittelbar geltendes Landesrecht.

(2) [1]Jeder hat Anspruch auf Schutz seiner personenbezogenen Daten. [2]Eingriffe sind nur in überwiegendem Interesse der Allgemeinheit auf Grund eines Gesetzes zulässig.

2. Abschnitt

Die Familie

Art. 5 [Ehe und Familie]. (1) [1]Ehe und Familie werden als die Grundlagen der menschlichen Gesellschaft anerkannt. [2]Sie stehen unter dem besonderen Schutz des Landes. [3]Die Mutterschaft und die kinderreiche Familie haben Anspruch auf besondere Fürsorge.

(2) [1]Familien- und Erwerbsarbeit sind gleichwertig. [2]Frauen und Männer sind entsprechend ihrer Entscheidung an Familien- und Erwerbsarbeit gleichberechtigt beteiligt.

Art. 6 [Kinder und Jugendliche]. (1) Jedes Kind hat ein Recht auf Achtung seiner Würde als eigenständige Persönlichkeit und auf besonderen Schutz von Staat und Gesellschaft.

(2) [1]Kinder und Jugendliche haben ein Recht auf Entwicklung und Entfaltung ihrer Persönlichkeit, auf gewaltfreie Erziehung und den Schutz vor Gewalt, Vernachlässigung und Ausbeutung. [2]Staat und Gesellschaft schützen sie vor Gefahren für ihr körperliches, geistiges und seelisches Wohl. [3]Sie achten und sichern ihre Rechte, tragen für altersgerechte Lebensbedingungen Sorge und fördern sie nach ihren Anlagen und Fähigkeiten.

(3) Allen Jugendlichen ist die umfassende Möglichkeit zur Berufsausbildung und Berufsausübung zu sichern.

(4) Das Mitwirkungsrecht der Kirchen und Religionsgemeinschaften sowie der Verbände der freien Wohlfahrtspflege in den Angelegenheiten der Familienförderung, der Kinder- und Jugendhilfe bleibt gewährleistet und ist zu fördern.

3. Abschnitt

Schule, Kunst und Wissenschaft, Sport, Religion und Religionsgemeinschaften

Art. 7 [Erziehungsziele]. (1) Ehrfurcht vor Gott, Achtung vor der Würde des Menschen und Bereitschaft zum sozialen Handeln zu wecken, ist vornehmstes Ziel der Erziehung.

(2) Die Jugend soll erzogen werden im Geiste der Menschlichkeit, der Demokratie und der Freiheit, zur Duldsamkeit und zur Achtung vor der Überzeugung des anderen, zur Verantwortung für Tiere und die Erhaltung der natürlichen Lebensgrundlagen, in Liebe zu Volk und Heimat, zur Völkergemeinschaft und Friedensgesinnung.

Art. 8 [Rechte und Pflichten zur Erziehung]. (1) [1]Jedes Kind hat Anspruch auf Erziehung und Bildung. [2]Das natürliche Recht der Eltern, die Erziehung und Bildung ihrer Kinder zu bestimmen, bildet die Grundlage des Erziehungs- und Schulwesens. [3]Die staatliche Gemeinschaft hat Sorge zu tragen, daß das Schulwesen den kulturellen und sozialen Bedürfnissen des Landes entspricht.

(2) [1]Es besteht allgemeine Schulpflicht. [2]Das Nähere regelt das Gesetz.

(3) [1]Land und Gemeinden haben die Pflicht, Schulen zu errichten und zu fördern. [2]Das gesamte Schulwesen steht unter der Aufsicht des Landes. [3]Die Schulaufsicht wird durch hauptamtlich tätige, fachlich vorgebildete Beamte ausgeübt.

(4) [1]Für die Privatschulen gelten die Bestimmungen des Artikels 7 Abs. 4 und 5 des Grundgesetzes der Bundesrepublik Deutschland vom 23. Mai 1949 zugleich als Bestandteil dieser Verfassung. [2]Die hiernach genehmigten Privatschulen haben die gleichen Berechtigungen wie die entsprechenden öffentlichen Schulen. [3]Sie haben Anspruch auf die zur Durchführung ihrer Aufgaben und zur Erfüllung ihrer Pflichten erforderlichen öffentlichen Zuschüsse.

Art. 9 [Kostenfreie Schulbildung]. (1) Schulgeld wird nicht erhoben.

(2) [1]Einführung und Durchführung der Lehr- und Lernmittelfreiheit für alle Schulen sind gesetzlich zu regeln. [2]Zum Zwecke des Studiums sind im Bedarfsfalle besondere Unterhaltsbeihilfen zu gewähren. [3]Soweit der Staat für die öffentlichen Schulen Schulgeldfreiheit gewährt, sind auch die in Artikel 8 Abs. 4 genannten Privatschulen berechtigt, zu Lasten des Staates auf die Erhebung von Schulgeld zu verzichten; soweit er Lehr- und Lernmittelfreiheit gewährt, sind Lehr- und Lernmittel in gleicher Weise für diese Privatschulen zur Verfügung zu stellen wie für die öffentlichen Schulen.

Art. 10 [Schulgliederung, Elternvertretung]. (1) [1]Das Schulwesen des Landes baut sich auf einer für alle Kinder verbindlichen Grundschule auf. [2]Die Gliederung des Schulwesens wird durch die Mannigfaltigkeit der Lebens- und Berufsaufgaben bestimmt. [3]Das Land gewährleistet ein ausreichendes und vielfältiges öffentliches Schulwesen, das ein gegliedertes Schulsystem, integrierte Schulformen sowie weitere andere Schulformen ermöglicht. [4]Für die Aufnahme in eine Schule sind Anlage und Neigung des Kindes maßgebend, nicht die wirtschaftliche Lage und die gesellschaftliche Stellung der Eltern.

(2) Die Erziehungsberechtigten wirken durch Elternvertretungen an der Gestaltung des Schulwesens mit.

Art. 11 [Staatsbürgerliche Erziehung]. In allen Schulen ist Staatsbürgerkunde Lehrgegenstand und staatsbürgerliche Erziehung verpflichtende Aufgabe.

Art. 12 [Volksschularten]. (1) Schulen müssen entsprechend ihren Bildungszielen nach Organisation und Ausstattung die Voraussetzungen eines geordneten Schulbetriebes erfüllen.

(2) [1]Grundschulen sind Gemeinschaftsschulen, Bekenntnisschulen oder Weltanschauungsschulen. [2]Auf Antrag der Erziehungsberechtigten sind, soweit ein geordneter Schulbetrieb gewährleistet ist, Grundschulen einzurichten.

(3) [1]In Gemeinschaftsschulen werden Kinder auf der Grundlage christlicher Bildungs- und Kulturwerte in Offenheit für die christlichen Bekenntnisse und für andere religiöse und weltanschauliche Überzeugungen gemeinsam unterrichtet und erzogen. [2]In Bekenntnisschulen werden Kinder des katholischen oder des evangelischen Glaubens oder einer anderen Religionsgemeinschaft nach den Grundsätzen des betreffenden Bekenntnisses unterrichtet und erzogen. [3]In Weltanschauungsschulen, zu denen auch die bekenntnisfreien Schulen gehören, werden die Kinder nach den Grundsätzen der betreffenden Weltanschauung unterrichtet und erzogen.

(4) Das Nähere bestimmt ein Gesetz.

Art. 13 [Religiöse Toleranz]. Wegen des religiösen Bekenntnisses darf im Einzelfalle keinem Kinde die Aufnahme in eine öffentliche Schule verweigert werden, falls keine entsprechende Schule vorhanden ist.

Art. 14 [Religionsunterricht]. (1) [1]Der Religionsunterricht ist ordentliches Lehrfach an allen Schulen, mit Ausnahme der Weltanschauungsschulen (bekenntnisfreien Schulen). [2]Für die religiöse Unterweisung bedarf der Lehrer der Bevollmächtigung durch die Kirche oder durch die Religionsgemeinschaft. [3]Kein Lehrer darf gezwungen werden, Religionsunterricht zu erteilen.

(2) Lehrpläne und Lehrbücher für den Religionsunterricht sind im Einvernehmen mit der Kirche oder Religionsgemeinschaft zu bestimmen.

(3) Unbeschadet des staatlichen Aufsichtsrechtes haben die Kirchen oder die Religionsgemeinschaften das Recht, nach einem mit der Unterrichtsverwaltung vereinbarten Verfahren sich durch Einsichtnahme zu vergewissern, daß der Religionsunterricht in Übereinstimmung mit ihren Lehren und Anforderungen erteilt wird.

(4) Die Befreiung vom Religionsunterricht ist abhängig von einer schriftlichen Willenserklärung der Erziehungsberechtigten oder des religionsmündigen Schülers.

Art. 15 [Ausbildung der Lehrer]. [1]Die Ausbildung der Lehrer erfolgt in der Regel an wissenschaftlichen Hochschulen. [2]Sie berücksichtigt die Bedürfnisse der Schulen; es ist ein Lehrangebot zu gewährleisten, das diesem Erfordernis gerecht wird. [3]Es ist sicherzustellen, daß die Befähigung zur Erteilung des Religionsunterrichts erworben werden kann.

Art. 16 [Hochschulselbstverwaltung, Kirchliche Hochschulen]. (1) Die Universitäten und diejenigen Hochschulen, die ihnen als Stätten der Forschung und der Lehre gleichstehen, haben, unbeschadet der staatlichen Aufsicht, das Recht auf eine ihrem besonderen Charakter entsprechende Selbstverwaltung im Rahmen der Gesetze und ihrer staatlich anerkannten Satzungen.

(2) Zur Ausbildung ihrer Geistlichen haben die Kirchen und zur Ausbildung ihrer Religionsdiener die Religionsgemeinschaften das Recht, eigene Anstalten mit Hochschulcharakter zu errichten und zu unterhalten.

Art. 17 [Träger der Erwachsenenbildung]. [1]Die Erwachsenenbildung ist zu fördern. [2]Als Träger von Einrichtungen der Erwachsenenbildung werden neben Staat, Gemeinden und Gemeindeverbänden auch andere Träger, wie die Kirchen und freien Vereinigungen, anerkannt.

Art. 18 [Kultur-, Kunst-, Sport- und Wissenschaftsförderung]. (1) Kultur, Kunst und Wissenschaft sind durch Land und Gemeinden zu pflegen und zu fördern.

(2) Die Denkmäler der Kunst, der Geschichte und der Kultur, die Landschaft und Naturdenkmale stehen unter dem Schutz des Landes, der Gemeinden und Gemeindeverbände.

(3) Sport ist durch Land und Gemeinden zu pflegen und zu fördern.

Art. 19 [Freiheit der Religionsausübung]. (1) [1]Die Freiheit der Vereinigung zu Kirchen oder Religionsgemeinschaften wird gewährleistet. [2]Der Zusammenschluß von Kirchen oder Religionsgemeinschaften innerhalb des Landes unterliegt keinen Beschränkungen.

(2) [1]Die Kirchen und die Religionsgemeinschaften ordnen und verwalten ihre Angelegenheiten selbständig innerhalb der Schranken des für alle geltenden Gesetzes. [2]Sie haben das Recht, ihre Ämter ohne Mitwirkung des Staates und der politischen Gemeinden zu verleihen oder zu entziehen.

Art. 20 [Seelsorge in öffentlichen Anstalten]. Die Kirchen und die Religionsgemeinschaften haben das Recht, in Erziehungs-, Kranken-, Straf- und ähnlichen öffentlichen Anstalten gottesdienstliche Handlungen vorzunehmen und eine geordnete Seelsorge auszuüben, wobei jeder Zwang fernzuhalten ist.

Art. 21 [Staatliche und gemeindliche Leistungen an die Kirchen]. Die den Kirchen oder den Religionsgemeinschaften gemäß Gesetz, Vertrag oder anderen Rechtstiteln zustehenden Leistungen des Staates, der politischen Gemeinden oder Gemeindeverbände können nur durch Vereinbarungen abgelöst werden; soweit solche Vereinbarungen das Land betreffen, bedürfen sie der Bestätigung durch Landesgesetz.

Art. 22 [Ordnung zwischen Staat und Kirche]. Im übrigen gilt für die Ordnung zwischen Land und Kirchen oder Religionsgemeinschaften Artikel 140 des Bonner Grundgesetzes für die Bundesrepublik Deutschland vom 23. Mai 1949 als Bestandteil dieser Verfassung und unmittelbar geltendes Landesrecht.

Art. 23 [Geltung der Kirchenverträge]. (1) Die Bestimmungen der Verträge mit der Katholischen Kirche und der Evangelischen Kirche der Altpreußischen Union, die im früheren Freistaat Preußen Geltung hatten, werden für die Gebiete des Landes Nordrhein-Westfalen, die zum ehemaligen Preußen gehörten, als geltendes Recht anerkannt.

(2) Zur Änderung dieser Kirchenverträge und zum Abschluß neuer Verträge ist außer der Zustimmung der Vertragspartner ein Landesgesetz erforderlich.

4. Abschnitt

Arbeit, Wirtschaft und Umwelt

Art. 24 [Recht auf Arbeit, Lohn und Urlaub]. (1) [1]Im Mittelpunkt des Wirtschaftslebens steht das Wohl des Menschen. [2]Der Schutz seiner Arbeitskraft hat den Vorrang vor dem Schutz materiellen Besitzes. [3]Jedermann hat ein Recht auf Arbeit.

(2) [1]Der Lohn muß der Leistung entsprechen und den angemessenen Lebensbedarf des Arbeitenden und seiner Familie decken. [2]Für gleiche Tätigkeit und gleiche Leistung besteht Anspruch auf gleichen Lohn. [3]Das gilt auch für Frauen und Jugendliche.

(3) Das Recht auf einen ausreichenden, bezahlten Urlaub ist gesetzlich festzulegen.

Art. 25 [Schutz der Sonn- und Feiertage]. (1) Der Sonntag und die staatlich anerkannten Feiertage werden als Tage der Gottesverehrung, der seelischen Erhebung, der körperlichen Erholung und der Arbeitsruhe anerkannt und gesetzlich geschützt.

(2) Der 1. Mai als Tag des Bekenntnisses zu Freiheit und Frieden, sozialer Gerechtigkeit, Völkerversöhnung und Menschenwürde ist gesetzlicher Feiertag.

Art. 26 [Recht auf Mitbestimmung]. Entsprechend der gemeinsamen Verantwortung und Leistung der Unternehmer und Arbeitnehmer für die Wirtschaft wird das Recht der Arbeitnehmer auf gleichberechtigte Mitbestimmung bei der Gestaltung der wirtschaftlichen und sozialen Ordnung anerkannt und gewährleistet.

Art. 27 [Monopolartige Betriebe und Kartelle]. (1) Großbetriebe der Grundstoffindustrie und Unternehmen, die wegen ihrer monopolartigen Stellung besondere Bedeutung haben, sollen in Gemeineigentum überführt werden.

(2) Zusammenschlüsse, die ihre wirtschaftliche Macht mißbrauchen, sind zu verbieten.

Art. 28 [Mittelstandsförderung]. [1]Die Klein- und Mittelbetriebe in Landwirtschaft, Handwerk, Handel und Gewerbe und die freien Berufe sind zu fördern. [2]Die genossenschaftliche Selbsthilfe ist zu unterstützen.

Art. 29 [Grund und Boden]. (1) Die Verbindung weiter Volksschichten mit dem Grund und Boden ist anzustreben.

(2) Das Land hat die Aufgabe, nach Maßgabe der Gesetze neue Wohn- und Wirtschaftsheimstätten zu schaffen und den klein- und mittelbäuerlichen Besitz zu stärken.

(3) Die Kleinsiedlung und das Kleingartenwesen sind zu fördern.

Art. 29a [Natürliche Lebensgrundlagen]. (1) Die natürlichen Lebensgrundlagen und die Tiere stehen unter dem Schutz des Landes, der Gemeinden und Gemeindeverbände.

(2) [1]Die notwendigen Bindungen und Pflichten bestimmen sich unter Ausgleich der betroffenen öffentlichen und privaten Belange. [2]Das Nähere regelt das Gesetz.

DRITTER TEIL

Von den Organen und Aufgaben des Landes

1. Abschnitt

Der Landtag

Art. 30 [Abgeordnete]. (1) [1]Der Landtag besteht aus den vom Volke gewählten Abgeordneten. [2]Zu seinen Aufgaben gehören die Wahl des/der Ministerpräsidenten/in, die Verabschiedung der Gesetze und die Kontrolle des Handelns der Landesregierung; er bildet ein öffentliches Forum für die politische Willensbildung.

(2) Die Abgeordneten stimmen nach ihrer freien, nur durch die Rücksicht auf das Wohl des Landes Nordrhein-Westfalen bestimmten Überzeugung; sie sind an Aufträge nicht gebunden.

(3) [1]Die Abgeordneten haben im Landtag insbesondere das Recht, das Wort zu ergreifen, Fragen und Anträge zu stellen sowie an Wahlen und Abstimmungen teilzunehmen. [2]Das Nähere regelt die Geschäftsordnung.

(4) [1]Der Landtag bildet Ausschüsse, insbesondere zur Vorbereitung seiner Beschlüsse. [2]Die Zusammensetzung der Ausschüsse sowie die Regelung des Vorsitzes in den Ausschüssen ist im Verhältnis der Stärke der einzelnen Fraktionen vorzunehmen. [3]Jeder Abgeordnete hat das Recht auf Mitwirkung in einem Ausschuss.

(5) [1]Abgeordnete können sich zu Fraktionen zusammenschließen. [2]Die Fraktionen wirken mit eigenen Rechten und Pflichten an der Erfüllung der Aufgaben des Landtags mit. [3]Zu ihren Aufgaben gehören die Koordination der parlamentarischen Tätigkeit und die Information der Öffentlichkeit. [4]Ihre innere Ordnung muss demokratischen Grundsätzen entsprechen. [5]Zur Wahrnehmung

ihrer Aufgaben ist den Fraktionen eine angemessene Ausstattung zu gewährleisten. [6]Das Nähere regelt die Geschäftsordnung des Landtags oder ein Gesetz.

Art. 31 [Wahlgrundsätze, Wahlberechtigung]. (1) Die Abgeordneten werden in allgemeiner, gleicher, unmittelbarer, geheimer und freier Wahl gewählt.

(2) [1]Wahlberechtigt ist, wer das 18. Lebensjahr vollendet hat. [2]Wählbar ist, wer das Alter erreicht hat, mit dem die Volljährigkeit eintritt.

(3) Die Wahl findet an einem Sonntag oder einem gesetzlichen Feiertag statt.

(4) Das Nähere wird durch Gesetz geregelt.

Art. 32 [Wahlverbot]. (1) Vereinigungen und Personen, die es unternehmen, die staatsbürgerlichen Freiheiten zu unterdrücken oder gegen Volk, Land oder Verfassung Gewalt anzuwenden, dürfen sich an Wahlen und Abstimmungen nicht beteiligen.

(2) Die Entscheidung darüber, ob diese Voraussetzungen vorliegen, trifft auf Antrag der Landesregierung oder von mindestens fünfzig Abgeordneten des Landtags der Verfassungsgerichtshof.

Art. 33 [Wahlprüfung]. (1) Die Wahlprüfung ist Sache des Landtags.

(2) Ihm obliegt auch die Feststellung, ob ein Abgeordneter des Landtags die Mitgliedschaft verloren hat.

(3) Die Entscheidung kann durch Beschwerde beim Verfassungsgerichtshof angefochten werden.

(4) Das Nähere wird durch Gesetz geregelt.

Art. 34 [Wahlperiode]. [1]Der Landtag wird auf fünf Jahre gewählt. [2]Die Neuwahl findet im letzten Vierteljahr der Wahlperiode statt. [3]Die Wahlperiode endet, auch im Fall einer Auflösung des Landtags, mit dem Zusammentritt des neuen Landtags.

Art. 35 [Auflösung des Landtags]. (1) [1]Der Landtag kann sich durch Beschluß auflösen. [2]Hierzu bedarf es der Zustimmung der Mehrheit der gesetzlichen Mitgliederzahl.

(2) Nach der Auflösung des Landtags muss die Neuwahl binnen neunzig Tagen stattfinden.

Art. 36 [Beginn der Wahlperiode]. Die Wahlperiode des neuen Landtags beginnt mit seinem ersten Zusammentritt.

Art. 37 [Zusammentritt des Landtags]. (1) [1]Der Landtag tritt spätestens am zwanzigsten Tag nach der Wahl zusammen. [2]Der neugewählte Landtag wird zu seiner ersten Sitzung vom bisherigen Präsidenten einberufen.

(2) Nach dem Zusammentritt eines neuen Landtags führt das an Jahren älteste oder, wenn es ablehnt oder verhindert ist, das jeweils nächstälteste Mit-

glied des Landtags den Vorsitz, bis der neugewählte Präsident oder einer seiner Stellvertreter das Amt übernimmt.

Art. 38 [Präsidium, Geschäftsordnung, Einberufung des Landtags]. (1) [1]Der Landtag wählt den Präsidenten, dessen Stellvertreter und die übrigen Mitglieder des Präsidiums. [2]Er gibt sich seine Geschäftsordnung.

(2) Bis zur Wahl des neuen Präsidiums führt das bisherige Präsidium die Geschäfte weiter.

(3) Der Landtag wird jeweils durch den Präsidenten einberufen.

(4) Auf Antrag der Landesregierung oder eines Viertels seiner Mitglieder muß der Landtag unverzüglich einberufen werden.

Art. 39 [Landtagspräsident]. (1) [1]In Rechtsgeschäften und Rechtsstreitigkeiten der Landtagsverwaltung vertritt der Präsident das Land. [2]Er verfügt über die Einnahmen und Ausgaben der Landtagsverwaltung nach Maßgabe des Haushalts.

(2) [1]Dem Präsidenten steht die Annahme und Entlassung der Angestellten und Arbeiter sowie im Benehmen mit dem Präsidium die Ernennung der Beamten des Landtags zu. [2]Er hat die Dienstaufsicht und Dienststrafgewalt über die Beamten, Angestellten und Arbeiter des Landtags. [3]Er übt das Hausrecht und die Polizeigewalt im Landtagsgebäude aus.

(3) Im übrigen werden die Rechte und Pflichten des Präsidenten durch die Geschäftsordnung bestimmt.

Art. 40 [Unterrichtungspflichten]. (1) [1]Die Landesregierung unterrichtet den Landtag frühzeitig und umfassend über die Vorbereitung von Landesgesetzen, Staatsverträgen, Verwaltungsabkommen und Angelegenheiten der Landesplanung sowie über Angelegenheiten des Bundes und der Europäischen Union, soweit sie an ihnen mitwirkt. [2]Das Nähere regelt eine Vereinbarung zwischen Landtag und Landesregierung.

(2) [1]In Angelegenheiten der Europäischen Union, die im Schwerpunkt Gesetzgebungsrechte des Landtags betreffen, berücksichtigt die Landesregierung die Stellungnahme des Landtags bei der Wahrnehmung ihrer Aufgaben. [2]Weicht die Landesregierung in ihrem Stimmverhalten im Bundesrat von einer Stellungnahme des Landtags ab, so hat sie ihre Entscheidung gegenüber dem Landtag zu begründen.

Art. 41 [Untersuchungsausschüsse]. (1) [1]Der Landtag hat das Recht und auf Antrag von einem Fünftel der gesetzlichen Zahl seiner Mitglieder die Pflicht, Untersuchungsausschüsse einzusetzen. [2]Diese Ausschüsse erheben in öffentlicher Verhandlung die Beweise, die sie oder die Antragsteller für erforderlich erachten. [3]Sie können mit Zweidrittelmehrheit die Öffentlichkeit ausschließen. [4]Die Zahl der Mitglieder bestimmt der Landtag. [5]Die Mitglieder wählt der Landtag im Wege der Verhältniswahl. [6]Das Nähere über die Einsetzung, die Befugnisse und das Verfahren wird durch Gesetz geregelt.

(2) [1]Die Gerichte und Verwaltungsbehörden sind zur Rechts- und Amtshilfe verpflichtet. [2]Sie sind insbesondere verpflichtet, dem Ersuchen dieser Ausschüsse um Beweiserhebungen nachzukommen. [3]Die Akten der Behörden und öffentlichen Körperschaften sind ihnen auf Verlangen vorzulegen.

(3) Das Brief-, Post- und Fernmeldegeheimnis bleiben unberührt.

(4) [1]Die Beschlüsse der Untersuchungsausschüsse sind der richterlichen Erörterung entzogen. [2]In der Feststellung und in der rechtlichen Beurteilung des der Untersuchung zugrunde liegenden Sachverhalts sind die Gerichte frei.

Art. 41a [Petitionsausschuß]. (1) Zur Vorbereitung der Beschlüsse über Petitionen gemäß Artikel 17 des Grundgesetzes sind die Landesregierung und die Körperschaften, Anstalten und Stiftungen des öffentlichen Rechts sowie Behörden und sonstige Verwaltungseinrichtungen, soweit sie unter der Aufsicht des Landes stehen, verpflichtet, dem Petitionsausschuß des Landtags auf sein Verlangen jederzeit Zutritt zu ihren Einrichtungen zu gestatten.

(2) [1]Die in Absatz 1 genannten Stellen sind verpflichtet, dem Petitionsausschuß auf sein Verlangen alle erforderlichen Auskünfte zu erteilen und Akten zugängig zu machen. [2]Der Petitionsausschuß ist berechtigt, den Petenten und beteiligte Personen anzuhören. [3]Nach näherer Bestimmung der Geschäftsordnung kann der Petitionsausschuß Beweise durch Vernehmung von Zeugen und Sachverständigen erheben. [4]Die Vorschriften der Strafprozeßordnung finden sinngemäß Anwendung. [5]Das Brief-, Post- und Fernmeldegeheimnis bleibt unberührt.

(3) [1]Nach Maßgabe der Geschäftsordnung kann der Petitionsausschuß die ihm gemäß Absatz 1 und 2 zustehenden Befugnisse mit Ausnahme der eidlichen Vernehmung auf einzelne Mitglieder des Ausschusses übertragen; auf Antrag des Petitionsausschusses beauftragt der Präsident des Landtags Beamte der Landtagsverwaltung mit der Wahrnehmung dieser Befugnisse. [2]Artikel 45 Abs. 1 und 2 findet sinngemäß Anwendung.

Art. 42 [Öffentlichkeitsprinzip]. [1]Die Sitzungen des Landtags sind öffentlich. [2]Auf Antrag der Landesregierung oder von zehn Abgeordneten kann der Landtag mit Zweidrittelmehrheit der Anwesenden die Öffentlichkeit für einzelne Gegenstände der Tagesordnung ausschließen. [3]Über den Antrag wird in geheimer Sitzung verhandelt.

Art. 43 [Freie Berichterstattung]. Wegen wahrheitsgetreuer Berichte über öffentliche Sitzungen des Landtags und seiner Ausschüsse kann niemand zur Verantwortung gezogen werden.

Art. 44 [Beschlußfähigkeit]. (1) Der Landtag ist beschlußfähig, wenn mehr als die Hälfte der gesetzlichen Mitgliederzahl anwesend ist.

(2) Der Landtag faßt seine Beschlüsse mit Stimmenmehrheit.

Art. 45 [Zutrittsrecht, Herbeirufungsbefugnis]. (1) [1]Die Mitglieder der Landesregierung und die von ihnen Beauftragten können den Sitzungen des Landtags und seiner Ausschüsse beiwohnen. [2]Die Aufrechterhaltung der Ordnung in der Sitzung obliegt dem Vorsitzenden. [3]Den Mitgliedern der Landesregierung ist jederzeit, auch außerhalb der Tagesordnung, das Wort zu erteilen.

(2) Der Landtag und seine Ausschüsse können die Anwesenheit jedes Mitgliedes der Landesregierung verlangen.

(3) Die Vorschrift des Absatzes 1, Satz 1 und 3 gilt nicht für die Sitzungen der Untersuchungsausschüsse.

Art. 46 [Mandatsübernahme, Mandatsausübung]. (1) [1]Abgeordnete dürfen an der Übernahme und Ausübung ihres Mandats nicht gehindert oder hierdurch in ihrem Amt oder Arbeitsverhältnis benachteiligt werden. [2]Insbesondere ist unzulässig, sie aus diesem Grunde zu entlassen oder ihnen zu kündigen.

(2) [1]Beamte, Angestellte und Arbeiter bedürfen zu der mit den Obliegenheiten ihres Mandats als Mitglieder des Landtags verbundenen Tätigkeit keines Urlaubs. [2]Bewerben sie sich um einen Sitz im Landtag, so ist ihnen der zur Vorbereitung ihrer Wahl erforderliche Urlaub zu gewähren.

(3) Die Wählbarkeit von Beamten, Angestellten des öffentlichen Dienstes und Richtern im Lande Nordrhein-Westfalen kann gesetzlich beschränkt werden.

Art. 47 [Indemnität]. [1]Kein Abgeordneter darf zu irgendeiner Zeit wegen seiner Abstimmung oder wegen Äußerungen in Ausübung seines Mandats gerichtlich oder dienstlich verfolgt oder sonst außerhalb der Versammlung zur Verantwortung gezogen werden. [2]Dies gilt nicht für verleumderische Beleidigungen.

Art. 48 [Immunität]. (1) Kein Abgeordneter kann ohne Genehmigung des Landtags während der Wahlperiode wegen einer mit Strafe bedrohten Handlung zur Untersuchung gezogen, festgenommen oder verhaftet werden, es sei denn, daß er bei der Ausübung der Tat oder spätestens im Laufe des nächstfolgenden Tages ergriffen wird oder ein Fall der Ehrverletzung nach Artikel 47 vorliegt.

(2) Die gleiche Genehmigung ist bei jeder anderen Beschränkung der persönlichen Freiheit erforderlich, die die Ausübung des Abgeordnetenmandats beeinträchtigt.

(3) Jedes Strafverfahren gegen einen Abgeordneten und jede Haft oder sonstige Beschränkung seiner persönlichen Freiheit wird auf Verlangen des Landtags entweder für die gesamte Dauer oder bestimmte Zeitabschnitte der Wahlperiode ausgesetzt.

Art. 49 [Zeugnisverweigerungsrecht]. (1) [1]Die Abgeordneten sind berechtigt, über Personen, die ihnen in ihrer Eigenschaft als Abgeordnete oder denen sie in dieser Eigenschaft Tatsachen anvertraut haben sowie über diese Tatsachen selbst das Zeugnis zu verweigern. [2]Soweit dieses Zeugnisverweigerungsrecht reicht, ist die Beschlagnahme von Schriftstücken unzulässig.

(2) Eine Durchsuchung oder Beschlagnahme darf in den Räumen des Landtags nur mit Genehmigung des Präsidenten vorgenommen werden.

Art. 50 [Fahrtkostenfreiheit]. [1]Die Mitglieder des Landtags haben Anspruch auf angemessene Bezüge nach Maßgabe eines Gesetzes. [2]Sie erhalten das Recht zur freien Fahrt auf allen Eisenbahnen und sonstigen Beförderungsmitteln der Deutschen Bahn im Lande Nordrhein-Westfalen. [3]Ein Verzicht auf diese Rechte ist unzulässig.

2. Abschnitt

Die Landesregierung

Art. 51 [Regierungsmitglieder]. Die Landesregierung besteht aus dem Ministerpräsidenten und den Landesministern.

Art. 52 [Regierungsbildung]. (1) Der Landtag wählt aus seiner Mitte in geheimer Wahl ohne Aussprache den Ministerpräsidenten mit mehr als der Hälfte der gesetzlichen Zahl seiner Mitglieder.

(2) [1]Kommt eine Wahl gemäß Absatz 1 nicht zustande, so findet innerhalb von 14 Tagen ein zweiter, gegebenenfalls ein dritter Wahlgang statt, in dem der gewählt ist, der mehr als die Hälfte der abgegebenen Stimmen erhält. [2]Ergibt sich keine solche Mehrheit, so findet eine Stichwahl zwischen den beiden Vorgeschlagenen statt, die die höchste Stimmenzahl erhalten haben.

(3) [1]Der Ministerpräsident ernennt und entläßt die Minister. [2]Er beauftragt ein Mitglied der Landesregierung mit seiner Vertretung und zeigt seine Entscheidungen unverzüglich dem Landtag an.

Art. 53 [Amtseid]. [1]Die Mitglieder der Landesregierung leisten beim Amtsantritt vor dem Landtag folgenden Amtseid: „Ich schwöre, daß ich meine ganze Kraft dem Wohle des Landes Nordrhein-Westfalen widmen, seinen Nutzen mehren, Schaden von ihm wenden, das mir übertragene Amt nach bestem Wissen und Können unparteiisch verwalten, Verfassung und Gesetz wahren und verteidigen, meine Pflichten gewissenhaft erfüllen und Gerechtigkeit gegen jedermann üben werde. So wahr mir Gott helfe.“ [2]Der Eid kann auch ohne religiöse Beteuerung geleistet werden.

Art. 54 [Regierungsvorsitz]. (1) [1]Der Ministerpräsident führt den Vorsitz in der Landesregierung. [2]Bei Stimmengleichheit entscheidet seine Stimme.

(2) Er leitet die Geschäfte nach einer von der Landesregierung beschlossenen Geschäftsordnung.

Art. 55 [Richtlinienkompetenz, Ressortprinzip, Kollegialprinzip].

(1) Der Ministerpräsident bestimmt die Richtlinien der Politik und trägt dafür die Verantwortung.

(2) Innerhalb dieser Richtlinien leitet jeder Minister seinen Geschäftsbereich selbständig und unter eigener Verantwortung.

(3) Bei Meinungsverschiedenheiten über Fragen, die den Geschäftsbereich mehrerer Mitglieder der Landesregierung berühren, entscheidet die Landesregierung.

Art. 56 [Gesetzesvorlagen, Verordnungen]. (1) Die Landesregierung beschließt über Gesetzesvorlagen, die beim Landtag einzubringen sind.

(2) Die Landesregierung erläßt die zur Ausführung eines Gesetzes erforderlichen Verwaltungsverordnungen, soweit das Gesetz diese Aufgabe nicht einzelnen Ministern zuweist.

Art. 57 [Gesetzliche Vertretung des Landes]. [1]Die Landesregierung vertritt das Land Nordrhein-Westfalen nach außen. [2]Sie kann diese Befugnis auf den Ministerpräsidenten, auf ein anderes Mitglied der Landesregierung oder auf nachgeordnete Stellen übertragen.*

Art. 58 [Beamtenernennung]. [1]Die Landesregierung ernennt die Landesbeamten. [2]Sie kann die Befugnis auf andere Stellen übertragen.

Art. 59 [Begnadigungsrecht]. (1) [1]Der Ministerpräsident übt das Recht der Begnadigung aus. [2]Er kann die Befugnis auf andere Stellen übertragen. [3]Zugunsten eines Mitgliedes der Landesregierung wird das Recht der Begnadigung durch den Landtag ausgeübt.

(2) Allgemeine Straferlasse und die Niederschlagung einer bestimmten Art anhängiger Strafsachen dürfen nur auf Grund eines Gesetzes ausgesprochen werden.

Art. 60 [Notstandsverordnungen]. (1) Ist der Landtag durch höhere Gewalt daran gehindert, sich frei zu versammeln, und wird dies durch einen mit Mehrheit gefaßten Beschluß des Landtagspräsidenten und seiner Stellvertreter festgestellt, so kann die Landesregierung zur Aufrechterhaltung der öffentlichen Ruhe und Ordnung oder zur Beseitigung eines Notstandes Verordnungen mit Gesetzeskraft, die der Verfassung nicht widersprechen, erlassen.

(2) Diese Verordnungen bedürfen der Zustimmung eines in der Geschäftsordnung zu bestimmenden Ausschusses, es sei denn, daß auch dieser nach einer entsprechend Absatz 1 zu treffenden Feststellung am Zusammentritt verhindert ist.

---

* Die Landesregierung hat am 3. Februar 1960 folgenden Beschluß gefaßt: Auf Grund des Artikels 57 Satz 2 der Verfassung für das Land Nordrhein-Westfalen vom 28. Juni 1950 (GS NRW S. 3) wird die Befugnis, das Land Nordrhein-Westfalen nach außen zu vertreten, auf den Ministerpräsidenten übertragen (GV NRW 1960 S. 13. SGV NRW 1100).

(3) [1]Verordnungen ohne Beteiligung des in der Geschäftsordnung zu bestimmenden Ausschusses sind nur mit Gegenzeichnung des Landtagspräsidenten rechtswirksam. [2]Die Gegenzeichnung erfolgt oder gilt als erfolgt, sofern der Landtagspräsident und seine Stellvertreter dies mit Mehrheit beschließen.

(4) Die Feststellung des Landtagspräsidenten und seiner Stellvertreter ist jeweils nur für einen Monat wirksam und, wenn die Voraussetzungen des Notstandes fortdauern, zu wiederholen.

(5) [1]Die Verordnungen sind dem Landtage bei seinem nächsten Zusammentritt zur Genehmigung vorzulegen. [2]Wird die Genehmigung versagt, so sind die Verordnungen durch Bekanntmachung im Gesetz- und Verordnungsblatt unverzüglich außer Kraft zu setzen.

Art. 61 [Mißtrauensvotum]. (1) Der Landtag kann dem Ministerpräsidenten das Mißtrauen nur dadurch aussprechen, daß er mit der Mehrheit der abgegebenen Stimmen einen Nachfolger wählt.

(2) Zwischen dem Antrag auf Abberufung und der Wahl müssen mindestens achtundvierzig Stunden liegen.

Art. 62 [Beendigung des Ministeramtes]. (1) Der Ministerpräsident und die Minister können jederzeit zurücktreten.

(2) Das Amt des Ministerpräsidenten und der Minister endet in jedem Falle mit dem Zusammentritt eines neuen Landtags, das Amt eines Ministers auch mit jeder anderen Erledigung des Amtes des Ministerpräsidenten.

(3) Im Falle des Rücktritts oder einer sonstigen Beendigung des Amtes haben die Mitglieder der Landesregierung bis zur Amtsübernahme des Nachfolgers ihr Amt weiterzuführen.

Art. 63 *(aufgehoben)*

Art. 64 [Amtsverhältnis der Regierungsmitglieder]. (1) Besoldung, Ruhegehalt und Hinterbliebenenversorgung der Mitglieder der Landesregierung werden durch Gesetz geregelt.

(2) [1]Mit dem Amte eines Mitgliedes der Landesregierung ist die Ausübung eines anderen öffentlichen Amtes oder einer anderen Berufstätigkeit in der Regel unvereinbar. [2]Die Landesregierung kann Mitgliedern der Landesregierung die Beibehaltung ihrer Berufstätigkeit gestatten.

(3) [1]Die Wahl in den Vorstand, Verwaltungsrat oder Aufsichtsrat industrieller oder ähnlicher den Gelderwerb bezweckender Unternehmungen dürfen Mitglieder der Landesregierung nur mit besonderer Genehmigung des Hauptausschusses annehmen. [2]Der Genehmigung durch die Landesregierung bedarf es, wenn sie nach ihrem Eintritt in die Landesregierung in dem Vorstand, Verwaltungsrat oder Aufsichtsrat einer der erwähnten Unternehmungen tätig bleiben wollen. [3]Die erteilte Genehmigung ist dem Landtagspräsidenten anzuzeigen.

(4) Ein Mitglied der Landesregierung kann nicht gleichzeitig Mitglied des Bundestags oder der Bundesregierung sein.

3. Abschnitt

Die Gesetzgebung

Art. 65 [Gesetzentwürfe]. Gesetzentwürfe werden von der Landesregierung oder aus der Mitte des Landtags eingebracht.

Art. 66 [Gesetzgebungskompetenz]. [1]Die Gesetze werden vom Landtag beschlossen. [2]Staatsverträge bedürfen der Zustimmung des Landtags.

Art. 67 [Volksinitiativen]. (1) [1]Volksinitiativen können darauf gerichtet sein, den Landtag im Rahmen seiner Entscheidungszuständigkeit mit bestimmten Gegenständen der politischen Willensbildung zu befassen. [2]Einer Initiative kann auch ein mit Gründen versehener Gesetzentwurf zu Grunde liegen.

(2) [1]Volksinitiativen müssen von mindestens 0,5 vom Hundert der Stimmberechtigten unterzeichnet sein. [2]Artikel 31 Absatz 1 und Absatz 2 Satz 1 über das Wahlrecht findet auf das Stimmrecht entsprechende Anwendung.

(3) Das Nähere wird durch Gesetz geregelt.

Art. 68 [Volksbegehren, Volksentscheid]. (1) [1]Volksbegehren können darauf gerichtet werden, Gesetze zu erlassen, zu ändern oder aufzuheben. [2]Dem Volksbegehren muß ein ausgearbeiteter und mit Gründen versehener Gesetzentwurf zugrunde liegen. [3]Ein Volksbegehren ist nur auf Gebieten zulässig, die der Gesetzgebungsgewalt des Landes unterliegen. [4]Über Finanzfragen, Abgabengesetze und Besoldungsordnungen ist ein Volksbegehren nicht zulässig. [5]Über die Zulässigkeit entscheidet die Landesregierung. [6]Gegen die Entscheidung ist die Anrufung des Verfassungsgerichtshofes zulässig. [7]Das Volksbegehren ist nur rechtswirksam, wenn es von mindestens 8 vom Hundert der Stimmberechtigten gestellt ist.

(2) [1]Das Volksbegehren ist von der Landesregierung unter Darlegung ihres Standpunktes unverzüglich dem Landtag zu unterbreiten. [2]Entspricht der Landtag dem Volksbegehren nicht, so ist binnen zehn Wochen ein Volksentscheid herbeizuführen. [3]Entspricht der Landtag dem Volksbegehren, so unterbleibt der Volksentscheid.

(3) [1]Die Abstimmung kann nur bejahend oder verneinend sein. [2]Es entscheidet die Mehrheit der abgegebenen Stimmen, sofern diese Mehrheit mindestens 15 vom Hundert der Stimmberechtigten beträgt.

(4) [1]Die Vorschriften des Artikels 31 Abs. 1 bis 3 über das Wahlrecht und Wahlverfahren finden auf das Stimmrecht und das Abstimmungsverfahren entsprechende Anwendung. [2]Das Nähere wird durch Gesetz geregelt.

Art. 69 [Verfassungsänderung]. (1) [1]Die Verfassung kann nur durch ein Gesetz geändert werden, das den Wortlaut der Verfassung ausdrücklich ändert oder ergänzt. [2]Änderungen der Verfassung, die den Grundsätzen des republikanischen, demokratischen und sozialen Rechtsstaates im Sinne des Grundgesetzes für die Bundesrepublik Deutschland widersprechen, sind unzulässig.

(2) Für eine Verfassungsänderung bedarf es der Zustimmung einer Mehrheit von zwei Dritteln der gesetzlichen Mitgliederzahl des Landtags.

(3) [1]Kommt die Mehrheit gemäß Absatz 2 nicht zustande, so kann sowohl der Landtag als auch die Regierung die Zustimmung zu der begehrten Änderung der Verfassung durch Volksentscheid einholen. [2]Die Verfassung kann auch durch Volksentscheid aufgrund eines Volksbegehrens nach Artikel 68 geändert werden. [3]Das Gesetz ist angenommen, wenn mindestens die Hälfte der Stimmberechtigten sich an dem Volksentscheid beteiligt und mindestens zwei Drittel der Abstimmenden dem Gesetzentwurf zustimmen.

Art. 70 [Ermächtigung zur Verordnungsgebung]. [1]Die Ermächtigung zum Erlaß einer Rechtsverordnung kann nur durch Gesetz erteilt werden. [2]Das Gesetz muß Inhalt, Zweck und Ausmaß der erteilten Ermächtigung bestimmen. [3]In der Verordnung ist die Rechtsgrundlage anzugeben. [4]Ist durch Gesetz vorgesehen, daß eine Ermächtigung weiter übertragen werden kann, so bedarf es zu ihrer Übertragung einer Rechtsverordnung.

Art. 71 [Ausfertigung, Verkündung, Inkrafttreten von Gesetzen]. (1) [1]Die Gesetze werden von der Landesregierung unverzüglich ausgefertigt und im Gesetz- und Verordnungsblatt verkündet. [2]Sie werden vom Ministerpräsidenten und den beteiligten Ministern unterzeichnet.

(2) Rechtsverordnungen werden von der Stelle, die sie erläßt, ausgefertigt und im Gesetz- und Verordnungsblatt verkündet.

(3) Gesetze und Rechtsverordnungen treten, wenn nichts anderes bestimmt ist, mit dem vierzehnten Tage nach Ausgabe der die Verkündung enthaltenden Nummer des Gesetz- und Verordnungsblattes in Kraft.

4. Abschnitt

Die Rechtspflege

Art. 72 [Rechtsprechung]. (1) Die Gerichte urteilen im Namen des Deutschen Volkes.

(2) An der Rechtsprechung sind Männer und Frauen aus dem Volke nach Maßgabe der Gesetze zu beteiligen.

Art. 73 [Richteranklage]. [1]Wenn ein Richter im Amte oder außerhalb des Amtes gegen die Grundsätze des Grundgesetzes oder gegen die verfassungsmäßige Ordnung des Landes verstößt, so kann das Bundesverfassungsgericht mit Zweidrittelmehrheit auf Antrag der Mehrheit der gesetzlichen Mitgliederzahl des Landtags anordnen, daß der Richter in ein anderes Amt oder in den Ruhestand zu versetzen ist. [2]Im Falle eines vorsätzlichen Verstoßes kann auf Entlassung erkannt werden.

Art. 74 [Anrufung der Verwaltungsgerichte]. (1) [1]Gegen die Anordnungen, Verfügungen und Unterlassungen der Verwaltungsbehörden kann der Betroffene die Entscheidung der Verwaltungsgerichte anrufen. [2]Die Verwaltungsgerichte haben zu prüfen, ob die beanstandete Maßnahme dem Gesetz entspricht und die Grenze des pflichtgemäßen Ermessens nicht überschreitet.

(2) Die Verwaltungsgerichtsbarkeit wird durch selbständige Gerichte in mindestens zwei Stufen ausgeübt.

5. Abschnitt

Der Verfassungsgerichtshof

Art. 75 [Zuständigkeit]. Der Verfassungsgerichtshof entscheidet:

1. in den Fällen der Artikel 32 und 33,
2. über die Auslegung der Verfassung aus Anlaß von Streitigkeiten über den Umfang der Rechte und Pflichten eines obersten Landesorgans oder anderer Beteiligter, die durch diese Verfassung oder in der Geschäftsordnung eines obersten Landesorgans mit eigenen Rechten ausgestattet sind,
3. bei Meinungsverschiedenheiten oder Zweifeln über die Vereinbarkeit von Landesrecht mit dieser Verfassung auf Antrag der Landesregierung oder eines Drittels der Mitglieder des Landtags,
4. über Beschwerden von Vereinigungen gegen ihre Nichtanerkennung als Partei für die Wahl zum Landtag,
5. in sonstigen durch Gesetz zugewiesenen Fällen.

Art. 76 [Besetzung]. (1) [1]Der Verfassungsgerichtshof setzt sich zusammen aus dem Präsidenten, dem Vizepräsidenten und aus fünf weiteren Mitgliedern. [2]Die Mitglieder werden durch sieben stellvertretende Mitglieder persönlich vertreten.

(2) [1]Die Mitglieder und ihre Stellvertreter werden vom Landtag ohne Aussprache mit Zweidrittelmehrheit auf die Dauer von zehn Jahren gewählt. [2]Wiederwahl ist ausgeschlossen. [3]Sie müssen die Befähigung zum Richteramt haben. [4]Drei Mitglieder und ihre Stellvertreter müssen Berufsrichter sein.

(3) Das Nähere bestimmt das Gesetz.

6. Abschnitt

Die Verwaltung

Art. 77 [Organisation und Zuständigkeitsregelung]. [1]Die Organisation der allgemeinen Landesverwaltung und die Regelung der Zuständigkeiten erfolgt durch Gesetz. [2]Die Einrichtung der Behörden im einzelnen obliegt der Landesregierung und auf Grund der von ihr erteilten Ermächtigung den einzelnen Landesministern.

Art. 77a [Landesbeauftragter für den Datenschutz]. (1) Der Landtag wählt auf Vorschlag der Landesregierung einen Landesbeauftragten für den Datenschutz mit mehr als der Hälfte der gesetzlichen Zahl seiner Mitglieder; Artikel 58 bleibt im übrigen unberührt.

(2) [1]Der Landesbeauftragte für den Datenschutz ist in Ausübung seines Amtes unabhängig und nur dem Gesetz unterworfen. [2]Er kann sich jederzeit an den Landtag wenden.

(3) Das Nähere wird durch Gesetz geregelt.

Art. 78 [Selbstverwaltung der Gemeinden].* (1) [1]Die Gemeinden und Gemeindeverbände sind Gebietskörperschaften mit dem Recht der Selbstverwaltung durch ihre gewählten Organe. [2]Die Räte in den Gemeinden, die Bezirksvertretungen, die Kreistage und die Verbandsversammlung des Regionalverbandes Ruhr werden in allgemeiner, gleicher, unmittelbarer, geheimer und freier Wahl gewählt. [3]Wahlvorschläge, nach deren Ergebnis sich die Sitzanteile in den Räten der Gemeinden, den Bezirksvertretungen, den Kreistagen und der Verbandsversammlung des Regionalverbandes Ruhr bestimmen, werden nur berücksichtigt, wenn sie mindestens 2,5 vom Hundert der insgesamt abgegebenen gültigen Stimmen erhalten haben. [4]Das Gesetz bestimmt das Nähere.

(2) Die Gemeinden und Gemeindeverbände sind in ihrem Gebiet die alleinigen Träger der öffentlichen Verwaltung, soweit die Gesetze nichts anderes vorschreiben.

(3) [1]Das Land kann die Gemeinden oder Gemeindeverbände durch Gesetz oder Rechtsverordnung zur Übernahme und Durchführung bestimmter öffentlicher Aufgaben verpflichten, wenn dabei gleichzeitig Bestimmungen über die Deckung der Kosten getroffen werden. [2]Führt die Übertragung neuer oder die Veränderung bestehender und übertragbarer Aufgaben zu einer wesentlichen Belastung der davon betroffenen Gemeinden oder Gemeindeverbände, ist dafür durch Gesetz oder Rechtsverordnung aufgrund einer Kostenfolgeabschätzung ein entsprechender finanzieller Ausgleich für die entstehenden notwendigen, durchschnittlichen Aufwendungen zu schaffen. [3]Der Aufwendungsersatz soll pauschaliert geleistet werden. [4]Wird nachträglich eine wesentliche Abweichung von der Kostenfolgeabschätzung festgestellt, wird der finanzielle Ausgleich für die Zukunft angepasst. [5]Das Nähere zu den Sätzen 2 bis 4 regelt ein Gesetz; darin sind die Grundsätze der Kostenfolgeabschätzung festzulegen und Bestimmungen über eine Beteiligung der kommunalen Spitzenverbände zu treffen.

(4) [1]Das Land überwacht die Gesetzmäßigkeit der Verwaltung der Gemeinden und Gemeindeverbände. [2]Das Land kann sich bei Pflichtaufgaben ein Weisungs- und Aufsichtsrecht nach näherer gesetzlicher Vorschrift vorbehalten.

---

* *Der Verfassungsgerichtshof für das Land Nordrhein-Westfalen hat Art. 78 Abs.1 S. 3 Verf. NRW hinsichtlich der Wahlen der Gemeinderäte und Kreistage für mit Art. 69 Abs. 1 S. 2 Verf. NRW i.V.m. Art. 28 Abs. 1 S. 2 GG unvereinbar erklärt, vgl. Urteil vom 21.11.2017, Az. VerfGH 9/16.*

Art. 79 [Kommunale Finanzverfassung]. [1]Die Gemeinden haben zur Erfüllung ihrer Aufgaben das Recht auf Erschließung eigener Steuerquellen. [2]Das Land ist verpflichtet, diesem Anspruch bei der Gesetzgebung Rechnung zu tragen und im Rahmen seiner finanziellen Leistungsfähigkeit einen übergemeindlichen Finanzausgleich zu gewährleisten.

Art. 80 [Amtseid]. [1]Die Beamten und sonstigen Verwaltungsangehörigen sind Diener des ganzen Volkes, nicht einer Partei oder sonstigen Gruppe. [2]Sie haben ihr Amt und ihre Aufgaben unparteiisch und ohne Rücksicht auf die Person nur nach sachlichen Gesichtspunkten wahrzunehmen. [3]Jeder Beamte leistet folgenden Amtseid: „Ich schwöre, daß ich das mir übertragene Amt nach bestem Wissen und Können verwalten, Verfassung und Gesetze befolgen und verteidigen, meine Pflichten gewissenhaft erfüllen und Gerechtigkeit gegen jedermann üben werde. So wahr mir Gott helfe." [4]Der Eid kann auch ohne religiöse Beteuerung geleistet werden.

7. Abschnitt

Das Finanzwesen

Art. 81 [Haushaltsplanung]. (1) Der Landtag sorgt durch Bewilligung der erforderlichen laufenden Mittel für die Deckung des Landesbedarfs.

(2) [1]Alle Einnahmen und Ausgaben des Landes sind in den Haushaltsplan einzustellen; bei Landesbetrieben und bei Sondervermögen brauchen nur die Zuführungen oder Ablieferungen eingestellt zu werden. [2]Ein Nachtragshaushaltsplan kann sich auf einzelne Einnahmen und Ausgaben beschränken. [3]Der Haushaltsplan und der Nachtragshaushaltsplan sollen in Einnahmen und Ausgaben ausgeglichen sein.

(3) [1]Der Haushaltsplan wird für ein oder mehrere Haushaltsjahre, nach Jahren getrennt, vor Beginn des ersten Haushaltsjahres durch das Haushaltsgesetz festgestellt. [2]Für Teile des Haushaltsplans kann vorgesehen werden, daß sie für unterschiedliche Zeiträume, nach Haushaltsjahren getrennt, gelten.

Art. 82 [Haushaltseilkompetenz]. Ist bis zum Schluß eines Haushaltsjahres der Haushaltsplan für das folgende Jahr nicht festgestellt, so ist bis zu seinem Inkrafttreten die Landesregierung ermächtigt,

1. alle Ausgaben zu leisten, die nötig sind,
   a) um gesetzlich bestehende Einrichtungen zu erhalten und gesetzlich beschlossene Maßnahmen durchzuführen,
   b) um die rechtlich begründeten Verpflichtungen des Landes zu erfüllen,
   c) um Bauten, Beschaffungen und sonstige Leistungen fortzusetzen, für die durch den Haushaltsplan des Vorjahres bereits Beträge bewilligt worden sind;

2. Schatzanweisungen bis zur Höhe eines Viertels der Endsumme des abgelaufenen Haushaltsplanes für je drei Monate auszugeben, soweit nicht Einnahmen aus Steuern und Abgaben und Einnahmen aus sonstigen Quellen die Ausgaben unter Ziffer 1 decken.

Art. 83 [Kreditaufnahme, Gewährleistungsübernahme]. [1]Die Aufnahme von Krediten sowie die Übernahme von Bürgschaften, Garantien oder sonstigen Gewährleistungen, die zu Ausgaben in künftigen Haushaltsjahren führen können, bedürfen einer der Höhe nach bestimmten oder bestimmbaren Ermächtigung durch Gesetz. [2]Die Einnahmen aus Krediten dürfen entsprechend den Erfordernissen des gesamtwirtschaftlichen Gleichgewichts in der Regel nur bis zur Höhe der Summe der im Haushaltsplan veranschlagten Ausgaben für Investitionen in den Haushaltsplan eingestellt werden; das Nähere wird durch Gesetz geregelt.

Art. 84 [Ausgabendeckung]. Beschlüsse des Landtags, welche Ausgaben mit sich bringen, müssen bestimmen, wie diese Ausgaben gedeckt werden.

Art. 85 [Überplanmäßige und außerplanmäßige Ausgaben]. (1) [1]Überplanmäßige und außerplanmäßige Ausgaben bedürfen der Zustimmung des Finanzministers. [2]Sie darf nur im Falle eines unvorhergesehenen und unabweisbaren Bedürfnisses erteilt werden.

(2) Zu überplanmäßigen und außerplanmäßigen Ausgaben hat der Finanzminister die Genehmigung des Landtags einzuholen.

Art. 86 [Rechnungslegung, Rechnungsprüfung]. (1) [1]Der Finanzminister hat dem Landtag über alle Einnahmen und Ausgaben im Laufe des nächsten Haushaltsjahres zur Entlastung der Landesregierung Rechnung zu legen. [2]Der Haushaltsrechnung sind Übersichten über das Vermögen und die Schulden des Landes beizufügen.

(2) [1]Der Landesrechnungshof prüft die Rechnung sowie die Ordnungsmäßigkeit und Wirtschaftlichkeit der Haushalts- und Wirtschaftsführung. [2]Er faßt das Ergebnis seiner Prüfung jährlich in einem Bericht für den Landtag zusammen, den er auch der Landesregierung zuleitet.

Art. 87 [Rechnungshof]. (1) [1]Der Landesrechnungshof ist eine selbständige, nur dem Gesetz unterworfene oberste Landesbehörde. [2]Seine Mitglieder genießen den Schutz richterlicher Unabhängigkeit.

(2) Der Präsident, der Vizepräsident und die anderen Mitglieder des Landesrechnungshofes werden vom Landtag ohne Aussprache gewählt und sind von der Landesregierung zu ernennen.

(3) Das Nähere wird durch Gesetz geregelt.

Art. 88 [Ertragswirtschaftliche Unternehmungen]. Das Finanzwesen der ertragswirtschaftlichen Unternehmungen des Landes kann durch Gesetz abweichend von den Vorschriften der Artikel 81 bis 86 geregelt werden.

Übergangs- und Schlußbestimmungen

Art. 89 [Schulwesen in Lippe]. Auf dem Gebiet des Schulwesens gelten in dem ehemaligen Lande Lippe die Rechtsvorschriften vom 1. Januar 1933 bis zur endgültigen Entscheidung über die staatsrechtliche Eingliederung Lippes in das Land Nordrhein-Westfalen.

Art. 90 [Billigung und Verkündung der Verfassung]. (1) [1]Die Verfassung ist dem Volke zur Billigung zu unterbreiten. [2]Die Abstimmung erfolgt nach Maßgabe eines Landtagsbeschlusses. [3]Die Verfassung gilt als angenommen, wenn die Mehrheit der Abstimmenden es bejaht hat.

(2) [1]Die Verfassung ist nach ihrer Annahme durch das Volk im Gesetz- und Verordnungsblatt zu verkünden. [2]Sie tritt mit dem auf ihre Verkündigung folgenden Tage in Kraft.

Art. 91 [Landtag von 1950]. (1) Der am 18. Juni 1950 gewählte Landtag gilt als erster Landtag im Sinne dieser Verfassung.

(2) [1]Die bestehenden Organe des Landes nehmen bis zur Bildung der durch diese Verfassung vorgesehenen Organe deren Aufgaben wahr. [2]Eine nach den Bestimmungen dieser Verfassung bereits vor ihrem Inkrafttreten gebildete Landesregierung gilt als Landesregierung im Sinne der Artikel 51 ff.

Art. 92 [Wahlperiode von 1970]. Die Wahlperiode des im Jahre 1970 zu wählenden Landtags beträgt vier Jahre zehn Monate.

Art. 93 [Richter des Verfassungsgerichtshofes 2017]. [1]Die Amtszeit der Richter des Verfassungsgerichtshofes, die am 30. Juni 2017 im Amt sind, wird durch die Neuregelung des Artikels 76 nicht berührt. [2]Soweit die Richter auf der Grundlage des Artikels 76 in der bis zum 30. Juni 2017 geltenden Fassung in ihr Amt gelangt sind, steht dieses einer Wahl gemäß Artikel 76 Absatz 2 in der neuen Fassung nicht entgegen.

Gesetz über den Verfassungsgerichtshof für das Land Nordrhein-Westfalen (Verfassungsgerichtshofgesetz – VGHG NRW)

vom 14. Dezember 1989 (GV NRW S. 708/SGV NRW 1103),
ber. GV NRW 1993 S. 588;
zuletzt geändert durch Gesetz vom 7. April 2017 (GV NRW S. 407).

INHALTSÜBERSICHT

ERSTER TEIL

Sitz, Zusammensetzung und Zuständigkeit

§ 1 [Stellung und Sitz des Gerichts]. (1) Der Verfassungsgerichtshof ist ein allen übrigen Verfassungsorganen gegenüber unabhängiger Gerichtshof des Landes.

(2) Der Verfassungsgerichtshof hat seinen Sitz in Münster.

§ 2 [Zusammensetzung]. [1]Der Verfassungsgerichtshof setzt sich zusammen aus dem Präsidenten, dem Vizepräsidenten und aus fünf weiteren Mitgliedern. [2]Die Mitglieder werden durch sieben stellvertretende Mitglieder persönlich vertreten.

§ 3 [Voraussetzung der Wählbarkeit]. (1) Die Mitglieder und ihre Stellvertreter müssen das 35. Lebensjahr vollendet haben, zum Landtag wählbar sein und sich schriftlich bereit erklärt haben, Mitglied des Verfassungsgerichtshofs zu werden. [2]Sie müssen die Befähigung zum Richteramt haben. [3]Drei Mitglieder und ihre Stellvertreter müssen Berufsricher sein.

(2) Beamte und sonstige Angehörige des öffentlichen Dienstes mit Ausnahme der Richter und der Rechtslehrer an einer deutschen Hochschule sind nicht wählbar.

(3) Mitglieder des Bundestages, des Bundesrates, der Bundesregierung, des Bundesverfassungsgerichts, des Landtages, der Landesregierung oder eines Gesetzgebungsorgans eines anderen Landes können nicht Mitglieder des Verfassungsgerichtshofs sein.

§ 4 [Wahl]. (1) [1]Der Präsident, der Vizepräsident, die weiteren Mitglieder des Verfassungsgerichtshofs sowie ihre Stellvertreter werden vom Landtag in geheimer Wahl ohne Aussprache mit Zweidrittelmehrheit auf die Dauer von zehn Jahren gewählt; für jedes Mitglied ist ein bestimmter Vertreter zu wählen. [2]Die Wahl eines amtierenden Mitglieds des Verfassungsgerichtshofs zum Präsidenten oder Vizepräsidenten für die Dauer der dem Mitglied verbleibenden Amtszeit ist zulässig.

(2) Die Mitglieder und ihre Vertreter sollen frühestens drei Monate und spätestens einen Monat vor Ablauf der Amtszeit ihrer Vorgänger gewählt werden.

(3) [1]Eine anschließende oder spätere Wiederwahl ist ausgeschlossen. [2]Eine frühere Amtszeit als stellvertretendes Mitglied steht der Wahl als ordentliches Mitglied nicht entgegen.

(4) Nach Ablauf der zehnjährigen Amtszeit oder Erreichen der Altersgrenze des § 8 Absatz 1 führen die Mitglieder des Verfassungsgerichtshofs ihre Amtsgeschäfte bis zur Ernennung des Nachfolgers fort.

(5) [1]Scheidet ein Mitglied vorzeitig aus, so tritt bis zur Ernennung des Nachfolgers dessen Vertreter an seine Stelle. [2]Die Nachwahl soll innerhalb eines Monats erfolgen.

(6) [1]Die Amtszeit eines stellvertretenden Mitglieds wird durch das Ausscheiden des von ihm vertretenen Mitglieds nicht berührt. [2]Absatz 5 Satz 2 gilt bei einem vorzeitigen Ausscheiden eines Vertreters entsprechend.

§ 5 [Ernennung und Amtseid]. [1]Die Mitglieder des Verfassungsgerichtshofs erhalten eine vom Ministerpräsidenten unterzeichnete Urkunde über Art und Dauer ihres Amtes. [2]Sämtliche Mitglieder des Verfassungsgerichtshofs und ihre Vertreter leisten, bevor sie ihr Amt antreten, vor dem Landtag den folgenden Eid: „Ich schwöre, daß ich das mir übertragene Amt nach bestem Wissen und Können verwalten, Verfassung und Gesetze befolgen und verteidigen, meine Pflichten gewissenhaft erfüllen und Gerechtigkeit gegen jedermann üben werde. So wahr mir Gott helfe." [3]Der Eid kann auch ohne religiöse Beteuerung geleistet werden.

§ 6 [Vorsitz]. (1) Der Präsident führt den Vorsitz und nimmt außerhalb der Sitzungen die Befugnisse des Verfassungsgerichtshofs wahr.

(2) Ständige Vertreter des Präsidenten ist der Vizepräsident.

(3) Sind der Präsident und der Vizepräsident verhindert, nimmt das lebensälteste Mitglied des Verfassungsgerichtshofs die Befugnisse des Präsidenten wahr.

§ 7 [Verhinderung, Beschlußfähigkeit]. (1) [1]Ist ein Mitglied des Verfassungsgerichtshofs verhindert, seine richterlichen Befugnisse wahrzunehmen, tritt an dessen Stelle der gewählte Vertreter. [2]Ist auch dieser verhindert, tritt an seine Stelle der Lebensälteste der anderen nicht verhinderten Vertreter.

(2) Hat ein geladenes Mitglied oder ein zur Mitwirkung geladener Vertreter seine Verhinderung angezeigt oder sind sie ohne Anzeige nicht erschienen, so ist der Verfassungsgerichtshof auch in einer Besetzung mit sechs Richtern beschlußfähig, wenn anders die Beschlußfähigkeit des Verfassungsgerichtshofs nicht rechtzeitig hergestellt werden kann.

§ 8 [Ausscheiden, Entlassung und Entbindung]. (1) Die Mitglieder des Verfassungsgerichtshofs scheiden aus dem Amt aus, wenn sie die Voraussetzungen für den Erwerb der Mitgliedschaft des Verfassungsgerichtshofs verlieren oder ihre Amtszeit abgelaufen ist.

(2) [1]Die Mitglieder des Verfassungsgerichtshofs können jederzeit ihre Entlassung beantragen. [2]Die Entlassung hat der Ministerpräsident unverzüglich auszusprechen.

(3) [1]Die Mitglieder des Verfassungsgerichtgshofs sind zu entlassen, wenn sie sich innerhalb oder außerhalb ihrer richterlichen Tätigkeit einer so groben Pflichtverletzung schuldig gemacht haben, daß ihr Verbleiben im Amt ausgeschlossen erscheint. [2]Sie sind von ihrem Amt zu entbinden, wenn sie infolge körperlicher oder geistiger Behinderung zur Ausübung der richterlichen Tätigkeit dauernd unfähig sind. [3]Über die Entlassung und die Entbindung vom Amte entscheidet auf Antrag des Verfassungsgerichtshofs der Landtag mit einer Mehrheit von zwei Dritteln. [4]Der Antrag nach Satz 3 bedarf der Zustimmung von mindestens fünf Mitgliedern des Verfassungsgerichtshofs.

(4) Die Absätze 1 bis 3 gelten für die stellvertretenden Mitglieder entsprechend.

§ 9 [Entschädigung]. [1]Die Mitglieder und die stellvertretenden Mitglieder des Verfassungsgerichtshofs erhalten je Sitzungstag ein Sitzungsgeld in Höhe von 30 Euro sowie Reisekostenvergütung nach Reisekostenstufe C für Landesbeamte, neben dem Sitzungsgeld wird Tagegeld nach dem Landesreisekostengesetz nicht gezahlt. [2]Daneben erhalten die Mitglieder und ihre Vertreter eine Vergütung in Höhe der Zulage nach § 56 Nummer 3 des Landesbesoldungsgesetzes vom 14. Juni 2016 (GV. NRW. S. 310) in der jeweils geltenden Fassung. [3]Den Mitgliedern und ihren Vertretern wird ferner Unfallfürsorge in entsprechender Anwendung des § 35 Absatz 2 Satz 1 Nummer 1 bis 3 und der §§ 36 bis 41 des Landesbeamtenversorgungsgesetzes vom 14. Juni 2016 (GV. NRW. S. 310) in der jeweils geltenden Fassung gewährt.

§ 10 [Geschäftsordnung]. (1) Der Verfassungsgerichtshof gibt sich eine Geschäftsordnung; er beschließt sie in der für die Entscheidung von Streitfällen vorgesehenen Besetzung.

(2) Die Geschäftsordnung ist im Gesetz- und Verordnungsblatt für das Land Nordrhein-Westfalen zu veröffentlichen.

§ 11 [Geschäftseinrichtungen des Oberverwaltungsgerichts]. Die Geschäftseinrichtungen des Oberverwaltungsgerichts stehen dem Verfassungsgerichtshof zur Verfügung.

§ 12 [Zuständigkeiten]. Der Verfassungsgerichtshof entscheidet
1. über den Ausschluß von Vereinigungen und Personen von der Beteiligung an Wahlen und Abstimmungen (Artikel 32 der Verfassung),
2. über Beschwerden im Wahlprüfungsverfahren (Artikel 33 der Verfassung),
3. *(aufgehoben)*
4. über die Anrufung gegen die Entscheidung der Landesregierung über die Zulässigkeit eines Volksbegehrens (Artikel 68 Abs. 1 Satz 6 der Verfassung),
5. über die Auslegung der Verfassung aus Anlaß von Streitigkeiten über den Umfang der Rechte und Pflichten eines obersten Landesorgans oder anderer Beteiligter, die durch die Verfassung oder in der Geschäftsordnung eines obersten Landesorgans mit eigenen Rechten ausgestattet sind (Artikel 75 Nr. 2 der Verfassung),
6. bei Meinungsverschiedenheiten oder Zweifeln über die Vereinbarkeit von Landesrecht mit der Verfassung auf Antrag der Landesregierung oder eines Drittels der Mitglieder des Landtags (Artikel 75 Nr. 3 der Verfassung),

6a. über Beschwerden von Vereinigungen gegen ihre Nichtanerkennung als Partei für die Wahl zum Landtag (Artikel 75 Nr. 4 der Verfassung),

7. in den nach Artikel 100 Abs. 1 des Grundgesetzes für die Bundesrepublik Deutschland der Zuständigkeit der Landesverfassungsgerichte zugewiesenen Fällen,
8. über Verfassungsbeschwerden, die von den Gemeinden und Gemeindeverbänden mit der Behauptung erhoben werden, Landesrecht verletze die Vorschriften der Landesverfassung über das Recht der Selbstverwaltung (Artikel 75 Nr. 5 der Verfassung, § 52),
9. in sonstigen durch Gesetz zugewiesenen Fällen (Artikel 75 Nr. 5 der Verfassung).

ZWEITER TEIL
Verfahrensvorschriften

Erstes Kapitel
Allgemeine Vorschriften

§ 13 [Ergänzende Verfahrensvorschriften]. (1) [1]Soweit in diesem Gesetz nichts anderes bestimmt ist, sind auf das Verfahren vor dem Verfassungsgerichtshof die für das Verfahren erster Instanz der Verwaltungsgerichte des Landes geltenden Vorschriften entsprechend anzuwenden. [2]Zu ihrer Ergänzung sind die allgemeinen Regeln des deutschen Verfahrensrechts heranzuziehen, die in dem Fall des § 12 Nr. 1 insbesondere aus der Strafprozeßordnung zu entnehmen sind.

(2) Für die Zustellungen gilt das Landeszustellungsgesetz.

§ 14 [Ausschluß vom Richteramt]. (1) Ein Mitglied des Verfassungsgerichtshofs ist von der Ausübung seines Richteramtes ausgeschlossen, wenn es

a) an der Sache beteiligt oder mit einem Beteiligten verheiratet ist oder war oder mit einem Beteiligten in eingetragener Lebenspartnerschaft lebt oder lebte, in gerader Linie verwandt oder verschwägert oder in der Seitenlinie bis zum dritten Grade verwandt oder bis zum zweiten Grade verschwägert ist oder

b) in der selben Sache bereits von Amts oder Berufs wegen tätig gewesen ist.

(2) Beteiligt ist nicht, wer aufgrund seines Familienstandes, seines Berufes, seiner Abstammung, seiner Zugehörigkeit zu einer politischen Partei oder aus einem ähnlichen allgemeinen Gesichtspunkt am Ausgang des Verfahrens interessiert ist.

(3) Als Tätigkeit im Sinne des Absatzes 1 Buchstabe b) gilt nicht

1. die Mitwirkung im Gesetzgebungsverfahren,
2. die Äußerung einer wissenschaftlichen Meinung zu einer Rechtsfrage, die für das Verfahren bedeutsam sein kann.

§ 15 [Befangenheit]. (1) Ein Mitglied des Verfassungsgerichtshofs kann von den Verfahrensbeteiligten wegen Besorgnis der Befangenheit abgelehnt werden; die Ablehnung kann jedoch nicht auf die in § 14 Abs. 2 aufgeführten Tatbestände gestützt werden.

(2) [1]Die Ablehnung ist zu begründen. [2]Der Abgelehnte hat sich dazu zu äußern. [3]Ein Beteiligter kann ein Mitglied des Verfassungsgerichtshofs wegen Besorgnis der Befangenheit nicht mehr ablehnen, wenn er sich, ohne den ihm bekannten Ablehnungsgrund geltend zu machen, in eine Verhandlung eingelassen hat.

(3) Erklärt sich ein Richter, der nicht abgelehnt ist, selbst für befangen, so gilt Absatz 1 entsprechend.

(4) [1]Über die Ablehnung entscheidet das Gericht unter Ausschluß des Abgelehnten. [2]Sind mehrere Mitglieder abgelehnt worden, entscheidet das Gericht in der verbleibenden Besetzung. [3]Sind mehr als drei Mitglieder abgelehnt worden, entscheidet das Gericht unter Heranziehung der Vertreter.

§ 16 [Rechts- und Amtshilfe]. (1) [1]Alle Gerichte und Verwaltungsbehörden leisten dem Verfassungsgerichtshof Rechts- und Amtshilfe. [2]Sie legen ihm Akten und Urkunden über ihre oberste Dienstbehörde vor.

(2) Die Beteiligten haben das Recht der Akteneinsicht.

§ 17 [Prozeßbevollmächtigte]. (1) [1]Die Beteiligten können sich in jeder Lage des Verfahrens durch einen bei einem deutschen Gericht zugelassenen

Rechtsanwalt oder durch einen Rechtslehrer an einer deutschen Hochschule vertreten lassen; in der mündlichen Verhandlung vor dem Verfassungsgerichtshof müssen sie sich in dieser Weise vertreten lassen. [2]Die Bevollmächtigung ist nachzuweisen.

(2) [1]Der Landtag oder Teile von diesem, die in der Verfassung oder in der Geschäftsordnung des Landtages mit eigenen Rechten ausgestattet sind, können sich auch durch ihre Mitglieder vertreten lassen. [2]Das Land und seine Verfassungsorgane sowie die Gemeinden und Gemeindeverbände können sich außerdem durch ihre Beamten vertreten lassen, soweit diese die Befähigung zum Richteramt oder für die Laufbahn des höheren allgemeinen Verwaltungsdienstes besitzen.

(3) [1]Der Verfassungsgerichtshof kann auch eine andere Person als Beistand eines Beteiligten zulassen. [2]Die Zulassung kann jederzeit widerrufen werden.

(4) [1]Ist ein Bevollmächtigter bestellt, müssen alle Zustellungen, die in einem anhängigen Rechtsstreit bewirkt werden sollen, an den Bevollmächtigten erfolgen. [2]Ist der Aufenthalt eines Bevollmächtigten unbekannt, erfolgt die Zustellung unmittelbar an den Beteiligten des Verfahrens.

§ 18 [Antragstellung und Vorverfahren]. (1) [1]Anträge, die das Verfahren einleiten, sind schriftlich beim Verfassungsgerichtshof einzureichen. [2]Sie sind zu begründen; die erforderlichen Beweismittel sind anzugeben.

(2) Der Vorsitzende des Verfassungsgerichtshofs stellt den Antrag den übrigen Beteiligten mit der Aufforderung zu, sich binnen einer zu bestimmenden Frist dazu zu äußern.

§ 19 [Verwerfung und Zurückweisung von Anträgen]. Der Verfassungsgerichtshof kann durch einstimmigen Beschluß, der ohne mündliche Verhandlung ergehen kann, unzulässige Anträge verwerfen, offensichtlich unbegründete Anträge zurückweisen.

§ 20 [Mündliche Verhandlung]. (1) [1]Der Verfassungsgerichtshof entscheidet, soweit nichts anderes bestimmt ist, aufgrund mündlicher Verhandlung, es sei denn, daß alle Beteiligten ausdrücklich auf sie verzichten. [2]Der Verfassungsgerichtshof hat den Sachverhalt von Amts wegen aufzuklären. [3]Er ist an das Vorbringen und die Beweisanträge der Beteiligten nicht gebunden.

(2) Die Entscheidung aufgrund mündlicher Verhandlung ergeht als Urteil, die Entscheidung ohne mündliche Verhandlung als Beschluß.

(3) Teil- und Zwischenentscheidungen sind zulässig.

(4) Der Verfassungsgerichtshof kann den Beteiligten im Wege der prozeßleitenden Verfügung Rechtsbedenken vorhalten.

§ 21 [Beweiserhebung]. [1]Der Verfassungsgerichtshof erhebt den nach seinem Ermessen erforderlichen Beweis. [2]Er kann damit außerhalb der mündlichen Verhandlung ein Mitglied des Gerichts beauftragen oder mit Begrenzung auf bestimmte Fragen und Personen ein anderes Gericht darum ersuchen.

§ 22 [Vernehmung von Zeugen und Sachverständigen]. (1) Für die Vernehmung von Zeugen und Sachverständigen gelten in dem Fall des § 12 Nr. 1 die Vorschriften der Strafprozeßordnung, in den übrigen Fällen die Vorschriften der Zivilprozeßordnung entsprechend.

(2) [1]Soweit ein Zeuge oder Sachverständiger nur mit Genehmigung einer vorgesetzten Stelle vernommen werden darf, kann diese Genehmigung nur verweigert werden, wenn es das Wohl des Bundes oder eines Landes erfordert. [2]Der Zeuge oder Sachverständige kann sich nicht auf seine Schweigepflicht berufen, wenn der Verfassungsgerichtshof mit einer Mehrheit von zwei Dritteln der Stimmen die Verweigerung der Aussagegenehmigung für unbegründet erklärt.

§ 23 [Niederschrift]. Über die mündliche Verhandlung ist eine Niederschrift aufzunehmen, die von dem Vorsitzenden des Verfassungsgerichtshofs und dem Protokollführer zu unterzeichnen ist.

§ 24 [Entscheidung und Verkündung]. [1]Der Verfassungsgerichtshof entscheidet in geheimer Beratung nach seiner freien, aus dem Inhalt der Verhandlung und dem Ergebnis der Beweisaufnahme geschöpften Überzeugung. [2]Die Entscheidung ist schriftlich abzufassen, zu begründen und von den Richtern, die mitgewirkt haben, zu unterzeichnen. [3]Sie ist sodann, wenn eine mündliche Verhandlung stattgefunden hat, in einem in der Verhandlung bekanntgegebenen oder nach Abschluß der Beratung festgelegten Termin, der den Beteiligten unverzüglich mitzuteilen ist, unter Mitteilung der wesentlichen Entscheidungsgründe öffentlich zu verkünden.

§ 25 [Abstimmung und Beratungsgeheimnis]. (1) [1]Der Verfassungsgerichtshof entscheidet unter Mitwirkung aller Mitglieder mit Stimmenmehrheit, soweit dieses Gesetz nichts anderes vorschreibt. [2]Bei Stimmengleichheit ist ein Antrag abgelehnt.

(2) [1]Die Mitglieder stimmen nach dem Lebensalter ab; der jüngere stimmt vor dem älteren. [2]Wenn ein oder mehrere Berichterstatter ernannt sind, stimmen diese zuerst. [3]Zuletzt stimmt der Vorsitzende. [4]Stimmenthaltung ist unzulässig.

(3) [1]Alle Mitglieder des Verfassungsgerichtshofs sind verpflichtet, über den Hergang der Beratung Stillschweigen gegen jedermann zu bewahren. [2]Das gilt auch für die Abstimmung.

(4) [1]Mitglieder des Gerichts können ihre in der Beratung vertretene abweichende Meinung zu der Entscheidung oder zu deren Begründung in einem Sondervotum niederlegen; das Sondervotum ist der Entscheidung anzuschließen. [2]Der Verfassungsgerichtshof kann in seiner Entscheidung das Stimmenverhältnis mitteilen. [3]Das Nähere regelt die Geschäftsordnung.

§ 26 [Wirkung der Entscheidungen]. (1) Die Entscheidungen des Verfassungsgerichtshofs binden die Verfassungsorgane des Landes sowie alle Gerichte und Behörden.

(2) [1]Entscheidungen nach § 12 Nr. 5, 6 und 8 haben Gesetzeskraft. [2]Soweit ein Gesetz als mit der Landesverfassung vereinbar oder unvereinbar oder für nichtig erklärt wird, ist die Entscheidungsformel durch den Ministerpräsidenten im Gesetz- und Verordnungsblatt für das Land Nordrhein-Westfalen zu veröffentlichen.

Zweites Kapitel

Eilverfahren, Aussetzung, Vollstreckung und Wiederaufnahme

§ 27 [Einstweilige Anordnung]. (1) Der Verfassungsgerichtshof kann eine einstweilige Anordnung treffen, wenn dies zur Abwehr schwerer Nachteile, zur Verhinderung drohender Gewalt oder aus einem anderen wichtigen Grunde zum gemeinen Wohl dringend geboten ist.

(2) [1]Die einstweilige Anordnung kann ohne mündliche Verhandlung ergehen. [2]Vor dem Erlaß der einstweiligen Anordnung soll den Beteiligten Gelegenheit zur Stellungnahme gegeben werden.

(3) [1]Gegen die einstweilige Anordnung und ihre Ablehnung kann binnen eines Monats Widerspruch erhoben werden. [2]Über den Widerspruch entscheidet der Verfassungsgerichtshof nach mündlicher Verhandlung, die spätestens zwei Wochen nach dem Eingang des Widerspruchs stattfindet.

(4) [1]Der Widerspruch gegen die einstweilige Anordnung hat keine aufschiebende Wirkung. [2]Der Verfassungsgerichtshof kann die Vollziehung der einstweiligen Anordnung aussetzen.

§ 28 [Aussetzung des Verfahrens]. (1) Der Verfassungsgerichtshof kann sein Verfahren bis zur Erledigung eines bei einem anderen Gericht anhängigen Verfahrens aussetzen, wenn für seine Entscheidung die Feststellungen oder die Entscheidung dieses anderen Gerichts von Bedeutung sein können.

(2) Der Verfassungsgerichtshof kann seiner Entscheidung die tatsächlichen Feststellungen eines rechtskräftigen Urteils zugrunde legen, das in einem Verfahren ergangen ist, in dem die Wahrheit von Amts wegen zu erforschen ist.

§ 29 [Vollstreckung]. Die Vollstreckung der Entscheidung des Verfassungsgerichtshofs obliegt der Landesregierung, soweit nicht der Verfassungsgerichtshof in seiner Entscheidung etwas anderes bestimmt.

§ 30 [Wiederaufnahme]. (1) [1]Ein abgeschlossenes Verfahren kann auf Antrag eines Verfahrensbeteiligten wieder aufgenommen werden, wenn

a) der Verfassungsgerichtshof nicht vorschriftsmäßig besetzt war,
b) ein Richter bei der Entscheidung mitgewirkt hat, der von der Ausübung des Richteramtes kraft Gesetzes ausgeschlossen war, sofern nicht dieses Hindernis mittels eines Ablehnungsgesuchs ohne Erfolg geltend gemacht wurde,
c) bei der Entscheidung ein Richter mitgewirkt hat, obgleich er wegen Besorgnis der Befangenheit abgelehnt und das Ablehnungsgesuch für begründet erklärt war.

[2]Dies gilt nicht für Verfahren, die mit einer Entscheidung im Sinne des § 26 Abs. 2 Satz 1 abgeschlossen worden sind.

(2) [1]In dem Fall des § 12 Nr. 1 kann das Verfahren außerdem wieder aufgenommen werden, wenn
a) die Entscheidung auf einer als echt vorgebrachten Urkunde beruht, die unecht oder verfälscht war,
b) der Zeuge oder Sachverständige sich bei einem zuungunsten eines Prozeßbeteiligten abgelegten Zeugnis oder abgegebenen Gutachten einer vorsätzlichen oder fahrlässigen Verletzung der Eidespflicht oder einer vorsätzlichen falschen uneidlichen Aussage schuldig gemacht hat,
c) bei einem Urteil ein Richter mitgewirkt hat, der sich in Beziehung auf die Sache einer strafbaren Verletzung seiner Amtspflichten schuldig gemacht hat, sofern die Verletzung nicht von dem Verfahrensbeteiligten selbst veranlaßt ist,
d) wenn neue Tatsachen oder Beweismittel beigebracht sind, die geeignet sind, allein oder in Verbindung mit den früher erhobenen Beweisen eine andere Entscheidung zu begründen.

[2]Die Wiederaufnahme findet nur zu Gunsten des Antragsgegners und nur auf seinen Antrag statt.

(3) In den Fällen des Absatzes 2 Satz 1 Buchstaben a), b) und c) ist ein Antrag auf Wiederaufnahme des Verfahrens, der auf die Behauptung einer Straftat gegründet werden soll, nur dann zulässig, wenn wegen dieser Tat eine rechtskräftige Verurteilung ergangen ist oder wenn die Einleitung oder Durchführung eines Strafverfahrens aus anderen Gründen als wegen Mangels an Beweisen nicht erfolgen kann.

(4) Über die Zulassung des Antrags auf Wiederaufnahme entscheidet der Verfassungsgerichtshof ohne mündliche Verhandlung.

DRITTER TEIL

Besondere Verfahrensvorschriften

Erstes Kapitel

Entscheidungen nach Artikel 32 der Verfassung

§ 31 [Antrag gegen umstürzlerische Vereinigungen]. Der Antrag auf Entscheidung, ob Vereinigungen und Personen sich an Wahlen und Abstimmungen nicht beteiligen dürfen, weil sie es unternehmen, die staatsbürgerlichen Freiheiten zu unterdrücken oder gegen Volk, Land oder Verfassung Gewalt anzuwenden, kann von der Landesregierung oder von mindestens 50 Abgeordneten des Landtages gestellt werden.

§ 32 [Vertretung]. [1]Die Vertretung der Vereinigung bestimmt sich nach den gesetzlichen Vorschriften, hilfsweise nach ihrer Satzung. [2]Sind die Vertretungsberechtigten nicht feststellbar oder nicht vorhanden oder haben sie nach Eingang des Antrags beim Verfassungsgerichtshof gewechselt, so gelten als vertretungsberechtigt diejenigen Personen, die die Geschäfte der Vereinigung während der Tätigkeit, die den Antrag veranlaßt hat, zuletzt tatsächlich geführt haben.

§ 33 [Beschlagnahme und Durchsuchung]. Nach Eingang des Antrags kann der Verfassungsgerichtshof eine Beschlagnahme oder Durchsuchung nach den Vorschriften der Strafprozeßordnung anordnen.

§ 34 [Vorverfahren]. Der Verfassungsgerichtshof gibt den Vertretungsberechtigten Gelegenheit zur Äußerung binnen einer zu bestimmenden Frist und beschließt dann ohne mündliche Verhandlung, ob der Antrag als unzulässig oder als nicht hinreichend begründet zurückzuweisen oder ob die Verhandlung durchzuführen ist.

§ 35 [Stimmenmehrheit]. Die Beschlußfassung im Vorverfahren sowie die Entscheidung, daß die Voraussetzungen des Artikel 32 Abs. 1 der Landesverfassung vorliegen, bedarf einer Mehrheit von mindestens fünf Mitgliedern des Verfassungsgerichtshofs.

§ 36 [Veröffentlichung der Entscheidungen]. Die zur Sache ergangene Entscheidung ist im Gesetz- und Verordnungsblatt durch den Ministerpräsidenten zu veröffentlichen.

Zweites Kapitel

(aufgehoben)

Drittes Kapitel

Entscheidungen über Verfassungsstreitigkeiten gemäß Artikel 75 Nr. 2 der Verfassung

§ 43 [Organstreitigkeiten]. Antragsteller und Antragsgegner können nur die obersten Landesorgane und die in der Verfassung oder in einer Geschäftsordnung mit eigenen Rechten ausgestatteten Teile dieser Organe sein.

§ 44 [Antragstellung, Zulässigkeit]. (1) Der Antrag ist nur zulässig, wenn der Antragsteller geltend macht, daß er oder das Organ, dem er angehört, durch eine Maßnahme oder Unterlassung des Antragsgegners in seinen ihm durch die Verfassung übertragenen Rechten und Pflichten verletzt oder unmittelbar gefährdet ist.

(2) Im Antrag ist die Maßnahme oder Unterlassung, durch die der Antragsgegner gegen die Verfassung verstoßen haben soll, näher darzulegen.

(3) Der Antrag muß innerhalb von sechs Monaten, nachdem die beanstandete Maßnahme oder Unterlassung dem Antragsteller bekanntgeworden ist, gestellt werden.

§ 45 [Beitritt zum Verfahren]. (1) Dem Antragsteller oder Antragsgegner können in jeder Lage des Verfahrens andere nach § 43 genannte Antragsberechtigte beitreten, wenn die Entscheidung auch für die Abgrenzung ihrer Zuständigkeiten von Bedeutung ist.

(2) Der Verfassungsgerichtshof gibt von der Einleitung des Verfahrens dem Landtag und der Landesregierung Kenntnis.

§ 46 [Inhalt der Entscheidung]. (1) [1]Der Verfassungsgerichtshof stellt in seiner Entscheidung fest, ob die beanstandete Maßnahme oder Unterlassung des Antragsgegners gegen eine Bestimmung der Verfassung verstößt. [2]Die Bestimmung ist zu bezeichnen.

(2) Der Verfassungsgerichtshof kann in der Entscheidungsformel zugleich eine für die Auslegung der Bestimmung der Verfassung erhebliche Rechtsfrage entscheiden, von der die Feststellung gemäß Absatz 1 abhängt.

Viertes Kapitel

Entscheidungen über Meinungsverschiedenheiten nach Artikel 75 Nr. 3 der Verfassung

§ 47 [Vereinbarkeit von Landesrecht mit der Verfassung]. Der Antrag der Landesregierung oder eines Drittels der Mitglieder des Landtages ist nur zulässig, wenn

a) der Antragsteller eine Norm des Landesrechts wegen ihrer förmlichen oder sachlichen Unvereinbarkeit mit der Verfassung für nichtig hält oder
b) ein Gericht, eine Verwaltungsbehörde oder ein Organ des Landes eine Norm des Landesrechts aus dem selben Grunde nicht angewendet hat.

§ 48 [Beteiligung des Landtages und der Landesregierung]. [1]Der Verfassungsgerichtshof hat dem Landtag und der Landesregierung Gelegenheit zur Äußerung binnen einer zu bestimmenden Frist zu geben. [2]Landtag und Landesregierung können in jeder Lage des Verfahrens diesem beitreten.

§ 49 [Inhalt der Entscheidung]. [1]Kommt der Verfassungsgerichtshof zu der Überzeugung, daß eine beanstandete Rechtsnorm mit der Landesverfassung unvereinbar ist, stellt er diese Unvereinbarkeit oder die Nichtigkeit der Rechtsnorm in seiner Entscheidung fest. [2]Er kann die Entscheidung auf das Gesetz ausdehnen, in dem die nichtige oder mit der Landesverfassung unvereinbare Norm enthalten ist, wenn es aus denselben Gründen nichtig oder mit der Landesverfassung unvereinbar ist.

Fünftes Kapitel

Entscheidungen über Beschwerden gegen die Nichtanerkennung als Partei für die Wahl zum Landtag gemäß Artikel 75 Nr. 4 der Verfassung

§ 49a [Verfahrensvorschriften]. (1) Beschwerdeberechtigt sind Vereinigungen und Parteien, denen die Anerkennung als wahlvorschlagsberechtigte Partei nach § 17a Absatz 4 des Landeswahlgesetzes versagt wurde.

(2) Die Beschwerde ist binnen einer Frist von vier Tagen nach Bekanntgabe der Entscheidung in der Sitzung des Landeswahlausschusses nach § 17a Absatz 4 Satz 2 des Landeswahlgesetzes zu erheben und zu begründen.

(3) Dem Landeswahlausschuss ist Gelegenheit zur Äußerung zu geben.

(4) Der Verfassungsgerichtshof kann ohne Durchführung einer mündlichen Verhandlung entscheiden.

(5) [1]Der Verfassungsgerichtshof kann seine Entscheidung ohne Begründung bekannt geben. [2]In diesem Fall ist die Begründung der Beschwerdeführerin und dem Landeswahlausschuss gesondert zu übermitteln.

§ 49b [Ausschluss von einstweiliger Anordnung und Wiederaufnahme]. Die §§ 27 und 30 finden keine Anwendung.

Sechstes Kapitel

Entscheidungen nach Artikel 100 des Grundgesetzes für die Bundesrepublik Deutschland

§ 50 [Vorlagebeschluß]. (1) Hält ein Gericht ein Gesetz, auf dessen Gültigkeit es bei der Entscheidung ankommt, für mit der Landesverfassung unvereinbar, so hat es das Verfahren auszusetzen und die Entscheidung des Verfassungsgerichtshofs einzuholen.

(2) [1]Das Gericht muß angeben, inwiefern seine Entscheidung von der Gültigkeit des Gesetzes abhängig ist und mit welcher Verfassungsnorm es unvereinbar erscheint. [2]Die Akten sind beizufügen.

(3) Der Antrag des Gerichts ist unabhängig von der Rüge der Verfassungswidrigkeit des Gesetzes durch einen Beteiligten des Ausgangsverfahrens.

§ 51 [Inhalt der Entscheidung]. (1) Der Verfassungsgerichtshof gibt auch den Beteiligten des Ausgangsverfahrens Gelegenheit zur Äußerung; er lädt sie zur mündlichen Verhandlung.

(2) [1]Der Verfassungsgerichtshof kann oberste Landesgerichte um die Mitteilung ersuchen, wie und aufgrund welcher Erwägungen sie die Landesverfassung in der streitigen Frage bisher ausgelegt haben, ob und wie sie die in ihrer Gültigkeit streitige Rechtsvorschrift in ihrer Rechtsprechung angewandt haben und welche damit zusammenhängenden Rechtsfragen zur Entscheidung anstehen. [2]Er kann sie ferner ersuchen, ihre Erwägungen zu einer für die Entscheidung erheblichen Rechtsfrage darzulegen. [3]Der Verfassungsgerichtshof gibt den Beteiligten und Äußerungsberechtigten Kenntnis von der Stellungnahme.

(3) [1]Der Verfassungsgerichtshof entscheidet nur die Rechtsfrage. [2]Die §§ 48 und 49 gelten entsprechend.

Siebtes Kapitel

Entscheidungen über Verfassungsbeschwerden der Gemeinden und Gemeindeverbände

§ 52 [Selbstverwaltungsgarantie, Verfassungsbeschwerde]. (1) Gemeinden und Gemeindeverbände können die Verfassungsbeschwerde mit der Behauptung erheben, daß Landesrecht die Vorschriften der Landesverfassung über das Recht der Selbstverwaltung verletze.

(2) Die Verfassungsbeschwerde kann nur binnen eines Jahres seit dem Inkrafttreten der zur Überprüfung gestellten Rechtsvorschrift erhoben werden.

(3) Die §§ 48 und 49 finden entsprechende Anwendung.

(4) [1]In Verfahren aufgrund der Verfassungsbeschwerde gegen ein Gesetz nach § 16 Abs. 3 Satz 1 der Gemeindeordnung* oder § 14 Satz 1 der Kreisordnung** gibt der Verfassungsgerichtshof denjenigen Gemeinden oder Kreisen Gelegenheit zur Äußerung, deren Gebietsstand durch eine Entscheidung über die Verfassungsbeschwerde berührt werden kann. [2]Er lädt sie zur mündlichen Verhandlung und erteilt den anwesenden Vertretern das Wort.

Achtes Kapitel

Entscheidungen nach Artikel 33 und 68 der Verfassung

§ 53 [Verfahrensvorschriften]. Das Verfahren vor dem Verfassungsgerichtshof in Verfahren gemäß § 12 Nr. 2 und 4 des Gesetzes richtet sich nach den allgemeinen Verfahrensvorschriften, soweit nicht die gemäß Artikel 33 Abs. 4 und Artikel 68 Abs. 5 der Landesverfassung erlassenen Gesetze etwas anderes bestimmen.

VIERTER TEIL

Kosten

§ 54 [Kostenentscheidung]. (1) Das Verfahren vor dem Verfassungsgerichtshof ist kostenfrei.

(2) Erweist sich ein Antrag nach Artikel 32 als unzulässig oder unbegründet, so sind dem Antragsgegner oder dem Angeklagten die notwendigen Auslagen einschließlich der Kosten der Verteidigung zu ersetzen.

(3) Erweist sich ein Antrag nach Artikel 32 als begründet, so kann dem Antragsgegner die Erstattung der notwendigen Auslagen der Gegenseite ganz oder teilweise auferlegt werden.

(4) In den übrigen Fällen kann der Verfassungsgerichtshof volle oder teilweise Erstattung der notwendigen Auslagen anordnen.

(5) Wird ein Antrag als offensichtlich unzulässig verworfen oder als offensichtlich unbegründet zurückgewiesen, so kann der Verfassungsgerichtshof dem Antragsteller eine Gebühr von 10,– Euro bis 500,– Euro auferlegen, wenn die Stellung des Antrags einen Mißbrauch darstellt.

---

* *Jetzt § 19 Abs. 3 Satz 1 GO.*

** *Jetzt § 18 Satz 1 KrO.*

FÜNFTER TEIL
Schlußvorschriften

§ 55 [Inkrafttreten]. (1) Dieses Gesetz tritt am Tage nach seiner Verkündung in Kraft.

(2) [1]Die vor Inkrafttreten dieses Gesetzes gewählten Mitglieder des Verfassungsgerichtshofs bleiben bis zum Ablauf der Amtszeit, für die sie gewählt wurden, im Amt. [2]Für bei Inkrafttreten des Gesetzes anhängige Verfahren gelten die bisherigen Vorschriften fort.

(3) [1]Für die Amtszeit der am 30. Juni 2017 im Amt befindlichen Mitglieder des Verfassungsgerichtshofs finden die bis zum 30. Juni 2017 geltenden Vorschriften Anwendung. [2]Mit den Mitgliedern kraft Amtes scheiden auch ihre bisherigen Vertreter kraft Amtes als stellvertretende Mitglieder aus. [3]Die Amtszeit als Mitglied kraft Amtes oder Wahlmitglied steht einer erneuten Mitgliedschaft als ordentliches oder stellvertretendes Mitglied nicht entgegen.

Gesetz über die Organisation der Landesverwaltung (Landesorganisationsgesetz – LOG NRW)

vom 10. Juli 1962;
zuletzt geändert durch Gesetz vom 1. Oktober 2013 (GV NRW S. 566).

INHALTSVERZEICHNIS

I. Geltungsbereich

§ 1 [Geltungsbereich]. (1) [1]Dieses Gesetz gilt für die Behörden und Einrichtungen des Landes. [2]Für die Gemeinden und Gemeindeverbände gilt das Gesetz nur, soweit es dies bestimmt. [3]Unter der gleichen Voraussetzung gilt es auch für die der Aufsicht des Landes unterstehenden sonstigen Körperschaften sowie Anstalten und Stiftungen des öffentlichen Rechts mit eigener Rechtspersönlichkeit.

(2) Dieses Gesetz gilt nicht

a) für den Landesrechnungshof und die Staatlichen Rechnungsprüfungsämter,
b) für den Landesbeauftragten für den Datenschutz,
c) für die Organe der Rechtspflege (Gerichte, Staatsanwaltschaften, Vollzugsanstalten und Gnadenstellen),
d) für die staatlichen wissenschaftlichen Hochschulen, Kunsthochschulen und Fachhochschulen gemäß § 1 Abs. 2 des Fachhochschulgesetzes.

(3) Dieses Gesetz gilt nicht für Kirchen und Religionsgemeinschaften und die ihnen zugehörigen Körperschaften, Anstalten und Stiftungen des öffentlichen Rechts.

II. Behörden und Einrichtungen des Landes

§ 2 Einteilung der Landesbehörden. Landesbehörden sind die obersten Landesbehörden, die Landesoberbehörden, die Landesmittelbehörden und die unteren Landesbehörden.

§ 3 Oberste Landesbehörden. Oberste Landesbehörden sind die Landesregierung, der Ministerpräsident und die Landesministerien.

§ 4 Zuständigkeiten und Geschäftsbereiche der obersten Landesbehörden. (1) Der Ministerpräsident und die Landesministerien sind – unbeschadet der Zuständigkeiten der Landesregierung – jeweils für ihren Geschäftsbereich die zuständige oberste Landesbehörde.

(2) Der Ministerpräsident gibt die Geschäftsbereiche der obersten Landesbehörden im Gesetz- und Verordnungsblatt bekannt.

(3) Werden Geschäftsbereiche neu abgegrenzt, so gehen auch die in Gesetzen und Rechtsverordnungen der bisher zuständigen obersten Landesbehörde zugewiesenen Zuständigkeiten auf die nach der Neuabgrenzung zuständige oberste Landesbehörde über; der Ministerpräsident weist hierauf sowie auf den Zeitpunkt des Übergangs im Gesetz- und Verordnungsblatt hin.

§ 5 Leitung und Beaufsichtigung der Landesverwaltung; Durchführung von Bundesrecht und Recht der Europäischen Gemeinschaften. (1) [1]Die Landesregierung und im Rahmen ihres Geschäftsbereichs der Ministerpräsident und die Landesministerien leiten und beaufsichtigen die Landesverwaltung. [2]Für Verwaltungsaufgaben in Einzelfällen sind sie insoweit zuständig, als dies durch Gesetz oder Rechtsverordnung bestimmt ist. [3]Darüber hinaus sollen sie solche Aufgaben nur wahrnehmen, soweit es die Leitung ihres Geschäftsbereichs erfordert.

(2) Ist eine oberste Landesbehörde durch Bundes- oder Landesrecht ermächtigt, Befugnisse zu übertragen, so ist von dieser Ermächtigung durch Rechtsverordnung Gebrauch zu machen, sofern nicht besondere Gründe die Zuständigkeit der obersten Landesbehörde erfordern.

(3) [1]Wenn das Land oder die nach Landesrecht zuständige Stelle Bundesrecht oder Recht der Europäischen Gemeinschaften durchzuführen hat, so bestimmt die Landesregierung nach Anhörung des fachlich zuständigen Ausschusses des Landtags durch Rechtsverordnung, welche Behörde sachlich und örtlich zuständig ist. [2]Dabei kann auch bestimmt werden, daß diese Aufgaben als Pflichtaufgaben zur Erfüllung nach Weisung wahrgenommen werden; der Umfang des Weisungsrechts und die Aufsichtsbehörden sind in der Rechtsverordnung zu bestimmen. [3]Satz 2 gilt auch für Zuständigkeitsregelungen aufgrund bundesrechtlicher Ermächtigung.

(4) Wenn nach Bundesrecht eine höhere Verwaltungsbehörde, eine staatliche Mittelbehörde oder eine untere Verwaltungsbehörde zuständig ist, so bestimmt die Landesregierung durch Rechtsverordnung, welche Behörde sachlich und örtlich als zuständig im Sinne des Bundesrechts zu gelten hat.

(5) Die zuständige Behörde ist nach den Grundsätzen einer einfachen Verwaltung möglichst ortsnah zu bestimmen.

(6) Das Innenministerium kann durch Rechtsverordnung im Einvernehmen mit den Ministerien, deren Geschäftsbereich berührt wird, Rechtsverordnungen aufheben, soweit sie wegen Veränderung der Verhältnisse entbehrlich geworden oder durch spätere Rechtsvorschriften überholt sind und eine sonstige Ermächtigung für die Aufhebung nicht vorhanden ist.

§ 6 Landesoberbehörden. (1) Landesoberbehörden sind Behörden, die einer obersten Landesbehörde unmittelbar unterstehen und für das ganze Land zuständig sind.

(2) Landesoberbehörden sind
- das Landesamt für Besoldung und Versorgung,
- die/der Landesbeauftragte für den Maßregelvollzug,
- das Landeskriminalamt,
- das Landesamt für Zentrale Polizeiliche Dienste,
- das Landesamt für Ausbildung, Fortbildung und Personalangelegenheiten der Polizei,
- das Landesamt für Natur, Umwelt und Verbraucherschutz,
- die Direktorin / der Direktor der Landwirtschaftskammer als Landesbeauftragte/Landesbeauftragter,
- das Rechenzentrum der Finanzverwaltung,
- das Landesamt für Finanzen.

(3) Andere Landesoberbehörden dürfen nur durch Gesetz oder auf Grund eines Gesetzes errichtet werden.

§ 7 Landesmittelbehörden. (1) Landesmittelbehörden sind die einer obersten Landesbehörde unmittelbar unterstehenden Behörden, die für einen Teil des Landes und in besonderen Fällen für das ganze Land zuständig sind.

(2) Landesmittelbehörden sind die Bezirksregierungen und die Oberfinanzdirektionen.

(3) Landesmittelbehörden anderer als in Absatz 2 genannter Art dürfen nur durch Gesetz oder auf Grund eines Gesetzes errichtet werden.

(4) [1]Sitz und Bezirk der Landesmittelbehörden bestimmt die Landesregierung oder auf Grund einer von ihr erteilten Ermächtigung das zuständige Landesministerium. [2]Die Landesregierung oder – auf Grund einer von ihr erteilten Ermächtigung – das zuständige Landesministerium kann einer Landesmittelbehörde Aufgaben im Bezirk anderer Landesmittelbehörden übertragen; abweichende gesetzliche Vorschriften bleiben unberührt.

§ 8 Die Bezirksregierung. (1) [1]Die Bezirksregierung ist die allgemeine Vertretung der Landesregierung im Bezirk. [2]Sie hat die Entwicklung auf allen Lebensbereichen im Bezirk zu beobachten und den zuständigen obersten Landesbehörden darüber zu berichten.

(2) Die Bezirksregierung ist eine Bündelungsbehörde.

(3) Die Bezirksregierung ist zuständig für alle Aufgaben der Landesverwaltung, die nicht ausdrücklich anderen Behörden übertragen sind.

(4) [1]Die Bezirksregierungen gliedern sich in Abteilungen, die aus den Dezernaten gebildet werden. [2]Soweit möglich werden Dezernate, die Aufgaben aus dem Geschäftsbereich eines Ministeriums wahrnehmen, in ressortorientierten Abteilungen zusammengefasst. [3]Der Aufbau und die Geschäftsordnung der Bezirksregierungen werden vom Innenministerium im Einvernehmen mit dem betroffenen Ressorts festgelegt.

§ 9 Untere Landesbehörden. (1) Untere Landesbehörden sind Behörden, die einer Landesoberbehörde oder einer Landesmittelbehörde unterstehen.

(2) Untere Landesbehörden sind die Landrätinnen und Landräte als untere staatliche Verwaltungsbehörden und
- die Direktorinnen oder Direktoren der Landschaftsverbände als untere staatliche Maßregelvollzugsbehörde,
- die Finanzämter,
- die Kreispolizeibehörden,
- die Geschäftsführerinnen oder Geschäftsführer der Kreisstellen der Landwirtschaftskammer als Landesbeauftragte im Kreise,
- die Schulämter.

(3) § 7 Abs. 3 und Abs. 4 gilt entsprechend.

§ 10 Bekanntmachung der Bezirke der Landesmittelbehörden und der unteren Landesbehörden. Der Ministerpräsident gibt die Bezirke der Landesmittelbehörden und der unteren Landesbehörden und ihre späteren Veränderungen im Gesetz- und Verordnungsblatt nachrichtlich bekannt.

§ 11 Dienstaufsicht und Fachaufsicht. Die nachgeordneten Landesbehörden unterstehen der Dienstaufsicht und der Fachaufsicht.

§ 12 Dienstaufsicht und Dienstaufsichtsbehörden. (1) Die Dienstaufsicht erstreckt sich auf den Aufbau, die innere Ordnung, die allgemeine Geschäftsführung und die Personalangelegenheiten der Behörde.

(2) [1]Die Dienstaufsicht führen
1. die obersten Landesbehörden über die ihnen im Rahmen ihres Geschäftsbereichs unterstehenden Landesoberbehörden und Landesmittelbehörden,
2. das Innenministerium über die Bezirksregierungen, soweit sich nicht aus Absatz 3 etwas anderes ergibt,
3. die Landesoberbehörden und die Landesmittelbehörden über die ihnen unterstehenden unteren Landesbehörden.

[2]Die obersten Landesbehörden führen zugleich die oberste Dienstaufsicht über die ihnen im Rahmen ihres Geschäftsbereichs unterstehenden unteren Landesbehörden.

(3) Die Dienstaufsicht des Innenministeriums über die Bezirksregierungen berührt die Befugnisse der übrigen obersten Landesbehörden als oberste Dienstbehörden im Sinne des § 3 Abs. 1 des Landesbeamtengesetzes oder auf Grund besonderer gesetzlicher Vorschriften nicht.

§ 13 Fachaufsicht und Fachaufsichtsbehörden. (1) Die Fachaufsicht erstreckt sich auf die rechtmäßige und zweckmäßige Wahrnehmung der Aufgaben.

(2) [1]Die Fachaufsicht führen
1. die obersten Landesbehörden im Rahmen ihres Geschäftsbereichs über die Landesoberbehörden und Landesmittelbehörden,
2. die Landesoberbehörden und die Landesmittelbehörden über die ihnen unterstehenden unteren Landesbehörden.

[2]Die obersten Landesbehörden führen zugleich im Rahmen ihres Geschäftsbereichs die oberste Fachaufsicht über die unteren Landesbehörden.

(3) In Ausübung der Fachaufsicht können sich die Fachaufsichtsbehörden unterrichten, Weisungen erteilen und bei Gefahr im Verzuge oder aufgrund besonderer gesetzlicher Ermächtigung die Befugnisse der nachgeordneten Behörden selbst ausüben.

§ 14 Einrichtungen des Landes. (1) [1]Einrichtungen des Landes, insbesondere Institute, Archive, Untersuchungsanstalten, Schulen, Ausbildungsstätten, Forschungsanstalten und zentrale Forschungseinrichtungen, Kuranstalten und sonstige nicht rechtsfähige öffentliche Anstalten, die einen eigenen Bestand an Personal und sachlichen Mitteln haben, werden – vorbehaltlich der besonderen hierfür geltenden Vorschriften – von den obersten Landesbehörden im Rahmen ihres Geschäftsbereichs errichtet. [2]Die obersten Landesbehörden können ihre Dienst- oder Fachaufsicht auf nachgeordnete Behörden übertragen.

(2) Die einzelnen Einrichtungen müssen sich aus dem Haushaltsplan ergeben.

§ 14a Landesbetriebe. (1) Landesbetriebe sind rechtlich unselbständige, organisatorisch abgesonderte Teile der Landesverwaltung, deren Tätigkeit erwerbswirtschaftlich oder zumindest auf Kostendeckung ausgerichtet ist.

(2) Landesbetriebe können hoheitliche Aufgaben wahrnehmen.

(3) [1]Nach der Umwandlung von Behörden oder Einrichtungen in Landesbetriebe kann das für die Errichtung des Landesbetriebes zuständige Ministerium durch Rechtsverordnung mit Zustimmung der Landesregierung bestimmen, dass alle Dienststellen der Landesverwaltung, die bislang Dienstleistungen oder Produkte von der überführten Behörde oder Einrichtung bezogen oder deren Sach- und Personalmittel genutzt haben, verpflichtet bleiben, weiterhin die Dienstleistungen, Produkte und Nutzungen des Landesbetriebes in Anspruch zu nehmen. [2]In der Rechtsverordnung können der Umfang und die Dauer des Abnahme- und Benutzungszwangs näher bestimmt werden.

III. Gemeinden und Gemeindeverbände

§ 15 Mitwirkung bei der Landesverwaltung. Die Gemeinden und Gemeindeverbände wirken bei der Landesverwaltung nach Maßgabe der hierfür geltenden gesetzlichen Vorschriften mit.

§ 16 Weisungen und Auftragsangelegenheiten kraft Bundesrechts. (1) [1]Die Gemeinden und Gemeindeverbände sind bei der Durchführung von Bundesgesetzen, die das Land im Auftrag des Bundes ausführt (Art. 85 des Grundgesetzes), an die Weisungen der Aufsichtsbehörden gebunden. [2]Das gleiche gilt, soweit die Bundesregierung in den Fällen des Art. 84 Abs. 5 des Grundgesetzes Einzelweisungen erteilt.

(2) [1]Aufgaben, die der Verteidigung einschließlich des Wehrersatzwesens und des Schutzes der Zivilbevölkerung dienen und die das Land im Auftrag des Bundes ausführt (Art. 87 b Abs. 2 Satz 1 des Grundgesetzes), obliegen, falls sie von Gemeinden oder Kreisen durchzuführen sind, den Hauptverwaltungsbeamten dieser Gebietskörperschaften. [2]Die für die Erfüllung dieser Aufgaben erforderlichen Dienstkräfte und Einrichtungen sind von den Gemeinden und Kreisen zur Verfügung zu stellen. [3]Diese Aufgaben führen die Gemeinden und Kreise unter Haftung des Landes durch.

§ 17 Übertragung von Aufgaben. Die Gemeinden und Gemeindeverbände können auf Grund des § 5 dieses Gesetzes für zuständig erklärt werden.

IV. Körperschaften, Anstalten und Stiftungen des öffentlichen Rechts

§ 18 Errichtung und Aufhebung. Körperschaften des öffentlichen Rechts mit eigener Rechtspersönlichkeit (Körperschaften) können nur durch Gesetz oder auf Grund eines Gesetzes errichtet werden.

§ 19 Mitwirkung bei der Landesverwaltung. (1) Die Körperschaften wirken bei der Landesverwaltung nach Maßgabe der hierfür geltenden gesetzlichen Vorschriften mit.

(2) Körperschaften, ihren Organen oder ihren leitenden Beamten oder Angestellten können Hoheitsaufgaben des Landes nur durch Gesetz oder aufgrund eines Gesetzes übertragen werden, das die Übertragung auf Körperschaften ausdrücklich vorsieht oder zuläßt.

§ 20 Aufsicht. (1) [1]Die Aufsicht über die Körperschaften erstreckt sich darauf, daß sie ihre Aufgaben im Einklang mit dem geltenden Recht erfüllen (allgemeine Körperschaftsaufsicht); die §§ 118 bis 122 und 124 der Gemeindeordnung für das Land Nordrhein-Westfalen gelten entsprechend. [2]Abweichende gesetzliche Vorschriften bleiben unberührt.

(2) Soweit die Körperschaften ihre Aufgaben nach Weisung erfüllen, richtet sich die Aufsicht nach den hierfür geltenden gesetzlichen Vorschriften (besondere Körperschaftsaufsicht).

§ 21 Anstalten und Stiftungen des öffentlichen Rechts. Die §§ 18 bis 20 gelten entsprechend für Anstalten und Stiftungen des öffentlichen Rechts mit eigener Rechtspersönlichkeit.

V. Schluß- und Übergangsbestimmungen

§ 22 Bestehende Landesbehörden. Sitz und Bezirk der Landesmittelbehörden und der unteren Landesbehörden richten sich nach den bei Inkrafttreten dieses Gesetzes bestehenden Rechts- oder Verwaltungsvorschriften, solange die Landesregierung nichts Abweichendes gemäß § 7 Abs. 4 oder § 9 Abs. 3 bestimmt.

§ 23 *(aufgehoben)*

§ 24 Abweichender Behördenbegriff. Die bei Inkrafttreten dieses Gesetzes geltenden landesrechtlichen Vorschriften, aus denen sich ergibt, daß die dort für Behörden getroffenen Bestimmungen auch für Einrichtungen des Landes gelten sollen, bleiben insoweit unberührt.

§ 25 Prüfungsämter und Prüfungsausschüsse. Die Stellung der Behörden und Einrichtungen, denen die Prüfung von Personen obliegt, insbesondere der Prüfungsämter und Prüfungsausschüsse, bleibt unberührt.

§§ 26 bis 29 *gegenstandslos (in der amtlichen Fassung)*

§ 30 Inkrafttreten. Das Gesetz tritt am 15. Juli 1962 in Kraft.

Gemeindeordnung für das Land Nordrhein-Westfalen (GO NRW)

in der Fassung der Bekanntmachung vom 14. Juli 1994 (GV NRW S. 666); zuletzt geändert durch Gesetz vom 23. Januar 2018 (GV NRW S. 90).

INHALTSVERZEICHNIS

1. Teil

Grundlagen der Gemeindeverfassung

§ 1 Wesen der Gemeinden. (1) [1]Die Gemeinden sind die Grundlage des demokratischen Staatsaufbaues. [2]Sie fördern das Wohl der Einwohner in freier Selbstverwaltung durch ihre von der Bürgerschaft gewählten Organe. [3]Sie handeln zugleich in Verantwortung für die zukünftigen Generationen.

(2) Die Gemeinden sind Gebietskörperschaften.

§ 2 Wirkungskreis. Die Gemeinden sind in ihrem Gebiet, soweit die Gesetze nicht ausdrücklich etwas anderes bestimmen, ausschließliche und eigenverantwortliche Träger der öffentlichen Verwaltung.

§ 3 Aufgaben der Gemeinden. (1) Den Gemeinden können nur durch Gesetz Pflichtaufgaben auferlegt werden.

(2) [1]Pflichtaufgaben können den Gemeinden zur Erfüllung nach Weisung übertragen werden; das Gesetz bestimmt den Umfang des Weisungsrechts, das in der Regel zu begrenzen ist. [2]Für die gemeinsame Wahrnehmung von Pflichtaufgaben zur Erfüllung nach Weisung ist der Anwendungsbereich des Gesetzes

über kommunale Gemeinschaftsarbeit nur nach Maßgabe der Absätze 5 und 6 sowie des § 4 Abs. 8 eröffnet.

(3) [1]Eingriffe in die Rechte der Gemeinden sind nur durch Gesetz zulässig. [2]Rechtsverordnungen zur Durchführung solcher Gesetze bedürfen der Zustimmung des für die kommunale Selbstverwaltung zuständigen Ausschusses des Landtags und, sofern nicht die Landesregierung oder das für Kommunales zuständige Ministerium sie erlassen, der Zustimmung des für Kommunales zuständigen Ministeriums.

(4) [1]Werden den Gemeinden neue Pflichten auferlegt oder werden Pflichten bei der Novellierung eines Gesetzes fortgeschrieben oder erweitert, ist gleichzeitig die Aufbringung der Mittel zu regeln. [2]Führen diese neuen Pflichten zu einer Mehrbelastung der Gemeinden, ist ein entsprechender Ausgleich zu schaffen.

(5) [1]Zur Effizienzsteigerung kann eine Gemeinde mit einer benachbarten Gemeinde gemäß §§ 23 ff. des Gesetzes über kommunale Gemeinschaftsarbeit vereinbaren, dass ihr gemäß § 3 Abs. 2 übertragene Aufgaben von der benachbarten Gemeinde übernommen oder für sie durchgeführt werden. [2]Satz 1 gilt auch für den Abschluss einer öffentlich-rechtlichen Vereinbarung zwischen einer kreisfreien Stadt und einem benachbarten Kreis.

(6) Absatz 5 gilt nur, soweit
- Bundesrecht oder Recht der Europäischen Gemeinschaften nicht entgegensteht, oder
- der Abschluss einer öffentlich-rechtlichen Vereinbarung nicht durch Gesetz oder Rechtsverordnung ausdrücklich eingeschränkt oder ausgeschlossen ist, oder
- durch die beabsichtigte Aufgabenverlagerung schutzwürdige Belange Dritter nicht unangemessen beeinträchtigt werden oder Gründe des öffentlichen Wohls nicht entgegenstehen.

§ 4 Zusätzliche Aufgaben kreisangehöriger Gemeinden. (1) Mittleren kreisangehörigen Städten (Absatz 2) und Großen kreisangehörigen Städten (Absatz 3) können neben den Aufgaben nach den §§ 2 und 3 zusätzliche Aufgaben durch Gesetz oder Rechtsverordnung übertragen werden.

(2) [1]Eine kreisangehörige Gemeinde ist auf eigenen Antrag zur Mittleren kreisangehörigen Stadt zu bestimmen, wenn ihre maßgebliche Einwohnerzahl an drei aufeinanderfolgenden Stichtagen (Absatz 7) mehr als 20 000 Einwohner beträgt. [2]Sie ist von Amts wegen zur Mittleren kreisangehörigen Stadt zu bestimmen, wenn ihre maßgebliche Einwohnerzahl an drei aufeinanderfolgenden Stichtagen (Absatz 7) mehr als 25 000 Einwohner beträgt.

(3) [1]Eine kreisangehörige Gemeinde ist auf eigenen Antrag zur Großen kreisangehörigen Stadt zu bestimmen, wenn ihre maßgebliche Einwohnerzahl an drei aufeinanderfolgenden Stichtagen (Absatz 7) mehr als 50 000 Einwohner beträgt. [2]Sie ist von Amts wegen zur Großen kreisangehörigen Stadt zu be-

stimmen, wenn ihre maßgebliche Einwohnerzahl an drei aufeinanderfolgenden Stichtagen (Absatz 7) mehr als 60 000 Einwohner beträgt.

(4) [1]Eine Große kreisangehörige Stadt ist auf eigenen Antrag zur Mittleren kreisangehörigen Stadt zu bestimmen, wenn ihre maßgebliche Einwohnerzahl an fünf aufeinanderfolgenden Stichtagen (Absatz 7) weniger als 50 000 Einwohner beträgt. [2]Sie ist von Amts wegen zur Mittleren kreisangehörigen Stadt zu bestimmen, wenn ihre maßgebliche Einwohnerzahl an fünf aufeinanderfolgenden Stichtagen (Absatz 7) weniger als 45 000 Einwohner beträgt.

(5) [1]Eine Mittlere kreisangehörige Stadt oder eine Große kreisangehörige Stadt ist auf eigenen Antrag in der Rechtsverordnung (Absatz 6) zu streichen, wenn ihre maßgebliche Einwohnerzahl an fünf aufeinanderfolgenden Stichtagen (Absatz 7) weniger als 20 000 Einwohner beträgt. [2]Sie ist von Amts wegen in der Rechtsverordnung (Absatz 6) zu streichen, wenn ihre maßgebliche Einwohnerzahl an fünf aufeinanderfolgenden Stichtagen (Absatz 7) weniger als 15 000 Einwohner beträgt.

(6) [1]Über Anträge nach den Absätzen 2 bis 5 entscheidet das für Kommunales zuständige Ministerium. [2]Ihnen ist zu entsprechen, wenn zwingende übergeordnete Interessen nicht entgegenstehen. [3]Die Bestimmung kreisangehöriger Gemeinden zur Mittleren oder Großen kreisangehörigen Stadt erfolgt durch Rechtsverordnung der Landesregierung. [4]Änderungen dieser Rechtsverordnung treten zum 1. Januar des auf die Verkündung folgenden übernächsten Kalenderjahres in Kraft.

(7) Maßgeblich ist die jeweils auf den 30. Juni und 31. Dezember eines jeden Jahres fortgeschriebene Bevölkerungszahl (Stichtage), die vom Landesbetrieb Information und Technik Nordrhein-Westfalen – Geschäftsbereich Statistik – veröffentlicht wird.

(8) [1]Eine Gemeinde kann gemäß §§ 23 ff. des Gesetzes über kommunale Gemeinschaftsarbeit

a) mit einer oder mehreren benachbarten Gemeinden vereinbaren, eine oder mehrere Aufgaben nach Absatz 1 in der Form gemeinsam wahrzunehmen, dass eine der Gemeinden die Aufgabe übernimmt oder für die übrigen Beteiligten durchführt,
b) als Mittlere oder Große kreisangehörige Stadt mit dem Kreis vereinbaren, dass eine oder mehrere ihr nach Absatz 1 übertragene Aufgaben vom Kreis übernommen werden.

[2]In den Fällen des Buchstaben a) muss die Summe der Einwohnerzahl der beteiligten Gemeinden die jeweilige Einwohnerzahl des Absatzes 2 Satz 1 oder des Absatzes 3 Satz 1 überschreiten (additiver Schwellenwert). [3]Die Gemeinde gilt insoweit als Mittlere bzw. Große kreisangehörige Stadt. [4]Die Absätze 4 und 5 gelten entsprechend. [5]Soweit durch die Vereinbarung Aufgaben vom Kreis auf die Gemeinde übergehen, ist das Benehmen mit dem abgebenden Kreis erforderlich. [6]Der Kreis gilt insoweit als Beteiligter im Sinne von § 29 Abs. 4 des Gesetzes über kommunale Gemeinschaftsarbeit. [7]§ 3 Abs. 6 gilt entsprechend.

§ 5 Gleichstellung von Frau und Mann. (1) [1]Die Verwirklichung des Verfassungsgebots der Gleichberechtigung von Frau und Mann ist auch eine Aufgabe der Gemeinden. [2]Zur Wahrnehmung dieser Aufgabe können die Gemeinden Gleichstellungsbeauftragte bestellen.

(2) In kreisangehörigen Städten und Gemeinden mit mehr als 10 000 Einwohnern sowie in kreisfreien Städten sind hauptamtlich tätige Gleichstellungsbeauftragte zu bestellen.

(3) Die Gleichstellungsbeauftragte wirkt bei allen Vorhaben und Maßnahmen der Gemeinde mit, die die Belange von Frauen berühren oder Auswirkungen auf die Gleichberechtigung von Frau und Mann und die Anerkennung ihrer gleichberechtigten Stellung in der Gesellschaft haben.

(4) [1]Die Gleichstellungsbeauftragte kann in Angelegenheiten ihres Aufgabenbereiches an den Sitzungen des Verwaltungsvorstands, des Rates und seiner Ausschüsse teilnehmen. [2]Ihr ist auf Wunsch das Wort zu erteilen. [3]Sie kann die Öffentlichkeit über Angelegenheiten ihres Aufgabenbereichs unterrichten.

(5) Die Gleichstellungsbeauftragte kann in Angelegenheiten, die ihren Aufgabenbereich berühren, den Beschlussvorlagen des Bürgermeisters widersprechen; in diesem Fall hat der Bürgermeister den Rat zu Beginn der Beratung auf den Widerspruch und seine wesentlichen Gründe hinzuweisen.

(6) Das Nähere zu den Absätzen 3 bis 5 regelt die Hauptsatzung.

§ 6 Geheimhaltung. [1]Die Gemeinden sind verpflichtet, Angelegenheiten der zivilen Verteidigung, die auf Anordnung der zuständigen Behörde oder ihrem Wesen nach gegen die Kenntnis Unbefugter geschützt werden müssen, geheimzuhalten. [2]Sie haben hierbei Weisungen der Landesregierung auf dem Gebiet des Geheimschutzes zu beachten.

§ 7 Satzungen. (1) [1]Die Gemeinden können ihre Angelegenheiten durch Satzung regeln, soweit Gesetze nichts anderes bestimmen. [2]Satzungen bedürfen der Genehmigung der Aufsichtsbehörde nur, wenn dies gesetzlich ausdrücklich vorgeschrieben ist.

(2) [1]In den Satzungen können vorsätzliche und fahrlässige Zuwiderhandlungen gegen Gebote und Verbote mit Bußgeld bedroht werden. [2]Zuständige Verwaltungsbehörde im Sinne des § 36 Abs. 1 Nr. 1 des Gesetzes über Ordnungswidrigkeiten ist der Bürgermeister.

(3) [1]Jede Gemeinde hat eine Hauptsatzung zu erlassen. [2]In ihr ist mindestens zu ordnen, was nach den Vorschriften dieses Gesetzes der Hauptsatzung vorbehalten ist. [3]Die Hauptsatzung und ihre Änderung kann der Rat nur mit der Mehrheit der gesetzlichen Zahl der Mitglieder beschließen.

(4) [1]Satzungen sind öffentlich bekanntzumachen. [2]Sie treten, wenn kein anderer Zeitpunkt bestimmt ist, mit dem Tage nach der Bekanntmachung in Kraft.

(5) Das für Kommunales zuständige Ministerium bestimmt durch Rechtsverordnung, welche Verfahrens- und Formvorschriften bei der öffentlichen Be-

kanntmachung von Satzungen und sonstigen ortsrechtlichen Bestimmungen einzuhalten sind, soweit nicht andere Gesetze hierüber besondere Regelungen enthalten.

(6) [1]Die Verletzung von Verfahrens- oder Formvorschriften dieses Gesetzes kann gegen Satzungen, sonstige ortsrechtliche Bestimmungen und Flächennutzungspläne nach Ablauf eines Jahres seit ihrer Verkündung nicht mehr geltend gemacht werden, es sei denn,

a) eine vorgeschriebene Genehmigung fehlt oder ein vorgeschriebenes Anzeigeverfahren wurde nicht durchgeführt,
b) die Satzung, die sonstige ortsrechtliche Bestimmung oder der Flächennutzungsplan ist nicht ordnungsgemäß öffentlich bekanntgemacht worden,
c) der Bürgermeister hat den Ratsbeschluß vorher beanstandet oder
d) der Form- oder Verfahrensmangel ist gegenüber der Gemeinde vorher gerügt und dabei die verletzte Rechtsvorschrift und die Tatsache bezeichnet worden, die den Mangel ergibt.

[2]Bei der öffentlichen Bekanntmachung der Satzung, der sonstigen ortsrechtlichen Bestimmung und des Flächennutzungsplans ist auf die Rechtsfolgen nach Satz 1 hinzuweisen.

(7) [1]Die Gemeinden bestimmen in ihrer Hauptsatzung die Form der öffentlichen Bekanntmachung für die nach diesem Gesetz oder anderen Rechtsvorschriften vorgeschriebenen sonstigen öffentlichen Bekanntmachungen, soweit nicht andere Gesetze hierüber besondere Regelungen enthalten. [2]Für die Form und den Vollzug der Bekanntmachung gilt die Rechtsverordnung nach Absatz 5 entsprechend.

§ 8 Gemeindliche Einrichtungen und Lasten. (1) Die Gemeinden schaffen innerhalb der Grenzen ihrer Leistungsfähigkeit die für die wirtschaftliche, soziale und kulturelle Betreuung ihrer Einwohner erforderlichen öffentlichen Einrichtungen.

(2) Alle Einwohner einer Gemeinde sind im Rahmen des geltenden Rechts berechtigt, die öffentlichen Einrichtungen der Gemeinde zu benutzen und verpflichtet, die Lasten zu tragen, die sich aus ihrer Zugehörigkeit zu der Gemeinde ergeben.

(3) Grundbesitzer und Gewerbetreibende, die nicht in der Gemeinde wohnen, sind in gleicher Weise berechtigt, die öffentlichen Einrichtungen zu benutzen, die in der Gemeinde für Grundbesitzer und Gewerbetreibende bestehen, und verpflichtet, für ihren Grundbesitz oder Gewerbebetrieb im Gemeindegebiet zu den Gemeindelasten beizutragen.

(4) Diese Vorschriften gelten entsprechend für juristische Personen und für Personenvereinigungen.

§ 9 Anschluß- und Benutzungszwang. [1]Die Gemeinden können bei öffentlichem Bedürfnis durch Satzung für die Grundstücke ihres Gebiets den Anschluß an Wasserleitung, Kanalisation und ähnliche der Volksgesundheit dienende Einrichtungen sowie an Einrichtungen zur Versorgung mit Fernwärme (Anschlußzwang) und die Benutzung dieser Einrichtungen und der Schlachthöfe (Benutzungszwang) vorschreiben. [2]Die Satzung kann Ausnahmen vom Anschluß- und Benutzungszwang zulassen. [3]Sie kann den Zwang auch auf bestimmte Teile des Gemeindegebiets und auf bestimmte Gruppen von Grundstücken oder Personen beschränken. [4]Im Falle des Anschluß- und Benutzungszwangs für Fernwärme soll die Satzung zum Ausgleich von sozialen Härten angemessene Übergangsregelungen enthalten.

§ 10 Wirtschaftsführung. [1]Die Gemeinden haben ihr Vermögen und ihre Einkünfte so zu verwalten, daß die Gemeindefinanzen gesund bleiben. [2]Auf die wirtschaftliche Leistungsfähigkeit der Abgabepflichtigen ist Rücksicht zu nehmen.

§ 11 Aufsicht. Die Aufsicht des Landes schützt die Gemeinden in ihren Rechten und sichert die Erfüllung ihrer Pflichten.

§ 12 Funktionsbezeichnungen. Die Funktionsbezeichnungen dieses Gesetzes werden in weiblicher oder männlicher Form geführt.

§ 13 Name und Bezeichnung. (1) [1]Die Gemeinden führen ihren bisherigen Namen. [2]Der Rat kann mit einer Mehrheit von drei Vierteln seiner Mitglieder den Gemeindenamen ändern. [3]Die Änderung des Gemeindenamens bedarf der Genehmigung des für Kommunales zuständigen Ministeriums. [4]Sätze 2 und 3 finden auch in den Fällen Anwendung, in denen der Gemeindename durch Gesetz festgelegt wurde, wenn seit dem Inkrafttreten des Gesetzes zehn Jahre vergangen sind.

(2) [1]Die Bezeichnung „Stadt" führen die Gemeinden, denen diese Bezeichnung nach dem bisherigen Recht zusteht. [2]Sobald eine Gemeinde als Mittlere kreisangehörige Stadt zusätzliche Aufgaben wahrzunehmen hat, führt sie unabhängig von der künftigen Einwohnerentwicklung die Bezeichnung „Stadt". [3]Eine kreisangehörige Stadt, in der die Kreisverwaltung ihren Sitz hat, ist berechtigt, die Bezeichnung „Kreisstadt" zu führen.

(3) [1]Die Gemeinden können auch andere Bezeichnungen, die auf der Geschichte oder der heutigen Eigenart oder Bedeutung der Gemeinden beruhen, führen. [2]Der Rat kann mit einer Mehrheit von drei Vierteln seiner Mitglieder diese Bezeichnung bestimmen und ändern. [3]Die Bestimmung und Änderung der Bezeichnung bedarf der Genehmigung des für Kommunales zuständigen Ministeriums.

§ 14 Siegel, Wappen und Flaggen. (1) Die Gemeinden führen Dienstsiegel.

(2) Die Gemeinden führen ihre bisherigen Wappen und Flaggen.

(3) Die Änderung und die Einführung von Dienstsiegeln, Wappen und Flaggen bedürfen der Genehmigung der Aufsichtsbehörde.

2. Teil

Gemeindegebiet

§ 15 Gemeindegebiet. Das Gebiet jeder Gemeinde soll so bemessen sein, daß die örtliche Verbundenheit der Einwohner gewahrt und die Leistungsfähigkeit der Gemeinde zur Erfüllung ihrer Aufgaben gesichert ist.

§ 16 Gebietsbestand. (1) [1]Das Gebiet der Gemeinde besteht aus den Grundstücken, die nach geltendem Recht zu ihr gehören. [2]Grenzstreitigkeiten entscheidet die Aufsichtsbehörde.

(2) Jedes Grundstück soll zu einer Gemeinde gehören.

§ 17 Gebietsänderungen. (1) Aus Gründen des öffentlichen Wohls können Gemeindegrenzen geändert, Gemeinden aufgelöst oder neugebildet werden.

(2) Werden durch die Änderung von Gemeindegrenzen die Grenzen von Gemeindeverbänden berührt, so bewirkt die Änderung der Gemeindegrenzen unmittelbar auch die Änderung der Gemeindeverbandsgrenzen.

§ 18 Gebietsänderungsverträge. (1) [1]Die beteiligten Gemeinden und Gemeindeverbände treffen, soweit erforderlich, Vereinbarungen über die aus Anlaß einer Gebietsänderung zu regelnden Einzelheiten (Gebietsänderungsverträge). [2]In diese Verträge sind insbesondere die für die Auseinandersetzung, die Rechtsnachfolge und die Überleitung des Ortsrechts notwendigen Bestimmungen aufzunehmen.

(2) [1]Gebietsänderungsverträge bedürfen der Genehmigung der Aufsichtsbehörde. [2]Kommt ein Gebietsänderungsvertrag nicht zustande, so bestimmt die Aufsichtsbehörde die aus Anlaß der Gebietsänderung zu regelnden Einzelheiten.

§ 19 Verfahren bei Gebietsänderungen. (1) Die Gemeinden haben vor Aufnahme von Verhandlungen über Änderungen ihres Gebiets die Aufsichtsbehörde zu unterrichten.

(2) [1]Vor jeder Gebietsänderung ist der Wille der betroffenen Bevölkerung in der Weise festzustellen, daß den Räten der beteiligten Gemeinden Gelegenheit zur Stellungnahme gegeben wird. [2]Außerdem sind die Gemeindeverbände zu hören, deren Grenzen durch die Gebietsänderung berührt werden.

(3) [1]Änderungen des Gemeindegebiets bedürfen eines Gesetzes. [2]In Fällen von geringer Bedeutung kann die Änderung von Gemeindegrenzen durch die Bezirksregierung ausgesprochen werden, wenn die Grenzen von Regierungsbezirken berührt werden, ist das für Kommunales zuständige Ministerium zuständig. [3]Geringe Bedeutung hat eine Grenzänderung, wenn sie nicht mehr als 10 vom Hundert des Gemeindegebiets der abgebenden Gemeinde und nicht mehr als insgesamt 200 Einwohner erfaßt. [4]Die Sätze 2 und 3 finden auch in dem Falle Anwendung, daß eine Gemeindegrenze durch Gesetz festgelegt wurde, wenn

seit dem Inkrafttreten des Gesetzes zehn Jahre vergangen sind; gesetzliche Vorschriften, die die Änderung von Gemeindegrenzen bereits zu einem früheren Zeitpunkt zulassen, bleiben unberührt.

(4) In dem Gesetz oder in der Entscheidung nach Absatz 3 Satz 2 sind die Gebietsänderungsverträge oder die Bestimmungen der Aufsichtsbehörde über die Einzelheiten der Gebietsänderung zu bestätigen.

§ 20 Wirkungen der Gebietsänderung. (1) [1]Der Ausspruch der Änderung des Gemeindegebiets und die Entscheidung über die Auseinandersetzung begründen Rechte und Pflichten der Beteiligten. [2]Sie bewirken den Übergang, die Beschränkung oder Aufhebung von dinglichen Rechten, sofern der Gebietsänderungsvertrag oder die Entscheidung über die Auseinandersetzung derartiges vorsehen. [3]Die Aufsichtsbehörde ersucht die zuständigen Behörden um die Berichtigung des Grundbuchs, des Wasserbuchs und anderer öffentlicher Bücher. [4]Sie kann Unschädlichkeitszeugnisse ausstellen.

(2) Rechtshandlungen, die aus Anlaß der Änderung des Gemeindegebiets erforderlich sind, sind frei von öffentlichen Abgaben sowie von Gebühren und Auslagen, soweit diese auf Landesrecht beruhen.

3. Teil
Einwohner und Bürger

§ 21 Einwohner und Bürger. (1) Einwohner ist, wer in der Gemeinde wohnt.

(2) Bürger ist, wer zu den Gemeindewahlen wahlberechtigt ist.

§ 22 Pflichten der Gemeinden gegenüber ihren Einwohnern. (1) [1]Die Gemeinden sind in den Grenzen ihrer Verwaltungskraft ihren Einwohnern bei der Einleitung von Verwaltungsverfahren behilflich, auch wenn für deren Durchführung eine andere Behörde zuständig ist. [2]Zur Rechtsberatung sind die Gemeinden nicht verpflichtet.

(2) Die Gemeinden haben Vordrucke für Anträge, Anzeigen und Meldungen, die ihnen von anderen Behörden überlassen werden, bereitzuhalten.

(3) [1]Soweit Anträge beim Kreis oder bei der Bezirksregierung einzureichen sind, haben die Gemeinden die Anträge entgegenzunehmen und unverzüglich an die zuständige Behörde weiterzuleiten. [2]Die Einreichung bei der Gemeinde gilt als Antragstellung bei der zuständigen Behörde, soweit Bundesrecht nicht entgegensteht. [3]Durch Rechtsverordnung des für Kommunales zuständigen Ministeriums können Anträge, die bei anderen Behörden zu stellen sind, in diese Regelung einbezogen werden.

§ 23 Unterrichtung der Einwohner. (1) [1]Der Rat unterrichtet die Einwohner über die allgemein bedeutsamen Angelegenheiten der Gemeinde. [2]Bei wichtigen Planungen und Vorhaben der Gemeinde, die unmittelbar raum- oder entwicklungsbedeutsam sind oder das wirtschaftliche, soziale oder kulturelle Wohl ihrer Einwohner nachhaltig berühren, sollen die Einwohner möglichst frühzeitig über die Grundlagen sowie Ziele, Zwecke und Auswirkungen unterrichtet werden.

(2) [1]Die Unterrichtung ist in der Regel so vorzunehmen, daß Gelegenheit zur Äußerung und zur Erörterung besteht. [2]Zu diesem Zweck kann der Rat Versammlungen der Einwohner anberaumen, die auf Gemeindebezirke (Ortschaften) beschränkt werden können. [3]Die näheren Einzelheiten, insbesondere die Beteiligung der Bezirksvertretungen in den kreisfreien Städten, sind in der Hauptsatzung zu regeln. [4]Vorschriften über eine förmliche Beteiligung oder Anhörung bleiben unberührt.

(3) Ein Verstoß gegen die Absätze 1 und 2 berührt die Rechtmäßigkeit der Entscheidung nicht.

§ 24 Anregungen und Beschwerden. (1) [1]Jeder hat das Recht, sich einzeln oder in Gemeinschaft mit anderen schriftlich mit Anregungen oder Beschwerden in Angelegenheiten der Gemeinde an den Rat oder die Bezirksvertretung zu wenden. [2]Die Zuständigkeiten der Ausschüsse, der Bezirksvertretungen und des Bürgermeisters werden hierdurch nicht berührt. [3]Die Erledigung von Anregungen und Beschwerden kann der Rat einem Ausschuß übertragen. [4]Der Antragsteller ist über die Stellungnahme zu den Anregungen und Beschwerden zu unterrichten.

(2) Die näheren Einzelheiten regelt die Hauptsatzung.

§ 25 Einwohnerantrag. (1) Einwohner, die seit mindestens drei Monaten in der Gemeinde wohnen und das 14. Lebensjahr vollendet haben, können beantragen, daß der Rat über eine bestimmte Angelegenheit, für die er gesetzlich zuständig ist, berät und entscheidet.

(2) [1]Der Antrag muß schriftlich eingereicht werden. [2]Er muß ein bestimmtes Begehren und eine Begründung enthalten. [3]Er muß bis zu drei Personen benennen, die berechtigt sind, die Unterzeichnenden zu vertreten. [4]Die Verwaltung ist in den Grenzen ihrer Verwaltungskraft ihren Einwohnern bei der Einleitung eines Einwohnerantrages behilflich.

(3) Der Einwohnerantrag muß unterzeichnet sein,
1. in kreisangehörigen Gemeinden von mindestens 5 vom Hundert der Einwohner, höchstens jedoch von 4000 Einwohnern,
2. in kreisfreien Städten von mindestens 4 vom Hundert der Einwohner, höchstens jedoch 8000 Einwohnern.

(4) [1]Jede Liste mit Unterzeichnungen muß den vollen Wortlaut des Antrags enthalten. [2]Eintragungen, welche die Person des Unterzeichners nach Namen, Vornamen, Geburtsdatum und Anschrift nicht zweifelsfrei erkennen lassen, sind ungültig. [3]Die Angaben werden von der Gemeinde geprüft.

(5) Der Antrag ist nur zulässig, wenn nicht in derselben Angelegenheit innerhalb der letzten zwölf Monate bereits ein Antrag gestellt wurde.

(6) Die Voraussetzungen der Absätze 1 bis 5 müssen im Zeitpunkt des Eingangs des Antrags bei der Gemeinde erfüllt sein.

(7) [1]Der Rat stellt unverzüglich fest, ob der Einwohnerantrag zulässig ist. [2]Er hat unverzüglich darüber zu beraten und zu entscheiden, spätestens innerhalb von vier Monaten nach seinem Eingang. [3]Den Vertretern des Einwohnerantrags soll Gelegenheit gegeben werden, den Antrag in der Ratssitzung zu erläutern.

(8) [1]In kreisfreien Städten kann ein Einwohnerantrag an eine Bezirksvertretung gerichtet werden, wenn es sich um eine Angelegenheit handelt, für welche die Bezirksvertretung zuständig ist. [2]Die Absätze 1 bis 7 gelten entsprechend mit der Maßgabe, daß
1. antrags- und unterzeichnungsberechtigt ist, wer im Stadtbezirk wohnt und
2. die Berechnung der erforderlichen Unterzeichnungen sich nach der Zahl der im Stadtbezirk wohnenden Einwohner richtet.

(9) Das für Kommunales zuständige Ministerium kann durch Rechtsverordnung das Nähere über die Durchführung des Einwohnerantrags regeln.

§ 26 Bürgerbegehren und Bürgerentscheid. (1) [1]Die Bürger können beantragen (Bürgerbegehren), daß sie an Stelle des Rates über eine Angelegenheit der Gemeinde selbst entscheiden (Bürgerentscheid). [2]Der Rat kann mit einer Mehrheit von zwei Dritteln der gesetzlichen Zahl der Mitglieder beschließen, dass über eine Angelegenheit der Gemeinde ein Bürgerentscheid stattfindet (Ratsbürgerentscheid). [3]Absatz 2 Satz 1 sowie die Absätze 5, 7, 8 und 10 gelten entsprechend.

(2) [1]Das Bürgerbegehren muss schriftlich eingereicht werden und die zur Entscheidung zu bringende Frage, sowie eine Begründung enthalten. [2]Es muss bis zu drei Bürger benennen, die berechtigt sind, die Unterzeichnenden zu vertreten (Vertretungsberechtigte). [3]Bürger, die beabsichtigen, ein Bürgerbegehren durchzuführen, teilen dies der Verwaltung schriftlich mit. [4]Die Verwaltung ist in den Grenzen ihrer Verwaltungskraft ihren Bürgern bei der Einleitung eines Bürgerbegehrens behilflich. [5]Sie teilt den Vertretungsberechtigten schriftlich eine Einschätzung der mit der Durchführung der verlangten Maßnahme verbundenen Kosten (Kostenschätzung) mit. [6]Die Kostenschätzung der Verwaltung ist bei der Sammlung der Unterschriften nach Absatz 4 anzugeben.

(3) [1]Richtet sich ein Bürgerbegehren gegen einen Beschluß des Rates, muß es innerhalb von sechs Wochen nach der Bekanntmachung des Beschlusses eingereicht sein. [2]Gegen einen Beschluß, der nicht der Bekanntmachung bedarf, beträgt die Frist drei Monate nach dem Sitzungstag. [3]Nach der schriftlichen Mitteilung nach Absatz 2 Satz 3 ist der Ablauf der Fristen aus Satz 1 und Satz 2 bis zur Mitteilung der Verwaltung nach Absatz 2 Satz 5 gehemmt.

(4) [1]Ein Bürgerbegehren muss in Gemeinden
- bis 10 000 Einwohner von 10%
- bis 20 000 Einwohner von 9%
- bis 30 000 Einwohner von 8%
- bis 50 000 Einwohner von 7%
- bis 100 000 Einwohner von 6%
- bis 200 000 Einwohner von 5%
- bis 500 000 Einwohner von 4%
- über 500 000 Einwohner von 3%

der Bürger unterzeichnet sein. [2]Die Angaben werden von der Gemeinde geprüft. [3]Im übrigen gilt § 25 Abs. 4 entsprechend.

(5) [1]Ein Bürgerbegehren ist unzulässig über
1. die innere Organisation der Gemeindeverwaltung,
2. die Rechtsverhältnisse der Mitglieder des Rates, der Bezirksvertretungen und der Ausschüsse sowie der Bediensteten der Gemeinde,
3. die Haushaltssatzung, die Eröffnungsbilanz, den Jahresabschluss und den Gesamtabschluss der Gemeinde (einschließlich der Wirtschaftspläne und des Jahresabschlusses der Eigenbetriebe) sowie die kommunalen Abgaben und die privatrechtlichen Entgelte,
4. Angelegenheiten, die im Rahmen eines Planfeststellungsverfahrens oder eines förmlichen Verwaltungsverfahrens mit Öffentlichkeitsbeteiligung oder eines abfallrechtlichen, immissionsschutzrechtlichen, wasserrechtlichen oder vergleichbaren Zulassungsverfahrens zu entscheiden sind,
5. die Aufstellung, Änderung, Ergänzung und Aufhebung von Bauleitplänen mit Ausnahme der Entscheidung über die Einleitung des Bauleitplanverfahrens.

[2]Ein Bürgerbegehren darf nur Angelegenheiten zum Gegenstand haben, über die innerhalb der letzten zwei Jahre nicht bereits ein Bürgerentscheid durchgeführt worden ist.

(6) [1]Der Rat stellt unverzüglich fest, ob das Bürgerbegehren zulässig ist. [2]Gegen die ablehnende Entscheidung des Rates können nur die Vertreter des Bürgerbegehrens nach Absatz 2 Satz 2 einen Rechtsbehelf einlegen. [3]Entspricht der Rat dem zulässigen Bürgerbegehren nicht, so ist innerhalb von drei Monaten ein Bürgerentscheid durchzuführen. [4]Entspricht der Rat dem Bürgerbegehren, so unterbleibt der Bürgerentscheid. [5]Den Vertretern des Bürgerbegehrens soll Gelegenheit gegeben werden, den Antrag in der Sitzung des Rates zu erläutern. [6]Ist die Zulässigkeit des Bürgerbegehrens festgestellt, darf bis zur Feststellung des Ergebnisses des Bürgerentscheids eine dem Begehren entgegenstehende Entscheidung der Gemeindeorgane nicht mehr getroffen oder mit dem Vollzug einer derartigen Entscheidung nicht mehr begonnen werden, es sei denn, zu diesem Zeitpunkt haben rechtliche Verpflichtungen der Gemeinde hierzu bestanden (Sperrwirkung des zulässigen Bürgerbegehrens).

(7) [1]Bei einem Bürgerentscheid kann über die gestellte Frage nur mit Ja oder Nein abgestimmt werden. [2]Die Frage ist in dem Sinne entschieden, in dem sie von der Mehrheit der gültigen Stimmen beantwortet wurde, sofern diese Mehrheit in Gemeinden mit

bis zu	50 000 Einwohnern	mindestens 20 Prozent,
über	50 000 bis zu 100 000 Einwohnern	mindestens 15 Prozent,
mehr als	100 000 Einwohnernmindestens	10 Prozent

der Bürger beträgt.
[3]Bei Stimmengleichheit gilt die Frage als mit Nein beantwortet. [4]Sollen an einem Tag mehrere Bürgerentscheide stattfinden, hat der Rat eine Stichfrage für den Fall zu beschließen, dass die gleichzeitig zur Abstimmung gestellten Fragen in einer miteinander nicht zu vereinbarenden Weise beantwortet werden (Stichentscheid). [5]Es gilt dann diejenige Entscheidung, für die sich im Stichentscheid die Mehrheit der gültigen Stimmen ausspricht. [6]Bei Stimmengleichheit im Stichentscheid gilt der Bürgerentscheid, dessen Frage mit der höchsten Stimmenzahl mehrheitlich beantwortet worden ist.

(8) [1]Der Bürgerentscheid hat die Wirkung eines Ratsbeschlusses. [2]Vor Ablauf von zwei Jahren kann er nur auf Initiative des Rates durch einen neuen Bürgerentscheid abgeändert werden.

(9) [1]In kreisfreien Städten können Bürgerbegehren und Bürgerentscheid in einem Stadtbezirk durchgeführt werden, wenn es sich um eine Angelegenheit handelt, für welche die Bezirksvertretung zuständig ist. [2]Die Absätze 1 bis 8 gelten entsprechend mit der Maßgabe, daß

1. das Bürgerbegehren von im Stadtbezirk wohnenden Bürgern unterzeichnet sein muss,
2. bei einem Bürgerentscheid nur die im Stadtbezirk wohnenden Bürger stimmberechtigt sind,
3. die Bezirksvertretung mit Ausnahme der Entscheidung nach Absatz 6 Satz 1 an die Stelle des Rates tritt.

(10) [1]Das für Kommunales zuständige Ministerium kann durch Rechtsverordnung das Nähere über die Durchführung des Bürgerbegehrens und des Bürgerentscheids regeln. [2]Dabei sind die § 32 Abs. 6, § 34a und § 41 der Kommunalwahlordnung zu berücksichtigen.

§ 27 Integration. (1) [1]In einer Gemeinde, in der mindestens 5000 ausländische Einwohner ihre Hauptwohnung haben, ist ein Integrationsrat zu bilden. [2]In einer Gemeinde, in der mindestens 2000 ausländische Einwohner ihre Hauptwohnung haben, ist ein Integrationsrat zu bilden, wenn mindestens 200 Wahlberechtigte gemäß Absatz 3 Satz 1 es beantragen. [3]In anderen Gemeinden kann ein Integrationsrat gebildet werden. [4]Der Integrationsrat wird gebildet, indem die Mitglieder nach Absatz 2 Satz 1 gewählt werden und die vom Rat nach Absatz 2 Satz 4 bestellten Ratsmitglieder hinzutreten. [5]Die Zahl der nach Absatz 2 Satz 1 zu wählenden Mitglieder muss die Zahl der nach Absatz 2 Satz 4 zu bestellenden Ratsmitglieder übersteigen.

(2) [1]In allgemeiner, unmittelbarer, freier, gleicher und geheimer Wahl werden für die Dauer der Wahlperiode des Rates die Mitglieder nach Listen oder als Einzelbewerber gewählt. [2]Für die Mitglieder nach Listen und die Einzelbewerber können Stellvertreter gewählt werden. [3]Die Wahl der Mitglieder findet am Tag der Kommunalwahl statt; in den Fällen des Absatz 1 Satz 2 und 3 ist auch eine spätere Wahl zulässig. [4]Für den Integrationsrat bestellt der Rat aus seiner Mitte die weiteren Mitglieder. [5]Die Bestellung von Stellvertretern ist zulässig. [6]Nach Ablauf der Wahlperiode üben die bisherigen Mitglieder und Ratsmitglieder im Integrationsrat ihre Tätigkeit bis zum Zusammentritt eines neugewählten Integrationsrates weiter aus, es sei denn, der Rat hat nach Absatz 1 Satz 3 beschlossen, künftig keinen Integrationsrat zu bilden.

(3) [1]Wahlberechtigt ist, wer
1. nicht Deutscher im Sinne des Artikels 116 Absatz 1 des Grundgesetzes ist,
2. eine ausländische Staatsangehörigkeit besitzt,
3. die deutsche Staatsangehörigkeit durch Einbürgerung erhalten hat oder
4. die deutsche Staatsangehörigkeit nach § 4 Absatz 3 des Staatsangehörigkeitsgesetzes in der im Bundesgesetzblatt Teil III, Gliederungsnummer 102-1, veröffentlichten bereinigten Fassung, zuletzt geändert durch Artikel 1 des Gesetzes vom 28. August 2013 (BGBl. I S. 3458), erworben hat.

[2]Darüber hinaus muss die Person am Wahltag
1. 16 Jahre alt sein,
2. sich seit mindestens einem Jahr im Bundesgebiet rechtmäßig aufhalten und
3. mindestens seit dem sechzehnten Tag vor der Wahl in der Gemeinde ihre Hauptwohnung haben.

[3]Wahlberechtigte Personen nach Satz 1 Nummern 3 und 4 müssen sich bis zum zwölften Tag vor der Wahl in das Wählerverzeichnis eintragen lassen.

(4) Nicht wahlberechtigt sind Ausländer
1. auf die das Aufenthaltsgesetz in der Fassung der Bekanntmachung vom 25. Februar 2008 (BGBl. I S. 162), zuletzt geändert durch Artikel 7 des Gesetzes vom 17. Juni 2013 (BGBl. I S. 1555), nach seinem § 1 Absatz 2 Nummer 2 oder 3 keine Anwendung findet oder
2. die Asylbewerber sind.

(5) [1]Wählbar sind mit Vollendung des 18. Lebensjahres alle wahlberechtigten Personen nach Absatz 3 Satz 1 sowie alle Bürger. [2]Darüber hinaus muss die Person am Wahltag
1. sich seit mindestens einem Jahr im Bundesgebiet rechtmäßig aufhalten und
2. seit mindestens drei Monaten in der Gemeinde ihre Hauptwohnung haben.

(6) Bei der Feststellung der Zahl der ausländischen Einwohner nach Absatz 1 lässt die Gemeinde die in Absatz 4 bezeichneten Ausländer sowie die Personen, die neben einer ausländischen auch die deutsche Staatsangehörigkeit besitzen, außer Betracht.

(7) [1]Für die Rechtsstellung der nach Absatz 2 Satz 1 gewählten Mitglieder gelten die §§ 30, 31, 32 Absatz 2, 33, 43 Absatz 1, 44 und 45 mit Ausnahme

des Absatzes 4 Nummer 1 entsprechend. [2]Der Integrationsrat wählt aus seiner Mitte einen Vorsitzenden und einen oder mehrere Stellvertreter. [3]Der Integrationsrat regelt seine inneren Angelegenheiten durch eine Geschäftsordnung.

(8) [1]Rat und Integrationsrat sollen sich über die Themen und Aufgaben der Integration in der Gemeinde abstimmen. [2]Der Integrationsrat kann sich darüber hinaus mit allen Angelegenheiten der Gemeinde befassen. [3]Auf Antrag des Integrationsrates ist eine Anregung oder Stellungnahme des Integrationsrates dem Rat, einer Bezirksvertretung oder einem Ausschuss vorzulegen. [4]Der Vorsitzende des Integrationsrates oder ein anderes vom Integrationsrat benanntes Mitglied ist berechtigt, bei der Beratung dieser Angelegenheit an der Sitzung teilzunehmen; auf sein Verlangen ist ihm dazu das Wort zu erteilen.

(9) Der Integrationsrat soll zu Fragen, die ihm vom Rat, einem Ausschuss, einer Bezirksvertretung oder vom Bürgermeister vorgelegt werden, Stellung nehmen.

(10) [1]Dem Integrationsrat sind die zur Erledigung seiner Aufgaben erforderlichen Mittel zur Verfügung zu stellen. [2]Der Rat kann nach Anhörung des Integrationsrates den Rahmen festlegen, innerhalb dessen der Integrationsrat über ihm vom Rat zugewiesene Haushaltsmittel entscheiden kann.

(11) [1]Für die Wahl zum Integrationsrat nach Absatz 2 Satz 1 gelten die §§ 2, 5 Absatz 1, §§ 9 bis 13, 24 bis 27, 30, 34 bis 46, 47 Satz 1 und § 48 des Kommunalwahlgesetzes entsprechend; § 29 Kommunalwahlgesetz gilt entsprechend, soweit die Gemeinden keine abweichenden Regelungen treffen. [2]Das für Kommunales zuständige Ministerium kann durch Rechtsverordnung das Nähere über die Wahlvorschläge sowie weitere Einzelheiten über die Vorbereitung und Durchführung der Wahl sowie über die Wahlprüfung regeln.

§ 27a Interessenvertretungen, Beauftragte. [1]Die Gemeinde kann zur Wahrnehmung der spezifischen Interessen von Senioren, von Jugendlichen, von Menschen mit Behinderung oder anderen gesellschaftlichen Gruppen besondere Vertretungen bilden oder Beauftragte bestellen. [2]Das Nähere kann durch Satzung geregelt werden.

§ 28 Ehrenamtliche Tätigkeit und Ehrenamt. (1) Der Einwohner ist zu einer nebenberuflichen vorübergehenden Tätigkeit für die Gemeinde verpflichtet (ehrenamtliche Tätigkeit).

(2) Der Bürger ist zur nebenberuflichen Übernahme eines auf Dauer berechneten Kreises von Verwaltungsgeschäften für die Gemeinde verpflichtet (Ehrenamt).

§ 29 Ablehnungsgründe. (1) Einwohner und Bürger können die Übernahme einer ehrenamtlichen Tätigkeit oder eines Ehrenamts ablehnen, ihre Ausübung verweigern oder das Ausscheiden verlangen, wenn ein wichtiger Grund vorliegt.

(2) Ob ein wichtiger Grund vorliegt, entscheidet der Rat, soweit er nicht die Entscheidung dem Bürgermeister überträgt.

(3) [1]Der Rat kann gegen einen Bürger oder Einwohner, der ohne wichtigen Grund die Übernahme einer ehrenamtlichen Tätigkeit oder eines Ehrenamts ablehnt oder ihre Ausübung verweigert, ein Ordnungsgeld bis zu 250 Euro und für jeden Fall der Wiederholung ein Ordnungsgeld bis zu 500 Euro festsetzen. [2]Die Ordnungsgelder werden im Verwaltungszwangsverfahren beigetrieben.

§ 30 Verschwiegenheitspflicht. (1) [1]Der zu ehrenamtlicher Tätigkeit oder in ein Ehrenamt Berufene hat, auch nach Beendigung seiner Tätigkeit, über die ihm dabei bekannt gewordenen Angelegenheiten, deren Geheimhaltung ihrer Natur nach erforderlich, besonders vorgeschrieben, vom Rat beschlossen oder vom Bürgermeister angeordnet ist, Verschwiegenheit zu wahren. [2]Ihrer Natur nach geheim sind insbesondere Angelegenheiten, deren Mitteilung an andere dem Gemeinwohl oder dem berechtigten Interesse einzelner Personen zuwiderlaufen würde. [3]Er darf die Kenntnis vertraulicher Angelegenheiten nicht unbefugt verwerten.

(2) Der zu ehrenamtlicher Tätigkeit oder in ein Ehrenamt Berufene darf ohne Genehmigung über Angelegenheiten, über die er Verschwiegenheit zu wahren hat, weder vor Gericht noch außergerichtlich aussagen oder Erklärungen abgeben.

(3) Die Genehmigung, als Zeuge auszusagen, darf nur versagt werden, wenn die Aussage dem Wohle des Bundes oder eines Landes Nachteile bereiten oder die Erfüllung öffentlicher Aufgaben ernstlich gefährden oder erheblich erschweren würde.

(4) [1]Ist der zu ehrenamtlicher Tätigkeit oder in ein Ehrenamt Berufene Beteiligter in einem gerichtlichen Verfahren oder soll sein Vorbringen der Wahrnehmung seiner berechtigten Interessen dienen, so darf die Genehmigung auch dann, wenn die Voraussetzungen des Absatzes 3 erfüllt sind, nur versagt werden, wenn ein zwingendes öffentliches Interesse dies erfordert. [2]Wird sie versagt, so ist der Schutz zu gewähren, den die öffentlichen Interessen zulassen.

(5) Die Genehmigung erteilt bei den vom Rat zu ehrenamtlicher Tätigkeit oder in ein Ehrenamt Berufenen der Rat, im übrigen der Bürgermeister.

(6) [1]Wer die Pflichten nach Absatz 1 oder 2 verletzt, kann zur Verantwortung gezogen werden. [2]Soweit die Tat nicht mit Strafe bedroht ist, gilt § 29 Abs. 3 entsprechend.

§ 31 Ausschließungsgründe. (1) [1]Der zu ehrenamtlicher Tätigkeit oder in ein Ehrenamt Berufene darf weder beratend noch entscheidend mitwirken, wenn die Entscheidung einer Angelegenheit

1. ihm selbst,
2. einem seiner Angehörigen,
3. einer von ihm kraft Gesetzes oder kraft Vollmacht vertretenen natürlichen oder juristischen Person

einen unmittelbaren Vorteil oder Nachteil bringen kann. [2]Unmittelbar ist der Vorteil oder Nachteil, wenn die Entscheidung eine natürliche oder juristische Person direkt berührt.

(2) Das Mitwirkungsverbot gilt auch, wenn der Betreffende

1. bei einer natürlichen Person, einer juristischen Person oder einer Vereinigung, der die Entscheidung einen unmittelbaren Vorteil oder Nachteil bringen kann, gegen Entgelt beschäftigt ist und nach den tatsächlichen Umständen, insbesondere der Art seiner Beschäftigung, ein Interessenwiderstreit anzunehmen ist,
2. Mitglied des Vorstandes, des Aufsichtsrates oder eines gleichartigen Organs einer juristischen Person oder einer Vereinigung ist, der die Entscheidung einen unmittelbaren Vorteil oder Nachteil bringen kann, es sei denn, er gehört den genannten Organen als Vertreter oder auf Vorschlag der Gemeinde an,
3. in anderer als öffentlicher Eigenschaft in der Angelegenheit ein Gutachten abgegeben hat oder sonst tätig geworden ist.

(3) Die Mitwirkungsverbote der Absätze 1 und 2 gelten nicht,

1. wenn der Vorteil oder Nachteil nur darauf beruht, daß jemand einer Berufs- oder Bevölkerungsgruppe angehört, deren gemeinsame Interessen durch die Angelegenheit berührt werden,
2. bei Wahlen zu einer ehrenamtlichen Tätigkeit oder in ein Ehrenamt und für die Abberufung aus solchen Tätigkeiten,
3. bei Wahlen, Wiederwahlen und Abberufungen nach § 71, es sei denn, der Betreffende selbst steht zur Wahl,
4. bei Beschlüssen eines Kollegialorgans, durch die jemand als Vertreter der Gemeinde in Organe der in Absatz 2 Nr. 2 genannten Art entsandt oder aus ihnen abberufen wird; das gilt auch für Beschlüsse, durch die Vorschläge zur Berufung in solche Organe gemacht werden,
5. bei gleichzeitiger Mitgliedschaft in der Vertretung einer anderen Gebietskörperschaft oder deren Ausschüssen, wenn ihr durch die Entscheidung ein Vorteil oder Nachteil erwachsen kann.

(4) [1]Wer annehmen muß, nach Absatz 1 oder 2 von der Mitwirkung ausgeschlossen zu sein, hat den Ausschließungsgrund unaufgefordert der zuständigen Stelle anzuzeigen und den Sitzungsraum zu verlassen; bei einer öffentlichen Sitzung kann er sich in dem für die Zuhörer bestimmten Teil des Sitzungsraumes aufhalten. [2]Für die Entscheidung in Fällen, in denen der Ausschluß streitig bleibt, ist bei Mitgliedern eines Kollegialorgans dieses, sonst der Bürgermeister zuständig. [3]Verstöße gegen die Offenbarungspflicht sind von dem Kollegialorgan durch Beschluß, vom Bürgermeister durch einen schriftlichen Bescheid festzustellen.

(5) [1]Angehörige im Sinne des Absatzes 1 Nr. 2, des § 72, des § 93 Abs. 5, § 103 Abs. 7 und des § 104 Abs. 3 sind

1. der Ehegatte oder die eingetragene Lebenspartnerin oder der eingetragene Lebenspartner,
2. Verwandte und Verschwägerte gerader Linie sowie durch Annahme als Kind verbundene Personen,
3. Geschwister,
4. Kinder der Geschwister,
5. Ehegatten der Geschwister und Geschwister der Ehegatten,
6. eingetragene Lebenspartnerinnen oder Lebenspartner der Geschwister und Geschwister der eingetragenen Lebenspartnerinnen oder Lebenspartner,
7. Geschwister der Eltern.

[2]Die unter den Nummern 1, 2, 5 und 6 genannten Personen gelten nicht als Angehörige, wenn die Ehe rechtswirksam geschieden oder aufgehoben oder die Lebenspartnerschaft aufgehoben ist.

(6) Die Mitwirkung eines wegen Befangenheit Betroffenen kann nach Beendigung der Abstimmung nur geltend gemacht werden, wenn sie für das Abstimmungsergebnis entscheidend war.

§ 32 Treupflicht. (1) [1]Inhaber eines Ehrenamts haben eine besondere Treupflicht gegenüber der Gemeinde. [2]Sie dürfen Ansprüche anderer gegen die Gemeinde nicht geltend machen, es sei denn, daß sie als gesetzliche Vertreter handeln.

(2) [1]Absatz 1 gilt auch für ehrenamtlich Tätige, wenn der Auftrag mit den Aufgaben ihrer ehrenamtlichen Tätigkeit in Zusammenhang steht. [2]Ob diese Voraussetzungen vorliegen, entscheidet bei den vom Rat zu ehrenamtlicher Tätigkeit Berufenen der Rat, im übrigen der Bürgermeister.

§ 33 Entschädigung. [1]Der zu ehrenamtlicher Tätigkeit oder in ein Ehrenamt Berufene hat Anspruch auf Ersatz seiner Auslagen und des Verdienstausfalls. [2]Der Verdienstausfall kann nach § 45 berechnet werden.

§ 34 Ehrenbürgerrecht und Ehrenbezeichnung. (1) [1]Die Gemeinde kann Persönlichkeiten, die sich um sie besonders verdient gemacht haben, das Ehrenbürgerrecht verleihen. [2]Sie kann langjährigen Ratsmitgliedern und Ehrenbeamten nach ihrem Ausscheiden eine Ehrenbezeichnung verleihen.

(2) Beschlüsse über die Verleihung oder die Entziehung des Ehrenbürgerrechts und über die Entziehung einer Ehrenbezeichnung fasst der Rat mit einer Mehrheit von zwei Dritteln der gesetzlichen Zahl der Mitglieder.

4. Teil

Bezirke und Ortschaften

§ 35 Stadtbezirke in den kreisfreien Städten. (1) Die kreisfreien Städte sind verpflichtet, das gesamte Stadtgebiet in Stadtbezirke einzuteilen.

(2) [1]Bei der Einteilung des Stadtgebiets in Stadtbezirke soll auf die Siedlungsstruktur, die Bevölkerungsverteilung und die Ziele der Stadtentwicklung Rücksicht genommen werden. [2]Die einzelnen Stadtbezirke sollen eine engere örtliche Gemeinschaft umfassen und nach der Fläche und nach der Einwohnerzahl so abgegrenzt werden, daß sie gleichermaßen bei der Erfüllung gemeindlicher Aufgaben beteiligt werden können; zu diesem Zweck können benachbarte Wohngebiete zu einem Stadtbezirk zusammengefaßt werden. [3]Der Kernbereich des Stadtgebiets soll nicht auf mehrere Stadtbezirke aufgeteilt werden.

(3) Das Stadtgebiet soll in nicht weniger als drei und nicht mehr als zehn Stadtbezirke eingeteilt werden.

(4) [1]Die näheren Einzelheiten regelt die Hauptsatzung. [2]Stadtbezirksgrenzen können nur zum Ende der Wahlperiode des Rates geändert werden.

(5) Die Aufsichtsbehörde kann im Einzelfall zulassen, daß das Stadtgebiet in mehr als zehn Stadtbezirke eingeteilt wird, wenn dies wegen der Abgrenzungsmerkmale nach Absatz 2 erforderlich sein sollte.

§ 36 Bezirksvertretungen in den kreisfreien Städten. (1) [1]Für jeden Stadtbezirk ist eine Bezirksvertretung zu wählen. [2]Die Mitglieder der Bezirksvertretungen werden in allgemeiner, unmittelbarer, freier, gleicher und geheimer Wahl auf die Dauer von fünf Jahren gewählt. [3]Die näheren Vorschriften trifft das Kommunalwahlgesetz. [4]Nach Ablauf der Wahlperiode üben die bisherigen Mitglieder der Bezirksvertretungen ihre Tätigkeit bis zum Zusammentritt der neugewählten Bezirksvertretung weiter aus.

(2) [1]Die Bezirksvertretung besteht aus mindestens elf und höchstens neunzehn Mitgliedern einschließlich des Vorsitzenden. [2]Der Vorsitzende führt die Bezeichnung Bezirksvorsteher. [3]Der Rat kann beschließen, dass der Bezirksvorsteher die Bezeichnung Bezirksbürgermeister führt. [4]Die Mitgliederzahlen können nach den Einwohnerzahlen der Stadtbezirke gestaffelt werden; die Gesamtzahl der Mitglieder muß ungerade sein. [5]Das Nähere regelt die Hauptsatzung.

(3) [1]Nach Beginn der Wahlperiode der Bezirksvertretung muss die erste Sitzung innerhalb von sechs Wochen stattfinden; dazu beruft der bisherige Bezirksvorsteher die Bezirksvertretung ein. [2]Die Bezirksvertretung wählt aus ihrer Mitte ohne Aussprache den Bezirksvorsteher und einen oder mehrere Stellvertreter. [3]§ 67 Abs. 2 bis 5 findet entsprechende Anwendung. [4]Der Bezirksvorsteher und die Stellvertreter dürfen nicht zugleich Bürgermeister oder Stellvertreter des Bürgermeisters sein.

(4) [1]Der Bezirksvorsteher kann neben den Entschädigungen, die ihm als Mitglied der Bezirksvertretung zustehen, eine in der Hauptsatzung festzusetzende Aufwandsentschädigung erhalten. [2]Für Stellvertreter des Bezirksvorstehers sowie für Fraktionsvorsitzende können in der Hauptsatzung entsprechende Regelungen getroffen werden. [3]Das für Kommunales zuständige Ministerium bestimmt durch Rechtsverordnung die Höhe der Aufwandsentschädigung.

(5) [1]Die Bezirksvertretungen dürfen keine Ausschüsse bilden. [2]Auf die Mitglieder der Bezirksvertretungen und das Verfahren in den Bezirksvertretungen finden die für den Rat geltenden Vorschriften mit der Maßgabe entsprechende Anwendung, daß die Geschäftsordnung des Rates besondere Regelungen für die Bezirksvertretungen enthält und in Fällen äußerster Dringlichkeit der Bezirksvorsteher mit einem Mitglied der Bezirksvertretung entscheiden kann; § 60 Abs. 1 Satz 1 findet keine Anwendung. [3]Abweichend von § 48 Abs. 1 Satz 4 brauchen Zeit und Ort der Sitzungen der Bezirksvertretungen sowie die Tagesordnung nicht öffentlich bekannt gemacht zu werden; der Oberbürgermeister soll die Öffentlichkeit hierüber vorher in geeigneter Weise unterrichten. [4]Zu einzelnen Punkten der Tagesordnung können Sachverständige und Einwohner gehört werden.

(6) [1]Die nicht der Bezirksvertretung als ordentliche Mitglieder angehörenden Ratsmitglieder, die in dem Stadtbezirk wohnen oder dort kandidiert haben, haben das Recht, an den Sitzungen der Bezirksvertretung mit beratender Stimme teilzunehmen. [2]Zu diesem Zweck sind der Oberbürgermeister und diese Ratsmitglieder wie die ordentlichen Mitglieder der Bezirksvertretung zu deren Sitzungen zu laden. [3]Die übrigen Ratsmitglieder und Ausschußmitglieder können nach Maßgabe der Geschäftsordnung an nichtöffentlichen Sitzungen als Zuhörer teilnehmen. [4]Die Teilnahme an Sitzungen als Zuhörer begründet keinen Anspruch auf Ersatz des Verdienstausfalls und auf Zahlung von Sitzungsgeld.

(7) [1]Der Oberbürgermeister ist berechtigt und auf Verlangen einer Bezirksvertretung verpflichtet, an den Sitzungen der Bezirksvertretung mit beratender Stimme teilzunehmen; ihm ist auf Verlangen jederzeit das Wort zu erteilen. [2]Er kann sich von einem Beigeordneten oder einer anderen leitenden Dienstkraft vertreten lassen. [3]Das Nähere regelt die Hauptsatzung.

§ 37 Aufgaben der Bezirksvertretungen in den kreisfreien Städten.
(1) [1]Soweit nicht der Rat nach § 41 Abs. 1 ausschließlich zuständig ist, entscheiden die Bezirksvertretungen unter Beachtung der Belange der gesamten Stadt und im Rahmen der vom Rat erlassenen allgemeinen Richtlinien in allen Angelegenheiten, deren Bedeutung nicht wesentlich über den Stadtbezirk hinausgeht, insbesondere in folgenden Angelegenheiten:

a) Unterhaltung und Ausstattung der im Stadtbezirk gelegenen Schulen und öffentlichen Einrichtungen, wie Sportplätze, Altenheime, Friedhöfe, Büchereien und ähnliche soziale und kulturelle Einrichtungen;
b) Angelegenheiten des Denkmalschutzes, der Pflege des Ortsbildes sowie der Grünpflege;

c) die Festlegung der Reihenfolge der Arbeiten zum Um- und Ausbau sowie zur Unterhaltung und Instandsetzung von Straßen, Wegen und Plätzen von bezirklicher Bedeutung einschließlich der Straßenbeleuchtung, soweit es sich nicht um die Verkehrssicherungspflicht handelt;
d) Betreuung und Unterstützung örtlicher Vereine, Verbände und sonstiger Vereinigungen und Initiativen im Stadtbezirk;
e) kulturelle Angelegenheiten des Stadtbezirks einschließlich Kunst im öffentlichen Raum, Heimat- und Brauchtumspflege im Stadtbezirk, Pflege von vorhandenen Paten- oder Städtepartnerschaften;
f) Information, Dokumentation und Repräsentation in Angelegenheiten des Stadtbezirks.

[2]Die näheren Einzelheiten sind in der Hauptsatzung zu regeln. [3]Der Rat kann dabei die in Satz 1 aufgezählten Aufgaben im einzelnen abgrenzen. [4]Hinsichtlich der Geschäfte der laufenden Verwaltung gilt § 41 Abs. 3.

(2) Bei Streitigkeiten der Bezirksvertretungen untereinander und zwischen Bezirksvertretungen und den Ausschüssen über Zuständigkeiten im Einzelfall entscheidet der Hauptausschuß.

(3) [1]Die Bezirksvertretungen erfüllen die ihnen zugewiesenen Aufgaben im Rahmen der vom Rat bereitgestellten Haushaltsmittel; dabei sollen sie über den Verwendungszweck eines Teils dieser Haushaltsmittel allein entscheiden können. [2]Die bezirksbezogenen Haushaltsmittel sollen unter Berücksichtigung der Gesamtaufwendungen und Gesamtauszahlungen der Stadt sowie des Umfangs der entsprechenden Anlagen und Einrichtungen fortgeschrieben werden.

(4) [1]Die Bezirksvertretungen wirken an den Beratungen über die Haushaltssatzung mit. [2]Sie beraten über alle Haushaltspositionen, die sich auf ihren Bezirk und ihre Aufgaben auswirken, und können dazu Vorschläge machen und Anregungen geben. [3]Über die Haushaltspositionen nach Satz 2 und die Haushaltsmittel nach Absatz 1 ist den Bezirksvertretungen eine geeignete Übersicht als Auszug aus dem Entwurf der Haushaltssatzung nach § 80, getrennt nach Bezirken, zur Beratung vorzulegen. [4]Die Übersichten sind dem Haushaltsplan als Anlage beizufügen.

(5) [1]Die Bezirksvertretung ist zu allen wichtigen Angelegenheiten, die den Stadtbezirk berühren, zu hören. [2]Insbesondere ist ihr vor der Beschlußfassung des Rates über Planungs- und Investitionsvorhaben im Bezirk und über Bebauungspläne für den Bezirk Gelegenheit zur Stellungnahme zu geben. [3]Darüber hinaus hat die Bezirksvertretung bei diesen Vorhaben, insbesondere im Rahmen der Bauleitplanung, für ihr Gebiet dem Rat gegenüber ein Anregungsrecht. [4]Der Rat kann allgemein oder im Einzelfall bestimmen, daß bei der Aufstellung von Bebauungsplänen von räumlich auf den Stadtbezirk begrenzter Bedeutung das Beteiligungsverfahren nach § 3 Baugesetzbuch den Bezirksvertretungen übertragen wird. [5]Die Bezirksvertretung kann zu allen den Stadtbezirk betreffenden Angelegenheiten Vorschläge und Anregungen machen. [6]Insbesondere kann sie Vorschläge für vom Rat für den Stadtbezirk zu wählende oder zu bestellende eh-

renamtlich tätige Personen unterbreiten. [7]Bei Beratungen des Rates oder eines Ausschusses über Angelegenheiten, die auf einen Vorschlag oder eine Anregung einer Bezirksvertretung zurückgehen, haben der Bezirksvorsteher oder sein Stellvertreter das Recht, dazu in der Sitzung gehört zu werden.

(6) [1]Der Oberbürgermeister oder der Bezirksvorsteher können einem Beschluß der Bezirksvertretung spätestens am 14. Tag nach der Beschlußfassung unter schriftlicher Begründung widersprechen, wenn sie der Auffassung sind, daß der Beschluß das Wohl der Stadt gefährdet. [2]Der Widerspruch hat aufschiebende Wirkung. [3]Über die Angelegenheit ist in einer neuen Sitzung der Bezirksvertretung, die frühestens am dritten Tag und spätestens drei Wochen nach dem Widerspruch stattzufinden hat, erneut zu beschließen. [4]Verbleibt die Bezirksvertretung bei ihrem Beschluß, so entscheidet der Rat endgültig, wenn der Widersprechende das verlangt. [5]Im übrigen gilt § 54 Abs. 3 entsprechend.

§ 38 Bezirksverwaltungsstellen in den kreisfreien Städten. (1) [1]Für jeden Stadtbezirk ist eine Bezirksverwaltungsstelle einzurichten. [2]Die Hauptsatzung kann bestimmen, daß eine Bezirksverwaltungsstelle für mehrere Stadtbezirke zuständig ist oder daß im Stadtbezirk gelegene zentrale Verwaltungsstellen die Aufgaben einer Bezirksverwaltungsstelle miterfüllen.

(2) [1]In der Bezirksverwaltungsstelle sollen im Rahmen einer sparsamen und wirtschaftlichen Haushaltsführung Dienststellen so eingerichtet und zusammengefaßt werden, daß eine möglichst ortsnahe Erledigung der Verwaltungsaufgaben gewährleistet ist. [2]Die Befugnisse, die dem Oberbürgermeister nach § 62 und § 73 zustehen, bleiben unberührt.

(3) [1]Bei der Bestellung des Leiters einer Bezirksverwaltungsstelle ist die Bezirksvertretung anzuhören. [2]Der Leiter der Bezirksverwaltungsstelle oder sein Stellvertreter ist verpflichtet, an den Sitzungen der Bezirksvertretung teilzunehmen.

§ 39 Gemeindebezirke in den kreisangehörigen Gemeinden. (1) [1]Das Gemeindegebiet kann in Bezirke (Ortschaften) eingeteilt werden. [2]Dabei ist auf die Siedlungsstruktur, die Bevölkerungsverteilung und die Ziele der Gemeindeentwicklung Rücksicht zu nehmen.

(2) [1]Für jeden Gemeindebezirk sind vom Rat entweder Bezirksausschüsse zu bilden oder Ortsvorsteher zu wählen. [2]In Gemeindebezirken mit Bezirksausschüssen können Bezirksverwaltungsstellen eingerichtet werden. [3]Der Rat kann beschließen, dass der Ortsvorsteher die Bezeichnung Ortsbürgermeister führt.

(3) [1]Den Bezirksausschüssen sollen im Rahmen des § 41 Abs. 2 Aufgaben zur Entscheidung übertragen werden, die sich ohne Beeinträchtigung der einheitlichen Entwicklung der gesamten Gemeinde innerhalb eines Gemeindebezirks erledigen lassen. [2]Der Rat kann allgemeine Richtlinien erlassen, die bei der Wahrnehmung der den Bezirksausschüssen zugewiesenen Aufgaben zu beachten sind. [3]Er stellt die erforderlichen Haushaltsmittel bereit. [4]§ 37 Abs. 5 gilt entsprechend.

(4) Auf die Bezirksausschüsse sind die für die Ausschüsse des Rates geltenden Vorschriften mit folgenden Maßgaben anzuwenden:
1. Bei der Bestellung der Mitglieder durch den Rat ist das bei der Wahl des Rates im jeweiligen Gemeindebezirk erzielte Stimmenverhältnis zugrunde zu legen;
2. ihnen dürfen mehr sachkundige Bürger als Ratsmitglieder angehören;
3. für Parteien und Wählergruppen, die im Rat vertreten sind, findet § 58 Abs. 1 Satz 7 bis 10 sinngemäß Anwendung;
4. der Bezirksausschuß wählt aus den ihm angehörenden Ratsmitgliedern einen Vorsitzenden und einen oder mehrere Stellvertreter; § 67 Abs. 2 findet entsprechende Anwendung.

(5) § 36 Abs. 6 und Abs. 7 gilt entsprechend.

(6) [1]Ortsvorsteher wählt der Rat unter Berücksichtigung des bei der Wahl des Rates im jeweiligen Gemeindebezirk erzielten Stimmenverhältnisses für die Dauer seiner Wahlperiode. [2]Sie sollen in dem Bezirk, für den sie bestellt werden, wohnen und müssen dem Rat angehören oder angehören können. [3]§ 67 Abs. 4 gilt entsprechend.

(7) [1]Der Ortsvorsteher soll die Belange seines Bezirks gegenüber dem Rat wahrnehmen. [2]Falls er nicht Ratsmitglied ist, darf er an den Sitzungen des Rates und der in § 59 genannten Ausschüsse weder entscheidend noch mit beratender Stimme mitwirken; das Recht, auch dort gehört zu werden, kann zugelassen werden. [3]Der Ortsvorsteher kann für das Gebiet seiner Ortschaft mit der Erledigung bestimmter Geschäfte der laufenden Verwaltung beauftragt werden; er ist sodann zum Ehrenbeamten zu ernennen. [4]Er führt diese Geschäfte in Verantwortung gegenüber dem Bürgermeister durch. [5]Er kann eine angemessene Aufwandsentschädigung erhalten. [6]Das für Kommunales zuständige Ministerium bestimmt durch Rechtsverordnung die Höhe der Aufwandsentschädigung und in welchem Umfang daneben der Ersatz von Auslagen zulässig ist. [7]Ortsvorsteher haben einen Anspruch auf Freistellung nach Maßgabe des § 44 und erhalten Ersatz des Verdienstausfalls nach Maßgabe des § 45.

(8) Die im Rahmen der Bezirkseinteilung erforderlichen Vorschriften trifft der Rat durch die Hauptsatzung.

5. Teil

Der Rat

§ 40 Träger der Gemeindeverwaltung. (1) Die Verwaltung der Gemeinde wird ausschließlich durch den Willen der Bürgerschaft bestimmt.

(2) [1]Die Bürgerschaft wird durch den Rat und den Bürgermeister vertreten. [2]Der Rat besteht aus den gewählten Ratsmitgliedern und dem Bürgermeister (Mitglied kraft Gesetzes). [3]Die Vertretung und Repräsentation des Rates obliegt dem Bürgermeister (in kreisfreien Städten: Oberbürgermeister). [4]Den Vorsitz im Rat führt der Bürgermeister.

[5]Der Bürgermeister hat im Rat Stimmrecht. [6]In den Fällen der §§ 47 Abs. 1, 48 Abs. 1, 50 Abs. 3, 53 Abs. 2, 55 Abs. 3 und 4, 58 Abs. 1, 3 und 5, 66 Abs. 1, 69 Abs. 1 Satz 2, 73 Abs. 1 und 3 und 96 Abs. 1 Satz 4 stimmt er nicht mit.

§ 41 Zuständigkeiten des Rates. (1) [1]Der Rat der Gemeinde ist für alle Angelegenheiten der Gemeindeverwaltung zuständig, soweit dieses Gesetz nichts anderes bestimmt. [2]Die Entscheidung über folgende Angelegenheiten kann der Rat nicht übertragen:

a) die allgemeinen Grundsätze, nach denen die Verwaltung geführt werden soll,
b) die Wahl der Mitglieder der Ausschüsse und ihrer Vertreter,
c) die Wahl der Beigeordneten,
d) die Verleihung und die Entziehung des Ehrenbürgerrechts und einer Ehrenbezeichnung,
e) die Änderung des Gemeindegebiets, soweit nicht in diesem Gesetz etwas anderes bestimmt ist,
f) den Erlaß, die Änderung und die Aufhebung von Satzungen und sonstigen ortsrechtlichen Bestimmungen,
g) abschließende Beschlüsse im Flächennutzungsplanverfahren und abschließende Satzungsbeschlüsse auf der Grundlage des Baugesetzbuchs und des Maßnahmengesetzes zum Baugesetzbuch,
h) den Erlass der Haushaltssatzung und des Stellenplans, die Aufstellung eines Haushaltssicherungskonzeptes, die Zustimmung zu überplanmäßigen und außerplanmäßigen Aufwendungen und Auszahlungen sowie zu überplanmäßigen und außerplanmäßigen Verpflichtungsermächtigungen, die Festlegung von Wertgrenzen für die Veranschlagung und Abrechnung einzelner Investitionsmaßnahmen,
i) die Festsetzung allgemein geltender öffentlicher Abgaben und privatrechtlicher Entgelte,
j) die Feststellung des Jahresabschlusses und die Entlastung sowie die Bestätigung des Gesamtabschlusses,
k) die teilweise oder vollständige Veräußerung oder Verpachtung von Eigenbetrieben, die teilweise oder vollständige Veräußerung einer unmittelbaren oder mittelbaren Beteiligung an einer Gesellschaft oder anderen Vereinigungen des privaten Rechts, die Veräußerung eines Geschäftsanteils an einer eingetragenen Kreditgenossenschaft sowie den Abschluss von anderen Rechtsgeschäften im Sinne des § 111 Abs. 1 und 2,
l) die Errichtung, Übernahme, Erweiterung, Einschränkung und Auflösung von Anstalten des öffentlichen Rechts gemäß § 114a, öffentlichen Einrichtungen und Eigenbetrieben, die Bildung oder Auflösung eines gemeinsamen Kommunalunternehmens gemäß § 27 Abs. 1 bis 3 und 6 des Gesetzes über kommunale Gemeinschaftsarbeit, die Änderung der Unternehmenssatzung eines gemeinsamen Kommunalunternehmens sowie der Austritt aus einem gemeinsamen Kommunalunternehmen, die erstmalige unmittelbare oder mittelbare Beteiligung sowie die Erhöhung einer unmittelbaren oder

mittelbaren Beteiligung an einer Gesellschaft oder anderen Vereinigungen in privater Rechtsform, den Erwerb eines Geschäftsanteils an einer eingetragenen Kreditgenossenschaft,

m) die Umwandlung der Rechtsform von Anstalten des öffentlichen Rechts gemäß § 114a, öffentlichen Einrichtungen und Eigenbetrieben sowie die Umwandlung der Rechtsform von Gesellschaften, an denen die Gemeinde beteiligt ist, soweit der Einfluß der Gemeinde (§ 63 Abs. 2 und § 113 Abs. 1) geltend gemacht werden kann,

n) die Umwandlung des Zwecks, die Zusammenlegung und die Aufhebung von Stiftungen einschließlich des Verbleibs des Stiftungsvermögens,

o) die Umwandlung von Gemeindegliedervermögen in freies Gemeindevermögen sowie die Veränderung der Nutzungsrechte am Gemeindegliedervermögen,

p) die Übernahme von Bürgschaften, den Abschluß von Gewährverträgen und die Bestellung sonstiger Sicherheiten für andere sowie solche Rechtsgeschäfte, die den vorgenannten wirtschaftlich gleichkommen,

q) die Bestellung und Abberufung der Leitung und der Prüfer der örtlichen Rechnungsprüfung sowie die Erweiterung der Aufgaben der örtlichen Rechnungsprüfung über die Pflichtaufgaben hinaus,

r) die Genehmigung von Verträgen der Gemeinde mit Mitgliedern des Rates, der Bezirksvertretungen und der Ausschüsse sowie mit dem Bürgermeister und den leitenden Dienstkräften der Gemeinde nach näherer Bestimmung der Hauptsatzung,

s) die Übernahme neuer Aufgaben, für die keine gesetzliche Verpflichtung besteht,

t) die Festlegung strategischer Ziele unter Berücksichtigung der Ressourcen.

(2) [1]Im übrigen kann der Rat die Entscheidung über bestimmte Angelegenheiten auf Ausschüsse oder den Bürgermeister übertragen. [2]Er kann ferner Ausschüsse ermächtigen, in Angelegenheiten ihres Aufgabenbereichs die Entscheidung dem Bürgermeister zu übertragen.

(3) Geschäfte der laufenden Verwaltung gelten im Namen des Rates als auf den Bürgermeister übertragen, soweit nicht der Rat sich, einer Bezirksvertretung oder einem Ausschuß für einen bestimmten Kreis von Geschäften oder für einen Einzelfall die Entscheidung vorbehält.

§ 42 Wahl der Ratsmitglieder. (1) [1]Die Ratsmitglieder werden von den Bürgern in allgemeiner, unmittelbarer, freier, gleicher und geheimer Wahl für die Dauer von fünf Jahren gewählt. [2]Die näheren Vorschriften trifft das Kommunalwahlgesetz.

(2) Nach Ablauf der Wahlperiode üben die bisherigen Ratsmitglieder ihre Tätigkeit bis zum Zusammentritt des neugewählten Rates weiter aus.

§ 43 Rechte und Pflichten der Ratsmitglieder. (1) Die Ratsmitglieder sind verpflichtet, in ihrer Tätigkeit ausschließlich nach dem Gesetz und ihrer freien, nur durch Rücksicht auf das öffentliche Wohl bestimmten Überzeugung zu handeln; sie sind an Aufträge nicht gebunden.

(2) Für die Tätigkeit als Ratsmitglied, Mitglied einer Bezirksvertretung oder Mitglied eines Ausschusses gelten die Vorschriften der §§ 30 bis 32 mit folgenden Maßgaben entsprechend:

1. Die Pflicht zur Verschwiegenheit kann ihnen gegenüber nicht vom Bürgermeister angeordnet werden;
2. die Genehmigung, als Zeuge auszusagen, erteilt bei Ratsmitgliedern der Rat, bei Mitgliedern der Bezirksvertretungen die Bezirksvertretung und bei Ausschußmitgliedern der Ausschuß;
3. die Offenbarungspflicht über Ausschließungsgründe besteht bei Ratsmitgliedern gegenüber dem Bürgermeister, bei Mitgliedern der Bezirksvertretungen gegenüber dem Bezirksvorsteher und bei Ausschußmitgliedern gegenüber dem Ausschußvorsitzenden vor Eintritt in die Verhandlung;
4. über Ausschließungsgründe entscheidet bei Ratsmitgliedern der Rat, bei Mitgliedern der Bezirksvertretungen die Bezirksvertretung, bei Ausschußmitgliedern der Ausschuß;
5. ein Verstoß gegen die Offenbarungspflicht wird vom Rat, von der Bezirksvertretung beziehungsweise vom Ausschuß durch Beschluß festgestellt;
6. Mitglieder der Bezirksvertretungen sowie sachkundige Bürger und sachkundige Einwohner als Mitglieder von Ausschüssen können Ansprüche anderer gegen die Gemeinde nur dann nicht geltend machen, wenn diese im Zusammenhang mit ihren Aufgaben stehen; ob diese Voraussetzungen vorliegen, entscheidet die Bezirksvertretung beziehungsweise der Ausschuß.

(3) [1]Die Ratsmitglieder und die Mitglieder der Ausschüsse müssen gegenüber dem Bürgermeister, die Mitglieder einer Bezirksvertretung gegenüber dem Bezirksvorsteher Auskunft über ihre wirtschaftlichen und persönlichen Verhältnisse geben, soweit das für die Ausübung ihres Mandats von Bedeutung sein kann. [2]Die näheren Einzelheiten regelt der Rat. [3]Die Auskunft ist vertraulich zu behandeln. [4]Name, Anschrift, der ausgeübte Beruf sowie andere vergütete und ehrenamtliche Tätigkeiten können veröffentlicht werden. [5]Nach Ablauf der Wahlperiode sind die gespeicherten Daten der ausgeschiedenen Mitglieder zu löschen.

(4) Erleidet die Gemeinde infolge eines Beschlusses des Rates einen Schaden, so haften die Ratsmitglieder, wenn sie

a) in vorsätzlicher oder grob fahrlässiger Verletzung ihrer Pflicht gehandelt haben,
b) bei der Beschlußfassung mitgewirkt haben, obwohl sie nach dem Gesetz hiervon ausgeschlossen waren und ihnen der Ausschließungsgrund bekannt war,
c) der Bewilligung von Aufwendungen und Auszahlungen zugestimmt haben, für die das Gesetz oder die Haushaltssatzung eine Ermächtigung nicht vorsieht, wenn nicht gleichzeitig die erforderlichen Deckungsmittel bereitgestellt werden.

§ 44 Freistellung. (1) [1]Niemand darf gehindert werden, sich um ein Mandat als Ratsmitglied, Mitglied einer Bezirksvertretung oder Mitglied eines Ausschusses zu bewerben, es anzunehmen oder auszuüben. [2]Benachteiligungen am Arbeitsplatz im Zusammenhang mit der Bewerbung, der Annahme oder der Ausübung eines Mandats sind unzulässig. [3]Entgegenstehende Vereinbarungen sind nichtig. [4]Kündigungen oder Entlassungen aus Anlaß der Bewerbung, Annahme oder Ausübung eines Mandats sind unzulässig.

(2) [1]Die Ratsmitglieder, Mitglieder der Bezirksvertretungen oder Mitglieder der Ausschüsse sind für die Zeit der Ausübung des Mandats von ihrer Verpflichtung zur Arbeit freizustellen. [2]Zur Ausübung des Mandats gehören Tätigkeiten, die mit dem Mandat in unmittelbarem Zusammenhang stehen oder auf Veranlassung des Rates, der Bezirksregierung oder des Ausschusses erfolgen. [3]Auf Veranlassung des Rates erfolgt auch eine Tätigkeit als vom Rat entsandter Vertreter der Gemeinde in Organen und Gremien von juristischen Personen und Vereinigungen des privaten oder öffentlichen Rechts sowie als Stellvertreter des Bürgermeisters. [4]Bei Mandatsträgern, die innerhalb eines vorgegebenen Arbeitszeitrahmens über Lage und Dauer der individuellen Arbeitszeit selbst entscheiden können, ist die Zeit der Ausübung des Mandats innerhalb dieses Arbeitszeitrahmens zur Hälfte auf ihre Arbeitszeit anzurechnen. [5]Der Anspruch auf Ersatz des Verdienstausfalls nach § 45 ist in diesem Fall auf diese Hälfte beschränkt.

(3) [1]Zur Teilnahme an kommunalpolitischen Bildungsveranstaltungen, die der Ausübung ihres Mandats förderlich sind, haben Ratsmitglieder, Mitglieder der Bezirksvertretungen oder Mitglieder der Ausschüsse einen Anspruch auf Urlaub an bis zu acht Arbeitstagen in jeder Wahlperiode, jedoch an nicht mehr als vier aufeinanderfolgenden Arbeitstagen im Jahr. [2]Für die Zeit des Urlaubs besteht nach diesem Gesetz kein Anspruch auf Lohn oder Gehalt; weitergehende Vorschriften bleiben unberührt. [3]Der Verdienstausfall und die Kinderbetreuungskosten sind nach Maßgabe der Regelungen des § 45 Absatz 1 bis 4 zu ersetzen. [4]Sind Ratsmitglieder, Mitglieder der Bezirksvertretungen oder Mitglieder der Ausschüsse zugleich auch Kreistagsabgeordnete oder Mitglieder von Ausschüssen des Kreistages, so besteht der Anspruch auf Urlaub in jeder Wahlperiode nur einmal. [5]Der Arbeitgeber bzw. Dienstherr darf den Urlaub zu dem von dem Beschäftigten mitgeteilten Zeitpunkt ablehnen, wenn zwingende betriebliche Belange oder Urlaubsanträge anderer Beschäftigter entgegenstehen.

§ 45 Entschädigung der Ratsmitglieder. (1) [1]Ein Ratsmitglied, ein Mitglied einer Bezirksvertretung oder ein Mitglied eines Ausschusses hat Anspruch auf Ersatz des Verdienstausfalles, der ihm durch die Mandatsausübung entsteht, soweit sie während der Arbeitszeit erforderlich ist. [2]Entgangener Verdienst aus Nebentätigkeiten und Verdienst, der außerhalb der regelmäßigen Arbeitszeit hätte erzielt werden können, bleibt außer Betracht.

(2) [1]Als Ersatz des Verdienstausfalls wird mindestens ein in einer Rechtsverordnung nach Absatz 7 festzulegender Regelstundensatz gezahlt, es sei denn,

daß ersichtlich keine finanziellen Nachteile entstanden sind. [2]In der Hauptsatzung kann ein höherer Regelstundensatz festgelegt werden. [3]Darüber hinaus wird in folgenden Fällen eine höhere Entschädigung gezahlt:
1. Abhängig Erwerbstätigen wird auf Antrag anstelle des Regelstundensatzes der tatsächlich entstandene und nachgewiesene Verdienstausfall ersetzt;
2. Selbständige erhalten auf Antrag anstelle des Regelstundensatzes eine Verdienstausfallpauschale je Stunde, die im Einzelfall auf der Grundlage des glaubhaft gemachten Einkommens nach billigem Ermessen festgesetzt wird.

[4]In der Rechtsverordnung nach Absatz 7 ist ein einheitlicher Höchstbetrag festzulegen, der bei dem Ersatz des Verdienstausfalls je Stunde nicht überschritten werden darf.

(3) [1]Personen, die
1. einen Haushalt mit
   a) mindestens zwei Personen, von denen mindestens eine ein Kind unter 14 Jahren oder eine anerkannt pflegebedürftige Person nach § 14 SGB XI ist, oder
   b) mindestens drei Personen führen und
2. nicht oder weniger als 20 Stunden je Woche erwerbstätig sind,

erhalten für die mandatsbedingte Abwesenheit vom Haushalt den Regelstundensatz nach Absatz 2 Satz 1. [2]Absatz 2 Satz 3 gilt entsprechend. [3]Statt des Regelstundensatzes werden auf Antrag die notwendigen Kosten für eine Vertretung im Haushalt ersetzt.

(4) [1]Ist während der mandatsbedingten Abwesenheit vom Haushalt eine entgeltliche Kinderbetreuung notwendig, werden die nachgewiesenen Kosten auf Antrag erstattet. [2]Kinderbetreuungskosten werden nicht für Zeiträume erstattet, für die Entschädigung nach Absatz 2 oder 3 geleistet wird. [3]Die Hauptsatzung kann die näheren Einzelheiten regeln.

(5) Unabhängig von einem Anspruch auf Verdienstausfall besteht ein Anspruch auf angemessene Aufwandsentschädigung nach folgenden Maßgaben:
1. Einem Ratsmitglied oder einem Mitglied einer Bezirksvertretung kann die Aufwandsentschädigung teilweise als Sitzungsgeld für Rats-, Bezirksvertretungs-, Ausschuss- und Fraktionssitzungen gezahlt werden.
2. Ein Ausschussmitglied, das nicht Ratsmitglied ist (sachkundiger Bürger oder sachkundiger Einwohner), erhält ein Sitzungsgeld für die im Rahmen seiner Mandatsausübung erforderliche Teilnahme an Ausschuss- und Fraktionssitzungen.
3. Ein stellvertretendes Ausschussmitglied, das nicht Ratsmitglied ist, erhält unabhängig vom Eintritt des Vertretungsfalles für die im Rahmen seiner Mandatsausübung erforderliche Teilnahme an Fraktionssitzungen ein Sitzungsgeld.

(6) [1]Fraktionssitzungen sind auch Sitzungen von Teilen einer Fraktion (Fraktionsvorstand, Fraktionsarbeitskreise). [2]Die Zahl der ersatzpflichtigen Fraktionssitzungen pro Jahr ist in der Hauptsatzung zu beschränken.

(7) [1]Das für Kommunales zuständige Ministerium bestimmt durch Rechtsverordnung
1. die Höhe des Regelstundensatzes und des Höchstbetrages nach Absatz 2,
2. die Höhe der monatlichen Aufwandsentschädigung sowie die Höhe der Sitzungsgelder,
3. die Fahrtkostenerstattung und den Ersatz von Auslagen neben der Aufwandsentschädigung.

[2]Die Höhe der Aufwandsentschädigung und der Sitzungsgelder ist zu Beginn und mit Ablauf der Hälfte der Wahlperiode anzupassen. [3]Grundlage dafür ist die Preisentwicklung ausgewählter Waren und Leistungen im Preisindex für die Lebenshaltung aller privaten Haushalte seit dem Zeitpunkt der vorangegangenen Anpassung der Höhe der Aufwandsentschädigung und der Sitzungsgelder. [4]Die Höhe des Regelstundensatzes und des Höchstbetrages wird zu Beginn und zur Mitte jeder Wahlperiode im Hinblick auf ihre Angemessenheit überprüft.

§ 46 Aufwandsentschädigung. [1]Neben den Entschädigungen, die den Ratsmitgliedern nach § 45 zustehen, erhalten
1. Stellvertreter des Bürgermeisters nach § 67 Absatz 1,
2. Vorsitzende von Ausschüssen des Rates mit Ausnahme des Wahlprüfungsausschusses,
3. Fraktionsvorsitzende – bei Fraktionen mit mindestens acht Mitgliedern auch ein stellvertretender Vorsitzender, mit mindestens 16 Mitgliedern auch zwei und mit mindestens 24 Mitgliedern auch drei stellvertretende Vorsitzende –

eine vom für Kommunales zuständigen Ministerium durch Rechtsverordnung festzusetzende angemessene Aufwandsentschädigung. [2]In der Hauptsatzung können weitere Ausschüsse von der Regelung in Satz 1 Nummer 2 ausgenommen werden. [3]Eine Aufwandsentschädigung ist nicht zu gewähren, wenn das Ratsmitglied hauptberuflich tätiger Mitarbeiter einer Fraktion ist.

§ 47 Einberufung des Rates. (1) [1]Der Rat wird vom Bürgermeister einberufen. [2]Nach Beginn der Wahlperiode muss die erste Sitzung innerhalb von sechs Wochen stattfinden. [3]Im übrigen tritt der Rat zusammen, so oft es die Geschäftslage erfordert, jedoch soll er wenigstens alle zwei Monate einberufen werden. [4]Er ist unverzüglich einzuberufen, wenn ein Fünftel der Ratsmitglieder oder eine Fraktion unter Angabe der zur Beratung zu stellenden Gegenstände es verlangen.

(2) [1]Die Ladungsfrist, die Form der Einberufung und die Geschäftsführung des Rates sind durch die Geschäftsordnung zu regeln, soweit hierüber nicht in diesem Gesetz Vorschriften getroffen sind. [2]Der Rat regelt in der Geschäftsordnung Inhalt und Umfang des Fragerechts der Ratsmitglieder.

(3) Kommt der Bürgermeister seiner Verpflichtung zur Einberufung des Rates nicht nach, so veranlaßt die Aufsichtsbehörde die Einberufung.

§ 48 Tagesordnung und Öffentlichkeit der Ratssitzungen. (1) [1]Der Bürgermeister setzt die Tagesordnung fest. [2]Er hat dabei Vorschläge aufzunehmen, die ihm innerhalb einer in der Geschäftsordnung zu bestimmenden Frist von einem Fünftel der Ratsmitglieder oder einer Fraktion vorgelegt werden. [3]Fragestunden für Einwohner können in die Tagesordnung aufgenommen werden, wenn Einzelheiten hierüber in der Geschäftsordnung geregelt sind. [4]Zeit und Ort der Sitzung sowie die Tagesordnung sind von ihm öffentlich bekanntzumachen. [5]Die Tagesordnung kann in der Sitzung durch Beschluß des Rates erweitert werden, wenn es sich um Angelegenheiten handelt, die keinen Aufschub dulden oder die von äußerster Dringlichkeit sind.

(2) [1]Die Sitzungen des Rates sind öffentlich. [2]Durch die Geschäftsordnung kann die Öffentlichkeit für Angelegenheiten einer bestimmten Art ausgeschlossen werden. [3]Auf Antrag des Bürgermeisters oder eines Ratsmitglieds kann für einzelne Angelegenheiten die Öffentlichkeit ausgeschlossen werden. [4]Anträge auf Ausschluß der Öffentlichkeit dürfen nur in nichtöffentlicher Sitzung begründet und beraten werden. [5]Falls dem Antrag stattgegeben wird, ist die Öffentlichkeit in geeigneter Weise zu unterrichten, daß in nichtöffentlicher Sitzung weiter verhandelt wird.

(3) Personenbezogene Daten dürfen offenbart werden, soweit nicht schützenswerte Interessen einzelner oder Belange des öffentlichen Wohls überwiegen; erforderlichenfalls ist die Öffentlichkeit auszuschließen.

(4) [1]Mitglieder der Bezirksvertretungen und der Ausschüsse können nach Maßgabe der Geschäftsordnung an den nichtöffentlichen Sitzungen des Rates als Zuhörer teilnehmen. [2]Die Teilnahme als Zuhörer begründet keinen Anspruch auf Ersatz des Verdienstausfalls und auf Zahlung von Sitzungsgeld.

§ 49 Beschlußfähigkeit des Rates. (1) [1]Der Rat ist beschlußfähig, wenn mehr als die Hälfte der gesetzlichen Mitgliederzahl anwesend ist. [2]Er gilt als beschlußfähig, solange seine Beschlußunfähigkeit nicht festgestellt ist.

(2) [1]Ist eine Angelegenheit wegen Beschlußunfähigkeit zurückgestellt worden und wird der Rat zur Verhandlung über denselben Gegenstand einberufen, so ist er ohne Rücksicht auf die Zahl der Erschienenen beschlußfähig. [2]Bei der zweiten Ladung muß auf diese Bestimmung ausdrücklich hingewiesen werden.

§ 50 Abstimmungen. (1) [1]Beschlüsse werden mit Stimmenmehrheit gefaßt, soweit das Gesetz nichts anderes vorschreibt. [2]Bei Stimmengleichheit gilt ein Antrag als abgelehnt. [3]Bei der Beschlußfassung wird offen abgestimmt. [4]Auf Antrag einer in der Geschäftsordnung zu bestimmenden Zahl von Mitgliedern des Rates ist namentlich abzustimmen. [5]Auf Antrag mindestens eines Fünftels der Mitglieder des Rates ist geheim abzustimmen. [6]Zum selben Tagesordnungspunkt hat ein Antrag auf geheime Abstimmung Vorrang gegenüber einem Antrag auf namentliche Abstimmung. [7]Die Geschäftsordnung kann weitere Regelungen treffen.

(2) [1]Wahlen werden, wenn das Gesetz nichts anderes bestimmt oder wenn niemand widerspricht, durch offene Abstimmung, sonst durch Abgabe von Stimmzetteln, vollzogen. [2]Gewählt ist die vorgeschlagene Person, die mehr als

die Hälfte der gültigen Stimmen erhalten hat. [3]Nein-Stimmen gelten als gültige Stimmen. [4]Erreicht niemand mehr als die Hälfte der Stimmen, so findet zwischen den Personen, welche die beiden höchsten Stimmenzahlen erreicht haben, eine engere Wahl statt. [5]Gewählt ist, wer in dieser engeren Wahl die meisten Stimmen auf sich vereinigt. [6]Bei Stimmengleichheit entscheidet das Los.

(3) [1]Haben sich die Ratsmitglieder zur Besetzung der Ausschüsse auf einen einheitlichen Wahlvorschlag geeinigt, ist der einstimmige Beschluß der Ratsmitglieder über die Annahme dieses Wahlvorschlages ausreichend. [2]Kommt ein einheitlicher Wahlvorschlag nicht zustande, so wird nach den Grundsätzen der Verhältniswahl in einem Wahlgang abgestimmt. [3]Dabei sind die Wahlstellen auf die Wahlvorschläge der Fraktionen und Gruppen des Rates entsprechend dem Verhältnis der Stimmenzahlen, die auf die einzelnen Wahlvorschläge entfallen, zur Gesamtzahl der abgegebenen gültigen Stimmen zu verteilen. [4]Jedem Wahlvorschlag werden zunächst so viele Sitze zugeteilt, wie sich für ihn ganze Zahlen ergeben. [5]Sind danach noch Sitze zu vergeben, so sind sie in der Reihenfolge der höchsten Zahlenbruchteile zuzuteilen. [6]Bei gleichen Zahlenbruchteilen entscheidet das Los. [7]Scheidet jemand vorzeitig aus einem Ausschuß aus, wählen die Ratsmitglieder auf Vorschlag der Fraktion oder Gruppe, welcher das ausgeschiedene Mitglied bei seiner Wahl angehörte, einen Nachfolger.

(4) [1]Hat der Rat zwei oder mehr Vertreter oder Mitglieder im Sinne der §§ 63 Abs. 2 und 113 zu bestellen oder vorzuschlagen, die nicht hauptberuflich tätig sind, ist das Verfahren nach Absatz 3 entsprechend anzuwenden. [2]Dies gilt ebenso, wenn zwei oder mehr Personen vorzeitig aus dem Gremium ausgeschieden sind, für das sie bestellt oder vorgeschlagen worden waren und für diese mehrere Nachfolger zu wählen sind. [3]Scheidet eine Person vorzeitig aus dem Gremium aus, für das sie bestellt oder vorgeschlagen worden war, wählt der Rat den Nachfolger für die restliche Zeit nach Absatz 2.

(5) Bei Beschlüssen und Wahlen zählen Stimmenthaltungen und ungültige Stimmen zur Feststellung der Beschlußfähigkeit, nicht aber zur Berechnung der Mehrheit mit.

(6) Ein Mitglied, in dessen Person ein Ausschließungsgrund nach § 31 besteht, kann an der Beratung und Abstimmung nicht teilnehmen.

§ 51 Ordnung in den Sitzungen. (1) Der Bürgermeister leitet die Verhandlungen, eröffnet und schließt die Sitzungen, handhabt die Ordnung und übt das Hausrecht aus.

(2) In der Geschäftsordnung kann bestimmt werden, in welchen Fällen durch Beschluß des Rates einem Ratsmitglied bei Verstößen gegen die Ordnung die auf den Sitzungstag entfallenden Entschädigungen ganz oder teilweise entzogen werden und es für eine oder mehrere Sitzungen ausgeschlossen wird.

(3) [1]Enthält die Geschäftsordnung eine Bestimmung gemäß Absatz 2, so kann der Bürgermeister, falls er es für erforderlich hält, den sofortigen Ausschluß des Ratsmitgliedes aus der Sitzung verhängen und durchführen. [2]Der Rat befindet über die Berechtigung dieser Maßnahme in der nächsten Sitzung.

§ 52 Niederschrift der Ratsbeschlüsse. (1) [1]Über die im Rat gefaßten Beschlüsse ist eine Niederschrift aufzunehmen. [2]Diese wird vom Bürgermeister und einem vom Rat zu bestellenden Schriftführer unterzeichnet.

(2) Der wesentliche Inhalt der Beschlüsse soll in öffentlicher Sitzung oder in anderer geeigneter Weise der Öffentlichkeit zugänglich gemacht werden, soweit nicht im Einzelfall etwas anderes beschlossen wird.

§ 53 Behandlung der Ratsbeschlüsse. (1) [1]Beschlüsse, die die Durchführung der Geschäftsordnung betreffen, führt der Bürgermeister aus. [2]Wenn er persönlich betroffen ist, handelt der Stellvertreter.

(2) Beschlüsse, die

a) die Geltendmachung von Ansprüchen der Gemeinde gegen den Bürgermeister,

b) die Amtsführung des Bürgermeisters,

betreffen, führt der allgemeine Vertreter des Bürgermeisters aus.

§ 54 Widerspruch und Beanstandung. (1) [1]Der Bürgermeister kann einem Beschluß des Rates spätestens am dritten Tag nach der Beschlußfassung unter schriftlicher Begründung widersprechen, wenn er der Auffassung ist, daß der Beschluß das Wohl der Gemeinde gefährdet. [2]Der Widerspruch hat aufschiebende Wirkung. [3]Über die Angelegenheit ist in einer neuen Sitzung des Rates, die frühestens am dritten Tage und spätestens zwei Wochen nach dem Widerspruch stattzufinden hat, erneut zu beschließen. [4]Ein weiterer Widerspruch ist unzulässig.

(2) [1]Verletzt ein Beschluß des Rates das geltende Recht, so hat der Bürgermeister den Beschluß zu beanstanden. [2]Die Beanstandung hat aufschiebende Wirkung. [3]Sie ist schriftlich in Form einer begründeten Darlegung dem Rat mitzuteilen. [4]Verbleibt der Rat bei seinem Beschluß, so hat der Bürgermeister unverzüglich die Entscheidung der Aufsichtsbehörde einzuholen. [5]Die aufschiebende Wirkung bleibt bestehen.

(3) [1]Verletzt der Beschluß eines Ausschusses, dem eine Angelegenheit zur Entscheidung übertragen ist, das geltende Recht, so findet Absatz 2 Satz 1 bis 3 entsprechende Anwendung. [2]Verbleibt der Ausschuß bei seinem Beschluß, so hat der Rat über die Angelegenheit zu beschließen.

(4) Die Verletzung eines Mitwirkungsverbots nach § 43 Abs. 2 Satz 1 in Verbindung mit § 31 kann gegen den Beschluß des Rates oder eines Ausschusses, dem eine Angelegenheit zur Entscheidung übertragen ist, nach Ablauf eines Jahres seit der Beschlußfassung oder, wenn eine öffentliche Bekanntmachung erforderlich ist, ein Jahr nach dieser nicht mehr geltend gemacht werden, es sei denn, daß der Bürgermeister den Beschluß vorher beanstandet hat oder die Verletzung des Mitwirkungsverbots vorher gegenüber der Gemeinde gerügt und dabei die Tatsache bezeichnet worden ist, die die Verletzung ergibt.

§ 55 Kontrolle der Verwaltung. (1) [1]Der Rat ist durch den Bürgermeister über alle wichtigen Angelegenheiten der Gemeindeverwaltung zu unterrichten.

[2]Der Bürgermeister ist verpflichtet, einem Ratsmitglied auf Verlangen Auskunft zu erteilen oder zu einem Tagesordnungspunkt Stellung zu nehmen. [3]In Angelegenheiten einer Bezirksvertretung ist dessen Mitglied in gleicher Weise berechtigt und der Bürgermeister verpflichtet.

(2) Bezirksvorsteher und Ausschußvorsitzende können vom Bürgermeister jederzeit Auskunft und Akteneinsicht über Angelegenheiten verlangen, die zum Aufgabenbereich ihrer Bezirksvertretung bzw. ihres Ausschusses gehören.

(3) [1]Der Rat überwacht die Durchführung seiner Beschlüsse und der Beschlüsse der Bezirksvertretungen und Ausschüsse sowie den Ablauf der Verwaltungsangelegenheiten. [2]Zu diesem Zweck kann der Rat mit der Mehrheit der Ratsmitglieder vom Bürgermeister Einsicht in die Akten durch einen von ihm bestimmten Ausschuss oder einzelne von ihm beauftragte Mitglieder verlangen.

(4) [1]In Einzelfällen muss auf Beschluss des Rates mit der Mehrheit der Ratsmitglieder oder auf Verlangen eines Fünftels der Ratsmitglieder oder einer Fraktion auch einem einzelnen, von den Antragstellern jeweils zu benennenden Ratsmitglied Akteneinsicht gewährt werden. [2]Einem einzelnen, von den Antragstellern zu benennenden Mitglied einer Bezirksvertretung oder eines Ausschusses steht ein Akteneinsichtsrecht nur aufgrund eines Beschlusses der Bezirksvertretung beziehungsweise des Ausschusses zu. [3]Dritte sind von der Teilnahme an der Akteneinsicht ausgeschlossen. [4]Akteneinsicht darf einem Ratsmitglied oder einem Mitglied der Bezirksvertretung nicht gewährt werden, das wegen Interessenwiderstreits von der Beratung und Entscheidung der Angelegenheit ausgeschlossen ist.

(5) [1]Jedem Ratsmitglied oder jedem Mitglied einer Bezirksvertretung ist vom Bürgermeister auf Verlangen Akteneinsicht zu gewähren, soweit die Akten der Vorbereitung oder der Kontrolle von Beschlüssen des Rates, des Ausschusses oder der Bezirksvertretung dienen, der es angehört. [2]Dritte sind von der Teilnahme an der Akteneinsicht ausgeschlossen. [3]Die Akteneinsicht darf nur verweigert werden, soweit ihr schutzwürdige Belange Betroffener oder Dritter entgegenstehen. [4]Die ablehnende Entscheidung ist schriftlich zu begründen. [5]Akteneinsicht darf einem Ratsmitglied oder einem Mitglied der Bezirksvertretung nicht gewährt werden, das wegen Interessenwiderstreits von der Beratung und Entscheidung der Angelegenheit ausgeschlossen ist.

§ 56 Fraktionen. (1) [1]Fraktionen sind freiwillige Vereinigungen von Ratsmitgliedern oder von Mitgliedern einer Bezirksvertretung, die sich auf der Grundlage grundsätzlicher politischer Übereinstimmung zu möglichst gleichgerichtetem Wirken zusammengeschlossen haben. [2]Eine Ratsfraktion muss aus mindestens zwei Mitgliedern bestehen. [3]In Räten mit mehr als 50 Ratsmitgliedern muss eine Ratsfraktion aus mindestens drei Mitgliedern, bei mehr als 74 Ratsmitgliedern aus mindestens vier Mitgliedern, bei mehr als 90 Ratsmitgliedern aus mindestens fünf Mitgliedern und in einer Bezirksvertretung aus mindestens zwei Mitgliedern bestehen. [4]Satz 1 gilt für Gruppen ohne Fraktionsstatus im Rat oder einer Bezirksvertretung entsprechend. [5]Eine Gruppe im Rat oder in einer Bezirksvertretung besteht aus mindestens zwei Mitgliedern.

(2) [1]Die Fraktionen wirken bei der Willensbildung und Entscheidungsfindung in der Vertretung mit; sie können insoweit ihre Auffassung öffentlich darstellen. [2]Ihre innere Ordnung muß demokratischen und rechtsstaatlichen Grundsätzen entsprechen. [3]Sie geben sich ein Statut, in dem das Abstimmungsverfahren, die Aufnahme und der Ausschluß aus der Fraktion geregelt werden.

(3) [1]Die Gemeinde gewährt den Fraktionen und Gruppen aus Haushaltsmitteln Zuwendungen zu den sächlichen und personellen Aufwendungen für die Geschäftsführung. [2]Die Zuwendungen an die Fraktionen und Gruppen sind in einer besonderen Anlage zum Haushaltsplan darzustellen. [3]Über die Verwendung der Zuwendungen ist ein Nachweis in einfacher Form zu führen, der unmittelbar dem Bürgermeister zuzuleiten ist. [4]Eine Gruppe erhält mindestens 90 Prozent einer proportionalen Ausstattung, die dem Verhältnis ihrer Mitgliederzahl zu der sich nach Absatz 1 Satz 2 und 3 ergebenden Mindestgröße einer Ratsfraktion entspricht. [5]Maßstab für die Berechnung der proportionalen Ausstattung sind diejenigen Zuwendungen, welche die kleinste Ratsfraktion nach Absatz 1 Satz 2 und 3 erhält oder erhalten würde. [6]Die Höhe der proportionalen Ausstattung ergibt sich rechnerisch, indem die Zahl der Gruppenmitglieder durch die Zahl der Mitglieder der kleinstmöglichen Fraktion dividiert wird. [7]Einem Ratsmitglied, das keiner Fraktion oder Gruppe angehört, stellt die Gemeinde in angemessenem Umfang Sachmittel und Kommunikationsmittel zum Zwecke seiner Vorbereitung auf die Ratssitzung zur Verfügung. [8]Der Rat kann stattdessen beschließen, dass ein Ratsmitglied aus Haushaltsmitteln finanzielle Zuwendungen erhält, die die Hälfte des Betrages nicht übersteigen dürfen, die eine Gruppe mit zwei Mitgliedern erhielte. [9]In diesem Fall ist nach den Sätzen 2 und 3 zu verfahren.

(4) [1]Ein hauptberuflich tätiger Mitarbeiter einer Fraktion kann Ratsmitglied sein. [2]Nähere Einzelheiten über die Bildung der Fraktionen, ihre Rechte und Pflichten sowie den Umgang mit personenbezogenen Daten regelt die Geschäftsordnung. [3]Die Geschäftsordnung bestimmt auch, ob eine Fraktion ein Ratsmitglied, das keiner Fraktion angehört, als Hospitant aufnehmen kann. [4]Bei der Feststellung der Mindeststärke einer Fraktion zählen Hospitanten nicht mit.

(5) Soweit personenbezogene Daten an Ratsmitglieder oder Mitglieder einer Bezirksvertretung übermittelt werden dürfen, ist ihre Übermittlung auch an Mitarbeiter einer Fraktion oder einer Gruppe oder eines einzelnen Ratsmitgliedes nach Absatz 3 Satz 4 zulässig, wenn diese zur Verschwiegenheit verpflichtet sind.

§ 57 Bildung von Ausschüssen. (1) Der Rat kann Ausschüsse bilden.

(2) [1]In jeder Gemeinde müssen ein Hauptausschuß, ein Finanzausschuß und ein Rechnungsprüfungsausschuß gebildet werden. [2]Der Rat kann beschließen,

daß die Aufgaben des Finanzausschusses vom Hauptausschuß wahrgenommen werden.

(3) [1]Den Vorsitz im Hauptausschuß führt der Bürgermeister. [2]Er hat Stimmrecht im Hauptausschuß. [3]Der Hauptausschuß wählt aus seiner Mitte einen oder mehrere Vertreter des Vorsitzenden.

(4) [1]Der Rat kann für die Arbeit der Ausschüsse allgemeine Richtlinien aufstellen. [2]Beschlüsse von Ausschüssen mit Entscheidungsbefugnis können erst durchgeführt werden, wenn innerhalb einer in der Geschäftsordnung zu bestimmenden Frist weder vom Bürgermeister noch von einem Fünftel der Ausschußmitglieder Einspruch eingelegt worden ist. [3]Über den Einspruch entscheidet der Rat. [4]§ 54 Abs. 3 bleibt unberührt.

§ 58 Zusammensetzung der Ausschüsse und ihr Verfahren. (1) [1]Der Rat regelt mit der Mehrheit der Stimmen der Ratsmitglieder die Zusammensetzung der Ausschüsse und ihre Befugnisse. [2]Soweit er stellvertretende Ausschußmitglieder bestellt, ist die Reihenfolge der Vertretung zu regeln. [3]Der Bürgermeister hat das Recht, mit beratender Stimme an den Sitzungen der Ausschüsse teilzunehmen; ihm ist auf Verlangen jederzeit das Wort zu erteilen. [4]An nichtöffentlichen Sitzungen eines Ausschusses können die stellvertretenden Ausschußmitglieder sowie alle Ratsmitglieder als Zuhörer teilnehmen; nach Maßgabe der Geschäftsordnung können auch die Mitglieder der Bezirksvertretungen als Zuhörer teilnehmen, ebenso die Mitglieder anderer Ausschüsse, soweit deren Aufgabenbereich durch den Beratungsgegenstand berührt wird. [5]Die Teilnahme als Zuhörer begründet keinen Anspruch auf Ersatz des Verdienstausfalls und auf Zahlung von Sitzungsgeld; § 45 Absatz 5 Nummer 3 bleibt unberührt. [6]Wird in einer Ausschußsitzung ein Antrag beraten, den ein Ratsmitglied gestellt hat, das dem Ausschuß nicht angehört, so kann es sich an der Beratung beteiligen. [7]Fraktionen, die in einem Ausschuß nicht vertreten sind, sind berechtigt, für diesen Ausschuß ein Ratsmitglied oder einen sachkundigen Bürger, der dem Rat angehören kann, zu benennen. [8]Das benannte Ratsmitglied oder der benannte sachkundige Bürger wird vom Rat zum Mitglied des Ausschusses bestellt. [9]Sie wirken in dem Ausschuß mit beratender Stimme mit. [10]Bei der Zusammensetzung und der Berechnung der Beschlußfähigkeit des Ausschusses werden sie nicht mitgezählt. [11]Ein Ratsmitglied hat das Recht, mindestens einem der Ausschüsse als Mitglied mit beratender Stimme anzugehören. [12]Die Sätze 8 bis 10 gelten entsprechend.

(2) [1]Auf die Ausschußmitglieder und das Verfahren in den Ausschüssen finden die für den Rat geltenden Vorschriften entsprechende Anwendung. [2]Der Ausschußvorsitzende setzt die Tagesordnung im Benehmen mit dem Bürgermeister fest. [3]Auf Verlangen des Bürgermeisters ist der Ausschussvorsitzende verpflichtet, einen Gegenstand in die Tagesordnung aufzunehmen. [4]Der Ausschussvorsitzende ist in gleicher Weise verpflichtet, wenn eine Fraktion dies beantragt. [5]Abweichend von § 48 Abs. 1 Satz 4 brauchen Zeit und Ort der Ausschußsitzungen sowie die Tagesordnung nicht öffentlich bekanntgemacht zu

werden; der Bürgermeister soll die Öffentlichkeit hierüber vorher in geeigneter Weise unterrichten.

(3) [1]Zu Mitgliedern der Ausschüsse, mit Ausnahme des Hauptausschusses, können neben Ratsmitgliedern auch sachkundige Bürger, die dem Rat angehören können, bestellt werden. [2]Zur Übernahme der Tätigkeit als sachkundiger Bürger ist niemand verpflichtet. [3]Die Zahl der sachkundigen Bürger darf die Zahl der Ratsmitglieder in den einzelnen Ausschüssen nicht erreichen. [4]Die Ausschüsse sind nur beschlußfähig, wenn die Zahl der anwesenden Ratsmitglieder die Zahl der anwesenden sachkundigen Bürger übersteigt. [5]Sie gelten auch insoweit als beschlußfähig, solange ihre Beschlußunfähigkeit nicht festgestellt ist. [6]Die Ausschüsse können Vertreter derjenigen Bevölkerungsgruppen, die von ihrer Entscheidung vorwiegend betroffen werden und Sachverständige zu den Beratungen zuziehen.

(4) [1]Als Mitglieder mit beratender Stimme können den Ausschüssen volljährige sachkundige Einwohner angehören, die in entsprechender Anwendung des § 50 Abs. 3 zu wählen sind. [2]Im übrigen gilt Absatz 3 Satz 1 und 2 entsprechend.

(5) [1]Haben sich die Fraktionen über die Verteilung der Ausschußvorsitze geeinigt und wird dieser Einigung nicht von einem Fünftel der Ratsmitglieder widersprochen, so bestimmen die Fraktionen die Ausschußvorsitzenden aus der Mitte der den Ausschüssen angehörenden stimmberechtigten Ratsmitglieder. [2]Soweit eine Einigung nicht zustande kommt, werden den Fraktionen die Ausschußvorsitze in der Reihenfolge der Höchstzahlen zugeteilt, die sich durch Teilung der Mitgliederzahlen der Fraktionen durch 1, 2, 3 usw. ergeben; mehrere Fraktionen können sich zusammenschließen. [3]Bei gleichen Höchstzahlen entscheidet das Los, das der Bürgermeister zu ziehen hat. [4]Die Fraktionen benennen die Ausschüsse, deren Vorsitz sie beanspruchen, in der Reihenfolge der Höchstzahlen und bestimmen die Vorsitzenden. [5]Scheidet ein Ausschußvorsitzender während der Wahlperiode aus, bestimmt die Fraktion, der er angehört, ein Ratsmitglied zum Nachfolger. [6]Die Sätze 1 bis 5 gelten für stellvertretende Vorsitzende entsprechend.

(6) Werden Ausschüsse während der Wahlperiode neu gebildet, aufgelöst oder ihre Aufgaben wesentlich verändert, ist das Verfahren nach Absatz 5 zu wiederholen.

(7) [1]Über die Beschlüsse der Ausschüsse ist eine Niederschrift aufzunehmen. [2]Diese ist dem Bürgermeister und den Ausschußmitgliedern zuzuleiten.

§ 59 Hauptausschuß, Finanzausschuß und Rechnungsprüfungsausschuß.
(1) Der Hauptausschuß hat die Arbeiten aller Ausschüsse aufeinander abzustimmen.

(2) Der Finanzausschuß bereitet die Haushaltssatzung der Gemeinde vor und trifft die für die Ausführung des Haushaltsplans erforderlichen Entscheidungen, soweit hierfür nicht andere Ausschüsse zuständig sind.

(3) [1]Der Rechnungsprüfungsausschuss prüft den Jahresabschluss und den Gesamtabschluss der Gemeinde. [2]Er bedient sich hierbei der örtlichen Rechnungsprüfung. [3]Soweit eine solche nicht besteht, kann er sich Dritter gem. § 103 Abs. 5 bedienen.

(4) [1]Werden der Jahresabschluss, der Gesamtabschluss, der Lagebericht oder der Gesamtlagebericht nach Vorlage des Prüfungsberichts geändert, so hat der Rechnungsprüfungsausschuss diese Unterlagen erneut zu prüfen, soweit es die Änderung erfordert. [2]Über das Ergebnis der Prüfung ist dem Rat zu berichten; der Bestätigungsvermerk ist entsprechend zu ergänzen.

§ 60 Dringliche Entscheidungen. (1) [1]Der Hauptausschuß entscheidet in Angelegenheiten, die der Beschlußfassung des Rates unterliegen, falls eine Einberufung des Rates nicht rechtzeitig möglich ist. [2]Ist auch die Einberufung des Hauptausschusses nicht rechtzeitig möglich und kann die Entscheidung nicht aufgeschoben werden, weil sonst erhebliche Nachteile oder Gefahren entstehen können, kann der Bürgermeister – im Falle seiner Verhinderung der allgemeine Vertreter – mit einem Ratsmitglied entscheiden. [3]Diese Entscheidungen sind dem Rat in der nächsten Sitzung zur Genehmigung vorzulegen. [4]Er kann die Dringlichkeitsentscheidung aufheben, soweit nicht schon Rechte anderer durch die Ausführung des Beschlusses entstanden sind.

(2) [1]Ist die Einberufung eines Ausschusses, dem eine Angelegenheit zur Entscheidung übertragen ist, nicht rechtzeitig möglich, kann der Bürgermeister – im Falle seiner Verhinderung der allgemeine Vertreter – mit dem Ausschußvorsitzenden oder einem anderen dem Ausschuß angehörenden Ratsmitglied entscheiden. [2]Die Entscheidung ist dem Ausschuß in der nächsten Sitzung zur Genehmigung vorzulegen. [3]Absatz 1 Satz 4 gilt entsprechend.

§ 61 Planung der Verwaltungsaufgaben. [1]Im Rahmen der vom Rat festgelegten allgemeinen Richtlinien entscheidet der Hauptausschuß über die Planung der Verwaltungsaufgaben von besonderer Bedeutung. [2]Zu diesem Zweck hat der Bürgermeister den Hauptausschuß regelmäßig und frühzeitig über solche Planungsvorhaben zu unterrichten.

6. Teil
Bürgermeister

§ 62 Aufgaben und Stellung des Bürgermeisters. (1) [1]Der Bürgermeister ist kommunaler Wahlbeamter. [2]Der Bürgermeister ist verantwortlich für die Leitung und Beaufsichtigung des Geschäftsgangs der gesamten Verwaltung. [3]Er leitet und verteilt die Geschäfte. [4]Dabei kann er sich bestimmte Aufgaben vorbehalten und die Bearbeitung einzelner Angelegenheiten selbst übernehmen.

(2) [1]Der Bürgermeister bereitet die Beschlüsse des Rates, der Bezirksvertretungen und der Ausschüsse vor. [2]Er führt diese Beschlüsse und Entscheidungen nach § 60 Abs. 1 Satz 2 und Abs. 2 Satz 1 sowie Weisungen, die im Rahmen des § 3 Abs. 2 und des § 132 ergehen, unter der Kontrolle des Rates und in Verantwortung ihm gegenüber durch. [3]Der Bürgermeister entscheidet ferner in Angelegenheiten, die ihm vom Rat oder von den Ausschüssen zur Entscheidung übertragen sind.

(3) Dem Bürgermeister obliegt die Erledigung aller Aufgaben, die ihm aufgrund gesetzlicher Vorschriften übertragen sind.

(4) Der Bürgermeister hat die Gemeindevertretung über alle wichtigen Gemeindeangelegenheiten zu unterrichten.

§ 63 Vertretung der Gemeinde. (1) [1]Unbeschadet der dem Rat und seinen Ausschüssen zustehenden Entscheidungsbefugnisse ist der Bürgermeister der gesetzliche Vertreter der Gemeinde in Rechts- und Verwaltungsgeschäften. [2]§ 74 Abs. 3 und § 64 bleiben unberührt.

(2) Für die Vertretung der Gemeinde in Organen von juristischen Personen oder Personenvereinigungen gilt § 113.

§ 64 Abgabe von Erklärungen. (1) [1]Erklärungen, durch welche die Gemeinde verpflichtet werden soll, bedürfen der Schriftform. [2]Sie sind vom Bürgermeister oder dem allgemeinen Vertreter zu unterzeichnen, soweit nicht dieses Gesetz etwas anderes bestimmt.

(2) Absatz 1 gilt nicht für Geschäfte der laufenden Verwaltung.

(3) Geschäfte, die ein für ein bestimmtes Geschäft oder einen Kreis von Geschäften ausdrücklich Bevollmächtigter abschließt, bedürfen nicht der Form des Absatzes 1, wenn die Vollmacht in der Form dieses Absatzes erteilt ist.

(4) Erklärungen, die nicht den Formvorschriften dieses Gesetzes entsprechen, binden die Gemeinde nicht.

§ 65 Wahl des Bürgermeisters. (1) [1]Der Bürgermeister wird von den Bürgern in allgemeiner, unmittelbarer, freier, gleicher und geheimer Wahl auf die Dauer von fünf Jahren nach den Grundsätzen der Mehrheitswahl zugleich mit dem Rat gewählt. [2]Scheidet der Bürgermeister durch Tod, Eintritt in den Ruhestand oder aus sonstigen Gründen vor Ablauf seiner Amtszeit aus dem Amt aus oder ist die Wahl eines Bürgermeisters aus anderen Gründen während der Wahlperiode des Rates erforderlich, so findet die Wahl des Nachfolgers spätestens sechs Monate nach Ausscheiden des Bürgermeisters aus dem Amt statt. [3]Die näheren Vorschriften trifft das Kommunalwahlgesetz.

(2) [1]Wählbar ist, wer am Wahltag Deutscher im Sinne von Artikel 116 Abs. 1 des Grundgesetzes ist oder wer die Staatsangehörigkeit eines Mitgliedstaates der Europäischen Union besitzt und eine Wohnung in der Bundesrepublik Deutschland innehat, das 23. Lebensjahr vollendet hat und nicht vom Wahlrecht ausgeschlossen ist sowie die Gewähr dafür bietet, daß er jederzeit für

die freiheitlich demokratische Grundordnung im Sinne des Grundgesetzes eintritt. [2]Nicht wählbar ist, wer am Wahltag infolge Richterspruchs in der Bundesrepublik Deutschland die Wählbarkeit oder die Fähigkeit zur Bekleidung öffentlicher Ämter nicht besitzt.

(3) Der Bürgermeister wird vom Vorsitzenden (ehrenamtlicher Stellvertreter oder Altersvorsitzender) in einer Sitzung des Rates vereidigt und in sein Amt eingeführt.

(4) Für die dienstrechtliche Stellung gelten die beamtenrechtlichen Vorschriften.

(5) [1]Endet das Beamtenverhältnis des Bürgermeisters vor Ablauf seiner Amtszeit, wird der Nachfolger bis zum Ende der nächsten Wahlperiode des Rates gewählt, es sei denn, die Amtszeit des Nachfolgers beginnt innerhalb der ersten zwei Jahre der Wahlperiode des Rates. [2]In diesem Fall endet sie mit dem Ende der laufenden Wahlperiode.

(6) Eine Wahl findet nach Ablauf des 51. Monats nach der allgemeinen Kommunalwahl nicht mehr statt.

§ 66 Abwahl des Bürgermeisters. (1) [1]Der Bürgermeister kann von den Bürgern der Gemeinde vor Ablauf seiner Amtszeit abgewählt werden. [2]Zur Einleitung des Abwahlverfahrens bedarf es

1. eines von mindestens der Hälfte der gesetzlichen Zahl der Ratsmitglieder gestellten Antrags und eines mit einer Mehrheit von zwei Dritteln der gesetzlichen Zahl der Ratsmitglieder zu fassenden Beschlusses. Zwischen dem Eingang des Antrags und dem Beschluss des Rates muss eine Frist von mindestens zwei Wochen liegen. Über den Antrag auf Einleitung des Abwahlverfahrens ist ohne Aussprache namentlich abzustimmen;

oder

2. eines in Gemeinden
   a) mit bis zu 50 000 Einwohnern von mindestens 20 Prozent der wahlberechtigten Bürger der Gemeinde,
   b) mit über 50 000 bis zu 100 000 Einwohnern von mindestens 17,5 Prozent der wahlberechtigten Bürger der Gemeinde
   und
   c) mit mehr als 100 000 Einwohnern von mindestens 15 Prozent der wahlberechtigten Bürger der Gemeinde

gestellten Antrags.

[3]Der Bürgermeister ist abgewählt, wenn sich für die Abwahl eine Mehrheit der abgegebenen gültigen Stimmen der wahlberechtigten Bürger ergibt, sofern diese Mehrheit mindestens 25 Prozent der Wahlberechtigten beträgt. [4]Für das weitere Verfahren gelten die Vorschriften des Kommunalwahlgesetzes entsprechend. [5]Der Bürgermeister scheidet mit dem Ablauf des Tages, an dem der Wahlausschuss die Abwahl feststellt, aus seinem Amt. [6]Die Aufsichtsbehörde kann für die Dauer des Abwahlverfahrens das Ruhen der Amtsgeschäfte des

Bürgermeisters anordnen, wenn der Rat dies mit einer Mehrheit von zwei Dritteln der gesetzlichen Zahl der Ratsmitglieder beantragt.

(2) [1]Der Bürgermeister kann binnen einer Woche
1. nach dem Beschluss gemäß Absatz 1 Satz 2 Nummer 1

oder

2. nach Feststellung der Zulässigkeit des Antrags nach Absatz 1 Satz 2 Nummer 2 durch den Rat

auf die Entscheidung der Bürger über seine Abwahl verzichten. [2]Der Verzicht ist schriftlich gegenüber dem ehrenamtlichen Stellvertreter zu erklären. [3]Mit dem Ablauf des Tages, an dem dieser Verzicht dem ehrenamtlichen Stellvertreter zugeht, gilt die Abwahl als erfolgt.

(3) [1]Der Antrag nach Absatz 1 Satz 2 Nummer 2 ist schriftlich beim Rat einzureichen und muss das Begehren zweifelsfrei erkennen lassen. [2]Er muss bis zu drei Bürger benennen, die berechtigt sind, die Unterzeichnenden zu vertreten. [3]§ 25 Absatz 4 gilt entsprechend. [4]Die Unterzeichnenden müssen an dem von ihnen anzugebenden Tag ihrer Unterschrift wahlberechtigt sein. [5]Die Unterschriften dürfen bei Eingang des Antrags nicht älter als vier Monate sein. [6]Nach Antragseingang eingereichte Unterschriftslisten werden nicht mehr berücksichtigt. [7]Der Rat stellt unverzüglich fest, ob der Antrag zulässig ist. [8]Gegen die ablehnende Entscheidung des Rates können nur die Vertreter des Antrags nach Satz 2 Klage erheben.

§ 67 Wahl der Stellvertreter des Bürgermeisters. (1) [1]Der Rat wählt für die Dauer seiner Wahlperiode aus seiner Mitte ohne Aussprache ehrenamtliche Stellvertreter des Bürgermeisters. [2]Sie vertreten den Bürgermeister bei der Leitung der Ratssitzungen und bei der Repräsentation.

(2) [1]Bei der Wahl der Stellvertreter des Bürgermeisters wird nach den Grundsätzen der Verhältniswahl in einem Wahlgang geheim abgestimmt. [2]Dabei sind die Wahlstellen auf die Wahlvorschläge der Fraktionen und Gruppen des Rates nach der Reihenfolge der Höchstzahlen zu verteilen, die sich durch Teilung der auf die Wahlvorschläge entfallenden Stimmenzahlen durch 1, 2, 3 usw. ergeben. [3]Erster Stellvertreter des Bürgermeisters ist, wer an erster Stelle des Wahlvorschlags steht, auf den die erste Höchstzahl entfällt, zweiter Stellvertreter, wer an vorderster noch nicht in Anspruch genommener Stelle des Wahlvorschlags steht, auf den die zweite Höchstzahl entfällt, dritter Stellvertreter, wer an vorderster noch nicht in Anspruch genommener Stelle des Wahlvorschlags steht, auf den die dritte Höchstzahl entfällt usw. [4]Zwischen Wahlvorschlägen mit gleichen Höchstzahlen findet eine Stichwahl statt; bei Stimmengleichheit entscheidet das vom Bürgermeister zu ziehende Los. [5]Nimmt ein gewählter Bewerber die Wahl nicht an, so ist gewählt, wer an nächster Stelle desselben Wahlvorschlags steht. [6]Ist ein Wahlvorschlag erschöpft, tritt an seine Stelle der Wahlvorschlag mit der nächsten Höchstzahl. [7]Scheidet ein stellvertretender Bürgermeister während der Wahlperiode aus, ist der Nachfolger für den Rest der Wahlzeit ohne Aussprache in geheimer Abstimmung nach § 50 Abs. 2 zu wählen.

(3) Die Stellvertreter des Bürgermeisters und die übrigen Ratsmitglieder werden von dem Bürgermeister eingeführt und in feierlicher Form zur gesetzmäßigen und gewissenhaften Wahrnehmung ihrer Aufgaben verpflichtet.

(4) [1]Der Rat kann die Stellvertreter des Bürgermeisters abberufen. [2]Der Antrag kann nur mit der Mehrheit der gesetzlichen Zahl der Mitglieder gestellt werden. [3]Zwischen dem Eingang des Antrags und der Sitzung des Rates muß eine Frist von wenigstens zwei Tagen liegen. [4]Über den Antrag ist ohne Aussprache abzustimmen. [5]Der Beschluß über die Abberufung bedarf einer Mehrheit von zwei Dritteln der gesetzlichen Zahl der Mitglieder. [6]Der Nachfolger ist innerhalb einer Frist von zwei Wochen ohne Aussprache in geheimer Abstimmung nach § 50 Abs. 2 zu wählen.

(5) [1]Der Bürgermeister – im Falle seiner Verhinderung der Altersvorsitzende – leitet die Sitzung bei der Wahl der Stellvertreter des Bürgermeisters sowie bei Entscheidungen, die vorher getroffen werden müssen. [2]Dies gilt auch für die Abberufung der Stellvertreter des Bürgermeisters.

§ 68 Vertretung im Amt. (1) [1]Der Rat bestellt einen Beigeordneten zum allgemeinen Vertreter des Bürgermeisters. [2]Die übrigen Beigeordneten sind zur allgemeinen Vertretung des Bürgermeisters nur berufen, wenn der zur allgemeinen Vertretung bestellte Beigeordnete verhindert ist. [3]Die Reihenfolge bestimmt der Rat. [4]Ist ein Beigeordneter nicht vorhanden, so bestellt der Rat den allgemeinen Vertreter.

(2) Die Beigeordneten vertreten den Bürgermeister in ihrem Arbeitsgebiet.

(3) [1]Der Bürgermeister kann andere Bedienstete mit der auftragsweisen Erledigung bestimmter Angelegenheiten betrauen. [2]Er kann die Befugnis auf Beigeordnete für deren Arbeitsgebiet übertragen.

§ 69 Teilnahme an Sitzungen. (1) [1]Der Bürgermeister und die Beigeordneten nehmen an den Sitzungen des Rates teil. [2]Der Bürgermeister ist berechtigt und auf Verlangen eines Ratsmitgliedes verpflichtet, zu einem Punkt der Tagesordnung vor dem Rat Stellung zu nehmen. [3]Auch Beigeordnete sind hierzu verpflichtet, falls es der Rat oder der Bürgermeister verlangt.

(2) [1]Der Bürgermeister und die Beigeordneten sind berechtigt und auf Verlangen eines Ausschusses in Angelegenheiten ihres Geschäftsbereichs verpflichtet, an dessen Sitzungen teilzunehmen. [2]Absatz 1 Satz 2 gilt entsprechend.

7. Teil

Verwaltungsvorstand und Gemeindebedienstete

§ 70 Verwaltungsvorstand. (1) [1]Sind Beigeordnete bestellt, bilden sie zusammen mit dem Bürgermeister und Kämmerer den Verwaltungsvorstand. [2]Der Bürgermeister führt den Vorsitz.

(2) Der Verwaltungsvorstand wirkt insbesondere mit bei
a) den Grundsätzen der Organisation und der Verwaltungsführung,
b) der Planung von Verwaltungsaufgaben mit besonderer Bedeutung,
c) der Aufstellung des Haushaltsplans, unbeschadet der Rechte des Kämmerers,
d) den Grundsätzen der Personalführung und Personalverwaltung,
e) der Konzeption der Kosten- und Leistungsrechnung.

(3) [1]Der Bürgermeister ist verpflichtet, zur Erhaltung der Einheitlichkeit der Verwaltungsführung regelmäßig den Verwaltungsvorstand zur gemeinsamen Beratung einzuberufen. [2]Die Mitglieder des Verwaltungsvorstandes sind verpflichtet, sich im Interesse der Einheitlichkeit der Verwaltungsführung gegenseitig zu unterrichten und zu beraten.

(4) [1]Bei Meinungsverschiedenheiten entscheidet der Bürgermeister. [2]Die Beigeordneten sind berechtigt, ihre abweichenden Meinungen in Angelegenheiten ihres Geschäftsbereichs dem Hauptausschuß vorzutragen. [3]Dieses haben sie dem Bürgermeister vorab mitzuteilen.

§ 71 Wahl der Beigeordneten. (1) [1]Die Zahl der Beigeordneten wird durch die Hauptsatzung festgelegt. [2]Die Beigeordneten sind kommunale Wahlbeamte. [3]Sie werden vom Rat für die Dauer von acht Jahren gewählt.

(2) [1]Die Wahl oder Wiederwahl darf frühestens sechs Monate vor Freiwerden der Stelle erfolgen. [2]Die Stellen der Beigeordneten sind auszuschreiben, bei Wiederwahl kann hiervon abgesehen werden.

(3) [1]Die Beigeordneten müssen die für ihr Amt erforderlichen fachlichen Voraussetzungen erfüllen und eine ausreichende Erfahrung für dieses Amt nachweisen. [2]In kreisfreien Städten und Großen kreisangehörigen Städten muß mindestens einer der Beigeordneten die Befähigung zum Richteramt oder zum höheren Verwaltungsdienst besitzen. [3]In den übrigen Gemeinden muss mindestens einer der Beigeordneten mindestens die Befähigung für die Laufbahn des gehobenen allgemeinen Verwaltungsdienstes besitzen.

(4) In kreisfreien Städten muß ein Beigeordneter als Stadtkämmerer bestellt werden.

(5) [1]Die Beigeordneten sind verpflichtet, eine erste und zweite Wiederwahl anzunehmen, wenn sie spätestens drei Monate vor Ablauf der Amtszeit wiedergewählt werden. [2]Lehnt ein Beigeordneter die Weiterführung des Amtes ohne wichtigen Grund ab, so ist er mit Ablauf der Amtszeit zu entlassen. [3]Ob ein wichtiger Grund vorliegt, entscheidet der Rat. [4]Ein wichtiger Grund liegt vor, wenn die Anstellungsbedingungen gegenüber denen der davor liegenden Amtszeit verschlechtert werden.

(6) Die Beigeordneten werden vom Bürgermeister vereidigt.

(7) [1]Der Rat kann Beigeordnete abberufen. [2]Der Antrag kann nur von der Mehrheit der gesetzlichen Zahl der Mitglieder gestellt werden. [3]Zwischen dem Eingang des Antrags und der Sitzung des Rates muß eine Frist von mindestens

sechs Wochen liegen. [4]Über den Antrag ist ohne Aussprache abzustimmen. [5]Der Beschluß über die Abberufung bedarf einer Mehrheit von zwei Dritteln der gesetzlichen Zahl der Mitglieder. [6]Ein Nachfolger ist innerhalb einer Frist von sechs Monaten zu wählen.

§ 72 Gründe der Ausschließung vom Amt. Die Beigeordneten dürfen untereinander nicht Angehörige sein.

§ 73 Geschäftsverteilung und Dienstaufsicht. (1) [1]Der Rat kann die Geschäftskreise der Beigeordneten im Einvernehmen mit dem Bürgermeister festlegen. [2]Kommt ein Einvernehmen nicht zu Stande, kann der Rat den Geschäftskreis der Beigeordneten mit der Mehrheit der gesetzlichen Zahl der Ratsmitglieder festlegen. [3]Bei Entscheidungen des Rates nach Satz 1 und 2 stimmt der Bürgermeister nicht mit. [4]Erfolgt keine Entscheidung nach Satz 1 oder 2 gilt § 62 Abs. 1 Satz 3 und 4.

(2) Der Bürgermeister ist Dienstvorgesetzter der Bediensteten der Gemeinde.

(3) [1]Der Bürgermeister trifft die dienstrechtlichen und arbeitsrechtlichen Entscheidungen, soweit gesetzlich nichts anderes bestimmt ist. [2]Die Hauptsatzung kann bestimmen, dass für Bedienstete in Führungsfunktionen Entscheidungen, die das beamtenrechtliche Grundverhältnis oder das Arbeitsverhältnis eines Bediensteten zur Gemeinde verändern, durch den Rat oder den Hauptausschuss im Einvernehmen mit dem Bürgermeister zu treffen sind, soweit gesetzlich nichts anderes bestimmt ist. [3]Kommt ein Einvernehmen nicht zu Stande, kann der Rat die Entscheidung mit einer Mehrheit von zwei Dritteln der gesetzlichen Zahl der Ratsmitglieder treffen. [4]Bei Entscheidungen des Rates nach Satz 2 und 3 stimmt der Bürgermeister nicht mit. [5]Erfolgt keine Entscheidung nach Satz 2 oder 3, gilt Satz 1. [6]Bedienstete in Führungsfunktionen sind Leiter von Organisationseinheiten, die dem Hauptverwaltungsbeamten oder einem anderen Wahlbeamten oder diesem in der Führungsfunktion vergleichbaren Bediensteten unmittelbar unterstehen, mit Ausnahme von Bediensteten mit Aufgaben eines persönlichen Referenten oder Pressereferenten.

§ 74 Bedienstete der Gemeinde. (1) Die Bediensteten der Gemeinde müssen die für ihren Arbeitsbereich erforderlichen fachlichen Voraussetzungen erfüllen, insbesondere die Ablegung der vorgeschriebenen Prüfungen nachweisen.

(2) Der Stellenplan ist einzuhalten; Abweichungen sind nur zulässig, soweit sie aufgrund des Besoldungs- oder Tarifrechts zwingend erforderlich sind.

(3) [1]Die nach geltendem Recht auszustellenden Urkunden für Beamte sowie Arbeitsverträge und sonstige schriftliche Erklärungen zur Regelung der Rechtsverhältnisse von Bediensteten bedürfen der Unterzeichnung durch den Bürgermeister oder seinen allgemeinen Vertreter. [2]Der Bürgermeister kann die Unterschriftsbefugnis durch Dienstanweisung übertragen.

8. Teil

Haushaltswirtschaft

§ 75 Allgemeine Haushaltsgrundsätze. (1) [1]Die Gemeinde hat ihre Haushaltswirtschaft so zu planen und zu führen, dass die stetige Erfüllung ihrer Aufgaben gesichert ist. [2]Die Haushaltswirtschaft ist wirtschaftlich, effizient und sparsam zu führen. [3]Dabei ist den Erfordernissen des gesamtwirtschaftlichen Gleichgewichts Rechnung zu tragen.

(2) [1]Der Haushalt muss in jedem Jahr in Planung und Rechnung ausgeglichen sein. [2]Er ist ausgeglichen, wenn der Gesamtbetrag der Erträge die Höhe des Gesamtbetrages der Aufwendungen erreicht oder übersteigt. [3]Die Verpflichtung des Satzes 1 gilt als erfüllt, wenn der Fehlbedarf im Ergebnisplan und der Fehlbetrag in der Ergebnisrechnung durch Inanspruchnahme der Ausgleichsrücklage gedeckt werden können.

(3) [1]In der Bilanz ist eine Ausgleichsrücklage zusätzlich zur allgemeinen Rücklage als gesonderter Posten des Eigenkapitals anzusetzen. [2]Der Ausgleichsrücklage können Jahresüberschüsse durch Beschluss nach § 96 Absatz 1 Satz 2 zugeführt werden, soweit ihr Bestand nicht den Höchstbetrag von einem Drittel des Eigenkapitals erreicht hat.

(4) [1]Wird bei der Aufstellung der Haushaltssatzung eine Verringerung der allgemeinen Rücklage vorgesehen, bedarf dies der Genehmigung der Aufsichtsbehörde. [2]Die Genehmigung gilt als erteilt, wenn die Aufsichtsbehörde nicht innerhalb eines Monats nach Eingang des Antrages der Gemeinde eine andere Entscheidung trifft. [3]Die Genehmigung kann unter Bedingungen und mit Auflagen erteilt werden. [4]Sie ist mit der Verpflichtung, ein Haushaltssicherungskonzept nach § 76 aufzustellen, zu verbinden, wenn die Voraussetzungen des § 76 Abs. 1 vorliegen.

(5) [1]Weist die Ergebnisrechnung bei der Bestätigung des Jahresabschlusses gem. § 95 Abs. 3 trotz eines ursprünglich ausgeglichenen Ergebnisplans einen Fehlbetrag oder einen höheren Fehlbetrag als im Ergebnisplan ausgewiesen aus, so hat die Gemeinde dies der Aufsichtsbehörde unverzüglich anzuzeigen. [2]Die Aufsichtsbehörde kann in diesem Fall Anordnungen treffen, erforderlichenfalls diese Anordnungen selbst durchführen oder – wenn und solange diese Befugnisse nicht ausreichen – einen Beauftragten bestellen, um eine geordnete Haushaltswirtschaft wieder herzustellen. [3]§§ 123 und 124 gelten sinngemäß.

(6) Die Liquidität der Gemeinde einschließlich der Finanzierung der Investitionen ist sicherzustellen.

(7) [1]Die Gemeinde darf sich nicht überschulden. [2]Sie ist überschuldet, wenn nach der Bilanz das Eigenkapital aufgebraucht ist.

§ 76 Haushaltssicherungskonzept. (1) [1]Die Gemeinde hat zur Sicherung ihrer dauerhaften Leistungsfähigkeit ein Haushaltssicherungskonzept aufzustellen und darin den nächstmöglichen Zeitpunkt zu bestimmen, bis zu dem der

Haushaltsausgleich wieder hergestellt ist, wenn bei der Aufstellung der Haushaltssatzung
1. durch Veränderungen des Haushalts innerhalb eines Haushaltsjahres der in der Schlussbilanz des Vorjahres auszuweisende Ansatz der allgemeinen Rücklage um mehr als ein Viertel verringert wird oder
2. in zwei aufeinanderfolgenden Haushaltsjahren geplant ist, den in der Schlussbilanz des Vorjahres auszuweisenden Ansatz der allgemeinen Rücklage jeweils um mehr als ein Zwanzigstel zu verringern oder
3. innerhalb des Zeitraumes der mittelfristigen Ergebnis- und Finanzplanung die allgemeine Rücklage aufgebraucht wird.

[2]Dies gilt entsprechend bei der Bestätigung über den Jahresabschluss gem. § 95 Abs. 3.

(2) [1]Das Haushaltssicherungskonzept dient dem Ziel, im Rahmen einer geordneten Haushaltswirtschaft die künftige, dauernde Leistungsfähigkeit der Gemeinde zu erreichen. [2]Es bedarf der Genehmigung der Aufsichtsbehörde. [3]Die Genehmigung soll nur erteilt werden, wenn aus dem Haushaltssicherungskonzept hervorgeht, dass spätestens im zehnten auf das Haushaltsjahr folgende Jahr der Haushaltsausgleich nach § 75 Abs. 2 wieder erreicht wird. [4]Im Einzelfall kann durch Genehmigung der Bezirksregierung auf der Grundlage eines individuellen Sanierungskonzeptes von diesem Konsolidierungszeitraum abgewichen werden. [5]Die Genehmigung des Haushaltssicherungskonzeptes kann unter Bedingungen und mit Auflagen erteilt werden.

§ 77 Grundsätze der Finanzmittelbeschaffung. (1) Die Gemeinde erhebt Abgaben nach den gesetzlichen Vorschriften.

(2) Sie hat die zur Erfüllung ihrer Aufgaben erforderlichen Finanzmittel
1. soweit vertretbar und geboten aus speziellen Entgelten für die von ihr erbrachten Leistungen,
2. im Übrigen aus Steuern

zu beschaffen, soweit die sonstigen Finanzmittel nicht ausreichen.

(3) Die Gemeinde darf Kredite nur aufnehmen, wenn eine andere Finanzierung nicht möglich ist oder wirtschaftlich unzweckmäßig wäre.

§ 78 Haushaltssatzung. (1) Die Gemeinde hat für jedes Haushaltsjahr eine Haushaltssatzung zu erlassen.

(2) [1]Die Haushaltssatzung enthält die Festsetzung
1. des Haushaltsplans
   a) im Ergebnisplan unter Angabe des Gesamtbetrages der Erträge und der Aufwendungen des Haushaltsjahres,
   b) im Finanzplan unter Angabe des Gesamtbetrages der Einzahlungen und Auszahlungen aus laufender Verwaltungstätigkeit, des Gesamtbetrages der Einzahlungen und Auszahlungen aus der Investitionstätigkeit und aus der Finanzierungstätigkeit des Haushaltsjahres,

c) unter Angabe der vorgesehenen Kreditaufnahmen für Investitionen (Kreditermächtigung),
d) unter Angabe der vorgesehenen Ermächtigungen zum Eingehen von Verpflichtungen, die künftige Haushaltsjahre mit Auszahlungen für Investitionen belasten (Verpflichtungsermächtigungen),
2. der Inanspruchnahme der Ausgleichsrücklage und der Verringerung der allgemeinen Rücklage,
3. des Höchstbetrages der Kredite zur Liquiditätssicherung,
4. der Steuersätze, die für jedes Haushaltsjahr neu festzusetzen sind,
5. des Jahres, in dem der Haushaltsausgleich wieder hergestellt ist.

[2]Sie kann weitere Vorschriften enthalten, die sich auf die Erträge und die Aufwendungen, Einzahlungen und Auszahlungen, den Stellenplan des Haushaltsjahres und das Haushaltssicherungskonzept beziehen.

(3) [1]Die Haushaltssatzung tritt mit Beginn des Haushaltsjahres in Kraft und gilt für das Haushaltsjahr. [2]Sie kann Festsetzungen für zwei Haushaltsjahre, nach Jahren getrennt, enthalten.

(4) Haushaltsjahr ist das Kalenderjahr, soweit für einzelne Bereiche durch Gesetz oder Rechtsverordnung nichts anderes bestimmt ist.

§ 79 Haushaltsplan. (1) [1]Der Haushaltsplan enthält alle im Haushaltsjahr für die Erfüllung der Aufgaben der Gemeinde voraussichtlich
1. anfallenden Erträge und eingehenden Einzahlungen,
2. entstehenden Aufwendungen und zu leistenden Auszahlungen,
3. notwendigen Verpflichtungsermächtigungen.

[2]Die Vorschriften über die Sondervermögen der Gemeinde bleiben unberührt.

(2) [1]Der Haushaltsplan ist in einen Ergebnisplan und einen Finanzplan sowie in Teilpläne zu gliedern. [2]Das Haushaltssicherungskonzept gemäß § 76 ist Teil des Haushaltsplans; der Stellenplan für die Bediensteten ist Anlage des Haushaltsplans.

(3) [1]Der Haushaltsplan ist Grundlage für die Haushaltswirtschaft der Gemeinde. [2]Er ist nach Maßgabe dieses Gesetzes und der aufgrund dieses Gesetzes erlassenen Vorschriften für die Haushaltsführung verbindlich. [3]Ansprüche und Verbindlichkeiten Dritter werden durch ihn weder begründet noch aufgehoben.

§ 80 Erlass der Haushaltssatzung. (1) Der Entwurf der Haushaltssatzung mit ihren Anlagen wird vom Kämmerer aufgestellt und dem Bürgermeister zur Bestätigung vorgelegt.

(2) [1]Der Bürgermeister leitet den von ihm bestätigten Entwurf dem Rat zu. [2]Soweit er von dem ihm vorgelegten Entwurf abweicht, kann der Kämmerer dazu eine Stellungnahme abgeben. [3]Wird von diesem Recht Gebrauch gemacht, hat der Bürgermeister die Stellungnahme mit dem Entwurf dem Rat vorzulegen.

(3) [1]Nach Zuleitung des Entwurfs der Haushaltssatzung mit ihren Anlagen an den Rat ist dieser unverzüglich bekannt zu geben und während der Dauer des Beratungsverfahrens im Rat zur Einsichtnahme verfügbar zu halten. [2]In der öffentlichen Bekanntgabe ist eine Frist von mindestens vierzehn Tagen festzulegen, in der Einwohner oder Abgabepflichtige gegen den Entwurf Einwendungen erheben können und die Stelle anzugeben, bei der die Einwendungen zu erheben sind. [3]Die Frist für die Erhebung von Einwendungen ist so festzusetzen, dass der Rat vor der Beschlussfassung über die Haushaltssatzung mit ihren Anlagen in öffentlicher Sitzung darüber beschließen kann.

(4) [1]Der Entwurf der Haushaltssatzung mit ihren Anlagen ist vom Rat in öffentlicher Sitzung zu beraten und zu beschließen. [2]In der Beratung des Rates kann der Kämmerer seine abweichende Auffassung vertreten.

(5) [1]Die vom Rat beschlossene Haushaltssatzung mit ihren Anlagen ist der Aufsichtsbehörde anzuzeigen. [2]Die Anzeige soll spätestens einen Monat vor Beginn des Haushaltsjahres erfolgen. [3]Die Haushaltssatzung darf frühestens einen Monat nach der Anzeige bei der Aufsichtsbehörde öffentlich bekannt gemacht werden. [4]Die Anzeigefrist beginnt erst zu laufen, wenn die gemäß Satz 1 anzuzeigenden Unterlagen der Aufsichtsbehörde vollständig vorgelegt wurden. [5]Die Aufsichtsbehörde kann im Einzelfall aus besonderem Grund die Anzeigefrist verkürzen oder verlängern. [6]Ist ein Haushaltssicherungskonzept nach § 76 aufzustellen, so darf die Haushaltssatzung erst nach Erteilung der Genehmigung bekannt gemacht werden.

(6) Die Haushaltssatzung mit ihren Anlagen ist im Anschluss an die öffentliche Bekanntmachung bis zum Ende der in § 96 Abs. 2 benannten Frist zur Einsichtnahme verfügbar zu halten.

§ 81 Nachtragssatzung. (1) [1]Die Haushaltssatzung kann nur durch Nachtragssatzung geändert werden, die spätestens bis zum Ablauf des Haushaltsjahres zu beschließen ist. [2]Für die Nachtragssatzung gelten die Vorschriften für die Haushaltssatzung entsprechend.

(2) [1]Die Gemeinde hat unverzüglich eine Nachtragssatzung zu erlassen, wenn

1. sich zeigt, dass trotz Ausnutzung jeder Sparmöglichkeit
   a) ein erheblicher Jahresfehlbetrag entstehen wird und der Haushaltsausgleich nur durch eine Änderung der Haushaltssatzung erreicht werden kann oder
   b) ein erheblich höherer Jahresfehlbetrag als geplant entstehen wird und der höhere Fehlbetrag nur durch eine Änderung der Haushaltssatzung vermieden werden kann,
2. bisher nicht veranschlagte oder zusätzliche Aufwendungen oder Auszahlungen bei einzelnen Haushaltspositionen in einem im Verhältnis zu den Gesamtaufwendungen oder Gesamtauszahlungen erheblichen Umfang geleistet werden müssen,

3. Auszahlungen für bisher nicht veranschlagte Investitionen geleistet werden sollen.

[2]Dies gilt nicht für überplanmäßige Auszahlungen im Sinne des § 83 Abs. 3.

(3) Absatz 2 Nrn. 2 und 3 findet keine Anwendung auf
1. geringfügige Investitionen und Instandsetzungen an Bauten, die unabweisbar sind,
2. Umschuldung von Krediten für Investitionen.

(4) [1]Im Übrigen kann, wenn die Entwicklung der Erträge oder der Aufwendungen oder die Erhaltung der Liquidität es erfordert, der Rat die Inanspruchnahme von Ermächtigungen sperren. [2]Er kann seine Sperre und die des Kämmerers oder des Bürgermeisters aufheben.

§ 82 Vorläufige Haushaltsführung. (1) Ist die Haushaltssatzung bei Beginn des Haushaltsjahres noch nicht bekannt gemacht, so darf die Gemeinde ausschließlich
1. Aufwendungen entstehen lassen und Auszahlungen leisten, zu denen sie rechtlich verpflichtet ist oder die für die Weiterführung notwendiger Aufgaben unaufschiebbar sind; sie darf insbesondere Bauten, Beschaffungen und sonstige Investitionsleistungen, für die im Haushaltsplan des Vorjahres Finanzpositionen oder Verpflichtungsermächtigungen vorgesehen waren, fortsetzen,
2. Realsteuern nach den Sätzen des Vorjahres erheben,
3. Kredite umschulden.

(2) [1]Reichen die Finanzmittel für die Fortsetzung der Bauten, der Beschaffungen und der sonstigen Leistungen des Finanzplans nach Absatz 1 Nr. 1 nicht aus, so darf die Gemeinde mit Genehmigung der Aufsichtsbehörde Kredite für Investitionen bis zu einem Viertel des Gesamtbetrages der in der Haushaltssatzung des Vorjahres festgesetzten Kredite aufnehmen. [2]Die Gemeinde hat dem Antrag auf Genehmigung eine nach Dringlichkeit geordnete Aufstellung der vorgesehenen unaufschiebbaren Investitionen beizufügen. [3]Die Genehmigung soll unter dem Gesichtspunkt einer geordneten Haushaltswirtschaft erteilt oder versagt werden; sie kann unter Bedingungen und mit Auflagen erteilt werden. [4]Sie ist in der Regel zu versagen, wenn die Kreditverpflichtungen mit der dauernden Leistungsfähigkeit der Gemeinde nicht in Einklang stehen.

(3) Ist im Fall des § 76 Abs. 1 die Haushaltssatzung bei Beginn des Haushaltsjahres noch nicht bekannt gemacht, gelten ergänzend zu den Regelungen der Absätze 1 und 2 die nachfolgenden Bestimmungen vom Beginn des Haushaltsjahres – bei späterer Beschlussfassung über die Haushaltssatzung vom Zeitpunkt der Beschlussfassung – bis zur Genehmigung des Haushaltssicherungskonzeptes:
1. Die Gemeinde hat weitergehende haushaltswirtschaftliche Beschränkungen für die Besetzung von Stellen, andere personalwirtschaftliche Maßnahmen und das höchstzulässige Aufwandsvolumen des Ergebnishaushalts sowie die Regelungen zur Nachweisführung gegenüber der Aufsichtsbehörde zu be-

achten, die durch Rechtsverordnung des für Kommunales zuständigen Ministeriums im Einvernehmen mit dem für Finanzen zuständigen Ministerium festgelegt werden.

2. Der in Absatz 2 festgelegte Kreditrahmen kann mit Genehmigung der Aufsichtsbehörde überschritten werden, wenn das Verbot der Kreditaufnahme anderenfalls zu einem nicht auflösbaren Konflikt zwischen verschiedenen gleichrangigen Rechtspflichten der Gemeinde führen würde. Die Genehmigung kann unter Bedingungen und mit Auflagen erteilt werden.

(4) Die Bestimmungen des Absatzes 3 gelten ab dem 1. April des Haushaltsjahres bis zur Beschlussfassung über einen ausgeglichenen Haushalt oder bis zur Erteilung der Genehmigung für ein Haushaltssicherungskonzept auch dann, wenn bis zu dem Termin kein ausgeglichener Haushalt beschlossen worden ist.

§ 83 Überplanmäßige und außerplanmäßige Aufwendungen und Auszahlungen. (1) [1]Überplanmäßige und außerplanmäßige Aufwendungen und Auszahlungen sind nur zulässig, wenn sie unabweisbar sind. [2]Die Deckung muss jeweils im laufenden Haushaltsjahr gewährleistet sein. [3]Über die Leistung dieser Aufwendungen und Auszahlungen entscheidet der Kämmerer, wenn ein solcher nicht bestellt ist, der Bürgermeister, soweit der Rat keine andere Regelung trifft. [4]Der Kämmerer kann mit Zustimmung des Bürgermeisters und des Rates die Entscheidungsbefugnis auf andere Bedienstete übertragen.

(2) [1]Sind die überplanmäßigen und außerplanmäßigen Aufwendungen und Auszahlungen erheblich, bedürfen sie der vorherigen Zustimmung des Rates; im Übrigen sind sie dem Rat zur Kenntnis zu bringen. [2]§ 81 Abs. 2 bleibt unberührt.

(3) [1]Für Investitionen, die im folgenden Jahr fortgesetzt werden, sind überplanmäßige Auszahlungen auch dann zulässig, wenn ihre Deckung erst im folgenden Jahr gewährleistet ist. [2]Absatz 1 Sätze 3 und 4 und Absatz 2 gelten sinngemäß.

(4) Die Absätze 1 bis 3 finden entsprechende Anwendung auf Maßnahmen, durch die später über- oder außerplanmäßige Aufwendungen und Auszahlungen entstehen können.

§ 84 Mittelfristige Ergebnis- und Finanzplanung. [1]Die Gemeinde hat ihrer Haushaltswirtschaft eine fünfjährige Ergebnis- und Finanzplanung zu Grunde zu legen und in den Haushaltsplan einzubeziehen. [2]Das erste Planungsjahr ist das laufende Haushaltsjahr. [3]Die Ergebnis- und Finanzplanung für die dem Haushaltsjahr folgenden drei Planungsjahre soll in den einzelnen Jahren ausgeglichen sein. [4]Sie ist mit der Haushaltssatzung der Entwicklung anzupassen und fortzuführen.

§ 85 Verpflichtungsermächtigungen. (1) [1]Verpflichtungen zur Leistung von Auszahlungen für Investitionen in künftigen Jahren dürfen grundsätzlich nur eingegangen werden, wenn der Haushaltsplan hierzu ermächtigt. [2]Sie dürfen ausnahmsweise auch überplanmäßig oder außerplanmäßig eingegangen werden, wenn sie unabweisbar sind und der in der Haushaltssatzung festgesetzte Gesamtbetrag der Verpflichtungsermächtigungen nicht überschritten wird. [3]§ 83 Abs. 1 Sätze 3 und 4 gelten sinngemäß.

(2) Die Verpflichtungsermächtigungen gelten bis zum Ende des auf das Haushaltsjahr folgenden Jahres und, wenn die Haushaltssatzung für das übernächste Jahr nicht rechtzeitig öffentlich bekannt gemacht wird, bis zum Erlass dieser Haushaltssatzung.

§ 86 Kredite. (1) [1]Kredite dürfen nur für Investitionen unter der Voraussetzung des § 77 Abs. 3 und zur Umschuldung aufgenommen werden. [2]Die daraus übernommenen Verpflichtungen müssen mit der dauernden Leistungsfähigkeit der Gemeinde in Einklang stehen.

(2) Die Kreditermächtigung gilt bis zum Ende des auf das Haushaltsjahr folgenden Jahres und, wenn die Haushaltssatzung für das übernächste Jahr nicht rechtzeitig öffentlich bekannt gemacht wird, bis zum Erlass dieser Haushaltssatzung.

(3) [1]Die Aufnahme einzelner Kredite bedarf der Genehmigung der Aufsichtsbehörde, sobald die Kreditaufnahme nach § 19 des Gesetzes zur Förderung der Stabilität und des Wachstums der Wirtschaft beschränkt worden ist. [2]Die Einzelgenehmigung kann nach Maßgabe der Kreditbeschränkungen versagt werden.

(4) [1]Entscheidungen der Gemeinde über die Begründung einer Zahlungsverpflichtung, die wirtschaftlich einer Kreditverpflichtung gleichkommt, sind der Aufsichtsbehörde unverzüglich, spätestens einen Monat vor der rechtsverbindlichen Eingehung der Verpflichtung, schriftlich anzuzeigen. [2]Absatz 1 Satz 2 gilt sinngemäß. [3]Eine Anzeige ist nicht erforderlich für die Begründung von Zahlungsverpflichtungen im Rahmen der laufenden Verwaltung.

(5) [1]Die Gemeinde darf zur Sicherung des Kredits keine Sicherheiten bestellen. [2]Die Aufsichtsbehörde kann Ausnahmen zulassen, wenn die Bestellung von Sicherheiten der Verkehrsübung entspricht.

§ 87 Sicherheiten und Gewährleistung für Dritte. (1) [1]Die Gemeinde darf keine Sicherheiten zugunsten Dritter bestellen. [2]Die Aufsichtsbehörde kann Ausnahmen zulassen. [3]Für die Bestellung von Sicherheiten zur Finanzierung des Erwerbs von Grundstücken der Gemeinde durch Dritte finden die Sätze 1 und 2 keine Anwendung.

(2) [1]Die Gemeinde darf Bürgschaften und Verpflichtungen aus Gewährverträgen nur im Rahmen der Erfüllung ihrer Aufgaben übernehmen. [2]Die Entscheidung der Gemeinde zur Übernahme ist der Aufsichtsbehörde unverzüglich, spätestens einen Monat vor der rechtsverbindlichen Übernahme, schriftlich anzuzeigen.

(3) Absatz 2 gilt sinngemäß für Rechtsgeschäfte, die den in Absatz 2 genannten Rechtsgeschäften wirtschaftlich gleichkommen, insbesondere für die Zustimmung zu Rechtsgeschäften Dritter, aus denen der Gemeinde in künftigen Haushaltsjahren Verpflichtungen zu Leistungen erwachsen können.

§ 88 Rückstellungen. Für dem Grunde oder der Höhe nach ungewisse Verbindlichkeiten, für drohende Verluste aus schwebenden Geschäften oder laufenden Verfahren oder für bestimmte Aufwendungen hat die Gemeinde Rückstellungen in angemessener Höhe zu bilden.

§ 89 Liquidität. (1) Die Gemeinde hat ihre Zahlungsfähigkeit durch eine angemessene Liquiditätsplanung sicherzustellen.

(2) [1]Zur rechtzeitigen Leistung ihrer Auszahlungen kann die Gemeinde Kredite zur Liquiditätssicherung bis zu dem in der Haushaltssatzung festgesetzten Höchstbetrag aufnehmen, soweit dafür keine anderen Mittel zur Verfügung stehen. [2]Diese Ermächtigung gilt über das Haushaltsjahr hinaus bis zum Erlass der neuen Haushaltssatzung.

§ 90 Vermögensgegenstände. (1) Die Gemeinde soll Vermögensgegenstände nur erwerben, soweit dies zur Erfüllung ihrer Aufgaben erforderlich ist oder wird.

(2) [1]Die Vermögensgegenstände sind pfleglich und wirtschaftlich zu verwalten. [2]Bei Geldanlagen ist auf eine ausreichende Sicherheit zu achten; sie sollen einen angemessenen Ertrag erbringen.

(3) [1]Die Gemeinde darf Vermögensgegenstände, die sie zur Erfüllung ihrer Aufgaben in absehbarer Zeit nicht braucht, veräußern. [2]Vermögensgegenstände dürfen in der Regel nur zu ihrem vollen Wert veräußert werden.

(4) Für die Überlassung der Nutzung eines Vermögensgegenstandes gilt Absatz 3 sinngemäß.

(5) Für die Verwaltung und Bewirtschaftung von Gemeindewaldungen gelten die Vorschriften dieses Gesetzes und des Landesforstgesetzes.

§ 91 Inventur, Inventar und Vermögensbewertung. (1) Die Gemeinde hat zum Schluss eines jeden Haushaltsjahres sämtliche Vermögensgegenstände, Schulden und Rechnungsabgrenzungsposten in einer Inventur unter Beachtung der Grundsätze ordnungsmäßiger Inventur vollständig aufzunehmen und dabei den Wert der einzelnen Vermögensgegenstände und Verbindlichkeiten anzugeben (Inventar).

(2) [1]Für die im Jahresabschluss auszuweisenden Wertansätze gilt:

1. Vermögensgegenstände sind höchstens mit den Anschaffungs- oder Herstellungskosten vermindert um die planmäßigen und außerplanmäßigen Abschreibungen anzusetzen,
2. Verbindlichkeiten sind zu ihrem Rückzahlungsbetrag, Rentenverpflichtungen, für die eine Gegenleistung nicht mehr zu erwarten ist, zu ihrem Barwert und Rückstellungen nur in Höhe des Betrages anzusetzen, der voraussichtlich notwendig ist.

[2]Die Bewertung ist unter Anwendung der Grundsätze ordnungsmäßiger Buchführung, soweit dieses Gesetz nichts anderes vorsieht, vorzunehmen.

§ 92 Eröffnungsbilanz. (1) [1]Die Gemeinde hat zu Beginn des Haushaltsjahres, in dem sie erstmals ihre Geschäftsvorfälle nach dem System der doppelten Buchführung erfasst, eine Eröffnungsbilanz unter Beachtung der Grundsätze ordnungsmäßiger Buchführung aufzustellen, soweit durch Gesetz oder Rechtsverordnung nichts anderes bestimmt ist. [2]Die Vorschriften der § 95 Abs. 3 und § 96 sind entsprechend anzuwenden.

(2) Die Eröffnungsbilanz und der Anhang haben zum Bilanzstichtag unter Beachtung der Grundsätze ordnungsmäßiger Buchführung ein den tatsächlichen Verhältnissen entsprechendes Bild der Vermögens- und der Schuldenlage der Gemeinde zu vermitteln.

(3) [1]Die Ermittlung der Wertansätze für die Eröffnungsbilanz ist auf der Grundlage von vorsichtig geschätzten Zeitwerten vorzunehmen. [2]Die in der Eröffnungsbilanz angesetzten Werte für die Vermögensgegenstände gelten für die künftigen Haushaltsjahre als Anschaffungs- oder Herstellungskosten, soweit nicht Wertberichtigungen nach Absatz 7 vorgenommen werden.

(4) [1]Die Eröffnungsbilanz und der Anhang sind dahingehend zu prüfen, ob sie ein den tatsächlichen Verhältnissen entsprechendes Bild der Lage der Gemeinde nach Absatz 2 vermitteln. [2]Die Prüfung erstreckt sich darauf, ob die gesetzlichen Vorschriften und die sie ergänzenden Bestimmungen beachtet worden sind.

(5) [1]Der Rechnungsprüfungsausschuss prüft die Eröffnungsbilanz. [2]Er hat die Inventur, das Inventar und die Übersicht über örtlich festgelegte Restnutzungsdauern der Vermögensgegenstände in seine Prüfung einzubeziehen. [3]Über Art und Umfang der Prüfung sowie über das Ergebnis der Prüfung ist ein Prüfungsbericht zu erstellen. [4]Der Bestätigungsvermerk oder der Vermerk über seine Versagung ist in den Prüfungsbericht aufzunehmen. [5]§ 101 Abs. 2 bis 8, § 103 Abs. 4, 5 und 7, § 104 Abs. 4 und § 105 Abs. 8 finden entsprechende Anwendung.

(6) Die Eröffnungsbilanz unterliegt der überörtlichen Prüfung nach § 105.

(7) [1]Ergibt sich bei der Aufstellung späterer Jahresabschlüsse, dass in der Eröffnungsbilanz Vermögensgegenstände oder Sonderposten oder Schulden fehlerhaft angesetzt worden sind, so ist der Wertansatz zu berichtigen oder nachzuholen. [2]Die Eröffnungsbilanz gilt dann als geändert. [3]Eine Berichtigung kann letztmals im vierten der Eröffnungsbilanz folgenden Jahresabschluss vorgenommen werden. [4]Vorherige Jahresabschlüsse sind nicht zu berichtigen.

§ 93 Finanzbuchhaltung. (1) [1]Die Finanzbuchhaltung hat die Buchführung und die Zahlungsabwicklung der Gemeinde zu erledigen. [2]Die Buchführung muss unter Beachtung der Grundsätze ordnungsmäßiger Buchführung so beschaffen sein, dass innerhalb einer angemessenen Zeit ein Überblick über die wirtschaftliche Lage der Gemeinde gegeben werden kann. [3]Die Zahlungsabwicklung ist ordnungsgemäß und sicher zu erledigen.

(2) Die Gemeinde hat, wenn sie ihre Finanzbuchhaltung nicht nach § 94 durch eine Stelle außerhalb der Gemeindeverwaltung besorgen lässt, dafür einen Verantwortlichen und einen Stellvertreter zu bestellen.

(3) [1]Soweit die ordnungsgemäße Erledigung und die Prüfung gewährleistet sind, kann die Finanzbuchhaltung für funktional begrenzte Aufgabenbereiche auch durch mehrere Stellen der Verwaltung erfolgen. [2]Absatz 2 bleibt unberührt.

(4) [1]Die mit der Prüfung und Feststellung des Zahlungsanspruches und der Zahlungsverpflichtung beauftragten Bediensteten dürfen nicht die Zahlungen der Gemeinde abwickeln. [2]Das Gleiche gilt für die mit der Rechnungsprüfung beauftragten Bediensteten.

(5) Der Verantwortliche für die Zahlungsabwicklung und sein Stellvertreter dürfen nicht Angehörige des Bürgermeisters, des Kämmerers, der Leitung und der Prüfer der örtlichen Rechnungsprüfung sowie mit der Prüfung beauftragter Dritter sein.

(6) Die Geschäftsvorfälle der Sondervermögen und der Treuhandvermögen sind gesondert abzuwickeln, wenn für diese gesonderte Jahresabschlüsse aufgestellt werden.

§ 94 Übertragung der Finanzbuchhaltung. [1]Die Gemeinde kann ihre Finanzbuchhaltung ganz oder zum Teil von einer Stelle außerhalb der Gemeindeverwaltung besorgen lassen, wenn die ordnungsgemäße Erledigung und die Prüfung nach den für die Gemeinde geltenden Vorschriften gewährleistet sind. [2]Satz 1 gilt nicht für die Zwangsvollstreckung. [3]Die Vorschriften des Gesetzes über kommunale Gemeinschaftsarbeit bleiben unberührt.

§ 95 Jahresabschluss. (1) [1]Die Gemeinde hat zum Schluss eines jeden Haushaltsjahres einen Jahresabschluss aufzustellen, in dem das Ergebnis der Haushaltswirtschaft des Haushaltsjahres nachzuweisen ist. [2]Er muss unter Beachtung der Grundsätze ordnungsmäßiger Buchführung ein den tatsächlichen Verhältnissen entsprechendes Bild der Vermögens-, Schulden-, Ertrags- und Finanzlage der Gemeinde vermitteln und ist zu erläutern. [3]Der Jahresabschluss besteht aus der Ergebnisrechnung, der Finanzrechnung, den Teilrechnungen, der Bilanz und dem Anhang. [4]Ihm ist ein Lagebericht beizufügen.

(2) [1]Am Schluss des Lageberichtes sind für die Mitglieder des Verwaltungsvorstands nach § 70, soweit dieser nicht zu bilden ist für den Bürgermeister und den Kämmerer, sowie für die Ratsmitglieder, auch wenn die Personen im Haushaltsjahr ausgeschieden sind, anzugeben,
1. Familienname mit mindestens einem ausgeschriebenen Vornamen,
2. der ausgeübte Beruf,
3. die Mitgliedschaften in Aufsichtsräten und anderen Kontrollgremien i.S.d. § 125 Abs. 1 Satz 3 des Aktiengesetzes,
4. die Mitgliedschaft in Organen von verselbstständigten Aufgabenbereichen der Gemeinde in öffentlich-rechtlicher oder privatrechtlicher Form,
5. die Mitgliedschaft in Organen sonstiger privatrechtlicher Unternehmen.

[2]§ 43 Abs. 2 Nrn. 5 und 6 gelten entsprechend.

(3) [1]Der Entwurf des Jahresabschlusses wird vom Kämmerer aufgestellt und dem Bürgermeister zur Bestätigung vorgelegt. [2]Der Bürgermeister leitet den

von ihm bestätigten Entwurf innerhalb von drei Monaten nach Ablauf des Haushaltsjahres dem Rat zur Feststellung zu. [3]Soweit er von dem ihm vorgelegten Entwurf abweicht, kann der Kämmerer dazu eine Stellungnahme abgeben. [4]Wird von diesem Recht Gebrauch gemacht, hat der Bürgermeister die Stellungnahme mit dem Entwurf dem Rat vorzulegen.

§ 96 Feststellung des Jahresabschlusses und Entlastung. (1) [1]Der Rat stellt bis spätestens 31. Dezember des auf das Haushaltsjahr folgenden Jahres den vom Rechnungsprüfungsausschuss geprüften Jahresabschluss durch Beschluss fest. [2]Zugleich beschließt er über die Verwendung des Jahresüberschusses oder die Behandlung des Jahresfehlbetrages. [3]In der Beratung des Rates über den Jahresabschluss kann der Kämmerer seine abweichende Auffassung vertreten. [4]Die Ratsmitglieder entscheiden über die Entlastung des Bürgermeisters. [5]Verweigern sie die Entlastung oder sprechen sie diese mit Einschränkungen aus, so haben sie dafür die Gründe anzugeben. [6]Wird die Feststellung des Jahresabschlusses vom Rat verweigert, so sind die Gründe dafür gegenüber dem Bürgermeister anzugeben.

(2) [1]Der vom Rat festgestellte Jahresabschluss ist der Aufsichtsbehörde unverzüglich anzuzeigen. [2]Der Jahresabschluss ist öffentlich bekannt zu machen und danach bis zur Feststellung des folgenden Jahresabschlusses zur Einsichtnahme verfügbar zu halten.

9. Teil

Sondervermögen, Treuhandvermögen

§ 97 Sondervermögen. (1) Sondervermögen der Gemeinde sind
1. das Gemeindegliedervermögen,
2. das Vermögen der rechtlich unselbstständigen örtlichen Stiftungen,
3. wirtschaftliche Unternehmen (§ 114) und organisatorisch verselbstständigte Einrichtungen (§ 107 Abs. 2) ohne eigene Rechtspersönlichkeit,
4. rechtlich unselbstständige Versorgungs- und Versicherungseinrichtungen.

(2) [1]Sondervermögen nach Absatz 1 Nrn. 1 und 2 unterliegen den Vorschriften über die Haushaltswirtschaft. [2]Sie sind im Haushaltsplan und im Jahresabschluss der Gemeinde gesondert nachzuweisen.

(3) Für Sondervermögen nach Absatz 1 Nr. 3 sind die Vorschriften des § 75 Abs. 1, Abs. 2 Sätze 1 und 2, Abs. 6 und 7, der §§ 84 bis 90, des § 92 Abs. 3 und 7 und der §§ 93, 94 und 96 sinngemäß anzuwenden.

(4) [1]Für Sondervermögen nach Absatz 1 Nr. 4 können die für die Wirtschaftsführung und das Rechnungswesen der Eigenbetriebe geltenden Vorschriften sinngemäß angewendet werden. [2]Absatz 3 gilt sinngemäß.

§ 98 Treuhandvermögen. (1) [1]Für rechtlich selbständige örtliche Stiftungen sowie Vermögen, die die Gemeinde nach besonderem Recht treuhänderisch zu verwalten hat, sind besondere Haushaltspläne aufzustellen und Sonderrechnungen zu führen. [2]Die Vorschriften des § 75 Abs. 1, Abs. 2 Sätze 1 und 2, Abs. 6 und 7, der §§ 78 bis 80, 82 bis 87, 89, 90, 93 und 94 sowie § 96 Abs. 1 sind sinngemäß anzuwenden, soweit nicht Vorschriften des Stiftungsgesetzes entgegen stehen. [3]Die §§ 78 und 80 sind mit der Maßgabe sinngemäß anzuwenden, dass an die Stelle der Haushaltssatzung der Beschluss über den Haushaltsplan tritt und von der öffentlichen Bekanntgabe und dem Verfügbarhalten zur Einsichtnahme nach § 80 Abs. 3 und 6 abgesehen werden kann.

(2) Unbedeutendes Treuhandvermögen kann im Haushalt der Gemeinde gesondert nachgewiesen werden.

(3) Mündelvermögen sind abweichend von den Absätzen 1 und 2 nur im Jahresabschluss gesondert nachzuweisen.

(4) Besondere gesetzliche Vorschriften oder Bestimmungen des Stifters bleiben unberührt.

§ 99 Gemeindegliedervermögen. (1) Für die Nutzung des Gemeindevermögens, dessen Ertrag nach bisherigem Recht nicht der Gemeinde, sondern sonstigen Berechtigten zusteht (Gemeindegliedervermögen), bleiben die bisherigen Vorschriften und Gewohnheiten unberührt.

(2) [1]Gemeindegliedervermögen darf nicht in Privatvermögen der Nutzungsberechtigten umgewandelt werden. [2]Es kann in freies Gemeindevermögen umgewandelt werden, wenn die Umwandlung aus Gründen des Gemeinwohls geboten ist. [3]Den bisher Berechtigten ist ein Einkaufsgeld zurückzuzahlen, durch welches sie das Recht zur Teilnahme an der Nutzung des Gemeindegliedervermögens erworben haben. [4]Soweit nach den bisher geltenden rechtlichen Vorschriften Nutzungsrechte am Gemeindegliedervermögen den Berechtigten gegen ihren Willen nicht entzogen oder geschmälert werden dürfen, muß von der Gemeinde bei der Umwandlung eine angemessene Entschädigung gezahlt werden. [5]Handelt es sich um Nutzungsrechte an landwirtschaftlich genutzten Grundstücken, so kann die Entschädigung auch durch Hergabe eines Teils derjenigen Grundstücke gewährt werden, an denen die Nutzungsrechte bestehen.

(3) Gemeindevermögen darf nicht in Gemeindegliedervermögen umgewandelt werden.

§ 100 Örtliche Stiftungen. (1) [1]Örtliche Stiftungen sind die Stiftungen des privaten Rechts, die nach dem Willen des Stifters von einer Gemeinde verwaltet werden und die überwiegend örtlichen Zwecken dienen. [2]Die Gemeinde hat die örtlichen Stiftungen nach den Vorschriften dieses Gesetzes zu verwalten, soweit nicht durch Gesetz oder Stifter anderes bestimmt ist. [3]Das Stiftungsvermögen ist von dem übrigen Gemeindevermögen getrennt zu halten und so anzulegen, daß es für seinen Verwendungszweck greifbar ist.

(2) Die Umwandlung des Stiftungszwecks, die Zusammenlegung und die Aufhebung von rechtlich unselbständigen Stiftungen stehen der Gemeinde zu; sie bedürfen der Genehmigung der Aufsichtsbehörde.

(3) Gemeindevermögen darf nur im Rahmen der Aufgabenerfüllung der Gemeinde und nur dann in Stiftungsvermögen eingebracht werden, wenn der mit der Stiftung verfolgte Zweck auf andere Weise nicht erreicht werden kann.

10. Teil

Rechnungsprüfung

§ 101 Prüfung des Jahresabschlusses, Bestätigungsvermerk. (1) [1]Der Jahresabschluss ist vom Rechnungsprüfungsausschuss dahingehend zu prüfen, ob er ein den tatsächlichen Verhältnissen entsprechendes Bild der Vermögens-, Schulden-, Ertrags- und Finanzlage der Gemeinde unter Beachtung der Grundsätze ordnungsmäßiger Buchführung ergibt. [2]Die Prüfung des Jahresabschlusses erstreckt sich darauf, ob die gesetzlichen Vorschriften und die sie ergänzenden Satzungen und sonstigen ortsrechtlichen Bestimmungen beachtet worden sind. [3]In die Prüfung sind die Buchführung, die Inventur, das Inventar und die Übersicht über örtlich festgelegte Nutzungsdauern der Vermögensgegenstände einzubeziehen. [4]Der Lagebericht ist darauf zu prüfen, ob er mit dem Jahresabschluss in Einklang steht und ob seine sonstigen Angaben nicht eine falsche Vorstellung von der Vermögens-, Schulden-, Ertrags- und Finanzlage der Gemeinde erwecken. [5]Der Rechnungsprüfungsausschuss hat über Art und Umfang der Prüfung sowie über das Ergebnis der Prüfung einen Prüfungsbericht zu erstellen. [6]Der Bestätigungsvermerk oder der Vermerk über seine Versagung ist in den Prüfungsbericht aufzunehmen.

(2) [1]Vor Abgabe des Prüfungsberichtes durch den Rechnungsprüfungsausschuss an den Rat ist dem Bürgermeister Gelegenheit zur Stellungnahme zum Prüfungsergebnis zu geben. [2]Soweit der Kämmerer von seinem Recht nach § 95 Abs. 3 Satz 3 Gebrauch gemacht hat, ist ihm ebenfalls Gelegenheit zur Stellungnahme zu geben.

(3) [1]Der Rechnungsprüfungsausschuss hat das Ergebnis der Prüfung in einem Bestätigungsvermerk zusammenzufassen. [2]Der Bestätigungsvermerk hat Gegenstand, Art und Umfang der Prüfung zu beschreiben und dabei die angewandten Rechnungslegungsgrundsätze und Prüfungsgrundsätze anzugeben. [3]Er hat ferner eine Beurteilung des Prüfungsergebnisses zu enthalten, die zweifelsfrei ergeben muss, ob

1. ein uneingeschränkter Bestätigungsvermerk erteilt wird,
2. ein eingeschränkter Bestätigungsvermerk erteilt wird,
3. der Bestätigungsvermerk auf Grund von Beanstandungen versagt wird oder
4. der Bestätigungsvermerk deshalb versagt wird, weil der Prüfer nicht in der Lage ist, eine Beurteilung vorzunehmen.

[4]Die Beurteilung des Prüfungsergebnisses soll allgemeinverständlich und problemorientiert unter Berücksichtigung des Umstandes erfolgen, dass Rat und Verwaltungsvorstand den Abschluss zu verantworten haben. [5]Auf Risiken, die

die stetige Aufgabenerfüllung und die Haushaltswirtschaft der Gemeinde gefährden, ist gesondert einzugehen.

(4) [1]In einem uneingeschränkten Bestätigungsvermerk (Absatz 3 Satz 3 Nr. 1) ist zu erklären, dass die durchgeführte Prüfung zu keinen Beanstandungen geführt hat, der Jahresabschluss auf Grund der bei der Prüfung gewonnenen Erkenntnisse den gesetzlichen Vorschriften, Satzungen und sonstigen ortsrechtlichen Bestimmungen entspricht und unter Beachtung der Grundsätze ordnungsmäßiger Buchführung ein den tatsächlichen Verhältnissen entsprechendes Bild der Vermögens-, Schulden-, Ertrags- und Finanzlage der Gemeinde vermittelt. [2]Dieser Bestätigungsvermerk kann um Hinweise ergänzt werden, die ihn nicht einschränken.

(5) [1]Werden Beanstandungen ausgesprochen, ist die Erklärung nach Absatz 4 Satz 1 einzuschränken oder zu versagen. [2]Ein eingeschränkter Bestätigungsvermerk darf nur erteilt werden, wenn der geprüfte Jahresabschluss unter Beachtung der vom Prüfer vorgenommenen, in ihrer Tragweite erkennbaren Einschränkung ein den tatsächlichen Verhältnissen im Wesentlichen entsprechendes Bild der Vermögens-, Schulden-, Ertrags- und Finanzlage der Gemeinde vermittelt (Absatz 3 Satz 3 Nr. 2). [3]Sind die Beanstandungen so erheblich, dass kein den tatsächlichen Verhältnissen entsprechendes Bild der Vermögens-, Schulden-, Ertrags- und Finanzlage der Gemeinde mehr vermittelt wird, ist der Bestätigungsvermerk zu versagen (Absatz 3 Satz 3 Nr. 3). [4]Der Bestätigungsvermerk ist auch dann zu versagen, wenn der Prüfer nach Ausschöpfung aller angemessenen Möglichkeiten zur Klärung des Sachverhaltes nicht in der Lage ist, eine Beurteilung abzugeben (Absatz 3 Satz 3 Nr. 4). [5]Die Versagung ist in einem Vermerk, der nicht als Bestätigungsvermerk zu bezeichnen ist, aufzunehmen. [6]Die Einschränkung oder Versagung ist zu begründen.

(6) [1]Die Beurteilung des Prüfungsergebnisses hat sich auch darauf zu erstrecken, ob der Lagebericht mit dem Jahresabschluss in Einklang steht und insgesamt eine zutreffende Vorstellung von der Vermögens-, Schulden-, Ertrags- und Finanzlage der Gemeinde vermittelt. [2]Dabei ist auch darauf einzugehen, ob die Chancen und Risiken für die künftige Entwicklung der Gemeinde zutreffend dargestellt sind.

(7) Der Bestätigungsvermerk oder der Vermerk über die Versagung ist unter Angabe von Ort und Tag vom Vorsitzenden des Rechnungsprüfungsausschusses zu unterzeichnen.

(8) [1]In Gemeinden, in denen eine örtliche Rechnungsprüfung besteht, bedient sich der Rechnungsprüfungsausschuss zur Durchführung der Prüfung dieser Rechnungsprüfung. [2]Die örtliche Rechnungsprüfung oder Dritte als Prüfer haben im Rahmen ihrer Prüfung einen Bestätigungsvermerk oder einen Vermerk über seine Versagung nach den Absätzen 3 bis 7 abzugeben.

§ 102 Örtliche Rechnungsprüfung. (1) [1]Kreisfreie Städte, Große und Mittlere kreisangehörige Städte haben eine örtliche Rechnungsprüfung einzurichten. [2]Die übrigen Gemeinden sollen sie einrichten, wenn ein Bedürfnis hierfür besteht und die Kosten in angemessenem Verhältnis zum Nutzen stehen.

(2) [1]Kreisangehörige Gemeinden können mit dem Kreis eine öffentlich-rechtliche Vereinbarung mit dem Inhalt abschließen, dass die örtliche Rechnungsprüfung des Kreises die Aufgaben der örtlichen Rechnungsprüfung in einer Gemeinde gegen Kostenerstattung wahrnimmt. [2]Die Vereinbarung kann auch vorsehen, dass die Rechnungsprüfung des Kreises nur einzelne Aufgabengebiete der Rechnungsprüfung in der Gemeinde wahrnimmt. [3]Soweit die örtliche Rechnungsprüfung des Kreises die Rechnungsprüfung in der Gemeinde wahrnimmt, bedient sich der Rechnungsprüfungsausschuss der Gemeinde bei der Erfüllung seiner Aufgaben der Rechnungsprüfung des Kreises.

(3) Absatz 1 findet für kreisangehörige Gemeinden keine Anwendung, bei denen die örtliche Rechnungsprüfung des Kreises gemäß Absatz 2 Satz 1 die örtliche Rechnungsprüfung bei der Gemeinde wahrnimmt.

§ 103 Aufgaben der örtlichen Rechnungsprüfung. (1) [1]Die örtliche Rechnungsprüfung hat folgende Aufgaben:
1. die Prüfung des Jahresabschlusses der Gemeinde,
2. die Prüfung der Jahresabschlüsse der in § 97 Abs. 1 Nrn. 1, 2 und 4 benannten Sondervermögen,
3. die Prüfung des Gesamtabschlusses,
4. die laufende Prüfung der Vorgänge in der Finanzbuchhaltung zur Vorbereitung der Prüfung des Jahresabschlusses,
5. die dauernde Überwachung der Zahlungsabwicklung der Gemeinde und ihrer Sondervermögen sowie die Vornahme der Prüfungen,
6. bei Durchführung der Finanzbuchhaltung mit Hilfe automatisierter Datenverarbeitung (DV-Buchführung) der Gemeinde und ihrer Sondervermögen die Prüfung der Programme vor ihrer Anwendung,
7. die Prüfung der Finanzvorfälle gemäß § 100 Abs. 4 der Landeshaushaltsordnung,
8. die Prüfung von Vergaben.

[2]In die Prüfung des Jahresabschlusses nach Nummer 1 sind die Entscheidungen und Verwaltungsvorgänge aus delegierten Aufgaben auch dann einzubeziehen, wenn die Zahlungsvorgänge selbst durch den Träger der Aufgabe vorgenommen werden und insgesamt finanziell von erheblicher Bedeutung sind.

(2) Der Rat kann der örtlichen Rechnungsprüfung weitere Aufgaben übertragen, insbesondere
1. die Prüfung der Verwaltung auf Zweckmäßigkeit und Wirtschaftlichkeit,
2. die Prüfung der Betätigung der Gemeinde als Gesellschafter, Aktionär oder Mitglied in Gesellschaften und anderen Vereinigungen des privaten Rechts oder in der Rechtsform der Anstalt des öffentlichen Rechts gemäß § 114a sowie die Buch- und Betriebsprüfung, die sich die Gemeinde bei einer Beteiligung, bei der Hingabe eines Darlehens oder sonst vorbehalten hat.

(3) Der Bürgermeister kann innerhalb seines Amtsbereichs unter Mitteilung an den Rechnungsprüfungsausschuss der örtlichen Rechnungsprüfung Aufträge zur Prüfung erteilen.

(4) [1]Der Prüfer kann für die Durchführung seiner Prüfung nach den Absätzen 1 bis 3 Aufklärung und Nachweise verlangen, die für eine sorgfältige Prüfung notwendig sind. [2]Der Prüfer hat die Rechte nach Satz 1 auch gegenüber den Abschlussprüfern der verselbstständigten Aufgabenbereiche.

(5) Die örtliche Rechnungsprüfung kann sich mit Zustimmung des Rechnungsprüfungsausschusses Dritter als Prüfer bedienen.

(6) Bei den Aufgaben nach § 103 Abs. 1 Nrn. 1 bis 3 haben die Prüfer im Rahmen ihrer Prüfung einen Bestätigungsvermerk oder einen Vermerk über seine Versagung nach § 101 Abs. 3 bis 7 abzugeben.

(7) [1]Ein Dritter darf nicht Prüfer sein,

1. wenn er Mitglied des Rates, Angehöriger des Bürgermeisters, des Kämmerers oder des Verantwortlichen für die Zahlungsabwicklung oder seines Stellvertreters ist,
2. wenn er Beschäftigter der verselbstständigten Aufgabenbereiche der Gemeinde ist, die in öffentlich-rechtlicher oder privatrechtlicher Form geführt werden, oder diesen in den letzten drei Jahren vor der Bestellung als Prüfer angehört hat,
3. wenn er in den letzten fünf Jahren mehr als dreißig vom Hundert der Gesamteinnahmen aus seiner beruflichen Tätigkeit aus der Prüfung und Beratung der zu prüfenden Gemeinde und der verselbstständigten Aufgabenbereiche der Gemeinde, die in öffentlich-rechtlicher oder in privatrechtlicher Form geführt werden, bezogen hat und dies auch im laufenden Jahr zu erwarten ist. Verselbstständigte Aufgabenbereiche der Gemeinde in privatrechtlicher Form müssen nur einbezogen werden, wenn die Gemeinde mehr als zwanzig vom Hundert der Anteile daran besitzt.

[2]§ 104 Abs. 4 gilt entsprechend.

§ 104 Leiter und Prüfer der örtlichen Rechnungsprüfung. (1) [1]Die örtliche Rechnungsprüfung ist dem Rat unmittelbar verantwortlich und in ihrer sachlichen Tätigkeit ihm unmittelbar unterstellt. [2]Sie ist von fachlichen Weisungen frei.

(2) [1]Der Rat bestellt die Leitung der örtlichen Rechnungsprüfung und die Prüfer und beruft sie ab. [2]Die Leitung und die Prüfer können nicht Mitglieder des Rates sein und dürfen eine andere Stellung in der Gemeinde nur innehaben, wenn dies mit ihren Prüfungsaufgaben vereinbar ist. [3]Sie dürfen nicht Zahlungen der Gemeinde abwickeln.

(3) Die Leitung der örtlichen Rechnungsprüfung darf nicht Angehöriger des Bürgermeisters, des Kämmerers oder des für die Zahlungsabwicklung Verantwortlichen und dessen Stellvertreters sein.

(4) Für die Aufgaben nach § 103 Abs. 1 Nrn. 1 bis 3 dürfen die Prüfer nicht an der Führung der Bücher oder an der Aufstellung des Jahresabschlusses oder des Gesamtabschlusses mitgewirkt haben.

§ 105 Überörtliche Prüfung. (1) Die überörtliche Prüfung als Teil der allgemeinen Aufsicht des Landes über die Gemeinden ist Aufgabe der Gemeindeprüfungsanstalt.

(2) Die Gemeindeprüfungsanstalt ist bei der Durchführung ihrer Aufgaben unabhängig und an Weisungen nicht gebunden.

(3) [1]Die überörtliche Prüfung erstreckt sich darauf, ob

1. bei der Haushaltswirtschaft der Gemeinden sowie ihrer Sondervermögen die Gesetze und die zur Erfüllung von Aufgaben ergangenen Weisungen (§ 3 Abs. 2) eingehalten und die zweckgebundenen Staatszuweisungen bestimmungsgemäß verwendet worden sind,
2. die Buchführung und die Zahlungsabwicklung ordnungsgemäß durchgeführt worden sind.
3. Die überörtliche Prüfung stellt zudem fest, ob die Gemeinde sachgerecht und wirtschaftlich verwaltet wird. Dies kann auch auf vergleichender Grundlage geschehen.

[2]Bei der Prüfung sind vorhandene Ergebnisse der örtlichen Rechnungsprüfung zu berücksichtigen.

(4) Die Gemeindeprüfungsanstalt teilt das Prüfungsergebnis in Form eines Prüfberichts

1. der geprüften Gemeinde,
2. den Aufsichtsbehörden und
3. den Fachaufsichtsbehörden, soweit ihre Zuständigkeit berührt ist,

mit.

(5) [1]Der Bürgermeister legt den Prüfungsbericht dem Rechnungsprüfungsausschuss zur Beratung vor. [2]Der Rechnungsprüfungsausschuss unterrichtet den Rat über den wesentlichen Inhalt des Prüfungsberichts sowie über das Ergebnis seiner Beratungen.

(6) Die Gemeinde hat zu den Beanstandungen des Prüfungsberichts gegenüber der Gemeindeprüfungsanstalt und der Aufsichtsbehörde innerhalb einer dafür bestimmten Frist Stellung zu nehmen.

(7) Die Gemeindeprüfungsanstalt soll Körperschaften, Anstalten, Stiftungen und Verbände und Einrichtungen des öffentlichen Rechts

1. in Fragen der Organisation und Wirtschaftlichkeit der Verwaltung und
2. in bautechnischen Fragen, die mit der Ausschreibung, Vergabe und Abrechnung von baulichen Maßnahmen zusammenhängen auf Antrag beraten. Sonstige im öffentlichen Interesse tätige juristische Personen kann sie in diesen Fragen auf Antrag beraten.

(8) Werden Prüfungsaufgaben nach § 92 Abs. 5 oder nach § 103 Abs. 1 Nrn. 1 und 3 durch Prüfer der Gemeindeprüfungsanstalt bei den Gemeinden durchgeführt oder haben sie daran mitgewirkt, dürfen diese Prüfer nicht an der überörtlichen Prüfung der Gemeinde mitwirken.

§ 106 Jahresabschlussprüfung der Eigenbetriebe. (1) [1]Der Jahresabschluß und der Lagebericht des Eigenbetriebes sind zu prüfen (Jahresabschlußprüfung). [2]In die Prüfung des Jahresabschlusses ist die Buchführung einzubeziehen. [3]Die Prüfung des Jahresabschlusses erstreckt sich darauf, ob die gesetzlichen Vorschriften und die sie ergänzenden Satzungen und sonstigen ortsrechtlichen Bestimmungen beachtet sind. [4]Der Lagebericht ist darauf zu prüfen, ob er mit dem Jahresabschluß in Einklang steht und ob seine sonstigen Angaben nicht eine falsche Vorstellung von der Lage des Unternehmens erwecken. [5]Über die Prüfung ist schriftlich zu berichten. [6]Im Rahmen der Jahresabschlußprüfung ist in entsprechender Anwendung des § 53 Abs. 1 Nr. 1 und 2 des Haushaltsgrundsätzegesetzes ferner die Ordnungsmäßigkeit der Geschäftsführung zu prüfen und über die wirtschaftlich bedeutsamen Sachverhalte zu berichten. [7]Die Kosten der Jahresabschlußprüfung trägt der Betrieb. [8]Eine Befreiung von der Jahresabschlußprüfung ist zulässig; sie kann befristet und mit Auflagen verbunden werden.

(2) [1]Die Jahresabschlussprüfung obliegt der Gemeindeprüfungsanstalt. [2]Die Gemeindeprüfungsanstalt bedient sich zur Durchführung der Jahresabschlussprüfung eines Wirtschaftsprüfers, einer Wirtschaftsprüfungsgesellschaft oder in Einzelfällen eines hierzu befähigten eigenen Prüfers. [3]Die Gemeinde kann einen Wirtschaftsprüfer oder eine Wirtschaftsprüfungsgesellschaft vorschlagen. [4]Die Gemeindeprüfungsanstalt soll dem Vorschlag der Gemeinde folgen. [5]Die Gemeindeprüfungsanstalt kann zulassen, dass der Betrieb im Einvernehmen mit der Gemeindeprüfungsanstalt einen Wirtschaftsprüfer oder eine Wirtschaftsprüfungsgesellschaft unmittelbar mit der Prüfung beauftragt. [6]Die Gemeindeprüfungsanstalt teilt das Prüfungsergebnis in Form des Prüfungsberichts der betroffenen Gemeinde mit. [7]§ 105 Abs. 5 und 6 gilt entsprechend. [8]Wenn Veranlassung dazu besteht oder auf Anforderung, teilt die Gemeindeprüfungsanstalt das Prüfungsergebnis den Kommunal- und den Fachaufsichtsbehörden mit.

(3) Die Absätze 1 und 2 gelten entsprechend für Einrichtungen, die gemäß § 107 Abs. 2 entsprechend den Vorschriften über das Rechnungswesen der Eigenbetriebe geführt werden.

11. Teil

Wirtschaftliche Betätigung und nichtwirtschaftliche Betätigung

§ 107 Zulässigkeit wirtschaftlicher Betätigung. (1) [1]Die Gemeinde darf sich zur Erfüllung ihrer Aufgaben wirtschaftlich betätigen, wenn
1. ein öffentlicher Zweck die Betätigung erfordert,
2. die Betätigung nach Art und Umfang in einem angemessenen Verhältnis zu der Leistungsfähigkeit der Gemeinde steht und
3. bei einem Tätigwerden außerhalb der Wasserversorgung, des öffentlichen Verkehrs sowie des Betriebes von Telekommunikationsleitungsnetzen ein-

schließlich der Telekommunikationsdienstleistungen der öffentliche Zweck durch andere Unternehmen nicht besser und wirtschaftlicher erfüllt werden kann.

[2]Das Betreiben eines Telekommunikationsnetzes umfasst nicht den Vertrieb und/oder die Installation von Endgeräten von Telekommunikationsanlagen. [3]Als wirtschaftliche Betätigung ist der Betrieb von Unternehmen zu verstehen, die als Hersteller, Anbieter oder Verteiler von Gütern oder Dienstleistungen am Markt tätig werden, sofern die Leistung ihrer Art nach auch von einem Privaten mit der Absicht der Gewinnerzielung erbracht werden könnte.

(2) [1]Als wirtschaftliche Betätigung im Sinne dieses Abschnitts gilt nicht der Betrieb von

1. Einrichtungen, zu denen die Gemeinde gesetzlich verpflichtet ist,
2. öffentlichen Einrichtungen, die für die soziale und kulturelle Betreuung der Einwohner erforderlich sind, insbesondere Einrichtungen auf den Gebieten
   - Erziehung, Bildung oder Kultur (Schulen, Volkshochschulen, Tageseinrichtungen für Kinder und sonstige Einrichtungen der Jugendhilfe, Bibliotheken, Museen, Ausstellungen, Opern, Theater, Kinos, Bühnen, Orchester, Stadthallen, Begegnungsstätten),
   - Sport oder Erholung (Sportanlagen, zoologische und botanische Gärten, Wald-, Park- und Gartenanlagen, Herbergen, Erholungsheime, Bäder, Einrichtungen zur Veranstaltung von Volksfesten),
   - Gesundheits- oder Sozialwesen (Krankenhäuser, Bestattungseinrichtungen, Sanatorien, Kurparks, Senioren- und Behindertenheime, Frauenhäuser, soziale und medizinische Beratungsstellen),
3. Einrichtungen, die der Straßenreinigung, der Wirtschaftsförderung, der Fremdenverkehrsförderung oder der Wohnraumversorgung dienen,
4. Einrichtungen des Umweltschutzes, insbesondere der Abfallentsorgung oder Abwasserbeseitigung sowie des Messe- und Ausstellungswesens,
5. Einrichtungen, die ausschließlich der Deckung des Eigenbedarfs von Gemeinden und Gemeindeverbänden dienen.

[2]Auch diese Einrichtungen sind, soweit es mit ihrem öffentlichen Zweck vereinbar ist, nach wirtschaftlichen Gesichtspunkten zu verwalten und können entsprechend den Vorschriften über die Eigenbetriebe geführt werden. [3]Das für Kommunales zuständige Ministerium kann durch Rechtsverordnung bestimmen, dass Einrichtungen, die nach Art und Umfang eine selbständige Betriebsführung erfordern, ganz oder teilweise nach den für die Eigenbetriebe geltenden Vorschriften zu führen sind; hierbei können auch Regelungen getroffen werden, die von einzelnen der für die Eigenbetriebe geltenden Vorschriften abweichen.

(3) [1]Die wirtschaftliche Betätigung außerhalb des Gemeindegebiets ist nur zulässig, wenn die Voraussetzungen des Absatzes 1 vorliegen und die berechtigten Interessen der betroffenen kommunalen Gebietskörperschaften gewahrt sind. [2]Die Aufnahme einer wirtschaftlichen Betätigung auf ausländischen Märkten ist nur zulässig, wenn die Voraussetzungen des Absatzes 1 Satz 1 Nr. 1

und Nr. 2 vorliegen. [3]Die Aufnahme einer solchen Betätigung bedarf der Genehmigung.

(4) [1]Die nichtwirtschaftliche Betätigung außerhalb des Gemeindegebiets ist nur zulässig, wenn die Voraussetzungen des Absatzes 1 Satz 1 Nr. 1 und Nr. 2 vorliegen und die berechtigten Interessen der betroffenen kommunalen Gebietskörperschaften gewahrt sind. [2]Diese Voraussetzungen gelten bei in den Krankenhausplan des Landes aufgenommenen Krankenhäusern als erfüllt. [3]Die Aufnahme einer nichtwirtschaftlichen Betätigung auf ausländischen Märkten ist nur zulässig, wenn die Voraussetzungen des Absatzes 1 Satz 1 Nr. 1 und Nr. 2 vorliegen. [4]Die Aufnahme einer solchen Betätigung bedarf der Genehmigung.

(5) [1]Vor der Entscheidung über die Gründung von bzw. die unmittelbare oder mittelbare Beteiligung an Unternehmen im Sinne des Absatzes 1 ist der Rat auf der Grundlage einer Marktanalyse über die Chancen und Risiken des beabsichtigten wirtschaftlichen Engagements und über die Auswirkungen auf das Handwerk und die mittelständische Wirtschaft zu unterrichten. [2]Den örtlichen Selbstverwaltungsorganisationen von Handwerk, Industrie und Handel und den für die Beschäftigten der jeweiligen Branchen handelnden Gewerkschaften ist Gelegenheit zur Stellungnahme zu den Marktanalysen zu geben.

(6) Bankunternehmen darf die Gemeinde nicht errichten, übernehmen oder betreiben.

(7) Für das öffentliche Sparkassenwesen gelten die dafür erlassenen besonderen Vorschriften.

§ 107a Zulässigkeit energiewirtschaftlicher Betätigung. (1) Die wirtschaftliche Betätigung in den Bereichen der Strom-, Gas- und Wärmeversorgung dient einem öffentlichen Zweck und ist zulässig, wenn sie nach Art und Umfang in einem angemessenen Verhältnis zu der Leistungsfähigkeit der Gemeinde steht.

(2) [1]Mit den Bereichen Strom-, Gas- und Wärmeversorgung unmittelbar verbundene Dienstleistungen sind zulässig, wenn sie den Hauptzweck fördern. [2]Die Gemeinde stellt sicher, dass bei der Erbringung dieser Dienstleistungen die Belange kleinerer Unternehmen, insbesondere des Handwerks, berücksichtigt werden.

(3) [1]Die Aufnahme einer überörtlichen energiewirtschaftlichen Betätigung ist zulässig, wenn die Voraussetzung des Absatzes 1 vorliegt und die berechtigten Interessen der betroffenen kommunalen Gebietskörperschaften gewahrt sind. [2]Bei der Versorgung mit Strom und Gas gelten nur die Interessen als berechtigt, die nach den Vorschriften des Energiewirtschaftsgesetzes eine Einschränkung des Wettbewerbs zulassen. [3]Die Aufnahme einer energiewirtschaftlichen Betätigung auf ausländischen Märkten ist zulässig, wenn die Voraussetzung des Absatzes 1 vorliegt. [4]Die Aufnahme einer solchen Betätigung bedarf der Genehmigung.

(4) [1]Vor der Entscheidung über die Gründung von bzw. die unmittelbare Beteiligung an Unternehmen im Sinne des Absatzes 1 ist der Rat über die Chancen

und Risiken des beabsichtigten wirtschaftlichen Engagements zu unterrichten. [2]Den örtlichen Selbstverwaltungsorganisationen von Handwerk, Industrie und Handel und den für die Beschäftigten der jeweiligen Branchen handelnden Gewerkschaften ist Gelegenheit zur Stellungnahme zu geben, sofern die Entscheidung die Erbringung verbundener Dienstleistungen betrifft.

§ 108 Unternehmen und Einrichtungen des privaten Rechts. (1) [1]Die Gemeinde darf Unternehmen und Einrichtungen in einer Rechtsform des privaten Rechts nur gründen oder sich daran beteiligen, wenn

1. bei Unternehmen (§ 107 Abs. 1) die Voraussetzungen des § 107 Abs. 1 Satz 1 gegeben sind und bei Unternehmen im Bereich der energiewirtschaftlichen Betätigung die Voraussetzung des § 107a Abs. 1 gegeben ist,
2. bei Einrichtungen (§ 107 Abs. 2) ein wichtiges Interesse der Gemeinde an der Gründung oder der Beteiligung vorliegt,
3. eine Rechtsform gewählt wird, welche die Haftung der Gemeinde auf einen bestimmten Betrag begrenzt,
4. die Einzahlungsverpflichtung der Gemeinde in einem angemessenen Verhältnis zu ihrer Leistungsfähigkeit steht,
5. die Gemeinde sich nicht zur Übernahme von Verlusten in unbestimmter oder unangemessener Höhe verpflichtet,
6. die Gemeinde einen angemessenen Einfluß, insbesondere in einem Überwachungsorgan, erhält und dieser durch Gesellschaftsvertrag, Satzung oder in anderer Weise gesichert wird,
7. das Unternehmen oder die Einrichtung durch Gesellschaftsvertrag, Satzung oder sonstiges Organisationsstatut auf den öffentlichen Zweck ausgerichtet wird,
8. bei Unternehmen und Einrichtungen in Gesellschaftsform gewährleistet ist, daß der Jahresabschluß und der Lagebericht, soweit nicht weitergehende gesetzliche Vorschriften gelten oder andere gesetzliche Vorschriften entgegenstehen, aufgrund des Gesellschaftsvertrages oder der Satzung in entsprechender Anwendung der Vorschriften des Dritten Buches des Handelsgesetzbuches für große Kapitalgesellschaften aufgestellt und ebenso oder in entsprechender Anwendung der für Eigenbetriebe geltenden Vorschriften geprüft werden,
9. bei Unternehmen und Einrichtungen in Gesellschaftsform, vorbehaltlich weitergehender oder entgegenstehender gesetzlicher Vorschriften, durch Gesellschaftsvertrag oder Satzung gewährleistet ist, dass die für die Tätigkeit im Geschäftsjahr gewährten Gesamtbezüge im Sinne des § 285 Nummer 9 des Handelsgesetzbuches der Mitglieder der Geschäftsführung, des Aufsichtsrates, des Beirates oder einer ähnlichen Einrichtung im Anhang zum Jahresabschluss jeweils für jede Personengruppe sowie zusätzlich unter Namensnennung die Bezüge jedes einzelnen Mitglieds dieser Personengruppen unter Aufgliederung nach Komponenten im Sinne des § 285 Nummer 9 Buchstabe a des Handelsgesetzbuches angegeben werden. Die individualisierte Ausweisungspflicht gilt auch für:

a) Leistungen, die den genannten Mitgliedern für den Fall einer vorzeitigen Beendigung ihrer Tätigkeit zugesagt worden sind,
b) Leistungen, die den genannten Mitgliedern für den Fall der regulären Beendigung ihrer Tätigkeit zugesagt worden sind, mit ihrem Barwert sowie den von der Gesellschaft während des Geschäftsjahres hierfür aufgewandten oder zurückgestellten Betrag,
c) während des Geschäftsjahres vereinbarte Änderungen dieser Zusagen und
d) Leistungen, die einem früheren Mitglied, das seine Tätigkeit im Laufe des Geschäftsjahres beendet hat, in diesem Zusammenhang zugesagt und im Laufe des Geschäftsjahres gewährt worden sind.

Eine Gewährleistung für die individualisierte Ausweisung von Bezügen und Leistungszusagen ist im Falle der Beteiligung an einer bestehenden Gesellschaft auch dann gegeben, wenn in Gesellschaftsvertrag oder Satzung die erstmalige individualisierte Ausweisung spätestens für das zweite Geschäftsjahr nach Erwerb der Beteiligung festgelegt ist.

10. bei Unternehmen der Telekommunikation einschließlich von Telefondienstleistungen nach § 107 Abs. 1 Satz 1 Nr. 3 im Gesellschaftsvertrag die unmittelbare oder im Rahmen einer Schachtelbeteiligung die mittelbare Haftung der Gemeinde auf den Anteil der Gemeinde bzw. des kommunalen Unternehmens am Stammkapital beschränkt ist. Zur Wahrnehmung gleicher Wettbewerbschancen darf die Gemeinde für diese Unternehmen weder Kredite nach Maßgabe kommunalwirtschaftlicher Vorzugskonditionen in Anspruch nehmen noch Bürgschaften und Sicherheiten i.S. von § 87 leisten.

[2]Die Aufsichtsbehörde kann von den Vorschriften der Nummern 3, 5 und 8 in begründeten Fällen Ausnahmen zulassen. [3]Wird von Satz 1 Nummer 8 eine Ausnahme zugelassen, kann auch von Satz 1 Nummer 9 eine Ausnahme zugelassen werden.

(2) [1]Absatz 1 Satz 1 Nummer 9 gilt für die erstmalige unmittelbare oder mittelbare Beteiligung an einer Gesellschaft einschließlich der Gründung einer Gesellschaft, wenn den beteiligten Gemeinden oder Gemeindeverbänden alleine oder zusammen oder zusammen mit einer Beteiligung des Landes mehr als 50 vom Hundert der Anteile gehören. [2]Bei bestehenden Gesellschaften, an denen Gemeinden oder Gemeindeverbände unmittelbar oder mittelbar alleine oder zusammen oder zusammen mit dem Land mit mehr als 50 vom Hundert beteiligt sind, trifft die Gemeinden und Gemeindeverbände eine Hinwirkungspflicht zur Anpassung an die Vorgaben des Absatzes 1 Satz 1 Nummer 9. [3]Die Hinwirkungspflicht nach Satz 2 bezieht sich sowohl auf die Anpassung von Gesellschaftsvertrag oder Satzung als auch auf die mit Absatz 1 Satz 1 Nummer 9 verfolgte Zielsetzung der individualisierten Ausweisung der dort genannten Bezüge und Leistungszusagen.

(3) [1]Gehören einer Gemeinde mehr als 50 vom Hundert der Anteile an einem Unternehmen oder einer Einrichtung in Gesellschaftsform, muß sie darauf hinwirken, daß

1. in sinngemäßer Anwendung der für die Eigenbetriebe geltenden Vorschriften
   a) für jedes Wirtschaftsjahr ein Wirtschaftsplan aufgestellt wird,
   b) der Wirtschaftsführung eine fünfjährige Finanzplanung zugrunde gelegt und der Gemeinde zur Kenntnis gebracht wird,
   c) die Feststellung des Jahresabschlusses, die Verwendung des Ergebnisses sowie das Ergebnis der Prüfung des Jahresabschlusses und des Lageberichts unbeschadet der bestehenden gesetzlichen Offenlegungspflichten öffentlich bekannt gemacht werden und der Jahresabschluss und der Lagebericht bis zur Feststellung des folgenden Jahresabschlusses zur Einsichtnahme verfügbar gehalten werden,
2. in dem Lagebericht oder in Zusammenhang damit zur Einhaltung der öffentlichen Zwecksetzung und zur Zweckerreichung Stellung genommen wird,
3. nach den Wirtschaftsgrundsätzen (§ 109) verfahren wird, wenn die Gesellschaft ein Unternehmen betreibt.

[2]Gehört der Gemeinde zusammen mit anderen Gemeinden oder Gemeindeverbänden die Mehrheit der Anteile an einem Unternehmen oder an einer Einrichtung, soll sie auf eine Wirtschaftsführung nach Maßgabe des Satzes 1 Nr. 1 a) und b) sowie Nr. 2 und Nr. 3 hinwirken.

(4) Die Gemeinde darf unbeschadet des Absatzes 1 Unternehmen und Einrichtungen in der Rechtsform einer Aktiengesellschaft nur gründen, übernehmen, wesentlich erweitern oder sich daran beteiligen, wenn der öffentliche Zweck nicht ebenso gut in einer anderen Rechtsform erfüllt wird oder erfüllt werden kann.

(5) Die Gemeinde darf unbeschadet des Absatzes 1 Unternehmen und Einrichtungen in der Rechtsform einer Gesellschaft mit beschränkter Haftung nur gründen oder sich daran beteiligen, wenn durch die Ausgestaltung des Gesellschaftsvertrags sichergestellt ist, dass

1. die Gesellschafterversammlung auch beschließt über
   a) den Abschluss und die Änderungen von Unternehmensverträgen im Sinne der §§ 291 und 292 Abs. 1 des Aktiengesetzes,
   b) den Erwerb und die Veräußerung von Unternehmen und Beteiligungen,
   c) den Wirtschaftsplan, die Feststellung des Jahresabschlusses und die Verwendung des Ergebnisses sowie
   d) die Bestellung und die Abberufung der Geschäftsführer, soweit dies nicht der Gemeinde vorbehalten ist, und
2. der Rat den von der Gemeinde bestellten oder auf Vorschlag der Gemeinde gewählten Mitgliedern des Aufsichtsrats Weisungen erteilen kann, soweit die Bestellung eines Aufsichtsrates gesetzlich nicht vorgeschrieben ist.

(6) [1]Vertreter der Gemeinde in einer Gesellschaft, an der Gemeinden, Gemeindeverbände oder Zweckverbände unmittelbar oder mittelbar mit mehr als 25 vom Hundert beteiligt sind, dürfen

a) der Gründung einer anderen Gesellschaft oder einer anderen Vereinigung in einer Rechtsform des privaten Rechts, einer Beteiligung sowie der Erhöhung einer Beteiligung der Gesellschaft an einer anderen Gesellschaft oder einer

anderen Vereinigung in einer Rechtsform des privaten Rechts nur zustimmen, wenn
- die vorherige Entscheidung des Rates vorliegt,
- für die Gemeinde selbst die Gründungs- bzw. Beteiligungsvoraussetzungen vorliegen und
- sowohl die Haftung der gründenden Gesellschaft als auch die Haftung der zu gründenden Gesellschaft oder Vereinigung durch ihre Rechtsform auf einen bestimmten Betrag begrenzt sind oder
- sowohl die Haftung der sich beteiligenden Gesellschaft als auch die Haftung der Gesellschaft oder Vereinigung, an der eine Beteiligung erfolgt, durch ihre Rechtsform auf einen bestimmten Betrag begrenzt sind;

b) einem Beschluss der Gesellschaft zu einer wesentlichen Änderung des Gesellschaftszwecks oder sonstiger wesentlicher Änderungen des Gesellschaftsvertrages nur nach vorheriger Entscheidung des Rates zustimmen.

[2]In den Fällen von Satz 1 Buchstabe a) gilt Absatz 1 Satz 2 und 3 entsprechend. [3]Als Vertreter der Gemeinde im Sinne von Satz 1 gelten auch Geschäftsführer, Vorstandsmitglieder und Mitglieder von sonstigen Organen und ähnlichen Gremien der Gesellschaft, die von der Gemeinde oder auf ihre Veranlassung oder ihren Vorschlag in das Organ oder Gremium entsandt oder gewählt worden sind. [4]Beruht die Entsendung oder Wahl auf der Veranlassung oder dem Vorschlag mehrerer Gemeinden, Gemeindeverbände oder Zweckverbände, so bedarf es der Entscheidung nur des Organs, auf das sich die beteiligten Gemeinden und Gemeindeverbände oder Zweckverbände geeinigt haben. [5]Die Sätze 1 bis 4 gelten nicht, soweit ihnen zwingende Vorschriften des Gesellschaftsrechts entgegenstehen.

(7) Die Gemeinde kann einen einzelnen Geschäftsanteil an einer eingetragenen Kreditgenossenschaft erwerben, wenn eine Nachschußpflicht ausgeschlossen oder die Haftungssumme auf einen bestimmten Betrag beschränkt ist.

§ 108a Arbeitnehmermitbestimmung in fakultativen Aufsichtsräten.

(1) [1]Soweit im Gesellschaftsvertrag eines Unternehmens (§ 107 Absatz 1, § 107a Absatz 1) oder einer Einrichtung (§ 107 Absatz 2) in Privatrechtsform, an der die Gemeinde unmittelbar oder mittelbar mit mehr als 50 Prozent der Anteile beteiligt ist, ein fakultativer Aufsichtsrat vorgesehen ist, können diesem Arbeitnehmervertreter angehören. [2]Arbeitnehmervertreter können von der Gemeinde in den fakultativen Aufsichtsrat entsandt werden, wenn diese mehr als zwei Aufsichtsratsmandate besetzt. [3]In diesem Fall ist ein angemessener Einfluss der Gemeinde im Sinne des § 108 Absatz 1 Satz 1 Nummer 6 gegeben, wenn bei mehr als zwei von der Gemeinde in den Aufsichtsrat zu entsendenden Vertretern nicht mehr als ein Drittel der auf die Gemeinde entfallenden Aufsichtsratsmandate durch Arbeitnehmervertreter des Unternehmens oder der Einrichtung nach Maßgabe der folgenden Absätze besetzt werden.

(2) [1]Wird ein Aufsichtsratsmandat oder werden zwei Aufsichtsratsmandate mit Arbeitnehmervertretern besetzt, so müssen diese als Arbeitnehmer im Unternehmen oder in der Einrichtung beschäftigt sein. [2]Werden mehr als zwei

Aufsichtsratsmandate mit Arbeitnehmervertretern besetzt, so müssen mindestens zwei Aufsichtsratsmandate mit Arbeitnehmern besetzt werden, die im Unternehmen oder in der Einrichtung beschäftigt sind.

(3) [1]Der Rat der Gemeinde bestellt aus einer von den Beschäftigten des Unternehmens oder der Einrichtung gewählten Vorschlagsliste die in den fakultativen Aufsichtsrat zu entsendenden Arbeitnehmervertreter. [2]Die Bestellung bedarf eines Beschlusses der Mehrheit der gesetzlichen Zahl der Mitglieder des Rates. [3]Die Vorschlagsliste muss mindestens die doppelte Zahl der zu entsendenden Arbeitnehmervertreter enthalten. [4]Der Rat hat das Recht, mit der Mehrheit der gesetzlichen Zahl seiner Mitglieder sämtliche Vorschläge der Liste zurückzuweisen und eine Neuwahl zu verlangen. [5]In diesem Fall können die Beschäftigten eine neue Vorschlagsliste wählen; Sätze 1 bis 4 gelten entsprechend. [6]Im Falle einer erneuten Zurückweisung der Vorschläge durch den Rat bleiben die für die Arbeitnehmervertreter vorgesehenen Aufsichtsratsmandate unbesetzt.

(4) [1]§ 113 Absatz 1 Satz 2 und 3 sowie § 9 des Drittelbeteiligungsgesetzes vom 18. Mai 2004 (BGBl. I S. 974), das zuletzt durch Artikel 2 Absatz 114 des Gesetzes vom 22. Dezember 2011 (BGBl. I S. 3044) geändert worden ist, gelten für die nach Absatz 3 für den fakultativen Aufsichtsrat vom Rat bestellten Arbeitnehmervertreter entsprechend. [2]Verliert ein vom Rat bestellter Arbeitnehmervertreter, der als Arbeitnehmer im Unternehmen oder in der Einrichtung beschäftigt ist, die Beschäftigteneigenschaft in dem Unternehmen oder der Einrichtung, muss der Rat ihn entsprechend § 113 Absatz 1 Satz 3 aus seinem Amt im fakultativen Aufsichtsrat abberufen.

(5) [1]Zur Wahl der Vorschlagsliste nach Absatz 3 sind alle Beschäftigten des Unternehmens beziehungsweise der Einrichtung wahlberechtigt, die am Tage der Wahl das 18. Lebensjahr vollendet haben. [2]Nicht wahlberechtigt und nicht wählbar sind Geschäftsführer und Vorstände des Unternehmens beziehungsweise der Einrichtung. [3]In die Vorschlagsliste können nur Personen aufgenommen werden, die das 18. Lebensjahr vollendet haben. [4]Im Gesellschaftsvertrag, der Satzung oder dem Organisationsstatut des Unternehmens beziehungsweise der Einrichtung ist die Amtsdauer der Arbeitnehmervertreter zu regeln. [5]Sie soll die regelmäßige Amtsdauer der nach § 113 Absatz 2 Satz 2 neben dem Bürgermeister oder dem von ihm benannten Bediensteten der Gemeinde in den fakultativen Aufsichtsrat bestellten weiteren Vertreter nicht überschreiten.

(6) [1]Die Wahl der Vorschlagsliste erfolgt auf Grund von Wahlvorschlägen des Betriebsrats und der Beschäftigten. [2]Die Wahlvorschläge der Beschäftigten müssen von mindestens einem Zehntel der Wahlberechtigten, jedoch mindestens von drei Wahlberechtigten unterzeichnet sein. [3]Sieht der Gesellschaftsvertrag des Unternehmens oder der Einrichtung die Stellvertretung eines verhinderten Aufsichtsratsmitglieds vor, kann in jedem Wahlvorschlag zusammen mit jedem Bewerber für diesen ein stellvertretendes Mitglied vorgeschlagen werden. [4]Ein Bewerber kann nicht zugleich als stellvertretendes Mitglied vorgeschlagen werden. [5]Wird ein Bewerber gemäß Absatz 3 als Aufsichtsratsmitglied bestimmt, so ist

auch das zusammen mit ihm vorgeschlagene stellvertretende Mitglied bestimmt. [6]Das für Kommunales zuständige Ministerium bestimmt durch Rechtsverordnung das Verfahren für die Wahl der Vorschlagsliste, insbesondere die Vorbereitung der Wahl und die Aufstellung der Wählerlisten, die Frist für die Einsichtnahme in die Wählerlisten und die Erhebung von Einsprüchen gegen sie, die Wahlvorschläge und die Frist für ihre Einreichung, das Wahlausschreiben und die Frist für seine Bekanntmachung, die Stimmabgabe, die Feststellung des Wahlergebnisses und die Fristen für seine Bekanntmachung, die Anfechtung der Wahl und die Aufbewahrung der Wahlakten.

(7) [1]Der Bürgermeister teilt dem zur gesetzlichen Vertretung berufenen Organ des Unternehmens oder der Einrichtung die Namen der vom Rat für den Aufsichtsrat bestellten Arbeitnehmervertreter und ihrer im Falle des Absatzes 6 Satz 5 bestimmten stellvertretenden Mitglieder mit. [2]Gleichzeitig informiert er die für den Aufsichtsrat bestellten Arbeitnehmervertreter und die im Falle des Absatzes 6 Satz 5 bestimmten stellvertretenden Mitglieder.

(8) [1]Wird ein Arbeitnehmervertreter von seinem Amt gemäß § 113 Absatz 1 Satz 3 abberufen oder scheidet er aus anderen Gründen aus dem Aufsichtsrat aus, ist gleichzeitig auch das zusammen mit ihm nach Absatz 6 Satz 5 bestimmte stellvertretende Mitglied abberufen oder ausgeschieden. [2]Wird ein stellvertretendes Mitglied von seinem Amt gemäß § 113 Absatz 1 Satz 3 abberufen oder scheidet es aus anderen Gründen als stellvertretendes Mitglied aus dem Aufsichtsrat aus, bleibt die Position des stellvertretenden Mitglieds unbesetzt. [3]Für den abberufenen oder ausgeschiedenen Arbeitnehmervertreter bestellt der Rat mit der Mehrheit der gesetzlichen Zahl seiner Mitglieder aus dem noch nicht in Anspruch genommenen Teil der Vorschlagsliste nach Absatz 3 einen Nachfolger. [4]Kommt eine solche Mehrheit nicht zustande, können die Beschäftigten den noch nicht in Anspruch genommenen Teil der Vorschlagsliste um neue Vorschläge ergänzen. [5]Für die Ergänzung der Vorschlagsliste gelten die Absätze 5 und 6 entsprechend. [6]Kommt auch dann keine Mehrheit der gesetzlichen Zahl der Mitglieder des Rates für die Bestellung eines Nachfolgers zustande, bleibt das Aufsichtsratsmandat unbesetzt.

(9) Die Absätze 1 bis 8 gelten mit folgenden Maßgaben entsprechend in den Fällen, in denen an einem Unternehmen oder einer Einrichtung in Privatrechtsform zwei oder mehr Gemeinden unmittelbar oder mittelbar mit insgesamt mehr als 50 Prozent der Anteile beteiligt sind:

1. Die Bestellung der in den fakultativen Aufsichtsrat zu entsendenden Arbeitnehmervertreter bedarf übereinstimmender, mit der Mehrheit der gesetzlichen Zahl der Mitglieder zustande gekommener Beschlüsse der Räte mindestens so vieler beteiligter Gemeinden, dass hierdurch insgesamt mehr als die Hälfte der kommunalen Beteiligung an dem Unternehmen oder der Einrichtung repräsentiert wird. Kommen solche übereinstimmenden Beschlüsse nicht oder nicht im erforderlichen Umfang zustande, kann eine neue Vorschlagsliste gewählt werden. Kommen auch hierzu entsprechende übereinstimmende Beschlüsse der beteiligten Räte nicht oder nicht im erforderlichen

Umfang zustande, bleiben die für die Arbeitnehmervertreter vorgesehenen Aufsichtsratsmandate unbesetzt.

2. Für die Bestellung eines Nachfolgers im Sinne des Absatzes 8 gilt Nummer 1 Satz 1 entsprechend. Kommen danach übereinstimmende Beschlüsse der beteiligten Räte nicht oder nicht im erforderlichen Umfang zustande, können die Beschäftigten den noch nicht in Anspruch genommenen Teil der Vorschlagsliste um neue Vorschläge ergänzen. Für die Ergänzung der Vorschlagsliste gelten die Absätze 5 und 6 entsprechend. Kommen auch dann übereinstimmende Beschlüsse der beteiligten Räte nicht oder nicht im erforderlichen Umfang zustande, bleibt das Aufsichtsratsmandat unbesetzt.
3. Für die nach § 113 Absatz 1 Satz 2 und 3 zu treffenden Entscheidungen bedarf es übereinstimmender Beschlüsse der Räte mindestens so vieler beteiligter Gemeinden, dass hierdurch insgesamt mehr als die Hälfte der kommunalen Beteiligung an dem Unternehmen oder der Einrichtung repräsentiert wird.

§ 108b Regelung zur Vollparität. (1) Nach Maßgabe der folgenden Regelungen kann für die fakultativen Aufsichtsräte kommunal beherrschter Gesellschaften, die von den bis zum 31. Oktober 2020 amtierenden kommunalen Vertretungen zu bestellen sind, auf Antrag eine Ausnahme von der in § 108a geregelten Drittelparität zugelassen werden.

(2) [1]Die Ausnahme ist von der Gemeinde, die die Gesellschaft beherrscht, schriftlich bei der zuständigen Aufsichtsbehörde unter Beifügung eines entsprechenden Ratsbeschlusses und des vorgesehenen Gesellschaftsvertrages zu beantragen. [2]Sind an der kommunal beherrschten Gesellschaft zwei oder mehr Gemeinden beteiligt, muss der Antrag von sämtlichen an der Gesellschaft beteiligten Gemeinden unter Beifügung der entsprechenden Ratsbeschlüsse gestellt werden.

(3) [1]Die zuständige Aufsichtsbehörde hat die Ausnahme zuzulassen, wenn die in Absatz 2 genannten Unterlagen ordnungsgemäß vorliegen und der Gesellschaftsvertrag den sonstigen Anforderungen des § 108a und der nachfolgenden Absätze entspricht. [2]Die Zulassung der Ausnahme durch die zuständige Aufsichtsbehörde bedarf vor ihrem Wirksamwerden der Genehmigung des für Kommunales zuständigen Ministeriums.

(4) [1]Sind sämtliche Aufsichtsratsmandate von der Gemeinde zu besetzen, können abweichend von § 108a Absatz 1 Satz 3 bis zur Hälfte der Aufsichtsratsmandate mit Arbeitnehmervertretern besetzt werden. [2]Wird die Hälfte der Aufsichtsratsmandate mit Arbeitnehmervertretern besetzt, muss der Gesellschaftsvertrag vorsehen, dass der Aufsichtsratsvorsitzende nicht zu dem von der Arbeitnehmerseite vorgeschlagenen Personenkreis gehört. [3]Außerdem muss der Gesellschaftsvertrag für den Fall, dass eine Abstimmung im Aufsichtsrat Stimmengleichheit ergibt, regeln, dass noch in derselben Sitzung des Aufsichtsrats eine erneute Abstimmung über denselben Gegenstand herbeigeführt wird, bei der der Aufsichtsratsvorsitzende zwei Stimmen hat.

(5) Ist ein Teil der Aufsichtsratsmandate von Gesellschaftern zu besetzen, die die Vorschriften des 11. Teils nicht unmittelbar, sinngemäß oder entsprechend anzuwenden haben, muss der Gesellschaftsvertrag vorsehen, dass die Mehrzahl der auf die Gemeinde entfallenden Aufsichtsratsmandate mit Personen besetzt wird, die nicht von der Arbeitnehmerseite vorgeschlagen werden.

(6) [1]Im Übrigen gelten die Regelungen des § 108a. [2]Das für Kommunales zuständige Ministerium bestimmt durch Rechtsverordnung das Verfahren für die Wahl der Vorschlagsliste, insbesondere die Vorbereitung der Wahl und die Aufstellung der Wählerlisten, die Frist für die Einsichtnahme in die Wählerlisten und die Erhebung von Einsprüchen gegen sie, die Wahlvorschläge und die Frist für ihre Einreichung, das Wahlausschreiben und die Frist für seine Bekanntmachung, die Stimmabgabe, die Feststellung des Wahlergebnisses und die Fristen für seine Bekanntmachung, die Anfechtung der Wahl und die Aufbewahrung der Wahlakten.

§ 109 Wirtschaftsgrundsätze. (1) [1]Die Unternehmen und Einrichtungen sind so zu führen, zu steuern und zu kontrollieren, daß der öffentliche Zweck nachhaltig erfüllt wird. [2]Unternehmen sollen einen Ertrag für den Haushalt der Gemeinde abwerfen, soweit dadurch die Erfüllung des öffentlichen Zwecks nicht beeinträchtigt wird.

(2) Der Jahresgewinn der wirtschaftlichen Unternehmen als Unterschied der Erträge und Aufwendungen soll so hoch sein, daß außer den für die technische und wirtschaftliche Entwicklung des Unternehmens notwendigen Rücklagen mindestens eine marktübliche Verzinsung des Eigenkapitals erwirtschaftet wird.

§ 110 Verbot des Mißbrauchs wirtschaftlicher Machtstellung. Bei Unternehmen, für die kein Wettbewerb gleichartiger Unternehmen besteht, dürfen der Anschluß und die Belieferung nicht davon abhängig gemacht werden, daß auch andere Leistungen oder Lieferungen abgenommen werden.

§ 111 Veräußerung von Unternehmen, Einrichtungen und Beteiligungen.
(1) Die teilweise oder vollständige Veräußerung eines Unternehmens oder einer Einrichtung oder einer Beteiligung an einer Gesellschaft sowie andere Rechtsgeschäfte, durch welche die Gemeinde ihren Einfluß auf das Unternehmen, die Einrichtung oder die Gesellschaft verliert oder vermindert, sind nur zulässig, wenn die für die Betreuung der Einwohner erforderliche Erfüllung der Aufgaben der Gemeinde nicht beeinträchtigt wird.

(2) Vertreter der Gemeinde in einer Gesellschaft, an der Gemeinden, Gemeindeverbände oder Zweckverbände unmittelbar oder mittelbar mit mehr als 50 v.H. beteiligt sind, dürfen Veräußerungen oder anderen Rechtsgeschäften i.S. des Absatzes 1 nur nach vorheriger Entscheidung des Rates und nur dann zustimmen, wenn für die Gemeinde die Zulässigkeitsvoraussetzung des Absatzes 1 vorliegt.

§ 112 Informations- und Prüfungsrechte. (1) Gehören einer Gemeinde unmittelbar oder mittelbar Anteile an einem Unternehmen oder einer Einrich-

tung in einer Rechtsform des privaten Rechts in dem in § 53 des Haushaltsgrundsätzegesetzes bezeichneten Umfang, so soll sie
1. die Rechte nach § 53 Abs. 1 des Haushaltsgrundsätzegesetzes ausüben,
2. darauf hinwirken, daß ihr die in § 54 des Haushaltsgrundsätzegesetzes vorgesehenen Befugnisse eingeräumt werden.

(2) [1]Ist eine Beteiligung der Gemeinde an einer Gesellschaft keine Mehrheitsbeteiligung im Sinne des § 53 des Haushaltsgrundsätzegesetzes, so soll die Gemeinde, so weit ihr Interesse dies erfordert, darauf hinwirken, daß ihr im Gesellschaftsvertrag oder in der Satzung die Befugnisse nach § 53 des Haushaltsgrundsätzegesetzes eingeräumt werden. [2]Bei mittelbaren Minderheitsbeteiligungen gilt dies nur, wenn die Beteiligung den vierten Teil der Anteile übersteigt und einer Gesellschaft zusteht, an der die Gemeinde allein oder zusammen mit anderen Gebietskörperschaften mit Mehrheit im Sinne des § 53 des Haushaltsgrundsätzegesetzes beteiligt ist.

§ 113 Vertretung der Gemeinde in Unternehmen oder Einrichtungen.
(1) [1]Die Vertreter der Gemeinde in Beiräten, Ausschüssen, Gesellschafterversammlungen, Aufsichtsräten oder entsprechenden Organen von juristischen Personen oder Personenvereinigungen, an denen die Gemeinde unmittelbar oder mittelbar beteiligt ist, haben die Interessen der Gemeinde zu verfolgen. [2]Sie sind an die Beschlüsse des Rates und seiner Ausschüsse gebunden. [3]Die vom Rat bestellten Vertreter haben ihr Amt auf Beschluß des Rates jederzeit niederzulegen. [4]Die Sätze 1 bis 3 gelten nur, soweit durch Gesetz nichts anderes bestimmt ist.

(2) [1]Bei unmittelbaren Beteiligungen vertritt ein vom Rat bestellter Vertreter die Gemeinde in den in Absatz 1 genannten Gremien. [2]Sofern weitere Vertreter zu benennen sind, muss der Bürgermeister oder der von ihm vorgeschlagene Bedienstete der Gemeinde dazuzählen. [3]Die Sätze 1 und 2 gelten für mittelbare Beteiligungen entsprechend, sofern nicht ähnlich wirksame Vorkehrungen zur Sicherung hinreichender gemeindlicher Einfluss- und Steuerungsmöglichkeiten getroffen werden.

(3) [1]Die Gemeinde ist verpflichtet, bei der Ausgestaltung des Gesellschaftsvertrages einer Kapitalgesellschaft darauf hinzuwirken, daß ihr das Recht eingeräumt wird, Mitglieder in den Aufsichtsrat zu entsenden. [2]Über die Entsendung entscheidet der Rat. [3]Zu den entsandten Aufsichtsratsmitgliedern muß der Bürgermeister oder der von ihm vorgeschlagene Bedienstete der Gemeinde zählen, wenn diese mit mehr als einem Mitglied im Aufsichtsrat vertreten ist. [4]Dies gilt sowohl für unmittelbare als auch für mittelbare Beteiligungen.

(4) Ist der Gemeinde das Recht eingeräumt worden, Mitglieder des Vorstandes oder eines gleichartigen Organs zu bestellen oder vorzuschlagen, entscheidet der Rat.

(5) [1]Die Vertreter der Gemeinde haben den Rat über alle Angelegenheiten von besonderer Bedeutung frühzeitig zu unterrichten. [2]Die Unterrichtungspflicht besteht nur, soweit durch Gesetz nichts anderes bestimmt ist.

(6) [1]Wird ein Vertreter der Gemeinde aus seiner Tätigkeit in einem Organ haftbar gemacht, so hat ihm die Gemeinde den Schaden zu ersetzen, es sei denn, daß er ihn vorsätzlich oder grob fahrlässig herbeigeführt hat. [2]Auch in diesem Falle ist die Gemeinde schadensersatzpflichtig, wenn ihr Vertreter nach Weisung des Rates oder eines Ausschusses gehandelt hat.

§ 114 Eigenbetriebe. (1) Die gemeindlichen wirtschaftlichen Unternehmen ohne Rechtspersönlichkeit (Eigenbetriebe) werden nach den Vorschriften der Eigenbetriebsverordnung und der Betriebssatzung geführt.

(2) [1]In den Angelegenheiten des Eigenbetriebes ist der Betriebsleitung ausreichende Selbständigkeit der Entschließung einzuräumen. [2]Die Zuständigkeiten des Rates sollen soweit wie möglich dem Betriebsausschuss übertragen werden.

(3) [1]Bei Eigenbetrieben mit mehr als 50 Beschäftigten besteht der Betriebsausschuss zu einem Drittel aus Beschäftigten des Eigenbetriebes. [2]Die Gesamtzahl der Ausschußmitglieder muß in diesem Fall durch drei teilbar sein. [3]Bei Eigenbetrieben mit weniger als 51, aber mehr als zehn Beschäftigten gehören dem Betriebsausschuss zwei Beschäftigte des Eigenbetriebes an. [4]Die dem Betriebsausschuss angehörenden Beschäftigten werden aus einem Vorschlag der Versammlung der Beschäftigten des Eigenbetriebes gewählt, der mindestens die doppelte Zahl der zu wählenden Mitglieder und Stellvertreter enthält. [5]Wird für mehrere Eigenbetriebe ein gemeinsamer Betriebsausschuss gebildet, ist die Gesamtzahl aller Beschäftigten dieser Eigenbetriebe maßgebend; Satz 4 gilt entsprechend. [6]Die Zahl der sachkundigen Bürger darf zusammen mit der Zahl der Beschäftigten die der Ratsmitglieder im Betriebsausschuss nicht erreichen.

§ 114a Rechtsfähige Anstalten des öffentlichen Rechts. (1) [1]Die Gemeinde kann Unternehmen und Einrichtungen in der Rechtsform einer Anstalt des öffentlichen Rechts errichten oder bestehende Regie- und Eigenbetriebe sowie eigenbetriebsähnliche Einrichtungen im Wege der Gesamtrechtsnachfolge in rechtsfähige Anstalten des öffentlichen Rechts umwandeln. [2]§ 108 Abs. 1 Satz 1 Nr. 1 und Nr. 2 gilt entsprechend.

(2) [1]Die Gemeinde regelt die Rechtsverhältnisse der Anstalt durch eine Satzung. [2]Die Satzung muss Bestimmungen über den Namen und die Aufgaben der Anstalt, die Zahl der Mitglieder des Vorstands und des Verwaltungsrates, die Höhe des Stammkapitals, die Wirtschaftsführung, die Vermögensverwaltung und die Rechnungslegung enthalten.

(3) [1]Die Gemeinde kann der Anstalt einzelne oder alle mit einem bestimmten Zweck zusammenhängende Aufgaben ganz oder teilweise übertragen. [2]Sie kann zugunsten der Anstalt unter der Voraussetzung des § 9 durch Satzung einen Anschluss- und Benutzungszwang vorschreiben und der Anstalt das Recht einräumen, an ihrer Stelle Satzungen für das übertragene Aufgabengebiet zu erlassen; § 7 gilt entsprechend.

(4) [1]Die Anstalt kann nach Maßgabe der Satzung andere Unternehmen oder Einrichtungen gründen oder sich an solchen beteiligen oder eine bestehende Beteiligung erhöhen, wenn das dem Anstaltszweck dient. [2]Für die Gründung von und die Beteiligung an anderen Unternehmen und Einrichtungen in einer Rechtsform des privaten Rechts sowie deren Veräußerung und andere Rechtsgeschäfte im Sinne des § 111 gelten die §§ 108 bis 113 entsprechend. [3]Für die in Satz 2 genannten Gründungen und Beteiligungen muss ein besonders wichtiges Interesse vorliegen.

(5) [1]Die Gemeinde haftet für die Verbindlichkeiten der Anstalt unbeschränkt, soweit nicht Befriedigung aus deren Vermögen zu erlangen ist (Gewährträgerschaft). [2]Rechtsgeschäfte im Sinne des § 87 dürfen von der Anstalt nicht getätigt werden.

(6) [1]Die Anstalt wird von einem Vorstand in eigener Verantwortung geleitet, soweit nicht gesetzlich oder durch die Satzung der Gemeinde etwas anderes bestimmt ist. [2]Der Vorstand vertritt die Anstalt gerichtlich und außergerichtlich.

(7) [1]Die Geschäftsführung des Vorstands wird von einem Verwaltungsrat überwacht. [2]Der Verwaltungsrat bestellt den Vorstand auf höchstens 5 Jahre; eine erneute Bestellung ist zulässig. [3]Er entscheidet außerdem über
1. den Erlass von Satzungen gemäß Absatz 3 Satz 2,
2. die Beteiligung oder Erhöhung einer Beteiligung der Anstalt an anderen Unternehmen oder Einrichtungen sowie deren Gründung,
3. die Feststellung des Wirtschaftsplans und des Jahresabschlusses,
4. die Festsetzung allgemein geltender Tarife und Entgelte für die Leistungsnehmer,
5. die Bestellung des Abschlussprüfers,
6. die Ergebnisverwendung,
7. Rechtsgeschäfte der Anstalt im Sinne des § 111.

[4]Im Fall der Nummer 1 unterliegt der Verwaltungsrat den Weisungen des Rates und berät und beschließt in öffentlicher Sitzung. [5]In den Fällen der Nummern 2 und 7 bedarf es der vorherigen Entscheidung des Rates. [6]Dem Verwaltungsrat obliegt außerdem die Entscheidung in den durch die Satzung der Gemeinde bestimmten Angelegenheiten der Anstalt. [7]In der Satzung kann ferner vorgesehen werden, dass bei Entscheidungen der Organe der Anstalt von grundsätzlicher Bedeutung die Zustimmung des Rates erforderlich ist.

(8) [1]Der Verwaltungsrat besteht aus dem vorsitzenden Mitglied und den übrigen Mitgliedern. [2]Den Vorsitz führt der Bürgermeister. [3]Soweit Beigeordnete mit eigenem Geschäftsbereich bestellt sind, führt derjenige Beigeordnete den Vorsitz, zu dessen Geschäftsbereich die der Anstalt übertragenen Aufgaben gehören. [4]Sind die übertragenen Aufgaben mehreren Geschäftsbereichen zuzuordnen, so entscheidet der Bürgermeister über den Vorsitz. [5]Die übrigen Mitglieder des Verwaltungsrates werden vom Rat für die Dauer der Wahlperiode gewählt; für die Wahl gilt § 50 Absatz 4 sinngemäß. [6]Die Amtszeit von Mitgliedern des Verwaltungsrats endet mit dem Ende der Wahlperiode oder bei Mitgliedern des Verwaltungsrats, die dem Rat angehören, mit dem vorzeitigen Ausscheiden aus

dem Rat. [7]Die Mitglieder des Rats üben ihr Amt bis zum Amtsantritt der neuen Mitglieder weiter aus. [8]Mitglieder des Verwaltungsrats können nicht sein:

1. Bedienstete der Anstalt,
2. leitende Bedienstete von juristischen Personen oder sonstigen Organisationen des öffentlichen oder privaten Rechts, an denen die Anstalt mit mehr als 50 v.H. beteiligt ist; eine Beteiligung am Stimmrecht genügt,
3. Bedienstete der Aufsichtsbehörde, die unmittelbar mit Aufgaben der Aufsicht über die Anstalt befasst sind.

(9) [1]Die Anstalt hat das Recht, Dienstherr von Beamten zu sein, wenn sie auf Grund einer Aufgabenübertragung nach Absatz 3 hoheitliche Befugnisse ausübt. [2]Wird die Anstalt aufgelöst oder umgebildet, so gilt für die Rechtsstellung der Beamten und der Versorgungsempfänger Kapitel II Abschnitt III des Beamtenrechtsrahmengesetzes.

(10) [1]Der Jahresabschluss und der Lagebericht der Anstalt werden nach den für große Kapitalgesellschaften geltenden Vorschriften des Handelsgesetzbuches aufgestellt und geprüft, sofern nicht weitergehende gesetzliche Vorschriften gelten oder andere gesetzliche Vorschriften entgegenstehen. [2]§ 285 Nummer 9 Buchstabe a des Handelsgesetzbuches ist mit der Maßgabe anzuwenden, dass die für die Tätigkeit im Geschäftsjahr gewährten Gesamtbezüge der Mitglieder des Vorstands sowie die für die Tätigkeit im Geschäftsjahr gewährten Leistungen für die Mitglieder des Verwaltungsrates im Anhang des Jahresabschlusses für jede Personengruppe sowie zusätzlich unter Namensnennung die Bezüge und Leistungen für jedes einzelne Mitglied dieser Personengruppen unter Aufgliederung nach Komponenten im Sinne des § 285 Nummer 9 Buchstabe a des Handelsgesetzbuches angegeben werden, soweit es sich um Leistungen des Kommunalunternehmens handelt. [3]Die individualisierte Ausweisungspflicht gilt auch für Leistungen entsprechend § 108 Absatz 1 Satz 1 Nummer 9 Satz 2.

(11) § 14 Abs. 1, § 31, § 74, § 75 Abs. 1, § 77, § 84 sowie die Bestimmungen des 13. Teils über die staatliche Aufsicht sind auf die Anstalt sinngemäß anzuwenden.

§ 115 Anzeige. (1) [1]Entscheidungen der Gemeinde über

a) die Gründung oder wesentliche Erweiterung einer Gesellschaft oder eine wesentliche Änderung des Gesellschaftszwecks oder sonstiger wesentlicher Änderungen des Gesellschaftsvertrages,
b) die Beteiligung an einer Gesellschaft oder die Änderung der Beteiligung an einer Gesellschaft,
c) die gänzliche oder teilweise Veräußerung einer Gesellschaft oder der Beteiligung an einer Gesellschaft,
d) die Errichtung, die Übernahme oder die wesentliche Erweiterung eines Unternehmens, die Änderung der bisherigen Rechtsform oder eine wesentliche Änderung des Zwecks,
e) den Abschluß von Rechtsgeschäften, die ihrer Art nach geeignet sind, den Einfluß der Gemeinde auf das Unternehmen oder die Einrichtung zu min-

dern oder zu beseitigen oder die Ausübung von Rechten aus einer Beteiligung zu beschränken,
f) die Führung von Einrichtungen entsprechend den Vorschriften über die Eigenbetriebe,
g) den Erwerb eines Geschäftsanteils an einer eingetragenen Genossenschaft,
h) die Errichtung, wesentliche Erweiterung oder Auflösung einer rechtsfähigen Anstalt des öffentlichen Rechts gemäß § 114a, die Beteiligung oder Erhöhung einer Beteiligung der Anstalt an anderen Unternehmen oder Einrichtungen oder deren Gründung sowie Rechtsgeschäfte der Anstalt im Sinne des § 111

sind der Aufsichtsbehörde unverzüglich, spätestens sechs Wochen vor Beginn des Vollzugs, schriftlich anzuzeigen. [2]Aus der Anzeige muß zu ersehen sein, ob die gesetzlichen Voraussetzungen erfüllt sind. [3]Die Aufsichtsbehörde kann im Einzelfall aus besonderem Grund die Frist verkürzen oder verlängern.

(2) Für die Entscheidung über die mittelbare Beteiligung an einer Gesellschaft gilt Entsprechendes, wenn ein Beschluß des Rates nach § 108 Abs. 6 oder § 111 Abs. 2 zu fassen ist.

12. Teil
Gesamtabschluss

§ 116 Gesamtabschluss. (1) [1]Die Gemeinde hat in jedem Haushaltsjahr für den Abschlussstichtag 31. Dezember einen Gesamtabschluss unter Beachtung der Grundsätze ordnungsmäßiger Buchführung aufzustellen. [2]Er besteht aus der Gesamtergebnisrechnung, der Gesamtbilanz und dem Gesamtanhang und ist um einen Gesamtlagebericht zu ergänzen. [3]Der Rat bestätigt den geprüften Gesamtabschluss durch Beschluss. [4]§ 96 findet entsprechende Anwendung.

(2) [1]Zu dem Gesamtabschluss hat die Gemeinde ihren Jahresabschluss nach § 95 und die Jahresabschlüsse des gleichen Geschäftsjahres aller verselbstständigten Aufgabenbereiche in öffentlich-rechtlicher oder privatrechtlicher Form zu konsolidieren. [2]Auf den Gesamtabschluss sind, soweit seine Eigenart keine Abweichung erfordert, § 88 und § 91 Abs. 2 entsprechend anzuwenden.

(3) [1]In den Gesamtabschluss müssen verselbstständigte Aufgabenbereiche nach Absatz 2 nicht einbezogen werden, wenn sie für die Verpflichtung, ein den tatsächlichen Verhältnissen entsprechendes Bild der Vermögens-, Schulden-, Ertrags- und Finanzgesamtlage der Gemeinde zu vermitteln, von untergeordneter Bedeutung sind. [2]Dies ist im Gesamtanhang darzustellen.

(4) Am Schluss des Gesamtlageberichtes sind für die Mitglieder des Verwaltungsvorstands nach § 70, soweit dieser nicht zu bilden ist für den Bürgermeister und den Kämmerer, sowie für die Ratsmitglieder, auch wenn die Personen im Haushaltsjahr ausgeschieden sind, anzugeben:

1. der Familienname mit mindestens einem ausgeschriebenen Vornamen,
2. der ausgeübte Beruf,
3. die Mitgliedschaften in Aufsichtsräten und anderen Kontrollgremien i.S.d. § 125 Abs. 1 Satz 3 des Aktiengesetzes,
4. die Mitgliedschaft in Organen von verselbstständigten Aufgabenbereichen der Gemeinde in öffentlich-rechtlicher oder privatrechtlicher Form,
5. die Mitgliedschaft in Organen sonstiger privatrechtlicher Unternehmen.

(5) [1]Der Gesamtabschluss ist innerhalb der ersten neun Monate nach dem Abschlussstichtag aufzustellen. [2]§ 95 Abs. 3 findet für die Aufstellung des Gesamtabschlusses entsprechende Anwendung.

(6) [1]Der Gesamtabschluss ist vom Rechnungsprüfungsausschuss dahingehend zu prüfen, ob er ein den tatsächlichen Verhältnissen entsprechendes Bild der Vermögens-, Schulden-, Ertrags- und Finanzgesamtlage der Gemeinde unter Beachtung der Grundsätze ordnungsmäßiger Buchführung ergibt. [2]Die Prüfung des Gesamtabschlusses erstreckt sich darauf, ob die gesetzlichen Vorschriften und die sie ergänzenden Satzungen und sonstigen ortsrechtlichen Bestimmungen beachtet worden sind. [3]Der Gesamtlagebericht ist darauf zu prüfen, ob er mit dem Gesamtabschluss in Einklang steht und ob seine sonstigen Angaben nicht eine falsche Vorstellung von der Vermögens-, Schulden-, Ertrags- und Finanzgesamtlage der Gemeinde erwecken. [4]§ 101 Abs. 2 bis 8 gilt entsprechend.

(7) In die Prüfung nach Absatz 6 müssen die Jahresabschlüsse der verselbstständigten Aufgabenbereiche nicht einbezogen werden, wenn diese nach gesetzlichen Vorschriften geprüft worden sind.

§ 117 Beteiligungsbericht. (1) [1]Die Gemeinde hat einen Beteiligungsbericht zu erstellen, in dem ihre wirtschaftliche und nichtwirtschaftliche Betätigung, unabhängig davon, ob verselbstständigte Aufgabenbereiche dem Konsolidierungskreis des Gesamtabschlusses angehören, zu erläutern ist. [2]Dieser Bericht ist jährlich bezogen auf den Abschlussstichtag des Gesamtabschlusses fortzuschreiben und dem Gesamtabschluss beizufügen. [3]Der Beteiligungsbericht ist dem Jahresabschluss nach § 95 beizufügen, wenn kein Gesamtabschluss nach § 116 aufzustellen ist.

(2) [1]Der Beteiligungsbericht ist dem Rat und den Einwohnern zur Kenntnis zu bringen. [2]Die Gemeinde hat zu diesem Zweck den Bericht zur Einsichtnahme verfügbar zu halten. [3]Auf die Möglichkeit zur Einsichtnahme ist in geeigneter Weise öffentlich hinzuweisen.

§ 118 Vorlage- und Auskunftspflichten. Die Gemeinde ist verpflichtet, bei der Ausgestaltung von Gründungsverträgen oder Satzungen für die in § 116 bezeichneten Organisationseinheiten darauf hinzuwirken, dass ihr das Recht eingeräumt wird, von diesen Aufklärung und Nachweise zu verlangen, die die Aufstellung des Gesamtabschlusses erfordert.

13. Teil
Aufsicht

§ 119 Allgemeine Aufsicht und Sonderaufsicht. (1) Die Aufsicht des Landes (§ 11) erstreckt sich darauf, daß die Gemeinden im Einklang mit den Gesetzen verwaltet werden (allgemeine Aufsicht).

(2) Soweit die Gemeinden ihre Aufgaben nach Weisung erfüllen (§ 3 Abs. 2), richtet sich die Aufsicht nach den hierüber erlassenen Gesetzen (Sonderaufsicht).

§ 120 Aufsichtsbehörden. (1) Die allgemeine Aufsicht über die kreisangehörigen Gemeinden führt der Landrat als untere staatliche Verwaltungsbehörde; § 59 Kreisordnung bleibt unberührt.

(2) Die allgemeine Aufsicht über kreisfreie Städte führt die Bezirksregierung.

(3) Obere Aufsichtsbehörde ist für kreisangehörige Gemeinden die Bezirksregierung, für kreisfreie Städte das für Kommunales zuständige Ministerium.

(4) Oberste Aufsichtsbehörde ist das für Kommunales zuständige Ministerium.

(5) Sind an Angelegenheiten, die nach diesem Gesetz der Genehmigung oder der Entscheidung der Aufsichtsbehörde bedürfen, Gemeinden verschiedener Kreise oder Regierungsbezirke beteiligt, ist die gemeinsame nächsthöhere Aufsichtsbehörde oder die von dieser bestimmte Aufsichtsbehörde zuständig.

§ 121 Unterrichtungsrecht. Die Aufsichtsbehörde kann sich jederzeit über die Angelegenheiten der Gemeinde unterrichten.

§ 122 Beanstandungs- und Aufhebungsrecht. (1) [1]Die Aufsichtsbehörde kann den Bürgermeister anweisen, Beschlüsse des Rates und der Ausschüsse, die das geltende Recht verletzen, zu beanstanden (§ 54 Abs. 2 und 3). [2]Sie kann solche Beschlüsse nach vorheriger Beanstandung durch den Bürgermeister und nochmaliger Beratung im Rat oder Ausschuß aufheben.

(2) [1]Die Aufsichtsbehörde kann Anordnungen des Bürgermeisters, die das geltende Recht verletzen, beim Rat beanstanden. [2]Die Beanstandung ist schriftlich in Form einer begründeten Darlegung dem Rat mitzuteilen. [3]Sie hat aufschiebende Wirkung. [4]Billigt der Rat die Anordnungen des Bürgermeisters, so kann die Aufsichtsbehörde die Anordnung aufheben.

§ 123 Anordnungsrecht und Ersatzvornahme. (1) Erfüllt die Gemeinde die ihr kraft Gesetzes obliegenden Pflichten oder Aufgaben nicht, so kann die Aufsichtsbehörde anordnen, daß sie innerhalb einer bestimmten Frist das Erforderliche veranlaßt.

(2) Kommt die Gemeinde der Anordnung der Aufsichtsbehörde nicht innerhalb der bestimmten Frist nach, so kann die Aufsichtsbehörde die Anordnung an Stelle und auf Kosten der Gemeinde selbst durchführen oder die Durchführung einem anderen übertragen.

§ 124 Bestellung eines Beauftragten. [1]Wenn und solange die Befugnisse der Aufsichtsbehörde nach den §§ 121 bis 123 nicht ausreichen, kann das für Kommunales zuständige Ministerium einen Beauftragten bestellen, der alle oder einzelne Aufgaben der Gemeinde auf ihre Kosten wahrnimmt. [2]Der Beauftragte hat die Stellung eines Organs der Gemeinde.

§ 125 Auflösung des Rates. [1]Das für Kommunales zuständige Ministerium kann durch Beschluß der Landesregierung ermächtigt werden, einen Rat aufzulösen, wenn er dauernd beschlußunfähig ist oder wenn eine ordnungsgemäße Erledigung der Gemeindeaufgaben aus anderen Gründen nicht gesichert ist. [2]Innerhalb von drei Monaten nach Bekanntgabe der Auflösung ist eine Neuwahl durchzuführen.

§ 126 Anfechtung von Aufsichtsmaßnahmen. Maßnahmen der Aufsichtsbehörde können unmittelbar mit der Klage im Verwaltungsstreitverfahren angefochten werden.

§ 127 Verbot von Eingriffen anderer Stellen. Andere Behörden und Stellen als die allgemeinen Aufsichtsbehörden sind zu Eingriffen in die Gemeindeverwaltung nach den §§ 121 ff. nicht befugt.

§ 128 Zwangsvollstreckung. (1) [1]Zur Einleitung der Zwangsvollstreckung gegen die Gemeinde wegen einer Geldforderung bedarf der Gläubiger einer Zulassungsverfügung der Aufsichtsbehörde, es sei denn, daß es sich um die Verfolgung dinglicher Rechte handelt. [2]In der Verfügung hat die Aufsichtsbehörde die Vermögensgegenstände zu bestimmen, in welche die Zwangsvollstreckung zugelassen wird, und über den Zeitpunkt zu befinden, in dem sie stattfinden soll. [3]Die Zwangsvollstreckung wird nach den Vorschriften der Zivilprozeßordnung durchgeführt.

(2) Ein Insolvenzverfahren über das Vermögen der Gemeinde ist nicht zulässig.

(3) Die Bestimmung des § 123 bleibt unberührt.

14. Teil
Übergangs- und Schlußvorschriften, Sondervorschriften

§ 129 Weiterentwicklung der kommunalen Selbstverwaltung (Experimentierklausel). [1]Zur Erprobung neuer Steuerungsmodelle und zur Weiterentwicklung der kommunalen Selbstverwaltung auch in der grenzüberschreitenden kommunalen Zusammenarbeit kann das für Kommunales zuständige Ministerium im Einzelfall zeitlich begrenzte Ausnahmen von organisations- und haushaltsrechtlichen Vorschriften des Gesetzes oder der zur Durchführung ergangenen Rechtsverordnungen zulassen. [2]Darüber hinaus kann es durch Rechtsverordnung Ausnahmen von anderen Vorschriften des Gesetzes oder der zur Durchführung ergangenen Rechtsverordnungen zulassen. [3]Die Rechtsverordnung kann Gemeinden auf Antrag und zeitlich befristet eine alternative Aufgabenerledigung ermöglichen, soweit die grundsätzliche Erfüllung des Gesetzauftrages sichergestellt ist. [4]§ 5 bleibt hiervon unberührt.

§ 130 Unwirksame Rechtsgeschäfte. (1) Rechtsgeschäfte, die ohne die aufgrund dieses Gesetzes erforderliche Genehmigung der Aufsichtsbehörde abgeschlossen werden, sind unwirksam.

(2) Rechtsgeschäfte, die gegen das Verbot des § 86 Abs. 5, des § 87 Abs. 1 oder des § 110 verstoßen, sind nichtig.

§ 131 Befreiung von der Genehmigungspflicht. Das für Kommunales zuständige Ministerium wird ermächtigt, durch Rechtsverordnung Rechtsgeschäfte, die nach den Vorschriften der Teile 8 bis 11 der Genehmigung der Aufsichtsbehörde bedürfen, von der Genehmigung allgemein freizustellen und statt dessen die vorherige Anzeige an die Aufsichtsbehörde vorzuschreiben.

§ 132 Auftragsangelegenheiten. Bis zum Erlaß neuer Vorschriften sind die den Gemeinden zur Erfüllung nach Weisung übertragenen staatlichen Angelegenheiten (Auftragsangelegenheiten) nach den bisherigen Vorschriften durchzuführen.

§ 133 Ausführung des Gesetzes. (1) Das für Kommnales zuständige Ministerium wird ermächtigt, im Einvernehmen mit dem für Finanzen zuständigen Ministerium zur Durchführung dieses Gesetzes durch Rechtsverordnung zu regeln:
1. Inhalt und Gestaltung des Haushaltsplans, der mittelfristigen Ergebnis- und Finanzplanung sowie die Haushaltsführung und die Haushaltsüberwachung; dabei kann es bestimmen, dass Einzahlungen und Auszahlungen, für die ein Dritter Kostenträger ist oder die von einer zentralen Stelle ausgezahlt werden, nicht im Haushalt der Gemeinde abgewickelt werden,
2. die Veranschlagung von Erträgen, Aufwendungen sowie Einzahlungen und Auszahlungen und Verpflichtungsermächtigungen, die Bildung von Budgets sowie den Ausweis von Zielen und Kennzahlen,
3. Inhalt und Umfang von Abschreibungen, die Bildung von Rückstellungen und von Rücklagen sowie deren Mindesthöhe und Verwendung,
4. die Erfassung, den Nachweis, die Bewertung und die Fortschreibung der Vermögensgegenstände und der Schulden,
5. die Geldanlagen und ihre Sicherung,
6. die Ausschreibung von Lieferungen und Leistungen sowie die Vergabe von Aufträgen einschließlich des Abschlusses von Verträgen,
7. die Stundung, die Niederschlagung und den Erlass von Ansprüchen sowie die Behandlung von Kleinbeträgen,
8. Inhalt, Gestaltung, Prüfung und Aufbewahrung des Jahresabschlusses und des Gesamtabschlusses,

9. die Aufgaben und die Organisation der Finanzbuchhaltung, deren Beaufsichtigung und Prüfung sowie die ordnungsgemäße Abwicklung der Buchführung und des Zahlungsverkehrs, einschließlich ihrer Grundsätze und Verfahren,
10. die erstmalige Bewertung von Vermögen und Schulden und die Aufstellung, Prüfung und Aufbewahrung der Eröffnungsbilanz sowie die Vereinfachungsverfahren und Wertberichtigungen,
11. die zeitliche Aufbewahrung von Büchern, Belegen und sonstigen Unterlagen,
12. Aufbau und Verwaltung, Wirtschaftsführung, Rechnungswesen und Prüfung der Eigenbetriebe, deren Freistellung von diesen Vorschriften sowie das Wahlverfahren zur Aufstellung des Vorschlages der Versammlung der Beschäftigten für die Wahl von Beschäftigten als Mitglieder des Betriebsausschusses und ihrer Stellvertreter, ferner das Verfahren zur Bestimmung der Nachfolger im Falle des Ausscheidens dieser Mitglieder oder Stellvertreter vor Ablauf der Wahlperiode des Rates,
13. das Verfahren bei der Errichtung der rechtsfähigen Anstalt des öffentlichen Rechts und deren Aufbau, die Verwaltung, die Wirtschaftsführung sowie das Rechnungs- und Prüfungswesen.

(2) Das für Kommunales zuständige Ministerium erlässt die erforderlichen Verwaltungsvorschriften, insbesondere für
1. die Gliederung des Haushaltsplans in Produktbereiche,
2. die Kontierung von Erträgen und Aufwendungen im Ergebnisplan und in der Ergebnisrechnung,
3. die Kontierung von Einzahlungen und Auszahlungen im Finanzplan und in der Finanzrechnung,
4. Verfahren zur Ermittlung von Wertansätzen und deren Kontierung in der Bilanz,
5. die Einrichtung und Zuordnung von Konten für die Finanzbuchhaltung,
6. die Ausgestaltung von Sicherheitsstandards für die Finanzbuchhaltung,
7. die Festlegung von Nutzungsdauern für Vermögensgegenstände,
8. Verfahren zur Ermittlung von Wertansätzen für Vermögen und Schulden in der Eröffnungsbilanz,
9. Inhalt und Gestaltung von Prüfungsberichten.

(3) Die Gemeinde ist verpflichtet, Muster zu verwenden, die das für Kommunales zuständige Ministerium aus Gründen der Vergleichbarkeit der Haushalte für verbindlich erklärt hat, insbesondere für
1. die Haushaltssatzung und ihre Bekanntmachung,
2. die produktorientierte Gliederung des Haushaltsplans und die Gliederung des Ergebnisplans nach Ertrags- und Aufwandsarten sowie des Finanzplans nach Ein- und Auszahlungsarten,
3. die Form des Haushaltsplans und seiner Anlagen,
4. die Gliederung und die Form der Bestandteile des Jahresabschlusses, des Gesamtabschlusses und ihrer Anlagen,
5. die Buchführung und die Zahlungsabwicklung in der Finanzbuchhaltung.

§ 134 Inkrafttreten. [1]Das Gesetz tritt am 17. Oktober 1994 in Kraft. [2]§ 108b tritt mit Ablauf des 28. Februar 2021 außer Kraft.

Kreisordnung für das Land Nordrhein-Westfalen (KrO NRW)

in der Fassung der Bekanntmachung vom 14. Juli 1994 (GV NRW S. 646);
zuletzt geändert durch Gesetz vom 23. Januar 2018 (GV NRW S. 90).

INHALTSVERZEICHNIS

1. Teil

Grundlagen der Kreisverfassung

§ 1 Wesen der Kreise. (1) Die Kreise verwalten ihr Gebiet zum Besten der kreisangehörigen Gemeinden und ihrer Einwohner nach den Grundsätzen der gemeindlichen Selbstverwaltung.

(2) Die Kreise sind Gemeindeverbände und Gebietskörperschaften.

(3) Das Gebiet des Kreises bildet zugleich den Bezirk der unteren staatlichen Verwaltungsbehörde.

§ 2 Wirkungsbereich. (1) [1]Die Kreise sind, soweit die Gesetze nicht ausdrücklich etwas anderes bestimmen, ausschließliche und eigenverantwortliche Träger der öffentlichen Verwaltung zur Wahrnehmung der auf ihr Gebiet begrenzten überörtlichen Angelegenheiten. [2]Die Wahrnehmung örtlicher Aufgaben durch die Gemeinden bleibt unberührt. [3]Mehrere Gemeinden können überörtliche, auf ihre Gebiete begrenzte Aufgaben durch Zweckverbände oder im Wege öffentlich-rechtlicher Vereinbarungen durchführen.

(2) [1]Die Kreise nehmen ferner die Aufgaben wahr, die ihnen aufgrund gesetzlicher Vorschriften übertragen sind. [2]Den Kreisen können nur durch Gesetz Pflichtaufgaben auferlegt werden. [3]Pflichtaufgaben können den Kreisen zur Erfüllung nach Weisung übertragen werden; das Gesetz bestimmt den Umfang des Weisungsrechts, das in der Regel zu begrenzen ist. [4]Für die gemeinsame Wahrnehmung von Pflichtaufgaben zur Erfüllung nach Weisung ist der Anwendungsbereich des Gesetzes über kommunale Gemeinschaftsarbeit nur nach Maßgabe der Absätze 5 und 6 eröffnet.

(3) [1]Eingriffe in die Rechte der Kreise sind nur durch Gesetz zulässig. [2]Rechtsverordnungen zur Durchführung solcher Gesetze bedürfen der Zustim-

mung des für die kommunale Selbstverwaltung zuständigen Ausschusses des Landtags und, sofern nicht die Landesregierung oder das für Kommunales zuständige Ministerium sie erlassen, der Zustimmung des für Kommunales zuständigen Ministeriums.

(4) [1]Werden den Kreisen neue Pflichten auferlegt oder werden Pflichten bei der Novellierung eines Gesetzes fortgeschrieben oder erweitert, ist gleichzeitig die Aufbringung der Mittel zu regeln. [2]Führen diese neuen Pflichten zu einer Mehrbelastung der Kreise, ist ein entsprechender Ausgleich zu schaffen.

(5) [1]Zur Effizienzsteigerung kann ein Kreis mit einem benachbarten Kreis gemäß §§ 23 ff. des Gesetzes über kommunale Gemeinschaftsarbeit vereinbaren, dass ihm gemäß § 2 Abs. 2 Satz 3 übertragene Aufgaben von dem benachbarten Kreis übernommen oder für ihn durchgeführt werden. [2]Satz 1 gilt auch für den Abschluss einer öffentlich-rechtlichen Vereinbarung zwischen einem Kreis und einer benachbarten kreisfreien Stadt.

(6) Absatz 5 gilt nur, soweit
- Bundesrecht oder Recht der Europäischen Gemeinschaften nicht entgegensteht, oder
- der Abschluss einer öffentlich-rechtlichen Vereinbarung nicht durch Gesetz oder Rechtsverordnung ausdrücklich eingeschränkt oder ausgeschlossen ist, oder
- durch die beabsichtigte Aufgabenverlagerung schutzwürdige Belange Dritter nicht unangemessen beeinträchtigt werden oder Gründe des öffentlichen Wohls nicht entgegenstehen.

§ 3 Gleichstellung von Frau und Mann. (1) Die Verwirklichung des Verfassungsgebots der Gleichberechtigung von Frau und Mann ist auch eine Aufgabe der Kreise, die zur Wahrnehmung dieser Aufgabe hauptamtlich tätige Gleichstellungsbeauftragte bestellen.

(2) Die Gleichstellungsbeauftragte wirkt bei allen Vorhaben und Maßnahmen des Kreises mit, die Belange von Frauen berühren oder Auswirkungen auf die Gleichberechtigung von Frau und Mann und die Anerkennung ihrer gleichberechtigten Stellung in der Gesellschaft haben.

(3) [1]Die Gleichstellungsbeauftragte kann in Angelegenheiten ihres Aufgabenbereiches an den Sitzungen des Kreisausschusses, des Kreistages und seiner Ausschüsse teilnehmen. [2]Ihr ist auf Wunsch das Wort zu erteilen. [3]Sie kann die Öffentlichkeit über Angelegenheiten ihres Aufgabenbereichs unterrichten.

(4) Die Gleichstellungsbeauftragte kann in Angelegenheiten, die ihren Aufgabenbereich berühren, den Beschlussvorlagen des Landrates widersprechen; in diesem Fall hat der Landrat den Kreistag zu Beginn der Beratung auf den Widerspruch und seine wesentlichen Gründe hinzuweisen.

(5) Das Nähere zu den Absätzen 2 bis 4 regelt die Hauptsatzung.

§ 4 Geheimhaltung. [1]Die Kreise sind verpflichtet, Angelegenheiten der zivilen Verteidigung, die auf Anordnung der zuständigen Behörde oder ihrem Wesen nach gegen die Kenntnis Unbefugter geschützt werden müssen, geheimzuhalten. [2]Sie haben hierbei Weisungen der Landesregierung auf dem Gebiet des Geheimschutzes zu beachten.

§ 5 Satzungen. (1) [1]Die Kreise können ihre Angelegenheiten durch Satzung regeln, soweit Gesetze nichts anderes bestimmen. [2]Satzungen bedürfen der Genehmigung der Aufsichtsbehörde nur, wenn dies gesetzlich ausdrücklich vorgeschrieben ist.

(2) [1]In den Satzungen können vorsätzliche und fahrlässige Zuwiderhandlungen gegen Gebote und Verbote mit Bußgeld bedroht werden. [2]Zuständige Verwaltungsbehörde im Sinne des § 36 Abs. 1 Nr. 1 des Gesetzes über Ordnungswidrigkeiten ist der Landrat.

(3) [1]Jeder Kreis hat eine Hauptsatzung zu erlassen. [2]In ihr ist mindestens zu ordnen, was nach den Vorschriften dieses Gesetzes der Hauptsatzung vorbehalten ist. [3]Die Hauptsatzung und ihre Änderung kann der Kreistag nur mit der Mehrheit der gesetzlichen Zahl der Mitglieder beschließen.

(4) [1]Satzungen sind öffentlich bekanntzumachen. [2]Sie treten, wenn kein anderer Zeitpunkt bestimmt ist, mit dem Tage nach der Bekanntmachung in Kraft.

(5) Das für Kommunales zuständige Ministerium bestimmt durch Rechtsverordnung, welche Verfahrens- und Formvorschriften bei der öffentlichen Bekanntmachung von Satzungen und sonstigen ortsrechtlichen Bestimmungen einzuhalten sind, soweit nicht andere Gesetze hierüber besondere Regelungen enthalten.

(6) [1]Die Verletzung von Verfahrens- oder Formvorschriften dieses Gesetzes kann gegen Satzungen und sonstige ortsrechtliche Bestimmungen nach Ablauf eines Jahres seit ihrer Verkündung nicht mehr geltend gemacht werden, es sei denn

a) eine vorgeschriebene Genehmigung fehlt oder ein vorgeschriebenes Anzeigeverfahren wurde nicht durchgeführt,
b) die Satzung oder die sonstige ortsrechtliche Bestimmung ist nicht ordnungsgemäß öffentlich bekanntgemacht worden,
c) der Landrat hat den Kreistagsbeschluß vorher beanstandet oder
d) der Form- oder Verfahrensmangel ist gegenüber dem Kreis vorher gerügt und dabei die verletzte Rechtsvorschrift und die Tatsache bezeichnet worden, die den Mangel ergibt.

[2]Bei der öffentlichen Bekanntmachung der Satzung oder der sonstigen ortsrechtlichen Bestimmung ist auf die Rechtsfolgen nach Satz 1 hinzuweisen.

(7) [1]Die Kreise bestimmen in ihrer Hauptsatzung die Form der öffentlichen Bekanntmachung für die nach diesem Gesetz oder anderen Rechtsvorschriften vorgeschriebenen sonstigen öffentlichen Bekanntmachungen, soweit nicht andere Gesetze hierüber besondere Regelungen enthalten. [2]Für die Form und den Vollzug der Bekanntmachung gilt die Rechtsverordnung nach Absatz 5 entsprechend.

§ 6 Einrichtungen und Lasten. (1) Die Kreise schaffen innerhalb der Grenzen ihrer Leistungsfähigkeit die für die wirtschaftliche, soziale und kulturelle Betreuung ihrer Einwohner erforderlichen öffentlichen Einrichtungen.

(2) Alle Einwohner eines Kreises sind im Rahmen des geltenden Rechts berechtigt, die öffentlichen Einrichtungen des Kreises zu benutzen, und verpflichtet, die Lasten zu tragen, die sich aus ihrer Zugehörigkeit zum Kreis ergeben.

(3) Grundbesitzer und Gewerbetreibende, die nicht im Kreis wohnen, sind in gleicher Weise berechtigt, die öffentlichen Einrichtungen zu benutzen, die im Kreis für Grundbesitzer und Gewerbetreibende bestehen und verpflichtet, für ihren Grundbesitz oder Gewerbebetrieb im Gebiet des Kreises zu den Lasten des Kreises beizutragen.

(4) Diese Vorschriften gelten entsprechend für juristische Personen und Personenvereinigungen.

§ 7 Anschluß- und Benutzungszwang. [1]Die Kreise können bei öffentlichem Bedürfnis durch Satzung für die Grundstücke des Kreisgebiets den Anschluß an überörtliche, der Volksgesundheit dienende Einrichtungen sowie an Einrichtungen zur Versorgung mit Fernwärme (Anschlußzwang) und die Benutzung dieser Einrichtungen (Benutzungszwang) vorschreiben. [2]Die Satzung kann Ausnahmen vom Anschluß- und Benutzungszwang zulassen. [3]Sie kann den Zwang auch auf bestimmte Teile des Kreisgebiets und auf bestimmte Gruppen von Grundstücken oder Personen beschränken. [4]Im Falle des Anschluß- und Benutzungszwangs für Fernwärme soll die Satzung zum Ausgleich von sozialen Härten angemessene Übergangsregelungen enthalten.

§ 8 Verwaltung. Die Verwaltung des Kreises liegt bei dem Kreistag, dem Kreisausschuß und dem Landrat.

§ 9 Wirtschaftsführung. [1]Die Kreise haben ihr Vermögen und ihre Einkünfte so zu verwalten, daß die Kreisfinanzen gesund bleiben. [2]Auf die wirtschaftlichen Kräfte der kreisangehörigen Gemeinden und der Abgabepflichtigen ist Rücksicht zu nehmen.

§ 10 Aufsicht. Die Aufsicht des Landes schützt die Kreise in ihren Rechten und sichert die Erfüllung ihrer Pflichten.

§ 11 Funktionsbezeichnungen. Die Funktionsbezeichnungen dieses Gesetzes werden in weiblicher oder männlicher Form geführt.

§ 12 Name, Bezeichnung und Sitz. (1) [1]Die Kreise führen ihre bisherigen Namen. [2]Der Kreistag kann mit einer Mehrheit von drei Vierteln seiner Mitglieder den Kreisnamen ändern. [3]Die Änderung des Kreisnamens bedarf der Genehmigung des für Kommunales zuständigen Ministeriums. [4]Sätze 2 und 3 finden auch in den Fällen Anwendung, in denen der Kreisname durch Gesetz festgelegt wurde, wenn seit dem Inkrafttreten des Gesetzes zehn Jahre vergangen sind.

(2) [1]Die Kreise können Bezeichnungen, die auf der Geschichte oder der heutigen Eigenart oder Bedeutung des Kreises beruhen, führen. [2]Der Kreistag kann mit einer Mehrheit von drei Vierteln seiner Mitglieder diese Bezeichnung bestimmen und ändern. [3]Die Bestimmung und Änderung der Bezeichnung bedarf der Genehmigung des für Kommunales zuständigen Ministeriums.

(3) Der Kreistag bestimmt den Sitz der Kreisverwaltung; der Beschluß bedarf der Genehmigung der Landesregierung.

§ 13 Siegel, Wappen und Flaggen. (1) Die Kreise führen Dienstsiegel.

(2) Die Kreise führen ihre bisherigen Wappen und Flaggen.

(3) Die Änderung und die Einführung von Dienstsiegeln, Wappen und Flaggen bedürfen der Genehmigung der Bezirksregierung.

2. Teil
Kreisgebiet

§ 14 Kreisgebiet. Das Gebiet jedes Kreises soll so bemessen sein, daß die Leistungsfähigkeit des Kreises zur Erfüllung seiner Aufgaben gesichert ist.

§ 15 Gebietsbestand. Das Gebiet des Kreises besteht aus der Gesamtheit der nach geltendem Recht zum Kreis gehörenden Gemeinden.

§ 16 Gebietsänderung. (1) Aus Gründen des öffentlichen Wohles können Grenzen eines Kreises durch Eingliederung oder Ausgliederung von Gemeinden geändert, Kreise aufgelöst oder neugebildet werden.

(2) [1]Das Verfahren zur Änderung des Gebiets eines Kreises wird durch Antrag einer unmittelbar beteiligten Gebietskörperschaft an die Aufsichtsbehörde des Kreises eingeleitet. [2]Werden durch die beantragte Gebietsänderung die Grenzen von Kreisen verschiedener Regierungsbezirke berührt, so ist der Antrag an die obere Aufsichtsbehörde zu richten. [3]Das Verfahren kann auch durch die Aufsichtsbehörde oder die obere Aufsichtsbehörde eingeleitet werden.

(3) Vor einer Änderung des Gebiets eines Kreises ist der Wille der unmittelbar beteiligten Gebietskörperschaften in der Weise festzustellen, daß ihren Vertretungen Gelegenheit zur Stellungnahme gegeben wird.

(4) Die Änderung der Grenzen von Kreisen bewirkt ohne Weiteres die Änderung der Grenzen der Landschaftsverbände.

§ 17 Gebietsänderungsverträge. [1]Die Kreise treffen, soweit erforderlich, über die Änderung ihres Gebiets Vereinbarungen (Gebietsänderungsverträge). [2]Derartige Verträge bedürfen der Genehmigung der Aufsichtsbehörde. [3]Kommt ein Gebietsänderungsvertrag nicht zustande, so bestimmt die Aufsichtsbehörde die Einzelheiten der Gebietsänderung.

§ 18 Durchführung der Gebietsänderung. [1]Die Änderung des Gebiets eines Kreises erfolgt durch Gesetz. [2]In diesem sind die Bestimmungen über die Gebietsänderung zu bestätigen und der Tag der Rechtswirksamkeit der Gebietsänderung festzulegen.

§ 19 Wirkungen der Gebietsänderung. (1) [1]Der Ausspruch der Änderung des Gebiets eines Kreises und die Bestätigung des Gebietsänderungsvertrags begründen Rechte und Pflichten der Beteiligten. [2]Sie bewirken den Übergang, die Beschränkung oder Aufhebung von dinglichen Rechten, sofern der Gebietsänderungsvertrag derartiges vorsieht. [3]Die Aufsichtsbehörde ersucht die zuständigen Behörden um die Berichtigung des Grundbuchs, des Wasserbuchs und anderer öffentlicher Bücher. [4]Sie kann Unschädlichkeitszeugnisse ausstellen.

(2) Rechtshandlungen, die aus Anlaß der Änderung des Gebiets eines Kreises erforderlich sind, sind frei von öffentlichen Abgaben sowie von Gebühren und Auslagen, soweit diese auf Landesrecht beruhen.

3. Teil
Einwohner und Bürger

§ 20 Einwohner. Einwohner des Kreises sind die Einwohner der kreisangehörigen Gemeinden.

§ 21 Anregungen und Beschwerden. (1) [1]Jeder hat das Recht, sich einzeln oder in Gemeinschaft mit anderen schriftlich mit Anregungen oder Beschwerden in Angelegenheiten des Kreises an den Kreistag zu wenden. [2]Die Zuständigkeiten des Kreisausschusses, der Ausschüsse und des Landrats werden hierdurch nicht berührt. [3]Die Erledigung von Anregungen und Beschwerden kann der Kreistag einem Ausschuß übertragen. [4]Der Antragsteller ist über die Stellungnahme zu den Anregungen und Beschwerden zu unterrichten.

(2) Die näheren Einzelheiten regelt die Hauptsatzung.

§ 22 Einwohnerantrag. (1) Einwohner, die seit mindestens drei Monaten im Kreis wohnen und das 14. Lebensjahr vollendet haben, können beantragen, daß der Kreistag über eine bestimmte Angelegenheit, für die er gesetzlich zuständig ist, berät und entscheidet.

(2) [1]Der Antrag muß schriftlich eingereicht werden. [2]Er muß ein bestimmtes Begehren und eine Begründung enthalten. [3]Er muß bis zu drei Personen benennen, die berechtigt sind, die Unterzeichnenden zu vertreten. [4]Die Verwaltung ist in den Grenzen ihrer Verwaltungskraft ihren Einwohnern bei der Einleitung eines Einwohnerantrages behilflich.

(3) Ein Einwohnerantrag muß von mindestens 4 vom Hundert der Einwohner unterzeichnet sein, höchstens jedoch von 8000 Einwohnern.

(4) [1]Jede Liste mit Unterzeichnungen muß den vollen Wortlaut des Antrags enthalten. [2]Eintragungen, welche die Person des Unterzeichners nach Namen,

Vornamen, Geburtsdatum und Anschrift nicht zweifelsfrei erkennen lassen, sind ungültig. [3]Die Angaben werden vom Kreis geprüft.

(5) Der Antrag ist nur zulässig, wenn nicht in derselben Angelegenheit innerhalb der letzten zwölf Monate bereits ein Antrag gestellt wurde.

(6) Die Voraussetzungen der Absätze 1 bis 5 müssen im Zeitpunkt des Eingangs des Antrags beim Kreis erfüllt sein.

(7) [1]Der Kreistag stellt unverzüglich fest, ob der Einwohnerantrag zulässig ist. [2]Er hat unverzüglich darüber zu beraten und zu entscheiden, spätestens innerhalb von vier Monaten nach seinem Eingang. [3]Den Vertretern des Einwohnerantrags soll Gelegenheit gegeben werden, den Antrag in der Kreistagssitzung zu erläutern.

(8) Das für Kommunales zuständige Ministerium kann durch Rechtsverordnung das Nähere über die Durchführung des Einwohnerantrags regeln.

§ 23 Bürgerbegehren und Bürgerentscheid. (1) [1]Die Bürger der kreisangehörigen Gemeinden können beantragen (Bürgerbegehren), daß sie anstelle des Kreistags über eine Angelegenheit des Kreises selbst entscheiden (Bürgerentscheid). [2]Der Kreistag kann mit einer Mehrheit von zwei Dritteln der gesetzlichen Zahl der Mitglieder beschließen, dass über eine Angelegenheit des Kreises ein Bürgerentscheid stattfindet (Kreistagsbürgerentscheid). [3]Absatz 2 Satz 1 sowie die Absätze 5, 7, 8 und 9 gelten entsprechend.

(2) [1]Das Bürgerbegehren muss schriftlich eingereicht werden und die zur Entscheidung zu bringende Frage sowie eine Begründung enthalten. [2]Es muss bis zu drei Bürger der zum Kreis gehörenden Gemeinden benennen, die berechtigt sind, die Unterzeichnenden zu vertreten (Vertretungsberechtigte). [3]Bürger, die beabsichtigen, ein Bürgerbegehren durchzuführen, teilen dies der Verwaltung schriftlich mit. [4]Die Verwaltung ist in den Grenzen ihrer Verwaltungskraft ihren Bürgern bei der Einleitung eines Bürgerbegehrens behilflich. [5]Sie teilt den Vertretungsberechtigten schriftlich eine Einschätzung der mit der Durchführung der verlangten Maßnahme verbundenen Kosten (Kostenschätzung) mit. [6]Die Kostenschätzung der Verwaltung ist bei der Sammlung der Unterschriften nach Absatz 4 anzugeben.

(3) [1]Richtet sich ein Bürgerbegehren gegen einen Beschluß des Kreistags, muß es innerhalb von sechs Wochen nach der Bekanntmachung des Beschlusses eingereicht sein. [2]Gegen den Beschluß, der nicht der Bekanntmachung bedarf, beträgt die Frist drei Monate nach Sitzungstag. [3]Nach der schriftlichen Mitteilung nach Absatz 2 Satz 3 ist der Ablauf der Fristen aus Satz 1 und Satz 2 bis zur Mitteilung der Verwaltung nach Absatz 2 Satz 5 gehemmt.

(4) [1]Ein Bürgerbegehren muss in einem Kreis

bis 200 000 Einwohner	von 5%,
mit mehr als 200 000 Einwohnern, aber nicht mehr als 500 000 Einwohnern	von 4%,
mit mehr als 500 000 Einwohnern	von 3%

der Bürger der kreisangehörigen Gemeinden unterzeichnet sein. [2]Die Angaben werden vom Kreis geprüft. [3]Im übrigen gilt § 22 Abs. 4 entsprechend.

(5) [1]Ein Bürgerbegehren ist unzulässig über
1. die innere Organisation der Kreisverwaltung,
2. die Rechtsverhältnisse der Mitglieder des Kreistages, der Mitglieder des Kreisausschusses und der Mitglieder der Ausschüsse sowie der Bediensteten des Kreises,
3. die Haushaltssatzung, die Eröffnungsbilanz, den Jahresabschluss und den Gesamtabschluss des Kreises (einschließlich der Wirtschaftspläne und des Jahresabschlusses der Eigenbetriebe) sowie die kommunalen Abgaben und die privatrechtlichen Entgelte,
4. Angelegenheiten, die im Rahmen eines Planfeststellungsverfahrens oder eines förmlichen Verwaltungsverfahrens mit Öffentlichkeitsbeteiligung oder eines abfallrechtlichen, immissionsschutzrechtlichen, wasserrechtlichen oder vergleichbaren Zulassungsverfahrens zu entscheiden sind.

[2]Ein Bürgerbegehren darf nur Angelegenheiten zum Gegenstand haben, über die innerhalb der letzten zwei Jahre nicht bereits ein Bürgerentscheid durchgeführt worden ist.

(6) [1]Der Kreistag stellt unverzüglich fest, ob das Bürgerbegehren zulässig ist. [2]Gegen die ablehnende Entscheidung des Kreistages können nur die Vertreter des Bürgerbegehrens nach Absatz 2 Satz 2 einen Rechtsbehelf einlegen. [3]Entspricht der Kreistag dem zulässigen Bürgerbegehren nicht, so ist innerhalb von drei Monaten ein Bürgerentscheid durchzuführen. [4]Entspricht der Kreistag dem Bürgerbegehren, so unterbleibt der Bürgerentscheid. [5]Den Vertretern des Bürgerbegehrens soll Gelegenheit gegeben werden, den Antrag in der Sitzung des Kreistags zu erläutern. [6]Ist die Zulässigkeit des Bürgerbegehrens festgestellt, darf bis zur Feststellung des Ergebnisses des Bürgerentscheids eine dem Begehren entgegenstehende Entscheidung der Kreisorgane nicht mehr getroffen oder mit dem Vollzug einer derartigen Entscheidung nicht mehr begonnen werden, es sei denn, zu diesem Zeitpunkt haben rechtliche Verpflichtungen des Kreises hierzu bestanden (Sperrwirkung des zulässigen Bürgerbegehrens).

(7) [1]Bei einem Bürgerentscheid kann über die gestellte Frage nur mit Ja oder Nein abgestimmt werden. [2]Die Frage ist in dem Sinne entschieden, in dem sie von der Mehrheit der gültigen Stimmen beantwortet wurde, sofern diese Mehrheit in Kreisen mit

bis zu 200 000 Einwohnern	mindestens 20 Prozent,
über 200 000 bis zu 500 000 Einwohnern	mindestens 15 Prozent,
mehr als 500 000 Einwohnern	mindestens 10 Prozent

der Bürger beträgt.

[3]Bei Stimmengleichheit gilt die Frage als mit Nein beantwortet. [4]Sollen an einem Tag mehrere Bürgerentscheide stattfinden, hat der Kreistag eine Stichfrage für den Fall zu beschließen, dass die gleichzeitig zur Abstimmung gestellten Fragen in einer miteinander nicht zu vereinbarenden Weise beantwortet werden (Stichentscheid). [5]Es gilt dann diejenige Entscheidung, für die sich im Stichent-

scheid die Mehrheit der gültigen Stimmen ausspricht. [6]Bei Stimmengleichheit im Stichentscheid gilt der Bürgerentscheid, dessen Frage mit der höchsten Stimmenzahl mehrheitlich beantwortet worden ist.

(8) [1]Der Bürgerentscheid hat die Wirkung eines Kreistagsbeschlusses. [2]Vor Ablauf von zwei Jahren kann er nur auf Initiative des Kreistags durch einen neuen Bürgerentscheid abgeändert werden.

(9) Das für Kommunales zuständige Ministerium kann durch Rechtsverordnung das Nähere über die Durchführung des Bürgerbegehrens und des Bürgerentscheids regeln.

§ 24 Ehrenamtliche Tätigkeit und Ehrenamt. [1]Einwohner und Bürger der kreisangehörigen Gemeinden sind zur ehrenamtlichen Tätigkeit und zur Übernahme und Ausübung von Ehrenämtern für den Kreis unter den gleichen Voraussetzungen und mit den gleichen Folgen verpflichtet wie in der Gemeinde, in der sie Einwohner oder Bürger sind. [2]§ 34 der Gemeindeordnung findet keine Anwendung.

4. Teil
Kreistag

§ 25 Allgemeines. (1) Der Kreistag besteht aus den Kreistagsmitgliedern, die von den Bürgern der kreisangehörigen Gemeinden gewählt werden (Kreistagsmitglieder) und dem Landrat (Mitglied kraft Gesetzes).

(2) [1]Vorsitzender des Kreistags ist der Landrat. [2]Ihm obliegt die repräsentative Vertretung des Kreises. [3]Der Landrat hat im Kreistag Stimmrecht. [4]In den Fällen der §§ 26 Abs. 1 Buchstabe i), 26 Abs. 2, 32 Abs. 1 Satz 3, 33 Abs. 1 Satz 2, 35 Abs. 3, 38 Abs. 2, 41 Abs. 3, 5 und 7, 45 Abs. 1, 48 Abs. 1 Satz 2 und 49 Abs. 1 Satz 3 und 4 stimmt er nicht mit.

§ 26 Zuständigkeiten des Kreistags. (1) [1]Der Kreistag beschließt über die Angelegenheiten des Kreises, die ihrer Bedeutung nach einer solchen Entscheidung bedürfen oder die er sich vorbehält, soweit nicht in diesem Gesetz etwas anderes bestimmt ist. [2]Er ist ausschließlich zuständig für

a) die Aufstellung allgemeiner Grundsätze, nach denen die Verwaltung geführt werden soll,
b) die Wahl der Mitglieder des Kreisausschusses und ihrer Stellvertreter,
c) die Wahl der Mitglieder der anderen Ausschüsse,
d) die Bestellung des allgemeinen Vertreters des Landrats und des Kämmerers,
e) die Änderung des Gebiets des Kreises, die Bestimmung des Namens und der Bezeichnung des Kreises und des Sitzes der Kreisverwaltung sowie die Änderung und Einführung von Dienstsiegeln, Wappen und Flaggen, soweit nicht in diesem Gesetz etwas anderes bestimmt ist,

f) den Erlaß, die Änderung, die Aufhebung von Satzungen und sonstigen ortsrechtlichen Bestimmungen,
g) den Erlass der Haushaltssatzung und des Stellenplans, die Aufstellung eines Haushaltssicherungskonzeptes, die Zustimmung zu überplanmäßigen und außerplanmäßigen Aufwendungen und Auszahlungen und überplanmäßigen und außerplanmäßigen Verpflichtungsermächtigungen, die Festlegung von Wertgrenzen für die Veranschlagung und Abrechnung einzelner Investitionsmaßnahmen,
h) die Festsetzung allgemein geltender öffentlicher Abgaben und privatrechtlicher Entgelte sowie der Kreisumlage,
i) die Feststellung des Jahresabschlusses und die Entlastung sowie die Bestätigung des Gesamtabschlusses,
j) den Erwerb von Vermögensgegenständen, soweit es sich nicht um Geschäfte der laufenden Verwaltung handelt,
k) die teilweise oder vollständige Veräußerung oder Verpachtung von Eigenbetrieben, die teilweise oder vollständige Veräußerung einer unmittelbaren oder mittelbaren Beteiligung an einer Gesellschaft oder anderen Vereinigungen des privaten Rechts, die Veräußerung eines Geschäftsanteils an einer eingetragenen Kreditgenossenschaft sowie den Abschluss von anderen Rechtsgeschäften im Sinne des § 111 Abs. 1 und 2 Gemeindeordnung,
l) die Errichtung, Übernahme, Erweiterung, Einschränkung und Auflösung von Anstalten des öffentlichen Rechts gemäß § 114a der Gemeindeordnung, öffentlichen Einrichtungen und Eigenbetrieben, die Bildung oder Auflösung eines gemeinsamen Kommunalunternehmens gemäß § 27 Abs. 1 bis 3 und 6 des Gesetzes über kommunale Gemeinschaftsarbeit, die Änderung der Unternehmenssatzung eines gemeinsamen Kommunalunternehmens sowie der Austritt aus einem gemeinsamen Kommunalunternehmen, die erstmalige unmittelbare oder mittelbare Beteiligung sowie die Erhöhung einer unmittelbaren oder mittelbaren Beteiligung an einer Gesellschaft oder anderen Vereinigungen in privater Rechtsform, den Erwerb eines Geschäftsanteils an einer eingetragenen Kreditgenossenschaft,
m) die Umwandlung der Rechtsform von Anstalten des öffentlichen Rechts gem. § 114a der Gemeindeordnung, öffentlichen Einrichtungen und Eigenbetrieben sowie die Umwandlung der Rechtsform von Gesellschaften, an denen der Kreis beteiligt ist, soweit der Einfluß des Kreises geltend gemacht werden kann,
n) die Umwandlung des Zwecks, die Zusammenlegung und die Aufhebung von Stiftungen einschließlich des Verbleibs des Stiftungsvermögens,
o) die Übernahme von Bürgschaften, den Abschluß von Gewährverträgen und die Bestellung sonstiger Sicherheiten für andere sowie solche Rechtsgeschäfte, die den vorgenannten wirtschaftlich gleichkommen,
p) die Bestellung und Abberufung der Leitung und der Prüfer der örtlichen Rechnungsprüfung sowie die Erweiterung der Aufgaben der örtlichen Rechnungsprüfung über die Pflichtaufgaben hinaus,

q) die Genehmigung von Verträgen des Kreises mit Kreistags- und Ausschußmitgliedern, mit dem Landrat und den leitenden Dienstkräften des Kreises nach näherer Bestimmung der Hauptsatzung,

r) die Übernahme neuer Aufgaben, für die keine gesetzliche Verpflichtung besteht,

s) alle Angelegenheiten, in denen das Gesetz die Zuständigkeit des Kreistags ausdrücklich vorschreibt,

t) die Festlegung strategischer Ziele unter Berücksichtigung der Ressourcen.

[3]Der Kreistag kann durch die Hauptsatzung die Erledigung bestimmter Geschäfte, für die er nach Satz 2 Buchstaben j und k zuständig ist, auf den Kreisausschuß übertragen.

(2) [1]Der Kreistag ist durch den Landrat über alle wichtigen Angelegenheiten der Kreisverwaltung zu unterrichten; er überwacht die Durchführung seiner Beschlüsse sowie den Ablauf der Verwaltungsangelegenheiten. [2]Auch kann der Kreistag vom Landrat Einsicht in die Akten durch einen von ihm bestimmten Ausschuß oder einzelne von ihm beauftragte Mitglieder fordern. [3]In Einzelfällen muß auf Verlangen von mindestens einem Fünftel der Kreistagsmitglieder oder einer Fraktion auch einem einzelnen, von den Antragstellern zu benennenden Kreistagsmitglied Akteneinsicht gewährt werden. [4]Ausschussvorsitzende können vom Landrat jederzeit Auskunft und Akteneinsicht über die Angelegenheiten verlangen, die zum Aufgabenbereich ihres Ausschusses gehören. [5]Dritte sind von der Teilnahme an der Akteneinsicht ausgeschlossen. [6]Akteneinsicht darf einem Kreistagsmitglied nicht gewährt werden, das wegen Interessenwiderstreits von der Beratung und Entscheidung der Angelegenheit ausgeschlossen ist.

(3) Über wichtige Anordnungen der Aufsichtsbehörde und Anordnungen, bei denen die Aufsichtsbehörden dies bestimmen, ist der Kreistag vom Landrat zu unterrichten.

(4) [1]Der Landrat ist verpflichtet, einem Kreistagsmitglied auf Verlangen Auskunft zu erteilen oder zu einem Tagesordnungspunkt Stellung zu nehmen. [2]Jedem Kreistagsmitglied ist vom Landrat auf Verlangen Akteneinsicht zu gewähren, soweit die Akten im Zusammenhang mit der Vorbereitung oder der Kontrolle von Beschlüssen des Kreistages oder des Ausschusses stehen, dem es angehört. [3]Dritte sind von der Teilnahme an der Akteneinsicht ausgeschlossen. [4]Die Akteneinsicht darf nur verweigert werden, soweit ihr schutzwürdige Belange Betroffener oder Dritter entgegenstehen. [5]Die ablehnende Entscheidung ist schriftlich zu begründen. [6]Akteneinsicht darf einem Kreistagsmitglied nicht gewährt werden, das wegen Interessenwiderstreits von der Beratung und Entscheidung der Angelegenheit ausgeschlossen ist.

(5) [1]Für die Vertretung der Kreise in Organen von juristischen Personen oder Personenvereinigungen gilt § 113 der Gemeindeordnung entsprechend. [2]Vertreter des Kreises, die Mitgliedschaftsrechte in Organen, Beiräten oder Ausschüssen von juristischen Personen oder Personenvereinigungen wahrnehmen, werden vom Kreistag bestellt oder vorgeschlagen. [3]Ist mehr als ein Vertreter des

Kreises zu benennen, muss der Landrat oder der von ihm vorgeschlagene Bedienstete des Kreises dazuzählen. [4]Die Vertreter des Kreises sind an die Beschlüsse des Kreistags und des Kreisausschusses gebunden. [5]Sie haben ihr Amt auf Beschluß des Kreistags jederzeit niederzulegen. [6]Die Sätze 1 bis 5 gelten nur, soweit durch Gesetz nichts anderes bestimmt ist.

(6) Absatz 5 gilt entsprechend, wenn dem Kreis das Recht eingeräumt wird, Mitglieder des Vorstandes, des Aufsichtsrates oder eines gleichartigen Organs zu bestellen oder vorzuschlagen.

(7) [1]Werden die vom Kreis bestellten oder vorgeschlagenen Personen aus dieser Tätigkeit haftbar gemacht, so hat ihnen der Kreis den Schaden zu ersetzen, es sei denn, daß sie ihn vorsätzlich oder grob fahrlässig herbeigeführt haben. [2]Auch in diesem Fall ist der Kreis schadensersatzpflichtig, wenn die vom Kreis bestellten Personen nach Weisung des Kreistags oder des Kreisausschusses gehandelt haben.

§ 27 Wahl der Kreistagsmitglieder. (1) [1]Die Kreistagsmitglieder werden in allgemeiner, unmittelbarer, freier, gleicher und geheimer Wahl auf die Dauer von fünf Jahren gewählt. [2]Die näheren Vorschriften trifft das Kommunalwahlgesetz.

(2) Nach Ablauf der Wahlperiode üben die bisherigen Kreistagsmitglieder ihre Tätigkeit bis zur ersten Sitzung des neugewählten Kreistags weiter aus.

§ 28 Rechte und Pflichten der Kreistagsmitglieder. (1) Die Kreistagsmitglieder sind verpflichtet, in ihrer Tätigkeit ausschließlich nach dem Gesetz und ihrer freien, nur durch Rücksicht auf das öffentliche Wohl bestimmten Überzeugung zu handeln; sie sind an Aufträge nicht gebunden.

(2) [1]Für die Tätigkeit als Kreistagsmitglied oder als Mitglied eines Ausschusses gelten die Vorschriften der §§ 30 bis 32 Gemeindeordnung mit folgenden Maßgaben entsprechend:

1. Die Pflicht zur Verschwiegenheit kann ihnen gegenüber nicht vom Landrat angeordnet werden;
2. die Genehmigung, als Zeuge auszusagen, erteilt bei Kreistagsmitgliedern der Kreistag, bei Kreisausschußmitgliedern der Kreisausschuß und bei Ausschußmitgliedern der Ausschuß;
3. die Offenbarungspflicht über Ausschließungsgründe besteht bei Kreistags- und Kreisausschußmitgliedern gegenüber dem Landrat, bei Ausschußmitgliedern gegenüber dem Ausschußvorsitzenden vor Eintritt in die Verhandlung;
4. über Ausschließungsgründe entscheidet bei Kreistagsmitgliedern der Kreistag, bei Kreisausschußmitgliedern der Kreisausschuß und bei Ausschußmitgliedern der Ausschuß;
5. ein Verstoß gegen die Offenbarungspflicht wird vom Kreistag, vom Kreisausschuß bzw. vom Ausschuß durch Beschluß festgestellt;

6. sachkundige Bürger und sachkundige Einwohner als Mitglieder von Ausschüssen können Ansprüche anderer gegen den Kreis nur dann nicht geltend machen, wenn diese in Zusammenhang mit ihren Aufgaben stehen; ob diese Voraussetzungen vorliegen, entscheidet der Ausschuß.

[2]Die Kreistagsmitglieder, Mitglieder des Kreisausschusses und Mitglieder der Ausschüsse müssen gegenüber dem Landrat Auskunft über ihre wirtschaftlichen und persönlichen Verhältnisse geben, soweit das für die Ausübung ihrer Tätigkeit von Bedeutung sein kann. [3]Die näheren Einzelheiten regelt der Kreistag. [4]Name, Anschrift, der ausgeübte Beruf sowie andere vergütete und ehrenamtliche Tätigkeiten können veröffentlicht werden. [5]Die Auskünfte sind vertraulich zu behandeln. [6]Nach Ablauf der Wahlperiode sind die gespeicherten Daten der ausgeschiedenen Kreistagsmitglieder zu löschen.

(3) Erleidet der Kreis infolge eines Beschlusses des Kreistags einen Schaden, so haften die Kreistagsmitglieder, wenn sie

a) in vorsätzlicher und grob fahrlässiger Verletzung ihrer Pflicht gehandelt haben,
b) bei der Beschlußfassung mitgewirkt haben, obwohl sie nach dem Gesetz hiervon ausgeschlossen waren, und ihnen der Ausschließungsgrund bekannt war,
c) der Bewilligung von Ausgaben zugestimmt haben, für die das Gesetz oder die Haushaltssatzung eine Ermächtigung nicht vorsieht, wenn nicht gleichzeitig die erforderlichen Deckungsmittel bereitgestellt werden.

§ 29 Freistellung. (1) [1]Niemand darf gehindert werden, sich um ein Mandat als Mitglied des Kreistags oder eines Ausschusses zu bewerben, es anzunehmen oder auszuüben. [2]Benachteiligungen am Arbeitsplatz in Zusammenhang mit der Bewerbung, der Annahme oder der Ausübung eines Mandats sind unzulässig. [3]Entgegenstehende Vereinbarungen sind nichtig. [4]Kündigungen oder Entlassungen aus Anlaß der Bewerbung, Annahme oder Ausübung eines Mandats sind unzulässig.

(2) [1]Die Kreistagsmitglieder und Mitglieder der Ausschüsse sind für die Zeit der Ausübung des Mandats von ihrer Verpflichtung zur Arbeit freizustellen. [2]Zur Ausübung des Mandats gehören Tätigkeiten, die mit dem Mandat in unmittelbarem Zusammenhang stehen oder auf Veranlassung des Kreistages oder des Ausschusses erfolgen. [3]Auf Veranlassung des Kreistages erfolgt auch eine Tätigkeit als vom Kreistag entsandter Vertreter des Kreises in Organen und Gremien von juristischen Personen oder Vereinigungen des privaten und öffentlichen Rechts sowie als Stellvertreter des Landrats. [4]Bei Mandatsträgern, die innerhalb eines vorgegebenen Arbeitszeitrahmens über Lage und Dauer der individuellen Arbeitszeit selbst entscheiden können, ist die Zeit der Ausübung des Mandats innerhalb dieses Arbeitszeitrahmens zur Hälfte auf ihre Arbeitszeit anzurechnen. [5]Der Anspruch auf Ersatz des Verdienstausfalls nach § 30 ist in diesem Fall auf diese Hälfte beschränkt.

(3) [1]Zur Teilnahme an kommunalpolitischen Bildungsveranstaltungen, die der Ausübung ihres Mandats förderlich sind, haben Kreistagsmitglieder oder

Mitglieder von Ausschüssen des Kreistages einen Anspruch auf Urlaub an bis zu acht Arbeitstagen in jeder Wahlperiode, jedoch an nicht mehr als vier aufeinanderfolgenden Arbeitstagen im Jahr. [2]Für die Zeit des Urlaubs besteht nach diesem Gesetz kein Anspruch auf Lohn oder Gehalt; weitergehende Vorschriften bleiben unberührt. [3]Der Verdienstausfall und die Kinderbetreuungskosten sind nach Maßgabe der Regelungen des § 30 Absatz 1 bis 4 zu ersetzen. [4]Sind Kreistagsmitglieder oder Mitglieder von Ausschüssen des Kreistages zugleich auch Ratsmitglieder, Mitglieder von Bezirksvertretungen oder Mitglieder von Ausschüssen einer Gemeinde, so besteht der Anspruch auf Urlaub in jeder Wahlperiode nur einmal. [5]Der Arbeitgeber bzw. Dienstherr darf den Urlaub zu dem von dem Beschäftigten mitgeteilten Zeitpunkt ablehnen, wenn zwingende betriebliche Belange oder Urlaubsanträge anderer Beschäftigter entgegenstehen.

§ 30 Entschädigung der Kreistagsmitglieder. (1) [1]Ein Kreistagsmitglied im Kreistag, ein Kreistagsmitglied im Kreisausschuss oder ein Mitglied in einem Ausschuss hat Anspruch auf Ersatz des Verdienstausfalles, der ihm durch die Mandatsausübung entsteht, soweit sie während der Arbeitszeit erforderlich ist. [2]Entgangener Verdienst aus Nebentätigkeiten und Verdienst, der außerhalb der regelmäßigen Arbeitszeit hätte erzielt werden können, bleibt außer Betracht.

(2) [1]Als Ersatz des Verdienstausfalls wird mindestens ein in einer Rechtsverordnung nach Absatz 7 festzulegender Regelstundensatz gezahlt, es sei denn, daß ersichtlich keine finanziellen Nachteile entstanden sind. [2]In der Hauptsatzung kann ein höherer Regelstundensatz festgelegt werden. [3]Darüber hinaus wird in folgenden Fällen eine höhere Entschädigung gezahlt:

1. Abhängig Erwerbstätigen wird auf Antrag anstelle des Regelstundensatzes der tatsächlich entstandene und nachgewiesene Verdienstausfall ersetzt;
2. Selbständige erhalten auf Antrag anstelle des Regelstundensatzes eine Verdienstausfallpauschale je Stunde, die im Einzelfall auf der Grundlage des glaubhaft gemachten Einkommens nach billigem Ermessen festgesetzt wird.

[4]In der Rechtsverordnung nach Absatz 7 ist ein einheitlicher Höchstbetrag festzulegen, der bei dem Ersatz des Verdienstausfalls je Stunde nicht überschritten werden darf.

(3) [1]Personen, die

1. einen Haushalt mit
   a) mindestens zwei Personen, von denen mindestens eine ein Kind unter 14 Jahren oder eine anerkannt pflegebedürftige Person nach § 14 SGB XI ist, oder
   b) mindestens drei Personen

   führen und
2. nicht oder weniger als 20 Stunden je Woche erwerbstätig sind,

erhalten für die mandatsbedingte Abwesenheit vom Haushalt den Regelstundensatz nach Absatz 2 Satz 1. [2]Absatz 2 Satz 3 gilt entsprechend. [3]Statt des Regelstundensatzes werden auf Antrag die notwendigen Kosten für eine Vertretung im Haushalt ersetzt.

(4) [1]Ist während der mandatsbedingten Abwesenheit vom Haushalt eine entgeltliche Kinderbetreuung notwendig, werden die nachgewiesenen Kosten auf Antrag erstattet. [2]Kinderbetreuungskosten werden nicht für Zeiträume erstattet, für die Entschädigung nach Absatz 2 oder 3 geleistet wird. [3]Die Hauptsatzung kann die näheren Einzelheiten regeln.

(5) Unabhängig von einem Anspruch auf Verdienstausfall besteht ein Anspruch auf angemessene Aufwandsentschädigung nach folgenden Maßgaben:

1. Einem Kreistagsmitglied kann die Aufwandsentschädigung teilweise als Sitzungsgeld für Kreistags-, Kreisausschuss-, Ausschuss- und Fraktionssitzungen gezahlt werden.
2. Ein Ausschussmitglied, das nicht Kreistagsmitglied ist (sachkundiger Bürger), erhält ein Sitzungsgeld für die im Rahmen seiner Mandatsausübung erforderliche Teilnahme an Kreisausschuss-, Ausschuss- und Fraktionssitzungen.
3. Ein stellvertretendes Ausschussmitglied, das nicht Kreistagsmitglied ist, erhält unabhängig vom Eintritt des Vertretungsfalles für die im Rahmen seiner Mandatsausübung erforderliche Teilnahme an Fraktionssitzungen ein Sitzungsgeld.

(6) [1]Fraktionssitzungen sind auch Sitzungen von Teilen einer Fraktion (Fraktionsvorstand, Fraktionsarbeitskreise). [2]Die Zahl der ersatzpflichtigen Fraktionssitzungen pro Jahr ist in der Hauptsatzung zu beschränken.

(7) [1]Das für Kommunales zuständige Ministerium bestimmt durch Rechtsverordnung

1. die Höhe des Regelstundensatzes und des Höchstbetrages nach Absatz 2,
2. die Höhe der monatlichen Aufwandsentschädigung sowie die Höhe der Sitzungsgelder,
3. die Fahrtkostenerstattung und den Ersatz von Auslagen neben der Aufwandsentschädigung.

[2]Die Höhe der Aufwandsentschädigung und der Sitzungsgelder ist zu Beginn und mit Ablauf der Hälfte der Wahlperiode anzupassen. [3]Grundlage dafür ist die Preisentwicklung ausgewählter Waren und Leistungen im Preisindex für die Lebenshaltung aller privaten Haushalte seit dem Zeitpunkt der vorangegangenen Anpassung der Höhe der Aufwandsentschädigung und der Sitzungsgelder. [4]Die Höhe des Regelstundensatzes und des Höchstbetrages wird zu Beginn und zur Mitte der Wahlperiode im Hinblick auf ihre Angemessenheit überprüft.

§ 31 Aufwandsentschädigung. [1]Neben den Entschädigungen, die den Kreistagsmitgliedern nach § 30 zustehen, erhalten

1. Stellvertreter des Landrats nach § 46 Absatz 1,
2. Vorsitzende von Ausschüssen des Kreistags mit Ausnahme des Wahlprüfungsausschusses,
3. Fraktionsvorsitzende – bei Fraktionen mit mindestens acht Mitgliedern auch ein stellvertretender Vorsitzender, mit mindestens 16 Mitgliedern auch zwei und mit mindestens 24 Mitgliedern auch drei stellvertretende Vorsitzende –

eine vom für Kommunales zuständigen Ministerium durch Rechtsverordnung festzusetzende angemessene Aufwandsentschädigung. [2]In der Hauptsatzung können weitere Ausschüsse von der Regelung in Satz 1 Nummer 2 ausgenommen werden. [3]Eine Aufwandsentschädigung ist nicht zu gewähren, wenn das Kreistagsmitglied hauptberuflich tätiger Mitarbeiter einer Fraktion ist.

§ 32 Einberufung des Kreistags. (1) [1]Der Kreistag wird von dem Landrat einberufen. [2]Nach Beginn der Wahlperiode muss die erste Sitzung innerhalb von sechs Wochen stattfinden; im Übrigen soll der Kreistag zusammentreten, so oft es die Geschäftslage erfordert, mindestens jedoch alle drei Monate. [3]Der Kreistag ist unverzüglich einzuberufen, wenn ein Fünftel der Kreistagsmitglieder oder eine Fraktion unter Angabe der zur Beratung zu stellenden Gegenstände es verlangen.

(2) [1]Die Ladungsfrist, die Form der Einberufung und die Geschäftsführung des Kreistags sind durch die Geschäftsordnung zu regeln, soweit hierüber nicht in diesem Gesetz Vorschriften getroffen sind. [2]Der Kreistag regelt in der Geschäftsordnung Inhalt und Umfang des Fragerechts der Kreistagsmitglieder.

(3) Kommt der Landrat seiner Verpflichtung zur Einberufung des Kreistags nicht nach, so veranlaßt die Aufsichtsbehörde die Einberufung.

§ 33 Tagesordnung und Öffentlichkeit der Kreistagssitzungen. (1) [1]Der Landrat setzt die Tagesordnung fest. [2]Er hat dabei Vorschläge aufzunehmen, die ihm innerhalb einer in der Geschäftsordnung zu bestimmenden Frist von einem Fünftel der Kreistagsmitglieder oder einer Fraktion vorgelegt werden. [3]Fragestunden für Einwohner kann er in die Tagesordnung aufnehmen, wenn Einzelheiten hierüber in der Geschäftsordnung geregelt sind. [4]Zeit und Ort der Sitzung sowie die Tagesordnung sind von ihm öffentlich bekanntzumachen. [5]Die Tagesordnung kann in der Sitzung durch Beschluß des Kreistags erweitert werden, wenn es sich um Angelegenheiten handelt, die keinen Aufschub dulden oder die von äußerster Dringlichkeit sind.

(2) [1]Die Sitzungen des Kreistags sind öffentlich. [2]Durch die Geschäftsordnung kann die Öffentlichkeit für Angelegenheiten einer bestimmten Art ausgeschlossen werden. [3]Auf Antrag eines Kreistagsmitglieds oder auf Vorschlag des Landrats kann für einzelne Angelegenheiten die Öffentlichkeit ausgeschlossen werden. [4]Anträge und Vorschläge auf Ausschluß der Öffentlichkeit dürfen nur in nichtöffentlicher Sitzung begründet und beraten werden. [5]Falls dem Antrag oder dem Vorschlag stattgegeben wird, ist die Öffentlichkeit in geeigneter Weise zu unterrichten, daß in nichtöffentlicher Sitzung weiter verhandelt wird.

(3) Personenbezogene Daten dürfen offenbart werden, soweit nicht schützenswerte Interessen Einzelner oder Belange des öffentlichen Wohls überwiegen; erforderlichenfalls ist die Öffentlichkeit auszuschließen.

(4) [1]Mitglieder der Ausschüsse können nach Maßgabe der Geschäftsordnung an den nichtöffentlichen Sitzungen des Kreistags als Zuhörer teilnehmen. [2]Die Teilnahme als Zuhörer begründet keinen Anspruch auf Ersatz des Verdienstausfalls und auf Zahlung von Sitzungsgeld.

§ 34 Beschlußfähigkeit des Kreistags. (1) [1]Der Kreistag ist beschlußfähig, wenn mehr als die Hälfte der gesetzlichen Mitgliederzahl anwesend ist. [2]Er gilt als beschlußfähig, solange seine Beschlußunfähigkeit nicht festgestellt ist.

(2) [1]Ist eine Angelegenheit wegen Beschlußunfähigkeit des Kreistags zurückgestellt worden und wird der Kreistag zur Beratung über denselben Gegenstand einberufen, so ist er ohne Rücksicht auf die Zahl der Erschienenen beschlußfähig. [2]Bei der zweiten Ladung muß auf diese Bestimmung ausdrücklich hingewiesen werden.

§ 35 Abstimmungen. (1) [1]Beschlüsse werden mit Stimmenmehrheit gefaßt, soweit das Gesetz nichts anderes vorschreibt. [2]Bei Stimmengleichheit gilt ein Antrag als abgelehnt. [3]Bei der Beschlußfassung wird offen abgestimmt. [4]Auf Antrag einer in der Geschäftsordnung zu bestimmenden Zahl von Mitgliedern des Kreistages ist namentlich abzustimmen. [5]Auf Antrag mindestens eines Fünftels der Mitglieder des Kreistages ist geheim abzustimmen. [6]Zum selben Tagesordnungspunkt hat ein Antrag auf geheime Abstimmung Vorrang gegenüber einem Antrag auf namentliche Abstimmung. [7]Die Geschäftsordnung kann weitere Regelungen treffen.

(2) [1]Wahlen werden, wenn das Gesetz nichts anderes bestimmt oder wenn niemand widerspricht, durch offene Abstimmung, sonst durch Abgabe von Stimmzetteln vollzogen. [2]Gewählt ist die vorgeschlagene Person, die mehr als die Hälfte der gültigen Stimmen erreicht hat. [3]Nein-Stimmen gelten als gültige Stimmen. [4]Erreicht niemand mehr als die Hälfte der Stimmen, so findet zwischen den Personen, welche die beiden höchsten Stimmenzahlen erreicht haben, eine engere Wahl statt. [5]Gewählt ist, wer in dieser engeren Wahl die meisten Stimmen auf sich vereinigt. [6]Bei Stimmengleichheit entscheidet das Los.

(3) [1]Haben sich die Kreistagsmitglieder zur Besetzung der Ausschüsse auf einen einheitlichen Wahlvorschlag geeinigt, ist der einstimmige Beschluß der Kreistagsmitglieder über die Annahme dieses Wahlvorschlags ausreichend. [2]Kommt ein einheitlicher Wahlvorschlag nicht zustande, so wird nach den Grundsätzen der Verhältniswahl in einem Wahlgang abgestimmt. [3]Dabei sind die Wahlstellen auf die Wahlvorschläge der Fraktionen und Gruppen des Kreistages entsprechend dem Verhältnis der Stimmenzahlen, die auf die einzelnen Wahlvorschläge entfallen, zur Gesamtzahl der abgegebenen gültigen Stimmen zu verteilen. [4]Jedem Wahlvorschlag werden zunächst so viele Sitze zugeteilt, wie sich für ihn ganze Zahlen ergeben. [5]Sind danach noch Sitze zu vergeben, so sind sie in der Reihenfolge der höchsten Zahlenbruchteile zuzuteilen. [6]Bei gleichen Zahlenbruchteilen entscheidet das Los.* [7]Scheidet jemand vorzeitig aus dem Ausschuß aus, wählen die Kreistagsmitglieder auf Vorschlag der Fraktion oder Gruppe, welcher das ausgeschiedene Mitglied bei seiner Wahl angehörte, einen Nachfolger.

---

* § 35 Abs. 3 S. 3 bis 6 treten am 20.10.2009 in Kraft (vgl. Art. XII Gesetz vom 09.10.2007, GV NRW S. 380).

(4) [1]Hat der Kreistag zwei oder mehr Vertreter oder Mitglieder im Sinne des § 26 Abs. 5 und 6 zu bestellen oder vorzuschlagen, die nicht hauptberuflich tätig sind, ist das Verfahren nach Absatz 3 entsprechend anzuwenden. [2]Dies gilt ebenso, wenn zwei oder mehr Personen vorzeitig aus dem Gremium ausgeschieden sind, für das sie bestellt oder vorgeschlagen worden waren und für diese mehrere Nachfolger zu wählen sind. [3]Scheidet eine Person vorzeitig aus dem Gremium aus, für das sie bestellt oder vorgeschlagen war, wählt der Kreistag den Nachfolger für die restliche Zeit nach Absatz 2.

(5) Bei Beschlüssen und Wahlen zählen Stimmenthaltungen und ungültige Stimmen zur Feststellung der Beschlußfähigkeit, nicht aber zur Berechnung der Mehrheit mit.

(6) Ein Mitglied, in dessen Person ein Ausschließungsgrund nach § 31 Gemeindeordnung besteht, kann an der Beratung und Abstimmung nicht teilnehmen.

§ 36 Ordnung in den Sitzungen. (1) Der Landrat leitet die Verhandlungen, eröffnet und schließt die Sitzungen, sorgt für die Aufrechterhaltung der Ordnung und übt das Hausrecht aus.

(2) In der Geschäftsordnung kann bestimmt werden, in welchen Fällen durch Beschluß des Kreistags einem Kreistagsmitglied bei Verstößen gegen die Ordnung die auf den Sitzungstag entfallenden Entschädigungen ganz oder teilweise entzogen werden und es für eine oder mehrere Sitzungen ausgeschlossen wird.

(3) [1]Enthält die Geschäftsordnung eine Bestimmung gemäß Absatz 2, so kann der Landrat, falls er es für erforderlich hält, den sofortigen Ausschluß des Kreistagsmitglieds aus der Sitzung verhängen und durchführen. [2]Der Kreistag beschließt in der nächsten Sitzung über die Berechtigung dieser Maßnahme.

§ 37 Niederschrift der Kreistagsbeschlüsse. (1) [1]Über die im Kreistag gefaßten Beschlüsse ist eine Niederschrift aufzunehmen. [2]Diese wird vom Landrat und einem vom Kreistag zu bestellenden Schriftführer unterzeichnet.

(2) Der wesentliche Inhalt der Beschlüsse soll in öffentlicher Sitzung oder in anderer geeigneter Weise der Öffentlichkeit zugänglich gemacht werden, soweit nicht im Einzelfall etwas anderes beschlossen wird.

§ 38 Behandlung der Kreistagsbeschlüsse. (1) [1]Beschlüsse, die die Durchführung der Geschäftsordnung betreffen, führt der Landrat aus. [2]Wenn er persönlich beteiligt ist, handelt der Stellvertreter.

(2) Beschlüsse, die die Geltendmachung von Ansprüchen des Kreises gegen den Landrat oder die Amtsführung des Landrates betreffen, führt der allgemeine Vertreter aus.

§ 39 Widerspruch und Beanstandung. (1) [1]Der Landrat kann einem Beschluß des Kreistags spätestens am dritten Tage nach der Beschlußfassung unter schriftlicher Begründung widersprechen, wenn er der Auffassung ist, daß der Beschluß das Wohl des Kreises gefährdet. [2]Der Widerspruch hat aufschiebende Wirkung. [3]Über die Angelegenheit ist in einer neuen Sitzung des Kreistags, die frühestens am dritten Tage und spätestens vier Wochen nach dem Widerspruch stattzufinden hat, erneut zu beschließen. [4]Ein weiterer Widerspruch ist unzulässig.

(2) [1]Verletzt ein Beschluß des Kreistags das geltende Recht, so hat der Landrat den Beschluß zu beanstanden. [2]Die Beanstandung ist dem Kreistag mit Begründung schriftlich mitzuteilen. [3]Sie hat aufschiebende Wirkung. [4]Verbleibt der Kreistag bei seinem Beschluß, so hat der Landrat unverzüglich die Entscheidung der Aufsichtsbehörde einzuholen. [5]Die aufschiebende Wirkung bleibt bestehen.

(3) Die Verletzung eines Mitwirkungsverbots nach § 28 Abs. 2 Satz 1 in Verbindung mit § 31 der Gemeindeordnung kann gegen einen Beschluß des Kreistags nach Ablauf eines Jahres seit der Beschlußfassung oder, wenn eine öffentliche Bekanntmachung erforderlich ist, ein Jahr nach dieser nicht mehr geltend gemacht werden, es sei denn, daß der Landrat den Beschluß vorher beanstandet hat oder die Verletzung des Mitwirkungsverbots vorher gegenüber dem Kreis gerügt und dabei die Tatsache bezeichnet worden ist, die die Verletzung ergibt.

(4) Absätze 1 bis 3 finden in den Fällen des § 50 Abs. 1 bis 3 entsprechende Anwendung.

§ 40 Fraktionen. (1) [1]Fraktionen sind freiwillige Vereinigungen von Kreistagsmitgliedern, die sich auf der Grundlage grundsätzlicher politischer Übereinstimmung zu möglichst gleichgerichtetem Wirken zusammengeschlossen haben. [2]Eine Fraktion besteht aus mindestens zwei Kreistagsmitgliedern. [3]In Kreistagen mit mehr als 50 Kreistagsmitgliedern muss eine Kreistagsfraktion aus mindestens drei Mitgliedern und bei mehr als 74 Kreistagsmitgliedern aus mindestens vier Mitgliedern bestehen. [4]Satz 1 gilt für Gruppen ohne Fraktionsstatus im Kreistag entsprechend. [5]Eine Gruppe besteht aus mindestens zwei Kreistagsmitgliedern.

(2) [1]Die Fraktionen wirken bei der Willensbildung und Entscheidungsfindung in der Vertretung mit; sie können insoweit ihre Auffassung öffentlich darstellen. [2]Ihre innere Ordnung muß demokratischen und rechtsstaatlichen Grundsätzen entsprechen. [3]Sie geben sich ein Statut, in dem das Abstimmungsverfahren, die Aufnahme und der Ausschluß aus der Fraktion geregelt werden.

(3) [1]Der Kreis gewährt den Fraktionen und Gruppen aus Haushaltsmitteln Zuwendungen zu den sächlichen und personellen Aufwendungen für die Geschäftsführung. [2]Die Zuwendungen an die Fraktionen und Gruppen sind in einer besonderen Anlage zum Haushaltsplan darzustellen. [3]Über die Verwendung der Zuwendungen ist ein Nachweis in einfacher Form zu führen, der unmittelbar dem Landrat zuzuleiten ist. [4]Eine Gruppe erhält mindestens 90 Prozent einer proportionalen Ausstattung, die dem Verhältnis ihrer Mitgliederzahl zu der

sich nach Absatz 1 Satz 2 und 3 ergebenden Mindestgröße einer Kreistagsfraktion entspricht. [5]Maßstab für die Berechnung der proportionalen Ausstattung sind diejenigen Zuwendungen, welche die kleinste Kreistagsfraktion nach Absatz 1 Satz 2 und 3 erhält oder erhalten würde. [6]Die Höhe der proportionalen Ausstattung ergibt sich rechnerisch, indem die Zahl der Gruppenmitglieder durch die Zahl der Mitglieder der kleinstmöglichen Fraktion dividiert wird. [7]Einem Kreistagsmitglied, das keiner Fraktion oder Gruppe angehört, stellt der Kreis in angemessenem Umfang Sachmittel und Kommunikationsmittel zum Zwecke seiner Vorbereitung auf die Kreistagssitzung zur Verfügung. [8]Der Kreistag kann stattdessen beschließen, dass ein Kreistagsmitglied aus Haushaltsmitteln finanzielle Zuwendungen erhält, die die Hälfte des Betrages nicht übersteigen dürfen, die eine Gruppe mit zwei Mitgliedern im Kreistag erhielte. [9]In diesem Fall ist nach den Sätzen 2 und 3 zu verfahren.

(4) [1]Ein hauptberuflich tätiger Mitarbeiter der Fraktion kann Kreistagsmitglied sein. [2]Nähere Einzelheiten über die Bildung der Fraktionen, ihre Rechte und Pflichten sowie den Umgang mit personenbezogenen Daten regelt die Geschäftsordnung. [3]Die Geschäftsordnung bestimmt auch, ob eine Fraktion ein Kreistagsmitglied, das keiner Fraktion angehört, als Hospitant aufnehmen kann. [4]Bei der Festsetzung der Mindeststärke einer Fraktion zählen Hospitanten nicht mit.

(5) Soweit personenbezogene Daten an Kreistagsmitglieder übermittelt werden dürfen, ist ihre Übermittlung auch an Mitarbeiter einer Fraktion oder Gruppe oder eines einzelnen Kreistagsmitgliedes nach Absatz 3 Satz 4 zulässig, wenn diese zur Verschwiegenheit verpflichtet sind.

§ 41 Bildung von Ausschüssen. (1) Zur Vorbereitung seiner Beschlüsse und zur Überwachung bestimmter Verwaltungsangelegenheiten kann der Kreistag Ausschüsse bilden.

(2) Der Kreistag kann für die Arbeit der Ausschüsse allgemeine Richtlinien aufstellen.

(3) [1]Der Kreistag regelt mit der Mehrheit der Stimmen der Kreistagsmitglieder die Zusammensetzung der Ausschüsse und ihre Befugnisse. [2]Soweit er stellvertretende Ausschußmitglieder bestellt, ist die Reihenfolge der Vertretung zu regeln. [3]Der Landrat hat das Recht, mit beratender Stimme an den Sitzungen der Ausschüsse teilzunehmen; ihm ist auf Verlangen jederzeit das Wort zu erteilen. [4]An nichtöffentlichen Sitzungen eines Ausschusses können die stellvertretenden Ausschußmitglieder sowie alle Kreistagsmitglieder als Zuhörer teilnehmen, ebenso die Mitglieder anderer Ausschüsse, soweit deren Aufgabenbereich durch den Beratungsgegenstand berührt wird. [5]Die Teilnahme als Zuhörer begründet keinen Anspruch auf Ersatz des Verdienstausfalls und auf Zahlung von Sitzungsgeld; § 30 Abs. 4 Nr. 3 bleibt unberührt. [6]Wird in einer Ausschußsitzung ein Antrag beraten, den ein Kreistagsmitglied gestellt hat, das dem Ausschuß nicht angehört, so kann es sich an der Beratung beteiligen. [7]Fraktionen, die in einem Ausschuß nicht vertreten sind, sind berechtigt, für

diesen Ausschuß ein Kreistagsmitglied oder einen sachkundigen Bürger, der dem Kreistag angehören kann, zu benennen. [8]Das benannte Kreistagsmitglied oder der benannte sachkundige Bürger wird vom Kreistag zum Mitglied des Ausschusses bestellt. [9]Sie wirken in dem Ausschuß mit beratender Stimme mit. [10]Bei der Zusammensetzung und der Berechnung der Beschlußfähigkeit des Ausschusses werden sie nicht mitgezählt. [11]Ein Kreistagsmitglied hat das Recht, mindestens einem der Ausschüsse als Mitglied mit beratender Stimme anzugehören. [12]Die Sätze 8 und 10 gelten entsprechend.

(4) [1]Auf die Ausschußmitglieder und das Verfahren in den Ausschüssen finden die für den Kreistag geltenden Vorschriften entsprechende Anwendung. [2]Der Ausschußvorsitzende setzt die Tagesordnung im Benehmen mit dem Landrat fest. [3]Auf Verlangen des Landrates ist der Ausschussvorsitzende verpflichtet, einen Gegenstand in die Tagesordnung aufzunehmen. [4]Der Ausschussvorsitzende ist in gleicher Weise verpflichtet, wenn eine Fraktion dies beantragt. [5]Abweichend von § 33 Abs. 1 Satz 4 brauchen Zeit und Ort der Ausschußsitzung sowie die Tagesordnung nicht öffentlich bekanntgemacht zu werden; der Landrat soll die Öffentlichkeit hierüber vorher in geeigneter Weise unterrichten.

(5) [1]Zu Mitgliedern der Ausschüsse können neben Kreistagsmitgliedern auch sachkundige Bürger der kreisangehörigen Gemeinden, die dem Kreistag angehören können, bestellt werden. [2]Zur Übernahme der Tätigkeit als sachkundiger Bürger ist niemand verpflichtet. [3]Die Zahl der sachkundigen Bürger darf die der Kreistagsmitglieder in den einzelnen Ausschüssen nicht erreichen. [4]Gesetzliche Bestimmungen über eine andere Zusammensetzung bestimmter Ausschüsse bleiben unberührt. [5]Die Ausschüsse sind nur beschlußfähig, wenn die Zahl der anwesenden Kreistagsmitglieder die Zahl der anwesenden sachkundigen Bürger übersteigt; sie gelten auch insoweit als beschlußfähig, solange ihre Beschlußunfähigkeit nicht festgestellt ist. [6]Die Ausschüsse können Vertreter derjenigen Bevölkerungsgruppen, die von ihrer Entscheidung vorwiegend betroffen werden und Sachverständige zu den Beratungen hinzuziehen.

(6) [1]Als Mitglieder mit beratender Stimme können den Ausschüssen volljährige sachkundige Einwohner angehören, die in entsprechender Anwendung des § 35 Abs. 3 zu wählen sind. [2]Im übrigen gilt Absatz 5 Satz 1 und 2 entsprechend.

(7) [1]Haben sich die Fraktionen über die Verteilung der Ausschußvorsitze geeinigt und wird dieser Einigung nicht von einem Fünftel der Kreistagsmitglieder widersprochen, so bestimmen die Fraktionen die Ausschußvorsitzenden aus der Mitte der den Ausschüssen angehörenden stimmberechtigten Kreistagsmitglieder. [2]Soweit eine Einigung nicht zustande kommt, werden den Fraktionen die Ausschußvorsitze in der Reihenfolge der Höchstzahlen zugeteilt, die sich durch Teilung der Mitgliederzahlen der Fraktionen durch 1, 2, 3 usw. ergeben; mehrere Fraktionen können sich zusammenschließen. [3]Bei gleichen Höchstzahlen entscheidet das Los, das der Landrat zu ziehen hat. [4]Die Fraktionen be-

nennen die Ausschüsse, deren Vorsitz sie beanspruchen, in der Reihenfolge der Höchstzahlen und bestimmen die Vorsitzenden. [5]Scheidet ein Ausschußvorsitzender während der Wahlperiode aus, bestimmt die Fraktion, der er angehört, ein Kreistagsmitglied zum Nachfolger. [6]Die Sätze 1 bis 5 gelten für stellvertretende Vorsitzende entsprechend.

(8) Werden Ausschüsse während der Wahlperiode neu gebildet, aufgelöst oder ihre Aufgabe wesentlich verändert, ist das Verfahren nach Absatz 7 zu wiederholen.

(9) [1]Über die Beschlüsse der Ausschüsse ist eine Niederschrift aufzunehmen. [2]Diese ist dem Landrat und den Ausschußmitgliedern zuzuleiten.

5. Teil
Landrat

§ 42 Zuständigkeiten des Landrats. In Angelegenheiten der Kreisverwaltung obliegt dem Landrat
a) die Führung der Geschäfte der laufenden Verwaltung,
b) die Erledigung der ihm vom Kreisausschuß übertragenen Angelegenheiten,
c) die Vorbereitung und Durchführung der Beschlüsse des Kreistags und des Kreisausschusses sowie der Entscheidungen nach § 50 Abs. 3 Satz 2,
d) die Ausführung von Weisungen (§ 2 Abs. 2 Satz 3 und § 64),
e) die gesetzliche Vertretung des Kreises in Rechts- und Verwaltungsgeschäften unbeschadet des § 26 Abs. 4 und 5, § 43 und § 49 Abs. 4,
f) die Erledigung aller Aufgaben, die ihm aufgrund gesetzlicher Vorschriften übertragen sind,
g) die Leitung und Verteilung der Geschäfte.

§ 43 Abgabe von Erklärungen. (1) [1]Erklärungen, durch welche der Kreis verpflichtet werden soll, bedürfen der Schriftform. [2]Sie sind vom Landrat oder seinem allgemeinen Vertreter zu unterzeichnen, soweit nicht dieses Gesetz etwas anderes bestimmt.

(2) Absatz 1 gilt nicht für Geschäfte der laufenden Verwaltung.

(3) Geschäfte, die ein für ein bestimmtes Geschäft oder einen Kreis von Geschäften ausdrücklich Bevollmächtigter abschließt, bedürfen nicht der Form des Absatzes 1, wenn die Vollmacht in der Form dieses Absatzes erteilt ist.

(4) Erklärungen, die nicht den Formvorschriften dieses Gesetzes entsprechen, binden den Kreis nicht.

§ 44 Wahl des Landrats. (1) [1]Der Landrat wird von den Bürgern der kreisangehörigen Gemeinden in allgemeiner, unmittelbarer, freier, gleicher und geheimer Wahl auf die Dauer von fünf Jahren nach den Grundsätzen der Mehrheitswahl zugleich mit dem Kreistag gewählt. [2]Scheidet der Landrat durch Tod,

Eintritt in den Ruhestand oder aus sonstigen Gründen vor Ablauf seiner Amtszeit aus dem Amt aus oder ist die Wahl eines Landrats aus anderen Gründen während der Wahlperiode des Kreistages erforderlich, so findet die Wahl des Nachfolgers spätestens sechs Monate nach Ausscheiden des Landrats aus dem Amt statt. [3]Die näheren Vorschriften trifft das Kommunalwahlgesetz.

(2) [1]Wählbar ist, wer am Wahltag Deutscher im Sinne von Artikel 116 Abs. 1 des Grundgesetzes ist oder wer die Staatsangehörigkeit eines Mitgliedstaates der Europäischen Union besitzt und eine Wohnung in der Bundesrepublik Deutschland innehat, das 23. Lebensjahr vollendet hat und nicht vom Wahlrecht ausgeschlossen ist sowie die Gewähr dafür bietet, daß er jederzeit für die freiheitlich demokratische Grundordnung im Sinne des Grundgesetzes eintritt. [2]Nicht wählbar ist, wer am Wahltag infolge Richterspruchs in der Bundesrepublik Deutschland die Wählbarkeit oder die Fähigkeit zur Bekleidung öffentlicher Ämter nicht besitzt.

(3) [1]Der Landrat ist kommunaler Wahlbeamter. [2]Für die dienstrechtliche Stellung gelten die beamtenrechtlichen Vorschriften.

(4) § 72 Gemeindeordnung gilt entsprechend.

(5) Endet das Beamtenverhältnis des Landrates vor Ablauf seiner Amtszeit, wird der Nachfolger bis zum Ende der nächsten Wahlperiode des Kreistages gewählt, es sei denn, die Amtszeit des Nachfolgers beginnt innerhalb der ersten zwei Jahre der Wahlperiode des Kreistages. In diesem Fall endet sie mit dem Ende der laufenden Wahlperiode.

(6) Eine Wahl findet nach Ablauf des 51. Monats nach der allgemeinen Kommunalwahl nicht mehr statt.

§ 45 Abwahl des Landrats. (1) [1]Der Landrat kann von den Bürgern der kreisangehörigen Gemeinden vor Ablauf seiner Amtszeit abgewählt werden. [2]Zur Einleitung des Abwahlverfahrens bedarf es

1. eines von mindestens der Hälfte der gesetzlichen Zahl der Kreistagsmitglieder gestellten Antrags und eines mit einer Mehrheit von zwei Dritteln der gesetzlichen Zahl der Kreistagsmitglieder zu fassenden Beschlusses. [3]Zwischen dem Eingang des Antrags und dem Beschluss des Kreistags muss eine Frist von mindestens zwei Wochen liegen. [4]Über den Antrag auf Einleitung des Abwahlverfahrens ist ohne Aussprache namentlich abzustimmen;

oder

2. eines von mindestens 15 Prozent der wahlberechtigten Bürger der kreisangehörigen Gemeinden gestellten Antrags.

[5]Der Landrat ist abgewählt, wenn sich für die Abwahl eine Mehrheit der abgegebenen gültigen Stimmen der wahlberechtigten Bürger ergibt, sofern diese Mehrheit mindestens 25 Prozent der Wahlberechtigten beträgt. [6]Für das weitere Verfahren gelten die Vorschriften des Kommunalwahlgesetzes entsprechend. [7]Der Landrat scheidet mit dem Ablauf des Tages, an dem der Wahlausschuss die Abwahl feststellt, aus seinem Amt. [8]Die Aufsichtsbehörde kann für die Dauer des Abwahlverfahrens das Ruhen der Amtsgeschäfte des Landrats an-

ordnen, wenn zwei Drittel der gesetzlichen Zahl der Kreistagsmitglieder dies beantragen.

(2) [1]Der Landrat kann binnen einer Woche
1. nach dem Beschluss gemäß Absatz 1 Satz 2 Nummer 1

oder

2. nach Feststellung der Zulässigkeit des Antrags nach Absatz 1 Satz 2 Nummer 2 durch den Kreistag

auf die Entscheidung der Bürger über seine Abwahl verzichten. [2]Der Verzicht ist schriftlich gegenüber dem Stellvertreter zu erklären. [3]Mit dem Ablauf des Tages, an dem dieser Verzicht dem Stellvertreter zugeht, gilt die Abwahl als erfolgt.

(3) [1]Der Antrag nach Absatz 1 Satz 2 Nummer 2 ist schriftlich beim Kreistag einzureichen und muss das Begehren zweifelsfrei erkennen lassen. [2]Er muss bis zu drei Bürger benennen, die berechtigt sind, die Unterzeichnenden zu vertreten. [3]§ 22 Absatz 4 gilt entsprechend. [4]Die Unterzeichnenden müssen an dem von ihnen anzugebenden Tag ihrer Unterschrift wahlberechtigt sein. [5]Die Unterschriften dürfen bei Eingang des Antrags nicht älter als vier Monate sein. [6]Nach Antragseingang eingereichte Unterschriftslisten werden nicht mehr berücksichtigt. [7]Der Kreistag stellt unverzüglich fest, ob der Antrag zulässig ist. [8]Gegen die ablehnende Entscheidung des Kreistages können nur die Vertreter des Antrags nach Satz 2 Klage erheben.

§ 46 Wahl der Stellvertreter des Landrats. (1) [1]Der Kreistag wählt für die Dauer seiner Wahlperiode aus seiner Mitte ohne Aussprache zwei Stellvertreter des Landrats. [2]Er kann weitere Stellvertreter wählen. [3]Sie vertreten den Landrat bei der Leitung der Kreistagssitzungen und bei der Repräsentation.

(2) [1]Bei der Wahl der Stellvertreter des Landrats wird nach den Grundsätzen der Verhältniswahl in einem Wahlgang geheim abgestimmt. [2]Dabei ist die Reihenfolge der Stellvertreter nach der Reihenfolge der Höchstzahlen zu verteilen, die sich durch Teilung der auf die Wahlvorschläge der Fraktionen und Gruppen entfallenden Stimmenzahlen durch 1, 2, 3 usw. ergeben. [3]Erster Stellvertreter ist, wer an erster Stelle des Wahlvorschlags steht, auf den die erste Höchstzahl entfällt, zweiter Stellvertreter, wer an vorderster noch nicht in Anspruch genommener Stelle des Wahlvorschlags steht, auf den die zweite Höchstzahl entfällt, dritter Stellvertreter, wer an vorderster noch nicht in Anspruch genommener Stelle des Wahlvorschlags steht, auf den die dritte Höchstzahl entfällt usw. [4]Zwischen Wahlvorschlägen mit gleichen Höchstzahlen findet eine Stichwahl statt; bei Stimmengleichheit entscheidet das vom Landrat zu ziehende Los. [5]Nimmt ein gewählter Bewerber die Wahl nicht an, so ist gewählt, wer an nächster Stelle desselben Wahlvorschlags steht. [6]Ist ein Wahlvorschlag erschöpft, tritt an seine Stelle der Wahlvorschlag mit der nächsten Höchstzahl. [7]Scheidet ein Stellvertreter während der Wahlperiode aus, ist der Nachfolger für den Rest der Wahlperiode ohne Aussprache in geheimer Abstimmung nach § 35 Abs. 2 zu wählen.

(3) [1]Der Landrat wird vom Vorsitzenden (Stellvertreter oder Altersvorsitzender) in einer Sitzung des Kreistages vereidigt und in sein Amt eingeführt. [2]Die Stellvertreter sowie die übrigen Kreistagsmitglieder werden von dem Landrat eingeführt und in feierlicher Form zur gesetzmäßigen und gewissenhaften Wahrnehmung ihrer Aufgaben verpflichtet.

(4) [1]Der Kreistag kann die Stellvertreter des Landrats abberufen. [2]Der Antrag kann nur von der Mehrheit der gesetzlichen Zahl der Mitglieder gestellt werden. [3]Zwischen dem Eingang des Antrags und der Sitzung des Kreistags muß eine Frist von wenigstens zwei Tagen liegen. [4]Über den Antrag ist ohne Aussprache abzustimmen. [5]Der Beschluß über die Abberufung bedarf einer Mehrheit von zwei Dritteln der gesetzlichen Zahl der Mitglieder. [6]Der Nachfolger ist innerhalb einer Frist von zwei Wochen ohne Aussprache in geheimer Abstimmung nach § 35 Abs. 2 zu wählen.

(5) [1]Wenn der Landrat verhindert ist, leitet der Altersvorsitzende die Sitzung bei der Wahl der Stellvertreter des Landrats sowie bei Entscheidungen, die vorher getroffen werden müssen. [2]Dies gilt auch für die Abberufung der Stellvertreter des Landrates.

§ 47 Bestellung des allgemeinen Vertreters. (1) [1]Der Kreistag bestellt widerruflich aus den leitenden hauptamtlichen Beamten des Kreises einen allgemeinen Vertreter des Landrats. [2]Die Hauptsatzung kann bestimmen, daß der allgemeine Vertreter des Landrats durch den Kreistag für die Dauer von acht Jahren gewählt wird. [3]Der gewählte allgemeine Vertreter des Landrats führt die Amtsbezeichnung Kreisdirektor und muß über die Befähigung zum Richteramt oder zum höheren Verwaltungsdienst sowie über eine mehrjährige praktische Erfahrung in einer dem Amt angemessenen hauptamtlichen Verwaltungstätigkeit verfügen. [4]Die Bestellung oder die Wahl bedürfen der Bestätigung der Bezirksregierung.

(2) Die Bestimmungen des § 71 der Gemeindeordnung über die Stellenausschreibung und die Wiederwahl finden entsprechende Anwendung.

(3) [1]Der Kreistag kann den nach Absatz 1 Satz 2 gewählten Kreisdirektor abberufen. [2]Der Antrag kann nur von der Mehrheit der gesetzlichen Zahl der Mitglieder gestellt werden. [3]Zwischen dem Eingang des Antrags und der Sitzung des Kreistags muß eine Frist von mindestens sechs Wochen liegen. [4]Über den Antrag ist ohne Aussprache abzustimmen. [5]Der Beschluß über die Abberufung bedarf einer Mehrheit von zwei Dritteln der gesetzlichen Zahl der Mitglieder. [6]Der Nachfolger ist innerhalb einer Frist von sechs Monaten zu wählen.

(4) Die Kreise sollen einen Beamten des Kreises zum Kämmerer bestellen.

§ 48 Teilnahme an den Sitzungen. (1) [1]Der Landrat und sein allgemeiner Vertreter nehmen an den Sitzungen des Kreistags teil. [2]Der Landrat ist berechtigt und auf Verlangen eines Fünftels der Kreistagsmitglieder oder einer Fraktion verpflichtet, zu einem Punkt der Tagesordnung vor dem Kreistag Stellung zu nehmen.

(2) [1]Der Landrat und sein allgemeiner Vertreter sind berechtigt und auf Verlangen eines Ausschusses verpflichtet, an dessen Sitzungen teilzunehmen. [2]Absatz 1 Satz 2 gilt entsprechend.

§ 49 Bedienstete des Kreises. (1) [1]Der Landrat ist Dienstvorgesetzter der Bediensteten des Kreises. [2]Er trifft die dienstrechtlichen und arbeitsrechtlichen Entscheidungen, soweit gesetzlich nichts anderes bestimmt ist. [3]Die Hauptsatzung kann bestimmen, dass für Bedienstete in Führungsfunktionen Entscheidungen, die das beamtenrechtliche Grundverhältnis oder das Arbeitsverhältnis eines Bediensteten zum Kreis verändern, durch den Kreistag oder den Kreisausschuss im Einvernehmen mit dem Landrat zu treffen sind, soweit gesetzlich nichts anderes bestimmt ist. [4]Kommt ein Einvernehmen nicht zu Stande, kann der Kreistag die Entscheidung mit einer Mehrheit von zwei Dritteln der gesetzlichen Zahl der Kreistagsmitglieder treffen. [5]Bei Entscheidungen des Kreistages nach Satz 3 oder 4 stimmt der Landrat nicht mit. [6]Erfolgt keine Entscheidung nach Satz 3 oder 4, gilt Satz 2. [7]Bedienstete in Führungsfunktionen sind Leiter von Organisationseinheiten, die dem Hauptverwaltungsbeamten oder einem anderen Wahlbeamten oder diesem in der Führungsfunktion vergleichbaren Bediensteten unmittelbar unterstehen, mit Ausnahme von Bediensteten mit Aufgaben eines persönlichen Referenten oder Pressereferenten.

(2) Die Bediensteten der Kreise müssen die für ihren Arbeitsbereich erforderlichen fachlichen Voraussetzungen erfüllen, insbesondere die Ablegung der vorgeschriebenen Prüfungen nachweisen.

(3) Der Stellenplan ist einzuhalten; Abweichungen sind nur zulässig, soweit sie aufgrund des Besoldungs- oder Tarifrechts zwingend erforderlich sind.

(4) [1]Die nach geltendem Recht auszustellenden Urkunden für Beamte sowie Arbeitsverträge und sonstige schriftliche Erklärungen zur Regelung der Rechtsverhältnisse von Bediensteten bedürfen der Unterzeichnung durch den Landrat oder seinen allgemeinen Vertreter. [2]Der Landrat kann die Unterschriftsbefugnis durch Dienstanweisung übertragen.

6. Teil
Kreisausschuß

§ 50 Zuständigkeiten des Kreisausschusses. (1) [1]Der Kreisausschuß beschließt über alle Angelegenheiten, soweit sie nicht dem Kreistag vorbehalten sind oder soweit es sich nicht um Geschäfte der laufenden Verwaltung handelt. [2]Er hat insbesondere die Beschlüsse des Kreistags vorzubereiten und die Geschäftsführung des Landrats zu überwachen.

(2) [1]Der Kreisausschuß entscheidet im Rahmen der vom Kreistag festgelegten allgemeinen Richtlinien über die Planung der Verwaltungsaufgaben von be-

sonderer Bedeutung. [2]Zu diesem Zweck hat der Landrat den Kreisausschuß jeweils über solche Planungsvorhaben zu unterrichten.

(3) [1]Der Kreisausschuß entscheidet in allen Angelegenheiten, die der Beschlußfassung des Kreistags unterliegen, falls eine Einberufung des Kreistags nicht rechtzeitig möglich ist. [2]Ist auch die Einberufung des Kreisausschusses nicht rechtzeitig möglich und kann die Entscheidung nicht aufgeschoben werden, weil sonst erhebliche Nachteile oder Gefahren entstehen können, kann der Landrat – im Falle seiner Verhinderung der allgemeine Vertreter – mit einem Kreisausschußmitglied entscheiden. [3]Die Entscheidungen sind dem Kreistag in der nächsten Sitzung zur Genehmigung vorzulegen. [4]Er kann die Dringlichkeitsentscheidungen aufheben, soweit nicht schon Rechte anderer durch die Ausführung des Beschlusses entstanden sind.

(4) Der Kreisausschuß kann die Erledigung einzelner Verwaltungsaufgaben dem Landrat übertragen.

§ 51 Zusammensetzung des Kreisausschusses. (1) Der Kreisausschuss besteht aus dem Landrat und mindestens 8 und höchstens 16 Kreistagsmitgliedern.

(2) [1]Die Kreistagsmitglieder und für jedes Kreistagsmitglied ein Stellvertreter sind vom Kreistag aus seiner Mitte für die Dauer der Wahlperiode des Kreistags zu wählen. [2]Die Stellvertreter können sich untereinander vertreten, wenn der Kreistag die Reihenfolge festgelegt hat. [3]Scheidet ein Kreistagsmitglied oder ein Stellvertreter aus dem Kreisausschuss aus, so wählt der Kreistag auf Vorschlag derjenigen Gruppe, die den Ausgeschiedenen vorgeschlagen hatte, einen Nachfolger. [4]Ist die Gruppe zu einem Vorschlag nicht in der Lage oder gehörte das Kreistagsmitglied oder der Stellvertreter keiner Gruppe an, so bleibt der Sitz unbesetzt.

(3) [1]Der Landrat wird mit seiner Wahl Vorsitzender des Kreisausschusses. [2]Er hat Stimmrecht im Kreisausschuss. [3]Der Kreisausschuss wählt aus seiner Mitte einen oder mehrere Vertreter des Vorsitzenden.

(4) Nach Ablauf der Wahlperiode des Kreistags üben die bisherigen Kreistagsmitglieder im Kreisausschuss und ihre Stellvertreter ihre Tätigkeit bis zur ersten Sitzung des neuen Kreisausschusses weiter aus.

§ 52 Verfahren des Kreisausschusses. (1) Der Landrat beruft den Kreisausschuß ein und setzt die Tagesordnung fest.

(2) Der Kreisausschuß ist beschlußfähig, wenn mehr als die Hälfte der Mitglieder anwesend ist.

(3) [1]Im übrigen finden § 28 Abs. 1, Abs. 2 und 3, § 32 Abs. 1 Satz 3 und Abs. 2, § 34 Abs. 2, § 35, § 36, § 37 Abs. 1 und § 41 Abs. 3 Satz 4 bis 10 und Abs. 4 entsprechende Anwendung. [2]Soweit der Kreisausschuß Aufgaben nach § 59 Abs. 1 wahrnimmt, tagt er in nichtöffentlicher Sitzung.

7. Teil

Haushaltswirtschaft, wirtschaftliche und nichtwirtschaftliche Betätigung

§ 53 Haushaltswirtschaft und Prüfung. (1) Für die Haushalts- und Wirtschaftsführung gelten, soweit nicht nachstehend eine andere Regelung getroffen ist, die Vorschriften des 8. bis 12. Teils der Gemeindeordnung und die dazu erlassenen Rechtsverordnungen entsprechend.

(2) Die überörtliche Prüfung des Kreises und seiner Sondervermögen ist Aufgabe der Gemeindeprüfungsanstalt.

(3) Jeder Kreis muss eine örtliche Rechnungsprüfung einrichten.

§ 54 Haushaltssatzung. [1]Nach Zuleitung des Entwurfs der Haushaltssatzung mit ihren Anlagen an den Kreistag ist diese unverzüglich bekannt und während der Dauer des Beratungsverfahrens im Kreistag zur Einsichtnahme verfügbar zu machen. [2]In der öffentlichen Bekanntgabe ist eine Frist von mindestens vierzehn Tagen festzulegen, in der Einwohner oder Abgabepflichtige der kreisangehörigen Gemeinden gegen den Entwurf Einwendungen erheben können und die Stelle anzugeben, bei der die Einwendungen zu erheben sind. [3]Die Frist für die Erhebung von Einwendungen ist so festzusetzen, dass der Kreistag vor der Beschlussfassung über die Haushaltssatzung mit ihren Anlagen in öffentlicher Sitzung darüber beschließen kann.

§ 55 Beteiligungsrechte der kreisangehörigen Gemeinden. (1) [1]Die Festsetzung der Kreisumlage erfolgt im Benehmen mit den kreisangehörigen Gemeinden. [2]Das Benehmen ist sechs Wochen vor Aufstellung des Entwurfes der Haushaltssatzung einzuleiten.

(2) [1]Stellungnahmen der kreisangehörigen Gemeinden im Rahmen der Benehmensherstellung werden dem Kreistag mit der Zuleitung des Entwurfes der Haushaltssatzung mit ihren Anlagen zur Kenntnis gegeben. [2]Den Gemeinden ist auf Wunsch Gelegenheit zur Anhörung zu geben. [3]Über Einwendungen der Gemeinden beschließt der Kreistag in öffentlicher Sitzung. [4]Der Kreis teilt ihnen das Beratungsergebnis und dessen Begründung mit.

§ 56 Kreisumlage. (1) [1]Soweit die sonstigen Erträge eines Kreises die entstehenden Aufwendungen nicht decken, ist eine Umlage nach den hierfür geltenden Vorschriften von den kreisangehörigen Gemeinden zu erheben (Kreisumlage). [2]Ist die Haushaltssatzung des Kreises bei Beginn des Haushaltsjahres noch nicht bekannt gemacht, so darf die Kreisumlage ausschließlich nach dem Umlagesatz des Vorjahres auf Grundlage der dafür festgesetzten Umlagegrundlagen erhoben werden.

(2) [1]Die Kreisumlage ist für jedes Haushaltsjahr neu festzusetzen. [2]Die Festsetzung der Umlagesätze bedarf der Genehmigung der Aufsichtsbehörde. [3]Die Genehmigung kann unter Bedingungen und mit Auflagen erteilt werden. [4]Vor

der Genehmigung gibt die Aufsichtsbehörde den kreisangehörigen Gemeinden Gelegenheit zur Stellungnahme.

(3) [1]Der Umlagesatz kann einmal im Laufe des Haushaltsjahres geändert werden. [2]Die Änderung des Umlagesatzes wirkt auf den Beginn des Haushaltsjahres zurück. [3]Eine Erhöhung des Umlagesatzes der Kreisumlage ist nur zulässig, wenn unter Berücksichtigung des Rücksichtnahmegebotes nach § 9 Satz 2 alle anderen Möglichkeiten, den Kreishaushalt auszugleichen, ausgeschöpft sind. [4]Im Falle einer Erhöhung des Umlagesatzes muss der Beschluss vor dem 30. Juni des Haushaltsjahres gefasst sein.

(4) [1]Handelt es sich um Einrichtungen des Kreises, die ausschließlich, in besonders großem oder in besonders geringem Maße einzelnen Teilen des Kreises zustatten kommen, so muß der Kreistag eine ausschließliche Belastung oder eine nach dem Umfang näher zu bestimmende Mehr oder Minderbelastung dieser Kreisteile beschließen. [2]Absätze 2 und 3 gelten entsprechend. [3]Soweit es sich um Einrichtungen des Kreises handelt, die dem öffentlichen Personennahverkehr oder dem öffentlichen Schienenverkehr dienen, kann der Kreistag von einem Beschluß nach Satz 1 absehen; Absatz 1 bleibt unberührt. [4]Differenzen zwischen Plan und Ergebnis können im übernächsten Jahr ausgeglichen werden.

(5) [1]Nimmt der Kreis die Aufgaben der Jugendhilfe wahr, so hat er bei der Kreisumlage für kreisangehörige Gemeinden ohne eigenes Jugendamt eine einheitliche ausschließliche Belastung in Höhe der ihm durch die Aufgabe des Jugendamtes verursachten Aufwendungen festzusetzen; dies gilt auch für die Aufwendungen, die dem Kreis durch Einrichtungen der Jugendhilfe für diese Gemeinden entstehen. [2]Differenzen zwischen Plan und Ergebnis können im übernächsten Jahr ausgeglichen werden.

(6) Der Kreis kann den infolge der Mitgliedschaft in einem Zweckverband auf Grund Regionalisierungsgesetzes NW, in einem Verkehrsverbund oder in einer Verkehrsgemeinschaft von ihm aufzubringenden Umlagebetrag in entsprechender Anwendung des Absatzes 4 auf die kreisangehörigen Gemeinden umlegen.

§ 56a Ausgleichsrücklage. [1]In der Bilanz ist eine Ausgleichsrücklage zusätzlich zur allgemeinen Rücklage als gesonderter Posten des Eigenkapitals anzusetzen. [2]Der Ausgleichsrücklage können Jahresüberschüsse durch Beschluss des Kreistages zugeführt werden, soweit ihr Bestand nicht den Höchstbetrag von einem Drittel des Eigenkapitals erreicht hat.

§ 56b Haushaltssicherungskonzept. (1) Der Kreis hat zur Sicherung seiner dauerhaften Leistungsfähigkeit ein Haushaltssicherungskonzept aufzustellen und darin den nächstmöglichen Zeitpunkt zu bestimmen, bis zu dem der Haushaltsausgleich wieder hergestellt ist. § 76 der Gemeindeordnung gilt entsprechend.

(2) Ist der Kreis überschuldet oder steht die Überschuldung innerhalb der mittelfristigen Finanzplanung bevor, so kann das Haushaltssicherungskonzept

nur genehmigt werden, wenn sowohl der Haushaltsausgleich als auch die Beseitigung der Überschuldung innerhalb der Frist des § 76 Absatz 2 Satz 3 der Gemeindeordnung dargestellt wird.

§ 56c Sonderumlage. [1]Der Kreis kann eine Sonderumlage erheben, sofern im Jahresabschluss eine Inanspruchnahme des Eigenkapitals erfolgt ist. [2]Eine Sonderumlage ist zu erheben, sofern eine Überschuldung nach § 75 Absatz 7 der Gemeindeordnung eingetreten ist. [3]Die Sonderumlage ist nach der Inanspruchnahme der Ausgleichsrücklage und der allgemeinen Rücklage und unter Beachtung des Rücksichtnahmegebots nach § 9 Satz 2 zu bestimmen. [4]Sie kann in Teilbeträgen festgesetzt und erhoben werden. [5]§ 55 Absatz 1 und 2 sowie § 56 Absatz 2 und 3 finden entsprechende Anwendung.

8. Teil

Aufsicht und staatliche Verwaltung im Kreis

§ 57 Aufsicht. (1) [1]Aufsichtsbehörde des Kreises ist die Bezirksregierung, obere Aufsichtsbehörde das für Kommunales zuständige Ministerium (allgemeine Aufsicht). [2]Das für Kommunales zuständige Ministerium kann seine Befugnisse als obere Aufsichtsbehörde allgemein auf die Bezirksregierung übertragen. [3]Die der obersten Aufsichtsbehörde gesetzlich übertragenen Befugnisse nimmt das für Kommunales zuständige Ministerium wahr.

(2) Soweit die Kreise ihre Aufgaben nach Weisung erfüllen (§ 2 Abs. 2 Satz 3) richtet sich die Aufsicht nach den hierzu erlassenen Gesetzen (Sonderaufsicht).

(3) Im übrigen gelten für die Aufsicht über die Kreise die Bestimmungen des 13. Teils der Gemeindeordnung entsprechend.

§ 58 Träger der staatlichen Verwaltung. (1) Die Aufgaben der unteren staatlichen Verwaltungsbehörde werden vom Landrat und vom Kreisausschuß wahrgenommen.

(2) Aufgaben der unteren staatlichen Verwaltungsbehörde können durch Rechtsverordnung der Landesregierung den Bürgermeistern von kreisangehörigen Gemeinden zugewiesen werden.

§ 59 Der Landrat als untere staatliche Verwaltungsbehörde. (1) [1]Der Landrat führt die allgemeine Aufsicht und die Sonderaufsicht über die kreisangehörigen Gemeinden sowie die Aufsicht über Körperschaften, Anstalten und Stiftungen, soweit Gesetze nichts anderes bestimmen. [2]Der Landrat bedarf der Zustimmung des Kreisausschusses bei Entscheidungen über

a) die Genehmigung von Gebietsänderungsverträgen oder die Bestimmungen der Einzelheiten der Gebietsänderung, sofern ein Gebietsänderungsvertrag nicht zustande kommt (§ 18 GO),

b) die Genehmigung zur Umwandlung eines Stiftungszwecks und zur Zusammenlegung und Aufhebung von unselbständigen örtlichen Stiftungen (§ 100 Abs. 2 GO),
c) die Erteilung einer Zulassungsverfügung zur Einleitung der Zwangsvollstreckung gegen Gemeinden wegen einer Geldforderung (§ 128 GO)

und nach Maßgabe der §§ 10 Abs. 1, 20 Abs. 4 und 24 Abs. 2 des Gesetzes über kommunale Gemeinschaftsarbeit. [3]Wird die Zustimmung versagt, so entscheidet die Aufsichtsbehörde, falls die Angelegenheit nicht auf sich beruhen kann. [4]Die Mitwirkung des Kreisausschusses bei der Aufsicht über sonstige Körperschaften, Anstalten und Stiftungen ist besonders zu regeln.

(2) [1]Ist an einer nach Absatz 1 zu treffenden Entscheidung der Kreis beteiligt, so entscheidet die Aufsichtsbehörde. [2]Diese entscheidet auch darüber, ob ein solcher Fall vorliegt.

(3) Der Landrat nimmt die durch gesetzliche Vorschriften der unteren staatlichen Verwaltungsbehörde übertragenen Aufgaben wahr, soweit diese nicht anderen Stellen zugewiesen sind oder nach Gesetz oder Rechtsverordnung einer kollegialen Entscheidung bedürfen.

(4) Der Landrat hat darauf hinzuwirken, daß die im Kreis tätigen Landesbehörden in einer dem Gemeinwohl dienlichen Weise zusammenarbeiten.

§ 60 Verantwortung des Landrats. (1) [1]Der Landrat hat bei der Wahrnehmung der Aufgaben der unteren staatlichen Verwaltungsbehörde die Richtlinien der Landesregierung zu beachten. [2]Er hat über alle Vorgänge zu berichten, die für die Landesregierung von Bedeutung sind. [3]Zu diesem Zweck kann er sich bei den staatlichen Verwaltungsbehörden in geeigneter Weise unterrichten; diese sind, soweit nicht gesetzliche Vorschriften entgegenstehen, zur Auskunft verpflichtet.

(2) [1]Der Landrat untersteht der Dienstaufsicht der Bezirksregierung. [2]Er ist in allen Angelegenheiten der unteren staatlichen Verwaltungsbehörde ausschließlich den ihm übergeordneten staatlichen Behörden verantwortlich.

§ 61 Dienstkräfte, Bereitstellung von Einrichtungen. (1) [1]Die für die Erfüllung der Aufgaben der unteren staatlichen Verwaltungsbehörde erforderlichen Dienstkräfte und Einrichtungen sind von den Kreisen zur Verfügung zu stellen. [2]Zur Unterstützung bei der Durchführung dieser Aufgaben können dem Landrat Landesbeamte zugeteilt werden. [3]Diese können mit Zustimmung des Kreisausschusses auch in der Selbstverwaltung des Kreises beschäftigt werden.

(2) Die vom Landrat als untere staatliche Verwaltungsbehörde festgesetzten Gebühren (einschließlich Auslagenersätze) fließen in die Kasse des Kreises.

§ 62 Ehrenbeamte. Die nach § 51 Abs. 2 gewählten Mitglieder oder stellvertretenden Mitglieder des Kreisausschusses sind, soweit sie Aufgaben nach § 59 Abs. 1 wahrnehmen, zu Ehrenbeamten zu ernennen.

9. Teil

Übergangs- und Schlußvorschriften, Sondervorschriften

§ 63 Weiterentwicklung der kommunalen Selbstverwaltung (Experimentierklausel). Für die Kreise findet § 129 der Gemeindeordnung entsprechende Anwendung.

§ 64 Auftragsangelegenheiten. Bis zum Erlaß neuer Vorschriften sind die den Kreisen zur Erfüllung nach Weisung übertragenen staatlichen Angelegenheiten (Auftragsangelegenheiten), unbeschadet des § 42 Buchstaben d und f, nach den bisherigen Vorschriften durchzuführen.

§ 65 Durchführung des Gesetzes. [1]Das für Kommunales zuständige Ministerium erläßt die zur Durchführung dieses Gesetzes erforderlichen Rechtsverordnungen. [2]Es erläßt die erforderlichen Verwaltungsvorschriften.

§ 66 Inkrafttreten. Das Gesetz tritt am 17. Oktober 1994 in Kraft.

Landschaftsverbandsordnung für das Land Nordrhein-Westfalen (LVerbO)

in der Fassung der Bekanntmachung vom 14. Juli 1994
(GV NRW S. 657);
zuletzt geändert durch Gesetz vom 23. Januar 2018 (GV NRW S. 90).

INHALTSÜBERSICHT*

* *Die Inhaltsübersicht ist nicht amtlich.*

1. Abschnitt

Allgemeines

§ 1 Mitgliedskörperschaften. Die zum Land Nordrhein-Westfalen gehörenden Kreise und kreisfreien Städte der früheren Rheinprovinz bilden den Landschaftsverband Rheinland, die Kreise und kreisfreien Städte der früheren Provinz Westfalen und des früheren Landes Lippe den Landschaftsverband Westfalen-Lippe.

§ 2 Rechtsform. Die Landschaftsverbände Rheinland und Westfalen-Lippe sind öffentlich-rechtliche Körperschaften mit dem Recht der Selbstverwaltung durch ihre gewählten Organe.

§ 3 Gebiet und Gebietsänderungen. (1) [1]Das Gebiet der Landschaftsverbände umfaßt das Gebiet der Mitgliedskörperschaften. [2]Es kann nur durch Gesetz geändert werden. [3]Werden die Grenzen von Mitgliedskörperschaften geändert, die zugleich Grenzen der Landschaftsverbände sind, so bewirkt dies ohne weiteres die Änderung der Landschaftsverbandsgrenzen.

(2) [1]Rechtshandlungen, die aus Anlaß der Änderung des Gebietes der Landschaftsverbände erforderlich werden, sind frei von öffentlichen Abgaben einschließlich Gebühren, soweit sie auf Landesrecht beruhen. [2]Das gleiche gilt für die Erstattung von Auslagen.

§ 4 Rechte der Einwohner. Die Einwohner der Mitgliedskörperschaften sind berechtigt,
1. an der Vertretung und Verwaltung des Landschaftsverbandes nach näherer Vorschrift dieses Gesetzes teilzunehmen,
2. die öffentlichen Einrichtungen des Landschaftsverbandes nach Maßgabe der für diese bestehenden Bestimmungen zu benutzen.

2. Abschnitt

Wirkungskreis

§ 5 Aufgaben. (1) [1]Die Aufgaben der Landschaftsverbände erstrecken sich nach Maßgabe der hierzu erlassenen besonderen Vorschriften auf folgende Sachgebiete:

a) Soziale Aufgaben, Jugendhilfe und Gesundheitsangelegenheiten
   1. Die Landschaftsverbände sind überörtliche Träger der Sozialhilfe.
   2. Die Landschaftsverbände sind Träger der Kriegsopferfürsorge (Hauptfürsorgestellen) und der Ämter zur Sicherung der Integration schwerbehinderter Menschen in das Arbeitsleben (Integrationsämter). Die Landschaftsverbände nehmen die nach § 4 Absatz 1 des Gesetzes zur Eingliederung der Versorgungsämter in die allgemeine Verwaltung des Landes Nordrhein-Westfalen vom 30. Oktober 2007 (GV. NRW. S. 482), das durch Gesetz vom 25. Oktober 2011 (GV. NRW. S. 542) geändert worden ist, übertragenen Aufgaben des sozialen Entschädigungsrechts einschließlich der Kriegsopferversorgung wahr.
   3. Die Landschaftsverbände nehmen die Aufgaben der Landesjugendämter wahr.
   4. Die Landschaftsverbände können Träger von psychiatrischen Fachkrankenhäusern sowie von anderen psychiatrischen stationären, teilstationären, ambulanten und komplementären Einrichtungen und Diensten sein. Die Landschaftsverbände können zudem Träger von Krankenhäusern sowie medizinischen, rehabilitativen und psychosozialen Einrichtungen mit Schnittstellen zur psychiatrischen Versorgung sein.
   5. Die Landschaftsverbände sind Träger von Förderschulen. Sie sind berechtigt, Schulen für Kranke zu errichten und fortzuführen.

[2]Den Landschaftsverbänden kann die Förderung von Einrichtungen und Maßnahmen öffentlicher und freier Träger einschließlich der Ausführung des Landeshaushalts vom Fachminister im Rahmen der von ihm erlassenen Richtlinien und Weisungen übertragen werden; insoweit haben sie gegenüber dem Land Vorsatz und grobe Fahrlässigkeit zu vertreten.

b) Landschaftliche Kulturpflege
   Den Landschaftsverbänden obliegen
   1. Aufgaben der allgemeinen landschaftlichen Kulturpflege,
   2. Aufgaben der Denkmalpflege,
   3. Aufgaben der Pflege und Förderung der Heimatmuseen und des Archivwesens,
   4. die Unterhaltung von Landesmuseen und Landesmedienzentren.

c) Kommunalwirtschaft
   1. Die Landschaftsverbände können sich gemäß den Regelungen des Status der Ersten Abwicklungsanstalt an dieser Anstalt beteiligen.
   2. Die Landschaftsverbände können sich an Versorgungs- und Verkehrsunternehmen mit regionaler Bedeutung beteiligen. Darüber hinaus ist eine Beteiligung der Landschaftsverbände an Unternehmen im Bereich der Erzeugung erneuerbarer Energien zulässig, wenn auch die Belegenheitskommune der Energieerzeugungsanlage an dem Unternehmen mit mindestens fünf Prozent unmittelbar oder mittelbar beteiligt ist.
   3. Den Landschaftsverbänden obliegt die Geschäftsführung der kommunalen Versorgungskassen.

4. Die Landschaftsverbände können eine unmittelbare oder mittelbare Gewährträgerschaft über die Lippische Landesbrandversicherungsanstalt übernehmen oder sich unmittelbar oder mittelbar an einer Lippischen Landes-Brandversicherungs-Aktiengesellschaft beteiligen.
5. Der Landschaftsverband Westfalen-Lippe kann sich an der Provinzial NordWest Holding AG beteiligen, der Landschaftsverband Rheinland kann die Gewährträgerschaft über die Provinzial Rheinland Holding übernehmen. Die Landschaftsverbände können sich unmittelbar oder mittelbar an den Provinzial Versicherungs-Aktiengesellschaften beteiligen, auch wenn das jeweilige Geschäftsgebiet außerhalb des in § 3 genannten Gebietes liegt.

(2) Der Landschaftsverband Rheinland ist Träger der LVR-Klinik für Orthopädie in Viersen.

(3) [1]Zur Wahrung der kulturellen Belange des früheren Landes Lippe ist der Landschaftsverband Westfalen-Lippe verpflichtet, mit dem Landesverband Lippe im Rahmen der allgemeinen landschaftlichen Kulturpflege, insbesondere der Bodendenkmalpflege, sowie bei Errichtung, Ausbau und Unterhaltung Lippischer Kulturinstitute zusammenzuarbeiten. [2]Die Einzelheiten der Zusammenarbeit und ihre Finanzierung sind zwischen den beiden Verbänden zu vereinbaren.

(4) Der Landschaftsverband Westfalen-Lippe kann nach Maßgabe besonderer Vereinbarungen der Westfälischen landwirtschaftlichen Berufsgenossenschaft und der Westfälischen landwirtschaftlichen Alterskasse Personal zur Erledigung ihrer Aufgaben zur Verfügung stellen.

(5) [1]Neue Aufgaben können den Landschaftsverbänden nur durch Gesetz oder auf Grund eines Gesetzes übertragen werden. [2]Soweit ihnen dadurch zusätzliche Lasten erwachsen, ist gleichzeitig die Aufbringung der Mittel zu regeln.

(6) [1]Die Landschaftsverbände können für eine oder mehrere Mitgliedskörperschaften auf Antrag gegen ein aufwanddeckendes Entgelt befristet kommunale Tätigkeiten für ihr Gemeindegebiet (örtliche Angelegenheiten) durchführen. [2]Vor Ablauf der Befristung ist eine Kündigung nur aus wichtigem Grund zulässig. [3]Die Durchführung dieser Tätigkeiten lässt die gesetzliche Aufgabenträgerschaft der Mitgliedskörperschaft unberührt.

§ 5a Geheimhaltung. [1]Die Landschaftsverbände sind verpflichtet, Angelegenheiten der zivilen Verteidigung, die auf Anordnung der zuständigen Behörde oder ihrem Wesen nach gegen die Kenntnis Unbefugter geschützt werden müssen, geheimzuhalten. [2]Sie haben hierbei Weisungen der Landesregierung auf dem Gebiet des Geheimschutzes zu beachten.

§ 5b Gleichstellung von Frau und Mann. (1) Zur Verwirklichung des Verfassungsgebots der Gleichberechtigung von Frau und Mann bestellen die Landschaftsverbände hauptamtlich tätige Gleichstellungsbeauftragte.

(2) Die Gleichstellungsbeauftragte wirkt bei allen Vorhaben und Maßnahmen des Landschaftsverbandes mit, die die Belange von Frauen berühren oder

Auswirkungen auf die Gleichberechtigung von Frau und Mann und die Anerkennung ihrer gleichberechtigten Stellung in der Gesellschaft haben.

(3) [1]Die Gleichstellungsbeauftragte kann in Angelegenheiten ihres Aufgabenbereiches an den Sitzungen des Landschaftsausschusses, der Landschaftsversammlung und ihrer Fachausschüsse teilnehmen. [2]Ihr ist auf Wunsch das Wort zu erteilen. [3]Sie kann die Öffentlichkeit über Angelegenheiten ihres Aufgabenbereichs unterrichten.

(4) Die Gleichstellungsbeauftragte kann in Angelegenheiten, die ihren Aufgabenbereich berühren, den Beschlussvorlagen des Direktors des Landschaftsverbandes widersprechen; in diesem Fall hat der Vorsitzende der Landschaftsversammlung diese zu Beginn der Beratung auf den Widerspruch und seine wesentlichen Gründe hinzuweisen.

(5) Das Nähere zu den Absätzen 2 bis 4 regelt die Satzung.

(6) Die Funktionsbezeichnungen dieses Gesetzes werden in weiblicher oder männlicher Form geführt.

§ 6 Satzungen. (1) Die Landschaftsverbände können ihre Angelegenheiten durch Satzungen regeln, soweit die Gesetze nicht etwas anderes bestimmen.

(2) [1]Satzungen sind im Gesetz- und Verordnungsblatt für das Land Nordrhein-Westfalen öffentlich bekanntzumachen. [2]Satzungen können auch durch Bereitstellung im Internet entsprechend der Bekanntmachungsverordnung vom 26. August 1999 (GV. NRW. S. 516) in der jeweils geltenden Fassung mit der Maßgabe bekannt gemacht werden, dass auf die erfolgte Bereitstellung und die Internetadresse nachrichtlich im Ministerialblatt für das Land Nordrhein-Westfalen hinzuweisen ist. [3]Sie treten, wenn kein anderer Zeitpunkt in der Satzung bestimmt ist, am Tage nach ihrer Bekanntmachung in Kraft.

(3) [1]Die Verletzung von Verfahrens- oder Formvorschriften dieses Gesetzes kann gegen Satzungen nach Ablauf eines Jahres seit ihrer Verkündung nicht mehr geltend gemacht werden, es sei denn,

a) eine vorgeschriebene Genehmigung fehlt oder ein vorgeschriebenes Anzeigeverfahren wurde nicht durchgeführt,
b) die Satzung ist nicht ordnungsgemäß öffentlich bekanntgemacht worden,
c) der Direktor des Landschaftsverbandes hat den Beschluß der Landschaftsversammlung vorher beanstandet oder
d) der Form- oder Verfahrensmangel ist gegenüber dem Landschaftsverband vorher gerügt und dabei die verletzte Rechtsvorschrift und die Tatsache bezeichnet worden, die den Mangel ergibt.

[2]Bei der öffentlichen Bekanntmachung der Satzung ist auf die Rechtsfolgen nach Satz 1 hinzuweisen.

(4) Die Landschaftsverbände bestimmen durch Satzung die Form der öffentlichen Bekanntmachung für sonstige durch Rechtsvorschrift vorgeschriebene öffentliche Bekanntmachungen, soweit nicht andere Rechtsvorschriften hierüber besondere Regelungen enthalten.

3. Abschnitt

Landschaftsversammlung, Landschaftsausschuß, Direktor des Landschaftsverbandes

§ 7 Zuständigkeiten der Landschaftsversammlung. (1) Die Landschaftsversammlung beschließt über

a) die allgemeinen Grundsätze, nach denen die Verwaltung geführt werden soll,
b) die Wahl der Mitglieder des Landschaftsausschusses und der Fachausschüsse,
c) die Wahl des Direktors des Landschaftsverbandes und der Landesräte,
d) den Erlass, die Änderung und die Aufhebung von Satzungen des Landschaftsverbandes,
e) den Erlass der Haushaltssatzung, die Landschaftsumlage, die Feststellung des Jahresabschlusses und die Entlastung sowie die Bestätigung des Gesamtabschlusses,
f) die Festlegung strategischer Ziele unter Berücksichtigung der Ressourcen.

(2) Die Landschaftsversammlung kann sich die Beratung und Entscheidung von Angelegenheiten, für die der Landschaftsausschuß zuständig ist (§ 11 Abs. 1), vorbehalten.

§ 7a Auskunft und Akteneinsicht. (1) [1]Die Landschaftsversammlung und der Landschaftsausschuß sind durch ihren Vorsitzenden über alle wichtigen Angelegenheiten des Landschaftsverbandes zu unterrichten. [2]Der Vorsitzende der Landschaftsversammlung kann von dem Direktor des Landschaftsverbandes jederzeit Auskunft und Akteneinsicht über alle Angelegenheiten des Landschaftsverbandes verlangen.

(2) [1]Die Vorsitzenden der Fachausschüsse können vom Direktor des Landschaftsverbandes jederzeit Auskunft über die Angelegenheiten verlangen, die zum Aufgabenbereich ihres Ausschusses gehören. [2]Sie haben das Recht auf Akteneinsicht, soweit es durch Satzung geregelt ist.

(3) Die Landschaftsversammlung und der Landschaftsausschuß können im Rahmen ihrer Zuständigkeiten nach §§ 7 und 11 vom Direktor des Landschaftsverbandes Einsicht in die Akten durch einen von ihnen bestimmten Fachausschuß oder einzelne von ihnen beauftragte Mitglieder verlangen.

(4) [1]In Einzelfällen muß auf Beschluß der Landschaftsversammlung oder auf Verlangen eines Fünftels ihrer Mitglieder oder einer Fraktion auch einem einzelnen, von den Antragstellern jeweils zu benennenden Mitglied Akteneinsicht gewährt werden. [2]Diese Bestimmung gilt für den Landschaftsausschuß und seine Mitglieder entsprechend. [3]Einem einzelnen, von den Antragstellern zu benennenden Mitglied eines Fachausschusses steht ein Akteneinsichtsrecht nur auf Grund eines Beschlusses des Fachausschusses zu.

§ 7b Bildung der Landschaftsversammlung. (1) [1]Die Vertretungen der Mitgliedskörperschaften wählen in geheimer Wahl innerhalb von sechs Wochen nach Beginn ihrer Wahlzeit die Mitglieder der Landschaftsversammlung. [2]Jedes Mitglied der Vertretung einer Mitgliedskörperschaft hat zwei Stimmen, eine Erststimme für die Wahl der auf die Mitgliedskörperschaft entfallenden Mitglieder und Ersatzmitglieder sowie eine Zweitstimme für die Wahl der für das Gebiet des Landschaftsverbandes aufgestellten Reserveliste einer Partei oder Wählergruppe. [3]Wählbar sind die Mitglieder der Vertretungen und die Bediensteten der Mitgliedskörperschaften sowie der kreisangehörigen Gemeinden. [4]Über die Reservelisten sind auch auf Reservelisten für die allgemeinen Wahlen zu den Vertretungen der Mitgliedskörperschaften benannte Bewerber wählbar. [5]Bedienstete des öffentlichen Dienstes des Landschaftsverbandes dürfen nicht Mitglieder der Landschaftsversammlung oder eines Fachausschusses sein; diese Einschränkung gilt nicht für Inhaber eines Ehrenamtes.

(2) [1]Auf jede Mitgliedskörperschaft entfällt bis zu einer Einwohnerzahl von 100 000 ein Mitglied. [2]Für jede weiteren 100 000 Einwohner sowie für eine Resteinwohnerzahl von mehr als 50 000 ist je ein weiteres Mitglied zu wählen. [3]Ist nur ein Mitglied zu wählen, so darf nur ein Mitglied der Vertretung gewählt werden. [4]Gewählt ist, wer die meisten Stimmen erhält. [5]Bei Stimmengleichheit entscheidet das vom Vorsitzenden der Vertretung zu ziehende Los. [6]Sind mehrere Mitglieder zu wählen, so dürfen nicht mehr Bedienstete als Mitglieder der Vertretung gewählt werden. [7]Es findet eine Listenwahl nach dem Verfahren der mathematischen Proportion statt. [8]Danach entfallen auf jede Liste zunächst so viele Sitze, wie ganze Zahlen auf sie entfallen. [9]Danach zu vergebende Sitze sind in der Reihenfolge der höchsten Zahlenbruchteile zuzuteilen; bei gleichen Zahlenbruchteilen entscheidet das von dem Wahlleiter zu ziehende Los. [10]Für jedes zu wählende Mitglied wird zugleich ein Ersatzmitglied gewählt.

(3) [1]Bei der Wahl der Reservelisten kann die Zweitstimme für eine Liste oder nur für einen einzelnen Bewerber einer Liste abgegeben werden. [2]Die Zahl der auf die einzelnen Bewerber in der Reserveliste entfallenen Zweitstimmen bestimmt die Reihenfolge der Wahl aus der Reserveliste. [3]Die übrigen Bewerber folgen in der Reihenfolge der Liste.

(4) [1]Entspricht die Sitzverteilung in der Landschaftsversammlung auf Grund des Erststimmenergebnisses (Absatz 2) nicht dem Ergebnis, das sich bei einer Sitzverteilung nach dem Verfahren der mathematischen Proportion auf der Grundlage der von den Parteien und Wählergruppen bei den letzten allgemeinen Wahlen zu den Vertretungen der Mitgliedskörperschaften erzielten gültigen Stimmen ergeben würde, so ist eine neue Ausgangszahl für die Verteilung weiterer Sitze (Verhältnisausgleich) zu bilden. [2]Dazu wird die Zahl der nach Absatz 2 errungenen Sitze derjenigen Partei oder Wählergruppe, die das günstigste Verhältnis der Sitze zu der auf sie entfallenen Stimmenzahl erreicht hat, mit der Gesamtzahl der gültigen Stimmen vervielfältigt und durch die Stimmenzahl dieser Partei oder Wählergruppe geteilt. [3]Auf Grund der neuen Ausgangszahl werden für die Parteien und Wählergruppen nach dem Verfahren der mathematischen Proportion neue Zuteilungszahlen errechnet und ihnen die an diesen Zahlen noch fehlenden Sitze aus den Reservelisten in der sich nach Absatz 3

ergebenden Reihenfolge zugewiesen. [4]Dabei werden Bewerber, die bereits nach Absatz 2 gewählt worden sind, nicht berücksichtigt. [5]Bei den Berechnungen nach den Sätzen 1 bis 3 bleiben die Stimmenzahlen solcher Parteien oder Wählergruppen außer Betracht, für die keine Reserveliste eingereicht worden ist. [6]Sie nehmen am Verhältnisausgleich nicht teil. [7]Die Zahl der aus den Reservelisten höchstens zuzuweisenden Mitglieder darf die Zahl der nach Absatz 2 festzustellenden Zahl der von den Mitgliedskörperschaften direkt zu wählenden Mitglieder und Ersatzmitglieder um nicht mehr als die Hälfte übersteigen. [8]Wird nach Bildung der neuen Ausgangszahl nach Satz 1 die Anzahl der nach Satz 7 aus den Reservelisten höchstens zuzuweisenden Mitglieder überschritten, bleibt die Partei oder Wählergruppe mit dem günstigsten Verhältnis der Sitze zu der auf sie entfallenen Stimmenzahl unberücksichtigt und nimmt an dem erneut durchzuführenden Verhältnisausgleich nicht teil. [9]Die Ausgangszahl ist solange neu zu bilden, bis die nach Satz 7 aus den Reservelisten höchstens zuzuweisende Anzahl der Mitglieder nicht überschritten wird.

(5) [1]Die Reservelisten sind von den für das Gebiet der Landschaftsverbände zuständigen Landesleitungen der Parteien und Wählergruppen, die in mindestens einer der Vertretungen der Mitgliedskörperschaften vertreten sind, bis zum 22. Tag nach dem Wahltag der allgemeinen Kommunalwahlen dem Direktor des Landschaftsverbandes einzureichen. [2]Dieser leitet nach Zulassung je eine Ausfertigung der Reservelisten den Vertretungen der Mitgliedskörperschaften unverzüglich zu. [3]Als Bewerber kann in einer Reserveliste nur benannt werden, wer in einer Mitglieder- oder Vertreterversammlung der Partei oder Wählergruppe des Wahlgebietes hierzu gewählt worden ist.

(6) [1]Scheidet ein mit Erststimmen gewähltes Mitglied aus der Landschaftsversammlung aus, so rückt das für diesen Fall gewählte Ersatzmitglied nach. [2]Scheidet auch das nachgerückte Mitglied aus, so ist, falls es für eine Partei oder Wählergruppe aufgestellt war, sein Nachfolger aus der Reserveliste dieser Partei oder Wählergruppe in der sich nach Absatz 3 ergebenden Reihenfolge zu berufen. [3]Das gleiche gilt, wenn ein aus der Reserveliste gewähltes Mitglied aus der Landschaftsversammlung ausscheidet. [4]Der Direktor des Landschaftsverbandes stellt den Nachfolger fest und macht dies öffentlich bekannt.

(7) [1]Werden Mitgliedskörperschaften, kreisangehörige Gemeinden oder ihre Vertretungen aufgelöst oder wird eine kreisfreie Stadt in einen Kreis eingegliedert, so gelten die Mitglieder der Vertretungen und die Bediensteten bis zum Zusammentritt der im jeweils betroffenen Gebiet neu zu wählenden Vertretung als wählbar gemäß Absatz 1. [2]Entsprechendes gilt im Falle einer Wiederholungswahl.

(8) [1]Finden in einer Mitgliedskörperschaft Wiederholungswahlen im ganzen Wahlgebiet statt oder wird im Laufe der allgemeinen Wahlzeit die Vertretung einer Mitgliedskörperschaft neu gewählt, so sind

a) die mit Erststimmen in dieser Mitgliedskörperschaft gewählten Mitglieder und Ersatzmitglieder neu zu wählen,

b) die Sitze nach Absatz 4 unter Berücksichtigung der bei der Wiederholungswahl oder bei der Neuwahl erzielten gültigen Stimmen neu zu errechnen und zuzuweisen.

[2]Soweit Mitglieder neu zu wählen oder Sitze neu zu errechnen und zuzuweisen sind, verlieren die bisherigen Mitglieder ihren Sitz spätestens im Zeitpunkt der Neuwahl oder im Zeitpunkt der Neuzuweisung.

(9) Die Wahlzeit der Landschaftsversammlung endet mit dem Ablauf der allgemeinen Wahlzeit der Mitgliedskörperschaften.

§ 8 Einberufung und Zusammentritt der Landschaftsversammlung. (1) Die Landschaftsversammlung tritt spätestens am dreißigsten Tage nach ihrer Wahl zusammen; sie wird von dem bisherigen Vorsitzenden einberufen.

(2) [1]Die Landschaftsversammlung muß jährlich einmal zusammentreten. [2]Sie wird vom Vorsitzenden unter Bekanntgabe der Tagesordnung einberufen. [3]Auf Antrag von mindestens einem Fünftel der Mitglieder oder einer Fraktion muß die Landschaftsversammlung einberufen werden.

(3) [1]Die Ladungsfrist, die Form der Einberufung und die Geschäftsführung werden durch die Geschäftsordnung geregelt, soweit nicht in diesem Gesetz Vorschriften hierüber getroffen sind. [2]Die Landschaftsversammlung regelt in der Geschäftsordnung Inhalt und Umfang des Fragerechts der Mitglieder der Landschaftsversammlung.

§ 8a Wahl des Vorsitzenden der Landschaftsversammlung und seiner Stellvertreter. (1) [1]Die Landschaftsversammlung wählt für die Dauer ihrer Wahlzeit aus ihrer Mitte ohne Aussprache den Vorsitzenden der Landschaftsversammlung und zwei Stellvertreter. [2]Sie kann weitere Stellvertreter wählen.

(2) [1]Bei der Wahl des Vorsitzenden der Landschaftsversammlung und seiner Stellvertreter wird nach den Grundsätzen der Verhältniswahl in einem Wahlgang geheim abgestimmt. [2]Dabei sind die Wahlstellen auf die Wahlvorschläge der Fraktionen und Gruppen der Landschaftsversammlung nach der Reihenfolge der Höchstzahlen zu verteilen, die sich durch Teilung der auf die Wahlvorschläge entfallenden Stimmenzahlen durch 1, 2, 3 und so weiter ergeben. [3]Vorsitzender der Landschaftsversammlung ist, wer an erster Stelle des Wahlvorschlags steht, auf den die erste Höchstzahl entfällt, erster Stellvertreter, wer an vorderster noch nicht in Anspruch genommener Stelle des Wahlvorschlags steht, auf den die zweite Höchstzahl entfällt, zweiter Stellvertreter, wer an vorderster noch nicht in Anspruch genommener Stelle des Wahlvorschlags steht, auf den die dritte Höchstzahl entfällt usw. [4]Zwischen Wahlvorschlägen mit gleichen Höchstzahlen findet eine Stichwahl statt; bei Stimmengleichheit entscheidet das vom Altersvorsitzenden zu ziehende Los. [5]Nimmt ein gewählter Bewerber die Wahl nicht an, so ist gewählt, wer an nächster Stelle desselben Wahlvorschlags steht. [6]Ist ein Wahlvorschlag erschöpft, tritt an seine Stelle der Wahlvorschlag mit der nächsten Höchstzahl. [7]Scheidet der Vorsitzende der Landschaftsversammlung oder ein Stellvertreter während der Wahlzeit aus, ist

der Nachfolger für den Rest der Wahlzeit ohne Aussprache in geheimer Abstimmung in entsprechender Anwendung des § 50 Abs. 2 der Gemeindeordnung zu wählen.

(3) Der Vorsitzende der Landschaftsversammlung wird von dem Altersvorsitzenden, seine Stellvertreter und die übrigen Mitglieder der Landschaftsversammlung werden vom Vorsitzenden eingeführt und in feierlicher Form zur gesetzmäßigen und gewissenhaften Wahrnehmung ihrer Aufgaben verpflichtet.

(4) [1]Die Landschaftsversammlung kann ihren Vorsitzenden abberufen. [2]Der Antrag kann nur von der Mehrheit der gesetzlichen Zahl der Mitglieder gestellt werden. [3]Zwischen dem Eingang des Antrags und der Sitzung der Landschaftsversammlung muß eine Frist von wenigstens zwei Tagen liegen. [4]Über den Antrag ist ohne Aussprache abzustimmen. [5]Der Beschluß über die Abberufung bedarf einer Mehrheit von zwei Dritteln der gesetzlichen Zahl der Mitglieder. [6]Der Nachfolger ist innerhalb einer Frist von zwei Wochen ohne Aussprache in geheimer Abstimmung in entsprechender Anwendung des § 50 Abs. 2 der Gemeindeordnung zu wählen. [7]Diese Vorschriften gelten für die Stellvertreter entsprechend.

(5) [1]Der Altersvorsitzende leitet die Sitzung bei der Wahl des Vorsitzenden der Landschaftsversammlung und seiner Stellvertreter sowie bei Entscheidungen, die vorher getroffen werden müssen. [2]Dies gilt auch für die Abberufung des Vorsitzenden der Landschaftsversammlung und seiner Stellvertreter.

§ 9 Sitzungen der Landschaftsversammlung. (1) [1]Die Sitzungen der Landschaftsversammlung sind öffentlich. [2]Personenbezogene Daten dürfen offenbart werden, soweit nicht schützenswerte Interessen einzelner oder Belange des öffentlichen Wohls überwiegen; erforderlichenfalls ist die Öffentlichkeit auszuschließen.

(2) [1]Der Vorsitzende setzt nach Benehmen mit dem Direktor des Landschaftsverbandes die Tagesordnung fest. [2]Er hat dabei Vorschläge aufzunehmen, die ihm innerhalb einer in der Geschäftsordnung zu bestimmenden Frist von einem Fünftel der Mitglieder der Landschaftsversammlung oder einer Fraktion vorgelegt werden. [3]Zeit und Ort der Sitzung sowie die Tagesordnung sind öffentlich bekanntzumachen.

(3) [1]Das für Kommunales zuständige Ministerium und seine Beauftragten sind berechtigt, an den Beratungen teilzunehmen. [2]Das für Kommunales zuständige Minsiterium ist von der Einberufung der Landschaftsversammlung unter Bekanntgabe der Tagesordnung rechtzeitig zu benachrichtigen.

(4) [1]Über die Verhandlungen und Beschlüsse der Landschaftsversammlung ist eine Niederschrift aufzunehmen. [2]Diese wird vom Vorsitzenden und einem Schriftführer unterzeichnet, den die Landschaftsversammlung bestellt.

§ 10 Beschlußfähigkeit der Landschaftsversammlung, Abstimmungen. (1) [1]Die Landschaftsversammlung ist beschlußfähig, wenn mehr als die

Hälfte ihrer Mitglieder anwesend ist. [2]Sie gilt als beschlußfähig, solange ihre Beschlußunfähigkeit nicht festgestellt worden ist.

(2) [1]Ist eine Angelegenheit wegen Beschlußunfähigkeit der Landschaftsversammlung zurückgestellt worden und wird die Landschaftsversammlung zum zweiten Male zur Verhandlung über denselben Gegenstand einberufen, so ist sie ohne Rücksicht auf die Zahl der Erschienenen beschlußfähig. [2]Bei der zweiten Ladung muß auf diese Bestimmung ausdrücklich hingewiesen werden.

(3) [1]Beschlüsse werden mit Stimmenmehrheit gefasst, soweit das Gesetz nichts anderes vorschreibt. [2]Bei Stimmengleichheit gilt ein Antrag als abgelehnt. [3]Bei der Beschlussfassung wird offen abgestimmt. [4]Auf Antrag einer in der Geschäftsordnung zu bestimmenden Zahl von Mitgliedern der Landschaftsversammlung ist namentlich abzustimmen. [5]Auf Antrag mindestens eines Fünftels der Mitglieder der Landschaftsversammlung ist geheim abzustimmen. [6]Zum selben Tagesordnungspunkt hat ein Antrag auf geheime Abstimmung Vorrang gegenüber einem Antrag auf namentliche Abstimmung. [7]Die Geschäftsordnung kann weitere Regelungen treffen.

(4) [1]Wahlen werden, wenn das Gesetz nichts anderes bestimmt oder wenn niemand widerspricht, durch offene Abstimmung, sonst durch Abgabe von Stimmzetteln, vollzogen. [2]Gewählt ist die vorgeschlagene Person, die mehr als die Hälfte der gültigen Stimmen erhalten hat. [3]Nein-Stimmen gelten als gültige Stimmen. [4]Erreicht niemand mehr als die Hälfte der Stimmen, so findet zwischen den Personen, welche die beiden höchsten Stimmenzahlen erreicht haben, eine engere Wahl statt. [5]Gewählt ist, wer in dieser engeren Wahl die meisten Stimmen auf sich vereinigt. [6]Bei Stimmengleichheit entscheidet das Los.

(5) Die Besetzung der Ausschüsse erfolgt in entsprechender Anwendung des § 50 Abs. 3 der Gemeindeordnung.

(6) [1]Hat die Landschaftsversammlung in anderen Fällen zwei oder mehr gleichartige Stellen zu besetzen, die nicht hauptberuflich wahrgenommen werden, oder für solche Stellen zwei oder mehr Bewerber vorzuschlagen, ist Absatz 4 entsprechend anzuwenden. [2]Scheidet eine Person vorzeitig aus dem Gremium aus, für das sie bestellt oder vorgeschlagen worden war, wählt die Landschaftsversammlung den Nachfolger für die restliche Zeit in entsprechender Anwendung des § 50 Abs. 2 der Gemeindeordnung.

(7) Bei Beschlüssen und Wahlen zählen Stimmenthaltungen und ungültige Stimmen zur Feststellung der Beschlussfähigkeit, nicht aber zur Berechnung der Mehrheit mit.

§ 11 Befugnisse des Landschaftsausschusses. (1) [1]Der Landschaftsausschuß beschließt über alle nicht der Landschaftsversammlung vorbehaltenen Angelegenheiten, soweit es sich nicht um Geschäfte der laufenden Verwaltung handelt. [2]Er hat insbesondere

a) die Beschlüsse der Landschaftsversammlung vorzubereiten und durchzuführen,
b) die Tätigkeit der Ausschüsse zu überwachen und aufeinander abzustimmen,

c) die Verwaltungsführung des Direktors des Landschaftsverbandes zu überwachen.

(2) [1]Der Landschaftsausschuß kann den Fachausschüssen (§ 13) bestimmte Angelegenheiten ihres Geschäftsbereichs zur selbständigen Entscheidung übertragen. [2]Er kann Entscheidungen der Fachausschüsse aufheben oder ändern. [3]Beschlüsse der Fachausschüsse, die von weniger als zwei Dritteln der anwesenden stimmberechtigten Mitglieder gefaßt worden sind, bedürfen der Zustimmung des Landschaftsausschusses.

(3) Der Landschaftsausschuß kann die Erledigung einzelner Verwaltungsaufgaben dem Direktor des Landschaftsverbandes übertragen.

(4) Nach Ablauf der Wahlzeit der Landschaftsversammlung übt der Landschaftsausschuß seine Tätigkeit bis zum Zusammentritt der neu gewählten Landschaftsversammlung aus.

§ 12 Bildung des Landschaftsausschusses. (1) [1]Der Landschaftsausschuß besteht aus dem Vorsitzenden der Landschaftsversammlung als Vorsitzenden und höchstens sechzehn weiteren Mitgliedern der Landschaftsversammlung. [2]Für jedes Mitglied ist ein Stellvertreter zu wählen. [3]Die Stellvertreter können sich untereinander vertreten, wenn die Landschaftsversammlung die Reihenfolge festgelegt hat.

(2) [1]Die Mitglieder des Landschaftsausschusses und ihre Stellvertreter werden für die Dauer der Wahlzeit der Landschaftsversammlung nach § 10 Abs. 4 gewählt. [2]Scheidet ein Mitglied oder ein Stellvertreter aus dem Landschaftsausschuß aus, so wählt die Landschaftsversammlung auf Vorschlag derjenigen Gruppe, die den Ausgeschiedenen vorgeschlagen hatte, einen Nachfolger; ist die Gruppe zu einem Vorschlag nicht in der Lage oder gehörte das Mitglied oder der Stellvertreter keiner Gruppe an, so bleibt der Sitz unbesetzt.

(3) [1]Fraktionen, auf deren Wahlvorschlag bei der Besetzung des Landschaftsausschusses nach Absatz 2 Satz 1 Wahlstellen nicht entfallen und die in dem Landschaftsausschuß nicht vertreten sind, sind berechtigt, ein Mitglied der Landschaftsversammlung oder einen sachkundigen Bürger im Sinne des § 13 Abs. 3 Satz 2 zu benennen. [2]Das benannte Mitglied der Landschaftsversammlung oder der benannte sachkundige Bürger wird von der Landschaftsversammlung zum Mitglied des Landschaftsausschusses bestellt. [3]Sie wirken in dem Landschaftsausschuß mit beratender Stimme mit. [4]Bei der Zusammensetzung und der Berechnung der Beschlußfähigkeit des Landschaftsausschusses werden sie nicht mitgezählt.

§ 13 Bildung und Befugnisse der Fachausschüsse. (1) [1]Zur Entlastung des Landschaftsausschusses sind Fachausschüsse für folgende Geschäftsbereiche zu bilden:

a) Finanzwesen,

b) Soziale Aufgaben und Gesundheitsangelegenheiten,

c) landschaftliche Kulturpflege,

d) Kommunalwirtschaft.

[2]Außerdem sind die nach Gesetz oder Satzung für bestimmte Anstalten und Einrichtungen vorgesehenen besonderen Ausschüsse zu bilden.

(2) Die Landschaftsversammlung kann durch Satzung bestimmen, daß für weitere Geschäftsbereiche Fachausschüsse gebildet werden.

(3) [1]Die Vorsitzenden der Fachausschüsse müssen der Landschaftsversammlung, die Vorsitzenden der Fachausschüsse nach Absatz 1 a bis d und Absatz 2 sollen auch dem Landschaftsausschuß angehören. [2]Zu Mitgliedern der Fachausschüsse können außer den Mitgliedern der Landschaftsversammlung auch andere Bürger aus dem Gebiet des Landschaftsverbandes gewählt werden, die durch Fachwissen oder Verwaltungserfahrung besondere Eignung hierfür aufweisen. [3]Ihre Zahl darf die der Mitglieder der Landschaftsversammlung in den einzelnen Fachausschüssen nicht erreichen. [4]Die Zusammensetzung der Fachausschüsse wird durch Satzung geregelt; die Abgrenzung ihrer Zuständigkeiten bestimmt der Landschaftsausschuß, soweit nicht in diesem oder einem anderen Gesetz oder in Satzungen Vorschriften hierüber getroffen sind. [5]Soweit die Landschaftsversammlung stellvertretende Ausschußmitglieder bestellt, ist die Reihenfolge der Vertretung zu regeln. [6]Auf die Fachausschüsse findet § 12 Abs. 3 entsprechende Anwendung.

(4) [1]Haben sich die Fraktionen über die Verteilung der Ausschußvorsitze geeinigt und wird dieser Einigung nicht von einem Fünftel der Mitglieder der Landschaftsversammlung widersprochen, so bestimmen die Fraktionen die Ausschußvorsitzenden aus der Mitte der den Fachausschüssen angehörenden stimmberechtigten Mitglieder der Landschaftsversammlung. [2]Soweit eine Einigung nicht zustande kommt, werden den Fraktionen die Ausschußvorsitze in der Reihenfolge der Höchstzahlen zugeteilt, die sich durch Teilung der Mitgliederzahlen der Fraktionen durch 1, 2, 3 usw. ergeben; mehrere Fraktionen können sich zusammenschließen. [3]Bei gleichen Höchstzahlen entscheidet das Los, das der Vorsitzende der Landschaftsversammlung zu ziehen hat. [4]Die Fraktionen benennen die Ausschüsse, deren Vorsitz sie beanspruchen, in der Reihenfolge der Höchstzahlen und bestimmen die Vorsitzenden. [5]Scheidet ein Ausschußvorsitzender während der Wahlzeit aus, bestimmt die Fraktion, der er angehört, einen Nachfolger. [6]Die Sätze 1 bis 5 gelten für stellvertretende Vorsitzende entsprechend.

(5) Werden Ausschüsse während der Wahlzeit neu gebildet, aufgelöst oder ihre Aufgaben wesentlich verändert, ist das Verfahren nach Absatz 4 zu wiederholen.

(6) Die Fachausschüsse haben beratende Befugnis, soweit ihnen nicht bestimmte Angelegenheiten ihres Geschäftsbereichs zur selbständigen Entscheidung übertragen worden sind (§ 11 Abs. 2).

§ 14 Sitzungen und Beschlußfassung des Landschaftsausschusses und der Fachausschüsse. (1) [1]Der Landschaftsausschuß und die Fachausschüsse werden von ihren Vorsitzenden einberufen, sooft es die Geschäfte erfordern. [2]Hierbei ist die Tagesordnung, die von den Vorsitzenden im Benehmen mit dem Direktor des Landschaftsverbandes festgesetzt wird, bekanntzugeben. [3]Die Einberufung muß erfolgen, wenn wenigstens ein Fünftel der Mitglieder oder eine Fraktion es unter Angabe der Beratungspunkte schriftlich beantragen. [4]§ 8 Abs. 3 gilt entsprechend.

(2) [1]Für die Sitzungen des Landschaftsausschusses und der Fachausschüsse gilt § 9 Abs. 1 und 4 entsprechend. [2]Durch die Geschäftsordnung kann die Öffentlichkeit für Angelegenheiten einer bestimmten Art ausgeschlossen werden. [3]Auf Antrag eines Ausschußmitgliedes oder auf Vorschlag des Direktors des Landschaftsverbandes kann für einzelne Angelegenheiten die Öffentlichkeit ausgeschlossen werden. [4]Anträge und Vorschläge auf Ausschluß der Öffentlichkeit dürfen nur in nichtöffentlicher Sitzung begründet und beraten werden. [5]Falls dem Antrag oder dem Vorschlag stattgegeben wird, ist die Öffentlichkeit in geeigneter Weise zu unterrichten, daß in nichtöffentlicher Sitzung weiter verhandelt wird. [6]Der Vorsitzende der Landschaftsversammlung hat das Recht, mit beratender Stimme an den Sitzungen der Ausschüsse teilzunehmen; ihm ist auf Verlangen jederzeit das Wort zu erteilen. [7]Mitglieder der Landschaftsversammlung, die nicht gleichzeitig dem Landschaftsausschuß angehören, und Mitglieder der Fachausschüsse können nach Maßgabe der Geschäftsordnung an den nichtöffentlichen Sitzungen des Landschaftsausschusses als Zuhörer teilnehmen. [8]Die Teilnahme als Zuhörer begründet keinen Anspruch auf Ersatz des Verdienstausfalls und auf Zahlung von Sitzungsgeld.

(3) § 10 ist entsprechend anzuwenden.

§ 15 Pflichten der Mitglieder der Landschaftsversammlung, des Landschaftsausschusses und der Fachausschüsse. (1) [1]Die Mitglieder der Landschaftsversammlung, des Landschaftsausschusses und der Fachausschüsse handeln ausschließlich nach dem Gesetz und ihrer freien, nur durch die Rücksicht auf das öffentliche Wohl bestimmten Überzeugung. [2]Sie sind an Aufträge nicht gebunden.

(2) Für die Tätigkeit als Mitglied der Landschaftsversammlung, des Landschaftsausschusses oder eines Fachausschusses gelten die Vorschriften der §§ 30 bis 32 der Gemeindeordnung mit folgenden Maßgaben entsprechend:

1. Die Pflicht zur Verschwiegenheit kann ihnen gegenüber nicht vom Direktor des Landschaftsverbandes angeordnet werden;
2. die Genehmigung, als Zeuge auszusagen, erteilt der Landschaftsausschuß;
3. Mitglieder der Landschaftsversammlung, des Landschaftsausschusses und der Fachausschüsse sind nicht allein deshalb von der Mitwirkung ausgeschlossen, weil sie Dienstkräfte einer Mitgliedskörperschaft oder einer kreisangehörigen Gemeinde sind, der die Entscheidung einen unmittelbaren Vorteil oder Nachteil bringen kann;
4. die Offenbarungspflicht über Ausschließungsgründe bei Mitgliedern der Landschaftsversammlung und des Landschaftsausschusses besteht gegenü-

ber dem Vorsitzenden der Landschaftsversammlung, bei Ausschußmitgliedern gegenüber dem Ausschußvorsitzenden vor Eintritt in die Verhandlung;
5. über Ausschließungsgründe entscheidet bei Mitgliedern der Landschaftsversammlung die Landschaftsversammlung, bei Mitgliedern des Landschaftsausschusses der Landschaftsausschuß, bei Ausschußmitgliedern der Ausschuß;
6. ein Verstoß gegen die Offenbarungspflicht wird von der Landschaftsversammlung, dem Landschaftsausschuß beziehungsweise dem Ausschuß durch Beschluß festgestellt;
7. sachkundige Bürger im Sinne des § 13 Abs. 3 Satz 2 als Mitglieder von Ausschüssen können Ansprüche anderer gegen den Landschaftsverband nur dann nicht geltend machen, wenn diese im Zusammenhang mit ihren Aufgaben stehen; ob diese Voraussetzungen vorliegen, entscheidet der Ausschuß.

(3) Erleidet der Landschaftsverband infolge eines Beschlusses der Landschaftsversammlung, des Landschaftsausschusses oder der Fachausschüsse einen Schaden, so haften deren Mitglieder, wenn sie
a) in vorsätzlicher oder grobfahrlässiger Verletzung ihrer Pflicht gehandelt haben oder
b) bei der Beschlußfassung mitgewirkt haben, obwohl sie nach dem Gesetz hiervon ausgeschlossen waren, und ihnen der Ausschließungsgrund bekannt war oder
c) der Bewilligung von Ausgaben zugestimmt haben, für die das Gesetz oder die Haushaltssatzung eine Ermächtigung nicht vorsieht, wenn nicht gleichzeitig die erforderlichen Deckungsmittel bereitgestellt werden.

(4) [1]Die Mitglieder der Landschaftsversammlung, des Landschaftsausschusses und der Fachausschüsse müssen gegenüber dem Vorsitzenden der Landschaftsversammlung Auskunft über ihre wirtschaftlichen und persönlichen Verhältnisse geben, soweit das für die Ausübung ihres Mandats von Bedeutung sein kann. [2]Die näheren Einzelheiten regelt die Landschaftsversammlung. [3]Name, Anschrift, der ausgeübte Beruf sowie andere vergütete oder ehrenamtliche Tätigkeiten können veröffentlicht werden. [4]Die Auskünfte sind vertraulich zu behandeln. [5]Nach Ablauf der Wahlperiode sind die gespeicherten Daten der ausgeschiedenen Mitglieder zu löschen.

§ 16 Freistellung, Entschädigung. (1) [1]Die Mitglieder der Landschaftsversammlung, des Landschaftsausschusses und der Fachausschüsse haben Anspruch auf Freistellung, Ersatz ihres Verdienstausfalls und auf Aufwandsentschädigung nach dem Regeln des §§ 44, 45 Gemeindeordnung und der Entschädigungsverordnung.

(2) [1]Neben den Entschädigungen, die den Mitgliedern der Landschaftsversammlung nach Absatz 1 zustehen, erhalten
1. der Vorsitzende der Landschaftsversammlung,
2. der Stellvertreter des Vorsitzenden der Landschaftsversammlung und weitere Stellvertreter,

3. Vorsitzende von Ausschüssen der Landschaftsversammlung,
4. Fraktionsvorsitzende – bei Fraktionen mit mindestens acht Mitgliedern auch ein stellvertretender Vorsitzender, mit mindestens 16 Mitgliedern auch zwei und mit mindestens 24 Mitgliedern auch drei stellvertretende Vorsitzende –

eine vom für Kommunales zuständigen Ministerium durch Rechtsverordnung festzusetzende angemessene Aufwandsentschädigung. [2]Durch Satzung können einzelne Ausschüsse von der Regelung in Satz 1 Nummer 3 ausgenommen werden.

§ 16a Fraktionen. [1]Fraktionen sind freiwillige Vereinigungen von Mitgliedern der Landschaftsversammlung, die sich auf der Grundlage grundsätzlicher politischer Übereinstimmung zu möglichst gleichgerichtetem Wirken zusammengeschlossen haben. [2]Eine Fraktion besteht aus mindestens fünf Personen. [3]Satz 1 gilt für Gruppen ohne Fraktionsstatus entsprechend. [4]Eine Gruppe in der Landschaftsversammlung besteht aus mindestens zwei Personen. [5]Im Übrigen gilt § 56 Absätze 2 bis 5 der Gemeindeordnung für das Land Nordrhein-Westfalen in der jeweils geltenden Fassung entsprechend.

§ 17 Befugnisse des Direktors des Landschaftsverbandes. (1) Der Direktor des Landschaftsverbandes hat

a) die Beschlüsse des Landschaftsausschusses und der übrigen Fachausschüsse vorzubereiten und auszuführen;
b) die ihm vom Landschaftsausschuß übertragenen Verwaltungsaufgaben zu erledigen;
c) die Geschäfte der laufenden Verwaltung zu führen;
d) den Landschaftsverband in Rechts- und Verwaltungsgeschäften gesetzlich zu vertreten.

(2) [1]In Fällen äußerster Dringlichkeit kann der Direktor des Landschaftsverbandes Anordnungen, die einen Beschluß des Landschaftsausschusses oder eines Fachausschusses erfordern, ohne eine solche vorgängige Entscheidung im Einverständnis mit dem Vorsitzenden des Landschaftsausschusses treffen. [2]Er hat den Landschaftsausschuß und den zuständigen Fachausschuß unverzüglich zu unterrichten. [3]Der Landschaftsausschuß kann die Anordnungen aufheben soweit nicht schon Rechte anderer durch die Ausführung des Beschlusses entstanden sind.

(3) [1]Vertreter des Landschaftsverbandes, die Mitgliedschaftsrechte in Organen, Beiräten oder Ausschüssen von juristischen Personen oder Personenvereinigungen wahrnehmen, werden vom Landschaftsausschuß bestellt oder vorgeschlagen. [2]Die Vertreter des Landschaftsverbandes sind an die Beschlüsse der Landschaftsversammlung und des Landschaftsausschusses gebunden. [3]Sie haben ihr Amt auf Beschluß des Landschaftsausschusses jederzeit niederzulegen. [4]Die Sätze 1 bis 3 gelten nur, soweit durch Gesetz nichts anderes bestimmt ist.

(4) Absatz 3 gilt entsprechend, wenn dem Landschaftsverband das Recht eingeräumt wird, Mitglieder des Vorstandes, des Aufsichtsrates oder eines gleichartigen Organs zu bestellen oder vorzuschlagen.

(5) [1]Werden die vom Landschaftsverband bestellten oder vorgeschlagenen Personen aus dieser Tätigkeit haftbar gemacht, so hat ihnen der Landschaftsverband den Schaden zu ersetzen, es sei denn, daß sie ihn vorsätzlich oder grobfahrlässig herbeigeführt haben. [2]Auch in diesem Fall ist der Landschaftsverband schadenersatzpflichtig, wenn die von ihm bestellten Personen nach Weisung der Landschaftsversammlung oder des Landschaftsausschusses gehandelt haben.

§ 18 Teilnahme an Sitzungen. (1) [1]Der Direktor des Landschaftsverbandes und die Landesräte nehmen an den Sitzungen der Landschaftsversammlung und des Landschaftsausschusses mit beratender Stimme teil. [2]Ihre Teilnahme an den Sitzungen der Fachausschüsse regelt sich nach der Tagesordnung. [3]Sie können in Angelegenheiten ihres Geschäftsbereichs jederzeit das Wort verlangen.

(2) Zu den Sitzungen können weitere Bedienstete des Landschaftsverbandes hinzugezogen werden,

§ 19 Beanstandungsrecht. (1) [1]Verletzt ein Beschluß der Landschaftsversammlung das geltende Recht, so hat der Direktor des Landschaftsverbandes ihn zu beanstanden. [2]Die Beanstandung ist der Landschaftsversammlung unter Darlegung der Gründe schriftlich mitzuteilen. [3]Sie hat aufschiebende Wirkung. [4]Die Landschaftsversammlung hat innerhalb eines Monats nach der Beanstandung erneut über die Angelegenheit zu beschließen. [5]Verbleibt sie bei ihrem Beschluß, so hat der Direktor des Landschaftsverbandes unverzüglich die Entscheidung der Aufsichtsbehörde einzuholen. [6]Die aufschiebende Wirkung bleibt bestehen.

(2) Auf Beschlüsse des Landschaftsausschusses und Entscheidungen der Fachausschüsse finden die Vorschriften des Absatzes 1 entsprechende Anwendung, hinsichtlich der Fachausschüsse jedoch mit der Maßgabe, daß, falls der Fachausschuß bei seiner Entscheidung verbleibt, über die Angelegenheit innerhalb eines weiteren Monats der Landschaftsausschuß beschließt.

(3) Die Verletzung eines Mitwirkungsverbots nach § 15 Abs. 2 in Verbindung mit § 31 der Gemeindeordnung kann gegen einen Beschluß der Landschaftsversammlung, des Landschaftsausschusses oder eines Fachausschusses nach Ablauf eines Jahres seit der Beschlußfassung oder, wenn eine öffentliche Bekanntmachung erforderlich ist, ein Jahr nach dieser nicht mehr geltend gemacht werden, es sei denn, daß der Direktor des Landschaftsverbandes den Beschluß vorher beanstandet hat oder die Verletzung des Mitwirkungsverbots vorher gegenüber dem Landschaftsverband gerügt und dabei die Tatsache bezeichnet worden ist, die die Verletzung ergibt.

§ 20 Direktor des Landschaftsverbandes, Landesräte und sonstige Bedienstete. (1) [1]Dem Direktor des Landschaftsverbandes werden zur Mitwirkung bei der Erledigung der Dienstgeschäfte und zur Vertretung in bestimmten Geschäftsbereichen leitende Beamte (Landesräte) beigeordnet; ihre Zahl wird durch Satzung und Stellenplan festgelegt. [2]Allgemeiner Vertreter des Direktors des Landschaftsverbandes ist der Erste Landesrat. [3]Im übrigen richtet sich die Vertretung und Geschäftsverteilung nach der vom Landschaftsausschuß zu erlassenden Geschäftsordnung.

(2) [1]Der Direktor des Landschaftsverbandes und die Landesräte werden für die Dauer von acht Jahren gewählt. [2]Die Stellen sind öffentlich auszuschreiben. [3]Der Direktor des Landschaftsverbandes oder einer der Landesräte muß die Befähigung zum Richteramt oder zum höheren Verwaltungsdienst besitzen. [4]Die Bestimmungen des § 71 der Gemeindeordnung über die Wiederwahl sowie des § 72 der Gemeindeordnung finden entsprechende Anwendung.

(3) [1]Die Landschaftsversammlung kann den Direktor des Landschaftsverbandes und Landesräte abberufen. [2]Der Antrag kann nur von der Mehrheit der gesetzlichen Zahl der Mitglieder gestellt werden. [3]Zwischen dem Eingang des Antrages und der Sitzung der Landschaftsversammlung muß eine Frist von mindestens sechs Wochen liegen. [4]Über den Antrag ist ohne Aussprache abzustimmen. [5]Der Beschluß über die Abberufung bedarf einer Mehrheit von zwei Dritteln der gesetzlichen Zahl der Mitglieder. [6]Der Nachfolger ist innerhalb einer Frist von sechs Monaten zu wählen.

(4) [1]Dienstvorgesetzter des Direktors des Landschaftsverbandes ist der Landschaftsausschuß, Dienstvorgesetzter aller übrigen Bediensteten des Landschaftsverbandes ist der Direktor des Landschaftsverbandes. [2]Die Beamten des Landschaftsverbandes werden auf Grund eines Beschlusses des Landschaftsausschusses vom Direktor des Landschaftsverbandes ernannt, befördert und entlassen. [3]Die arbeits- und tarifrechtlichen Entscheidungen für die Beschäftigten trifft der Direktor des Landschaftsverbandes. [4]Die Satzung kann eine andere Regelung treffen. [5]Der Stellenplan ist einzuhalten; Abweichungen sind nur zulässig, soweit sie auf Grund des Besoldungs- oder Tarifrechts zwingend erforderlich sind. [6]Die Rechtsverhältnisse der Bediensteten des Landschaftsverbandes bestimmen sich im übrigen nach den Vorschriften des allgemeinen Beamten- und des Tarifrechts.

§ 21 Verpflichtungserklärungen. (1) [1]Erklärungen, durch die der Landschaftsverband verpflichtet werden soll, bedürfen der schriftlichen Form. [2]Sie sind durch den Direktor des Landschaftsverbandes oder seinen allgemeinen Vertreter zu unterzeichnen. [3]Liegt der Erklärung ein Beschluß der Landschaftsversammlung oder eines Ausschusses zugrunde, so soll dieser dabei angeführt werden.

(2) Absatz 1 findet keine Anwendung auf Geschäfte der laufenden Verwaltung, die für den Landschaftsverband geldlich nicht von erheblicher Bedeutung sind, und auf Geschäfte, die auf Grund einer in der Form des Absatzes 1 ausgestellten Vollmacht abgeschlossen werden.

4. Abschnitt

Finanzwirtschaft

§ 22 Landschaftsumlage. (1) [1]Die Landschaftsverbände erheben nach den hierfür geltenden Vorschriften von den kreisfreien Städten und Kreisen eine Umlage, soweit ihre sonstigen Erträge zur Deckung der Aufwendungen im Ergebnisplan nicht ausreichen (Landschaftsumlage). [2]Ist die Haushaltssatzung des Landschaftsverbandes bei Beginn des Haushaltsjahres noch nicht bekannt gemacht, so darf die Landschaftsumlage ausschließlich nach dem Umlagesatz des Vorjahres auf Grundlage der dafür festgesetzten Umlagegrundlagen erhoben werden.

(2) [1]Die Landschaftsumlage ist für jedes Haushaltsjahr neu festzusetzen. [2]Die Festsetzung des Umlagesatzes bedarf der Genehmigung der Aufsichtsbehörde. [3]Die Genehmigung kann unter Bedingungen und mit Auflagen erteilt werden. [4]Vor der Genehmigung gibt die Aufsichtsbehörde den Mitgliedskörperschaften Gelegenheit zur Stellungnahme.

(3) [1]Der Umlagesatz kann einmal im Laufe des Haushaltsjahres geändert werden. [2]Die Änderung des Umlagesatzes wirkt auf den Beginn des Haushaltsjahres zurück. [3]Eine Erhöhung des Umlagesatzes der Landschaftsumlage ist nur zulässig, wenn unter Berücksichtigung des Rücksichtnahmegebotes nach § 9 Satz 2 der Kreisordnung alle anderen Möglichkeiten, den Haushalt des Landschaftsverbandes auszugleichen, ausgeschöpft sind. [4]Im Falle einer Erhöhung des Umlagesatzes muss der Beschluss vor dem 30. Juni des Haushaltsjahres gefasst sein.

(4) § 55 der Kreisordnung findet entsprechende Anwendung.

§ 23 Haushaltswirtschaft und Prüfung. (1) Die Landschaftsverbände haben für jedes Haushaltsjahr über alle Erträge und Aufwendungen, Einzahlungen und Auszahlungen sowie Verpflichtungsermächtigungen einen Haushaltsplan aufzustellen und am Ende des Haushaltsjahres einen Jahresabschluss und einen Gesamtabschluss aufzustellen.

(2) [1]Für den Haushalt, die mittelfristige Ergebnis- und Finanzplanung, die Verwaltung des Vermögens, die Finanzbuchhaltung, den Jahresabschluss und den Gesamtabschluss sowie das Prüfungswesen gelten sinngemäß die Vorschriften der Gemeindeordnung und ihrer Durchführungsverordnungen sowie § 55 der Kreisordnung. [2]Das Nähere wird durch Satzung geregelt.

(3) [1]Soweit nicht in diesem Gesetz oder aufgrund dieses Gesetzes eine andere Regelung getroffen ist, finden die Vorschriften der Gemeindeordnung für das Land Nordrhein-Westfalen über die wirtschaftliche Betätigung und die nichtwirtschaftliche Betätigung sowie die hierzu erlassenen Rechtsvorschriften in ihrer jeweils geltenden Fassung mit der Maßgabe entsprechende Anwendung, dass an die Stelle des Rates der Landschaftsausschuss, an die Stelle des Bürgermeisters der Direktor des Landschaftsverbandes und an die Stelle der Beigeordneten die Landesräte treten. [2]Bei der entsprechenden Anwendung des § 113 der

Gemeindeordnung für das Land Nordrhein-Westfalen findet § 50 Absatz 4 der Gemeindeordnung für das Land Nordrhein-Westfalen ebenfalls entsprechende Anwendung.

(4) Die überörtliche Prüfung der Landschaftsverbände ist Aufgabe der Gemeindeprüfungsanstalt.

(5) [1]Der Entwurf der Haushaltssatzung mit ihren Anlagen ist nach vorheriger öffentlicher Bekanntgabe an sieben Tagen öffentlich auszulegen. [2]Gegen den Entwurf können Einwohner der Mitgliedskörperschaften innerhalb einer Frist von vierzehn Tagen nach Beginn der Auslegung Einwendungen erheben. [3]In der öffentlichen Bekanntgabe der Auslegung ist auf die Frist hinzuweisen; außerdem ist die Stelle anzugeben, bei der die Einwendungen zu erheben sind. [4]Über die Einwendungen beschließt die Landschaftsversammlung in öffentlicher Sitzung.

§ 23a Ausgleichsrücklage. [1]In der Bilanz ist eine Ausgleichsrücklage zusätzlich zur allgemeinen Rücklage als gesonderter Posten des Eigenkapitals anzusetzen. [2]Der Ausgleichsrücklage können Jahresüberschüsse durch Beschluss der Landschaftsversammlung zugeführt werden, soweit ihr Bestand nicht den Höchstbetrag von einem Drittel des Eigenkapitals erreicht hat.

§ 23b Haushaltssicherungskonzept. (1) [1]Der Landschaftsverband hat zur Sicherung seiner dauerhaften Leistungsfähigkeit ein Haushaltssicherungskonzept aufzustellen und darin den nächstmöglichen Zeitpunkt zu bestimmen, bis zu dem der Haushaltsausgleich wieder hergestellt ist. [2]§ 76 der Gemeindeordnung gilt entsprechend.

(2) Ist der Landschaftsverband überschuldet oder steht die Überschuldung innerhalb der mittelfristigen Finanzplanung bevor, so kann das Haushaltssicherungskonzept nur genehmigt werden, wenn sowohl der Haushaltsausgleich als auch die Beseitigung der Überschuldung innerhalb der Frist des § 76 Absatz 2 Satz 3 der Gemeindeordnung dargestellt wird.

§ 23c Sonderumlage. [1]Der Landschaftsverband kann eine Sonderumlage erheben, sofern im Jahresabschluss eine Inanspruchnahme des Eigenkapitals erfolgt ist. [2]Eine Sonderumlage ist zu erheben, sofern eine Überschuldung nach § 75 Absatz 7 der Gemeindeordnung eingetreten ist. [3]Die Sonderumlage ist nach der Inanspruchnahme der Ausgleichsrücklage und der allgemeinen Rücklage und unter Beachtung des Rücksichtnahmegebots nach § 9 Satz 2 der Kreisordnung zu bestimmen. [4]Sie kann in Teilbeträgen festgesetzt und erhoben werden. [5]§ 55 Absatz 1 und 2 der Kreisordnung sowie § 22 Absatz 2 und 3 finden entsprechende Anwendung.

5. Abschnitt

Aufsicht

§ 24 Allgemeine Aufsicht und Sonderaufsicht. (1) [1]Die Aufsicht über die Landschaftsverbände führt das für Kommunales zuständige Ministerium. [2]Die Aufsicht erstreckt sich darauf, daß die Landschaftsverbände im Einklang mit den Gesetzen verwaltet werden (allgemeine Aufsicht).

(2) Soweit die Landschaftsverbände ihre Aufgaben nach Weisung erfüllen, richtet sich die Aufsicht nach den hierüber erlassenen Bestimmungen (Sonderaufsicht).

§ 25 Unterrichtungsrecht. Die Aufsichtsbehörde kann sich jederzeit über die Angelegenheiten der Landschaftsverbände unterrichten.

§ 26 Beanstandungs- und Aufhebungsrecht. (1) [1]Die Aufsichtsbehörde kann den Direktor des Landschaftsverbandes anweisen, Beschlüsse der Landschaftsversammlung, des Landschaftsausschusses und der Fachausschüsse, die das geltende Recht verletzen, zu beanstanden. [2]Sie kann derartige Beschlüsse auch selbst beanstanden. [3]§ 19 findet entsprechende Anwendung. [4]Nach erfolgloser Beanstandung kann die Aufsichtsbehörde die Beschlüsse aufheben. [5]Sie kann verlangen, daß die auf Grund der Beschlüsse getroffenen Maßnahmen rückgängig gemacht werden.

(2) [1]Die Aufsichtsbehörde kann Anordnungen des Direktors des Landschaftsverbandes, die das geltende Recht verletzen, beanstanden. [2]Die Beanstandung ist dem Landschaftsausschuß unter Darlegung der Gründe schriftlich mitzuteilen. [3]Sie hat aufschiebende Wirkung. [4]Billigt der Landschaftsausschuß die Anordnung des Direktors des Landschaftsverbandes, so kann die Aufsichtsbehörde sie aufheben.

§ 27 Anordnungsrecht und Ersatzvornahme. (1) Erfüllt ein Landschaftsverband die ihm gesetzlich obliegenden Pflichten oder Aufgaben nicht, so kann die Aufsichtsbehörde anordnen, daß er innerhalb einer bestimmten Frist das Erforderliche veranlaßt.

(2) Kommt ein Landschaftsverband der Anordnung der Aufsichtsbehörde nicht innerhalb der Frist nach, so kann die Aufsichtsbehörde die Anordnung an Stelle und auf Kosten des Landschaftsverbandes selbst durchführen oder die Durchführung einem anderen übertragen.

§ 28 Anfechtung von Aufsichtsmaßnahmen. Der Landschaftsverband kann die Maßnahmen der Aufsichtsbehörde unmittelbar mit der Klage im Verwaltungsstreitverfahren anfechten.

§ 29 Zwangsvollstreckung. (1) [1]Zur Einleitung der Zwangsvollstreckung wegen einer Geldforderung gegen den Landschaftsverband bedarf der Gläubiger einer Zulassungsverfügung der Aufsichtsbehörde, es sei denn, daß es sich um die Verfolgung dinglicher Rechte handelt. [2]In der Verfügung hat die Aufsichtsbehörde die Vermögensgegenstände zu bestimmen, in welche die Zwangsvollstreckung zugelassen wird, und über den Zeitpunkt zu befinden, in dem sie stattfinden soll. [3]Die Zwangsvollstreckung wird nach den Vorschriften der Zivilprozeßordnung durchgeführt.

(2) Ein Konkursverfahren über das Vermögen des Landschaftsverbandes findet nicht statt.

(3) Die Bestimmung des § 27 bleibt unberührt.

6. Abschnitt

Schlußvorschriften

§ 30 Überleitung. (1) [1]Rechte und Pflichten, welche durch Gesetz, Verordnung, Satzung oder Rechtsgeschäfte den Provinzialverbänden übertragen sind, werden mit Inkrafttreten dieses Gesetzes Rechte und Pflichten der Landschaftsverbände. [2]Soweit Rechte und Pflichten außerhalb des Aufgabenbereichs des § 5 liegen, nehmen die Landschaftsverbände sie längstens bis zum 31. Dezember 1984 wahr.

(2) [1]Bedienstete im öffentlichen Dienst, die bei Inkrafttreten dieses Gesetzes im Gebiet des Landes Nordrhein-Westfalen ganz oder überwiegend Aufgaben nach den §§ 5 und 30 Absatz 1 Satz 2 wahrnehmen, werden Bedienstete des zuständigen Landschaftsverbandes. [2]Die Landschaftsverbände sind zur Zahlung der Versorgungsbezüge für Bedienstete sowie deren Hinterbliebene verpflichtet, auf die bei Eintritt des Versorgungsfalles die Voraussetzungen des Satzes 1 zutrafen. [3]Anderweitige vertragliche Abmachungen bleiben unberührt. [4]Die Landschaftsverbände sind Dienstherren derjenigen Bediensteten der Provinzialverbände, deren Unterbringung und Versorgung sich nach § 63 des Gesetzes zur Regelung der Rechtsverhältnisse der unter Artikel 131 des Grundgesetzes fallenden Personen vom 11. Mai 1951 (BGBl. I S. 307) bestimmt. [5]Bestehen im Einzelfalle Zweifel, ob die Voraussetzungen des Satzes 1 vorliegen, so entscheidet darüber das zuständige Fachministerium im Einvernehmen mit dem für Kommunales zuständigen Ministerium und dem für Finanzen zuständigen Ministerium.

(3) [1]Vermögen und Schulden der Provinzialverbände werden mit Inkrafttreten des Gesetzes Vermögen und Schulden der Landschaftsverbände. [2]Vermögensteile, die bei Inkrafttreten des Gesetzes für Zwecke des Landes benutzt werden, verbleiben bis zu einer vertraglichen oder gesetzlichen Regelung in der Verwaltung und Nutzung des Landes. [3]Vermögen des Landes, das in Wahrnehmung von Aufgaben der Provinzialverbände gebildet worden ist, und den in den §§ 5 und 30 Abs. 1 Satz 2 angeführten Aufgaben dient, ist den Landschaftsverbänden zu übertragen; Verpflichtungen des Landes, die unter den gleichen Voraussetzungen entstanden sind, sind von den Landschaftsverbänden zu übernehmen.

§ 31 Durchführung des Gesetzes. [1]Das für Kommunales zuständige Ministerium erlässt die zur Durchführung dieses Gesetzes erforderlichen Rechtsverordnungen. [2]Die erforderlichen Verwaltungsvorschriften erlässt das für Kommunales zuständige Ministerium oder im Einvernehmen mit ihm das jeweils zuständige Fachministerium.

§ 32 Inkrafttreten. Das Gesetz tritt am 17. Oktober 1994 in Kraft.

Gesetz über die Kommunalwahlen im Lande Nordrhein-Westfalen (Kommunalwahlgesetz)

in der Fassung der Bekanntmachung vom 30. Juni 1998 (GV NRW S. 454); zuletzt geändert durch Gesetz vom 6. Dezember 2016 (GV NRW S. 1052).

INHALTSÜBERSICHT*

* *Inhaltsübersicht und Paragraphenüberschriften sind nicht amtlich.*

I. Wahlgebiet

1. Geltungsbereich

§ 1 [Geltungsbereich]. (1) [1]Dieses Gesetz gilt für die Wahl der folgenden Vertretungen: des Rates in den Gemeinden, des Kreistages in den Kreisen. [2]Es gilt darüber hinaus für die Wahl der Bezirksvertretungen nach Maßgabe des § 46a, der Bürgermeister und Landräte nach Maßgabe der §§ 46b bis 46e.

(2) Das Gebiet der Körperschaft, deren Vertretung gewählt wird, bildet das Wahlgebiet.

2. Wahlorgane

§ 2 [Wahlorgane]. (1) [1]Wahlorgane sind für das Wahlgebiet der Wahlleiter und der Wahlausschuss sowie für die Gemeinde der Briefwahlvorsteher und der Briefwahlvorstand, für den Stimmbezirk der Wahlvorsteher und der Wahlvorstand. [2]Für die Briefwahl können mehrere Wahlvorsteher und Wahlvorstände eingesetzt werden.

(2) [1]Wahlleiter für das Wahlgebiet der Gemeinde ist der Bürgermeister, für das Wahlgebiet des Kreises der Landrat, stellvertretender Wahlleiter jeweils sein Vertreter im Amt. [2]Bürgermeister, Landräte und ihre Vertreter können im Falle ihrer Bewerbung für das Amt des Bürgermeisters oder des Landrates ab ihrer Aufstellung nicht Wahlleiter oder stellvertretender Wahlleiter in dem Wahlgebiet sein, in dem sie sich bewerben; an ihre Stelle tritt der jeweilige Vertreter im Amt. [3]Bei gleichzeitigen Wahlen des Bürgermeisters einer kreisangehörigen Gemeinde und des Landrates desselben Kreises kann ein Bürgermeister, der sich für das Amt des Landrates bewirbt, nicht Wahlleiter für das Wahlgebiet der Gemeinde und der Landrat, der sich für das Amt des Bürgermeisters in einer kreisangehörigen Gemeinde bewirbt, nicht Wahlleiter für das Wahlgebiet des Kreises sein; an die Stelle des Bürgermeisters oder Landrates tritt der jeweilige Vertreter im Amt. [4]Wahlleiter und ihre Vertreter können auf ihr Amt als Wahlleiter oder stellvertretender Wahlleiter verzichten; an ihre Stelle tritt der jeweilige Vertreter im Amt. [5]Der Wahlleiter ist für die ordnungsmäßige Vorbereitung und Durchführung der Wahl verantwortlich, soweit nicht dieses Gesetz und die Wahlordnung bestimmte Zuständigkeiten anderen Wahlorganen übertragen.

(3) [1]Der Wahlausschuss besteht aus dem Wahlleiter als Vorsitzendem und vier, sechs, acht oder zehn Beisitzern, die die Vertretung des Wahlgebiets wählt; eine Benennung oder Bestellung weiterer Mitglieder ist nicht zulässig. [2]Der Wahlausschuss entscheidet in öffentlicher Sitzung. [3]Er ist ohne Rücksicht auf die Zahl der erschienenen Beisitzer beschlussfähig. [4]Bei Stimmengleichheit gibt die Stimme des Vorsitzenden den Ausschlag. [5]Im Übrigen finden auf den Wahlausschuss die allgemeinen Vorschriften des kommunalen Verfassungsrechts entsprechende Anwendung.

(4) [1]Der Wahlvorstand besteht aus dem Wahlvorsteher, dem stellvertretenden Wahlvorsteher und drei bis sechs Beisitzern. [2]Der Bürgermeister beruft die Mitglieder des Wahlvorstandes und berücksichtigt hierbei nach Möglichkeit die in der Gemeinde vertretenen Parteien und Wählergruppen. [3]Die Beisitzer des Wahlvorstandes können im Auftrage des Bürgermeisters auch vom Wahlvorsteher berufen werden. [4]Der Wahlvorstand entscheidet mit Stimmenmehrheit. [5]Bei Stimmengleichheit gibt die Stimme des Wahlvorstehers den Ausschlag.

(5) [1]Die Körperschaften und sonstigen juristischen Personen des öffentlichen Rechts sind verpflichtet, auf Anforderung des Bürgermeisters Bedienstete aus der Gemeinde zum Zweck der Berufung als Mitglieder des Wahlvorstandes zu benennen. [2]Die ersuchte Stelle hat den Betroffenen über die übermittelten

Daten und den Empfänger zu benachrichtigen.

(6) [1]Der Bürgermeister ist befugt, personenbezogene Daten von Wahlberechtigten zum Zweck ihrer Berufung zu Mitgliedern von Wahlvorständen zu erheben und zu verarbeiten. [2]Zu diesem Zweck dürfen personenbezogene Daten von Wahlberechtigten, die zur Tätigkeit in Wahlvorständen geeignet sind, auch für künftige Wahlen verarbeitet werden, sofern der Betroffene der Verarbeitung nicht widersprochen hat. [3]Der Betroffene ist über das Widerspruchsrecht schriftlich zu unterrichten. [4]Im Einzelnen dürfen folgende Daten erhoben und verarbeitet werden: Name, Vorname, Geburtsdatum, Anschrift, Telefonnummern, Zahl der Berufungen zu einem Mitglied der Wahlvorstände und die dabei ausgeübte Funktion.

(7) [1]Niemand darf in mehr als einem Wahlorgan Mitglied sein. [2]Bewerber für das Amt des Bürgermeisters oder des Landrates können nicht Mitglied des Wahlausschusses der Gemeinde oder des Kreises oder eines Wahlvorstandes sein. [3]Andere Wahlbewerber dürfen nicht Mitglied eines Wahlvorstandes in dem Wahlbezirk sein, in dem sie aufgestellt sind (Wahlbezirksbewerber) oder ihre Wohnung haben (auf Reservelisten aufgestellte Bewerber).

(8) Die Beisitzer in den Wahlausschüssen und Wahlvorständen sowie die Wahlvorsteher und ihre Stellvertreter üben eine ehrenamtliche Tätigkeit aus, auf die sinngemäß die allgemeinen Vorschriften des kommunalen Verfassungsrechts mit Ausnahme der Vorschriften über Ausschließungsgründe Anwendung finden.

3. Zahl der Vertreter

§ 3 [Zahl der Vertreter]. (1) Die Vertreter werden in den Wahlbezirken und aus den Reservelisten gewählt.

(2) [1]Die Zahl der zu wählenden Vertreter beträgt

a) für Gemeinden mit einer Bevölkerungszahl von

5000 und weniger	20 Vertreter,	davon 10 in Wahlbezirken;
über 5000, aber nicht über 8000	26 Vertreter,	davon 13 in Wahlbezirken;
über 8000, aber nicht über 15 000	32 Vertreter,	davon 16 in Wahlbezirken;
über 15 000, aber nicht über 30 000	38 Vertreter,	davon 19 in Wahlbezirken;
über 30 000, aber nicht über 50 000	44 Vertreter,	davon 22 in Wahlbezirken;
über 50 000, aber nicht über 100 000	50 Vertreter,	davon 25 in Wahlbezirken;

über 100 000, aber nicht über 250 000	58 Vertreter,	davon 29 in Wahlbezirken;
über 250 000, aber nicht über 400 000	66 Vertreter,	davon 33 in Wahlbezirken;
über 400 000, aber nicht über 550 000	74 Vertreter,	davon 37 in Wahlbezirken;
über 550 000, aber nicht über 700 000	82 Vertreter,	davon 41 in Wahlbezirken;
über 700 000	90 Vertreter,	davon 45 in Wahlbezirken;

b) für Kreise mit einer Bevölkerungszahl von

200 000 und weniger	48 Vertreter,	davon 24 in Wahlbezirken;
über 200 000, aber nicht über 300 000	54 Vertreter,	davon 27 in Wahlbezirken;
über 300 000, aber nicht über 400 000	60 Vertreter,	davon 30 in Wahlbezirken;
über 400 000, aber nicht über 500 000	66 Vertreter,	davon 33 in Wahlbezirken;
über 500 000	72 Vertreter,	davon 36 in Wahlbezirken.

[2]Die Gemeinden und Kreise können bis spätestens 45 Monate nach Beginn der Wahlperiode durch Satzung die Zahl der zu wählenden Vertreter um 2, 4, 6, 8 oder 10, davon je zur Hälfte in Wahlbezirken, verringern; die Zahl von 20 Vertretern darf nicht unterschritten werden. [3]Die nach Satz 2 durch Satzung verringerte Zahl der zu wählenden Vertreter bleibt bestehen, bis sie spätestens 45 Monate nach Beginn einer späteren Wahlperiode nach Satz 2 durch Satzung verändert wird.

(3) Weitere Vertreter werden aus den Reservelisten gewählt, soweit dies zur Durchführung des Verhältnisausgleichs gemäß § 33 erforderlich ist, mit der Maßgabe, dass die Gesamtzahl der Vertreter gerade ist.

(4) [1]Gesetzliche Mitgliederzahl ist die Zahl der nach Absatz 2 und 3 in jedem Wahlgebiet zu wählenden Gesamtzahl von Vertretern. [2]Sie erhöht sich um die nach § 33 Absatz 3 zuzuteilenden weiteren Sitze. [3]Sie vermindert sich um die nach § 33 Absatz 6 unbesetzt bleibenden Sitze.

4. Wahlbezirke

§ 4 [Einteilung in Wahlbezirke]. (1) Der Wahlausschuss der Gemeinde teilt spätestens 52 Monate, der Wahlausschuss des Kreises spätestens 53 Monate nach Beginn der Wahlperiode das Wahlgebiet in so viele Wahlbezirke ein, wie Vertreter gemäß § 3 Abs. 2 in Wahlbezirken zu wählen sind.

(2) [1]Bei der Abgrenzung der Wahlbezirke ist darauf Rücksicht zu nehmen, dass räumliche Zusammenhänge möglichst gewahrt werden. [2]Sind Bezirke

nach der Gemeindeordnung vorhanden, so soll die Bezirkseinteilung nach Möglichkeit eingehalten werden. [3]Die Abweichung von der durchschnittlichen Einwohnerzahl der Wahlbezirke im Wahlgebiet darf nicht mehr als 25 vom Hundert nach oben oder unten betragen.

(3) Finden Gemeinde- und Kreiswahlen gleichzeitig statt, so dürfen die Grenzen der Wahlbezirke der Gemeinde durch die Grenzen der Wahlbezirke des Kreises nicht durchschnitten werden.

5. Stimmbezirke

§ 5 [Einteilung in Stimmbezirke]. (1) Der Bürgermeister teilt, soweit erforderlich, die Wahlbezirke in Stimmbezirke ein.

(2) [1]Die Stimmbezirke sollen nach den örtlichen Verhältnissen so abgegrenzt sein, dass allen Wahlberechtigten die Teilnahme an der Wahl möglichst erleichtert wird. [2]Die Verwaltungsbezirksgrenzen sollen eingehalten werden. [3]Kein Stimmbezirk soll mehr als 2500 Einwohner umfassen. [4]Die Einwohnerzahl eines Stimmbezirks darf nicht so gering sein, dass sich die Wahlentscheidung der einzelnen Wahlberechtigten ermitteln ließe.

(3) [1]Finden Gemeinde- und Kreiswahlen gleichzeitig statt (verbundene Wahlen), so müssen die Stimmbezirke für beide Wahlen dieselben sein. [2]Der Bürgermeister hat dem Landrat die Abgrenzung der Wahlbezirke und der Stimmbezirke in seiner Gemeinde mitzuteilen.

§ 6 [Bekanntmachung der Einteilung]. Die Einteilung des Wahlgebietes in Wahlbezirke ist vom Wahlleiter des Wahlgebietes unverzüglich, spätestens vier Wochen nach dem Beschluß des Wahlausschusses über die Einteilung der Wahlbezirke, öffentlich bekanntzugeben; vereinfachte Bekanntmachung genügt.

II. Wahlberechtigung, Wählbarkeit, Unvereinbarkeit

1. Wahlberechtigung

§ 7 [Aktives Wahlrecht]. Wahlberechtigt für die Wahl in einem Wahlgebiet ist, wer am Wahltag Deutscher im Sinne von Artikel 116 Abs. 1 des Grundgesetzes ist oder die Staatsangehörigkeit eines Mitgliedstaates der Europäischen Gemeinschaft besitzt, das sechzehnte Lebensjahr vollendet hat und mindestens seit dem 16. Tag vor der Wahl in dem Wahlgebiet seine Wohnung, bei mehreren Wohnungen seine Hauptwohnung hat oder sich sonst gewöhnlich aufhält und keine Wohnung außerhalb des Wahlgebiets hat.

§ 8 [Ausschluß vom Wahlrecht]. Ausgeschlossen vom Wahlrecht ist, wer infolge Richterspruchs in der Bundesrepublik Deutschland das Wahlrecht nicht besitzt.

2. Wählerverzeichnisse und Wahlscheine

§ 9 [Wahlschein]. (1) Wählen kann nur, wer in ein Wählerverzeichnis eingetragen ist oder einen Wahlschein hat.

(2) [1]Ein Wahlberechtigter, der in das Wählerverzeichnis eingetragen ist, erhält auf Antrag einen Wahlschein. [2]Ein Wahlberechtigter, der nicht in das Wählerverzeichnis eingetragen ist, erhält auf Antrag einen Wahlschein, wenn
1. er nachweist, dass er aus einem von ihm nicht zu vertretenden Grund die Einspruchsfrist versäumt hat;
2. er aus einem von ihm nicht zu vertretenden Grund nicht in das Wählerverzeichnis aufgenommen worden ist;
3. seine Berechtigung zur Teilnahme an der Wahl erst nach der Einspruchsfrist entstanden ist oder sich herausstellt.

(3) [1]Wird der Wahlschein versagt, so kann dagegen Einspruch eingelegt werden. [2]§ 11 Abs. 3 bis 5 ist sinngemäß anzuwenden.

§ 10 [Wählerverzeichnis]. (1) [1]In jedem Stimmbezirk wird ein Wählerverzeichnis geführt. [2]In das Wählerverzeichnis werden alle Personen eingetragen, bei denen am fünfunddreißigsten Tage vor der Wahl (Stichtag) feststeht, dass sie wahlberechtigt und nicht vom Wahlrecht ausgeschlossen sind. [3]Von Amts wegen in das Wählerverzeichnis einzutragen sind auch die nach dem Stichtag bis zum 16. Tag vor der Wahl zugezogenen und bei der Meldebehörde gemeldeten Wahlberechtigten. [4]Wahlberechtigte zur Kreiswahl, die bisher eine Wohnung in einer anderen kreisangehörigen Gemeinde desselben Kreises gehabt haben, nach dem 16. Tag vor der Wahl zuziehen und vor der Wahl bei der Meldebehörde gemeldet sind, werden von Amts wegen für die Kreiswahl in das Wählerverzeichnis eingetragen.

(2) Der Wähler kann nur in dem Stimmbezirk wählen, in dessen Wählerverzeichnis er eingetragen ist.

(3) Inhaber eines Wahlscheins können in jedem Stimmbezirk des Wahlbezirks oder durch Briefwahl wählen.

(4) [1]Jeder Wahlberechtigte hat das Recht, an den Werktagen vom 20. bis zum 16. Tag vor der Wahl während der allgemeinen Öffnungszeiten der Gemeindebehörde die Richtigkeit oder Vollständigkeit der zu seiner Person im Wählerverzeichnis eingetragenen Daten zu prüfen. [2]Zur Überprüfung der Richtigkeit oder Vollständigkeit der Daten von anderen im Wählerverzeichnis eingetragenen Personen haben Wahlberechtigte während des in Satz 1 genannten Zeitraumes nur dann ein Recht auf Einsicht in das Wählerverzeichnis, wenn sie Tatsachen glaubhaft machen, aus denen sich die Unrichtigkeit oder Unvollständigkeit des Wählerverzeichnisses ergeben kann. [3]Das Recht zur Überprüfung gemäß Satz 2 besteht nicht hinsichtlich der Daten von Wahlberechtigten, für die im Melderegister ein Sperrvermerk gemäß § 51 des Bundesmeldegesetzes vom 3. Mai 2013 (BGBl. I S. 1084) in der jeweils geltenden Fassung eingetragen ist.

(5) [1]Ab Beginn der in Absatz 4 Satz 1 genannten Frist können Personen nur auf rechtzeitigen Einspruch in das Wählerverzeichnis aufgenommen oder darin gestrichen werden, es sei denn, dass es sich um offenbare Unrichtigkeiten handelt, die vom Bürgermeister bis zum Tag vor der Wahl zu berichtigen sind. [2]Absatz 1 Satz 3 und 4 bleibt unberührt.

§ 11 [Einspruch, Beschwerde]. (1) Wer das Wählerverzeichnis für unrichtig oder unvollständig hält, kann innerhalb der Einsichtsfrist bei der Gemeindeverwaltung Einspruch einlegen.

(2) Richtet sich der Einspruch gegen die Eintragung eines anderen, so ist dieser vor der Entscheidung zu hören.

(3) Der Bürgermeister hat die Entscheidung unverzüglich zu fällen und dem Antragsteller und dem Betroffenen zuzustellen.

(4) Gegen die Entscheidung des Bürgermeisters kann binnen drei Tagen nach Zustellung Beschwerde eingelegt werden, über die die Aufsichtsbehörde entscheidet.

(5) [1]Die Einspruchs- oder Beschwerdeentscheidung ist für die Berechtigung zur Teilnahme an der Wahl endgültig. [2]Sie schließt die Erhebung eines Einspruchs im Wahlprüfungsverfahren nicht aus (§ 39 Abs. 2).

3. Wählbarkeit

§ 12 [Passives Wahlrecht]. (1) Wählbar ist jede wahlberechtigte Person, die am Wahltag das achtzehnte Lebensjahr vollendet hat und seit mindestens drei Monaten in dem Wahlgebiet ihre Wohnung, bei mehreren Wohnungen ihre Hauptwohnung hat oder sich sonst gewöhnlich aufhält und keine Wohnung außerhalb des Wahlgebiets hat.

(2) Nicht wählbar ist, wer am Wahltag infolge Richterspruchs in der Bundesrepublik Deutschland die Wählbarkeit oder die Fähigkeit zur Bekleidung öffentlicher Ämter nicht besitzt.

4. Unvereinbarkeit

§ 13 [Angehörige des öffentlichen Dienstes]. (1) [1]Beamte und Arbeitnehmer (soweit sie nicht überwiegend körperliche Arbeit verrichten), die im Dienst einer der in den Buchstaben a) bis e) genannten Körperschaften stehen, können in den folgenden Fällen nicht gleichzeitig einer Vertretung angehören:

a) Sie können nicht der Vertretung ihrer Anstellungskörperschaft angehören.

b) Stehen sie im Dienst des Landes und sind sie in einer staatlichen Behörde unmittelbar mit der Ausübung der allgemeinen Aufsicht oder der Sonderaufsicht über Gemeinden und Gemeindeverbände befasst, können sie nicht der Vertretung einer beaufsichtigten Gemeinde oder eines beaufsichtigten Gemeindeverbandes angehören.

c) Stehen sie im Dienste des Landes und werden sie in einer Kreispolizeibehörde beschäftigt, so können sie nicht der Vertretung des Kreises angehören, bei dem die Kreispolizeibehörde gebildet ist.

d) Stehen sie im Dienst eines Kreises und sind sie bei dem Landrat als untere staatliche Verwaltungsbehörde unmittelbar mit der Ausübung der allgemeinen Aufsicht oder der Sonderaufsicht über kreisangehörige Gemeinden befasst, können sie nicht der Vertretung einer kreisangehörigen Gemeinde angehören.

e) Stehen sie im Dienste einer Gemeinde, so können sie nicht Mitglied der Vertretung des Kreises sein, dem die Gemeinde angehört, es sei denn, dass sie bei einer öffentlichen Einrichtung (§ 107 Abs. 2 der Gemeindeordnung) oder einem Eigenbetrieb der Gemeinde beschäftigt sind.

[2]Die vorstehenden Vorschriften finden auf abgeordnete Beamte sinngemäß Anwendung, wenn die Abordnung an eine der in Buchstaben a) bis e) genannten Körperschaften die Dauer von insgesamt drei Monaten überschreitet.

(2) Bewerben sich Beamte oder Arbeitnehmer des öffentlichen Dienstes um einen Sitz im Wahlgebiet, so ist ihnen der zur Vorbereitung der Wahl erforderliche Urlaub auch dann zu erteilen, wenn im Falle der Wahl ein Hindernis für die gleichzeitige Zugehörigkeit zur Vertretung gemäß Absatz 1 vorliegen würde.

(3) [1]Werden Beamte oder Arbeitnehmer des öffentlichen Dienstes gewählt, die gemäß Absatz 1 an der gleichzeitigen Zugehörigkeit zur Vertretung gehindert sind, so können sie die Annahme der Wahl nur erklären, wenn sie die Beendigung ihres Dienstverhältnisses nachweisen. [2]Stellt der Wahlleiter nachträglich fest, dass ein Bewerber die Wahl angenommen hat, obwohl er nach Absatz 1 an der gleichzeitigen Zugehörigkeit zur Vertretung gehindert war, und weist der Vertreter nicht innerhalb einer Frist von einer Woche nach Zustellung der nachträglichen Feststellung die Beendigung seines Dienstverhältnisses nach, so scheidet er mit Ablauf der Frist aus der Vertretung aus. [3]Den Verlust der Mitgliedschaft stellt der Wahlleiter fest.

(4) Werden Mitglieder einer Vertretung Beamte oder Arbeitnehmer des öffentlichen Dienstes, die gemäß Absatz 1 an der gleichzeitigen Zugehörigkeit zur Vertretung gehindert sind, so gilt Absatz 3 Satz 2 und 3 entsprechend.

(5) Absätze 1 bis 4 finden auf Ehrenbeamte keine Anwendung.

(6) [1]Arbeitnehmer einer rechtsfähigen Gesellschaft oder Stiftung sowie Beamte und Arbeitnehmer einer rechtsfähigen Anstalt, an der eine Gemeinde, ein Kreis oder ein Zweckverband maßgeblich beteiligt ist, können, soweit sie allein oder mit anderen ständig, auch vertretungsweise, berechtigt sind, das Unternehmen in seiner Gesamtheit zu vertreten, wie Vorstandsmitglieder, stellvertretende Vorstandsmitglieder, Geschäftsführer, stellvertretende Geschäftsführer und Prokuristen, nicht zugleich der Vertretung dieser Gemeinde, dieses Kreises oder der Vertretung einer Mitgliedskörperschaft dieses Zweckverbandes angehören. [2]Die maßgebliche Beteiligung erfasst die Gewährträgerschaft und neben den Fällen einer Kapitalbeteiligung mit einem Anteil von mehr als 50 vom

Hundert auch die Fälle, in denen die Gebietskörperschaft aufgrund ihrer Stimmenmehrheit in Aufsichts- und Kontrollorganen oder in sonstiger Weise entscheidenden Einfluss auf die Unternehmensführung besitzt. [3]Die Bestimmungen der Absätze 2 bis 5 finden entsprechende Anwendung.

III. Wahlvorbereitung

1. Wahltag

§ 14 [Wahltag]. (1) [1]Wahltag ist ein Sonntag. [2]Der Wahltag für die allgemeinen Kommunalwahlen wird von dem für Inneres zuständigen Ministerium festgelegt und bekannt gemacht (Wahlausschreibung). [3]Im Übrigen wird der Wahltag von der Aufsichtsbehörde festgelegt und bekannt gemacht, soweit dieses Gesetz und die Wahlordnung nichts anderes bestimmen.

(2) [1]Die Wahlperiode endet bei allgemeinen Wahlen mit Ablauf des Monats, in dem die Wahl stattgefunden hat. [2]Die neue Wahlperiode beginnt am ersten Tag des folgenden Monats.

(3) [1]Die Wahlzeit dauert von 8 bis 18 Uhr. [2]Der Wahlausschuss der Gemeinde kann die Wahlzeit schon mit einem früheren Beginn festsetzen, wenn besondere Gründe es erfordern.

2. Wahlvorschläge

§ 15 [Wahlvorschläge]. (1) [1]Beim Wahlleiter können bis zum achtundvierzigsten Tage vor der Wahl, 18 Uhr, Wahlvorschläge für die Wahl in den einzelnen Wahlbezirken des Wahlgebiets eingereicht werden. [2]Wahlvorschläge können von politischen Parteien im Sinne des Artikels 21 des Grundgesetzes (Parteien), von mitgliedschaftlich organisierten Gruppen von Wahlberechtigten (Wählergruppen) und von einzelnen Wahlberechtigten (Einzelbewerbern) eingereicht werden.

(2) [1]Die Wahlvorschläge von Parteien und Wählergruppen müssen von der für das Wahlgebiet zuständigen Leitung unterzeichnet sein. [2]Ist die Partei oder Wählergruppe in der im Zeitpunkt der Wahlausschreibung (§ 14 Abs. 1) laufenden Wahlperiode nicht ununterbrochen in der zu wählenden Vertretung, in der Vertretung des zuständigen Kreises, im Landtag oder auf Grund eines Wahlvorschlages aus dem Land im Bundestag vertreten, so kann sie einen Wahlvorschlag nur einreichen, wenn sie nachweist, dass sie einen nach demokratischen Grundsätzen gewählten Vorstand, eine schriftliche Satzung und ein Programm hat; dies gilt nicht für Parteien, die die Unterlagen gemäß § 6 Abs. 3 Satz 1 Nummer 1 und 2, Abs. 4 des Parteiengesetzes bis zum Tage der Wahlausschreibung (§ 14 Abs. 1) ordnungsgemäß beim Bundeswahlleiter eingereicht haben. [3]Die Wahlvorschläge dieser Parteien und Wählergruppen (Satz 2, erster Halbsatz) müssen ferner

in Wahlbezirken bis zu 5000 Einwohnern von 5,
in Wahlbezirken von 5000 bis 10 000 Einwohnern von 10,
in Wahlbezirken von mehr als 10 000 Einwohnern von 20
Wahlberechtigten des Wahlbezirks persönlich und handschriftlich unterzeichnet sein; dies gilt auch für Wahlvorschläge von Einzelbewerbern, es sei denn, dass sie in der zu wählenden Vertretung einen Sitz auf Grund eines Wahlvorschlages haben, in dem sie als Einzelbewerber benannt waren, und der Wahlvorschlag von ihnen selbst unterzeichnet ist. [4]Die Wahlberechtigung ist nachzuweisen. [5]Die ordnungsgemäße Unterzeichnung mit dem Nachweis der Wahlberechtigung der Unterzeichner bis zum Ablauf der Einreichungsfrist ist Voraussetzung für das Vorliegen eines gültigen Wahlvorschlages, es sei denn, der Nachweis kann infolge von Umständen, die der Wahlvorschlagsberechtigte nicht zu vertreten hat, nicht rechtzeitig erbracht werden.

(3) [1]Jeder Wahlvorschlag muss Familienname, Vorname, Beruf, Geburtsdatum, Geburtsort, Anschrift, Staatsangehörigkeit sowie bei Parteien oder Wählergruppen deren Namen oder Bezeichnung und, sofern sie eine Kurzbezeichnung verwenden, auch diese, angeben. [2]Jeder Wahlvorschlag darf nur einen Bewerber enthalten. [3]Ein Bewerber darf, unbeschadet seiner Bewerbung in einer Reserveliste, nur in einem Wahlvorschlag benannt werden. [4]In einen Wahlvorschlag darf nur aufgenommen werden, wer seine Zustimmung schriftlich erteilt hat; die Zustimmung ist unwiderruflich. [5]Die ordnungsgemäße Abgabe der Zustimmungserklärung bis zum Ablauf der Einreichungsfrist ist Voraussetzung für die Abgabe eines gültigen Wahlvorschlags.

(4) [1]In jedem Wahlvorschlag sollen eine Vertrauensperson und eine stellvertretende Vertrauensperson bezeichnet werden. [2]Fehlt diese Bezeichnung, so gilt die Person, die als erste unterzeichnet hat, als Vertrauensperson, und diejenige, die als zweite unterzeichnet hat, als stellvertretende Vertrauensperson.

§ 16 [Wahlvorschläge für die Reserveliste]. (1) [1]Für die Reserveliste können nur Bewerber benannt werden, die für eine Partei oder für eine Wählergruppe auftreten. [2]Die Reserveliste muß von der für das Wahlgebiet zuständigen Leitung unterzeichnet sein. [3]Ist die Partei oder Wählergruppe in der im Zeitpunkt der Wahlausschreibung (§ 14 Abs. 1) laufenden Wahlperiode nicht ununterbrochen in der zu wählenden Vertretung, in der Vertretung des zuständigen Kreises, im Landtag oder auf Grund eines Wahlvorschlags aus dem Land im Bundestag vertreten, so muß die Reserveliste von 1 vom Tausend der Wahlberechtigten des Wahlgebiets, und zwar mindestens von 5 und höchstens von 100 Wahlberechtigten, persönlich und handschriftlich unterzeichnet sein.

(2) Auf der Reserveliste kann vorgesehen werden, daß ein Bewerber, unbeschadet der Reihenfolge im übrigen, Ersatzbewerber für einen im Wahlbezirk oder für einen auf einer Reserveliste aufgestellten Bewerber sein soll.

(3) § 15 Abs. 1 Satz 1, Abs. 2 Satz 2, 4 und 5, Abs. 3 Satz 1, 3 bis 5 und Abs. 4 gilt sinngemäß.

§ 17 [Wahl der Bewerber]. (1) Als Bewerber einer Partei oder einer Wählergruppe kann in einem Wahlvorschlag nur benannt werden, wer in einer Mitglieder- oder Vertreterversammlung im Wahlgebiet hierzu gewählt worden ist.

(2) [1]Die Bewerber und die Vertreter für die Vertreterversammlungen sind in geheimer Wahl zu wählen. [2]Entsprechendes gilt für die Festlegung der Reihenfolge der Bewerber auf der Reserveliste und für die Bestimmung der Ersatzbewerber. [3]Stimmberechtigt ist nur, wer am Tage des Zusammentritts der Versammlung im Wahlgebiet wahlberechtigt ist. [4]Jeder stimmberechtigte Teilnehmer der Versammlung ist vorschlagsberechtigt. [5]Den Bewerbern und Ersatzbewerbern ist Gelegenheit zu geben, sich und ihr Programm der Versammlung in angemessener Zeit vorzustellen.

(3) Als Vertreter für eine Vertreterversammlung kann nur gewählt werden, wer am Tage des Zusammentritts der zur Wahl der Vertreter einberufenen Versammlung im Wahlgebiet wahlberechtigt ist.

(4) Die Vertreter für die Vertreterversammlung und die Bewerber sind ab dem 46. Monat nach Beginn der Wahlperiode, die Bewerber für die Wahlbezirke frühestens nach der öffentlichen Bekanntgabe der Einteilung des Wahlgebietes in Wahlbezirke zu wählen.

(5) [1]Kommt eine Versammlung nach Absatz 1 nicht zustande, so kann die Partei oder Wählergruppe ihre Bewerber in einer Versammlung von Wahlberechtigten aufstellen lassen. [2]Absatz 2 gilt entsprechend.

(6) [1]Die in der Satzung der Partei oder Wählergruppe hierfür vorgesehene Stelle kann gegen den Beschluss einer Mitglieder- oder Vertreterversammlung Einspruch erheben. [2]Auf einen solchen Einspruch ist die Abstimmung zu wiederholen. [3]Ihr Ergebnis ist endgültig.

(7) Das Nähere über die Wahl der Vertreter für die Vertreterversammlung, über die Einberufung und Beschlussfähigkeit der Mitglieder- oder Vertreterversammlung sowie über das Verfahren für die Wahl des Bewerbers regeln die Parteien und Wählergruppen durch ihre Satzungen.

(8) [1]Eine Ausfertigung der Niederschrift über die Wahl des Bewerbers mit Angaben über Ort und Zeit der Versammlung, Form der Einladung, Zahl der erschienenen Mitglieder, Vertreter oder Wahlberechtigten und Ergebnis der Abstimmung ist mit dem Wahlvorschlag einzureichen. [2]Hierbei haben der Leiter der Versammlung und zwei von dieser bestimmte Teilnehmer gegenüber dem Wahlleiter an Eides statt zu versichern, dass die Wahl der Bewerber in geheimer Abstimmung erfolgt ist. [3]Hinsichtlich der Reservelisten hat sich die Versicherung an Eides statt auch darauf zu erstrecken, dass die Festlegung der Reihenfolge der Bewerber und die Bestimmung der Ersatzbewerber in geheimer Abstimmung erfolgt sind. [4]Der Wahlleiter ist zur Abnahme einer solchen Versicherung an Eides statt zuständig; er ist Behörde im Sinne des § 156 des Strafgesetzbuches. [5]Die Beibringung einer Ausfertigung der Niederschrift und der Versicherung an Eides statt bis zum Ablauf der Einreichungsfrist ist Voraussetzung für das Vorliegen eines gültigen Wahlvorschlages.

§ 18 [Prüfung und Zulassung der Wahlvorschläge]. (1) [1]Der Wahlleiter hat die Wahlvorschläge sofort zu prüfen. [2]Stellt er Mängel fest, so fordert er unverzüglich die Vertrauensperson auf, sie rechtzeitig zu beseitigen. [3]Die Vertrauensperson kann gegen Verfügungen des Wahlleiters den Wahlausschuß anrufen.

(2) [1]Mängel des Wahlvorschlages können nur so lange behoben werden, als nicht über seine Zulassung entschieden ist. [2]Sind in einer Reserveliste die Anforderungen nur hinsichtlich einzelner Bewerber nicht erfüllt, so werden ihre Namen aus der Reserveliste gestrichen.

(3) [1]Der Wahlausschuß entscheidet spätestens am neununddreißigsten Tage vor der Wahl über die Zulassung der Wahlvorschläge. [2]Er hat Wahlvorschläge zurückzuweisen, wenn sie verspätet eingereicht sind, den durch dieses Gesetz oder durch die Wahlordnung aufgestellten Anforderungen nicht entsprechen oder auf Grund einer Entscheidung nach Artikel 9 Abs. 2, Artikel 21 Abs. 2 des Grundgesetzes oder Artikel 32 Abs. 2 der Landesverfassung unzulässig sind.

(4) [1]Weist der Wahlausschuß einen Wahlvorschlag zurück, so kann binnen drei Tagen nach Verkündung in der Sitzung des Wahlausschusses von der Vertrauensperson des Wahlvorschlags oder vom Wahlleiter oder von der Aufsichtsbehörde Beschwerde eingelegt werden. [2]Der Wahlleiter, die Aufsichtsbehörde oder die oberste Aufsichtsbehörde kann auch gegen eine Entscheidung, durch die ein Wahlvorschlag zugelassen wird, Beschwerde erheben. [3]Die Beschwerde ist bei Entscheidungen der Wahlausschüsse der kreisangehörigen Gemeinden an den Wahlausschuß des Kreises und bei Entscheidungen der Wahlausschüsse der kreisfreien Städte und Kreise an den Landeswahlausschuß (§ 9 Abs. 2 des Landeswahlgesetzes) zu richten. [4]Legt die oberste Aufsichtsbehörde Beschwerde ein, so ist die Beschwerde an den Landeswahlausschuß zu richten, der für die Entscheidung auch dann ausschließlich zuständig ist, wenn gegen die Zulassung oder Nichtzulassung desselben Wahlvorschlages Beschwerde zum Wahlausschuß des Kreises erhoben ist. [5]Die Beschwerde kann nur auf die in Absatz 3 Satz 2 genannten Gründe gestützt werden. [6]In der Beschwerdeverhandlung sind die erschienenen Beteiligten zu hören. [7]Die Entscheidung über die Beschwerde muß vom Landeswahlausschuß spätestens am einunddreißigsten Tage, von den Wahlausschüssen der Kreise spätestens am dreißigsten Tage vor der Wahl getroffen werden. [8]Die Beschwerdeentscheidung ist für die Aufstellung der Bewerber zur Wahl endgültig. [9]Sie schließt die Erhebung eines Einspruchs im Wahlprüfungsverfahren nicht aus (§ 39 Abs. 2).

§ 19 [Bekanntmachung der Wahlvorschläge]. (1) Der Wahlleiter macht die zugelassenen Wahlvorschläge spätestens am zwanzigsten Tage vor der Wahl öffentlich bekannt.

(2) Für die Reihenfolge der Bekanntmachung gilt § 23 Abs. 1 Satz 3.

§ 20 [Zurücknahme eines Wahlvorschlags]. (1) [1]Ein Wahlvorschlag kann durch gemeinsame schriftliche Erklärung der Vertrauensperson und der stellvertretenden Vertrauensperson zurückgenommen werden, solange nicht über seine Zulassung entschieden ist. [2]Wahlvorschläge, die von Wahlberechtigten unterzeichnet sind, können auch von der Mehrheit der Unterzeichner durch eine von ihnen persönlich und handschriftlich unterzeichnete Erklärung zurückgenommen werden.

(2) [1]Ein Wahlvorschlag kann nach Ablauf der Einreichungsfrist nur durch gemeinsame schriftliche Erklärung der Vertrauensperson und der stellvertretenden Vertrauensperson und nur dann geändert werden, wenn ein Bewerber stirbt oder die Wählbarkeit verliert. [2]Das Verfahren nach § 17 braucht nicht eingehalten zu werden; der Unterschriften nach § 15 Abs. 2 Satz 3 und § 16 Abs. 1 Satz 3 bedarf es nicht. [3]Nach der Entscheidung über die Zulassung eines Wahlvorschlags ist jede Änderung ausgeschlossen.

3. Nachwahlen und einzelne Neuwahlen

§ 21 [Nachwahl]. (1) Eine Nachwahl findet statt, wenn
1. in einem Wahlgebiet, einem Wahlbezirk oder einem Stimmbezirk die Wahl nicht durchgeführt worden ist,
2. ein im Wahlbezirk vorgeschlagener Bewerber nach der Zulassung des Wahlvorschlages, aber noch vor dem Wahltage stirbt und ein Ersatzbewerber auf der Reserveliste (§ 16 Abs. 2) nicht vorhanden ist,
3. in einem Wahlbezirk kein Bewerber oder im Wahlgebiet weniger Bewerber zugelassen wird oder werden, als Vertreter zu wählen sind.

(2) [1]Die Nachwahl muss spätestens fünf Wochen nach dem Tag der ausgefallenen Wahl und kann im Fall des Absatzes 1 Nr. 2 schon an diesem Tag stattfinden. [2]Im Fall des Absatzes 1 Nr. 3 kann sie auch auf einen späteren Zeitpunkt als fünf Wochen nach dem Tag der ausgefallenen Wahl festgelegt werden. [3]Den Tag der Nachwahl und die für ihre Vorbereitung maßgeblichen Fristen und Termine bestimmt die Aufsichtsbehörde.

(3) Die Nachwahl findet auf denselben Grundlagen und nach denselben Vorschriften wie die ausgefallene Wahl statt, soweit nicht eine Ergänzung der Wahlvorschläge erforderlich ist.

§ 22 [Gebietsänderung]. (1) [1]Ist nach einer Gebietsänderung oder für eine neugebildete Gebietskörperschaft eine Vertretung zu wählen, so beruft die Aufsichtsbehörde die Beisitzer des Wahlausschusses. [2]Sie berücksichtigt hierbei nach Möglichkeit die im Wahlgebiet vertretenen Parteien und Wählergruppen. [3]Entsprechendes gilt, wenn im Falle der Auflösung der Vertretung gemäß § 125 der Gemeindeordnung oder aus anderen Gründen eine Neuwahl durchzuführen ist.

(2) Der Tag der Wahl ist so festzusetzen, dass sie baldmöglich innerhalb von sechs Monaten – im Falle der Auflösung gemäß § 125 der Gemeindeordnung von drei Monaten – nach Auflösung der alten Vertretung stattfindet.

(3) [1]Der nach Absatz 2 bestimmte Wahltag ist für die Wahlberechtigung und die Wählbarkeit maßgebend. [2]Findet die Wahl während der allgemeinen Wahl-

periode statt, so endet die Wahlzeit – abweichend von § 42 Abs. 1 Satz 1 der Gemeindeordnung und § 27 Abs. 1 Satz 1 der Kreisordnung – mit dem Ablauf der allgemeinen Wahlperiode.

4. Stimmzettel

§ 23 [Stimmzettel]. (1) [1]Die Stimmzettel und die erforderlichen Stimmzettelschablonen für blinde und sehbeeinträchtigte Menschen sowie Informationen zur Wahl in Leichter Sprache werden amtlich hergestellt. [2]Sie enthalten die für den Wahlbezirk zugelassenen Wahlvorschläge sowie die zugelassenen Reservelisten der Parteien und Wählergruppen, deren Wahlvorschlag für den Wahlbezirk zugelassen ist, mit den Namen der ersten drei Bewerber. [3]Die Reihenfolge auf dem Stimmzettel richtet sich nach der Stimmenzahl, die die Parteien, Wählergruppen und Einzelbewerber bei der letzten Wahl zur Vertretung des Wahlgebiets erreicht haben; sonstige Wahlvorschläge schließen sich in der Reihenfolge des Eingangs der Reservelisten, sofern eine Reserveliste nicht eingereicht oder nicht zugelassen worden ist, in der Reihenfolge des Eingangs der Wahlvorschläge für den Wahlbezirk, bei gleichzeitigem Eingang in alphabetischer Reihenfolge der Parteien, Wählergruppen und Einzelbewerber, an.

(2) In Stimmbezirken, in denen eine repräsentative Wahlstatistik (§ 50 Abs. 2) oder eine wahlstatistische Auszählung (§ 50 Abs. 4) stattfindet, werden Stimmzettel mit Unterscheidungsbezeichnungen nach Geschlecht und Geburtsjahresgruppen verwendet.

IV. Durchführung der Wahl

1. Anwesenheit im Wahllokal

§ 24 [Öffentlichkeit]. (1) [1]Die Wahlhandlung und die Ermittlung des Wahlergebnisses in den Stimmbezirken sind öffentlich. [2]Der Wahlvorstand kann aber im Interesse der Wahlhandlung die Zahl der im Wahllokal Anwesenden beschränken.

(2) Den Anwesenden ist jede Einflussnahme auf die Wahlhandlung und das Wahlergebnis untersagt.

(3) Während der Wahlzeit sind in und an dem Gebäude, in dem sich der Wahlraum befindet, sowie unmittelbar vor dem Zugang zu dem Gebäude jede Beeinflussung der Wähler durch Wort, Ton, Schrift oder Bild sowie jede Unterschriftensammlung verboten.

(4) Die Veröffentlichung von Ergebnissen von Wählerbefragungen nach der Stimmabgabe über den Inhalt der Wahlentscheidung ist vor Ablauf der Wahlzeit unzulässig.

(5) [1]Wer Ergebnisse von Wählerbefragungen nach der Stimmabgabe über den Inhalt der Wahlentscheidung entgegen Absatz 4 vor Ablauf der Wahlzeit

veröffentlicht, handelt ordnungswidrig. [2]Die Ordnungswidrigkeit kann mit einer Geldbuße bis zu 50 000 Euro geahndet werden. [3]Verwaltungsbehörde im Sinne des § 36 Abs. 1 Nr. 1 des Gesetzes über Ordnungswidrigkeiten ist der Wahlleiter.

2. Stimmabgabe

§ 25 [Stimmabgabe]. (1) [1]Der Wähler hat eine Stimme. [2]Er gibt seine Stimme geheim ab.

(2) Der Wähler gibt seine Stimme in der Weise ab, dass er durch ein auf den Stimmzettel gesetztes Kreuz oder auf andere Weise eindeutig kenntlich macht, welchem Bewerber sie gelten soll.

(3) Der Wähler faltet daraufhin den Stimmzettel in der Weise, dass seine Stimmabgabe nicht erkennbar ist, und wirft ihn in die Wahlurne.

(4) [1]Der Wähler kann seine Stimme nur persönlich abgeben. [2]Ein Wähler, der des Lesens unkundig oder aufgrund einer körperlichen Beeinträchtigung nicht in der Lage ist, den Stimmzettel zu kennzeichnen, zu falten und in die Wahlurne zu werfen, kann sich der Hilfe einer anderen Person (Hilfsperson) bedienen. [3]Blinde oder Sehbehinderte können sich zur Kennzeichnung des Stimmzettels auch einer Stimmzettelschablone bedienen.

(5) Der für Inneres zuständige Minister kann zulassen, dass anstelle von Stimmzetteln amtlich zugelassene Wahlgeräte verwendet werden.

§ 26 [Stimmabgabe bei Briefwahlen]. (1) Bei der Briefwahl hat der Wähler dem Bürgermeister in einem verschlossenen Wahlbriefumschlag
a) seinen Wahlschein,
b) in einem besonderen verschlossenen Stimmzettelumschlag seinen Stimmzettel

so rechtzeitig zu übersenden, dass der Wahlbrief am Wahltage bis 16 Uhr bei ihm eingeht.

(2) [1]Auf dem Wahlschein hat der Wähler oder die Hilfsperson (§ 25 Abs. 4 Satz 2) dem Bürgermeister an Eides statt zu versichern, dass der Stimmzettel persönlich oder gemäß dem erklärten Willen des Wählers gekennzeichnet worden ist. [2]Der Bürgermeister ist zur Abnahme einer solchen Versicherung an Eides statt zuständig; er ist Behörde im Sinne des § 156 des Strafgesetzbuches.

§ 27 [Weiteres Verfahren bei Briefwahl]. (1) Der Briefwahlvorstand öffnet den Wahlbrief, prüft die Gültigkeit der Stimmabgabe und legt den Stimmzettelumschlag im Falle der Gültigkeit der Stimmabgabe ungeöffnet in die Wahlurne des Wahlbezirks, der auf dem Wahlbrief bezeichnet ist.

(2) [1]Bei der Briefwahl sind Wahlbriefe zurückzuweisen, wenn
1. der Wahlbrief nicht rechtzeitig eingegangen ist,
2. dem Wahlbriefumschlag kein oder kein gültiger Wahlschein beiliegt,

3. dem Wahlbriefumschlag kein Stimmzettelumschlag beigefügt ist,
4. weder der Wahlbriefumschlag noch der Stimmzettelumschlag verschlossen ist,
5. der Wahlbriefumschlag mehrere Stimmzettelumschläge, aber nicht eine gleiche Anzahl gültiger und mit der vorgeschriebenen Versicherung an Eides statt versehener Wahlscheine enthält,
6. der Wähler oder die Person seines Vertrauens die vorgeschriebene Versicherung an Eides statt zur Briefwahl auf dem Wahlschein nicht unterschrieben hat,
7. kein amtlicher Stimmzettelumschlag benutzt worden ist,
8. ein Stimmzettelumschlag benutzt worden ist, der offensichtlich in einer das Wahlgeheimnis gefährdenden Weise von den übrigen abweicht.

[2]Die Einsender zurückgewiesener Wahlbriefe werden nicht als Wähler gezählt; ihre Stimmen gelten als nicht abgegeben.

(3) [1]Die Feststellung des Briefwahlergebnisses im Wahlbezirk obliegt dem Wahlvorstand eines vom Bürgermeister bestimmten Stimmbezirks; bei Bedarf können im Wahlbezirk auch mehrere Wahlvorstände bestimmt werden. [2]In Wahlbezirken, in denen mindestens 50 Wahlbriefe eingegangen sind, kann der Briefwahlvorstand auch das Ergebnis der Briefwahl feststellen.

(4) [1]Die Stimmen eines Wählers, der an der Briefwahl teilgenommen hat, werden nicht dadurch ungültig, dass er vor dem oder am Wahltag stirbt oder sonst sein Wahlrecht nach § 8 verliert. [2]Vor einem Fortzug aus dem Wahlgebiet abgegebene Stimmen werden ungültig, bei einem Wohnortwechsel innerhalb desselben Kreises auch für die Kreiswahl.

§ 28 *(weggefallen)*

3. Stimmenzählung

§ 29 [Stimmenzählung]. (1) Die Stimmenzählung erfolgt unmittelbar im Anschluß an die Wahlhandlung durch den Wahlvorstand.

(2) [1]Bei der Stimmenzählung ist zunächst die Gesamtzahl der abgegebenen Stimmen an Hand des Wählerverzeichnisses und der eingenommenen Wahlscheine festzustellen und mit der Zahl der in den Urnen befindlichen Stimmzettel zu vergleichen. [2]Danach wird die Zahl der gültigen Stimmen und der auf jeden Wahlvorschlag entfallenen Stimmen ermittelt.

(3) Über die Gültigkeit der Stimmen entscheidet der Wahlvorstand.

§ 30 [Ungültigkeit von Stimmen]. Ungültig sind Stimmen, wenn der Stimmzettel

1. nicht amtlich hergestellt ist oder für einen anderen Wahlbezirk gültig ist,
2. keine Kennzeichnung enthält,
3. den Willen des Wählers nicht zweifelsfrei erkennen läßt,
4. einen Zusatz oder Vorbehalt enthält.

V. Wahlsystem und Verteilung der Sitze

1. Wahlsystem

§ 31 [Wahlsystem]. [1]Jeder Wähler hat eine Stimme. [2]Mit ihr wählt er den Vertreter im Wahlbezirk (§ 32) und, falls der Bewerber von einer Partei oder Wählergruppe aufgestellt ist, die von ihr für das Wahlgebiet aufgestellte Reserveliste. [3]Die Sitze werden nach Maßgabe des § 33 auf die an der Listenwahl teilnehmenden Parteien und Wählergruppen entsprechend ihrem jeweiligen Anteil an der Gesamtzahl der abgegebenen gültigen Stimmen unter Anrechnung der in den Wahlbezirken errungenen Sitze verteilt.

2. Wahl im Wahlbezirk

§ 32 [Ergebnis im Wahlbezirk]. [1]Im Wahlbezirk ist derjenige Bewerber gewählt, der die meisten Stimmen auf sich vereinigt. [2]Ein Bewerber, der seine Wählbarkeit nach der Zulassung, aber noch vor dem Wahltag verloren hat, wird nicht berücksichtigt; an seine Stelle tritt gegebenenfalls der Ersatzbewerber. [3]Bei Stimmengleichheit entscheidet das vom Wahlleiter zu ziehende Los.

3. Wahl aus der Reserveliste

§ 33 [Ergebnis der Listenwahl].* (1) [1]Der Wahlausschuss zählt zunächst die für alle Bewerber abgegebenen gültigen Stimmen, nach Parteien, Wählergruppen und Einzelbewerbern getrennt, zusammen (Gesamtstimmenzahl). [2]Er stellt dann fest, welche Parteien und Wählergruppen weniger als 2,5 vom Hundert der Gesamtstimmenzahl erhalten haben. [3]Diese Parteien und Wählergruppen bleiben bei der Sitzverteilung unberücksichtigt. [4]Durch Abzug der Stimmen dieser Parteien und Wählergruppen sowie der Stimmen der Parteien und Wählergruppen, für die keine Reserveliste zugelassen ist, und der Stimmen der Einzelbewerber von der Gesamtstimmenzahl, wird die bereinigte Gesamtstimmenzahl gebildet.

(2) [1]Von der gemäß § 3 in jedem Wahlgebiet zu wählenden Gesamtzahl von Vertretern wird die Zahl der erfolgreichen Wahlbezirksbewerber abgezogen, die als Einzelbewerber aufgetreten oder von einer nach Absatz 1 Satz 2 bis 4 nicht zu berücksichtigenden Partei oder Wählergruppe vorgeschlagen sind. [2]Von der so gebildeten Ausgangszahl werden den am Verhältnisausgleich teilnehmenden Parteien und Wählergruppen nach dem Divisorverfahren mit Standardrundung so viele Sitze zugeteilt, wie ihnen im Verhältnis der auf ihre Re-

* *Der Verfassungsgerichtshof für das Land Nordrhein-Westfalen hat § 33 Abs. 1 S. 2 bis 4 KWahlG hinsichtlich der Wahlen der Gemeinderäte und Kreistage für mit Art. 69 Abs. 1 S. 2 Verf. NRW i.V.m. Art. 28 Abs. 1 S. 2 GG unvereinbar erklärt, vgl. Urteil vom 21.11.2017, Az. VerfGH 9/16.*

serveliste entfallenen Stimmenzahlen zur Gesamtstimmenzahl nach Absatz 1 zustehen (erste Zuteilungszahl). [3]Jede Partei oder Wählergruppe erhält so viele Sitze, wie sich nach Teilung ihrer Stimmen durch den Zuteilungsdivisor und anschließender Rundung ergeben. [4]Der Zuteilungsdivisor ist so zu bestimmen, dass insgesamt so viele Sitze wie nach der Ausgangszahl auf die Reservelisten entfallen. [5]Bei der Rundung sind Zahlenbruchteile unter 0,5 auf die darunter liegende Zahl abzurunden und Zahlenbruchteile ab 0,5 auf die darüber liegende Zahl aufzurunden. [6]Kommt es bei Berücksichtigung von bis zu vier Stellen nach dem Komma zu Rundungsmöglichkeiten mit gleichen Zahlenbruchteilen, entscheidet das vom Wahlleiter zu ziehende Los. [7]Zur Ermittlung des Zuteilungsdivisors ist die Gesamtstimmenzahl durch die Ausgangszahl zu teilen. [8]Falls nach dem sich so ergebenden Divisor bei Rundung insgesamt weniger Sitze als nach der Ausgangszahl vergeben würden, ist der Divisor auf den nächstfolgenden Divisor, der bei Rundung die Ausgangszahl ergibt, herunterzusetzen; würden insgesamt mehr Sitze als nach der Ausgangszahl vergeben, ist der Divisor auf den nächstfolgenden Divisor, der bei Rundung die Ausgangszahl ergibt, heraufzusetzen.

(3) [1]Haben Parteien und Wählergruppen mehr Sitze in den Wahlbezirken errungen, als ihnen nach Absatz 2 zustehen, wird die Ausgangszahl um so viele Sitze erhöht, wie notwendig sind, um bei erneuter Berechnung nach Absatz 2 mit den Stimmenzahlen der Parteien und Wählergruppen, denen nach Absatz 2 mindestens ein Sitz zusteht, unter Berücksichtigung der erzielten Mehrsitze eine Sitzverteilung nach dem Verhältnis dieser Stimmenzahlen zu erreichen. [2]Dazu wird die Zahl der in den Wahlbezirken errungenen Sitze der Partei oder Wählergruppe, die das günstigste Verhältnis dieser Sitzzahl zur ersten Zuteilungszahl erreicht hat, mit der Gesamtstimmenzahl der nach Satz 1 am Verhältnisausgleich noch teilnehmenden Parteien und Wählergruppen multipliziert und durch die Stimmenzahl dieser Partei oder Wählergruppe dividiert. [3]Die zweite Ausgangszahl für die Sitzzuteilung ist mit einer Stelle nach dem Komma zu berechnen und auf eine ganze Zahl nach Absatz 2 Satz 5 auf- oder abzurunden. [4]Ist durch die erhöhte Ausgangszahl die Gesamtzahl der Sitze eine ungerade Zahl, wird diese Ausgangszahl um eins erhöht. [5]Erhalten Parteien oder Wählergruppen bei der Berechnung der erhöhten Ausgangszahl nicht eine Sitzzahl, die der Zahl ihrer erfolgreichen Wahlbezirksbewerber entspricht, wird die erhöhte Ausgangszahl um 2 erhöht, bis die Zahl der Listenmandate nach erneuter Berechnung gemäß Absatz 2 erstmals der Zahl ihrer erfolgreichen Wahlbezirksbewerber entspricht oder diese übersteigt.

(4) [1]Erhält bei der Verteilung der Sitze nach Absatz 2 eine Partei oder Wählergruppe, die mehr als die Hälfte der gültigen Stimmen erhalten hat, nicht mehr als die Hälfte der insgesamt zu vergebenden Sitze, wird ihr vorab ein weiterer Sitz zugeteilt (Zusatzmandat). [2]Von den anderen Parteien oder Wählergruppen erhält diejenige mit dem niedrigsten Zahlenbruchteil ab 0,5 einen Sitz weniger als nach Absatz 2. [3]Betragen die Zahlenbruchteile sämtlich weniger als 0,5, erhält die Partei oder Wählergruppe einen Sitz weniger, die bei einer erneuten Be-

rechnung nach Absatz 2 mit der Gesamtstimmenzahl und der Gesamtsitzzahl der verbleibenden Parteien und Wählergruppen den niedrigsten Zahlenbruchteil erreicht. [4]Bei gleichen zu berücksichtigenden Zahlenbruchteilen bis zu vier Stellen nach dem Komma entscheidet das vom Wahlleiter zu ziehende Los.

(5) Parteien und Wählergruppen, die weniger Sitze in den Wahlbezirken errungen haben, als ihre Sitzzahl beträgt, erhalten die fehlenden Sitze aus der Reserveliste.

(6) [1]Die Sitze werden aus den Reservelisten in der dort festgelegten Reihenfolge besetzt. [2]§ 32 Satz 2 gilt entsprechend. [3]Bewerber, die in einem Wahlbezirk gewählt sind, bleiben hierbei unberücksichtigt. [4]Entfallen auf eine Partei oder Wählergruppe mehr Sitze, als Bewerber auf der Reserveliste benannt sind, so bleiben diese Sitze unbesetzt.

4. Feststellung des Wahlergebnisses

§ 34 [Feststellung des Gesamtergebnisses]. (1) Der Wahlausschuß stellt fest, wieviel Stimmen für die Bewerber in den Wahlbezirken und für die Parteien und Wählergruppen abgegeben worden sind und welche Bewerber in den Wahlbezirken und aus den Reservelisten gewählt sind.

(2) Der Wahlausschuß ist an die vom Wahlvorstand getroffenen Entscheidungen gebunden, jedoch berechtigt, Rechenfehler zu berichtigen.

§ 35 [Benachrichtigung und Bekanntgabe der gewählten Bewerber]. (1) Der Wahlleiter benachrichtigt die in den Wahlbezirken und aus den Reservelisten gewählten Bewerber durch Zustellung und fordert sie auf, binnen einer Woche nach Zustellung schriftlich zu erklären, ob sie die Wahl annehmen.

(2) Der Wahlleiter gibt die Namen der in den Wahlbezirken und aus den Reservelisten gewählten Bewerber öffentlich bekannt.

5. Annahmeerklärung

§ 36 [Annahme der Wahl]. (1) [1]Ein gewählter Bewerber erwirbt die Mitgliedschaft in der Vertretung mit dem Eingang der auf die Benachrichtigung nach § 35 Abs. 1 erfolgenden Annahmeerklärung beim zuständigen Wahlleiter, nicht jedoch vor Ablauf der Wahlperiode der alten Vertretung. [2]Eine Erklärung unter Vorbehalt gilt als Ablehnung. [3]Eine Ablehnung kann nicht widerrufen werden. [4]Gibt der Gewählte bis zum Ablauf der gesetzten Frist keine Erklärung ab, so gilt die Wahl zu diesem Zeitpunkt als angenommen. [5]Wer die Annahme der Wahl im Wahlbezirk ablehnt, scheidet auch als Bewerber der Reserveliste aus.

(2) Für die Annahmeerklärung eines Beamten oder Arbeitnehmers des öffentlichen Dienstes im Sinne des § 13 Absatz 1 Satz 1 gelten die besonderen Vorschriften des § 13 Absatz 3 und Absatz 6 Satz 3.

VI. Wahlprüfung, Ausscheiden und Ersatz von Vertretern

1. Mandatsverlust

§ 37 [Mandatsverlust]. Ein Vertreter verliert seinen Sitz

1. durch Verzicht,
2. durch nachträglichen Verlust der Wählbarkeit,
3. durch ein Parteiverbot gemäß Artikel 21 des Grundgesetzes, durch eine Entscheidung nach Artikel 9 Abs. 2 des Grundgesetzes und durch eine Entscheidung nach Artikel 32 Abs. 2 der Landesverfassung (§ 46 Abs. 1 und 3),
4. durch Ungültigkeit seiner Wahl gemäß einer Entscheidung im Wahlprüfungsverfahren,
5. durch nachträgliche Feststellung eines Hindernisses für die gleichzeitige Zugehörigkeit zu einer Vertretung (§ 13 Abs. 3 Satz 2 und 3, Abs. 4 und Abs. 6 Satz 3),
6. durch Annahme der Wahl zum Bürgermeister oder Landrat der Gebietskörperschaft, deren Vertretung er angehört.

§ 38 [Mandatsverzicht]. [1]Der Verzicht ist nur wirksam, wenn er dem Wahlleiter oder einem von ihm Beauftragten zur Niederschrift erklärt wird. [2]Der Verzicht kann mit Wirkung ab einem bestimmten späteren Zeitpunkt erklärt werden; er kann nicht widerrufen werden.

2. Wahlprüfung

§ 39 [Einspruch]. (1) [1]Gegen die Gültigkeit der Wahl können jeder Wahlberechtigte des Wahlgebiets, die für das Wahlgebiet zuständige Leitung solcher Parteien und Wählergruppen, die an der Wahl teilgenommen haben, sowie die Aufsichtsbehörde binnen eines Monats nach Bekanntgabe des Wahlergebnisses Einspruch erheben, wenn sie eine Entscheidung über die Gültigkeit der Wahl gemäß § 40 Abs. 1 Buchstaben a bis c für erforderlich halten. [2]Der Einspruch ist bei dem Wahlleiter schriftlich einzureichen oder mündlich zur Niederschrift zu erklären.

(2) [1]Gegen die von den Wahlbehörden bei der Vorbereitung der Wahl oder bei der Wahlhandlung getroffenen Entscheidungen kann Einspruch gemäß Absatz 1 eingelegt werden, um eine Entscheidung über die Gültigkeit der Wahl gemäß § 40 Abs. 1 herbeizuführen. [2]§ 9 Abs. 3 Satz 2, § 11, § 18 Abs. 4 bleiben unberührt.

§ 40 [Beschlußfassung]. (1) Die neue Vertretung hat nach Vorprüfung durch einen hierfür gewählten Ausschuß unverzüglich über die Einsprüche sowie über die Gültigkeit der Wahl von Amts wegen in folgender Weise zu beschließen:

a) Wird die Wahl wegen mangelnder Wählbarkeit eines Vertreters für ungültig erachtet, so ist das Ausscheiden dieses Vertreters anzuordnen.

b) Wird festgestellt, daß bei der Vorbereitung der Wahl oder bei der Wahlhandlung Unregelmäßigkeiten vorgekommen sind, die im jeweils vorliegenden Einzelfall auf das Wahlergebnis im Wahlbezirk oder auf die Zuteilung der Sitze aus der Reserveliste von entscheidendem Einfluß gewesen sein können, so ist die Wahl in dem aus § 42 Abs. 1 ersichtlichen Umfang für ungültig zu erklären und dementsprechend eine Wiederholungswahl anzuordnen (§ 42).

c) Wird die Feststellung des Wahlergebnisses für ungültig erklärt, so ist sie aufzuheben und eine Neufeststellung anzuordnen (§ 43). Ist die Neufeststellung nicht möglich, weil die Wahlunterlagen verlorengegangen sind oder wesentliche Mängel aufweisen, und kann dies im jeweils vorliegenden Einzelfall auf das Wahlergebnis im Wahlbezirk oder auf die Zuteilung der Sitze aus der Reserveliste von entscheidendem Einfluß sein, so gilt Buchstabe b entsprechend.

d) Wird festgestellt, daß keiner der unter Buchstaben a bis c genannten Fälle vorliegt, so ist die Wahl für gültig zu erklären.

(2) Die Mitglieder der Vertretung sind auch dann nicht gehindert, an der Entscheidung gemäß Absatz 1 mitzuwirken, wenn sich die Feststellungen im Einzelfall auf ihre Wahl erstrecken.

(3) [1]Die Vertreter scheiden aus, sobald der Beschluß der Vertretung unanfechtbar geworden oder im verwaltungsgerichtlichen Verfahren rechtskräftig bestätigt ist. [2]Die Rechtswirksamkeit ihrer bisherigen Tätigkeit wird durch das Ausscheiden nicht berührt.

(4) Die Vertretung kann mit einer Mehrheit von zwei Dritteln ihrer Mitglieder beschließen, daß ein Mitglied, dessen Wahl für ungültig erklärt ist, bis zur Unanfechtbarkeit des Beschlusses der Vertretung bzw. bis zur Rechtskraft der verwaltungsgerichtlichen Entscheidung nicht an der Arbeit der Vertretung teilnehmen darf.

§ 41 [Klage, einstweilige Anordnung]. (1) [1]Gegen den Beschluss der Vertretung nach § 40 Absatz 1 kann binnen eines Monats nach Bekanntgabe Klage erhoben werden. [2]Die Klage steht auch der Aufsichtsbehörde zu. [3]Im Fall der Ungültigkeitserklärung der Wahl durch die Vertretung steht auch einer Partei oder Wählergruppe, die keinen Einspruch eingelegt hat, die Klagebefugnis zu. [4]Ein Vorverfahren nach dem 8. Abschnitt der Verwaltungsgerichtsordnung findet nicht statt.

(2) Das Verwaltungsgericht kann auf Antrag des Klägers den gemäß § 40 Abs. 4 ergangenen Beschluss durch einstweilige Anordnung aufheben oder, falls ein solcher Beschluss nicht gefasst worden ist, auf Antrag von mindestens einem Viertel der Mitglieder der Vertretung eine Anordnung gemäß § 40 Absatz 4 treffen.

§ 42 [Wahlwiederholung]. (1) [1]Sind in einem Stimmbezirk Unregelmäßigkeiten gemäß § 40 Absatz 1 Buchstabe b vorgekommen, so ist die Wahl im ganzen Wahlbezirk zu wiederholen. [2]Erstrecken sich die Unregelmäßigkeiten auf mehr als die Hälfte der Wahlbezirke, so ist die Wahl im ganzen Wahlgebiet zu wiederholen.

(2) Bei der Wiederholungswahl wird, vorbehaltlich einer anderen Entscheidung im Wahlprüfungsverfahren, nach denselben Wahlvorschlägen und, wenn seit der Hauptwahl noch nicht sechs Monate verflossen sind, auf Grund derselben Wählerverzeichnisse gewählt, wie bei der für ungültig erklärten Wahl.

(3) Die Verteilung der Sitze aus den Reservelisten ist nach den Ergebnissen der Wiederholungswahl neu zu berechnen.

(4) [1]Wiederholungswahlen müssen baldmöglich stattfinden, spätestens innerhalb von vier Monaten, nachdem der Beschluss der Vertretung unanfechtbar geworden oder im verwaltungsgerichtlichen Verfahren rechtskräftig bestätigt ist. [2]Ist die Wahl nur teilweise für ungültig erklärt worden, so unterbleibt die Wiederholungswahl, wenn feststeht, dass innerhalb von neun Monaten eine neue Vertretung im Rahmen der allgemeinen Kommunalwahlen gewählt wird. [3]Den Tag der Wiederholungswahl und die für ihre Vorbereitung maßgeblichen Fristen und Termine bestimmt die Aufsichtsbehörde.

(5) [1]Wenn eine im ganzen Wahlgebiet erforderliche Wiederholungswahl nicht innerhalb eines Jahres nach der für ungültig erklärten Wahl durchgeführt wird, so findet spätestens innerhalb von vier Monaten, nachdem der Beschluss der Vertretung unanfechtbar geworden oder im verwaltungsgerichtlichen Verfahren rechtskräftig bestätigt ist, eine Neuwahl für den Rest der Wahlperiode statt, sofern nicht innerhalb von neun Monaten eine neue Vertretung im Rahmen der allgemeinen Kommunalwahlen gewählt wird. [2]Den Tag der Neuwahl und die für ihre Vorbereitung maßgeblichen Fristen und Termine bestimmt die Aufsichtsbehörde.

§ 43 [Neufeststellung und Neubekanntgabe des Wahlergebnisses].

(1) [1]Ist der Beschluß über die Neufeststellung des Wahlergebnisses gemäß § 40 Abs. 1 Buchstabe c unanfechtbar geworden oder im verwaltungsgerichtlichen Verfahren rechtskräftig bestätigt, so hat der von der neuen Vertretung gewählte Wahlausschuß das Ergebnis neu festzustellen. [2]Er ist hierbei an die Grundsätze der Entscheidung gemäß Satz 1 gebunden.

(2) [1]Das Wahlergebnis ist vom Wahlleiter neu bekanntzumachen. [2]Auf seine Nachprüfung finden die Vorschriften der §§ 39 bis 41 Anwendung.

§ 44 [Entscheidung über Mandatsverluste]. (1) Die Vertretung entscheidet darüber, ob ein Vertreter seinen Sitz verloren hat, weil die Voraussetzungen seiner Wählbarkeit nach der Wahl weggefallen sind; § 39 Abs. 1, § 40 Abs. 2 bis 4 und § 41 finden entsprechende Anwendung.

(2) Die allgemeinen Vorschriften des kommunalen Verfassungsrechts über das Beanstandungsrecht des Bürgermeisters oder Landrates und über die Befugnisse der Aufsichtsbehörden bleiben unberührt.

3. Ersatzbestimmung von Vertretern

§ 45 [Ersatzbestimmung]. (1) [1]Wenn ein gewählter Bewerber stirbt oder die Annahme der Wahl ablehnt oder wenn ein Vertreter stirbt oder sonst aus der Vertretung ausscheidet, so wird der Sitz nach der Reserveliste derjenigen Partei oder Wählergruppe besetzt, für die der Ausgeschiedene bei der Wahl aufgetreten ist; ein späterer Wechsel der Zugehörigkeit des Ausgeschiedenen zur Partei oder Wählergruppe bleibt unberücksichtigt. [2]Auf der Reserveliste bleiben diejenigen Bewerber außer Betracht, die aus der Partei oder Wählergruppe, für die sie bei der Wahl aufgestellt waren, ausgeschieden sind oder in der gemäß § 38 vorgesehenen Form auf ihre Anwartschaft verzichtet haben. [3]Wer die Annahme der Wahl im Wahlbezirk oder die Wahl gemäß der Reserveliste ablehnt, kann nicht beziehungsweise nicht erneut aus der Reserveliste berufen werden. [4]Ist der nach Satz 1 Ausgeschiedene bei der Wahl nicht als Bewerber für eine Partei oder Wählergruppe aufgetreten oder ist die Reserveliste erschöpft, so bleiben die betreffenden Sitze unbesetzt; die gesetzliche Mitgliederzahl vermindert sich entsprechend. [5]Der Ersatzbewerber, der ausschließlich für einen im Wahlbezirk aufgestellten und dort nicht direkt, sondern über die Reserveliste gewählten Bewerber benannt wurde, wird bei der Listennachfolge nicht berücksichtigt. [6]An die Stelle des nach Satz 1 Ausgeschiedenen tritt der für ihn auf der Reserveliste aufgestellte Ersatzbewerber, falls ein solcher nicht benannt ist, der auf der Reserveliste der Reihenfolge nach nächste Bewerber. [7]Wenn der bei der Listennachfolge zu berücksichtigende Ersatzbewerber oder Bewerber die Wählbarkeit verloren hat, gestorben ist oder die Annahme der Wahl abgelehnt hat, gilt Satz 6 entsprechend.

(2) [1]Der Wahlleiter stellt unverzüglich nach Ausscheiden des bisherigen Vertreters den Nachfolger oder das Freibleiben des Sitzes fest und macht dies öffentlich bekannt. [2]§ 39 Absatz 1, § 40 Absatz 3 und § 41 finden mit der Maßgabe entsprechende Anwendung, dass an die Stelle des Beschlusses der Vertretung die Entscheidung des Wahlleiters tritt.

4. Folgen des Verbots einer Partei oder Wählergruppe

§ 46 [Verlust der Mitgliedschaft]. (1) Wird eine Partei oder die Teilorganisation einer Partei durch das Bundesverfassungsgericht gemäß Artikel 21 des Grundgesetzes für verfassungswidrig erklärt, so verlieren die Vertreter, die dieser Partei oder Teilorganisation zur Zeit der Antragstellung oder der Verkündung des Urteils angehören, ihren Sitz.

(2) [1]Die nach Absatz 1 freigewordenen Sitze bleiben unbesetzt; die gesetzliche Mitgliederzahl der Vertretung vermindert sich entsprechend. [2]Dies gilt nicht, wenn die Vertreter auf Grund eines Wahlvorschlags einer nicht für verfassungswidrig erklärten Partei oder Wählergruppe gewählt waren; in diesem Falle rücken Vertreter aus der Reserveliste gemäß § 45 nach.

(3) Absatz 1 und 2 finden sinngemäß Anwendung, wenn eine Partei oder Wählergruppe als Ersatzorganisation einer für verfassungswidrig erklärten Par-

tei festgestellt, wenn eine Wählergruppe nach Artikel 9 Abs. 2 des Grundgesetzes verboten oder wenn eine Entscheidung nach Artikel 32 Abs. 2 der Landesverfassung getroffen ist.

(4) [1]Den Verlust der Mitgliedschaft nach Absatz 1 oder 3 stellt der Wahlleiter fest. [2]§ 45 Abs. 2 findet Anwendung.

VIa. Wahl der Bezirksvertretungen

§ 46a [Wahl der Bezirksvertretungen]. (1) Auf die Wahl der Bezirksvertretungen in den kreisfreien Städten finden die Vorschriften dieses Gesetzes entsprechende Anwendung, soweit sich nicht aus den Absätzen 2 bis 6 etwas anderes ergibt.

(2) Die für die Wahl des Rates zuständigen Wahlorgane führen die Wahl der Bezirksvertretungen durch.

(3) [1]Die Wahl der Bezirksvertretungen erfolgt nach den Grundsätzen der Verhältniswahl nach Listenwahlvorschlägen. [2]Der Wähler hat eine Stimme, die er für eine Liste abgeben kann.

(4) [1]Wahlberechtigt für die Wahl der Bezirksvertretung eines Stadtbezirks ist, wer in diesem Stadtbezirk für die Wahl des Rates wahlberechtigt ist. [2]Wählbar für die Bezirksvertretung sind alle nach Satz 1 Wahlberechtigten, die das 18. Lebensjahr vollendet haben und die übrigen Voraussetzungen des § 12 erfüllen, sowie – bei Fehlen eines entsprechenden Wohnsitzes im Stadtbezirk – die Wahlberechtigten, die in einem Gemeindewahlbezirk des Stadtbezirks als Bewerber für die Wahl des Rates aufgestellt sind.

(5) [1]Listenwahlvorschläge können von Parteien und Wählergruppen eingereicht werden. [2]§ 16 findet entsprechende Anwendung mit der Maßgabe, dass der Listenwahlvorschlag von der für das Gebiet der kreisfreien Stadt zuständigen Leitung der Partei oder Wählergruppe unterzeichnet sein muss, dass die Zahl der nach § 16 Absatz 1 Satz 3 erforderlichen Unterschriften von Wahlberechtigten höchstens 50 beträgt und dass ein Bewerber, unbeschadet seiner Bewerbung für die Wahl des Rates, nur in einem Listenwahlvorschlag benannt werden darf. [3]Als Bewerber in einem Listenwahlvorschlag kann nur benannt werden, wer in einer Mitglieder-, Vertreter- oder Wahlberechtigtenversammlung im Gebiet der kreisfreien Stadt oder des Stadtbezirks hierzu gewählt worden ist.

(6) [1]Die Sitze in der Bezirksvertretung werden entsprechend § 33 Absatz 2 auf die Parteien und Wählergruppen verteilt. [2]Entfällt bei dieser Sitzverteilung auf den Listenwahlvorschlag einer Partei oder Wählergruppe, die im Stadtbezirk 5 vom Hundert oder mehr der Gesamtstimmenzahl erhalten hat, kein Sitz, so ist die Sitzverteilung mit einer jeweils um 2 erhöhten Gesamtsitzzahl so oft zu wiederholen, bis auf den Listenwahlvorschlag einer solchen Partei oder Wählergruppe mindestens ein Sitz entfallen ist. [3]Die so geänderte Gesamtsitzzahl tritt an die Stelle der satzungsmäßigen Sitzzahl der Bezirksvertretung.

VIb. Wahl der Bürgermeister und Landräte

§ 46b [Anwendbare Vorschriften]. Auf die Wahl sowie die Abwahl der Bürgermeister gemäß den §§ 65 und 66 der Gemeindeordnung und der Landräte gemäß den §§ 44 und 45 der Kreisordnung finden die Vorschriften dieses Gesetzes entsprechende Anwendung, soweit sich nicht aus den §§ 46c bis 46e oder aus der Gemeindeordnung, der Kreisordnung und dem Landesbeamtengesetz etwas anderes ergibt.

§ 46c (Wahl). (1) [1]Jeder Wähler hat für jede Wahl eine Stimme. [2]Als Bürgermeister oder Landrat ist gewählt, wer mehr als die Hälfte der gültigen Stimmen erhalten hat. [3]Gibt es nur einen zugelassenen Wahlvorschlag, ist der Bewerber gewählt, wenn sich die Mehrheit der Wähler für ihn entschieden hat.

(2) [1]Erhält von mehreren Bewerbern keiner mehr als die Hälfte der gültigen Stimmen, findet am zweiten Sonntag nach der Wahl eine Stichwahl unter den beiden Bewerbern statt, die bei der ersten Wahl die höchsten Stimmenzahlen erhalten haben. [2]Die Aufsichtsbehörde kann einen anderen Termin der Stichwahl festsetzen, wenn besondere Umstände es erfordern. [3]Es wird auf Grund desselben Wählerverzeichnisses gewählt wie bei der ersten Wahl. [4]Bei Stimmengleichheit entscheidet das vom Wahlleiter zu ziehende Los darüber, wer an der Stichwahl teilnimmt. [5]Bei der Stichwahl ist der Bewerber gewählt, der von den gültigen Stimmen die höchste Stimmenzahl erhält. [6]Bei gleicher Stimmenzahl entscheidet das vom Wahlleiter zu ziehende Los.

(3) [1]Scheidet einer der beiden Bewerber vor der Stichwahl durch Tod oder Verlust der Wählbarkeit aus, ist die Wahl insgesamt zu wiederholen. [2]Die Partei oder Wählergruppe, die den betreffenden Bewerber vorgeschlagen hatte, kann einen neuen Wahlvorschlag einreichen. [3]§ 20 Absatz 2 Satz 2 gilt entsprechend. [4]Im Übrigen findet die Wahl auf denselben Grundlagen und nach denselben Vorschriften wie die erste Wahl statt.

(4) [1]§ 4 ist nicht entsprechend anzuwenden. [2]Abweichend von § 10 Abs. 3 können Inhaber eines Wahlscheins in jedem Stimmbezirk des Wahlgebiets wählen.

§ 46d [Wahlvorschläge, Abwahl]. (1) [1]Jeder Wahlvorschlag darf nur einen Bewerber enthalten. [2]Wer gemäß der Gemeindeordnung oder gemäß der Kreisordnung wählbar ist, kann sich selbst vorschlagen; für einen solchen Vorschlag gelten die Regelungen für Einzelbewerber entsprechend. [3]§ 15 Absatz 2 Satz 3 findet mit der Maßgabe Anwendung, dass die dort genannten Wahlvorschläge von mindestens fünfmal, für die Wahl in Gemeinden bis zu 10 000 Einwohnern von mindestens dreimal soviel Wahlberechtigten, wie die Vertretung Mitglieder hat, persönlich und handschriftlich unterzeichnet sein müssen; dies gilt nicht, wenn der bisherige Bürgermeister oder Landrat als Bewerber vorgeschlagen wird.

(2) Bewerber können nicht gleichzeitig für die Wahl zum Bürgermeister oder Landrat in mehreren Gemeinden und Kreisen kandidieren.

(3) [1]Gemeinsame Wahlvorschläge sind zulässig. [2]Wird eine Person von mehreren Parteien oder Wählergruppen als gemeinsamer Bewerber benannt, ist sie hierzu in geheimer Abstimmung entweder in einer gemeinsamen Versammlung oder in getrennten Versammlungen der Wahlvorschlagsträger zu wählen. [3]Die Wahlvorschlagsträger des gemeinsamen Wahlvorschlags dürfen keinen anderen als den gemeinsamen Bewerber wählen und zur Wahl vorschlagen.

(4) [1]Bei gemeinsamen Wahlvorschlägen mit Beteiligung von Parteien oder Wählergruppen, die in der Vertretung des Wahlgebietes vertreten sind, richtet sich die Reihenfolge auf dem Stimmzettel nach der höchsten bei der letzten Wahl zur Vertretung des Wahlgebiets erreichten Stimmenzahl einer der beteiligten Parteien oder Wählergruppen. [2]In diesem Fall werden auf dem Stimmzettel die an dem gemeinsamen Wahlvorschlag beteiligten Parteien und Wählergruppen in der Reihenfolge aufgeführt, die sich bei selbstständigen Wahlvorschlägen entsprechend § 23 Absatz 1 Satz 3 erster Satzteil ergeben hätte; die an dem gemeinsamen Wahlvorschlag beteiligten Parteien und Wählergruppen im Sinne des § 23 Absatz 1 Satz 3 zweiter Satzteil schließen sich auf dem Stimmzettel in alphabetischer Reihenfolge an. [3]Bei anderen gemeinsamen Wahlvorschlägen richtet sich bei gleichzeitigem Eingang von Wahlvorschlägen die alphabetische Reihenfolge in entsprechender Anwendung des § 23 Absatz 1 Satz 3 zweiter Satzteil nach dem Anfangsbuchstaben des an dem gemeinsamen Wahlvorschlag beteiligten Wahlvorschlagsträgers, der in dem Wahlvorschlag alphabetisch an erster Stelle steht. [4]Auf dem Stimmzettel werden im Fall des § 23 Absatz 1 Satz 3 zweiter Satzteil die an dem gemeinsamen Wahlvorschlag beteiligten Parteien und Wählergruppen in alphabetischer Reihenfolge aufgeführt.

(5) [1]Die Abstimmung über die Abwahl eines Bürgermeisters oder eines Landrates muss baldmöglichst, spätestens innerhalb von drei Monaten nach dem Beschluss des Rates gemäß der Gemeindeordnung oder des Kreistages gemäß der Kreisordnung zur Einleitung des Abwahlverfahrens stattfinden. [2]Den Tag der Abstimmung sowie die für ihre Vorbereitung maßgeblichen Fristen und Termine bestimmt die Vertretung.

(6) Wird die Bürgermeister- oder Landratswahl für ungültig erklärt, findet abweichend von § 42 eine Neuwahl statt.

§ 46e [Mitwirkungsverbot]. (1) Der Bürgermeister oder der Landrat darf an der Beratung und Entscheidung der Vertretung über die Gültigkeit seiner Wahl oder Abwahl (§ 40) nicht mitwirken.

(2) Nach der Gemeindeordnung oder Kreisordnung wählbare Bewerber für das Amt des Bürgermeisters oder des Landrats können auch dann gegen die Gültigkeit der Wahl binnen eines Monats nach Bekanntgabe des Wahlergebnisses Einspruch erheben, wenn sie nicht wahlberechtigt gemäß § 7 sind.

VII. Schlußbestimmungen

1. Kosten

§ 47 [Kostentragung]. [1]Jedes Wahlgebiet trägt die Kosten der Wahl seiner Vertretung. [2]Finden Wahlen zu den Vertretungen der Gemeinden und Kreise gleichzeitig statt, so hat hinsichtlich der Kosten, die im Interesse der verschiedenen Wahlgebiete aufgewendet werden, ein billiger Ausgleich zwischen den Wahlgebieten zu erfolgen. [3]Falls diese sich nicht einigen, entscheidet die für den Kreis zuständige Aufsichtsbehörde.

§ 48 [Keine Wahlkampfkostenerstattung]. Eine Erstattung von Wahlkampfkosten findet nicht statt.

2. Funktionsbezeichnungen; Fristen und Termine

§ 49 [Funktionsbezeichnungen; Fristen, Termine]. (1) Die Funktionsbezeichnungen dieses Gesetzes werden in weiblicher oder männlicher Form geführt.

(2) [1]Die in diesem Gesetz vorgesehenen Fristen und Termine verlängern oder ändern sich nicht dadurch, daß der letzte Tag der Frist oder ein Termin auf einen Sonnabend, einen Sonntag, einen gesetzlichen oder staatlich geschützten Feiertag fällt. [2]Eine Wiedereinsetzung in den vorigen Stand ist ausgeschlossen.

3. Wahlstatistik

§ 50 [Wahlstatistik]. (1) Die Ergebnisse der Kommunalwahlen sind vom Landesbetrieb Information und Technik NRW (IT.NRW) statistisch auszuwerten; die Auswertung ist zu veröffentlichen.

(2) [1]Aus den Ergebnissen der Wahlen zu den Vertretungen der Kreise und kreisfreien Städte ist vom Landesbetrieb Information und Technik (IT.NRW) eine Landesstatistik auf repräsentativer Grundlage über

a) die Wahlberechtigten und ihre Beteiligung an der Wahl nach Geschlecht und Geburtsjahresgruppen,

b) die Wähler und ihre Stimmabgabe nach Geschlecht und Geburtsjahresgruppen

zu erstellen und zu veröffentlichen. [2]Die Durchführung der Statistiken ist nur zulässig, wenn das Wahlgeheimnis gewahrt bleibt und die Feststellung des Wahlergebnisses nicht verzögert wird. [3]Ergebnisse für einzelne Stimmbezirke dürfen nicht bekanntgegeben werden. [4]Die Erhebung wird mit einem Auswahlsatz von höchstens 5 vom Hundert in ausgewählten Stimmbezirken durchgeführt. [5]Die Stimmbezirke werden vom Landesbetrieb für Information und Technik NRW (IT. NRW) im Einvernehmen mit dem für Inneres zuständigen Ministerium ausgewählt. [6]Ein ausgewählter Stimmbezirk muss mindestens 400 Wahlberechtigte umfassen.

(3) [1]Für die Erhebung nach Absatz 2 Satz 1 Buchstabe a dürfen höchstens elf Geburtsjahresgruppen gebildet werden, in denen jeweils mindestens drei Geburtsjahrgänge zusammengefasst sind. [2]Für die Erhebung nach Absatz 2 Satz 1 Buchstabe b dürfen höchstens fünf Geburtsjahresgruppen gebildet werden, in denen mindestens neun Geburtsjahrgänge zusammengefasst sind.

(4) [1]In Gemeinden mit einer Statistikdienststelle, die die Voraussetzungen des § 32 Abs. 2 des Datenschutzgesetzes Nordrhein-Westfalen erfüllt, kann der Bürgermeister anordnen, dass in weiteren Stimmbezirken für eigene statistische Zwecke wahlstatistische Auszählungen durchgeführt werden. [2]Absatz 2 Satz 2, 3 und 6 sowie Absatz 3 gelten entsprechend.

4. Wahlordnung

§ 51 [Kommunalwahlordnung]. (1) Das für Inneres zuständige Ministerium erlässt in der Kommunalwahlordnung die zur Ausführung dieses Gesetzes erforderlichen Vorschriften, insbesondere in

§ 2 über Bildung, Beschlussfassung und Verfahren der Wahlausschüsse und Wahlvorstände einschließlich der Briefwahlvorstände, über die Berufung in ein Wahlehrenamt, über den Ersatz von Auslagen der Inhaber von Wahlehrenämtern sowie die Pauschalierung dieses Auslagenersatzes,

§ 3 über den maßgeblichen Zeitpunkt für die Bevölkerungszahl,

§§ 4 bis 6
über die Einteilung der Stimmbezirke sowie über die Bekanntmachung der Wahlbezirke, Stimmbezirke und Wahlräume,

§ 9 über die Ausgabe von Wahlscheinen,

§§ 10 und 11
über Führung der Wählerverzeichnisse und Einsichtnahme in diese, über die Eintragung auf Antrag sowie über das Verfahren bei Einsprüchen und über die Benachrichtigung der Wahlberechtigten,

§§ 14, 21, 22 und 42
über die Durchführung von einzelnen Neuwahlen, Nachwahlen und Wiederholungswahlen; dabei bestimmt er, inwieweit Wahlvorschläge geändert oder durch neue ersetzt werden dürfen, wenn die Entwicklung seit dem Tage der Hauptwahl dies erfordert, im Besonderen wenn ein Bewerber gestorben ist, seine Wählbarkeit verloren hat, seine Zustimmung zurückgezogen hat oder aus der Partei ausgeschieden ist, für die er bei der Wahl aufgestellt war,

§§ 15 bis 20
über Art, Einreichung und Form der Wahlvorschläge (einschließlich beizubringender Nachweise), über die Aufstellung der Bewerber, über das Verfahren für ihre Prüfung, Zulassung und Bekanntgabe, über die Befugnisse der Vertrauenspersonen, über die Berechnung der Zahl der Wahlberechtigten im Zusammenhang mit der Unterzeichnung

von Wahlvorschlägen und über die Befugnis zur Unterzeichnung von Wahlvorschlägen, wobei ein vereinfachtes Nachweisverfahren für solche Parteien und Wählergruppen vorgesehen werden kann, die sich gleichzeitig in mehreren Wahlgebieten oder innerhalb eines Wahlgebiets in mehreren Wahlbezirken bewerben,

§ 23 über Form und Inhalt des Stimmzettels,

§ 25 über Wahlschutzvorrichtungen, Wahlurnen, die Stimmabgabe sowie die Zulassung von Wahlgeräten und die Stimmabgabe am Wahlgerät,

§§ 26 und 27
über die Briefwahl,

§ 29 über die Stimmenzählung, wobei besondere Bestimmungen über die Feststellung der am Wahlgerät abgegebenen gültigen und ungültigen Stimmen getroffen werden können,

§ 30 über die Ungültigkeit der Stimmzettel,

§ 33 über die Sitzberechnung und Verteilung der Sitze,

§§ 34 bis 36
über die Feststellung des Wahlergebnisses, die Benachrichtigung der Gewählten und die Aufbewahrung der Wahlunterlagen,

§§ 39 bis 44
über die Bekanntmachung von Entscheidungen im Wahlprüfungsverfahren,

§ 45 über die Durchführung der Ersatzbestimmung,

§ 46a über die Wahl der Bezirksvertretungen,

§§ 46b bis 46d
über die Wahl und Abwahl der Bürgermeister und Landräte,

§ 47 über die Erstattung von Kosten, insbesondere durch Festlegung von Pauschsätzen,

§ 50 über die Wahlstatistik

(2) In der Wahlordnung kann das Wahlverfahren in Krankenhäusern, Alten- und Pflegeheimen, Klöstern sowie in sozialtherapeutischen und Justizvollzugsanstalten unter Anpassung an die Besonderheiten dieser Einrichtungen besonders geregelt werden.

(3) In der Wahlordnung sind besondere Bestimmungen zu treffen über die gemeinsame Durchführung von Gemeinde-, Kreis-, Bürgermeister- und Landratswahlen sowie der Kommunalwahlen mit anderen Wahlen, um insbesondere die gemeinsame Benutzung der Wahlunterlagen und die Zusammenarbeit der Wahlorgane sicherzustellen.

(4) In der Wahlordnung sind besondere Bestimmungen zu treffen, in welcher Weise Wahlbekanntmachungen zu veröffentlichen und ob und in welcher Weise amtliche Vordrucke zu verwenden und von Amts wegen zu beschaffen sind.

Zusatz:

(Artikel 5 des Gesetzes zur Stärkung der kommunalen Demokratie vom 9. April 2013 (GV. NRW. S. 194))
Übergangsregelungen zum Kommunalwahlgesetz, zur Gemeindeordnung, zur Kreisordnung und zum Landesbeamtengesetz

Abweichend von den nach den Artikeln 1 bis 4 dieses Gesetzes zu bestimmenden Amtszeiten und Wahltagen gelten folgende Übergangsregelungen:

§ 1 Festlegung von Wahltagen. (1) [1]Die allgemeinen Kommunalwahlen finden im Jahr 2014 in der Zeit zwischen dem 1. April und dem 15. Juli statt; sie sollen am Tag der Wahl der Abgeordneten des Europäischen Parlaments aus der Bundesrepublik Deutschland durchgeführt werden. [2]Dieser Wahltag wird vom für Inneres zuständigen Ministerium festgelegt und bekannt gemacht (Wahlausschreibung).

(2) Die Nachfolger der bei Inkrafttreten dieses Gesetzes im Amt befindlichen Bürgermeister und Landräte, deren Amtszeit am 20. Oktober 2014 endet, werden am 28. September 2014 gewählt.

(3) Die Wahl der Nachfolger der am 30. August 2009 gewählten Bürgermeister und Landräte, deren Amtszeit mit Ablauf des 20. Oktober 2015 endet, findet am 13. September 2015 statt; ihre Amtszeit beginnt am 21. Oktober 2015. Der Wahltag wird vom für Inneres zuständigen Ministerium bekannt gemacht (Wahlausschreibung).

(4) In der Zeit vom 13. Dezember 2014 bis zum Tag der Wahlen der Bürgermeister und Landräte am 13. September 2015 findet eine Wahl des Bürgermeisters oder Landrats nicht statt.

(5) In der Zeit vom 1. September 2019 bis zum Tag der allgemeinen Kommunalwahlen im Jahr 2020 findet eine Wahl des Bürgermeisters oder Landrats nicht statt.

§ 2 Ende der Wahlperiode der im Jahr 2014 gewählten Vertretungen. [1]Die Wahlperiode der im Jahr 2014 gewählten Vertretungen endet mit Ablauf des Tages vor dem Beginn der Wahlperiode der im Jahr 2020 gewählten Vertretungen. [2]Die Wahlperiode der im Jahr 2020 gewählten Vertretungen beginnt am 1. November 2020.

§ 3 Ende der Amtszeit der Bürgermeister und Landräte, die ab Inkrafttreten dieses Gesetzes bis einschließlich 21. Oktober 2015 ihr Amt antreten. Die Amtszeit der Bürgermeister und Landräte, die in der Zeit ab Inkrafttreten dieses Gesetzes bis einschließlich 21. Oktober 2015 ihr Amt antreten, endet mit Ablauf des Tages vor dem Beginn der Wahlperiode der im Jahr 2020 gewählten Vertretungen.

§ 4 Nachfolge der Bürgermeister und Landräte, deren Amtszeit zwischen dem 22. Oktober 2015 und dem Beginn der Wahlperiode der im Jahr 2020

gewählten Vertretungen endet. [1]Die Nachfolger der Bürgermeister und Landräte, deren Amtszeit zwischen dem 22. Oktober 2015 und dem Beginn der Wahlperiode der im Jahr 2020 gewählten Vertretungen endet, werden bis zum Ablauf der nächsten Wahlperiode der Vertretungen gewählt. [2]In den Fällen, in denen die Amtszeit innerhalb der ersten drei Jahre der laufenden Wahlperiode des Rates beginnt, endet diese mit Ablauf des Tages vor dem Beginn der Wahlperiode der im Jahr 2020 gewählten Vertretungen.

§ 5 Einmaliges Niederlegungsrecht der Bürgermeister und Landräte. Bürgermeister und Landräte, deren Amtszeit zwischen dem Beginn der Wahlperiode der im Jahr 2014 gewählten kommunalen Vertretungen und dem 20. Oktober 2015 (einschließlich) endet und die ihre Entlassung aus dem Beamtenverhältnis auf Zeit anlässlich des Endes der Wahlperiode der kommunalen Vertretungen im Jahr 2014 verlangen, treten nach Ablauf des 22. Tages des auf das Ende der Wahlperiode folgenden Monats in den Ruhestand, sofern sie die Voraussetzungen des § 119 Absatz 4 Satz 3 LBG NRW erfüllen und die Entlassung bis zum 30. November 2013 beantragen; die Zeit bis zum regulären Ende ihrer Amtszeit wird dabei auf die Wartezeit nach § 119 Absatz 4 Satz 3 LBG NRW angerechnet und erhöht die ruhegehaltsfähige Dienstzeit.

Zusatz:

(Artikel 5 des Gesetzes zur Änderung des Kommunalwahlgesetzes und zur Änderung kommunalverfassungsrechtlicher Vorschriften vom 1. Oktober 2013 (GV. NRW. S. 564))

Übergangsregelungen

§ 1 Einteilung in Wahlbezirke zu den Kommunalwahlen 2020. Für die allgemeinen Kommunalwahlen im Jahr 2020 teilen die Wahlausschüsse der Gemeinden spätestens bis zum 29. Februar 2020, die Wahlausschüsse der Kreise spätestens bis zum 31. März 2020 das Wahlgebiet in so viele Wahlbezirke ein, wie Vertreter gemäß § 3 Absatz 2 des Kommunalwahlgesetzes in Wahlbezirken zu wählen sind.

§ 2 Wahl der Vertreter für die Vertreterversammlung und der Bewerber für die Kommunalwahlen 2020. Für die allgemeinen Kommunalwahlen 2020 sind die Vertreter für die Vertreterversammlung und die Bewerber ab dem 1. August 2019, die Bewerber für die Wahlbezirke frühestens nach der öffentlichen Bekanntgabe der Einteilung des Wahlgebietes in Wahlbezirke zu den Kommunalwahlen 2020 zu wählen.

Gesetz über kommunale Gemeinschaftsarbeit (GkG NRW)

in der Fassung der Bekanntmachung vom 1. Oktober 1979
(GV NRW S. 621/SGV NRW 202);
zuletzt geändert durch Gesetz vom 23. Januar 2018 (GV NRW S. 90).

INHALTSÜBERSICHT*

---

* *Die Inhaltsübersicht ist nicht amtlich.*

ERSTER TEIL

Formen kommunaler Gemeinschaftsarbeit

§ 1 [Aufgaben]. (1) [1]Gemeinden und Gemeindeverbände können Aufgaben, zu deren Wahrnehmung sie berechtigt oder verpflichtet sind, nach den Vorschriften dieses Gesetzes gemeinsam wahrnehmen. [2]Die gemeinsame Aufgabenwahrnehmung kann sich auf sachlich und örtlich begrenzte Teile der Aufgabe beschränken. [3]Die Sätze 1 und 2 gelten nicht, wenn durch Gesetz eine besondere Rechtsform für die Zusammenarbeit vorgeschrieben oder die gemeinsame Wahrnehmung einer Aufgabe ausgeschlossen ist.

(2) Zur gemeinsamen Wahrnehmung von Aufgaben können Arbeitsgemeinschaften begründet, Zweckverbände und gemeinsame Kommunalunternehmen gebildet sowie öffentlich-rechtliche Vereinbarungen geschlossen werden.

(3) Die Befugnis, zur gemeinsamen Wahrnehmung von Aufgaben die Gestaltungsmöglichkeiten des Privatrechts zu benutzen, bleibt unberührt.

ZWEITER TEIL

Die kommunale Arbeitsgemeinschaft

§ 2 Zweck. (1) [1]Gemeinden und Gemeindeverbände können sich zu kommunalen Arbeitsgemeinschaften zusammenschließen. [2]In diese Arbeitsgemeinschaften können auch sonstige Körperschaften, Anstalten und Stiftungen des öffentlichen Rechts sowie natürliche Personen und juristische Personen des Privatrechts aufgenommen werden.

(2) Nach der getroffenen Vereinbarung beraten die Arbeitsgemeinschaften Angelegenheiten, die ihre Mitglieder gemeinsam berühren; sie stimmen Planungen der einzelnen Mitglieder für diese Angelegenheiten und die Tätigkeit von Einrichtungen ihrer Mitglieder aufeinander ab; sie leiten Gemeinschaftslösungen ein, um eine möglichst wirtschaftliche und zweckmäßige Erfüllung der Aufgaben in einem größeren nachbarlichen Gebiet sicherzustellen.

§ 3 Geschäftsführung. (1) [1]Die Arbeitsgemeinschaften geben den Mitgliedern Anregungen; sie fassen keine die Mitglieder bindenden Beschlüsse. [2]Die Zuständigkeit der Organe der einzelnen Mitglieder bleibt unberührt.

(2) [1]Die Geschäftsführung der Arbeitsgemeinschaften ist durch die Beteiligten zu regeln. [2]In der Regelung sind die Aufgabengebiete näher zu bestimmen, auf denen eine Arbeitsgemeinschaft sich betätigen will; ferner sind in ihr die näheren Bestimmungen über die Durchführung der Arbeitsgemeinschaft zu treffen.

DRITTER TEIL

Der Zweckverband

1. Abschnitt

Grundlagen

§ 4 Wesen, Arten, Mitglieder. (1) Gemeinden und Gemeindeverbände können sich zu Zweckverbänden zusammenschließen, um Aufgaben, zu deren Wahrnehmung sie berechtigt oder verpflichtet sind, gemeinsam zu erfüllen oder durchzuführen (Freiverband); für Pflichtaufgaben können sie auch zusammengeschlossen werden (Pflichtverband).

(2) [1]Neben einer der in Absatz 1 genannten Körperschaften können auch der Bund, die Länder der Bundesrepublik und andere Körperschaften, Anstalten und Stiftungen des öffentlichen Rechts Mitglieder eines Zweckverbandes sein, soweit nicht die für sie geltenden besonderen Vorschriften die Beteiligung ausschließen oder beschränken. [2]Ebenso können natürliche Personen und juristische Personen des Privatrechts Mitglieder eines Zweckverbandes sein, wenn die Wahrnehmung der Verbandsaufgaben dadurch gefördert wird und Gründe des öffentlichen Wohles nicht entgegenstehen.

(3) [1]Die Mitgliedschaft einer Gemeinde oder eines Gemeindeverbandes außerhalb des Landes Nordrhein-Westfalen oder einer sonstigen nicht der Aufsicht des Landes unterstehenden Körperschaft, Anstalt oder Stiftung des öffentlichen Rechts in einem Zweckverband, der im Lande Nordrhein-Westfalen seinen Sitz hat, bedarf der Genehmigung der Bezirksregierung. [2]Das gleiche gilt für die Mitgliedschaft einer Gemeinde, eines Gemeindeverbandes oder einer sonstigen der Aufsicht des Landes Nordrhein-Westfalen unterstehenden Körperschaft, Anstalt oder Stiftung des öffentlichen Rechts in einem Zweckverband außerhalb des Landes.

§ 5 Rechtsform. (1) [1]Der Zweckverband ist eine Körperschaft des öffentlichen Rechts. [2]Er verwaltet seine Angelegenheiten im Rahmen der Gesetze unter eigener Verantwortung.

(2) Der Zweckverband ist ein Gemeindeverband; Vorschriften, die bestimmen, daß sie für die Gemeindeverbände gelten, finden auf den Zweckverband Anwendung, soweit sich aus ihnen oder aus diesem Gesetz nichts anderes ergibt.

§ 6 Übergang der Aufgaben. (1) [1]Der Zweckverband kann bestimmte Aufgaben der Beteiligten für diese erfüllen oder für diese durchführen. [2]Er kann daneben auch Aufgaben für einzelne Verbandsmitglieder erfüllen oder durchführen. [3]Soweit Aufgaben zur Erfüllung wahrgenommen werden, gehen das Recht und die Pflicht zur Erfüllung dieser Aufgaben auf den Zweckverband über.

(2) [1]Bestehende Beteiligungen der Gemeinden und Gemeindeverbände an Unternehmen und Verbände, die der gleichen oder einer ähnlichen Aufgabe dienen wie der Zweckverband, bleiben unberührt. [2]Hat der Zweckverband nach der Verbandssatzung anzustreben, solche Beteiligungen an Stelle seiner Verbandsmitglieder zu übernehmen, so sind die einzelnen Verbandsmitglieder zu den entsprechenden Rechtsgeschäften und Verwaltungsmaßnahmen verpflichtet.

§ 7 Verbandssatzung. Die Rechtsverhältnisse des Zweckverbandes werden im Rahmen dieses Gesetzes durch eine Verbandssatzung geregelt.

§ 8 Anwendung der für Gemeinden, Kreise oder Landschaftsverbände geltenden Bestimmungen. (1) Soweit nicht das Gesetz oder die Verbandssatzung besondere Vorschriften treffen, finden auf den Zweckverband die Vorschriften der Gemeindeordnung für das Land Nordrhein-Westfalen in der Fassung der Bekanntmachung vom 14. Juli 1994 (GV. NRW. S. 666) in der jeweils geltenden Fassung sinngemäß Anwendung.

(2) Gehören dem Zweckverband als kommunale Körperschaften neben Gemeinden auch Kreise an, so kann die Verbandssatzung bestimmen, daß anstelle der Gemeindeordnung für das Land Nordrhein-Westfalen die Kreisordnung für das Land Nordrhein-Westfalen in der Fassung der Bekanntmachung vom 14. Juli 1994 (GV. NRW. S. 646) in der jeweils geltenden Fassung Anwendung finden soll.

(3) Gehören einem Zweckverband als kommunale Körperschaften nur Kreise oder nur Kreise und Landschaftsverbände an, so finden die Vorschriften der Kreisordnung für das Land Nordrhein-Westfalen, gehören ihm als kommunale Körperschaften nur Landschaftsverbände an, so finden die Vorschriften der Landschaftsverbandsordnung für das Land Nordrhein-Westfalen in der Fassung der Bekanntmachung vom 14. Juli 1994 (GV. NRW. S. 657) in der jeweils geltenden Fassung sinngemäß Anwendung.

(4) Das Recht, Satzungen zu erlassen, steht dem Zweckverband nach Maßgabe der für Gemeinden geltenden Vorschriften, im Falle der Absätze 2 und 3 nach Maßgabe der dort genannten Vorschriften für sein Aufgabengebiet zu.

2. Abschnitt
Bildung des Zweckverbandes

§ 9 Inhalt der Verbandssatzung. (1) [1]Zur Bildung des Zweckverbandes (Freiverband) vereinbaren die Beteiligten die Verbandssatzung. [2]Führen kreisangehörige Gemeinden Verhandlungen mit Körperschaften des öffentlichen Rechts außerhalb des Kreises, um mit ihnen einen Zweckverband zu bilden, so haben sie den Kreis rechtzeitig zu unterrichten.

(2) [1]Die Verbandssatzung muß die Verbandsmitglieder, die Aufgaben, den Namen und Sitz des Verbandes, die Form der öffentlichen Bekanntmachungen sowie den Maßstab bestimmen, nach dem die Verbandsmitglieder zur Deckung der entstehenden Aufwendungen beizutragen haben; sie muß ferner die Angelegenheiten regeln, deren Regelung durch die Verbandssatzung das Gesetz ausdrücklich vorschreibt. [2]Darüber hinaus kann die Verbandssatzung Bestimmungen enthalten über
1. die Verfassung und Verwaltung,
2. die Abwicklung im Falle der Auflösung des Zweckverbandes,
3. das Recht zur einseitigen Kündigung der Verbandsmitgliedschaft, wenn zugleich das Verfahren zur Auseinandersetzung geregelt wird,
4. sonstige Rechtsverhältnisse des Zweckverbandes,

soweit das Gesetz keine Vorschriften enthält oder die Regelung in der Verbandssatzung ausdrücklich zuläßt.

§ 10 Genehmigung. (1) [1]Die Verbandssatzung bedarf der Genehmigung der Aufsichtsbehörde. [2]Die Genehmigung gilt als erteilt, wenn die Aufsichtsbehörde den Beteiligten nicht innerhalb von vier Wochen nach Eingang des Genehmigungsantrages mitteilt, daß sie die Genehmigung versagen oder nur nach Änderung der Vereinbarung erteilen will und nicht innerhalb weiterer vier Wochen einen Termin mit den Beteiligten anberaumt, um dies zu erörtern. [3]Ist die Landrätin oder der Landrat für die Entscheidung zuständig, so ist die Zustimmung des Kreisausschusses erforderlich, wenn die Genehmigung versagt oder nur nach Änderung der Verbandssatzung erteilt werden soll; § 59 Absatz 1 Satz 3 und Absatz 2 der Kreisordnung für das Land Nordrhein-Westfalen gilt entsprechend.

(2) Ist für die Übernahme der Aufgaben, für die der Zweckverband gebildet werden soll, eine besondere Genehmigung erforderlich, so kann die Verbandssatzung nicht genehmigt werden, wenn zu erwarten ist, daß die besondere Genehmigung versagt wird.

§ 11 Entstehung des Zweckverbandes. (1) [1]Die Aufsichtsbehörde hat die Verbandssatzung und ihre Genehmigung in ihrem amtlichen Veröffentlichungsblatt bekanntzumachen. [2]Die Gemeinden und Kreise haben in der für ihre Bekanntmachungen vorgeschriebenen Form auf die Veröffentlichung hinzuweisen.

(2) Der Zweckverband entsteht am Tage nach der öffentlichen Bekanntmachung der Verbandssatzung und der Genehmigung im Veröffentlichungsblatt der Aufsichtsbehörde, soweit nicht hierfür in der Verbandssatzung ein späterer Zeitpunkt bestimmt ist.

§ 12 Ausgleich. [1]Neben der Verbandssatzung können die Beteiligten schriftliche Vereinbarungen über den Ausgleich von Vorteilen und Nachteilen abschließen, die sich für sie aus der Bildung des Zweckverbandes ergeben. [2]Auf Antrag sämtlicher Beteiligten kann die Aufsichtsbehörde diesen Ausgleich regeln.

§ 13 Pflichtverband. (1) Ist die Bildung eines Zweckverbandes zur Wahrnehmung von Pflichtaufgaben, die den Gemeinden oder Gemeindeverbänden durch gesetzliche Vorschrift auferlegt sind, aus Gründen des öffentlichen Wohles dringend geboten, so kann die Aufsichtsbehörde den Beteiligten eine angemessene Frist zur Bildung des Zweckverbandes als Freiverband setzen.

(2) [1]Kommt innerhalb der Frist ein Freiverband nicht zustande, so kann die Aufsichtsbehörde die Verbandssatzung erlassen und die Bildung des Zweckverbandes als Pflichtverband verfügen. [2]Sollen kreisangehörige Gemeinden oder Gemeindeverbände mit Gemeinden oder Gemeindeverbänden außerhalb des Kreises zu einem Zweckverband zusammengeschlossen werden, um gemeinsame Bauleitpläne aufzustellen oder durchzuführen, so gilt § 205 des Baugesetzbuches in der Fassung der Bekanntmachung vom 23. September 2004 (BGBl. I S. 2414) in der jeweils geltenden Fassung. [3]Vor der Entscheidung muß den Beteiligten Gelegenheit gegeben werden, ihre Auffassung in mündlicher Verhandlung darzulegen.

(3) [1]Ist die Bezirksregierung zuständig, so ist in den Fällen, in denen eine kreisangehörige Gemeinde beteiligt ist, der Kreisausschuss vor der Entscheidung zu hören. [2]Im übrigen gilt § 11 entsprechend.

(4) Hält die Aufsichtsbehörde einen Ausgleich aus Billigkeitsgründen für erforderlich, so kann sie diesen selbst treffen, falls die Beteiligten dies beantragen oder sich nicht innerhalb einer von der Aufsichtsbehörde gesetzten angemessenen Frist einigen.

3. Abschnitt

Verfassung und Verwaltung des Zweckverbandes

§ 14 Organe. Organe des Zweckverbandes sind die Verbandsversammlung und die Verbandsvorsteherin oder der Verbandsvorsteher.

§ 15 Verbandsversammlung. (1) [1]Die Verbandsversammlung besteht aus den Vertreterinnen und Vertretern der Verbandsmitglieder. [2]Jedes Verbandsmitglied entsendet wenigstens eine vertretungsberechtigte Person in die Verbandsversammlung. [3]Von den Gemeinden oder Gemeindeverbänden entsandte vertretungsberechtigte Personen haben die Interessen ihrer Gemeinde oder ihres Gemeindeverbandes zu verfolgen. [4]Sie sind an die Beschlüsse der jeweiligen kommunalen Vertretungen und ihrer Ausschüsse gebunden. [5]Sind natürliche Personen oder juristische Personen (§ 4 Absatz 2) Verbandsmitglieder, so dürfen ihre Stimmen insgesamt die Hälfte der in der Verbandssatzung festgelegten Stimmenzahl nicht erreichen. [6]Die Aufsichtsbehörde kann Ausnahmen zulassen.

(2) [1]Soweit Gemeinden oder Gemeindeverbände Verbandsmitglieder sind, werden die vertretungsberechtigten Personen durch die Vertretungskörperschaft für deren Wahlperiode aus ihrer Mitte oder aus den Dienstkräften des Verbandsmitgliedes bestellt; sofern weitere vertretungsberechtige Personen zu benennen sind, müssen die Hauptverwaltungsbeamtin oder der Hauptverwaltungsbeamte oder eine von ihr beziehungsweise ihm vorgeschlagene Person aus dem Kreis der Bediensteten dazu zählen. [2]Die vertretungsberechtigten Personen anderer Verbandsmitglieder werden für dieselbe Zeit in die Verbandsversammlung entsandt. [3]Die vertretungsberechtigten Personen üben ihr Amt nach Ablauf der Zeit, für die sie bestellt sind, bis zum Amtsantritt der neu bestellten vertretungsberechtigten Personen weiter aus. [4]Die Mitgliedschaft in der Verbandsversammlung erlischt, wenn die Voraussetzungen der Wahl oder Entsendung des Mitgliedes wegfallen.

(3) Für jedes Mitglied der Verbandsversammlung ist eine stellvertretungsberechtigte Person für den Fall der Verhinderung zu bestellen.

(4) Die Verbandsversammlung wählt aus ihrer Mitte eine vertretungsberechtigte Person einer Gemeinde oder eines Gemeindeverbandes zur Vorsitzenden oder zum Vorsitzenden; in gleicher Weise wählt sie eine Stellvertreterin oder einen Stellvertreter.

(5) [1]Die Verbandsversammlung tritt wenigstens einmal im Jahr, und zwar zur Beschlußfassung über die Haushaltssatzung sowie über den Jahresabschluss und die Entlastung der Verbandsvorsteherin oder des Verbandsvorstehers, im übrigen nach Bedarf zusammen. [2]Zu ihrer ersten Sitzung nach der Bildung des Zweckverbandes wird sie durch die Aufsichtsbehörde einberufen, soweit nicht die Verbandssatzung etwas anderes vorschreibt. [3]Die Verbandsversammlung ist nur beschlußfähig, wenn die anwesenden vertretungsberechtigten Personen von Gemeinden und Gemeindeverbänden wenigstens die Hälfte der Stimmenzahl erreichen; im Falle des Absatzes 1 letzter Satz kann die Aufsichtsbehörde Ausnahmen zulassen. [4]Die Verbandssatzung kann weitere Voraussetzungen der Beschlußfähigkeit bestimmen.

(6) Die Zuständigkeiten der Verbandsversammlung regelt die Verbandssatzung, soweit sie sich nicht aus dem Gesetz ergeben.

§ 15a Bildung der Verbandsversammlung in besonderen Fällen.

(1) [1]Besteht ein Zweckverband ausschließlich aus Gemeinden, die nicht zugleich einem Mitgliedskreis angehören, und Kreisen (Mitgliedskörperschaf-

ten), kann in der Verbandssatzung bestimmt werden, die Verteilung der Sitze in der Verbandsversammlung an den von den Parteien und Wählergruppen bei den letzten allgemeinen Wahlen zu den Vertretungen der Mitgliedskörperschaften erzielten gültigen Stimmen auszurichten. [2]Die Aufnahme oder Aufhebung einer solchen Regelung in der Verbandssatzung ist nur mit Zustimmung aller Mitgliedskörperschaften und nur für den Beginn einer neuen Wahlperiode für deren gesamte Dauer zulässig. [3]Für einen solchen Zweckverband gelten abweichend von § 15 die Absätze 2 bis 14.

(2) [1]Die Vertretungen der Mitgliedskörperschaften wählen für die Dauer ihrer Wahlperiode innerhalb von zehn Wochen nach Beginn ihrer Wahlperiode die Mitglieder der Verbandsversammlung. [2]Jedes Mitglied der Vertretung einer Mitgliedskörperschaft hat zwei Stimmen, eine Erststimme für die Wahl der auf die Mitgliedskörperschaft entfallenden Mitglieder und Ersatzmitglieder sowie eine Zweitstimme für die Wahl der für das Gebiet des Zweckverbandes aufgestellten Reserveliste einer Partei oder Wählergruppe. [3]Wählbar sind die Mitglieder der Vertretungen und die Bediensteten der Mitgliedskörperschaften. [4]Über die Reservelisten sind auch auf Reservelisten für die allgemeinen Wahlen zu den Vertretungen der Mitgliedskörperschaften benannte Bewerberinnen und Bewerber wählbar. [5]Bedienstete des Zweckverbandes dürfen nicht Mitglieder der Verbandsversammlung oder eines Fachausschusses sein; diese Einschränkung gilt nicht für Inhaberinnen oder Inhaber eines Ehrenamtes.

(3) [1]Die Anzahl der von jeder Vertretung einer Mitgliedskörperschaft mit Erststimme zu wählenden Mitglieder und Ersatzmitglieder der Verbandsversammlung ist in der Satzung des Zweckverbands zu bestimmen. [2]Ist nur ein Mitglied zu wählen, so darf nur ein Mitglied der Vertretung gewählt werden. [3]Gewählt ist, wer die meisten Stimmen erhält. [4]Bei Stimmengleichheit entscheidet das von der Vorsitzenden oder von dem Vorsitzenden der Vertretung zu ziehende Los. [5]Sind mehrere Mitglieder zu wählen, so dürfen nicht mehr Bedienstete als Mitglieder der Vertretung gewählt werden. [6]Es findet eine Listenwahl nach dem Verfahren der mathematischen Proportion statt. [7]Danach entfallen auf jede Liste zunächst so viele Sitze, wie ganze Zahlen auf sie entfallen. [8]Danach zu vergebende Sitze sind in der Reihenfolge der höchsten Zahlenbruchteile zuzuteilen; bei gleichen Zahlenbruchteilen entscheidet das von der Vorsitzenden oder dem Vorsitzenden zu ziehende Los. [9]Für jedes zu wählende Mitglied wird zugleich ein Ersatzmitglied gewählt.

(4) [1]Bei der Wahl der Reservelisten kann die Zweitstimme für eine Liste oder nur für eine einzelne Bewerberin oder einen einzelnen Bewerber einer Liste abgegeben werden. [2]Die Zahl der auf die einzelnen Bewerberinnen und Bewerber in der Reserveliste entfallenen Zweitstimmen bestimmt die Reihenfolge der Wahl aus der Reserveliste. [3]Die übrigen Bewerberinnen und Bewerber folgen in der Reihenfolge der Liste.

(5) [1]Entspricht die Sitzverteilung in der Verbandsversammlung auf Grund des Erststimmenergebnisses (Absatz 3) nicht dem Ergebnis, das sich bei einer Sitzverteilung nach dem Verfahren der mathematischen Proportion auf der

Grundlage der von den Parteien und Wählergruppen bei den letzten allgemeinen Wahlen zu den Vertretungen der Mitgliedskörperschaften erzielten gültigen Stimmen ergeben würde, so ist eine neue Ausgangszahl für die Verteilung weiterer Sitze (Verhältnisausgleich) zu bilden. [2]Dazu wird die Zahl der nach Absatz 3 errungenen Sitze derjenigen Partei oder Wählergruppe, die das günstigste Verhältnis der Sitze zu der auf sie entfallenen Stimmenzahl erreicht hat, mit der Gesamtzahl der gültigen Stimmen vervielfältigt und durch die Stimmenzahl dieser Partei oder Wählergruppe geteilt. [3]Auf Grund der neuen Ausgangszahl werden für die Parteien und Wählergruppen nach dem Verfahren der mathematischen Proportion neue Zuteilungszahlen errechnet und ihnen die an diesen Zahlen noch fehlenden Sitze aus den Reservelisten in der sich nach Absatz 4 ergebenden Reihenfolge zugewiesen. [4]Dabei werden Bewerberinnen und Bewerber, die bereits nach Absatz 3 gewählt worden sind, nicht berücksichtigt. [5]Bei den Berechnungen nach den Sätzen 1 bis 3 bleiben die Stimmenzahlen solcher Parteien oder Wählergruppen außer Betracht, für die keine Reserveliste eingereicht worden ist. [6]Sie nehmen am Verhältnisausgleich nicht teil. [7]In der Verbandssatzung ist die Anzahl der aus den Reservelisten höchstens zuzuweisenden Mitglieder zu bestimmen. [8]Wird nach Bildung der neuen Ausgangszahl nach Satz 1 die Anzahl der nach Satz 7 in der Verbandssatzung zu bestimmenden Anzahl der aus den Reservelisten höchstens zuzuweisenden Mitglieder überschritten, bleibt die Partei oder Wählergruppe mit dem günstigsten Verhältnis der Sitze zu der auf sie entfallenen Stimmenzahl unberücksichtigt und nimmt an dem erneut durchzuführenden Verhältnisausgleich nicht teil. [9]Die Ausgangszahl ist solange neu zu bilden, bis die in Satz 7 bestimmte Anzahl der aus den Reservelisten höchstens zuzuweisenden Mitglieder nicht überschritten wird.

(6) [1]Die Reservelisten sind von den für das Gebiet der Mitgliedskörperschaften zuständigen Leitungen der Parteien und Wählergruppen, die in mindestens einer der Vertretungen der Mitgliedskörperschaften vertreten sind, bis zum 22. Tag nach dem Wahltag der allgemeinen Kommunalwahlen der Verbandsvorsteherin oder dem Verbandsvorsteher einzureichen. [2]Die Verbandsvorsteherin oder der Verbandsvorsteher leitet nach Zulassung je eine Ausfertigung der Reservelisten den Vertretungen der Mitgliedskörperschaften unverzüglich zu. [3]Als Bewerberin oder Bewerber kann in einer Reserveliste nur benannt werden, wer in einer Mitglieder- oder Vertreterversammlung der Partei oder Wählergruppe des Wahlgebietes hierzu gewählt worden ist.

(7) [1]Scheidet ein mit Erststimmen gewähltes Mitglied aus der Verbandsversammlung aus, so rückt das für diesen Fall gewählte Ersatzmitglied nach. [2]Scheidet auch das nachgerückte Mitglied aus, so ist, falls es für eine Partei oder Wählergruppe aufgestellt war, sein Nachfolger aus der Reserveliste dieser Partei oder Wählergruppe in der sich nach Absatz 4 ergebenden Reihenfolge zu berufen. [3]Das Gleiche gilt, wenn ein aus der Reserveliste gewähltes Mitglied aus der Verbandsversammlung ausscheidet. [4]Die Verbandsvorsteherin oder der Verbandsvorsteher stellt die Nachfolgerin oder den Nachfolger fest und macht dies öffentlich bekannt.

(8) [1]Werden Mitgliedskörperschaften oder ihre Vertretungen aufgelöst oder wird eine kreisfreie Stadt in einen Kreis eingegliedert, so gelten die Mitglieder der Vertretungen und die Bediensteten bis zum Zusammentritt der im jeweils betroffenen Gebiet neu zu wählenden Vertretung als wählbar gemäß Absatz 2. [2]Entsprechendes gilt im Falle einer Wiederholungswahl.

(9) [1]Finden in einer Mitgliedskörperschaft Wiederholungswahlen im ganzen Wahlgebiet statt oder wird im Laufe der allgemeinen Wahlperiode die Vertretung einer Mitgliedskörperschaft neu gewählt, so sind
1. die mit Erststimmen in dieser Mitgliedskörperschaft gewählten Mitglieder und Ersatzmitglieder neu zu wählen und
2. die Sitze nach Absatz 5 unter Berücksichtigung der bei der Wiederholungswahl oder bei der Neuwahl erzielten gültigen Stimmen neu zu errechnen und zuzuweisen.

[2]Soweit Mitglieder neu zu wählen oder Sitze neu zu errechnen und zuzuweisen sind, verlieren die bisherigen Mitglieder ihren Sitz spätestens im Zeitpunkt der Neuwahl oder im Zeitpunkt der Neuzuweisung.

(10) [1]Wird ein Zweckverband neu gebildet und wird in der Verbandssatzung eine Regelung gemäß Absatz 1 Satz 1 getroffen, bestimmen die Mitgliedskörperschaften in der Verbandssatzung zugleich eine Person aus dem in § 16 Absatz 1 Satz 1 genannten Personenkreis, der die auf die Verbandsvorsteherin beziehungsweise den Verbandsvorsteher entfallenden Aufgaben bei der Bildung der Verbandsversammlung wahrnimmt, bis die Verbandsversammlung eine Verbandsvorsteherin oder einen Verbandsvorsteher gewählt hat. [2]Zugleich sind in der Satzung Bestimmungen darüber zu treffen, innerhalb welcher Fristen die Parteien und Wählergruppen ihre Reservelisten gemäß Absatz 6 einzureichen und die Mitgliedskörperschaften die Mitglieder der Verbandsversammlung zu wählen haben.

(11) [1]Tritt im Laufe der allgemeinen Wahlperiode eine Gemeinde oder ein Kreis dem Zweckverband bei und bestehen die Voraussetzungen des Absatz 1 unverändert fort, so sind
1. von der Vertretung der beitretenden Mitgliedskörperschaft die auf sie gemäß Absatz 3 Satz 1 entfallenden Mitglieder und Ersatzmitglieder mit der Erststimme zu wählen und
2. von den Vertretungen aller Mitgliedskörperschaften mit der Zweitstimme die für das Gebiet des Zweckverbandes neu aufzustellenden und einzureichenden Reservelisten zu wählen.

[2]Sodann sind die Sitze nach Absatz 5 neu zu errechnen und zuzuweisen. [3]Absatz 9 Satz 2 und Absatz 10 Satz 2 gelten entsprechend.

(12) [1]Scheidet im Laufe der allgemeinen Wahlperiode eine Gemeinde oder ein Kreis aus einem Zweckverband gemäß Absatz 1 aus, verlieren die von der Vertretung der ausscheidenden Mitgliedskörperschaft mit der Erststimme gewählten Mitglieder und Ersatzmitglieder ihren Sitz in der Verbandsversammlung. [2]Das gleiche gilt für Mitglieder, die über die Reservelisten gewählt worden sind, soweit sie durch das Ausscheiden der Mitgliedskörperschaft ihre

Wählbarkeit gemäß Absatz 2 verloren haben. [3]Sodann sind die Sitze nach Absatz 5 neu zu errechnen und zuzuweisen. [4]Dabei bleiben Bewerberinnen und Bewerber, die ihre Wählbarkeit gemäß Absatz 2 durch das Ausscheiden der Mitgliedskörperschaft verloren haben, unberücksichtigt. [5]Absatz 9 Satz 2 gilt entsprechend.

(13) Nach Ablauf der allgemeinen Wahlperiode der Vertretungen der Mitgliedskörperschaften üben die bisherigen Mitglieder ihre Tätigkeit bis zum Zusammentritt der neu gebildeten Verbandsversammlung weiter aus.

(14) [1]§ 15 Absatz 1 Satz 2 bis 4, Absatz 4, Absatz 5 Satz 1 und 2 sowie Absatz 6 bleibt unberührt. [2]Weitere Regelungen können in der Satzung des Zweckverbands getroffen werden.

§ 16 Verbandsvorsteherin oder Verbandsvorsteher. (1) [1]Die Verbandsvorsteherin oder der Verbandsvorsteher wird von der Verbandsversammlung aus dem Kreis der Hauptverwaltungsbeamtinnen und Hauptverwaltungsbeamten oder mit Zustimmung ihrer Dienstvorgesetzten aus dem Kreis der allgemeinen Vertreterinnen und Vertreter oder der leitenden Bediensteten der zum Zweckverband gehörenden Gemeinden und Gemeindeverbände gewählt. [2]Sie beziehungsweise er wird von ihrer beziehungsweise seiner Vertretung im Hauptamt vertreten; die Verbandssatzung kann die Vertretung durch eine andere Beamtin oder einen anderen Beamten eines Verbandsmitgliedes vorsehen. [3]Hat die Aufsichtsbehörde eine Ausnahme nach § 15 Absatz 1 letzter Satz zugelassen, so kann die Verbandssatzung bestimmen, dass auch natürliche Personen, die Verbandsmitglieder sind, oder vertretungsberechtigte Personen von verbandsangehörigen juristischen Personen (§ 4 Absatz 2) als Verbandsvorsteherin oder Verbandsvorsteher oder deren Stellvertretung gewählt werden können.

(2) [1]Die Verbandsvorsteherin oder der Verbandsvorsteher führt die laufenden Geschäfte sowie nach Maßgabe der Gesetze, der Verbandssatzung und der Beschlüsse der Verbandsversammlung die übrige Verwaltung des Zweckverbandes, unterzeichnet die Bekanntmachungsanordnungen der von der Verbandsversammlung beschlossenen Satzungen und vertritt den Zweckverband gerichtlich und außergerichtlich. [2]Sie beziehungsweise er ist Dienstvorgesetzte beziehungsweise Dienstvorgesetzter der Dienstkräfte des Zweckverbandes. [3]Die Verbandsversammlung ist Dienstvorgesetzte der Verbandsvorsteherin beziehungswiese des Verbandsvorstehers.

(3) [1]In der Verbandssatzung kann geregelt werden, dass die Verbandsversammlung auf Vorschlag der Verbandsvorsteherin beziehungsweise des Verbandsvorstehers zu deren beziehungsweise dessen Entlastung die Einstellung einer Geschäftsleitung beschließt. [2]Die Verbandsversammlung kann der Geschäftsleitung mit Zustimmung der Verbandsvorsteherin oder des Verbandsvorstehers Aufgaben zur selbstständigen Erledigung übertragen.

(4) [1]Erklärungen, durch die der Zweckverband verpflichtet werden soll, bedürfen der Schriftform. [2]Sie sind von der Verbandsvorsteherin oder dem Verbandsvorsteher und der Vertreterin oder dem Vertreter oder einem von der Ver-

bandsversammlung zu bestimmenden Bediensteten oder Mitglied der Verbandsversammlung zu unterzeichnen. [3]Die Verbandssatzung kann allgemein oder für einen bestimmten Kreis von Geschäften bestimmen, dass die Unterschrift der Verbandsvorsteherin oder des Verbandsvorstehers oder der Vertreterin oder des Vertreters genügt. [4]Im Übrigen gilt § 64 Absatz 2 bis 4 der Gemeindeordnung für das Land Nordrhein-Westfalen entsprechend.

§ 17 Ehrenamtliche und hauptamtliche Tätigkeit. (1) [1]Die Mitglieder der Verbandsversammlung und die Verbandsvorsteherin oder der Verbandsvorsteher sind ehrenamtlich tätig. [2]Sie haben nur Anspruch auf Ersatz ihrer Auslagen und des Verdienstausfalls in entsprechender Anwendung von § 45 der Gemeindeordnung für das Land Nordrhein-Westfalen. [3]Wenn mit Art und Umfang der Aufgabenstellung des Verbandes besondere Verantwortung für die Verbandsversammlung verbunden ist, kann zur Abgeltung der daraus entstehenden Mehrbelastung der Mitglieder der Verbandsversammlung eine Entschädigung gezahlt werden. [4]Sie tritt an die Stelle der Aufwendungen und des Verdienstausfalls. [5]Wenn es nach Art und Umfang der wahrzunehmenden Aufgaben zweckmäßig ist, kann die Verbandssatzung die Bestellung einer hauptamtlichen Verbandsvorsteherin oder eines hauptamtlichen Verbandsvorstehers vorsehen. [6]Hierzu kann bestellt werden, wer die für dieses Amt erforderliche Eignung, Befähigung und Sachkunde besitzt. [7]Die Stelle ist öffentlich auszuschreiben.

(2) [1]Der Zweckverband hat das Recht, Beamtinnen und Beamte zu ernennen. [2]Bedienstete dürfen hauptamtlich nur eingestellt werden, wenn das in der Verbandssatzung vorgesehen ist. [3]Die Verbandssatzung muß in diesem Falle auch Vorschriften über die Übernahme der Bediensteten durch Verbandsmitglieder oder über die sonstige Abwicklung der Dienst- und Versorgungsverhältnisse im Falle der Auflösung des Zweckverbandes oder der Änderung seiner Aufgaben treffen.

§ 18 Haushaltswirtschaft und Prüfung. (1) Für die Haushaltswirtschaft des Zweckverbandes finden die Vorschriften für die Gemeinden sinngemäß Anwendung mit Ausnahme der Vorschriften über die Auslegung der Haushaltssatzung und des Jahresabschlusses sowie über die örtliche Rechnungsprüfung und den Gesamtabschluss.

(2) Die überörtliche Prüfung ist Aufgabe der Gemeindeprüfungsanstalt.

(3) [1]Ist der Hauptzweck eines Zweckverbandes der Betrieb eines wirtschaftlichen Unternehmens oder einer Einrichtung, die entsprechend den Vorschriften über die Eigenbetriebe geführt werden kann, so kann die Verbandssatzung bestimmen, daß auch auf die Wirtschaftsführung und das Rechnungswesen des Zweckverbandes selbst die Vorschriften über Wirtschaftsführung und Rechnungswesen der Eigenbetriebe sinngemäß Anwendung finden. [2]An die Stelle der Haushaltssatzung tritt in diesem Falle der Beschluss über den Wirtschaftsplan. [3]Sofern dem Betriebsausschuss nicht nach § 114 Abs. 3 der Gemeindeordnung Beschäftigte des Eigenbetriebes angehören müssen, kann die Ver-

bandssatzung bestimmen, daß die Aufgaben des Betriebsausschusses von der Verbandsversammlung wahrgenommen werden.

§ 19 Verbandsumlage. (1) [1]Der Zweckverband erhebt von den Verbandsmitgliedern eine Umlage, soweit seine sonstigen Erträge die entstehenden Aufwendungen nicht decken. [2]Die Umlagepflicht einzelner Verbandsmitglieder kann durch die Verbandssatzung auf einen Höchstbetrag beschränkt oder ausgeschlossen werden; dies gilt nicht bei Sparkassenzweckverbänden. [3]Die Umlage soll in der Regel nach dem Verhältnis des Nutzens bemessen werden, den die einzelnen Verbandsmitglieder aus der Erfüllung der Aufgaben des Zweckverbandes haben. [4]Ein anderer Maßstab kann zugrunde gelegt werden, wenn dies angemessen ist. [5]Soweit die Umlage nach der Steuerkraft bemessen wird, gelten die Vorschriften über die Kreisumlage, bei Zweckverbänden, denen als kommunale Körperschaften nur Landschaftsverbände angehören, die Vorschriften über die Landschaftsverbandsumlage entsprechend.

(2) [1]Die Umlage ist für jedes Haushaltsjahr in der Haushaltssatzung neu festzusetzen. [2]Die Festsetzung der Umlage bedarf der Genehmigung der Aufsichtsbehörde.

(3) [1]Der Zweckverband kann Gebühren und Beiträge in entsprechender Anwendung der Vorschriften des Kommunalabgabenrechts erheben. [2]Das Recht zur Erhebung von Steuern steht ihm nicht zu.

§ 19a Ausgleichsrücklage. [1]In der Bilanz ist eine Ausgleichsrücklage zusätzlich zur allgemeinen Rücklage als gesonderter Posten des Eigenkapitals anzusetzen. [2]Der Ausgleichsrücklage können Jahresüberschüsse durch Beschluss der Verbandsversammlung zugeführt werden, soweit ihr Bestand nicht den Höchstbetrag von einem Drittel des Eigenkapitals erreicht hat.

4. Abschnitt

Änderung der Verbandssatzung und Auflösung des Zweckverbandes

§ 20 Verfahren. (1) [1]Änderungen der Verbandssatzung, insbesondere der Beitritt und das Ausscheiden von Verbandsmitgliedern und das Recht zur einseitigen Kündigung, sowie die Auflösung des Zweckverbandes bedürfen, falls die Verbandssatzung nichts anderes bestimmt, einer Mehrheit von zwei Dritteln der satzungsmäßigen Stimmenzahl der Verbandsversammlung; die Verbandssatzung kann bestimmen, daß außerdem die Zustimmung einzelner oder aller Verbandsmitglieder erforderlich ist. [2]Beschlüsse zur Änderung der Aufgaben des Zweckverbandes müssen einstimmig gefaßt werden. [3]Ist eine Auseinandersetzung notwendig, so entscheidet darüber, falls sich die Beteiligten nicht einigen, die Aufsichtsbehörde.

(2) [1]Bei Freiverbänden sind die Änderung der Verbandsaufgabe, die Aufnahme von Bestimmungen über die hauptberufliche Einstellung von Bediensteten sowie Änderungen der Verbandssatzung der Aufsichtsbehörde anzuzeigen; die Auflösung des Zweckverbandes bedarf der Genehmigung der Aufsichtsbehörde. [2]Bei Pflichtverbänden bedarf jede Änderung der Verbandssatzung der Genehmigung der Aufsichtsbehörde.

(3) [1]Die Aufsichtsbehörde kann einem Pflichtverband gegenüber erklären, daß die Gründe für seine zwangsweise Bildung weggefallen sind. [2]Der Zweckverband besteht in diesem Falle als Freiverband weiter. [3]Innerhalb von sechs Monaten kann jedes Verbandsmitglied seinen Austritt aus dem Zweckverband erklären.

(4) [1]Für die Änderung der Verbandssatzung und die Auflösung des Zweckverbandes sind § 10 Abs. 1 Satz 2 und 3, Abs. 2 und § 11 entsprechend anzuwenden. [2]Beim Beitritt oder Ausscheiden eines Verbandsmitgliedes wird die Änderung der Verbandssatzung mit dem Zeitpunkt wirksam, zu dem der Beitritt oder das Ausscheiden erfolgt.

(5) Der Zweckverband gilt nach seiner Auflösung als fortbestehend, soweit der Zweck der Abwicklung es erfordert.

§ 21 Wegfall von Verbandsmitgliedern. (1) [1]Fallen Gemeinden oder Gemeindeverbände, die Verbandsmitglieder sind, durch Eingliederung in eine andere Körperschaft, durch Zusammenschluß mit einer anderen Körperschaft oder aus einem sonstigen Grunde weg, so tritt die Körperschaft des öffentlichen Rechts, in die das Verbandsmitglied eingegliedert oder zu der es zusammengeschlossen wird, an die Stelle des weggefallenen Verbandsmitgliedes. [2]Entsprechendes gilt, wenn eine Gemeinde oder ein Gemeindeverband auf mehrere andere Körperschaften aufgeteilt wird oder wenn bei der Auflösung eines Gemeindeverbandes seine Aufgaben auf mehrere andere Körperschaften übergehen.

(2) [1]Wenn Gründe des öffentlichen Wohles nicht entgegenstehen, kann der Zweckverband binnen drei Monaten vom Wirksamwerden der Änderung ab das neue Mitglied ausschließen; in gleicher Weise kann dieses sein Ausscheiden aus dem Zweckverband verlangen. [2]Falls das neue Mitglied dem Ausschluß widerspricht oder der Zweckverband seinem Verlangen auf Ausscheiden nicht entspricht, entscheidet auf Antrag eines der Beteiligten die Aufsichtsbehörde. [3]Diese hat auch die aus der Veränderung sich ergebenden Verhältnisse zwischen dem Zweckverband und dem ausscheidenden Mitglied zu regeln.

(3) Die Absätze 1 und 2 gelten sinngemäß für andere Verbandsmitglieder.

(4) Die durch den Mitgliederwechsel sich ergebende Änderung der Verbandssatzung ist nach den Vorschriften des § 11 Abs. 1 öffentlich bekanntzumachen.

5. Abschnitt

Zusammenschluss und Eingliederung von Zweckverbänden

§ 22 Zusammenschluss. (1) Zweckverbände können in der Weise einen neuen Zweckverband bilden, dass ihr Aufgaben- und Mitgliederbestand unmittelbar auf den neuen Zweckverband übergeht (Zusammenschluss).

(2) [1]Für den Zusammenschluss bedarf es übereinstimmender Beschlüsse der Verbandsversammlungen. [2]Hierin ist die Verbandssatzung des neuen Zweckverbandes festzulegen. [3]Zugleich ist festzulegen, wer die Rechte der Verbandsvorsteherin oder des Verbandsvorstehers und der Vorsitzenden oder des Vorsitzenden der Verbandsversammlung des neuen Zweckverbandes bis zu ihrer erstmaligen, unverzüglich durchzuführenden Wahl wahrnimmt. [4]Die §§ 9 bis 11 und § 20 Absatz 1 gelten entsprechend.

(3) [1]Die bisherigen Zweckverbände gelten mit dem Zeitpunkt des Entstehens des neuen Zweckverbandes als aufgelöst. [2]Der neue Zweckverband ist Rechtsnachfolger der aufgelösten Zweckverbände.

(4) Jedes Mitglied kann bis zum Ablauf von drei Monaten nach Entstehung des neuen Zweckverbandes seine Mitgliedschaft kündigen.

§ 22a Eingliederung. (1) Ein Zweckverband kann seinen vollständigen Aufgaben- und Mitgliederbestand unmittelbar in einen anderen Zweckverband überführen (Eingliederung).

(2) [1]Für die Eingliederung bedarf es übereinstimmender Beschlüsse der Verbandsversammlungen nach § 20. [2]Die §§ 9 bis 11 gelten entsprechend.

(3) [1]Der eingegliederte Zweckverband gilt mit dem Zeitpunkt des Wirksamwerdens seiner Eingliederung als aufgelöst. [2]Der aufnehmende Zweckverband ist Rechtsnachfolger des aufgelösten Zweckverbandes.

(4) Jedes Mitglied kann bis zum Ablauf von drei Monaten nach Wirksamwerden der Eingliederung seine Mitgliedschaft kündigen.

VIERTER TEIL

Die öffentlich-rechtliche Vereinbarung

§ 23 Inhalt der Vereinbarung. (1) Gemeinden und Gemeindeverbände können vereinbaren, daß einer der Beteiligten einzelne Aufgaben der übrigen Beteiligten in seine Zuständigkeit übernimmt oder sich verpflichtet, solche Aufgaben für die übrigen Beteiligten durchzuführen.

(2) [1]Übernimmt ein Beteiligter eine Aufgabe der übrigen in seine Zuständigkeit, so gehen das Recht und die Pflicht zur Erfüllung der Aufgabe auf ihn über. [2]Verpflichtet sich einer der Beteiligten, eine Aufgabe für die übrigen durchzuführen, so bleiben deren Rechte und Pflichten als Träger der Aufgabe unberührt.

(3) In der Vereinbarung kann den übrigen Beteiligten ein Mitwirkungsrecht bei der Erfüllung oder Durchführung der Aufgaben eingeräumt werden; das gilt auch für die Bestellung von Dienstkräften.

(4) In der Vereinbarung soll eine angemessene Entschädigung vorgesehen werden, die in der Regel so zu bemessen ist, daß die durch die Übernahme oder Durchführung entstehenden Kosten gedeckt werden.

(5) Ist die Geltungsdauer der Vereinbarung nicht befristet oder beträgt die Frist mehr als 20 Jahre, so muß die Vereinbarung bestimmen, unter welchen Voraussetzungen und in welcher Form sie von einem Beteiligten gekündigt werden kann.

§ 24 Verfahren. (1) [1]Die Vereinbarung ist schriftlich abzuschließen. [2]Kreisangehörige Gemeinden haben den Kreis rechtzeitig zu unterrichten, wenn sie mit Gemeinden oder Gemeindeverbänden außerhalb des Kreises Verhandlungen führen, um mit ihnen eine öffentlich-rechtliche Vereinbarung zu treffen.

(2) [1]Die Vereinbarung bedarf der Genehmigung der in § 29 Abs. 4 bestimmten Aufsichtsbehörde. [2]Die Genehmigung gilt als erteilt, wenn die Aufsichtsbehörde den Beteiligten nicht innerhalb von vier Wochen nach Eingang des Genehmigungsantrages mitteilt, dass sie die Genehmigung versagen oder nur nach Änderung der Vereinbarung erteilen will und nicht innerhalb weiterer vier Wochen einen Termin mit den Beteiligten anberaumt, um dies zu erörtern.

(3) [1]Die Aufsichtsbehörde hat die Vereinbarung und ihre Genehmigung in ihrem amtlichen Veröffentlichungsblatt bekanntzumachen. [2]Die Beteiligten haben in der für ihre Bekanntmachung vorgeschriebenen Form auf die Veröffentlichung hinzuweisen.

(4) Die Vereinbarung wird am Tage nach der Bekanntmachung im Veröffentlichungsblatt der Aufsichtsbehörde wirksam, soweit nicht in ihr ein späterer Zeitpunkt bestimmt ist.

(5) [1]Die Kündigung oder Aufhebung einer öffentlich-rechtlichen Vereinbarung ist der in § 29 Absatz 4 bestimmten Aufsichtsbehörde anzuzeigen. [2]Die Absätze 3 und 4 gelten entsprechend.

§ 25 Satzung zur Erfüllung der gemeinsamen Aufgaben. (1) Durch die Vereinbarung kann die zur Erfüllung gemeinsamer Aufgaben verpflichtete Körperschaft ermächtigt werden, die Benutzung einer Einrichtung durch eine für das gesamte Gebiet geltende Satzung zu regeln.

(2) [1]Die Körperschaft kann im Geltungsbereich der Satzung alle zur Erfüllung erforderlichen Maßnahmen wie im eigenen Gebiet treffen. [2]Das Recht zur Erhebung von Steuern ist hiervon ausgenommen.

§ 26 Pflichtregelung. (1) Ist der Abschluß einer Vereinbarung zur Erfüllung oder Durchführung einzelner Pflichtaufgaben, die den Gemeinden oder Gemeindeverbänden durch gesetzliche Vorschrift auferlegt sind, aus Gründen des öffentlichen Wohles dringend geboten, so kann die Aufsichtsbehörde den Beteiligten eine angemessene Frist zum Abschluß der Vereinbarung setzen.

(2) [1]Nach fruchtlosem Ablauf der Frist kann die Aufsichtsbehörde die erforderliche Regelung treffen. [2]Der Entscheidung der Aufsichtsbehörde muß eine mündliche Verhandlung mit den Beteiligten vorausgehen.

(3) [1]§ 13 Abs. 3 Satz 1 bis 3 und die §§ 23 bis 25 gelten für die Pflichtregelung entsprechend. [2]Zur Kündigung ist die Genehmigung der Aufsichtsbehörde erforderlich. [3]Die Aufsichtsbehörde kann den Beteiligten gegenüber erklären, daß die Gründe für die zwangsweise Regelung weggefallen sind. [4]Die Pflichtregelung gilt in diesem Falle als Vereinbarung weiter; sie kann von jedem Beteiligten mit einer Frist von sechs Monaten gekündigt werden.

(4) Für die Aufstellung oder Durchführung von Bauleitplänen kann eine Pflichtregelung nicht getroffen werden.

FÜNFTER TEIL
Das gemeinsame Kommunalunternehmen

§ 27 Entstehung und Auflösung des gemeinsamen Kommunalunternehmens. (1) [1]Mehrere Gemeinden und Kreise, die Landschaftsverbände und der Regionalverband Ruhr können zur gemeinsamen Aufgabenwahrnehmung Unternehmen und Einrichtungen in der Rechtsform einer Anstalt des öffentlichen Rechts in gemeinsamer Trägerschaft führen (gemeinsames Kommunalunternehmen). [2]Soweit nachstehend nichts Abweichendes geregelt ist, gelten für das gemeinsame Kommunalunternehmen die Regelungen des § 114 a der Gemeindeordnung für das Land Nordrhein-Westfalen sowie die Verordnung über kommunale Unternehmen und Einrichtungen als Anstalten des öffentlichen Rechts (Kommunalunternehmensverordnung - KUV).

(2) [1]Zur Errichtung regeln die nach Absatz 1 Satz 1 Beteiligten die Rechtsverhältnisse des gemeinsamen Kommunalunternehmens in einer Unternehmenssatzung. [2]Die Gemeinden und Kreise, die Landschaftsverbände und der Regionalverband Ruhr können auch einem bestehenden Kommunalunternehmen (Anstalt des öffentlichen Rechts gemäß § 114 a der Gemeindeordnung für das Land Nordrhein-Westfalen) oder einem bestehenden gemeinsamen Kommunalunternehmen beitreten; der Beitritt erfolgt durch die zwischen den Beteiligten zu vereinbarende Änderung der Unternehmenssatzung. [3]Die Beteiligten können bestehende Regie- und Eigenbetriebe sowie eigenbetriebsähnliche Einrichtungen auf das gemeinsame Kommunalunternehmen im Weg der Gesamtrechtsnachfolge ausgliedern. [4]Die auszugliedernden Bereiche sind in der Unternehmenssatzung zu bezeichnen.

(3) Ein Kommunalunternehmen kann mit einem anderen durch Vereinbarung einer entsprechenden Änderung der Unternehmenssatzung des aufneh-

menden Unternehmens im Weg der Gesamtrechtsnachfolge zu einem gemeinsamen Kommunalunternehmen verschmolzen werden.

(4) [1]Die in den vorgenannten Absätzen genannten Entscheidungen bedürfen übereinstimmender Beschlüsse der Vertretungen der Träger. [2]Im Fall der Beteiligung eines Landschaftsverbandes bedarf es eines Beschlusses des Landschaftsausschusses. [3]Die Beschlüsse sind von der zuständigen Aufsichtsbehörde zu genehmigen. [4]Die Genehmigung gilt als erteilt, wenn die Aufsichtsbehörde den Beteiligten nicht innerhalb von sechs Wochen nach Eingang des Genehmigungsantrags mitteilt, dass sie die Genehmigung versagen oder nur nach Änderung der Unternehmenssatzung erteilen will. [5]Die Aufsichtsbehörde kann im Einzelfall aus besonderem Grund die Frist verlängern. [6]§ 115 Abs. 1 Satz 2 der Gemeindeordnung für das Land Nordrhein-Westfalen gilt entsprechend.

(5) [1]Die Aufsichtsbehörde hat die Genehmigung und die Unternehmenssatzung oder ihre Änderung in ihrem amtlichen Veröffentlichungsblatt bekannt zu machen. [2]Die beteiligten Gemeinden und Kreise, im Falle ihrer Beteiligung auch die Landschaftsverbände und der Regionalverband Ruhr, haben in der für ihre Bekanntmachungen vorgeschriebenen Form auf die Veröffentlichung hinzuweisen. [3]Die Errichtung, der Beitritt oder die Verschmelzung werden am Tag nach der Bekanntmachung der Unternehmenssatzung oder ihrer Änderung wirksam, wenn nicht in der Unternehmenssatzung ein späterer Zeitpunkt bestimmt ist.

(6) [1]Änderungen der Unternehmenssatzung und die Auflösung des gemeinsamen Kommunalunternehmens können nur durch übereinstimmende Beschlüsse der Vertretungen der Träger erfolgen; Absatz 4 Satz 2 gilt entsprechend. [2]Abweichend von Satz 1 kann die Unternehmenssatzung bestimmen, dass der Austritt eines Trägers lediglich eines Beschlusses der Vertretung des austretenden Trägers bedarf; Absatz 4 Satz 2 gilt entsprechend. [3]Für Änderungen der Unternehmenssatzung, die Auflösung des gemeinsamen Kommunalunternehmens sowie den Austritt eines Trägers gelten Absatz 4 Satz 3 bis 6 entsprechend. [4]Die Abwicklung des gemeinsamen Kommunalunternehmens besorgen die Vorstandsmitglieder als Abwickler.

§ 28 Weitere Vorschriften für das gemeinsame Kommunalunternehmen.

(1) [1]Die Unternehmenssatzung des gemeinsamen Kommunalunternehmens muss auch Angaben enthalten über

1. die beteiligten kommunalen Träger des Unternehmens,
2. den Sitz des Unternehmens,
3. den Betrag der von jedem beteiligten kommunalen Träger des Unternehmens auf das Stammkapital zu leistenden Einlage (Stammeinlage),
4. den räumlichen Wirkungsbereich, wenn dem Unternehmen hoheitliche Befugnisse oder das Recht, entsprechend § 114 a Abs. 3 der Gemeindeordnung für das Land Nordrhein-Westfalen Satzungen zu erlassen, übertragen werden,

5. die Sitz- und Stimmenverteilung im Verwaltungsrat auf die Träger des gemeinsamen Kommunalunternehmens und die Bestimmung des vorsitzenden Mitglieds des Verwaltungsrats,
6. die Verteilung des Unternehmensvermögens und des Personals im Fall der Auflösung und des Austritts eines Trägers.

(2) [1]Dem Verwaltungsrat des gemeinsamen Kommunalunternehmens gehören die Hauptverwaltungsbeamtinnen und Hauptverwaltungsbeamten ihrer Träger an; sofern Beigeordnete bestellt sind, zu deren Geschäftsbereichen die dem Unternehmen übertragenen Aufgaben gehören, vertreten diese anstelle der Hauptverwaltungsbeamtinnen und Hauptverwaltungsbeamten ihren Träger im Verwaltungsrat. [2]§ 114 a Abs. 8 Satz 3 der Gemeindeordnung für das Land Nordrhein-Westfalen gilt entsprechend. [3]Von jedem Träger ist mindestens eine weitere Person in den Verwaltungsrat zu entsenden; für sie gelten § 114 a Abs. 8 Sätze 5 bis 8 der Gemeindeordnung für das Land Nordrhein-Westfalen entsprechend.

(3) [1]Soweit die Träger für die Verbindlichkeiten des gemeinsamen Kommunalunternehmens einzutreten haben, haften sie als Gesamtschuldner. [2]Der Ausgleich im Innenverhältnis richtet sich vorbehaltlich einer abweichenden Regelung in der Unternehmenssatzung nach dem Verhältnis der von jedem Träger des Unternehmens auf das Stammkapital zu leistenden Einlage.

(4) [1]Entscheidungen des Verwaltungsrats über die Beteiligung an anderen Unternehmen und die Erhöhung des Stammkapitals bedürfen der Zustimmung der Vertretungen aller Träger. [2]Hinsichtlich des Erlasses von Satzungen unterliegen die Verwaltungsratsmitglieder der Weisung der Vertretung des jeweiligen Trägers. [3]§ 27 Absatz 4 Satz 2 gilt entsprechend.

(5) Das für Kommunales zuständige Ministerium wird ermächtigt,
1. das Verfahren bei der Errichtung eines gemeinsamen Kommunalunternehmens sowie in den weiteren in § 27 Abs. 2 und 3 genannten Fällen,
2. den Aufbau und die Verwaltung des gemeinsamen Kommunalunternehmens

durch Rechtsverordnung zu regeln.

SECHSTER TEIL
Aufsicht und Entscheidung über Streitigkeiten

§ 29 Allgemeine Aufsicht. (1) [1]Aufsichtsbehörde für Zweckverbände ist
1. die Bezirksregierung, in deren Bezirk der Zweckverband seinen Sitz hat, wenn ein anderes Land, eine Gemeinde oder Gemeindeverband eines anderen Landes oder der Bund beteiligt sind sowie wenn Kreise, kreisfreie Städte, das Land oder Gemeindeverbände, zu deren Mitgliedern Kreise, kreisfreie Städte oder das Land gehören, beteiligt sind,
2. in allen übrigen Fällen die Landrätin oder der Landrat als untere staatliche Verwaltungsbehörde, in dessen Bezirk der Zweckverband seinen Sitz hat.

[2]Für gemeinsame Kommunalunternehmen gilt Satz 1 mit der Maßgabe entsprechend, dass im Fall der Beteiligung eines Landschaftsverbandes oder des Regionalverbandes Ruhr Aufsichtsbehörde das für Kommunales zuständige Ministerium ist.

(2) [1]Obere Aufsichtsbehörde ist die Bezirksregierung, wenn die Landrätin oder der Landrat Aufsichtsbehörde ist, sonst das für Kommunales zuständige Ministerium. [2]Oberste Aufsichtsbehörde ist das für Kommunales zuständige Ministerium.

(3) Im übrigen gelten für die Aufsicht über die Zweckverbände und die gemeinsamen Kommunalunternehmen die Vorschriften des 13. Teiles der Gemeindeordnung für das Land Nordrhein-Westfalen mit Ausnahme des § 126 entsprechend.

(4) [1]Durch öffentlich-rechtliche Vereinbarungen und Pflichtregelungen wird die Zuständigkeit der Aufsichtsbehörden der beteiligten Gemeinden und Gemeindeverbände, die ordnungsmäßige Durchführung der Aufgaben innerhalb ihres Verwaltungsbezirks zu überwachen, nicht berührt. [2]Für die zum Abschluss einer Vereinbarung erforderliche Genehmigung, die Anordnung einer Pflichtregelung und die Genehmigung ihrer Kündigung ist zuständige Aufsichtsbehörde

1. die Bezirksregierung, zu deren Bezirk die Körperschaft gehört oder in deren Bezirk die Körperschaft ihren Sitz hat, die die Aufgabe für die anderen Beteiligten übernimmt oder durchführt,
   a) wenn eine Gemeinde oder ein Gemeindeverband eines anderen Landes beteiligt ist,
   b) wenn Kreise oder kreisfreie Städte beteiligt sind,
   c) wenn ein Gemeindeverband beteiligt ist, zu dessen Mitgliedern Kreise oder kreisfreie Städte, der Bund oder das Land gehören;
2. in allen übrigen Fallen die Landrätin oder der Landrat als untere staatliche Verwaltungsbehörde; zuständig ist die Landrätin oder der Landrat, zu deren beziehungsweise dessen Bezirk die Körperschaft gehört oder in deren beziehungsweise dessen Bezirk die Körperschaft ihren Sitz hat, die die Aufgabe für die anderen Beteiligten übernimmt oder durchführt.

§ 30 Schlichtung von Streitigkeiten. Bei Streitigkeiten über Rechte und Verbindlichkeiten der Beteiligten aus öffentlich-rechtlichen Vereinbarungen sowie bei Streitigkeiten zwischen dem Zweckverband und seinen Verbandsmitgliedern oder der Verbandsmitglieder untereinander über Rechte und Verbindlichkeiten aus dem Verbandsverhältnis ist die Aufsichtsbehörde zur Schlichtung anzurufen, soweit nicht dieses Gesetz etwas anderes bestimmt oder in der Vereinbarung oder der Verbandssatzung ein besonderes Schiedsverfahren vorgesehen ist.

SIEBTER TEIL

Übergangs- und Schlußvorschriften

§ 31 Anwendung auf bestehende Zweckverbände. (1) [1]Auf bestehende Zweckverbände ist dieses Gesetz erst anzuwenden, wenn ihre Verbandssatzung den Vorschriften dieses Gesetzes angepaßt ist. [2]Solange bleiben die Verbandssatzungen dieser Zweckverbände und die ihnen zugrunde liegenden gesetzlichen Vorschriften in Kraft. [3]Für das Verfahren der Satzungsänderung gelten jedoch die Vorschriften dieses Gesetzes.

(2) Jeder Zweckverband hat seine Verbandssatzung innerhalb eines Jahres nach dem Inkrafttreten dieses Gesetzes mit dessen Vorschriften in Einklang zu bringen.

(3) [1]Dieses Gesetz gilt auch für Gemeindeforstverbände, soweit nicht Bundesrecht entgegensteht. [2]Für Schulverbände bleibt § 78 Abs. 8 des Schulgesetzes NRW vom 15. Februar 2005 (GV. NRW. S. 102) in der jeweils geltenden Fassung unberührt.

§ 32 Planungsverbände. Auf Planungsverbände nach § 205 des Baugesetzbuches sind die Vorschriften dieses Gesetzes entsprechend anzuwenden, soweit sich aus dem Baugesetzbuch nichts anderes ergibt.

§ 33 Weiterentwicklung der kommunalen Gemeinschaftsarbeit (Experimentierklausel). Zur Weiterentwicklung der kommunalen Gemeinschaftsarbeit kann das für Kommunales zuständige Ministerium im Einzelfall zeitlich begrenzte Ausnahmen von den Vorschriften dieses Gesetzes zulassen.

§ 34 Inkrafttreten. Dieses Gesetz tritt am 1. Juli 1961 in Kraft.*

Zusatz:

(Artikel 8 bis 11 des Ersten Gesetzes zur Weiterentwicklung
des Neuen Kommunalen Finanzmanagements für Gemeinden
und Gemeindeverbände im Land Nordrhein-Westfalen
(1. NKF-Weiterentwicklungsgesetz – NKFWG) vom 18. September 2012
(GV. NRW. S. 432))

Artikel 8 Übergangsregelungen zu den Artikeln 1 bis 7.

§ 1 Überführung der Ausgleichsrücklage. [1]Die in der Bilanz des Jahresabschlusses des Haushaltsjahres 2012 angesetzte Ausgleichsrücklage ist mit ihrem Bestand im Jahresabschluss des Haushaltsjahres 2012 in die Ausgleichs-

---

* *Die Vorschrift betrifft das Inkrafttreten des Gesetzes in der Fassung vom 26. April 1961. Die vorstehende Neufassung gilt ab 1. Oktober 1979.*

rücklage nach der ab dem Haushaltsjahr 2013 geltenden Vorschrift zu überführen. [2]Dieses gilt entsprechend, wenn die Ausgleichsrücklage keinen Bestand mehr aufweist.

§ 2 Behandlung des Jahresergebnisses 2012. [1]Nach der Überführung kann der in der Bilanz des Haushaltsjahres 2012 angesetzte Jahresüberschuss nach § 95 Absatz 2 der Gemeindeordnung zugeführt werden. [2]Ein angesetzter Fehlbetrag ist zu verrechnen.

§ 3 Jahresüberschüsse der Vorjahre. Jahresüberschüsse der Vorjahre des Haushaltsjahres 2012, die der allgemeinen Rücklage zugeführt wurden, können im Jahresabschluss des Haushaltsjahres 2012 der Ausgleichs-rücklage zugeführt werden, soweit ihr Bestand nicht den Höchstbetrag von einem Drittel des Eigenkapitals erreicht hat.

§ 4 Anzeige der Jahresabschlüsse des Haushaltsjahres 2010 und der Vorjahre. [1]Der Anzeige des Jahresabschlusses des Haushaltsjahres 2011 sind die Jahresabschlüsse des Haushaltsjahres 2010 und der Vorjahre beizufügen, soweit diese noch nicht nach § 96 Absatz 2 Satz 1 der Gemeindeordnung angezeigt worden sind. [2]Die Jahresabschlüsse des Haushaltsjahres 2010 und der Vorjahre können in der vom Bürgermeister nach § 95 Absatz 3 der Gemeindeordnung bestätigten Entwurfsfassung der Anzeige beigefügt werden. [3]Der Rat ist über diese Anzeige zu unterrichten.

Artikel 9 Rückkehr zum einheitlichen Verordnungsrang. Die auf dem Artikel 7 beruhenden Teile der dort geänderten Rechtsverordnung können auf Grund der in § 133 der Gemeindeordnung enthaltenen einschlägigen Ermächtigungen durch Rechtsverordnung geändert oder aufgehoben werden.

Artikel 10 Überprüfung der Auswirkungen dieses Gesetzes.

§ 1 Überprüfung. Die Vorschriften über die Haushaltswirtschaft der Gemeinden werden nach einem Erfahrungszeitraum von vier Jahren nach Inkrafttreten des Gesetzes durch die Landesregierung unter Mitwirkung der Spitzenverbände der Kommunen und der Fachverbände überprüft.

§ 2 Bericht an den Landtag. Die Landesregierung unterrichtet den Landtag über das Ergebnis der Überprüfung, insbesondere über den Änderungsbedarf bei den für die Haushaltswirtschaft der Gemeinden getroffenen gesetzlichen Regelungen.

Artikel 11 Inkrafttreten. [1]Das Gesetz tritt am Tage nach seiner Verkündung in Kraft. [2]Die Vorschriften sind erstmals auf das Haushaltsjahr 2013 anzuwenden. [3]Abweichend davon wird zugelassen, dass die durch die Artikel 1 bis 7 geänderten haushaltsrechtlichen Vorschriften sowie die Überführung der Ausgleichsrücklage nach § 1 des Artikels 8 erstmals auf den Jahresabschluss des Haushaltsjahres 2012 angewendet werden können.

Kommunalabgabengesetz für das Land Nordrhein-Westfalen (KAG)

vom 21. Oktober 1969 (GV NRW S. 712/SGV NRW 610);
zuletzt geändert durch Gesetz vom 23. Januar 2018 (GV NRW S. 90).

ÜBERSICHT

I. Teil
Allgemeine Vorschriften

§ 1 Kommunalabgaben. (1) [1]Die Gemeinden und Gemeindeverbände sind berechtigt, nach Maßgabe dieses Gesetzes Abgaben (Steuern, Gebühren und Beiträge) zu erheben, soweit nicht Bundes- oder Landesgesetze etwas anderes bestimmen. [2]Dies gilt mit Ausnahme der Erhebung von Steuern ebenfalls für Anstalten des öffentlichen Rechts gemäß § 114a der Gemeindeordnung und für gemeinsame Kommunalunternehmen gemäß § 27 des Gesetzes über kommunale Gemeinschaftsarbeit.

(2) Gesetz im Sinne des Kommunalabgabengesetzes ist jede Rechtsnorm.

(3) Die Bestimmungen der §§ 12 bis 22a gelten auch für Steuern, Gebühren, Beiträge und sonstige Abgaben, die von den Gemeinden und Gemeindeverbänden auf Grund anderer Gesetze erhoben werden, soweit diese keine Bestimmung treffen.

§ 2 Rechtsgrundlage für Kommunalabgaben. (1) [1]Abgaben dürfen nur auf Grund einer Satzung erhoben werden. [2]Die Satzung muß den Kreis der Abgabeschuldner, den die Abgabe begründenden Tatbestand, den Maßstab und den Satz der Abgabe sowie den Zeitpunkt ihrer Fälligkeit angeben.

(2) Eine Satzung, mit der eine im Land nicht erhobene Steuer erstmalig oder erneut eingeführt werden soll, bedarf zu ihrer Wirksamkeit der Genehmigung des für Kommunales zuständigen Ministeriums und des für Finanzen zuständigen Ministeriums.

II. Teil
Die einzelnen Abgaben

§ 3 Steuern. (1) [1]Die Gemeinden können Steuern erheben. [2]Eine Jagdsteuer darf ab 1. Januar 2013 nicht erhoben werden. [3]Die Erhebung einer Steuer auf die Erlangung der Erlaubnis, Gestattung oder Befugnis zum Betrieb eines Gaststättengewerbes ist unzulässig.

(2) [1]Die Gemeinden und Kreise sollen Steuern nur erheben, soweit die Deckung der Ausgaben durch andere Einnahmen, insbesondere durch Gebühren und Beiträge, nicht in Betracht kommt. [2]Dies gilt nicht für die Erhebung der Vergnügungssteuer und der Hundesteuer.

(3) Wird eine Steuer erhoben, kann durch Satzung festgelegt werden, dass der Steuerpflichtige Vorauszahlungen auf die Steuer zu entrichten hat, die er für den laufenden Veranlagungszeitraum voraussichtlich schulden wird.

(4) Die Steuerung kann Dritte, die zwar nicht Steuerschuldner sind, aber in rechtlichen oder wirtschaftlichen Belangen zum Steuergegenstand oder zu einem Sachverhalt stehen, an den die Steuerpflicht oder der Steuergegenstand anknüpft, verpflichten, die Steuer zu kassieren, abzuführen und Nachweis darüber zu führen, und ferner bestimmen, dass sie für die Steuer neben dem Steuerschuldner haften.

§ 4 Gebühren (Allgemeines). (1) Die Gemeinden und Gemeindeverbände können Gebühren erheben.

(2) Gebühren sind Geldleistungen, die als Gegenleistung für eine besondere Leistung – Amtshandlung oder sonstige Tätigkeit – der Verwaltung (Verwal-

tungsgebühren) oder für die Inanspruchnahme öffentlicher Einrichtungen und Anlagen (Benutzungsgebühren) erhoben werden.

§ 5 Verwaltungsgebühren. (1) Verwaltungsgebühren dürfen nur erhoben werden, wenn die Leistung der Verwaltung von dem Beteiligten beantragt worden ist oder wenn sie ihn unmittelbar begünstigt.

(2) [1]Wird ein Antrag auf eine gebührenpflichtige Leistung abgelehnt oder vor ihrer Beendigung zurückgenommen, so sind 10 bis 75 v.H. der Gebühr zu erheben, die bei ihrer Vornahme zu erheben wäre. [2]Wird der Antrag lediglich wegen Unzuständigkeit abgelehnt, so ist keine Gebühr zu erheben.

(3) [1]Für Widerspruchsbescheide darf nur dann eine Gebühr erhoben werden, wenn der Verwaltungsakt, gegen den Widerspruch erhoben wird, gebührenpflichtig ist und wenn und soweit der Widerspruch zurückgewiesen wird. [2]Die Gebühr beträgt höchstens die Hälfte der für den angefochtenen Verwaltungsakt festzusetzenden Gebühr.

(4) Das veranschlagte Gebührenaufkommen soll die voraussichtlichen Ausgaben für den betreffenden Verwaltungsbereich nicht übersteigen.

(5) Mündliche Auskünfte sind gebührenfrei.

(6) [1]Von Gebühren sind befreit

1. das Land, die Gemeinden und Gemeindeverbände, sofern die Leistung der Verwaltung nicht ihre wirtschaftlichen Unternehmen betrifft oder es sich nicht um eine beantragte sonstige Tätigkeit i.S.d. § 4 Abs. 2 auf dem Gebiet der Bauleitplanung, des Kultur-, Tief- und Straßenbaus handelt,
2. die Bundesrepublik und die anderen Länder, soweit Gegenseitigkeit gewährleistet ist,
3. die Kirchen und Religionsgemeinschaften des öffentlichen Rechts, soweit die Leistung der Verwaltung unmittelbar der Durchführung kirchlicher Zwecke i.S.d. § 54 der Abgabenordnung dient.

[2]Die Gebührenbefreiung gilt nicht für gemäß § 6 Abs. 1 Satz 2, § 19 Satz 1 ÖGDG erbrachte Leistungen.

(7) [1]Besondere bare Auslagen, die im Zusammenhang mit der Leistung entstehen, sind zu ersetzen, auch wenn der Zahlungspflichtige von der Entrichtung der Gebühr befreit ist. [2]Auslagen können auch demjenigen auferlegt werden, der sie durch unbegründete Einwendungen verursacht hat. [3]Zu ersetzen sind insbesondere

a) im Einzelfall besonders hohe Telegrafen-, Fernschreib-, Fernsprechgebühren und Zustellungskosten,
b) Kosten öffentlicher Bekanntmachungen,
c) Zeugen- und Sachverständigenkosten,
d) die bei Dienstgeschäften den beteiligten Verwaltungsangehörigen zustehenden Reisekostenvergütungen,
e) Kosten der Beförderung oder Verwahrung von Sachen.

[4]Für den Ersatz der baren Auslagen gelten die Vorschriften dieses Gesetzes entsprechend.

§ 6 Benutzungsgebühren. (1) [1]Benutzungsgebühren sind zu erheben, wenn eine Einrichtung oder Anlage überwiegend dem Vorteil einzelner Personen oder Personengruppen dient, sofern nicht ein privatrechtliches Entgelt gefordert wird. [2]Im übrigen können Gebühren erhoben werden. [3]Das veranschlagte Gebührenaufkommen soll die voraussichtlichen Kosten der Einrichtung oder Anlage nicht übersteigen und in den Fällen des Satzes 1 in der Regel decken. [4]§ 109 der Gemeindeordnung bleibt unberührt.

(2) [1]Kosten im Sinne des Absatzes 1 sind die nach betriebswirtschaftlichen Grundsätzen ansatzfähigen Kosten. [2]Der Gebührenrechnung kann ein Kalkulationszeitraum von höchstens drei Jahren zugrunde gelegt werden. [3]Kostenüberdeckungen am Ende eines Kalkulationszeitraumes sind innerhalb der nächsten vier Jahre auszugleichen; Kostenunterdeckungen sollen innerhalb dieses Zeitraumes ausgeglichen werden. [4]Zu den Kosten gehören auch Entgelte für in Anspruch genommene Fremdleistungen, Abschreibungen, die nach der mutmaßlichen Nutzungsdauer oder Leistungsmenge gleichmäßig zu bemessen sind, sowie eine angemessene Verzinsung des aufgewandten Kapitals; bei der Verzinsung bleibt der aus Beiträgen und Zuschüssen Dritter aufgebrachte Eigenkapitalanteil außer Betracht. [5]Soweit die Umsätze von Einrichtungen und Anlagen der Umsatzsteuer unterliegen, können die Gemeinden und Gemeindeverbände die Umsatzsteuer den Gebührenpflichtigen auferlegen.

(3) [1]Die Gebühr ist nach der Inanspruchnahme der Einrichtung oder Anlage zu bemessen (Wirklichkeitsmaßstab). [2]Wenn das besonders schwierig oder wirtschaftlich nicht vertretbar ist, kann ein Wahrscheinlichkeitsmaßstab gewählt werden, der nicht in einem offensichtlichen Mißverhältnis zu der Inanspruchnahme stehen darf. [3]Die Erhebung einer Grundgebühr neben der Gebühr nach Satz 1 oder 2 sowie die Erhebung einer Mindestgebühr ist zulässig.

(4) Auf die Gebühren können vom Beginn des Erhebungszeitraumes an angemessene Vorausleistungen verlangt werden.

(5) Grundstücksbezogene Benutzungsgebühren ruhen als öffentliche Last auf dem Grundstück.

(6) Die bestehenden Vorschriften über die Verleihung des Rechts auf Erhebung von Fähr-, Hafen- und Schleusengeldern und von anderen gleichartigen Verkehrsabgaben sowie über die Feststellung der Tarife hierfür bleiben unberührt.

§ 7 Gebühren für Beiträge und Umlagen der Wasser- und Bodenverbände und Zweckverbände. (1) [1]Die von Gemeinden und Gemeindeverbänden für die Mitgliedschaft in einem Wasser- und Bodenverband oder in einem Zweckverband (Verband) zu zahlenden Beiträge und Umlagen (Verbandslasten) werden nach den Grundsätzen des § 6 Abs. 1 Satz 1 und 2 durch Gebühren denjenigen auferlegt, die Einrichtungen und Anlagen des Verbandes in Anspruch nehmen oder denen der Verband durch seine Einrichtungen, Anlagen und Maßnahmen Vorteile gewährt. [2]§ 6 Abs. 3 gilt entsprechend. [3]Die Kreise können die von ihnen zu zahlenden Verbandslasten nach den Vorschriften über die Mehr-

oder Minderbelastung einzelner Kreisteile aufbringen. [4]Soweit die Abgabepflichtigen selbst von dem Verband für die Inanspruchnahme seiner Einrichtungen und Anlagen oder für die von ihm gewährten Vorteile zu Verbandslasten oder Abgaben herangezogen werden, dürfen von ihnen Gebühren nicht erhoben werden.

(2) [1]Bilden Einrichtungen oder Anlagen des Verbandes mit Einrichtungen oder Anlagen einer Gemeinde oder eines Gemeindeverbandes dergestalt eine technische Einheit, daß sie ihren Zweck nur gemeinsam erfüllen können, und erbringen der Verband sowie die Gemeinde oder der Gemeindeverband gleichartige Leistungen (z.B. Ortsentwässerung oder Abwasserreinigung), so gelten sie als einheitliche Einrichtung oder Anlage. [2]In diesen Fällen können die Gemeinden und Gemeindeverbände neben den Verbandslasten nach Absatz 1 Satz 1 und 2 auch die Kosten für ihre eigenen Einrichtungen und Anlagen nach § 6 denjenigen auferlegen, die die einheitliche Einrichtung oder Anlage in Anspruch nehmen. [3]Die auf die einzelnen Abgabepflichtigen entfallenden Gebühren sind um die Beträge zu kürzen, mit denen die Abgabepflichtigen selbst von dem Verband zu Verbandslasten oder Abgaben herangezogen werden; dabei sind Ermäßigungen der Verbandslasten auf Grund eigener Maßnahmen des Abgabepflichtigen den Verbandslasten hinzuzurechnen. [4]Die Kürzung unterbleibt, soweit es sich um Verbandslasten oder Abgaben zur Abgeltung solcher Leistungen und Vorteile handelt, die nur einzelnen zugute kommen. [5]Die Gebühren sind so zu berechnen, daß sie trotz der Kürzungen nach Satz 3 die Kosten der Gemeinde oder des Gemeindeverbandes einschließlich ihrer Verbandslasten in der Regel decken.

§ 8 Beiträge. (1) [1]Die Gemeinden und Gemeindeverbände können Beiträge erheben. [2]Bei den dem öffentlichen Verkehr gewidmeten Straßen, Wegen und Plätzen sollen Beiträge erhoben werden, soweit nicht das Baugesetzbuch anzuwenden ist.

(2) [1]Beiträge sind Geldleistungen, die dem Ersatz des Aufwandes für die Herstellung, Anschaffung und Erweiterung öffentlicher Einrichtungen und Anlagen im Sinne des § 4 Abs. 2, bei Straßen, Wegen und Plätzen auch für deren Verbesserung, jedoch ohne die laufende Unterhaltung und Instandsetzung, dienen. [2]Sie werden von den Grundstückseigentümern als Gegenleistung dafür erhoben, daß ihnen durch die Möglichkeit der Inanspruchnahme der Einrichtungen und Anlagen wirtschaftliche Vorteile geboten werden. [3]Ist das Grundstück mit einem Erbbaurecht belastet, so tritt an die Stelle des Eigentümers der Erbbauberechtigte.

(3) Beiträge können auch für Teile einer Einrichtung oder Anlage erhoben werden (Kostenspaltung).

(4) [1]Der Aufwand umfaßt auch den Wert, den die von der Gemeinde oder dem Gemeindeverband für die Einrichtung oder Anlage bereitgestellten eigenen Grundstücke bei Beginn der Maßnahme haben. [2]Er kann nach den tatsächlichen Aufwendungen oder nach Einheitssätzen, denen die der Gemeinde oder

dem Gemeindeverband für gleichartige Einrichtungen oder Anlagen üblicherweise durchschnittlich erwachsenden Aufwendungen zugrunde zu legen sind, ermittelt werden. [3]Bei leitungsgebundenen Einrichtungen und Anlagen, die der Versorgung oder der Abwasserbeseitigung dienen, kann der durchschnittliche Aufwand für die gesamte Einrichtung oder Anlage veranschlagt und zugrunde gelegt werden (Anschlußbeitrag). [4]Wenn die Einrichtungen oder Anlagen erfahrungsgemäß auch von der Allgemeinheit oder von der Gemeinde oder dem Gemeindeverband selbst in Anspruch genommen werden, bleibt bei der Ermittlung des Aufwandes ein dem wirtschaftlichen Vorteil der Allgemeinheit oder der Gemeinde oder des Gemeindeverbandes entsprechender Betrag außer Ansatz; Zuwendungen Dritter sind, sofern der Zuwendende nichts anderes bestimmt hat, zunächst zur Deckung dieses Betrages und nur, soweit sie diesen übersteigen, zur Deckung des übrigen Aufwandes zu verwenden. [5]Das veranschlagte Beitragsaufkommen soll den nach Satz 1 bis 4 ermittelten Aufwand, der sonst von der Gemeinde oder dem Gemeindeverband selbst aufzubringen wäre, einschließlich des Wertes der bereitgestellten eigenen Grundstücke, nicht überschreiten und in den Fällen des Absatzes 1 Satz 2 in der Regel decken. [6]Wenn im Zeitpunkt des Erlasses der Beitragssatzung der Aufwand noch nicht feststeht, braucht der Beitragssatz in der Satzung nicht angegeben zu werden.

(5) Der Aufwand kann auch für Abschnitte einer Einrichtung oder Anlage, wenn diese selbständig in Anspruch genommen werden können, ermittelt werden.

(6) [1]Die Beiträge sind nach den Vorteilen zu bemessen. [2]Dabei können Gruppen von Beitragspflichtigen mit annähernd gleichen Vorteilen zusammengefaßt werden.

(7) [1]Die Beitragspflicht entsteht mit der endgültigen Herstellung der Einrichtung oder Anlage, in den Fällen des Absatzes 3 mit der Beendigung der Teilmaßnahme und in den Fällen des Absatzes 5 mit der endgültigen Herstellung des Abschnitts. [2]Wird ein Anschlußbeitrag nach Absatz 4 Satz 3 erhoben, so entsteht die Beitragspflicht, sobald das Grundstück an die Einrichtung oder Anlage angeschlossen werden kann, frühestens jedoch mit dem Inkrafttreten der Satzung; die Satzung kann einen späteren Zeitpunkt bestimmen.

(8) Auf die künftige Beitragsschuld können angemessene Vorausleistungen verlangt werden, sobald mit der Durchführung der Maßnahme nach Absatz 2 Satz 1 und Absatz 5 begonnen worden ist.

(9) Der Beitrag ruht als öffentliche Last auf dem Grundstück, im Falle des Absatzes 2 Satz 3 auf dem Erbbaurecht.

§ 9 Besondere Wegebeiträge. [1]Müssen Straßen und Wege, die nicht dem öffentlichen Verkehr gewidmet sind, deshalb kostspieliger, als es ihrer gewöhnlichen Bestimmung gemäß notwendig wäre, gebaut oder ausgebaut werden, weil sie im Zusammenhang mit der Bewirtschaftung oder Ausbeutung von Grundstücken oder im Zusammenhang mit einem gewerblichen Betrieb außergewöhnlich beansprucht werden, so kann die Gemeinde oder der Gemeindeverband zum Ersatz der Mehraufwendungen von den Eigentümern dieser Grundstücke oder von den Unternehmern der gewerblichen Betriebe besondere Wegebeiträge erheben. [2]Die Beiträge sind nach den Mehraufwendungen zu bemessen, die der Beitragspflichtige verursacht. [3]§ 8 Abs. 3, Abs. 4 Satz 1 und 6, Abs. 5, Abs. 7 Satz 1 und Abs. 8 sind entsprechend anzuwenden.

§ 10 Kostenersatz für Haus- und Grundstücksanschlüsse. (1) [1]Die Gemeinden und Gemeindeverbände können bestimmen, daß ihnen der Aufwand für die Herstellung, Erneuerung, Veränderung und Beseitigung sowie die Kosten für die Unterhaltung eines Haus- oder Grundstücksanschlusses an Versorgungsleitungen und Abwasserbeseitigungsanlagen ersetzt werden. [2]Der Aufwand und die Kosten können in der tatsächlich geleisteten Höhe oder nach Einheitssätzen, denen die der Gemeinde oder dem Gemeindeverband für Anschlüsse der gleichen Art üblicherweise durchschnittlich erwachsenden Aufwendungen und Kosten zugrunde zu legen sind, ermittelt werden. [3]Die Satzung kann bestimmen, daß dabei Versorgungs- und Abwasserleitungen, die nicht in der Mitte der Straße verlaufen, als in der Straßenmitte verlaufend gelten.

(2) [1]Der Ersatzanspruch entsteht mit der endgültigen Herstellung der Anschlußleitung, im übrigen mit der Beendigung der Maßnahme. [2]Für den Anspruch gelten die Vorschriften dieses Gesetzes entsprechend.

(3) Die Gemeinden und Gemeindeverbände können bestimmen, daß die Haus- oder Grundstücksanschlüsse an Versorgungsleitungen und Abwasserbeseitigungsanlagen zu der öffentlichen Einrichtung oder Anlage im Sinne des § 4 Abs. 2 und des § 8 Abs. 2 Satz 1 gehören.

§ 11 Kurbeiträge und Fremdenverkehrsbeiträge. (1) [1]Die Gemeinden, die nach dem Kurortegesetz ganz oder teilweise als Kurort anerkannt sind, können für die Herstellung, Anschaffung, Erweiterung und Unterhaltung der zu Heil- oder Kurzwecken in dem anerkannten Gebiet bereitgestellten Einrichtungen und Anlagen sowie für die zu diesem Zweck durchgeführten Veranstaltungen einen Kurbeitrag erheben. [2]Ist Träger der in Satz 1 genannten Einrichtungen und Anlagen ganz oder überwiegend ein Gemeindeverband, so kann nur dieser den Kurbeitrag erheben; die Satzung kann in diesem Falle bestimmen, daß die Gemeinde einen angemessenen Anteil an dem Kurbeitragsaufkommen für ihre eigenen Aufwendungen im Sinne des Satzes 1 erhält.

(2) [1]Der Kurbeitrag wird von den Personen, die in dem nach Absatz 1 Satz 1 anerkannten Gebiet Unterkunft nehmen, ohne in ihm die alleinige Wohnung oder die Hauptwohnung im Sinne des § 21 Absatz 1 des Bundesmeldegesetzes vom 3. Mai 2013 (BGBl. I S. 1084) in der jeweils geltenden Fassung zu haben, als Gegenleistung dafür erhoben, daß ihnen die Möglichkeit geboten wird, die Einrichtungen und Anlagen in Anspruch zu nehmen und an den Veranstaltungen teilzunehmen; die Satzung kann an die Stelle der Hauptwohnung im Sinne des § 21 Absatz 1 des Bundesmeldegesetzes vom 3. Mai 2013 (BGBl. I S. 1084) in der jeweils geltenden Fassung den Wohnsitz im Sinne der §§ 7 bis 11 des Bürgerlichen Gesetzbuches setzen. [2]Der Kurbeitrag kann auch von Personen er-

hoben werden, die in der Gemeinde außerhalb des nach Absatz 1 Satz 1 anerkannten Gebietes zu Heil- oder Kurzwecken Unterkunft nehmen. [3]Er kann ferner erhoben werden von Personen, die in den dazu geschaffenen Einrichtungen zu Heil- oder Kurzwecken betreut werden, ohne in der Gemeinde Unterkunft zu nehmen. [4]Die Kurbeiträge nach den Sätzen 2 und 3 können niedriger als die nach Satz 1 festgesetzt werden. [5]§ 6 bleibt unberührt.

(3) Wer Personen zu Heil- oder Kurzwecken gegen Entgelt beherbergt, wer ihnen als Grundeigentümer Unterkunftsmöglichkeiten in eigenen Wohngelegenheiten, z.B. Fahrzeugen oder Zelten, gewährt oder wer sie in den Fällen des Absatzes 2 Satz 3 in eigenen Einrichtungen betreut, kann durch die Satzung verpflichtet werden, diese Personen der Gemeinde oder dem Gemeindeverband zu melden, den Kurbeitrag einzuziehen und an die Gemeinde oder den Gemeindeverband abzuliefern; er haftet insoweit für den Kurbeitrag.

(4) [1]Die Gemeinden, die nach dem Kurortegesetz ganz oder teilweise als Kurort oder als Erholungsort anerkannt sind sowie die Gemeinden, in denen die Zahl der Fremdübernachtungen im Jahr in der Regel das Siebenfache der Einwohnerzahl übersteigt, können für die Fremdenverkehrswerbung und für die Herstellung, Anschaffung, Erweiterung und Unterhaltung der zu Fremdenverkehrszwecken bereitgestellten Einrichtungen und Anlagen sowie für die zu diesem Zweck durchgeführten Veranstaltungen einen Fremdenverkehrsbeitrag erheben. [2]§ 6 bleibt unberührt

(5) [1]Der Fremdenverkehrsbeitrag wird von den Personen und den Unternehmen erhoben, denen durch den Fremdenverkehr unmittelbar oder mittelbar besondere wirtschaftliche Vorteile geboten werden. [2]Die Beitragspflicht erstreckt sich auch auf solche Personen und Unternehmen, die, ohne in der Gemeinde ihre Wohnung oder ihren Betriebssitz zu haben, vorübergehend in der Gemeinde erwerbstätig sind.

III. Teil

Verwaltungsverfahren

§ 12 Anwendung der Abgabenordnung. (1) Auf Kommunalabgaben sind die folgenden Bestimmungen der Abgabenordnung in der jeweiligen Fassung entsprechend anzuwenden, soweit nicht dieses Gesetz oder andere Bundes- oder Landesgesetze besondere Vorschriften enthalten:

1. aus dem Ersten Teil – Einleitende Vorschriften –
   a) über den Anwendungsbereich § 2,
   b) über die steuerlichen Begriffsbestimmungen § 3 Abs. 1, 4 und 5, §§ 4, 5, 7 bis 15,
   c) über das Steuergeheimnis § 30 mit folgenden Maßgaben:
      aa) die Vorschrift gilt nur für kommunale Steuern,

bb) bei der Hundesteuer darf in Schadensfällen Auskunft über Namen und Anschrift des Hundehalters an Behörden und Schadensbeteiligte gegeben werden.
cc) die Entscheidung nach Absatz 4 Nr. 5 Buchstabe c trifft die Vertretung der Körperschaft, der die Abgabe zusteht;
d) über die Haftungsbeschränkung für Amtsträger § 32,

2. aus dem Zweiten Teil – Steuerschuldrecht –
   a) über den Steuerpflichtigen §§ 33 bis 36,
   b) über das Steuerschuldverhältnis §§ 37 bis 49,
   c) über steuerbegünstigte Zwecke §§ 51 bis 68,
   d) über die Haftung §§ 69 bis 71, 73 bis 75, 77,
3. aus dem Dritten Teil – Allgemeine Verfahrensvorschriften –
   a) über die Verfahrensgrundsätze §§ 78 bis 81, § 82 Abs. 1 und 2, § 83 Abs. 1 mit der Maßgabe, daß in den Fällen des Satzes 2 die Vertretung der Körperschaft, der die Abgabe zusteht, die Anordnung trifft, §§ 85 bis 93, § 96 Abs. 1 bis Abs. 7 Satz 1 und 2, §§ 97 bis 99, § 101 Abs. 1, §§ 102 bis 109, § 111 Abs. 1 bis 3 und Abs. 5, §§ 112 bis 115, § 117 Abs. 1, 2 und 4,
   b) über die Verwaltungsakte §§ 118 bis 126 Abs. 2 und §§ 127 bis 133 mit der Maßgabe, dass in § 126 Abs. 2 an die Stelle der Wörter „finanzgerichtliches Verfahren“ die Wörter „verwaltungsgerichtliches Verfahren“ und in § 132 an die Stelle der Wörter „Einspruchsverfahrens“, „finanzgerichtlichen Verfahrens“ und „Einspruch“ die Wörter „Widerspruchsverfahrens“, „verwaltungsgerichtlichen Verfahrens“ und „Widerspruch“ treten,
4. aus dem Vierten Teil – Durchführung der Besteuerung –
   a) über die Mitwirkungspflichten §§ 140, 145 bis 149, § 150 Abs. 1 bis 5, §§ 151 bis 153,
   b) über das Festsetzungs- und Feststellungsverfahren § 155, § 156 Abs. 2, §§ 157 bis 160, 162, § 163 Satz 1 und 3, § 164, § 165 Abs. 1 und 2, §§ 166 bis 168, § 169 mit der Maßgabe, dass die Festsetzungsfrist nach Absatz 2 Satz 1 einheitlich 4 Jahre beträgt, § 170 Abs. 1 bis 3, § 171 Abs. 1 bis 3a mit der Maßgabe, dass in Absatz 3 die Wörter „Einspruchs- und Klageverfahrens“ durch die Wörter „Widerspruchs- und Klageverfahrens“ und in Absatz 3a Satz 1 das Wort „Einspruch“ durch das Wort „Widerspruch“ und in Satz 3 die Wörter „§ 100 Abs. 1 Satz 1, Abs. 2 Satz 2, Abs. 3 Satz 1, § 101 der Finanzgerichtsordnung“ durch die Wörter „§ 113 Abs. 1 Satz 1, Abs. 2 Satz 2, Abs. 3 Satz 1 und Abs. 5 der Verwaltungsgerichtsordnung“ ersetzt werden, ferner Abs. 7 bis 14, §§ 191, 192,
5. aus dem Fünften Teil – Erhebungsverfahren –
   a) über die Verwirklichung, die Fälligkeit und das Erlöschen von Ansprüchen aus dem Steuerschuldverhältnis §§ 218, 219, 221 bis 223, § 224 Abs. 1 und 2, §§ 225 bis 232,
   b) über die Verzinsung und die Säumniszuschläge §§ 233, 234 Abs. 1 und 2, § 235, § 236 mit der Maßgabe, dass in Absatz 3 an die Stelle der Wörter

„§ 137 Satz 1 der Finanzgerichtsordnung“ die Wörter „§ 155 Abs. 4 der Verwaltungsgerichtsordnung“ treten, § 237 Abs. 1, 2, 4 und 5 mit der Maßgabe, dass in Abs. 1 an die Stelle der Wörter „Einspruch“ und „Einspruchsentscheidung“ die Wörter „Widerspruch“ und „Widerspruchsbescheid“ treten und an die Stelle der Wörter „förmlichen außergerichtlichen“ und in Absatz 2 an die Stelle der Wörter „außergerichtlichen Rechtsbehelfs“ jeweils das Wort „Widerspruchs“ tritt sowie in Absatz 4 die Wörter „und 3 gelten“ durch das Wort „gilt“ ersetzt werden, §§ 238 bis 240,

c) über die Sicherheitsleistung §§ 241 bis 248,

6. aus dem Sechsten Teil – Vollstreckung –
   a) über die Allgemeinen Vorschriften § 251 Abs. 2 und 3, § 254 Abs. 2,
   b) über die Vollstreckung wegen Geldforderungen § 261.

(2) Auf Kommunalabgaben sind ferner die §§ 1, 2, 8, § 10 Abs. 1 mit der Maßgabe, daß in Satz 2 an die Stelle der Vorschriften der Reichsabgabenordnung die bisherigen Vorschriften des Kommunalabgabengesetzes treten, § 11, jedoch ohne die Verweisung auf die §§ 72 und 76 der Abgabenordnung, § 14, § 15 Abs. 1 und 3 sowie § 16 Abs. 1 des Artikels 97 des Einführungsgesetzes zur Abgabenordnung in der jeweiligen Fassung entsprechend anzuwenden, soweit nicht dieses Gesetz oder andere Bundes- oder Landesgesetze besondere Vorschriften enthalten.

(3) Die Vorschriften der Absätze 1 und 2 gelten entsprechend für Verspätungszuschläge, Zinsen und Säumniszuschläge (abgabenrechtliche Nebenleistungen) sowie für die Ersatzansprüche nach § 5 Abs. 7 und § 10 Abs. 1 und 2 dieses Gesetzes.

(4) Bei der Anwendung der in den Absätzen 1 und 2 genannten Vorschriften tritt jeweils an die Stelle

a) der Finanzbehörde oder des Finanzamtes die Körperschaft, der die Abgabe zusteht,
b) des Wortes „Steuer(n)“ – allein oder in Wortzusammensetzungen – das Wort „Abgabe(n)“,
c) des Wortes „Besteuerung“ die Worte „Heranziehung zu Abgaben“.

§ 13 Kleinbeträge, Abrundung. (1) Es kann davon abgesehen werden, Abgaben und abgabenrechtliche Nebenleistungen festzusetzen, zu erheben, nachzufordern oder zu erstatten, wenn der Betrag niedriger als zehn Euro ist und die Kosten der Einziehung oder Erstattung außer Verhältnis zu dem Betrag stehen, es sei denn, daß wegen der grundsätzlichen Bedeutung des Falles eine Einziehung geboten ist.

(2) Cent-Beträge können bei der Festsetzung von Abgaben und abgabenrechtlichen Nebenleistungen auf volle Euro nach unten abgerundet und bei der Erstattung auf volle zehn Cent nach oben aufgerundet werden.

§ 14 Abgabenbescheide. (1) Festsetzung und Erhebung mehrerer Abgaben, die denselben Abgabepflichtigen betreffen, können in einem Bescheid zusammengefasst werden.

(2) [1]Ein Bescheid über Abgaben für einen bestimmten Zeitabschnitt kann bestimmen, dass er auch für künftige Zeitabschnitte gilt, solange sich die Berechnungsgrundlagen und der Abgabenbetrag nicht ändern. [2]Dabei ist anzugeben, an welchen Tagen und mit welchen Beträgen die Abgaben jeweils fällig werden.

(3) Abgabenbescheide mit Dauerwirkung sind von Amts wegen aufzuheben oder zu ändern, wenn die Abgabepflicht entfällt oder sich die Höhe der Abgaben ändert.

§§ 15–16 *(aufgehoben)*

IV. Teil

Straf- und Bußgeldvorschriften

§ 17 Abgabenhinterziehung. (1) [1]Mit Freiheitsstrafe bis zu zwei Jahren oder mit Geldstrafe wird bestraft, wer

a) der Körperschaft, der die Abgabe zusteht, oder einer anderen Behörde über abgabenrechtlich erhebliche Tatsachen unrichtige oder unvollständige Angaben macht oder

b) die Körperschaft, der die Abgabe zusteht, pflichtwidrig über abgabenrechtlich erhebliche Tatsachen in Unkenntnis läßt

und dadurch Abgaben verkürzt oder nicht gerechtfertigte Abgabenvorteile für sich oder einen anderen erlangt. [2]§ 370 Abs. 4, §§ 371 und 376 der Abgabenordnung in der jeweiligen Fassung gelten entsprechend.

(2) Der Versuch ist strafbar.

(3) Für das Strafverfahren gelten die §§ 385, 391, 393, 395 bis 398 und 407 der Abgabenordnung in der jeweiligen Fassung entsprechend.

§§ 18, 19 *(aufgehoben)*

§ 20 Leichtfertige Abgabenverkürzung und Abgabengefährdung. (1) [1]Ordnungswidrig handelt, wer als Abgabenpflichtiger oder bei Wahrnehmung der Angelegenheiten eines Abgabenpflichtigen eine der in § 17 Abs. 1 bezeichneten Taten leichtfertig begeht (leichtfertige Abgabenverkürzung). [2]§ 370 Abs. 4 und § 378 Abs. 3 der Abgabenordnung in der jeweiligen Fassung gelten entsprechend.

(2) Ordnungswidrig handelt auch, wer vorsätzlich oder leichtfertig

a) Belege ausstellt, die in tatsächlicher Hinsicht unrichtig sind, oder

b) den Vorschriften einer Abgabensatzung zur Sicherung der Abgabenerhebung, insbesondere zur Anmeldung und Anzeige von Tatsachen, zur Führung von Aufzeichnungen oder Nachweisen, zur Kennzeichnung oder Vorlegung von Gegenständen oder zur Erhebung und Abführung von Abgaben zuwiderhandelt und es dadurch ermöglicht, Abgaben zu verkürzen oder nicht gerechtfertigte Abgabenvorteile zu erlangen (Abgabengefährdung).

(3) Die Ordnungswidrigkeit kann in den Fällen des Absatzes 1 mit einer Geldbuße bis zu zehntausend Euro und in den Fällen des Absatzes 2 mit einer Geldbuße bis zu fünftausend Euro geahndet werden.

(4) Für das Bußgeldverfahren gelten die §§ 391, 393, 396, 397, 407 und 411 der Abgabenordnung in der jeweiligen Fassung entsprechend.

(5) Verwaltungsbehörde im Sinne des § 36 Abs. 1 Nr. 1 des Gesetzes über Ordnungswidrigkeiten ist die Körperschaft, der die Abgabe zusteht.

§ 21 *(aufgehoben)*

V. Teil

Schlußvorschriften

§ 22 Übergangsvorschrift zur Erhebung der Jagdsteuer. Die Kreise und kreisfreien Städte sind berechtigt, Jagdsteuern wie folgt zu erheben:
ab 1. Januar 2010 in Höhe von 80%, ab 1. Januar 2011 in Höhe von 55% und ab 1. Januar 2012 bis 31. Dezember 2012 in Höhe von 30% des Steuersatzes, den sie zum Stichtag 1. Januar 2009 festgesetzt haben.

§ 22a Einschränkung von Grundrechten. Die Grundrechte auf körperliche Unversehrtheit und Freiheit der Person (Artikel 2 Abs. 2 des Grundgesetzes) und der Unverletzlichkeit der Wohnung (Artikel 13 des Grundgesetzes) werden nach Maßgabe dieses Gesetzes eingeschränkt.

§ 23 Änderung des Vergnügungssteuergesetzes. *(nicht abgedruckt)*

§ 24 Änderung des Verwaltungsvollstreckungsgesetzes für das Land Nordrhein-Westfalen. *(nicht abgedruckt)*

§ 25 Rechts- und Verwaltungsverordnungen. (1) Das für Kommunales zuständige Minsterium wird ermächtigt, im Einvernehmen mit dem für Finanzen zuständigen Ministerium und dem Kommunalpolitischen Ausschuß des Landtags durch Rechtsverordnung dieses Gesetz durch Einfügung der entsprechenden Vorschriften neu zu fassen, wenn dies wegen einer Änderung des in diesem Gesetz für anwendbar erklärten Bundesrechts notwendig wird.

(2) Das für Kommunales zuständige Ministerium erlässt im Einvernehmen mit dem für Finanzen zuständigen Ministerium die zur Ausführung dieses Gesetzes erforderlichen Verwaltungsverordnungen.

§ 26 Inkrafttreten, Außerkrafttreten. § 11 Absatz 4 und § 25 dieses Gesetzes treten einen Tag nach seiner Verkündung, die übrigen Vorschriften am 1. Januar 1970 in Kraft.

Verwaltungsverfahrensgesetz für das Land Nordrhein-Westfalen (VwVfG NRW)

in der Fassung der Bekanntmachung vom 12. November 1999 (GV NRW S. 602);
zuletzt geändert durch Gesetz vom 15. November 2016 (GV NRW S. 934).

INHALTSÜBERSICHT

TEIL I
Anwendungsbereich, örtliche Zuständigkeit, elektronische Kommunikation, Amtshilfe, europäische Verwaltungszusammenarbeit

Abschnitt 1
Anwendungsbereich, örtliche Zuständigkeit, elektronische Kommunikation

§ 1 Anwendungsbereich. (1) Dieses Gesetz gilt für die öffentlich-rechtliche Verwaltungstätigkeit der Behörden des Landes, der Gemeinden und Gemeindeverbände, der sonstigen der Aufsicht des Landes unterstehenden juristischen Personen des öffentlichen Rechts, soweit nicht Rechtsvorschriften des Landes inhaltsgleiche oder entgegenstehende Bestimmungen enthalten.

(2) Behörde im Sinne dieses Gesetzes ist jede Stelle, die Aufgaben der öffentlichen Verwaltung wahrnimmt.

§ 2 Ausnahmen vom Anwendungsbereich. (1) Dieses Gesetz gilt nicht für die Tätigkeit der Kirchen, der Religionsgesellschaften und Weltanschauungsgemeinschaften sowie ihrer Verbände und Einrichtungen und des Westdeutschen Rundfunks Köln.

(2) Dieses Gesetz gilt ferner nicht für
1. Verwaltungsverfahren, in denen Rechtsvorschriften der Abgabenordnung anzuwenden sind,
2. die Strafverfolgung, die Verfolgung und Ahndung von Ordnungswidrigkeiten, die Rechtshilfe für das Ausland in Straf- und Zivilsachen und, unbeschadet des § 80 Abs. 4, für Maßnahmen des Richterdienstrechts,
3. Verwaltungsverfahren, für die das Sozialgesetzbuch (SGB) anzuwenden ist,
4. das Recht des Lastenausgleichs,
5. das Recht der Wiedergutmachung.

(3) [1]Für die Tätigkeit
1. der Gerichtsverwaltungen und der Behörden der Justizverwaltung einschließlich der ihrer Aufsicht unterliegenden Körperschaften des öffentlichen Rechts gilt dieses Gesetz nur, soweit die Tätigkeit der Nachprüfung durch die Gerichte der Verwaltungsgerichtsbarkeit oder durch die in verwaltungsrechtlichen Anwalts-, Patentanwalts- und Notarsachen zuständigen Gerichte unterliegt;
2. der Behörden bei Leistungs-, Eignungs- und ähnlichen Prüfungen von Personen und der Besetzung von Professorenstellen gelten nur die §§ 3a bis 13, 17 bis 27, 29 bis 38, 40 bis 52, 79, 80 und 95;
3. der Schulen und Hochschulen gelten nur die §§ 3a bis 13, 17 bis 52, 79 bis 80 und 95. [2]Die §§ 28 und 39 gelten, soweit die Entscheidung nicht auf Leis-

tungsbeurteilungen der Schule oder Beurteilungen wissenschaftlicher oder künstlerischer Art von Personen durch Hochschulen beruht.

§ 3 Örtliche Zuständigkeit. (1) Örtlich zuständig ist

1. in Angelegenheiten, die sich auf unbewegliches Vermögen oder ein ortsgebundenes Recht oder Rechtsverhältnis beziehen, die Behörde, in deren Bezirk das Vermögen oder der Ort liegt;
2. in Angelegenheiten, die sich auf den Betrieb eines Unternehmens oder einer seiner Betriebsstätten, auf die Ausübung eines Berufes oder auf eine andere dauernde Tätigkeit beziehen, die Behörde, in deren Bezirk das Unternehmen oder die Betriebsstätte betrieben oder der Beruf oder die Tätigkeit ausgeübt wird oder werden soll;
3. in anderen Angelegenheiten, die
   a) eine natürliche Person betreffen, die Behörde, in deren Bezirk die natürliche Person ihren gewöhnlichen Aufenthalt hat oder zuletzt hatte,
   b) eine juristische Person oder eine Vereinigung betreffen, die Behörde, in deren Bezirk die juristische Person oder die Vereinigung ihren Sitz hat oder zuletzt hatte;
4. in Angelegenheiten, bei denen sich die Zuständigkeit nicht aus den Nummern 1 bis 3 ergibt, die Behörde, in deren Bezirk der Anlass für die Amtshandlung hervortritt.

(2) [1]Sind nach Absatz 1 mehrere Behörden zuständig, so entscheidet die Behörde, die zuerst mit der Sache befasst worden ist, es sei denn, die gemeinsame fachlich zuständige Aufsichtsbehörde bestimmt, dass eine andere örtlich zuständige Behörde zu entscheiden hat. [2]Sie kann in den Fällen, in denen eine gleiche Angelegenheit sich auf mehrere Betriebsstätten eines Betriebes oder Unternehmens bezieht, eine der nach Absatz 1 Nr. 2 zuständigen Behörden als gemeinsame zuständige Behörde bestimmen, wenn dies unter Wahrnehmung der Interessen der Beteiligten zur einheitlichen Entscheidung geboten ist. [3]Diese Aufsichtsbehörde entscheidet ferner über die örtliche Zuständigkeit, wenn sich mehrere Behörden für zuständig oder für unzuständig halten oder wenn die Zuständigkeit aus anderen Gründen zweifelhaft ist. [4]Fehlt eine gemeinsame Aufsichtsbehörde, so treffen die fachlich zuständigen Aufsichtsbehörden die Entscheidung gemeinsam.

(3) Ändern sich im Lauf des Verwaltungsverfahrens die die Zuständigkeit begründenden Umstände, so kann die bisher zuständige Behörde das Verwaltungsverfahren fortführen, wenn dies unter Wahrung der Interessen der Beteiligten der einfachen und zweckmäßigen Durchführung des Verfahrens dient und die nunmehr zuständige Behörde zustimmt.

(4) [1]Bei Gefahr im Verzug ist für unaufschiebbare Maßnahmen jede Behörde örtlich zuständig, in deren Bezirk der Anlass für die Amtshandlung hervortritt. [2]Die nach Absatz 1 Nr. 1 bis 3 örtlich zuständige Behörde ist unverzüglich zu unterrichten.

§ 3a Elektronische Kommunikation. (1) [1]Die Übermittlung elektronischer Dokumente ist zulässig, soweit der Empfänger hierfür einen Zugang eröffnet. [2]Bei Behörden erfolgt die Eröffnung des Zugangs durch Bekanntmachung über die Homepage. [3]Die technischen und organisatorischen Rahmenbedingungen sind anzugeben.

(2) [1]Eine durch Rechtsvorschrift angeordnete Schriftform kann, soweit nicht durch Rechtsvorschrift etwas anderes bestimmt ist, durch die elektronische Form ersetzt werden. [2]Der elektronischen Form genügt ein elektronisches Dokument, das mit einer qualifizierten elektronischen Signatur nach dem Signaturgesetz versehen ist. [3]Die Signierung mit einem Pseudonym, das die Identifizierung der Person des Signaturschlüsselinhabers nicht unmittelbar durch die Behörde ermöglicht, ist nicht zulässig. [4]Die Schriftform kann auch ersetzt werden

1. durch unmittelbare Abgabe der Erklärung in einem elektronischen Formular, das von der Behörde in einem Eingabegerät oder über öffentlich zugängliche Netze zur Verfügung gestellt wird;
2. bei Anträgen und Anzeigen durch Versendung eines elektronischen Dokuments an die Behörde mit der Versandart nach § 5 Absatz 5 des De-Mail-Gesetzes vom 28. April 2011 (BGBl. S. 666), das durch Artikel 3 Absatz 8 des Gesetzes vom 7. August 2013 (BGBl. I S. 3154) geändert worden ist;
3. bei elektronischen Verwaltungsakten oder sonstigen elektronischen Dokumenten der Behörden durch Versendung einer De-Mail-Nachricht nach § 5 Absatz 5 des De-Mail-Gesetzes, bei der die Bestätigung des akkreditierten Diensteanbieters die erlassende Behörde als Nutzer des De-Mail-Kontos erkennen lässt;
4. durch sonstige sichere Verfahren, die durch Rechtsverordnung im Sinne von § 3a Absatz 2 Satz 4 Nummer 4 des Verwaltungsverfahrensgesetzes vom 23. Januar 2003 (BGBl. I S. 102) in der Fassung der Bekanntmachung vom 25. Juli 2013 (BGBl. I S. 2749) festgelegt werden, welche den Datenübermittler (Absender der Daten) authentifizieren und die Integrität des elektronisch übermittelten Datensatzes sowie die Barrierefreiheit gewährleisten; der IT-Planungsrat gibt Empfehlungen zu geeigneten Verfahren ab.

[5]In den Fällen des Satzes 4 Nummer 1 muss bei einer Eingabe über öffentlich zugängliche Netze ein sicherer Identitätsnachweis nach § 18 des Personalausweisgesetzes vom 18. Juni 2009 (BGBl. I S. 1346), das durch Artikel 4 Absatz 1 des Gesetzes vom 7. August 2013 (BGBl. I S. 3154) geändert worden ist, oder nach § 78 Absatz 5 des Aufenthaltsgesetzes in der Fassung der Bekanntmachung vom 25. Februar 2008 (BGBl. I S. 162), das durch Artikel 3 des Gesetzes vom 6. September 2013 (BGBl. I S. 3556) geändert worden ist, erfolgen.

(3) [1]Ist ein der Behörde übermitteltes elektronisches Dokument für sie zur Bearbeitung nicht geeignet, teilt sie dies dem Absender unter Angabe der für sie geltenden technischen Rahmenbedingungen unverzüglich mit. [2]Macht ein Empfänger geltend, er könne das von der Behörde übermittelte elektronische Dokument nicht bearbeiten, hat sie es ihm erneut in einem geeigneten elektronischen Format oder als Schriftstück zu übermitteln.

§ 3b Personenbezogene Daten, Betriebs- und Geschäftsgeheimnisse. [1]Die Behörde darf Angaben über persönliche und sachliche Verhältnisse einer natürlichen Person sowie Betriebs- oder Geschäftsgeheimnisse nicht unbefugt offenbaren. [2]Sie unterliegt, soweit sie personenbezogene Daten verarbeitet, den Vorschriften des Datenschutzgesetzes Nordrhein-Westfalen.

Abschnitt 2
Amtshilfe

§ 4 Amtshilfepflicht. (1) Jede Behörde leistet anderen Behörden auf Ersuchen ergänzende Hilfe (Amtshilfe).

(2) Amtshilfe liegt nicht vor, wenn
1. Behörden einander innerhalb eines bestehenden Weisungsverhältnisses Hilfe leisten;
2. die Hilfeleistung in Handlungen besteht, die der ersuchten Behörde als eigene Aufgabe obliegen.

§ 5 Voraussetzungen und Grenzen der Amtshilfe. (1) Eine Behörde kann um Amtshilfe insbesondere dann ersuchen, wenn sie
1. aus rechtlichen Gründen die Amtshandlung nicht selbst vornehmen kann;
2. aus tatsächlichen Gründen, besonders weil die zur Vornahme der Amtshandlung erforderlichen Dienstkräfte oder Einrichtungen fehlen, die Amtshandlung nicht selbst vornehmen kann;
3. zur Durchführung ihrer Aufgaben auf die Kenntnis von Tatsachen angewiesen ist, die ihr unbekannt sind und die sie selbst nicht ermitteln kann;
4. zur Durchführung ihrer Aufgaben Urkunden oder sonstige Beweismittel benötigt, die sich im Besitz der ersuchten Behörde befinden;
5. die Amtshandlung nur mit wesentlich größerem Aufwand vornehmen könnte als die ersuchte Behörde.

(2) [1]Die ersuchte Behörde darf Hilfe nicht leisten, wenn
1. sie hierzu aus rechtlichen Gründen nicht in der Lage ist;
2. durch die Hilfeleistung dem Wohl des Bundes oder eines Landes erhebliche Nachteile bereitet würden.

[2]Die ersuchte Behörde ist insbesondere zur Vorlage von Urkunden oder Akten sowie zur Erteilung von Auskünften nicht verpflichtet, wenn die Vorgänge nach einem Gesetz oder ihrem Wesen nach geheimgehalten werden müssen.

(3) Die ersuchte Behörde braucht Hilfe nicht zu leisten, wenn
1. eine andere Behörde die Hilfe wesentlich einfacher oder mit wesentlich geringerem Aufwand leisten kann;
2. sie die Hilfe nur mit unverhältnismäßig großem Aufwand leisten könnte;
3. sie unter Berücksichtigung der Aufgaben der ersuchenden Behörde durch die Hilfeleistung die Erfüllung ihrer eigenen Aufgaben ernstlich gefährden würde.

(4) Die ersuchte Behörde darf die Hilfe nicht deshalb verweigern, weil sie das Ersuchen aus anderen als den in Absatz 3 genannten Gründen oder weil sie die mit der Amtshilfe zu verwirklichende Maßnahme für unzweckmäßig hält.

(5) [1]Hält die ersuchte Behörde sich zur Hilfe nicht verpflichtet, so teilt sie der ersuchenden Behörde ihre Auffassung mit. [2]Besteht diese auf der Amtshilfe, so entscheidet über die Verpflichtung zur Amtshilfe die gemeinsame fachlich zuständige Aufsichtsbehörde oder, sofern eine solche nicht besteht, die für die ersuchte Behörde fachlich zuständige Aufsichtsbehörde.

§ 6 Auswahl der Behörde. Kommen für die Amtshilfe mehrere Behörden in Betracht, so soll nach Möglichkeit eine Behörde der untersten Verwaltungsstufe des Verwaltungszweiges ersucht werden, dem die ersuchende Behörde angehört.

§ 7 Durchführung der Amtshilfe. (1) Die Zulässigkeit der Maßnahme, die durch die Amtshilfe verwirklicht werden soll, richtet sich nach dem für die ersuchende Behörde, die Durchführung der Amtshilfe nach dem für die ersuchte Behörde geltenden Recht.

(2) [1]Die ersuchende Behörde trägt gegenüber der ersuchten Behörde die Verantwortung für die Rechtmäßigkeit der zu treffenden Maßnahme. [2]Die ersuchte Behörde ist für die Durchführung der Amtshilfe verantwortlich.

§ 8 Kosten der Amtshilfe. (1) [1]Die ersuchende Behörde hat der ersuchten Behörde für die Amtshilfe keine Verwaltungsgebühr zu entrichten. [2]Auslagen hat sie der ersuchten Behörde auf Anforderung zu erstatten, wenn sie im Einzelfall 35 Euro übersteigen. [3]Leisten Behörden desselben Rechtsträgers einander Amtshilfe, so werden die Auslagen nicht erstattet.

(2) Nimmt die ersuchte Behörde zur Durchführung der Amtshilfe eine kostenpflichtige Amtshandlung vor, so stehen ihr die von einem Dritten hierfür geschuldeten Kosten (Verwaltungsgebühren, Benutzungsgebühren und Auslagen) zu.

Abschnitt 3

Europäische Verwaltungszusammenarbeit

§ 8a Grundsätze der Hilfeleistung. (1) Jede Behörde leistet Behörden anderer Mitgliedstaaten der Europäischen Union auf Ersuchen Hilfe, soweit dies nach Maßgabe von Rechtsakten der Europäischen Gemeinschaft geboten ist.

(2) [1]Behörden anderer Mitgliedstaaten der Europäischen Union können um Hilfe ersucht werden, soweit dies nach Maßgabe von Rechtsakten der Europäischen Gemeinschaft zugelassen ist. [2]Um Hilfe ist zu ersuchen, soweit dies nach Maßgabe von Rechtsakten der Europäischen Gemeinschaft geboten ist.

(3) Die §§ 5, 7 und 8 Abs. 2 sind entsprechend anzuwenden, soweit Rechtsakte der Europäischen Gemeinschaft nicht entgegenstehen.

§ 8b Form und Behandlung der Ersuchen. (1) [1]Ersuchen sind in deutscher Sprache an Behörden anderer Mitgliedstaaten der Europäischen Union zu richten; soweit erforderlich, ist eine Übersetzung beizufügen. [2]Die Ersuchen sind gemäß den gemeinschaftsrechtlichen Vorgaben und unter Angabe des maßgeblichen Rechtsakts zu begründen.

(2) [1]Ersuchen von Behörden anderer Mitgliedstaaten der Europäischen Union dürfen nur erledigt werden, wenn sich ihr Inhalt in deutscher Sprache aus den Akten ergibt. [2]Soweit erforderlich, soll bei Ersuchen in einer anderen Sprache von der ersuchenden Behörde eine Übersetzung verlangt werden.

(3) Ersuchen von Behörden anderer Mitgliedstaaten der Europäischen Union können abgelehnt werden, wenn sie nicht ordnungsgemäß und unter Angabe des maßgeblichen Rechtsakts begründet sind und die erforderliche Begründung nach Aufforderung nicht nachgereicht wird.

(4) [1]Einrichtungen und Hilfsmittel der Kommission zur Behandlung von Ersuchen sollen genutzt werden. [2]Informationen sollen elektronisch übermittelt werden.

§ 8c Kosten der Hilfeleistung. Ersuchende Behörden anderer Mitgliedstaaten der Europäischen Union haben Verwaltungsgebühren oder Auslagen nur zu erstatten, soweit dies nach Maßgabe von Rechtsakten der Europäischen Gemeinschaft verlangt werden kann.

§ 8d Mitteilungen von Amts wegen. (1) [1]Die zuständige Behörde teilt den Behörden anderer Mitgliedstaaten der Europäischen Union und der Kommission Angaben über Sachverhalte und Personen mit, soweit dies nach Maßgabe von Rechtsakten der Europäischen Gemeinschaft geboten ist. [2]Dabei sollen die hierzu eingerichteten Informationsnetze genutzt werden.

(2) Übermittelt eine Behörde Angaben nach Abs. 1 an die Behörde eines anderen Mitgliedstaats der Europäischen Union, unterrichtet sie den Betroffenen über die Tatsache der Übermittlung, soweit Rechtsakte der Europäischen Gemeinschaft dies vorsehen; dabei ist auf die Art der Angaben sowie auf die Zweckbestimmung und die Rechtsgrundlage der Übermittlung hinzuweisen.

§ 8e Anwendbarkeit. [1]Die Regelungen dieses Abschnitts sind mit Inkrafttreten des jeweiligen Rechtsaktes der Europäischen Gemeinschaft, wenn dieser unmittelbare Wirkung entfaltet, im Übrigen mit Ablauf der jeweiligen Umsetzungsfrist anzuwenden. [2]Sie gelten auch im Verhältnis zu den anderen Vertragsstaaten des Abkommens über den Europäischen Wirtschaftsraum, soweit Rechtsakte der Europäischen Gemeinschaft auch auf diese Staaten anzuwenden sind.

TEIL II

Allgemeine Vorschriften über das Verwaltungsverfahren

Abschnitt 1

Verfahrensgrundsätze

§ 9 Begriff des Verwaltungsverfahrens. Das Verwaltungsverfahren im Sinne dieses Gesetzes ist die nach außen wirkende Tätigkeit der Behörden, die auf die Prüfung der Voraussetzungen, die Vorbereitung und den Erlass eines Verwaltungsaktes oder auf den Abschluss eines öffentlich-rechtlichen Vertrages gerichtet ist; es schließt den Erlass des Verwaltungsaktes oder den Abschluss des öffentlich-rechtlichen Vertrages ein.

§ 10 Nichtförmlichkeit des Verwaltungsverfahrens. [1]Das Verwaltungsverfahren ist an bestimmte Formen nicht gebunden, soweit keine besonderen Rechtsvorschriften für die Form des Verfahrens bestehen. [2]Es ist einfach, zweckmäßig und zügig durchzuführen.

§ 11 Beteiligungsfähigkeit. Fähig, am Verfahren beteiligt zu sein, sind
1. natürliche und juristische Personen,
2. Vereinigungen, soweit ihnen ein Recht zustehen kann,
3. Behörden.

§ 12 Handlungsfähigkeit. (1) Fähig zur Vornahme von Verfahrenshandlungen sind
1. natürliche Personen, die nach bürgerlichem Recht geschäftsfähig sind,
2. natürliche Personen, die nach bürgerlichem Recht in der Geschäftsfähigkeit beschränkt sind, soweit sie für den Gegenstand des Verfahrens durch Vorschriften des bürgerlichen Rechts als geschäftsfähig oder durch Vorschriften des öffentlichen Rechts als handlungsfähig anerkannt sind,
3. juristische Personen und Vereinigungen (§ 11 Nr. 2) durch ihre gesetzlichen Vertreter oder durch besonders Beauftragte,
4. Behörden durch ihre Leiter, deren Vertreter oder Beauftragte.

(2) Betrifft ein Einwilligungsvorbehalt nach § 1903 des Bürgerlichen Gesetzbuchs den Gegenstand des Verfahrens, so ist ein geschäftsfähiger Betreuter nur insoweit zur Vornahme von Verfahrenshandlungen fähig, als er nach den Vorschriften des bürgerlichen Rechts ohne Einwilligung des Betreuers handeln kann oder durch Vorschriften des öffentlichen Rechts als handlungsfähig anerkannt ist.

(3) Die §§ 53 und 55 der Zivilprozessordnung gelten entsprechend.

§ 13 Beteiligte. (1) Beteiligte sind
1. Antragsteller und Antragsgegner,
2. diejenigen, an die die Behörde den Verwaltungsakt richten will oder gerichtet hat,

3. diejenigen, mit denen die Behörde einen öffentlich-rechtlichen Vertrag schließen will oder geschlossen hat,
4. diejenigen, die nach Absatz 2 von der Behörde zu dem Verfahren hinzugezogen worden sind.

(2) [1]Die Behörde kann von Amts wegen oder auf Antrag diejenigen, deren rechtliche Interessen durch den Ausgang des Verfahrens berührt werden können, als Beteiligte hinzuziehen. [2]Hat der Ausgang des Verfahrens rechtsgestaltende Wirkung für einen Dritten, so ist dieser auf Antrag als Beteiligter zu dem Verfahren hinzuzuziehen; soweit er der Behörde bekannt ist, hat diese ihn von der Einleitung des Verfahrens zu benachrichtigen.

(3) Wer anzuhören ist, ohne dass die Voraussetzungen des Absatzes 1 vorliegen, wird dadurch nicht Beteiligter.

§ 14 Bevollmächtigte und Beistände. (1) [1]Ein Beteiligter kann sich durch einen Bevollmächtigten vertreten lassen. [2]Die Vollmacht ermächtigt zu allen das Verwaltungsverfahren betreffenden Verfahrenshandlungen, sofern sich aus ihrem Inhalt nicht etwas anderes ergibt. [3]Der Bevollmächtigte hat auf Verlangen seine Vollmacht schriftlich nachzuweisen. [4]Ein Widerruf der Vollmacht wird der Behörde gegenüber erst wirksam, wenn er ihr zugeht.

(2) Die Vollmacht wird weder durch den Tod des Vollmachtgebers noch durch eine Veränderung in seiner Handlungsfähigkeit oder seiner gesetzlichen Vertretung aufgehoben; der Bevollmächtigte hat jedoch, wenn er für den Rechtsnachfolger im Verwaltungsverfahren auftritt, dessen Vollmacht auf Verlangen schriftlich beizubringen.

(3) [1]Ist für das Verfahren ein Bevollmächtigter bestellt, so soll sich die Behörde an ihn wenden. [2]Sie kann sich an den Beteiligten selbst wenden, soweit er zur Mitwirkung verpflichtet ist. [3]Wendet sich die Behörde an den Beteiligten, so soll der Bevollmächtigte verständigt werden. [4]Vorschriften über die Zustellung an Bevollmächtigte bleiben unberührt.

(4) [1]Ein Beteiligter kann zu Verhandlungen und Besprechungen mit einem Beistand erscheinen. [2]Das von dem Beistand Vorgetragene gilt als von den Beteiligten vorgebracht, soweit dieser nicht unverzüglich widerspricht.

(5) Bevollmächtigte und Beistände sind zurückzuweisen, wenn sie entgegen § 3 des Rechtsdienstleistungsgesetzes Rechtsdienstleistungen erbringen.

(6) [1]Bevollmächtigte und Beistände können vom Vortrag zurückgewiesen werden, wenn sie hierzu ungeeignet sind; vom mündlichen Vortrag können sie nur zurückgewiesen werden, wenn sie zum sachgemäßen Vortrag nicht fähig sind. [2]Nicht zurückgewiesen werden können Personen, die nach § 67 Abs. 2 Satz 1 und 2 Nr. 3 bis 7 der Verwaltungsgerichtsordnung zur Vertretung im verwaltungsgerichtlichen Verfahren befugt sind.

(7) [1]Die Zurückweisung nach den Absätzen 5 und 6 ist auch dem Beteiligten, dessen Bevollmächtigter oder Beistand zurückgewiesen wird, mitzuteilen.

[2]Verfahrenshandlungen des zurückgewiesenen Bevollmächtigten oder Beistandes, die dieser nach der Zurückweisung vornimmt, sind unwirksam.

§ 15 Bestellung eines Empfangsbevollmächtigten. [1]Ein Beteiligter ohne Wohnsitz oder gewöhnlichen Aufenthalt, Sitz oder Geschäftsleitung im Inland hat der Behörde auf Verlangen innerhalb einer angemessenen Frist einen Empfangsbevollmächtigten im Inland zu benennen. [2]Unterlässt er dies, gilt ein an ihn gerichtetes Schriftstück am siebenten Tage nach der Aufgabe zur Post und ein elektronisch übermitteltes Dokument am dritten Tag nach der Absendung als zugegangen. [3]Dies gilt nicht, wenn feststeht, dass das Dokument den Empfänger nicht oder zu einem späteren Zeitpunkt erreicht hat. [4]Auf die Rechtsfolgen der Unterlassung ist der Beteiligte hinzuweisen.

§ 16 Bestellung eines Vertreters von Amts wegen. (1) Ist ein Vertreter nicht vorhanden, so hat das Betreuungsgericht, für einen minderjährigen Beteiligten das Familiengericht auf Ersuchen der Behörde einen geeigneten Vertreter zu bestellen

1. für einen Beteiligten, dessen Person unbekannt ist;
2. für einen abwesenden Beteiligten, dessen Aufenthalt unbekannt ist oder der an der Besorgung seiner Angelegenheiten verhindert ist;
3. für einen Beteiligten ohne Aufenthalt im Inland, wenn er der Aufforderung der Behörde, einen Vertreter zu bestellen, innerhalb der ihm gesetzten Frist nicht nachgekommen ist;
4. für einen Beteiligten, der infolge einer psychischen Krankheit oder körperlichen, geistigen oder seelischen Behinderung nicht in der Lage ist, in dem Verwaltungsverfahren selbst tätig zu werden;
5. bei herrenlosen Sachen, auf die sich das Verfahren bezieht, zur Wahrung der sich in Bezug auf die Sache ergebenden Rechte und Pflichten.

(2) Für die Bestellung des Vertreters ist in den Fällen des Absatzes 1 Nr. 4 das Gericht zuständig, in dessen Bezirk der Beteiligte seinen gewöhnlichen Aufenthalt hat; im übrigen ist das Gericht zuständig, in dessen Bezirk die ersuchende Behörde ihren Sitz hat.

(3) [1]Der Vertreter hat gegen den Rechtsträger der Behörde, die um seine Bestellung ersucht hat, Anspruch auf eine angemessene Vergütung und auf die Erstattung seiner baren Auslagen. [2]Die Behörde kann von dem Vertretenen Ersatz ihrer Aufwendungen verlangen. [3]Sie bestimmt die Vergütung und stellt die Auslagen und Aufwendungen fest.

(4) Im Übrigen gelten für die Bestellung und für das Amt des Vertreters in den Fällen des Absatzes 1 Nr. 4 die Vorschriften über die Betreuung, in den übrigen Fällen die Vorschriften über die Pflegschaft entsprechend.

§ 17 Vertreter bei gleichförmigen Eingaben. (1) [1]Bei Anträgen und Eingaben, die in einem Verwaltungsverfahren von mehr als 50 Personen auf Unterschriftslisten unterzeichnet oder in Form vervielfältigter gleichlautender Texte eingereicht worden sind (gleichförmige Eingaben), gilt für das Verfahren derjenige Unterzeichner als Vertreter der übrigen Unterzeichner, der darin mit seinem Namen und seiner Anschrift als Vertreter bezeichnet ist, soweit er nicht von ihnen als Bevollmächtigter bestellt worden ist. [2]Vertreter kann nur eine natürliche Person sein.

(2) [1]Die Behörde kann gleichförmige Eingaben, die die Angaben nach Absatz 1 Satz 1 nicht deutlich sichtbar auf jeder mit einer Unterschrift versehenen Seite enthalten oder dem Erfordernis des Absatzes 1 Satz 2 nicht entsprechen, unberücksichtigt lassen. [2]Will die Behörde so verfahren, so hat sie dies durch ortsübliche Bekanntmachung mitzuteilen. [3]Die Behörde kann ferner gleichförmige Eingaben insoweit unberücksichtigt lassen, als Unterzeichner ihren Namen oder ihre Anschrift nicht oder unleserlich angegeben haben.

(3) [1]Die Vertretungsmacht erlischt, sobald der Vertreter oder der Vertretene dies der Behörde schriftlich erklärt; der Vertreter kann eine solche Erklärung nur hinsichtlich aller Vertretenen abgeben. [2]Gibt der Vertretene eine solche Erklärung ab, so soll er der Behörde zugleich mitteilen, ob er seine Eingabe aufrechterhält und ob er einen Bevollmächtigten bestellt hat.

(4) [1]Endet die Vertretungsmacht des Vertreters, so kann die Behörde die nicht mehr Vertretenen auffordern, innerhalb einer angemessenen First einen gemeinsamen Vertreter zu bestellen. [2]Sind mehr als 50 Personen aufzufordern, so kann die Behörde die Aufforderung ortsüblich bekannt machen. [3]Wird der Aufforderung nicht fristgemäß entsprochen, so kann die Behörde von Amts wegen einen gemeinsamen Vertreter bestellen.

§ 18 Vertreter für Beteiligte bei gleichem Interesse. (1) [1]Sind an einem Verwaltungsverfahren mehr als 50 Personen im gleichen Interesse beteiligt, ohne vertreten zu sein, so kann die Behörde sie auffordern, innerhalb einer angemessenen Frist einen gemeinsamen Vertreter zu bestellen, wenn sonst die ordnungsmäßige Durchführung des Verwaltungsverfahrens beeinträchtigt wäre. [2]Kommen sie der Aufforderung nicht fristgemäß nach, so kann die Behörde von Amts wegen einen gemeinsamen Vertreter bestellen. [3]Vertreter kann nur eine natürliche Person sein.

(2) [1]Die Vertretungsmacht erlischt, sobald der Vertreter oder der Vertretene dies der Behörde schriftlich erklärt; der Vertreter kann eine solche Erklärung nur hinsichtlich aller Vertretenen abgeben. [2]Gibt der Vertretene eine solche Erklärung ab, so soll er der Behörde zugleich mitteilen, ob er seine Eingabe aufrechterhält und ob er einen Bevollmächtigten bestellt hat.

§ 19 Gemeinsame Vorschriften für Vertreter bei gleichförmigen Eingaben und bei gleichem Interesse. (1) [1]Der Vertreter hat die Interessen der Vertretenen sorgfältig wahrzunehmen. [2]Er kann alle das Verwaltungsverfahren betreffenden Verfahrenshandlungen vornehmen. [3]An Weisungen ist er nicht gebunden.

(2) § 14 Abs. 5 bis 7 gilt entsprechend.

(3) [1]Der von der Behörde bestellte Vertreter hat gegen deren Rechtsträger Anspruch auf angemessene Vergütung und auf Erstattung seiner baren Auslagen. [2]Die Behörde kann von den Vertretenen zu gleichen Anteilen Ersatz ihrer Aufwendungen verlangen. [3]Sie bestimmt die Vergütung und stellt die Auslagen und Aufwendungen fest.

§ 20 Ausgeschlossene Personen. (1) [1]In einem Verwaltungsverfahren darf für eine Behörde nicht tätig werden,
1. wer selbst Beteiligter ist;
2. wer Angehöriger eines Beteiligten ist;
3. wer einen Beteiligten kraft Gesetzes oder Vollmacht allgemein oder in diesem Verwaltungsverfahren vertritt;
4. wer Angehöriger einer Person ist, die einen Beteiligten in diesem Verfahren vertritt;
5. wer bei einem Beteiligten gegen Entgelt beschäftigt ist oder bei ihm als Mitglied des Vorstandes, des Aufsichtsrates oder eines gleichartigen Organs tätig ist; dies gilt nicht für den, dessen Anstellungskörperschaft Beteiligte ist;
6. wer außerhalb seiner amtlichen Eigenschaft in der Angelegenheit ein Gutachten abgegeben hat oder sonst tätig geworden ist.

[2]Dem Beteiligten steht gleich, wer durch die Tätigkeit oder durch die Entscheidung einen unmittelbaren Vorteil oder Nachteil erlangen kann. [3]Dies gilt nicht, wenn der Vor- oder Nachteil nur darauf beruht, dass jemand einer Berufs- oder Bevölkerungsgruppe angehört, deren gemeinsame Interessen durch die Angelegenheit berührt werden.

(2) Absatz 1 gilt nicht für Wahlen zu einer ehrenamtlichen Tätigkeit und für die Abberufung von ehrenamtlich Tätigen.

(3) Wer nach Absatz 1 ausgeschlossen ist, darf bei Gefahr im Verzug unaufschiebbare Maßnahmen treffen.

(4) [1]Hält sich ein Mitglied eines Ausschusses (§ 88) für ausgeschlossen oder bestehen Zweifel, ob die Voraussetzungen des Absatzes 1 gegeben sind, ist dies dem Vorsitzenden des Ausschusses mitzuteilen. [2]Der Ausschuss entscheidet über den Ausschluss. [3]Der Betroffene darf an dieser Entscheidung nicht mitwirken. [4]Das ausgeschlossene Mitglied darf bei der weiteren Beratung und Beschlussfassung nicht zugegen sein.

(5) [1]Angehörige im Sinne des Absatzes 1 Nrn. 2 und 4 sind:
1. der Verlobte,
2. der Ehegatte oder eingetragene Lebenspartner,
3. Verwandte und Verschwägerte gerader Linie,
4. Geschwister,
5. Kinder der Geschwister,
6. Ehegatten der Geschwister und Geschwister der Ehegatten,
6a. eingetragene Lebenspartner der Geschwister und Geschwister der eingetragenen Lebenspartner,
7. Geschwister der Eltern,

8. Personen, die durch ein auf längere Dauer angelegtes Pflegeverhältnis mit häuslicher Gemeinschaft wie Eltern und Kind miteinander verbunden sind (Pflegeeltern und Pflegekinder).

[2]Angehörige sind die in Satz 1 aufgeführten Personen auch dann, wenn

1. in den Fällen der Nummern 2, 3, 6 und 6a die die Beziehung begründende Ehe oder eingetragene Lebenspartnerschaft nicht mehr besteht;
2. in den Fällen der Nummern 3 bis 7 die Verwandtschaft oder Schwägerschaft durch Annahme als Kind erloschen ist;
3. im Falle der Nummer 8 die häusliche Gemeinschaft nicht mehr besteht, sofern die Personen weiterhin wie Eltern und Kind miteinander verbunden sind.

§ 21 Besorgnis der Befangenheit. (1) [1]Liegt ein Grund vor, der geeignet ist, Misstrauen gegen eine unparteiische Amtsausübung zu rechtfertigen, oder wird von einem Beteiligten das Vorliegen eines solchen Grundes behauptet, so hat, wer in einem Verwaltungsverfahren für eine Behörde tätig werden soll, den Leiter der Behörde oder den von diesem Beauftragten zu unterrichten und sich auf dessen Anordnung der Mitwirkung zu enthalten. [2]Betrifft die Besorgnis der Befangenheit den Leiter der Behörde, so trifft diese Anordnung die Aufsichtsbehörde, sofern sich der Behördenleiter nicht selbst einer Mitwirkung enthält.

(2) Für Mitglieder eines Ausschusses (§ 88) gilt § 20 Abs. 4 entsprechend.

§ 22 Beginn des Verfahrens. [1]Die Behörde entscheidet nach pflichtgemäßem Ermessen, ob und wann sie ein Verwaltungsverfahren durchführt. [2]Dies gilt nicht, wenn die Behörde auf Grund von Rechtsvorschriften

1. von Amts wegen oder auf Antrag tätig werden muss;
2. nur auf Antrag tätig werden darf und ein Antrag nicht vorliegt.

§ 23 Amtssprache. (1) Die Amtssprache ist deutsch.

(2) [1]Werden bei einer Behörde in einer fremden Sprache Anträge gestellt oder Eingaben, Belege, Urkunden oder sonstige Dokumente vorgelegt, soll die Behörde unverzüglich die Vorlage einer Übersetzung verlangen. [2]In begründeten Fällen kann die Vorlage einer beglaubigten oder von einem öffentlich bestellten oder beeidigten Dolmetscher oder Übersetzer angefertigte Übersetzung verlangt werden. [3]Wird die verlangte Übersetzung nicht unverzüglich vorgelegt, so kann die Behörde auf Kosten des Beteiligten selbst eine Übersetzung beschaffen. [4]Hat die Behörde Dolmetscher oder Übersetzer herangezogen, erhalten diese in entsprechender Anwendung des Justizvergütungs- und -entschädigungsgesetzes eine Vergütung.

(3) Soll durch eine Anzeige, einen Antrag oder die Abgabe einer Willenserklärung eine Frist in Lauf gesetzt werden, innerhalb deren die Behörde in einer bestimmten Weise tätig werden muss, und gehen diese in einer fremden Sprache ein, so beginnt der Lauf der Frist erst mit dem Zeitpunkt, in dem der Behörde eine Übersetzung vorliegt.

(4) [1]Soll durch eine Anzeige, einen Antrag oder eine Willenserklärung, die in fremder Sprache eingehen, zugunsten eines Beteiligten eine Frist gegenüber der Behörde gewahrt, ein öffentlich-rechtlicher Anspruch geltend gemacht oder eine Leistung begehrt werden, so gelten die Anzeige, der Antrag oder die Willenserklärung als zum Zeitpunkt des Eingangs bei der Behörde abgegeben, wenn auf Verlangen der Behörde innerhalb einer von dieser zu setzenden angemessenen Frist eine Übersetzung vorgelegt wird. [2]Andernfalls ist der Zeitpunkt des Eingangs der Übersetzung maßgebend, soweit sich nicht aus zwischenstaatlichen Vereinbarungen etwas anderes ergibt. [3]Auf diese Rechtsfolge ist bei der Fristsetzung hinzuweisen.

§ 24 Untersuchungsgrundsatz. (1) [1]Die Behörde ermittelt den Sachverhalt von Amts wegen. [2]Sie bestimmt Art und Umfang der Ermittlungen; an das Vorbringen und an die Beweisanträge der Beteiligten ist sie nicht gebunden.

(2) Die Behörde hat alle für den Einzelfall bedeutsamen, auch die für die Beteiligten günstigen Umstände zu berücksichtigen.

(3) Die Behörde darf die Entgegennahme von Erklärungen oder Anträgen, die in ihren Zuständigkeitsbereich fallen, nicht deshalb verweigern, weil sie die Erklärung oder den Antrag in der Sache für unzulässig oder unbegründet hält.

§ 25 Beratung, Auskunft, frühe Öffentlichkeitsbeteiligung. (1) [1]Die Behörde soll die Abgabe von Erklärungen, die Stellung von Anträgen oder die Berichtigung von Erklärungen oder Anträgen anregen, wenn diese offensichtlich nur versehentlich oder aus Unkenntnis unterblieben oder unrichtig abgegeben oder gestellt worden sind. [2]Sie erteilt, soweit erforderlich, Auskunft über die den Beteiligten im Verwaltungsverfahren zustehenden Rechte und die ihnen obliegenden Pflichten.

(2) [1]Die Behörde erörtert, soweit erforderlich, bereits vor Stellung eines Antrags mit dem zukünftigen Antragsteller, welche Nachweise und Unterlagen von ihm zu erbringen sind und in welcher Weise das Verfahren beschleunigt werden kann. [2]Soweit es der Verfahrensbeschleunigung dient, soll sie dem Antragsteller nach Eingang des Antrags unverzüglich Auskunft über die voraussichtliche Verfahrensdauer und die Vollständigkeit der Antragsunterlagen geben.

(3) [1]Die Behörde wirkt darauf hin, dass der Träger bei der Planung von Vorhaben, die nicht nur unwesentliche Auswirkungen auf die Belange einer größeren Zahl von Dritten haben können, die betroffene Öffentlichkeit frühzeitig über die Ziele des Vorhabens, die Mittel, es zu verwirklichen, und die voraussichtlichen Auswirkungen des Vorhabens unterrichtet (frühe Öffentlichkeitsbeteiligung). [2]Die frühe Öffentlichkeitsbeteiligung soll möglichst bereits vor Stellung eines Antrags stattfinden. [3]Der betroffenen Öffentlichkeit soll Gelegenheit zur Äußerung und zur Erörterung gegeben werden. [4]Das Ergebnis der vor Antragstellung durchgeführten frühen Öffentlichkeitsbeteiligung soll der betroffenen Öffentlichkeit und der Behörde spätestens mit der Antragstellung, im Übrigen unverzüglich mitgeteilt werden. [5]Satz 1 gilt nicht, soweit die betroffene

Öffentlichkeit bereits nach anderen Rechtsvorschriften vor der Antragstellung zu beteiligen ist. [6]Beteiligungsrechte nach anderen Rechtsvorschriften bleiben unberührt.

§ 26 Beweismittel. (1) [1]Die Behörde bedient sich unter Beachtung des § 3b der Beweismittel, die sie nach pflichtgemäßem Ermessen zur Ermittlung des Sachverhalts für erforderlich hält. [2]Sie kann insbesondere
1. Auskünfte jeder Art einholen,
2. Beteiligte anhören, Zeugen und Sachverständige vernehmen oder die schriftliche oder elektronische Äußerung von Beteiligten, Sachverständigen und Zeugen einholen,
3. Urkunden und Akten beiziehen,
4. den Augenschein einnehmen.

(2) [1]Die Beteiligten sollen bei der Ermittlung des Sachverhalts mitwirken. [2]Sie sollen insbesondere ihnen bekannte Tatsachen und Beweismittel angeben. [3]Eine weitergehende Pflicht, bei der Ermittlung des Sachverhalts mitzuwirken, insbesondere eine Pflicht zum persönlichen Erscheinen, zur Angabe von personenbezogenen Daten oder von Betriebs- und Geschäftsgeheimnissen oder zur Aussage, besteht nur, soweit sie durch Rechtsvorschrift besonders vorgesehen ist. [4]Der Auskunftspflichtige kann die Auskunft auf solche Fragen, zu deren Beantwortung er durch Rechtsvorschrift verpflichtet ist, verweigern, wenn deren Beantwortung ihn selbst oder einen der in § 383 Abs. 1 Nrn. 1 bis 3 der Zivilprozessordnung bezeichneten Angehörigen der Gefahr strafgerichtlicher Verfolgung oder eines Verfahrens nach dem Gesetz über Ordnungswidrigkeiten aussetzen würde.

(3) [1]Für Zeugen und Sachverständige besteht eine Pflicht zur Aussage oder zur Erstattung von Gutachten, wenn sie durch Rechtsvorschrift vorgesehen ist. [2]Falls die Behörde Zeugen und Sachverständige herangezogen hat, erhalten sie auf Antrag in entsprechender Anwendung des Justizvergütungs- und -entschädigungsgesetzes eine Entschädigung oder Vergütung.

§ 27 Versicherung an Eides statt. (1) [1]Die Behörde darf bei der Ermittlung des Sachverhalts eine Versicherung an Eides statt nur verlangen und abnehmen, wenn die Abnahme der Versicherung über den betreffenden Gegenstand und in dem betreffenden Verfahren durch Gesetz oder Rechtsverordnung vorgesehen und die Behörde durch Rechtsvorschrift für zuständig erklärt worden ist. [2]Eine Versicherung an Eides statt soll nur gefordert werden, wenn andere Mittel zur Erforschung der Wahrheit nicht vorhanden sind, zu keinem Ergebnis geführt haben oder einen unverhältnismäßigen Aufwand erfordern. [3]Von eidesunfähigen Personen im Sinne des § 393 der Zivilprozessordnung darf eine eidesstattliche Versicherung nicht verlangt werden.

(2) [1]Wird die Versicherung an Eides statt von einer Behörde zur Niederschrift aufgenommen, so sind zur Aufnahme nur der Behördenleiter, sein allgemeiner Vertreter sowie Angehörige des öffentlichen Dienstes befugt, welche die Befähigung zum Richteramt haben oder die Voraussetzungen des § 110

Satz 1 des Deutschen Richtergesetzes erfüllen. [2]Andere Angehörige des öffentlichen Dienstes kann der Behördenleiter oder sein allgemeiner Vertreter hierzu allgemein oder im Einzelfall schriftlich ermächtigen.

(3) [1]Die Versicherung besteht darin, dass der Versichernde die Richtigkeit seiner Erklärung über den betreffenden Gegenstand bestätigt und erklärt: „Ich versichere an Eides statt, dass ich nach bestem Wissen die reine Wahrheit gesagt und nichts verschwiegen habe.“ [2]Bevollmächtigte und Beistände sind berechtigt, an der Aufnahme der Versicherung an Eides statt teilzunehmen.

(4) [1]Vor der Aufnahme der Versicherung an Eides statt ist der Versichernde über die Bedeutung der eidesstattlichen Versicherung und die strafrechtlichen Folgen einer unrichtigen oder unvollständigen eidesstattlichen Versicherung zu belehren. [2]Die Belehrung ist in der Niederschrift zu vermerken.

(5) [1]Die Niederschrift hat ferner die Namen der anwesenden Personen sowie den Ort und den Tag der Niederschrift zu enthalten. [2]Die Niederschrift ist demjenigen, der die eidesstattliche Versicherung abgibt, zur Genehmigung vorzulesen oder auf Verlangen zur Durchsicht vorzulegen. [3]Die erteilte Genehmigung ist zu vermerken und von dem Versichernden zu unterschreiben. [4]Die Niederschrift ist sodann von demjenigen, der die Versicherung an Eides statt aufgenommen hat, sowie von dem Schriftführer zu unterschreiben.

§ 27a Öffentliche Bekanntmachung im Internet. (1) [1]Ist durch Rechtsvorschrift eine öffentliche oder ortsübliche Bekanntmachung angeordnet, soll die Behörde deren Inhalt zusätzlich im Internet veröffentlichen. [2]Dies wird dadurch bewirkt, dass der Inhalt der Bekanntmachung auf einer Internetseite der Behörde oder ihres Verwaltungsträgers zugänglich gemacht wird. [3]Bezieht sich die Bekanntmachung auf zur Einsicht auszulegende Unterlagen, sollen auch diese über das Internet zugänglich gemacht werden. [4]Soweit durch Rechtsvorschrift nichts anderes geregelt ist, ist der Inhalt der zur Einsicht ausgelegten Unterlagen maßgeblich.

(2) In der öffentlichen oder ortsüblichen Bekanntmachung ist die Internetseite anzugeben.

§ 28 Anhörung Beteiligter. (1) Bevor ein Verwaltungsakt erlassen wird, der in Rechte eines Beteiligten eingreift, ist diesem Gelegenheit zu geben, sich zu den für die Entscheidung erheblichen Tatsachen zu äußern.

(2) Von der Anhörung kann abgesehen werden, wenn sie nach den Umständen des Einzelfalles nicht geboten ist, insbesondere wenn

1. eine sofortige Entscheidung wegen Gefahr im Verzug oder im öffentlichen Interesse notwendig erscheint;
2. durch die Anhörung die Einhaltung einer für die Entscheidung maßgeblichen Frist in Frage gestellt würde;
3. von den tatsächlichen Angaben eines Beteiligten, die dieser in einem Antrag oder einer Erklärung gemacht hat, nicht zu seinen Ungunsten abgewichen werden soll;

4. die Behörde eine Allgemeinverfügung oder gleichartige Verwaltungsakte in größerer Zahl oder Verwaltungsakte mit Hilfe automatischer Einrichtungen erlassen will;
5. Maßnahmen in der Verwaltungsvollstreckung getroffen werden sollen.

(3) Eine Anhörung unterbleibt, wenn ihr ein zwingendes öffentliches Interesse entgegensteht.

§ 29 Akteneinsicht durch Beteiligte. (1) [1]Die Behörde hat den Beteiligten Einsicht in die das Verfahren betreffenden Akten zu gestatten, soweit deren Kenntnis zur Geltendmachung oder Verteidigung ihrer rechtlichen Interessen erforderlich ist. [2]Satz 1 gilt bis zum Abschluss des Verwaltungsverfahrens nicht für Entwürfe zu Entscheidungen sowie die Arbeiten zu ihrer unmittelbaren Vorbereitung. [3]Soweit nach den §§ 17 und 18 eine Vertretung stattfindet, haben nur die Vertreter Anspruch auf Akteneinsicht.

(2) Die Behörde ist zur Gestattung der Akteneinsicht nicht verpflichtet, soweit durch sie die ordnungsgemäße Erfüllung der Aufgaben der Behörde beeinträchtigt, das Bekanntwerden des Inhalts der Akten dem Wohle des Bundes oder eines Landes Nachteile bereiten würde oder soweit die Vorgänge nach einem Gesetz oder ihrem Wesen nach, namentlich wegen der berechtigten Interessen der Beteiligten oder dritter Personen, geheimgehalten werden müssen.

(3) [1]Die Akteneinsicht erfolgt bei der Behörde, die die Akten führt. [2]Im Einzelfall kann die Einsicht auch bei einer anderen Behörde oder bei einer diplomatischen oder berufskonsularischen Vertretung der Bundesrepublik Deutschland im Ausland erfolgen; weitere Ausnahmen kann die Behörde, die die Akten führt, gestatten.

§ 30 *(aufgehoben)*

Abschnitt 2

Fristen, Termine, Wiedereinsetzung

§ 31 Fristen und Termine. (1) Für die Berechnung von Fristen und für die Bestimmung von Terminen gelten die §§ 187 bis 193 des Bürgerlichen Gesetzbuches entsprechend, soweit nicht durch die Absätze 2 bis 5 etwas anderes bestimmt ist.

(2) Der Lauf einer Frist, die von einer Behörde gesetzt wird, beginnt mit dem Tag, der auf die Bekanntgabe der Frist folgt, außer wenn dem Betroffenen etwas anderes mitgeteilt wird.

(3) [1]Fällt das Ende einer Frist auf einen Sonntag, einen gesetzlichen Feiertag oder einen Sonnabend, so endet die Frist mit dem Ablauf des nächstfolgenden Werktages. [2]Dies gilt nicht, wenn dem Betroffenen unter Hinweis auf diese Vorschrift ein bestimmter Tag als Ende der Frist mitgeteilt worden ist.

(4) Hat eine Behörde Leistungen nur für einen bestimmten Zeitraum zu erbringen, so endet dieser Zeitraum auch dann mit dem Ablauf seines letzten Tages, wenn dieser auf einen Sonntag, einen gesetzlichen Feiertag oder einen Sonnabend fällt.

(5) Der von einer Behörde gesetzte Termin ist auch dann einzuhalten, wenn er auf einen Sonntag, gesetzlichen Feiertag oder Sonnabend fällt.

(6) Ist eine Frist nach Stunden bestimmt, so werden Sonntage, gesetzliche Feiertage oder Sonnabende mitgerechnet.

(7) [1]Fristen, die von einer Behörde gesetzt sind, können verlängert werden. [2]Sind solche Fristen bereits abgelaufen, so können sie rückwirkend verlängert werden, insbesondere wenn es unbillig wäre, die durch den Fristablauf eingetretenen Rechtsfolgen bestehen zu lassen. [3]Die Behörde kann die Verlängerung der Frist nach § 36 mit einer Nebenbestimmung verbinden.

§ 32 Wiedereinsetzung in den vorigen Stand. (1) [1]War jemand ohne Verschulden verhindert, eine gesetzliche Frist einzuhalten, so ist ihm auf Antrag Wiedereinsetzung in den vorigen Stand zu gewähren. [2]Das Verschulden eines Vertreters ist dem Vertretenen zuzurechnen.

(2) [1]Der Antrag ist innerhalb von zwei Wochen nach Wegfall des Hindernisses zu stellen. [2]Die Tatsachen zur Begründung des Antrages sind bei der Antragstellung oder im Verfahren über den Antrag glaubhaft zu machen. [3]Innerhalb der Antragsfrist ist die versäumte Handlung nachzuholen. [4]Ist dies geschehen, so kann Wiedereinsetzung auch ohne Antrag gewährt werden.

(3) Nach einem Jahr seit dem Ende der versäumten Frist kann die Wiedereinsetzung nicht mehr beantragt oder die versäumte Handlung nicht mehr nachgeholt werden, außer wenn dies vor Ablauf der Jahresfrist infolge höherer Gewalt unmöglich war.

(4) Über den Antrag auf Wiedereinsetzung entscheidet die Behörde, die über die versäumte Handlung zu befinden hat.

(5) Die Wiedereinsetzung ist unzulässig, wenn sich aus einer Rechtsvorschrift ergibt, dass sie ausgeschlossen ist.

Abschnitt 3
Amtliche Beglaubigung

§ 33 Beglaubigung von Dokumenten. (1) [1]Jede Behörde ist befugt, Abschriften von Urkunden, die sie selbst ausgestellt hat, zu beglaubigen. [2]Darüber hinaus sind die von der Landesregierung oder – auf Grund einer von ihr erteilten Ermächtigung – dem zuständigen Landesministerium durch Rechtsverordnung bestimmten Behörden befugt, Abschriften zu beglaubigen, wenn die Urschrift von einer Behörde ausgestellt ist oder die Abschrift zur Vorlage bei einer

Behörde benötigt wird, sofern nicht durch Rechtsvorschrift die Erteilung beglaubigter Abschriften aus amtlichen Registern und Archiven anderen Behörden ausschließlich vorbehalten ist.

(2) Abschriften dürfen nicht beglaubigt werden, wenn Umstände zu der Annahme berechtigen, dass der ursprüngliche Inhalt des Schriftstückes, dessen Abschrift beglaubigt werden soll, geändert worden ist, insbesondere wenn dieses Schriftstück Lücken, Durchstreichungen, Einschaltungen, Änderungen, unleserliche Wörter, Zahlen oder Zeichen, Spuren der Beseitigung von Wörtern, Zahlen und Zeichen enthält oder wenn der Zusammenhang eines aus mehreren Blättern bestehenden Schriftstückes aufgehoben ist.

(3) [1]Eine Abschrift wird beglaubigt durch einen Beglaubigungsvermerk, der unter die Abschrift zu setzen ist. [2]Der Vermerk muss enthalten

1. die genaue Bezeichnung des Schriftstückes, dessen Abschrift beglaubigt wird,
2. die Feststellung, dass die beglaubigte Abschrift mit dem vorgelegten Schriftstück übereinstimmt,
3. den Hinweis, dass die beglaubigte Abschrift nur zur Vorlage bei der angegebenen Behörde erteilt wird, wenn die Urschrift nicht von einer Behörde ausgestellt worden ist,
4. den Ort und den Tag der Beglaubigung, die Unterschrift des für die Beglaubigung zuständigen Bediensteten und das Dienstsiegel.

(4) Die Absätze 1 bis 3 gelten entsprechend für die Beglaubigung von

1. Ablichtungen, Lichtdrucken und ähnlichen in technischen Verfahren hergestellten Vervielfältigungen,
2. auf fototechnischem Wege von Schriftstücken hergestellten Negativen, die bei einer Behörde aufbewahrt werden,
3. Ausdrucken elektronischer Dokumente,
4. elektronischen Dokumenten,
   a) die zur Abbildung eines Schriftstücks hergestellt wurden,
   b) die ein anderes technisches Format als das mit einer qualifizierten elektronischen Signatur verbundene Ausgangsdokument erhalten haben.

(5) [1]Der Beglaubigungsvermerk muss zusätzlich zu den Angaben nach Absatz 3 Satz 2 bei der Beglaubigung

1. des Ausdrucks eines elektronischen Dokuments, das mit einer qualifizierten elektronischen Signatur verbunden ist, die Feststellungen enthalten,
   a) wen die Signaturprüfung als Inhaber der Signatur ausweist,
   b) welchen Zeitpunkt die Signaturprüfung für die Anbringung der Signatur ausweist und
   c) welche Zertifikate mit welchen Daten dieser Signatur zugrunde lagen;
2. eines elektronischen Dokuments den Namen der für die Beglaubigung zuständigen Person und die Bezeichnung der Behörde, die die Beglaubigung vornimmt, enthalten; die Unterschrift der für die Beglaubigung zuständigen Person und das Dienstsiegel nach Absatz 3 Satz 2 Nr. 4 werden durch eine dauerhaft überprüfbare qualifizierte elektronische Signatur ersetzt.

[2]Wird ein elektronisches Dokument, das ein anderes technisches Format als das mit einer qualifizierten elektronischen Signatur verbundene Ausgangsdokument erhalten hat, nach Satz 1 Nr. 2 beglaubigt, muss der Beglaubigungsvermerk zusätzlich die Feststellungen nach Satz 1 Nr. 1 für das Ausgangsdokument enthalten.

(6) Die nach Absatz 4 hergestellten Dokumente stehen, sofern sie beglaubigt sind, beglaubigten Abschriften gleich.

(7) Jede Behörde soll von Urkunden, die sie selbst ausgestellt hat, auf Verlangen ein elektronisches Dokument nach Absatz 4 Nummer 4 Buchstabe a oder eine elektronische Abschrift fertigen und beglaubigen.

§ 34 Beglaubigung von Unterschriften. (1) [1]Die von der Landesregierung oder – auf Grund einer von ihr erteilten Ermächtigung – dem zuständigen Landesministerium durch Rechtsverordnung bestimmten Behörden sind befugt, Unterschriften zu beglaubigen, wenn das unterzeichnete Schriftstück zur Vorlage bei einer Behörde oder bei einer sonstigen Stelle, der auf Grund einer Rechtsvorschrift das unterzeichnete Schriftstück vorzulegen ist, benötigt wird. [2]Dies gilt nicht für

1. Unterschriften ohne zugehörigen Text,
2. Unterschriften, die der öffentlichen Beglaubigung (§ 129 des Bürgerlichen Gesetzbuches) bedürfen.

(2) Eine Unterschrift soll nur beglaubigt werden, wenn sie in Gegenwart des beglaubigenden Bediensteten vollzogen oder anerkannt wird.

(3) [1]Der Beglaubigungsvermerk ist unmittelbar bei der Unterschrift, die beglaubigt werden soll, anzubringen. [2]Er muß enthalten

1. die Bestätigung, dass die Unterschrift echt ist,
2. die genaue Bezeichnung desjenigen, dessen Unterschrift beglaubigt wird, sowie die Angabe, ob sich der für die Beglaubigung zuständige Bedienstete Gewissheit über diese Person verschafft hat und ob die Unterschrift in seiner Gegenwart vollzogen oder anerkannt worden ist,
3. den Hinweis, dass die Beglaubigung nur zur Vorlage bei der angegebenen Behörde oder Stelle bestimmt ist,
4. den Ort und den Tag der Beglaubigung, die Unterschrift des für die Beglaubigung zuständigen Bediensteten und das Dienstsiegel.

(4) Die Absätze 1 bis 3 gelten für die Beglaubigung von Handzeichen entsprechend.

TEIL III

Verwaltungsakt

Abschnitt 1

Zustandekommen des Verwaltungsaktes

§ 35 Begriff des Verwaltungsaktes. [1]Verwaltungsakt ist jede Verfügung, Entscheidung oder andere hoheitliche Maßnahme, die eine Behörde zur Regelung eines Einzelfalles auf dem Gebiet des öffentlichen Rechts trifft und die auf unmittelbare Rechtswirkung nach außen gerichtet ist. [2]Allgemeinverfügung ist ein Verwaltungsakt, der sich an einen nach allgemeinen Merkmalen bestimmten oder bestimmbaren Personenkreis richtet oder die öffentlich-rechtliche Eigenschaft einer Sache oder ihre Benutzung durch die Allgemeinheit betrifft.

§ 36 Nebenbestimmungen zum Verwaltungsakt. (1) Ein Verwaltungsakt, auf den ein Anspruch besteht, darf mit einer Nebenbestimmung nur versehen werden, wenn sie durch Rechtsvorschrift zugelassen ist oder wenn sie sicherstellen soll, dass die gesetzlichen Voraussetzungen des Verwaltungsaktes erfüllt werden.

(2) Unbeschadet des Absatzes 1 darf ein Verwaltungsakt nach pflichtgemäßem Ermessen erlassen werden mit

1. einer Bestimmung, nach der eine Vergünstigung oder Belastung zu einem bestimmten Zeitpunkt beginnt, endet oder für einen bestimmten Zeitraum gilt (Befristung);
2. einer Bestimmung, nach der der Eintritt oder der Wegfall einer Vergünstigung oder einer Belastung von dem ungewissen Eintritt eines zukünftigen Ereignisses abhängt (Bedingung);
3. einem Vorbehalt des Widerrufs

oder verbunden werden mit

4. einer Bestimmung, durch die dem Begünstigten ein Tun, Dulden oder Unterlassen vorgeschrieben wird (Auflage);
5. einem Vorbehalt der nachträglichen Aufnahme, Änderung oder Ergänzung einer Auflage.

(3) Eine Nebenbestimmung darf dem Zweck des Verwaltungsaktes nicht zuwiderlaufen.

§ 37 Bestimmtheit und Form des Verwaltungsaktes, Rechtsbehelfsbelehrung. (1) Ein Verwaltungsakt muss inhaltlich hinreichend bestimmt sein.

(2) [1]Ein Verwaltungsakt kann schriftlich, elektronisch, mündlich oder in anderer Weise erlassen werden. [2]Ein mündlicher Verwaltungsakt ist schriftlich oder elektronisch zu bestätigen, wenn hieran ein berechtigtes Interesse besteht und der Betroffene dies unverzüglich verlangt. [3]Eine elektronischer Verwaltungsakt ist unter denselben Voraussetzungen schriftlich zu bestätigen; § 3a Abs. 1 findet insoweit keine Anwendung.

(3) [1]Ein schriftlicher oder elektronischer Verwaltungsakt muss die erlassende Behörde erkennen lassen und die Unterschrift oder die Namenswiedergabe des Behördenleiters, seines Vertreters oder seines Beauftragten enthalten. [2]Wird für einen Verwaltungsakt, für den durch Rechtsvorschrift die Schriftform angeordnet ist, die elektronische Form verwendet, muss auch das der Signatur zugrunde liegende qualifizierte Zertifikat oder ein zugehöriges qualifiziertes Attribut-Zertifikat die erlassende Behörde erkennen lassen. [3]Im Fall des § 3a Absatz 2 Satz 4 Nummer 3 muss die Bestätigung nach § 5 Absatz 5 des De-Mail-Gesetzes die erlassende Behörde als Nutzer des De-Mail-Kontos erkennen lassen.

(4) Für einen Verwaltungsakt kann für die nach § 3a Abs. 2 erforderliche Signatur durch Rechtsvorschrift die dauerhafte Überprüfbarkeit vorgeschrieben werden.

(5) [1]Bei einem schriftlichen Verwaltungsakt, der mit Hilfe automatischer Einrichtungen erlassen wird, können abweichend von Absatz 3 Unterschrift und Namenswiedergabe fehlen. [2]Zur Inhaltsangabe können Schlüsselzeichen verwendet werden, wenn derjenige, für den der Verwaltungsakt bestimmt ist oder der von ihm betroffen wird, auf Grund der dazu gegebenen Erläuterungen den Inhalt des Verwaltungsaktes eindeutig erkennen kann.

(6) [1]Einem schriftlichen oder elektronischen Verwaltungsakt, der der Anfechtung unterliegt, ist eine Erklärung beizufügen, durch die der Beteiligte über den Rechtsbehelf, der gegen den Verwaltungsakt gegeben ist, über die Behörde oder das Gericht, bei denen der Rechtsbehelf einzulegen ist, den Sitz und über die einzuhaltende Frist belehrt wird (Rechtsbehelfsbelehrung). [2]Die Rechtsbehelfsbelehrung ist auch der schriftlichen oder elektronischen Bestätigung eines Verwaltungsaktes und der Bescheinigung nach § 42a Absatz 3 beizufügen.

§ 38 Zusicherung. (1) [1]Eine von der zuständigen Behörde erteilte Zusage, einen bestimmten Verwaltungsakt später zu erlassen oder zu unterlassen (Zusicherung), bedarf zu ihrer Wirksamkeit der schriftlichen Form. [2]Ist vor dem Erlass des zugesicherten Verwaltungsaktes die Anhörung Beteiligter oder die Mitwirkung einer anderen Behörde oder eines Ausschusses auf Grund einer Rechtsvorschrift erforderlich, so darf die Zusicherung erst nach Anhörung der Beteiligten oder nach Mitwirkung dieser Behörde oder des Ausschusses gegeben werden.

(2) Auf die Unwirksamkeit der Zusicherung finden, unbeschadet des Absatzes 1 Satz 1, § 44, auf die Heilung von Mängeln bei der Anhörung Beteiligter und der Mitwirkung anderer Behörden oder Ausschüsse § 45 Abs. 1 Nr. 3 bis 5 sowie Abs. 2 auf die Rücknahme § 48, auf den Widerruf, unbeschadet des Absatzes 3, § 49 entsprechende Anwendung.

(3) Ändert sich nach Abgabe der Zusicherung die Sach- oder Rechtslage derart, dass die Behörde bei Kenntnis der nachträglich eingetretenen Änderung die Zusicherung nicht gegeben hätte oder aus rechtlichen Gründen nicht hätte geben dürfen, ist die Behörde an die Zusicherung nicht mehr gebunden.

§ 39 Begründung des Verwaltungsaktes. (1) [1]Ein schriftlicher oder elektronischer sowie ein schriftlich oder elektronisch bestätigter Verwaltungsakt ist mit einer Begründung zu versehen. [2]In der Begründung sind die wesentlichen tatsächlichen und rechtlichen Gründe mitzuteilen, die die Behörde zu ihrer Entscheidung bewogen haben. [3]Die Begründung von Ermessensentscheidungen soll auch die Gesichtspunkte erkennen lassen, von denen die Behörde bei der Ausübung ihres Ermessens ausgegangen ist.

(2) Einer Begründung bedarf es nicht,

1. soweit die Behörde einem Antrag entspricht oder einer Erklärung folgt und der Verwaltungsakt nicht in Rechte eines anderen eingreift;
2. soweit demjenigen, für den der Verwaltungsakt bestimmt ist oder der von ihm betroffen wird, die Auffassung der Behörde über die Sach- und Rechtslage bereits bekannt oder auch ohne Begründung für ihn ohne weiteres erkennbar ist;
3. wenn die Behörde gleichartige Verwaltungsakte in größerer Zahl oder Verwaltungsakte mit Hilfe automatischer Einrichtungen erlässt und die Begründung nach den Umständen des Einzelfalls nicht geboten ist;
4. wenn sich dies aus einer Rechtsvorschrift ergibt;
5. wenn eine Allgemeinverfügung öffentlich bekanntgegeben wird.

§ 40 Ermessen. Ist die Behörde ermächtigt, nach ihrem Ermessen zu handeln, hat sie ihr Ermessen entsprechend dem Zweck der Ermächtigung auszuüben und die gesetzlichen Grenzen des Ermessens einzuhalten.

§ 41 Bekanntgabe des Verwaltungsaktes. (1) [1]Ein Verwaltungsakt ist demjenigen Beteiligten bekanntzugeben, für den er bestimmt ist oder der von ihm betroffen wird. [2]Ist ein Bevollmächtigter bestellt, so kann die Bekanntgabe ihm gegenüber vorgenommen werden.

(2) [1]Ein schriftlicher Verwaltungsakt der im Inland durch die Post übermittelt wird, gilt am dritten Tag nach der Aufgabe zur Post als bekannt gegeben. [2]Ein Verwaltungsakt, der im Inland oder in das Ausland elektronisch übermittelt wird, gilt am dritten Tag nach der Absendung als bekannt gegeben. [3]Dies gilt nicht, wenn der Verwaltungsakt nicht oder zu einem späteren Zeitpunkt zugegangen ist; im Zweifel hat die Behörde den Zugang des Verwaltungsaktes und den Zeitpunkt des Zugangs nachzuweisen.

(3) [1]Ein Verwaltungsakt darf öffentlich bekanntgegeben werden, wenn dies durch Rechtsvorschrift zugelassen ist. [2]Eine Allgemeinverfügung darf auch dann öffentlich bekanntgegeben werden, wenn eine Bekanntgabe an die Beteiligten untunlich ist.

(4) [1]Die öffentliche Bekanntgabe eines schriftlichen oder elektronischen Verwaltungsaktes wird dadurch bewirkt, dass sein verfügender Teil ortsüblich bekanntgemacht wird. [2]In der ortsüblichen Bekanntmachung ist anzugeben, wo der Verwaltungsakt und seine Begründung eingesehen werden können. [3]Der Verwaltungsakt gilt zwei Wochen nach der ortsüblichen Bekanntmachung als

bekanntgegeben. [4]In einer Allgemeinverfügung kann ein hiervon abweichender Tag, jedoch frühestens der auf die Bekanntmachung folgende Tag bestimmt werden.

(5) Vorschriften über die Bekanntgabe eines Verwaltungsaktes mittels Zustellung bleiben unberührt.

§ 42 Offenbare Unrichtigkeiten im Verwaltungsakt. [1]Die Behörde kann Schreibfehler, Rechenfehler und ähnliche offenbare Unrichtigkeiten in einem Verwaltungsakt jederzeit berichtigen. [2]Bei berechtigtem Interesse des Beteiligten ist zu berichtigen. [3]Die Behörde ist berechtigt, die Vorlage des Dokumentes zu verlangen, das berichtigt werden soll.

§ 42a Genehmigungsfiktion. (1) [1]Eine beantragte Genehmigung gilt nach Ablauf einer für die Entscheidung festgelegten Frist als erteilt (Genehmigungsfiktion), wenn dies durch Rechtsvorschrift angeordnet und der Antrag hinreichend bestimmt ist. [2]Die Vorschriften über die Bestandskraft von Verwaltungsakten und über das Rechtsbehelfsverfahren gelten entsprechend.

(2) [1]Die Frist nach Abs. 1 Satz 1 beträgt drei Monate, soweit durch Rechtsvorschrift nichts Abweichendes bestimmt ist. [2]Die Frist beginnt mit Eingang der vollständigen Unterlagen. [3]Sie kann einmal angemessen verlängert werden, wenn dies wegen der Schwierigkeit der Angelegenheit gerechtfertigt ist. [4]Die Fristverlängerung ist zu begründen und rechtzeitig mitzuteilen.

(3) Auf Verlangen ist demjenigen, dem der Verwaltungsakt nach § 41 Abs. 1 hätte bekannt gegeben werden müssen, der Eintritt der Genehmigungsfiktion schriftlich zu bescheinigen.

Abschnitt 2

Bestandskraft des Verwaltungsaktes

§ 43 Wirksamkeit des Verwaltungsaktes. (1) [1]Ein Verwaltungsakt wird gegenüber demjenigen, für den er bestimmt ist oder der von ihm betroffen wird, in dem Zeitpunkt wirksam, in dem er ihm bekanntgegeben wird. [2]Der Verwaltungsakt wird mit dem Inhalt wirksam, mit dem er bekanntgegeben wird.

(2) Ein Verwaltungsakt bleibt wirksam, solange und soweit er nicht zurückgenommen, widerrufen, anderweitig aufgehoben oder durch Zeitablauf oder auf andere Weise erledigt ist.

(3) Ein nichtiger Verwaltungsakt ist unwirksam.

§ 44 Nichtigkeit des Verwaltungsaktes. (1) Ein Verwaltungsakt ist nichtig, soweit er an einem besonders schwerwiegenden Fehler leidet und dies bei verständiger Würdigung aller in Betracht kommenden Umstände offenkundig ist.

(2) Ohne Rücksicht auf das Vorliegen der Voraussetzungen des Absatzes 1 ist ein Verwaltungsakt nichtig,

1. der schriftlich oder elektronisch erlassen worden ist, die erlassende Behörde aber nicht erkennen lässt;
2. der nach einer Rechtsvorschrift nur durch die Aushändigung einer Urkunde erlassen werden kann, aber dieser Form nicht genügt;
3. den eine Behörde außerhalb ihrer durch § 3 Abs. 1 Nr. 1 begründeten Zuständigkeit erlassen hat, ohne dazu ermächtigt zu sein;
4. den aus tatsächlichen Gründen niemand ausführen kann;
5. der die Begehung einer rechtswidrigen Tat verlangt, die einen Straf- oder Bußgeldtatbestand verwirklicht;
6. der gegen die guten Sitten verstößt.

(3) Ein Verwaltungsakt ist nicht schon deshalb nichtig, weil
1. Vorschriften über die örtliche Zuständigkeit nicht eingehalten worden sind, außer wenn ein Fall des Absatzes 2 Nr. 3 vorliegt;
2. eine nach § 20 Abs. 1 Satz 1 Nr. 2 bis 6 ausgeschlossene Person mitgewirkt hat;
3. ein durch Rechtsvorschrift zur Mitwirkung berufener Ausschuss den für den Erlass des Verwaltungsaktes vorgeschriebenen Beschluss nicht gefasst hat oder nicht beschlussfähig war;
4. die nach einer Rechtsvorschrift erforderliche Mitwirkung einer anderen Behörde unterblieben ist.

(4) Betrifft die Nichtigkeit nur einen Teil des Verwaltungsaktes, so ist er im Ganzen nichtig, wenn der nichtige Teil so wesentlich ist, dass die Behörde den Verwaltungsakt ohne den nichtigen Teil nicht erlassen hätte.

(5) Die Behörde kann die Nichtigkeit jederzeit von Amts wegen feststellen; auf Antrag ist sie festzustellen, wenn der Antragsteller hieran ein berechtigtes Interesse hat.

§ 45 Heilung von Verfahrens- und Formfehlern. (1) Eine Verletzung von Verfahrens- oder Formvorschriften, die nicht den Verwaltungsakt nach § 44 nichtig macht, ist unbeachtlich, wenn
1. der für den Erlass des Verwaltungsaktes erforderliche Antrag nachträglich gestellt wird;
2. die erforderliche Begründung nachträglich gegeben wird;
3. die erforderliche Anhörung eines Beteiligten nachgeholt wird;
4. der Beschluss eines Ausschusses, dessen Mitwirkung für den Erlass des Verwaltungsaktes erforderlich ist, nachträglich gefasst wird;
5. die erforderliche Mitwirkung einer anderen Behörde nachgeholt wird.

(2) Handlungen des Absatzes 1 Nr. 2 bis 5 dürfen nur bis zum Abschluss der ersten Instanz eines verwaltungsgerichtlichen Verfahrens nachgeholt werden.

(3) [1]Fehlt einem Verwaltungsakt die erforderliche Begründung oder ist die erforderliche Anhörung eines Beteiligten vor Erlass des Verwaltungsaktes unterblieben und ist dadurch die rechtzeitige Anfechtung des Verwaltungsaktes versäumt worden, so gilt die Versäumung der Rechtsbehelfsfrist als nicht verschuldet. [2]Das für die Wiedereinsetzungsfrist nach § 32 Abs. 2 maßgebende Ereignis tritt im Zeitpunkt der Nachholung der unterlassenen Verfahrenshandlung ein.

§ 46 Folgen von Verfahrens- und Formfehlern. Die Aufhebung eines Verwaltungsaktes, der nicht nach § 44 nichtig ist, kann nicht allein deshalb beansprucht werden, weil er unter Verletzung von Vorschriften über das Verfahren, die Form oder die örtliche Zuständigkeit zustande gekommen ist, wenn offensichtlich ist, dass die Verletzung die Entscheidung in der Sache nicht beeinflusst hat.

§ 47 Umdeutung eines fehlerhaften Verwaltungsaktes. (1) Ein fehlerhafter Verwaltungsakt kann in einen anderen Verwaltungsakt umgedeutet werden, wenn er auf das gleiche Ziel gerichtet ist, von der erlassenden Behörde in der geschehenen Verfahrensweise und Form rechtmäßig hätte erlassen werden können, und wenn die Voraussetzungen für dessen Erlass erfüllt sind.

(2) [1]Absatz 1 gilt nicht, wenn der Verwaltungsakt, in den der fehlerhafte Verwaltungsakt umzudeuten wäre, der erkennbaren Absicht der erlassenden Behörde widerspräche oder seine Rechtsfolgen für den Betroffenen ungünstiger wären als die des fehlerhaften Verwaltungsaktes. [2]Eine Umdeutung ist ferner unzulässig, wenn der fehlerhafte Verwaltungsakt nicht zurückgenommen werden dürfte.

(3) Eine Entscheidung, die nur als gesetzlich gebundene Entscheidung ergehen kann, kann nicht in eine Ermessensentscheidung umgedeutet werden.

(4) § 28 ist entsprechend anzuwenden.

§ 48 Rücknahme eines rechtswidrigen Verwaltungsaktes. (1) [1]Ein rechtswidriger Verwaltungsakt kann, auch nachdem er unanfechtbar geworden ist, ganz oder teilweise mit Wirkung für die Zukunft oder für die Vergangenheit zurückgenommen werden. [2]Ein Verwaltungsakt, der ein Recht oder einen rechtlich erheblichen Vorteil begründet oder bestätigt hat (begünstigender Verwaltungsakt), darf nur unter den Einschränkungen der Absätze 2 bis 4 zurückgenommen werden.

(2) [1]Ein rechtswidriger Verwaltungsakt, der eine einmalige oder laufende Geldleistung oder teilbare Sachleistung gewährt oder hierfür Voraussetzung ist, darf nicht zurückgenommen werden, soweit der Begünstigte auf den Bestand des Verwaltungsaktes vertraut hat und sein Vertrauen unter Abwägung mit dem öffentlichen Interesse an einer Rücknahme schutzwürdig ist. [2]Das Vertrauen ist in der Regel schutzwürdig, wenn der Begünstigte gewährte Leistungen verbraucht oder eine Vermögensdisposition getroffen hat, die er nicht mehr oder nur unter unzumutbaren Nachteilen rückgängig machen kann. [3]Auf Vertrauen kann sich der Begünstigte nicht berufen, wenn er

1. den Verwaltungsakt durch arglistige Täuschung, Drohung oder Bestechung erwirkt hat;
2. den Verwaltungsakt durch Angaben erwirkt hat, die in wesentlicher Beziehung unrichtig oder unvollständig waren;
3. die Rechtswidrigkeit des Verwaltungsaktes kannte oder infolge grober Fahrlässigkeit nicht kannte.

[4]In den Fällen des Satzes 3 wird der Verwaltungsakt in der Regel mit Wirkung für die Vergangenheit zurückgenommen.

(3) [1]Wird ein rechtswidriger Verwaltungsakt, der nicht unter Absatz 2 fällt, zurückgenommen, so hat die Behörde dem Betroffenen auf Antrag den Vermögensnachteil auszugleichen, den dieser dadurch erleidet, dass er auf den Bestand des Verwaltungsaktes vertraut hat, soweit sein Vertrauen unter Abwägung mit dem öffentlichen Interesse schutzwürdig ist. [2]Absatz 2 Satz 3 ist anzuwenden. [3]Der Vermögensnachteil ist jedoch nicht über den Betrag des Interesses hinaus zu ersetzen, das der Betroffene an dem Bestand des Verwaltungsaktes hat. [4]Der auszugleichende Vermögensnachteil wird durch die Behörde festgesetzt. [5]Der Anspruch kann nur innerhalb eines Jahres geltend gemacht werden; die Frist beginnt, sobald die Behörde den Betroffenen auf sie hingewiesen hat.

(4) [1]Erhält die Behörde von Tatsachen Kenntnis, welche die Rücknahme eines rechtswidrigen Verwaltungsaktes rechtfertigen, so ist die Rücknahme nur innerhalb eines Jahres seit dem Zeitpunkt der Kenntnisnahme zulässig. [2]Dies gilt nicht im Falle des Absatzes 2 Satz 3 Nr. 1.

(5) Über die Rücknahme entscheidet nach Unanfechtbarkeit des Verwaltungsaktes die nach § 3 zuständige Behörde; dies gilt auch dann, wenn der zurückzunehmende Verwaltungsakt von einer anderen Behörde erlassen worden ist.

§ 49 Widerruf eines rechtmäßigen Verwaltungsaktes. (1) Ein rechtmäßiger nicht begünstigender Verwaltungsakt kann, auch nachdem er unanfechtbar geworden ist, ganz oder teilweise mit Wirkung für die Zukunft widerrufen werden, außer wenn ein Verwaltungsakt gleichen Inhalts erneut erlassen werden müsste oder aus anderen Gründen ein Widerruf unzulässig ist.

(2) [1]Ein rechtmäßiger begünstigender Verwaltungsakt darf, auch nachdem er unanfechtbar geworden ist, ganz oder teilweise mit Wirkung für die Zukunft nur widerrufen werden,
1. wenn der Widerruf durch Rechtsvorschrift zugelassen oder im Verwaltungsakt vorbehalten ist;
2. wenn mit dem Verwaltungsakt eine Auflage verbunden ist und der Begünstigte diese nicht oder nicht innerhalb einer ihm gesetzten Frist erfüllt hat;
3. wenn die Behörde auf Grund nachträglich eingetretener Tatsachen berechtigt wäre, den Verwaltungsakt nicht zu erlassen, und wenn ohne den Widerruf das öffentliche Interesse gefährdet würde;
4. wenn die Behörde auf Grund einer geänderten Rechtsvorschrift berechtigt wäre, den Verwaltungsakt nicht zu erlassen, soweit der Begünstigte von der Vergünstigung noch keinen Gebrauch gemacht oder auf Grund des Verwaltungsaktes noch keine Leistungen empfangen hat, und wenn ohne den Widerruf das öffentliche Interesse gefährdet würde;
5. um schwere Nachteile für das Gemeinwohl zu verhüten oder zu beseitigen.

[2]§ 48 Abs. 4 gilt entsprechend.

(3) [1]Ein rechtmäßiger Verwaltungsakt, der eine einmalige oder laufende Geldleistung oder teilbare Sachleistung zur Erfüllung eines bestimmten Zweckes gewährt oder hierfür Voraussetzung ist, darf, auch nachdem er unanfecht-

bar geworden ist, ganz oder teilweise auch mit Wirkung für die Vergangenheit nur widerrufen werden,

1. wenn die Leistung nicht, nicht alsbald nach der Erbringung oder nicht mehr für den in dem Verwaltungsakt bestimmten Zweck verwendet wird,
2. wenn mit dem Verwaltungsakt eine Auflage verbunden ist und der Begünstigte diese nicht oder nicht innerhalb einer ihm gesetzten Frist erfüllt hat.

[2]§ 48 Abs. 4 gilt entsprechend.

(4) Der widerrufene Verwaltungsakt wird mit dem Wirksamwerden des Widerrufs unwirksam, wenn die Behörde keinen anderen Zeitpunkt bestimmt.

(5) Über den Widerruf entscheidet nach Unanfechtbarkeit des Verwaltungsaktes die nach § 3 zuständige Behörde; dies gilt auch dann, wenn der zu widerrufende Verwaltungsakt von einer anderen Behörde erlassen worden ist.

(6) [1]Wird ein begünstigender Verwaltungsakt in den Fällen des Absatzes 2 Nr. 3 bis 5 widerrufen, so hat die Behörde den Betroffenen auf Antrag für den Vermögensnachteil zu entschädigen, den dieser dadurch erleidet, dass er auf den Bestand des Verwaltungsaktes vertraut hat, soweit sein Vertrauen schutzwürdig ist. [2]§ 48 Abs. 3 Satz 3 bis 5 gilt entsprechend. [3]Für Streitigkeiten über die Entschädigung ist der ordentliche Rechtsweg gegeben.

§ 49a Erstattung, Verzinsung. (1) [1]Soweit ein Verwaltungsakt mit Wirkung für die Vergangenheit zurückgenommen oder widerrufen worden oder infolge Eintritts einer auflösenden Bedingung unwirksam geworden ist, sind bereits erbrachte Leistungen zu erstatten. [2]Die zu erstattende Leistung ist durch schriftlichen Verwaltungsakt festzusetzen.

(2) [1]Für den Umfang der Erstattung mit Ausnahme der Verzinsung gelten die Vorschriften des Bürgerlichen Gesetzbuches über die Herausgabe einer ungerechtfertigten Bereicherung entsprechend. [2]Auf den Wegfall der Bereicherung kann sich der Begünstigte nicht berufen, soweit er die Umstände kannte oder infolge grober Fahrlässigkeit nicht kannte, die zur Rucknahme, zum Widerruf oder zur Unwirksamkeit des Verwaltungsaktes geführt haben.

(3) [1]Der zu erstattende Betrag ist vom Eintritt der Unwirksamkeit des Verwaltungsaktes an mit fünf Prozentpunkten über dem Basiszinssatz jährlich zu verzinsen. [2]Von der Geltendmachung des Zinsanspruchs kann insbesondere dann abgesehen werden, wenn der Begünstigte die Umstände, die zur Rücknahme, zum Widerruf oder zur Unwirksamkeit des Verwaltungsaktes geführt haben, nicht zu vertreten hat und den zu erstattenden Betrag innerhalb der von der Behörde festgesetzten Frist leistet.

(4) [1]Wird eine Leistung nicht alsbald nach der Auszahlung für den bestimmten Zweck verwendet, so können für die Zeit bis zur zweckentsprechenden Verwendung Zinsen nach Absatz 3 Satz 1 verlangt werden. [2]Entsprechendes gilt, soweit eine Leistung in Anspruch genommen wird, obwohl andere Mittel anteilig oder vorrangig einzusetzen sind. [3]§ 49 Abs. 3 Satz 1 Nr. 1 bleibt unberührt.

§ 50 Rücknahme und Widerruf im Rechtsbehelfsverfahren. § 48 Abs. 1 Satz 2, Abs. 2 bis 4 sowie § 49 Abs. 2 bis 4 und 6 gelten nicht, wenn ein begünstigender Verwaltungsakt, der von einem Dritten angefochten worden ist, während des Vorverfahrens oder während des verwaltungsgerichtlichen Verfahrens aufgehoben wird, soweit dadurch dem Widerspruch oder der Klage abgeholfen wird.

§ 51 Wiederaufgreifen des Verfahrens. (1) Die Behörde hat auf Antrag des Betroffenen über die Aufhebung oder Änderung eines unanfechtbaren Verwaltungsaktes zu entscheiden, wenn

1. sich die dem Verwaltungsakt zugrunde liegende Sach- oder Rechtslage nachträglich zugunsten des Betroffenen geändert hat;
2. neue Beweismittel vorliegen, die eine dem Betroffenen günstigere Entscheidung herbeigeführt haben würden;
3. Wiederaufnahmegründe entsprechend § 580 der Zivilprozessordnung gegeben sind.

(2) Der Antrag ist nur zulässig, wenn der Betroffene ohne grobes Verschulden außerstande war, den Grund für das Wiederaufgreifen in dem früheren Verfahren, insbesondere durch Rechtsbehelf, geltend zu machen.

(3) [1]Der Antrag muss binnen drei Monaten gestellt werden. [2]Die Frist beginnt mit dem Tage, an dem der Betroffene von dem Grund für das Wiederaufgreifen Kenntnis erhalten hat.

(4) Über den Antrag entscheidet die nach § 3 zuständige Behörde; dies gilt auch dann, wenn der Verwaltungsakt, dessen Aufhebung oder Änderung begehrt wird, von einer anderen Behörde erlassen worden ist.

(5) Die Vorschriften des § 48 Abs. 1 Satz 1 und § 49 Abs. 1 bleiben unberührt.

§ 52 Rückgabe von Urkunden und Sachen. [1]Ist ein Verwaltungsakt unanfechtbar widerrufen oder zurückgenommen oder ist seine Wirksamkeit aus einem anderen Grund nicht oder nicht mehr gegeben, so kann die Behörde die auf Grund dieses Verwaltungsaktes erteilten Urkunden oder Sachen, die zum Nachweis der Rechte aus dem Verwaltungsakt oder zu deren Ausübung bestimmt sind, zurückzufordern. [2]Der Inhaber und, sofern er nicht der Besitzer ist, auch der Besitzer dieser Urkunden oder Sachen sind zu ihrer Herausgabe verpflichtet. [3]Der Inhaber oder der Besitzer kann jedoch verlangen, dass ihm die Urkunden oder Sachen wieder ausgehändigt werden, nachdem sie von der Behörde als ungültig gekennzeichnet sind; dies gilt nicht bei Sachen, bei denen eine solche Kennzeichnung nicht oder nicht mit der erforderlichen Offensichtlichkeit oder Dauerhaftigkeit möglich ist.

Abschnitt 3

Verjährungsrechtliche Wirkungen des Verwaltungsaktes

§ 53 Hemmung der Verjährung durch Verwaltungsakt.* (1) [1]Ein Verwaltungsakt, der zur Feststellung oder Durchsetzung des Anspruchs eines öffentlich-rechtlichen Rechtsträgers erlassen wird, hemmt die Verjährung dieses Anspruchs. [2]Die Hemmung endet mit Eintritt der Unanfechtbarkeit des Verwaltungsaktes oder sechs Monate nach seiner anderweitigen Erledigung.

(2) [1]Ist ein Verwaltungsakt im Sinne des Absatzes 1 unanfechtbar geworden, beträgt die Verjährungsfrist 30 Jahre. [2]Soweit der Verwaltungsakt einen Anspruch auf künftig fällig werdende regelmäßig wiederkehrende Leistungen zum Inhalt hat, bleibt es bei der für diesen Anspruch geltenden Verjährungsfrist.

TEIL IV

Öffentlich-rechtlicher Vertrag

§ 54 Zulässigkeit des öffentlich-rechtlichen Vertrages. [1]Ein Rechtsverhältnis auf dem Gebiet des öffentlichen Rechts kann durch Vertrag begründet, geändert oder aufgehoben werden (öffentlich-rechtlicher Vertrag), soweit Rechtsvorschriften nicht entgegenstehen. [2]Insbesondere kann die Behörde, anstatt einen Verwaltungsakt zu erlassen, einen öffentlich-rechtlichen Vertrag mit demjenigen schließen, an den sie sonst den Verwaltungsakt richten würde.

§ 55 Vergleichsvertrag. Ein öffentlich-rechtlicher Vertrag im Sinne des § 54 Satz 2, durch den eine bei verständiger Würdigung des Sachverhalts oder der Rechtslage bestehende Ungewissheit durch gegenseitiges Nachgeben beseitigt wird (Vergleich), kann geschlossen werden, wenn die Behörde den Abschluss des Vergleichs zur Beseitigung der Ungewissheit nach pflichtgemäßem Ermessen für zweckmäßig hält.

§ 56 Austauschvertrag. (1) [1]Ein öffentlich-rechtlicher Vertrag im Sinne des § 54 Satz 2, in dem sich der Vertragspartner der Behörde zu einer Gegenleistung verpflichtet, kann geschlossen werden, wenn die Gegenleistung für einen bestimmten Zweck im Vertrag vereinbart wird und der Behörde zur Erfüllung ihrer öffentlichen Aufgaben dient. [2]Die Gegenleistung muss den gesamten Umständen nach angemessen sein und im sachlichen Zusammenhang mit der vertraglichen Leistung der Behörde stehen.

(2) Besteht auf die Leistung der Behörde ein Anspruch, so kann nur eine solche Gegenleistung vereinbart werden, die bei Erlass eines Verwaltungsaktes Inhalt einer Nebenbestimmung nach § 36 sein könnte.

---

* Artikel 5 des Elektronik-Anpassungsgesetzes v. 6.7.2004 (GV NRW S. 370).

§ 57 Schriftform. Ein öffentlich-rechtlicher Vertrag ist schriftlich zu schließen, soweit nicht durch Rechtsvorschrift eine andere Form vorgeschrieben ist.

§ 58 Zustimmung von Dritten und Behörden. (1) Ein öffentlich-rechtlicher Vertrag, der in Rechte eines Dritten eingreift, wird erst wirksam, wenn der Dritte schriftlich zustimmt.

(2) Wird anstatt eines Verwaltungsaktes, bei dessen Erlass nach einer Rechtsvorschrift die Genehmigung, die Zustimmung oder das Einvernehmen einer anderen Behörde erforderlich ist, ein Vertrag geschlossen, so wird dieser erst wirksam, nachdem die andere Behörde in der vorgeschriebenen Form mitgewirkt hat.

§ 59 Nichtigkeit des öffentlich-rechtlichen Vertrages. (1) Ein öffentlich-rechtlicher Vertrag ist nichtig, wenn sich die Nichtigkeit aus der entsprechenden Anwendung von Vorschriften des Bürgerlichen Gesetzbuches ergibt.

(2) Ein Vertrag im Sinne des § 54 Satz 2 ist ferner nichtig, wenn
1. ein Verwaltungsakt mit entsprechendem Inhalt nichtig wäre;
2. ein Verwaltungsakt mit entsprechendem Inhalt nicht nur wegen eines Verfahrens- oder Formfehlers im Sinne des § 46 rechtswidrig wäre und dies den Vertragschließenden bekannt war;
3. die Voraussetzungen zum Abschluss eines Vergleichsvertrages nicht vorlagen und ein Verwaltungsakt mit entsprechendem Inhalt nicht nur wegen eines Verfahrens- oder Formfehlers im Sinne des § 46 rechtswidrig wäre;
4. sich die Behörde eine nach § 56 unzulässige Gegenleistung versprechen lässt.

(3) Betrifft die Nichtigkeit nur einen Teil des Vertrages, so ist er im Ganzen nichtig, wenn nicht anzunehmen ist, dass er auch ohne den nichtigen Teil geschlossen worden wäre.

§ 60 Anpassung und Kündigung in besonderen Fällen. (1) [1]Haben die Verhältnisse, die für die Festsetzung des Vertragsinhalts maßgebend gewesen sind, sich seit Abschluss des Vertrages so wesentlich geändert, dass einer Vertragspartei das Festhalten an der ursprünglichen vertraglichen Regelung nicht zuzumuten ist, so kann diese Vertragspartei eine Anpassung des Vertragsinhalts an die geänderten Verhältnisse verlangen oder, sofern eine Anpassung nicht möglich oder einer Vertragspartei nicht zuzumuten ist, den Vertrag kündigen. [2]Die Behörde kann den Vertrag auch kündigen, um schwere Nachteile für das Gemeinwohl zu verhüten oder zu beseitigen.

(2) [1]Die Kündigung bedarf der Schriftform, soweit nicht durch Rechtsvorschrift eine andere Form vorgeschrieben ist. [2]Sie soll begründet werden.

§ 61 Unterwerfung unter die sofortige Vollstreckung. (1) [1]Jeder Vertragschließende kann sich der sofortigen Vollstreckung aus einem öffentlich-rechtlichen Vertrag im Sinne des § 54 Satz 2 unterwerfen. [2]Die Behörde muss hierbei von dem Behördenleiter, seinem allgemeinen Vertreter oder einem Angehörigen des öffentlichen Dienstes, der die Befähigung zum Richteramt hat oder die Voraussetzungen des § 110 Satz 1 des Deutschen Richtergesetzes erfüllt, vertreten werden.

(2) [1]Auf öffentlich-rechtliche Verträge im Sinne des Absatzes 1 Satz 1 ist das Verwaltungsvollstreckungsgesetz für das Land Nordrhein-Westfalen entsprechend anzuwenden. [2]Will eine natürliche oder juristische Person des Privatrechts oder eine nichtrechtsfähige Vereinigung die Vollstreckung wegen einer Geldforderung betreiben, so ist § 170 Abs. 1 bis 3 der Verwaltungsgerichtsordnung entsprechend anzuwenden. [3]Richtet sich die Vollstreckung wegen der Erzwingung einer Handlung, Duldung oder Unterlassung gegen eine Behörde im Sinne des § 1, so ist § 172 der Verwaltungsgerichtsordnung entsprechend anzuwenden.

§ 62 Ergänzende Anwendung von Vorschriften. [1]Soweit sich aus den §§ 54 bis 61 nichts Abweichendes ergibt, gelten die übrigen Vorschriften dieses Gesetzes. [2]Ergänzend gelten die Vorschriften des Bürgerlichen Gesetzbuches entsprechend.

TEIL V

Besondere Verfahrensarten

Abschnitt 1

Förmliches Verwaltungsverfahren

§ 63 Anwendung der Vorschriften über das förmliche Verwaltungsverfahren. (1) Das förmliche Verwaltungsverfahren nach diesem Gesetz findet statt, wenn es durch Rechtsvorschrift angeordnet ist.

(2) Für das förmliche Verwaltungsverfahren gelten die §§ 64 bis 71 und, soweit sich aus ihnen nichts Abweichendes ergibt, die übrigen Vorschriften dieses Gesetzes.

(3) [1]Die Mitteilung nach § 17 Abs. 2 Satz 2 und die Aufforderung nach § 17 Abs. 4 Satz 2 sind im förmlichen Verwaltungsverfahren öffentlich bekanntzumachen. [2]Die öffentliche Bekanntmachung wird dadurch bewirkt, dass die Behörde die Mitteilung oder die Aufforderung in ihrem amtlichen Veröffentlichungsblatt und außerdem in örtlichen Tageszeitungen, die in dem Bereich verbreitet sind, in dem sich die Entscheidung voraussichtlich auswirken wird, bekanntmacht.

§ 64 Form des Antrages. Setzt das förmliche Verwaltungsverfahren einen Antrag voraus, so ist er schriftlich oder zur Niederschrift bei der Behörde zu stellen.

§ 65 Mitwirkung von Zeugen und Sachverständigen. (1) [1]Im förmlichen Verwaltungsverfahren sind Zeugen zur Aussage und Sachverständige zur Erstattung von Gutachten verpflichtet. [2]Die Vorschriften der Zivilprozessordnung über die Pflicht, als Zeuge auszusagen oder als Sachverständiger ein Gutachten zu erstatten, über die Ablehnung von Sachverständigen sowie über die Vernehmung von Angehörigen des öffentlichen Dienstes als Zeugen oder Sachverständige gelten entsprechend.

(2) [1]Verweigern Zeugen oder Sachverständige ohne Vorliegen eines der in den §§ 376, 383 bis 385 und 408 der Zivilprozessordnung bezeichneten Gründe die Aussage oder die Erstattung des Gutachtens, so kann die Behörde das für den Wohnsitz oder den Aufenthaltsort des Zeugen oder des Sachverständigen zuständige Verwaltungsgericht um die Vernehmung ersuchen. [2]Befindet sich der Wohnsitz oder der Aufenthaltsort des Zeugen oder des Sachverständigen nicht am Sitz eines Verwaltungsgerichts oder einer besonders errichteten Kammer, so kann auch das zuständige Amtsgericht um die Vernehmung ersucht werden. [3]In dem Ersuchen hat die Behörde den Gegenstand der Vernehmung darzulegen sowie die Namen und Anschriften der Beteiligten anzugeben. [4]Das Gericht hat die Beteiligten von den Beweisterminen zu benachrichtigen.

(3) Hält die Behörde mit Rücksicht auf die Bedeutung der Aussage eines Zeugen oder des Gutachtens eines Sachverständigen oder zur Herbeiführung einer wahrheitsgemäßen Aussage die Beeidigung für geboten, so kann sie das nach Absatz 2 zuständige Gericht um die eidliche Vernehmung ersuchen.

(4) Das Gericht entscheidet über die Rechtmäßigkeit einer Verweigerung des Zeugnisses, des Gutachtens oder der Eidesleistung.

(5) Ein Ersuchen nach Absatz 2 oder 3 an das Gericht darf nur vom Behördenleiter, seinem allgemeinen Vertreter oder einem Angehörigen des öffentlichen Dienstes gestellt werden, der die Befähigung zum Richteramt hat oder die Voraussetzungen des § 110 Satz 1 des Deutschen Richtergesetzes erfüllt.

§ 66 Verpflichtung zur Anhörung von Beteiligten. (1) Im förmlichen Verwaltungsverfahren ist den Beteiligten Gelegenheit zu geben, sich vor der Entscheidung zu äußern.

(2) Den Beteiligten ist Gelegenheit zu geben, der Vernehmung von Zeugen und Sachverständigen und der Einnahme des Augenscheins beizuwohnen und hierbei sachdienliche Fragen zu stellen; ein schriftlich oder elektronisch vorliegendes Gutachten soll ihnen zugänglich gemacht werden.

§ 67 Erfordernis der mündlichen Verhandlung. (1) [1]Die Behörde entscheidet nach mündlicher Verhandlung. [2]Hierzu sind die Beteiligten mit angemessener Frist schriftlich zu laden. [3]Bei der Ladung ist darauf hinzuweisen, dass bei Ausbleiben eines Beteiligten auch ohne ihn verhandelt und entschieden werden kann. [4]Sind mehr als 50 Ladungen vorzunehmen, so können sie durch öffentliche Bekanntmachung ersetzt werden. [5]Die öffentliche Bekanntmachung wird dadurch bewirkt, dass der Verhandlungstermin mindestens zwei Wochen vorher im amtlichen Veröffentlichungsblatt der Behörde und außerdem in örtlichen Tageszeitungen, die in dem Bereich verbreitet sind, in dem sich die Entscheidung voraussichtlich auswirken wird, mit dem Hinweis nach Satz 3 bekanntgemacht wird. [6]Maßgebend für die Frist nach Satz 5 ist die Bekanntgabe im amtlichen Veröffentlichungsblatt.

(2) Die Behörde kann ohne mündliche Verhandlung entscheiden, wenn
1. einem Antrag im Einvernehmen mit allen Beteiligten in vollem Umfang entsprochen wird;
2. kein Beteiligter innerhalb einer hierfür gesetzten Frist Einwendungen gegen die vorgesehene Maßnahme erhoben hat;
3. die Behörde den Beteiligten mitgeteilt hat, dass sie beabsichtige, ohne mündliche Verhandlung zu entscheiden, und kein Beteiligter innerhalb einer hierfür gesetzten Frist Einwendungen dagegen erhoben hat;
4. alle Beteiligten auf sie verzichtet haben;
5. wegen Gefahr im Verzug eine sofortige Entscheidung notwendig ist.

(3) Die Behörde soll das Verfahren so fördern, dass es möglichst in einem Verhandlungstermin erledigt werden kann.

§ 68 Verlauf der mündlichen Verhandlung. (1) [1]Die mündliche Verhandlung ist nicht öffentlich. [2]An ihr können Vertreter der Aufsichtsbehörden und Personen, die bei der Behörde zur Ausbildung beschäftigt sind, teilnehmen. [3]Anderen Personen kann der Verhandlungsleiter die Anwesenheit gestatten, wenn kein Beteiligter widerspricht.

(2) [1]Der Verhandlungsleiter hat die Sache mit den Beteiligten zu erörtern. [2]Er hat darauf hinzuwirken, dass unklare Anträge erläutert, sachdienliche Anträge gestellt, ungenügende Angaben ergänzt sowie alle für die Feststellung des Sachverhalts wesentlichen Erklärungen abgegeben werden.

(3) [1]Der Verhandlungsleiter ist für die Ordnung verantwortlich. [2]Er kann Personen, die seine Anordnungen nicht befolgen, entfernen lassen. [3]Die Verhandlung kann ohne diese Personen fortgesetzt werden.

(4) [1]Über die mündliche Verhandlung ist eine Niederschrift zu fertigen. [2]Die Niederschrift muss Angaben enthalten über
1. den Ort und den Tag der Verhandlung,
2. die Namen des Verhandlungsleiters, der erschienenen Beteiligten, Zeugen und Sachverständigen,
3. den behandelten Verfahrensgegenstand und die gestellten Anträge,
4. den wesentlichen Inhalt der Aussagen der Zeugen und Sachverständigen,
5. das Ergebnis eines Augenscheines.

[3]Die Niederschrift ist von dem Verhandlungsleiter und, soweit ein Schriftführer hinzugezogen worden ist, auch von diesem zu unterzeichnen. [4]Der Aufnahme in die Verhandlungsniederschrift steht die Aufnahme in eine Schrift gleich, die ihr als Anlage beigefügt und als solche bezeichnet ist; auf die Anlage ist in der Verhandlungsniederschrift hinzuweisen.

§ 69 Entscheidung. (1) Die Behörde entscheidet unter Würdigung des Gesamtergebnisses des Verfahrens.

(2) [1]Verwaltungsakte, die das förmliche Verfahren abschließen, sind schriftlich zu erlassen, schriftlich zu begründen und den Beteiligten zuzustellen; in den Fällen des § 39 Abs. 2 Nr. 1 und 3 bedarf es einer Begründung nicht. [2]Ein elektronischer Verwaltungsakt nach Satz 1 ist mit einer dauerhaft überprüfbaren qualifizierten elektronischen Signatur zu versehen. [3]Sind mehr als 50 Zustellungen vorzunehmen, so können sie durch öffentliche Bekanntmachung ersetzt werden. [4]Die öffentliche Bekanntmachung wird dadurch bewirkt, dass der verfügende Teil des Verwaltungsaktes und die Rechtsbehelfsbelehrung im amtlichen Veröffentlichungsblatt der Behörde und außerdem in örtlichen Tageszeitungen bekanntgemacht werden, die in dem Bereich verbreitet sind, in dem sich die Entscheidung voraussichtlich auswirken wird. [5]Der Verwaltungsakt gilt mit dem Tage als zugestellt, an dem seit dem Tage der Bekanntmachung in dem amtlichen Veröffentlichungsblatt zwei Wochen verstrichen sind; hierauf ist in der Bekanntmachung hinzuweisen. [6]Nach der öffentlichen Bekanntmachung kann der Verwaltungsakt bis zum Ablauf der Rechtsbehelfsfrist von den Beteiligten schriftlich oder elektronisch angefordert werden; hierauf ist in der Bekanntmachung gleichfalls hinzuweisen.

(3) [1]Wird das förmliche Verwaltungsverfahren auf andere Weise abgeschlossen, so sind die Beteiligten hiervon zu benachrichtigen. [2]Sind mehr als 50 Benachrichtigungen vorzunehmen, so können sie durch öffentliche Bekanntmachung ersetzt werden; Absatz 2 Satz 4 gilt entsprechend.

§ 70 Anfechtung der Entscheidung. Vor Erhebung einer verwaltungsgerichtlichen Klage, die einen im förmlichen Verwaltungsverfahren erlassenen Verwaltungsakt zum Gegenstand hat, bedarf es keiner Nachprüfung in einem Vorverfahren.

§ 71 Besondere Vorschriften für das förmliche Verfahren vor Ausschüssen. (1) [1]Findet das förmliche Verwaltungsverfahren vor einem Ausschuss (§ 88) statt, so hat jedes Mitglied das Recht, sachdienliche Fragen zu stellen. [2]Wird eine Frage von einem Beteiligten beanstandet, so entscheidet der Ausschuss über ihre Zulässigkeit.

(2) [1]Bei der Beratung und Abstimmung dürfen nur Ausschussmitglieder zugegen sein, die an der mündlichen Verhandlung teilgenommen haben. [2]Ferner dürfen Personen zugegen sein, die bei der Behörde, bei der der Ausschuss gebildet ist, zur Ausbildung beschäftigt sind, soweit der Vorsitzende ihre Anwesenheit gestattet. [3]Die Abstimmungsergebnisse sind festzuhalten.

(3) [1]Jeder Beteiligte kann ein Mitglied des Ausschusses ablehnen, das in diesem Verwaltungsverfahren nicht tätig werden darf (§ 20) oder bei dem die Besorgnis der Befangenheit besteht (§ 21). [2]Eine Ablehnung vor der mündlichen Verhandlung ist schriftlich oder zur Niederschrift zu erklären. [3]Die Erklärung ist unzulässig, wenn sich der Beteiligte, ohne den ihm bekannten Ablehnungsgrund geltend zu machen, in die mündliche Verhandlung eingelassen hat. [4]Für die Entscheidung über die Ablehnung gilt § 20 Abs. 4 Satz 2 bis 4.

Abschnitt 1a

Verfahren über eine einheitliche Stelle

§ 71a Anwendbarkeit. (1) Ist durch Rechtsvorschrift angeordnet, dass ein Verwaltungsverfahren über eine einheitliche Stelle abgewickelt werden kann, so gelten die Vorschriften dieses Abschnitts und, soweit sich aus ihnen nichts Abweichendes ergibt, die übrigen Vorschriften dieses Gesetzes.

(2) Der zuständigen Behörde obliegen die Pflichten aus § 71b Abs. 3, 4 und 6, § 71c Abs. 2 und § 71e auch dann, wenn sich der Antragsteller oder Anzeigepflichtige unmittelbar an die zuständige Behörde wendet.

§ 71b Verfahren. (1) Die einheitliche Stelle nimmt Anzeigen, Anträge, Willenserklärungen und Unterlagen entgegen und leitet sie unverzüglich an die zuständigen Behörden weiter.

(2) [1]Anzeigen, Anträge, Willenserklärungen und Unterlagen gelten am dritten Tag nach Eingang bei der einheitlichen Stelle als bei der zuständigen Behörde eingegangen. [2]Fristen werden mit Eingang bei der einheitlichen Stelle gewahrt.

(3) [1]Soll durch die Anzeige, den Antrag oder die Abgabe einer Willenserklärung eine Frist in Lauf gesetzt werden, innerhalb deren die zuständige Behörde tätig werden muss, stellt die zuständige Behörde eine Empfangsbestätigung aus. [2]In der Empfangsbestätigung ist das Datum des Eingangs bei der einheitlichen Stelle mitzuteilen und auf die Frist, die Voraussetzungen für den Beginn des Fristlaufs und auf eine an den Fristablauf geknüpfte Rechtsfolge sowie auf die verfügbaren Rechtsbehelfe hinzuweisen.

(4) [1]Ist die Anzeige oder der Antrag unvollständig, teilt die zuständige Behörde unverzüglich mit, welche Unterlagen nachzureichen sind. [2]Die Mitteilung enthält den Hinweis, dass der Lauf der Frist nach Abs. 3 erst mit Eingang der vollständigen Unterlagen beginnt. [3]Das Datum des Eingangs der nachgereichten Unterlagen bei der einheitlichen Stelle ist mitzuteilen.

(5) [1]Soweit die einheitliche Stelle zur Verfahrensabwicklung in Anspruch genommen wird, sollen Mitteilungen der zuständigen Behörde an den Antragsteller oder Anzeigepflichtigen über sie weitergegeben werden. [2]Verwaltungsakte werden auf Verlangen desjenigen, an den sich der Verwaltungsakt richtet, von der zuständigen Behörde unmittelbar bekannt gegeben.

(6) [1]Ein schriftlicher Verwaltungsakt, der durch die Post in das Ausland übermittelt wird, gilt einen Monat nach Aufgabe zur Post als bekannt gegeben. [2]§ 41 Abs. 2 Satz 3 gilt entsprechend. [3]Von dem Antragsteller oder Anzeigepflichtigen kann nicht nach § 15 verlangt werden, einen Empfangsbevollmächtigten zu bestellen.

§ 71c Informationspflichten. (1) [1]Die einheitliche Stelle erteilt auf Anfrage unverzüglich Auskunft über die maßgeblichen Vorschriften, die zuständigen Behörden, den Zugang zu den öffentlichen Registern und Datenbanken, die zustehenden Verfahrensrechte und die Einrichtungen, die den Antragsteller oder Anzeigepflichtigen bei der Aufnahme oder Ausübung seiner Tätigkeit unterstützen. [2]Sie teilt unverzüglich mit, wenn eine Anfrage zu unbestimmt ist.

(2) [1]Die zuständigen Behörden erteilen auf Anfrage unverzüglich Auskunft über die maßgeblichen Vorschriften und deren gewöhnliche Auslegung. [2]Nach § 25 erforderliche Anregungen und Auskünfte werden unverzüglich gegeben.

§ 71d Gegenseitige Unterstützung. [1]Die einheitliche Stelle und die zuständigen Behörden wirken gemeinsam auf eine ordnungsgemäße und zügige Verfahrensabwicklung hin; die Pflicht zur Unterstützung besteht auch gegenüber einheitlichen Stellen oder sonstigen Behörden des Bundes oder anderer Länder. [2]Die zuständigen Behörden stellen der einheitlichen Stelle insbesondere die erforderlichen Informationen zum Verfahrensstand zur Verfügung.

§ 71e Elektronisches Verfahren. [1]Das Verfahren nach diesem Abschnitt wird auf Verlangen in elektronischer Form abgewickelt. [2]§ 3a Abs. 2 Satz 2 und 3 und Abs. 3 bleibt unberührt.

Abschnitt 2

Planfeststellungsverfahren

§ 72 Anwendung der Vorschriften über das Planfeststellungsverfahren.
(1) Ist ein Planfeststellungsverfahren durch Rechtsvorschrift angeordnet, so gelten hierfür die §§ 73 bis 78 und soweit sich aus ihnen nichts Abweichendes ergibt die übrigen Vorschriften dieses Gesetzes; die §§ 51 und 71a bis 71e sind nicht anzuwenden, § 29 ist mit der Maßgabe anzuwenden, dass Akteneinsicht nach pflichtgemäßem Ermessen zu gewähren ist.

(2) [1]Die Mitteilung nach § 17 Abs. 2 Satz 2 und die Aufforderung nach § 17 Abs. 4 Satz 2 sind im Planfeststellungsverfahren öffentlich bekanntzumachen. [2]Die öffentliche Bekanntmachung wird dadurch bewirkt, dass die Behörde die Mitteilung oder die Aufforderung in ihrem amtlichen Veröffentlichungsblatt und außerdem in örtlichen Tageszeitungen, die in dem Bereich verbreitet sind, in dem sich das Vorhaben voraussichtlich auswirken wird, bekanntmacht.

§ 73 Anhörungsverfahren. (1) [1]Der Träger des Vorhabens hat den Plan der Anhörungsbehörde zur Durchführung des Anhörungsverfahrens einzureichen. [2]Der Plan besteht aus den Zeichnungen und Erläuterungen, die das Vorhaben, seinen Anlass und die von dem Vorhaben betroffenen Grundstücke und Anlagen erkennen lassen.

(2) Innerhalb eines Monats nach Zugang des vollständigen Plans fordert die Anhörungsbehörde die Behörden, deren Aufgabenbereich durch das Vorhaben berührt wird, zur Stellungnahme auf und veranlasst, dass der Plan in den Gemeinden, in denen sich das Vorhaben auswirkt, ausgelegt wird.

(3) [1]Die Gemeinden nach Absatz 2 haben den Plan innerhalb von drei Wochen nach Zugang für die Dauer eines Monats zur Einsichtnahme auszulegen. [2]Auf eine Auslegung kann verzichtet werden, wenn der Kreis der Betroffenen und die Vereinigungen nach Absatz 4 Satz 5 bekannt sind und ihnen innerhalb angemessener Frist Gelegenheit gegeben wird, den Plan einzusehen.

(3a) [1]Die Behörden nach Absatz 2 haben ihre Stellungnahme innerhalb einer von der Anhörungsbehörde zu setzenden Frist abzugeben, die drei Monate nicht überschreiten darf. [2]Stellungnahmen, die nach Ablauf der Frist nach Satz 1 eingehen, sind zu berücksichtigen, wenn der Planfeststellungsbehörde die vorgebrachten Belange bekannt sind oder hätten bekannt sein müssen oder für die Rechtmäßigkeit der Entscheidung von Bedeutung sind; im Übrigen können sie berücksichtigt werden.

(4) [1]Jeder, dessen Belange durch das Vorhaben berührt werden, kann bis zwei Wochen nach Ablauf der Auslegungsfrist schriftlich oder zur Niederschrift bei der Anhörungsbehörde oder bei der Gemeinde Einwendungen gegen den Plan erheben. [2]Im Falle des Absatzes 3 Satz 2 bestimmt die Anhörungsbehörde die Einwendungsfrist. [3]Mit Ablauf der Einwendungsfrist sind alle Einwendungen ausgeschlossen, die nicht auf besonderen privatrechtlichen Titeln beruhen. [4]Hierauf ist in der Bekanntmachung der Auslegung oder bei der Bekanntgabe der Einwendungsfrist hinzuweisen. [5]Vereinigungen, die auf Grund einer Anerkennung nach anderen Rechtsvorschriften befugt sind, Rechtsbehelfe nach der Verwaltungsgerichtsordnung gegen die Entscheidung nach § 74 einzulegen, können innerhalb der Frist nach Satz 1 Stellungnahmen zu dem Plan abgeben. [6]Die Sätze 2 bis 4 gelten entsprechend.

(5) [1]Die Gemeinden, in denen der Plan auszulegen ist, haben die Auslegung vorher ortsüblich bekanntzumachen. [2]In der Bekanntmachung ist darauf hinzuweisen,

1. wo und in welchem Zeitraum der Plan zur Einsicht ausgelegt ist;
2. dass etwaige Einwendungen oder Stellungnahmen von Vereinigungen nach Absatz 4 Satz 5 bei den in der Bekanntmachung zu bezeichnenden Stellen innerhalb der Einwendungsfrist vorzubringen sind;
3. dass bei Ausbleiben eines Beteiligten in dem Erörterungstermin auch ohne ihn verhandelt werden kann;
4. dass
   a) die Personen, die Einwendungen erhoben haben, oder die Vereinigungen, die Stellungnahmen abgegeben haben, von dem Erörterungstermin durch öffentliche Bekanntmachung benachrichtigt werden können,
   b) die Zustellung der Entscheidung über die Einwendungen durch öffentliche Bekanntmachung ersetzt werden kann,

   wenn mehr als 50 Benachrichtigungen oder Zustellungen vorzunehmen sind.

[3]Nicht ortsansässige Betroffene, deren Person und Aufenthalt bekannt sind oder sich innerhalb angemessener Frist ermitteln lassen, sollen auf Veranlassung der

Anhörungsbehörde von der Auslegung mit dem Hinweis nach Satz 2 benachrichtigt werden.

(6) [1]Nach Ablauf der Einwendungsfrist hat die Anhörungsbehörde die rechtzeitig gegen den Plan erhobenen Einwendungen, die rechtzeitig abgegebenen Stellungnahmen von Vereinigungen nach Absatz 4 Satz 5 sowie die Stellungnahmen der Behörden zu dem Plan mit dem Träger des Vorhabens, den Behörden, den Betroffenen sowie denjenigen, die Einwendungen erhoben oder Stellungnahmen abzugeben haben, zu erörtern. [2]Der Erörterungstermin ist mindestens eine Woche vorher ortsüblich bekanntzumachen. [3]Die Behörden, der Träger des Vorhabens und diejenigen, die Einwendungen erhoben oder Stellungnahmen abgegeben haben, sind von dem Erörterungstermin zu benachrichtigen. [4]Sind außer der Benachrichtigung der Behörden und des Trägers des Vorhabens mehr als 50 Benachrichtigungen vorzunehmen, so können diese Benachrichtigungen durch öffentliche Bekanntmachung ersetzt werden. [5]Die öffentliche Bekanntmachung wird dadurch bewirkt, dass abweichend von Satz 2 der Erörterungstermin im amtlichen Veröffentlichungsblatt der Anhörungsbehörde und außerdem in örtlichen Tageszeitungen bekanntgemacht wird, die in dem Bereich verbreitet sind, in dem sich das Vorhaben voraussichtlich auswirken wird; maßgebend für die Frist nach Satz 2 ist die Bekanntgabe im amtlichen Veröffentlichungsblatt. [6]Im übrigen gelten für die Erörterung die Vorschriften über die mündliche Verhandlung im förmlichen Verwaltungsverfahren (§ 67 Abs. 1 Satz 3, Abs. 2 Nr. 1 und 4 und Abs. 3, § 68) entsprechend. [7]Die Anhörungsbehörde schließt die Erörterung innerhalb von drei Monaten nach Ablauf der Einwendungsfrist ab.

(7) Abweichend von den Vorschriften des Absatzes 6 Satz 2 bis 5 kann der Erörterungstermin bereits in der Bekanntmachung nach Absatz 5 Satz 2 bestimmt werden.

(8) [1]Soll ein ausgelegter Plan geändert werden und werden dadurch der Aufgabenbereich einer Behörde oder einer Vereinigung nach Absatz 4 Satz 5 oder Belange Dritter erstmals oder stärker als bisher berührt, so ist diesen die Änderung mitzuteilen und ihnen Gelegenheit zu Stellungnahmen und Einwendungen innerhalb von zwei Wochen zu geben; Absatz 4 Satz 3 bis 6 gilt entsprechend.[2]Wird sich die Änderung voraussichtlich auf das Gebiet einer anderen Gemeinde auswirken, so ist der geänderte Plan in dieser Gemeinde auszulegen; die Absätze 2 bis 6 gelten entsprechend.

(9) Die Anhörungsbehörde gibt zum Ergebnis des Anhörungsverfahrens eine Stellungnahme ab und leitet diese der Planfeststellungsbehörde innerhalb eines Monats nach Abschluss der Erörterung mit dem Plan, den Stellungnahmen der Behörden und der Vereinigungen nach Absatz 4 Satz 5 sowie den nicht erledigten Einwendungen zu.

§ 74 Planfeststellungsbeschluss, Plangenehmigung. (1) [1]Die Planfeststellungsbehörde stellt den Plan fest (Planfeststellungsbeschluss). [2]Die Vorschriften über die Entscheidung und die Anfechtung der Entscheidung im förmlichen Verwaltungsverfahren (§§ 69 und 70) sind anzuwenden.

(2) [1]Im Planfeststellungsbeschluss entscheidet die Planfeststellungsbehörde über die Einwendungen, über die bei der Erörterung vor der Anhörungsbehörde keine Einigung erzielt worden ist. [2]Sie hat dem Träger des Vorhabens Vorkehrungen oder die Einrichtung und Unterhaltung von Anlagen aufzuerlegen, die zum Wohl der Allgemeinheit oder zur Vermeidung nachteiliger Wirkungen auf Rechte anderer erforderlich sind. [3]Sind solche Vorkehrungen oder Anlagen untunlich oder mit dem Vorhaben unvereinbar, so hat der Betroffene Anspruch auf angemessene Entschädigung in Geld.

(3) Soweit eine abschließende Entscheidung noch nicht möglich ist, ist diese im Planfeststellungsbeschluss vorzubehalten; dem Träger des Vorhabens ist dabei aufzugeben, noch fehlende oder von der Planfeststellungsbehörde bestimmte Unterlagen rechtzeitig vorzulegen.

(4) [1]Der Planfeststellungsbeschluss ist dem Träger des Vorhabens, denjenigen, über deren Einwendungen entschieden worden ist, und den Vereinigungen, über deren Stellungnahme entschieden worden ist, zuzustellen. [2]Eine Ausfertigung des Beschlusses ist mit einer Rechtsbehelfsbelehrung und einer Ausfertigung des festgestellten Planes in den Gemeinden zwei Wochen zur Einsicht auszulegen; der Ort und die Zeit der Auslegung sind ortsüblich bekanntzumachen. [3]Mit dem Ende der Auslegungsfrist gilt der Beschluss gegenüber den übrigen Betroffenen als zugestellt; darauf ist in der Bekanntmachung hinzuweisen.

(5) [1]Sind außer an den Träger des Vorhabens mehr als 50 Zustellungen nach Absatz 4 vorzunehmen, so können diese Zustellungen durch öffentliche Bekanntmachung ersetzt werden. [2]Die öffentliche Bekanntmachung wird dadurch bewirkt, dass der verfügende Teil des Planfeststellungsbeschlusses, die Rechtsbehelfsbelehrung und ein Hinweis auf die Auslegung nach Absatz 4 Satz 2 im amtlichen Veröffentlichungsblatt der zuständigen Behörde und außerdem in örtlichen Tageszeitungen bekanntgemacht werden, die in dem Bereich verbreitet sind, in dem sich das Vorhaben voraussichtlich auswirken wird; auf Auflagen ist hinzuweisen. [3]Mit dem Ende der Auslegungsfrist gilt der Beschluss den Betroffenen und denjenigen gegenüber, die Einwendungen erhoben haben, als zugestellt; hierauf ist in der Bekanntmachung hinzuweisen. [4]Nach der öffentlichen Bekanntmachung kann der Planfeststellungsbeschluss bis zum Ablauf der Rechtsbehelfsfrist von den Betroffenen und von denjenigen, die Einwendungen erhoben haben, schriftlich angefordert werden; hierauf ist in der Bekanntmachung gleichfalls hinzuweisen.

(6) [1]Anstelle eines Planfeststellungsbeschlusses kann eine Plangenehmigung erteilt werden, wenn

1. Rechte anderer nicht oder nur unwesentlich beeinträchtigt werden oder die Betroffenen sich mit der Inanspruchnahme ihres Eigentums oder eines anderen Rechts schriftlich einverstanden erklärt haben,
2. das Benehmen hergestellt worden ist
   a) mit den Trägern öffentlicher Belange, deren Aufgabenbereich berührt wird,

b) mit den anerkannten Naturschutzvereinigungen im Sinne des § 66 Absatz 1 des Landesnaturschutzgesetzes vom 21. Juli 2000 (GV. NRW. S. 568), das durch Artikel 1 des Gesetzes vom 15. November 2016 (GV. NRW. S. 934) neu gefasst worden ist, bei Vorhaben, die mit Eingriffen in Natur und Landschaft im Sinne von § 4 Bundesnaturschutzgesetz vom 29. Juli 2009 (BGBl. S. 2542), das durch Artikel 4 Absatz 100 des Gesetzes vom 7. August 2013 (BGBl. S. 3154) geändert worden ist, verbunden sind

und

3. nicht andere Rechtsvorschriften eine Öffentlichkeitsbeteiligung vorschreiben, die den Anforderungen des § 73 Absatz 3 Satz 1 und Absatz 4 bis 7 entsprechen muss.

[2]Die Plangenehmigung hat die Rechtswirkungen der Planfeststellung; auf ihre Erteilung sind die Vorschriften über das Planfeststellungsverfahren nicht anzuwenden; davon ausgenommen sind Absatz 4 Satz 1 und Absatz 5, die entsprechend anzuwenden sind. [3]Vor Erhebung einer verwaltungsgerichtlichen Klage bedarf es keiner Nachprüfung in einem Vorverfahren. [4]§ 75 Abs. 4 gilt entsprechend.

(7) [1]Planfeststellung und Plangenehmigung entfallen in Fällen von unwesentlicher Bedeutung.

[2]Diese liegen vor, wenn

1. andere öffentliche Belange nicht berührt sind oder die erforderlichen behördlichen Entscheidungen vorliegen und sie dem Plan nicht entgegenstehen und
2. Rechte anderer nicht beeinflusst werden oder mit den vom Plan Betroffenen entsprechende Vereinbarungen getroffen worden sind und
3. nicht andere Rechtsvorschriften eine Öffentlichkeitsbeteiligung vorschreiben, die den Anforderungen des § 73 Absatz 3 Satz 1 und Absatz 4 bis 7 entsprechen muss.

[3]Die anerkannten Naturschutzvereinigungen im Sinne des § 66 Absatz 1 des Landesnaturschutzgesetzes erhalten Gelegenheit zur Stellungnahme.

§ 75 Rechtswirkungen der Planfeststellung. (1) [1]Durch die Planfeststellung wird die Zulässigkeit des Vorhabens einschließlich der notwendigen Folgemaßnahmen an anderen Anlagen im Hinblick auf alle von ihm berührten öffentlichen Belange festgestellt; neben der Planfeststellung sind andere behördliche Entscheidungen, insbesondere öffentlich-rechtliche Genehmigungen, Verleihungen, Erlaubnisse, Bewilligungen, Zustimmungen und Planfeststellungen nicht erforderlich. [2]Durch die Planfeststellung werden alle öffentlich-rechtlichen Beziehungen zwischen dem Träger des Vorhabens und den durch den Plan Betroffenen rechtsgestaltend geregelt.

(1a) [1]Mängel bei der Abwägung oder eine Verletzung von Verfahrens- oder Formvorschriften der von dem Vorhaben berührten öffentlichen und privaten Belange sind nur erheblich, wenn sie offensichtlich und auf das Abwägungsergebnis von Einfluss gewesen sind. [2]Erhebliche Mängel bei der Abwägung führen nur dann zur Aufhebung des Planfeststellungsbeschlusses oder der Plangenehmigung, wenn sie nicht durch Planergänzung oder durch ein ergänzendes Verfahren behoben werden können; die §§ 45 und 46 bleiben unberührt.

(2) [1]Ist der Planfeststellungsbeschluss unanfechtbar geworden, so sind Ansprüche auf Unterlassung des Vorhabens, auf Beseitigung oder Änderung der Anlagen oder auf Unterlassung ihrer Benutzung ausgeschlossen. [2]Treten nicht voraussehbare Wirkungen des Vorhabens oder der dem festgestellten Plan entsprechenden Anlagen auf das Recht eines anderen erst nach Unanfechtbarkeit des Planes auf, so kann der Betroffene Vorkehrungen oder die Errichtung und Unterhaltung von Anlagen verlangen, welche die nachteiligen Wirkungen ausschließen. [3]Sie sind dem Träger des Vorhabens durch Beschluss der Planfeststellungsbehörde aufzuerlegen. [4]Sind solche Vorkehrungen oder Anlagen untunlich oder mit dem Vorhaben unvereinbar, so richtet sich der Anspruch auf angemessene Entschädigung in Geld. [5]Werden Vorkehrungen oder Anlagen im Sinne des Satzes 2 notwendig, weil nach Abschluss des Planfeststellungsverfahrens auf einem benachbarten Grundstück Veränderungen eingetreten sind, so hat die hierdurch entstehenden Kosten der Eigentümer des benachbarten Grundstücks zu tragen, es sei denn, dass die Veränderungen durch natürliche Ereignisse oder höhere Gewalt verursacht worden sind; Satz 4 ist nicht anzuwenden.

(3) [1]Anträge, mit denen Ansprüche auf Herstellung von Einrichtungen oder auf angemessene Entschädigung nach Absatz 2 Satz 2 und 4 geltend gemacht werden, sind schriftlich an die Planfeststellungsbehörde zu richten. [2]Sie sind nur innerhalb von drei Jahren nach dem Zeitpunkt zulässig, zu dem der Betroffene von den nachteiligen Wirkungen des dem unanfechtbar festgestellten Plan entsprechenden Vorhabens oder der Anlage Kenntnis erhalten hat; sie sind ausgeschlossen, wenn nach Herstellung des dem Plan entsprechenden Zustandes dreißig Jahre verstrichen sind.

(4) [1]Wird mit der Durchführung des Planes nicht innerhalb von fünf Jahren nach Eintritt der Unanfechtbarkeit begonnen, so tritt er außer Kraft. [2]Als Beginn der Durchführung des Planes gilt jede erstmals nach außen erkennbare Tätigkeit von mehr als nur geringfügiger Bedeutung zur plangemäßen Verwirklichung des Vorhabens; eine spätere Unterbrechung der Verwirklichung des Vorhabens berührt den Beginn der Durchführung nicht.

§ 76 Planänderungen vor Fertigstellung des Vorhabens. (1) Soll vor Fertigstellung des Vorhabens der festgestellte Plan geändert werden, bedarf es eines neuen Planfeststellungsverfahrens.

(2) Bei Planänderungen von unwesentlicher Bedeutung kann die Planfeststellungsbehörde von einem neuen Planfeststellungsverfahren absehen, wenn die Belange anderer nicht berührt werden oder wenn die Betroffenen der Änderung zugestimmt haben.

(3) Führt die Planfeststellungsbehörde in den Fällen des Absatzes 2 oder in anderen Fällen einer Planänderung von unwesentlicher Bedeutung ein Planfest-

stellungsverfahren durch, so bedarf es keines Anhörungsverfahrens und keiner öffentlichen Bekanntgabe des Planfeststellungsbeschlusses.

§ 77 Aufhebung des Planfeststellungsbeschlusses. [1]Wird ein Vorhaben, mit dessen Durchführung begonnen worden ist, endgültig aufgegeben, so hat die Planfeststellungsbehörde den Planfeststellungsbeschluss aufzuheben. [2]In dem Aufhebungsbeschluß sind dem Träger des Vorhabens die Wiederherstellung des früheren Zustandes oder geeignete andere Maßnahmen aufzuerlegen, soweit dies zum Wohl der Allgemeinheit oder zur Vermeidung nachteiliger Wirkungen auf Rechte anderer erforderlich ist. [3]Werden solche Maßnahmen notwendig, weil nach Abschluss des Planfeststellungsverfahrens auf einem benachbarten Grundstück Veränderungen eingetreten sind, so kann der Träger des Vorhabens durch Beschluss der Planfeststellungsbehörde zu geeigneten Vorkehrungen verpflichtet werden; die hierdurch entstehenden Kosten hat jedoch der Eigentümer des benachbarten Grundstückes zu tragen, es sei denn, dass die Veränderungen durch natürliche Ereignisse oder höhere Gewalt verursacht worden sind.

§ 78 Zusammentreffen mehrerer Vorhaben. (1) Treffen mehrere selbständige Vorhaben, für deren Durchführung Planfeststellungsverfahren vorgeschrieben sind, derart zusammen, dass für diese Vorhaben oder für Teile von ihnen nur eine einheitliche Entscheidung möglich ist, so findet für diese Vorhaben oder für deren Teile nur ein Planfeststellungsverfahren statt.

(2) [1]Zuständigkeiten und Verfahren richten sich nach den Rechtsvorschriften über das Planfeststellungsverfahren, das für diejenige Anlage vorgeschrieben ist, die einen größeren Kreis öffentlich-rechtlicher Beziehungen berührt. [2]Bestehen Zweifel, welche Rechtsvorschrift anzuwenden ist, so entscheidet, falls nach den in Betracht kommenden Rechtsvorschriften mehrere Landesbehörden in den Geschäftsbereichen mehrerer oberster Landesbehörden zuständig sind, die Landesregierung, sonst die zuständige oberste Landesbehörde. [3]Bestehen Zweifel, welche Rechtsvorschrift anzuwenden ist, und sind nach den in Betracht kommenden Rechtsvorschriften eine Bundesbehörde und eine Landesbehörde zuständig, so führen, falls sich die obersten Bundes- und Landesbehörden nicht einigen, die Bundesregierung und die Landesregierung das Einvernehmen darüber herbei, welche Rechtsvorschrift anzuwenden ist.

TEIL VI
Rechtsbehelfsverfahren

§ 79 Rechtsbehelfe gegen Verwaltungsakte. Für förmliche Rechtsbehelfe gegen Verwaltungsakte gelten die Verwaltungsgerichtsordnung und die zu ihrer Ausführung ergangenen Rechtsvorschriften, soweit nicht durch Gesetz etwas anderes bestimmt ist; im übrigen gelten die Vorschriften dieses Gesetzes.

§ 80 Erstattung von Kosten im Vorverfahren. (1) [1]Soweit der Widerspruch erfolgreich ist, hat der Rechtsträger, dessen Behörde den angefochtenen Verwaltungsakt erlassen hat, demjenigen, der Widerspruch erhoben hat, die zur zweckentsprechenden Rechtsverfolgung oder Rechtsverteidigung notwendigen Aufwendungen zu erstatten. [2]Dies gilt auch, wenn der Widerspruch nur deshalb keinen Erfolg hat, weil die Verletzung einer Verfahrens- oder Formvorschrift nach § 45 unbeachtlich ist. [3]Soweit der Widerspruch erfolglos geblieben ist, hat derjenige, der den Widerspruch eingelegt hat, die zur zweckentsprechenden Rechtsverfolgung oder Rechtsverteidigung notwendigen Aufwendungen der Behörde, die den angefochtenen Verwaltungsakt erlassen hat, zu erstatten; dies gilt nicht, wenn der Widerspruch gegen einen Verwaltungsakt eingelegt wird, der im Rahmen

1. eines bestehenden oder früheren öffentlich-rechtlichen Dienst- oder Amtsverhältnisses oder
2. einer bestehenden oder früheren gesetzlichen Dienstpflicht oder einer Tätigkeit, die an Stelle der gesetzlichen Dienstpflicht geleistet werden kann,

erlassen wurde. [4]Aufwendungen, die durch das Verschulden eines Erstattungsberechtigten entstanden sind, hat dieser selbst zu tragen; das Verschulden eines Vertreters ist dem Vertretenen zuzurechnen.

(2) Die Gebühren und Auslagen eines Rechtsanwalts oder eines sonstigen Bevollmächtigten im Vorverfahren sind erstattungsfähig, wenn die Zuziehung eines Bevollmächtigten notwendig war.

(3) [1]Die Behörde, die die Kostenentscheidung getroffen hat, setzt auf Antrag den Betrag der zu erstattenden Aufwendungen fest; hat ein Ausschuss oder Beirat (§ 73 Abs. 2 der Verwaltungsgerichtsordnung) die Kostenentscheidung getroffen, so obliegt die Kostenfestsetzung der Behörde, bei der der Ausschuss oder Beirat gebildet ist. [2]Die Kostenentscheidung bestimmt auch, ob die Zuziehung eines Rechtsanwalts oder eines sonstigen Bevollmächtigten notwendig war.

(4) Die Absätze 1 bis 3 gelten auch für Vorverfahren bei Maßnahmen des Richterdienstrechts.

TEIL VII

Ehrenamtliche Tätigkeit, Ausschüsse

Abschnitt 1

Ehrenamtliche Tätigkeit

§ 81 Anwendung der Vorschriften über die ehrenamtliche Tätigkeit. Für die ehrenamtliche Tätigkeit im Verwaltungsverfahren gelten die §§ 82 bis 87, soweit Rechtsvorschriften nichts Abweichendes bestimmen.

§ 82 Pflicht zu ehrenamtlicher Tätigkeit. Eine Pflicht zur Übernahme ehrenamtlicher Tätigkeit besteht nur, wenn sie durch Rechtsvorschrift vorgesehen ist.

§ 83 Ausübung ehrenamtlicher Tätigkeit. (1) Der ehrenamtlich Tätige hat seine Tätigkeit gewissenhaft und unparteiisch auszuüben.

(2) [1]Bei Übernahme seiner Aufgaben ist er zur gewissenhaften und unparteiischen Tätigkeit und zur Verschwiegenheit besonders zu verpflichten. [2]Die Verpflichtung ist aktenkundig zu machen.

§ 84 Verschwiegenheitspflicht. (1) [1]Der ehrenamtlich Tätige hat, auch nach Beendigung seiner ehrenamtlichen Tätigkeit, über die ihm dabei bekanntgewordenen Angelegenheiten Verschwiegenheit zu wahren. [2]Dies gilt nicht für Mitteilungen im dienstlichen Verkehr oder über Tatsachen, die offenkundig sind oder ihrer Bedeutung nach keiner Geheimhaltung bedürfen.

(2) Der ehrenamtlich Tätige darf ohne Genehmigung über Angelegenheiten, über die er Verschwiegenheit zu wahren hat, weder vor Gericht noch außergerichtlich aussagen oder Erklärungen abgeben.

(3) Die Genehmigung, als Zeuge auszusagen, darf nur versagt werden, wenn die Aussage dem Wohle des Bundes oder eines Landes Nachteile bereiten oder die Erfüllung öffentlicher Aufgaben ernstlich gefährden oder erheblich erschweren würde.

(4) [1]Ist der ehrenamtlich Tätige Beteiligter in einem gerichtlichen Verfahren oder soll sein Vorbringen der Wahrnehmung seiner berechtigten Interessen dienen, so darf die Genehmigung auch dann, wenn die Voraussetzungen des Absatzes 3 erfüllt sind, nur versagt werden, wenn ein zwingendes öffentliches Interesse dies erfordert. [2]Wird sie versagt, so ist dem ehrenamtlich Tätigen der Schutz zu gewähren, den die öffentlichen Interessen zulassen.

(5) Die Genehmigung nach den Absätzen 2 bis 4 erteilt die fachlich zuständige Aufsichtsbehörde der Stelle, die den ehrenamtlich Tätigen berufen hat.

§ 85 Entschädigung. Der ehrenamtlich Tätige hat Anspruch auf Ersatz seiner notwendigen Auslagen und seines Verdienstausfalles.

§ 86 Abberufung. [1]Personen, die zu ehrenamtlicher Tätigkeit herangezogen worden sind, können von der Stelle, die sie berufen hat, abberufen werden, wenn ein wichtiger Grund vorliegt. [2]Ein wichtiger Grund liegt insbesondere vor, wenn der ehrenamtlich Tätige
1. seine Pflicht gröblich verletzt oder sich als unwürdig erwiesen hat,
2. seine Tätigkeit nicht mehr ordnungsgemäß ausüben kann.

§ 87 *(aufgehoben)*

Abschnitt 2

Ausschüsse

§ 88 Anwendung der Vorschriften über Ausschüsse. Für Ausschüsse, Beiräte und andere kollegiale Einrichtungen (Ausschüsse) gelten, wenn sie in einem Verwaltungsverfahren tätig werden, die §§ 89 bis 93, soweit Rechtsvorschriften nichts Abweichendes bestimmen.

§ 89 Ordnung in den Sitzungen. Der Vorsitzende eröffnet, leitet und schließt die Sitzungen; er ist für die Ordnung verantwortlich.

§ 90 Beschlussfähigkeit. (1) [1]Ausschüsse sind beschlussfähig, wenn alle Mitglieder geladen und mehr als die Hälfte, mindestens aber drei der stimmberechtigten Mitglieder anwesend sind. [2]Beschlüsse können auch im schriftlichen Verfahren gefasst werden, wenn kein Mitglied widerspricht.

(2) Ist eine Angelegenheit wegen Beschlussunfähigkeit zurückgestellt worden und wird der Ausschuss zur Behandlung desselben Gegenstandes erneut geladen, so ist er ohne Rücksicht auf die Zahl der Erschienenen beschlussfähig, wenn darauf in dieser Ladung hingewiesen worden ist.

§ 91 Beschlussfassung. [1]Beschlüsse werden mit Stimmenmehrheit gefasst. [2]Bei Stimmengleichheit entscheidet die Stimme des Vorsitzenden, wenn er stimmberechtigt ist; sonst gilt Stimmengleichheit als Ablehnung.

§ 92 Wahlen durch Ausschüsse. (1) [1]Gewählt wird, wenn kein Mitglied des Ausschusses widerspricht, durch Zuruf oder Zeichen, sonst durch Stimmzettel. [2]Auf Verlangen eines Mitgliedes ist geheim zu wählen.

(2) [1]Gewählt ist, wer von den abgegebenen Stimmen die meisten erhalten hat. [2]Bei Stimmengleichheit entscheidet das vom Leiter der Wahl zu ziehende Los.

(3) [1]Sind mehrere gleichartige Wahlstellen zu besetzen, so ist nach dem Höchstzahlverfahren d'Hondt zu wählen, außer wenn einstimmig etwas anderes beschlossen worden ist. [2]Über die Zuteilung der letzten Wahlstelle entscheidet bei gleicher Höchstzahl das vom Leiter der Wahl zu ziehende Los.

§ 93 Niederschrift. [1]Über die Sitzung ist eine Niederschrift zu fertigen. [2]Die Niederschrift muss Angaben enthalten über
1. den Ort und den Tag der Sitzung,
2. die Namen des Vorsitzenden und der anwesenden Ausschussmitglieder,
3. den behandelten Gegenstand und die gestellten Anträge,
4. die gefassten Beschlüsse,
5. das Ergebnis von Wahlen.

[3]Die Niederschrift ist von dem Vorsitzenden und, soweit ein Schriftführer hinzugezogen worden ist, auch von diesem zu unterzeichnen.

TEIL VIII

Schlussvorschriften

§ 94 Sonderregelungen für Verteidigungsangelegenheiten. [1]Nach Feststellung des Verteidigungsfalles oder des Spannungsfalles kann in Verteidigungsangelegenheiten von der Anhörung Beteiligter (§ 28 Abs. 1), von der schriftlichen Bestätigung (37 Abs. 2 Satz 2) und von der schriftlichen Begründung eines Verwaltungsaktes (§ 39 Abs. 1) abgesehen werden; in diesen Fällen gilt ein Verwaltungsakt abweichend von § 41 Abs. 4 Satz 3 mit dem auf die Bekanntmachung folgenden Tag als bekanntgegeben. [2]Dasselbe gilt für die sonstigen gemäß Artikel 80a des Grundgesetzes anzuwendenden Rechtsvorschriften.

§ 95 *(aufgehoben)*

§ 96 Einwohnerzahlen. (1) [1]Wenn nach Gesetzen und Verordnungen eine Einwohnerzahl maßgebend ist, so bemisst sich diese nach den bei der Volkszählung festgestellten Ergebnissen. [2]Das Innenministerium bestimmt durch Rechtsverordnung den Zeitpunkt, von dem ab die Ergebnisse der nach Inkrafttreten dieses Gesetzes durchgeführten Volkszählungen verbindlich sind. [3]Es kann für bestimmte Rechtsgebiete vorsehen, dass die vom Landesbetrieb Information und Technik NRW (IT.NRW) veröffentlichten Zahlen über die fortgeschriebene Bevölkerung laufend oder für einen bestimmten Zeitpunkt an die Stelle der bei der Volkszählung festgestellten Ergebnisse treten.

(2) Ein Rückgang unter eine bestimmte Einwohnerzahl ist so lange unbeachtlich, als das Innenministerium durch Rechtsverordnung nichts anderes bestimmt.

(3) Rechtsvorschriften, die von den Absätzen 1 und 2 abweichende Regelungen enthalten, bleiben unberührt.

§ 97 *(gegenstandslos; Änderungsvorschriften)*

§ 98 Verwaltungsvorschriften. Das Innenministerium erlässt im Einvernehmen mit den beteiligten Ministerien die zur Durchführung dieses Gesetzes erforderlichen Verwaltungsvorschriften.

§ 99* **Inkrafttreten.** Dieses Gesetz tritt am 1. Januar 1977 in Kraft; die in § 33 Absatz 1 und § 34 Absatz 1 enthaltenen Ermächtigungen treten am Tag nach der Verkündung in Kraft.

---

* Die Vorschrift des Absatzes 1 betrifft das Inkrafttreten des Gesetzes in der ursprünglichen Fassung vom 21. Dezember 1976 (GV. NRW. S. 438). Der Zeitpunkt des Inkrafttretens der Änderungen ergibt sich aus der der Neubekanntmachung vorangestellten Bekanntmachung.

Verwaltungszustellungsgesetz für das Land Nordrhein-Westfalen (Landeszustellungsgesetz – LZG NRW)

vom 7. März 2006 (GV NRW S. 94);
zuletzt geändert durch Gesetz vom 8. Juli 2016 (GW NRW S. 557).

INHALTSÜBERSICHT

§ 1 Anwendungsbereich und Erfordernis der Zustellung. (1) [1]Dieses Gesetz gilt für das Zustellungsverfahren der Behörden des Landes, der Gemeinden und Gemeindeverbände sowie der sonstigen der Aufsicht des Landes unterstehenden Körperschaften, Anstalten und Stiftungen des öffentlichen Rechts. [2]Ausgenommen sind die Landesfinanzbehörden.

(2) Zugestellt wird, soweit dies durch Rechtsvorschrift oder behördliche Anordnung bestimmt ist.

§ 2 Allgemeines. (1) Zustellung ist die Bekanntgabe eines schriftlichen oder elektronischen Dokuments in der in diesem Gesetz bestimmten Form.

(2) [1]Die Zustellung wird durch einen Erbringer von Postdienstleistungen (Post), einen nach § 17 des De-Mail-Gesetzes vom 28. April 2011 (BGBl. I S. 666) akkreditierten Diensteanbieter oder durch die Behörde ausgeführt. [2]Daneben gelten die in den §§ 9 bis 11 geregelten Sonderarten der Zustellung.

(3) [1]Die Behörde hat die Wahl zwischen den einzelnen Zustellungsarten. [2]Dies gilt nicht im Falle von § 5 Absatz 5 Satz 2.

§ 3 Zustellung durch die Post mit Zustellungsurkunde. (1) Soll durch die Post mit Zustellungsurkunde zugestellt werden, übergibt die Behörde der Post den Zustellungsauftrag, das zuzustellende Dokument in einem verschlossenen Umschlag und einen vorbereiteten Vordruck einer Zustellungsurkunde.

(2) [1]Für die Ausführung der Zustellung gelten die §§ 177 bis 182 der Zivilprozessordnung entsprechend. [2]Im Fall des § 181 Abs. 1 der Zivilprozessordnung kann das zuzustellende Dokument bei einer von der Post dafür bestimm-

ten Stelle am Ort der Zustellung oder am Ort des Amtsgerichts, in dessen Bezirk der Ort der Zustellung liegt, niedergelegt werden oder bei der Behörde, die den Zustellungsauftrag erteilt hat, wenn sie ihren Sitz an einem der vorbezeichneten Orte hat. [3]Für die Zustellungsurkunde, den Zustellungsauftrag, den verschlossenen Umschlag nach Absatz 1 und die schriftliche Mitteilung nach § 181 Abs. 1 Satz 3 der Zivilprozessordnung sind die Vordrucke nach der Zustellungsvordruckverordnung zu verwenden.

§ 4 Zustellung durch die Post mittels Einschreiben. (1) Ein Dokument kann durch die Post mittels Einschreiben durch Übergabe oder mittels Einschreiben mit Rückschein zugestellt werden.

(2) [1]Zum Nachweis der Zustellung genügt der Rückschein. [2]Im Übrigen gilt das Dokument am dritten Tage nach der Aufgabe zur Post als zugestellt, es sei denn, dass es nicht oder zu einem späteren Zeitpunkt zugegangen ist. [3]Im Zweifel hat die Behörde den Zugang und dessen Zeitpunkt nachzuweisen. [4]Der Tag der Aufgabe zur Post ist in den Akten zu vermerken.

§ 5 Zustellung durch die Behörde gegen Empfangsbekenntnis; elektronische Zustellung. (1) [1]Bei der Zustellung durch die Behörde händigt der zustellende Bedienstete das Dokument dem Empfänger in einem verschlossenen Umschlag aus. [2]Das Dokument kann auch offen ausgehändigt werden, wenn keine schutzwürdigen Interessen des Empfängers entgegenstehen. [3]Der Empfänger hat ein mit dem Datum der Aushändigung versehenes Empfangsbekenntnis zu unterschreiben. [4]Der Bedienstete vermerkt das Datum der Zustellung auf dem Umschlag des auszuhändigenden Dokumentes oder bei offener Aushändigung auf dem Dokument selbst.

(2) [1]Die §§ 177 bis 181 der Zivilprozessordnung sind anzuwenden. [2]Zum Nachweis der Zustellung ist in den Akten zu vermerken:
1. im Fall der Ersatzzustellung in der Wohnung, in Geschäftsräumen und Einrichtungen nach § 178 der Zivilprozessordnung der Grund, der diese Art der Zustellung rechtfertigt,
2. im Fall der Zustellung bei verweigerter Annahme nach § 179 der Zivilprozessordnung, wer die Annahme verweigert hat und dass das Dokument am Ort der Zustellung zurückgelassen oder an den Absender zurückgesandt wurde sowie der Zeitpunkt und der Ort der verweigerten Annahme,
3. in den Fällen der Ersatzzustellung nach §§ 180 und 181 der Zivilprozessordnung der Grund der Ersatzzustellung sowie, wann und wo das Dokument in einen Briefkasten eingelegt oder sonst niedergelegt und in welcher Weise die Niederlegung schriftlich mitgeteilt wurde.

[3]Im Fall des § 181 Abs. 1 der Zivilprozessordnung kann das zuzustellende Dokument bei der Behörde, die den Zustellungsauftrag erteilt hat, niedergelegt werden, wenn diese Behörde ihren Sitz am Ort der Zustellung oder am Ort des Amtsgerichts hat, in dessen Bezirk der Ort der Zustellung liegt.

(3) [1]Zur Nachtzeit, an Sonntagen und allgemeinen Feiertagen darf nach Absatz 1 und 2 im Inland nur mit Erlaubnis des Behördenleiters zugestellt werden.

[2]Die Nachtzeit umfasst die Stunden von einundzwanzig bis sechs Uhr. [3]Eine Zustellung, bei der diese Vorschriften nicht beachtet sind, ist wirksam, wenn die Annahme nicht verweigert ist.

(4) [1]Das Dokument kann an Behörden, Körperschaften, Anstalten und Stiftungen des öffentlichen Rechts, an Rechtsanwälte, Patentanwälte, Notare, Gerichtsvollzieher, Steuerberater, Steuerbevollmächtigte, Wirtschaftsprüfer, vereidigte Buchprüfer, Steuerberatungsgesellschaften, Wirtschaftsprüfungsgesellschaften und Buchprüfungsgesellschaften sowie an weitere, durch Rechtsverordnung des für Inneres zuständigen Ministeriums bestimmte Berufsgruppen auch auf andere Weise gegen Empfangsbekenntnis zugestellt werden. [2]Die Zustellung kann elektronisch erfolgen, soweit der Zustellungsadressat einen Zugang eröffnet.

(5) [1]Ein elektronisches Dokument kann im Übrigen unbeschadet des Abs. 4 jedem Zustellungsadressaten elektronisch zugestellt werden, soweit dieser hierfür einen Zugang eröffnet. [2]Es ist elektronisch zuzustellen, wenn auf Grund einer Rechtsvorschrift ein Verfahren auf Verlangen des Zustellungsadressaten in elektronischer Form abgewickelt wird. [3]Für die Übermittlung ist das Dokument mit einer qualifizierten elektronischen Signatur nach dem Signaturgesetz zu versehen und gegen unbefugte Kenntnisnahme Dritter zu schützen.

(6) [1]Bei der elektronischen Zustellung ist die Übermittlung mit dem Hinweis „Zustellung gegen Empfangsbekenntnis" einzuleiten. [2]Die Übermittlung muss die absendende Behörde, den Namen und die Anschrift des Zustellungsadressaten sowie den Namen des Bediensteten erkennen lassen, der das Dokument zur Übermittlung aufgegeben hat.

(7) [1]Zum Nachweis der Zustellung nach Abs. 4 und Abs. 5 genügt das mit Datum und Unterschrift versehene Empfangsbekenntnis, das an die Behörde durch die Post oder elektronisch zurückzusenden ist. [2]Ein elektronisches Dokument gilt in den Fällen des Absatzes 5 Satz 2 am dritten Tag nach der Absendung an den vom Zustellungsadressaten hierfür eröffneten Zugang als zugestellt, wenn der Behörde nicht spätestens an diesem Tag ein Empfangsbekenntnis nach Satz 1 zugeht. [3]Satz 2 gilt nicht, wenn der Zustellungsadressat nachweist, dass das Dokument nicht oder zu einem späteren Zeitpunkt zugegangen ist. [4]Der Zustellungsadressat ist in den Fällen des Absatzes 5 Satz 2 vor der Übermittlung über die Rechtsfolgen nach Satz 2 und 3 zu belehren. [5]Zum Nachweis der Zustellung ist von der absendenden Behörde in den Akten zu vermerken, zu welchem Zeitpunkt und an welchen Zugang das Dokument gesendet wurde. [6]Der Zustellungsadressat ist über den Eintritt der Zustellungsfiktion nach Satz 2 zu benachrichtigen.

§ 5a Elektronische Zustellung gegen Abholbestätigung über De-Mail-Dienste. (1) [1]Die elektronische Zustellung kann unbeschadet des § 5 Absatz 4 und 5 Satz 1 und 2 durch Übermittlung der nach § 17 des De-Mail-Gesetzes akkreditierten Diensteanbieter gegen Abholbestätigung nach § 5 Absatz 9 des De-Mail-Gesetzes an das De-Mail-Postfach des Zustellungsadressaten erfolgen. [2]Für die Zustellung nach Satz 1 ist § 5 Absatz 4 und 6 mit der Maßgabe anzuwenden, dass an die Stelle des Empfangsbekenntnisses die Abholbestätigung tritt.

(2) [1]Der nach § 17 des De-Mail-Gesetzes akkreditierte Diensteanbieter hat eine Versandbestätigung nach § 5 Absatz 7 des De-Mail-Gesetzes und eine Abholbestätigung nach § 5 Absatz 9 des De-Mail-Gesetzes zu erzeugen. [2]Er hat diese Bestätigungen unverzüglich der absendenden Behörde zu übermitteln.

(3) [1]Zum Nachweis der elektronischen Zustellung genügt die Abholbestätigung nach § 5 Absatz 9 des De-Mail-Gesetzes. [2]Für diese gelten § 371 Absatz 1 Satz 2 und § 371a Absatz 2 der Zivilprozessordnung.

(4) [1]Ein elektronisches Dokument gilt in den Fällen des § 5 Absatz 5 Satz 2 am dritten Tag nach der Absendung an das De-Mail-Postfach des Zustellungsadressaten als zugestellt, wenn er dieses Postfach als Zugang eröffnet hat und der Behörde nicht spätestens an diesem Tag eine elektronische Abholbestätigung nach § 5 Absatz 9 des De-Mail-Gesetzes zugeht. [2]Satz 1 gilt nicht, wenn der Zustellungsadressat nachweist, dass das Dokument nicht oder zu einem späteren Zeitpunkt zugegangen ist. [3]Der Zustellungsadressat ist in den Fällen des § 5 Absatz 5 Satz 2 vor der Übermittlung über die Rechtsfolgen nach Satz 1 und 2 zu belehren. [4]Als Nachweis der Zustellung nach Satz 1 dient die Versandbestätigung nach § 5 Absatz 7 des De-Mail-Gesetzes oder ein Vermerk der absendenden Behörde in den Akten, zu welchem Zeitpunkt und an welches De-Mail-Postfach das Dokument gesendet wurde. [5]Der Zustellungsadressat ist über den Eintritt der Zustellungsfiktion nach Satz 1 elektronisch zu benachrichtigen.

§ 6 Zustellung an gesetzliche Vertreter. (1) [1]Bei Geschäftsunfähigen oder beschränkt Geschäftsfähigen ist an ihre gesetzlichen Vertreter zuzustellen. [2]Gleiches gilt bei Personen, für die ein Betreuer bestellt ist, soweit der Aufgabenkreis des Betreuers reicht.

(2) [1]Bei Behörden wird an den Behördenleiter, bei juristischen Personen, nicht rechtsfähigen Personenvereinigungen und Zweckvermögen an ihre gesetz lichen Vertreter zugestellt. [2]§ 34 Abs. 2 der Abgabenordnung bleibt unberührt.

(3) Bei mehreren gesetzlichen Vertretern oder Behördenleitern genügt die Zustellung an einen von ihnen.

(4) Der zustellende Bedienstete braucht nicht zu prüfen, ob die Anschrift den Vorschriften der Absätze 1 bis 3 entspricht.

§ 7 Zustellung an Bevollmächtigte. (1) [1]Zustellungen können an den allgemein oder für bestimmte Angelegenheiten bestellten Bevollmächtigten gerichtet werden. [2]Sie sind an ihn zu richten, wenn er eine schriftliche Vollmacht vorgelegt hat. [3]Ist ein Bevollmächtigter für mehrere Beteiligte bestellt, so genügt die Zustellung eines Dokuments an ihn für alle Beteiligten.

(2) [1]Einem Zustellungsbevollmächtigten mehrerer Beteiligter sind so viele Ausfertigungen oder Abschriften zuzustellen, als Beteiligte vorhanden sind. [2]Dies gilt nicht bei elektronischer Übermittlung.

§ 8 Heilung von Zustellungsmängeln. Lässt sich die formgerechte Zustellung eines Dokuments nicht nachweisen oder ist es unter Verletzung zwingender Zustellungsvorschriften zugegangen, gilt es als in dem Zeitpunkt zugestellt, in dem es dem Empfangsberechtigten nachweislich zugegangen ist; im Fall des § 5 Abs. 5 in dem Zeitpunkt, in dem der Empfänger das Empfangsbekenntnis zurückgesendet hat.

§ 9 Zustellung im Ausland. (1) Eine Zustellung im Ausland erfolgt

1. durch Einschreiben mit Rückschein, soweit die Zustellung von Dokumenten unmittelbar durch die Post völkerrechtlich zulässig ist,
2. auf Ersuchen der Behörde durch die Behörden des fremden Staates oder durch die zuständige diplomatische oder konsularische Vertretung der Bundesrepublik Deutschland,
3. auf Ersuchen der Behörde durch das Auswärtige Amt an eine Person, die das Recht der Immunität genießt und zu einer Vertretung der Bundesrepublik Deutschland im Ausland gehört sowie an Familienangehörige einer solchen Person, wenn diese das Recht der Immunität genießen oder
4. durch Übermittlung elektronischer Dokumente, soweit dies völkerrechtlich zulässig ist.

(2) [1]Zum Nachweis der Zustellung nach Absatz 1 Nr. 1 genügt der Rückschein. [2]Geht der Rückschein nicht innerhalb von vier Wochen nach der Aufgabe des Einschreibens zur Post ein, kann die Zustellung des Dokumentes auch nach Absatz 1 Nummer 4 erfolgen. [3]Die Zustellung nach Absatz 1 Nr. 2 und 3 wird durch das Zeugnis der ersuchten Behörde nachgewiesen. [4]Der Nachweis der Zustellung gemäß Absatz 1 Nr. 4 richtet sich nach § 5 Abs. 7 Satz 1 bis 3 und 5 sowie nach § 5a Absatz 3 und 4 Satz 1, 2 und 4.

(3) [1]Die Behörde kann bei der Zustellung nach Absatz 1 Nr. 2 und 3 anordnen, dass die Person, an die zugestellt werden soll, innerhalb einer angemessenen Frist einen Zustellungsbevollmächtigten benennt, der im Inland wohnt oder dort einen Geschäftsraum hat. [2]Wird kein Zustellungsbevollmächtigter benannt, können spätere Zustellungen bis zur nachträglichen Benennung dadurch bewirkt werden, dass das Dokument unter der Anschrift der Person, an die zugestellt werden soll, zur Post gegeben wird. [3]Das Dokument gilt am siebenten Tage nach Aufgabe zur Post als zugestellt, wenn nicht feststeht, dass es den Empfänger nicht oder zu einem späteren Zeitpunkt erreicht hat. [4]Die Behörde kann eine längere Frist bestimmen. [5]In der Anordnung nach Satz 1 ist auf diese Rechtsfolgen hinzuweisen. [6]Zum Nachweis der Zustellung ist in den Akten zu vermerken, zu welcher Zeit und unter welcher Anschrift das Dokument zur Post gegeben wurde. [7]Ist durch Rechtsvorschrift angeordnet, dass ein Verwaltungsverfahren über eine einheitliche Stelle nach den Vorschriften des Verwaltungsverfahrensgesetzes abgewickelt werden kann, finden die Sätze 1 bis 6 keine Anwendung.

§ 10 Zustellung durch öffentliche Bekanntmachung. (1) [1]Die Zustellung kann durch öffentliche Bekanntmachung erfolgen, wenn

1. der Aufenthaltsort des Empfängers unbekannt ist und eine Zustellung an einen Vertreter oder Zustellungsbevollmächtigten nicht möglich ist,
2. bei juristischen Personen, die zur Anmeldung einer inländischen Geschäftsanschrift zum Handelsregister verpflichtet sind, eine Zustellung weder unter der eingetragenen Anschrift noch unter einer im Handelsregister eingetragenen Anschrift einer für Zustellungen empfangsberechtigten Person oder einer ohne Ermittlungen bekannten anderen inländischen Anschrift möglich ist oder
3. sie im Fall des § 9 nicht möglich ist oder keinen Erfolg verspricht.

[2]Die Anordnung zu dieser Form der Zustellung trifft ein zeichnungsberechtigter Bediensteter.

(2) [1]Die Zustellung erfolgt für Behörden des Landes durch Bekanntmachung einer Benachrichtigung an der Stelle, die von der jeweiligen Behörde hierfür allgemein bestimmt ist, oder durch Veröffentlichung einer Benachrichtigung im Amtsblatt der Bezirksregierung oder Teil III des Ministerialblatts für das Land Nordrhein-Westfalen in der gedruckten oder in der Internet-Version. [2]Für Gemeinden und Gemeindeverbände gilt Satz 1 entsprechend mit der Maßgabe, dass im Fall der Veröffentlichung einer Benachrichtigung die Veröffentlichung im Amtsblatt der Gemeinde erfolgt. [3]Die Benachrichtigung muss
1. die Behörde, für die zugestellt wird,
2. den Namen und die letzte bekannte Anschrift des Zustellungsadressaten,
3. das Datum und das Aktenzeichen des Dokuments sowie
4. die Stelle, wo das Dokument eingesehen werden kann,

erkennen lassen. [4]Die Benachrichtigung muss den Hinweis enthalten, dass das Dokument durch öffentliche Bekanntmachung zugestellt wird und Fristen in Gang gesetzt werden können, nach deren Ablauf Rechtsverluste drohen können. [5]Bei der Zustellung einer Ladung muss die Benachrichtigung den Hinweis enthalten, dass das Dokument eine Ladung zu einem Termin enthält, dessen Versäumung Rechtsnachteile zur Folge haben kann. [6]In den Akten ist zu vermerken, wann und wie die Benachrichtigung bekannt gemacht wurde und wie lange ein Aushang oder die Bereitstellung im Internet angedauert hat. [7]Das Dokument gilt als zugestellt, wenn seit dem Tag der Bekanntmachung beziehungsweise seit der Veröffentlichung der Benachrichtigung zwei Wochen vergangen sind.

§ 11 Zustellung an Beamte, Ruhestandsbeamte und sonstige Versorgungsberechtigte. (1) [1]Ein Beamter muss Zustellungen unter der Anschrift, die er seinem Dienstvorgesetzten angezeigt hat, gegen sich gelten lassen. [2]Hat der Beamte unter der angezeigten Anschrift keine Wohnung, so steht der Versuch einer Zustellung der Zustellung gleich.

(2) [1]Verfügungen und Entscheidungen, die einem Beamten, Ruhestandsbeamten oder sonstigen Versorgungsberechtigten nach den Vorschriften des Landesbeamtenrechts und des Landesdisziplinargesetzes zuzustellen sind, können dem Beamten oder Versorgungsberechtigten auch in der Weise zugestellt werden, dass sie ihm mündlich oder durch Gewährung von Einsicht bekannt gege-

ben werden. [2]Hierüber ist eine Niederschrift anzufertigen. [3]Der Beamte oder Versorgungsberechtigte erhält von ihr auf Antrag eine Abschrift.

(3) [1]Einem Beamten oder Versorgungsberechtigten, der sich im Ausland aufhält, kann auch dadurch zugestellt werden, dass ihm der wesentliche Inhalt des zuzustellenden Schriftstückes in anderer Form dienstlich mitgeteilt wird. [2]Die Zustellung soll in der sonst vorgeschriebenen Form nachgeholt werden, sobald die Umstände es gestatten.

§ 12 Inkrafttreten. Dieses Gesetz tritt mit Wirkung vom 1. Februar 2006 in Kraft.

Verwaltungsvollstreckungsgesetz für das Land Nordrhein-Westfalen (Verwaltungsvollstreckungsgesetz NRW – VwVG NRW)

in der Fassung der Bekanntmachung vom 19. Februar 2003 (GV NRW S. 156/SGV NRW 2010);
zuletzt geändert durch Gesetz vom 8. Juli 2016 (GV NRW S. 557).

INHALTSÜBERSICHT

ERSTER ABSCHNITT

Vollstreckung von Geldforderungen

Erster Unterabschnitt

Allgemeine Vorschriften

§ 1 Vollstreckbare Geldforderungen. (1) [1]Geldforderungen des Landes, der Gemeinden und Gemeindeverbände, der sonstigen unter Landesaufsicht stehenden Körperschaften sowie Anstalten und Stiftungen des öffentlichen Rechts, die öffentlich-rechtlicher Natur sind oder deren Beitreibung nach Absatz 2 zugelassen ist, werden nach den Bestimmungen dieses Gesetzes im Verwaltungswege vollstreckt. [2]Satz 1 gilt entsprechend für die Beitreibung von Forderungen öffentlich-rechtlicher Natur solcher Stellen und Personen, denen durch Gesetz hoheitliche Aufgaben übertragen sind.

(2) [1]Das für Inneres zuständige Ministerium kann im Einvernehmen mit dem Finanzministerium durch Rechtsverordnung die Beitreibung wegen Geldforderungen des bürgerlichen Rechts des Landes, der kommunalen Gebietskörperschaften und der sonstigen juristischen Personen des öffentlichen Rechts, die der Aufsicht des Landes unterstehen, nach diesem Gesetz für zulässig erklären. [2]Die Forderungen müssen entstanden sein aus:

a) der Inanspruchnahme öffentlicher Einrichtungen,
b) der Nutzung öffentlichen Vermögens oder dem Erwerb von Früchten des öffentlichen Vermögens oder
c) der Aufwendung öffentlicher Mittel für öffentlich geförderte, insbesondere soziale Zwecke.

[3]Die Sätze 1 und 2 gelten nicht für öffentlich-rechtliche Versicherungsunternehmen, die am Wettbewerb teilnehmen, und für öffentlich-rechtliche Bank- und Kreditinstitute einschließlich der Sparkassen, es sei denn, sie werden im Auftrag des Landes einer Gemeinde oder eines Gemeindeverbandes tätig und nehmen mit der zu erbringenden Leistung nicht am Wettbewerb teil.

(3) [1]Die Beitreibung nach Absatz 2 ist nur zulässig, wenn die Forderungen gesetzlich feststehen oder in Verträgen nach Grund und Höhe vereinbart oder auf Erstattung verauslagter Beträge gerichtet sind. [2]Die Zahlungsaufforderung tritt dabei an die Stelle des Leistungsbescheides.

(4) [1]Die Beitreibung nach Absatz 2 ist einzustellen, sobald der Vollstreckungsschuldner bei der Vollstreckungsbehörde schriftlich oder zu Protokoll Einwendungen gegen die Forderung geltend macht. [2]Der Vollstreckungsschuldner ist über dieses Recht zu belehren. [3]Im Fall des § 5 muss diese Belehrung eine Woche vor Beginn der Ermittlungen erfolgen. [4]Bereits getroffene Vollstreckungsmaßnahmen sind unverzüglich aufzuheben, wenn der Gläubiger nicht binnen eines Monats nach Geltendmachung der Einwendungen wegen seiner Ansprüche vor den ordentlichen Gerichten Klage erhoben oder den Erlass eines Mahnbescheides beantragt hat oder der Gläubiger mit der Klage

rechtskräftig abgewiesen worden ist. [5]Ist die Beitreibung eingestellt worden, so kann die Vollstreckung nur nach Maßgabe der Zivilprozessordnung fortgesetzt werden.

(5) Sind die Länder durch Bundesgesetz ermächtigt zu bestimmen, dass die landesrechtlichen Vorschriften über das Verwaltungszwangsverfahren anzuwenden sind, so findet die Vollstreckung nach diesem Gesetz statt.

(6) Die Bestimmungen dieses Gesetzes gelten auch für die Vollstreckung aus solchen schriftlichen öffentlich-rechtlichen Verträgen und gesetzlich zugelassenen schriftlichen Erklärungen, in denen der Schuldner sich zu einer Geldleistung verpflichtet und der Vollstreckung im Verwaltungswege unterworfen hat.

§ 2 Vollstreckungsbehörden. (1) [1]Die Beitreibung von Geldforderungen der in § 1 genannten Art ist Aufgabe der Vollstreckungsbehörden. [2]Vollstreckungsbehörden sind:
1. beim Land die staatlichen Kassen, die Vollstreckungsbehörden der Finanzverwaltung sowie die vom Finanzministerium und vom für Inneres zuständigen Ministerium im Einvernehmen mit dem zuständigen Fachministerium bestimmten Landesbehörden und
2. bei den Gemeinden, Kreisen und Landschaftsverbänden, die jeweils für das Mahn- und Vollstreckungsverfahren bestimmte zentrale Stelle.

(2) [1]Körperschaften, Anstalten und Stiftungen des öffentlichen Rechts nehmen die Aufgaben der Vollstreckungsbehörden wahr, soweit gesetzliche Vorschriften dies vorsehen. [2]Andernfalls bestimmt das für Inneres zuständige Ministerium durch Rechtsverordnung die Vollstreckungsbehörden für einzelne Körperschaften, Anstalten und Stiftungen des öffentlichen Rechts sowie für sonstige Stellen oder Personen, denen durch Gesetz hoheitliche Aufgaben übertragen sind, und den Kostenbeitrag, den diese Gläubiger an die in Anspruch genommene Vollstreckungsbehörde je Vollstreckungsersuchen zu zahlen haben; soweit einzelne Regelungen Haushaltsinteressen des Landes berühren, ist das Einvernehmen des Finanzministeriums erforderlich. [3]Gesetzliche Vorschriften, welche die unmittelbare Inanspruchnahme bestimmter Vollstreckungsbehörden vorsehen, bleiben unberührt. [4]Auch in diesen Fällen bestimmt das für Inneres zuständige Ministerium durch Rechtsverordnung den an diese zu zahlenden Kostenbeitrag. [5]Sofern keine Vollstreckungsbehörde bestimmt ist, kann die Bezirksregierung dies für den Einzelfall entscheiden. [6]Hinsichtlich des Kostenbeitrages gilt die in Satz 4 genannte Rechtsverordnung.

(3) Die Vollstreckungsbehörden können auch diejenigen Befugnisse wahrnehmen, die nach den Vorschriften dieses Gesetzes dem Vollstreckungsgläubiger zustehen.

§ 3 Vollstreckung durch Behörden der Finanz- und Justizverwaltung. (1) Wird die Vollstreckung von den Finanzämtern vorgenommen, so ist sie nach den für die Finanzämter geltenden Bestimmungen durchzuführen.

(2) [1]Die Vorschriften über die Beitreibung von Ansprüchen, soweit sie von Behörden der Justizverwaltung einzuziehen sind, bleiben unberührt. [2]Wird die

Vollstreckung von Vollstreckungsbeamten der Justizverwaltung (Gerichtsvollzieher und Vollziehungsbeamte der Justiz) im Wege der Amtshilfe vorgenommen, so ist sie nach den Vorschriften über die Zwangsvollstreckung in bürgerlichen Rechtsstreitigkeiten und den hierfür geltenden Kostenvorschriften durchzuführen; an die Stelle der vollstreckbaren Ausfertigung des Schuldtitels tritt der schriftliche Auftrag der Vollstreckungsbehörde.

§ 4 Vollstreckungsschuldner. (1) Als Vollstreckungsschuldner kann in Anspruch genommen werden,

a) wer eine Leistung als Selbstschuldner schuldet,

b) wer für die Leistung, die ein anderer schuldet, kraft Gesetzes persönlich haftet.

(2) Wer nach Vorschriften des öffentlichen Rechts die Schuld aus Mitteln, die seiner Verwaltung unterliegen, zu entrichten hat, ist verpflichtet, das Zwangsverfahren in dieses Vermögen zu dulden, und hat insoweit die Pflichten des Vollstreckungsschuldners.

(3) [1]Wegen der dinglichen Haftung für eine öffentlich-rechtliche Abgabe, die als öffentliche Last auf Grundbesitz ruht, hat der Eigentümer des Grundbesitzes die Zwangsvollstreckung in den Grundbesitz zu dulden. [2]Er hat insoweit die Pflichten des Vollstreckungsschuldners. [3]Zugunsten des Vollstreckungsgläubigers gilt als Eigentümer, wer im Grundbuch als Eigentümer eingetragen ist.

§ 4a Gläubigerfiktion, Aufrechnung. (1) Im Vollstreckungsverfahren gilt diejenige Körperschaft als Gläubigerin der zu vollstreckenden Ansprüche, der die Vollstreckungsbehörde angehört.

(2) [1]Im Falle der Aufrechnung in einem Vollstreckungsverfahren gilt als Schuldner der die Aufrechnung begründenden Forderung die Körperschaft, der die Vollstreckungsbehörde angehört. [2]Das Recht der Abtretung zur Einziehung zwischen Hoheitsträgern, insbesondere der Schaffung einer Aufrechnungslage, bleibt unberührt.

§ 5 Vermögensermittlung, Teilzahlungsvereinbarung. (1) [1]Zur Vorbereitung der Vollstreckung kann die Vollstreckungsbehörde die Einkommens- und Vermögensverhältnisse des Vollstreckungsschuldners ermitteln. [2]Die Vollstreckungsbehörde darf ihr bekannte, nach § 30 der Abgabenordnung geschützte Daten, die sie bei der Vollstreckung wegen Steuern und steuerlicher Nebenleistungen verwenden darf, auch bei der Vollstreckung wegen anderer Leistungen als Steuern und steuerlichen Nebenleistungen verwenden. [3]§ 93 der Abgabenordnung findet Anwendung.

(2) [1]Ergibt sich im Rahmen der Vermögensermittlung nach Absatz 1, dass der Schuldner die Forderung nicht in einer Summe begleichen kann, so kann die Vollstreckungsbehörde Teilzahlungen mit dem Schuldner vereinbaren. [2]Die Teilzahlungsvereinbarung soll einen Zeitraum von zwölf Monaten nicht überschreiten.

§ 5a Vermögensauskunft des Vollstreckungsschuldners. (1) [1]Der Vollstreckungsschuldner muss auf Verlangen der Vollstreckungsbehörde oder auf Verlangen des Vollstreckungsbeamten der Justizverwaltung für die Vollstreckung einer Forderung Auskunft über sein Vermögen erteilen. [2]Das Verfahren richtet sich für die Vollstreckungsbehörde nach § 284 der Abgabenordnung. [3]Die Vollstreckungsbehörde fertigt im Termin zur Abgabe der Vermögensauskunft nach § 27 Absatz 5 des Verwaltungsverfahrensgesetzes für das Land Nordrhein-Westfalen in der Fassung der Bekanntmachung vom 12. November 1999 (GV. NRW. S. 602) in der jeweils geltenden Fassung eine Niederschrift an. [4]Eine Schriftführerin oder ein Schriftführer ist nicht erforderlich. [5]Mit dem Verfahren zur Abnahme der Vermögensauskunft nach den §§ 802a bis 802l der Zivilprozessordnung kann die Vollstreckungsbehörde auch den Vollstreckungsbeamten der Justizverwaltung beauftragen. [6]Die Anordnung der Eintragung des Vollstreckungsschuldners in das Schuldnerverzeichnis erfolgt in jedem Fall durch die Vollstreckungsbehörde nach § 284 der Abgabenordnung.

(2) [1]Zur Abnahme der Vermögensauskunft durch die Vollstreckungsbehörde ist nur der Leiter der Vollstreckungsbehörde sowie dessen allgemeiner Vertreter befugt. [2]Andere Angehörige des öffentlichen Dienstes sind befugt, soweit sie die Befähigung zum Richteramt haben oder die Voraussetzungen des § 110 Satz 1 des Deutschen Richtergesetzes erfüllen. [3]Angehörige des öffentlichen Dienstes, welche die Voraussetzungen nach Satz 1 und 2 nicht erfüllen, können durch den Leiter der Vollstreckungsbehörde oder dessen allgemeinen Vertreter hierzu allgemein oder im Einzelfall beauftragt werden.

(3) [1]Erfolgt zunächst die Zwangsvollstreckung in Sachen und

1. hat der Schuldner die Durchsuchung (§ 14) verweigert oder
2. ergibt der Pfändungsversuch, dass eine Pfändung voraussichtlich nicht zu einer vollständigen Befriedigung des Gläubigers führen wird,

so kann der Vollziehungsbeamte dem Schuldner die Vermögensauskunft abweichend von Absatz 1 sofort abnehmen, soweit die Vollstreckungsbehörde ihn dazu beauftragt hat und der Schuldner der sofortigen Abnahme nicht widerspricht. [2]Die sofortige Abnahme kann in der Schuldnerwohnung erfolgen oder innerhalb von zehn Arbeitstagen, nachdem die in Satz 1 genannten Voraussetzungen vorliegen, im Büro des Vollziehungsbeamten. [3]Widerspricht der Schuldner, gilt § 284 der Abgabenordnung entsprechend.

(4) [1]Beauftragt die Vollstreckungsbehörde den Vollstreckungsbeamten der Justizverwaltung mit der Vollstreckung, tritt die schriftliche Erklärung der Vollstreckungsbehörde über die Vollstreckbarkeit, die Höhe und den Grund der Forderung gegenüber dem Vollstreckungsbeamten der Justizverwaltung an die Stelle der Übergabe der vollstreckbaren Ausfertigung gemäß § 802a Absatz 2 der Zivilprozessordnung. [2]Wird der Vollstreckungsauftrag mit Hilfe automatischer Einrichtungen erstellt, ist der Auftrag mit einem Dienstsiegel und dem Namen des für die Beauftragung zuständigen Bediensteten zu versehen. [3]Einer Unterschrift bedarf es nicht. [4]Dem Vollstreckungsauftrag kann eine Anlage beigefügt werden, aus der sich die einzelnen Forderungen zur Gesamtforderung

des Vollstreckungsauftrages dem Grund und der Höhe nach sowie die jeweiligen Fälligkeiten ergeben. [5]Die Bescheinigung der Vollstreckbarkeit erfolgt auf dem Vollstreckungsauftrag selbst. [6]Wird der Vollstreckungsauftrag mit einem Antrag auf Erzwingungshaft verbunden, ist er zu unterschreiben oder mit einem Beglaubigungsvermerk zu versehen.

§ 6 Voraussetzungen für die Vollstreckung. (1) Voraussetzungen für die Vollstreckung sind:

1. der Leistungsbescheid, durch den der Schuldner zur Leistung aufgefordert worden ist; dieser ist auch dann erforderlich, wenn er gegen den Schuldner wirkt, ohne ihm bekanntgegeben zu sein.
2. die Fälligkeit der Leistung,
3. der Ablauf einer Frist von einer Woche seit Bekanntgabe des Leistungsbescheides oder, wenn die Leistung erst danach fällig wird, der Ablauf einer Frist von einer Woche nach Eintritt der Fälligkeit, soweit nichts anderes vorgeschrieben ist.

(2) Dem Leistungsbescheid stehen gleich

a) die vom Schuldner abgegebene Selbstberechnungserklärung, wenn der Schuldner die Höhe einer Abgabe auf Grund einer Rechtsvorschrift einzuschätzen hat,
b) die Beitragsnachweisung, wenn die vom Träger einer gesetzlichen Krankenversicherung einzuziehenden Beiträge zur Sozialversicherung oder zur Arbeitslosenversicherung nach dem wirklichen Arbeitsverdienst errechnet werden und die Satzung des Krankenversicherungsträgers die Abgabe einer Beitragsnachweisung durch den Arbeitgeber vorsieht.

(3) Vor Beginn der Vollstreckung soll der Schuldner nach § 19 gemahnt werden.

(4) Ohne Einhaltung der Schonfrist (Absatz 1 Nr. 3) und ohne Mahnung (Absatz 3) können beigetrieben werden

a) Zwangsgelder und Kosten einer Ersatzvornahme,
b) Säumniszuschläge, Zinsen, Kosten und andere Nebenforderungen, wenn im Leistungsbescheid über die Hauptforderung oder bei deren Anmahnung auf sie dem Grunde nach hingewiesen worden ist.

§ 6a Einstellung und Beschränkung der Vollstreckung. (1) Die Vollstreckung ist einzustellen oder zu beschränken, wenn

a) die Vollziehbarkeit des Leistungsbescheides gehemmt wurde,
b) der Verwaltungsakt, aus dem vollstreckt wird, bestands- oder rechtskräftig aufgehoben wurde und nicht auf Grund der Entscheidung ein neuer Verwaltungsakt zu erlassen ist oder der Verwaltungsakt nichtig ist,
c) der Anspruch auf die Leistung vom Schuldner durch die Vorlage von Urkunden nachweisbar erloschen ist,
d) die Leistung, vom Schuldner durch die Vorlage von Urkunden nachweisbar, gestundet worden ist,

e) eine Entscheidung nach § 26 vorliegt,
f) die Anordnungsbehörde um die Einstellung oder Beschränkung ersucht.

(2) [1]In den Fällen des Absatzes 1 Buchstabe b) und c) sind bereits getroffene Vollstreckungsmaßnahmen aufzuheben. [2]Im Übrigen bleiben die Vollstreckungsmaßnahmen bestehen, soweit nicht ihre Aufhebung ausdrücklich angeordnet worden ist.

§ 7 Einwendungen gegen den Anspruch; Erstattungsanspruch. (1) Einwendungen gegen die Rechtmäßigkeit des den Anspruch vollziehenden Leistungsbescheids sind, auch wenn diese nach Eintritt der Bestandskraft entstanden sind, außerhalb des Zwangsverfahrens mit den hierfür zugelassenen Rechtsbehelfen zu verfolgen.

(2) [1]Einwendungen gegen den der Vollstreckung zugrunde liegenden Anspruch, die nicht bereits nach § 6a zu beachten sind und eine Beschränkung oder die Einstellung der Vollstreckbarkeit des Leistungsbescheides oder eines nach § 1 Abs. 3 sofort vollstreckbaren öffentlich-rechtlichen Vertrages oder einer entsprechenden Erklärung zum Gegenstand haben, sind bei der Behörde geltend zu machen, die den Verwaltungsakt erlassen oder den Vertrag geschlossen hat oder vor der die Erklärung abgegeben wurde; in Fällen der Vollstreckungshilfe für Behörden außerhalb des Landes entscheidet die Vollstreckungsbehörde. [2]Gegen einen durch Leistungsbescheid vollstreckten Anspruch sind nur die Einwendungen zulässig, die nicht im Wege der Anfechtung gegen den Leistungsbescheid geltend gemacht werden konnten. [3]Die Behörde prüft im Rahmen ihrer Entscheidung über die Beschränkung oder Einstellung der Vollstreckung, ob vorläufige Maßnahmen anzuordnen sind; sie kann die Aufhebung bereits getroffener Vollstreckungsmaßnahmen verfügen.

(3) [1]Die Erstattung eines in der Vollstreckung ohne Rechtsgrund gezahlten Betrages ist rechtzeitig schriftlich oder zur Niederschrift beim Vollstreckungsgläubiger oder bei der Vollstreckungsbehörde zu beantragen; dies gilt auch dann, wenn der rechtliche Grund für die Zahlung später wegfällt. [2]Die Vollstreckungsbehörde leitet den bei ihr eingegangenen Antrag unverzüglich an den Vollstreckungsgläubiger weiter.

(4) [1]Der Anspruch auf Erstattung erlischt, wenn er nicht bis zum Ablauf des zweiten Kalenderjahres, das auf die Entrichtung folgt, geltend gemacht wird. [2]Wird eine Erstattung abgelehnt, so ist ein Bescheid zu erteilen. [3]Der Bescheid soll eine Rechtsbehelfsbelehrung enthalten.

(5) Einreden des Erben aus den §§ 2014 und 2015 des Bürgerlichen Gesetzbuches stehen dem Zwangsverfahren in den Nachlass nicht entgegen, wenn es sich um Forderungen handelt, die nach Beginn des Kalenderjahres fällig geworden sind, das der Vollstreckungsmaßnahme vorausgegangen ist.

§ 8 Widerspruch gegen die Pfändung. (1) [1]Behauptet ein Dritter, dass ihm am Gegenstand der Zwangsvollstreckung ein die Veräußerung hinderndes Recht zustehe, oder werden Einwendungen nach den §§ 772 bis 774 der Zivilprozessordnung erhoben, so ist der zunächst bei der Vollstreckungsbehörde zu erhebende Widerspruch gegen die Pfändung erforderlichenfalls durch Klage geltend zu machen. [2]Als Dritter gilt auch, wer zur Duldung des Zwangsverfahrens in ein Vermögen, das von ihm verwaltet wird, verpflichtet ist, wenn er geltend macht, dass ihm gehörige Gegenstände von der Zwangsvollstreckung betroffen seien. [3]Welche Rechte die Veräußerung hindern, bestimmt sich nach bürgerlichem Recht.

(2) Wegen Einstellung des Zwangsverfahrens und Aufhebung erfolgter Vollstreckungsmaßregeln gelten die §§ 769 und 770 der Zivilprozessordnung.

(3) [1]Die Klage ist ausschließlich bei dem Amts- oder Landgericht zu erheben, in dessen Bezirk gepfändet ist. [2]Wird sie gegen den Gläubiger und den Schuldner gerichtet, so sind diese Streitgenossen.

§ 9 Zwangsverfahren gegen Personenvereinigungen. [1]Bei Personenvereinigungen, die als solche leistungspflichtig sind, erfolgt das Zwangsverfahren in das Vermögen der Personenvereinigung. [2]Entsprechendes gilt für Zweckvermögen und sonstige einer juristischen Person ähnlichen leistungspflichtigen Gebilde.

§ 10 Vollstreckungsschuldner nach bürgerlichem Recht. (1) [1]Die Vollstreckungsbehörde kann das Zwangsverfahren auch gegen Personen anordnen, die nach bürgerlichem Recht kraft Gesetzes verpflichtet sind, die Schuld zu erfüllen oder die Zwangsvollstreckung zu dulden. [2]Der Anordnung des Zwangsverfahrens muss eine Entscheidung der Vollstreckungsbehörde vorausgehen, die nur nach vorherigem Gehör des Inanspruchgenommenen ergehen kann und als vollstreckbarer Titel gilt. [3]Die Zwangsvollstreckung darf erst beginnen, wenn die Frist des § 6 Abs. 1 Nr. 3 verstrichen ist. [4]Für die Anfechtung nach dem Anfechtungsgesetz durch Duldungsbescheid steht der Erlass des Duldungsbescheides der gerichtlichen Geltendmachung gleich; für die Berechnung der Fristen nach den §§ 3, 4 und 6 des Anfechtungsgesetzes ist der Zeitpunkt der Bekanntgabe des Duldungsbescheides maßgebend; § 7 Abs. 2 des Anfechtungsgesetzes findet Anwendung.

(2) [1]Bestreiten die im ersten Absatz genannten Personen, zur Erfüllung der Schuld oder zur Duldung des Zwangsverfahrens verpflichtet zu sein, oder erheben sie Einwendungen nach den §§ 781 bis 784 und 786 der Zivilprozessordnung, so entscheidet die Vollstreckungsbehörde. [2]Gegen eine Entscheidung, welche die Einwendungen zurückweist, ist die Klage vor dem ordentlichen Gericht gegeben. [3]Die Klage ist innerhalb einer Ausschlussfrist von einem Monat nach Zustellung der Entscheidung zu erheben und gegen den Gläubiger, vertreten durch die Vollstreckungsbehörde, zu richten. [4]Wegen Einstellung des Zwangsverfahrens und Aufhebung erfolgter Vollstreckungsmaßregeln gelten die §§ 769 und 770 der Zivilprozessordnung.

(3) Wenn die im ersten Absatz bezeichneten Personen nach § 4 Abs. 2 aufgrund öffentlich-rechtlicher Vorschriften Vollstreckungsschuldner sind oder

die Pflichten solcher haben, verbleibt es bei der Anwendung von § 7 und § 8 Abs. 1 Satz 2.

§ 11 Vollziehungsbeamte. (1) Die Vollstreckungsbehörde hat das Zwangsverfahren, soweit es ihr nicht selbst zugewiesen ist, durch besondere Beamte oder andere ausdrücklich dazu bestimmte Dienstkräfte (Vollziehungsbeamte) auszuführen.

(2) Die Vollziehungsbeamten müssen eidlich verpflichtet werden.

(3) [1]Das Justizministerium kann im Einvernehmen mit dem für Inneres zuständigen Ministerium und dem zuständigen Fachministerium durch Verwaltungsverordnung bestimmen, in welchen Angelegenheiten bestimmte Vollstreckungsgläubiger Vollstreckungsbeamte der Justizverwaltung in Anspruch nehmen können. [2]Vollstreckungsbehörden, die ihren Sitz im Geltungsbereich des Grundgesetzes haben, jedoch nicht diesem Gesetz unterliegen, können die Gerichtsvollzieher und die Vollziehungsbeamten der Justiz um Beitreibung der in ihrer Zuständigkeit liegenden Forderungen ersuchen.

§ 12 Auftrag und Ausweis des Vollziehungsbeamten. [1]Dem Schuldner und Dritten gegenüber wird der Vollziehungsbeamte zur Zwangsvollstreckung durch schriftlichen oder elektronischen Auftrag der Vollstreckungsbehörde ermächtigt; der Auftrag ist vorzuzeigen. [2]Daneben muss der Vollziehungsbeamte einen behördlichen Ausweis bei sich führen und ihn bei Ausübung seiner Tätigkeit auf Verlangen vorzeigen.

§ 13 Angabe des Schuldgrundes. [1]Im Vollstreckungsauftrag oder in der Pfändungsverfügung ist für die beizutreibenden Geldbeträge der Schuldgrund anzugeben. [2]Hat die Vollstreckungsbehörde den Vollstreckungsschuldner durch Kontoauszüge über Entstehung, Fälligkeit und Tilgung seiner Schulden fortlaufend unterrichtet, so genügt es, wenn die Vollstreckungsbehörde die Art der Forderung und die Höhe des beizutreibenden Betrages angibt und auf den Kontoauszug Bezug nimmt, der den Rückstand ausweist.

§ 14 Befugnisse des Vollziehungsbeamten. (1) Der Vollziehungsbeamte ist befugt, die Wohnung und die Behältnisse des Schuldners zu durchsuchen, soweit der Zweck der Vollstreckung dies erfordert.

(2) Er ist befugt, verschlossene Türen und Behältnisse öffnen zu lassen.

(3) Stößt der Vollziehungsbeamte bei Vollstreckungshandlungen nach Absatz 1 auf Widerstand, so kann er Gewalt anwenden und hierzu um Unterstützung der Polizei nachsuchen; er ist nicht berechtigt, bei der Ausübung unmittelbaren Zwangs (§ 62) ohne besondere gesetzliche Ermächtigung Waffengewalt anzuwenden.

(4) [1]Die Wohnung des Schuldners darf ohne dessen Einwilligung nur auf Grund einer Anordnung des Richters bei dem Amtsgericht durchsucht werden, in dessen Bezirk die Durchsuchung erfolgen soll. [2]Dies gilt nicht, wenn die Einholung der Anordnung den Erfolg der Durchsuchung gefährden würde. [3]Die

Anordnung ist von der Vollstreckungsbehörde zu beantragen. [4]Die Anordnung ist zu beantragen. [5]Der Antrag ist zu begründen. [6]Die Anordnung ist bei der Zwangsvollstreckung vorzuzeigen.

(5) [1]Willigt der Vollstreckungsschuldner in die Durchsuchung ein, oder ist eine Anordnung gegen ihn nach Absatz 4 Satz 1 ergangen oder nach Absatz 4 Satz 2 entbehrlich, so haben Personen, die Mitgewahrsam an den Wohn- und Geschäftsräumen des Vollstreckungsschuldners haben, die Durchsuchung zu dulden. [2]Unbillige Härten gegenüber Mitgewahrsamsinhabern sind zu vermeiden. [3]Für die Gewahrsamsvermutung bei der Zwangsvollstreckung gegen Ehegatten und Lebenspartner findet § 739 der Zivilprozessordnung Anwendung.

(6) Die Anordnung nach Absatz 4 ist bei der Vollstreckung vorzuzeigen.

§ 15 Zuziehung von Zeugen. Wird bei einer Vollstreckungshandlung Widerstand geleistet, oder ist bei einer Vollstreckungshandlung in der Wohnung des Schuldners weder der Schuldner noch eine Person, die zu seiner Familie gehört oder in ihr beschäftigt ist, gegenwärtig, so hat der Vollziehungsbeamte zwei Erwachsene oder einen Gemeindebediensteten oder Polizeibeamten als Zeugen zuzuziehen.

§ 16 Nachtzeit, Feiertage. (1) [1]Zur Nachtzeit sowie an Sonntagen und gesetzlichen Feiertagen darf eine Vollstreckungshandlung nur mit schriftlicher Erlaubnis der Vollstreckungsbehörde vorgenommen werden. [2]Die Erlaubnis ist bei der Zwangsvollstreckung vorzuzeigen. [3]Satz 1 gilt nicht für die Vollstreckung in Geschäftsräumen von Unternehmern und Unternehmen im Sinne des § 2 Absatz 1 des Umsatzsteuergesetzes in der Fassung der Bekanntmachung vom 21. Februar 2005 (BGBl. I S. 386), das zuletzt durch Artikel 11 und 12 des Gesetzes vom 2. November 2015 (BGBl. I S. 1834) geändert worden ist, die ihre geschäftlichen Tätigkeiten während der Nachtzeit oder an Sonntagen und gesetzlichen Feiertagen ausüben.

(2) Die Nachtzeit umfasst die Stunden von einundzwanzig bis sechs Uhr.

§ 17 Niederschrift. (1) Der Vollziehungsbeamte hat über jede Vollstreckungshandlung eine Niederschrift aufzunehmen.

(2) Die Niederschrift muss enthalten:

1. Ort und Zeit der Aufnahme,
2. den Gegenstand der Vollstreckungshandlung unter kurzer Erwähnung der Vorgänge,
3. die Namen der Personen, mit denen verhandelt ist,
4. die Unterschriften der Personen und die Bemerkung, dass nach Vorlesung oder Vorlegung zur Durchsicht und nach Genehmigung unterzeichnet sei,
5. die Unterschrift des Vollziehungsbeamten.

(3) Hat einem der Erfordernisse in Absatz 2 unter Nr. 4 nicht genügt werden können, so ist der Grund anzugeben.

§ 18 Mitteilungen des Vollziehungsbeamten. Die Aufforderungen und die sonstigen Mitteilungen, die zu den Vollstreckungshandlungen gehören, sind vom Vollziehungsbeamten mündlich zu erlassen und vollständig in die Niederschrift aufzunehmen; kann dies nicht geschehen, so hat die Vollstreckungsbehörde demjenigen, an den die Aufforderung oder Mitteilung zu richten ist, eine Abschrift der Niederschrift zu senden.

§ 19 Mahnung. [1]Der Schuldner ist in der Regel vor der Vollstreckung mit Zahlungsfrist von einer Woche zu mahnen. [2]Die Mahnung muss die Vollstreckungsbehörde bezeichnen. [3]Die oberste Aufsichtsbehörde kann zulassen, dass statt der Mahnung allgemein öffentlich an die Zahlung erinnert wird. [4]Einer Mahnung bedarf es nicht, wenn der Vollstreckungsschuldner in einem Zeitraum von zwei Wochen vor Eintritt der Fälligkeit an die Zahlung erinnert wird.

§ 20 Kosten. (1) Die Kosten der Mahnung und der Zwangsvollstreckung fallen dem Schuldner zur Last; sie sind mit dem Anspruch beizutreiben.

(2) Wird die Vollstreckungsbehörde für einen Gläubiger tätig, der selbst keine Vollstreckungen durchführt, so hat dieser der Vollstreckungsbehörde Ersatz der Kosten zu leisten, die beim Schuldner nicht beigetrieben werden können.

(3) Im Falle der Amtshilfe auf Ersuchen einer Vollstreckungsbehörde mit Sitz außerhalb des Landes gilt für die ersuchende Behörde das Gleiche, sofern in dem betreffenden Land eine von § 8 des Verwaltungsverfahrensgesetzes abweichende und für die nordrhein-westfälische Behörde nachteilige Kostenregelung gilt und die Kosten 25 Euro übersteigen.

Zweiter Unterabschnitt

Zwangsvollstreckung in das bewegliche Vermögen

1. Allgemeine Vorschriften

§ 21 Pfändung. (1) [1]Die Zwangsvollstreckung in das bewegliche Vermögen erfolgt durch Pfändung. [2]Sie darf nicht weiter ausgedehnt werden, als zur Deckung der beizutreibenden Geldbeträge und der Kosten der Zwangsvollstreckung erforderlich ist. [3]Die Pfändung hat zu unterbleiben, wenn sich von der Verwertung der zu pfändenden Gegenstände ein Überschuss über die Kosten der Zwangsvollstreckung nicht erwarten lässt.

(2) [1]Der Vollziehungsbeamte soll in jeder Lage des Verfahrens auf eine gütliche und zügige Erledigung hinwirken. [2]Findet er pfändbare Gegenstände nicht vor, versichert der Vollstreckungsschuldner aber glaubhaft, die Schuld kurzfristig in Teilbeträgen zu tilgen, so zieht der Vollziehungsbeamte die Teilbeträge ein, wenn der Gläubiger hiermit einverstanden ist. [3]Die Tilgung soll in der Regel innerhalb von sechs Monaten erfolgen.

§ 22 Pfändungspfandrecht. (1) Durch die Pfändung erwirbt der Vollstreckungsgläubiger ein Pfandrecht am gepfändeten Gegenstand.

(2) Das Pfandrecht gewährt ihm im Verhältnis zu anderen Gläubigern dieselben Rechte wie ein Pfandrecht im Sinne des Bürgerlichen Gesetzbuches; es geht Pfand- und Vorzugsrechten vor, die im Insolvenzverfahren diesem Pfandrecht nicht gleichgestellt sind.

(3) Das durch eine frühere Pfändung begründete Pfandrecht geht demjenigen vor, das durch eine spätere Pfändung begründet wird.

§ 23 *(aufgehoben)*

§ 24 Klage auf bevorzugte Befriedigung. (1) [1]Der Pfändung einer Sache kann ein Dritter, der sich nicht im Besitze der Sache befindet, auf Grund eines Pfand- oder Vorzugsrechts nicht widersprechen. [2]Er kann jedoch bevorzugte Befriedigung aus dem Erlös verlangen ohne Rücksicht darauf, ob seine Forderung fällig ist oder nicht.

(2) [1]Eine Klage ist ausschließlich bei dem Amts- oder Landgericht zu erheben, in dessen Bezirk gepfändet ist. [2]Wird die Klage gegen den Gläubiger und den Schuldner gerichtet, so sind diese Streitgenossen.

§ 25 Keine Gewährleistung. Wer etwas im Zwangsverfahren erwirbt, hat keinen Anspruch wegen eines Mangels im Recht oder wegen eines Mangels der erworbenen Sache.

§ 26 Beschränkung der Zwangsvollstreckung, Aussetzen der Vollziehung. (1) [1]Auf Antrag des Schuldners hat die Vollstreckungsbehörde eine Maßnahme der Zwangsvollstreckung ganz oder teilweise aufzuheben, zu untersagen oder einstweilen einzustellen, wenn die Maßnahme unter voller Würdigung des Schutzbedürfnisses des Gläubigers wegen ganz besonderer Umstände eine Härte bedeutet, die mit den guten Sitten nicht vereinbar ist. [2]Betrifft die Maßnahme ein Tier, so hat die Vollstreckungsbehörde bei ihrer Entscheidung auch die Verantwortung des Menschen für das Tier zu berücksichtigen. [3]§ 361 Absatz 2 Abgabenordnung gilt entsprechend; erworbene Pfändungspfandrechte bleiben bestehen. [4]Die Vollstreckungsbehörde kann anordnen, dass der Schuldner über den gepfändeten Gegenstand oder die gepfändete Forderung verfügen kann. [5]Hierdurch dürfen nachrangige Gläubiger nicht benachteiligt werden.

(2) Eine Maßnahme zur Erwirkung der Herausgabe von Sachen kann der Vollziehungsbeamte bis zur Entscheidung der Vollstreckungsbehörde, jedoch nicht länger als eine Woche, aufschieben, wenn ihm die Voraussetzungen des Absatzes 1 glaubhaft gemacht werden und dem Schuldner die rechtzeitige Anrufung der Vollstreckungsbehörde nicht möglich war.

(3) Die Vollstreckungsbehörde hebt ihren Beschluss auf Antrag auf oder ändert ihn, wenn dies mit Rücksicht auf eine Änderung der Sachlage geboten ist.

2. Zwangsvollstreckung in Sachen

§ 27 Pfändungs- und Vollstreckungsschutz. [1]Die §§ 811 bis 813b der Zivilprozessordnung gelten auch für das Zwangsverfahren. [2]Die Befugnisse des Vollstreckungsgerichts nimmt die Vollstreckungsbehörde wahr.

§ 28 Verfahren bei der Pfändung. (1) Sachen, die im Gewahrsam des Schuldners sind, pfändet der Vollziehungsbeamte dadurch, dass er sie in Besitz nimmt.

(2) [1]Andere Sachen als Geld, Kostbarkeiten und Wertpapiere sind im Gewahrsam des Schuldners zu lassen, wenn die Befriedigung des Gläubigers hierdurch nicht gefährdet wird. [2]Bleiben die Sachen im Gewahrsam des Schuldners, so ist die Pfändung nur wirksam, wenn sie durch Anlegung von Siegeln oder in sonstiger Weise ersichtlich gemacht ist.

(3) Der Vollziehungsbeamte hat dem Schuldner die Pfändung mitzuteilen.

(4) Diese Vorschriften gelten auch für die Pfändung von Sachen im Gewahrsam eines Dritten, der zu ihrer Herausgabe bereit ist.

§ 29 Pfändung ungetrennter Früchte. (1) [1]Früchte, die vom Boden noch nicht getrennt sind, können gepfändet werden, solange sie nicht durch Zwangsvollstreckung in das unbewegliche Vermögen in Beschlag genommen worden sind. [2]Sie dürfen nicht früher als einen Monat vor der gewöhnlichen Zeit der Reife gepfändet werden.

(2) Ein Gläubiger, der ein Recht auf Befriedigung aus dem Grundstück hat, kann der Pfändung nach § 8 widersprechen, wenn nicht für einen Anspruch gepfändet ist, der bei der Zwangsvollstreckung in das Grundstück vorgeht.

§ 30 Öffentliche Versteigerung, gepfändetes Geld. [1]Die gepfändeten Sachen sind auf schriftliche Anordnung der Vollstreckungsbehörde öffentlich zu versteigern, und zwar in der Regel durch den Vollziehungsbeamten. [2]Kostbarkeiten sind vor der Versteigerung durch einen Sachverständigen abzuschätzen. [3]Gepfändetes Geld hat der Vollziehungsbeamte an die Vollstreckungsbehörde abzuliefern. [4]Die Wegnahme des Geldes durch ihn gilt als Zahlung des Schuldners.

§ 31 Versteigerungstermin. (1) Die gepfändeten Sachen dürfen nicht vor Ablauf einer Woche seit dem Tag der Pfändung versteigert werden, sofern sich nicht der Schuldner mit einer früheren Versteigerung einverstanden erklärt oder diese erforderlich ist, um die Gefahr einer beträchtlichen Wertverringerung abzuwenden oder unverhältnismäßige Kosten längerer Aufbewahrung zu vermeiden.

(2) [1]Zeit und Ort der Versteigerung sind öffentlich bekanntzumachen; dabei sind die Sachen, die versteigert werden sollen, im Allgemeinen zu bezeichnen. [2]Auf Ersuchen der Vollstreckungsbehörde hat ein Bediensteter der Gemeinde der Versteigerung beizuwohnen.

§ 32 Versteigerungsverfahren. [1]Bei der Versteigerung ist nach § 1239 Abs. 1 Satz 1 und Abs. 2 des Bürgerlichen Gesetzbuches und nach § 817 Abs. 1 bis 3 und § 818 der Zivilprozessordnung zu verfahren. [2]Die Empfangnahme des Erlöses durch den versteigernden Beamten gilt als Zahlung des Schuldners, es sei denn, dass der Erlös hinterlegt wird (§ 39 Abs. 4).

§ 33 Gold- und Silbersachen. [1]Gold- und Silbersachen dürfen nicht unter ihrem Gold- oder Silberwert zugeschlagen werden. [2]Wird kein Gebot abgegeben, das den Zuschlag erlaubt, so kann aus freier Hand zu dem Preis verkauft werden, der den Gold- oder Silberwert erreicht.

§ 34 Wertpapiere. Gepfändete Wertpapiere, die einen Börsen- oder Marktpreis haben, sind aus freier Hand zum Tageskurs zu verkaufen; andere Wertpapiere sind nach den allgemeinen Vorschriften zu versteigern.

§ 35 Früchte auf dem Halm. [1]Gepfändete Früchte, die vom Boden noch nicht getrennt sind, dürfen erst nach der Reife versteigert werden. [2]Der Vollziehungsbeamte hat sie abernten zu lassen, wenn er sie nicht vor der Trennung versteigert.

§ 36 Namenspapiere. Lautet ein gepfändetes Wertpapier auf Namen, so ist die Vollstreckungsbehörde berechtigt, die Umschreibung auf den Namen des Käufers oder, wenn es sich um ein auf Namen umgeschriebenes Inhaberpapier handelt, die Rückverwandlung in ein Inhaberpapier zu erwirken und die hierzu erforderlichen Erklärungen an Stelle des Schuldners abzugeben.

§ 37 Andere Verwertung. Auf Antrag des Schuldners oder aus besonderen Zweckmäßigkeitsgründen kann die Vollstreckungsbehörde anordnen, dass eine gepfändete Sache in anderer Weise oder an einem anderen Ort, als in den vorstehenden Paragraphen bestimmt ist, zu verwerten oder durch eine andere Person als den Vollziehungsbeamten zu versteigern sei.

§ 38 Anschlusspfändung. (1) [1]Zur Pfändung bereits gepfändeter Sachen genügt die Erklärung des Vollziehungsbeamten, dass er die Sachen zur Deckung der ihrer Art und Höhe nach zu bezeichnenden Beträge pfände. [2]Die Erklärung ist in die Niederschrift aufzunehmen. [3]Dem Schuldner ist die weitere Pfändung mitzuteilen.

(2) [1]Ist die erste Pfändung im Auftrage einer anderen Vollstreckungsbehörde oder durch einen Vollstreckungsbeamten der Justizverwaltung erfolgt, so ist dieser Vollstreckungsbehörde oder dem Vollstreckungsbeamten der Justizverwaltung eine Abschrift der Niederschrift zu übersenden. [2]Die gleiche Pflicht hat ein Vollstreckungsbeamter der Justizverwaltung, der eine Sache pfändet, die bereits im Auftrage einer Vollstreckungsbehörde gepfändet ist.

§ 39 Mehrfache Pfändung. (1) Wenn dieselbe Sache im Auftrage verschiedener Vollstreckungsbehörden oder im Auftrage einer Vollstreckungsbehörde und durch Vollstreckungsbeamte der Justizverwaltung mehrfach gepfändet ist, so begründet ausschließlich die erste Pfändung die Zuständigkeit zur Versteigerung.

(2) Versteigert wird für alle beteiligten Gläubiger auf Betreiben eines jeden von ihnen.

(3) Der Erlös wird nach der Reihenfolge der Pfändungen oder bei abweichender Vereinbarung der Beteiligten nach ihrer Vereinbarung verteilt.

(4) [1]Reicht der Erlös zur Deckung der Forderungen nicht aus und verlangt der Gläubiger, für den die zweite oder eine spätere Pfändung erfolgt ist, ohne Zustimmung der übrigen beteiligten Gläubiger eine andere Verteilung als nach der Reihenfolge der Pfändungen, so ist die Sachlage unter Hinterlegung des Erlöses dem Amtsgericht, in dessen Bezirk gepfändet ist, anzuzeigen. [2]Der Anzeige sind die Schriftstücke, die sich auf das Verfahren beziehen, beizufügen. [3]Verteilt wird nach den §§ 873 bis 882 der Zivilprozessordnung.

(5) Ebenso ist zu verfahren, wenn für mehrere Gläubiger gleichzeitig gepfändet ist.

3. Zwangsvollstreckung in Forderungen und andere Vermögensrechte

§ 40 Pfändung einer Geldforderung. (1) [1]Soll eine Geldforderung gepfändet werden, so hat die Vollstreckungsbehörde dem Drittschuldner schriftlich zu verbieten, an den Schuldner zu zahlen, und dem Schuldner schriftlich zu gebieten, sich jeder Verfügung über die Forderung, insbesondere ihrer Einziehung, zu enthalten. [2]In der Verfügung ist auszusprechen, dass der Vollstreckungsgläubiger, für den gepfändet ist, die Forderung einziehen kann. [3]Die Pfändung ist bewirkt, wenn die Verfügung dem Drittschuldner zugestellt ist. [4]Die Zustellung ist dem Schuldner mitzuteilen. [5]Die an den Drittschuldner zuzustellende Pfändungsverfügung soll den beizutreibenden Geldbetrag in einer Summe ohne Angabe des Schuldgrundes bezeichnen.

(2) [1]Wird die Einziehung eines bei einem Kreditinstitut gepfändeten Guthabens eines Schuldners angeordnet, so gelten § 833a und § 850l der Zivilprozessordnung entsprechend. [2]§ 850l der Zivilprozessordnung gilt mit der Maßgabe, dass Anträge bei dem nach § 828 Absatz 2 der Zivilprozessordnung zuständigen Vollstreckungsgericht zu stellen sind.

(3) Wird die Einziehung einer gepfändeten nicht wiederkehrend zahlbaren Vergütung eines Vollstreckungsschuldners, der eine natürliche Person ist, für persönlich geleistete Arbeiten oder Dienste oder sonstige Einkünfte, die kein Arbeitslohn sind, angeordnet, so gilt § 835 Abs. 5 der Zivilprozessordnung entsprechend.

(4) [1]Die Vollstreckungsbehörde kann die Verfügung ohne Rücksicht auf den Wohnsitz, Sitz oder gewöhnlichen Aufenthaltsort des Schuldners und Drittschuldners selbst erlassen und auch ihre Zustellung im Wege der Postzustellung selbst bewirken. [2]Sie kann auch eine Vollstreckungsbehörde desjenigen Bezirks, in dem die Maßnahme durchgeführt werden soll, um die Zustellung der Verfügung ersuchen.

(5) Absatz 4 gilt auch, wenn

a) die Vollstreckungsbehörde ihren Sitz außerhalb des Landes, jedoch innerhalb des Geltungsbereichs des Grundgesetzes hat,

b) der Schuldner oder Drittschuldner außerhalb des Landes, jedoch innerhalb des Geltungsbereichs des Grundgesetzes seinen Wohnsitz, Sitz oder gewöhnlichen Aufenthaltsort hat und das dort geltende Recht dies zulässt.

(6) Hat der Schuldner seinen Wohnsitz außerhalb des Geltungsbereiches des Grundgesetzes und der Drittschuldner seinen Sitz innerhalb des Geltungsbereiches des Grundgesetzes, so ist die Pfändung am inländischen Hauptsitz des Drittschuldners auszubringen.

§ 41 Pfändung einer Hypothekenforderung. (1) [1]Zur Pfändung einer Forderung, für die eine Hypothek besteht, ist außer dem Pfändungsbeschluss die Aushändigung des Hypothekenbriefes an die Vollstreckungsbehörde erforderlich. [2]Wird die Übergabe im Zwangsverfahren erwirkt, so gilt sie als erfolgt, wenn der Vollziehungsbeamte den Brief zur Ablieferung an die Vollstreckungsbehörde wegnimmt. [3]Ist die Erteilung des Hypothekenbriefes ausgeschlossen, so muss die Pfändung in das Grundbuch eingetragen werden; die Eintragung erfolgt auf Grund des Pfändungsbeschlusses auf Ersuchen der Vollstreckungsbehörde.

(2) Wird der Pfändungsbeschluss vor der Übergabe des Hypothekenbriefes oder der Eintragung der Pfändung dem Drittschuldner zugestellt, so gilt die Pfändung diesem gegenüber mit der Zustellung als bewirkt.

(3) [1]Diese Vorschriften gelten nicht, soweit Ansprüche auf die in dem § 1159 des Bürgerlichen Gesetzbuches bezeichneten Leistungen gepfändet werden. [2]Das Gleiche gilt bei einer Sicherungshypothek im Fall des § 1187 des Bürgerlichen Gesetzbuches von der Pfändung der Hauptforderung.

§ 42 Pfändung einer Wechselforderung. Forderungen aus Wechseln und anderen Papieren, die durch Indossament übertragen werden können, werden dadurch gepfändet, dass der Vollziehungsbeamte die Papiere in Besitz nimmt.

§ 43 Pfändung fortlaufender Bezüge. (1) Das Pfandrecht, das durch die Pfändung einer Gehaltsforderung oder einer ähnlichen in fortlaufenden Bezügen bestehenden Forderung erworben wird, erstreckt sich auch auf die Beträge, die später fällig werden.

(2) [1]Die Pfändung eines Diensteinkommens betrifft auch das Einkommen, das der Schuldner bei Versetzung in ein anderes Amt, Übertragung eines neuen

Amtes oder einer Gehaltserhöhung zu beziehen hat. [2]Dies gilt nicht bei Wechsel des Dienstherrn.

(3) [1]Sind nach dem Leistungsbescheid wiederkehrende Leistungen zu erbringen, so kann eine Forderung im Sinne des Absatzes 1 zugleich mit der Pfändung wegen einer fälligen Leistung auch wegen künftig fällig werdender Leistungen gepfändet werden (Dauerpfändung). [2]Insoweit wird die Pfändung jeweils am Tage nach der Fälligkeit der Leistungen wirksam und bedarf keiner vorausgehenden Mahnung.

(4) Endet das Arbeits- oder Dienstverhältnis und begründen der Vollstreckungsschuldner und der Drittschuldner innerhalb von neun Monaten ein solches neu, so erstreckt sich die Pfändung auf die Forderung aus dem neuen Arbeits- oder Dienstverhältnis.

(5) Wegen Ansprüchen nach dem Unterhaltsvorschussgesetz findet die Absenkung der Pfändungsfreigrenzen entsprechend § 850d Absatz 1 der Zivilprozessordnung und die Vorratspfändung entsprechend § 850d Absatz 3 der Zivilprozessordnung Anwendung, wenn diese Ansprüche nach § 1 Absatz 2 im Verwaltungswege vollstreckt werden.

§ 44 Einziehung der Forderung – Herausgabe der Urkunden. (1) [1]Die Pfändung und die Erklärung, dass der Vollstreckungsgläubiger die Forderung einziehen könne, ersetzen die förmlichen Erklärungen des Schuldners, von denen nach dem bürgerlichen Recht die Berechtigung zur Einziehung abhängt. [2]Sie genügen auch bei einer Forderung, für die eine Hypothek besteht. [3]Sie gelten, auch wenn sie zu Unrecht erfolgt sind, zugunsten des Drittschuldners dem Schuldner gegenüber so lange als rechtsbeständig, bis sie aufgehoben sind und der Drittschuldner die Aufhebung erfährt.

(2) [1]Der Schuldner ist verpflichtet, die zur Geltendmachung der Forderung nötige Auskunft zu erteilen und die über die Forderung vorhandenen Urkunden herauszugeben. [2]Erteilt der Schuldner die Auskunft nicht, so ist er auf Verlangen der Vollstreckungsbehörde verpflichtet, die Auskunft zu Protokoll zu geben und seine Angaben an Eides statt zu versichern. [3]Die Vollstreckungsbehörde kann die eidesstattliche Versicherung der Lage der Sache entsprechend ergänzen. [4]§ 5a gilt entsprechend. [5]Die Vollstreckungsbehörde kann die Urkunden durch den Vollstreckungsbeamten der Justizverwaltung oder den Vollziehungsbeamten wegnehmen lassen oder ihre Herausgabe nach den §§ 55 bis 75 erzwingen.

(3) [1]Werden die Urkunden nicht vorgefunden, so hat der Schuldner auf Verlangen des Vollstreckungsgläubigers zur Niederschrift an Eides statt zu versichern, dass er die Urkunden nicht besitze, auch nicht wisse, wo sie sich befinden. [2]Absatz 2 Satz 3 und 4 gilt entsprechend.

(4) Hat ein Dritter die Urkunde, so kann der Vollstreckungsgläubiger den Anspruch des Schuldners auf die Herausgabe geltend machen.

§ 44a Nicht vertretbare Handlungen. [1]Kann eine Handlung des Schuldners nicht durch den Gläubiger vorgenommen werden, so kann, wenn sie ausschließlich vom Willen des Schuldners abhängt, die Vollstreckungsbehörde auf Antrag des Gläubigers den Schuldner zur Vornahme der Handlung durch Zwangsgeld anhalten. [2]Ist das Zwangsgeld uneinbringlich oder droht wegen gesetzlicher Fristen der Untergang der gepfändeten Forderung, so findet § 888 Absatz 1 Satz 3 der Zivilprozessordnung entsprechende Anwendung.

§ 45 Erklärungspflicht des Drittschuldners. (1) [1]Auf Verlangen des Vollstreckungsgläubigers hat ihm der Drittschuldner binnen zwei Wochen, von der Zustellung der im § 40 bezeichneten Verfügung an gerechnet, zu erklären:
1. ob und inwieweit er die Forderung als begründet anerkenne und bereit sei, zu zahlen,
2. ob und welche Ansprüche andere Personen an die Forderung erheben,
3. ob und wegen welcher Ansprüche die Forderung bereits für andere Gläubiger gepfändet sei,
4. ob innerhalb der letzten zwölf Monate im Hinblick auf das Konto, dessen Guthaben gepfändet worden ist, eine Pfändung nach § 40 Absatz 2, § 850l der Zivilprozessordnung oder nach § 309 Absatz 3 der Abgabenordnung aufgehoben oder die Unpfändbarkeit des Guthabens angeordnet worden ist, und
5. ob es sich bei dem Konto, dessen Guthaben gepfändet worden ist, um ein Pfändungsschutzkonto im Sinne von § 850k Absatz 7 der Zivilprozessordnung handelt.

[2]Die Erklärung des Drittschuldners zu Nummer 1 gilt nicht als Schuldanerkenntnis.

(2) [1]Die Aufforderung zur Abgabe dieser Erklärung kann in die Pfändungsverfügung aufgenommen werden. [2]Der Drittschuldner haftet dem Vollstreckungsgläubiger für den Schaden, der aus der Nichterfüllung seiner Verpflichtung entsteht. [3]Der Drittschuldner kann zur Abgabe dieser Erklärung durch ein Zwangsgeld angehalten werden. [4]§ 61 ist nicht anzuwenden.

(3) Die §§ 841 bis 843 der Zivilprozessordnung gelten auch für das Zwangsverfahren.

§ 46 Andere Art der Verwertung. [1]Ist die gepfändete Forderung bedingt oder betagt oder ihre Einziehung schwierig, so kann die Vollstreckungsbehörde anordnen, dass sie in anderer Weise zu verwerten sei. [2]§ 44 Abs. 1 gilt entsprechend.

§ 47 Ansprüche auf Herausgabe oder Leistung von Sachen. (1) Für die Zwangsvollstreckung in Ansprüche auf Herausgabe oder Leistung von Sachen gelten außer den §§ 40 bis 46 folgende Vorschriften.

(2) [1]Bei der Pfändung eines Anspruches auf eine bewegliche Sache ordnet die Vollstreckungsbehörde an, dass die Sache an den Vollziehungsbeamten herauszugeben sei. [2]Die Sache wird wie eine gepfändete Sache verwertet.

(3) [1]Bei Pfändung eines Anspruchs, der eine unbewegliche Sache betrifft, ordnet die Vollstreckungsbehörde an, dass die Sache an einen Treuhänder her-

auszugeben sei, den das Amtsgericht der belegenen Sache auf ihren Antrag bestellt. [2]Ist der Anspruch auf Übertragung des Eigentums an einer unbeweglichen Sache gerichtet, so ist dem Treuhänder als Vertreter des Schuldners aufzulassen. [3]Mit dem Übergang des Eigentums auf den Schuldner erlangt der Vollstreckungsgläubiger eine Sicherungshypothek für seine Forderung. [4]Der Treuhänder hat die Eintragung der Sicherungshypothek zu bewilligen. [5]Die Zwangsvollstreckung in die herauszugebende Sache geschieht nach den Vorschriften über die Zwangsvollstreckung in unbewegliche Sachen.

§ 48 Pfändungsschutz. (1) [1]Beschränkungen und Verbote, die nach den §§ 850 bis 852 der Zivilprozessordnung und anderen gesetzlichen Bestimmungen für die Pfändung von Forderungen und Ansprüchen bestehen, gelten auch für das Zwangsverfahren. [2]§ 850h der Zivilprozessordnung findet Anwendung. [3]Wird die Vollstreckung wegen eines Zwangsgeldes, Bußgeldes einschließlich der Nebenfolgen, Gebühren und Auslagen, eines Ordnungsgeldes oder wegen einer Nutzungsentschädigung wegen Obdachlosigkeit betrieben, so kann die Vollstreckungsbehörde den pfändbaren Teil des Arbeitseinkommens ohne Rücksicht auf die in § 850c der Zivilprozessordnung vorgesehenen Beschränkungen bestimmen; dem Schuldner ist jedoch so viel zu belassen, wie er für seinen notwendigen Unterhalt und zur Erfüllung seiner laufenden gesetzlichen Unterhaltspflichten bedarf.

(2) [1]Die in diesen Bestimmungen vorgesehenen Befugnisse des Vollstreckungsgerichts nimmt die Vollstreckungsbehörde wahr. [2]Die Zuständigkeit des Amtsgerichts als Vollstreckungsgericht gemäß § 870k Absatz 5 Satz 4 der Zivilprozessordnung bleibt unberührt.

§ 49 Mehrfache Pfändung. (1) Ist eine Forderung auf Anordnung mehrerer Vollstreckungsbehörden oder auf Anordnung einer Vollstreckungsbehörde und eines Gerichts gepfändet, so gelten die §§ 853 bis 856 der Zivilprozessordnung.

(2) Fehlt es an einem Amtsgericht, das nach den §§ 853 und 854 der Zivilprozessordnung zuständig wäre, so ist bei der Hinterlegungsstelle des Amtsgerichts zu hinterlegen, in dessen Bezirk die Vollstreckungsbehörde ihren Sitz hat, deren Pfändungsverfügung dem Drittschuldner zuerst zugestellt worden ist.

§ 50 Vollstreckung in andere Vermögensrechte. (1) Für die Zwangsvollstreckung in andere Vermögensrechte, die nicht Gegenstand der Zwangsvollstreckung in das unbewegliche Vermögen sind, gelten die vorstehenden Vorschriften entsprechend.

(2) Ist kein Drittschuldner vorhanden, so ist die Pfändung bewirkt, wenn dem Schuldner das Gebot, sich jeder Verfügung über das Recht zu enthalten, zugestellt ist.

(3) Ein unveräußerliches Recht ist, wenn nichts anderes bestimmt ist, insoweit pfändbar, als die Ausübung einem anderen überlassen werden kann.

(4) Die Vollstreckungsbehörde kann bei der Zwangsvollstreckung in unveräußerliche Rechte, deren Ausübung einem anderen überlassen werden kann, besondere Anordnungen erlassen, insbesondere bei der Zwangsvollstreckung in Nutzungsrechte eine Verwaltung anordnen; in diesem Falle wird die Pfändung durch Übergabe der zu benutzenden Sache an den Verwalter bewirkt, sofern sie nicht durch Zustellung der Pfändungsverfügung schon vorher bewirkt ist.

(5) Ist die Veräußerung des Rechts zulässig, so kann die Vollstreckungsbehörde die Veräußerung anordnen.

(6) Für die Zwangsvollstreckung in eine Reallast, eine Grundschuld oder eine Rentenschuld gelten die Vorschriften über die Zwangsvollstreckung in eine Forderung, für die eine Hypothek besteht.

(7) Die §§ 858 bis 860 und 863 der Zivilprozessordnung gelten auch für das Zwangsverfahren.

Dritter Unterabschnitt
Zwangsvollstreckung in das unbewegliche Vermögen

§ 51 Verfahren. (1) [1]Die Zwangsvollstreckung in das unbewegliche Vermögen erfolgt nach den Vorschriften für gerichtliche Zwangsvollstreckungen. [2]Die Anträge des Gläubigers stellt die für die Beitreibung der Forderung zuständige Vollstreckungsbehörde; sie kann die entsprechende Behörde am Sitz des Gerichts oder Grundbuchamts darum ersuchen. [3]Soweit der zu vollstreckende Anspruch gemäß § 10 Abs. 1 Nr. 3 des Gesetzes über die Zwangsversteigerung und Zwangsverwaltung den Rechten am Grundstück im Range vorgeht, kann eine Sicherungshypothek unter der aufschiebenden Bedingung in das Grundbuch eingetragen werden, dass das Vorrecht wegfällt. [4]Für die Eintragung der Sicherungshypothek gilt § 866 Abs. 3 der Zivilprozessordnung entsprechend.

(2) Zwangsversteigerung und Zwangsverwaltung soll die Vollstreckungsbehörde nur beantragen, wenn festgestellt ist, dass der Geldbetrag durch Vollstreckung in das bewegliche Vermögen nicht beigetrieben werden kann.

(3) Die Vollstreckbarkeit der Forderung unterliegt nicht der Beurteilung des Gerichts oder Grundbuchamts.

(4) Die besonderen Rechte der bestehenden Kreditverbände bei der Zwangsversteigerung oder Zwangsverwaltung der zu ihnen gehörigen oder von ihnen beliehenen Güter bleiben unberührt.

§ 52 Zwangsvollstreckung gegen Rechtsnachfolger. [1]Ist eine Sicherungshypothek im Zwangsverfahren eingetragen, so ist bei Veräußerung des belasteten Grundstücks die Zwangsvollstreckung in das Grundstück gegen den Rechtsnachfolger zulässig. [2]§ 10 gilt entsprechend.

Vierter Unterabschnitt

Sicherungsverfahren

§ 53 Sicherung von Ansprüchen durch Arrestanordnung. (1) [1]Zur Sicherung von Ansprüchen, die im Zwangsverfahren beitreibbar sind, kann das Amtsgericht, in dessen Bezirk sich der mit Arrest zu belegene Gegenstand befindet, auf Antrag des Vollstreckungsgläubigers den Arrest in das bewegliche oder unbewegliche Vermögen des Pflichtigen anordnen, wenn zu befürchten ist, dass sonst die Erzwingung vereitelt oder wesentlich erschwert wird. [2]Es kann den Arrest auch dann anordnen, wenn der Anspruch noch nicht zahlenmäßig feststeht. [3]In der Arrestanordnung ist ein Geldbetrag zu bestimmen, bei dessen Hinterlegung die Vollziehung des Arrestes gehemmt und der vollzogene Arrest aufzuheben ist. [4]Die Entscheidung des Arrestgerichts ergeht ohne mündliche Verhandlung und ist nach den Vorschriften der Zivilprozessordnung anfechtbar.

(2) Die Vollstreckungsbehörde kann ebenfalls den Arrest anordnen; Absatz 1 Satz 1 bis 3 gilt sinngemäß.

(3) Die Arrestanordnung ist zu begründen und zuzustellen.

(4) [1]Die Vollziehung der Arrestanordnung ist unzulässig, wenn seit dem Tag, an dem die Anordnung zugestellt worden ist, ein Monat verstrichen ist. [2]Auf die Vollziehung des Arrestes finden die §§ 930 bis 932 der Zivilprozessordnung sowie § 99 Abs. 2 und § 106 Abs. 1, 3 und 5 des Gesetzes über Rechte an Luftfahrzeugen entsprechende Anwendung; an die Stelle des Arrestgerichtes tritt die Vollstreckungsbehörde, an die Stelle des Vollstreckungsbeamten der Justizverwaltung der Vollziehungsbeamte. [3]Soweit auf die Vorschriften über die Pfändung verwiesen wird, sind die entsprechenden Vorschriften dieses Gesetzes anzuwenden.

(5) Die Arrestanordnung ist aufzuheben, wenn nach ihrem Erlass Umstände bekannt werden, welche die Arrestanordnung nicht mehr gerechtfertigt erscheinen lassen.

Fünfter Unterabschnitt

Befriedigung durch Verwertung von Sicherheiten

§ 54 Verwertung von Sicherheiten. [1]Zur Befriedigung von Ansprüchen, die im Zwangsverfahren beitreibbar sind und bei Fälligkeit nicht erfüllt werden, kann der Vollstreckungsgläubiger Sicherheiten, die ihm gestellt sind oder die er sonst erlangt hat (§ 53 und ähnliche Fälle), durch die Vollstreckungsbehörde verwerten. [2]Soweit dazu Erklärungen des Pflichtigen nötig sind, ersetzt der Ausspruch der Vollstreckungsbehörde diese Erklärung. [3]Die Verwertung darf erst erfolgen, wenn dem Vollstreckungsschuldner die Verwertungsabsicht bekannt gegeben und seit der Bekanntgabe mindestens eine Woche verstrichen ist.

ZWEITER ABSCHNITT
Verwaltungszwang

Erster Unterabschnitt
Erzwingung von Handlungen, Duldungen oder Unterlassungen

§ 55 Zulässigkeit des Verwaltungszwanges. (1) Der Verwaltungsakt, der auf die Vornahme einer Handlung oder auf Duldung oder Unterlassung gerichtet ist, kann mit Zwangsmitteln durchgesetzt werden, wenn er unanfechtbar ist oder wenn ein Rechtsmittel keine aufschiebende Wirkung hat.

(2) Der Verwaltungszwang kann ohne vorausgehenden Verwaltungsakt angewendet werden, wenn das zur Abwehr einer gegenwärtigen Gefahr notwendig ist und die Vollzugsbehörde hierbei innerhalb ihrer Befugnisse handelt.

(3) Ist der Verwaltungsakt auf Herausgabe einer Sache gerichtet und bestreitet der Betroffene, sie zu besitzen, so findet § 44 Abs. 3 und 4 sinngemäß Anwendung.

§ 56 Vollzugsbehörden. (1) Ein Verwaltungsakt wird von der Behörde vollzogen, die ihn erlassen hat; sie vollzieht auch Widerspruchsentscheidungen.

(2) [1]Die obersten Landesbehörden können im Benehmen mit dem für Inneres zuständigen Ministeriums im Einzelfall bestimmen, durch welche Behörde ihre Verwaltungsakte zu vollziehen sind. [2]Im Übrigen kann das für Inneres zuständige Ministerium im Benehmen mit dem zuständigen Fachministerium allgemein oder für den Einzelfall bestimmen, dass Verwaltungsakte einer Landesoberbehörde, einer Landesmittelbehörde, eines Landschaftsverbandes und des Kommunalverbandes Ruhrgebiet durch eine andere Behörde zu vollziehen sind. [3]Satz 2 gilt entsprechend für Verwaltungsakte des Westdeutschen Rundfunks Köln.

§ 57 Zwangsmittel. (1) Zwangsmittel sind:
1. Ersatzvornahme (§ 59),
2. Zwangsgeld (§ 60),
3. unmittelbarer Zwang (§ 62) einschließlich Zwangsräumung (§ 62a).

(2) Sie sind nach Maßgabe des § 63 und § 69 anzudrohen.

(3) [1]Die Zwangsmittel können auch neben einer Strafe oder Geldbuße angewandt und solange wiederholt und gewechselt werden, bis der Verwaltungsakt befolgt worden ist oder sich auf andere Weise erledigt hat. [2]Bei Erzwingung einer Duldung oder Unterlassung können die Zwangsmittel für jeden Fall der Nichtbefolgung festgesetzt werden.

§ 58 Verhältnismäßigkeit. (1) [1]Das Zwangsmittel muss in einem angemessenen Verhältnis zu seinem Zweck stehen. [2]Dabei ist das Zwangsmittel möglichst so zu bestimmen, dass der Einzelne und die Allgemeinheit am wenigsten beeinträchtigt werden.

(2) Ein durch ein Zwangsmittel zu erwartender Schaden darf nicht erkennbar außer Verhältnis zu dem beabsichtigten Erfolg stehen.

(3) [1]Unmittelbarer Zwang darf nur angewendet werden, wenn andere Zwangsmittel nicht zum Ziele führen oder untunlich sind. [2]Bei der Anwendung unmittelbaren Zwanges sind unter mehreren möglichen und geeigneten Maßnahmen diejenigen zu treffen, die den Einzelnen und die Allgemeinheit am wenigsten beeinträchtigen.

§ 59 Ersatzvornahme. (1) [1]Wird die Verpflichtung, eine Handlung vorzunehmen, deren Vornahme durch einen anderen möglich ist (vertretbare Handlung), nicht erfüllt, so kann die Vollzugsbehörde auf Kosten des Betroffenen die Handlung selbst ausführen oder einen anderen mit der Ausführung beauftragen. [2]Entsprechende Kostenanforderungen sind sofort vollziehbar.

(2) [1]Es kann bestimmt werden, dass der Betroffene die voraussichtlichen Kosten der Ersatzvornahme im Voraus zu zahlen hat. [2]Zahlt der Betroffene die Kosten der Ersatzvornahme oder die voraussichtlich entstehenden Kosten der Ersatzvornahme nicht fristgerecht, so können sie im Verwaltungszwangsverfahren beigetrieben werden. [3]Die Beitreibung der voraussichtlichen Kosten unterbleibt, sobald der Betroffene die gebotene Handlung ausführt.

(3) [1]Zahlt der Betroffene die Kosten der Ersatzvornahme nicht bis zu dem Tag, der sich aus der Fristsetzung ergibt, so hat er für den Kostenbetrag von diesem Tage an bis zum Tage der Erstattung Zinsen zu entrichten. [2]Der Zinssatz für das Jahr beträgt fünf Prozentpunkte über dem Basiszinssatz des § 247 des Bürgerlichen Gesetzbuches. [3]Liegt der Gesamtbetrag der Zinsen unter 50 Euro, ist von der Erhebung abzusehen. [4]Die Zinsforderung kann im Verwaltungszwangsverfahren beigetrieben werden.

(4) Grundstücksbezogene Kosten der Ersatzvornahme ruhen als öffentliche Last auf dem Grundstück beziehungsweise auf den grundstücksgleichen Rechten.

§ 60 Zwangsgeld. (1) [1]Das Zwangsgeld wird auf mindestens zehn und höchstens hunderttausend Euro schriftlich festgesetzt. [2]Bei der Bemessung des Zwangsgeldes ist auch das wirtschaftliche Interesse des Betroffenen an der Nichtbefolgung des Verwaltungsaktes zu berücksichtigen. [3]Das Zwangsmittel kann beliebig oft wiederholt werden.

(2) Mit der Festsetzung des Zwangsgeldes ist dem Betroffenen eine angemessene Frist zur Zahlung einzuräumen.

(3) [1]Zahlt der Betroffene das Zwangsgeld nicht fristgerecht, so wird es im Verwaltungszwangsverfahren beigetrieben. [2]Die Beitreibung unterbleibt, sobald der Betroffene die gebotene Handlung ausführt oder die zu duldende Maßnahme gestattet; ein Zwangsgeld ist jedoch beizutreiben, wenn der Duldungs- oder Unterlassungspflicht zuwidergehandelt worden ist, deren Erfüllung durch

die Androhung des Zwangsgeldes erreicht werden sollte; § 26 findet entsprechend Anwendung.

§ 61 Ersatzzwangshaft. (1) [1]Ist das Zwangsgeld uneinbringlich, so kann das Verwaltungsgericht auf Antrag der Vollzugsbehörde die Ersatzzwangshaft anordnen, wenn bei Androhung des Zwangsgeldes oder nachträglich hierauf hingewiesen worden ist. [2]Die Ersatzzwangshaft beträgt mindestens einen Tag, höchstens zwei Wochen.

(2) Die Ersatzzwangshaft ist auf Antrag der Vollzugsbehörde von der Justizverwaltung nach den Bestimmungen der §§ 802g bis 802j der Zivilprozessordnung zu vollstrecken.

§ 61a Abgabe einer Erklärung. (1) [1]Ist jemand durch Verwaltungsakt verpflichtet, eine Erklärung bestimmten Inhaltes abzugeben, so gilt die Erklärung als abgegeben, sobald der Verwaltungsakt, der die Verpflichtung begründet, unanfechtbar geworden ist. [2]Voraussetzung ist, dass die oder der Pflichtige auf diese Rechtsfolge hingewiesen worden ist und die Erklärung im Zeitpunkt des Eintritts der Unanfechtbarkeit des Verwaltungsaktes rechtswirksam abgeben konnte.

(2) [1]Die Vollzugsbehörde teilt den Beteiligten mit, zu welchem Zeitpunkt der Verwaltungsakt unanfechtbar geworden ist. [2]Sie ist berechtigt, die zur Wirksamkeit der abzugebenden Erklärung notwendigen Genehmigungen einzuholen sowie Anträge auf Eintragungen in öffentliche Bücher und Register zu stellen. [3]Bedarf die Vollzugsbehörde eines Erbscheins oder einer anderen Urkunde, die dem Betroffenen auf Antrag von einer Behörde, einem Gericht oder einer Notarin oder einem Notar zu erteilen ist, so kann sie die Erteilung an Stelle des Betroffenen verlangen.

§ 62 Unmittelbarer Zwang. (1) [1]Die Vollzugsbehörde kann unmittelbaren Zwang anwenden, wenn andere Zwangsmittel nicht in Betracht kommen oder keinen Erfolg versprechen oder unzweckmäßig sind. [2]Für die Art und Weise der Anwendung unmittelbaren Zwanges gelten die §§ 66 bis 75.

(2) Unmittelbarer Zwang zur Abgabe einer Erklärung ist ausgeschlossen.

§ 62a Zwangsräumung. (1) [1]Hat der Vollstreckungsschuldner eine unbewegliche Sache, einen Raum oder ein Schiff herauszugeben, zu überlassen oder zu räumen, so kann er aus dem Besitz gesetzt werden. [2]Der Zeitpunkt der Zwangsräumung soll dem Vollstreckungsschuldner angemessene Zeit vorher mitgeteilt werden.

(2) Bewegliche Sachen, die nicht Gegenstand der Vollstreckung sind, werden dem Vollstreckungsschuldner oder im Falle seiner Abwesenheit seinem Vertreter oder einer zu seinem Haushalt oder Geschäftsbetrieb gehörenden erwachsenen Person übergeben oder zur Verfügung gestellt.

(3) [1]Konnte die Vollzugsbehörde nicht nach Absatz 2 verfahren, so hat sie die Sachen zu verwahren oder anderweitig in Verwahrung zu geben. [2]Der Voll-

streckungsschuldner ist aufzufordern, die Sachen binnen einer bestimmten Frist abzuholen. [3]Kommt er dieser Aufforderung nicht nach, so kann die Vollzugsbehörde die Sachen in entsprechender Anwendung der §§ 30 bis 37 dieses Gesetzes verwerten und den Erlös bei dem für den Sitz der Vollzugsbehörde örtlich zuständigen Amtsgericht hinterlegen. [4]Unverwertbare Gegenstände kann die Vollzugsbehörde auf Kosten des Betroffenen vernichten, falls sie ihn auf diese Möglichkeit hingewiesen hat.

§ 63 Androhung der Zwangsmittel. (1) [1]Zwangsmittel sind schriftlich anzudrohen. [2]Dem Betroffenen ist in der Androhung zur Erfüllung der Verpflichtung eine angemessene Frist zu bestimmen; eine Frist braucht nicht bestimmt zu werden, wenn eine Duldung oder Unterlassung erzwungen werden soll. [3]Ist der Verwaltungsakt nicht bestandskräftig und nicht sofort vollziehbar, darf die Frist nach Satz 2 die Rechtsbehelfsfrist nicht unterschreiten. [4]Ist als Fristbeginn die Zustellung oder ein anderer Zeitpunkt bestimmt, tritt an dessen Stelle der Eintritt der Bestandskraft, sofern ein Rechtsbehelf mit aufschiebender Wirkung eingelegt wird. [5]Von der Androhung kann abgesehen werden, wenn die Umstände sie nicht zulassen, insbesondere wenn die sofortige Anwendung des Zwangsmittels zur Abwehr einer gegenwärtigen Gefahr notwendig ist (§ 55 Abs. 2).

(2) [1]Die Androhung kann mit dem Verwaltungsakt verbunden werden, durch den die Handlung, Duldung oder Unterlassung aufgegeben wird. [2]Sie soll mit ihm verbunden werden, wenn ein Rechtsmittel keine aufschiebende Wirkung hat.

(3) [1]Die Androhung muss sich auf bestimmte Zwangsmittel beziehen. [2]Werden mehrere Zwangsmittel angedroht, ist anzugeben, in welcher Reihenfolge sie angewendet werden sollen.

(4) Wird eine Ersatzvornahme angedroht, so sollen in der Androhung die voraussichtlichen Kosten angegeben werden.

(5) Das Zwangsgeld ist in bestimmter Höhe anzudrohen.

(6) [1]Die Androhung ist zuzustellen [2]Das gilt auch dann, wenn sie mit dem zugrunde liegenden Verwaltungsakt verbunden ist und für ihn keine Zustellung vorgeschrieben ist.

§ 64 Festsetzung der Zwangsmittel. [1]Wird die Verpflichtung innerhalb der Frist, die in der Androhung bestimmt ist, nicht erfüllt, so setzt die Vollzugsbehörde das Zwangsmittel fest. [2]Bei sofortigem Vollzug (§ 55 Abs. 2) fällt die Festsetzung weg.

§ 65 Anwendung der Zwangsmittel. (1) Das Zwangsmittel wird der Festsetzung gemäß angewendet.

(2) [1]Leistet der Betroffene bei der Ersatzvornahme oder bei unmittelbarem Zwang Widerstand, so kann dieser mit Gewalt gebrochen werden. [2]Die Polizei leistet auf Verlangen der Vollzugsbehörde Vollzugshilfe. [3]Dabei kann die Poli-

zei die nach dem Polizeigesetz des Landes Nordrhein-Westfalen (PolG NRW) vorgesehenen Hilfsmittel der körperlichen Gewalt (§ 58 Abs. 3 PolG NRW) anwenden und die zugelassenen Waffen (§ 58 Abs. 4 PolG NRW) unter Beachtung der §§ 61, 63 bis 65 PolG NRW gebrauchen.

(3) [1]Der Vollzug ist einzustellen,
a) sobald sein Zweck erreicht ist,
b) dem Betroffenen die Erfüllung der zu erzwingenden Leistung unmöglich geworden ist oder
c) die Vollstreckungsvoraussetzungen nachträglich weggefallen sind.
[2]§ 60 Abs. 3 bleibt unberührt.

Zweiter Unterabschnitt

Anwendung unmittelbaren Zwanges

§ 66 Zulässigkeit des unmittelbaren Zwanges. (1) Unmittelbarer Zwang kann von Vollzugsdienstkräften in rechtmäßiger Ausübung öffentlicher Gewalt angewendet werden,
1. soweit die Anwendung gesetzlich zugelassen ist;
2. zur Ausführung von Vollzugs-, Vollstreckungs- und Sicherungsmaßnahmen der Gerichte und Staatsanwaltschaften;
3. zur Durchführung von Vollstreckungs-, Aufsichts-, Pflege- oder Erziehungsaufgaben gegenüber Personen, deren Unterbringung in einer Heil- und Pflegeanstalt, einer Entziehungsanstalt für Suchtkranke oder in einer abgeschlossenen Krankenanstalt oder in einem abgeschlossenen Teil einer Krankenanstalt angeordnet ist.

(2) Gesetzliche Vorschriften, nach denen unmittelbarer Zwang nur unter Beachtung weiterer Erfordernisse ausgeübt werden darf, bleiben unberührt.

§ 67 Begriffsbestimmungen, zugelassene Waffen. (1) Unmittelbarer Zwang ist die Einwirkung auf Personen oder Sachen durch körperliche Gewalt, ihre Hilfsmittel und durch Waffen.

(2) Körperliche Gewalt ist jede unmittelbare körperliche Einwirkung auf Personen oder Sachen.

(3) Hilfsmittel der körperlichen Gewalt sind insbesondere Fesseln, technische Sperren, Diensthunde, Dienstfahrzeuge, Reiz- und Betäubungsstoffe.

(4) Als Waffen sind Schlagstock, Pistole und Revolver zugelassen.

§ 68 Vollzugsdienstkräfte. (1) Vollzugsdienstkräfte im Sinne dieses Gesetzes sind:
1. die Vollziehungsbeamten bei der Ausübung ihrer Befugnisse nach § 14,
2. die Dienstkräfte der Ordnungsbehörden und der Sonderordnungsbehörden im Sinne des Ordnungsbehördengesetzes,

3. die Ärzte und Beauftragten der unteren Gesundheitsbehörde und ihre Aufsichtsbehörden bei der Durchführung von Aufgaben nach dem Infektionsschutzgesetz – IfSG – vom 20. Juli 2000 (BGBl. I S. 1045) in der jeweils geltenden Fassung,
4. die beamteten Tierärzte und an ihre Stelle tretende andere approbierte Tierärzte im Sinne des § 2 des Tierseuchengesetzes (TierSG) in der Fassung der Bekanntmachung vom 20. Dezember 1995 (BGBl. I S. 2038) in der jeweils geltenden Fassung,
5. *(aufgehoben)*,
6. *(aufgehoben)*,
7. die Vollzugsdienstkräfte der Eichbehörden (Landesbetrieb Mess- und Eichwesen) im Sinne des § 16 des Eichgesetzes in der Fassung der Bekanntmachung vom 23. März 1992 (BGBl. I S. 711) in der jeweils geltenden Fassung,
8. die nach dem Lebensmittel- und Bedarfsgegenständegesetz in der Fassung der Bekanntmachung vom 9. September 1997 (BGBl. I S. 2296) in der jeweils geltenden Fassung zuständigen Sachverständigen sowie Lebensmittelkontrolleure im Sinne des § 41 Abs. 2 des Lebensmittel- und Bedarfsgegenständegesetzes und der Lebensmittelkontrolleur-Verordnung vom 16. Juni 1977 (BGBl. I S. 1002) in der jeweils geltenden Fassung,
9. Weinkontrolleure im Sinne des § 31 Abs. 3 des Weingesetzes in der Fassung der Bekanntmachung vom 8. Juli 1994 (BGBl. I S. 1467) in der jeweils geltenden Fassung,
10. die Fleischkontrolleure im Sinne des § 22b des Fleischhygienegesetzes in der Fassung der Bekanntmachung vom 8. Juli 1993 (BGBl. I S. 1189) in der jeweils geltenden Fassung,
11. die beim Feuerwehreinsatz, bei der Hilfeleistung bei öffentlichen Notständen und bei der Abwehr von Großschadensereignissen dienstlich tätigen Personen sowie die in ihrem Auftrag handelnden Personen nach den §§ 27, 34 und 44 des Gesetzes über den Brandschutz, die Hilfeleistung und den Katastrophenschutz vom 17. Dezember 2015 (GV. NRW. S. 866) in der jeweils geltenden Fassung,
12. die gemäß §§ 29 und 29c des Luftverkehrsgesetzes in der Fassung der Bekanntmachung vom 14. Januar 1981 (BGBl. I S. 61) in der jeweils geltenden Fassung mit der Wahrnehmung der Luftaufsicht und des Schutzes vor Angriffen auf die Sicherheit des Luftverkehrs beauftragten oder die als Hilfsorgane in bestimmten Fällen herangezogenen Personen,
13. die mit Vollzugs-, Vollstreckungs- und Sicherungsmaßnahmen beauftragten Personen der Gerichte und Staatsanwaltschaften, jedoch nicht die Gerichtsvollzieher und die Vollziehungsbeamten der Justiz,
14. die Personen, die der Dienstgewalt von Behörden des Landes, der Gemeinden und Gemeindeverbände sowie sonstiger der Aufsicht des Landes unterliegender Körperschaften und Anstalten des öffentlichen Rechts unterstehen, soweit sie kraft Gesetzes Hilfsbeamte der Staatsanwaltschaft sind oder soweit sie nach den §§ 1 und 2 der Verordnung über die Hilfsbeamten der

Staatsanwaltschaft vom 30. April 1996 (GV. NRW. S. 180) in der jeweils geltenden Fassung zu Hilfsbeamten der Staatsanwaltschaft bestellt sind und als solche handeln,

15. die mit der Durchführung von Vollstreckungs-, Aufsichts-, Pflege- oder Erziehungsaufgaben beauftragten Dienstkräfte in Heil- und Pflegeanstalten, Entziehungsanstalten für Suchtkranke, abgeschlossenen Krankenanstalten und abgeschlossenen Teilen von Krankenanstalten,
16. die Fischereiaufseher im Sinne des § 54 des Landesfischereigesetzes (LFischG) in der Fassung der Bekanntmachung vom 22. Juni 1994 (GV. NRW. S. 516, ber. S. 864) in der jeweils geltenden Fassung,
17. die bestätigten Jagdaufseher im Sinne des § 25 des Bundesjagdgesetzes in der Fassung der Bekanntmachung vom 29. September 1976 (BGBl. I S. 2849) in der jeweils geltenden Fassung; die Jagdausübungsberechtigten sind hinsichtlich des Jagdschutzes den Vollzugsdienstkräften gleichgestellt,
18. die mit dem Forstschutz beauftragten Vollzugsdienstkräfte im Sinne des § 53 des Landesforstgesetzes (LFoG) in der Fassung der Bekanntmachung vom 24. April 1980 (GV. NRW. S. 546) in der jeweils geltenden Fassung,
19. die Dienstkräfte der Kfz-Innungen in Ausübung ihrer Befugnisse nach § 47a und b und nach § 29 Anlage VIIIc der Straßenverkehrs-Zulassungs-Ordnung vom 28. September 1988 (BGBl. I S. 1793) in der jeweils geltenden Fassung.

(2) [1]Vollzugsdienstkräfte müssen einen behördlichen Ausweis bei sich führen. [2]Sie müssen den Ausweis bei Anwendung unmittelbaren Zwanges auf Verlangen vorzeigen. [3]Das gilt nicht, wenn

a) die Umstände es nicht zulassen oder
b) unmittelbarer Zwang innerhalb der Dienstgebäude der Gerichte und Staatsanwaltschaften oder innerhalb der in § 66 Abs. 1 Nr. 3 genannten Anstalten ausgeübt wird.

(3) Die Landesregierung wird ermächtigt, durch Rechtsverordnung das Verzeichnis der Vollzugsdienstkräfte zu ändern und zu ergänzen, soweit das durch bundesgesetzliche Regelungen erforderlich wird.

(4) Die Dienstkräfte der Vollzugsbehörden sind nicht berechtigt, bei der Durchführung unmittelbaren Zwanges ohne besondere gesetzliche Ermächtigung Waffengewalt anzuwenden.

§ 69 Androhung unmittelbaren Zwanges. (1) [1]Unmittelbarer Zwang ist vor seiner Anwendung anzudrohen. [2]Von der Androhung kann abgesehen werden, wenn die Umstände sie nicht zulassen, insbesondere wenn die sofortige Anwendung des Zwangsmittels zur Abwehr einer Gefahr notwendig ist.

(2) Unmittelbarer Zwang ist schriftlich anzudrohen, wenn dies gesetzlich vorgeschrieben ist.

§ 70 Anwendung unmittelbaren Zwanges in besonderen Fällen. (1) Die körperliche Untersuchung darf unbeschadet abweichender bundesrechtlicher Regelungen zwangsweise nur von Vollzugsdienstkräften im Sinne des § 68 Abs. 1 Nrn. 3 und 15 durchgeführt werden.

(2) [1]Zur Ernährung und gesundheitlichen Betreuung von Anstaltsinsassen erforderliche Maßnahmen dürfen zwangsweise nur in den in § 66 Abs. 1 Nr. 3 genannten Anstalten durchgeführt werden. [2]Diese Maßnahmen dürfen nur durch Ärzte in eigener Verantwortung angeordnet werden. [3]Sie sind von Ärzten auch vorzunehmen, wenn das nach den Regeln der ärztlichen Kunst erforderlich ist.

(3) [1]Unbeschadet der Regelung in Absatz 2 dürfen Mittel zur Beruhigung zwangsweise nur Kranken und nur dann gegeben werden, wenn das zur Abwendung einer Gefahr für Leben oder Gesundheit des Kranken oder seiner Umgebung notwendig ist. [2]Absatz 2 Satz 2 und 3 finden Anwendung.

§ 71 Handeln auf Anordnung. (1) [1]Vollzugsdienstkräfte sind verpflichtet, unmittelbaren Zwang anzuwenden, der von einem Weisungsberechtigten angeordnet wird. [2]Das gilt nicht, wenn die Anordnung die Menschenwürde verletzt oder nicht zu dienstlichen Zwecken erteilt worden ist.

(2) [1]Eine Anordnung darf nicht befolgt werden, wenn dadurch eine Straftat begangen würde. [2]Befolgt die Vollzugsdienstkraft die Anordnung trotzdem, so trifft sie eine Schuld nur, wenn sie erkennt oder wenn es nach den ihr bekannten Umständen offensichtlich ist, dass dadurch eine Straftat begangen wird.

(3) Bedenken gegen die Rechtmäßigkeit der Anordnung hat die Vollzugsdienstkraft dem Anordnenden gegenüber vorzubringen, soweit das nach den Umständen möglich ist.

(4) § 59 Abs. 2 und 3 des Landesbeamtengesetzes ist nicht anzuwenden.

§ 72 Hilfeleistung für Verletzte. Wird unmittelbarer Zwang angewendet, ist Verletzten, soweit es nötig ist und die Lage es zulässt, Beistand zu leisten und ärztliche Hilfe zu verschaffen.

§ 73 Fesselung von Personen. Eine Person, die nach diesem Gesetz oder anderen Rechtsvorschriften festgehalten wird, kann gefesselt werden, wenn Tatsachen die Annahme rechtfertigen, dass sie

1. Vollzugsdienstkräfte oder Dritte angreifen, Widerstand leisten oder Sachen von nicht geringem Wert beschädigen wird,
2. fliehen wird oder befreit werden soll oder
3. sich töten oder verletzen wird.

§ 74 Zum Schusswaffengebrauch berechtigte Vollzugsdienstkräfte. [1]Bei der Anwendung unmittelbaren Zwangs ist der Gebrauch von Schusswaffen nur den in § 68 Abs. 1 Nr. 13 bezeichneten Dienstkräften der Gerichte und Staatsanwaltschaften gestattet. [2]Die Vorschriften des Polizeigesetzes über den Schußwaffengebrauch (§§ 61, 63 bis 65 PolG NRW) finden entsprechend Anwendung.

§ 75 Notwehr und Notstand. Die Vorschriften über Notwehr und Notstand bleiben unberührt.

Dritter Unterabschnitt

Vollzug gegen Behörden

§ 76 Vollzug gegen Behörden. Gegen Behörden und juristische Personen des öffentlichen Rechts sind Zwangsmittel unzulässig, soweit nicht etwas anderes bestimmt ist.

DRITTER ABSCHNITT

Kosten

§ 77 Kosten. (1) [1]Für Amtshandlungen nach diesem Gesetz werden nach näherer Bestimmung einer Ausführungsverordnung VwVG von dem Vollstreckungsschuldner oder dem Pflichtigen Kosten (Gebühren und Auslagen) erhoben. [2]Kostengläubiger ist der Rechtsträger, dessen Behörde die Amtshandlung vornimmt, bei Auslagen auch der Rechtsträger, bei dessen Behörde die Auslagen entstanden sind.

(2) [1]Das für Inneres zuständige Ministerium und das Finanzministerium werden ermächtigt, durch Rechtsverordnung die Kostenordnung zu erlassen. [2]In der Ausführungsverordnung VwVG sind die gebührenpflichtigen Tatbestände zu bestimmen. [3]Bei der Vollstreckung von Geldforderungen können Mahn-, Pfändungs-, Wegnahme-, Versteigerungs-, Verwertungs- und Schreibgebühren sowie Gebühren für die Abnahme der Vermögensauskunft vorgesehen werden. [4]Für diese sind feste Gebührensätze und Vomhundertsätze festzulegen. [5]Für Amtshandlungen im Zusammenhang mit dem Verwaltungszwang, einschließlich der Sicherstellung und Verwahrung, können Verwaltungsgebühren vorgesehen werden. [6]Die Gebühren sind durch feste Sätze oder Rahmensätze zu bestimmen. [7]Im Falle der Ersatzvornahme kann auch eine Pauschale vorgesehen werden. [8]Die Pauschale beträgt zehn vom Hundert des Betrages, der aufgrund des § 59 Abs. 1 dieses Gesetzes vom Pflichtigen zu zahlen ist. [9]Soweit der zu zahlende Betrag über 2500,– Euro hinaus geht, beträgt die Pauschale für den Mehrbetrag fünf vom Hundert. [10]Für den über 25 000,– Euro hinausgehenden Mehrbetrag beträgt die Pauschale drei vom Hundert und für den über 50 000,– Euro hinausgehenden Mehrbetrag eins vom Hundert.

(3) [1]Bei der Vollstreckung von Geldforderungen sind die Gebührensätze so zu bemessen, dass zwischen der den Verwaltungsaufwand berücksichtigenden Höhe der Gebühr einerseits und der Höhe der Forderung oder anderer Vermögensrechte oder des Wertes der Sachen, die gepfändet oder versteigert werden sollen, andererseits ein angemessenes Verhältnis besteht. [2]In den Fällen des Verwaltungszwangs einschließlich der Sicherstellung und Verwahrung berücksichtigen die Gebührentatbestände und die Gebührenfestsetzungen den durchschnittlichen Verwaltungsaufwand.

(4) [1]Die §§ 10, 11, 14, 17 bis 22 des Gebührengesetzes für das Land Nordrhein-Westfalen vom 23. August 1999 (GV. NRW. S. 524), in der jeweils gel-

tenden Fassung, finden Anwendung. [2]In der Ausführungsverordnung VwVG können abweichend der Umfang der zu erstattenden Auslagen, die Entstehung und Fälligkeit des Gebührenanspruchs oder die Fälligkeit des Auslagenersatzes, die Gebührenberechnung, -befreiung und -ermäßigung, die Kostenhaftung und der Gebührenerlass geregelt werden.

(5) Bei einer Ersatzvornahme, Sicherstellung oder Verwahrung kann in der Ausführungsverordnung VwVG die Herausgabe der Sache von der Zahlung eines Vorschusses oder einer Sicherheitsleistung bis zur voraussichtlichen Höhe der noch festzusetzenden Kosten abhängig gemacht und hierfür die Fälligkeit vorgesehen werden.

VIERTER ABSCHNITT
Vollstreckung gegen juristische Personen des öffentlichen Rechts

§ 78 Vollstreckung gegen juristische Personen des öffentlichen Rechts.
(1) Das Zwangsverfahren wegen einer Geldforderung wird auch gegen Gemeinden, Gemeindeverbände sowie Körperschaften, Anstalten und Stiftungen des öffentlichen Rechts, die der Landesaufsicht unterstehen, nach diesem Gesetz, jedoch nach Maßgabe folgender Vorschriften durchgeführt.

(2) [1]Zur Einleitung der Zwangsvollstreckung bedarf es – soweit nicht dingliche Rechte verfolgt werden – einer Zulassungsverfügung der Aufsichtsbehörde. [2]Darin hat diese auf Antrag der Vollstreckungsbehörde die Vermögensgegenstände zu bestimmen, in die eine Zwangsvollstreckung zugelassen wird, und über den Zeitpunkt zu befinden, zu dem sie stattfinden soll.

(3) [1]Die Aufsichtsbehörde darf die Zwangsvollstreckung in Vermögensgegenstände des Schuldners nicht zulassen, wenn dadurch die Erfüllung der öffentlich-rechtlichen Aufgaben des Schuldners gefährdet würde, bei einer Gemeinde oder einem Gemeindeverband auch dann nicht, wenn der geordnete Gang der Verwaltung oder die Versorgung der Bevölkerung gefährdet würde. [2]Ein Insolvenzverfahren findet nicht statt.

(4) [1]Die besonderen Vorschriften der Absätze 2 und 3 gelten nicht für das Zwangsverfahren gegen Kreditanstalten und Versicherungsanstalten des öffentlichen Rechts. [2]Hinsichtlich des Zwangsverfahrens gegen Gemeinden und Gemeindeverbände bleibt § 125 der Gemeindeordnung unberührt.

(5) Wegen eines Zwangsverfahrens gegen das Land trifft im Einzelfall das zuständige Fachministerium im Einvernehmen mit dem Finanzministerium auf Antrag der Vollstreckungsbehörde die näheren Bestimmungen, es sei denn, dass es sich um die Verfolgung dinglicher Rechte handelt.

FÜNFTER ABSCHNITT

Übergangs- und Schlussvorschriften

§ 79 Einschränkungen von Grundrechten. Durch dieses Gesetz werden die Grundrechte auf körperliche Unversehrtheit (Artikel 2 Abs. 2 Satz 1 des Grundgesetzes), Freiheit der Person (Artikel 2 Abs. 2 Satz 2 des Grundgesetzes) und auf Unverletzlichkeit der Wohnung (Artikel 13 des Grundgesetzes) eingeschränkt.

§ 80 Bezugnahme auf aufgehobene Vorschriften. (1) Soweit die Vollstreckung in Landesgesetzen abweichend von diesem Gesetz geregelt ist, sind die Bestimmungen dieses Gesetzes anzuwenden; § 3 bleibt unberührt.

(2) Soweit in Gesetzen und Verordnungen auf Vorschriften Bezug genommen ist, die durch dieses Gesetz außer Kraft gesetzt werden, tritt an ihre Stelle die Bezugnahme auf die entsprechenden Vorschriften dieses Gesetzes.

§ 81 Durchführung. Die erforderlichen Verwaltungsvorschriften erlassen, soweit es sich um die Beitreibung von Geldbeträgen handelt, das Finanzministerium und das für Inneres zuständige Ministerium, im Übrigen das für Inneres zuständige Ministerium im Einvernehmen mit dem zuständigen Fachministerium.

§ 82 Inkrafttreten, Berichtspflicht. [1]Dieses Gesetz tritt am 1. Januar 1958 in Kraft. [2]Die Änderung durch Artikel 1 des Gesetzes vom 18. Dezember 2002 sowie diese Neufassung treten am Tag nach der Verkündung in Kraft. [3]Die Landesregierung überprüft dieses Gesetz bis zum 31. Dezember 2021 und erstattet dem Landtag hierüber Bericht.

Verordnung zur Ausführung des Verwaltungsvollstreckungsgesetzes (Ausführungsverordnung VwVG – VO VwVG NRW)

in der Fassung der Bekanntmachung vom 8. Dezember 2009 (GV NRW S. 787);
zuletzt geändert durch Verordnung vom 21. September 2016 (GV NRW S. 791).

Teil 1

Beitreibung privatrechtlicher Geldforderungen im Verwaltungsvollstreckungsverfahren

§ 1 Zugelassene Forderungen. (1) Nach den Bestimmungen des Verwaltungsvollstreckungsgesetzes NRW können beigetrieben werden

1. privatrechtliche Geldforderungen des Landes, der kommunalen Gebietskörperschaften und der sonstigen juristischen Personen des öffentlichen Rechts, die der Aufsicht des Landes unterstehen, aus
   a) der Inanspruchnahme von Einrichtungen im Sinne von § 107 Absatz 2 Nummer 2 bis 4 der Gemeindeordnung für das Land Nordrhein-Westfalen in der jeweils geltenden Fassung,
   b) der Herstellung und Unterhaltung von Versorgungsleitungen und Hausanschlüssen sowie der Lieferung von Gas, Wasser, Wärme und elektrischer Energie,
   c) der Inanspruchnahme von Krankentransporten und Gesundheitsämtern,
   d) der Benutzung von Hafenanlagen,
   e) der Inanspruchnahme der kommunalen Feuerwehren,
   f) der Lieferung von Holz und sonstigen Forsterzeugnissen, forstlichen Nebennutzungen, sowie der Lieferung von Wild,
   g) der Vermietung, Verpachtung oder sonstigen Überlassung von eigenen Grundstücken, Grundstücksteilen, Gebäuden, Räumen, Anlagen und Einrichtungen,
   h) der Verpachtung oder Überlassung von Rechten an den in Buchstabe g bezeichneten Sachen,
   i) der Nutzung landeseigener Sonderliegenschaften,
   j) der Gewährung von Darlehen nach dem Bundesausbildungsförderungsgesetz, nach den Sozialgesetzbüchern Zweites Buch (SGB II), Neuntes Buch (SGB IX) und Zwölftes Buch (SGB XII) und dem Bundesversorgungsgesetz,
   k) der Gewährung von Darlehen zur Förderung des Wohnens und der Modernisierung von Gebäuden,

l) der Gewährung von Darlehen zur Förderung der gewerblichen Wirtschaft sowie der Land- und Forstwirtschaft,
m) der Gewährung von Siedlungs- und Flurbereinigungsmitteln, die nicht von der Deutschen Siedlungs- und Landesrentenbank verwaltet werden,
n) der Gewährung von Darlehen zur Milderung von Ernteschäden,
o) dem Forderungsübergang nach §§ 90 und 91 des Bundessozialhilfegesetzes, §§ 93 und 94 des Sozialgesetzbuches Zwölftes Buch (SGB XII), § 37 des Bundesausbildungsförderungsgesetzes, § 27g des Bundesversorgungsgesetzes sowie §§ 94, 95 und 96 des Sozialgesetzbuches Achtes Buch (SGB VIII) –, Kinder- und Jugendhilfe – §§ 115, 116 Sozialgesetzbuch X und § 7 Unterhaltsvorschussgesetz in der jeweils geltenden Fassung,
p) der Gewährung von Mikrodarlehen für Kleingründungen,
q) der Gewährung von Darlehen für Gewerbetreibende und Freiberufler in der Kreativwirtschaftsbranche (Kreativdarlehen) oder

2. privatrechtliche Geldforderungen des Landes, der kommunalen Gebietskörperschaften und der sonstigen juristischen Personen des öffentlichen Rechts, die der Aufsicht des Landes unterstehen, auf Rückzahlung von Zuschüssen und Beihilfen, die geleistet wurden
   a) für Zwecke der Sozial- und Jugendhilfe sowie für Einrichtungen der Wohlfahrtspflege,
   b) zur Förderung der gewerblichen Wirtschaft sowie der Land- und Forstwirtschaft,
   c) zu wissenschaftlichen oder kulturellen Zwecken oder
   d) an private Schulen,
3. Erbbauzins nach der Verordnung über das Erbbaurecht vom 15. Januar 1919 (RGBl. S. 72, 122) in der jeweils geltenden Fassung, der dem Land, den kommunalen Gebietskörperschaften oder den sonstigen juristischen Personen des öffentlichen Rechts, die der Aufsicht des Landes unterstehen, geschuldet wird,
4. Beträge, die vom Land, einer kommunalen Gebietskörperschaft oder einer sonstigen juristischen Person des öffentlichen Rechts, die der Aufsicht des Landes untersteht, aufgrund gesetzlicher Verpflichtung verauslagt sind und nach den Vorschriften des bürgerlichen Rechts erstattet werden müssen,
5. die an den Ausfallfonds abgetretenen Ansprüche im Zusammenhang mit Studienbeitragsdarlehen (§§ 17 und 18 Studienbeitrags- und Hochschulabgabengesetz vom 21. März 2006)

(2) Zu den Forderungen nach Absatz 1 gehören auch die Zinsen, Verzugszinsen, Kosten der Zahlungsaufforderungen und sonstigen Nebenforderungen.

Teil 2

Vollstreckungsbehörden, Gläubiger, Kostenbeitrag

§ 2 Vollstreckungsbehörden. (1) Geldforderungen der in § 1 Verwaltungsvollstreckungsgesetz NRW genannten Art werden für die in § 4 dieser Verordnung genannten Gläubiger von den Vollstreckungsbehörden der Gemeinden beigetrieben.

(2) Die Vollstreckungsbehörde der Gemeinde am Sitz des Gläubigers ist zuständig, wenn sich das Verwaltungszwangsverfahren gegen einen Schuldner richtet, der seinen Wohnsitz oder gewöhnlichen Aufenthalt außerhalb des Landes Nordrhein-Westfalen hat.

(3) Geldforderungen der NRW.BANK der in § 1 Verwaltungsvollstreckungsgesetz NRW genannten Art werden von der Landeskasse Düsseldorf als Vollstreckungsbehörde beigetrieben.

(4) Die Absätze 1 bis 3 gelten nicht, soweit gesetzliche Vorschriften für bestimmte Forderungen die unmittelbare Inanspruchnahme bestimmter Vollstreckungsbehörden oder ein anderes Vollstreckungsverfahren vorsehen.

§ 3 Besondere Vollstreckungsbehörden. (1) Die nachfolgend aufgeführten Stellen nehmen die Aufgabe der Vollstreckungsbehörde für die Beitreibung der ihnen zustehenden Geldforderungen der in § 1 Verwaltungsvollstreckungsgesetz NRW genannten Art wahr:

1. das Universitätsklinikum Aachen, das Universitätsklinikum Bonn, das Universitätsklinikum Düsseldorf, das Universitätsklinikum Essen, das Universitätsklinikum Köln und das Universitätsklinikum Münster,
2. das Landesamt für Besoldung und Versorgung Nordrhein-Westfalen,
3. die Landesbetriebe
   a) Information und Technik Nordrhein-Westfalen,
   b) Mess- und Eichwesen Nordrhein-Westfalen,
   c) Geologischer Dienst Nordrhein-Westfalen und
   d) Straßenbau Nordrhein-Westfalen.

(2) [1]Zentrale Vollstreckungsbehörde der Hochschulen für die Beitreibung von Geldforderungen der in § 1 des Verwaltungsvollstreckungsgesetzes NRW genannten Art ist mit Ablauf des 30. Juni 2017 die Universität Düsseldorf für alle in § 1 Absatz 2 des Hochschulgesetzes vom 16. September 2014 (GV. NRW. S. 547) in der jeweils geltenden Fassung genannten Hochschulen. [2]Bis zum Ablauf des 30. Juni 2017 sind Zentrale Vollstreckungsbehörden der Hochschulen im Sinne des Satzes 1 die Universität Düsseldorf für alle in den Regierungsbezirken Arnsberg, Detmold, Düsseldorf und Münster, die Universität Köln für alle im Regierungsbezirk Köln gelegenen und in § 1 Absatz 2 des Hochschulgesetzes genannten Hochschulen.

§ 4 Gläubiger. Gläubiger im Sinne von § 2 dieser Verordnung sind folgende Körperschaften und Anstalten des öffentlichen Rechts, soweit sie im Lande

Nordrhein-Westfalen ihren Sitz haben und der Landesaufsicht unterstehen, ferner folgende Personen, denen durch Gesetz hoheitliche Aufgaben übertragen sind und die der Landesaufsicht unterstehen:

1. Anstalten des öffentlichen Rechts im Sinne des § 114a Gemeindeordnung,
2. Architektenkammer Nordrhein-Westfalen,
3. Gemeinsame Kommunalunternehmen im Sinne der §§ 27 und 28 des Gesetzes über kommunale Gemeinschaftsarbeit,
4. Industrie- und Handelskammern,
5. Ingenieurkammer-Bau Nordrhein-Westfalen,
6. Kammern im Sinne von § 1 Heilberufsgesetz NRW,
7. Kassenärztliche und Kassenzahnärztliche Vereinigungen,
8. Kirchengemeinden und Verbände von Kirchengemeinden der Erzbistümer/Bistümer Köln, Paderborn, Aachen, Essen, Münster,
9. Kirchengemeinden und Verbände von Kirchengemeinden der Evangelischen Kirche im Lande Nordrhein-Westfalen,
10. Landesanstalt für Medien Nordrhein-Westfalen,
11. Landesunmittelbare Träger der gesetzlichen Rentenversicherung,
12. Landesunmittelbare Unfallversicherungsträger der öffentlichen Hand,
13. Landwirtschaftskammer,
14. Medizinische Dienste der Krankenversicherung,
15. Öffentlich bestellte Vermessungsingenieure,
16. Orts-, Innungs- und Betriebskrankenkassen und deren Verbände,
17. Pflegekassen,
18. Steuerberaterkammern,
19. Träger der landwirtschaftlichen Sozialversicherung Nordrhein-Westfalen,
20. Untersuchungsanstalten nach § 2 Absatz 1 des Gesetzes zur Bildung integrierter Untersuchungsanstalten für Bereiche des Verbraucherschutzes,
21. Versorgungswerke der Kammern im Sinne von § 1 Heilberufsgesetz NRW,
22. Versorgungswerk der Rechtsanwälte im Lande Nordrhein-Westfalen,
23. Versorgungswerk der Wirtschaftsprüfer und der vereidigten Buchprüfer im Lande Nordrhein-Westfalen,
24. Wasser- und Bodenverbände im Sinne von § 1 Wasserverbandsgesetz vom 12. Februar 1991,
25. Westdeutscher Rundfunk, Köln,
    a) soweit es um die Beitreibung rückständiger Rundfunkgebühren geht,
    b) für sonstige Forderungen.

§ 5 Kostenbeitrag. (1) [1]Die in § 4 genannten Gläubiger haben mit der Auftragserteilung an die in Anspruch genommene Vollstreckungsbehörde je Vollstreckungsersuchen einen Kostenbeitrag von 23 Euro zu zahlen. [2]Im Falle von § 4 Nummer 25 Buchstabe a ist der gleiche Kostenbeitrag zu zahlen.

(2) Für die unmittelbare Inanspruchnahme bestimmter Vollstreckungsbehörden im Sinne von § 2 Absatz 2 Satz 3 Verwaltungsvollstreckungsgesetz NRW gilt Absatz 1 Satz 1 entsprechend.

(3) Für Ersuchen um Vollstreckungshilfe nach § 7 Absatz 6 Satz 2 des Rundfunkgebührenstaatsvertrags vom 31. August 1991 (GV. NRW. S. 408) gilt Absatz 1 Satz 1 entsprechend.

(4) Im Falle von § 2 Absatz 3 bestimmt sich der Kostenbeitrag nach einer gesonderten Vereinbarung zwischen der Landeskasse und der NRW. BANK, die der vorherigen Zustimmung des Finanzministeriums bedarf.

Teil 3

Besondere Vollzugsbehörden

§ 6 Kreisordnungsbehörden. Zuständig für den Vollzug der Verwaltungsakte der Bezirksregierungen nach § 7 des Abgrabungsgesetzes in der Fassung der Bekanntmachung vom 23. November 1979 (GV. NRW. S. 922) in der jeweils geltenden Fassung sind die Kreisordnungsbehörden.

§ 7 Bezirksregierung. Zuständig für den Vollzug der Verwaltungsakte der Bezirksregierung Düsseldorf nach den §§ 8 bis 10, 12, 19 und 20 des Gentechnikgesetzes in der Fassung der Bekanntmachung vom 16. Dezember 1993 (BGBl. I. S. 2066) in der jeweils geltenden Fassung ist die jeweils örtlich zuständige Bezirksregierung.

Teil 4

Kostenordnung zum Verwaltungsvollstreckungsgesetz

Kapitel 1

Gebühren

§ 8 Gebührenarten. Für Amtshandlungen nach dem ersten und zweiten Abschnitt des Verwaltungsvollstreckungsgesetzes NRW werden folgende Gebühren erhoben:
1. Mahngebühr,
2. Pfändungsgebühr,
3. Versteigerungs- oder Verwertungsgebühr,
4. Wegnahmegebühr,
5. Schreibgebühr,
6. Verwaltungsgebühr,
7. Gebühr für die Abnahme der Vermögensauskunft.

§ 9 Mahngebühr. (1) Die Mahngebühr wird für die Mahnung nach § 19 Verwaltungsvollstreckungsgesetz NRW erhoben.

(2) [1]Die Mahngebühr beträgt bei Mahnbeträgen bis zu 50 Euro einschließlich 6 Euro, von dem Mehrbetrag eins vom Hundert. [2]In den Fällen, in denen neben den Mahngebühren bei Eintritt der Voraussetzungen auch Säumniszu-

schläge gemäß § 240 Abgabenordnung, § 12 Kommunalabgabengesetz in Verbindung mit § 240 Abgabenordnung oder § 18 Gebührengesetz NRW zu erheben sind, beträgt die Mahngebühr jedoch höchstens 52 Euro. [3]Die Mahngebühr wird auch bei wiederholter Mahnung für die gleiche Forderung nur einmal erhoben.

(3) Die Gebührenschuld entsteht, sobald das Mahnschreiben zur Post gegeben ist oder der mit seiner Überbringung Beauftragte Schritte zur Ausführung des Auftrages unternommen hat.

(4) Für die öffentliche Mahnung wird keine Gebühr erhoben.

§ 10 Gemeinsame Vorschriften für die Pfändungsgebühr und die Versteigerungs- oder Verwertungsgebühr. (1) Im Vollstreckungsverfahren werden Gebühren erhoben:

1. für die Pfändung von Sachen, von Forderungen oder anderen Vermögensrechten (Pfändungsgebühr – § 11),
2. für die Versteigerung oder die sonstige Verwertung, insbesondere den Verkauf von Gegenständen aus freier Hand (Versteigerungs- oder Verwertungsgebühr – § 12).

(2) [1]Gebührenpflichtig ist jede Vollstreckungsmaßnahme, auch wenn verschiedene Vollstreckungsmaßnahmen zur Beitreibung derselben Forderung nebeneinander oder nacheinander ergriffen werden. [2]Dagegen entsteht die Gebührenschuld nur einmal, wenn dieselbe Maßnahme der Vollstreckung mehrerer Forderungen dient. [3]Sie richtet sich dann nach der Summe der Forderungen.

§ 11 Pfändungsgebühr. (1) [1]Die Pfändungsgebühr beträgt von dem Betrag (§ 17) bis zu 50 Euro einschließlich 20 Euro, von dem Mehrbetrag eins vom Hundert. [2]Benötigt die Pfändung länger als 3 Stunden, so erhöht sich die Gebühr für jede weitere angefangene Stunde um 15 Euro. [3]Erfolgt im Rahmen der Pfändung eines zugelassenen Kraftfahrzeuges der Einsatz einer Wegfahrsperre, so können weitere 10 Euro berechnet werden.

(2) Die Gebührenschuld entsteht,

1. sobald der Auftrag zur Pfändung von Sachen oder zur Inbesitznahme von Wertpapieren (§ 42 Verwaltungsvollstreckungsgesetz NRW) dem Vollziehungsbeamten zugeht,
2. bei der Pfändung von Forderungen und anderen Vermögensrechten, sobald die Vollstreckungsbehörde die Pfändungsverfügung zum Zwecke der Zustellung zur Post gegeben oder der mit der Zustellung Beauftragte Schritte zur Ausführung des Auftrages unternommen hat.

(3) Die Pfändungsgebühr wird im Falle des Absatzes 2 Nummer 1 nicht erhoben, wenn die Vollstreckungsbehörde den Auftrag zurücknimmt, bevor sich der Vollziehungsbeamte zum Zwecke der Pfändung an Ort und Stelle begeben hat.

(4) Wird die Pfändung von Sachen vom Schuldner nach § 6a Absatz 1 Buchstabe c und d Verwaltungsvollstreckungsgesetz NRW abgewendet, so ist

1. die volle Pfändungsgebühr zu entrichten, wenn an den Gläubiger, die Vollstreckungsbehörde oder den Vollziehungsbeamten erst gezahlt wird, nachdem dieser sich bereits zur Vornahme der Pfändung an Ort und Stelle begeben hat,
2. die halbe Pfändungsgebühr zu entrichten, wenn an den Vollziehungsbeamten gezahlt wird, bevor er sich an Ort und Stelle begeben hat, oder wenn die Pfändung, nachdem der Vollziehungsbeamte an Ort und Stelle erschienen ist, dadurch abgewendet wird, dass ihm eine Fristbewilligung oder die Bezahlung der Schuld an den Gläubiger oder die Vollstreckungsbehörde nachgewiesen wird.

(5) Bei der Pfändung von Sachen wird die Pfändungsgebühr auch für Anschlusspfändungen sowie für Pfändungsversuche erhoben, die deshalb erfolglos bleiben, weil der Vollziehungsbeamte keine zur Pfändung geeigneten Sachen vorfindet oder weil sich von der Verwertung der zu pfändenden Gegenstände ein Überschuss über die Kosten der Zwangsvollstreckung nicht erwarten lässt.

§ 12 Versteigerungs- oder Verwertungsgebühr. (1) [1]Die Gebühr beträgt von dem Betrag (§ 17 Absatz 2) bis zu 50 Euro einschließlich 20 Euro, von dem Mehrbetrag zwei vom Hundert. [2]Benötigt die Versteigerung vor Ort oder die Verwertung länger als drei Stunden, so erhöht sich die Gebühr für jede weitere angefangene Stunde um 15 Euro.

(2) Die Gebührenschuld entsteht, sobald der Auftrag zur Versteigerung dem Vollziehungsbeamten oder dem sonstigen Beauftragten zugeht.

(3) Weist der Schuldner vor Beginn der Versteigerung nach, dass die Schuld gezahlt oder gestundet ist, oder zahlt er vor Beginn der Versteigerung die volle Schuld einschließlich Kosten und Säumniszuschlag, so wird die Gebühr nur in halber Höhe nach dem vermutlichen Versteigerungserlös erhoben.

(4) Die Versteigerungsgebühr wird nicht erhoben, wenn die Vollstreckungsbehörde den Auftrag zur Versteigerung zurücknimmt, bevor der Beauftragte Schritte zur Ausführung des Auftrages unternommen hat.

(5) Die Bestimmungen der Absätze 2 bis 4 gelten entsprechend im Falle des Verkaufs aus freier Hand oder der anderweitigen Verwertung der Pfandsache (§ 37 Verwaltungsvollstreckungsgesetz NRW).

§ 13 Wegnahmegebühr. (1) Die Wegnahmegebühr wird erhoben für die Wegnahme von Sachen im Wege unmittelbaren Zwanges (§ 62 Verwaltungsvollstreckungsgesetz NRW) und für die Wegnahme von Urkunden durch den Vollziehungsbeamten (§ 44 Absatz 2 Satz 5 Verwaltungsvollstreckungsgesetz NRW).

(2) [1]Die Gebühr beträgt 20 Euro. [2]Benötigt die Versteigerung oder die Verwertung länger als drei Stunden, so erhöht sich die Gebühr für jede weitere angefangene Stunde um 15 Euro.

(3) Die Gebührenschuld entsteht, sobald der Beauftragte der Vollzugsbehörde oder der Vollstreckungsbehörde Schritte zur Ausführung des Auftrages unternommen hat.

§ 14 Schreibgebühr. (1) Schreibgebühren werden erhoben für alle auf Antrag erteilten Abschriften, für sonstige Vervielfältigungen von Schriftstücken oder für Ausdrucke elektronischer Dokumente.

(2) Die Gebühr beträgt für jede angefangene Seite 0,50 Euro.

(3) [1]Die Gebührenschuld entsteht, sobald der Antrag der Behörde zugegangen ist. [2]Die Gebühr wird nicht erhoben, wenn der Antrag zurückgenommen wird, bevor mit der Anfertigung der Vervielfältigung begonnen wird.

§ 15 Verwaltungsgebühr. (1) [1]Verwaltungsgebühren werden erhoben für die nachfolgend aufgeführten Amtshandlungen der Vollzugsbehörden im Zusammenhang mit dem Verwaltungszwang. [2]Im Falle einer Pauschale wird auf die in § 77 Absatz 2 Satz 6 bis 10 Verwaltungsvollstreckungsgesetz NRW festgelegten Vomhundertsätze verwiesen.

lfd. Nr.	Gegenstand	Gebühr in Euro
1	Beseitigung einer Gefahr für ein oberirdisches Gewässer oder für das Grundwasser einschließlich Durchführung einer Gefahrenumfangsermittlung, soweit diese nicht einer ersten Gefahrenerforschung dient	Pauschale, mindestens 25
2	Maßnahme nach § 19i Wasserhaushaltsgesetz	Pauschale, mindestens 25
3	Beseitigung einer unerlaubten Abfallablagerung	Pauschale, mindestens 25
4	Beseitigung eines baurechtswidrigen Zustandes	Pauschale, mindestens 25
5	Absperren einer nicht oder unvollständig gesicherten Baustelle	25 bis 100
6	Wiederaufstellen eines umgestürzten Bauzaunes	25 bis 250
7	Abschleppen eines zugelassenen Kraftfahrzeuges	25 bis 150
8	Abschleppen und Entsorgen eines nicht zugelassenen Kraftfahrzeuges	25 bis 500
9	Beseitigung eines Baumes, der vom Umsturz bedroht oder umgestürzt ist	Pauschale, mindestens 25
10	Wegnahme und anderweitige Unterbringung eines Tieres nach dem Tierschutzgesetz und nach den artenschutzrechtlichen Bestimmungen	25 bis 300
11	Veranlassung der Bestattung durch die Ordnungsbehörde	25 bis 300

lfd. Nr.	Gegenstand	Gebühr in Euro
12	Beseitigung eines unerlaubt angebrachten oder nach Ablauf einer befristeten Genehmigung nicht entfernten Plakats oder Entfernung von Farbaufträgen an einem öffentlichen Gebäude	25 bis 500
13	Sicherstellung einer Sache	25 bis 250
14	Verwahrung einer sichergestellten Sache	25 bis 150
15	Entsetzung aus dem Besitz einer unbeweglichen Sache, eines Raumes oder eines Schiffes (Zwangsräumung, siehe § 62a Verwaltungsvollstreckungsgesetz NRW)	75 bis 300

(2) Die Gebührenschuld entsteht, sobald die Anwendung des Verwaltungszwangs (§§ 65, 55 Absatz 2 Verwaltungsvollstreckungsgesetz NRW), die Sicherstellung oder die Verwahrung begonnen hat.

(3) Von der Gebührenerhebung kann abgesehen werden, wenn der Vollzug eingestellt wird.

§ 16 Gebühr für die Abnahme der Vermögensauskunft. (1) Die Gebühr wird erhoben für die Abnahme der Vermögensauskunft durch die Vollstreckungsbehörde nach § 5a und nach § 44 Absatz 2 Verwaltungsvollstreckungsgesetz NRW.

(2) Die Gebühr beträgt 30 Euro.

(3) [1]Die Gebühr entsteht mit dem Zugang der Ladung zur Abgabe der Vermögensauskunft. [2]Wird zu einem späteren Zeitpunkt von der Abnahme der Vermögensauskunft abgesehen, so kann die Gebühr vermindert oder von ihrer Erhebung ganz abgesehen werden.

§ 17 Gebührenberechnung. (1) [1]Bei Feststellung des Betrages, von dem die Gebühren berechnet werden, sind Säumniszuschläge, Zinsen und Kosten nicht zu berücksichtigen, wenn sie nicht selbständig, sondern als Nebenschulden zusammen mit einer Hauptschuld geltend gemacht werden. [2]Werden mehrere Forderungen in einem Mahnschreiben angemahnt, kann die Mahngebühr nach der Summe der angemahnten Beträge errechnet werden.

(2) Bei Ausführung einer Versteigerung oder bei einem Verkauf aus freier Hand wird die Gebühr von dem Erlös berechnet, soweit er nicht die Summe der beizutreibenden Beträge übersteigt.

(3) [1]Zur Berechnung der Gebühren werden die Beträge, derentwegen gemahnt oder vollstreckt wird, auf volle Euro abgerundet. [2]Das Gleiche gilt für die Gebühren selbst.

§ 18 Mehrheit von Schuldnern. (1) Wird gegen mehrere Schuldner wegen verschiedener Forderungen gleichzeitig vollstreckt, so werden die Vollstreckungsgebühren von jedem Vollstreckungsschuldner besonders erhoben.

(2) [1]Absatz 1 gilt auch, wenn gegen mehrere Schuldner aus einer Forderung vollstreckt wird, für die sie als Gesamtschuldner haften. [2]Sind die Gesamtschuldner jedoch Eheleute oder Lebenspartner im Sinne des Gesetzes über die Eingetragene Lebenspartnerschaft (Lebenspartnerschaftsgesetz), so werden die Gebühren nur einmal erhoben; für die Gebühren haften die Eheleute oder Lebenspartner als Gesamtschuldner.

(3) Die Gebühr wird nur einmal erhoben, wenn gegen mehrere Schuldner, die miteinander in einem Gesamthandverhältnis stehen, in das Gesamthandvermögen vollstreckt wird.

Kapitel 2

Auslagen

§ 19 Auslagen im Mahnverfahren. Im Mahnverfahren werden Auslagen, insbesondere Entgelte für Postdienste, nicht erhoben.

§ 20 Auslagen der Vollstreckungs- und Vollzugsbehörden. (1) Reisekosten der Vollziehungsbeamten und der Vollzugsbeamten werden mit Ausnahme eines Wegegeldes nicht erstattet.

(2) [1]Die übrigen Auslagen sind der Vollstreckungsbehörde vom Vollstreckungsschuldner, der Vollzugsbehörde vom Pflichtigen zu erstatten. [2]Zu den Auslagen gehören insbesondere:

1. Entgelte für Post- und Telekommunikationsleistungen,
2. Kosten, die durch öffentliche Bekanntmachungen entstehen,
3. Beträge, die den vom Vollziehungsbeamten zum Öffnen von Türen oder Behältnissen zugezogenen Personen zu zahlen sind, ferner die Ausgaben für Beförderung, Verwahrung und Beaufsichtigung gepfändeter Sachen, für die Aberntung gepfändeter Früchte und die Erhaltung gepfändeter Tiere,
4. die an Treuhändler, Zeugen, Sachverständige und Hilfspersonen des Vollziehungsbeamten zu zahlenden Beträge,
5. anlässlich der Pfandverwertung zu entrichtende Steuern,
6. Gerichtskosten, insbesondere soweit sie bei der Abnahme der Vermögensauskunft oder bei der Zwangsvollstreckung in das unbewegliche Vermögen entstehen, und in den Fällen des § 39 Verwaltungsvollstreckungsgesetz NRW etwaige Gebühren und Auslagen des Gerichtsvollziehers,
7. Beträge, die bei der Ersatzvornahme oder bei der Anwendung unmittelbaren Zwanges an Beauftragte und an Hilfspersonen zu zahlen sind, sowie Kosten, die der Vollzugsbehörde (§ 56 Verwaltungsvollstreckungsgesetz NRW) durch die Ersatzvornahme entstanden sind, sowie auch Zinsansprüche gemäß § 59 Absatz 3 Verwaltungsvollstreckungsgesetz NRW,
8. sonstige durch Ausführung des unmittelbaren Zwanges, durch Anwendung der Ersatzzwangshaft, durch Sicherstellung oder Verwahrung entstandenen Kosten,

9. Kosten, die von Dritten für die Erteilung von Auskünften in Rechnung gestellt werden.

(3) Werden bei mehreren Schuldnern gepfändete Sachen gemeinsam versteigert oder aus freier Hand veräußert, so sind die Auslagen der gemeinsamen Verwertung auf die beteiligten Schuldner, unbeschadet der Erhebung der Versteigerungsgebühren von jedem einzelnen Schuldner gemäß § 18 Absatz 1, angemessen zu verteilen.

(4) [1]Die Pflicht zum Ersatz von Auslagen, die der Behörde im Rahmen der Ersatzvornahme oder der Sicherstellung entstanden sind, wird mit ihrer Entstehung fällig. [2]Die Herausgabe einer sichergestellten Sache an den Berechtigten ist von der Zahlung einer Sicherheitsleistung bis zur voraussichtlichen Höhe der noch festzusetzenden Kosten abhängig.

(5) Auslagen sind auch dann zu erstatten, wenn in dem Verfahren keine Gebührenschuld entsteht oder eine zunächst entstandene Gebührenschuld ganz oder teilweise wieder fortgefallen ist; § 24 bleibt unberührt.

§ 21 Wegegeld. (1) [1]Für jede Dienstreise und jeden Dienstgang des Vollziehungsbeamten und des Vollzugsbeamten wird ein Wegegeld erhoben. [2]Für die Berechnung des Wegegeldes ist die Entfernung zwischen der Dienststelle und dem Ort, an dem die Vollstreckungshandlung vorgenommen wird, maßgeblich. [3]Das Wegegeld beträgt bei Entfernungen

1. bis zu 10 Kilometer	2,50 EUR,
2. mehr als 10 Kilometer bis 20 Kilometer	5,00 EUR,
3. mehr als 20 Kilometer bis 30 Kilometer	7,50 EUR,
4. von mehr als 30 Kilometer	10,00 EUR.

(2) Wegegeld wird nur für die im räumlichen Zuständigkeitsbereich der Vollstreckungsbehörde zur Durchführung des Auftrages zurückgelegte Wegstrecke erhoben.

(3) [1]Für die Berechnung des Wegegeldes ist es ohne Belang, wie der Vollziehungsbeamte oder der Vollzugsbeamte die für die Erledigung des Auftrages erforderliche Wegstrecke zurücklegt. [2]Werden auf einer Dienstreise oder einem Dienstgang mehrere Vollstreckungsaufträge durchgeführt, wird das Wegegeld für jeden Auftrag gesondert gemäß Absatz 1 Satz 2 berechnet.

(4) [1]Wegegeld kann für jeden Vollstreckungsauftrag nur einmal erhoben werden. [2]Werden mehrere Wege zurückgelegt, ist der Weg mit der weitesten Entfernung maßgebend. [3]Ist die Erfolglosigkeit einer Vollstreckungshandlung auf das Verschulden des Vollstreckungsschuldners zurückzuführen oder werden Teilbeträge einbezogen, so kann ein gesondertes Wegegeld erhoben werden.

(5) Das Wegegeld wird auch dann erhoben, wenn der Vollstreckungsauftrag nach Antritt des Weges seine Erledigung gefunden hat.

Kapitel 3

Gemeinsame Vorschriften

§ 22 Inanspruchnahme von Gerichtsvollziehern. Für Zwangsvollstreckungen, die durch Gerichtsvollzieher oder durch Vollziehungsbeamte der Justiz ausgeführt werden (§ 11 Absatz 3 Verwaltungsvollstreckungsgesetz NRW), gelten die Bestimmungen der §§ 8 bis 24 nicht.

§ 23 Kostenhaftung. (1) Die Kosten der Zwangsvollstreckung werden von der Vollstreckungsbehörde aus den beigetriebenen und den eingezahlten Geldern entnommen.

(2) Reicht der Erlös einer Zwangsvollstreckung oder die Zahlung des Schuldners zur Deckung der beizutreibenden Forderung und der Kosten nicht aus, so sind, soweit für die Reihenfolge der Anrechnung nicht anderweitige Bestimmungen maßgebend sind, zunächst die in Ansatz gebrachten Gebühren, sodann die übrigen Kosten der Zwangsvollstreckung zu decken.

(3) Dient die Vollstreckung der Beitreibung eines Zwangsgeldes, an dessen Stelle im Nichtbeitreibungsfalle Ersatzzwangshaft treten kann (§ 61 Verwaltungsvollstreckungsgesetz NRW), so sind nicht ausreichende Beträge zunächst auf das Zwangsgeld zu verrechnen.

(4) [1]Im Falle der Amtshilfe gehen Kostenansprüche der ersuchten Behörde den Kostenansprüchen der ersuchenden Behörde vor. [2]Etwaige Gebührenausfälle sind der ersuchten Vollstreckungsbehörde neben den Auslagen nur dann vom Gläubiger zu erstatten, wenn dieser nicht selbst Vollstreckungsbehörde ist (§ 20 Absatz 2 Verwaltungsvollstreckungsgesetz NRW).

§ 24 Abweichende Kostenberechnung. (1) Kosten, die durch unrichtige Behandlung der Sache entstanden sind, werden nicht erhoben.

(2) Die Vollstreckungs- oder Vollzugsbehörde kann auch in anderen Fällen von der Berechnung und Beitreibung der Gebühren und Auslagen ganz oder teilweise absehen, wenn es sich um geringfügige Beträge handelt oder nach Begleichung der Hauptschuld die Beitreibung der Kosten für den Schuldner eine unbillige Härte bedeuten oder neue, nicht vertretbare Kosten verursachen würde.

(3) Die Vollstreckungsbehörde kann die in den §§ 11 und 13 vorgesehenen Gebühren bis auf das Doppelte des Betrages erhöhen, wenn aus Gründen, die der Schuldner zu vertreten hat, die Vollstreckung den Einsatz mehrerer Vollziehungsbeamten erfordert oder besondere Aufwendungen notwendig macht oder zur Nachtzeit oder an Sonn- und Feiertagen durchgeführt werden muss und dadurch erhöhte Kosten entstehen, die die normale Gebühr übersteigen, jedoch nicht als Auslagen im Sinne des § 20 behandelt werden können.

Teil 5

Schlussvorschriften

§ 25 Inkrafttreten, Außerkrafttreten.
[1]Diese Verordnung tritt am Tage nach ihrer Verkündung in Kraft. [2]Sie tritt mit Ablauf des 31. Dezember 2019 außer Kraft.

Gebührengesetz für das Land Nordrhein-Westfalen (GebG NRW)

in der Fassung der Bekanntmachung vom 23. August 1999 (GV NRW S. 524); zuletzt geändert durch Gesetz vom 8. Dezember 2015 (GV NRW 2003 S. 836).

INHALTSÜBERSICHT

1. Abschnitt

Anwendungsbereich

§ 1 Gegenstand des Gesetzes. (1) Gegenstand dieses Gesetzes sind die Kosten, die als Gegenleistung

1. für die besondere öffentlich-rechtliche Verwaltungstätigkeit (Amtshandlung) einer Behörde des Landes, der Gemeinden, der Gemeindeverbände und der sonstigen unter Aufsicht des Landes stehenden juristischen Personen des öffentlichen Rechts,

2. für die Benutzung öffentlicher Einrichtungen und Anlagen des Landes und der unter Aufsicht des Landes stehenden nicht kommunalen juristischen Personen des öffentlichen Rechts in der Form von Verwaltungsgebühren (Nummer 1), Benutzungsgebühren (Nummer 2) und Auslagenerstattung erhoben werden.

(2) [1]Dieses Gesetz gilt nicht,
1. soweit Kosten Gegenstand besonderer Regelung durch Gesetz, auf Grund eines Gesetzes oder durch öffentlich-rechtlichen Vertrag sind,
2. für die Kosten
   1. der Gemeinden, Gemeindeverbände und der sonstigen juristischen Personen des öffentlichen Rechts in Angelegenheiten ihrer Selbstverwaltung,
   2. der Gerichte,
   3. der Behörden der Justizverwaltung und der Gerichtsverwaltung.

[2]Pflichtaufgaben nach Weisung gelten nicht als Angelegenheiten der Selbstverwaltung im Sinne von Nummer 2.1.

(3) Behörde im Sinne dieses Gesetzes ist jede Stelle, die Aufgaben der öffentlichen Verwaltung wahrnimmt.

2. Abschnitt

Ermächtigung zum Erlass von Verwaltungsgebührenordnungen

§ 2 Gebührenordnungen. (1) Die einzelnen Amtshandlungen, für die Gebühren erhoben werden, und die Gebührensätze sind unter Beachtung der §§ 3 bis 6 in Gebührenordnungen zu bestimmen.

(2) [1]Die Gebührenordnungen erlässt die Landesregierung. [2]Sie kann diese Befugnis für bestimmte Bereiche der Verwaltung auf das dafür zuständige Ministerium übertragen; in diesem Falle hat das zuständige Ministerium das Einvernehmen des Innenministeriums und des Finanzministeriums herbeizuführen.

(3) [1]Die Gemeinden und Gemeindeverbände können in ihrem Aufgabenbereich für Amtshandlungen, die in Gebührenordnungen im Sinne des Absatzes 2 erfasst sind, eigene Gebührenordnungen (Satzungen) mit abweichenden Gebührensätzen erlassen. [2]Dies gilt nicht, wenn Amtshandlungen mit gleicher rechtlicher Wirkung von Öffentlich bestellten Vermessungsingenieurinnen/Öffentlich bestellten Vermessungsingenieuren ausgeführt werden können oder wenn Amtshandlungen in gleicher Weise auch von privaten Sachverständigen für die Grundstückswertermittlung erbracht werden können. [3]Dies gilt auch nicht für Amtshandlungen im Gesundheitswesen und bei Auskünften nach dem Umweltinformationsgesetz, soweit sie in den in Absatz 2 genannten Gebührenordnungen ausdrücklich ausgenommen sind.

§ 3 Bemessung der Gebührensätze. (1) Zwischen der den Verwaltungsaufwand berücksichtigenden Höhe der Gebühr einerseits und der Bedeutung, dem wirtschaftlichen Wert oder dem sonstigen Nutzen der Amtshandlung für den Kostenschuldner andererseits hat ein angemessenes Verhältnis zu bestehen.

(2) Enthält ein Rechtsakt der Europäischen Gemeinschaften Vorgaben für die Bemessung von Gebühren, so sind die Gebühren nach Maßgabe dieses Rechtsakts festzusetzen.

§ 4 Gebührenbemessungsarten. Die Gebühren sind durch feste Sätze, nach dem Wert des Gegenstandes, nach der Dauer der Amtshandlung oder durch Rahmensätze zu bestimmen.

§ 5 Pauschgebühren. [1]Zur Abgeltung mehrfacher, gleichartiger, denselben Gebührenschuldner betreffender Amtshandlungen können für einen im Voraus bestimmten Zeitraum, der ein Jahr nicht überschreiten darf, Pauschgebühren vorgesehen werden. [2]Ist zu erwarten, dass die Pauschgebühr den Verwaltungsaufwand verringert, so ist dies bei der Bemessung des Gebührensatzes zu berücksichtigen.

§ 6 Ermäßigung und Befreiung. [1]Aus Gründen der Billigkeit, insbesondere zur Vermeidung sozialer Härten, kann Gebührenermäßigung und Auslagenermäßigung sowie Gebührenbefreiung und Auslagenbefreiung vorgesehen und zugelassen werden. [2]Dasselbe gilt für Amtshandlungen, die einem von der handelnden Behörde wahrzunehmenden öffentlichen Interesse dienen.

3. Abschnitt

Allgemeine Vorschriften zu den Verwaltungsgebühren

§ 7 Sachliche Gebührenfreiheit. (1) Verwaltungsgebühren werden nicht erhoben für

1. mündliche und einfache schriftliche Auskünfte, soweit nicht durch Gebührenordnung etwas anderes bestimmt ist,
2. Amtshandlungen in Gnadensachen und bei Dienstaufsichtsbeschwerden,
3. Amtshandlungen, die sich aus einem bestehenden oder früheren Dienst- oder Arbeitsverhältnis von Bediensteten im öffentlichen Dienst oder aus einem bestehenden oder früheren öffentlich-rechtlichen Amtsverhältnis ergeben,
4. Amtshandlungen, die sich aus einer bestehenden oder früheren gesetzlichen Dienstpflicht oder einer Tätigkeit ergeben, die anstelle der gesetzlichen Dienstpflicht geleistet werden kann.

(2) Absatz 1 Nr. 3 und 4 gilt nicht für Amtshandlungen der Gesundheitsämter.

§ 8 Persönliche Gebührenfreiheit. (1) Von Verwaltungsgebühren sind befreit
1. die Bundesrepublik Deutschland und die bundesunmittelbaren juristischen Personen des öffentlichen Rechts, deren Ausgaben ganz oder teilweise auf Grund gesetzlicher Verpflichtung aus dem Haushalt des Bundes getragen werden,
2. das Land und die juristischen Personen des öffentlichen Rechts, die nach dem Haushaltsplan des Landes für Rechnung des Landes verwaltet werden, sowie die Hochschulen in der Trägerschaft des Landes, soweit die Amtshandlung unmittelbar der Durchführung der Aufgaben im Sinne des § 3 Hochschulgesetz dient,
3. die anderen Länder, soweit Gegenseitigkeit gewährleistet ist,
4. die Gemeinden und Gemeindeverbände, sofern die Amtshandlung nicht ihre wirtschaftlichen Unternehmen betrifft,
5. die Kirchen und die Religionsgemeinschaften des öffentlichen Rechts, soweit die Amtshandlung unmittelbar der Durchführung kirchlicher Zwecke im Sinne des § 54 der Abgabenordnung dient.

(2) Die Befreiung tritt nicht ein, soweit die in Absatz 1 Genannten berechtigt sind, von ihnen zu zahlende Gebühren Dritten aufzuerlegen, oder wenn sonstwie Dritte mit dem betreffenden Betrag belastet werden können.

(3) [1]Eine dem Absatz 1 Nr. 1 bis 3 entsprechende Gebührenfreiheit besteht nicht für Sondervermögen und Bundesbetriebe im Sinne des Artikels 110 Abs. 1 des Grundgesetzes, für gleichartige Einrichtungen eines Landes sowie für öffentlich-rechtliche Unternehmen, an denen der Bund oder ein Land beteiligt ist. [2]Satz 1 gilt nicht, soweit Sondervermögen des Landes oder Landesbetriebe im Rahmen eines Kontrahierungszwanges oder sonstiger öffentlich-rechtlicher Bindungen für das Land Nordrhein-Westfalen, den Bund oder für landes- oder bundesunmittelbare juristische Personen des öffentlichen Rechts tätig werden. [3]Hierzu erlässt die jeweils zuständige Aufsichtsbehörde des Sondervermögens oder des Landesbetriebes Ausführungsbestimmungen.

(4) [1]Zur Zahlung von Gebühren bleiben die in Absatz 1 genannten Rechtsträger für Amtshandlungen folgender Behörden verpflichtet:
1. Der Geologische Dienst NRW – Landesbetrieb –,
2. die Prüfämter für Baustatik,
3. das Landesamt für Natur, Umwelt und Verbraucherschutz,
4. das Landesinstitut für Arbeitsgestaltung,
5. die unteren Gesundheitsbehörden,
6. das Landeszentrum Gesundheit Nordrhein-Westfalen,
7. die Vermessungs- und Katasterbehörden,
8. Gutachterausschüsse und der Obere Gutachterausschuss nach §§ 192 ff. Baugesetzbuch und deren Geschäftsstellen,
9. der Landesbetrieb Mess- und Eichwesen NRW
10. die Zentralstelle der Länder für Gesundheitsschutz bei Arzneimitteln und Medizinprodukten.

[2]Durch Gebührenordnung der Landesregierung oder des zuständigen Ministeriums können die hiernach gebührenpflichtigen Amtshandlungen eingeschränkt werden.

§ 9 Gebührenbemessung. (1) [1]Sind Rahmensätze für Gebühren vorgesehen, so sind bei der Festsetzung der Gebühr im Einzelfall zu berücksichtigen
1. der mit der Amtshandlung verbundene Verwaltungsaufwand, soweit Aufwendungen nicht als Auslagen gesondert berechnet werden, und
2. die Bedeutung, der wirtschaftliche Wert oder der sonstige Nutzen der Amtshandlung für den Gebührenschuldner sowie auf Antrag dessen wirtschaftliche Verhältnisse.

[2]Sofern ein Rechtsakt der Europäischen Gemeinschaften vorschreibt, dass eine Gebühr nicht den Verwaltungsaufwand übersteigen darf, findet in seinem Anwendungsbereich Satz 1 Nr. 2 keine Anwendung.

(2) Ist eine Gebühr nach dem Wert des Gegenstandes zu berechnen, so ist der Wert zum Zeitpunkt der Beendigung der Amtshandlung maßgebend, soweit die Gebührenordnung nichts anderes bestimmt.

(3) Pauschgebühren sind nur auf Antrag und im Voraus festzusetzen.

§ 10 Auslagen. (1) [1]Werden im Zusammenhang mit der Amtshandlung Auslagen notwendig, die nicht bereits in die Gebühr einbezogen sind, so hat der Gebührenschuldner sie zu ersetzen. [2]Als nicht bereits in die Gebühr einbezogen gelten, soweit die Gebührenordnung nichts anderes bestimmt, insbesondere:
1. Aufwendungen für weitere Ausfertigungen, Abschriften und Auszüge, die auf besonderen Antrag erteilt werden; für die Berechnung der als Auslagen zu erhebenden Dokumentenpauschale gelten die Vorschriften nach Nummer 31000 des Teils 3 Auslagen, Hauptabschnitt 1, der Anlage 1 (zu § 3 Absatz 2) zum Gerichts- und Notarkostengesetz vom 23. Juli 2013 (BGB1. I S. 2586),
2. Aufwendungen für Übersetzungen, die auf besonderen Antrag gefertigt werden,
3. Kosten, die durch öffentliche Bekanntmachung entstehen, mit Ausnahme der hierbei erwachsenden Postgebühren,
4. die in entsprechender Anwendung des Justizvergütungs- und -entschädigungsgesetzes zu zahlenden Beträge; erhält ein Sachverständiger auf Grund des § 1 Abs. 2 Satz 2 jenes Gesetzes keine Entschädigung, so ist der Betrag zu erheben, der ohne diese Vorschrift nach dem Gesetz zu zahlen wäre,
5. die bei Geschäften außerhalb der Dienststelle den Verwaltungsangehörigen auf Grund gesetzlicher oder vertraglicher Bestimmung gewährten Vergütungen (Reisekostenvergütung, Auslagenersatz) und die Kosten für die Bereitstellung von Räumen,
6. die Beträge, die anderen in- und ausländischen Behörden, öffentlichen Einrichtungen oder Bediensteten zustehen, und zwar auch dann, wenn aus Gründen der Gegenseitigkeit, der Verwaltungsvereinfachung und dergleichen an die Behörden, Einrichtungen oder Bediensteten keine Zahlungen zu leisten sind,

7. die Kosten für die Beförderung von Sachen, mit Ausnahme der hierbei erwachsenden Postgebühren, und die Verwahrung von Sachen.

(2) Soweit die Gebührenordnung nichts anderes bestimmt, kann die Erstattung der in Absatz 1 aufgeführten Auslagen auch verlangt werden, wenn für eine Amtshandlung Gebührenfreiheit besteht oder von der Gebührenerhebung abgesehen wird.

§ 11 Entstehung der Kostenschuld. (1) [1]Soweit ein Antrag notwendig ist, entsteht die Gebührenschuld dem Grunde nach mit dessen Eingang bei der zuständigen Behörde, der Höhe nach mit Beendigung der gebührenpflichtigen Amtshandlung. [2]Im Übrigen entsteht die Gebührenschuld dem Grunde und der Höhe nach mit Beendigung der gebührenpflichtigen Amtshandlung.

(2) Die Verpflichtung zur Erstattung von Auslagen entsteht mit der Aufwendung des zu erstattenden Betrages, in den Fällen des § 10 Abs. 1 Nr. 4 zweiter Halbsatz und Nr. 6 zweiter Halbsatz mit der Beendigung der kostenpflichtigen Amtshandlung.

§ 12 Kostengläubiger. Kostengläubiger ist der Rechtsträger, dessen Behörde eine kostenpflichtige Amtshandlung vornimmt.

§ 13 Kostenschuldner. (1) Zur Zahlung der Kosten ist verpflichtet,
1. wer die Amtshandlung zurechenbar verursacht oder zu wessen Gunsten sie vorgenommen wird,
2. wer die Kosten durch eine vor der zuständigen Behörde abgegebene oder ihr mitgeteilte Erklärung übernommen hat,
3. wer für die Kostenschuld eines anderen kraft Gesetzes haftet.

(2) Mehrere Kostenschuldner sind Gesamtschuldner.

§ 14 Kostenentscheidung. (1) [1]Die Kosten werden von Amts wegen festgesetzt. [2]Die Entscheidung über die Kosten soll, soweit möglich, zusammen mit der Sachentscheidung ergehen. [3]Aus der schriftlichen oder schriftlich bestätigten Kostenentscheidung müssen mindestens hervorgehen
1. die kostenerhebende Behörde,
2. der Kostenschuldner,
3. die kostenpflichtige Amtshandlung,
4. die als Gebühren und Auslagen zu zahlenden Beträge,
5. wo, wann und wie die Gebühren und Auslagen zu zahlen sind,
6. die Rechtsgrundlage für die Erhebung der Kosten sowie deren Berechnung.

[4]Ergeht die Kostenentscheidung mündlich oder in sonstiger Weise, so genügt es, wenn sich die Angaben zu Nummern 1 bis 5 aus den Umständen ergeben; die Angaben zu Nummer 6 können entfallen. [5]Die mündliche Entscheidung ist auf Antrag schriftlich zu bestätigen.

(2) [1]Gebühren und Auslagen, die bei richtiger Behandlung der Sache durch die Behörde nicht entstanden wären, werden nicht erhoben. [2]Das Gleiche gilt für Auslagen, die durch eine von Amts wegen veranlasste Verlegung eines Termins oder Vertagung einer Verhandlung entstanden sind.

(3) Sind Gemeinden, Gemeindeverbände oder andere, mit dem Recht der Selbstverwaltung ausgestattete juristische Personen des öffentlichen Rechts Kostengläubiger, so handeln sie auch bei der Kostenentscheidung nicht im Rahmen der Selbstverwaltung.

(4) Eine Gebühr für die Kostenentscheidung wird nicht erhoben.

§ 15 Gebühren in besonderen Fällen. (1) [1]Wird ein Antrag ausschließlich wegen Unzuständigkeit der Behörde abgelehnt, so werden weder Gebühren noch Auslagen erhoben. [2]Dasselbe gilt bei Rücknahme eines Antrages, wenn mit der sachlichen Bearbeitung noch nicht begonnen ist.

(2) Wird ein Antrag auf Vornahme einer Amtshandlung zurückgenommen, nachdem mit der sachlichen Bearbeitung begonnen, die Amtshandlung aber noch nicht beendet ist, oder wird ein Antrag aus anderen Gründen als wegen Unzuständigkeit abgelehnt oder wird eine Amtshandlung zurückgenommen oder widerrufen, so ermäßigt sich die vorgesehene Gebühr um ein Viertel; sie kann bis zu einem Viertel der vorgesehenen Gebühr ermäßigt oder es kann von ihrer Erhebung abgesehen werden, wenn dies der Billigkeit entspricht.

(3) [1]Wird gegen eine gebührenpflichtige Sachentscheidung Widerspruch erhoben, so sind für den Erlass des Widerspruchsbescheides Gebühren und Auslagen zu erheben, wenn und soweit der Widerspruch zurückgewiesen wird. [2]In diesem Falle ist die gleiche Gebühr wie für die Sachentscheidung zu erheben. [3]Richtet sich der Widerspruch nur gegen einen Teil der Entscheidung, so ermäßigt sich die Gebühr entsprechend. [4]Das Vorstehende gilt nicht, wenn der Widerspruch nur deshalb keinen Erfolg hat, weil die Verletzung einer Verfahrens- oder Formvorschrift geheilt wurde oder unbeachtlich ist. [5]Wird der Widerspruchsbescheid der nächsthöheren Behörde von einem Verwaltungsgericht ganz oder teilweise aufgehoben, so sind die für den Widerspruchsbescheid bereits gezahlten Gebühren und Auslagen der Behörde, die die Kosten des Verfahrens einschließlich des Vorverfahrens zu tragen hat, auf Antrag zu erstatten.

(4) [1]Für die Erteilung des Bescheides über Widersprüche Dritter, die sich durch die Sachentscheidung beschwert fühlen, und über Widersprüche, die sich ausschließlich gegen die Kostenentscheidung richten, sind, wenn und soweit die Widersprüche zurückgewiesen werden, Gebühren und Auslagen zu erheben. [2]Die Gebühren sind in den nach § 2 zu erlassenden Gebührenordnungen zu bestimmen. [3]Absatz 3 Satz 3 und 5 findet Anwendung. [4]Für die Erteilung des Bescheides über Widersprüche gegen Kostenentscheidungen gemäß Satz 1 werden keine Gebühren und Auslagen erhoben.

§ 16 Vorschusszahlung und Sicherheitsleistung. Eine Amtshandlung, die auf Antrag vorzunehmen ist, kann von der Zahlung eines angemessenen Vorschusses oder von einer angemessenen Sicherheitsleistung bis zur voraussichtlichen Höhe der Kosten abhängig gemacht werden.

§ 17 Fälligkeit. Kosten werden mit der Bekanntgabe der Kostenentscheidung an den Kostenschuldner fällig, wenn nicht die Behörde einen späteren Zeitpunkt bestimmt.

§ 18 Säumniszuschlag. (1) Werden Gebühren oder Auslagen nicht bis zum Ablauf eines Fälligkeitstages entrichtet, ist für jeden angefangenen Monat der Säumnis ein Säumniszuschlag von eins vom Hundert des auf volle fünfzig Euro abgerundeten Kostenbetrages zu erheben; in den Fällen, in denen Zinsen nach § 59 Abs. 3 des Verwaltungsvollstreckungsgesetzes des Landes Nordrhein-Westfalen berechnet werden, fällt ein Säumniszuschlag nicht an.

(2) Absatz 1 gilt nicht für Säumniszuschläge, die nicht rechtzeitig entrichtet werden.

(3) Die Kosten gelten als entrichtet

a) bei Übergabe oder Übersendung von Zahlungsmitteln am Tage des Eingangs bei der zuständigen Kasse,

b) bei Überweisung oder Einzahlung auf ein Konto der zuständigen Kasse an dem Tag, an dem der Betrag der Kasse gutgeschrieben wird,

c) bei Vorliegen einer Lastschrifteinzugsermächtigung am Fälligkeitstag.

(4) Ein Säumniszuschlag wird bei einer Säumnis bis zu fünf Tagen nicht erhoben; dies gilt nicht bei Zahlung durch Übergabe oder Übersendung von Zahlungsmitteln.

(5) [1]In den Fällen der Gesamtschuld entstehen Säumniszuschläge gegenüber jedem säumigen Gesamtschuldner. [2]Insgesamt ist jedoch kein höherer Säumniszuschlag zu entrichten als verwirkt wäre, wenn die Säumnis nur bei einem Gesamtschuldner eingetreten worden wäre.

§ 19 Stundung, Niederschlagung und Erlass. [1]Für die Stundung, die Niederschlagung und den Erlass von Forderungen auf Zahlung von Gebühren, Auslagen und sonstigen Nebenleistungen gelten die Vorschriften der Landeshaushaltsordnung. [2]In Fällen, in denen ein anderer Rechtsträger als das Land Kostengläubiger ist, gelten die für ihn verbindlichen entsprechenden Vorschriften.

§ 20 Verjährung. (1) [1]Eine Kostenfestsetzung, ihre Aufhebung oder ihre Änderung ist nicht mehr zulässig, wenn die Festsetzungsfrist abgelaufen ist (Festsetzungsverjährung). [2]Die Festsetzungsfrist beträgt vier Jahre; sie beginnt mit Ablauf des Kalenderjahres, in dem der Kostenanspruch entstanden ist. [3]Wird vor Ablauf der Frist ein Antrag auf Aufhebung oder Änderung der Festsetzung gestellt, ist die Festsetzungsfrist solange gehemmt, bis über den Antrag unanfechtbar entschieden worden ist.

(2) [1]Ein festgesetzter Kostenanspruch erlischt durch Verjährung (Zahlungsverjährung). [2]Die Verjährungsfrist beträgt fünf Jahre; sie beginnt mit Ablauf des Kalenderjahres, in dem der Anspruch erstmals fällig geworden ist.

(3) Die Festsetzungs- und die Zahlungsverjährung sind gehemmt, solange der Anspruch wegen höherer Gewalt innerhalb der letzten sechs Monate der Verjährungsfrist nicht verfolgt werden kann.

(4) [1]Die Zahlungsverjährung wird unterbrochen durch schriftliche Zahlungsaufforderung sowie durch Stundung, Aussetzung der Vollziehung, durch Sicherheitsleistung, durch eine einstweilige Einstellung der Vollstreckung, durch eine Vollstreckungsmaßnahme, durch Anmeldung im Insolvenzverfahren, durch die Aufnahme in einen Insolvenzplan oder einen gesetzlichen Schuldenbereinigungsplan, durch Einbeziehung oder durch Ermittlung der Behörde über Wohnsitz oder Aufenthaltsort des Zahlungspflichtigen. [2]Die Unterbrechung der Verjährung durch eine der in Satz 1 genannten Maßnahmen dauert fort, bis die Stundung oder die Aussetzung der Vollziehung abgelaufen, die Sicherheit oder, falls eine Vollstreckungsmaßnahme dazu geführt hat, das Pfändungspfandrecht, die Sicherungshypothek oder ein sonstiges Vorzugsrecht auf Befriedigung erloschen oder das Insolvenzverfahren oder die Ermittlungen beendet sind. [3]Die Verjährung wird nur bis zur Höhe des Betrages unterbrochen, auf den sich die Unterbrechungshandlung bezieht. [4]Mit Ablauf des Kalenderjahres, in dem die Unterbrechung geendet hat, beginnt eine neue Verjährungsfrist.

(5) Für Erstattungsansprüche gilt Absatz 3 entsprechend.

§ 21 Erstattung. (1) Überzahlte oder zu Unrecht erhobene Kosten sind unverzüglich zu erstatten, zu Unrecht erhobene Kosten jedoch nur, soweit eine Kostenentscheidung noch nicht unanfechtbar geworden ist; nach diesem Zeitpunkt können zu Unrecht erhobene Kosten nur aus Billigkeitsgründen erstattet werden.

(2) Der Erstattungsanspruch entsteht mit der Zahlung des Kostenschuldners.

(3) [1]Der Erstattungsanspruch verjährt nach drei Jahren. [2]Die Verjährungsfrist beginnt mit dem Ablauf des Kalenderjahres, in dem der Anspruch entstanden ist, jedoch nicht vor der Unanfechtbarkeit der Kostenentscheidung. [3]Mit dem Ablauf dieser Frist erlischt der Anspruch. [4]§ 20 Abs. 2 bis 6 gilt sinngemäß.

(4) [1]Wird die Erstattung nach unanfechtbarer Entscheidung bewirkt, so ist der zu erstattende Betrag vom Tage der Rechtshängigkeit an zu verzinsen. [2]Die Zinsen betragen für jeden vollen Monat einhalb vom Hundert. [3]Angefangene Monate bleiben außer Ansatz.

§ 22 Rechtsbehelf. (1) Die Kostenentscheidung kann zusammen mit der Sachentscheidung oder selbständig angefochten werden; der Rechtsbehelf gegen eine Sachentscheidung erstreckt sich auch auf die Kostenentscheidung.

(2) Wird eine Kostenentscheidung selbständig angefochten, so ist das Rechtsbehelfsverfahren kostenrechtlich als selbständiges Verfahren zu behandeln.

§ 23 Gebührenmarken. Zur Entrichtung der Gebühr können Gebührenmarken verwendet werden.

4. Abschnitt

Allgemeine Vorschriften zu den Benutzungsgebühren

§ 24 Gebührenordnung. (1) Die öffentlichen Einrichtungen und Anlagen, für deren Benutzung Gebühren erhoben werden, die gebührenpflichtigen Benutzungsarten und die Gebührensätze sind in Gebührenordnungen zu bestimmen.

(2) § 2 Abs. 2 und § 6 gelten sinngemäß.

(3) Bei Erlass einer Benutzungsgebührenordnung hat sich der Verordnungsgeber im Rahmen des § 25 zu halten.

§ 25 Gebührenbemessung. (1) Zwischen der Höhe der Gebühr einerseits und der Bedeutung, dem wirtschaftlichen Wert oder dem sonstigen Nutzen der Benutzung für den Kostenschuldner andererseits hat ein angemessenes Verhältnis zu bestehen.

(2) [1]Im Rahmen von Absatz 1 ist der Gebührensatz für die Benutzung so zu bemessen, dass das veranschlagte Gebührenaufkommen die voraussichtlichen Kosten der Einrichtung oder Anlage nicht übersteigt und in der Regel deckt. [2]Dabei ist von der Inanspruchnahme der Einrichtung oder der Anlage auszugehen (Wirklichkeitsmaßstab). [3]Wenn das besonders schwierig oder wirtschaftlich nicht vertretbar ist, kann ein Wahrscheinlichkeitsmaßstab gewählt werden, der nicht in einem offensichtlichen Mißverhältnis zu der Inanspruchnahme stehen darf. [4]Die Erhebung einer Grundgebühr neben der Gebühr nach Satz 2 oder 3 sowie die Erhebung einer Mindestgebühr ist zulässig.

(3) [1]Kosten im Sinne des Absatzes 2 sind die nach betriebswirtschaftlichen Grundsätzen ansatzfähigen Kosten. [2]Dazu gehören auch Entgelte für in Anspruch genommene Fremdleistungen, Abschreibungen, die nach der mutmaßlichen Nutzungsdauer oder der Leistungsmenge gleichmäßig zu bemessen sind, sowie eine angemessene Verzinsung des aufgewendeten Kapitals; bei der Verzinsung bleibt der aus Beiträgen und Zuschüssen Dritter aufgebrachte Eigenkapitalanteil außer Betracht. [3]Soweit die Umsätze von Einrichtungen und Anlagen der Umsatzsteuer unterliegen, kann die Umsatzsteuer den Gebührenpflichtigen auferlegt werden.

§ 26 Entstehung und Fälligkeit der Gebühr. (1) Die Gebührenschuld entsteht mit der Erteilung der Benutzungserlaubnis.

(2) [1]Die Gebührenschuld wird bei Erlaubniserteilung festgesetzt und ist vor Beginn der Benutzung zu entrichten. [2]Die Gebührenordnung kann anordnen oder zulassen, dass die Kosten mit der Bekanntgabe der Gebührenentscheidung an den Gebührenschuldner oder zu einem späteren Zeitpunkt fällig werden. [3]Die §§ 14, 18 bis 21 finden sinngemäß Anwendung.

§ 27 Kostengläubiger. Kostengläubiger ist der Rechtsträger, dessen Behörde die Benutzung erlaubt.

§ 28 Kostenschuldner. (1) Zur Zahlung der Kosten ist der Benutzer oder derjenige verpflichtet, der

a) die Kosten durch eine vor der zuständigen Behörde abgegebene oder ihr mitgeteilte Erklärung übernommen hat,
b) für die Kostenschuld des Benutzers kraft Gesetzes haftet.

(2) Mehrere Kostenschuldner sind Gesamtschuldner.

5. Abschnitt

Schlußvorschriften

§ 29 Verwaltungsvorschriften. Das Innenministerium erlässt im Einvernehmen mit dem Finanzministerium allgemeine Verwaltungsvorschriften zur Durchführung des Gesetzes.

§ 30 *(Gegenstandslos; Aufhebungsvorschriften)*

§ 31 *(Gegenstandslos; Änderungsvorschriften)*

§ 32 Inkrafttreten. [1]Dieses Gesetz tritt am 1. Januar 1972 in Kraft. [2]Die §§ 1 bis 6 treten am Tage nach der Verkündung in Kraft.

Gesetz über die Justiz im Land Nordrhein-Westfalen (Justizgesetz Nordrhein-Westfalen – JustG NRW)

in der Fassung der Bekanntmachung vom 26. Januar 2010 (GV NRW S. 30), zuletzt geändert durch Gesetz vom 23. Januar 2018 (GV NRW S. 90).

AUSZUG

INHALTSÜBERSICHT*

* *Kursiv* gesetzte Vorschriften sind nicht abgedruckt.

Abschnitt 5

Ausführungsbestimmungen zur Grundbuchordnung

Abschnitt 6

Ausführungsbestimmungen zum Bundesgesetz über das gerichtliche Verfahren in Landwirtschaftssachen vom 21. Juli 1953

Kapitel 3

Verwaltungsgerichtsbarkeit

Kapitel 4

Finanzgerichtsbarkeit

Kapitel 5

Sozialgerichtsbarkeit

Teil 3

Justizverwaltung

Teil 1
Organisation der Rechtspflege

Kapitel 1
Aufbau der Justizverwaltung

§ 1 Oberste Landesbehörde. (1) Oberste Landesbehörde im Sinne dieses Gesetzes ist das Justizministerium.

(2) [1]Die im Gerichtsverfassungsgesetz und in anderen Bundesgesetzen enthaltenen Ermächtigungen der Landesregierung zum Erlass von Rechtsverordnungen auf dem Gebiet des gerichtlichen und staatsanwaltlichen Verfahrens, der Zwangsvollstreckung, der Strafvollstreckung sowie der Justizverwaltung werden auf das Justizministerium übertragen, soweit diese Gesetze die Möglichkeit einer Übertragung auf die Landesjustizverwaltung vorsehen. [2]Satz 1 gilt entsprechend, soweit nach Landesrecht zuständige Stellen zu bestimmen sind.

§ 2 Mittelbehörden. (1) Mittelbehörden im Sinne dieses Gesetzes sind die dem Justizministerium unmittelbar nachgeordneten Gerichte, soweit sie Verwaltungsaufgaben wahrnehmen, und die Generalstaatsanwaltschaften.

(2) Mittelbehörden nach Absatz 1 sind das Oberverwaltungsgericht, die Oberlandesgerichte, das Landessozialgericht, die Finanzgerichte, die Landesarbeitsgerichte und die Generalstaatsanwaltschaften.

§ 3 Untere Justizbehörden. (1) Untere Justizbehörden im Sinne dieses Gesetzes sind die den Mittelbehörden nachgeordneten Gerichte, soweit sie Verwaltungsaufgaben wahrnehmen, und Staatsanwaltschaften.

(2) Untere Justizbehörden nach Absatz 1 sind die Verwaltungsgerichte, die Land- und Amtsgerichte, die Sozialgerichte, die Arbeitsgerichte und die Staatsanwaltschaften.

§ 4 Behördenleitung. (1) [1]Die Leitung der Arbeitsgerichte und der Amtsgerichte erfolgt vorbehaltlich des Absatzes 2 jeweils durch eine Direktorin oder einen Direktor. [2]Die Leitung der übrigen Gerichte erfolgt jeweils durch eine Präsidentin oder einen Präsidenten. [3]Die Generalstaatsanwaltschaften werden jeweils von einer Generalstaatsanwältin oder einem Generalstaatsanwalt geleitet, die Staatsanwaltschaften jeweils von einer Leitenden Oberstaatsanwältin oder einem Leitenden Oberstaatsanwalt.

(2) [1]Das Justizministerium trifft die Entscheidung darüber, ob ein Amtsgericht durch eine Präsidentin oder einen Präsidenten geleitet wird. [2]In diesem Fall untersteht das Amtsgericht unmittelbar dem Oberlandesgericht.

§ 5 Vertretung der Behördenleitung. (1) Die ständige Vertretung der Präsidentin oder des Präsidenten erfolgt durch die Vizepräsidentin bzw. die Vizepräsidentinnen oder den bzw. die Vizepräsidenten.

(2) [1]Ist keine Richterin oder kein Richter in eine für die ständige Vertretung bestimmte Planstelle eingewiesen, so kann eine Richterin oder ein Richter zur ständigen Vertretung der Präsidentin oder des Präsidenten oder der Direktorin oder des Direktors bestellt werden. [2]Es können auch mehrere Personen zur ständigen Vertretung bestellt werden. [3]Die Bestellung erfolgt durch das Justizministerium.

(3) Das Justizministerium bestellt die ständige Vertretung der Generalstaatsanwältinnen oder Generalstaatsanwälte.

(4) [1]Ist eine ständige Vertretung der Behördenleitung eines Gerichts oder einer Staatsanwaltschaft nicht ernannt, bestellt oder ist diese verhindert, so nimmt die oder der dem Range nach höhere, bei gleichem Range dem Dienstalter und bei gleichem Dienstalter der Geburt nach älteste Behördenangehörige des richterlichen (in Gerichten) bzw. staatsanwaltlichen Dienstes (in Staatsanwaltschaften) die Vertretung wahr. [2]Die Behördenleiterin oder der Behördenleiter kann die Vertretung im Einzelfall abweichend regeln.

§ 6 Organisation der Gerichte und Staatsanwaltschaften. (1) [1]Unbeschadet der Sätze 2 und 3 bestimmen die Leitungen der Gerichte nach Anhörung des Präsidiums die Zahl der Kammern oder Senate des jeweiligen Gerichts. [2]Die Zahl der Kammern für Handelssachen bei den Landgerichten und der Kammern bei den Arbeitsgerichten und Landesarbeitsgerichten bestimmt das Justizministerium. [3]Die Bestimmung der Zahl der Kammern bei den Arbeitsgerichten und Landesarbeitsgerichten erfolgt nach Anhörung der Gewerkschaften und

Vereinigungen von Arbeitgebern, die für das Arbeitsleben im Landesgebiet wesentliche Bedeutung haben.

(2) [1]Die Einrichtung von Abteilungen bei den Staatsanwaltschaften bestimmt die jeweilige Behördenleitung mit Zustimmung der Generalstaatsanwaltschaft. [2]Die Einrichtung von Hauptabteilungen und Zweigstellen bedarf der Zustimmung des Justizministeriums. [3]Die Einrichtung von Abteilungen bei den Generalstaatsanwaltschaften bestimmt die jeweilige Behördenleitung mit Zustimmung des Justizministeriums.

§ 7 Erledigung der Verwaltungsgeschäfte. (1) [1]Die Leitungen der Gerichte und Staatsanwaltschaften haben die ihnen zugewiesenen Geschäfte der Justizverwaltung einschließlich der Gerichtsverwaltung zu erledigen sowie dem Justizministerium auf Verlangen über Angelegenheiten der Justizverwaltung einschließlich der Gesetzgebung Stellungnahmen abzugeben. [2]Sie können hierzu die ihrer Dienstaufsicht unterstehenden Bediensteten heranziehen.

(2) Das Justizministerium kann die Erledigung der in Absatz 1 bezeichneten Geschäfte allgemein oder im Einzelfall näher regeln.

§ 8 Dienstaufsicht. (1) Oberste Dienstaufsichtsbehörde für die Gerichte und Staatsanwaltschaften ist das Justizministerium.

(2) Die Dienstaufsicht üben im Übrigen aus:

1. die Leitungen der Gerichte, Staatsanwaltschaften und sonstigen Behörden über ihre jeweilige Behörde;
2. die Mittelbehörden über die jeweils nachgeordneten Behörden;

die Landgerichte über die Amtsgerichte, soweit diese nicht durch eine Präsidentin oder einen Präsidenten geleitet werden.

(3) Die Leitung des Landgerichts übt die Dienstaufsicht über die Fachkräfte des ambulanten Sozialen Dienstes der Justiz ihres Bezirks aus.

(4) [1]Wer nach dieser Vorschrift die Dienstaufsicht ausübt, ist dienstvorgesetzte Stelle der Richterinnen und Richter, Staatsanwältinnen und Staatsanwälte, Beamtinnen und Beamten sowie der Beschäftigen der ihrer oder seiner Dienstaufsicht unterstellten Gerichte, Staatsanwaltschaften und sonstigen Behörden. [2]Der Direktorin oder dem Direktor des Amtsgerichts und des Arbeitsgerichts steht die Dienstaufsicht über die Richterinnen und Richter dieser Gerichte nicht zu. [3]§ 2 des Landesbeamtengesetzes vom 21. April 2009 (GV. NRW. S. 224) in der jeweils geltenden Fassung und § 2 Absatz 2 bis 4 des Landesrichter- und Staatsanwältegesetzes vom 8. Dezember 2015 (GV. NRW. S. 812) in der jeweils geltenden Fassung bleiben unberührt.

Kapitel 2
Gliederung der Gerichte und Staatsanwaltschaften

Abschnitt 1
Ordentliche Gerichtsbarkeit, Staatsanwaltschaften

§§ **9-13** *(nicht abgedruckt)*

Abschnitt 2
Arbeitsgerichte

§§ **14, 15** *(nicht abgedruckt)*

Abschnitt 3
Verwaltungsgerichte

§ 16 Oberverwaltungsgericht. Das Oberverwaltungsgericht für das Land Nordrhein-Westfalen hat seinen Sitz in Münster.

§ 17 Verwaltungsgerichte. Die Verwaltungsgerichte haben ihren Sitz
1. in Aachen für das Gebiet der Städteregion Aachen und der Kreise Düren, Euskirchen und Heinsberg,
2. in Arnsberg für das Gebiet der kreisfreien Städte Hagen und Hamm sowie des Ennepe-Ruhr-Kreises, des Hochsauerlandkreises, des Märkischen Kreises und der Kreise Olpe, Siegen-Wittgenstein und Soest,
3. in Düsseldorf für das Gebiet der kreisfreien Städte Düsseldorf, Duisburg, Krefeld, Mönchengladbach, Mülheim a.d. Ruhr, Oberhausen, Remscheid, Solingen und Wuppertal sowie der Kreise Kleve und Mettmann, des Rhein-Kreises Neuss und der Kreise Viersen und Wesel,
4. in Gelsenkirchen für das Gebiet der kreisfreien Städte Bochum, Bottrop, Dortmund, Essen, Gelsenkirchen und Herne sowie der Kreise Recklinghausen und Unna,
5. in Köln für das Gebiet der kreisfreien Städte Bonn, Köln und Leverkusen sowie des Oberbergischen Kreises, des Rhein-Erft-Kreises, des Rheinisch-Bergischen Kreises und des Rhein-Sieg-Kreises,
6. in Minden für das Gebiet der kreisfreien Stadt Bielefeld sowie der Kreise Gütersloh, Herford, Höxter, Lippe, Minden-Lübbecke und Paderborn,
7. in Münster für das Gebiet der kreisfreien Stadt Münster sowie der Kreise Borken, Coesfeld, Steinfurt und Warendorf.

Abschnitt 4
Finanzgerichte

§ 18 Finanzgerichte. Die Finanzgerichte haben ihren Sitz
1. in Düsseldorf für den Regierungsbezirk Düsseldorf,
2. in Köln für den Regierungsbezirk Köln,
3. in Münster für die Regierungsbezirke Arnsberg, Detmold und Münster.

§ 19 Zuständigkeitskonzentration. Zoll- und Verbrauchsteuerangelegenheiten sowie Angelegenheiten der Gemeinsamen Marktorganisationen, für die der Finanzrechtsweg eröffnet ist, werden ausschließlich dem Finanzgericht Düsseldorf zugewiesen.

Abschnitt 5
Sozialgerichte

§ 20 Landessozialgericht und Sozialgerichte. (1) Das Landessozialgericht für das Land Nordrhein-Westfalen hat seinen Sitz in Essen.

(2) Die Sozialgerichte haben ihren Sitz
1. in Aachen für das Gebiet der Städteregion Aachen sowie der Kreise Düren und Heinsberg,
2. in Detmold für das Gebiet der kreisfreien Stadt Bielefeld sowie der Kreise Gütersloh, Herford, Höxter, Lippe, Minden-Lübbecke und Paderborn,
3. in Dortmund für das Gebiet der kreisfreien Städte Bochum, Dortmund, Hagen und Hamm sowie der Kreise Olpe, Siegen-Wittgenstein, Soest und Unna, des Ennepe-Ruhr-Kreises, des Hochsauerlandkreises und des Märkischen Kreises,
4. in Düsseldorf für das Gebiet der kreisfreien Städte Düsseldorf, Krefeld, Leverkusen, Mönchengladbach, Remscheid, Solingen und Wuppertal sowie des Kreises Mettmann, des Rhein-Kreises Neuss und des Kreises Viersen,
5. in Duisburg für das Gebiet der kreisfreien Städte Duisburg, Essen, Mülheim a. d. Ruhr und Oberhausen sowie der Kreise Kleve und Wesel,
6. in Gelsenkirchen für das Gebiet der kreisfreien Städte Bottrop, Gelsenkirchen und Herne sowie des Kreises Recklinghausen,
7. in Köln für das Gebiet der kreisfreien Städte Bonn und Köln sowie des Kreises Euskirchen, des Rhein-Erft-Kreises, des Oberbergischen Kreises, des Rheinisch-Bergischen Kreises und des Rhein-Sieg-Kreises,
8. in Münster für das Gebiet der kreisfreien Stadt Münster sowie der Kreise Borken, Coesfeld, Steinfurt und Warendorf.

Abschnitt 6

Bestimmungen für alle Gerichtsbarkeiten und Staatsanwaltschaften

§ 21 Bezirke der Gerichte und Staatsanwaltschaften. (1) [1]Das Oberverwaltungsgericht und das Landessozialgericht sind für das gesamte Land zuständig. [2]Im Übrigen ergibt sich die Abgrenzung der Gerichtsbezirke und der Zuständigkeitsbereiche der Staatsanwaltschaften aus der Anlage zu diesem Gesetz, soweit diese nicht bereits den §§ 17, 18 und 20 Absatz 2 zu entnehmen ist.

(2) Gemeinden, die mit ihrem ganzen Gebiet einheitlich einem Amtsgericht zugeteilt sind, gehören dem Bezirk dieses Gerichts mit ihrem jeweiligen Gebietsumfang an.

(3) Für die Abgrenzung der Amtsgerichtsbezirke Duisburg, Duisburg-Hamborn, Duisburg-Ruhrort, Essen, Essen-Borbeck, Essen-Steele, Gelsenkirchen, Gelsenkirchen-Buer, Herne, Herne-Wanne, Mönchengladbach und Mönchengladbach-Rheydt sind die Grenzen der in der Anlage zu § 21 (**Anlage 1**) aufgeführten Stadtteile und Stadtbezirke der kreisfreien Städte Duisburg, Essen, Gelsenkirchen, Herne und Mönchengladbach maßgebend, die sich aus den Hauptsatzungen dieser Städte nach dem Stand vom 30. September 1984 ergeben.

(4) Das Justizministerium wird ermächtigt, durch Rechtsverordnung die Gerichtsbezirksgrenzen den veränderten Gemeindegrenzen anzupassen, wenn die Grenzen von Gemeinden, die in mehrere Amtsgerichtsbezirke unterteilt sind, nach § 19 Absatz 3 Satz 2 der Gemeindeordnung durch das für Kommunales zuständige Ministerium oder durch die Bezirksregierung geändert werden.

§ 22 Verordnungsermächtigung. Das Justizministerium wird ermächtigt, durch Rechtsverordnung die Anlage zu § 21 zu berichtigen, wenn sie durch Änderung der Gerichtsbezirke, durch Gebietsänderungen von Gemeinden, die Änderung von Stadtbezirksgrenzen oder Änderung von Gemeinde-, Stadtbezirks- oder Stadtteilnamen unrichtig geworden ist.

§ 23 Änderung von Bezirksgrenzen. (1) Werden durch die Änderung von Amtsgerichtsbezirksgrenzen die Grenzen von Landgerichtsbezirken oder Oberlandesgerichtsbezirken berührt, so bewirkt die Änderung der Amtsgerichtsbezirksgrenzen unmittelbar auch die Änderung der Landgerichts- und Oberlandesgerichtsbezirke sowie der Bezirke der Staatsanwaltschaften und Generalstaatsanwaltschaften.

(2) Absatz 1 gilt entsprechend für die Änderung von Arbeitsgerichtsbezirksgrenzen.

§ 24 Zweigstellen und Gerichtstage. (1) [1]Soweit hierfür ein Bedarf besteht, werden Zweigstellen von Gerichten eingerichtet. [2]Die Zweigstellen und ihre jeweiligen Zuständigkeitsbereiche ergeben sich aus der Anlage zu § 21 zu diesem Gesetz.

(2) Das Justizministerium kann durch Rechtsverordnung bestimmen, dass außerhalb des Sitzes eines Gerichts Gerichtstage abgehalten werden.

Kapitel 3

Beamtinnen und Beamte der Gerichte und Staatsanwaltschaften

Abschnitt 1

Rechtspflegerinnen und Rechtspfleger und Amtsanwältinnen und Amtsanwälte

§ 25 Übertragung landesrechtlicher Geschäfte auf die Rechtspflegerin oder den Rechtspfleger. (1) Der Rechtspflegerin oder dem Rechtspfleger werden folgende Geschäfte übertragen:
1. Aufgaben gemäß § 5 des Kirchenaustrittsgesetzes,
2. die Erteilung der Vollstreckungsklausel gemäß § 33 Absatz 2 des Schiedsamtsgesetzes,
3. die Geschäfte des Amtsgerichts gemäß §§ 78 bis 86 und § 129.

(2) Auf das Verfahren in den übertragenen Sachen sind die Vorschriften des Rechtspflegergesetzes entsprechend anzuwenden.

§ 26 Amtsanwältinnen und Amtsanwälte. (1) Mit den Amtsverrichtungen der Staatsanwaltschaft können Amtsanwältinnen oder Amtsanwälte betraut werden.

(2) Das Justizministerium bestimmt die Amtsgeschäfte, die von Amtsanwältinnen und Amtsanwälten vorgenommen werden dürfen, durch besondere Anordnungen.

(3) Anwärterinnen und Anwärtern für die Laufbahn des Amtsanwalts kann im Rahmen ihrer Ausbildung die Wahrnehmung der Geschäfte einer Amtsanwältin oder eines Amtsanwalts übertragen werden.

Abschnitt 2

Urkundsbeamte der Geschäftsstelle

§ 27 Geschäftsstellen der Gerichte und Staatsanwaltschaften. (1) Die Geschäftsstellen der Gerichte und Staatsanwaltschaften (§ 153 des Gerichtsverfassungsgesetzes) erledigen alle Aufgaben, die ihnen nach Rechts- und Verwaltungsvorschriften obliegen oder übertragen sind.

(2) Die Geschäftsstelle untersteht der Geschäftsleiterin bzw. dem Geschäftsleiter des Gerichts bzw. der Staatsanwaltschaft (Geschäftsleitung), soweit nicht die Behördenleitung einzelne Aufgaben auf andere übertragen hat.

(3) Stellung und Aufgaben der Geschäftsleitung werden durch Verwaltungsvorschriften des Justizministeriums geregelt.

§ 28 Geschäftsstellenverwaltung. (1) Die Geschäftsstelle oder, falls Abteilungen der Geschäftsstelle gebildet werden, jede Abteilung der Geschäftsstelle ist mit Beamtinnen oder Beamten aus der Ämtergruppe der Laufbahngruppe 1, Fachrichtung Justiz, zweites Einstiegsamt oder Beschäftigten im Sinne des Absatzes 2 Satz 2 besetzt, soweit die Erledigung der wahrzunehmenden Aufgaben nicht nach gesetzlichen Bestimmungen oder Verwaltungsvorschriften Angehörigen anderer Dienstzweige zugewiesen ist.

(2) [1]Mit der Wahrnehmung der Aufgaben können auch Anwärterinnen oder Anwärter der Laufbahngruppe 1, Fachrichtung Justiz, zweites Einstiegsamt und der Laufbahngruppe 2, Fachrichtung Justiz, erstes Einstiegsamt nach Beendigung des Vorbereitungsdienstes betraut werden. [2]Dasselbe gilt nach Maßgabe der hierzu ergangenen Bestimmungen für Beschäftigte.

§ 29 *(nicht abgedruckt)*

Abschnitt 3

Gerichtsvollzieherinnen und Gerichtsvollzieher

§ 30 Weitere Zuständigkeit. Neben den ihnen nach Bundesrecht obliegenden Dienstverrichtungen sind Gerichtsvollzieherinnen oder Gerichtsvollzieher zuständig:
1. zur Aufnahme von Wechsel- und Scheckprotesten;
2. zur Vornahme freiwilliger Versteigerungen von Mobilien, von Früchten auf dem Halm und von Holz auf dem Stamme.

Abschnitt 4

Ambulanter Sozialer Dienst der Justiz

§ 31 Aufgaben der Fachkräfte des ambulanten Sozialen Dienstes der Justiz. Die Aufgaben der Fachkräfte des ambulanten Sozialen Dienstes der Justiz in Nordrhein-Westfalen werden in der Regel von Beamtinnen oder Beamten wahrgenommen.

Teil 2
Verfahrensrechtliche Bestimmungen

Kapitel 1
Gerichtsverfassung

Abschnitt 1
Gerichte und Staatsanwaltschaften

§ 32 *(nicht abgedruckt)*

Abschnitt 2
Dolmetscher und Übersetzer

§ 33 Dolmetscher und Übersetzer. (1) Zur mündlichen und schriftlichen Sprachübertragung für gerichtliche und staatsanwaltliche Zwecke werden für das Gebiet des Landes Nordrhein-Westfalen Dolmetscherinnen oder Dolmetscher allgemein beeidigt (§ 189 des Gerichtsverfassungsgesetzes) und Übersetzerinnen oder Übersetzer ermächtigt (§ 142 Absatz 3 der Zivilprozessordnung).

(2) Die Tätigkeit der Dolmetscherinnen oder Dolmetscher umfasst die mündliche Sprachübertragung, die der Übersetzerinnen oder Übersetzer die schriftliche Sprachübertragung.

(3) Sprache im Sinne dieses Abschnitts sind auch sonstige anerkannte Kommunikationstechniken, insbesondere die Gebärdensprache, die Blindenschrift, Lormen oder das Fingeralphabet.

§ 34 Verzeichnis. (1) Die Präsidentinnen oder Präsidenten der Oberlandesgerichte führen für das Land Nordrhein-Westfalen ein gemeinsames Verzeichnis von allgemein beeidigten Dolmetscherinnen und Dolmetschern und ermächtigten Übersetzerinnen und Übersetzern.

(2) [1]In das Verzeichnis sind auf Antrag Name, Anschrift, Telekommunikationsanschlüsse, Beruf, etwaige Zusatzqualifikationen und die jeweilige Sprache aufzunehmen. [2]Die hierfür erforderlichen Daten dürfen erhoben und gespeichert werden. [3]Das Verzeichnis darf in automatisierte Abrufverfahren eingestellt sowie im Internet veröffentlicht werden.

(3) [1]Die Einsichtnahme in das Verzeichnis ist jedermann gestattet. [2]Eine Gewähr für die Zuverlässigkeit der in das Verzeichnis eingetragenen Personen und die Aktualität der Angaben besteht nicht.

§ 35 Voraussetzungen. (1) [1]Wer persönlich und fachlich geeignet ist, kann auf Antrag als Dolmetscherin oder Dolmetscher allgemein beeidigt, als Übersetzerin oder Übersetzer zur Bescheinigung der Richtigkeit und Vollständigkeit von Übersetzungen ermächtigt werden. [2]Der Antrag ist schriftlich unter Beifügung der für den Nachweis der persönlichen und fachlichen Eignung erforderlichen Unterlagen zu stellen.

(2) Die persönliche Eignung besitzt insbesondere nicht, wer

1. in den letzten fünf Jahren vor Stellung des Antrages wegen eines Verbrechens oder wegen eines Vergehens nach dem 9. Abschnitt des Strafgesetzbuches (uneidlicher Falschaussage), falscher Verdächtigung, Vergehen nach dem 15. Abschnitt des Strafgesetzbuches (Verletzung des persönlichen Lebens- und Geheimbereichs), Begünstigung, Strafvereitelung, Betruges oder Urkundenfälschung rechtskräftig verurteilt worden ist, oder
2. in ungeordneten Vermögensverhältnissen lebt, insbesondere über wessen Vermögen das Insolvenzverfahren eröffnet worden oder wer in das vom Insolvenzgericht oder vom zentralen Vollstreckungsgericht zu führende Verzeichnis (§ 26 Absatz 2 der Insolvenzordnung, § 882b der Zivilprozessordnung) eingetragen ist, oder
3. nicht bereit oder nicht tatsächlich in der Lage ist, den nordrhein-westfälischen Gerichten und Staatsanwaltschaften auf Anforderung kurzfristig zur Verfügung zu stehen.

(3) Die fachliche Eignung erfordert

1. Sprachkenntnisse, mit denen die Antragstellerin oder der Antragsteller in der Regel praktisch alles, was sie oder er hört oder liest, mühelos verstehen, sich spontan, sehr flüssig und genau ausdrücken und auch bei komplexeren Sachverhalten feinere Bedeutungsnuancen deutlich machen kann, sowohl in der deutschen als auch in der fremden Sprache, und
2. sichere Kenntnisse der deutschen Rechtssprache.

(4) [1]Die Antragstellerin oder der Antragsteller haben die persönliche und fachliche Eignung durch Vorlage geeigneter Unterlagen nachzuweisen. [2]Die über die Sprachkenntnisse vorzulegenden Unterlagen sollen auch eine Beurteilung von sprachmittlerischen Kenntnissen und Fähigkeiten ermöglichen.

§ 36 Verfahren. (1) [1]Die Übersetzerermächtigung und das Recht, sich auf die allgemeine Beeidigung zu berufen, sind auf höchstens fünf Jahre befristet zu erteilen. [2]Eine Verlängerung um jeweils bis zu fünf Jahre ist unter den Voraussetzungen des § 35 zulässig.

(2) Die Übersetzerermächtigung oder das Recht, sich auf die allgemeine Beeidigung zu berufen, kann insbesondere widerrufen werden, wenn die Übersetzerin oder der Übersetzer oder die Dolmetscherin oder der Dolmetscher

1. die Voraussetzungen des § 35 nicht mehr erfüllt oder
2. wiederholt fehlerhafte Sprachübertragungen ausgeführt hat.

(3) [1]Über den Antrag auf Genehmigung entscheidet die Behörde innerhalb einer Frist von drei Monaten; abweichende Entscheidungsfristen kann die Behörde in einer vorab öffentlich bekannt zu machenden Fristenregelung (behördlicher Fristenplan) festsetzen. [2]§ 42a Absatz 2 Satz 2 bis 4 des Verwaltungsverfahrensgesetzes gilt entsprechend.

§ 37 Beeidigung, Ermächtigung und Verpflichtung. (1) Zur allgemeinen Beeidigung haben Dolmetscherinnen und Dolmetscher einen Eid oder eine eidesgleiche Bekräftigung nach § 189 Absatz 1 des Gerichtsverfassungsgesetzes zu leisten.

(2) [1]Dolmetscherinnen und Dolmetscher, Übersetzerinnen und Übersetzer sind zur Geheimhaltung besonders zu verpflichten und insbesondere auf die Vorschriften über die Wahrung des Steuergeheimnisses (§ 30 der Abgabenordnung) hinzuweisen. [2]§ 1 Absatz 2 und Absatz 3 des Verpflichtungsgesetzes gelten entsprechend.

(3) Über die Beeidigung und die Verpflichtung ist eine Niederschrift zu fertigen.

(4) [1]Zur Vorlage bei Gerichten und Staatsanwaltschaften erhalten Dolmetscherinnen und Dolmetscher eine Bescheinigung über die allgemeine Beeidigung, Übersetzerinnen und Übersetzer eine Bescheinigung über die erteilte Ermächtigung. [2]Ferner erhalten sie eine Abschrift über die Niederschrift der Verpflichtung.

(5) [1]Der ermächtigte Übersetzer und die ermächtigte Übersetzerin sind verpflichtet, bei der Präsidentin oder dem Präsidenten des nach § 40 zuständigen Landgerichts die persönliche Unterschrift zu hinterlegen. [2]Die Präsidentin oder der Präsident des Landgerichts kann auf Antrag bestätigen, dass die Unterschrift von der Übersetzerin oder dem Übersetzer herrührt und dass sie oder er mit der Anfertigung derartiger Übersetzungen betraut ist.

§ 38 Rechte und Pflichten. (1) Die Dolmetscherin und der Dolmetscher, die Übersetzerin und der Übersetzer sind verpflichtet,

1. die übertragenen Aufgaben gewissenhaft und unparteiisch zu erfüllen,
2. Verschwiegenheit zu bewahren und Tatsachen, die ihnen bei ihrer Tätigkeit zur Kenntnis gelangen, weder eigennützig zu verwerten noch Dritten mitzuteilen,
3. Aufträge der Gerichte und Staatsanwaltschaften innerhalb des Landes Nordrhein-Westfalen zu übernehmen und kurzfristig zu erledigen, es sei denn, dass wichtige Gründe dem entgegen stehen,
4. der Präsidentin oder dem Präsidenten des Oberlandesgerichts unverzüglich jede Änderung des Namens, des Wohnsitzes oder der Niederlassung sowie von Telekommunikationsanschlüssen, eine Verurteilung im Sinne des § 35 Absatz 2 Nummer 1 oder die Beantragung eines Insolvenzverfahrens gegen sie oder ihn sowie einen Eintrag in das vom Insolvenzgericht oder vom Vollstreckungsgericht zu führende Verzeichnis (§ 26 Absatz 2 Insolvenzordnung, § 882b Zivilprozessordnung) mitzuteilen.

(2) [1]Die Übersetzerermächtigung umfasst das Recht, die Richtigkeit und Vollständigkeit von Übersetzungen zu bescheinigen. [2]Dies gilt auch für bereits vorgenommene Übersetzungen, die zur Prüfung der Richtigkeit und Vollständigkeit vorgelegt werden. [3]Die Übersetzerin oder der Übersetzer ist verpflichtet, die ihr oder ihm anvertrauten Schriftstücke sorgsam aufzubewahren und von ihrem Inhalt Unbefugten keine Kenntnis zu geben.

(3) Nach Aushändigung der Bescheinigung gemäß § 37 Absatz 4 kann die Dolmetscherin oder der Dolmetscher die Bezeichnung „Allgemein beeidigte Dolmetscherin oder beeidigter Dolmetscher für (Angabe der Sprache/n, über die sich die Urkunde verhält)", die Übersetzerin oder der Übersetzer die Bezeichnung „Durch die Präsidentin oder den Präsidenten des Oberlandesgerichts (Angabe des Ortes) ermächtigte Übersetzerin oder ermächtigter Übersetzer für (Angabe der Sprache/n, über die sich die Urkunde verhält)" führen.

§ 39 Bestätigung der Übersetzung. (1) [1]Die Richtigkeit und Vollständigkeit von schriftlichen Sprachübertragungen ist durch die Übersetzerin oder den Übersetzer zu bestätigen. [2]Der Bestätigungsvermerk lautet:

„Die Richtigkeit und Vollständigkeit vorstehender Übersetzung aus der … Sprache wird bescheinigt.

Ort, Datum, Unterschrift

Durch die Präsidentin oder den Präsidenten des Oberlandesgerichts (Angabe des Ortes) ermächtigte Übersetzerin oder ermächtigter Übersetzer für die … Sprache."

(2) [1]Die Bestätigung ist auf die Übersetzung zu setzen und zu unterschreiben. [2]Sie hat kenntlich zu machen, wenn das übersetzte Dokument kein Original ist oder nur ein Teil des Dokuments übersetzt wurde. [3]Sie soll auf Auffälligkeiten des übersetzten Dokuments, insbesondere unleserliche Worte, Änderungen oder Auslassungen hinweisen, sofern sich dies nicht aus der Übersetzung ergibt. [4]Die Bestätigung kann auch in elektronischer Form (§ 126a des Bürgerlichen Gesetzbuchs, § 3a des Verwaltungsverfahrensgesetzes für das Land Nordrhein-Westfalen) erteilt werden.

(3) Die Absätze 1 und 2 gelten entsprechend, wenn eine zur Prüfung der Richtigkeit und Vollständigkeit vorgelegte Übersetzung eines anderen als richtig und vollständig bestätigt wird.

§ 40 Zuständigkeit. (1) [1]Unbeschadet von Absatz 2 ist für die Aufgaben nach diesem Abschnitt die Präsidentin oder der Präsident des Oberlandesgerichts zuständig, in dessen Bezirk die Antragstellerin oder der Antragsteller ihre oder seine berufliche Niederlassung hat; in Ermangelung einer solchen ist der Wohnsitz maßgebend. [2]Hat die Antragstellerin oder der Antragsteller in Nordrhein-Westfalen weder eine berufliche Niederlassung noch einen Wohnsitz, ist die Präsidentin oder der Präsident des Oberlandesgerichts zuständig, in dessen Bezirk die Antragstellerin oder der Antragsteller ihre oder seine Tätigkeit vorwiegend ausüben möchte. [3]Das Verfahren kann über eine einheitliche Stelle abgewickelt werden.

(2) Für die Aufgaben nach § 37 ist die Präsidentin oder der Präsident des Landgerichts zuständig; für die örtliche Zuständigkeit gilt Absatz 1 sinngemäß.

§ 41 Ordnungswidrigkeit. (1) Ordnungswidrig handelt, wer vorsätzlich oder fahrlässig

1. sich als allgemein beeidigte Dolmetscherin oder allgemein beeidigter Dolmetscher oder ermächtige Übersetzerin oder ermächtigter Übersetzer für eine Sprache bezeichnet, ohne dazu berechtigt zu sein, oder
2. eine Bezeichnung führt, die der in Nummer 1 zum Verwechseln ähnlich ist.

(2) Die Ordnungswidrigkeit kann mit einer Geldbuße bis zu 5000 Euro geahndet werden.

(3) Verwaltungsbehörde im Sinne des § 35 Absatz 1 Nummer 1 des Gesetzes über Ordnungswidrigkeiten ist die Staatsanwaltschaft.

§ 42 Kosten. Für Amtshandlungen nach diesem Abschnitt werden Kosten nach den Bestimmungen des Teils 4, Kapitel 2 – Kosten im Bereich der Justizverwaltung – erhoben.

§ 43 Vorübergehende Dienstleistungen. (1) [1]Dolmetscherinnen und Dolmetscher sowie Übersetzerinnen und Übersetzer, die in einem anderen Mitgliedstaat der Europäischen Union oder in einem anderen Vertragsstaat des Abkommens über den Europäischen Wirtschaftsraum zur Ausübung einer in § 33 Absatz 1 genannten oder vergleichbaren Tätigkeit rechtmäßig niedergelassen sind, dürfen diese Tätigkeit auf dem Gebiet des Landes Nordrhein-Westfalen wie eine in das Verzeichnis nach § 34 Absatz 1 eingetragene Person vorübergehend und gelegentlich ausüben (vorübergehende Dienstleistungen). [2]Wenn weder die Tätigkeit noch die Ausbildung zu dieser Tätigkeit im Staat der Niederlassung reglementiert sind, gilt dies nur, wenn die Person die Tätigkeit dort während der vorhergehenden zehn Jahre mindestens zwei Jahre ausgeübt hat.

(2) [1]Vorübergehende Dienstleistungen sind nur zulässig, wenn die Person vor der ersten Erbringung von Dienstleistungen im Inland der nach § 40 Absatz 1 zuständigen Behörde in Textform die Aufnahme der Tätigkeit angezeigt hat. [2]Der Anzeige müssen neben den in das nach § 34 Absatz 2 Satz 1 zu fuhrende Verzeichnis einzutragenden Angaben folgende Dokumente beigefügt sein:

1. eine Bescheinigung darüber, dass die Person in einem anderen Mitgliedstaat der Europäischen Union oder Vertragsstaat des Abkommens über den Europäischen Wirtschaftsraum rechtmäßig zur Ausübung einer der in § 33 Absatz 1 genannten oder vergleichbaren Tätigkeit niedergelassen ist und dass ihr die Ausübung dieser Tätigkeit zum Zeitpunkt der Vorlage der Bescheinigung nicht, auch nicht vorübergehend, untersagt ist,
2. ein Berufsqualifikationsnachweis,
3. sofern der Beruf im Staat der Niederlassung nicht reglementiert ist, einen Nachweis darüber, dass die Person die Tätigkeit dort während der vorhergehenden zehn Jahre mindestens zwei Jahre rechtmäßig ausgeübt hat, und
4. die Angabe der Berufsbezeichnung, unter der die Tätigkeit im Inland zu erbringen ist.

(3) Die Anzeige ist jährlich zu wiederholen, wenn die Person beabsichtigt, während des betreffenden Jahres weiter vorübergehende Dienstleistungen im Inland zu erbringen.

(4) [1]Sobald die Anzeige nach Absatz 2 vollständig vorliegt und das Verfahren nach § 37 abgeschlossen ist, nimmt die zuständige Behörde mit der Aufnahme in das Verzeichnis nach § 34 Absatz 1 eine vorübergehende Registrierung oder ihre Verlängerung um ein Jahr vor. [2]Das Verfahren ist kostenfrei.

(5) [1]Die vorübergehenden Dienstleistungen der Dolmetscherin oder des Dolmetschers, der Übersetzerin oder des Übersetzers sind unter der in der Sprache des Niederlassungsstaats für die Tätigkeit bestehenden Berufsbezeichnung zu erbringen. [2]Eine Verwechslung mit den in § 38 Absatz 3 aufgeführten Berufsbezeichnungen muss ausgeschlossen sein.

Kapitel 2

Ordentliche Gerichtsbarkeit

Abschnitt 1

Gütestellen und Schlichtung

§§ **44-56** *(nicht abgedruckt)*

Abschnitt 2

Aufgebotsverfahren

§§ **57-59** *(nicht abgedruckt)*

Abschnitt 3

Ausführungsbestimmungen zum Gesetz über die Zwangsversteigerung und die Zwangsverwaltung

§§ **60-71** *(nicht abgedruckt)*

Abschnitt 4

Ausführungsbestimmungen zum Gesetz über das Verfahren in Familiensachen und in den Angelegenheiten der freiwilligen Gerichtsbarkeit

§§ **72-91** *(nicht abgedruckt bzw. aufgehoben)*

Abschnitt 5

Ausführungsbestimmungen zur Grundbuchordnung

§§ 92-105 *(nicht abgedruckt)*

Abschnitt 6

Ausführungsbestimmungen zum Bundesgesetz über das gerichtliche Verfahren in Landwirtschaftssachen vom 21. Juli 1953

§§ 106-108 *(nicht abgedruckt)*

Kapitel 3

Verwaltungsgerichtsbarkeit

§ 109 Besetzung der Spruchkörper des Oberverwaltungsgerichts.

(1) [1]Die Senate des Oberverwaltungsgerichts entscheiden vorbehaltlich zwingender bundesrechtlicher oder landesrechtlicher Bestimmungen sowie der Absätze 2 und 3 in der Besetzung von drei Richterinnen oder Richtern und zwei ehrenamtlichen Richterinnen oder Richtern. [2]Bei Beschlüssen außerhalb der mündlichen Verhandlung wirken die ehrenamtlichen Richterinnen und Richter nicht mit.

(2) In den Verfahren nach § 47 der Verwaltungsgerichtsordnung entscheiden die Senate des Oberverwaltungsgerichts in der Besetzung von drei Richterinnen oder Richtern.

(3) [1]Der Große Senat beim Oberverwaltungsgericht besteht aus der Präsidentin oder dem Präsidenten und sechs Richterinnen oder Richtern. [2]In den Fällen des § 12 Absatz 1 Satz 1 in Verbindung mit § 11 Absatz 2 der Verwaltungsgerichtsordnung tritt ein Mitglied jedes beteiligten Senats, in den Fällen des § 12 Absatz 1 Satz 1 in Verbindung mit § 11 Absatz 4 der Verwaltungsgerichtsordnung ein Mitglied des erkennenden Senats hinzu. [3]Satz 2 gilt nicht, soweit der beteiligte oder der erkennende Senat bereits durch ein ständiges Mitglied im Großen Senat vertreten ist.

§ 110 Absehen vom Vorverfahren, Ausnahmen. (1) [1]Vor Erhebung einer Anfechtungsklage bedarf es einer Nachprüfung in einem Vorverfahren abweichend von § 68 Absatz 1 Satz 1 der Verwaltungsgerichtsordnung nicht. [2]Für die Verpflichtungsklage gilt abweichend von § 68 Absatz 2 der Verwaltungsgerichtsordnung Satz 1 entsprechend. [3]Für Verwaltungsakte, die auf Grund einer Rechtsgrundlage im Sinne von § 2 des Kommunalabgabengesetzes für das Land Nordrhein-Westfalen vom 21. Oktober 1969 (GV. NRW. S. 712) auch in

Verbindung mit § 3 beziehungsweise auf Grund von § 4 des Straßenreinigungsgesetzes NRW vom 18. Dezember 1975 (GV. NRW. S. 706, ber. 1976 S. 12) erlassen werden oder deren Erlass abgelehnt wird, und für Verwaltungsakte im Bereich der von den Gemeinden zu erhebenden Realsteuern bedarf es einer Nachprüfung in einem Vorverfahren abweichend von § 68 Absatz 1 Satz 1 und Absatz 2 Verwaltungsgerichtsordnung nicht, wenn der Verwaltungsakt oder die Ablehnung der Vornahme des Verwaltungsaktes während des Zeitraums vom 1. November 2007 bis 31. Dezember 2015 bekannt gegeben worden ist.

(2) [1]Absatz 1 Satz 1 und Satz 2 gilt nicht für den Erlass oder die Ablehnung der Vornahme von Verwaltungsakten,

1. hinsichtlich derer Bundesrecht oder das Recht der Europäischen Union die Durchführung eines Vorverfahrens vorschreiben,
2. denen die Bewertung einer Leistung im Rahmen einer berufsbezogenen Prüfung zugrunde liegt,
3. im Bereich des
   a) Schulrechts, soweit sie von Schulen erlassen werden,
   b) Ausbildungs-, Studien- und Graduiertenförderungsrechts, soweit sie von bei staatlichen Hochschulen oder bei Studentenwerken eingerichteten Ämtern für Ausbildungsförderung erlassen werden,
4. die vom Westdeutschen Rundfunk Köln oder dem „ARD ZDF Deutschlandradio Beitragsservice“ erlassen werden,
5. die von den Vollstreckungsbehörden nach § 2 des Verwaltungsvollstreckungsgesetzes für das Land Nordrhein-Westfalen in der Fassung der Bekanntmachung vom 19. Februar 2003 (GV. NRW. S. 256, ber. 2005 S. 818) in der jeweils geltenden Fassung erlassen werden,
6. die auf Grund einer Rechtsgrundlage im Sinne von § 2 des Kommunalabgabengesetzes für das Land Nordrhein-Westfalen vom 21. Oktober 1969 (GV. NRW. S. 712), auch in Verbindung mit § 3 beziehungsweise auf Grund von § 4 des Straßenreinigungsgesetzes NRW vom 18. Dezember 1975 (GV. NRW. S. 706; ber. 1976 S. 12), in der jeweils geltenden Fassung erlassen werden,
7. im Bereich der von den Gemeinden zu erhebenden Realsteuern,
8. die nach dem Unterhaltsvorschussgesetz in der Fassung der Bekanntmachung vom 17. Juli 2007 (BGB1. I S. 1446) in der jeweils geltenden Fassung erlassen werden,
9. die nach dem Achten Buch Sozialgesetzbuch – Kinder- und Jugendhilfe – in der Fassung der Bekanntmachung vom 11. September 2012 (BGB1. I S. 2022) in der jeweils geltenden Fassung in Verbindung mit den dazu ergangenen landesrechtlichen Regelungen erlassen werden,
10. die im Bereich des Pflegewohngeldrechts erlassen werden,
11. die im Bereich des Wohngeldrechts erlassen werden,
12. die auf Grund § 9 Absatz 1 Nummer 4, §§ 13 bis 15 oder § 18 des Gesetzes zur Förderung und Nutzung von Wohnraum für das Land Nordrhein-Westfalen vom 8. Dezember 2009 (GV. NRW. S. 722) in der jeweils geltenden Fassung erlassen werden,

13. die im Anwendungsbereich des
    a) Lebensmittel- und Futtermittelgesetzbuchs in der Fassung der Bekanntmachung vom 3. Juni 2013 (BGB1. I S. 1426),
    b) Verbraucherinformationsgesetzes in der Fassung der Bekanntmachung vom 17. Oktober 2012 (BGB1. I S. 2166, 2725),
    c) Tiergesundheitsgesetz vom 22. Mai 2013 (BGB1. I S. 1324),
    d) Tierische Nebenprodukte-Beseitigungsgesetzes vom 25. Januar 2004 (BGB1. I. S. 82),
    e) Tierschutzgesetzes in der Fassung der Bekanntmachung vom 18. Mai 2006 (BGB1. I. S. 1206, 1313),

in den jeweils geltenden Fassungen, erlassen werden.
[2]In den Fällen des Satzes 1 Nummer 2 bedarf es der Nachprüfung in einem Vorverfahren auch dann, wenn eine oberste Landesbehörde den Verwaltungsakt erlassen oder den Antrag auf Vornahme des Verwaltungsakts abgelehnt hat. [3]Satz 1 gilt auch für Nebenbestimmungen sowie Vollstreckungs- und Kostenentscheidungen zu den genannten Verwaltungsakten.

(3) [1]Absatz 1 Satz 1 findet keine Anwendung auf im Verwaltungsverfahren nicht beteiligte Dritte, die sich gegen den Erlass eines einen anderen begünstigenden Verwaltungsaktes wenden. [2]Absatz 1 Satz 1 findet Anwendung,

1. wenn der Verwaltungsakt von einer Bezirksregierung erlassen worden ist, es sei denn, er ist auf dem Gebiet der Krankenhausplanung und -finanzierung ergangen,
2. bei Entscheidungen nach dem Arbeitsschutzgesetz und den dazu ergangenen Rechtsverordnungen,
3. bei Entscheidungen nach der Gewerbeordnung und den dazu ergangenen Rechtsverordnungen,
4. bei Entscheidungen nach dem Geräte- und Produktsicherheitsgesetz und den dazu ergangenen Rechtsverordnungen,
5. bei Entscheidungen nach dem Arbeitszeitgesetz und den dazu ergangenen Rechtsverordnungen,
6. bei Entscheidungen nach dem Gesetz über Betriebsärzte, Sicherheitsingenieure und andere Fachkräfte für Arbeitssicherheit,
7. bei Entscheidungen der Bauaufsichtsbehörden und der Baugenehmigungsbehörden,
8. bei Entscheidungen nach dem Gaststättengesetz und der dazu ergangenen Rechtsverordnung.

(4) Soweit landesgesetzliche Bestimmungen die Durchführung eines Vorverfahrens in sonstigen Bereichen vorsehen, bleiben diese Bestimmungen unberührt.

§ 111 Widerspruchsbehörde. [1]Soweit ein Vorverfahren nach § 110 durchzuführen ist, ist die Behörde, die den Verwaltungsakt erlassen oder dessen Vornahme abgelehnt hat, auch für die Entscheidung über den Widerspruch zuständig. [2]In den Fällen des § 110 Absatz 2 Satz 1 Nummer 3 Buchstabe a,

Nummer 11 bis 13 findet § 73 Absatz 1 Satz 2 Nummer 1 der Verwaltungsgerichtsordnung Anwendung. [3]Unberührt bleiben Vorschriften, nach denen im Vorverfahren ein Ausschuss oder ein Beirat entscheidet.

§ 112 Wirkung von Rechtsbehelfen in der Verwaltungsvollstreckung. [1]Rechtsbehelfe, die sich gegen Maßnahmen der Vollstreckungsbehörden und der Vollzugsbehörden (§§ 2 und 56 des Verwaltungsvollstreckungsgesetzes für das Land Nordrhein-Westfalen) in der Verwaltungsvollstreckung richten, haben keine aufschiebende Wirkung. [2]§ 80 Absatz 4, 5, 7 und 8 der Verwaltungsgerichtsordnung gilt entsprechend.

Kapitel 4
Finanzgerichtsbarkeit

§ 113 Eröffnung des Finanzrechtswegs durch Landesgesetz. [1]Der Finanzrechtsweg ist auch gegeben in öffentlich-rechtlichen Streitigkeiten über Abgabenangelegenheiten, die der Gesetzgebung des Bundes nicht unterliegen und durch Landesfinanzbehörden verwaltet werden. [2]Das Gleiche gilt für Kosten (Gebühren und Auslagen), die von Landesfinanzbehörden für Amtshandlungen im Vollzug der Abgabenordnung und auf dem Gebiet der Steuerberatung auf Grund landesrechtlicher Kostenvorschriften erhoben werden.

Kapitel 5
Sozialgerichtsbarkeit

§ 114 Vollstreckungsbehörde. [1]Vollstreckungsbehörde im Sinne des § 200 Absatz 2 Satz 2 des Sozialgerichtsgesetzes sind die nach den Vorschriften über das Verwaltungsvollstreckungsverfahren wegen Beitreibung von Geldbeträgen zuständigen Stellen. [2]Unterliegt die Körperschaft der Vollstreckungsbehörde selbst der Vollstreckung, so bestimmt die Aufsichtsbehörde die zuständige Vollstreckungsbehörde.

§ 115 Aufstellung der Vorschlagslisten für Angelegenheiten des sozialen Entschädigungsrechts und des Schwerbehindertenrechts. Für die Kammern und Senate für Angelegenheiten des sozialen Entschädigungsrechts und des Schwerbehindertenrechts werden die Vorschlagslisten für ehrenamtliche Richterinnen und Richter aus den Kreisen der mit dem sozialen Entschädigungsrecht oder dem Recht der Teilhabe behinderter Menschen vertrauten Personen von den Landschaftsverbänden und der Bezirksregierung Münster im gegenseitigen Benehmen aufgestellt.

Teil 3

Justizverwaltungsverfahren

§ 116 Verfahren in Justizverwaltungsangelegenheiten. (1) [1]Soweit sich aus den nachfolgenden Bestimmungen nichts Abweichendes ergibt, gelten in Verfahren in Justizverwaltungsangelegenheiten die §§ 9 bis 52 des Verwaltungsverfahrensgesetzes für das Land Nordrhein-Westfalen entsprechend. [2]Dies gilt nicht für Anordnungen, Verfügungen oder sonstige Maßnahmen, die von Justizbehörden zur Regelung einzelner Angelegenheiten auf dem Gebiet der Strafrechtspflege getroffen werden.

(2) Die Gliederung der Gerichtsbezirke für Justizverwaltungssachen und damit in Zusammenhang stehende Angelegenheiten bestimmt sich nach § 21 dieses Gesetzes.

§ 117 Rechtsbehelfsbelehrung. Soweit nicht zwingende bundes- oder landesrechtliche Bestimmungen entgegenstehen, sind ein schriftlicher Justizverwaltungsakt im Sinne von § 23 des Einführungsgesetzes zum Gerichtsverfassungsgesetz und ein Verwaltungsakt der Gerichtsverwaltung im Sinne von § 35 des Verwaltungsverfahrensgesetzes für das Land Nordrhein-Westfalen, der der Nachprüfung im Verfahren vor den Gerichten der Verwaltungsgerichtsbarkeit unterliegt, mit einer Erklärung zu versehen, durch die der Beteiligte über den Rechtsbehelf, der gegen den Justizverwaltungs- oder Verwaltungsakt gegeben ist, über die Stelle, bei der der Rechtsbehelf einzulegen ist, und über die einzuhaltende Form und Frist belehrt wird.

§§ 118, 119 *(nicht abgedruckt)*

§ 120 Aufbewahrung von Schriftgut. (1) [1]Schriftgut der ordentlichen Gerichtsbarkeit, der Fachgerichtsbarkeiten, der Staatsanwaltschaften und der Justizvollzugsbehörden, das für das Verfahren nicht mehr erforderlich ist, darf nach Beendigung des Verfahrens nur so lange aufbewahrt werden, wie schutzwürdige Interessen der Verfahrensbeteiligten oder sonstiger Personen oder öffentliche Interessen dies erfordern. [2]Entsprechendes gilt für das Schriftgut der Justizverwaltung.

(2) Schriftgut im Sinne des Absatzes 1 sind unabhängig von ihrer Speicherungsform insbesondere Akten, Aktenregister, öffentliche Register, Grundbücher, Namensverzeichnisse, Karteien, Urkunden und Blattsammlungen sowie einzelne Schriftstücke, Bücher, Drucksachen, Kalender, Karten, Pläne, Zeichnungen, Lichtbilder, Bild-, Ton- und Datenträger und sonstige Gegenstände, die Bestandteile oder Anlagen der Akten geworden sind.

(3) [1]Dieses Gesetz gilt für die Aufbewahrung von Schriftgut der in Absatz 1 genannten Gerichte und Justizbehörden, soweit nicht Rechtsvorschriften des Bundes oder des Landes inhaltsgleiche oder entgegenstehende Bestimmungen enthalten. [2]Die Regelungen über die Anbietungs- und Übergabepflichten nach den Vorschriften des Gesetzes über die Sicherung und Nutzung öffentlichen Archivguts im Lande Nordrhein-Westfalen (Archivgesetz Nordrhein-Westfalen) bleiben unberührt.

§ 121 Verordnungsermächtigung, Aufbewahrungsfristen. (1) Das Justizministerium bestimmt durch Rechtsverordnung das Nähere über das aufzubewahrende Schriftgut und die hierbei zu beachtenden Aufbewahrungsfristen.

(2) [1]Die Regelungen zur Aufbewahrung des Schriftguts haben dem Grundsatz der Verhältnismäßigkeit, insbesondere der Beschränkung der Aufbewahrungsfristen auf das Erforderliche, Rechnung zu tragen. [2]Bei der Bestimmung der Aufbewahrungsfristen sind insbesondere zu berücksichtigen
1. das Interesse der Betroffenen daran, dass die zu ihrer Person erhobenen Daten nicht länger als erforderlich gespeichert werden,
2. ein Interesse der Verfahrensbeteiligten, auch nach Beendigung des Verfahrens Ausfertigungen, Auszüge oder Abschriften aus den Akten erhalten zu können,
3. ein rechtliches Interesse nicht am Verfahren Beteiligter, Auskünfte aus den Akten erhalten zu können,
4. das Interesse von Verfahrensbeteiligten, Gerichten und Justizbehörden, dass die Akten nach Beendigung des Verfahrens noch für Wiederaufnahmeverfahren, zur Wahrung der Rechtseinheit, zur Fortbildung des Rechts oder für sonstige verfahrensübergreifende Zwecke der Rechtspflege zur Verfügung stehen.

(3) Die Aufbewahrungsfristen beginnen, soweit in der gemäß Absatz 1 erlassenen Rechtsverordnung keine anderweitigen Regelungen getroffen wurden, mit dem Ablauf des Jahres, in dem nach Beendigung des Verfahrens die Weglegung der Akten angeordnet wurde.

Teil 4

Justizkostenrecht

Kapitel 1

Gebührenbefreiung, Stundung, Niederschlagung und Erlass von Kosten

§ 122 Gebührenfreiheit. (1) Von der Zahlung von Gebühren, welche die ordentlichen Gerichte in Zivilsachen und die Justizverwaltungsbehörden erheben, sind befreit:
1. Kirchen, sonstige Religionsgemeinschaften und Weltanschauungsvereinigungen, die die Rechtsstellung einer Körperschaft des öffentlichen Rechts haben;
2. Gemeinden und Gemeindeverbände, soweit die Angelegenheit nicht ihre wirtschaftlichen Unternehmen betrifft;
3. Universitäten, Hochschulen, Fachhochschulen, Akademien und Forschungseinrichtungen, die die Rechtsstellung einer Körperschaft, Anstalt oder Stiftung des öffentlichen Rechts haben.

(2) [1]Von der Zahlung der Gebühren nach der Kostenordnung und der Gebühren in Justizverwaltungsangelegenheiten sind Körperschaften, Vereinigungen und Stiftungen befreit, die gemeinnützigen oder mildtätigen Zwecken im Sinne

des Steuerrechts dienen, soweit die Angelegenheit nicht einen steuerpflichtigen wirtschaftlichen Geschäftsbetrieb betrifft. [2]Für die Teilnahme an Verfahren zum elektronischen Abruf aus dem Grundbuch und aus den elektronischen Registern gilt die Gebührenbefreiung nicht. [3]Die steuerrechtliche Behandlung als gemeinnützig oder mildtätig ist durch eine Bescheinigung des Finanzamtes (Freistellungsbescheid oder sonstige Bestätigung) nachzuweisen.

(3) Die Gebührenfreiheit nach den Absätzen 1 und 2 gilt auch für Beurkundungs- und Beglaubigungsgebühren, die Gebührenfreiheit nach Absatz 1 ferner für die Gebühren der Gerichtsvollzieherinnen oder Gerichtsvollzieher.

(4) Folgende Vorschriften, durch die in den Verfahren und Angelegenheiten vor den ordentlichen Gerichten sowie in Justizverwaltungsangelegenheiten Kosten- und Gebührenfreiheit gewährt wird, bleiben aufrechterhalten:

1. § 1 Absatz 4 des Preußischen Gesetzes betreffend die Ergänzung der Gesetze über die Errichtung von Marksteinen vom 7. Oktober 1865, vom 7. April 1869 und vom 24. Mai 1901;
2. § 10 des Gesetzes über die Änderung beamtenrechtlicher Vorschriften und zur Anpassung des Landesrechts an die Vorschriften des Bundesgesetzes zur Regelung der Rechtsverhältnisse der unter Artikel 131 des Grundgesetzes fallenden Personen vom 11. Mai 1951 (BGBl. I S. 307) (Änderungs- und Anpassungsgesetz) vom 15. Dezember 1952(GV. NRW. S. 423), zuletzt geändert durch das Beamtengesetz für das Land Nordrhein-Westfalen vom 15. Juni 1954 (GV. NRW. S. 237);
3. § 2 des Gesetzes über Gemeinheitsteilung und Reallastenablösung vom 28. November 1961(GV. NRW. S. 319).

§ 123 Stundung, Niederschlagung und Erlass von Kosten. (1) Gerichtskosten, nach § 59 des Rechtsanwaltsvergütungsgesetzes auf die Landeskasse übergegangene Ansprüche und sonstige Ansprüche nach § 1 Absatz 1 Nummern 4b bis 9 der Justizbeitreibungsordnung können gestundet werden, wenn ihre sofortige Einziehung mit besonderen Härten für die Zahlungspflichtige oder den Zahlungspflichtigen verbunden wäre und der Anspruch durch die Stundung nicht gefährdet wird.

(2) Ansprüche der in Absatz 1 genannten Art können befristet oder unbefristet niedergeschlagen werden, wenn feststeht, dass die Einziehung keinen Erfolg haben wird oder wenn die Kosten der Einziehung außer Verhältnis zur Höhe des Anspruchs stehen.

(3) [1]Ansprüche der in Absatz 1 genannten Art können ganz oder zum Teil erlassen werden,

1. wenn es zur Förderung öffentlicher Zwecke geboten erscheint;
2. wenn die Einziehung mit besonderen Härten für den die Zahlungspflichtige oder den Zahlungspflichtigen verbunden wäre;
3. wenn es sonst aus besonderen Gründen der Billigkeit entspricht.

[2]Entsprechendes gilt für die Erstattung oder Anrechnung bereits entrichteter Beträge.

(4) [1]Zuständig für die Entscheidung ist das Justizministerium. [2]Es kann seine Befugnis ganz oder teilweise oder für bestimmte Arten von Fällen auf Behörden seines Geschäftsbereichs oder auf andere Stellen, die Forderungen aus dem Justizressort beitreiben, übertragen.

Kapitel 2

Kosten im Bereich der Justizverwaltung

§ 124 Anwendung der Justizverwaltungskostenordnung. (1) [1]In Justizverwaltungsangelegenheiten erheben die Justizbehörden des Landes Kosten (Gebühren und Auslagen) nach dem Gesetz über Kosten im Bereich der Justizverwaltung (Justizverwaltungskostenordnung – JVKostO) in der jeweils für die Justizbehörden des Bundes geltenden Fassung. [2]Hiervon ausgenommen sind § 4 Absatz 3 der Justizverwaltungskostenordnung und § 4 Absätze 4 und 5 der Justizverwaltungskostenordnung, soweit diese auf § 4 Absatz 3 der Justizverwaltungskostenordnung Bezug nehmen.

(2) Ergänzend gelten § 125 dieses Gesetzes und das anliegende Gebührenverzeichnis (Anlage 2).

§ 125 Anwendung der Justizbeitreibungsordnung. Die Justizbeitreibungsordnung in der jeweils für die Justizbehörden des Bundes geltenden Fassung gilt für die Einziehung der dort in § 1 Absatz 1 genannten Ansprüche auch insoweit, als diese Ansprüche nicht auf bundesrechtlicher Regelung beruhen.

§ 126 Anwendungsbereich. Die §§ 124 und 125 dieses Gesetzes gelten für Gerichtsverwaltungsangelegenheiten des Verfassungsgerichtshofs für das Land Nordrhein-Westfalen entsprechend.

Kapitel 3

Kosten in landesrechtlichen Verfahren der freiwilligen Gerichtsbarkeit

§§ 127-129 *(nicht abgedruckt)*

Teil 5

Ausführungsbestimmungen zum Handelsgesetzbuch

§§ 130, 131 *(nicht abgedruckt)*

Teil 6

Schlussbestimmungen

§ 132 Dynamische Verweisung. Soweit die vorstehenden Bestimmungen auf bundesrechtliche Vorschriften verweisen, sind diese in der jeweils geltenden Fassung anzuwenden.

§ 133 Inkrafttreten, Übergangsregelung. (1) Dieses Gesetz tritt am 1. Januar 2011 in Kraft.

(2) Für bis zum Inkrafttreten des Gesetzes zur Änderung des Justizgesetzes Nordrhein-Westfalen vom 6. Dezember 2016 (GV. NRW. S. 1066) beantragte Auseinandersetzungen gemäß den §§ 80 bis 86 ist das Justizgesetz Nordrhein-Westfalen vom 26. Januar 2010 (GV. NRW. S. 30) in seiner bis dahin geltenden Fassung weiter anzuwenden.

Anlage 2

Anlage zu § 124

Gebührenverzeichnis

Nummer	Gegenstand	Gebühren
1	Feststellungserklärung nach § 1059a Absatz 1 Nummer 2, Absatz 2, § 1059e, § 1092 Absatz 2, § 1098 Absatz 3 des Bürgerlichen Gesetzbuchs	25 bis 385 Euro
2	Schuldnerverzeichnis	
2.1	Entscheidung über den Antrag auf Bewilligung des laufenden Bezugs von Abdrucken (§ 882g der Zivilprozessordnung) Anmerkung: Die Gebühr entsteht nur einmal, wenn die Bewilligung in einem Verfahren für mehrere Schuldnerverzeichnisse erteilt oder versagt wird.	525 Euro
2.2	Erteilung von Abdrucken (§§ 882b, 882g der Zivilprozessordnung) Anmerkung: Neben den Gebühren für die Erteilung von Abdrucken werden die Dokumentenpauschale und die Datenträgerpauschale nicht erhoben.	0,50 Euro je Eintragung, mindestens 17 Euro
2.3	Einsicht in das Schuldenverzeichnis (§ 882f der Zivilprozessordnung) je übermitteltem Datensatz Anmerkung: Die Gebühr entsteht auch, wenn die Information übermittelt wird, dass für den Schuldner kein Eintrag verzeichnet ist (Negativauskunft). Die Gebühr entsteht nicht im Fall einer Selbstauskunft.	4,50 Euro

Nummer	Gegenstand	Gebühren
3	Vereidigung, Beeidigung und Ermächtigung Anmerkung: Die Gebühren sind vorauszuzahlen.	
3.1	Allgemeine Vereidigung von Sachverständigen Anmerkung: Die Gebühr ist für jedes Sachgebiet gesondert zu erheben.	120 Euro
3.2	Allgemeine Beeidigung von Dolmetscherinnen und Dolmetschern (§ 189 des Gerichtsverfassungsgesetzes), für eine zweite und jede weitere Sprache erhöht sich die Gebühr um je	120 Euro 30 Euro
3.3	Ermächtigung von Übersetzerinnen und Übersetzern zur Bescheinigung der Richtigkeit und Vollständigkeit der Übersetzung von Urkunden, die in einer fremden Sprache abgefasst sind (§ 142 der Zivilprozessordnung), für eine zweite und jede weitere Sprache erhöht sich die Gebühr um je	120 Euro 30 Euro
3.4	Verlängerung der Allgemeinen Beeidigung von Dolmetscherinnen und Dolmetschern oder der Allgemeinen Ermächtigung von Übersetzerinnen und Übersetzern gemäß § 36 Absatz 1, für eine zweite und jede weitere Sprache erhöht sich die Gebühr um je	60 Euro 15 Euro
3.5	Zurückweisung eines Antrags, für den eine Gebühr nach Nummern 3.1 und 3.4 vorgesehen ist Anmerkung: Bezieht sich die Zurückweisung eines Antrags nach Nummer 3.5 auf mehrere Sprachen, wird die Gebühr für jede Sprache gesondert erhoben.	50 Euro
4	Überlassung einer gerichtlichen Entscheidung auf Antrag nicht am Verfahren beteiligter Dritter Anmerkung: 1. Neben der Gebühr werden Auslagen nicht erhoben. 2. Die Behörde kann von der Erhebung der Gebühr ganz oder teilweise absehen, wenn gerichtliche Entscheidungen für Zwecke verlangt werden, deren Verfolgung überwiegend im öffentlichen Interesse liegen. 3. § 7a der Justizverwaltungskostenordnung ist entsprechend anzuwenden.	12,50 Euro je Entscheidung
5	Verfahren zur Entgegennahme von Erklärungen des Austritts aus einer Kirche oder aus einer sonstigen Religions- oder Weltanschauungsgemeinschaft des öffentlichen Rechts	30 Euro

Nummer	Gegenstand	Gebühren
	Anmerkung: Die Gebühr ist vorauszuzahlen. Neben der Gebühr werden Auslagen nicht erhoben.	
6	Gütestellen	
6.1	Anerkennung als Gütestelle (§ 51 Absatz 1)	130 Euro
6.2	Ablehnung oder Zurücknahme des Antrags auf Anerkennung als Gütestelle	30 Euro

Gesetz über Aufbau und Befugnisse der Ordnungsbehörden (Ordnungsbehördengesetz – OBG)

in der Fassung der Bekanntmachung vom 13. Mai 1980 (GV NRW S. 528/SGV NRW 2060); zuletzt geändert durch Gesetz vom 6. Dezember 2016 (GV NRW S. 1062).

INHALTSVERZEICHNIS

TEIL I
Aufgaben und Organisation der Ordnungsbehörden

§ 1 Aufgaben der Ordnungsbehörden. (1) Die Ordnungsbehörden haben die Aufgabe, Gefahren für die öffentliche Sicherheit oder Ordnung abzuwehren (Gefahrenabwehr).

(2) [1]Die Ordnungsbehörden führen diese Aufgaben nach den hierfür erlassenen besonderen Gesetzen und Verordnungen durch. [2]Soweit gesetzliche Vorschriften fehlen oder eine abschließende Regelung nicht enthalten, treffen die Ordnungsbehörden die notwendigen Maßnahmen zur Gefahrenabwehr nach diesem Gesetz.

(3) Andere Aufgaben nehmen die Ordnungsbehörden nach den Vorschriften dieses Gesetzes insoweit wahr, als es durch Gesetz oder Verordnung bestimmt ist.

§ 2 Vollzugshilfe der Polizei. Die Polizei leistet den Ordnungsbehörden Vollzugshilfe nach den Vorschriften der §§ 47 bis 49 des Polizeigesetzes des Landes Nordrhein-Westfalen (PolG NW).

§ 3 Aufbau. (1) Die Aufgaben der örtlichen Ordnungsbehörden nehmen die Gemeinden, die Aufgaben der Kreisordnungsbehörden die Kreise und kreisfreien Städte als Pflichtaufgaben zur Erfüllung nach Weisung (§ 9) wahr; dies gilt auch für die ihnen als Sonderordnungsbehörden übertragenen Aufgaben.

(2) Landesordnungsbehörden sind die Bezirksregierungen.

§ 4 Örtliche Zuständigkeit. (1) Örtlich zuständig ist die Ordnungsbehörde, in deren Bezirk die zu schützenden Interessen verletzt oder gefährdet werden.

(2) Ist es zweckmäßig, ordnungsbehördliche Aufgaben in benachbarten Bezirken einheitlich zu erfüllen, so erklärt die den beteiligten Ordnungsbehörden gemeinsame Aufsichtsbehörde eine dieser Ordnungsbehörden für zuständig.

§ 5 Sachliche Zuständigkeit. (1) [1]Für die Aufgaben der Gefahrenabwehr sind die örtlichen Ordnungsbehörden zuständig. [2]Werden den Ordnungsbehörden der Großen und Mittleren kreisangehörigen Städte Aufgaben durch besondere gesetzliche Vorschriften zugewiesen, nehmen sie diese als örtliche Ordnungsbehörden wahr.

(2) Die Zuständigkeit der Landes- und Kreisordnungsbehörden bestimmt sich nach den hierüber erlassenen gesetzlichen Vorschriften.

(3) Für den Erlaß von ordnungsbehördlichen Verordnungen gelten die §§ 26 und 27.

§ 6 Außerordentliche Zuständigkeit. (1) [1]Bei Gefahr im Verzug oder in den gesetzlich vorgesehenen Fällen kann jede Ordnungsbehörde in ihrem Bezirk die Befugnisse einer anderen Ordnungsbehörde ausüben. [2]Dies gilt nicht für den Erlaß ordnungsbehördlicher Verordnungen.

(2) Erfordert die Erfüllung ordnungsbehördlicher Aufgaben Maßnahmen auch in benachbarten Bezirken und ist die Mitwirkung der dort örtlich zuständigen Ordnungsbehörden nicht ohne eine Verzögerung zu erreichen, durch die der Erfolg der Maßnahme beeinträchtigt wird, so kann die eingreifende Ordnungsbehörde auch in benachbarten Bezirken die notwendigen unaufschiebbaren Maßnahmen treffen.

(3) Die allgemein zuständige Ordnungsbehörde ist über die getroffenen Maßnahmen unverzüglich zu unterrichten.

§ 7 Aufsichtsbehörden. (1) Die Aufsicht über die örtlichen Ordnungsbehörden in den Kreisen führt der Landrat als untere staatliche Verwaltungsbehörde.

(2) [1]Die Aufsicht über die kreisfreien Städte als örtliche Ordnungsbehörden und über die Kreisordnungsbehörden führt die Bezirksregierung. [2]Sie ist gleichzeitig obere Aufsichtsbehörde über die kreisangehörigen Gemeinden als örtliche Ordnungsbehörden.

(3) Oberste Aufsichtsbehörde ist das jeweils zuständige Ministerium.

§ 8 Unterrichtungsrecht. Die Aufsichtsbehörden können sich jederzeit über die Angelegenheiten der Ordnungsbehörden unterrichten.

§ 9 Weisungsrecht gegenüber örtlichen und Kreisordnungsbehörden. (1) Die Aufsichtsbehörden können Weisungen erteilen, um die gesetzmäßige Erfüllung der ordnungsbehördlichen Aufgaben zu sichern.

(2) Zur zweckmäßigen Erfüllung der ordnungsbehördlichen Aufgaben dürfen die Aufsichtsbehörden

a) allgemeine Weisungen erteilen, um die gleichmäßige Durchführung der Aufgaben zu sichern,
b) besondere Weisungen erteilen, wenn das Verhalten der zuständigen Ordnungsbehörde zur Erledigung ordnungsbehördlicher Aufgaben nicht geeignet erscheint oder überörtliche Interessen gefährden kann.

(3) Zur zweckmäßigen Erfüllung von ausländer- und paßrechtlichen Angelegenheiten dürfen die Aufsichtsbehörden besondere Weisungen auch erteilen, wenn die Bundesregierung, das Bundesministerium des Innern oder die von ihnen bestimmte Stelle in Angelegenheiten des Ausländerwesens und des Paßwesens Weisungen erteilen können oder die Entscheidung im Einzelfall im Benehmen mit einer der genannten Stellen ergehen muß.

(4) [1]Weisungen zur Erledigung einer bestimmten ordnungsbehördlichen Aufgabe im Einzelfalle führt der Hauptverwaltungsbeamte als staatliche Ver-

waltungsbehörde durch, sofern die Aufsichtsbehörde dies in der Weisung festlegt. [2]Dies gilt auch für solche Weisungen, deren Geheimhaltung im Interesse der Staatssicherheit erforderlich ist.

(5) Das Weisungsrecht der Aufsichtsbehörden erstreckt sich nicht auf den Erlaß ordnungsbehördlicher Verordnungen.

§ 10 Selbsteintritt. (1) Führt der Hauptverwaltungsbeamte die Weisung nach § 9 Abs. 4 nicht innerhalb der bestimmten Frist durch, so können die Aufsichtsbehörden die Befugnisse der ihrer Aufsicht unterstehenden Ordnungsbehörden in entsprechender Anwendung des § 123 Absatz 2 der Gemeindeordnung selbst ausüben oder die Ausübung einem Dritten übertragen.

(2) Die allgemein zuständige Ordnungsbehörde ist über die getroffene Maßnahme unverzüglich zu unterrichten.

§ 11 Befugnisse der Kommunalaufsichtsbehörden. Die Behörden der allgemeinen Aufsicht über die Gemeinden und Gemeindeverbände haben auch in ordnungsbehördlichen Angelegenheiten die Befugnisse der §§ 121 bis 125 der Gemeindeordnung.

§ 12 Sonderordnungsbehörden. (1) Sonderordnungsbehörden sind die Behörden, denen durch Gesetz oder Verordnung auf bestimmten Sachgebieten Aufgaben der Gefahrenabwehr oder in ihrer Eigenschaft als Sonderordnungsbehörden andere Aufgaben übertragen worden sind.

(2) Für die Sonderordnungsbehörden gelten die Vorschriften dieses Gesetzes, soweit nicht durch Gesetz oder Verordnung Abweichendes bestimmt ist.

§ 13 Dienstkräfte der Ordnungsbehörden. [1]Die Ordnungsbehörden führen die ihnen obliegenden Aufgaben mit eigenen Dienstkräften durch. [2]Die Dienstkräfte müssen einen behördlichen Ausweis bei sich führen und ihn bei Ausübung ihrer Tätigkeit auf Verlangen vorzeigen. [3]§ 68 Abs. 2 Satz 3 des Verwaltungsvollstreckungsgesetzes für das Land Nordrhein-Westfalen (VwVG NW) bleibt unberührt.

TEIL II

Befugnisse der Ordnungsbehörden

Abschnitt 1

Ordnungsverfügungen

§ 14 Voraussetzungen des Eingreifens. (1) Die Ordnungsbehörden können die notwendigen Maßnahmen treffen, um eine im einzelnen Falle bestehende Gefahr für die öffentliche Sicherheit oder Ordnung (Gefahr) abzuwehren.

(2) [1]Zur Erfüllung der Aufgaben, die die Ordnungsbehörden nach besonderen Gesetzen und Verordnungen durchführen (§ 1 Abs. 2 Satz 1 und Abs. 3),

haben sie die dort vorgesehenen Befugnisse. [2]Soweit solche Gesetze und Verordnungen Befugnisse der Ordnungsbehörden nicht enthalten, haben sie die Befugnisse, die ihnen nach diesem Gesetz zustehen.

§ 15 Grundsatz der Verhältnismäßigkeit. (1) Von mehreren möglichen und geeigneten Maßnahmen haben die Ordnungsbehörden diejenige zu treffen, die die einzelne Person und die Allgemeinheit voraussichtlich am wenigsten beeinträchtigt.

(2) Eine Maßnahme darf nicht zu einem Nachteil führen, der zu dem erstrebten Erfolg erkennbar außer Verhältnis steht.

(3) Eine Maßnahme ist nur solange zulässig, bis ihr Zweck erreicht ist oder sich zeigt, daß er nicht erreicht werden kann.

§ 16 Ermessen. Die Ordnungsbehörden treffen ihre Maßnahmen nach pflichtgemäßem Ermessen.

§ 17 Verantwortlichkeit für das Verhalten von Personen. (1) Verursacht eine Person eine Gefahr, so sind die Maßnahmen gegen diese Person zu richten.

(2) [1]Ist die Person noch nicht 14 Jahre alt oder ist für sie zur Besorgung aller ihrer Angelegenheiten ein Betreuer bestellt, können Maßnahmen auch gegen die Person gerichtet werden, die zur Aufsicht über sie verpflichtet ist. [2]Dies gilt auch, wenn der Aufgabenkreis des Betreuers die in § 1896 Abs. 4 und § 1905 des Bürgerlichen Gesetzbuchs bezeichneten Angelegenheiten nicht erfaßt.

(3) Verursacht eine Person, die zu einer Verrichtung bestellt ist, die Gefahr in Ausführung der Verrichtung, so können Maßnahmen auch gegen die Person gerichtet werden, die die andere zu der Verrichtung bestellt hat.

(4) Die Absätze 1 bis 3 sind nicht anzuwenden, soweit andere Vorschriften dieses Gesetzes oder andere Rechtsvorschriften bestimmen, gegen wen eine Maßnahme zu richten ist.

§ 18 Verantwortlichkeit für den Zustand von Sachen. (1) [1]Geht von einer Sache oder einem Tier eine Gefahr aus, so sind die Maßnahmen gegen den Eigentümer zu richten. [2]Soweit nichts anderes bestimmt ist, sind die nachfolgenden für Sachen geltenden Vorschriften entsprechend auf Tiere anzuwenden.

(2) [1]Die Ordnungsbehörde kann ihre Maßnahmen auch gegen den Inhaber der tatsächlichen Gewalt richten. [2]Sie muß ihre Maßnahmen gegen den Inhaber der tatsächlichen Gewalt richten, wenn er diese gegen den Willen des Eigentümers oder anderer Verfügungsberechtigter ausübt oder auf einen im Einverständnis mit dem Eigentümer schriftlich oder protokollarisch gestellten Antrag von der zuständigen Ordnungsbehörde als allein verantwortlich anerkannt worden ist.

(3) Geht die Gefahr von einer herrenlosen Sache aus, so können die Maßnahmen gegen die Person gerichtet werden, die das Eigentum an der Sache aufgegeben hat.

(4) § 17 Abs. 4 gilt entsprechend.

§ 19 Inanspruchnahme nicht verantwortlicher Personen. (1) Die Ordnungsbehörde kann Maßnahmen gegen andere Personen als die nach den §§ 17 oder 18 Verantwortlichen richten, wenn
1. eine gegenwärtige erhebliche Gefahr abzuwehren ist,
2. Maßnahmen gegen die nach den §§ 17 oder 18 Verantwortlichen nicht oder nicht rechtzeitig möglich sind oder keinen Erfolg versprechen,
3. die Ordnungsbehörde die Gefahr nicht oder nicht rechtzeitig selbst oder durch Beauftragte abwehren kann und
4. die Personen ohne erhebliche eigene Gefährdung und ohne Verletzung höherwertiger Pflichten in Anspruch genommen werden können.

(2) Die Maßnahmen nach Absatz 1 dürfen nur aufrechterhalten werden, solange die Abwehr der Gefahr nicht auf andere Weise möglich ist.

(3) § 17 Abs. 4 gilt entsprechend.

§ 20 Form. (1) [1]Anordnungen der Ordnungsbehörde, durch die von bestimmten Personen oder einem bestimmten Personenkreis ein Handeln, Dulden oder Unterlassen verlangt oder die Versagung, Einschränkung oder Zurücknahme einer rechtlich vorgesehenen ordnungsbehördlichen Erlaubnis oder Bescheinigung ausgesprochen wird, werden durch schriftliche Ordnungsverfügungen erlassen. [2]Der Schriftform bedarf es nicht bei Gefahr im Verzug; die getroffene Anordnung ist auf Verlangen schriftlich zu bestätigen, wenn hieran ein berechtigtes Interesse besteht.

(2) [1]Ordnungsverfügungen dürfen nicht lediglich den Zweck haben, die den Ordnungsbehörden obliegende Aufsicht zu erleichtern. [2]Schriftliche Ordnungsverfügungen müssen eine Rechtsmittelbelehrung enthalten.

§ 21 Wahl der Mittel. [1]Kommen zur Abwehr einer Gefahr mehrere Mittel in Betracht, so genügt es, wenn eines davon bestimmt wird. [2]Der betroffenen Person ist auf Antrag zu gestatten, ein anderes ebenso wirksames Mittel anzuwenden, sofern die Allgemeinheit dadurch nicht stärker beeinträchtigt wird. [3]Der Antrag kann nur bis zum Ablauf einer der betroffenen Person für die Ausführung der Verfügung gesetzten Frist, andernfalls bis zum Ablauf der Klagefrist gestellt werden.

§ 22 Fortfall der Voraussetzungen. [1]Fallen die Voraussetzungen einer Ordnungsverfügung, die fortdauernde Wirkung ausübt, fort, so kann die betroffene Person verlangen, daß die Verfügung aufgehoben wird. [2]Die Ablehnung der Aufhebung gilt als Ordnungsverfügung.

§ 23 Versagung ordnungsbehördlicher Erlaubnisse. [1]Die Ordnungsbehörde darf eine Erlaubnis oder Bescheinigung, auf die die antragstellende Person unter bestimmten Voraussetzungen einen Rechtsanspruch hat (gebundene Erlaubnis), nur versagen, wenn diese Voraussetzungen nicht vorliegen. [2]Sie darf eine Erlaubnis oder Bescheinigung, deren Erteilung in das pflichtgemäße Ermessen der Ordnungsbehörde gestellt ist (freie Erlaubnis), vorbehaltlich anderer gesetzlicher Vorschriften nur versagen, wenn dies der Erfüllung ordnungsbehördlicher Aufgaben dient.

§ 24 Geltung des Polizeigesetzes. Folgende Vorschriften des Polizeigesetzes des Landes Nordrhein-Westfalen gelten entsprechend für die Ordnungsbehörden, soweit dies zur Erfüllung ihrer Aufgaben erforderlich ist:

1. § 9,
2. § 10 mit Ausnahme des Absatzes 1 Nr. 2 und des Absatzes 3 Satz 1 Nr. 2,
3. § 11,
4. § 12 mit Ausnahme des Absatzes 1 Nr. 4,
5. § 13,
6. § 15,
7. §§ 22 und 23,
8. § 24 mit Ausnahme der Absätze 2, 4 und 5,
9. § 26 mit Ausnahme des Absatzes 1 Satz 2,
10. § 27 mit Ausnahme des Absatzes 2,
11. §§ 28 bis 30,
12. § 32,
13. § 34 mit Ausnahme von Absatz 2, § 35 mit Ausnahme von Absatz 1 Nr. 4, §§ 36 bis 46.

Abschnitt 2

Ordnungsbehördliche Verordnungen

§ 25 Allgemeines. [1]Ordnungsbehördliche Verordnungen sind die auf Grund der Ermächtigung in den §§ 26 und 27 erlassenen Gebote oder Verbote, die für eine unbestimmte Anzahl von Fällen an eine unbestimmte Anzahl von Personen gerichtet sind. [2]Die Vorschriften dieses Gesetzes über ordnungsbehördliche Verordnungen finden auch dann Anwendung, wenn besondere Gesetze zum Erlaß ordnungsbehördlicher Verordnungen ermächtigen und nichts anderes vorsehen.

§ 26 Verordnungsrecht der Ministerien. (1) Das Innenministerium und im Benehmen mit ihm die zuständigen Ministerien können innerhalb ihres Geschäftsbereichs ordnungsbehördliche Verordnungen zur Abwehr von Gefahren für die öffentliche Sicherheit oder Ordnung erlassen.

(2) Die Ministerien dürfen Verordnungen nach Absatz 1 nur erlassen, wenn eine einheitliche Regelung für das ganze Land oder für Landesteile, die mehr als einen Regierungsbezirk umfassen, geboten ist.

(3) [1]Die von den Ministerien erlassenen Verordnungen sind unverzüglich dem Landtag vorzulegen. [2]Sie sind auf Verlangen des Landtags aufzuheben. [3]Die Aufhebung wird mit ihrer Veröffentlichung gemäß § 33 rechtswirksam.

§ 27 Verordnungsrecht der Ordnungsbehörden. (1) Die Ordnungsbehörden können zur Abwehr von Gefahren für die öffentliche Sicherheit oder Ordnung Verordnungen erlassen.

(2) Die Landesordnungsbehörden dürfen Verordnungen nur erlassen, wenn eine einheitliche Regelung für den ganzen Regierungsbezirk oder für Gebiete, die mehr als einen Kreis oder eine kreisfreie Stadt umfassen, geboten ist.

(3) Die Kreise dürfen Verordnungen nur erlassen, wenn eine einheitliche Regelung für den Kreis oder für Gebiete, die mehr als eine Gemeinde umfassen, geboten ist.

(4) [1]Zuständig für den Erlaß von Verordnungen der örtlichen Ordnungsbehörden und der Kreisordnungsbehörden ist die Vertretung. [2]Hebt der Kreistag im Falle des § 50 Absatz 3 Satz 4 der Kreisordnung, der Rat der Gemeinde im Falle des § 60 Absatz 1 Satz 4 der Gemeindeordnung eine Verordnung auf, so wird die Aufhebung mit ihrer Verkündung rechtswirksam.

§ 28 Vorrang höherer Rechtsvorschriften. (1) Ordnungsbehördliche Verordnungen dürfen keine Bestimmungen enthalten, die mit den Verordnungen einer höheren Behörde in Widerspruch stehen.

(2) Ist eine Angelegenheit durch ordnungsbehördliche Verordnung einer höheren Behörde geregelt, so darf sie nur insoweit durch Verordnung einer nachgeordneten Ordnungsbehörde ergänzend geregelt werden, als die Verordnung der höheren Behörde dies ausdrücklich zuläßt.

§ 29 Inhalt. (1) [1]Ordnungsbehördliche Verordnungen müssen in ihrem Inhalt bestimmt sein. [2]Sie dürfen nicht lediglich den Zweck haben, die den Ordnungsbehörden obliegende Aufsicht zu erleichtern.

(2) [1]Hinweise auf Bekanntmachungen, Festsetzungen oder sonstige Anordnungen außerhalb der ordnungsbehördlichen Verordnungen sind unzulässig, soweit die Anordnungen, auf die verwiesen wird, Gebote oder Verbote von unbeschränkter Dauer enthalten. [2]Soweit ordnungsbehördliche Verordnungen der Ministerien überwachungsbedürftige oder sonstige Anlagen betreffen, an die bestimmte technische Anforderungen zu stellen sind, kann in ihnen hinsichtlich der technischen Vorschriften auf Bekanntmachungen besonderer sachverständiger Stellen unter Angabe der Fundstelle verwiesen werden.

§ 30 Form. Ordnungsbehördliche Verordnungen müssen
1. eine Überschrift tragen, die ihren Inhalt kennzeichnet;
2. in der Überschrift als „Ordnungsbehördliche Verordnung" bezeichnet sein;
3. im Eingang auf die Bestimmungen des Gesetzes Bezug nehmen, auf Grund deren sie erlassen sind;
4. auf die Zustimmung der Stellen hinweisen, deren Zustimmung gesetzlich vorgeschrieben ist;
5. den örtlichen Geltungsbereich angeben;

6. das Datum angeben, unter dem sie erlassen sind; für ordnungsbehördliche Verordnungen der Kreisordnungsbehörden und örtlichen Ordnungsbehörden ist dies das Datum des Tages, an dem die Verordnung ausgefertigt worden ist;
7. die Behörde bezeichnen, die die Verordnung erlassen hat.

§ 31 Zuwiderhandlungen gegen ordnungsbehördliche Verordnungen.
(1) In ordnungsbehördlichen Verordnungen können für den Fall einer vorsätzlichen oder fahrlässigen Zuwiderhandlung Geldbußen und die Einziehung der durch die Zuwiderhandlung gewonnenen oder erlangten Gegenstände angedroht werden.

(2) Zuständige Behörden im Sinne des § 36 Abs. 1 Nr. 1 des Gesetzes über Ordnungswidrigkeiten (OWiG) sind die Ordnungsbehörden nach § 5 und die sachlich zuständigen Sonderordnungsbehörden.

(3) Ist die Zuwiderhandlung gegen eine ordnungsbehördliche Verordnung nach Bundes- oder Landesrecht mit Strafe bedroht, so soll in der Verordnung auf die Strafvorschrift hingewiesen werden.

§ 32 Geltungsdauer. (1) [1]Die ordnungsbehördlichen Verordnungen sollen eine Beschränkung ihrer Geltungsdauer enthalten. [2]Die Geltung darf nicht über 20 Jahre hinaus erstreckt werden. [3]Verordnungen, die keine Beschränkung der Geltungsdauer enthalten, treten 20 Jahre nach ihrem Inkrafttreten außer Kraft.

(2) Die Vorschrift des Absatzes 1 findet keine Anwendung auf Verordnungen, durch die ordnungsbehördliche Verordnungen abgeändert oder aufgehoben werden.

§ 33 Verkündung, Inkrafttreten. (1) [1]Ordnungsbehördliche Verordnungen der Ministerien sind in dem Gesetz- und Verordnungsblatt für das Land Nordrhein-Westfalen, Verordnungen der Landesordnungsbehörden in den Regierungsamtsblättern zu verkünden. [2]Die Verordnungen der örtlichen Ordnungsbehörden und der Kreisordnungsbehörden sind vom Hauptverwaltungsbeamten auszufertigen und an der Stelle zu verkünden, die für die öffentliche Bekanntmachung von Satzungen vorgesehen ist.

(2) [1]Ordnungsbehördliche Verordnungen treten, soweit in ihnen nichts anderes bestimmt ist, eine Woche nach dem Tage ihrer Verkündung in Kraft. [2]Ein früherer Zeitpunkt für das Inkrafttreten soll nur dann bestimmt werden, wenn es im öffentlichen Interesse geboten ist; jedoch darf dieser Zeitpunkt nicht vor dem Tage nach der Verkündung liegen.

§ 34 Änderung oder Aufhebung. (1) Eine ordnungsbehördliche Verordnung wird durch Verordnung derjenigen Behörde geändert oder aufgehoben, die sie erlassen hat oder die für ihren Erlaß im Zeitpunkt der Änderung oder Aufhebung sachlich zuständig ist.

(2) Werden Verordnungen der örtlichen Ordnungsbehörden oder der Kreisordnungsbehörden durch Maßnahmen der Aufsichtsbehörden aufgehoben, so ist die Aufhebung nach § 33 zu verkünden.

§ 35 *(weggefallen)*

§ 36 *(weggefallen)*

§ 37 Wirkung von Gebietsveränderungen. (1) Werden Gebietsteile in Bezirke der Ordnungsbehörden eingegliedert, so treten die in diesen Gebietsteilen geltenden ordnungsbehördlichen Verordnungen außer Kraft; gleichzeitig treten in den eingegliederten Teilen die ordnungsbehördlichen Verordnungen des aufnehmenden Bezirks in Kraft.

(2) [1]Wird aus Bezirken von Ordnungsbehörden oder Teilen von ihnen der Bezirk einer neuen Ordnungsbehörde gebildet, so treten die in den einzelnen Teilen geltenden Verordnungen mit Ablauf von sechs Monaten nach der Neubildung außer Kraft. [2]Dies gilt nicht für Verordnungen solcher Ordnungsbehörden, deren Bezirk durch die Zusammenlegung nicht verändert wird.

(3) Die Rechtsänderungen sind gemäß § 33 zu veröffentlichen.

§ 38 Sonstige Anordnungen. Soweit die Ordnungsbehörden durch Gesetz zum Erlaß von Festsetzungen, Bekanntmachungen oder sonstigen Anordnungen ermächtigt sind, die Rechte und Pflichten begründen, gilt vorbehaltlich anderweitiger gesetzlicher Regelung Folgendes:

a) Auf Anordnungen, die an eine bestimmte Person gerichtet sind, finden die Bestimmungen über Ordnungsverfügungen mit Ausnahme der §§ 14 und 21 Anwendung.
b) Auf allgemeinverbindliche Anordnungen finden § 29, § 30 mit Ausnahme der Nummer 2 und § 33 Anwendung.

TEIL III

Allgemeine Bestimmungen

§ 39 Zur Entschädigung verpflichtende Maßnahmen. (1) Ein Schaden, den jemand durch Maßnahmen der Ordnungsbehörden erleidet, ist zu ersetzen, wenn er

a) infolge einer Inanspruchnahme nach § 19 oder
b) durch rechtswidrige Maßnahmen, gleichgültig, ob die Ordnungsbehörden ein Verschulden trifft oder nicht,

entstanden ist.

(2) Ein Ersatzanspruch besteht nicht,

a) soweit die geschädigte Person auf andere Weise Ersatz erlangt hat oder
b) wenn durch die Maßnahme die Person oder das Vermögen der geschädigten Person geschützt worden ist.

(3) Soweit die Entschädigungspflicht wegen rechtmäßiger Maßnahmen der Ordnungsbehörden in anderen gesetzlichen Vorschriften geregelt ist, finden diese Anwendung.

§ 40 Art, Inhalt und Umfang der Entschädigungsleistung. (1) [1]Die Entschädigung nach § 39 Abs. 1 wird nur für Vermögensschäden gewährt. [2]Für entgangenen Gewinn, der über den Ausfall des gewöhnlichen Verdienstes oder Nutzungsentgelts hinausgeht, und für Vermögensnachteile, die nicht in unmittelbarem Zusammenhang mit der zu entschädigenden Maßnahme stehen, ist jedoch eine Entschädigung nur zu leisten, wenn und soweit dies zur Abwendung unbilliger Härten geboten erscheint.

(2) [1]Die Entschädigung ist in Geld zu gewähren. [2]Hat die zur Entschädigung verpflichtende Maßnahme der Ordnungsbehörde die Aufhebung oder Verminderung der Erwerbsfähigkeit oder eine Vermehrung der Bedürfnisse oder den Verlust oder die Verminderung eines Rechts auf Unterhalt zur Folge, so ist die Entschädigung durch Entrichtung einer Geldrente zu gewähren. [3]Statt der Rente kann eine Abfindung in Kapital verlangt werden, wenn ein wichtiger Grund vorliegt.

(3) Die Entschädigung ist nur gegen Abtretung der Ansprüche zu gewähren, die der entschädigungsberechtigten Person aufgrund der Maßnahmen, auf der die Entschädigungsverpflichtung beruht, gegen Dritte zustehen.

(4) Hat bei der Entstehung des Schadens ein Verschulden der von der Maßnahme der Ordnungsbehörde betroffenen Person mitgewirkt, so ist das Mitverschulden bei der Bemessung der Entschädigung zu berücksichtigen.

(5) Soweit die zur Entschädigung verpflichtende Maßnahme eine Amtspflichtverletzung darstellt, bleiben die weitergehenden Ersatzansprüche unberührt.

§ 41 Verjährung des Entschädigungsanspruches. Für die Verjährung des Entschädigungsanspruchs gelten die Bestimmungen des Bürgerlichen Gesetzbuchs über die Verjährung von Schadensersatzansprüchen entsprechend.

§ 42 Entschädigungspflichtiger. (1) [1]Entschädigungspflichtig ist der Träger der ordnungsbehördlichen Kosten (§ 45). [2]Dies gilt auch dann, wenn die Maßnahme auf Ersuchen der Ordnungsbehörde von der Polizei durchgeführt worden ist. [3]Soweit eine Entschädigungspflicht lediglich durch die Art der Durchführung des Ersuchens entsteht, ist der Träger der Polizeikosten dem Träger der ordnungsbehördlichen Kosten erstattungspflichtig.

(2) Wer nach § 39 Abs. 1 Buchstabe a zum Ersatz verpflichtet ist, kann in entsprechender Anwendung der Vorschriften des Bürgerlichen Gesetzbuches über die Geschäftsführung ohne Auftrag den Ersatz seiner Aufwendungen von den nach §§ 17 und 18 ordnungspflichtigen Personen verlangen.

§ 43 Rechtsweg für Entschädigungs-, Ersatz- und Erstattungsansprüche. (1) Über die Entschädigungsansprüche nach den §§ 39 bis 42 entscheiden im Streitfall die ordentlichen Gerichte.

(2) Über die Erstattungsansprüche nach § 42 Abs. 1 Satz 3 sowie über die Ersatzansprüche nach § 42 Abs. 2 entscheiden im Streitfall die Verwaltungsgerichte.

§ 44 Einschränkung von Grundrechten. Durch dieses Gesetz werden die Grundrechte auf
körperliche Unversehrtheit (Art. 2 Abs. 2 Satz 1 des Grundgesetzes)
Freiheit der Person (Art. 2 Abs. 2 Satz 2 des Grundgesetzes)
und auf
Unverletzlichkeit der Wohnung (Art. 13 des Grundgesetzes)
eingeschränkt.

§ 45 Kosten. (1) [1]Die Kosten, die durch die Tätigkeit der Landesordnungsbehörden entstehen, trägt das Land. [2]Die Kosten, die durch die Tätigkeit der Kreisordnungsbehörden und der örtlichen Ordnungsbehörden entstehen, tragen die Kreise, die kreisfreien Städte und die Gemeinden.

(2) Die Kosten der Abschiebung und Zurückschiebung von Ausländern trägt auch in den Fällen des Absatzes 1 Satz 2 das Land.

§ 46 Gebühren. Die Erhebung von Gebühren für Amtshandlungen der Ordnungsbehörden richtet sich nach dem Gebührengesetz für das Land Nordrhein-Westfalen (GebG NW) in der jeweils gültigen Fassung, und den hierzu erlassenen Gebührenordnungen.

TEIL IV
Übergangs- und Schlußbestimmungen

§ 47 Überleitung der Zuständigkeiten. [1]Werden in Gesetzen oder Verordnungen die Polizei oder die Polizeibehörden zur Durchführung von Aufgaben, die den Ordnungsbehörden obliegen, als zuständig bezeichnet, so nehmen die Ordnungsbehörden nach § 5 oder die Sonderordnungsbehörden im Rahmen ihres jeweiligen Aufgabenbereichs diese Aufgaben wahr. [2]Dies gilt auch für den Erlass von ordnungsbehördlichen Verordnungen im Rahmen des § 1 Abs. 3.

§ 48 Besondere Regelungen über die Zuständigkeit. (1) Personalausweis- und Passbehörden für Deutsche sind die örtlichen Ordnungsbehörden.

(2) [1]Die örtlichen Ordnungsbehörden sind unbeschadet der Zuständigkeit der Polizeibehörden zuständig für die Überwachung des ruhenden Straßenverkehrs. [2]Die Kreisordnungsbehörden und die Großen kreisangehörigen Städte im Sinne von § 4 der Gemeindeordnung für das Land Nordrhein-Westfalen sind unbeschadet der Zuständigkeit der Polizeibehörden zuständig für die Überwachung der Einhaltung zulässiger Höchstgeschwindigkeiten und der Befolgung von Lichtzeichenanlagen im Straßenverkehr an Gefahrenstellen. [3]Auf Bundesautobahnen und den vom Innenministerium nach § 12 des Polizeiorganisationsgeset-

zes bestimmten autobahnähnlichen Straßen erfolgt die Überwachung durch die Kreisordnungsbehörden nur mit in festinstallierten Anlagen eingesetztem technischen Gerät. [4]Die in Satz 2 genannten Behörden sind auf Antrag unbeschadet der Zuständigkeit der Polizeibehörden auch für die Überwachung der Einhaltung der durch Zeichen 251, 253, 261 und 270.1 der Anlage 2 zu § 41 Absatz 1 der Straßenverkehrs-Ordnung vom 6. März 2013 (BGB1. I S. 367), die zuletzt durch Artikel 2 der Verordnung vom 17. Juni 2016 (BGB1. I S. 1436) geändert worden ist, angeordneten Verbote sowie der im Zusammenhang mit diesen Verboten durch Zeichen 276 und 277 der Anlage 2 zu § 41 Absatz 1 der Straßenverkehrs-Ordnung angeordneten Verbote für bestimmte Streckenabschnitte zuständig. [5]Über Anträge nach Satz 4 entscheidet die zuständige Aufsichtsbehörde. [6]Satz 3 gilt auch für die Überwachung der in Satz 4 genannten Verbote. [7]Die Landesregierung berichtet dem Landtag bis zum 31. Dezember 2020 über die Erfahrungen mit den in den Sätzen 4 bis 6 genannten Regelungen.

(3) Die Bergbehörden sind zuständig für Maßnahmen zur Abwehr von Gefahren aus verlassenen Grubenbauen, die nicht mehr der Bergaufsicht unterliegen.

(4) [1]Das zuständige Ministerium kann im Einvernehmen mit dem Innenministerium in ordnungsbehördlichen Verordnungen abweichend von § 5

a) auf den Gebieten des Immissionsschutzes, der Anlagensicherheit nach dem Bundes-Immissionsschutzgesetz, der Gentechnik, der Wasser- und Abfallwirtschaft sowie der Altlastensanierung das die obere oder die untere Umweltschutzbehörde,
b) auf dem Gebiet des Gesundheitsschutzes in der Arbeitswelt und des sonstigen technischen Gefahrenschutzes das die Bezirksregierung,
c) auf dem Gebiet des Sprengstoffwesens – unbeschadet einer nach Buchstaben a) und b) zulässigen Zuständigkeitsregelung – die Kreispolizeibehörde

für zuständig erklären. [2]In den Fällen des Satzes 1 Buchstaben a) und b) tritt im Bereich der Bergaufsicht die Bezirksregierung Arnsberg an die Stelle der dort genannten Behörden.

§ 49 *(aufgehoben)*

§ 50 *(aufgehoben)*

§ 51 Übergangsvorschrift zu § 41. [1]§ 41 in der seit dem 1. Mai 2004 geltenden Fassung findet auf die an diesem Tag bestehenden und noch nicht verjährten Ansprüche Anwendung. [2]Art. 229 § 6 Abs. 1 Satz 2, Abs. 4 des Einführungsgesetzes zum Bürgerlichen Gesetzbuch findet entsprechende Anwendung mit der Maßgabe, dass an die Stelle des Bürgerlichen Gesetzbuchs § 41 dieses Gesetzes, an die Stelle des 31. Dezember 2001 der 30. April 2004 und an die Stelle des 1. Januar 2002 der 1. Mai 2004 tritt.

§ 52 Schlussbestimmungen. Das Gesetz tritt am 1. Januar 1957 in Kraft.

Gesetz über die Organisation und die Zuständigkeit der Polizei im Lande Nordrhein-Westfalen (Polizeiorganisationsgesetz – POG NRW)

in der Fassung der Bekanntmachung vom 5. Juli 2002
(GV NRW S. 308, ber. S. 629);
zuletzt geändert durch Gesetz vom 21. Juni 2013 (GV NRW S. 375).

INHALTSÜBERSICHT

Erster Abschnitt

Organisation der Polizei

§ 1 Träger der Polizei. Die Polizei ist Angelegenheit des Landes.

§ 2 Polizeibehörden. (1) Polizeibehörden sind das Landeskriminalamt, das Landesamt für Zentrale Polizeiliche Dienste, das Landesamt für Ausbildung, Fortbildung und Personalangelegenheiten der Polizei und als Kreispolizeibehörden

1. die Polizeipräsidien in Polizeibezirken mit mindestens einer kreisfreien Stadt,
2. die Landrätinnen oder Landräte, soweit das Kreisgebiet nach Absatz 2 zu einem Polizeibezirk bestimmt wird.

(2) [1]Die Landesregierung wird ermächtigt, durch Rechtsverordnung im Einvernehmen mit dem für Fragen der Inneren Sicherheit zuständigen Ausschuss des Landtags die Polizeipräsidien im Einzelnen einzurichten und zu bestimmen, ob und inwieweit ein Kreis einen Polizeibezirk bildet. [2]Dabei kann sie Kreise, Teile von Kreisen und kreisfreie Städte zusammenfassen.

(3) Das Innenministerium wird ermächtigt,

1. durch Rechtsverordnung Polizeipräsidien zu Kriminalhauptstellen zu bestimmen, indem ihnen im Einzelnen zu bezeichnende Aufgaben der Strafverfolgung und der Gefahrenabwehr anderer Kreispolizeibehörden übertragen werden,
2. durch Rechtsverordnung die polizeilichen Aufgaben auf bestimmten Strecken von Straßen oder auf bestimmten Teilen von Gewässern im Grenzbereich zwischen Kreispolizeibehörden einer Kreispolizeibehörde zu übertragen,

soweit das zur zweckmäßigen Aufgabenerfüllung erforderlich ist.

(4) Durch Vereinbarung mit einem anderen Land kann bestimmt werden, dass Nordrhein-Westfalen für bestimmte Strecken von Bundesautobahnen, anderen Straßen oder schiffbaren Wasserstraßen polizeiliche Aufgaben dem anderen Land überträgt oder von diesem übernimmt.

§ 3 Wasserschutzpolizei. (1) Die Wasserschutzpolizei ist eine Organisationseinheit des für den Standort Duisburg zuständigen Polizeipräsidiums.

(2) Der Polizeibezirk der Wasserschutzpolizei umfasst die schiffbaren Wasserstraßen (Bundeswasserstraßen und für schiffbar erklärte Landesgewässer) einschließlich der mit ihnen unmittelbar in Verbindung stehenden Nebenarme, Altarme, Wehrarme, Hafenbecken, Seen und Baggerlöcher, außerdem die Inseln innerhalb dieser Gewässer sowie die Anlagen und Einrichtungen, die zu den Wasserstraßen gehören oder der Schiffbarkeit der Wasserstraßen, dem Schiffsverkehr oder dem Umschlag dienen.

(3) Das Innenministerium wird ermächtigt, durch Rechtsverordnung Gewässer erster Ordnung im Sinne des § 3 Abs. 1 Satz 1 Nr. 1 des Landeswasser-

gesetzes oder Teilstrecken hiervon dem Polizeibezirk der Wasserschutzpolizei zuzuweisen, soweit das zur zweckmäßigen Aufgabenerfüllung erforderlich ist.

§ 4 Polizeieinrichtungen. [1]Polizeieinrichtungen können gem. § 14 des Landesorganisationsgesetzes errichtet werden. [2]Dabei kann bestimmt werden, dass Polizeieinrichtungen einer anderen Polizeieinrichtung dienst- und fachaufsichtlich unterstehen.

Zweiter Abschnitt

Aufsicht

§ 5 Aufsicht (Dienst- und Fachaufsicht). (1) Das Innenministerium führt die Aufsicht über das Landeskriminalamt, das Landesamt für Zentrale Polizeiliche Dienste, das Landesamt für Ausbildung, Fortbildung und Personalangelegenheiten der Polizei sowie über die Kreispolizeibehörden und Polizeieinrichtungen.

(2) Das Innenministerium kann einer Polizeibehörde durch Rechtsverordnung für einen im Einzelnen bestimmten Aufgabenbereich gemäß §§ 13, 13a, 13b die Aufsicht über andere Polizeibehörden oder Polizeieinrichtungen übertragen.

(3) Das Innenministerium kann einer Polizeibehörde für einen im Einzelnen bestimmten Aufgabenbereich die Weisungsbefugnis gegenüber anderen Polizeibehörden übertragen, soweit eine einheitliche Handhabung in diesem Aufgabenbereich erforderlich ist.

(4) Das Landesamt für Ausbildung, Fortbildung und Personalangelegenheiten der Polizei führt die Aufsicht über die Kreispolizeibehörden in dienstrechtlichen Angelegenheiten.

§ 6 *(aufgehoben)*

Dritter Abschnitt

Örtliche Zuständigkeit

§ 7 Örtliche Zuständigkeit der Polizeibehörden und der Polizeivollzugsbeamtinnen und Polizeivollzugsbeamten in Nordrhein-Westfalen. (1) [1]Örtlich zuständig sind die Polizeibehörden, in deren Polizeibezirk die polizeilich zu schützenden Interessen verletzt oder gefährdet werden. [2]Daneben sind sie örtlich zuständig, wenn in ihrem Polizeibezirk Maßnahmen zum Schutz polizeilicher Interessen erforderlich sind, die außerhalb des Geltungsbereichs dieses Gesetzes verletzt oder gefährdet werden, sofern die zuständigen Stellen diese selbst nicht hinreichend schützen können.

(2) Die Polizeibehörden können durch ihre Polizeivollzugsbeamtinnen und Polizeivollzugsbeamten auch außerhalb ihres Polizeibezirks tätig werden
1. zur Erforschung und Verfolgung von Straftaten und Ordnungswidrigkeiten,
2. zur Erfüllung polizeilicher Aufgaben bei Gefangenentransporten,
3. zur Erfüllung anderer polizeilicher Aufgaben, wenn einheitliche Maßnahmen erforderlich sind oder die nach Absatz 1 zuständige Polizeibehörde die erforderlichen Maßnahmen nicht rechtzeitig treffen kann.

(3) Jede Polizeivollzugsbeamtin und jeder Polizeivollzugsbeamte darf Amtshandlungen im ganzen Land Nordrhein-Westfalen vornehmen, wenn dies zur Abwehr einer gegenwärtigen Gefahr, zur Erforschung und Verfolgung von Straftaten und Ordnungswidrigkeiten auf frischer Tat sowie zur Verfolgung und Wiederergreifung Entwichener erforderlich ist.

(4) In den Fällen der Absätze 2 und 3 ist die zuständige Polizeibehörde unverzüglich zu unterrichten.

(5) Das Innenministerium und nach Bestimmung des Innenministeriums das Landeskriminalamt und das Landesamt für Zentrale Polizeiliche Dienste können einer Polizeibehörde zeitlich befristet Aufgaben im Bezirk anderer Polizeibehörden übertragen, insbesondere wenn einheitliche polizeiliche Maßnahmen erforderlich werden.

§ 8 Amtshandlungen von Polizeivollzugsbeamtinnen und Polizeivollzugsbeamten außerhalb Nordrhein-Westfalens. (1) Polizeivollzugsbeamtinnen und Polizeivollzugsbeamte dürfen im Zuständigkeitsbereich eines anderen Landes oder des Bundes in den Fällen des § 9 Absatz 1 Satz 1 und des Artikels 91 Absatz 2 des Grundgesetzes tätig werden, wenn das jeweilige Landesrecht oder das Bundesrecht es vorsieht.

(2) [1]Einer Anforderung von Polizeivollzugsbeamtinnen und/oder Polizeivollzugsbeamten durch ein anderes Land oder den Bund ist zu entsprechen, soweit nicht die Verwendung der Polizei im eigenen Lande dringender ist als die Unterstützung der Polizei des anderen Landes oder des Bundes. [2]Die Anforderung soll alle für die Entscheidung wesentlichen Merkmale des Einsatzauftrages enthalten.

(3) Polizeivollzugsbeamtinnen und Polizeivollzugsbeamte können in einem anderen Staat im Rahmen zwischenstaatlicher Vereinbarungen oder nach Maßgabe von Rechtsakten der Europäischen Union tätig werden; sie haben dann die danach vorgesehenen Rechte und Pflichten.

§ 9 Amtshandlungen von Polizeivollzugsbeamtinnen und Polizeivollzugsbeamten anderer Länder und des Bundes sowie von Angehörigen des Polizeidienstes anderer Staaten in Nordrhein-Westfalen. (1) [1]Polizeivollzugsbeamtinnen und Polizeivollzugsbeamte eines anderen Landes können in Nordrhein-Westfalen Amtshandlungen vornehmen
1. auf Anforderung oder mit Zustimmung der zuständigen Behörde,
2. in den Fällen der Artikel 35 Abs. 2 und 3 sowie 91 Abs. 1 des Grundgesetzes,

3. zur Abwehr einer gegenwärtigen erheblichen Gefahr, zur Erforschung und Verfolgung von Straftaten auf frischer Tat sowie zur Verfolgung und Wiederergreifung Entwichener, wenn die zuständige Behörde die erforderlichen Maßnahmen nicht rechtzeitig treffen kann,
4. zur Erfüllung polizeilicher Aufgaben bei Gefangenentransporten,
5. zur Erforschung und Verfolgung von Straftaten und Ordnungswidrigkeiten und zur Gefahrenabwehr in den durch Vereinbarungen mit anderen Ländern geregelten Fällen.

[2]In den Fällen der Nr. 3-5 ist die zuständige Polizeibehörde unverzüglich zu unterrichten.

(2) [1]Werden Polizeivollzugsbeamtinnen und/oder Polizeivollzugsbeamte eines anderen Landes nach Absatz 1 tätig, haben sie die gleichen Befugnisse wie die des Landes Nordrhein-Westfalen. [2]Ihre Amtshandlungen gelten als Maßnahmen derjenigen Polizeibehörden, in deren örtlichem und sachlichem Zuständigkeitsbereich sie tätig geworden sind; sie unterliegen insoweit deren Weisungen.

(3) Die Absätze 1 und 2 gelten für Polizeivollzugsbeamtinnen und Polizeivollzugsbeamte des Bundes entsprechend.

(4) [1]Angehörige des Polizeidienstes anderer Staaten können in Nordrhein-Westfalen im Rahmen zwischenstaatlicher Vereinbarungen tätig werden; sie haben dann die danach vorgesehenen Rechte und Pflichten. [2]Angehörige des Polizeidienstes von Mitgliedstaaten der Europäischen Union können auch nach Maßgabe von Rechtsakten der Europäischen Union in Nordrhein-Westfalen tätig werden. [3]Sie können nur mit solchen Amtshandlungen betraut werden, die auch von den Polizeivollzugsbeamten des Landes Nordrhein-Westfalen vorgenommen werden dürfen.

Vierter Abschnitt
Sachliche Zuständigkeit

§ 10 Allgemeine sachliche Zuständigkeit der Polizeibehörden. [1]Die Polizeibehörden haben die Aufgaben zu erfüllen, die ihnen durch Gesetz oder Rechtsverordnung übertragen sind. [2]Wird die Polizei des Landes Nordrhein-Westfalen durch Bundes- oder Landesrecht ohne nähere Bezeichnung von Polizeibehörden für zuständig erklärt und ist keine Ermächtigungsgrundlage zum Erlass einer Zuständigkeitsregelung vorgesehen, sind die Kreispolizeibehörden zuständig.

§ 11 Sachliche Zuständigkeit der Kreispolizeibehörden. (1) Die Kreispolizeibehörden sind zuständig

1. für die Gefahrenabwehr insbesondere nach dem Polizeigesetz des Landes Nordrhein-Westfalen,

2. für die Erforschung und Verfolgung von Straftaten und Ordnungswidrigkeiten; die Wasserschutzpolizei insoweit nach Maßgabe einer vom Innenministerium zu erlassenden Rechtsverordnung,
3. für die Überwachung des Straßenverkehrs.

(2) Die Wasserschutzpolizei ist darüber hinaus zuständig für die Überwachung des Verkehrs auf den schiffbaren Wasserstraßen und Gewässern.

§ 12 Autobahnpolizei. (1) [1]Für die Überwachung des Straßenverkehrs auf Bundesautobahnen einschließlich der Einrichtungen und Anlagen, die zu den Bundesautobahnen gehören, sowie der Zu- und Abfahrten sind
1. das Polizeipräsidium Bielefeld für die im Regierungsbezirk Detmold,
2. das Polizeipräsidium Münster für die im Regierungsbezirk Münster,
3. das Polizeipräsidium Dortmund für die im Regierungsbezirk Amsberg,
4. das Polizeipräsidium Düsseldorf für die im Regierungsbezirk Düsseldorf,
5. das Polizeipräsidium Köln für die im Regierungsbezirk Köln

gelegenen Bundesautobahnen zuständig, wobei örtliche Zuständigkeitsabgrenzungen nach Absatz 3 erfolgen können. [2]Ihnen kann die Überwachung des Straßenverkehrs auf autobahnähnlichen Straßen mit Anschluss an das Bundesautobahnnetz gemäß Absatz 3 übertragen werden.

(2) [1]Unbeschadet der Zuständigkeit der Kreispolizeibehörden nehmen die Autobahnpolizeien polizeiliche Aufgaben im Sinne des § 11 Abs. 1 Nrn. 1 und 2 wahr, die im Zusammenhang mit dem Straßenverkehr stehen. [2]Andere Angelegenheiten, die die Gefahrenabwehr sowie die Erforschung und Verfolgung von Straftaten und Ordnungswidrigkeiten betreffen, sind unverzüglich an die örtlich zuständige Kreispolizeibehörde abzugeben.

(3) Das Innenministerium wird ermächtigt, durch Rechtsverordnung die Überwachungszuständigkeit im Sinne von Absatz 1 für bestimmte Strecken von
1. Bundesautobahnen mit anschließenden autobahnähnlichen Straßen einem anderen in Absatz 1 aufgeführten Polizeipräsidium,
2. Bundesautobahnen, die keinen Anschluss an das Bundesautobahnnetz haben, einer Kreispolizeibehörde,
3. autobahnähnlichen Straßen mit Anschluss an das Bundesautobahnnetz einem in Absatz 1 aufgeführten Polizeipräsidium

zu übertragen, soweit das zur zweckmäßigen Aufgabenerfüllung erforderlich ist.

§ 13 Sachliche Zuständigkeit des Landeskriminalamts. (1) Das Landeskriminalamt ist zentrale Dienststelle nach § 1 Abs. 2 des Bundeskriminalamtgesetzes.

(2) Das Landeskriminalamt hat insbesondere folgende Aufgaben: Es
1. unterstützt das Innenministerium in Angelegenheiten der Kriminalitätsbekämpfung,
2. unterstützt die Kreispolizeibehörden bei der vorbeugenden Bekämpfung sowie bei der Erforschung und Verfolgung von Straftaten,

3. unterhält kriminalwissenschaftliche und -technische Einrichtungen zur Durchführung von Untersuchungen in Strafsachen für Polizei- und Justizbehörden sowie zur Erstattung von Gutachten,
4. unterhält eine Stelle für kriminalistische und kriminologische Forschung,
5. ist zentrale Informationssammel- und -auswertungsstelle in Kriminalitätsangelegenheiten,
6. ist zuständig für die Aufgabenwahrnehmung im Bereich des Waffenrechts,
7. ist zuständig für die Aufgabenwahrnehmung im Bereich des Vereinsrechts.

(3) [1]Das Landeskriminalamt hat eine Straftat selbst zu erforschen und zu verfolgen
1. mit Zustimmung des Innenministeriums im Einvernehmen mit dem Justizministerium,
2. auf Ersuchen des Generalbundesanwalts,
3. auf Ersuchen eines Gerichts oder einer Staatsanwaltschaft innerhalb der vom Innenministerium im Einvernehmen mit dem Justizministerium erlassenen Rechtsverordnung.

[2]Das Landeskriminalamt ist, wenn es eine Straftat selbst erforscht und verfolgt, unbeschadet der Zuständigkeit der Kreispolizeibehörden auch für die Gefahrenabwehr bis zum Wegfall der Gefahr zuständig. [3]Nach Abschluss seiner Ermittlungen kann es diese Aufgabe einer Kreispolizeibehörde überlassen.

(4) [1]Das Innenministerium wird ermächtigt, durch Rechtsverordnung dem Landeskriminalamt weitere polizeiliche Aufgaben der Gefahrenabwehr sowie der Erforschung und Verfolgung von Straftaten zu übertragen, insbesondere in Fällen, in denen
1. eine Tat polizeiliche Maßnahmen in Nordrhein-Westfalen erfordert und die Zuständigkeit einer Kreispolizeibehörde noch nicht erkennbar oder nicht bestimmt ist,
2. eine einheitliche Informationsverarbeitung, -auswertung oder -steuerung durch eine zentrale Dienststelle der Polizei des Landes Nordrhein-Westfalen erforderlich ist,
3. eine zentrale Dienststelle der Polizei des Landes Nordrhein-Westfalen zur Aufgabenwahrnehmung oder zu deren Koordinierung bei der Zusammenarbeit mit anderen Stellen des In- und Auslandes erforderlich ist.

[2]Soweit Aufgaben der Erforschung und Verfolgung von Straftaten nach Satz 1 übertragen werden, ist die Rechtsverordnung im Einvernehmen mit dem Justizministerium zu erlassen.

§ 13a Sachliche Zuständigkeit des Landesamtes für Zentrale Polizeiliche Dienste. (1) Das Landesamt für Zentrale Polizeiliche Dienste hat insbesondere folgende Aufgaben:

Es
1. unterstützt das Innenministerium in Angelegenheiten der Gefahrenabwehr und der Einsatzbewältigung sowie der polizeilichen Verkehrssicherheitsarbeit,

2. ist zuständig für die Koordinierung von Kräften und Führungs- und Einsatzmitteln in Einsatzangelegenheiten,
3. unterhält die Landesleitstelle,
4. unterstützt das Innenministerium in Angelegenheiten der Führung und Steuerung,
5. berät und unterstützt die Polizeibehörden und führt Inspektionen nach Bestimmung des Innenministeriums durch,
6. ist zuständig in Angelegenheiten des Straßenverkehrsrechts,
7. unterstützt das Innenministerium in Angelegenheiten der Informations- und Kommunikationstechnik sowie der Führungs- und Einsatzmittel,
8. unterstützt die Polizeibehörden in Angelegenheiten der Technik,
9. ist zuständig für die technische Ausstattung der Polizei,
10. übernimmt die Haushalts- und Wirtschaftsangelegenheiten in dem durch das Innenministerium übertragenen Umfang,
11. übernimmt Koordinierungsaufgaben in Liegenschaftsangelegenheiten in dem durch das Innenministerium übertragenen Umfang.

§ 13b Sachliche Zuständigkeit des Landesamtes für Ausbildung, Fortbildung und Personalangelegenheiten der Polizei. (1) Das Landesamt für Ausbildung, Fortbildung und Personalangelegenheiten der Polizei ist zuständig für die Ausbildung und Fortbildung in der Polizei, soweit die Ausbildung nicht von der Fachhochschule für öffentliche Verwaltung oder den Kreispolizeibehörden als Ausbildungsbehörden wahrgenommen wird.

(2) Neben den sich aus der Aufsicht (§ 5 Abs. 4) oder aufgrund von gesetzlichen Vorschriften ergebenden Aufgaben führt das Landesamt für Ausbildung, Fortbildung und Personalangelegenheiten nach Bestimmung des Innenministeriums insbesondere
1. das Verfahren zur Einstellung von Bewerberinnen und Bewerbern für den gehobenen Polizeivollzugsdienst,
2. die Auswahl, Vor- und Nachbereitung von Bewerberinnen und Bewerbern zu Auslandsverwendungen einschließlich der Entsendung zu internationalen Organisationen sowie die damit verbundene Betreuung und Personalsachbearbeitung,
3. die Koordinierung von landesweiten Nachersatz- und Versetzungsverfahren,
4. die Koordinierung des Versetzungsverfahrens von und zu anderen Dienstherren,
5. sonstige Auswahlverfahren, Potentialanalysen oder deren Teile,
6. ihm durch das Innenministerium übertragene Arbeiten im Bereich Personalentwicklung

durch und entwickelt Verfahren in den vorgenannten Bereichen weiter.

§ 14 Außerordentliche Zuständigkeit. (1) [1]Bei Gefahr im Verzug kann eine Polizeibehörde Aufgaben einer anderen, an sich zuständigen Polizeibehörde übernehmen. [2]Die zuständige Polizeibehörde ist unverzüglich zu unterrichten.

(2) Bei Aufgaben von überörtlicher Bedeutung können die Polizeiaufsichtsbehörden Polizeikräfte mehrerer Polizeibehörden ihres Bezirks einer Polizeibehörde oder sich selbst unterstellen.

Fünfter Abschnitt
Polizeibeiräte

§ 15 Polizeibeiräte, Mitgliederzahl. (1) Bei den Kreispolizeibehörden und der Wasserschutzpolizei gem. § 3 Abs. 1 bestehen Polizeibeiräte.

(2) Der Polizeibeirat bei der Kreispolizeibehörde hat 11 Mitglieder.

§ 16 Aufgaben des Polizeibeirats. (1) [1]Der Polizeibeirat ist Bindeglied zwischen Bevölkerung, Selbstverwaltung und Polizei. [2]Er soll das vertrauensvolle Verhältnis zwischen ihnen fördern, die Tätigkeit der Polizei unterstützen sowie Anregungen und Wünsche der Bevölkerung an die Polizei herantragen.

(2) [1]Der Polizeibeirat berät mit der Leiterin oder dem Leiter der Polizeibehörde polizeiliche Angelegenheiten, die für die Bevölkerung oder für die Selbstverwaltung von Bedeutung sind. [2]Dazu gehören auch Angelegenheiten und an die Polizeibehörde gerichtete Beschwerden, deren Bedeutung über den Einzelfall hinausgeht oder an deren Behandlung ein öffentliches Interesse besteht. [3]Die Leiterin oder der Leiter der Polizeibehörde unterrichtet den Polizeibeirat so früh wie möglich über das Vorliegen derartiger Angelegenheiten. [4]Darüber hinaus berichtet die Leiterin oder der Leiter der Polizeibehörde zu den Tagesordnungspunkten und legt den Stand der öffentlichen Sicherheit im Polizeibezirk dar.

(3) Der Polizeibeirat ist vor der Schaffung sozialer Einrichtungen, vor der Planung baulicher Maßnahmen für die Polizei, vor der Errichtung oder Auflösung von Polizeiinspektionen, Polizeihauptwachen und Polizeiwachen sowie vor der Änderung ihrer Dienstbezirke zu hören.

(4) Der Polizeibeirat ist vor der Besetzung der Stelle der Behördenleitung mit einer Polizeipräsidentin oder einem Polizeipräsidenten zu hören.

§ 17 Wahl der Mitglieder. (1) [1]Die Vertretungen der Kreise und der kreisfreien Städte wählen für die Dauer ihrer Wahlzeit aus ihrer Mitte die Mitglieder des Polizeibeirats und ihre Stellvertreterinnen sowie Stellvertreter im Wege der Listenwahl nach dem Verhältniswahlsystem Hare/Niemeyer. [2]In den Polizeibeirat können auch andere Bürgerinnen und Bürger sowie Einwohnerinnen und Einwohner, die einem kommunalen Ausschuss angehören können, als Mitglieder, Stellvertreterinnen und Stellvertreter gewählt werden; ihre Zahl darf die der Mitglieder aus den Vertretungen nicht erreichen. [3]Beamtinnen und Beamte, Angestellte sowie Arbeiterinnen und Arbeiter der Polizei können nicht Mitglieder, Stellvertreterinnen oder Stellvertreter in einem Polizeibeirat sein.

(2) Bei einem zusammengefassten Polizeibezirk (§ 2 Abs. 2) wählen die Vertretungen der beteiligten Kreise und kreisfreien Städte die Mitglieder, Stellvertreterinnen und Stellvertreter zum Polizeibeirat nach dem Verhältnis der Einwohnerzahl zur Gesamteinwohnerzahl des Bezirks; jeder Kreis und jede kreisfreie Stadt soll im Polizeibeirat vertreten sein.

(3) [1]Die Polizeibeiräte bei den Polizeipräsidien Bielefeld, Dortmund, Düsseldorf, Köln und Münster wählen aus ihrer Mitte je ein Mitglied und eine Stellvertreterin oder einen Stellvertreter zum Polizeibeirat bei der Wasserschutzpolizei. [2]Die übrigen Mitglieder, Stellvertreterinnen und Stellvertreter werden aus den mit der gewerblichen Schifffahrt verbundenen Kreisen der Bevölkerung vom Innenministerium bestimmt.

(4) Die Mitglieder, Stellvertreterinnen und Stellvertreter der Polizeibeiräte bei den Bezirksregierungen werden von den Polizeibeiräten der Kreispolizeibehörden aus ihrer Mitte gewählt.

(5) [1]Die Mitglieder des Polizeibeirats, ihre Stellvertreterinnen und ihre Stellvertreter dürfen an der Übernahme und Ausübung ihrer Tätigkeit nicht gehindert oder hierdurch in ihrem Amt oder Arbeitsverhältnis benachteiligt werden. [2]Insbesondere ist es unzulässig, sie aus diesem Grund zu entlassen oder ihnen zu kündigen. [3]Stehen sie in einem Dienst- oder Arbeitsverhältnis, ist ihnen die für ihre Tätigkeit erforderliche freie Zeit zu gewähren.

(6) § 86 des Verwaltungsverfahrensgesetzes für das Land Nordrhein-Westfalen gilt entsprechend.

§ 18 Sitzungen des Polizeibeirats, Vorsitz, Geschäftsordnung und Geschäftsführung. (1) [1]Der Polizeibeirat wählt aus seiner Mitte eine Vorsitzende oder einen Vorsitzenden sowie eine Schriftführerin oder einen Schriftführer und für beide Funktionen je eine Stellvertreterin oder einen Stellvertreter. [2]Er gibt sich eine Geschäftsordnung. [3]Die Sitzungen des Polizeibeirats sind nicht öffentlich; § 84 des Verwaltungsverfahrensgesetzes für das Land Nordrhein-Westfalen gilt entsprechend mit der Maßgabe, dass für die Erteilung der Aussagegenehmigung die jeweilige Polizeiaufsichtsbehörde zuständig ist. [4]Ein Mitglied des Polizeibeirats kann aus wichtigem Grund mit der Mehrheit von zwei Drittel der anwesenden Mitglieder von einer Sitzung ausgeschlossen werden.

(2) [1]An den Sitzungen des Polizeibeirats nimmt die Leiterin oder der Leiter der Polizeibehörde teil. [2]Auf Verlangen des Polizeibeirats können auch andere Beschäftigte der Polizeibehörde, Vertreterinnen und Vertreter der Verwaltungen der bezirksangehörigen Kreise und kreisfreien Städte sowie in Angelegenheiten des § 16 Abs. 3 auch Vertreterinnen und/oder Vertreter des Personalrats der Polizeibehörde an den Sitzungen teilnehmen. [3]Die Vorsitzende oder der Vorsitzende des Jugendhilfeausschusses wird zu allen Sitzungen als beratendes Mitglied eingeladen, in denen Angelegenheiten beraten werden, die in den Zuständigkeitsbereich des betroffenen Jugendhilfeausschusses fallen oder das besondere Verhältnis zwischen Jugend und Polizei berühren.

(3) [1]Der Polizeibeirat wird von der Vorsitzenden oder dem Vorsitzenden unter Bekanntgabe der Tagesordnung einberufen. [2]Der Polizeibeirat ist unverzüglich einzuberufen, wenn ein Viertel seiner Mitglieder es verlangt. [3]Dies gilt auch für den Antrag, eine bestimmte Angelegenheit auf die Tagesordnung zu setzen.

(4) Die Geschäfte des Polizeibeirats werden von der Polizeibehörde wahrgenommen.

§ 19 Neuwahl der Polizeibeiräte. (1) Die Polizeibeiräte sind, soweit der Bezirk oder die Zahl der Mitglieder sich ändert, innerhalb von drei Monaten neu zu wählen.

(2) [1]Bis zur Wahl der neuen Polizeibeiräte üben die Mitglieder der alten Polizeibeiräte ihre Tätigkeit weiter aus. [2]Mitglieder von Polizeibeiräten bei Kreispolizeibehörden, deren Bezirk sich ändert, treten dabei zu den Polizeibeiräten der Kreispolizeibehörden, denen der Kreis oder die kreisfreie Stadt, von denen sie gewählt wurden, angehören.

(3) Die Mitgliederzahl der Polizeibeiräte kann in der Übergangszeit unter- oder überschritten werden.

Sechster Abschnitt

Übergangs- und Schlussvorschriften

§ 20 Verwaltungsvorschriften. Das Innenministerium erlässt die zur Ausführung dieses Gesetzes erforderlichen Verwaltungsvorschriften.

Polizeigesetz des Landes Nordrhein-Westfalen (PolG NRW)

in der Fassung der Bekanntmachung vom 25. Juli 2003
(GV NRW S. 441/SGV NRW 205);
zuletzt geändert durch Gesetz vom 17. Oktober 2017 (GV NRW S. 806).

INHALTSÜBERSICHT

ERSTER ABSCHNITT
Aufgaben und allgemeine Vorschriften

§ 1 Aufgaben der Polizei. (1) [1]Die Polizei hat die Aufgabe, Gefahren für die öffentliche Sicherheit oder Ordnung abzuwehren (Gefahrenabwehr). [2]Sie hat im Rahmen dieser Aufgabe Straftaten zu verhüten sowie vorbeugend zu bekämpfen und die erforderlichen Vorbereitungen für die Hilfeleistung und das Handeln in Gefahrenfällen zu treffen. [3]Sind außer in den Fällen des Satzes 2 neben der Polizei andere Behörden für die Gefahrenabwehr zuständig, hat die Polizei in eigener Zuständigkeit tätig zu werden, soweit ein Handeln der anderen Behörden nicht oder nicht rechtzeitig möglich erscheint; dies gilt insbesondere für die den Ordnungsbehörden obliegende Aufgabe, gemäß § 1 Ordnungsbehördengesetz Gefahren für die öffentliche Ordnung abzuwehren. [4]Die Polizei hat die zuständigen Behörden, insbesondere die Ordnungsbehörden, unverzüglich von allen Vorgängen zu unterrichten, die deren Eingreifen erfordern.

(2) Der Schutz privater Rechte obliegt der Polizei nach diesem Gesetz nur dann, wenn gerichtlicher Schutz nicht rechtzeitig zu erlangen ist und wenn ohne polizeiliche Hilfe die Verwirklichung des Rechts vereitelt oder wesentlich erschwert werden würde.

(3) Die Polizei leistet anderen Behörden Vollzugshilfe (§§ 47 bis 49).

(4) Die Polizei hat ferner die Aufgaben zu erfüllen, die ihr durch andere Rechtsvorschriften übertragen sind.

(5) [1]Maßnahmen, die in Rechte einer Person eingreifen, darf die Polizei nur treffen, wenn dies auf Grund dieses Gesetzes oder anderer Rechtsvorschriften zulässig ist. [2]Soweit die Polizei gemäß Absatz 1 Satz 2 Straftaten vorbeugend bekämpft oder die erforderlichen Vorbereitungen für die Hilfeleistung und das Handeln in Gefahrenfällen trifft, sind Maßnahmen nur nach dem Zweiten Unterabschnitt „Datenverarbeitung" des Zweiten Abschnittes dieses Gesetzes zulässig.

§ 2 Grundsatz der Verhältnismäßigkeit. (1) Von mehreren möglichen und geeigneten Maßnahmen hat die Polizei diejenige zu treffen, die den einzelnen und die Allgemeinheit voraussichtlich am wenigsten beeinträchtigt.

(2) Eine Maßnahme darf nicht zu einem Nachteil führen, der zu dem erstrebten Erfolg erkennbar außer Verhältnis steht.

(3) Eine Maßnahme ist nur solange zulässig, bis ihr Zweck erreicht ist oder sich zeigt, dass er nicht erreicht werden kann.

§ 3 Ermessen, Wahl der Mittel. (1) Die Polizei trifft ihre Maßnahmen nach pflichtgemäßem Ermessen.

(2) [1]Kommen zur Abwehr einer Gefahr mehrere Mittel in Betracht, so genügt es, wenn eines davon bestimmt wird. [2]Der betroffenen Person ist auf Antrag zu gestatten, ein anderes ebenso wirksames Mittel anzuwenden, sofern die Allgemeinheit dadurch nicht stärker beeinträchtigt wird.

§ 4 Verantwortlichkeit für das Verhalten von Personen. (1) Verursacht eine Person eine Gefahr, so sind die Maßnahmen gegen diese Person zu richten.

(2) [1]Ist die Person noch nicht 14 Jahre alt oder ist für sie zur Besorgung aller ihrer Angelegenheiten ein Betreuer bestellt, können Maßnahmen auch gegen die Person gerichtet werden, die zur Aufsicht über sie verpflichtet ist. [2]Dies gilt auch, wenn der Aufgabenkreis des Betreuers die in § 1896 Abs. 4 und § 1905 des Bürgerlichen Gesetzbuchs bezeichneten Angelegenheiten nicht erfasst.

(3) Verursacht eine Person, die zu einer Verrichtung bestellt ist, die Gefahr in Ausführung der Verrichtung, so können Maßnahmen auch gegen die Person gerichtet werden, die die andere zu der Verrichtung bestellt hat.

(4) Die Absätze 1 bis 3 sind nicht anzuwenden, soweit andere Vorschriften dieses Gesetzes oder andere Rechtsvorschriften bestimmen, gegen wen eine Maßnahme zu richten ist.

§ 5 Verantwortlichkeit für den Zustand von Sachen. (1) [1]Geht von einer Sache oder einem Tier eine Gefahr aus, so sind die Maßnahmen gegen den Inhaber der tatsächlichen Gewalt zu richten. [2]Soweit nichts anderes bestimmt ist, sind die nachfolgenden für Sachen geltenden Vorschriften entsprechend auf Tiere anzuwenden.

(2) [1]Maßnahmen können auch gegen den Eigentümer oder einen anderen Berechtigten gerichtet werden. [2]Das gilt nicht, wenn der Inhaber der tatsächlichen Gewalt diese ohne den Willen des Eigentümers oder Berechtigten ausübt.

(3) Geht die Gefahr von einer herrenlosen Sache aus, so können die Maßnahmen gegen denjenigen gerichtet werden, der das Eigentum an der Sache aufgegeben hat.

(4) § 4 Abs. 4 gilt entsprechend.

§ 6 Inanspruchnahme nicht verantwortlicher Personen. (1) Die Polizei kann Maßnahmen gegen andere Personen als die nach den §§ 4 oder 5 Verantwortlichen richten, wenn
1. eine gegenwärtige erhebliche Gefahr abzuwehren ist,
2. Maßnahmen gegen die nach den §§ 4 oder 5 Verantwortlichen nicht oder nicht rechtzeitig möglich sind oder keinen Erfolg versprechen,
3. die Polizei die Gefahr nicht oder nicht rechtzeitig selbst oder durch Beauftragte abwehren kann und
4. die Personen ohne erhebliche eigene Gefährdung und ohne Verletzung höherwertiger Pflichten in Anspruch genommen werden können.

(2) Die Maßnahmen nach Absatz 1 dürfen nur aufrechterhalten werden, solange die Abwehr der Gefahr nicht auf andere Weise möglich ist.

(3) § 4 Abs. 4 gilt entsprechend.

§ 6a *(aufgehoben)*

§ 7 Einschränkung von Grundrechten. Durch dieses Gesetz werden die Grundrechte auf
- informationelle Selbstbestimmung (Art. 2 Absatz 1 in Verbindung mit Artikel 1 Absatz 1 des Grundgesetzes),
- Leben und körperliche Unversehrtheit (Artikel 2 Abs. 2 Satz 1 des Grundgesetzes),
- Freiheit der Person (Artikel 2 Abs. 2 des Grundgesetzes),
- Fernmeldegeheimnis (Artikel 10 Absatz 1 des Grundgesetzes),
- Freizügigkeit (Artikel 11 des Grundgesetzes) und
- Unverletzlichkeit der Wohnung (Artikel 13 des Grundgesetzes) eingeschränkt.

ZWEITER ABSCHNITT

Befugnisse der Polizei

Erster Unterabschnitt

Allgemeine Befugnisse, Begriffsbestimmung

§ 8 Allgemeine Befugnisse, Begriffsbestimmung. (1) Die Polizei kann die notwendigen Maßnahmen treffen, um eine im einzelnen Falle bestehende, konkrete Gefahr für die öffentliche Sicherheit oder Ordnung (Gefahr) abzuwehren, soweit nicht die §§ 9 bis 46 die Befugnisse der Polizei besonders regeln.

(2) [1]Zur Erfüllung der Aufgaben, die der Polizei durch andere Rechtsvorschriften zugewiesen sind (§ 1 Abs. 4), hat sie die dort vorgesehenen Befugnisse. [2]Soweit solche Rechtsvorschriften Befugnisse der Polizei nicht regeln, hat sie die Befugnisse, die ihr nach diesem Gesetz zustehen.

(3) Straftaten von erheblicher Bedeutung sind insbesondere Verbrechen sowie die in § 138 des Strafgesetzbuches genannten Vergehen, Vergehen nach § 129 des Strafgesetzbuches und gewerbs- oder bandenmäßig begangene Vergehen nach

1. den §§ 243, 244, 260, 261, 263 bis 264a, 265b, 266, 283, 283a, 291 oder 324 bis 330 des Strafgesetzbuches,
2. § 52 Abs. 1 Satz 1 Nr. 2 Buchstabe c) oder d) des Waffengesetzes,
3. §§ 29 Abs. 3 Satz 2 Nr. 1 oder 29a Abs. 1 Nr. 2 des Betäubungsmittelgesetzes,
4. § 96 und 97 des Aufenthaltsgesetzes.

Zweiter Unterabschnitt

Datenverarbeitung

Erster Titel

Datenerhebung

I.

Befragung, Auskunftspflicht, allgemeine Regeln der Datenerhebung, Vorladung

§ 9 Befragung, Auskunftspflicht, allgemeine Regeln der Datenerhebung. (1) [1]Die Polizei kann jede Person befragen, wenn Tatsachen die Annahme rechtfertigen, dass sie sachdienliche Angaben machen kann, die für die Erfüllung einer bestimmten polizeilichen Aufgabe erforderlich sind. [2]Für die Dauer der Befragung kann die Person angehalten werden.

(2) [1]Eine Person, deren Befragung nach Absatz 1 zulässig ist, ist verpflichtet, auf Frage Namen, Vornamen, Tag und Ort der Geburt, Wohnanschrift und Staatsangehörigkeit anzugeben. [2]Sie ist zu weiteren Auskünften verpflichtet, soweit gesetzliche Handlungspflichten bestehen.

(3) [1]Die Befragung richtet sich an die betroffene Person. [2]Ist deren Befragung nicht oder nicht rechtzeitig möglich oder würde sie die Erfüllung der polizeilichen Aufgabe erheblich erschweren oder gefährden, können die Daten auch ohne Kenntnis der betroffenen Person erhoben werden, wenn dies zur Aufgabenwahrnehmung gemäß Absatz 1 erforderlich ist.

(4) Befragung und Datenerhebung sind offen durchzuführen; eine verdeckte Datenerhebung ist nur zulässig, wenn dies durch Gesetz zugelassen ist.

(5) [1]Die Erhebung personenbezogener Daten zu unbestimmten oder noch nicht bestimmbaren Zwecken ist unzulässig. [2]Eine Datenerhebung über nicht gefahren- oder tatbezogene Merkmale sowie über Erkrankungen oder besondere Verhaltensweisen der betroffenen Person ist nur zulässig, soweit dies für Identifizierungszwecke oder zum Schutz der betroffenen Person, von Polizeivollzugsbeamten oder Dritten erforderlich ist.

(6) Werden durch Befragung Daten bei der betroffenen Person oder bei Personen oder Stellen außerhalb des öffentlichen Bereichs erhoben, sind diese in geeigneter Weise über die Rechtsvorschriften für die Datenerhebung sowie entweder über die bestehende Auskunftspflicht oder über die Freiwilligkeit der Auskunft aufzuklären, es sei denn, dies ist wegen besonderer Umstände offenkundig nicht angemessen oder die Erfüllung der polizeilichen Aufgaben wird hierdurch erheblich erschwert oder gefährdet.

§ 10 Vorladung. (1) Die Polizei kann eine Person schriftlich oder mündlich vorladen, wenn
1. Tatsachen die Annahme rechtfertigen, dass die Person sachdienliche Angaben machen kann, die für die Erfüllung einer bestimmten polizeilichen Aufgabe erforderlich sind,
2. das zur Durchführung erkennungsdienstlicher Maßnahmen erforderlich ist.

(2) [1]Bei der Vorladung soll deren Grund angegeben werden. [2]Bei der Festsetzung des Zeitpunkts soll auf den Beruf und die sonstigen Lebensverhältnisse der betroffenen Person Rücksicht genommen werden.

(3) [1]Leistet eine betroffene Person der Vorladung ohne hinreichenden Grund keine Folge, so kann sie zwangsweise durchgesetzt werden,
1. wenn die Angaben zur Abwehr einer Gefahr für Leib, Leben oder Freiheit einer Person erforderlich sind.
2. zur Durchführung erkennungsdienstlicher Maßnahmen.

[2]Die zwangsweise Vorführung darf nur auf Grund richterlicher Anordnung erfolgen, es sei denn, dass Gefahr im Verzug vorliegt.

(4) § 136a der Strafprozessordnung gilt entsprechend.

(5) Für die Entschädigung von Personen, die auf Vorladung als Zeugen erscheinen, und für die Vergütung von Personen, die als Sachverständige herangezogen werden, gilt das Justizvergütungs- und -entschädigungsgesetz entsprechend.

II.
Datenerhebung in bestimmten Fällen

§ 11 Erhebung von Personaldaten zur Vorbereitung für die Hilfeleistung und das Handeln in Gefahrenfällen. Die Polizei kann über
1. Personen, deren Kenntnisse oder Fähigkeiten zur Gefahrenabwehr benötigt werden,
2. Verantwortliche für Anlagen oder Einrichtungen, von denen eine erhebliche Gefahr ausgehen kann,
3. Verantwortliche für gefährdete Anlagen oder Einrichtungen

Namen, Vornamen, akademische Grade, Anschriften, Telefonnummern und andere Daten über die Erreichbarkeit sowie nähere Angaben über die Zugehörigkeit zu einer der genannten Personengruppen erheben, soweit dies zur Vorbereitung für die Hilfeleistung und das Handeln in Gefahrenfällen erforderlich ist.

§ 12 Identitätsfeststellung. (1) Die Polizei kann die Identität einer Person feststellen,
1. zur Abwehr einer Gefahr,
2. wenn sie sich an einem Ort aufhält, von dem Tatsachen die Annahme rechtfertigen, dass
   a) dort Personen Straftaten von erheblicher Bedeutung verabreden, vorbereiten oder verüben,
   b) sich dort Personen treffen, die gegen aufenthaltsrechtliche Strafvorschriften verstoßen,
   c) sich dort gesuchte Straftater verbergen,
3. wenn sie sich in einer Verkehrs- oder Versorgungsanlage oder -einrichtung, einem öffentlichen Verkehrsmittel, Amtsgebäude oder einem anderen besonders gefährdeten Objekt oder in dessen unmittelbarer Nähe aufhält und Tatsachen die Annahme rechtfertigen, dass in oder an Objekten dieser Art Straftaten begangen werden sollen, durch die Personen oder diese Objekte gefährdet sind, und dies auf Grund der Gefährdungslage oder auf die Person bezogener Anhaltspunkte erforderlich ist,
4. an einer Kontrollstelle, die von der Polizei eingerichtet worden ist, um eine Straftat nach § 129a des Strafgesetzbuches, eine der in dieser Vorschrift genannten Straftaten oder eine Straftat nach § 250 Abs. 1 Nr. 1 Buchstabe a) oder b), Abs. 2 Nr. 1, nach § 255 des Strafgesetzbuches in den vorgenannten Begehungsformen oder nach § 27 des Versammlungsgesetzes zu verhüten. Die Einrichtung der Kontrollstelle ist nur mit Zustimmung des Innenministeriums oder einer von diesem beauftragten Stelle zulässig, es sei denn, dass Gefahr im Verzug vorliegt.

(2) [1]Die Polizei kann die zur Feststellung der Identität erforderlichen Maßnahmen treffen. [2]Sie kann die betroffene Person insbesondere anhalten, sie nach ihren Personalien befragen und verlangen, dass sie Angaben zur Feststellung ihrer Identität macht und mitgeführte Ausweispapiere zur Prüfung aushändigt. [3]Die betroffene Person kann festgehalten werden, wenn die Identität auf andere Weise nicht oder nur unter erheblichen Schwierigkeiten festgestellt werden kann. [4]Unter den Voraussetzungen des Satzes 3 können die betroffene Person sowie die von ihr mitgeführten Sachen durchsucht werden.

§ 13 Prüfung von Berechtigungsscheinen. Die Polizei kann verlangen, dass ein Berechtigungsschein zur Prüfung ausgehändigt wird, wenn die betroffene Person auf Grund einer Rechtsvorschrift oder einer vollziehbaren Auflage in einem Erlaubnisbescheid verpflichtet ist, diesen Berechtigungsschein mitzuführen.

§ 14 Erkennungsdienstliche Maßnahmen. (1) Die Polizei kann erkennungsdienstliche Maßnahmen vornehmen, wenn
1. eine nach § 12 zulässige Identitätsfeststellung auf andere Weise nicht oder nur unter erheblichen Schwierigkeiten möglich ist,
2. das zur vorbeugenden Bekämpfung von Straftaten erforderlich ist, weil die betroffene Person verdächtig ist, eine Tat begangen zu haben, die mit Strafe bedroht ist und wegen der Art und Ausführung der Tat die Gefahr der Wiederholung besteht.

(2) Ist die Identität festgestellt, sind in den Fällen des Absatzes 1 Nr. 1 die im Zusammenhang mit der Feststellung angefallenen erkennungsdienstlichen Unterlagen zu vernichten, es sei denn, ihre weitere Aufbewahrung ist nach Absatz 1 Nr. 2 oder anderen Rechtsvorschriften zulässig.

(3) Die betroffene Person ist bei Vornahme der Maßnahme darüber zu belehren, dass sie die Vernichtung der erkennungsdienstlichen Unterlagen verlangen kann, wenn die Voraussetzungen für ihre weitere Aufbewahrung entfallen sind.

(4) Erkennungsdienstliche Maßnahmen sind insbesondere
1. die Abnahme von Finger- und Handflächenabdrücken,
2. die Aufnahme von Lichtbildern,
3. die Feststellung äußerer körperlicher Merkmale,
4. Messungen.

§ 14a Molekulargenetische Untersuchungen zur Identitätsfeststellung.
(1) [1]Zur Feststellung der Identität einer Leiche oder einer hilflosen Person können deren DNA-Identifizierungsmuster mit denjenigen einer vermissten Person abgeglichen werden, wenn die Feststellung der Identität auf andere Weise nicht oder nur unter erheblichen Schwierigkeiten möglich ist. [2]Zu diesem Zweck dürfen
1. der hilflosen Person oder der Leiche Körperzellen entnommen werden,
2. Proben von Gegenständen mit Spurenmaterial der vermissten Person genommen und

3. die Proben nach den Nr. 1 und 2 molekulargenetisch untersucht werden. [3]Für die Entnahme gilt § 81a Abs. 1 Satz 2 der Strafprozessordnung entsprechend. [4]Die Untersuchungen nach Satz 2 Nr. 3 sind auf die Feststellung des DNA-Identifizierungsmusters und des Geschlechts zu beschränken. [5]Entnommene Körperzellen sind unverzüglich zu vernichten, wenn sie für die Untersuchung nach Satz 2 nicht mehr benötigt werden. [6]Die DNA-Identifizierungsmuster können zum Zweck des Abgleichs in einer Datei gespeichert werden. [7]Die in der Datei gespeicherten DNA-Identifizierungsmuster dürfen ausschließlich zum Zweck der Gefahrenabwehr verwendet werden. [8]Sie sind unverzüglich zu löschen, wenn sie zur Identitätsfeststellung nach Satz 1 nicht mehr benötigt werden.

(2) [1]Molekulargenetische Untersuchungen werden auf Antrag der Polizei durch das Amtsgericht angeordnet, in dessen Bezirk die Polizeibehörde ihren Sitz hat. [2]Für das Verfahren gelten die Vorschriften des Gesetzes über das Verfahren in Familiensachen und in den Angelegenheiten der Freiwilligen Gerichtsbarkeit entsprechend. [3]Für die Durchführung der Untersuchungen gilt § 81f Abs. 2 der Strafprozessordnung entsprechend.

§ 15 Datenerhebung bei öffentlichen Veranstaltungen und Ansammlungen. (1) [1]Die Polizei kann bei oder im Zusammenhang mit öffentlichen Veranstaltungen oder Ansammlungen, die nicht dem Versammlungsgesetz unterliegen, personenbezogene Daten, auch durch den Einsatz technischer Mittel zur Anfertigung von Bild- und Tonaufzeichnungen, von Teilnehmern erheben, wenn Tatsachen die Annahme rechtfertigen, dass dabei Straftaten oder Ordnungswidrigkeiten begangen werden. [2]Dabei dürfen auch personenbezogene Daten über andere Personen erhoben werden, soweit dies erforderlich ist, um eine Datenerhebung nach Satz 1 durchführen zu können. [3]Bild- und Tonaufzeichnungen, in Dateien suchfähig gespeicherte personenbezogene Daten sowie zu einer Person suchfähig angelegte Akten sind spätestens einen Monat nach der Datenerhebung zu löschen oder zu vernichten, es sei denn, sie werden zur Verfolgung von Straftaten oder Ordnungswidrigkeiten benötigt oder Tatsachen rechtfertigen die Annahme, dass die Person künftig Straftaten begehen wird, und die Aufbewahrung ist zur vorbeugenden Bekämpfung von Straftaten von erheblicher Bedeutung erforderlich.

(2) § 24 Abs. 6 und 7 sowie § 32 Abs. 5 und 6 bleiben unberührt

§ 15a Datenerhebung durch den offenen Einsatz optisch-technischer Mittel. (1) [1]Zur Verhütung von Straftaten kann die Polizei einzelne öffentlich zugängliche Orte, an denen wiederholt Straftaten begangen wurden und deren Beschaffenheit die Begehung von Straftaten begünstigt, mittels Bildübertragung beobachten und die übertragenen Bilder aufzeichnen, solange Tatsachen die Annahme rechtfertigen, dass an diesem Ort weitere Straftaten begangen werden. [2]Die Beobachtung ist, falls nicht offenkundig, durch geeignete Maßnahmen erkennbar zu machen.

(2) Nach Absatz 1 gewonnene Daten dürfen höchstens für die Dauer von 14 Tagen gespeichert werden, es sei denn, sie werden zur Verfolgung von Strafta-

ten benötigt oder Tatsachen rechtfertigen die Annahme, dass eine Person künftig Straftaten begehen wird, und die Aufbewahrung ist zur vorbeugenden Bekämpfung von Straftaten erforderlich.

(3) Über die Einrichtung der Datenerhebung durch den offenen Einsatz optisch-technischer Mittel entscheidet die Behördenleiterin oder der Behördenleiter.

(4) [1]Maßnahmen nach Absatz 1 sind zu dokumentieren. [2]Sie sind jeweils auf ein Jahr befristet. [3]Rechtzeitig vor Fristablauf ist zu überprüfen, ob die Voraussetzungen gemäß Absatz 1 weiter vorliegen. [4]Eine Verlängerung um jeweils ein Jahr ist in diesem Fall zulässig.

(5) [1]§ 15a tritt am 31. Juli 2018 außer Kraft. [2]Die Auswirkungen dieser Vorschrift und die praktische Anwendung werden durch die Landesregierung unter Mitwirkung einer oder eines unabhängigen wissenschaftlichen Sachverständigen geprüft. [3]Die Landesregierung berichtet dem Landtag über das Ergebnis der Evaluierung.

§ 15b Datenerhebung zur Eigensicherung. [1]Die Polizei kann zur Abwehr einer Gefahr im Sinne des § 1 Abs. 1 zum Zwecke der Eigensicherung bei Personen- oder Fahrzeugkontrollen Bildaufnahmen und -aufzeichnungen durch den Einsatz optisch-technischer Mittel in Fahrzeugen der Polizei herstellen. [2]Der Einsatz der optisch-technischen Mittel ist, falls nicht offenkundig, durch geeignete Maßnahmen erkennbar zu machen oder der betroffenen Person mitzuteilen. [3]Die Bildaufzeichnungen sind am Tage nach dem Anfertigen zu löschen. [4]Dies gilt nicht, wenn die Aufzeichnungen zur Verfolgung von Straftaten oder Ordnungswidrigkeiten benötigt werden. [5]§ 24 Abs. 6 und 7 bleibt unberührt.

§ 15c Datenerhebung durch den Einsatz körpernah getragener Aufnahmegeräte. (1) [1]Die Polizei kann bei der Durchführung von Maßnahmen zur Gefahrenabwehr und zur Verfolgung von Straftaten oder Ordnungswidrigkeiten mittels körpernah getragener Aufnahmegeräte offen Bild- und Tonaufzeichnungen anfertigen, wenn Tatsachen die Annahme rechtfertigen, dass dies zum Schutz von Polizeivollzugsbeamtinnen und Polizeivollzugsbeamten oder Dritten gegen eine konkrete Gefahr für Leib oder Leben erforderlich ist. [2]Die Erhebung personenbezogener Daten kann auch dann erfolgen, wenn Dritte unvermeidbar betroffen sind. [3]Über die Anfertigung der technischen Aufzeichnungen entscheidet die das Aufnahmegerät tragende Polizeivollzugsbeamtin oder der das Aufnahmegerät tragende Polizeivollzugsbeamte anhand der konkreten Umstände des Einzelfalls.

(2) [1]In Wohnungen (§ 41 Absatz 1 Satz 2) ist die Anfertigung von technischen Aufzeichnungen bei der Durchführung von Maßnahmen zur Gefahrenabwehr und zur Verfolgung von Straftaten oder Ordnungswidrigkeiten nur zulässig, wenn Tatsachen die Annahme rechtfertigen, dass dies zum Schutz von Polizeivollzugsbeamtinnen und Polizeivollzugsbeamten oder Dritten gegen

eine dringende Gefahr für Leib oder Leben erforderlich ist. Über die Anfertigung der technischen Aufzeichnungen in Wohnungen entscheidet außer bei Gefahr im Verzug die den Einsatz leitende Polizeivollzugsbeamtin oder der den Einsatz leitende Polizeivollzugsbeamte. [2]Absatz 1 Satz 2 gilt entsprechend.

(3) [1]Der Einsatz der Aufnahmegeräte ist durch geeignete Maßnahmen erkennbar zu machen und den betroffenen Personen mitzuteilen. [2]Bei Gefahr im Verzug kann die Mitteilung unterbleiben. [3]Aufzeichnungen sind unzulässig in Bereichen, die der Ausübung von Tätigkeiten von Berufsgeheimnisträgern nach §§ 53 und 53a der Strafprozessordnung dienen. [4]Aufzeichnungen werden verschlüsselt sowie manipulationssicher gefertigt und aufbewahrt.

(4) [1]Die nach Absatz 1 und 2 angefertigten Aufzeichnungen sind zwei Wochen nach ihrer Anfertigung zu löschen. [2]Dies gilt nicht, wenn die Aufzeichnungen zur Gefahrenabwehr oder zur Verfolgung von Straftaten oder Ordnungswidrigkeiten benötigt werden. [3]Über die Löschung entscheidet die aufzeichnende Beamtin oder der aufzeichnende Beamte mit Zustimmung einer oder eines Vorgesetzten. [4]Für die Verwertung der aus Aufzeichnungen nach Absatz 2 erlangten Erkenntnisse gilt Absatz 6. [5]§ 23 Absatz 1 und § 32 Absatz 5 bleiben unberührt.

(5) [1]Die Aufzeichnung personenbezogener Daten, die dem Kernbereich privater Lebensgestaltung zuzurechnen sind, ist unzulässig. [2]Der Aufzeichnungsvorgang ist unverzüglich zu unterbrechen, sofern sich während der Aufzeichnung tatsächliche Anhaltspunkte dafür ergeben, dass Daten, die dem Kernbereich privater Lebensgestaltung zuzurechnen sind, erfasst werden. [3]Aufzeichnungen über solche Äußerungen und Handlungen sind unverzüglich zu löschen. [4]Nach einer Unterbrechung darf die Aufzeichnung nur fortgesetzt werden, wenn auf Grund geänderter Umstände davon ausgegangen werden kann, dass die Gründe, die zur Unterbrechung geführt haben, nicht mehr vorliegen.

(6) [1]Eine Verwertung der nach Absatz 2 sowie der nach Absatz 5 Satz 4 erlangten Erkenntnisse ist zum Zweck der Gefahrenabwehr nur zulässig, wenn zuvor die Rechtmäßigkeit der Maßnahme richterlich festgestellt ist. [2]Bei Gefahr im Verzug ist die richterliche Entscheidung unverzüglich nachzuholen. [3]Bei Weitergabe der Daten ist zu vermerken, dass sie aus einer Maßnahme nach Absatz 2 herrühren. [4]Nach einer Übermittlung an eine andere Stelle ist die Kennzeichnung durch diese aufrecht zu erhalten. [5]Die Regelungen der Strafprozessordnung bleiben unberührt.

(7) § 24 Absatz 6 und 7 bleibt unberührt.

(8) [1]Maßnahmen nach Absatz 1 bis 6 sind zu dokumentieren. [2]Näheres regelt das für Inneres zuständige Ministerium durch Verwaltungsvorschrift. [3]Die Landesregierung unterrichtet den Landtag jährlich zum 31. Dezember über die Maßnahmen nach Absatz 2 und 5.

(9) [1]Die Auswirkungen dieser Vorschrift und die praktische Anwendung werden bis zum 30. Juni 2019 durch die Landesregierung unter Mitwirkung einer oder eines unabhängigen sozialwissenschaftlichen Sachverständigen und

einer oder eines polizeiwissenschaftlichen Sachverständigen geprüft. Die Landesregierung berichtet dem Landtag über das Ergebnis der Evaluierung. [2]§ 15c tritt am 31. Dezember 2019 außer Kraft.

III.
Besondere Mittel der Datenerhebung

§ 16 Schutz des Kernbereichs privater Lebensgestaltung bei der Datenerhebung mit besonderen Mitteln. (1) Die Erhebung personenbezogener Daten, die dem Kernbereich privater Lebensgestaltung zuzurechnen sind, ist unzulässig.

(2) [1]Eine Erhebung ist unverzüglich zu unterbrechen, wenn sich tatsächliche Anhaltspunkte dafür ergeben, dass Daten, die dem Kernbereich privater Lebensgestaltung zuzurechnen sind, erfasst werden; dies gilt nicht, soweit die Erhebung aus zwingenden informations- oder ermittlungstechnischen Gründen nicht unterbleiben kann. [2]Die Erhebung darf fortgesetzt werden, wenn zu erwarten ist, dass die Gründe, die zur Unterbrechung geführt haben, nicht mehr vorliegen. [3]Die anordnende Stelle ist über den Verlauf der Maßnahme unverzüglich zu unterrichten. [4]Liegen die Voraussetzungen der Anordnung nicht mehr vor, so hat sie den Abbruch der Maßnahme anzuordnen.

(3) [1]Bestehen Zweifel hinsichtlich der Kernbereichsrelevanz der erhobenen Daten, sind diese unverzüglich dem oder der behördlichen Datenschutzbeauftragten und einer von dem Behördenleiter oder der Behördenleiterin besonders beauftragten Leitungsperson des höheren Polizeivollzugsdienstes zur Durchsicht vorzulegen. [2]Im Falle des § 17 Abs. 2 Satz 3 erfolgt die Durchsicht durch das zuständige Amtsgericht. [3]§ 18 Abs. 4 bleibt unberührt.

(4) [1]Wurden Daten erfasst, die dem Kernbereich privater Lebensgestaltung zuzurechnen sind, dürfen sie nicht verwendet werden. [2]Aufzeichnungen hierüber sind unverzüglich zu löschen. [3]Die Tatsache ihrer Erlangung und Löschung ist zu dokumentieren.

(5) Der Kernbereich umfasst auch das durch das Berufsgeheimnis geschützte Vertrauensverhältnis zu den in §§ 53 und 53a der Strafprozessordnung genannten Berufsgeheimnisträgern.

§ 16a Datenerhebung durch Observation. (1) [1]Die Polizei kann personenbezogene Daten erheben durch eine durchgehend länger als 24 Stunden oder an mehr als an zwei Tagen vorgesehene oder tatsächlich durchgeführte und planmäßig angelegte Beobachtung (längerfristige Observation)

1. über die in den §§ 4 und 5 genannten und unter den Voraussetzungen des § 6 über die dort genannten Personen, wenn dies zur Abwehr einer gegenwärtigen Gefahr für Leib, Leben oder Freiheit einer Person erforderlich ist,

2. über Personen, soweit Tatsachen die Annahme rechtfertigen, dass diese Personen Straftaten von erheblicher Bedeutung begehen wollen, sowie über deren Kontakt- oder Begleitpersonen, wenn die Datenerhebung zur vorbeugenden Bekämpfung dieser Straftaten erforderlich ist.

[2]Dabei dürfen auch personenbezogene Daten über andere Personen erhoben werden, soweit dies erforderlich ist, um eine Datenerhebung nach Satz 1 durchführen zu können. [3]Als Kontaktpersonen gelten nur die Personen, die enge persönliche, dienstliche oder geschäftliche Beziehungen zu den Personen gemäß Abs. 1 Satz 1 Nr. 2 unterhalten. [4]Begleitpersonen sind Personen, die nicht nur kurzfristig mit diesen Personen angetroffen werden, ohne jedoch enge persönliche, dienstliche oder geschäftliche Beziehungen zu diesen zu unterhalten. [5]Berufsgeheimnisträger gemäß § 53 der Strafprozessordnung gehören, soweit das geschützte Vertrauensverhältnsis reicht, nicht zu den Kontakt- oder Begleitpersonen.

(2) [1]Eine längerfristige Observation darf nur durch die Behördenleiterin oder den Behördenleiter angeordnet werden. [2]Nach Abs. 1 erlangte personenbezogene Daten sind besonders zu kennzeichnen. [3]Nach einer Übermittlung an eine andere Stelle ist die Kennzeichnung durch diese aufrechtzuerhalten.

(3) [1]Über die Datenerhebung ist die betroffene Person zu unterrichten, sobald dies ohne Gefährdung des Zwecks der Maßnahme erfolgen kann. [2]Im Übrigen gilt § 17 Abs. 5 und 6 entsprechend.

(4) [1]Auf eine Observation, die nicht die in Abs. 1 genannten Voraussetzungen erfüllt (kurzfristige Observation), finden die Absätze 1 bis 3 keine Anwendung. [2]Durch eine kurzfristige Observation kann die Polizei personenbezogene Daten über die in den §§ 4 und 5 genannten und andere Personen nur erheben, soweit dies zum Zwecke der Gefahrenabwehr (§ 1 Abs. 1) erforderlich ist und ohne diese Maßnahme die Erfüllung der polizeilichen Aufgabe gefährdet wird.

§ 17 Datenerhebung durch den verdeckten Einsatz technischer Mittel.

(1) [1]Die Polizei kann personenbezogene Daten erheben durch den verdeckten Einsatz technischer Mittel zur Anfertigung von Bildaufnahmen und Bildaufzeichnungen sowie zum Abhören und Aufzeichnen des gesprochenen Wortes

1. über die Personen, die in den §§ 4 und 5 genannt werden, sowie unter den Voraussetzungen des § 6 über die dort genannten Personen, wenn dies zur Abwehr einer gegenwärtigen Gefahr für Leib, Leben oder Freiheit einer Person erforderlich ist,
2. über Personen, soweit Tatsachen die Annahme rechtfertigen, dass diese Personen Straftaten von erheblicher Bedeutung begehen wollen, sowie über deren Kontakt- oder Begleitpersonen, wenn die Datenerhebung zur vorbeugenden Bekämpfung dieser Straftaten erforderlich ist.

[2]Dabei dürfen auch personenbezogene Daten über andere Personen erhoben werden, soweit dies erforderlich ist, um eine Datenerhebung nach Satz 1 durchführen zu können. [3]§ 16a Abs. 1 Satz 3 bis 5 gilt entsprechend.

(2) [1]Der verdeckte Einsatz technischer Mittel zur Anfertigung von Bildaufnahmen und Bildaufzeichnungen darf nur durch die Behördenleiterin oder den Behördenleiter angeordnet werden. [2]Die Anordnung bedarf der Schriftform und ist auf höchstens einen Monat zu befristen; soweit die Voraussetzungen der Anordnung fortbestehen, sind Verlängerungen um jeweils einen weiteren Monat zulässig. [3]Der Einsatz der Mittel zum Abhören und Aufzeichnen des gesprochenen Wortes bedarf der Anordnung durch das Amtsgericht, in dessen Bezirk die Polizeibehörde ihren Sitz hat; hinsichtlich einer Verlängerung gilt § 18 Absatz 2 Satz 4 entsprechend. [4]Für das Verfahren gelten die Vorschriften des Gesetzes über das Verfahren in Familiensachen und in den Angelegenheiten der freiwilligen Gerichtsbarkeit entsprechend. [5]Bei Gefahr im Verzug kann die Maßnahme durch die Behördenleiterin oder den Behördenleiter angeordnet werden. [6]Die richterliche Bestätigung ist unverzüglich zu beantragen. [7]Die Anordnung nach Satz 5 tritt spätestens mit Ablauf des dritten Tages nach ihrem Erlass außer Kraft, wenn sie bis dahin nicht richterlich bestätigt wird. [8]Erfolgt keine richterliche Bestätigung, dürfen bereits erhobene Daten nicht verwendet werden. [9]Die Daten sind unverzüglich zu löschen.

(3) Hinsichtlich der Datenkennzeichnung gilt § 16a Abs. 2 Satz 2 und 3 entsprechend.

(4) [1]Wenn das technische Mittel gemäß Abs. 1 ausschließlich zum Schutz der bei einem polizeilichen Einsatz tätigen Personen mitgeführt und verwendet wird, kann die Maßnahme durch die Behördenleiterin oder den Behördenleiter oder eine von ihnen beauftragte Leitungsperson des höheren Polizeivollzugsdienstes angeordnet werden. [2]Eine anderweitige Verwertung der erlangten Erkenntnisse ist nur zum Zwecke der Strafverfolgung oder der Gefahrenabwehr und nur zulässig, wenn zuvor die Rechtmäßigkeit der Maßnahme richterlich festgestellt ist; bei Gefahr im Verzug ist die richterliche Entscheidung unverzüglich nachzuholen. [3]Aufzeichnungen, die nicht im Sinne des Satzes 2 verwendet werden, sind unverzüglich nach Beendigung des Einsatzes zu löschen. [4]§ 24 Abs. 7 sowie § 32 Abs. 5 Nr. 1 und 2 bleiben unberührt.

(5) [1]Über die Datenerhebung ist die betroffene Person zu unterrichten, sobald dies ohne Gefährdung des Zwecks der Maßnahme erfolgen kann. [2]Dies gilt nicht, wenn zur Durchführung der Unterrichtung in unverhältnismäßiger Weise weitere Daten der betroffenen Person erhoben werden müssten. [3]Auf die Möglichkeit nachträglichen Rechtsschutzes ist hinzuweisen. [4]Ist wegen desselben Sachverhalts ein strafrechtliches Ermittlungsverfahren gegen die betroffene Person eingeleitet worden, ist die Unterrichtung in Abstimmung mit der Staatsanwaltschaft nachzuholen, sobald dies der Stand des Ermittlungsverfahrens zulässt. [5]Die Unterrichtung wird zurückgestellt, solange durch das Bekanntwerden der Datenerhebung Leib, Leben oder Freiheit einer Person gefährdet werden oder der Unterrichtung überwiegend schutzwürdige Belange einer anderen betroffenen Person entgegenstehen.

(6) [1]Erfolgt eine Unterrichtung gemäß Abs. 5 Satz 1 nicht binnen sechs Monaten nach Abschluss der Maßnahme, bedarf die weitere Zurückstellung der

Unterrichtung der richterlichen Zustimmung. [2]Die richterliche Entscheidung ist jeweils nach einem Jahr erneut einzuholen. [3]Über die Zustimmung entscheidet das Gericht, das für die Anordnung der Maßnahme zuständig gewesen ist. [4]Bedurfte die Maßnahme nicht der richterlichen Anordnung, ist für die Zustimmung das Amtsgericht, in dessen Bezirk die Polizeibehörde ihren Sitz hat, zuständig. [5]Nach zweimaliger Verlängerung ist die Zustimmung des für die Einlegung einer Beschwerde zuständigen Gerichts einzuholen. [6]§ 68 Abs. 4 des Gesetzes über das Verfahren in Familiensachen und in den Angelegenheiten der freiwilligen Gerichtsbarkeit findet keine Anwendung. [7]Fünf Jahre nach der erstmaligen Entscheidung gemäß Satz 5 darf dieses Gericht allein wegen Vorliegens der Zurückstellungsgründe des § 19 Abs. 3 und des § 20 Abs. 5 keine Zustimmung erteilen.

(7) Bild- und Tonaufzeichnungen, die ausschließlich Personen betreffen, gegen die sich die Maßnahme nicht richtete, sind unverzüglich zu vernichten; es sei denn, sie werden zur Verfolgung von Straftaten jener Personen, gegen die sich die Maßnahme richtete, benötigt.

§ 18 Datenerhebung durch den verdeckten Einsatz technischer Mittel in oder aus Wohnungen. (1) [1]Die Polizei kann personenbezogene Daten in oder aus Wohnungen (§ 41 Abs. 1 Satz 2) durch den verdeckten Einsatz technischer Mittel gemäß § 17 Abs. 1 über Personen, die in den §§ 4 und 5 genannt werden, sowie unter den Voraussetzungen des § 6 über die dort genannten Personen erheben, wenn dies zur Abwehr einer gegenwärtigen Gefahr für Leib, Leben oder Freiheit einer Person erforderlich ist und diese auf andere Weise nicht abgewendet werden kann. [2]Dabei dürfen auch personenbezogene Daten über andere Personen erhoben werden, soweit dies erforderlich ist, um eine Datenerhebung nach Satz 1 durchführen zu können. [3]§ 16a Abs. 1 Satz 3 bis 5 gilt entsprechend. [4]Eine ausschließlich automatisierte Datenerhebung ist unzulässig.

(2) [1]Die Datenerhebung nach Abs. 1 bedarf der Anordnung durch die in § 74a Abs. 4 des Gerichtsverfassungsgesetzes genannte Kammer des Landgerichts, in dessen Bezirk die Polizeibehörde ihren Sitz hat. [2]Sie bedarf der Schriftform und ist auf höchstens einen Monat zu befristen. [3]Sie muss, soweit bekannt, Name und Anschrift der Person, gegen die sich die Datenerhebung richtet, Art und Umfang der zu erhebenden Daten sowie die betroffenen Wohnungen bezeichnen und ist zu begründen. [4]Soweit die Voraussetzungen der Anordnung fortbestehen, sind auf Antrag Verlängerungen um jeweils einen weiteren Monat zulässig. [5]Bei Gefahr im Verzug kann die Maßnahme durch die Behördenleiterin oder den Behördenleiter angeordnet werden. [6]Die richterliche Bestätigung ist unverzüglich zu beantragen. [7]Die Anordnung nach Satz 6 tritt spätestens mit Ablauf des dritten Tages nach ihrem Erlass außer Kraft, wenn sie bis dahin nicht richterlich bestätigt wird. [8]Erfolgt keine richterliche Bestätigung, dürfen bereits erhobene Daten nicht verwendet werden. [9]Die Daten sind unverzüglich zu löschen.

(3) [1]Die Maßnahme darf nur angeordnet werden, soweit auf Grund tatsächlicher Anhaltspunkte anzunehmen ist, dass durch die Erhebung Daten, die dem

Kernbereich privater Lebensgestaltung zuzurechnen sind, nicht erfasst werden. [2]Dabei ist insbesondere auf die Art der zu überwachenden Räumlichkeiten und das Verhältnis der dort anwesenden Personen zueinander abzustellen. [3]Der Kernbereich umfasst auch das durch Berufsgeheimnis geschützte Vertrauensverhältnis der in §§ 53 und 53a der Strafprozessordnung genannten Berufsgeheimnisträger. [4]Gespräche in Betriebs- und Geschäftsräumen sind, soweit sie nicht zur Berufsausübung bestimmte Räume von Berufsgeheimnisträgern gemäß §§ 53 und 53a der Strafprozessordnung sind, in der Regel nicht dem Kernbereich privater Lebensgestaltung zuzurechnen.

(4) [1]Die Datenerhebung ist unverzüglich zu unterbrechen, sofern sich während der Überwachung tatsächliche Anhaltspunkte dafür ergeben, dass Daten, die dem Kernbereich privater Lebensgestaltung zuzurechnen sind, erfasst werden. [2]Bestehen insoweit Zweifel, darf statt der unmittelbaren Wahrnehmung nur noch eine automatisierte Aufzeichnung erfolgen. [3]Nach einer Unterbrechung oder einer Aufzeichnung gemäß Satz 2 darf die Erhebung fortgesetzt werden, wenn zu erwarten ist, dass die Gründe, die zur Unterbrechung oder zur Aufzeichnung geführt haben, nicht mehr vorliegen. [4]Die automatisierte Aufzeichnung ist unverzüglich dem anordnenden Gericht zur Entscheidung über die Verwertbarkeit und Löschung der Daten vorzulegen. [5]Für die nicht verwertbaren Teile ordnet das Gericht die unverzügliche Löschung an. [6]Das Gericht unterrichtet die Polizeibehörde unverzüglich über den Inhalt der verwertbaren Teile der Aufzeichnung. [7]Die Tatsachen der Datenerfassung und der Löschung sind zu dokumentieren. [8]Die Maßnahme ist abzubrechen, wenn die Voraussetzungen des Abs. 1 nicht mehr vorliegen.

(5) [1]Werden technische Mittel ausschließlich zum Schutz der bei einem polizeilichen Einsatz in Wohnungen tätigen Personen verwendet, kann die Datenerhebung nach Abs. 1 durch die Behördenleiterin oder den Behördenleiter angeordnet werden. [2]Eine anderweitige Verwertung der gemäß Satz 1 erlangten Erkenntnisse ist nur zum Zwecke der Strafverfolgung oder der Gefahrenabwehr und nur zulässig, wenn zuvor die Rechtmäßigkeit der Maßnahme richterlich festgestellt ist; bei Gefahr im Verzug ist die richterliche Entscheidung unverzüglich nachzuholen. [3]Aufzeichnungen, die nicht im Sinne des Satzes 2 verwendet werden, sind unverzüglich nach Beendigung des Einsatzes zu löschen. [4]§ 24 Abs. 7 sowie § 32 Abs. 5 Nr. 1 und 2 bleiben unberührt.

(6) [1]Nach Absätzen 1 und 5 erlangte personenbezogene Daten sind besonders zu kennzeichnen. [2]Nach einer Übermittlung an eine andere Stelle ist die Kennzeichnung durch diese aufrechtzuerhalten.

(7) § 17 Absätze 5 bis 7 gilt entsprechend.

§ 19 Datenerhebung durch den Einsatz von Personen, deren Zusammenarbeit mit der Polizei Dritten nicht bekannt ist. (1) [1]Die Polizei kann personenbezogene Daten erheben durch den Einsatz von Personen, deren Zusammenarbeit mit der Polizei Dritten nicht bekannt ist,

1. über die in den §§ 4 und 5 genannten und unter den Voraussetzungen des § 6 über die dort genannten Personen, wenn dies zur Abwehr einer gegenwärtigen Gefahr für Leib, Leben oder Freiheit einer Person erforderlich ist,
2. über Personen, soweit Tatsachen die Annahme rechtfertigen, dass diese Personen Straftaten von erheblicher Bedeutung begehen wollen, sowie über deren Kontakt- oder Begleitpersonen, wenn die Datenerhebung zur vorbeugenden Bekämpfung dieser Straftaten erforderlich ist.

[2]Dabei dürfen auch personenbezogene Daten über andere Personen erhoben werden, soweit dies erforderlich ist, um eine Datenerhebung nach Satz 1 durchführen zu können. [3]§ 16a Absatz 1 Satz 3 bis 5 sowie § 17 Absatz 7 gelten entsprechend.

(2) [1]Der Einsatz von Personen, deren Zusammenarbeit mit der Polizei Dritten nicht bekannt ist, darf nur durch die Behördenleiterin oder den Behördenleiter oder eine von ihnen beauftragte Leitungsperson des höheren Polizeivollzugsdienstes angeordnet werden. [2]§ 16a Absatz 2 Satz 2 und 3 gilt entsprechend.

(3) Bezüglich der Unterrichtung über die Maßnahme gilt § 17 Absatz 5 und 6 entsprechend mit der Maßgabe, dass sie auch zurückgestellt werden kann, wenn durch das Bekanntwerden der Datenerhebung der weitere Einsatz dieser Personen, deren Zusammenarbeit mit der Polizei Dritten nicht bekannt ist, gefährdet wird.

§ 20 Datenerhebung durch den Einsatz Verdeckter Ermittler. (1) Die Polizei kann durch einen Polizeivollzugsbeamten, der unter einer ihm verliehenen, auf Dauer angelegten Legende eingesetzt wird (Verdeckter Ermittler), personenbezogene Daten über die in den §§ 4 und 5 genannten und andere Personen erheben, wenn

1. dies zur Abwehr einer gegenwärtigen Gefahr für Leib, Leben oder Freiheit einer Person erforderlich ist,
2. Tatsachen die Annahme rechtfertigen, dass Straftaten von erheblicher Bedeutung begangen werden sollen, und dies zur vorbeugenden Bekämpfung dieser Straftaten erforderlich ist.

(2) [1]Soweit es für den Aufbau und zur Aufrechterhaltung der Legende unerlässlich ist, dürfen entsprechende Urkunden hergestellt oder verändert werden. [2]Ein Verdeckter Ermittler darf unter der Legende zur Erfüllung seines Auftrages am Rechtsverkehr teilnehmen.

(3) [1]Ein Verdeckter Ermittler darf unter der Legende mit Einverständnis der berechtigten Personen deren Wohnung betreten. [2]Das Einverständnis darf nicht durch ein über die Nutzung der Legende hinausgehendes Vortäuschen eines Zutrittsrechts herbeigeführt werden. [3]Im Übrigen richten sich die Befugnisse eines Verdeckten Ermittlers nach diesem Gesetz oder anderen Rechtsvorschriften.

(4) [1]Der Einsatz eines Verdeckten Ermittlers darf nur durch die Behördenleiterin oder den Behördenleiter angeordnet werden. [2]§ 16a Satz 2 und 3 sowie § 17 Absatz 7 gelten entsprechend.

(5) Bezüglich der Unterrichtung über die Maßnahme gilt § 17 Absatz 5 und 6 entsprechend mit der Maßgabe, dass sie auch zurückgestellt werden kann, wenn durch das Bekanntwerden der Datenerhebung der weitere Einsatz des Verdeckten Ermittlers gefährdet wird.

§ 20a Abfrage von Telekommunikations- und Telemediendaten. (1) [1]Die Polizei kann soweit erforderlich von jedem, der geschäftsmäßig Telekommunikationsdienste oder Telemediendienste erbringt oder daran mitwirkt (Diensteanbieter), Auskunft verlangen über

1. Bestandsdaten im Sinne der §§ 95, 111 Telekommunikationsgesetz und § 14 Telemediengesetz; die Auskunft darf auch anhand einer zu bestimmten Zeitpunkten zugewiesenen Internetprotokoll-Adresse verlangt werden (§ 113 Absatz 1 Satz 3 Telekommunikationsgesetz?),
2. folgende Verkehrsdaten im Sinne des § 96 Telekommunikationsgesetz:
   a) die Nummer oder Kennung der beteiligten Anschlüsse oder der Endeinrichtungen, personenbezogene Berechtigungskennungen, bei Verwendung von Kundenkarten auch die Kartennummer, bei mobilen Telekommunikationsendgeräten auch die Standortdaten,
   b) den Beginn und das Ende der jeweiligen Verbindung nach Datum und Uhrzeit,
3. folgende Nutzungsdaten im Sinne des § 15 Telemediengesetz:
   a) Merkmale zur Identifikation der Nutzerin oder des Nutzers,
   b) Angaben über den Beginn und das Ende sowie den Umfang der jeweiligen Nutzung nach Datum und Uhrzeit.

[2]Die Maßnahmen nach Satz 1 sind nur zulässig

1. wenn die hohe Wahrscheinlichkeit eines Schadens für Leben, Gesundheit oder Freiheit einer Person besteht oder
2. zur Abwehr einer gemeinen Gefahr

und nur, soweit die Erreichung des Zwecks der Maßnahme auf andere Weise aussichtslos oder wesentlich erschwert wäre. [3]Die Daten sind der Polizei unverzüglich zu übermitteln. Dritten dürfen die Daten nur mit Zustimmung der betroffenen Person zugänglich gemacht werden.

(2) [1]Bei Maßnahmen nach Absatz 1 dürfen personenbezogene Daten Dritter nur erhoben werden, wenn dies aus technischen Gründen unvermeidbar ist. [2]Sämtliche nach Absatz 1 erhobene personenbezogene Daten Dritter sind nach Beendigung der Maßnahme unverzüglich zu löschen.

(3) [1]Maßnahmen nach Absatz 1 bedürfen der Anordnung durch die Behördenleiterin oder den Behördenleiter. [2]Der Antrag bedarf der Schriftform. [3]In der schriftlichen Anordnung sind

1. die tragenden Erkenntnisse für das Vorliegen der Gefahr nach Absatz 1 und die Begründung der Verhältnismäßigkeit der Maßnahme,
2. die Art der Maßnahme anzugeben sowie,

soweit vorhanden,

3. der Name und die Anschrift der Betroffenen, gegen die sich die Maßnahme richtet und

4. eine Kennung des Telekommunikationsanschlusses oder Endgerätes.

[4]Abweichend von Satz 1 bis 3 können Antrag und Anordnung bei Gefahr im Verzug fernmündlich erfolgen; die Schriftform ist binnen drei Tagen nachzuholen.

(4) [1]Sind die nach dieser Vorschrift durchgeführten Maßnahmen abgeschlossen, sind die Betroffenen zu unterrichten, sobald dies ohne Gefährdung des Zweckes der Maßnahme geschehen kann. [2]§ 17 Absatz 5 und 6 gilt entsprechend. [3]Im Anschluss an die Unterrichtung der Betroffenen sind die personenbezogenen Daten unverzüglich zu löschen, es sei denn, sie werden zur Verfolgung von Straftaten durch oder zum Nachteil jener Personen benötigt, gegen die sich die Maßnahme richtete.

(5) Die in Anspruch genommenen Diensteanbieter werden entsprechend § 23 des Justizvergütungs- und -entschädigungsgesetzes vom 5. Mai 2004 (BGBl. I S. 718, 776), zuletzt geändert durch Artikel 13 des Gesetzes vom 5. Dezember 2012 (BGBl. I S. 2418), entschädigt.

(6) Die Landesregierung unterrichtet den Landtag jährlich über die nach Absatz 1 erfolgten Maßnahmen.

(7) [1]Die Auswirkungen dieser Vorschrift und die praktische Anwendung werden nach einem Erfahrungszeitraum von drei Jahren durch die Landesregierung unter Mitwirkung einer oder eines unabhängigen wissenschaftlichen Sachverständigen geprüft. [2]Die Landesregierung berichtet dem Landtag über das Ergebnis der Evaluierung.

§ 20b Einsatz technischer Mittel bei Mobilfunkendgeräten. [1]Die Polizei darf unter den Voraussetzungen des § 20a auch technische Mittel zur Ermittlung des Standortes eines aktiv geschalteten Mobilfunkendgerätes und zur Ermittlung der Geräte- und Kartennummern einsetzen. [2]Die Maßnahme ist nur zulässig, wenn ohne die Ermittlung die Erreichung des Zwecks nach Satz 1 aussichtslos oder wesentlich erschwert wäre. [3]Personenbezogene Daten einer dritten Person dürfen anlässlich solcher Maßnahmen nur erhoben werden, wenn dies aus technischen Gründen zur Erreichung des Zwecks nach Satz 1 unvermeidbar ist. [4]Sie unterliegen einem absoluten Verwendungsverbot und sind nach Beendigung der Maßnahme unverzüglich zu löschen. [5]§ 20a Absatz 4, 6 und 7 gelten entsprechend.

§ 21 Polizeiliche Beobachtung. (1) Die Polizei kann personenbezogene Daten, insbesondere die Personalien einer Person sowie Kennzeichen des von ihr benutzten oder eingesetzten Kraftfahrzeuges, zur Polizeilichen Beobachtung in einer Datei speichern (Ausschreibung zur Polizeilichen Beobachtung), wenn

1. die Gesamtwürdigung der Person und der von ihr bisher begangenen Straftaten erwarten lässt, dass sie auch künftig Straftaten von erheblicher Bedeutung begehen wird,
2. Tatsachen die Annahme rechtfertigen, dass die Person Straftaten von erheblicher Bedeutung begehen wird,

und dies zur vorbeugenden Bekämpfung dieser Straftaten erforderlich ist.

(2) Im Falle eines Antreffens der Person oder des von ihr benutzten oder eingesetzten Kraftfahrzeuges können Erkenntnisse über das Antreffen sowie über Kontakt- und Begleitpersonen und mitgeführte Sachen an die ausschreibende Polizeibehörde übermittelt werden.

(3) [1]Die Ausschreibung zur Polizeilichen Beobachtung darf nur durch den Richter angeordnet werden. [2]Zuständig ist das Amtsgericht, in dessen Bezirk die Polizeibehörde ihren Sitz hat. [3]Für das Verfahren gelten die Vorschriften des Gesetzes über das Verfahren in Familiensachen und in den Angelegenheiten der freiwilligen Gerichtsbarkeit entsprechend. [4]Die Anordnung ist auf höchstens ein Jahr zu befristen. [5]Eine Verlängerung um nicht mehr als jeweils ein Jahr ist zulässig, soweit die Voraussetzungen des Absatzes 1 weiterhin vorliegen. [6]Spätestens nach Ablauf von jeweils sechs Monaten ist von der ausschreibenden Polizeibehörde zu prüfen, ob die Voraussetzungen für die Anordnung noch bestehen. [7]Das Ergebnis dieser Prüfung ist aktenkundig zu machen.

(4) [1]Für gemäß Absatz 1 und 2 erhobene personenbezogene Daten gilt § 16a Absatz 2 Satz 2 und 3 entsprechend. [2]Die betroffene Person ist nach Beendigung der Ausschreibung zur Polizeilichen Beobachtung durch die Polizei über die Ausschreibung und die Löschung zu unterrichten, sobald dies ohne Gefährdung des Zwecks der Maßnahme erfolgen kann. [3]Im Übrigen gilt § 17 Absatz 5 und 6 entsprechend.

Zweiter Titel

Datenspeicherung, Datenveränderung und Datennutzung

§ 22 Allgemeine Regeln über die Dauer der Datenspeicherung. [1]Die Dauer der Speicherung ist auf das erforderliche Maß zu beschränken. [2]Für automatisierte Dateien sind Termine festzulegen, zu denen spätestens überprüft werden muss, ob die suchfähige Speicherung von Daten weiterhin erforderlich ist (Prüfungstermine). [3]Für nichtautomatisierte Dateien und Akten sind Prüfungstermine oder Aufbewahrungsfristen festzulegen. [4]Dabei sind der Speicherungszweck sowie Art und Bedeutung des Anlasses der Speicherung zu berücksichtigen. [5]Prüfungstermine oder Aufbewahrungsfristen für die in Dateien oder Akten suchfähig gespeicherten personenbezogenen Daten von Kindern dürfen zwei Jahre nicht überschreiten; die Frist beginnt mit dem Tag der ersten Speicherung.

§ 23 Zweckbindung bei der Datenspeicherung, Datenveränderung und Datennutzung. (1) [1]Die Speicherung, Veränderung und Nutzung darf nur zu dem Zweck erfolgen, zu dem die Daten erlangt worden sind. [2]Die Nutzung sowie die weitere Speicherung und Veränderung zu einem anderen Zweck sind jedoch zulässig, soweit die Polizei die Daten auch zu diesem Zweck erheben darf. [3]Satz 2 gilt nicht für die nach § 11 erhobenen Daten.

(2) [1]Werden wertende Angaben über eine Person in Dateien gespeichert, muss feststellbar sein, bei welcher Stelle die den Angaben zugrundeliegenden Informationen vorhanden sind. [2]Wertende Angaben dürfen nicht allein auf Informationen gestützt werden, die unmittelbar durch automatisierte Datenverarbeitung gewonnen wurden.

§ 24 Speicherung, Veränderung und Nutzung von Daten. (1) Die Polizei kann rechtmäßig erlangte personenbezogene Daten in Akten oder Dateien speichern, verändern und nutzen, soweit dies zur Erfüllung ihrer Aufgaben, zu einer zeitlich befristeten Dokumentation oder zur Vorgangsverwaltung erforderlich ist.

(2) [1]Dabei kann die Polizei auch die im Rahmen der Verfolgung von Straftaten gewonnenen personenbezogenen Daten zum Zwecke der Gefahrenabwehr (§ 1 Abs. 1) speichern, verändern und nutzen. [2]Eine suchfähige Speicherung dieser Daten in Dateien und Akten ist nur über Personen zulässig, gegen die ein strafrechtliches Ermittlungsverfahren eingeleitet worden ist. [3]Die nach § 22 festzulegenden Prüfungstermine dürfen für Daten nach Satz 1 bei Erwachsenen zehn Jahre und bei Jugendlichen fünf Jahre nicht überschreiten. [4]Die Frist beginnt mit dem Tag, an dem das letzte Ereignis eingetreten ist, das zur Speicherung der Daten geführt hat; jedoch nicht vor Entlassung der betroffenen Person aus einer Justizvollzugsanstalt oder Beendigung einer mit Freiheitsentziehung verbundenen Maßregel der Besserung und Sicherung. [5]Ist der Verdacht der Straftat gegen die Person entfallen, sind ihre in diesem Zusammenhang in Dateien suchfähig gespeicherten personenbezogenen Daten zu löschen sowie die zu ihrer Person suchfähig angelegten Akten zu vernichten.

(3) [1]Werden personenbezogene Daten von Kindern, die ohne Kenntnis der Sorgeberechtigten erhoben worden sind, gespeichert, sind die Sorgeberechtigten durch die Polizei zu unterrichten, sobald dies ohne Gefährdung des Zwecks der Maßnahme erfolgen kann. [2]Von der Unterrichtung kann abgesehen werden, solange zu besorgen ist, dass die Unterrichtung zu erheblichen Nachteilen für das Kind führt.

(4) [1]Über Kontakt- oder Begleitpersonen einer Person, bei der Tatsachen die Annahme rechtfertigen, dass sie künftig Straftaten begehen wird, sowie über Auskunftspersonen kann die Polizei personenbezogene Daten suchfähig in Dateien speichern, verändern und nutzen, soweit dies zur vorbeugenden Bekämpfung von Straftaten von erheblicher Bedeutung erforderlich ist. [2]Die Daten dürfen nur für die Dauer eines Jahres gespeichert werden. [3]Die Speicherung für jeweils ein weiteres Jahr ist zulässig, soweit die Voraussetzungen des Satzes 1 weiterhin vorliegen, jedoch darf die Speicherungsdauer insgesamt drei Jahre nicht überschreiten. [4]Die Entscheidung über die jeweilige Verlängerung trifft die Behördenleiterin oder der Behördenleiter oder ein von ihnen beauftragter Beamter.

(5) [1]Die Polizei kann Anrufe über Notrufeinrichtungen auf Tonträger aufzeichnen. [2]Eine Aufzeichnung von Anrufen im Übrigen ist nur zulässig, soweit

die Aufzeichnung zur polizeilichen Aufgabenerfüllung erforderlich ist. [3]Die Aufzeichnungen sind spätestens nach einem Monat zu löschen, es sei denn, sie werden zur Verfolgung von Straftaten benötigt oder Tatsachen rechtfertigen die Annahme, dass die anrufende Person Straftaten begehen wird; und die Aufbewahrung ist zur vorbeugenden Bekämpfung von Straftaten erforderlich.

(6) Die Polizei kann gespeicherte personenbezogene Daten zu statistischen Zwecken nutzen; die Daten sind zum frühestmöglichen Zeitpunkt zu anonymisieren.

(7) [1]Die Polizei kann personenbezogene Daten zur polizeilichen Aus- und Fortbildung nutzen. [2]Die personenbezogenen Daten sind zu anonymisieren. [3]Einer Anonymisierung bedarf es nicht, wenn diese dem Aus- und Fortbildungszweck entgegensteht und die berechtigten Interessen der betroffenen Person an der Geheimhaltung der Daten nicht offensichtlich überwiegen.

§ 25 Datenabgleich. (1) [1]Die Polizei kann personenbezogene Daten der in den §§ 4 und 5 genannten Personen mit dem Inhalt polizeilicher Dateien abgleichen. [2]Personenbezogene Daten anderer Personen kann die Polizei nur abgleichen, wenn Tatsachen die Annahme rechtfertigen, dass dies zur Erfüllung einer bestimmten polizeilichen Aufgabe erforderlich ist. [3]Die Polizei kann ferner rechtmäßig erlangte personenbezogene Daten mit dem Fahndungsbestand abgleichen.

(2) Wird die betroffene Person zur Durchführung einer nach einer anderen Rechtsvorschrift zulässigen Maßnahme angehalten und kann der Datenabgleich mit dem Fahndungsbestand nicht bis zum Abschluss dieser Maßnahme vorgenommen werden, darf die betroffene Person weiterhin für den Zeitraum angehalten werden, der regelmäßig für die Durchführung eines Datenabgleichs notwendig ist.

Dritter Titel

Datenübermittlung

I.

Allgemeine Regeln der Datenübermittlung

§ 26 Allgemeine Regeln der Datenübermittlung. (1) [1]Personenbezogene Daten dürfen nur zu dem Zweck übermittelt werden, zu dem sie erlangt oder gespeichert worden sind. [2]Abweichend hiervon kann die Polizei personenbezogene Daten übermitteln, soweit dies

1. durch Gesetz zugelassen ist,
2. zur Abwehr einer Gefahr erforderlich ist und der Empfänger die Daten auf andere Weise nicht oder nicht rechtzeitig oder nur mit unverhältnismäßig hohem Aufwand erlangen kann.

[3]Die nach § 24 Abs. 4 gespeicherten Daten dürfen nur an Polizeibehörden übermittelt werden.

(2) Unterliegen die personenbezogenen Daten einem Berufs- oder besonderen Amtsgeheimnis und sind sie der Polizei von der zur Verschwiegenheit verpflichteten Person in Ausübung ihrer Berufs- oder Amtspflicht übermittelt worden, ist die Datenübermittlung durch die Polizei nur zulässig, wenn der Empfänger die Daten zur Erfüllung des gleichen Zwecks benötigt, zu dem sie die Polizei erlangt hat.

(3) [1]Die Verantwortung für die Übermittlung trägt die übermittelnde Polizeibehörde. [2]Sie prüft die Zulässigkeit der Datenübermittlung. [3]Erfolgt die Datenübermittlung auf Grund eines Ersuchens des Empfängers, hat dieser der übermittelnden Polizeibehörde die zur Prüfung erforderlichen Angaben zu machen. [4]Bei Ersuchen von Polizeibehörden sowie anderen öffentlichen Stellen prüft die übermittelnde Polizeibehörde nur, ob das Ersuchen im Rahmen der Aufgaben des Empfängers liegt, es sei denn, im Einzelfall besteht Anlass zur Prüfung der Rechtmäßigkeit des Ersuchens. [5]Erfolgt die Datenübermittlung durch automatisierten Abruf, trägt die Verantwortung für die Rechtmäßigkeit des Abrufs der Empfänger.

(4) [1]Der Empfänger darf die übermittelten personenbezogenen Daten; soweit gesetzlich nichts anderes bestimmt ist, nur zu dem Zweck nutzen, zu dem sie ihm übermittelt worden sind. [2]Ausländische öffentliche Stellen, über- und zwischenstaatliche Stellen sowie Personen und Stellen außerhalb des öffentlichen Bereichs sind bei der Datenübermittlung darauf hinzuweisen.

II.
Datenübermittlung durch die Polizei

§ 27 Datenübermittlung zwischen Polizeibehörden. (1) [1]Zwischen Polizeibehörden können personenbezogene Daten übermittelt werden, soweit dies zur Erfüllung ihrer Aufgaben erforderlich ist. [2]Eine Übermittlung zu einem anderen Zweck als dem, zu dem die Daten erlangt oder gespeichert worden sind, ist zulässig, soweit die Daten auch zu diesem Zweck erhoben werden dürfen. [3]Satz 2 gilt nicht für die nach § 11 erhobenen Daten.

(2) [1]Das Innenministerium wird ermächtigt, durch Rechtsverordnung zu bestimmen, dass die Datenübermittlung gemäß Absatz 1 an Polizeibehörden bestimmter ausländischer Staaten zulässig ist, wenn dies wegen der internationalen polizeilichen Zusammenarbeit oder der polizeilichen Zusammenarbeit im Grenzgebiet erforderlich ist und kein Grund zu der Annahme besteht, dass die Daten von den ausländischen Polizeibehörden entgegen dem Zweck eines deutschen Gesetzes, insbesondere entgegen den Vorschriften zur Speicherungs-, Nutzungs- oder Übermittlungsbeschränkung oder zur Löschungsverpflichtung verwandt werden. [2]§ 28 bleibt unberührt.

§ 28 Datenübermittlung an öffentliche Stellen, an ausländische öffentliche Stellen sowie an über- und zwischenstaatliche Stellen. (1) Die Polizei kann von sich aus personenbezogene Daten an öffentliche Stellen sowie an ausländische öffentliche und an über- und zwischenstaatliche Stellen übermitteln, soweit dies zur Erfüllung ihrer Aufgaben erforderlich ist.

(2) Die Polizei kann von sich aus anderen für die Gefahrenabwehr zuständigen öffentlichen Stellen bei ihr vorhandene personenbezogene Daten übermitteln, soweit die Kenntnis dieser Daten zur Aufgabenerfüllung des Empfängers für den Bereich der Gefahrenabwehr erforderlich erscheint.

(3) Die Polizei kann auf Ersuchen personenbezogene Daten an öffentliche Stellen übermitteln, soweit dies
1. zur Abwehr einer Gefahr durch den Empfänger,
2. in besonders gelagerten Einzelfällen zur Wahrnehmung einer sonstigen Gefahrenabwehraufgabe durch den Empfänger,
3. zur Abwehr erheblicher Nachteile für das Gemeinwohl oder zur Abwehr einer schwerwiegenden Beeinträchtigung der Rechte einer Person

erforderlich ist.

(4) [1]Die Polizei kann personenbezogene Daten auf Ersuchen an ausländische öffentliche Stellen sowie an über- und zwischenstaatliche Stellen übermitteln, soweit dies zur Abwehr einer erheblichen Gefahr durch den Empfänger erforderlich ist. [2]Die Datenübermittlung unterbleibt, soweit Grund zu der Annahme besteht, dass dadurch gegen den Zweck eines deutschen Gesetzes, insbesondere gegen die Vorschriften zur Speicherungs-, Nutzungs- oder Übermittlungsbeschränkung oder zur Löschungsverpflichtung verstoßen wird, oder schutzwürdige Belange der betroffenen Person beeinträchtigt werden.

§ 29 Datenübermittlung an Personen oder an Stellen außerhalb des öffentlichen Bereichs. (1) Die Polizei kann von sich aus personenbezogene Daten an Personen oder Stellen außerhalb des öffentlichen Bereichs übermitteln, soweit dies
1. zur Erfüllung ihrer Aufgaben,
2. zur Abwehr erheblicher Nachteile für das Gemeinwohl oder zur Abwehr einer schwerwiegenden Beeinträchtigung der Rechte einer Person

erforderlich ist.

(2) Die Polizei kann auf Antrag von Personen oder Stellen außerhalb des öffentlichen Bereichs personenbezogene Daten übermitteln, soweit die oder der Auskunftsbegehrende
1. ein rechtliches Interesse an der Kenntnis der zu übermittelnden Daten glaubhaft macht und kein Grund zu der Annahme besteht, dass das Geheimhaltungsinteresse der betroffenen Person überwiegt,
2. ein berechtigtes Interesse geltend macht und offensichtlich ist, dass die Datenübermittlung im Interesse der betroffenen Person liegt und sie in Kenntnis der Sachlage ihre Einwilligung hierzu erteilen würde.

III.
Datenübermittlung an die Polizei

§ 30 Datenübermittlung an die Polizei. (1) Öffentliche Stellen können, soweit gesetzlich nichts anderes bestimmt ist, von sich aus personenbezogene Daten an die Polizei übermitteln, wenn dies zur Erfüllung polizeilicher Aufgaben erforderlich erscheint.

(2) [1]Die Polizei kann an öffentliche Stellen Ersuchen auf Übermittlung von personenbezogenen Daten stellen, soweit die Voraussetzungen für eine Datenerhebung vorliegen. [2]Die ersuchte öffentliche Stelle prüft die Zulässigkeit der Datenübermittlung. [3]Wenn gesetzlich nichts anderes bestimmt ist, prüft sie nur, ob das Ersuchen im Rahmen der Aufgaben der Polizei liegt, es sei denn, im Einzelfall besteht Anlass zur Prüfung der Rechtmäßigkeit des Ersuchens. [4]Die Polizei hat die zur Prüfung erforderlichen Angaben zu machen. [5]Die ersuchte öffentliche Stelle hat die Daten an die Polizei zu übermitteln, soweit gesetzlich nichts anderes bestimmt ist.

(3) Die Polizei kann an ausländische öffentliche Stellen sowie über- und zwischenstaatliche Stellen Ersuchen auf Übermittlung von personenbezogenen Daten stellen, soweit die Voraussetzungen für eine Datenerhebung vorliegen und gesetzlich nichts anderes bestimmt ist.

IV.
Rasterfahndung

§ 31 Rasterfahndung. (1) [1]Die Polizei kann von öffentlichen Stellen und Stellen außerhalb des öffentlichen Bereichs die Übermittlung von personenbezogenen Daten einer unbestimmten Anzahl von Personen, die bestimmte, auf Verursacher einer Gefahr im Sinne des § 4 vermutlich zutreffende Prüfungsmerkmale erfüllen, zum Zwecke des maschinellen Abgleichs mit anderen Datenbeständen verlangen, soweit dies zur Abwehr einer Gefahr für den Bestand oder die Sicherheit des Bundes oder eines Landes oder für Leib, Leben oder Freiheit einer Person erforderlich ist (Rasterfahndung). [2]Der Datenabgleich soll den Ausschluss von Personen bezwecken; er kann auch der Ermittlung eines Verdachts gegen Personen als mögliche Verursacher einer Gefahr sowie der Feststellung gefahrenverstärkender Eigenschaften dieser Personen dienen. [3]Die Polizei kann zur Ergänzung unvollständig übermittelter Daten die erforderlichen Datenerhebungen auch bei anderen Stellen durchführen und die übermittelten Datenträger zur Ermöglichung des maschinellen Abgleichs technisch aufbereiten.

(2) [1]Das Übermittlungsersuchen ist auf Namen, Anschrift, Tag und Ort der Geburt sowie andere für den Einzelfall benötigte Daten zu beschränken; es darf sich nicht auf personenbezogene Daten erstrecken, die einem Berufs- oder besonderen Amtsgeheimnis unterliegen. [2]Von Übermittlungsersuchen nicht erfasste personenbezogene Daten dürfen übermittelt werden, wenn wegen erheb-

licher technischer Schwierigkeiten oder wegen eines unangemessenen Zeit- oder Kostenaufwandes eine Beschränkung auf die angeforderten Daten nicht möglich ist; diese Daten dürfen von der Polizei nicht genutzt werden.

(3) [1]Für nach Absatz 1 erlangte personenbezogene Daten gilt § 16a Absatz 2 Satz 2 und 3 entsprechend. [2]Ist der Zweck der Maßnahme erreicht oder zeigt sich, dass er nicht erreicht werden kann, sind die übermittelten und im Zusammenhang mit der Maßnahme zusätzlich angefallenen Daten auf den Datenträgern zu löschen und die Akten, soweit sie nicht für ein mit dem Sachverhalt zusammenhängendes Verfahren erforderlich sind, zu vernichten. [3]Über die getroffene Maßnahme ist eine Niederschrift anzufertigen. [4]Diese Niederschrift ist gesondert aufzubewahren, durch technische und organisatorische Maßnahmen zu sichern und am Ende des Kalenderjahres, das dem Jahr der Löschung der Daten oder der Vernichtung der Akten nach Satz 1 folgt, zu vernichten.

(4) [1]Die Maßnahme darf nur auf Antrag der Behördenleiterin oder des Behördenleiters durch den Richter angeordnet werden. [2]Zuständig ist das Amtsgericht, in dessen Bezirk die Polizeibehörde ihren Sitz hat. [3]Für das Verfahren gelten die Vorschriften des Gesetzes über das Verfahren in Familiensachen und in den Angelegenheiten der freiwilligen Gerichtsbarkeit entsprechend.

(5) [1]Personen, gegen die nach Abschluss der Rasterfahndung weitere Maßnahmen durchgeführt werden, sind hierüber durch die Polizei zu unterrichten, sobald dies ohne Gefährdung des Zwecks der weiteren Datennutzung erfolgen kann. [2]Im Übrigen gilt § 17 Absatz 5 und 6 entsprechend.

Vierter Titel

Berichtigung, Löschung und Sperrung von Daten

§ 32 Berichtigung, Löschung und Sperrung von Daten. (1) [1]Personenbezogene Daten sind zu berichtigen, wenn sie unrichtig sind. [2]Sind personenbezogene Daten in Akten zu berichtigen, ist in geeigneter Weise kenntlich zu machen, zu welchem Zeitpunkt und aus welchem Grund diese Daten unrichtig waren oder geworden sind.

(2) [1]In Dateien suchfähig gespeicherte personenbezogene Daten und die dazugehörigen zu den Personen suchfähig angelegten Akten sind zu löschen oder zu vernichten, wenn

1. dies durch dieses Gesetz bestimmt ist,
2. die Speicherung nicht zulässig ist,
3. bei der zu bestimmten Terminen vorzunehmenden Prüfung oder aus Anlass einer Einzelfallbearbeitung festgestellt wird, dass die Daten für die Erfüllung der Aufgaben der speichernden Stelle nicht mehr erforderlich sind.

[2]In Dateien nicht suchfähig gespeicherte Daten sind unter den Voraussetzungen des Satzes 1 zu löschen, soweit die Speicherung festgestellt wird. [3]Die nach Satz 1 Nr. 3 vorzunehmende Aktenvernichtung ist nur durchzuführen, wenn die

gesamte Akte für die Aufgabenerfüllung nicht mehr erforderlich ist, es sei denn, dass die betroffene Person die Vernichtung von Teilen der Akte verlangt und die weitere Speicherung sie in unangemessener Weise beeinträchtigt. [4]Soweit hiernach eine Vernichtung nicht in Betracht kommt, sind die Daten zu sperren und mit einem Sperrvermerk zu versehen.

(3) Andere als die in Absatz 2 genannten Akten sind nach Ablauf der jeweiligen Aufbewahrungsfrist zu vernichten.

(4) Stellt die Polizei fest, dass unrichtige oder nach Absatz 2 Satz 1 Nr. 2 zu löschende personenbezogene Daten übermittelt worden sind, ist dem Empfänger die Berichtigung oder Löschung mitzuteilen; es sei denn, die Mitteilung ist für die Beurteilung der Person oder des Sachverhalts nicht oder nicht mehr von Bedeutung.

(5) [1]Löschung und Vernichtung unterbleiben; wenn
1. Grund zu der Annahme besteht, dass schutzwürdige Belange der betroffenen Person beeinträchtigt werden,
2. die Daten zur Behebung einer bestehenden Beweisnot unerlässlich sind,
3. die Nutzung der Daten zu wissenschaftlichen Zwecken erforderlich ist.

[2]In diesen Fällen sind die Daten zu sperren und mit einem Sperrvermerk zu versehen. [3]Sie dürfen nur zu den in Satz 1 genannten Zwecken oder sonst mit Einwilligung der betroffenen Person genutzt werden. [4]Im Falle des Satzes 1 Nr. 3 gilt § 28 des Datenschutzgesetzes Nordrhein-Westfalen.

(6) Anstelle der Löschung oder Vernichtung sind die Datenträger oder die Akten an ein Staatsarchiv abzugeben, soweit archivrechtliche Regelungen dies vorsehen.

Fünfter Titel

Sicherung des Datenschutzes

§ 33 Errichtung von Dateien, Umfang des Verfahrensverzeichnisses, Freigabe von Programmen, automatisiertes Abrufverfahren. (1) [1]Die Errichtung von Dateien ist auf das erforderliche Maß zu beschränken. [2]In angemessenen Abständen ist die Notwendigkeit ihrer Weiterführung oder Änderung zu prüfen.

(2) In dem nach § 8 des Datenschutzgesetzes Nordrhein-Westfalen zu erstellenden Verfahrensverzeichnis sind die durch dieses Gesetz vorgeschriebenen Löschungstermine oder die gemäß den §§ 22 und 24 Abs. 2 festzulegenden Prüfungstermine oder Aufbewahrungsfristen aufzuführen.

(3) Ein Verfahrensverzeichnis nach § 8 des Datenschutzgesetzes Nordrhein-Westfalen ist auch zu erstellen, wenn die Polizei personenbezogene Daten in einer automatisierten polizeilichen Verbunddatei speichert, die über das Land hinausgeht.

(4) Über die Freigabe von Programmen zur Verarbeitung personenbezogener Daten auf zentralen oder dezentralen Datenverarbeitungsanlagen entscheidet das Innenministerium oder eine von diesem beauftragte Stelle.

(5) Die Einrichtung eines automatisierten Verfahrens, das die Übermittlung personenbezogener Daten aus einer von der Polizei geführten Datei durch Abruf ermöglicht, ist unter den Voraussetzungen des § 9 des Datenschutzgesetzes Nordrhein-Westfalen zulässig; der Abruf darf nur Polizeibehörden gestattet werden.

(6) [1]Das Innenministerium kann zur Erfüllung von Aufgaben der Gefahrenabwehr, die nicht nur von örtlicher Bedeutung sind, mit anderen Ländern und dem Bund eine Verbunddatei der Polizei vereinbaren, die eine automatisierte Datenübermittlung ermöglicht. [2]In der Vereinbarung ist festzulegen, welcher Polizeibehörde die nach diesem Gesetz oder nach anderen Rechtsvorschriften bestehenden Pflichten einer speichernden Stelle obliegen. [3]Die Einrichtung einer Verbunddatei mit automatisierter Abrufmöglichkeit, an der neben der Polizei auch andere Behörden beteiligt sind, ist nur zulässig nach dem Antiterrordateigesetz vom 22. Dezember 2006 (BGBl. I S. 3409), geändert durch Artikel 5 des Gesetzes vom 26. Februar 2008 (BGBl. I S. 215), und nach dem Rechtsextremismus-Datei-Gesetz vom 20. August 2012 (BGBl. I S. 1798). [4]In eine Datei gemäß Satz 3 dürfen nur Daten eingegeben werden, die gemäß § 24 suchfähig in einer Datei gespeichert und den beteiligten Behörden gemäß §§ 26 ff. übermittelt werden können; § 26 Abs. 1 Satz 3 findet keine Anwendung.

Dritter Unterabschnitt

Platzverweisung, Wohnungsverweisung und Rückkehrverbot zum Schutz vor häuslicher Gewalt

§ 34 Platzverweisung. (1) [1]Die Polizei kann zur Abwehr einer Gefahr eine Person vorübergehend von einem Ort verweisen oder ihr vorübergehend das Betreten eines Ortes verbieten. [2]Die Platzverweisung kann ferner gegen eine Person angeordnet werden, die den Einsatz der Feuerwehr oder von Hilfs- oder Rettungsdiensten behindert.

(2) [1]Rechtfertigen Tatsachen die Annahme, dass eine Person in einem bestimmten örtlichen Bereich eine Straftat begehen oder zu ihrer Begehung beitragen wird, kann ihr für eine bestimmte Zeit verboten werden, diesen Bereich zu betreten oder sich dort aufzuhalten, es sei denn, sie hat dort ihre Wohnung oder nimmt dort berechtigte Interessen wahr. [2]Örtlicher Bereich im Sinne des Satzes 1 ist ein Gemeindegebiet oder ein Gebietsteil innerhalb einer Gemeinde. [3]Die Maßnahme ist zeitlich und örtlich auf den zur Verhütung der Straftat erforderlichen Umfang zu beschränken. [4]Sie darf die Dauer von drei Monaten nicht überschreiten.

§ 34a Wohnungsverweisung und Rückkehrverbot zum Schutz vor häuslicher Gewalt. (1) [1]Die Polizei kann eine Person zur Abwehr einer von ihr ausgehenden gegenwärtigen Gefahr für Leib, Leben oder Freiheit einer anderen Person aus einer Wohnung, in der die gefährdete Person wohnt, sowie aus deren unmittelbaren Umgebung verweisen und ihr die Rückkehr in diesen Bereich untersagen. [2]Der räumliche Bereich auf den sich Wohnungsverweisung und Rückkehrverbot beziehen, ist nach dem Erfordernis eines wirkungsvollen Schutzes der gefährdeten Person zu bestimmen und genau zu bezeichnen. [3]In besonders begründeten Einzelfällen können die Maßnahmen nach Satz 1 auf Wohn- und Nebenräume beschränkt werden.

(2) Der Person, die die Gefahr verursacht und gegen die sich die polizeilichen Maßnahmen nach Absatz 1 richten (betroffene Person), ist Gelegenheit zu geben, dringend benötigte Gegenstände des persönlichen Bedarfs mitzunehmen.

(3) Die Polizei hat die betroffene Person aufzufordern, eine Anschrift oder eine zustellungsbevollmächtigte Person zum Zweck von Zustellungen behördlicher oder gerichtlicher Entscheidungen, die zur Abwehr einer Gefahr im Sinne des Absatzes 1 ergehen, zu benennen.

(4) Die Polizei hat die gefährdete Person auf die Möglichkeit der Beantragung zivilrechtlichen Schutzes hinzuweisen, sie über Beratungsangebote zu informieren, ihr eine Inanspruchnahme geeigneter, für diese Aufgabe qualifizierter Beratungseinrichtungen nahe zu legen und anzubieten, durch Weitergabe ihres Namens, ihrer Anschrift und ihrer Telefonnummer einen Kontakt durch die in der polizeilichen Einsatzdokumentation näher bezeichneten Beratungseinrichtung zu ermöglichen.

(5) [1]Wohnungsverweisung und Rückkehrverbot enden außer in den Fällen des Satzes 2 mit Ablauf des zehnten Tages nach ihrer Anordnung, soweit nicht die Polizei im Einzelfall ausnahmsweise eine kürzere Geltungsdauer festlegt. [2]Stellt die gefährdete Person während der Dauer der gemäß Satz 1 verfügten Maßnahmen einen Antrag auf zivilrechtlichen Schutz mit dem Ziel des Erlasses einer einstweiligen Anordnung, enden die Maßnahmen nach Absatz 1 mit dem Tag der gerichtlichen Entscheidung, spätestens jedoch mit Ablauf des zehnten Tages nach Ende der gemäß Satz 1 verfügten Maßnahmen. [3]Die §§ 48, 49 des Verwaltungsverfahrensgesetzes bleiben unberührt.

(6) [1]Das Gericht hat der Polizei die Beantragung zivilrechtlichen Schutzes sowie den Tag der gerichtlichen Entscheidung unverzüglich mitzuteilen; die §§ 18 bis 22 des Einführungsgesetzes zum Gerichtsverfassungsgesetz bleiben unberührt. [2]Die Polizei hat die gefährdete und die betroffene Person unverzüglich über die Dauer der Maßnahmen nach Absatz 1 in Kenntnis zu setzen.

(7) Die Einhaltung eines Rückkehrverbotes ist mindestens einmal während seiner Geltung zu überprüfen.

Vierter Unterabschnitt
Gewahrsam

§ 35 Gewahrsam. (1) Die Polizei kann eine Person in Gewahrsam nehmen, wenn
1. das zum Schutz der Person gegen eine Gefahr für Leib oder Leben erforderlich ist, insbesondere weil die Person sich erkennbar in einem die freie Willensbestimmung ausschließenden Zustand oder sonst in hilfloser Lage befindet,
2. das unerlässlich ist, um die unmittelbar bevorstehende Begehung oder Fortsetzung einer Straftat oder einer Ordnungswidrigkeit von erheblicher Bedeutung für die Allgemeinheit zu verhindern,
3. das unerlässlich ist, um eine Platzverweisung nach § 34 durchzusetzen,
4. das unerlässlich ist, um eine Wohnungsverweisung oder ein Rückkehrverbot nach § 34a durchzusetzen,
5. das unerlässlich ist, um private Rechte zu schützen, und eine Festnahme und Vorführung der Person nach den §§ 229, 230 Abs. 3 des Bürgerlichen Gesetzbuches zulässig ist.

(2) Die Polizei kann Minderjährige, die sich der Obhut der Sorgeberechtigten entzogen haben, in Gewahrsam nehmen, um sie den Sorgeberechtigten oder dem Jugendamt zuzuführen.

(3) Die Polizei kann eine Person, die aus dem Vollzug von Untersuchungshaft, Freiheitsstrafen oder freiheitsentziehenden Maßregeln der Besserung und Sicherung entwichen ist oder sich sonst ohne Erlaubnis außerhalb der Justizvollzugsanstalt aufhält, in Gewahrsam nehmen und in die Anstalt zurückbringen.

§ 36 Richterliche Entscheidung. (1) [1]Wird eine Person auf Grund von § 10 Abs. 3, § 12 Abs. 2 Satz 3 oder § 35 festgehalten, hat die Polizei unverzüglich eine richterliche Entscheidung über Zulässigkeit und Fortdauer der Freiheitsentziehung herbeizuführen. [2]Der Herbeiführung der richterlichen Entscheidung bedarf es nicht, wenn anzunehmen ist, dass die Entscheidung des Richters erst nach Wegfall des Grundes der polizeilichen Maßnahmen ergehen würde.

(2) [1]Für die Entscheidung nach Absatz 1 ist das Amtsgericht zuständig, in dessen Bezirk die Freiheitsentziehung herbeigeführt wurde. [2]Das Verfahren richtet sich nach den Vorschriften des 7. Buches (Verfahren in Freiheitsentziehungssachen) des Gesetzes über das Verfahren in Familiensachen und in den Angelegenheiten der freiwilligen Gerichtsbarkeit.

§ 37 Behandlung festgehaltener Personen. (1) Wird eine Person auf Grund von § 10 Abs. 3, § 12 Abs. 2 Satz 3 oder § 35 festgehalten, ist ihr unverzüglich der Grund bekannt zu geben.

(2) [1]Der festgehaltenen Person ist unverzüglich Gelegenheit zu geben, einen Angehörigen oder eine Person ihres Vertrauens zu benachrichtigen, soweit da-

durch der Zweck der Freiheitsentziehung nicht gefährdet wird. [2]Unberührt bleibt die Benachrichtigungspflicht bei einer richterlichen Freiheitsentziehung. [3]Die Polizei soll die Benachrichtigung übernehmen, wenn die festgehaltene Person nicht in der Lage ist, von dem Recht nach Satz 1 Gebrauch zu machen und die Benachrichtigung ihrem mutmaßlichen Willen nicht widerspricht. [4]Ist die festgehaltene Person minderjährig oder ist für sie zur Besorgung aller ihrer Angelegenheiten ein Betreuer bestellt, so ist in jedem Falle unverzüglich derjenige zu benachrichtigen, dem die Sorge für die Person obliegt. [5]Dies gilt auch, wenn der Aufgabenkreis des Betreuers die in § 1896 Abs. 4 und § 1905 des Bürgerlichen Gesetzbuchs bezeichneten Angelegenheiten nicht erfasst.

(3) [1]Die festgehaltene Person soll gesondert, insbesondere ohne ihre Einwilligung nicht in demselben Raum mit Straf- oder Untersuchungsgefangenen untergebracht werden. [2]Männer und Frauen sind getrennt unterzubringen. [3]Der festgehaltenen Person dürfen nur solche Beschränkungen auferlegt werden, die der Zweck der Freiheitsentziehung oder die Ordnung im Gewahrsam erfordert. [4]Im Ausnahmefall, wenn dies zum Schutz der Person erforderlich ist, kann die festgehaltene Person mittels Bild- und Tonübertragung offen beobachtet werden. [5]Zur Wahrung der Intimsphäre kann der Toilettenbereich durch geeignete Sichtschutzwände abgegrenzt werden.

§ 38 Dauer der Freiheitsentziehung. (1) Die festgehaltene Person ist zu entlassen,

1. sobald der Grund für die Maßnahme der Polizei weggefallen ist,
2. wenn die Fortdauer der Freiheitsentziehung durch richterliche Entscheidung für unzulässig erklärt wird,
3. in jedem Falle spätestens bis zum Ende des Tages nach dem Ergreifen, wenn nicht vorher die Fortdauer der Freiheitsentziehung auf Grund eines anderen Gesetzes durch richterliche Entscheidung angeordnet ist.

(2) Eine Freiheitsentziehung zum Zwecke der Feststellung der Identität darf die Dauer von insgesamt zwölf Stunden nicht überschreiten.

Fünfter Unterabschnitt
Durchsuchung

Erster Titel
Durchsuchung von Personen

§ 39 Durchsuchung von Personen. (1) Die Polizei kann außer in den Fällen des § 12 Abs. 2 Satz 4 eine Person durchsuchen, wenn

1. sie nach diesem Gesetz oder anderen Rechtsvorschriften festgehalten werden kann,
2. Tatsachen die Annahme rechtfertigen, dass sie Sachen mit sich führt, die sichergestellt werden dürfen,

3. sie sich erkennbar in einem die freie Willensbestimmung ausschließenden Zustand oder sonst in hilfloser Lage befindet,
4. sie sich an einem der in § 12 Abs. 1 Nr. 2 genannten Orte aufhält,
5. sie sich in einem Objekt im Sinne des § 12 Abs. 1 Nr. 3 oder in dessen unmittelbarer Nähe aufhält und Tatsachen die Annahme rechtfertigen, dass in oder an Objekten dieser Art Straftaten begangen werden sollen, durch die Personen oder diese Objekte gefährdet sind.

(2) [1]Die Polizei kann eine Person, deren Identität nach diesem Gesetz oder anderen Rechtsvorschriften festgestellt werden soll, nach Waffen, anderen gefährlichen Werkzeugen und Explosivmitteln durchsuchen, wenn das nach den Umständen zum Schutz des Polizeivollzugsbeamten oder eines Dritten gegen eine Gefahr für Leib oder Leben erforderlich ist. [2]Dasselbe gilt, wenn eine Person nach anderen Rechtsvorschriften vorgeführt oder zur Durchführung einer Maßnahme an einen anderen Ort gebracht werden soll.

(3) Personen dürfen nur von Personen gleichen Geschlechts oder Ärzten durchsucht werden; das gilt nicht, wenn die sofortige Durchsuchung zum Schutz gegen eine Gefahr für Leib oder Leben erforderlich ist.

Zweiter Titel

Durchsuchung von Sachen

§ 40 Durchsuchung von Sachen. (1) Die Polizei kann außer in den Fällen des § 12 Abs. 2 Satz 4 eine Sache durchsuchen; wenn
1. sie von einer Person mitgeführt wird, die nach § 39 durchsucht werden darf,
2. Tatsachen die Annahme rechtfertigen, dass sich in ihr eine Person befindet, die
   a) in Gewahrsam genommen werden darf,
   b) widerrechtlich festgehalten wird oder
   c) hilflos ist,
3. Tatsachen die Annahme rechtfertigen, dass sich in ihr eine andere Sache befindet, die sichergestellt werden darf,
4. sie sich an einem der in § 12 Abs. 1 Nr. 2 genannten Orte befindet,
5. sie sich in einem Objekt im Sinne des § 12 Abs. 1 Nr. 3 oder in dessen unmittelbarer Nähe befindet und Tatsachen die Annahme rechtfertigen, dass in oder an Objekten dieser Art Straftaten begangen werden sollen, durch die Personen oder diese Objekte gefährdet sind,
6. es sich um ein Land-, Wasser- oder Luftfahrzeug handelt, in dem sich eine Person befindet, deren Identität nach § 12 Abs. 1 Nr. 4 festgestellt werden darf; die Durchsuchung kann sich auch auf die in dem Fahrzeug enthaltenen Sachen erstrecken.

(2) [1]Bei der Durchsuchung von Sachen hat der Inhaber der tatsächlichen Gewalt das Recht, anwesend zu sein. [2]Ist er abwesend, so sollen sein Vertreter oder

ein anderer Zeuge hinzugezogen werden. [3]Dem Inhaber der tatsächlichen Gewalt ist auf Verlangen eine Bescheinigung über die Durchsuchung und ihren Grund zu erteilen.

Dritter Titel

Betreten und Durchsuchung von Wohnungen

§ 41 Betreten und Durchsuchung von Wohnungen. (1) [1]Die Polizei kann eine Wohnung ohne Einwilligung des Inhabers betreten und durchsuchen, wenn
1. Tatsachen die Annahme rechtfertigen, dass sich in ihr eine Person befindet, die nach § 10 Abs. 3 vorgeführt oder nach § 35 in Gewahrsam genommen werden darf,
2. Tatsachen die Annahme rechtfertigen, dass sich in ihr eine Sache befindet, die nach § 43 Nr. 1 sichergestellt werden darf,
3. von der Wohnung Immissionen ausgehen, die nach Art, Ausmaß oder Dauer zu einer erheblichen Belästigung der Nachbarschaft führen,
4. das zur Abwehr einer gegenwärtigen Gefahr für Leib, Leben oder Freiheit einer Person oder für Sachen von bedeutendem Wert erforderlich ist.

[2]Die Wohnung umfasst die Wohn- und Nebenräume, Arbeits-, Betriebs- und Geschäftsräume sowie anderes befriedetes Besitztum.

(2) Während der Nachtzeit (§ 104 Abs. 3 der Strafprozessordnung) ist das Betreten und Durchsuchen einer Wohnung nur in den Fällen des Absatzes 1 Satz 1 Nrn. 3 und 4 zulässig.

(3) Wohnungen können jedoch zur Abwehr dringender Gefahren jederzeit betreten werden, wenn
1. Tatsachen die Annahme rechtfertigen, dass
   a) dort Personen Straftaten von erheblicher Bedeutung verabreden, vorbereiten oder verüben,
   b) sich dort Personen treffen, die gegen aufenthaltsrechtliche Strafvorschriften verstoßen,
   c) sich dort gesuchte Straftäter verbergen,
2. sie der Prostitution dienen.

(4) Arbeits-, Betriebs- und Geschäftsräume sowie andere Räume und Grundstücke, die der Öffentlichkeit zugänglich sind oder zugänglich waren und den Anwesenden zum weiteren Aufenthalt zur Verfügung stehen, können zum Zwecke der Gefahrenabwehr (§ 1 Abs. 1) während der Arbeits-, Geschäfts- oder Aufenthaltszeit betreten werden.

§ 42 Verfahren bei der Durchsuchung von Wohnungen. (1) [1]Durchsuchungen dürfen außer bei Gefahr im Verzug nur durch den Richter angeordnet werden. [2]Zuständig ist das Amtsgericht, in dessen Bezirk die Wohnung liegt. [3]Für das Verfahren gelten die Vorschriften des Gesetzes über das Verfahren in

Familiensachen und in den Angelegenheiten der freiwilligen Gerichtsbarkeit entsprechend.

(2) [1]Bei der Durchsuchung einer Wohnung hat der Wohnungsinhaber das Recht, anwesend zu sein. [2]Ist er abwesend, so ist, wenn möglich, sein Vertreter oder ein erwachsener Angehöriger, Hausgenosse oder Nachbar zuzuziehen.

(3) Dem Wohnungsinhaber oder seinem Vertreter ist der Grund der Durchsuchung unverzüglich bekannt zu geben, soweit dadurch der Zweck der Maßnahmen nicht gefährdet wird.

(4) [1]Über die Durchsuchung ist eine Niederschrift zu fertigen. [2]Sie muss die verantwortliche Dienststelle, Grund, Zeit und Ort der Durchsuchung und das Ergebnis der Durchsuchung enthalten. [3]Die Niederschrift ist von einem durchsuchenden Beamten und dem Wohnungsinhaber oder der zugezogenen Person zu unterzeichnen. [4]Wird die Unterschrift verweigert, so ist hierüber ein Vermerk aufzunehmen. [5]Dem Wohnungsinhaber oder seinem Vertreter ist auf Verlangen eine Abschrift der Niederschrift auszuhändigen.

(5) Ist die Anfertigung der Niederschrift oder die Aushändigung einer Abschrift nach den besonderen Umständen des Falles nicht möglich oder würde sie den Zweck der Durchsuchung gefährden, so sind der betroffenen Person lediglich die Durchsuchung unter Angabe der verantwortlichen Dienststelle sowie Zeit und Ort der Durchsuchung schriftlich zu bestätigen.

(6) § 14 Abs. 3 gilt entsprechend.

Sechster Unterabschnitt

Sicherstellung und Verwahrung

§ 43 Sicherstellung. Die Polizei kann eine Sache sicherstellen,
1. um eine gegenwärtige Gefahr abzuwehren,
2. um den Eigentümer oder den rechtmäßigen Inhaber der tatsächlichen Gewalt vor Verlust oder Beschädigung einer Sache zu schützen,
3. wenn sie von einer Person mitgeführt wird, die nach diesem Gesetz oder anderen Rechtsvorschriften festgehalten wird, und die Sache verwendet werden kann, um
   a) sich zu töten oder zu verletzen,
   b) Leben oder Gesundheit anderer zu schädigen,
   c) fremde Sachen zu beschädigen oder
   d) die Flucht zu ermöglichen oder zu erleichtern.

§ 44 Verwahrung. (1) [1]Sichergestellte Sachen sind in Verwahrung zu nehmen. [2]Lässt die Beschaffenheit der Sachen das nicht zu oder erscheint die Verwahrung bei der Polizei unzweckmäßig, sind die Sachen auf andere geeignete Weise aufzubewahren oder zu sichern. [3]In diesem Falle kann die Verwahrung auch einem Dritten übertragen werden.

(2) [1]Der betroffenen Person ist eine Bescheinigung auszustellen, die den Grund der Sicherstellung erkennen lässt und die sichergestellten Sachen bezeichnet. [2]Kann nach den Umständen des Falles eine Bescheinigung nicht ausgestellt werden, so ist über die Sicherstellung eine Niederschrift aufzunehmen, die auch erkennen lässt, warum eine Bescheinigung nicht ausgestellt worden ist. [3]Der Eigentümer oder der rechtmäßige Inhaber der tatsächlichen Gewalt ist unverzüglich zu unterrichten.

(3) [1]Wird eine sichergestellte Sache verwahrt, so hat die Polizei nach Möglichkeit Wertminderungen vorzubeugen. [2]Das gilt nicht, wenn die Sache durch den Dritten auf Verlangen einer berechtigten Person verwahrt wird.

(4) Die verwahrten Sachen sind zu verzeichnen und so zu kennzeichnen, dass Verwechselungen vermieden werden.

§ 45 Verwertung, Vernichtung. (1) Die Verwertung einer sichergestellten Sache ist zulässig, wenn
1. ihr Verderb oder eine wesentliche Wertminderung droht,
2. ihre Verwahrung, Pflege oder Erhaltung mit unverhältnismäßig hohen Kosten oder Schwierigkeiten verbunden ist,
3. sie infolge ihrer Beschaffenheit nicht so verwahrt werden kann, dass weitere Gefahren für die öffentliche Sicherheit ausgeschlossen sind,
4. sie nach einer Frist von einem Jahr nicht an eine berechtigte Person herausgegeben werden kann, ohne dass die Voraussetzungen der Sicherstellung erneut eintreten würden,
5. die berechtigte Person sie nicht innerhalb einer ausreichend bemessenen Frist abholt, obwohl ihr eine Mitteilung über die Frist mit dem Hinweis zugestellt worden ist, dass die Sache verwertet wird, wenn sie nicht innerhalb der Frist abgeholt wird.

(2) [1]Die betroffene Person, der Eigentümer und andere Personen, denen ein Recht an der Sache zusteht, sollen vor der Verwertung gehört werden. [2]Die Anordnung der Verwertung ist ihnen bekannt zu geben. [3]Zeit und Ort der Verwertung sind ihnen mitzuteilen, soweit die Umstände und der Zweck der Maßnahme es erlauben.

(3) [1]Die Sache wird durch öffentliche Versteigerung verwertet; § 979 Abs. 1 des Bürgerlichen Gesetzbuches gilt entsprechend. [2]Bleibt die Versteigerung erfolglos, erscheint sie von vornherein aussichtslos oder würden die Kosten der Versteigerung voraussichtlich den zu erwartenden Erlös übersteigen, so kann die Sache freihändig verkauft werden. [3]Der Erlös tritt an die Stelle der verwerteten Sache. [4]Lässt sich innerhalb angemessener Frist kein Käufer finden, so kann die Sache einem gemeinnützigen Zweck zugeführt werden.

(4) [1]Sichergestellte Sachen können unbrauchbar gemacht oder vernichtet werden, wenn
1. im Falle einer Verwertung die Gründe, die zu ihrer Sicherstellung berechtigten, fortbestehen oder Sicherstellungsgründe erneut entstehen würden,
2. die Verwertung aus anderen Gründen nicht möglich ist.

[2]Absatz 2 gilt sinngemäß.

§ 46 Herausgabe sichergestellter Sachen oder des Erlöses, Kosten.

(1) [1]Sobald die Voraussetzungen für die Sicherstellung weggefallen sind, sind die Sachen an diejenige Person herauszugeben, bei der sie sichergestellt worden sind. [2]Ist die Herausgabe an sie nicht möglich, können die Sachen an eine andere Person herausgegeben werden, die ihre Berechtigung glaubhaft macht. [3]Die Herausgabe ist ausgeschlossen, wenn dadurch erneut die Voraussetzungen für eine Sicherstellung eintreten würden.

(2) [1]Sind die Sachen verwertet worden, ist der Erlös herauszugeben. [2]Ist eine berechtigte Person nicht vorhanden oder nicht zu ermitteln, ist der Erlös nach den Vorschriften des Bürgerlichen Gesetzbuches zu hinterlegen. [3]Der Anspruch auf Herausgabe des Erlöses erlischt drei Jahre nach Ablauf des Jahres, in dem die Sache verwertet worden ist.

(3) [1]Die Kosten der Sicherstellung und Verwahrung fallen den nach den §§ 4 oder 5 Verantwortlichen zur Last. [2]Mehrere Verantwortliche haften als Gesamtschuldner. [3]§ 77 des Verwaltungsvollstreckungsgesetzes findet Anwendung. [4]Die Herausgabe der Sache kann von der Zahlung der Kosten abhängig gemacht werden. [5]Ist eine Sache verwertet worden, können die Kosten aus dem Erlös gedeckt werden.

(4) § 983 des Bürgerlichen Gesetzbuches bleibt unberührt.

DRITTER ABSCHNITT
Vollzugshilfe

§ 47 Vollzugshilfe. (1) Die Polizei leistet anderen Behörden auf Ersuchen Vollzugshilfe, wenn unmittelbarer Zwang anzuwenden ist und die anderen Behörden nicht über die hierzu erforderlichen Dienstkräfte verfügen oder ihre Maßnahmen nicht auf andere Weise selbst durchsetzen können.

(2) [1]Die Polizei ist nur für die Art und Weise der Durchführung verantwortlich. [2]Im Übrigen gelten die Grundsätze der Amtshilfe entsprechend.

(3) Die Verpflichtung zur Amtshilfe bleibt unberührt.

§ 48 Verfahren. (1) Vollzugshilfeersuchen sind schriftlich zu stellen; sie haben den Grund und die Rechtsgrundlage der Maßnahme anzugeben.

(2) [1]In Eilfällen kann das Ersuchen formlos gestellt werden. [2]Es ist jedoch auf Verlangen unverzüglich schriftlich zu bestätigen.

(3) Die ersuchende Behörde ist von der Ausführung des Ersuchens zu verständigen.

§ 49 Vollzugshilfe bei Freiheitsentziehung. (1) Hat das Vollzugshilfeersuchen eine Freiheitsentziehung zum Inhalt, ist auch die richterliche Entscheidung über die Zulässigkeit der Freiheitsentziehung vorzulegen oder in dem Ersuchen zu bezeichnen.

(2) Ist eine vorherige richterliche Entscheidung nicht ergangen, hat die Polizei die festgehaltene Person zu entlassen, wenn die ersuchende Behörde diese nicht übernimmt oder die richterliche Entscheidung nicht unverzüglich nachträglich beantragt.

(3) Die §§ 37 und 38 gelten entsprechend.

VIERTER ABSCHNITT

Zwang

Erster Unterabschnitt

Erzwingung von Handlungen, Duldungen und Unterlassungen

§ 50 Zulässigkeit des Verwaltungszwanges. (1) Der Verwaltungsakt, der auf die Vornahme einer Handlung oder auf Duldung oder Unterlassung gerichtet ist, kann mit Zwangsmitteln durchgesetzt werden, wenn er unanfechtbar ist oder wenn ein Rechtsmittel keine aufschiebende Wirkung hat.

(2) Der Verwaltungszwang kann ohne vorausgehenden Verwaltungsakt angewendet werden, wenn das zur Abwehr einer gegenwärtigen Gefahr notwendig ist, insbesondere weil Maßnahmen gegen Personen nach den §§ 4 bis 6 nicht oder nicht rechtzeitig möglich sind oder keinen Erfolg versprechen, und die Polizei hierbei innerhalb ihrer Befugnisse handelt.

§ 51 Zwangsmittel. (1) Zwangsmittel sind
1. Ersatzvornahme (§ 52),
2. Zwangsgeld (§ 53),
3. unmittelbarer Zwang (§ 55).

(2) Sie sind nach Maßgabe der §§ 56 und 61 anzudrohen.

(3) [1]Die Zwangsmittel können auch neben einer Strafe oder Geldbuße angewandt und solange wiederholt und gewechselt werden, bis der Verwaltungsakt befolgt worden ist oder sich auf andere Weise erledigt hat. [2]Bei Erzwingung einer Duldung oder Unterlassung kann das Zwangsgeld für jeden Fall der Nichtbefolgung festgesetzt werden.

§ 52 Ersatzvornahme. (1) [1]Wird die Verpflichtung, eine Handlung vorzunehmen, deren Vornahme durch einen anderen möglich ist (vertretbare Handlung), nicht erfüllt, so kann die Polizei auf Kosten der betroffenen Person die Handlung selbst ausführen oder einen anderen mit der Ausführung beauftragen. [2]§ 77 des Verwaltungsvollstreckungsgesetzes findet Anwendung.

(2) [1]Es kann bestimmt werden, dass die betroffene Person die voraussichtlichen Kosten der Ersatzvornahme im Voraus zu zahlen hat. [2]Zahlt die betroffene Person die Kosten der Ersatzvornahme oder die voraussichtlich entste-

henden Kosten der Ersatzvornahme nicht fristgerecht, so können sie im Verwaltungszwangsverfahren beigetrieben werden. [3]Die Beitreibung der voraussichtlichen Kosten unterbleibt, sobald die betroffene Person die gebotene Handlung ausführt.

§ 53 Zwangsgeld. (1) Das Zwangsgeld wird auf mindestens fünf und höchstens zweitausendfünfhundert Euro schriftlich festgesetzt.

(2) Mit der Festsetzung des Zwangsgeldes ist der betroffenen Person eine angemessene Frist zur Zahlung einzuräumen.

(3) [1]Zahlt die betroffene Person das Zwangsgeld nicht fristgerecht, so wird es im Verwaltungszwangsverfahren beigetrieben. [2]Die Beitreibung unterbleibt, sobald die betroffene Person die gebotene Handlung ausführt oder die zu duldende Maßnahme gestattet. [3]Ein Zwangsgeld ist jedoch beizutreiben, wenn der Duldungs- oder Unterlassungspflicht zuwidergehandelt worden ist, deren Erfüllung durch die Androhung des Zwangsgeldes erreicht werden sollte; sind weitere Zuwiderhandlungen nicht mehr zu befürchten, so kann von der Beitreibung abgesehen werden, wenn diese eine besondere Härte darstellen würde.

§ 54 Ersatzzwangshaft. (1) [1]Ist das Zwangsgeld uneinbringlich; so kann das Verwaltungsgericht auf Antrag der Polizei die Ersatzzwangshaft anordnen, wenn bei Androhung des Zwangsgeldes hierauf hingewiesen worden ist. [2]Die Ersatzzwangshaft beträgt mindestens einen Tag, höchstens zwei Wochen.

(2) Die Ersatzzwangshaft ist auf Antrag der Polizei von der Justizverwaltung nach den Bestimmungen der §§ 901, 904 bis 910 der Zivilprozessordnung zu vollstrecken.

§ 55 Unmittelbarer Zwang. (1) [1]Die Polizei kann unmittelbaren Zwang anwenden, wenn andere Zwangsmittel nicht in Betracht kommen oder keinen Erfolg versprechen oder unzweckmäßig sind. [2]Für die Art und Weise der Anwendung unmittelbaren Zwanges gelten die §§ 57 ff.

(2) Unmittelbarer Zwang zur Abgabe einer Erklärung ist ausgeschlossen.

(3) Auf Verlangen der betroffenen Person hat sich der Polizeivollzugsbeamte auszuweisen, sofern der Zweck der Maßnahme nicht beeinträchtigt wird.

§ 56 Androhung der Zwangsmittel. (1) [1]Zwangsmittel sind möglichst schriftlich anzudrohen. [2]Der betroffenen Person ist in der Androhung zur Erfüllung der Verpflichtung eine angemessene Frist zu bestimmen; eine Frist braucht nicht bestimmt zu werden, wenn eine Duldung oder Unterlassung erzwungen werden soll. [3]Von der Androhung kann abgesehen werden, wenn die Umstände sie nicht zulassen, insbesondere wenn die sofortige Anwendung des Zwangsmittels zur Abwehr einer gegenwärtigen Gefahr notwendig ist.

(2) [1]Die Androhung kann mit dem Verwaltungsakt verbunden werden, durch den die Handlung, Duldung oder Unterlassung aufgegeben wird. [2]Sie

soll mit ihm verbunden werden, wenn ein Rechtsmittel keine aufschiebende Wirkung hat.

(3) [1]Die Androhung muss sich auf bestimmte Zwangsmittel beziehen. [2]Werden mehrere Zwangsmittel angedroht, ist anzugeben, in welcher Reihenfolge sie angewandt werden sollen.

(4) Wird Ersatzvornahme angedroht, so sollen in der Androhung die voraussichtlichen Kosten angegeben werden.

(5) Das Zwangsgeld ist in bestimmter Höhe anzudrohen.

(6) [1]Die Androhung ist zuzustellen. [2]Das gilt auch dann, wenn sie mit dem zugrundeliegenden Verwaltungsakt verbunden ist und für ihn keine Zustellung vorgeschrieben ist.

Zweiter Unterabschnitt

Anwendung unmittelbaren Zwanges

§ 57 Rechtliche Grundlagen. (1) Ist die Polizei nach diesem Gesetz oder anderen Rechtsvorschriften zur Anwendung unmittelbaren Zwanges befugt, gelten für die Art und Weise der Anwendung die §§ 58 bis 66 und, soweit sich aus diesen nichts Abweichendes ergibt, die übrigen Vorschriften dieses Gesetzes.

(2) Die Vorschriften über Notwehr und Notstand bleiben unberührt.

§ 58 Begriffsbestimmungen, zugelassene Waffen. (1) Unmittelbarer Zwang ist die Einwirkung auf Personen oder Sachen durch körperliche Gewalt, ihre Hilfsmittel und durch Waffen.

(2) Körperliche Gewalt ist jede unmittelbare körperliche Einwirkung auf Personen oder Sachen.

(3) Hilfsmittel der körperlichen Gewalt sind insbesondere Fesseln, Wasserwerfer, technische Sperren, Diensthunde, Dienstpferde, Dienstfahrzeuge, Reiz- und Betäubungsstoffe sowie zum Sprengen bestimmte explosionsfähige Stoffe (Sprengmittel).

(4) Als Waffen sind Schlagstock, Pistole, Revolver, Gewehr und Maschinenpistole zugelassen.

(5) [1]Wird die Bundespolizei im Lande Nordrhein-Westfalen zur Unterstützung der Polizei in den Fällen des Artikels 35 Abs. 2 Satz 1 oder des Artikels 91 Abs. 1 des Grundgesetzes eingesetzt, so sind für die Bundespolizei auch Maschinengewehre und Handgranaten zugelassen (besondere Waffen). [2]Die besonderen Waffen dürfen nur nach den Vorschriften dieses Gesetzes eingesetzt werden.

§ 59 Handeln auf Anordnung. (1) [1]Die Polizeivollzugsbeamten sind verpflichtet, unmittelbaren Zwang anzuwenden, der von einem Weisungsberechtigten angeordnet wird. [2]Das gilt nicht, wenn die Anordnung die Menschenwürde verletzt oder nicht zu dienstlichen Zwecken erteilt worden ist.

(2) [1]Eine Anordnung darf nicht befolgt werden, wenn dadurch eine Straftat begangen würde. [2]Befolgt der Polizeivollzugsbeamte die Anordnung trotzdem, so trifft ihn eine Schuld nur, wenn er erkennt oder wenn es nach den ihm bekannten Umständen offensichtlich ist, dass dadurch eine Straftat begangen wird.

(3) Bedenken gegen die Rechtmäßigkeit der Anordnung hat der Polizeivollzugsbeamte dem Anordnenden gegenüber vorzubringen, soweit das nach den Umständen möglich ist.

(4) § 36 Absatz 2 und 3 des Beamtenstatusgesetzes ist nicht anzuwenden.

§ 60 Hilfeleistung für Verletzte. Wird unmittelbarer Zwang angewendet, ist Verletzten, soweit es nötig ist und die Lage es zulässt, Beistand zu leisten und ärztliche Hilfe zu verschaffen.

§ 61 Androhung unmittelbaren Zwanges. (1) [1]Unmittelbarer Zwang ist vor seiner Anwendung anzudrohen. [2]Von der Androhung kann abgesehen werden, wenn die Umstände sie nicht zulassen, insbesondere wenn die sofortige Anwendung des Zwangsmittels zur Abwehr einer gegenwärtigen Gefahr notwendig ist. [3]Als Androhung des Schusswaffengebrauchs gilt auch die Abgabe eines Warnschusses.

(2) Schusswaffen und Handgranaten dürfen nur dann ohne Androhung gebraucht werden, wenn das zur Abwehr einer gegenwärtigen Gefahr für Leib oder Leben erforderlich ist.

(3) [1]Gegenüber einer Menschenmenge ist die Anwendung unmittelbaren Zwanges möglichst so rechtzeitig anzudrohen, dass sich Unbeteiligte noch entfernen können. [2]Der Gebrauch von Schusswaffen gegen Personen in einer Menschenmenge ist stets anzudrohen; die Androhung ist vor dem Gebrauch zu wiederholen. [3]Bei dem Gebrauch von technischen Sperren und dem Einsatz von Dienstpferden kann von der Androhung abgesehen werden.

§ 62 Fesselung von Personen. [1]Eine Person, die nach diesem Gesetz oder anderen Rechtsvorschriften festgehalten wird, kann gefesselt werden, wenn Tatsachen die Annahme rechtfertigen, dass sie

1. Polizeivollzugsbeamte oder Dritte angreifen, Widerstand leisten oder Sachen von nicht geringem Wert beschädigen wird,
2. fliehen wird oder befreit werden soll oder
3. sich töten oder verletzen wird.

[2]Dasselbe gilt, wenn eine Person nach anderen Rechtsvorschriften vorgeführt oder zur Durchführung einer Maßnahme an einen anderen Ort gebracht wird.

§ 63 Allgemeine Vorschriften für den Schusswaffengebrauch. (1) [1]Schusswaffen dürfen nur gebraucht werden, wenn andere Maßnahmen des unmittelbaren Zwanges erfolglos angewendet sind oder offensichtlich keinen Erfolg versprechen. [2]Gegen Personen ist ihr Gebrauch nur zulässig, wenn der Zweck nicht durch Schusswaffengebrauch gegen Sachen erreicht werden kann.

(2) [1]Schusswaffen dürfen gegen Personen nur gebraucht werden, um angriffs- oder fluchtunfähig zu machen. [2]Ein Schuss, der mit an Sicherheit grenzender Wahrscheinlichkeit tödlich wirken wird, ist nur zulässig, wenn er das einzige Mittel zur Abwehr einer gegenwärtigen Lebensgefahr oder der gegenwärtigen Gefahr einer schwerwiegenden Verletzung der körperlichen Unversehrtheit ist.

(3) [1]Gegen Personen, die dem äußeren Eindruck nach noch nicht 14 Jahre alt sind, dürfen Schusswaffen nicht gebraucht werden. [2]Das gilt nicht, wenn der Schusswaffengebrauch das einzige Mittel zur Abwehr einer gegenwärtigen Gefahr für Leib oder Leben ist.

(4) [1]Der Schusswaffengebrauch ist unzulässig, wenn für den Polizeivollzugsbeamten erkennbar Unbeteiligte mit hoher Wahrscheinlichkeit gefährdet werden. [2]Das gilt nicht, wenn der Schusswaffengebrauch das einzige Mittel zur Abwehr einer gegenwärtigen Lebensgefahr ist.

§ 64 Schusswaffengebrauch gegen Personen. (1) Schusswaffen dürfen gegen Personen nur gebraucht werden,
1. um eine gegenwärtige Gefahr für Leib oder Leben abzuwehren,
2. um die unmittelbar bevorstehende Begehung oder Fortsetzung eines Verbrechens oder eines Vergehens unter Anwendung oder Mitführung von Schusswaffen oder Explosivmitteln zu verhindern,
3. um eine Person anzuhalten, die sich der Festnahme oder Identitätsfeststellung durch Flucht zu entziehen versucht, wenn sie
   a) eines Verbrechens dringend verdächtig ist oder
   b) eines Vergehens dringend verdächtig ist und Tatsachen die Annahme rechtfertigen, dass sie Schusswaffen oder Explosivmittel mit sich führt,
4. zur Vereitelung der Flucht oder zur Ergreifung einer Person, die in amtlichem Gewahrsam zu halten oder ihm zuzuführen ist
   a) auf Grund richterlicher Entscheidung wegen eines Verbrechens oder auf Grund des dringenden Verdachts eines Verbrechens oder
   b) auf Grund richterlicher Entscheidung wegen eines Vergehens oder auf Grund des dringenden Verdachts eines Vergehens, sofern Tatsachen die Annahme rechtfertigen, dass sie Schusswaffen oder Explosivmittel mit sich führt,
5. um die gewaltsame Befreiung einer Person aus amtlichem Gewahrsam zu verhindern.

(2) Schusswaffen dürfen nach Absatz 1 Nr. 4 nicht gebraucht werden, wenn es sich um den Vollzug eines Jugendarrestes oder eines Strafarrestes handelt oder wenn die Flucht aus einer offenen Anstalt verhindert werden soll.

§ 65 Schusswaffengebrauch gegen Personen in einer Menschenmenge. (1) Schusswaffen dürfen gegen Personen in einer Menschenmenge nur gebraucht werden, wenn von ihr oder aus ihr heraus schwerwiegende Gewalttaten begangen werden oder unmittelbar bevorstehen und andere Maßnahmen keinen Erfolg versprechen.

(2) Wer sich aus einer solchen Menschenmenge nach wiederholter Androhung des Schusswaffengebrauchs nicht entfernt, obwohl ihm das möglich ist, ist nicht Unbeteiligter im Sinne des § 63 Abs. 4.

§ 66 Besondere Waffen, Sprengmittel. (1) Besondere Waffen im Sinne des § 58 Abs. 5 dürfen gegen Personen nur in den Fällen des § 64 Abs. 1 Nrn. 1, 2 und 5 von der Bundespolizei, die gemäß den Artikeln 35 Abs. 2 Satz 1 oder 91 Abs. 1 des Grundgesetzes zur Unterstützung der Polizei des Landes Nordrhein-Westfalen eingesetzt wird, und nur mit Zustimmung des Innenministers des Landes Nordrhein-Westfalen oder eines von ihm im Einzelfall Beauftragten angewendet werden, wenn

1. diese Personen von Schusswaffen oder Explosivmitteln Gebrauch gemacht haben und
2. der vorherige Gebrauch anderer Schusswaffen erfolglos geblieben ist.

(2) [1]Besondere Waffen dürfen nur gebraucht werden, um einen Angriff abzuwehren. [2]Handgranaten dürfen gegen Personen in einer Menschenmenge nicht gebraucht werden.

(3) Im Übrigen bleiben die Vorschriften über den Schusswaffengebrauch unberührt.

(4) Sprengmittel dürfen gegen Personen nicht angewendet werden.

FÜNFTER ABSCHNITT
Entschädigungsansprüche

§ 67 Entschädigungsansprüche. Die §§ 39 bis 43 des Ordnungsbehördengesetzes finden entsprechende Anwendung.

Bauordnung für das Land Nordrhein-Westfalen (Landesbauordnung – BauO NRW)

in der Fassung der Bekanntmachung vom 1. März 2000 (GV NRW S. 256); zuletzt geändert durch Gesetz vom 15. Dezember 2016 (GV NRW S. 1162).

§§ 3 und 20 bis 28 dieses Gesetzes sind durch Gesetz vom 15.12.2016 (GV NRW S. 1162) mit Wirkung zum 28.6.2017 außer Kraft getreten (hier kursiv abgedruckt). Insoweit gelten entsprechende Bestimmungen der „Landesbauordnung 2016" (s. Nr. 19a dieser Sammlung). Im Übrigen tritt das Gesetz – mit Ausnahme von § 51, welcher erst zum 1.1.2020 außer Kraft tritt – am 1.1.2019 außer Kraft (vgl. Gesetz vom 21.12.2017, GV NRW S. 1005).

Aufgrund von § 90 Absatz 5 der „Landesbauordnung 2016" sind vor dem 1.10.2018 eingeleitete Verfahren auf Antrag der Bauherrin oder des Bauherrn nach der Landesbauordnung in der Fassung vom 1.3.2000 fortzuführen, wenn die Bauvorlagen vollständig und ohne erhebliche Mängel eingereicht wurden.

INHALTSVERZEICHNIS

Dritter Abschnitt
Wände, Decken und Dächer

Vierter Abschnitt
Treppen, Rettungswege, Aufzüge und Öffnungen

Fünfter Abschnitt
Haustechnische Anlagen

Sechster Abschnitt
Aufenthaltsräume und Wohnungen

Siebenter Abschnitt
Besondere Anlagen

VIERTER TEIL
Die am Bau Beteiligten

FÜNFTER TEIL
Bauaufsichtsbehörden und Verwaltungsverfahren

Erster Abschnitt
Bauaufsichtsbehörden

Zweiter Abschnitt
Genehmigungsbedürftige und genehmigungsfreie Vorhaben

Dritter Abschnitt
Verwaltungsverfahren

SECHSTER TEIL
Bußgeldvorschriften, Rechtsvorschriften, bestehende Anlagen und Einrichtungen

SIEBENTER TEIL
Übergangs-, Änderungs- und Schlussvorschriften

ERSTER TEIL
Allgemeine Vorschriften

§ 1 Anwendungsbereich. (1) [1]Dieses Gesetz gilt für bauliche Anlagen und Bauprodukte. [2]Es gilt auch für Grundstücke sowie für andere Anlagen und Einrichtungen, an die in diesem Gesetz oder in Vorschriften aufgrund dieses Gesetzes Anforderungen gestellt werden.

(2) Dieses Gesetz gilt nicht für
1. Anlagen des öffentlichen Verkehrs einschließlich Zubehör, Nebenanlagen und Nebenbetriebe, mit Ausnahme von Gebäuden,
2. Anlagen, soweit sie der Bergaufsicht unterliegen, mit Ausnahme von Gebäuden,
3. Leitungen, die der öffentlichen Versorgung mit Wasser, Gas, Elektrizität, Wärme, der öffentlichen Abwasserbeseitigung oder dem Fernmeldewesen dienen, einschließlich ihrer Masten, Unterstützungen sowie unterirdischen Anlagen und Einrichtungen,
4. Rohrleitungen, die dem Ferntransport von Stoffen dienen, einschließlich ihrer unterirdischen Anlagen und Einrichtungen,
5. Kräne.

§ 2 Begriffe. (1) [1]Bauliche Anlagen sind mit dem Erdboden verbundene, aus Bauprodukten hergestellte Anlagen. [2]Eine Verbindung mit dem Erdboden besteht auch dann, wenn die Anlage durch eigene Schwere auf dem Erdboden ruht oder auf ortsfesten Bahnen begrenzt beweglich ist oder wenn die Anlage nach ihrem Verwendungszweck dazu bestimmt ist, überwiegend ortsfest benutzt zu werden.
[3]Als bauliche Anlagen gelten
1. Aufschüttungen und Abgrabungen,
2. Lager-, Abstell- und Ausstellungsplätze,
3. Camping- und Wochenendplätze,
4. Sport- und Spielflächen,
5. Stellplätze,
6. Gerüste,

7. Hilfseinrichtungen zur statischen Sicherung von Bauzuständen.

(2) Gebäude sind selbständig benutzbare, überdachte bauliche Anlagen, die von Menschen betreten werden können und geeignet oder bestimmt sind, dem Schutz von Menschen, Tieren oder Sachen zu dienen.

(3) [1]Gebäude geringer Höhe sind Gebäude, bei denen der Fußboden keines Geschosses mit Aufenthaltsräumen im Mittel mehr als 7 m über der Geländeoberfläche liegt. [2]Gebäude mittlerer Höhe sind Gebäude, bei denen der Fußboden mindestens eines Aufenthaltsraumes im Mittel mehr als 7 m und nicht mehr als 22 m über der Geländeoberfläche liegt. [3]Hochhäuser sind Gebäude, bei denen der Fußboden mindestens eines Aufenthaltsraumes mehr als 22 m über der Geländeoberfläche liegt.

(4) Geländeoberfläche ist die Fläche, die sich aus der Baugenehmigung oder den Festsetzungen des Bebauungsplanes ergibt, im Übrigen die natürliche Geländeoberfläche.

(5) [1]Vollgeschosse sind Geschosse, deren Deckenoberkante im Mittel mehr als 1,60 m über die Geländeoberfläche hinausragt und die eine Höhe von mindestens 2,30 m haben. [2]Ein gegenüber den Außenwänden des Gebäudes zurückgesetztes oberstes Geschoss (Staffelgeschoss) ist nur dann ein Vollgeschoss, wenn es diese Höhe über mehr als zwei Drittel der Grundfläche des darunter liegenden Geschosses hat. [3]Ein Geschoss mit geneigten Dachflächen ist ein Vollgeschoss, wenn es diese Höhe über mehr als drei Viertel seiner Grundfläche hat. [4]Die Höhe der Geschosse wird von Oberkante Fußboden bis Oberkante Fußboden der darüber liegenden Decke, bei Geschossen mit Dachflächen bis Oberkante Dachhaut gemessen.

(6) [1]Geschosse über der Geländeoberfläche sind Geschosse, deren Deckenoberkante im Mittel mehr als 1,60 m über die Geländeoberfläche hinausragt. [2]Hohlräume zwischen der obersten Decke und dem Dach, in denen Aufenthaltsräume nicht möglich sind, gelten nicht als Geschosse.

(7) Aufenthaltsräume sind Räume, die zum nicht nur vorübergehenden Aufenthalt von Menschen bestimmt oder geeignet sind.

(8) [1]Stellplätze sind Flächen, die dem Abstellen von Kraftfahrzeugen außerhalb der öffentlichen Verkehrsfläche dienen. [2]Garagen sind ganz oder teilweise umschlossene Räume zum Abstellen von Kraftfahrzeugen.

(9) Bauprodukte sind

1. Baustoffe, Bauteile und Anlagen, die hergestellt werden, um dauerhaft in bauliche Anlagen eingebaut zu werden,
2. aus Baustoffen und Bauteilen vorgefertigte Anlagen, die hergestellt werden, um mit dem Erdboden verbunden zu werden, wie Fertighäuser, Fertiggaragen und Silos.

(10) Bauart ist das Zusammenfügen von Bauprodukten zu baulichen Anlagen oder Teilen von baulichen Anlagen.

§ 3 Allgemeine Anforderungen. *(1) [1]Bauliche Anlagen sowie andere Anlagen und Einrichtungen im Sinne von § 1 Abs. 1 Satz 2 sind so anzuordnen, zu errichten, zu ändern und instand zu halten, dass die öffentliche Sicherheit oder Ordnung, insbesondere Leben, Gesundheit oder die natürlichen Lebensgrundlagen, nicht gefährdet wird. [2]Die der Wahrung dieser Belange dienenden allgemein anerkannten Regeln der Technik sind zu beachten. [3]Von diesen Regeln kann abgewichen werden, wenn eine andere Lösung in gleicher Weise die allgemeinen Anforderungen des Satzes 1 erfüllt. [4]§ 20 Abs. 3 und § 24 bleiben unberührt. [5]Mit Boden, Wasser und Energie ist sparsam umzugehen. [6]Die Möglichkeiten zur Vermeidung und Verwertung von Bauabfällen und Bodenaushub sind zu nutzen.*

(2) Bauprodukte dürfen nur verwendet werden, wenn bei ihrer Verwendung die baulichen Anlagen bei ordnungsgemäßer Instandhaltung während einer dem Zweck entsprechenden angemessenen Zeitdauer die Anforderungen dieses Gesetzes oder aufgrund dieses Gesetzes erfüllen und gebrauchstauglich sind.

(3) [1]Als allgemein anerkannte Regeln der Technik gelten auch die von der obersten Bauaufsichtsbehörde durch öffentliche Bekanntmachung als Technische Baubestimmungen eingeführten technischen Regeln. [2]Bei der Bekanntmachung kann hinsichtlich ihres Inhalts auf die Fundstelle verwiesen werden. [3]Die Beachtung der technischen Regeln ist, soweit sie eingeführt sind, von den Bauaufsichtsbehörden gemäß § 72 Abs. 4 zu prüfen.

(4) Für den Abbruch baulicher Anlagen sowie anderer Anlagen und Einrichtungen im Sinne des § 1 Abs. 1 Satz 2 und für die Änderung ihrer Benutzung gelten Absätze 1 und 3 sinngemäß.

ZWEITER TEIL
Das Grundstück und seine Bebauung

§ 4 Bebauung der Grundstücke mit Gebäuden. (1) Gebäude dürfen nur errichtet werden, wenn gesichert ist, dass bis zum Beginn ihrer Benutzung

1. das Grundstück in angemessener Breite an einer befahrbaren öffentlichen Verkehrsfläche liegt oder das Grundstück eine befahrbare, öffentlich-rechtlich gesicherte Zufahrt zu einer befahrbaren öffentlichen Verkehrsfläche hat; Wohnwege, an denen nur Gebäude geringer Höhe zulässig sind, brauchen nur befahrbar zu sein, wenn sie länger als 50 m sind,
2. die erforderlichen Anlagen zur Versorgung mit Trink- und Löschwasser vorhanden und benutzbar sind und
3. die erforderlichen Abwasseranlagen vorhanden und benutzbar sind und die Abwasserbeseitigung entsprechend den wasserrechtlichen Vorschriften gewährleistet ist.

(2) [1]Ein Gebäude auf mehreren Grundstücken ist zulässig, wenn durch Baulast gesichert ist, dass keine Verhältnisse eintreten können, die den Vorschriften

dieses Gesetzes oder den aufgrund dieses Gesetzes erlassenen Vorschriften zuwiderlaufen, und das Gebäude auf den Grundstücken diesen Vorschriften so entspricht, als wären die Grundstücke ein Grundstück. [2]Einer Sicherung nach Satz 1 bedarf es nicht, wenn eine Außenwand und das Dach eines Gebäudes durch Maßnahmen zur Wärmedämmung entsprechend der Energieeinsparverordnung vom 24. Juli 2007 (BGBl. I S. 1519) in der jeweils geltenden Fassung geändert werden.

§ 5 Zugänge und Zufahrten auf den Grundstücken. (1) [1]Von öffentlichen Verkehrsflächen ist insbesondere für die Feuerwehr ein geradliniger Zu- oder Durchgang zu schaffen

1. zur Vorderseite rückwärtiger Gebäude,
2. zur Rückseite von Gebäuden, wenn eine Rettung von Menschen außer vom Treppenraum nur von der Gebäuderückseite aus möglich ist.

[2]Der Zu- oder Durchgang muss mindestens 1,25 m breit sein. [3]Bei Türöffnungen und anderen geringfügigen Einengungen genügt eine lichte Breite von 1 m. [4]Die lichte Höhe des Zu- oder Durchgangs muss mindestens 2 m betragen.

(2) [1]Zu Gebäuden, bei denen die Oberkante der Brüstung notwendiger Fenster oder sonstiger zum Anleitern bestimmter Stellen mehr als 8 m über dem Gelände liegt, ist in den Fällen des Absatzes 1 anstelle eines Zu- oder Durchgangs eine mindestens 3 m breite Zu- oder Durchfahrt mit einer lichten Höhe von mindestens 3,50 m zu schaffen. [2]Wände und Decken von Durchfahrten sind in der Feuerwiderstandsklasse F 90 und in den wesentlichen Teilen aus nichtbrennbaren Baustoffen (F 90-AB) herzustellen.

(3) Eine andere Verbindung als nach den Absätzen 1 oder 2 kann gestattet werden, wenn dadurch der Einsatz der Feuerwehr nicht behindert wird.

(4) Bei Gebäuden, die ganz oder mit Teilen mehr als 50 m von einer öffentlichen Verkehrsfläche entfernt sind können Zufahrten oder Durchfahrten nach Absatz 2 zu den vor und hinter den Gebäuden gelegenen Grundstücksteilen verlangt werden.

(5) [1]Bei Gebäuden, bei denen die Oberkante der Brüstung notwendiger Fenster oder sonstiger zum Anleitern bestimmter Stellen mehr als 8 m über dem Gelände liegt, muss mindestens eine Außenwand mit notwendigen Fenstern oder den zum Anleitern bestimmten Stellen für Feuerwehrfahrzeuge auf einer befahrbaren Fläche erreichbar sein. [2]Diese Fläche muss ein Aufstellen von Hubrettungsfahrzeugen in einem Abstand von mindestens 3 m und höchstens 9 m, bei mehr als 18 m Brüstungshöhe in einem Abstand von höchstens 6 m von der Außenwand ermöglichen; größere Abstände können gestattet werden, wenn Bedenken wegen des Brandschutzes nicht bestehen. [3]Ist eine Rettung von Menschen außer über den Treppenraum nur von einer bestimmten Gebäudeseite aus möglich, so kann verlangt werden, dass die befahrbare Fläche an dieser Gebäudeseite anzulegen ist.

(6) [1]Die Zu- und Durchfahrten nach Absatz 2 sowie die befahrbaren Flächen nach Absatz 5 dürfen nicht durch Einbauten eingeengt werden und sind ständig

freizuhalten sowie zu kennzeichnen. [2]Sie müssen für Feuerwehrfahrzeuge ausreichend befestigt und tragfähig sein. [3]Die befahrbaren Flächen nach Absatz 5 müssen nach oben offen sein. [4]Kraftfahrzeuge dürfen in den Zu- und Durchfahrten nach Absatz 2 sowie auf den befahrbaren Flächen nach Absatz 5 nicht abgestellt werden.

§ 6 Abstandflächen. (1) [1]Vor den Außenwänden von Gebäuden sind Abstandflächen von oberirdischen Gebäuden freizuhalten. [2]Innerhalb der überbaubaren Grundstücksfläche ist eine Abstandfläche nicht erforderlich gegenüber Grundstücksgrenzen,

a) gegenüber denen nach planungsrechtlichen Vorschriften ohne Grenzabstand oder mit geringerem Grenzabstand als nach den Absätzen 5 und 6 gebaut werden muss oder
b) gegenüber denen nach planungsrechtlichen Vorschriften ohne Grenzabstand gebaut werden darf, wenn gesichert ist, dass auf dem Nachbargrundstück ohne Grenzabstand gebaut wird.

(2) [1]Die Abstandflächen müssen auf dem Grundstück selbst liegen. [2]Sie dürfen auch auf öffentlichen Verkehrsflächen, öffentlichen Grünflächen und öffentlichen Wasserflächen liegen, jedoch nur bis zu deren Mitte. [3]Abstandflächen dürfen sich ganz oder teilweise auf andere Grundstücke erstrecken, wenn durch Baulast gesichert ist, dass sie nur mit in der Abstandfläche zulässigen baulichen Anlagen überbaut werden und auf die auf diesen Grundstücken erforderlichen Abstandflächen nicht angerechnet werden.

(3) Die Abstandflächen dürfen sich nicht überdecken; dies gilt nicht für

1. Außenwände, die in einem Winkel von mehr als 75 Grad zueinander stehen,
2. Außenwände zu einem fremder Sicht entzogenen Gartenhof bei Wohngebäuden mit nicht mehr als zwei Wohnungen und
3. Gebäude und andere bauliche Anlagen, die in den Abstandflächen zulässig sind oder gestattet werden.

(4) [1]Die Tiefe der Abstandfläche bemisst sich nach der Wandhöhe; sie wird senkrecht zur Wand gemessen. [2]Als Wandhöhe gilt das Maß von der Geländeoberfläche bis zur Schnittlinie der Wand mit der Dachhaut oder bis zum oberen Abschluss der Wand. [3]Besteht eine Außenwand aus Wandteilen unterschiedlicher Höhe, so ist die Wandhöhe je Wandteil zu ermitteln. [4]Bei geneigter Geländeoberfläche ist die im Mittel gemessene Wandhöhe maßgebend; diese ergibt sich aus den Wandhöhen an den Gebäudekanten oder den vertikalen Begrenzungen der Wandteile. [5]Abgrabungen, die der Belichtung oder dem Zugang oder der Zufahrt zu einem Gebäude dienen, bleiben bei der Ermittlung der Abstandfläche außer Betracht, auch soweit sie nach § 9 Abs. 3 die Geländeoberfläche zulässigerweise verändern. [6]Zur Wandhöhe werden hinzugerechnet:

1. voll die Höhe von
   - Dächern und Dachteilen mit einer Dachneigung von mehr als 70°,
   - Giebelflächen im Bereich dieser Dächer und Dachteile, wenn beide Seiten eine Dachneigung von mehr als 70° haben,

2. zu einem Drittel die Höhe von
   - Dächern und Dachteilen mit einer Dachneigung von mehr als 45°,
   - Dächern mit Dachgauben oder Dachaufbauten, deren Gesamtbreite je Dachfläche mehr als die Hälfte der darunter liegenden Gebäudewand beträgt,
   - Giebelflächen im Bereich von Dächern und Dachteilen, wenn nicht beide Seiten eine Dachneigung von mehr als 70° haben.

[7]Das sich ergebende Maß ist H.

(5) [1]Die Tiefe der Abstandflächen beträgt, soweit in einer örtlichen Bauvorschrift nach § 86 Abs. 1 Nr. 6 nichts anderes bestimmt ist,s
- 0,8 H,
- 0,5 H in Kerngebieten,
- 0,25 H in Gewerbegebieten und Industriegebieten.

[2]Zu öffentlichen Verkehrsflächen, öffentlichen Grünflächen und öffentlichen Wasserflächen beträgt die Tiefe der Abstandfläche
- 0,4 H,
- 0,25 H in Kerngebieten, Gewerbegebieten und Industriegebieten.

[4]In Sondergebieten können geringere Tiefen der Abstandflächen gestattet werden, wenn die Nutzung des Sondergebiets dies rechtfertigt. [5]Zu angrenzenden anderen Baugebieten gilt die jeweils größere Tiefe der Abstandfläche. [6]In allen Fällen muss die Tiefe der Abstandflächen mindestens 3 m betragen. [7]Absatz 16 bleibt unberührt.

(6) [1]Auf einer Länge der Außenwände und von Teilen der Außenwände von nicht mehr als 16 m genügt gegenüber jeder Grundstücksgrenze und gegenüber jedem Gebäude auf demselben Grundstück als Tiefe der Abstandflächen 0,4 H, in Kerngebieten 0,25 H, mindestens jedoch 3 m. [2]Bei hintereinander liegenden Außenwänden wird nur die Außenwand mit der größten Länge auf die Länge nach Satz 1 angerechnet.

(7) [1]Bei der Bemessung der Abstandfläche bleiben außer Betracht, wenn sie nicht mehr als 1,50 m vor die Außenwand vortreten,
1. das Erdgeschoss erschließende Hauseingangstreppen und ihre Überdachungen, wenn sie von den gegenüberliegenden Nachbargrenzen mindestens 1,50 m entfernt sind,
2. untergeordnete Bauteile wie Gesimse, Dachvorsprünge und Terrassenüberdachungen, wenn sie von den gegenüberliegenden Nachbargrenzen mindestens 2 m entfernt sind, und
3. Vorbauten wie Erker, Balkone, Altane, Treppenräume und Aufzugsschächte, wenn sie insgesamt nicht mehr als ein Drittel der Breite der jeweiligen Außenwand in Anspruch nehmen und sie von den gegenüberliegenden Nachbargrenzen mindestens 3 m entfernt sind.

[2]Bei der Ermittlung des Maßes nach Satz 1 bleiben Loggien außer Betracht.

(8) *(aufgehoben)*

(9) *(aufgehoben)*

(10) [1]Gegenüber Gebäuden und Grundstücksgrenzen gelten die Absätze 1 bis 7 entsprechend für Anlagen, die nicht Gebäude sind,

1. soweit sie höher als 2 m über der Geländeoberfläche sind und von ihnen Wirkungen wie von Gebäuden ausgehen oder
2. soweit sie höher als 1 m über der Geländeoberfläche sind und dazu geeignet sind, von Menschen betreten zu werden.

[2]Für Windenergieanlagen gelten die Absätze 4 bis 7 nicht. [3]Bei diesen Anlagen bemisst sich die Tiefe der Abstandfläche nach der Hälfte ihrer größten Höhe. [4]Die größte Höhe errechnet sich bei Anlagen mit Horizontalachse aus der Höhe der Rotorachse über der geometrischen Mitte des Mastes zuzüglich des Rotorradius. [5]Die Abstandfläche ist ein Kreis um den geometrischen Mittelpunkt des Mastes.

(11) [1]Gebäude mit einer mittleren Wandhöhe bis zu 3 m über der Geländeoberfläche an der Grenze, die als Garage, Gewächshaus oder zu Abstellzwecken genutzt werden, sind ohne eigene Abstandflächen sowie in den Abstandflächen eines Gebäudes zulässig

- ohne Öffnungen in den der Nachbargrenze zugekehrten Wänden,
- einschließlich darauf errichteter untergeordneter Anlagen zur Gewinnung von Solarenergie und Antennenanlagen jeweils bis zu 1,5 m Höhe,
- auch, wenn sie nicht an die Grundstücksgrenze oder an ein Gebäude angebaut werden,
- auch, wenn das Gebäude über einen Zugang zu einem anderen Gebäude verfügt.

[2]Absatz 4 gilt nicht. [3]Die Höhe von Giebelflächen ist bei der Berechnung der mittleren Wandhöhe zu berücksichtigen. [4]Die Höhe von Dächern und Dachteilen mit einer Dachneigung von mehr als 30° werden der mittleren Wandhöhe hinzugerechnet. [5]Die Gesamtlänge der Bebauung nach Satz 1 darf je Nachbargrenze 9 m und auf einem Grundstück zu allen Nachbargrenzen insgesamt 15 m nicht überschreiten.

(12) *(aufgehoben)*

(13) Liegen sich Wände desselben Gebäudes oder Wände von Gebäuden auf demselben Grundstück gegenüber, so können geringere Abstandflächen als nach den Absätzen 5 und 6 gestattet werden, wenn die Belichtung der Räume nicht wesentlich beeinträchtigt wird.

(14) [1]Bei bestehenden Gebäuden ist die nachträgliche Bekleidung oder Verblendung von Außenwänden sowie die nachträgliche Anhebung der Dachhaut zulässig, wenn die Baumaßnahme der Verbesserung des Wärmeschutzes dient und wenn die Stärke der Bekleidung oder Verblendung bzw. die Anhebung der Dachhaut nicht mehr als 0,25 m und der verbleibende Abstand zur Nachbargrenze mindestens 2,50 m beträgt. [2]Darüber hinaus können unter Würdigung nachbarlicher Belange und der Belange des Brandschutzes geringere Tiefen der Abstandflächen gestattet werden, wenn die Baumaßnahme der Verbesserung des Wärmeschutzes dient. [3]Die Sätze 1 und 2 gelten auch für Außenwände, deren Abstandfläche Absatz 5 nicht entspricht.

(15) [1]Bei Gebäuden, die ohne Einhaltung von Abstandflächen oder mit geringeren Tiefen der Abstandflächen als nach den Absätzen 5 und 6 bestehen, sind zulässig

1. Änderungen innerhalb des Gebäudes,
2. Nutzungsänderungen, wenn der Abstand des Gebäudes zu den Nachbargrenzen mindestens 2,50 m beträgt,
3. Änderungen, wenn der Abstand des Gebäudes zu den Nachbargrenzen mindestens 2,50 m beträgt, ohne Veränderung von Länge und Höhe der diesen Nachbargrenzen zugekehrten Wände und Dachflächen und ohne Einrichtung neuer Öffnungen oder Vergrößerung bestehender Öffnungen in diesen Wänden und Dachflächen.

[2]Darüber hinaus gehende Änderungen und Nutzungsänderungen können unter Würdigung nachbarlicher Belange und der Belange des Brandschutzes gestattet werden. [3]Die Sätze 1 und 2 gelten nicht für Gebäude nach Absatz 11.

(16) In überwiegend bebauten Gebieten können geringere Tiefen der Abstandflächen gestattet oder verlangt werden, wenn die Gestaltung des Straßenbildes oder besondere städtebauliche Verhältnisse dies auch unter Würdigung nachbarlicher Belange rechtfertigen.

§ 7 *(aufgehoben)*

§ 8 Teilung von Grundstücken. (1) [1]Die Teilung eines bebauten Grundstücks bedarf zu ihrer Wirksamkeit der Genehmigung der Bauaufsichtsbehörde. [2]Einer Genehmigung bedarf es nicht, wenn der Bund, das Land, eine Gemeinde oder ein Gemeindeverband als Erwerber, Eigentümer oder Verwalter beteiligt ist.

(2) [1]Die Genehmigung darf nur versagt werden, wenn durch die Teilung Verhältnisse geschaffen würden, die den Vorschriften dieses Gesetzes oder den aufgrund dieses Gesetzes erlassenen Vorschriften zuwiderlaufen. [2]Die Bauaufsichtsbehörde hat innerhalb eines Monats nach Eingang des Antrags über die Teilung zu entscheiden. [3]Ist ihr dies nicht möglich, so kann sie die Frist durch Zwischenbescheid gegenüber der Antragstellerin oder dem Antragsteller um höchstens zwei Monate verlängern. [4]Die Genehmigung gilt als erteilt, wenn nicht innerhalb der Frist über sie entschieden wurde.

(3) [1]Die Teilung darf in das Liegenschaftskataster erst übernommen werden, wenn ein Genehmigungsbescheid vorgelegt ist. [2]Bedarf die Teilung keiner Genehmigung oder gilt sie als genehmigt, so hat die Genehmigungsbehörde auf Antrag von Beteiligten darüber ein Zeugnis auszustellen; das Zeugnis steht einer Genehmigung gleich.

(4) § 69 Abs. 1 und § 72 Abs. 1 Satz 2 gelten entsprechend.

§ 9 Nicht überbaute Flächen, Spielflächen, Geländeoberflächen. (1) [1]Die nicht überbauten Flächen der bebauten Grundstücke sind wasseraufnahmefähig zu belassen oder herzustellen, zu begrünen, zu bepflanzen und so zu unterhalten, soweit sie nicht für eine andere zulässige Verwendung benötigt werden.

[2]Werden diese Flächen als Zugänge, Zufahrten, Flächen für die Feuerwehr (§ 5), Stellplätze, Abstellplätze, Lagerplätze oder als Arbeitsfläche benötigt, so kann auch deren Wasseraufnahmefähigkeit, Begrünung und Bepflanzung verlangt werden, soweit es Art und Größe dieser Anlagen zulassen. [3]Ist eine Begrünung oder Bepflanzung der Grundstücke nicht oder nur sehr eingeschränkt möglich, so sind die baulichen Anlagen zu begrünen, soweit ihre Bauweise und Gestaltung es zulassen und die Maßnahme für die Bauherrin oder den Bauherrn wirtschaftlich zumutbar ist. [4]Anforderungen nach den Sätzen 1 und 2 gelten auch für vorhandene befestigte Flächen mit mehr als 5000 m^2, soweit ihre Erfüllung für die Verpflichteten wirtschaftlich zumutbar ist. [5]Die wirtschaftliche Unzumutbarkeit wird in den in den Sätzen 3 und 4 geregelten Fällen, soweit sie nicht offensichtlich ist, nur berücksichtigt wenn diese von Bauherrin, Bauherr oder Verpflichteten dargelegt wird.

(2) [1]Ein Gebäude mit Wohnungen darf nur errichtet werden, wenn eine ausreichende Spielfläche für Kleinkinder auf dem Grundstück bereitgestellt wird. [2]Die Bereitstellung auf dem Grundstück ist nicht erforderlich, wenn in unmittelbarer Nähe

a) eine solche Spielfläche auf einem anderen Grundstück geschaffen wird oder vorhanden ist und sie sowie ihre Unterhaltung öffentlich-rechtlich gesichert ist,
b) eine Gemeinschaftsanlage nach § 11 oder
c) ein geeigneter öffentlicher Spielplatz geschaffen wird oder vorhanden ist.

[3]Die Größe der Spielfläche richtet sich nach Zahl und Art der Wohnungen auf dem Grundstück. [4]Auf ihre Bereitstellung kann verzichtet werden, wenn die Art und Lage der Wohnungen dies nicht erfordern. [5]Bei bestehenden Gebäuden nach Satz 1 kann die Bereitstellung von Spielflächen für Kleinkinder verlangt werden, wenn dies die Gesundheit und der Schutz der Kinder erfordern.

(3) Bei der Errichtung oder Änderung baulicher Anlagen kann verlangt werden, dass die Geländeoberfläche erhalten oder verändert wird, um eine Störung des Straßen-, Orts- oder Landschaftsbildes zu vermeiden oder zu beseitigen oder um die Geländeoberfläche der Höhe der Verkehrsflächen oder der Nachbargrundstücke anzugleichen.

§ 10 *(aufgehoben)*

§ 11 Gemeinschaftsanlagen. (1) [1]Die Herstellung, die Instandhaltung und der Betrieb von Gemeinschaftsanlagen, insbesondere für Spielflächen für Kleinkinder (§ 9 Abs. 2), sonstige Kinderspielflächen und für Stellplätze und Garagen (§ 51), für die in einem Bebauungsplan Flächen festgesetzt sind, obliegen den Eigentümerinnen und Eigentümern der Grundstücke, für die diese Anlagen bestimmt sind. [2]Erbbauberechtigte treten an deren Stelle. [3]Sind Bauherrinnen oder Bauherren nicht Eigentümerinnen, Eigentümer oder Erbbauberechtigte, so obliegt ihnen die Beteiligung an der Herstellung, Instandhaltung und dem Betrieb der Gemeinschaftsanlage. [4]Die Verpflichtung nach Satz 1 geht mit der Rechtsnachfolge über.

(2) Die Gemeinschaftsanlage muss hergestellt werden sobald und soweit sie zur Erfüllung ihres Zwecks erforderlich ist.

(3) Die Baugenehmigung kann davon abhängig gemacht werden, dass die Bauherrin oder der Bauherr in Höhe des voraussichtlich auf ihn entfallenden Anteils der Herstellungskosten Sicherheit leistet.

DRITTER TEIL
Bauliche Anlagen

Erster Abschnitt
Allgemeine Anforderungen an die Bauausführung

§ 12 Gestaltung. (1) Bauliche Anlagen sowie andere Anlagen und Einrichtungen im Sinne des § 1 Abs. 1 Satz 2 müssen nach Form, Maßstab, Verhältnis der Baumassen und Bauteile zueinander, Werkstoff und Farbe so gestaltet sein, dass sie nicht verunstaltet wirken.

(2) [1]Bauliche Anlagen sowie andere Anlagen und Einrichtungen im Sinne des § 1 Abs. 1 Satz 2 sind mit ihrer Umgebung so in Einklang zu bringen, dass sie das Straßen-, Orts- oder Landschaftsbild nicht verunstalten oder deren beabsichtigte Gestaltung nicht stören. [2]Auf die erhaltenswerten Eigenarten der Umgebung ist Rücksicht zu nehmen.

§ 13 Anlagen der Außenwerbung und Warenautomaten. (1) [1]Anlagen der Außenwerbung (Werbeanlagen) sind alle ortsfesten Einrichtungen, die der Ankündigung oder Anpreisung oder als Hinweis auf Gewerbe oder Beruf dienen und vom öffentlichen Verkehrsraum aus sichtbar sind. [2]Hierzu zählen insbesondere Schilder, Beschriftungen, Bemalungen, Lichtwerbungen, Schaukästen sowie für Zettel- und Bogenanschläge oder Lichtwerbung bestimmte Säulen, Tafeln und Flächen.

(2) [1]Werbeanlagen dürfen weder bauliche Anlagen noch das Straßen-, Orts- oder Landschaftsbild verunstalten oder die Sicherheit und Ordnung des Verkehrs gefährden. [2]Eine Verunstaltung liegt auch vor, wenn durch Werbeanlagen der Ausblick auf begrünte Flächen verdeckt oder die einheitliche Gestaltung und die architektonische Gliederung baulicher Anlagen gestört wird. [3]Die störende Häufung von Werbeanlagen ist unzulässig.

(3) [1]Außerhalb der im Zusammenhang bebauten Ortsteile sind Werbeanlagen unzulässig. [2]Ausgenommen sind, soweit in anderen Vorschriften nichts anderes bestimmt ist,

1. Werbeanlagen an der Stätte der Leistung,
2. Schilder, die Inhaber und Art gewerblicher Betriebe kennzeichnen (Hinweisschilder), wenn sie vor Ortsdurchfahrten auf einer Tafel zusammengefasst sind,

3. einzelne Hinweiszeichen an Verkehrsstraßen und Wegabzweigungen, die im Interesse des Verkehrs auf außerhalb der Ortsdurchfahrten liegende Betriebe oder versteckt liegende Stätten aufmerksam machen,
4. Werbeanlagen an und auf Flugplätzen, Sportplätzen, Sportanlagen und Versammlungsstätten, soweit sie nicht in die freie Landschaft wirken,
5. Werbeanlagen auf Ausstellungs- oder Messegeländen.

(4) [1]In Kleinsiedlungsgebieten, Dorfgebieten, reinen Wohngebieten, allgemeinen Wohngebieten und besonderen Wohngebieten sind nur Werbeanlagen an der Stätte der Leistung sowie Anlagen für amtliche Mitteilungen und zur Unterrichtung der Bevölkerung über kirchliche, kulturelle, politische, sportliche und ähnliche Veranstaltungen zulässig; die jeweils freie Fläche dieser Anlagen darf auch für andere Werbung verwendet werden. [2]In reinen Wohngebieten darf an der Stätte der Leistung nur mit Hinweisschildern geworben werden. [3]An Gebäuden, die nach ihrer Zweckbestimmung auf Verkehrsflächen öffentlicher Straßen errichtet werden, können auch untergeordnete andere Werbeanlagen zugelassen werden, soweit sie das Ortsbild nicht beeinträchtigen.

(5) Die Absätze 1 bis 3 gelten für Warenautomaten entsprechend.

(6) Die Vorschriften dieses Gesetzes sind nicht anzuwenden auf
1. Anschläge und Lichtwerbung an dafür genehmigten Säulen, Tafeln und Flächen,
2. Werbemittel an Zeitungs- und Zeitschriftenverkaufsstellen,
3. Auslagen und Dekorationen in Fenstern und Schaukästen,
4. Wahlwerbung für die Dauer eines Wahlkampfes.

§ 14 Baustellen. (1) Baustellen sind so einzurichten, dass bauliche Anlagen sowie andere Anlagen und Einrichtungen im Sinne des § 1 Abs. 1 Satz 2 ordnungsgemäß errichtet, geändert oder abgebrochen werden können und Gefahren oder vermeidbare Belästigungen nicht entstehen.

(2) [1]Bei Bauarbeiten, durch die unbeteiligte Personen gefährdet werden können, ist die Gefahrenzone abzugrenzen oder durch Warnzeichen zu kennzeichnen. [2]Soweit erforderlich, sind Baustellen mit einem Bauzaun abzugrenzen, mit Schutzvorrichtungen gegen herabfallende Gegenstände zu versehen und zu beleuchten.

(3) Bei der Ausführung genehmigungsbedürftiger Bauvorhaben nach § 63 Abs. 1 und solchen nach § 67 hat die Bauherrin oder der Bauherr an der Baustelle ein Schild, das die Bezeichnung des Bauvorhabens und die Namen und Anschriften der Entwurfsverfasserin oder des Entwurfsverfassers, der Unternehmerin oder des Unternehmers für den Rohbau und der Bauleiterin oder des Bauleiters enthalten muss, dauerhaft und von der öffentlichen Verkehrsfläche aus sichtbar anzubringen.

(4) Zu erhaltende Bäume, Sträucher und sonstige Bepflanzungen müssen während der Bauarbeiten durch geeignete Vorkehrungen geschützt und ausreichend bewässert werden.

§ 15 Standsicherheit. (1) [1]Jede bauliche Anlage muss im Ganzen und in ihren Teilen sowie für sich allein standsicher sein. [2]Die Standsicherheit anderer baulicher Anlagen und die Tragfähigkeit des Baugrundes des Nachbargrundstücks dürfen nicht gefährdet werden.

(2) Die Verwendung gemeinsamer Bauteile für mehrere Anlagen ist zulässig, wenn öffentlich-rechtlich gesichert ist, dass die gemeinsamen Bauteile beim Abbruch einer der Anlagen bestehen bleiben.

§ 16 Schutz gegen schädliche Einflüsse. [1]Bauliche Anlagen sowie andere Anlagen und Einrichtungen im Sinne des § 1 Abs. 1 Satz 2 müssen so angeordnet, beschaffen und gebrauchstauglich sein, dass durch Wasser, Feuchtigkeit, pflanzliche oder tierische Schädlinge sowie andere chemische, physikalische oder biologische Einflüsse Gefahren oder unzumutbare Belästigungen nicht entstehen. [2]Baugrundstücke müssen für bauliche Anlagen entsprechend geeignet sein.

§ 17 Brandschutz. (1) Bauliche Anlagen sowie andere Anlagen und Einrichtungen im Sinne des § 1 Abs. 1 Satz 2 müssen unter Berücksichtigung insbesondere

- der Brennbarkeit der Baustoffe,
- der Feuerwiderstandsdauer der Bauteile, ausgedrückt in Feuerwiderstandsklassen,
- der Dichtheit der Verschlüsse von Öffnungen,
- der Anordnung von Rettungswegen

so beschaffen sein, dass der Entstehung eines Brandes und der Ausbreitung von Feuer und Rauch vorgebeugt wird und bei einem Brand die Rettung von Menschen und Tieren sowie wirksame Löscharbeiten möglich sind.

(2) Baustoffe, die nach Verarbeitung oder dem Einbau leichtentflammbar sind, dürfen bei der Errichtung und Änderung baulicher Anlagen sowie anderer Anlagen und Einrichtungen im Sinne des § 1 Abs. 1 Satz 2 nicht verwendet werden.

(3) [1]Für jede Nutzungseinheit müssen in jedem Geschoss mit einem Aufenthaltsraum zwei Rettungswege vorhanden sein; die Rettungswege dürfen innerhalb eines Geschosses über einen gemeinsamen notwendigen Flur führen. [2]Der erste Rettungsweg muss in Nutzungseinheiten, die nicht zu ebener Erde liegen, über mindestens eine notwendige Treppe führen; der zweite Rettungsweg kann eine mit Rettungsgeräten der Feuerwehr erreichbare Stelle oder eine weitere notwendige Treppe sein. [3]Ein zweiter Rettungsweg ist nicht erforderlich, wenn die Rettung über einen sicher erreichbaren Treppenraum möglich ist, in den Feuer und Rauch nicht eindringen können (Sicherheitstreppenraum). [4]Gebäude, deren zweiter Rettungsweg über Rettungsgeräte der Feuerwehr führt und bei denen die Oberkante der Brüstungen notwendiger Fenster oder sonstiger zum Anleitern bestimmter Stellen mehr als 8 m über der Geländeoberfläche liegt, dürfen nur errichtet werden, wenn die erforderlichen Rettungsgeräte von der Feuerwehr vorgehalten werden.

(4) Bauliche Anlagen, bei denen nach Lage, Bauart oder Nutzung Blitzschlag leicht eintreten und zu schweren Folgen führen kann, sind mit dauernd wirksamen Blitzschutzanlagen zu versehen.

§ 18 Wärmeschutz, Schallschutz und Erschütterungsschutz. (1) Gebäude müssen einen ihrer Nutzung und den klimatischen Verhältnissen entsprechenden sowie den Energieverbrauch senkenden Wärmeschutz haben.

(2) [1]Gebäude müssen einen ihrer Lage und Nutzung entsprechenden Schallschutz haben. [2]Geräusche, die von ortsfesten Anlagen oder Einrichtungen in baulichen Anlagen oder auf Baugrundstücken ausgehen, sind so zu dämmen, dass Gefahren oder unzumutbare Belästigungen nicht entstehen.

(3) Erschütterungen oder Schwingungen, die von ortsfesten Anlagen oder Einrichtungen in baulichen Anlagen oder auf Baugrundstücken ausgehen, sind so zu dämmen, dass Gefahren oder unzumutbare Belästigungen nicht entstehen.

§ 19 Verkehrssicherheit. (1) Bauliche Anlagen und die dem Verkehr dienenden nicht überbauten Flächen von bebauten Grundstücken müssen verkehrssicher sein.

(2) Die Sicherheit oder Ordnung des öffentlichen Verkehrs darf durch bauliche Anlagen sowie andere Anlagen und Einrichtungen im Sinne des § 1 Abs. 1 Satz 2 oder ihre Nutzung nicht gefährdet werden.

Zweiter Abschnitt

Bauprodukte und Bauarten

§ 20 Bauprodukte. *(1) [1]Bauprodukte dürfen für die Errichtung, Änderung und Instandhaltung baulicher Anlagen nur verwendet werden, wenn sie für den Verwendungszweck*

1. *von den nach Absatz 2 bekannt gemachten technischen Regeln nicht oder nicht wesentlich abweichen (geregelte Bauprodukte) oder nach Absatz 3 zulässig sind und wenn sie aufgrund des Übereinstimmungsnachweises nach § 25 das Übereinstimmungszeichen (Ü-Zeichen) tragen oder*
2. *nach den Vorschriften*
   a) des Bauproduktengesetzes
   b) zur Umsetzung der Richtlinie 89/106/EWG des Rates vom 21. Dezember 1988 zur Angleichung der Rechts- und Verwaltungsvorschriften der Mitgliedstaaten über Bauprodukte (Bauproduktenrichtlinie) (ABl. EG Nr. L 40 v. 11.2.1989, S. 12), geändert durch Richtlinie 93/68/EWG des Rates vom 22. Juli 1993 (ABl. EG Nr. L 220 v. 30.8.1993, S. 1), durch andere Mitgliedstaaten der Europäischen Gemeinschaft und andere Vertragsstaaten des Abkommens über den Europäischen Wirtschaftsraum oder

c) zur Umsetzung sonstiger Richtlinien der Europäischen Gemeinschaft, soweit diese die wesentlichen Anforderungen nach § 5 Abs. 1 des Bauproduktengesetzes berücksichtigen,

in den Verkehr gebracht und gehandelt werden dürfen, insbesondere die Konformitätskennzeichnung der Europäischen Gemeinschaft (CE-Kennzeichnung) tragen und dieses Zeichen die nach Absatz 7 Nr. 1 festgelegten Klassen und Leistungsstufen ausweist.

[2]Sonstige Bauprodukte, die von allgemein anerkannten Regeln der Technik nicht abweichen, dürfen auch verwendet werden, wenn diese Regeln nicht in der Bauregelliste A bekannt gemacht sind. [3]Sonstige Bauprodukte, die von allgemein anerkannten Regeln der Technik abweichen, bedürfen keines Nachweises ihrer Verwendbarkeit nach Absatz 3.

(2) [1]Das Deutsche Institut für Bautechnik macht im Einvernehmen mit der obersten Bauaufsichtsbehörde für Bauprodukte, für die nicht nur die Vorschriften nach Absatz 1 Nr. 2 maßgebend sind, in der Bauregelliste A die technischen Regeln bekannt, die zur Erfüllung der in diesem Gesetz und in Vorschriften aufgrund dieses Gesetzes an bauliche Anlagen gestellten Anforderungen erforderlich sind. [2]Diese technischen Regeln gelten als allgemein anerkannte Regeln der Technik im Sinne des § 3 Abs. 1 Satz 2.

(3) [1]Bauprodukte, für die technische Regeln in der Bauregelliste A nach Absatz 2 bekannt gemacht worden sind und die von diesen wesentlich abweichen oder für die es allgemein anerkannte Regeln der Technik nicht gibt (nicht geregelte Bauprodukte), müssen

1. eine allgemeine bauaufsichtliche Zulassung (§ 21),
2. ein allgemeines bauaufsichtliches Prüfzeugnis (§ 22) oder
3. eine Zustimmung im Einzelfall (§ 23)

haben. [2]Ausgenommen sind Bauprodukte, die für die Erfüllung der Anforderungen dieses Gesetzes oder aufgrund dieses Gesetzes nur eine untergeordnete Bedeutung haben und die das Deutsche Institut für Bautechnik im Einvernehmen mit der obersten Bauaufsichtsbehörde in einer Liste C öffentlich bekannt gemacht hat.

(4) Die oberste Bauaufsichtsbehörde kann durch Rechtsverordnung vorschreiben, dass für bestimmte Bauprodukte, soweit sie Anforderungen nach anderen Rechtsvorschriften unterliegen, hinsichtlich dieser Anforderungen bestimmte Nachweise der Verwendbarkeit und bestimmte Übereinstimmungsnachweise nach Maßgabe der §§ 20 bis 23 und der §§ 25 bis 28 zu führen sind, wenn die anderen Rechtsvorschriften diese Nachweise verlangen oder zulassen.

(5) [1]Bei Bauprodukten nach Absatz 1 Nr. 1, deren Herstellung in außergewöhnlichem Maß von der Sachkunde und Erfahrung der damit betrauten Personen oder von einer Ausstattung mit besonderen Vorrichtungen abhängt, kann in der allgemeinen bauaufsichtlichen Zulassung, in der Zustimmung im Einzelfall oder durch Rechtsverordnung der obersten Bauaufsichtsbehörde vorgeschrieben werden, dass der Hersteller über solche Fachkräfte und Vor-

richtungen verfügt und den Nachweis hierüber gegenüber einer Prüfstelle nach § 28 zu erbringen hat. [2]In der Rechtsverordnung können Mindestanforderungen an die Ausbildung, die durch Prüfung nachzuweisende Befähigung und die Ausbildungsstätten einschließlich der Anerkennungsvoraussetzungen gestellt werden.

(6) Für Bauprodukte, die wegen ihrer besonderen Eigenschaften oder ihres besonderen Verwendungszweckes einer außergewöhnlichen Sorgfalt bei Einbau, Transport, Instandhaltung oder Reinigung bedürfen, kann in der allgemeinen bauaufsichtlichen Zulassung, in der Zustimmung im Einzelfall oder durch Rechtsverordnung der obersten Bauaufsichtsbehörde die Überwachung dieser Tätigkeiten durch eine Überwachungsstelle nach § 28 vorgeschrieben werden.

(7) Das Deutsche Institut für Bautechnik kann im Einvernehmen mit der obersten Bauaufsichtsbehörde in der Bauregelliste B

1. *festlegen, welche der Klassen und Leistungsstufen, die in Normen, Leitlinien oder europäischen technischen Zulassungen nach dem Bauproduktengesetz oder in anderen Vorschriften zur Umsetzung von Richtlinien der Europäischen Gemeinschaft enthalten sind, Bauprodukte nach Absatz 1 Satz 1 Nr. 2 erfüllen müssen*

und

2. *bekannt machen, inwieweit andere Vorschriften zur Umsetzung von Richtlinien der Europäischen Gemeinschaft die wesentlichen Anforderungen nach § 5 Abs. 1 des Bauproduktengesetzes nicht berücksichtigen.*

§ 21 Allgemeine bauaufsichtliche Zulassung. *(1) Das Deutsche Institut für Bautechnik erteilt eine allgemeine bauaufsichtliche Zulassung für nicht geregelte Bauprodukte, wenn deren Verwendbarkeit im Sinne des § 3 Abs. 2 nachgewiesen ist.*

(2) [1]Die zur Begründung des Antrags erforderlichen Unterlagen sind beizufügen. [2]Soweit erforderlich, sind Probestücke von der Antragstellerin oder vom Antragsteller zur Verfügung zu stellen oder durch Sachverständige, die das Deutsche Institut für Bautechnik bestimmen kann, zu entnehmen oder Probeausführungen unter Aufsicht der Sachverständigen herzustellen. [3]§ 72 Abs. 1 Satz 2 gilt entsprechend.

(3) Das Deutsche Institut für Bautechnik kann für die Durchführung der Prüfung die sachverständige Stelle und für Probeausführungen die Ausführungsstelle und Ausführungszeit vorschreiben.

(4) [1]Die allgemeine bauaufsichtliche Zulassung wird widerruflich und für eine bestimmte Frist erteilt, die in der Regel fünf Jahre beträgt. [2]Die Zulassung kann mit Nebenbestimmungen erteilt werden. [3]Sie kann auf schriftlichen Antrag in der Regel um fünf Jahre verlängert werden; § 77 Abs. 2 Satz 2 gilt entsprechend.

(5) Die Zulassung wird unbeschadet der Rechte Dritter erteilt.

(6) Das Deutsche Institut für Bautechnik macht die von ihm erteilten allgemeinen bauaufsichtlichen Zulassungen nach Gegenstand und wesentlichem Inhalt öffentlich bekannt.

(7) Allgemeine bauaufsichtliche Zulassungen nach dem Recht anderer Länder gelten auch im Land Nordrhein-Westfalen.

§ 22 Allgemeines bauaufsichtliches Prüfzeugnis. *(1) [1]Bauprodukte,*

1. deren Verwendung nicht der Erfüllung erheblicher Anforderungen an die Sicherheit baulicher Anlagen dient oder

2. die nach allgemein anerkannten Prüfverfahren beurteilt werden,

bedürfen anstelle einer allgemeinen bauaufsichtlichen Zulassung nur eines allgemeinen bauaufsichtlichen Prüfzeugnisses. [2]Das Deutsche Institut für Bautechnik macht dies mit der Angabe der maßgebenden technischen Regeln und, soweit es keine allgemein anerkannten Regeln der Technik gibt, mit der Bezeichnung der Bauprodukte im Einvernehmen mit der obersten Bauaufsichtsbehörde in der Bauregelliste A bekannt.

(2) [1]Ein allgemeines bauaufsichtliches Prüfzeugnis wird von einer Prüfstelle nach § 28 Abs. 1 Satz 1 Nr. 1 für nicht geregelte Bauprodukte nach Absatz 1 erteilt, wenn deren Verwendbarkeit im Sinne des § 3 Abs. 2 nachgewiesen ist. [2]§ 21 Abs. 2 bis 7 gilt entsprechend.

§ 23 Nachweis der Verwendbarkeit von Bauprodukten im Einzelfall.
(1) [1]Mit Zustimmung der obersten Bauaufsichtsbehörde dürfen im Einzelfall

1. Bauprodukte, die ausschließlich nach dem Bauproduktengesetz in Verkehr gebracht werden und gehandelt werden dürfen, dessen Anforderungen jedoch nicht erfüllen,

2. Bauprodukte, die nach sonstigen Vorschriften zur Umsetzung von Richtlinien der Europäischen Union oder auf der Grundlage von unmittelbar geltendem Recht der Europäischen Union in Verkehr gebracht und gehandelt werden dürfen, hinsichtlich der nicht berücksichtigten wesentlichen Anforderungen im Sinne des § 20 Absatz 7 Nummer 2, und

3. nicht geregelte Bauprodukte

verwendet werden, wenn ihre Verwendbarkeit im Sinne des § 3 Abs. 2 nachgewiesen ist. [2]Wenn Gefahren im Sinne des § 3 Abs. 1 nicht zu erwarten sind, kann die oberste Bauaufsichtsbehörde im Einzelfall erklären, dass ihre Zustimmung nicht erforderlich ist.

(2) Die Zustimmung für Bauprodukte nach Absatz 1, die in Baudenkmälern nach § 2 Abs. 2 des Gesetzes zum Schutz und zur Pflege der Denkmäler im Lande Nordrhein-Westfalen (Denkmalschutzgesetz – DSchG) vom 11. März 1980 (GV. NRW. S. 226), zuletzt geändert durch Gesetz vom 5. April 2005 (GV. NRW. S. 274) – SGV. NRW. 224 – verwendet werden, erteilt die untere Bauaufsichtsbehörde.

§ 24 Bauarten. *(1) [1]Bauarten, die von Technischen Baubestimmungen wesentlich abweichen oder für die es allgemein anerkannte Regeln der Technik*

nicht gibt (nicht geregelte Bauarten), dürfen bei der Errichtung, Änderung und Instandhaltung baulicher Anlagen nur angewendet werden, wenn für sie
1. eine allgemeine bauaufsichtliche Zulassung oder
2. eine Zustimmung im Einzelfall
erteilt worden ist. [2]Anstelle einer allgemeinen bauaufsichtlichen Zulassung genügt ein allgemeines bauaufsichtliches Prüfzeugnis, wenn die Bauart nicht der Erfüllung erheblicher Anforderungen an die Sicherheit baulicher Anlagen dient oder nach allgemein anerkannten Prüfverfahren beurteilt wird. [3]Das Deutsche Institut für Bautechnik macht diese Bauarten mit der Angabe der maßgebenden technischen Regeln und, soweit es keine allgemein anerkannten Regeln der Technik gibt, mit der Bezeichnung der Bauarten im Einvernehmen mit der obersten Bauaufsichtsbehörde in der Bauregelliste A bekannt. [4]§ 20 Abs. 5 und 6 sowie §§ 21 und 23 gelten entsprechend. [5]Wenn Gefahren im Sinne des § 3 Abs. 1 nicht zu erwarten sind, kann die oberste Bauaufsichtsbehörde im Einzelfall oder für genau begrenzte Fälle allgemein festlegen, dass eine allgemeine bauaufsichtliche Zulassung oder eine Zustimmung im Einzelfall nicht erforderlich ist.

(2) Die oberste Bauaufsichtsbehörde kann durch Rechtsverordnung vorschreiben, dass für bestimmte Bauarten, auch soweit sie Anforderungen nach anderen Rechtsvorschriften unterliegen, Absatz 1 ganz oder teilweise anwendbar ist, wenn die anderen Rechtsvorschriften dies verlangen oder zulassen.

§ 25 Übereinstimmungsnachweis. *(1) Bauprodukte bedürfen einer Bestätigung ihrer Übereinstimmung mit den technischen Regeln nach § 20 Abs. 2, den allgemeinen bauaufsichtlichen Zulassungen, den allgemeinen bauaufsichtlichen Prüfzeugnissen oder den Zustimmungen im Einzelfall; als Übereinstimmung gilt auch eine Abweichung, die nicht wesentlich ist.*

(2) [1]Die Bestätigung der Übereinstimmung erfolgt durch
1. Übereinstimmungserklärung des Herstellers (§ 26) oder
2. Übereinstimmungszertifikat (§ 27).
[2]Die Bestätigung durch Übereinstimmungszertifikat kann in der allgemeinen bauaufsichtlichen Zulassung, in der Zustimmung im Einzelfall oder in der Bauregelliste A vorgeschrieben werden, wenn dies zum Nachweis einer ordnungsgemäßen Herstellung erforderlich ist. [3]Bauprodukte, die nicht in Serie hergestellt werden, bedürfen nur der Übereinstimmungserklärung des Herstellers nach § 26 Abs. 1, sofern nichts anderes bestimmt ist. [4]Die oberste Bauaufsichtsbehörde kann im Einzelfall die Verwendung von Bauprodukten ohne das erforderliche Übereinstimmungszertifikat gestatten, wenn nachgewiesen ist, dass diese Bauprodukte den technischen Regeln, Zulassungen, Prüfzeugnissen oder Zustimmungen nach Absatz 1 entsprechen.

(3) Für Bauarten gelten die Absätze 1 und 2 entsprechend.

(4) Die Übereinstimmungserklärung und die Erklärung, dass ein Übereinstimmungszertifikat erteilt ist, hat der Hersteller durch Kennzeichnung der Bauprodukte mit dem Übereinstimmungszeichen (Ü-Zeichen) unter Hinweis auf den Verwendungszweck abzugeben.

(5) Das Ü-Zeichen ist auf dem Bauprodukt, auf einem Beipackzettel oder auf seiner Verpackung oder, wenn dies Schwierigkeiten bereitet, auf dem Lieferschein oder auf einer Anlage zum Lieferschein anzubringen.

(6) Ü-Zeichen aus anderen Ländern und aus anderen Staaten gelten auch im Land Nordrhein-Westfalen.

§ 26 Übereinstimmungserklärung des Herstellers. *(1) Der Hersteller darf eine Übereinstimmungserklärung nur abgeben, wenn er durch werkseigene Produktionskontrolle sichergestellt hat, dass das von ihm hergestellte Bauprodukt den maßgebenden technischen Regeln, der allgemeinen bauaufsichtlichen Zulassung, dem allgemeinen bauaufsichtlichen Prüfzeugnis oder der Zustimmung im Einzelfall entspricht.*

(2) [1]In den technischen Regeln nach § 20 Abs. 2, in der Bauregelliste A, in den allgemeinen bauaufsichtlichen Zulassungen, in den allgemeinen bauaufsichtlichen Prüfzeugnissen oder in den Zustimmungen im Einzelfall kann eine Prüfung der Bauprodukte durch eine Prüfstelle vor Abgabe der Übereinstimmungserklärung vorgeschrieben werden, wenn dies zur Sicherung einer ordnungsgemäßen Herstellung erforderlich ist. [2]In diesen Fällen hat die Prüfstelle das Bauprodukt daraufhin zu überprüfen, ob es den maßgebenden technischen Regeln, der allgemeinen bauaufsichtlichen Zulassung, dem allgemeinen bauaufsichtlichen Prüfzeugnis oder der Zustimmung im Einzelfall entspricht.

§ 27 Übereinstimmungszertifikat. *(1) Ein Übereinstimmungszertifikat ist von einer Zertifizierungsstelle nach § 28 zu erteilen, wenn das Bauprodukt*
1. *den maßgebenden technischen Regeln, der allgemeinen bauaufsichtlichen Zulassung, dem allgemeinen bauaufsichtlichen Prüfzeugnis oder der Zustimmung im Einzelfall entspricht und*
2. *einer werkseigenen Produktionskontrolle sowie einer Fremdüberwachung nach Maßgabe des Absatzes 2 unterliegt.*

(2) [1]Die Fremdüberwachung ist von Überwachungsstellen nach § 28 durchzuführen. [2]Die Fremdüberwachung hat regelmäßig zu überprüfen, ob das Bauprodukt den maßgebenden technischen Regeln, der allgemeinen bauaufsichtlichen Zulassung, dem allgemeinen bauaufsichtlichen Prüfzeugnis oder der Zustimmung im Einzelfall entspricht.

§ 28 Prüf-, Zertifizierungs- und Überwachungsstellen. *(1) [1]Die oberste Bauaufsichtsbehörde kann eine natürliche oder juristische Person als*
1. *Prüfstelle für die Erteilung allgemeiner bauaufsichtlicher Prüfzeugnisse (§ 22 Abs. 2),*
2. *Prüfstelle für die Überprüfung von Bauprodukten vor Bestätigung der Übereinstimmung (§ 26 Abs. 2),*
3. *Zertifizierungsstelle (§ 27 Abs. 1),*
4. *Überwachungsstelle für die Fremdüberwachung (§ 27 Abs. 2),*
5. *Überwachungsstelle für die Überwachung nach § 20 Abs. 6 oder*
6. *Prüfstelle für die Überwachung nach § 20 Abs. 5*

anerkennen, wenn sie oder die bei ihr Beschäftigten nach ihrer Ausbildung, Fachkenntnis, persönlichen Zuverlässigkeit, ihrer Unparteilichkeit und ihren Leistungen die Gewähr dafür bieten, dass diese Aufgaben den öffentlich-rechtlichen Vorschriften entsprechend wahrgenommen werden, und wenn sie über die erforderlichen Vorrichtungen verfügen. [2]Satz 1 ist entsprechend auf die Behörden anzuwenden, wenn sie ausreichend mit geeigneten Fachkräften besetzt und mit den erforderlichen Vorrichtungen ausgestattet sind.

(2) [1]Die Anerkennung von Prüf-, Zertifizierungs- und Überwachungsstellen anderer Länder gilt auch im Land Nordrhein-Westfalen. [2]Prüf-, Zertifizierungs- und Überwachungsergebnisse von Stellen, die nach Artikel 16 Abs. 2 der Bauproduktenrichtlinie von einem anderen Mitgliedstaat der Europäischen Gemeinschaft oder von einem anderen Vertragsstaat des Abkommens über den Europäischen Wirtschaftsraum anerkannt worden sind, stehen den Ergebnissen der in Absatz 1 genannten Stellen gleich. [3]Dies gilt auch für Prüf-, Zertifizierungs- und Überwachungsergebnisse von Stellen anderer Staaten, wenn sie in einem Artikel 16 Abs. 2 der Bauproduktenrichtlinie entsprechenden Verfahren anerkannt worden sind.

(3) [1]Die oberste Bauaufsichtsbehörde erkennt auf Antrag eine natürliche oder juristische Person oder Behörde als Stelle nach Artikel 16 Abs. 2 der Bauproduktenrichtlinie an, wenn in dem in Artikel 16 Abs. 2 der Bauproduktenrichtlinie vorgesehenen Verfahren nachgewiesen ist, dass die natürliche oder juristische Person oder Behörde die Voraussetzungen erfüllt, nach den Vorschriften eines anderen Mitgliedstaates der Europäischen Gemeinschaft oder eines anderen Vertragsstaates des Abkommens über den Europäischen Wirtschaftsraum zu prüfen, zu zertifizieren oder zu überwachen. [2]Dies gilt auch für die Anerkennung von natürlichen oder juristischen Personen oder Behörden, die nach den Vorschriften eines anderen Staates zu prüfen, zu zertifizieren oder zu überwachen beabsichtigen, wenn der erforderliche Nachweis in einem Artikel 16 Abs. 2 der Bauproduktenrichtlinie entsprechenden Verfahren geführt wird.

Dritter Abschnitt
Wände, Decken und Dächer

§ 29 Wände, Pfeiler und Stützen. (1) Wände, Pfeiler und Stützen sowie deren Bekleidungen und Dämmstoffe müssen unbeschadet des § 17 Abs. 2 hinsichtlich ihres Brandverhaltens nachfolgende Mindestanforderungen erfüllen:

	Spalte	1	2	3	4
	Gebäude	Freistehende Wohngebäude mit nicht mehr als einer Wohnung (siehe auch Absatz 2)	Wohngebäude geringer Höhe mit nicht mehr als zwei Wohnungen	Gebäude geringer Höhe	andere Gebäude
Zeile	Bauteile				
1a	tragende und aussteifende Wände, Pfeiler und Stützen	keine	F 30	F 30	F 90-AB
1b	in Kellergeschossen	keine	F 30-AB	F 90-AB	F 90-AB
1c	in Geschossen im Dachraum, über denen Aufenthaltsräume möglich sind	keine	F 30	F 30	F 90
1d	in Geschossen im Dachraum, über denen Aufenthaltsräume nicht möglich sind	keine	keine	keine	keine
2	nichttragende Außenwände sowie nichttragende Teile von Außenwänden	keine	keine	keine	A oder F 30
3	Oberflächen von Außenwänden, Außenwandbekleidungen und Dämmstoffe in Außenwänden	keine	keine (siehe jedoch Absatz 3)	keine (siehe jedoch Absatz 3)	B 1
4a	Trennwände nach § 30	./.	F 30 (siehe jedoch § 30 Abs. 4)	F 30 (siehe jedoch § 30 Abs. 4)	F 90-AB (siehe jedoch § 30 Abs. 4)
4b	in obersten Geschossen von Dachräumen	./.	F 30 (siehe jedoch § 30 Abs. 4)	F 30 (siehe jedoch § 30 Abs. 4)	F 90 (siehe jedoch § 30 Abs. 4)
5	Gebäudeabschlusswände nach § 31	./.	F 90-AB (siehe auch § 31 Abs. 4)	Brandwand (siehe auch Absatz 4)	Brandwand
6	Gebäudetrennwände nach § 32	./.	F 90-AB	Brandwand (siehe auch Absatz 4)	Brandwand

Es bedeuten:

F/T 30/90 usw.:	Feuerwiderstandsklasse des jeweiligen Bauteils nach seiner Feuerwiderstandsdauer
A:	aus nichtbrennbaren Baustoffen
AB:	in den wesentlichen Teilen aus nichtbrennbaren Baustoffen
Brandwand:	siehe § 33
B 1:	aus schwerentflammbaren Baustoffen
B 2:	aus normalentflammbaren Baustoffen

(2) Spalte 1 der Tabelle gilt auch für andere freistehende Gebäude ähnlicher Größe sowie für freistehende landwirtschaftliche Betriebsgebäude.

(3) Bei der Verwendung normalentflammbarer Baustoffe (B 2) in den Fällen der Zeile 3 Spalten 2 und 3 der Tabelle muss durch geeignete Maßnahmen eine Brandausbreitung auf Nachbargebäude und Brandabschnitte verhindert werden.

(4) [1]Anstelle der in Zeilen 5 und 6 Spalte 3 der Tabelle gestellten Anforderungen sind bei Wohngebäuden geringer Höhe Wände der Feuerwiderstandsklasse F 90 und in den wesentlichen Teilen aus nichtbrennbaren Baustoffen (F 90-AB) zulässig. [2]Für diese Wände gelten die Vorschriften des § 33 Abs. 2 bis 6 sinngemäß.

§ 30 Trennwände. (1) Trennwände sind herzustellen
1. zwischen Wohnungen sowie zwischen Wohnungen und anders genutzten Räumen,
2. zwischen sonstigen Nutzungseinheiten mit Aufenthaltsräumen sowie zwischen diesen Nutzungseinheiten und anders genutzten Räumen.

(2) [1]Öffnungen in Trennwänden sind zulässig, wenn sie wegen der Nutzung des Gebäudes erforderlich sind; diese Öffnungen sind mit selbstschließenden Abschlüssen in der Feuerwiderstandsklasse T 30 zu versehen. [2]Leitungen dürfen durch Trennwände der Feuerwiderstandsklasse F 90 nur hindurchgeführt werden, wenn eine Übertragung von Feuer und Rauch nicht zu befürchten ist oder entsprechende Vorkehrungen hiergegen getroffen werden.

(3) In Dachräumen sind Aufenthaltsräume und Wohnungen einschließlich ihrer Zugänge durch Trennwände in der Feuerwiderstandsklasse F 30 gegen den nichtausgebauten Dachraum abzuschließen; dies gilt nicht für freistehende Wohngebäude mit nur einer Wohnung.

(4) [1]Trennwände nach Absätzen 1 und 3 sind bis zur Rohdecke oder bis unter die Dachhaut zu führen und entsprechend nach den Zeilen 4a und 4b der Tabelle in § 29 Abs. 1 erforderlichen Feuerwiderstandsdauer auszusteifen. [2]Werden in Dachräumen Trennwände nur bis zur Rohdecke geführt, so sind diese Decke und die sie tragenden und aussteifenden Bauteile mindestens in der Feuerwiderstandsklasse F 30 auszuführen.

§ 31 Gebäudeabschlusswände. (1) Gebäudeabschlusswände sind herzustellen
1. bei aneinandergereihten Gebäuden auf demselben Grundstück sowie bei Gebäuden, die weniger als 2,50 m von der Nachbargrenze entfernt errichtet werden, es sei denn, dass ein Abstand von mindestens 5 m zu bestehenden oder nach den baurechtlichen Vorschriften zulässigen Gebäuden öffentlich-rechtlich gesichert ist,
2. bei Wohngebäuden und angebauten landwirtschaftlichen Betriebsgebäuden auf demselben Grundstück, wenn der umbaute Raum des Betriebsgebäudes größer als 2000 m^3 ist.

(2) Anstelle einzelner Gebäudeabschlusswände ist eine gemeinsame Gebäudeabschlusswand zulässig.

(3) Absatz 1 gilt nicht für seitliche Wände von Vorbauten wie Erker, die nicht mehr als 1,5 m vor der Flucht der vorderen oder hinteren Außenwand des Nachbargebäudes vortreten, wenn sie von dem Nachbargebäude oder der Nachbargrenze einen Abstand einhalten, der ihrer eigenen Ausladung entspricht, mindestens jedoch 1 m beträgt.

(4) Öffnungen in Gebäudeabschlusswänden sind unzulässig.

(5) [1]Bei aneinandergereihten Gebäuden sind abweichend von den Werten der Zeile 5 Spalte 2 der Tabelle in § 29 Gebäudeabschlusswände zulässig, die von innen nach außen der Feuerwiderstandsklasse F 30 und von außen nach innen der Feuerwiderstandsklasse F 90 entsprechen und die außen jeweils eine ausreichend widerstandsfähige Schicht aus nichtbrennbaren Baustoffen haben. [2]Dies gilt nicht für gemeinsame Gebäudeabschlusswände nach Absatz 2.

§ 32 Gebäudetrennwände. (1) [1]Ausgedehnte Gebäude sind durch Gebäudetrennwände in höchstens 40 m lange Gebäudeabschnitte (Brandabschnitte) zu unterteilen. [2]Größere Abstände können gestattet werden, wenn die Nutzung des Gebäudes es erfordert und wenn wegen des Brandschutzes Bedenken nicht bestehen.

(2) Landwirtschaftliche Gebäude sind zwischen dem Wohnteil und dem landwirtschaftlichen Betriebsteil durch Brandwände zu unterteilen, wenn der umbaute Raum des Betriebsteiles größer als 2000 m^3 ist.

(3) [1]Öffnungen in Gebäudetrennwänden sind zulässig, wenn die Nutzung des Gebäudes dies erfordert. [2]Öffnungen müssen mit selbstschließenden Abschlüssen der Feuerwiderstandsklasse T 90 versehen sein. [3]Anstelle eines Abschlusses nach Satz 2 kann eine Schleuse mit Wänden und Decke der Feuerwiderstandsklasse F 90 und aus nichtbrennbaren Baustoffen (F 90-A) sowie mit einem nichtbrennbaren Fußbodenbelag (A), die mit selbstschließenden Abschlüssen mindestens der Feuerwiderstandsklasse F 30 versehen ist, angeordnet werden.

(4) In Gebäudetrennwänden können Teilflächen mit lichtdurchlässigen Baustoffen gestattet werden, wenn diese Flächen insgesamt der Feuerwiderstandsklasse F 90 entsprechen.

§ 33 Brandwände. (1) Brandwände müssen in der Feuerwiderstandsklasse F 90 und aus nichtbrennbaren Baustoffen hergestellt sein; sie müssen so beschaffen sein, dass sie bei einem Brand ihre Standsicherheit nicht verlieren und die Verbreitung von Feuer und Rauch auf andere Gebäude oder Brandabschnitte verhindern.

(2) [1]Brandwände müssen durchgehend in allen Geschossen übereinander angeordnet sein. [2]Es ist zulässig, dass anstelle von Brandwänden Wände zur Unterteilung eines Gebäudes geschossweise versetzt angeordnet werden, wenn

1. die Nutzung des Gebäudes dies erfordert,
2. die Wände in der Bauart von Brandwänden hergestellt sind,
3. die Decken, soweit sie in Verbindung mit diesen Wänden stehen, in der Feuerwiderstandsklasse F 90 und aus nichtbrennbaren Baustoffen (F 90-A) hergestellt sind,
4. die Bauteile, die diese Wände und Decken unterstützen, in der Feuerwiderstandsklasse F 90 und aus nichtbrennbaren Baustoffen (F 90-A) hergestellt sind,
5. die Außenwände innerhalb des Gebäudeabschnitts in dem diese Wände angeordnet sind, in allen Geschossen in der Feuerwiderstandsklasse F 90 und in den wesentlichen Teilen aus nichtbrennbaren Baustoffen (F 90-AB) hergestellt sind und
6. Öffnungen in den Außenwänden so angeordnet oder andere Vorkehrungen so getroffen sind, dass eine Brandübertragung in andere Brandabschnitte nicht zu befürchten ist.

(3) [1]Die Brandwand ist bei Gebäuden geringer Höhe durchgehend mindestens bis unmittelbar unter die Dachhaut zu führen. [2]Bei sonstigen Gebäuden ist sie durchgehend entweder 0,30 m über Dach zu führen oder in Höhe der Dachhaut mit einer beiderseits 0,50 m auskragenden Stahlbetonplatte in der Feuerwiderstandsklasse F 90 abzuschließen. [3]Bei Gebäuden mit weicher Bedachung (§ 35 Abs. 3) ist die Brandwand 0,50 m über Dach zu führen.

(4) [1]Bauteile mit brennbaren Baustoffen dürfen Brandwände oder die Stahlbetonplatte nach Absatz 3 Satz 2 nicht überbrücken. [2]Bauteile dürfen in Brandwände nur so weit eingreifen, dass der verbleibende Wandquerschnitt die Feuerwiderstandsklasse F 90 behält; für Leitungen, Leitungsschlitze und Schornsteine gilt dies entsprechend.

(5) Leitungen dürfen durch Brandwände nur hindurchgeführt werden wenn eine Übertragung von Feuer und Rauch nicht zu befürchten ist oder Vorkehrungen hiergegen getroffen sind.

(6) [1]Müssen Gebäude und Gebäudeteile, die über Eck zusammenstoßen, durch eine Brandwand abgeschlossen oder unterteilt werden, so muss die Wand über die innere Ecke mindestens 3 m hinausragen. [2]Dies gilt nicht, wenn die Gebäude oder Gebäudeteile in einem Winkel von mehr als 120° über Eck zusammenstoßen.

§ 34 Decken. (1) Decken sowie deren Bekleidung müssen unbeschadet des § 17 Abs. 2 hinsichtlich ihres Brandverhaltens nachfolgende Mindestanforderungen erfüllen:

Spalte		1	2	3	4
	Gebäude	Freistehende Wohngebäude mit nicht mehr als einer Wohnung (siehe auch Absatz 2)	Wohngebäude geringer Höhe mit nicht mehr als zwei Wohnungen	Gebäude geringer Höhe	andere Gebäude
Zeile	Bauteile				
1	Decken	keine	F 30	F 30	F 90-AB
2	Decken über Kellergeschossen	keine	F 30	F 90-AB	F 90-AB
3	Decken im Dachraum, über denen Aufenthaltsräume möglich sind	keine	F 30	F 30	F 90
4	Decken im Dachraum, über denen Aufenthaltsräume nicht möglich sind	keine	keine (siehe jedoch § 30 Abs. 4)	keine (siehe jedoch § 30 Abs. 4)	keine (siehe jedoch § 30 Abs. 4)

Wegen der Kurzbezeichnungen siehe Tabelle zu § 29

(2) Spalte 1 der Tabelle gilt auch für andere freistehende Gebäude ähnlicher Größe sowie für freistehende landwirtschaftliche Betriebsgebäude.

(3) Decken und ihre Unterstützung zwischen dem landwirtschaftlichen Betriebsteil und dem Wohnteil eines Gebäudes sind in der Feuerwiderstandsklasse F 90 und in den wesentlichen Teilen aus nichtbrennbaren Baustoffen (F 90-AB) herzustellen.

(4) Bei Decken eingeschossiger Gebäude werden keine Anforderungen an die Feuerwiderstandsklasse gestellt, wenn sich über der Decke nur das Dach oder ein nicht benutzbarer Dachraum befindet.

(5) [1]Öffnungen in Decken, für die eine Feuerwiderstandsklasse vorgeschrieben ist, sind zulässig, wenn die Nutzung des Gebäudes dies erfordert. [2]Die Öffnungen müssen mit selbstschließenden Abschlüssen entsprechend der Feuerwiderstandsklasse der Decken versehen werden; dies gilt nicht für den Abschluss von Öffnungen bei einschiebbaren Bodentreppen und Leitern nach § 36 Abs. 2 Satz 2. [3]Leitungen dürfen durch Decken, für die die Feuerwiderstandsklasse F 90 vorgeschrieben ist, nur hindurchgeführt werden, wenn eine Übertragung von Feuer und Rauch nicht zu befürchten ist oder entsprechende Vorkehrungen hiergegen getroffen sind.

(6) Absatz 5 gilt nicht für Decken in Wohngebäuden geringer Höhe mit nicht mehr als zwei Wohnungen und innerhalb von Wohnungen.

§ 35 Dächer. (1) Bedachungen müssen gegen Flugfeuer und strahlende Wärme widerstandsfähig sein (harte Bedachung).

(2) [1]Bedachungen, die die Anforderungen nach Absatz 1 nicht erfüllen, sind bei Gebäuden geringer Höhe zulässig, wenn die Gebäude
1. einen Abstand von der Grundstücksgrenze von mindestens 12 m,
2. von Gebäuden auf demselben Grundstück mit harter Bedachung einen Abstand von mindestens 15 m,
3. von Gebäuden auf demselben Grundstück mit Bedachungen, die die Anforderungen nach Absatz 1 nicht erfüllen, einen Abstand von mindestens 24 m,
4. von kleinen, nur Nebenzwecken dienenden Gebäuden ohne Feuerstätten auf demselben Grundstück einen Abstand von mindestens 5 m

einhalten. [2]Soweit Gebäude nach Satz 1 Abstand halten müssen, genügt bei Wohngebäuden geringer Höhe mit nicht mehr als zwei Wohnungen in den Fällen
1. der Nummer 1 ein Abstand von mindestens 6 m,
2. der Nummer 2 ein Abstand von mindestens 9 m,
3. der Nummer 3 ein Abstand von mindestens 12 m und
4. der Nummer 4 ein Abstand von mindestens 3 m.

[3]Auf den Abstand nach Satz 1 Nr. 1 und Satz 2 Nr. 1 dürfen angrenzende öffentliche Verkehrsflächen, öffentliche Grünflächen und öffentliche Wasserflächen bis zu ihrer Mitte angerechnet werden.

(3) Die Absätze 1 und 2 gelten nicht für
1. lichtdurchlässige Bedachungen aus nichtbrennbaren Baustoffen,
2. Lichtkuppeln und Oberlichte von Wohngebäuden,
3. Eingangsüberdachungen und Vordächer aus nichtbrennbaren Baustoffen,
4. Eingangsüberdachungen aus brennbaren Baustoffen, wenn die Eingänge nur zu Wohnungen führen.

(4) Abweichungen von den Absätzen 1 und 2 können
1. für lichtdurchlässige Teilflächen aus brennbaren Baustoffen in Bedachungen nach Absatz 1 und
2. für begrünte Bedachungen

zugelassen werden, wenn Bedenken wegen des Brandschutzes nicht bestehen.

(5) [1]An Dächer, bei denen aufgrund ihrer Anordnung die Übertragung von Feuer auf andere Gebäude oder Gebäudeteile zu befürchten ist, können besondere Anforderungen gestellt werden. [2]Bei aneinander gebauten giebelständigen Gebäuden ist das Dach für eine Brandbeanspruchung von innen nach außen in der Feuerwiderstandsklasse F 30 herzustellen. [3]Öffnungen in Dachflächen müssen mindestens 2 m von dem Gebäudeabschluss entfernt sein; eine geringere Entfernung ist zulässig, wenn der Abstand zu Öffnungen in der gegenüberliegenden Dachfläche mindestens 4 m beträgt.

(6) [1]Dachvorsprünge, Dachgesimse und Dachaufbauten, lichtdurchlässige Bedachungen und Lichtkuppeln sind so anzuordnen und herzustellen, dass ein Brand nicht auf andere Gebäude oder Gebäudeteile übertragen werden kann. [2]Von der Außenfläche von Gebäudeabschlusswänden und von der Mittellinie gemeinsamer Gebäudeabschlusswände (§ 31 Abs. 2) oder Gebäudetrennwände müssen sie mindestens 1,25 m entfernt sein.

(7) [1]Dächer von Anbauten, die an Wände mit Öffnungen oder an Wände, die nicht mindestens in der Feuerwiderstandsklasse F 90 erstellt sind, anschließen, sind in einem mindestens 5 m breiten Streifen vor diesen Wänden in mindestens der gleichen Feuerwiderstandsklasse herzustellen wie die Decken des höheren Gebäudes. [2]In diesem Bereich sind Dachhaut und Dämmschichten aus brennbaren Baustoffen gegen Entflammen zu schützen. [3]Dies gilt nicht für Anbauten an Wohngebäude geringer Höhe.

(8) Bei Dächern an Verkehrsflächen und über Eingängen können Vorrichtungen zum Schutz gegen das Herabfallen von Schnee und Eis verlangt werden.

(9) Für die vom Dach aus vorzunehmenden Arbeiten sind sicher benutzbare Vorrichtungen anzubringen.

Vierter Abschnitt

Treppen, Rettungswege, Aufzüge und Öffnungen

§ 36 Treppen. (1) [1]Jedes nicht zu ebener Erde liegende Geschoss und der benutzbare Dachraum eines Gebäudes müssen über mindestens eine Treppe zugänglich sein (notwendige Treppe); weitere Treppen können gefordert werden, wenn die Rettung von Menschen im Brandfall nicht auf andere Weise möglich ist. [2]Statt notwendiger Treppen können Rampen mit flacher Neigung gestattet werden.

(2) [1]Einschiebbare Treppen und Rolltreppen sind als notwendige Treppen unzulässig. [2]Einschiebbare Treppen und Leitern sind bei Gebäuden geringer Höhe als Zugang zu einem Dachraum ohne Aufenthaltsräume zulässig; sie können als Zugang zu sonstigen Räumen, die keine Aufenthaltsräume sind, gestattet werden, wenn wegen des Brandschutzes Bedenken nicht bestehen.

(3) [1]Die tragenden Teile notwendiger Treppen sind in der Feuerwiderstandsklasse F 90 und aus nichtbrennbaren Baustoffen herzustellen. [2]Bei Gebäuden geringer Höhe sind sie aus nichtbrennbaren Baustoffen herzustellen; dies gilt nicht für Wohngebäude geringer Höhe mit nicht mehr als zwei Wohnungen.

(4) In Gebäuden mit mehr als zwei Geschossen über der Geländeoberfläche sind die notwendigen Treppen in einem Zuge zu allen anderen angeschlossenen Geschossen zu führen; sie müssen mit den Treppen zum Dachraum unmittelbar verbunden sein.

(5) Die nutzbare Breite der Treppen und Treppenabsätze notwendiger Treppen muss mindestens 1 m betragen; in Wohngebäuden mit nicht mehr als zwei Wohnungen genügt eine Breite von 0,8 m.

(6) [1]Treppen müssen mindestens einen festen und griffsicheren Handlauf haben. [2]Bei großer nutzbarer Breite der Treppen können Handläufe auf beiden Seiten und Zwischenhandläufe gefordert werden.

(7) [1]Die freien Seiten der Treppen, Treppenabsätze und Treppenöffnungen müssen durch Geländer gesichert werden. [2]Fenster, die unmittelbar an Treppen liegen und deren Brüstungen unter der notwendigen Geländerhöhe liegen, sind zu sichern.

(8) Auf Handläufe und Geländer kann, insbesondere bei Treppen bis zu fünf Stufen, verzichtet werden, wenn wegen der Verkehrssicherheit auch unter Berücksichtigung der Belange Behinderter oder alter Menschen Bedenken nicht bestehen.

(9) Treppengeländer müssen mindestens 0,90 m, bei Treppen mit mehr als 12 m Absturzhöhe mindestens 1,10 m hoch sein.

(10) Eine Treppe darf nicht unmittelbar hinter einer Tür beginnen, die in Richtung der Treppe aufschlägt; zwischen Treppe und Tür ist ein Treppenabsatz anzuordnen, der mindestens so tief sein soll, wie die Tür breit ist.

(11) Die Absätze 3 bis 7 gelten nicht für Treppen innerhalb von Wohnungen.

§ 37 Treppenräume. (1) [1]Jede notwendige Treppe muss in einem eigenen Treppenraum (notwendiger Treppenraum) liegen. [2]Für die Verbindung von Geschossen innerhalb derselben Nutzungseinheit sind notwendige Treppen ohne Treppenraum zulässig.

(2) [1]Von jeder Stelle eines Aufenthaltsraumes sowie eines Kellergeschosses muss mindestens ein notwendiger Treppenraum oder ein Ausgang ins Freie in höchstens 35 m Entfernung erreichbar sein. [2]Sind mehrere notwendige Treppenräume erforderlich, müssen sie so verteilt sein, dass die Rettungswege möglichst kurz sind.

(3) Übereinanderliegende Kellergeschosse müssen jeweils mindestens zwei Ausgänge zu notwendigen Treppenräumen oder ins Freie haben.

(4) [1]Notwendige Treppenräume müssen durchgehend sein und an einer Außenwand liegen. [2]Notwendige Treppenräume, die nicht an einer Außenwand liegen (innenliegende notwendige Treppenräume) sind zulässig, wenn ihre Benutzung durch Raucheintritt nicht gefährdet werden kann.

(5) [1]Jeder notwendige Treppenraum muss einen sicheren Ausgang ins Freie haben. [2]Sofern der Ausgang eines notwendigen Treppenraumes nicht unmittelbar ins Freie führt, muss der Raum zwischen dem notwendigen Treppenraum und dem Ausgang ins Freie

1. mindestens so breit sein wie die dazugehörigen Treppen,
2. Wände haben, die die Anforderungen an die Wände des Treppenraumes erfüllen,
3. rauchdichte und selbstschließende Türen zu notwendigen Fluren haben und
4. ohne Öffnungen zu anderen Räumen, ausgenommen zu notwendigen Fluren, sein.

[3]Abweichungen von Satz 2 Nummern 2 und 4 können zugelassen werden, wenn Bedenken wegen des Brandschutzes nicht bestehen.

(6) In Geschossen mit mehr als vier Wohnungen oder Nutzungseinheiten vergleichbarer Größe müssen notwendige Flure angeordnet sein.

(7) [1]Die Wände notwendiger Treppenräume und ihrer Zugänge zum Freien sind

1. in Gebäuden geringer Höhe in der Feuerwiderstandsklasse F 90 und in den wesentlichen Teilen aus nichtbrennbaren Baustoffen (F 90-AB),
2. in anderen Gebäuden in der Bauart von Brandwänden (§ 33)

herzustellen. [2]Dies gilt nicht, soweit diese Wände Außenwände sind, den Anforderungen des § 29 Abs. 1 entsprechen und durch andere an diese Außenwände anschließende Bauteile nicht gefährdet werden können. [3]Bauteile dürfen in Treppenraumwände nur so weit eingreifen, dass der verbleibende Wandquerschnitt die Feuerwiderstandsklasse F 90 behält; für Leitungen, Leitungsschlitze und Schornsteine gilt dieses entsprechend. [4]Leitungen dürfen durch Treppenraumwände nur hindurchgeführt werden, wenn eine Übertragung von Feuer und Rauch nicht zu befürchten ist oder Vorkehrungen hiergegen getroffen sind.

(8) [1]Der obere Abschluss notwendiger Treppenräume ist

1. in Gebäuden geringer Höhe mindestens in der Feuerwiderstandsklasse F 30,
2. in anderen Gebäuden mindestens in der Feuerwiderstandsklasse F 90

herzustellen. [2]Dies gilt nicht, wenn der obere Abschluss das Dach oder ein Hohlraum nach § 2 Abs. 6 Satz 2 ist.

(9) [1]In notwendigen Treppenräumen und in Räumen nach Absatz 5 Satz 2 müssen

1. Bekleidungen, Putze, Dämmstoffe, Unterdecken und Einbauten aus nichtbrennbaren Baustoffen,
2. Bodenbeläge, ausgenommen Gleitschutzprofile, aus mindestens schwerentflammbaren Baustoffen

bestehen. [2]Leitungsanlagen sind zulässig, wenn Bedenken wegen des Brandschutzes nicht bestehen.

(10) In notwendigen Treppenräumen müssen

1. Öffnungen zum Kellergeschoss, zu nicht ausgebauten Dachräumen, Werkstätten, Läden, Lagerräumen und ähnlichen Räumen sowie zu Nutzungseinheiten mit mehr als 200 m² Nutzfläche ohne notwendige Flure rauchdichte und selbstschließende Türen mit einer Feuerwiderstandsklasse T 30,
2. Öffnungen zu notwendigen Fluren, rauchdichte und selbstschließende Türen und
3. sonstige Öffnungen außer in Gebäuden geringer Höhe dichtschließende Türen

erhalten.

(11) [1]Notwendige Treppenräume müssen zu lüften und zu beleuchten sein. [2]Notwendige Treppenräume, die an einer Außenwand liegen, müssen in jedem Geschoss Fenster mit einer Größe von mindestens 0,5 m² haben, die geöffnet werden können. [3]Innenliegende notwendige Treppenräume müssen in Gebäuden mit mehr als fünf Geschossen oberhalb der Geländeoberfläche eine Sicherheitsbeleuchtung haben.

(12) [1]In Gebäuden mit mehr als fünf Geschossen oberhalb der Geländeoberfläche sowie bei innenliegenden notwendigen Treppenräumen muss an der obersten Stelle eines notwendigen Treppenraumes ein Rauchabzug vorhanden sein. [2]Der Rauchabzug muss eine Rauchabzugsöffnung mit einem freien Querschnitt von mindestens 5 von Hundert der Grundfläche, mindestens jedoch von 1 m^2 haben. [3]Der Rauchabzug muss vom Erdgeschoss und vom obersten Treppenabsatz aus bedient werden können. [4]Abweichungen können zugelassen werden, wenn der Rauch auf andere Weise abgeführt werden kann.

(13) [1]Die Absätze 1 bis 5 und 7 bis 11 gelten nicht für Wohngebäude mit nicht mehr als zwei Wohnungen. [2]Absatz 6 gilt nicht für Wohngebäude geringer Höhe.

§ 38 Notwendige Flure und Gänge. (1) [1]Notwendige Flure sind Flure, über die Rettungswege von Aufenthaltsräumen zu Treppenräumen notwendiger Treppen oder zu Ausgängen ins Freie führen. [2]Als notwendige Flure gelten nicht
1. Flure innerhalb von Wohnungen oder Nutzungseinheiten vergleichbarer Größe,
2. Flure innerhalb von Nutzungseinheiten, die einer Büro- oder Verwaltungsnutzung dienen und deren Nutzfläche in einem Geschoss nicht mehr als 400 m^2 beträgt.

(2) [1]Notwendige Flure müssen so breit sein, dass sie für den größten zu erwartenden Verkehr ausreichen; Flure von mehr als 30 m Länge sollen durch nicht abschließbare, rauchdichte und selbstschließende Türen unterteilt werden. [2]In den Fluren ist eine Folge von weniger als drei Stufen unzulässig.

(3) [1]Notwendige Flure, die zu einem Sicherheitstreppenraum führen oder die als Stichflure nur eine Fluchtrichtung haben, dürfen bis zur Einmündung in einen notwendigen Treppenraum, den davor liegenden offenen Gang oder in eine Schleuse höchstens 10 m lang sein. [2]Der Stichflur darf 20 m lang sein, wenn die Räume einen zweiten Rettungsweg haben.

(4) [1]Wände notwendiger Flure sind unbeschadet der §§ 29 bis 33
1. in Gebäuden geringer Höhe in der Feuerwiderstandsklasse F 30 und
2. in anderen Gebäuden in der Feuerwiderstandsklasse F 30 und
   - in den wesentlichen Teilen aus nichtbrennbaren Baustoffen (F 30-AB) oder
   - mit einer beidseitig angeordneten ausreichend widerstandsfähigen Schicht aus nichtbrennbaren Baustoffen

herzustellen. [2]Die Wände sind bis an die Rohdecke oder bis an den oberen Raumabschluss zu führen, der die gleiche Feuerwiderstandsklasse wie die Wand hat (Fluchttunnel). [3]Türen in diesen Wänden müssen dicht schließen; Türen in Wänden von notwendigen Fluren nach Absatz 3 müssen rauchdicht und selbstschließend sein.

(5) [1]Wände und Brüstungen von notwendigen Fluren, die als offene Gänge vor den Außenwänden angeordnet werden, sind

1. in Gebäuden geringer Höhe in der Feuerwiderstandsklasse F 30 und
2. in anderen Gebäuden in der Feuerwiderstandsklasse F 30 und in den wesentlichen Teilen aus nichtbrennbaren Baustoffen (F 30-AB)

herzustellen. [2]Fenster sind in diesen Wänden ab einer Brüstungshöhe von 0,9 m zulässig. [3]Im Übrigen gilt Absatz 2 entsprechend.

(6) [1]Bekleidungen einschließlich Unterdecken und Dämmstoffe müssen in notwendigen Fluren und offenen Gängen außer in Gebäuden geringer Höhe aus nichtbrennbaren Baustoffen bestehen. [2]Fußbodenbeläge müssen mindestens schwerentflammbar (B 1) sein. [3]Leitungsanlagen sind zulässig, wenn Bedenken wegen des Brandschutzes nicht bestehen.

§ 39 Aufzüge. (1) [1]Aufzugsanlagen müssen weitergehenden Anforderungen aufgrund des § 11 des Gerätesicherheitsgesetzes auch dann entsprechen, wenn sie weder gewerblichen noch wirtschaftlichen Zwecken dienen und in ihrem Gefahrenbereich keine Arbeitnehmer beschäftigt werden. [2]Dies gilt auch für die Vorschriften über die Prüfung durch Sachverständige mit der Maßgabe, dass festgestellte Mängel auch der unteren Bauaufsichtsbehörde mitzuteilen sind.

(2) [1]Aufzüge im Innern von Gebäuden müssen eigene Fahrschächte haben. [2]In einem Fahrschacht dürfen bis zu drei Aufzüge liegen. [3]Die Wände der Fahrschächte sind in der Feuerwiderstandsklasse F 90 und in den wesentlichen Teilen aus nichtbrennbaren Baustoffen (F 90-AB) herzustellen. [4]Aufzüge ohne eigene Fahrschächte sind

- innerhalb eines Raumes und
- innerhalb eines Treppenraumes nach § 37 in Gebäuden mit nicht mehr als fünf Geschossen über der Geländeoberfläche

zulässig; die Aufzüge müssen sicher umkleidet sein.

(3) [1]Der Fahrschacht muss zu lüften und mit Rauchabzugsvorrichtungen versehen sein. [2]Die Rauchabzugsöffnungen in Fahrschächten müssen eine Größe von mindestens 2,5 vom Hundert der Grundfläche des Fahrschachtes, mindestens jedoch von 0,10 m² haben.

(4) Fahrschachttüren oder andere Abschlüsse in Schachtwänden nach Absatz 2 Satz 1 sind so herzustellen, dass Feuer und Rauch nicht in andere Geschosse übertragen werden können.

(5) Bei Aufzügen, die außerhalb von Gebäuden liegen oder die nicht mehr als drei übereinanderliegende Geschosse verbinden, sowie bei vereinfachten Güteraufzügen, Kleingüteraufzügen, Lagerhausaufzügen, Behindertenaufzügen und bei Aufzugsanlagen, die den bundesrechtlichen Vorschriften aufgrund von § 11 des Gerätesicherheitsgesetzes nicht unterliegen, kann von den Anforderungen nach Absätzen 1 und 2 abgewichen werden, wenn wegen der Betriebssicherheit und des Brandschutzes Bedenken nicht bestehen.

(6) [1]In Gebäuden mit mehr als fünf Geschossen über der Geländeoberfläche müssen Aufzüge in ausreichender Zahl eingebaut werden, von denen einer auch

zur Aufnahme von Kinderwagen, Rollstühlen, Krankentragen und Lasten geeignet sein muss; das oberste Geschoss ist nicht zu berücksichtigen, wenn seine Nutzung einen Aufzug nicht erfordert oder wenn durch den nachträglichen Ausbau des Dachgeschosses Wohnungen geschaffen werden. [2]Fahrkörbe zur Aufnahme einer Krankentrage müssen eine nutzbare Grundfläche von mindestens 1,10 m × 2,10 m haben; ihre Türen müssen eine lichte Durchgangsbreite von mindestens 0,90 m haben. [3]Vor den Aufzügen muss eine ausreichende Bewegungsfläche vorhanden sein. [4]Zur Aufnahme von Rollstühlen bestimmte Aufzüge müssen eine nutzbare Grundfläche von mindestens 1,10 m × 1,40 m haben und von allen Wohnungen in dem Gebäude und von der öffentlichen Verkehrsfläche stufenlos erreichbar sein; ihre Türen müssen eine lichte Durchgangsbreite von mindestens 0,90 m haben. [5]§ 55 Abs. 4 Sätze 2 bis 6 gilt entsprechend.

(7) [1]Aufzüge müssen zur Aufnahme von Rollstühlen geeignet sein. [2]Von mehreren Aufzügen muss mindestens einer zur Aufnahme von Rollstühlen geeignet sein.

§ 40 Fenster, Türen, Kellerlichtschächte. (1) Können die Fensterflächen nicht gefahrlos vom Erdboden, vom Innern des Gebäudes oder von Loggien oder Balkonen aus gereinigt werden, so sind Vorrichtungen wie Aufzüge oder Anschlagpunkte für Sicherheitsgeschirr anzubringen, die eine Reinigung von außen ermöglichen.

(2) [1]Glastüren und andere Glasflächen, die bis zum Fußboden allgemein zugänglicher Verkehrsflächen herabreichen, sind so zu kennzeichnen, dass sie leicht erkannt werden können. [2]Für größere Glasflächen können Schutzmaßnahmen zur Sicherung des Verkehrs verlangt werden.

(3) Gemeinsame Kellerlichtschächte für übereinanderliegende Kellergeschosse sind unzulässig.

(4) [1]Öffnungen in Fenstern, die als Rettungswege dienen, müssen im Lichten mindestens 0,90 m × 1,20 m groß und nicht höher als 1,20 m über der Fußbodenoberkante angeordnet sein. [2]Liegen diese Öffnungen in Dachschrägen oder Dachaufbauten, so darf ihre Unterkante oder ein davor liegender Austritt, horizontal gemessen, nicht mehr als 1,20 m von der Traufkante entfernt sein; von diesen Fenstern müssen sich Menschen zu öffentlichen Verkehrsflächen oder zu Flächen für die Feuerwehr bemerkbar machen können.

§ 41 Umwehrungen. (1) [1]In, an und auf baulichen Anlagen sind Flächen, die im Allgemeinen zum Begehen bestimmt sind und unmittelbar an mehr als 1 m tiefer liegende Flächen angrenzen, zu umwehren. [2]Dies gilt nicht, wenn eine Umwehrung dem Zweck der Fläche widerspricht, wie bei Verladerampen, Kais und Schwimmbecken.

(2) Nicht begehbare Oberlichte und Glasabdeckungen in Flächen, die im Allgemeinen zum Begehen bestimmt sind, sind zu umwehren, wenn sie weniger als 0,50 m aus diesen Flächen herausragen.

(3) Kellerlichtschächte und Betriebsschächte, die an Verkehrsflächen liegen, sind zu umwehren oder verkehrssicher abzudecken; Abdeckungen an und in öffentlichen Verkehrsflächen müssen gegen unbefugtes Abheben gesichert sein.

(4) Notwendige Umwehrungen müssen folgende Mindesthöhen haben:
1. Umwehrungen zur Sicherung von Öffnungen in begehbaren Decken, Dächern sowie Umwehrungen von Flächen mit einer Absturzhöhe von 1 m bis zu 12 m 0,90 m,
2. Umwehrungen von Flächen mit mehr als 12 m Absturzhöhe 1,10 m.

(5) [1]Fensterbrüstungen müssen bei einer Absturzhöhe von bis zu 12 m mindestens 0,80 m, darüber mindestens 0,90 m hoch sein. [2]Geringere Brüstungshöhen sind zulässig, wenn durch andere brüstungsähnliche Vorrichtungen diese Mindesthöhen eingehalten werden. [3]Soll die Absturzsicherung im Wesentlichen durch eine Umwehrung, wie Geländer, erbracht werden, so sind die Mindesthöhen nach Absatz 4 einzuhalten. [4]Im Erdgeschoss können geringere Brüstungshöhen gestattet werden.

Fünfter Abschnitt

Haustechnische Anlagen

§ 42 Lüftungsanlagen, Installationsschächte und Installationskanäle. (1) Lüftungsanlagen müssen betriebssicher sein; sie dürfen den ordnungsgemäßen Betrieb von Feuerstätten nicht beeinträchtigen.

(2) [1]Lüftungsleitungen sowie deren Bekleidungen und Dämmstoffe müssen aus nichtbrennbaren Baustoffen bestehen; brennbare Baustoffe sind zulässig, wenn Bedenken wegen des Brandschutzes nicht bestehen. [2]Lüftungsanlagen, ausgenommen in Gebäuden geringer Höhe, und Lüftungsanlagen, die Gebäudetrennwände überbrücken, sind so herzustellen, dass Feuer und Rauch nicht in andere Geschosse, Brandabschnitte, Treppenräume oder notwendige Flure übertragen werden können.

(3) [1]Lüftungsanlagen sind so herzustellen, dass sie Gerüche und Staub nicht in andere Räume übertragen. [2]Die Weiterleitung von Schall in fremde Räume muss ausreichend gedämmt sein.

(4) [1]Lüftungsleitungen dürfen nicht in Schornsteine eingeführt werden. [2]In Lüftungsleitungen dürfen Abgase von Feuerstätten eingeleitet werden, wenn die Abluft ins Freie geführt wird und Bedenken wegen der Betriebssicherheit und des Brandschutzes nicht bestehen. [3]Die Abluft ist ins Freie zu führen. [4]Nicht zur Lüftungsanlage gehörende Einrichtungen sind in Lüftungsleitungen unzulässig.

(5) Für raumlufttechnische Anlagen und Warmluftheizungen gelten die Absätze 1 bis 4, für Installationsschächte und Installationskanäle die Absätze 2 und 3 Satz 2 sinngemäß.

(6) Die Absätze 2 und 3 Satz 1 und Absatz 5 gelten nicht für Lüftungsanlagen sowie Installationsschächte und -kanäle in Wohngebäuden mit nicht mehr als zwei Wohnungen, innerhalb einer Wohnung oder innerhalb einer Nutzungseinheit vergleichbarer Größe.

§ 43 Feuerungsanlagen, Wärme- und Brennstoffversorgungsanlagen.

(1) [1]Feuerstätten und Abgasanlagen, wie Schornsteine, Abgasleitungen und Verbindungsstücke (Feuerungsanlagen), Anlagen zur Abführung von Verbrennungsgasen ortsfester Verbrennungsmotoren sowie Behälter und Rohrleitungen für brennbare Gase und Flüssigkeiten müssen betriebssicher und brandsicher sein und dürfen auch sonst nicht zu Gefahren und unzumutbaren Belästigungen führen können. [2]Die Weiterleitung von Schall in fremde Räume muss ausreichend gedämmt sein. [3]Abgasanlagen müssen leicht und sicher zu reinigen sein. [4]Feuerungsanlagen für feste Brennstoffe dürfen in einem Abstand von weniger als 100 m zu Wald nur errichtet oder betrieben werden, wenn durch geeignete Maßnahmen gewährleistet ist, dass kein Waldbrand entsteht.

(2) Für die Anlagen zur Verteilung von Wärme und zur Warmwasserversorgung gilt Absatz 1 Sätze 1 und 2 sinngemäß.

(3) Feuerstätten, ortsfeste Verbrennungsmotoren und Verdichter sowie Behälter für brennbare Gase und Flüssigkeiten dürfen nur in Räumen aufgestellt werden, bei denen nach Lage, Größe, baulicher Beschaffenheit und Benutzungsart Gefahren nicht entstehen können.

(4) [1]Die Abgase der Feuerstätten sind durch Abgasanlagen über Dach, die Verbrennungsgase ortsfester Verbrennungsmotoren sind durch Anlagen zur Abführung dieser Gase über Dach abzuleiten. [2]Abgasanlagen sind in solcher Zahl und Lage und so herzustellen, dass die Feuerstätten des Gebäudes ordnungsgemäß angeschlossen werden können.

(5) Die Abgase von Gasfeuerstätten mit abgeschlossenem Verbrennungsraum, denen die Verbrennungsluft durch dichte Leitungen vom Freien zuströmt (raumluftunabhängige Gasfeuerstätten), dürfen abweichend von Absatz 4 durch die Außenwand ins Freie geleitet werden, wenn

1. eine Ableitung des Abgases über Dach nicht oder nur mit unverhältnismäßig hohem Aufwand möglich ist und
2. die Nennwärmeleistung der Feuerstätte 11 kW zur Beheizung und 28 kW zur Warmwasserbereitung nicht überschreitet

und Gefahren oder unzumutbare Belästigungen nicht entstehen.

(6) Ohne Abgasanlage sind zulässig

1. Gasfeuerstätten, wenn durch einen sicheren Luftwechsel im Aufstellraum gewährleistet ist, dass Gefahren oder unzumutbare Belästigungen nicht entstehen,
2. Gas-Haushalts-Kochgeräte mit einer Nennwärmeleistung von nicht mehr als 11 kW, wenn der Aufstellungsraum einen Rauminhalt von mehr als 15 m^3 aufweist und mindestens eine Tür ins Freie oder ein Fenster, das geöffnet werden kann, hat,

3. nicht leitungsgebundene Gasfeuerstätten zur Beheizung von Räumen, die nicht gewerblichen Zwecken dienen, sowie Gas-Durchlauferhitzer, wenn diese Gasfeuerstätten besondere Sicherheitseinrichtungen haben, die die Kohlenmonoxidkonzentration im Aufstellraum so begrenzen, dass Gefahren oder unzumutbare Belästigungen nicht entstehen.

(7) [1]Bei der Errichtung oder Änderung von Schornsteinen sowie beim Anschluss von Feuerstätten an Schornsteine oder Abgasleitungen hat die Bauherrin oder der Bauherr sich von der Bezirksschornsteinfegermeisterin oder dem Bezirksschornsteinfegermeister bescheinigen zu lassen, dass die Abgasanlage sich in einem ordnungsgemäßen Zustand befindet und für die angeschlossenen Feuerstätten geeignet ist. [2]Bei der Errichtung von Schornsteinen soll vor Erteilung der Bescheinigung auch der Rohbauzustand besichtigt worden sein. [3]Stellt die Bezirksschornsteinfegermeisterin oder der Bezirksschornsteinfegermeister Mängel fest, hat sie oder er diese Mängel der Bauaufsichtsbehörde mitzuteilen.

(8) Gasfeuerstätten dürfen in Räumen nur aufgestellt werden, wenn durch besondere Vorrichtungen an den Feuerstätten oder durch Lüftungsanlagen sichergestellt ist, dass gefährliche Ansammlungen von unverbranntem Gas in den Räumen nicht entstehen.

(9) Brennstoffe sind so zu lagern, dass Gefahren oder unzumutbare Belästigungen nicht entstehen.

§ 44 Wasserversorgungsanlagen. (1) Wasserversorgungsanlagen sind so anzuordnen, herzustellen und instand zu halten, dass sie betriebssicher sind und Gefahren oder unzumutbare Belästigungen nicht entstehen können.

(2) [1]Jede Wohnung und jede sonstige Nutzungseinheit müssen einen eigenen Wasserzähler haben. [2]Dies gilt nicht bei Nutzungsänderungen wenn die Anforderung nach Satz 1 nur mit unverhältnismäßigem Aufwand erfüllt werden kann.

(3) Zur Brandbekämpfung muss eine ausreichende Wassermenge zur Verfügung stehen; Abweichungen können für Einzelgehöfte in der freien Feldflur zugelassen werden.

§ 45 *(aufgehoben)*

§ 46 Abfallschächte. (1) [1]Abfallschächte dürfen nicht errichtet werden. [2]Bestehende Abfallschächte sind spätestens bis zum 31. Dezember 2003 außer Betrieb zu nehmen. [3]Die zu ihrem Befüllen vorgesehenen Öffnungen sind bis zu diesem Zeitpunkt dauerhaft zu verschließen. [4]Bis sie stillgelegt werden, gelten für bestehende Abfallschächte die Absätze 2 bis 5.

(2) [1]Abfallschächte, ihre Einfüllöffnungen und die zugehörigen Sammelräume dürfen nicht in Aufenthaltsräumen und nicht an Wänden von Wohn- und Schlafräumen liegen. [2]Einfüllöffnungen dürfen nicht in Treppenräumen liegen. [3]Abfallschächte und Sammelräume müssen aus Bauteilen der Feuerwiderstandsklasse F 90 bestehen. [4]Die Bauteile sowie Bekleidungen, Dämmstoffe und innere Wandschalen und Einrichtungen innerhalb des Schachtes und des

Sammelraumes müssen aus nichtbrennbaren Baustoffen bestehen. [5]Der Einbau einer Feuerlöscheinrichtung kann verlangt werden.

(3) [1]Vorhandene Abfallschächte müssen so beschaffen sein, dass sie Abfälle sicher abführen, dass Feuer, Rauch, Gerüche und Staub nicht in das Gebäude dringen können und dass die Weiterleitung von Schall gedämmt wird. [2]Eine ständig wirkende Lüftung muss gesichert sein.

(4) [1]Die Einfüllöffnungen müssen so beschaffen sein, dass Staubbelästigungen nicht auftreten und sperrige Abfälle nicht eingebracht werden können. [2]Am oberen Ende des Abfallschachtes muss eine Reinigungsöffnung vorhanden sein. [3]Alle Öffnungen müssen Verschlüsse aus nichtbrennbaren Baustoffen haben.

(5) [1]Der Abfallschacht muss in einen ausreichend großen Sammelraum münden. [2]Die inneren Zugänge des Sammelraumes müssen selbstschließende Türen der Feuerwiderstandsklasse T 90 haben. [3]Der Sammelraum muss vom Freien aus zugänglich und entleerbar sein. [4]Die Abfälle sind in beweglichen Abfallbehältern zu sammeln. [5]Der Sammelraum muss eine ständig wirksame Lüftung und einen Bodenablauf mit Geruchverschluss haben.

§ 47 *(aufgehoben)*

Sechster Abschnitt

Aufenthaltsräume und Wohnungen

§ 48 Aufenthaltsräume. (1) [1]Aufenthaltsräume müssen eine für ihre Benutzung ausreichende Grundfläche und eine lichte Höhe von mindestens 2,40 m haben. [2]Für Aufenthaltsräume in Wohngebäuden mit nicht mehr als zwei Wohnungen, für Aufenthaltsräume im Dachraum und im Kellergeschoss, im Übrigen für einzelne Aufenthaltsräume und Teile von Aufenthaltsräumen kann eine geringere lichte Höhe gestattet werden, wenn wegen der Benutzung Bedenken nicht bestehen. [3]Aufenthaltsräume unter einer Dachschräge müssen eine ausreichende lichte Höhe über mindestens der Hälfte ihrer Grundfläche haben; Raumteile mit einer lichten Höhe bis zu 1,50 m bleiben außer Betracht.

(2) [1]Aufenthaltsräume müssen unmittelbar ins Freie führende Fenster von solcher Zahl und Beschaffenheit haben, dass die Räume ausreichend Tageslicht erhalten und belüftet werden können (notwendige Fenster). [2]Das Rohbaumaß der Fensteröffnungen muss mindestens ein Achtel der Grundfläche des Raumes betragen; ein geringeres Maß ist zulässig, wenn wegen der Lichtverhältnisse Bedenken nicht bestehen. [3]Oberlichte anstelle von Fenstern sind zulässig, wenn wegen der Nutzung des Aufenthaltsraumes Bedenken nicht bestehen.

(3) Verglaste Vorbauten und Loggien sind vor notwendigen Fenstern zulässig, wenn eine ausreichende Lüftung und Beleuchtung mit Tageslicht sichergestellt ist.

(4) [1]Aufenthaltsräume, deren Nutzung eine Beleuchtung mit Tageslicht verbietet, sind ohne Fenster zulässig, wenn eine wirksame Lüftung gesichert ist. [2]Küchen sind ohne eigene Fenster zulässig, wenn sie eine Sichtverbindung zu einem Aufenthaltsraum mit Fenstern nach Absatz 2 Sätze 1 und 2 haben und eine wirksame Lüftung gesichert ist. [3]Bei Aufenthaltsräumen, die nicht dem Wohnen dienen, ist anstelle einer ausreichenden Beleuchtung mit Tageslicht und Lüftung durch Fenster eine Ausführung nach Satz 1 zulässig, wenn wegen der Gesundheit Bedenken nicht bestehen. [4]Aufenthaltsräume, die dem Wohnen dienen, dürfen anstelle einer Lüftung durch Fenster mechanisch betriebene Lüftungsanlagen haben, wenn wegen der Gesundheit Bedenken nicht bestehen und die Lüftungsanlagen der Energieeinsparung dienen.

(5) [1]In Kellergeschossen sind Aufenthaltsräume zulässig, deren Nutzung eine Beleuchtung mit Tageslicht verbietet, ferner Verkaufsräume, Gaststätten, ärztliche Behandlungsräume, Sport- und Spielräume sowie ähnliche Räume; Absatz 4 gilt sinngemäß. [2]Einzelne Aufenthaltsräume, die dem Wohnen dienen, sind im Kellergeschoss zulässig, wenn sie zu einer Wohnung im Erdgeschoss gehören und mit dieser über eine in der Wohnung liegende Treppe unmittelbar verbunden sind. [3]Im Übrigen sind Aufenthaltsräume und Wohnungen in Kellergeschossen nur zulässig, wenn das Gelände vor Außenwänden mit notwendigen Fenstern in einer für die Beleuchtung mit Tageslicht ausreichenden Entfernung und Breite nicht mehr als 0,80 m über dem Fußboden liegt.

(6) [1]Räume nach Absatz 5 müssen unmittelbar mit Rettungswegen in Verbindung stehen, die ins Freie führen. [2]Die Räume und Rettungswege müssen von anderen Räumen im Kellergeschoß durch Wände der Feuerwiderstandsklasse F 90 und in den wesentlichen Teilen aus nichtbrennbaren Baustoffen (F 90-AB) abgetrennt sein; Türen in diesen Wänden müssen der Feuerwiderstandsklasse T 30 entsprechen. [2]Dies gilt nicht für Wohngebäude mit nicht mehr als zwei Wohnungen.

§ 49 Wohnungen. (1) [1]Jede Wohnung muss von anderen Wohnungen und fremden Räumen baulich abgeschlossen sein und einen eigenen, abschließbaren Zugang unmittelbar vom Freien, von einem Treppenraum, einem Flur oder einem anderen Vorraum haben. [2]Dies gilt nicht für Wohnungen in Wohngebäuden mit nicht mehr als zwei Wohnungen. [3]Wohnungen in Gebäuden, die nicht nur zum Wohnen dienen, müssen einen besonderen Zugang haben; gemeinsame Zugänge sind zulässig, wenn Gefahren oder unzumutbare Belästigungen für die Benutzerinnen und Benutzer der Wohnungen nicht entstehen.

(2) [1]In Gebäuden mit mehr als zwei Wohnungen müssen die Wohnungen eines Geschosses barrierefrei erreichbar sein. [2]In diesen Wohnungen müssen die Wohn- und Schlafräume, eine Toilette, ein Bad und die Küche oder Kochnische mit dem Rollstuhl zugänglich sein. [3]Abweichungen von den Sätzen 1 und 2 sind zuzulassen, soweit die Anforderungen nur mit unverhältnismäßigem Mehraufwand erfüllt werden können, insbesondere wegen schwieriger Geländeverhältnisse, ungünstiger vorhandener Bebauung oder weil sie den Einbau eines sonst nicht notwendigen Aufzugs erfordern.

(3) [1]Wohnungen müssen durchlüftet werden können. [2]Reine Nordlage aller Wohn- und Schlafräume ist unzulässig.

(4) [1]Jede Wohnung muss eine Küche oder Kochnische haben sowie über einen Abstellraum verfügen. [2]Der Abstellraum soll mindestens 6 m^2 groß sein; davon soll außer in Wohngebäuden mit nicht mehr als zwei Wohnungen eine Abstellfläche von mindestens 0,5 m^2 innerhalb der Wohnung liegen.

(5) Für Gebäude mit Wohnungen in den Obergeschossen sollen leicht erreichbare und zugängliche Abstellräume für Kinderwagen und Fahrräder sowie für Rollstühle, Gehwagen und ähnliche Hilfsmittel hergestellt werden.

(6) Für Gebäude mit mehr als zwei Wohnungen sollen ausreichend große Trockenräume zur gemeinschaftlichen Benutzung eingerichtet werden.

(7) In Wohnungen müssen Schlafräume und Kinderzimmer sowie Flure, über die Rettungswege von Aufenthaltsräumen führen, jeweils mindestens einen Rauchwarnmelder haben. Dieser muss so eingebaut oder angebracht und betrieben werden, dass Brandrauch frühzeitig erkannt und gemeldet wird. Wohnungen, die bis zum 31. März 2013 errichtet oder genehmigt sind, haben die Eigentümer spätestens bis zum 31. Dezember 2016 entsprechend den Anforderungen nach den Sätzen 1 und 2 auszustatten. Die Betriebsbereitschaft der Rauchwarnmelder hat der unmittelbare Besitzer sicherzustellen, es sei denn, der Eigentümer hat diese Verpflichtung bis zum 31. März 2013 selbst übernommen.

§ 50 Bäder und Toilettenräume. (1) Jede Wohnung muss ein Bad mit Badewanne oder Dusche haben.

(2) [1]Jede Wohnung und jede Nutzungseinheit mit Aufenthaltsräumen muss mindestens eine Toilette haben. [2]Sie muss mit Wasserspülung versehen sein, wenn sie an eine dafür geeignete Sammelkanalisation oder an eine Kleinkläranlage angeschlossen werden kann. [3]In Bädern von Wohnungen dürfen nur Toiletten mit Wasserspülung angeordnet werden. [4]Toilettenräume für Wohnungen müssen innerhalb der Wohnung liegen.

(3) Fensterlose Bäder und Toilettenräume sind nur zulässig, wenn eine wirksame Lüftung gewährleistet ist.

Siebenter Abschnitt

Besondere Anlagen

§ 51 Stellplätze und Garagen, Abstellplätze für Fahrräder. (1) [1]Bei der Errichtung von baulichen Anlagen und anderen Anlagen, bei denen ein Zu- und Abgangsverkehr zu erwarten ist, müssen Stellplätze oder Garagen hergestellt werden, wenn und soweit unter Berücksichtigung der örtlichen Verkehrsverhältnisse und des öffentlichen Personenverkehrs zu erwarten ist, dass der Zu- und Abgangsverkehr mittels Kraftfahrzeug erfolgt (notwendige Stellplätze und

Garagen). [2]Hinsichtlich der Herstellung von Fahrradabstellplätzen gilt Satz 1 sinngemäß. [3]Es kann gestattet werden, dass die notwendigen Stellplätze oder Garagen innerhalb einer angemessenen Frist nach Fertigstellung der Anlagen hergestellt werden.

(2) Wesentliche Änderungen von Anlagen nach Absatz 1 oder wesentliche Änderungen ihrer Benutzung stehen der Errichtung im Sinne des Absatzes 1 gleich.

(3) [1]Die Stellplätze und Garagen sind auf dem Baugrundstück oder in der näheren Umgebung davon auf einem geeigneten Grundstück herzustellen, dessen Benutzung für diesen Zweck öffentlich-rechtlich gesichert ist. [2]Die Bauaufsichtsbehörde kann, wenn Gründe des Verkehrs dies erfordern, im Einzelfall bestimmen, ob die Stellplätze auf dem Baugrundstück oder auf einem anderen Grundstück herzustellen sind. [3]Fahrradabstellplätze sind auf dem Baugrundstück herzustellen.

(4) Die Gemeinde kann für abgegrenzte Teile des Gemeindegebietes oder bestimmte Fälle durch Satzung bestimmen, dass

1. notwendige Stellplätze oder Garagen sowie Abstellplätze für Fahrräder bei bestehenden baulichen Anlagen herzustellen sind, soweit die Sicherheit oder Ordnung des öffentlichen Verkehrs oder die Beseitigung städtebaulicher Missstände dies erfordert,
2. die Herstellung von Stellplätzen oder Garagen untersagt oder eingeschränkt wird, soweit Gründe des Verkehrs, insbesondere die Erreichbarkeit mit öffentlichen Verkehrsmitteln, städtebauliche Gründe oder der Schutz von Kindern dies rechtfertigen.

(5) [1]Ist die Herstellung notwendiger Stellplätze oder Garagen nicht oder nur unter großen Schwierigkeiten möglich, so kann die Bauaufsichtsbehörde unter Bestimmung der Zahl der notwendigen Stellplätze im Einvernehmen mit der Gemeinde auf die Herstellung von Stellplätzen verzichten, wenn die zur Herstellung Verpflichteten an die Gemeinde einen Geldbetrag nach Maßgabe einer Satzung zahlen. [2]Ist die Herstellung notwendiger Stellplätze oder Garagen aufgrund einer Satzung nach Absatz 4 Nr. 2 untersagt oder eingeschränkt, so ist für die Differenz zwischen notwendigen Stellplätzen und hergestellten zulässigen Stellplätzen oder Garagen ein Geldbetrag an die Gemeinde zu zahlen. [3]Den Geldbetrag zieht die Gemeinde ein. [4]Der Geldbetrag darf 80 vom Hundert der durchschnittlichen Herstellungskosten von Parkeinrichtungen nach Absatz 6 Buchstabe a einschließlich der Kosten des Grunderwerbs im Gemeindegebiet oder in bestimmten Teilen des Gemeindegebietes nicht überschreiten. [5]Die Höhe des Geldbetrags je Stellplatz ist durch Satzung festzulegen.

(6) [1]Der Geldbetrag nach Absatz 5 ist zu verwenden

a) für die Herstellung zusätzlicher Parkeinrichtungen im Gemeindegebiet,
b) für investive Maßnahmen zur Verbesserung des öffentlichen Personennahverkehrs oder
c) für investive Maßnahmen zur Verbesserung des Fahrradverkehrs.

[2]Die Verwendung des Geldbetrages muss für die Erreichbarkeit des Bauvorhabens, das die Zahlungspflicht auslöst, einen Vorteil bewirken.

(7) [1]Stellplätze und Garagen müssen so angeordnet und ausgeführt werden, dass ihre Benutzung die Gesundheit nicht schädigt und Lärm oder Gerüche das Arbeiten und Wohnen, die Ruhe und die Erholung in der Umgebung nicht über das zumutbare Maß hinaus stören. [2]Es kann verlangt werden, dass anstelle von Stellplätzen Garagen hergestellt werden.

(8) [1]Notwendige Stellplätze, Garagen und Fahrradabstellplätze dürfen nicht zweckentfremdet werden. [2]Sie dürfen Personen, die nicht Nutzer oder Besucher der Anlage nach Absatz 1 Satz 1 sind, nur dann und lediglich zum Abstellen von Kraftfahrzeugen oder Fahrrädern vermietet oder sonst überlassen werden, wenn und solange sie nicht für Nutzer und Besucher benötigt werden.

(9) Werden in einem Gebäude, das vor dem 1. Januar 1993 fertiggestellt war, Wohnungen durch Ausbau des Dachgeschosses geschaffen, so brauchen notwendige Stellplätze und Garagen entsprechend Absatz 2 nicht hergestellt zu werden, soweit dies auf dem Grundstück nicht oder nur unter großen Schwierigkeiten möglich ist.

§ 52 Ställe, Dungstätten und Gärfutterbehälter. (1) [1]Ställe sind so anzuordnen, zu errichten und instand zu halten, dass eine ordnungsgemäße Tierhaltung sichergestellt ist und die Umgebung nicht unzumutbar belästigt wird. [2]Ställe müssen ausreichend zu lüften sein.

(2) [1]Die ins Freie führenden Stalltüren dürfen nicht nach innen aufschlagen. [2]Ihre Zahl, Höhe und Breite müssen so groß sein, dass die Tiere bei Gefahr ohne Schwierigkeiten ins Freie gelangen können.

(3) [1]Bauteile wie Wände, Decken, Fußböden müssen gegen schädliche Einflüsse der Stallluft, der Jauche und des Flüssigmists geschützt sein. [2]Der Fußboden des Stalles oder darunter liegende Auffangräume für Abgänge müssen wasserdicht sein. [3]Für Pferdeställe, Schafställe, Ziegenställe und Kleintierställe sowie für Offenställe, Laufställe und für Räume, in denen Tiere nur vorübergehend untergebracht werden, können Abweichungen zugelassen werden.

(4) [1]Für Stalldung sind Dungstätten mit wasserdichten Böden anzulegen. [2]Die Wände müssen bis in ausreichender Höhe wasserdicht sein. [3]Flüssige Abgänge aus Ställen und Dungstätten sind in wasserdichte Jauchebehälter oder Flüssigmistbehälter zu leiten, die keine Verbindung zu anderen Abwasseranlagen haben dürfen.

(5) Dungstätten, Jauchebehälter und Flüssigmistbehälter sollen
1. von Öffnungen zu Aufenthaltsräumen mindestens 5 m,
2. von der Nachbargrenze mindestens 2 m,
3. von öffentlichen Verkehrsflächen mindestens 10 m und
4. von Brunnen und oberirdischen Gewässern mindestens 15 m

entfernt sein.

(6) [1]Gärfutterbehälter, die nicht nur vorübergehend benutzt werden, müssen dichte Wände und Böden haben und so angeordnet, hergestellt und instandgehalten werden, dass Gefahren oder unzumutbare Belästigungen nicht entstehen. [2]Die Sickersäfte sind einwandfrei zu beseitigen. [3]Absatz 5 Nr. 4 gilt entsprechend.

§ 53 Behelfsbauten und untergeordnete Gebäude. (1) Die §§ 29 bis 52 gelten nicht für Anlagen, die nach ihrer Ausführung für eine dauernde Nutzung nicht geeignet sind oder die für eine begrenzte Zeit aufgestellt werden sollen (Behelfsbauten).

(2) Absatz 1 gilt auch für kleine, Nebenzwecken dienende Gebäude ohne Feuerstätten und für freistehende andere Gebäude, die eingeschossig sind und nicht für einen Aufenthalt oder nur für einen vorübergehenden Aufenthalt bestimmt sind wie Lauben und Unterkunftshütten sowie für Gebäude mit Abstellräumen nach § 6 Abs. 11.

(3) [1]Gebäude nach Absatz 1, die überwiegend aus brennbaren Baustoffen bestehen, dürfen nur erdgeschossig hergestellt werden. [2]Ihre Dachräume dürfen nicht nutzbar sein und müssen von den Giebelseiten oder vom Flur aus für die Brandbekämpfung erreichbar sein. [3]Brandwände (§ 33) sind mindestens alle 30,0 m anzuordnen und stets 0,30 m über Dach und vor die Seitenwände zu führen.

§ 54 Sonderbauten. (1) [1]Für bauliche Anlagen und Räume besonderer Art oder Nutzung (Sonderbauten) können im Einzelfall zur Verwirklichung der allgemeinen Anforderungen nach § 3 Abs. 1 Satz 1 besondere Anforderungen gestellt werden. [2]Erleichterungen können im Einzelfall gestattet werden, soweit es der Einhaltung von Vorschriften
a) wegen der besonderen Art oder Nutzung baulicher Anlagen und Räume oder
b) wegen der besonderen Anforderungen nach Satz 1
nicht bedarf.

(2) Anforderungen und Erleichterungen können sich insbesondere erstrecken auf

1. die Abstände von Nachbargrenzen, von anderen baulichen Anlagen auf dem Grundstück und von öffentlichen Verkehrsflächen sowie auf die Größe der auf Baugrundstucken freizuhaltenden Flächen,
2. die Anordnung der baulichen Anlagen auf dem Grundstück,
3. die Öffnungen nach öffentlichen Verkehrsflächen und nach angrenzenden Grundstücken,
4. die Bauart und Anordnung aller für die Standsicherheit, Verkehrssicherheit, den Brandschutz, den Wärme- und Schallschutz oder Gesundheitsschutz wesentlichen Bauteile,
5. Brandschutzeinrichtungen und Brandschutzvorkehrungen,
6. die Feuerungsanlagen und Heizräume,
7. die Anordnung und Herstellung der Aufzüge sowie die Treppen, Treppenräume, Flure, Ausgänge, sonstige Rettungswege und ihre Kennzeichnung,
8. die zulässige Zahl der Benutzerinnen und Benutzer, Anordnung und Zahl der zulässigen Sitzplätze und Stehplätze bei Versammlungsstätten, Gaststätten, Vergnügungsstätten, Tribünen und Fliegenden Bauten,
9. die Lüftung,
10. die Beleuchtung und Energieversorgung,

11. die Wasserversorgung,
12. die Aufbewahrung und Beseitigung von Abwasser und von Abfällen,
13. die Stellplätze und Garagen sowie die Abstellplätze für Fahrräder,
14. die Anlage der Zufahrten und Abfahrten,
15. die Anlage von Grünstreifen, Baumbepflanzungen und anderen Pflanzungen sowie die Begrünung von Aufschüttungen und Abgrabungen,
16. Löschwasser-Rückhalteanlagen,
17. die Qualifikation der Bauleiterin oder des Bauleiters und der Fachbauleiterinnen und der Fachbauleiter,
18. die Bestellung einer oder eines Brandschutzbeauftragten für den Betrieb eines Gebäudes,
19. die Pflicht, ein Brandschutzkonzept vorzulegen, und dessen Inhalt,
20. weitere Bescheinigungen, die nach Fertigstellung des Rohbaus oder nach abschließender Fertigstellung der baulichen Anlagen zu erbringen sind,
21. Nachweise über die Nutzbarkeit der Rettungswege im Brandfall,
22. Prüfungen und Prüfungen, die von Zeit zu Zeit zu wiederholen sind (wiederkehrende Prüfungen), sowie die Bescheinigungen, die hierfür zu erbringen sind,
23. den Betrieb und die Benutzung.

(3) Die Vorschriften der Absätze 1 und 2 gelten insbesondere für die in § 68 Abs. 1 Satz 3 aufgeführten Vorhaben.

§ 55 Barrierefreiheit öffentlich zugänglicher baulicher Anlagen. (1) Bauliche Anlagen, die öffentlich zugänglich sind, müssen in den dem allgemeinen Besucherverkehr dienenden Teilen von Menschen mit Behinderung, alten Menschen und Personen mit Kleinkindern barrierefrei erreicht und ohne fremde Hilfe zweckentsprechend genutzt werden können.

(2) [1]Absatz 1 gilt insbesondere für
1. Einrichtungen der Kultur und des Bildungswesens,
2. Sport- und Freizeitstätten,
3. Einrichtungen des Gesundheitswesens,
4. Büro-, Verwaltungs- und Gerichtsgebäude,
5. Verkaufs- und Gaststätten,
6. Stellplätze, Garagen und Toilettenanlagen.

[2]Bei Stellplätzen und Garagen muss mindestens 1 vom Hundert der Einstellplätze, mindestens jedoch ein Einstellplatz für schwerbehinderte Menschen vorgehalten werden.

(3) Für bauliche Anlagen sowie andere Anlagen und Einrichtungen, die überwiegend oder ausschließlich von Menschen mit Behinderungen oder alten Menschen genutzt werden, wie
1. Tagesstätten, Schulen, Werkstätten und Heime für Menschen mit Behinderungen,
2. Altenheime, Altenwohnheime, Altenpflegeheime und Altenwohnungen

gilt Absatz 1 nicht nur für die dem allgemeinen Besucherverkehr dienenden Teile, sondern für die gesamte Anlage und die gesamten Einrichtungen.

(4) [1]Bauliche Anlagen sowie andere Anlagen und Einrichtungen nach den Absätzen 2 und 3 müssen mindestens durch einen Eingang stufenlos erreichbar sein. [2]Der Eingang muss eine lichte Durchgangsbreite von mindestens 0,90 m haben. [3]Vor Türen muss eine ausreichende Bewegungsfläche vorhanden sein. [4]Rampen dürfen nicht mehr als 6 vom Hundert geneigt sein, sie müssen mindestens 1,20 m breit sein und beidseitig einen festen und griffsicheren Handlauf haben. [5]Am Anfang und am Ende jeder Rampe ist ein Podest, alle 6,0 m ein Zwischenpodest anzuordnen. [6]Die Podeste müssen eine Länge von mindestens 1,50 m haben. [7]Treppen müssen an beiden Seiten Handläufe erhalten, die über Treppenabsätze und Fensteröffnungen sowie über die letzten Stufen zu führen sind. [8]Die Treppen müssen Setzstufen haben. [9]Flure müssen mindestens 1,40 m breit sein. [10]Ein Toilettenraum muss auch für Benutzerinnen und Benutzer von Rollstühlen geeignet und erreichbar sein; er ist zu kennzeichnen.

(5) § 39 Abs. 6 gilt auch für Gebäude mit weniger als sechs Geschossen, soweit Geschosse von Menschen mit Behinderungen mit Rollstühlen stufenlos erreichbar sein müssen.

(6) Abweichungen von den Absätzen 1, 4 und 5 können zugelassen werden, soweit die Anforderungen wegen schwieriger Geländeverhältnisse, ungünstiger vorhandener Bebauung oder im Hinblick auf die Sicherheit der Menschen mit Behinderungen oder alten Menschen nur mit einem unverhältnismäßigen Mehraufwand erfüllt werden können.

VIERTER TEIL

Die am Bau Beteiligten

§ 56 Grundsatz. Bei der Errichtung, Änderung, Instandhaltung, Nutzungsänderung oder dem Abbruch baulicher Anlagen sowie anderer Anlagen und Einrichtungen im Sinne des § 1 Abs. 1 Satz 2 sind die Bauherrin oder der Bauherr und im Rahmen ihres Wirkungskreises die anderen am Bau Beteiligten (§§ 58 bis 59a) dafür verantwortlich, dass die öffentlich-rechtlichen Vorschriften eingehalten werden.

§ 57 Bauherrin, Bauherr. (1) [1]Die Bauherrin oder der Bauherr hat zur Vorbereitung und Ausführung eines genehmigungsbedürftigen Bauvorhabens eine Entwurfsverfasserin oder einen Entwurfsverfasser (§ 58), Unternehmerinnen oder Unternehmer (§ 59) und eine Bauleiterin oder einen Bauleiter (§ 59a) zu beauftragen. [2]Die Bauherrin oder der Bauherr hat gegenüber der Bauaufsichtsbehörde die nach den öffentlich-rechtlichen Vorschriften erforderlichen Anzeigen und Nachweise zu erbringen, soweit hierzu nicht die Bauleiterin oder der Bauleiter verpflichtet ist.

(2) [1]Bei technischen einfachen baulichen Anlagen und anderen Anlagen und Einrichtungen im Sinne des § 1 Abs. 1 Satz 2 kann die Bauaufsichtsbehörde darauf verzichten, dass eine Entwurfsverfasserin oder ein Entwurfsverfasser und eine Bauleiterin oder ein Bauleiter beauftragt werden. [2]Bei Bauarbeiten, die in Selbst- oder Nachbarschaftshilfe ausgeführt werden, ist die Beauftragung von Unternehmerinnen oder Unternehmern nicht erforderlich, wenn dabei genügend Fachkräfte mit der nötigen Sachkunde, Erfahrung und Zuverlässigkeit mitwirken. [3]Genehmigungsbedürftige Abbrucharbeiten dürfen nicht in Selbst- oder Nachbarschaftshilfe ausgeführt werden.

(3) [1]Sind die von der Bauherrin oder vom Bauherrn beauftragten Personen für ihre Aufgabe nach Sachkunde und Erfahrung nicht geeignet, so kann die Bauaufsichtsbehörde vor und während der Bauausführung verlangen, dass ungeeignete Beauftragte durch geeignete ersetzt oder Sachverständige beauftragt werden. [2]Die Bauaufsichtsbehörde kann die Bauarbeiten einstellen lassen, bis geeignete Beauftragte oder Sachverständige beauftragt sind.

(4) Absatz 1 Satz 1 gilt auch für Bauvorhaben, die gemäß § 67 von der Genehmigungspflicht freigestellt sind.

(5) [1]Die Bauherrin oder der Bauherr hat vor Baubeginn die Namen der Bauleiterin oder des Bauleiters und der Fachbauleiterinnen oder Fachbauleiter und während der Bauausführung einen Wechsel dieser Personen mitzuteilen. [2]Die Bauaufsichtsbehörde kann verlangen, dass für bestimmte Arbeiten die Unternehmerinnen oder Unternehmer namhaft gemacht werden. [3]Wechselt die Bauherrin oder der Bauherr, so hat die neue Bauherrin oder der neue Bauherr dies der Bauaufsichtsbehörde unverzüglich schriftlich mitzuteilen.

(6) Die Bauherrin oder der Bauherr trägt die Kosten für

1. die Entnahme von Proben und deren Prüfung (§ 81 Abs. 3),
2. für die Tätigkeit von Sachverständigen oder sachverständigen Stellen aufgrund von § 61 Abs. 3 sowie von Rechtsverordnungen nach § 85 Abs. 2 Nr. 3.

§ 58 Entwurfsverfasserin, Entwurfsverfasser. (1) [1]Die Entwurfsverfasserin oder der Entwurfsverfasser muss nach Sachkunde und Erfahrung zur Vorbereitung des jeweiligen Bauvorhabens geeignet sein. [2]Sie oder er ist für die Vollständigkeit und Brauchbarkeit ihres oder seines Entwurfs verantwortlich. [3]Die Entwurfsverfasserin oder der Entwurfsverfasser hat dafür zu sorgen, dass die für die Ausführung notwendigen Einzelzeichnungen, Einzelberechnungen und Anweisungen geliefert werden und dem genehmigten Entwurf und den öffentlich-rechtlichen Vorschriften entsprechen.

(2) [1]Besitzt die Entwurfsverfasserin oder der Entwurfsverfasser auf einzelnen Fachgebieten nicht die erforderliche Sachkunde und Erfahrung, so hat sie oder er dafür zu sorgen, dass geeignete Fachplanerinnen oder Fachplaner herangezogen werden. [2]Diese sind für die von ihnen gelieferten Unterlagen verantwortlich. [3]Für das ordnungsgemäße Ineinandergreifen aller Fachentwürfe bleibt die Entwurfsverfasserin oder der Entwurfsverfasser verantwortlich.

(3) Brandschutzkonzepte für bauliche Anlagen gemäß § 54 Abs. 2 Nr. 19 und § 69 Abs. 1 Satz 2 sollen von staatlich anerkannten Sachverständigen nach § 85 Abs. 2 Satz 1 Nr. 4 für die Prüfung des Brandschutzes aufgestellt werden.

§ 59 Unternehmerin, Unternehmer. (1) [1]Jede Unternehmerin oder jeder Unternehmer ist für die ordnungsgemäße, den allgemein anerkannten Regeln der Technik und den Bauvorlagen entsprechende Ausführung der von ihr oder ihm übernommenen Arbeiten und insoweit für die ordnungsgemäße Einrichtung und den sicheren bautechnischen Betrieb der Baustelle sowie für die Einhaltung der Arbeitsschutzbestimmungen verantwortlich. [2]Sie oder er hat die erforderlichen Nachweise über die Verwendbarkeit der verwendeten Bauprodukte und Bauarten zu erbringen und auf der Baustelle bereitzuhalten. [3]Sie oder er darf, unbeschadet der Vorschriften des § 75, Arbeiten nicht ausführen oder ausführen lassen, bevor nicht die dafür notwendigen Unterlagen und Anweisungen an der Baustelle vorliegen.

(2) Die Unternehmerin oder der Unternehmer hat auf Verlangen der Bauaufsichtsbehörde für Bauarbeiten, bei denen die Sicherheit der baulichen Anlagen sowie anderer Anlagen und Einrichtungen in außergewöhnlichem Maße von der besonderen Sachkenntnis und Erfahrung der Unternehmerin oder des Unternehmers oder von einer Ausstattung des Unternehmens mit besonderen Vorrichtungen abhängt, nachzuweisen, dass sie oder er für diese Bauarbeiten geeignet ist und über die erforderlichen Vorrichtungen verfügt.

(3) [1]Besitzt eine Unternehmerin oder ein Unternehmer für einzelne Arbeiten nicht die erforderliche Sachkunde und Erfahrung, so hat sie oder er dafür zu sorgen, dass Fachunternehmerinnen oder Fachunternehmer oder Fachleute herangezogen werden. [2]Diese sind für ihre Arbeiten verantwortlich. [3]Für das ordnungsgemäße Ineinandergreifen ihrer oder seiner Arbeiten mit denen der Fachunternehmerinnen oder Fachunternehmer oder Fachleute ist die Unternehmerin oder der Unternehmer verantwortlich.

§ 59a Bauleiterin, Bauleiter. (1) [1]Die Bauleiterin oder der Bauleiter hat darüber zu wachen, dass die Baumaßnahme dem öffentlichen Baurecht, insbesondere den allgemein anerkannten Regeln der Technik und den Bauvorlagen entsprechend durchgeführt wird, und die dafür erforderlichen Weisungen zu erteilen. [2]Sie oder er hat im Rahmen dieser Aufgabe auf den sicheren bautechnischen Betrieb der Baustelle, insbesondere auf das gefahrlose Ineinandergreifen der Arbeiten der Unternehmerinnen oder der Unternehmer und auf die Einhaltung der Arbeitsschutzbestimmungen zu achten. [3]Die Verantwortlichkeit der Unternehmerinnen oder Unternehmer bleibt unberührt.

(2) Die Bauleiterin oder der Bauleiter hat die Anzeigen nach § 75 Abs. 7 und § 82 Abs. 2 zu erstatten, sofern dies nicht durch die Bauherrin oder den Bauherrn geschieht.

(3) [1]Die Bauleiterin oder der Bauleiter muss über die für ihre oder seine Aufgabe erforderliche Sachkunde und Erfahrung verfügen. [2]Verfügt sie oder er auf

einzelnen Teilgebieten nicht über die erforderliche Sachkunde und Erfahrung, so hat sie oder er dafür zu sorgen, dass Fachbauleiterinnen oder Fachbauleiter herangezogen werden. [3]Diese treten insoweit an die Stelle der Bauleiterin oder des Bauleiters. [4]Die Bauleiterin oder der Bauleiter hat die Tätigkeit der Fachbauleiterinnen oder Fachbauleiter und ihre oder seine Tätigkeit aufeinander abzustimmen.

FÜNFTER TEIL

Bauaufsichtsbehörden und Verwaltungsverfahren

Erster Abschnitt

Bauaufsichtsbehörden

§ 60 Bauaufsichtsbehörden. (1) Bauaufsichtsbehörden sind:

1. Oberste Bauaufsichtsbehörde: das für die Bauaufsicht zuständige Ministerium;
2. Obere Bauaufsichtsbehörde: die Bezirksregierungen für die kreisfreien Städte und Kreise sowie in den Fällen des § 80, im Übrigen die Landräte als untere staatliche Verwaltungsbehörden;
3. Untere Bauaufsichtsbehörden:
   a) die kreisfreien Städte, die Großen kreisangehörigen Städte und die Mittleren kreisangehörigen Städte,
   b) die Kreise für die übrigen kreisangehörigen Gemeinden

als Ordnungsbehörden.

(2) Die den Bauaufsichtsbehörden obliegenden Aufgaben gelten als solche der Gefahrenabwehr. § 86 bleibt unberührt.

(3) Die Bauaufsichtsbehörden sind zur Durchführung ihrer Aufgaben ausreichend mit Personen zu besetzen, die aufgrund eines Hochschulabschlusses der Fachrichtungen Architektur oder Bauingenieurwesen die Berufsbezeichnung „Ingenieurin“ oder „Ingenieur“ führen dürfen und die insbesondere die erforderlichen Kenntnisse des öffentlichen Baurechts, der Bautechnik und der Baugestaltung haben.

§ 61 Aufgaben und Befugnisse der Bauaufsichtsbehörden. (1) [1]Die Bauaufsichtsbehörden haben bei der Errichtung, der Änderung, dem Abbruch, der Nutzung, der Nutzungsänderung sowie der Instandhaltung baulicher Anlagen sowie anderer Anlagen und Einrichtungen im Sinne des § 1 Abs. 1 Satz 2 darüber zu wachen, dass die öffentlich-rechtlichen Vorschriften und die aufgrund dieser Vorschriften erlassenen Anordnungen eingehalten werden. [2]Sie haben in Wahrnehmung dieser Aufgaben nach pflichtgemäßem Ermessen die erforderlichen Maßnahmen zu treffen. [3]Die gesetzlich geregelten Zuständigkeiten und Befugnisse anderer Behörden bleiben unberührt.

(2) [1]Auch nach Erteilung einer Baugenehmigung (§ 75) oder einer Zustimmung nach § 80 können Anforderungen gestellt werden, um dabei nicht voraussehbare Gefahren oder unzumutbare Belästigungen von der Allgemeinheit oder denjenigen, die die bauliche Anlage benutzen, abzuwenden. [2]Satz 1 gilt entsprechend, wenn bauliche Anlagen oder andere Anlagen oder Einrichtungen im Sinne von § 1 Abs. 1 Satz 2 ohne Genehmigung oder Zustimmung errichtet werden dürfen.

(3) Die Bauaufsichtsbehörden können zur Erfüllung ihrer Aufgaben Sachverständige und sachverständige Stellen heranziehen.

(4) Sind Bauprodukte entgegen § 25 Abs. 4 mit dem Ü-Zeichen gekennzeichnet, so kann die Bauaufsichtsbehörde die Verwendung dieser Bauprodukte untersagen und deren Kennzeichnung entwerten oder beseitigen lassen.

(5) Die Einstellung der Bauarbeiten kann angeordnet werden, wenn Bauprodukte verwendet werden, die unberechtigt mit der CE-Kennzeichnung (§ 20 Abs. 1 Nr. 2) oder dem Ü-Zeichen (§ 25 Abs. 4) gekennzeichnet sind.

(6) [1]Die mit dem Vollzug dieses Gesetzes beauftragten Personen sind berechtigt, in Ausübung ihres Amtes Grundstücke und bauliche Anlagen einschließlich der Wohnungen zu betreten. [2]Das Grundrecht der Unverletzlichkeit der Wohnung (Artikel 13 des Grundgesetzes) wird insoweit eingeschränkt.

§ 62 Sachliche Zuständigkeit. Für den Vollzug dieses Gesetzes sowie anderer öffentlich-rechtlicher Vorschriften für die Errichtung, die Änderung, die Nutzungsänderung, die Instandhaltung und den Abbruch baulicher Anlagen sowie anderer Anlagen und Einrichtungen im Sinne des § 1 Abs. 1 Satz 2 ist die untere Bauaufsichtsbehörde zuständig, soweit nichts anderes bestimmt ist.

Zweiter Abschnitt

Genehmigungsbedürftige und genehmigungsfreie Vorhaben

§ 63 Genehmigungsbedürftige Vorhaben. (1) [1]Die Errichtung, die Änderung, die Nutzungsänderung und der Abbruch baulicher Anlagen sowie anderer Anlagen und Einrichtungen im Sinne des § 1 Abs. 1 Satz 2 bedürfen der Baugenehmigung, soweit in den §§ 65 bis 67, 79 und 80 nichts anderes bestimmt ist.*

* Gemäß § 4 Nr. 4 c) i.V.m. § 5 Abs. 3 S. 3, 4 des Ersten Gesetzes zum Bürokratieabbau [Bürokratieabbaugesetz I] v. 13.3.2007 (GV NRW S. 133) gilt für Verwaltungsakte, die vor dem Ablauf des 31.12.12 bekanntgegeben worden sind, Folgendes:
„Abweichend von § 63 Abs. 1 Satz 1 bedarf die Nutzungsänderung baulicher Anlagen sowie anderer Anlagen und Einrichtungen im Sinne des § 1 Abs. 1 Satz 2 in der Regel keiner Baugenehmigung, sondern ist bei der unteren Bauaufsichtsbehörde vor Durchführung des Vorhabens schriftlich anzuzeigen.
Der Anzeige sind die für eine Prüfung des Vorhabens erforderlichen Bauvorlagen beizufügen. Der Antragsteller kann abweichend von Satz 1 auf die Durchführung eines Baugenehmigungsverfahrens bestehen.

[2]Soweit für das bauliche Vorhaben nach § 1 i.V.m. Anlage 1 Nrn. 20, 21, 27, 28 des Gesetzes über die Umweltverträglichkeitsprüfung in Nordrhein-Westfalen (UVPG NW) eine Umweltverträglichkeitsprüfung oder eine Vorprüfung des Einzelfalls durchzuführen ist, müssen die Durchführung der Umweltverträglichkeitsprüfung sowie die Vorprüfung des Einzelfalles den Anforderungen des UVPG NW entsprechen.

(2) Die Genehmigung nach § 4 und § 15 Abs. 1 des Bundes-Immissionsschutzgesetzes, auch wenn sie im vereinfachten Verfahren nach § 19 des Bundes-Immissionsschutzgesetzes erteilt wird, die Erlaubnis nach § 11 des Gerätesicherheitsgesetzes, die Anlagengenehmigung nach § 8 des Gentechnikgesetzes, die Genehmigung nach § 7 Abs. 3 des Abfallgesetzes und die Verbindlichkeitserklärung eines Sanierungsplanes nach § 13 Abs. 6 Bundes-Bodenschutzgesetz oder § 15 Abs. 3 Landesbodenschutzgesetz schließen eine Genehmigung nach Absatz 1 sowie eine Zustimmung nach § 80 ein.

(3) Die Vorschriften über gesetzlich geregelte Planfeststellungsverfahren bleiben unberührt.

§ 64 *(aufgehoben)*

§ 65 Genehmigungsfreie Vorhaben. (1) Die Errichtung oder Änderung folgender baulicher Anlagen sowie anderer Anlagen und Einrichtungen im Sinne des § 1 Abs. 1 Satz 2 bedarf keiner Baugenehmigung:

Gebäude

1. Gebäude bis zu 30 m³ Brutto-Rauminhalt ohne Aufenthaltsräume, Ställe, Aborte oder Feuerstätten, im Außenbereich nur, wenn sie einem land- oder forstwirtschaftlichen Betrieb dienen (§ 35 Abs. 1 Nr. 1 des Baugesetzbuches); dies gilt nicht für Garagen und Verkaufs- und Ausstellungsstände,
2. Gartenlauben in Kleingartenanlagen nach dem Bundeskleingartengesetz,
3. Wochenendhäuser auf genehmigten Wochenendplätzen,
4. Gebäude bis zu 4,0 m Firsthöhe, die nur zum vorübergehenden Schutz von Pflanzen und Tieren bestimmt sind und die einem land- oder forstwirtschaftlichen Betrieb dienen,

---

Die Nutzungsänderung kann aufgenommen werden, wenn die Bauaufsichtsbehörde nicht innerhalb von zwei Wochen nach Eingang der Anzeige und der Bauvorlagen erklärt, dass das Genehmigungsverfahren durchgeführt werden soll.
Die Bauaufsichtsbehörde kann die Erklärung insbesondere wegen der notwendigen Beteiligung anderer Behörden oder aus Gründen des Immissions- oder Brandschutzes abgeben. Sie hat dann die Anzeige als Bauantrag zu behandeln.
Erklärt die Bauaufsichtsbehörde nach der Anzeige, dass ein Genehmigungsverfahren durchgeführt werden soll, so ist die Anzeigegebühr auf die Genehmigungsgebühr anzurechnen.
Gleiches gilt für die Errichtung von Kleingaragen. Jedoch ist ein Genehmigungsverfahren durchzuführen, wenn im Falle der Grenzbebauung oder der grenznahen Bebauung keine Einverständniserklärung des Grenznachbarn vorliegt."

5. Gewächshäuser ohne Verkaufsstätten mit einer Firsthöhe bis zu 5,0 m und nicht mehr als 1600 m^2 Grundfläche, die einem land- oder forstwirtschaftlichen Betrieb oder einem Betrieb der gartenbaulichen Erzeugung im Sinne des § 35 Abs. 1 Nrn. 1 und 2, und des § 201 BauGB dienen,
6. Fahrgastunterstände des öffentlichen Personenverkehrs oder der Schülerbeförderung,
7. Schutzhütten für Wanderer,

Anlagen in, an und außerhalb von Gewässern

7a. Anlagen an und in oberirdischen Gewässern einschließlich der Lande- und Umschlagstellen und der Rückhaltebecken, Anlagen der Gewässerbenutzung wie Anlagen zur Entnahme von Wasser, Anlagen zur Einleitung von Abwasser, Stauanlagen, Anlagen der Gewässerunterhaltung und des Gewässerausbaues, Deiche, Dämme und Stützmauern, mit Ausnahme von Gebäuden, Aufbauten und Überbrückungen,

Bauteile

8. nichttragende oder nichtaussteifende Bauteile innerhalb baulicher Anlagen; dies gilt nicht für Wände, Decken und Türen von notwendigen Fluren als Rettungswege,

8a. Verkleidungen von Balkonbrüstungen,

8b. Terrassenüberdachungen mit einer Fläche bis zu 30 m^2 und einer Tiefe bis zu 3 m,

Versorgungsanlagen, Leitungen, Behälter, Abwasserbehandlungsanlagen, Aufzüge

9. Lüftungsanlagen, raumlufttechnische Anlagen, Warmluftheizungen, Installationsschächte und Installationskanäle, die keine Gebäudetrennwände und – außer in Gebäuden geringer Höhe – keine Geschosse überbrücken; § 66 Satz 1 Nr. 7 bleibt unberührt,

9a. bauliche Anlagen, die dem Fernmeldewesen, der allgemeinen Versorgung mit Elektrizität, Gas, Öl, Wärme und Wasser dienen, wie Transformatoren-, Schalt-, Regler- oder Pumpstationen, bis 20 m^2 Grundfläche und 4 m Höhe,

10. Energieleitungen einschließlich ihrer Masten und Unterstützungen,
11. Behälter und Flachsilos bis zu 50 m^3 Fassungsvermögen und bis zu 3,0 m Höhe außer ortsfesten Behältern für brennbare oder schädliche Flüssigkeiten oder für verflüssigte oder nicht verflüssigte Gase und offenen Behältern für Jauche und Flüssigmist,
12. Abwasserbehandlungsanlagen, mit Ausnahme von Gebäuden,

12a. Aufzüge, mit Ausnahme solcher in Sonderbauten (§ 54),

Kernenergieanlagen, Sprengstofflager, Füllanlagen

12b. Anlagen, die einer Genehmigung nach § 7 des Atomgesetzes bedürfen,

12c. bauliche Anlagen, die ausschließlich zur Lagerung von Sprengstoffen dienen,

12d. Füllanlagen für Kraftfahrzeuge an Tankstellen,

Einfriedungen, Stützmauern, Brücken

13. Einfriedungen bis zu 2,0 m, an öffentlichen Verkehrsflächen bis zu 1,0 m Höhe über der Geländeoberfläche, im Außenbereich nur bei Grundstücken, die bebaut sind oder deren Bebauung genehmigt ist,
14. offene Einfriedungen für landwirtschaftlich (§ 201 des Baugesetzbuches) oder forstwirtschaftlich genutzte Grundstücke im Außenbereich,
15. Brücken und Durchlässe bis zu 5,0 m Lichtweite,
16. Stützmauern bis zu 2,0 m Höhe über der Geländeoberfläche,

Masten, Antennen und ähnliche Anlagen und Einrichtungen

17. Unterstützungen von Seilbahnen,
18. Parabolantennen mit Reflektorschalen bis zu einem Durchmesser von 1,20 m und bis zu einer Höhe von 10,0 m, sonstige Antennen und Sendeanlagen einschließlich der Masten mit einer Höhe bis zu 10,0 m und zugehörige nach der Nummer 9a zulässige Versorgungseinheiten sowie die Änderung der Nutzung oder der äußeren Gestalt der baulichen Anlage, wenn die Antenne, Sendeanlage oder die Versorgungseinheit in, auf oder an einer bestehenden baulichen Anlage errichtet werden,
19. ortsveränderliche Antennenträger, die nur vorübergehend aufgestellt werden,
20. Blitzschutzanlagen,
21. Signalhochbauten der Landesvermessung,
22. Fahnenmasten,
23. Flutlichtanlagen bis zu 10,0 m Höhe über der Geländeoberfläche,

Stellplätze, Abstellplätze, Lagerplätze

24. nicht überdachte Stellplätze für Personenkraftwagen und Motorräder bis zu insgesamt 100 m^2,
25. überdachte und nicht überdachte Fahrradabstellplätze bis zu insgesamt 100 m^2,
26. Ausstellungsplätze, Abstellplätze und Lagerplätze bis zu 300 m^2 Fläche außer in Wohngebieten und im Außenbereich,
27. unbefestigte Lagerplätze, die einem land- oder forstwirtschaftlichen Betrieb dienen, für die Lagerung land- oder forstwirtschaftlicher Produkte,

Bauliche Anlagen in Gärten und zur Freizeitgestaltung

28. bauliche Anlagen, die der Gartengestaltung oder der zweckentsprechenden Einrichtung von Gärten dienen, wie Bänke, Sitzgruppen, Pergolen,
29. bauliche Anlagen, die der zweckentsprechenden Einrichtung von Sport- und Spielflächen dienen, wie Tore für Ballspiele, Schaukeln und Klettergerüste, ausgenommen Tribünen,
30. Wasserbecken bis zu 100 m^3 Fassungsvermögen außer im Außenbereich,
31. Landungsstege,
32. Sprungschanzen und Sprungtürme bis zu 10,0 m Höhe,

Werbeanlagen, Warenautomaten

33. Werbeanlagen und Hinweiszeichen nach § 13 Abs. 3 Nr. 3 bis zu einer Größe von 1 m^2,

33a. Werbeanlagen in durch Bebauungsplan festgesetzten Gewerbe-, Industrie- und vergleichbaren Sondergebieten an der Stätte der Leistung, an und auf Flugplätzen, Sportanlagen, an und in abgegrenzten Versammlungsstätten, sowie auf Ausstellungs- und Messegeländen, soweit sie nicht in die freie Landschaft wirken,*

33b. Werbeanlagen im Geltungsbereich einer Satzung nach § 86 Abs. 1 Nr. 1, wenn die Satzung Festsetzungen über Art, Größe und Anbringungsort der Werbeanlagen enthält und die Werbeanlagen diesen Festsetzungen entsprechen,

34. Werbeanlagen für zeitlich begrenzte Veranstaltungen, insbesondere für Ausverkäufe und Schlussverkäufe an der Stätte der Leistung, jedoch nur für die Dauer der Veranstaltung,

35. Werbeanlagen, die an der Stätte der Leistung vorübergehend angebracht oder aufgestellt sind, soweit sie nicht fest mit dem Boden oder anderen baulichen Anlagen verbunden sind,

36. Warenautomaten,

Vorübergehend aufgestellte oder genutzte Anlagen

37. Gerüste und Hilfseinrichtungen zur statischen Sicherung von Bauzuständen,

38. Baustelleneinrichtungen einschließlich der Lagerhallen, Schutzhallen und Unterkünfte,

39. Behelfsbauten, die der Landesverteidigung, dem Katastrophenschutz oder der Unfallhilfe für kurze Zeit dienen,

40. bauliche Anlagen, die zu Straßenfesten, Märkten und ähnlichen Veranstaltungen nur für kurze Zeit aufgestellt werden und die keine Fliegenden Bauten sind,

41. bauliche Anlagen, die für höchstens drei Monate auf genehmigtem Messe- und Ausstellungsgelände errichtet werden, ausgenommen Fliegende Bauten,

Sonstige bauliche Anlagen und Einrichtungen

41a. Zugänge und Zufahrten, ausgenommen solche nach § 5,

42. selbständige Aufschüttungen oder Abgrabungen bis zu 2,0 m Höhe oder Tiefe, im Außenbereich nur, wenn die Aufschüttungen und Abgrabungen nicht mehr als 400 m^2 Fläche haben,

43. Regale mit einer Lagerhöhe (Oberkante Lagergut) von bis zu 7,50 m Höhe,

44. Anlagen zur Nutzung erneuerbarer Energien:
    a) Solaranlagen in, an und auf Dach- und Außenwandflächen oder als untergeordnete Nebenanlagen,

---

* Gemäß § 2 Nr. 4 b) i.V.m. § 5 Abs. 3 S. 3, 4 des Ersten Gesetzes zum Bürokratieabbau [Bürokratieabbaugesetz I] v. 13.3.2007 (GV NRW S. 133) gilt für Verwaltungsakte, die vor dem Ablauf des 31.12.12 bekanntgegeben worden sind, Folgendes:
„Abweichend von § 65 Abs. 1 Nr. 33a bedarf die Errichtung oder Änderung von Werbeanlagen an der Stätte der Leistung auch dann keiner Baugenehmigung, wenn das Gewerbe-, Industrie- oder vergleichbare Sondergebiet nicht durch Bebauungsplan festgesetzt ist."

b) Kleinwindanlagen bis zu 10 m Anlagengesamthöhe, außer in reinen, allgemeinen und besonderen Wohngebieten, sowie Mischgebieten,

45. Denkmale, Skulpturen und Brunnenanlagen sowie Grabdenkmale und Grabsteine auf Friedhöfen,
46. Brunnen,
47. Fahrzeugwaagen,
48. Hochsitze,
49. unbedeutende bauliche Anlagen und Einrichtungen, soweit sie nicht durch die Nummern 1 bis 48 erfasst sind, wie Teppichstangen, Markisen, nicht überdachte Terrassen sowie Kleintierställe bis zu 5 m^3.

(2) Keiner Baugenehmigung bedürfen ferner:

1. eine geringfügige, die Standsicherheit nicht berührende Änderung tragender oder aussteifender Bauteile innerhalb von Gebäuden; die nicht geringfügige Änderung dieser Bauteile, wenn eine Sachkundige oder ein Sachkundiger der Bauherrin oder dem Bauherrn die Ungefährlichkeit der Maßnahme schriftlich bescheinigt,
2. die Änderung der äußeren Gestaltung durch Anstrich, Verputz, Verfugung, Dacheindeckung, durch Einbau oder Austausch von Fenstern und Türen, Austausch von Umwehrungen sowie durch Bekleidungen und Verblendungen; dies gilt nicht in Gebieten, für die eine örtliche Bauvorschrift nach § 86 Abs. 1 Nr. 1 oder 2 besteht,
3. die mit Solaranlagen in, an und auf Dach- und Außenwandflächen verbundene Änderung der Nutzung oder der äußeren Gestalt des Gebäudes,
4. die mit Kleinwindanlagen bis zu 10 m Anlagengesamthöhe verbundene Änderung der Nutzung oder der äußeren Gestalt des Gebäudes, außer in reinen, allgemeinen und besonderen Wohngebieten, sowie Mischgebieten,
5. Nutzungsänderungen, wenn die Errichtung oder Änderung der Anlage für die neue Nutzung genehmigungsfrei wäre,
6. das Auswechseln von gleichartigen Teilen haustechnischer Anlagen, wie Abwasseranlagen, Lüftungsanlagen und Feuerungsanlagen,
7. das Auswechseln von Belägen auf Sport- und Spielflächen,
8. die Instandhaltung von baulichen Anlagen sowie anderen Anlagen und Einrichtungen.

(3) [1]Der Abbruch oder die Beseitigung von baulichen Anlagen sowie anderen Anlagen und Einrichtungen nach Absatz 1 bedarf keiner Baugenehmigung. [2]Dies gilt auch für den Abbruch oder die Beseitigung von

1. genehmigungsfreien Anlagen nach § 66,
2. Gebäuden bis zu 300 m^3 umbauten Raum,
3. ortsfesten Behältern,
4. luftgetragenen Überdachungen,
5. Mauern und Einfriedungen,
6. Schwimmbecken,
7. Regalen,
8. Stellplätzen für Kraftfahrzeuge,

9. Lager- und Abstellplätzen,
10. Fahrradabstellplätzen,
11. Camping- und Wochenendplätzen,
12. Werbeanlagen.

(4) Die Genehmigungsfreiheit entbindet nicht von der Verpflichtung zur Einhaltung der Anforderungen, die in diesem Gesetz, in Vorschriften aufgrund dieses Gesetzes oder in anderen öffentlich-rechtlichen Vorschriften gestellt werden.

§ 66 Genehmigungsfreie Anlagen. [1]Die Errichtung oder Änderung folgender Anlagen bedarf keiner Genehmigung:
1. Anlagen zur Verteilung von Wärme bei Wasserheizungsanlagen einschließlich der Wärmeerzeuger,
2. Feuerungsanlagen,
2a. in Serie hergestellte Blockheizkraftwerke,
2b. in Serie hergestellte Brennstoffzellen,
3. Wärmepumpen,
4. ortsfeste Behälter für brennbare oder schädliche Flüssigkeiten bis zu 50 m^3 Fassungsvermögen, für verflüssigte oder nicht verflüssigte Gase bis zu 5 m^3 Fassungsvermögen,
5. Wasserversorgungsanlagen einschließlich der Warmwasserversorgungsanlagen und ihre Wärmeerzeuger,
6. Abwasseranlagen, soweit sie nicht als Abwasserbehandlungsanlagen von der Genehmigungspflicht freigestellt sind (§ 65 Abs. 1 Nr. 12),
7. Lüftungsanlagen, raumlufttechnische Anlagen und Warmluftheizungen in Wohnungen oder ähnlichen Nutzungseinheiten mit Einrichtungen zur Wärmerückgewinnung.

[2]Die Bauherrin oder der Bauherr hat sich vor der Benutzung der Anlagen von der Unternehmerin oder dem Unternehmer oder einer oder einem Sachverständigen bescheinigen zu lassen, dass die Anlagen den öffentlich-rechtlichen Vorschriften entsprechen. [3]§ 43 Abs. 7 bleibt unberührt.

§ 67 Genehmigungsfreie Wohngebäude, Stellplätze und Garagen. (1) [1]Im Geltungsbereich eines Bebauungsplanes im Sinne von § 30 Abs. 1 oder § 30 Abs. 2 des Baugesetzbuches bedürfen die Errichtung oder Änderung von Wohngebäuden mittlerer und geringer Höhe einschließlich ihrer Nebengebäude und Nebenanlagen keiner Baugenehmigung, wenn
1. das Vorhaben den Festsetzungen des Bebauungsplanes nicht widerspricht,
2. die Erschließung im Sinne des Baugesetzbuches gesichert ist und
3. die Gemeinde nicht innerhalb eines Monats nach Eingang der Bauvorlagen erklärt, dass das Genehmigungsverfahren durchgeführt werden soll.

[2]Satz 1 gilt auch für Nutzungsänderungen von Gebäuden, deren Errichtung oder Änderung bei geänderter Nutzung genehmigungsfrei wäre. [3]Die Bauherrin oder der Bauherr kann beantragen, dass für die in Satz 1 genannten Vorhaben das Baugenehmigungsverfahren durchgeführt wird.

(2) [1]Den bei der Gemeinde einzureichenden Bauvorlagen ist eine Erklärung der Entwurfsverfasserin oder des Entwurfsverfassers beizufügen, dass das Vorhaben den Anforderungen an den Brandschutz entspricht. [2]Mit dem Vorhaben darf einen Monat nach Eingang der Bauvorlagen bei der Gemeinde begonnen werden. [3]Teilt die Gemeinde der Bauherrin oder dem Bauherrn vor Ablauf der Frist schriftlich mit, dass kein Genehmigungsverfahren durchgeführt werden soll, darf unverzüglich mit dem Vorhaben begonnen werden. [4]Ein Rechtsanspruch auf eine solche Mitteilung besteht nicht.

(3) [1]Die Gemeinde kann die Erklärung nach Absatz 1 Satz 1 Nr. 3 abgeben, weil sie beabsichtigt, eine Veränderungssperre nach § 14 des Baugesetzbuches zu beschließen oder eine Zurückstellung nach § 15 des Baugesetzbuches zu beantragen, oder wenn sie aus anderen Gründen die Durchführung eines Genehmigungsverfahrens für erforderlich hält. [2]Erklärt die Gemeinde, dass das Genehmigungsverfahren durchgeführt werden soll, hat sie der Bauherrin oder dem Bauherrn mit der Erklärung die Bauvorlagen zurückzureichen, falls die Bauherrin oder der Bauherr bei der Vorlage nicht ausdrücklich bestimmt hat, dass sie im Falle der Erklärung der Gemeinde nach Absatz 1 Nr. 3 als Bauantrag zu behandeln sind. [3]Die Gemeinde leitet dann die Bauvorlagen zusammen mit ihrer Stellungnahme an die untere Bauaufsichtsbehörde weiter; § 72 Abs. 1 Satz 3 ist nicht anzuwenden.

(4) [1]Bei Wohngebäuden mittlerer Höhe und Wohngebäuden geringer Höhe mit mehr als zwei Wohnungen, jedoch nicht bei deren Nebengebäuden und Nebenanlagen, müssen vor Baubeginn ein von einer oder einem staatlich anerkannten Sachverständigen im Sinne des § 85 Abs. 2 Satz 1 Nr. 4 geprüfter Nachweis über die Standsicherheit und von einer oder einem staatlich anerkannten Sachverständigen aufgestellte oder geprüfte Nachweise über den Schallschutz und den Wärmeschutz vorliegen. [2]Bei Wohngebäuden mittlerer Höhe muss zusätzlich von einer oder einem staatlich anerkannten Sachverständigen geprüft und bescheinigt werden, dass das Vorhaben den Anforderungen an den Brandschutz entspricht. [3]Die Bauherrin oder der Bauherr hat den Angrenzern (§ 74 Abs. 1) vor Baubeginn mitzuteilen, dass ein genehmigungsfreies Bauvorhaben nach Absatz 1 oder Absatz 7 durchgeführt werden soll, zu dem die Gemeinde keine Erklärung nach Absatz 1 Satz 1 Nr. 3 abgegeben hat.

(5) [1]Die Bauherrin oder der Bauherr hat den Ausführungsbeginn eines Vorhabens nach den Absätzen 1 und 7 mindestens eine Woche vorher der Bauaufsichtsbehörde schriftlich anzuzeigen und dabei die Namen der Bauleiterin oder des Bauleiters und der Fachbauleiterinnen oder der Fachbauleiter sowie der staatlich anerkannten Sachverständigen nach § 85 Abs. 2 Satz 1 Nr. 4, die die Nachweise nach Absatz 4 aufstellen oder prüfen und stichprobenhafte Kontrollen nach Satz 7 durchführen, mitzuteilen. [2]Die Bauaufsichtsbehörde unterrichtet das Staatliche Amt für Arbeitsschutz und, soweit erforderlich, das Staatliche Umweltamt. [3]Vor Baubeginn muss die Grundrissfläche und die Höhenlage der baulichen Anlage abgesteckt sein. [4]Die Bauvorlagen und die Bescheinigungen der Sachverständigen nach Absatz 4 müssen an der Baustelle von Baubeginn an

vorliegen. [5]Bauliche Anlagen im Sinne der Absätze 1 und 7 dürfen erst dann benutzt werden, wenn sie ordnungsgemäß fertig gestellt und sicher benutzbar sind. [6]Ihre Fertigstellung ist der Bauaufsichtsbehörde anzuzeigen. [7]Bei Fertigstellung müssen Bescheinigungen von staatlich anerkannten Sachverständigen vorliegen, wonach sie sich durch stichprobenhafte Kontrollen während der Bauausführung davon überzeugt haben, dass die baulichen Anlagen entsprechend den in Absatz 4 genannten Nachweisen errichtet oder geändert worden sind. [8]§ 65 Abs. 4, § 68 Abs. 7 und § 70 gelten entsprechend. [9]Der in § 81 Abs. 2 Satz 1 genannte Nachweis muss der Bauherrin oder dem Bauherrn vorliegen.

(6) Die Bauherrin oder der Bauherr und die späteren Eigentümer haben die Bauvorlagen, Nachweise und Bescheinigungen aufzubewahren.

(7) [1]Die Absätze 1 bis 3 gelten auch für Garagen und überdachte Stellplätze bis 1000 m² Nutzfläche, wenn sie einem Wohngebäude im Sinne des Absatzes 1 dienen. [2]Bei Garagen mit einer Nutzfläche über 100 m² bis 1000 m² muss vor Baubeginn ein von einer oder einem staatlich anerkannten Sachverständigen geprüfter Nachweis über die Standsicherheit vorliegen sowie zusätzlich von einer oder einem staatlich anerkannten Sachverständigen geprüft und bescheinigt worden sein, dass das Vorhaben den Anforderungen an den Brandschutz entspricht. [3]Für diese Garagen gelten zusätzlich Absatz 4 Satz 3 und Absatz 6. [4]Soll in einer geschlossenen Mittelgarage eine natürliche Lüftung vorgesehen werden, so muss zuvor von einer oder einem staatlich anerkannten Sachverständigen die Unbedenklichkeit bescheinigt worden sein. [5]Die Bescheinigung ist aufgrund durchgeführter Messungen innerhalb eines Monats nach Inbetriebnahme der Garage von der oder dem Sachverständigen zu bestätigen.

(8) [1]Wird nach Durchführung des Bauvorhabens die Nichtigkeit des Bebauungsplanes festgestellt, so bedarf das Bauvorhaben auch dann keiner Baugenehmigung. [2]Seine Beseitigung darf wegen eines Verstoßes gegen bauplanungsrechtliche Vorschriften, der auf der Nichtigkeit des Bebauungsplanes beruht, nicht verlangt werden, es sei denn, dass eine Beeinträchtigung von Rechten Dritter dies erfordert.

§ 68 Vereinfachtes Genehmigungsverfahren. (1) [1]Das vereinfachte Genehmigungsverfahren wird für die Errichtung und Änderung von baulichen Anlagen sowie anderen Anlagen und Einrichtungen im Sinne des § 1 Abs. 1 Satz 2 durchgeführt, soweit sie nicht nach den §§ 65 bis 67 genehmigungsfrei sind. [2]Das vereinfachte Genehmigungsverfahren wird auch durchgeführt, wenn die Bauherrin oder der Bauherr dies gemäß § 67 Abs. 1 Satz 3 beantragt. [3]Das vereinfachte Genehmigungsverfahren gilt nicht für die Errichtung und Änderung von

1. Hochhäusern,
2. baulichen Anlagen mit mehr als 30 m Höhe,
3. baulichen Anlagen und Räumen mit mehr als 1600 m² Grundfläche; dies gilt nicht für Gewächshäuser ohne Verkaufsstätten mit einer Grundfläche von bis zu 5000 m², die einem land- oder forstwirtschaftlichen Betrieb oder einem Betrieb der gartenbaulichen Erzeugung dienen,
4. Verkaufsstätten mit mehr als 700 m² Verkaufsfläche,

5. Messe- und Ausstellungsbauten,
6. Büro- und Verwaltungsgebäuden mit mehr als 3000 m^2 Geschossfläche,
7. Kirchen und Versammlungsstätten mit Räumen für mehr als 200 Personen,
8. Sportstätten mit mehr als 1600 m^2 Grundfläche oder mehr als 200 Zuschauerplätzen, Freisportanlagen mit mehr als 400 Tribünenplätzen,
9. Sanatorien und Krankenhäusern, Entbindungs-, Säuglings-, Kinder- und Pflegeheimen,
10. Kindergärten und -horten mit mehr als 2 Gruppen oder mit dem Aufenthalt für Kinder dienenden Räumen außerhalb des Erdgeschosses sowie Tageseinrichtungen für Menschen mit Behinderungen und alte Menschen,
11. Gaststätten mit mehr als 40 Gastplätzen oder Beherbergungsbetrieben mit mehr als 30 Betten und Vergnügungsstätten,
12. Schulen, Hochschulen und ähnlichen Einrichtungen,
13. Abfertigungsgebäuden von Flughäfen und Bahnhöfen,
14. Justizvollzugsanstalten und baulichen Anlagen für den Maßregelvollzug,
15. baulichen Anlagen und Räumen, deren Nutzung mit Explosionsgefahr oder erhöhter Brand-, Gesundheits- oder Verkehrsgefahr verbunden ist, und Anlagen, die am 1. Januar 1997 in der Vierten Verordnung zur Durchführung des Bundesimmissionsschutzgesetzes enthalten waren,
16. Garagen mit mehr als 1000 m^2 Nutzfläche,
17. Camping- und Wochenendplätzen,
18. Regalen mit mehr als 9 m Lagerhöhe (Oberkante Lagergut),
19. Zelten, soweit sie nicht Fliegende Bauten sind.

[4]Im vereinfachten Genehmigungsverfahren prüft die Bauaufsichtsbehörde nur die Vereinbarkeit des Vorhabens mit
1. den Vorschriften der §§ 29 bis 38 des Baugesetzbuches,
2. den §§ 4, 6, 7, § 9 Abs. 2, §§ 12, 13, 51 und 55 bei Sonderbauten auch mit § 17,
3. den örtlichen Bauvorschriften nach § 86,
4. anderen öffentlich-rechtlichen Vorschriften, deren Einhaltung nicht in einem anderen Genehmigungs-, Erlaubnis- oder sonstigen Zulassungsverfahren geprüft wird.

[5]Das vereinfachte Genehmigungsverfahren wird auch durchgeführt, wenn durch eine Nutzungsänderung eine bauliche Anlage entsteht, die keine bauliche Anlage im Sinne des Satzes 3 ist.

(2) [1]Spätestens bei Baubeginn sind bei der Bauaufsichtsbehörde einzureichen
1. Nachweise über den Schallschutz und den Wärmeschutz, die von einer oder einem staatlich anerkannten Sachverständigen nach § 85 Abs. 2 Satz 1 Nr. 4 aufgestellt oder geprüft sein müssen,
2. ein Nachweis über die Standsicherheit, der von einer oder einem staatlich anerkannten Sachverständigen nach § 85 Abs. 2 Satz 1 Nr. 4 geprüft sein muss, und
3. die Bescheinigung einer oder eines staatlich anerkannten Sachverständigen nach § 85 Abs. 2 Satz 1 Nr. 4, dass das Vorhaben den Anforderungen an den

Brandschutz entspricht; dies gilt nicht für Wohngebäude geringer Höhe und Sonderbauten.

[2]Gleichzeitig sind der Bauaufsichtsbehörde die staatlich anerkannten Sachverständigen nach § 85 Abs. 2 Satz 1 Nr. 4 zu benennen, die mit den stichprobenhaften Kontrollen der Bauausführung beauftragt worden sind. [3]Soll bei der Errichtung geschlossener Garagen mit einer Nutzfläche über 100 m² bis 1000 m² eine natürliche Lüftung vorgesehen werden, so muss zuvor von einer oder einem staatlich anerkannten Sachverständigen die Unbedenklichkeit bescheinigt worden sein; die Bescheinigung ist aufgrund durchgeführter Messungen innerhalb eines Monats nach Inbetriebnahme der Garage von der oder dem Sachverständigen zu bestätigen.

(3) Die Nachweise gemäß Absatz 2 müssen für

1. Wohngebäude geringer Höhe mit bis zu zwei Wohnungen einschließlich ihrer Nebengebäude und Nebenanlagen,
2. freistehende landwirtschaftliche Betriebsgebäude, auch mit Wohnteil bis zu zwei Geschossen über der Geländeoberfläche ausgenommen solche mit Anlagen für Jauche und Flüssigmist und
3. eingeschossige Gebäude mit einer Grundfläche bis 200 m²

nicht von staatlich anerkannten Sachverständigen nach § 85 Abs. 2 Satz 1 Nr. 4 aufgestellt oder geprüft werden.

(4) Für die folgenden Vorhaben müssen die bautechnischen Nachweise nach Absatz 2 nicht vorgelegt werden:

1. Gewächshäuser mit einer Firsthöhe bis zu 5,0 m und nicht mehr als 1600 m² Grundfläche,
2. Garagen und überdachte Stellplätze mit einer Nutzfläche bis 100 m²,
3. untergeordnete Gebäude (§ 53),
4. Wasserbecken bis zu 100 m³, einschließlich ihrer Überdachungen,
5. Verkaufs- und Ausstellungsstände,
6. Einfriedungen,
7. Aufschüttungen und Abgrabungen,
8. Werbeanlagen.

(5) [1]Auf Antrag der Bauherrin oder des Bauherrn kann die Bauaufsichtsbehörde die Nachweise nach Absatz 2 Nummern 1 und 2 prüfen. [2]Dies gilt auch für die Anforderungen an den baulichen Brandschutz, soweit hierüber Sachverständigenbescheinigungen vorzulegen sind.

(6) Bei Wohngebäuden geringer Höhe ist den Bauvorlagen eine Erklärung der Entwurfsverfasserin oder des Entwurfsverfassers beizufügen, dass das Vorhaben den Anforderungen an den Brandschutz entspricht.

(7) Über Abweichungen (§ 73) von den nach Absatz 1 nicht zu prüfenden Vorschriften entscheidet die Genehmigungsbehörde auf besonderen Antrag.

(8) [1]Die Bauaufsichtsbehörde hat über den Bauantrag innerhalb einer Frist von 6 Wochen nach Eingang des Antrags bei ihr zu entscheiden,

– wenn das Vorhaben im Geltungsbereich eines Bebauungsplanes im Sinne des § 30 Abs. 1 oder § 30 Abs. 2 des Baugesetzbuches liegt, oder
– für das Bauvorhaben ein Vorbescheid (§ 71) erteilt worden ist, in dem über die Zulässigkeit des Vorhabens auf dem Grundstück, die Bebaubarkeit des Grundstücks, die Zugänge auf dem Grundstück sowie über die Abstandflächen entschieden wurde.

[2]Die Bauaufsichtsbehörde kann die Frist aus wichtigen Gründen bis zu 6 Wochen verlängern. [3]Als wichtige Gründe gelten insbesondere die notwendige Beteiligung anderer Behörden oder die notwendige Entscheidung über eine Befreiung nach § 31 Abs. 2 des Baugesetzbuches oder eine Abweichung nach § 73.

(9) [1]Bauüberwachung (§ 81) und Bauzustandsbesichtigung (§ 82) beschränken sich auf den bei der Genehmigung geprüften Umfang. [2]Unberührt bleibt § 43 Abs. 7.

Dritter Abschnitt
Verwaltungsverfahren

§ 69 Bauantrag. (1) [1]Der Bauantrag ist schriftlich mit allen für seine Bearbeitung sowie für die Beurteilung des Bauvorhabens erforderlichen Unterlagen (Bauvorlagen) in ausreichender Anzahl bei der Bauaufsichtsbehörde einzureichen. [2]Mit den Bauvorlagen für Sonderbauten gemäß § 68 Abs. 1 Satz 3 ist ein Brandschutzkonzept einzureichen. [3]Es kann gestattet werden, dass einzelne Bauvorlagen nachgereicht werden.

(2) [1]Die Bauherrin oder der Bauherr und die Entwurfsverfasserin oder der Entwurfsverfasser haben den Bauantrag, die Entwurfsverfasserin oder der Entwurfsverfasser die Bauvorlagen zu unterschreiben. [2]Die von den Fachplanerinnen oder den Fachplanern nach § 58 Abs. 2 bearbeiteten Unterlagen müssen auch von diesen unterschrieben sein. [3]Für Bauvorhaben auf fremden Grundstücken kann die Zustimmung der Grundstückseigentümerin oder des Grundstückseigentümers zu dem Bauvorhaben gefordert werden.

(3) Treten bei einem Bauvorhaben mehrere Personen als Bauherrinnen oder Bauherren auf, ist gegenüber der Bauaufsichtsbehörde eine Vertreterin oder ein Vertreter zu bestellen, die oder der die der Bauherrin oder dem Bauherrn nach den öffentlich-rechtlichen Vorschriften obliegenden Verpflichtungen zu erfüllen hat.

§ 70 Bauvorlageberechtigung. (1) [1]Bauvorlagen für die Errichtung und Änderung von Gebäuden müssen von einer Entwurfsverfasserin oder einem Entwurfsverfasser, welche oder welcher bauvorlageberechtigt ist, durch Unterschrift anerkannt sein (§ 69 Abs. 2 Satz 1). [2]§ 58 Abs. 1 bleibt unberührt.

(2) Absatz 1 gilt nicht für Bauvorlagen für

1. Garagen und überdachte Stellplätze bis zu 100 m^2 Nutzfläche sowie überdachte Fahrradabstellplätze,

2. Behelfsbauten und untergeordnete Gebäude (§ 53),
3. eingeschossige Wintergärten mit einer Grundfläche von bis zu 25 m^2,
4. eingeschossige Gebäude mit einer Grundfläche von bis zu 250 m^2, in denen sich keine Aufenthaltsräume, Ställe, Aborte oder Feuerstätten befinden,
5. Dachgauben, wenn ihre Breite insgesamt höchstens ein Drittel der Breite der darunter liegenden Außenwand beträgt,
6. Terrassenüberdachungen,
7. Balkone und Altane, die bis zu 1,5 m vor die Außenwand vortreten,
8. Aufzugschächte, die an den Außenwänden von Wohngebäuden geringer Höhe errichtet werden.

(3) [1]Bauvorlageberechtigt ist, wer
1. die Berufsbezeichnung „Architektin“ oder „Architekt“ führen darf,
2. als Mitglied einer Ingenieurkammer in die von der Ingenieurkammer-Bau NRW geführte Liste der Bauvorlageberechtigten eingetragen ist; Eintragungen anderer Länder gelten auch im Land Nordrhein-Westfalen, soweit diese an die Mitgliedschaft in einer Ingenieurkammer geknüpft sind,
3. aufgrund des Baukammerngesetzes die Berufsbezeichnung „Innenarchitektin“ oder „Innenarchitekt“ führen darf, durch eine ergänzende Hochschulprüfung seine Befähigung nachgewiesen hat, Gebäude gestaltend zu planen, und mindestens zwei Jahre in der Planung und Überwachung der Ausführung von Gebäuden praktisch tätig war,
4. aufgrund des Baukammerngesetzes die Berufsbezeichnung „Innenarchitektin“ oder „Innenarchitekt“ führen darf, für die mit der Berufsaufgabe der Innenarchitektinnen und Innenarchitekten verbundene bauliche Änderung von Gebäuden,
5. aufgrund des Ingenieurgesetzes als Angehörige oder Angehöriger der Fachrichtung Architektur (Studiengang Innenarchitektur) die Berufsbezeichnung „Ingenieurin“ oder „Ingenieur“ führen darf, während eines Zeitraums von zwei Jahren vor dem 1. Januar 1990 wiederholt Bauvorlagen für die Errichtung oder Änderung von Gebäuden als Entwurfsverfasserin oder Entwurfsverfasser durch Unterschrift anerkannt hat und Mitglied der Architektenkammer oder der Ingenieurkammer-Bau ist,
6. die Befähigung zum höheren oder gehobenen bautechnischen Verwaltungsdienst besitzt, für ihre oder seine dienstliche Tätigkeit.

(4) [1]In die Liste der Bauvorlageberechtigten ist auf Antrag von der Ingenieurkammer-Bau NRW einzutragen, wer einen berufsqualifizierenden Hochschulabschluss eines Studiums der Fachrichtung Bauingenieurwesen nachweist und danach mindestens zwei Jahre in der Planung und Überwachung der Ausführung von Gebäuden praktisch tätig war. [2]Dem Antrag sind die zur Beurteilung erforderlichen Unterlagen beizufügen. [3]Die Ingenieurkammer-Bau NRW stellt eine Empfangsbestätigung nach § 71b Absatz 3 und 4 des Verwaltungsverfahrensgesetzes aus. [4]Hat die Anerkennungsbehörde nicht innerhalb einer Frist von drei Monaten entschieden, gilt dic Anerkennung als erteilt. [5]Es gilt

§ 42a Verwaltungsverfahrensgesetz mit der Maßgabe, dass die Fristverlängerung zwei Monate nicht übersteigen darf.

(5) [1]Personen, die in einem anderen Mitgliedstaat der Europäischen Union oder einem nach dem Recht der Europäischen Gemeinschaften gleichgestellten Staat als Bauvorlageberechtigte niedergelassen sind, sind ohne Eintragung in die Liste nach Absatz 3 Nummer 2 und ohne Nachweis einer Kammermitgliedschaft bauvorlageberechtigt, wenn sie

1. eine vergleichbare Berechtigung besitzen und
2. dafür dem Absatz 4 Satz 1 vergleichbare Anforderungen erfüllen mussten.

[2]Sie haben das erstmalige Tätigwerden als Bauvorlageberechtigte vorher der Ingenieurkammer-Bau NRW anzuzeigen und dabei

1. eine Bescheinigung darüber, dass sie in einem Mitgliedstaat der Europäischen Union oder einem nach dem Recht der Europäischen Gemeinschaften gleichgestellten Staat rechtmäßig als Bauvorlageberechtigte niedergelassen sind und ihnen die Ausübung dieser Tätigkeiten zum Zeitpunkt der Vorlage der Bescheinigung nicht, auch nicht vorübergehend, untersagt ist, und
2. einen Nachweis darüber, dass sie im Staat ihrer Niederlassung für die Tätigkeit als Bauvorlageberechtigte mindestens die Voraussetzungen des Absatzes 4 Satz 1 erfüllen mussten, vorzulegen; sie sind in einem Verzeichnis zu führen.

[3]Die Ingenieurkammer-Bau NRW hat auf Antrag zu bestätigen, dass die Anzeige nach Satz 2 erfolgt ist; sie kann das Tätigwerden als bauvorlageberechtigte Person untersagen und die Eintragung in dem Verzeichnis nach Satz 2 löschen, wenn die Voraussetzungen des Satzes 1 nicht erfüllt sind.

(6) [1]Personen, die in einem anderen Mitgliedstaat der Europäischen Union oder einem nach dem Recht der Europäischen Gemeinschaften gleichgestellten Staat als Bauvorlageberechtigte niedergelassen sind, ohne im Sinne des Absatzes 5 Satz 1 Nummer 2 vergleichbar zu sein, sind bauvorlageberechtigt, wenn ihnen die Ingenieurkammer-Bau NRW bescheinigt hat, dass sie die Anforderungen des Absatzes 4 Satz 1 erfüllen; sie sind in einem Verzeichnis zu führen. [2]Die Bescheinigung wird auf Antrag erteilt. [3]Absatz 4 Satz 2 bis 5 ist entsprechend anzuwenden.

(7) [1]Anzeigen und Bescheinigungen nach den Absätzen 5 und 6 sind nicht erforderlich, wenn bereits in einem anderen Land eine Anzeige erfolgt ist oder eine Bescheinigung erteilt wurde; eine weitere Eintragung in die von der Ingenieurkammer-Bau NRW geführten Verzeichnisse erfolgt nicht. [2]Verfahren nach den Absätzen 4 bis 6 können über eine einheitliche Stelle nach den Vorschriften des Verwaltungsverfahrensgesetzes abgewickelt werden.

(8) [1]Juristische Personen des öffentlichen Rechts und Unternehmen dürfen Bauvorlagen als Entwurfsverfasser unterschreiben, wenn sie diese unter der Leitung einer bauvorlageberechtigten Person, die der juristischen Person oder dem Unternehmen angehören muss, aufstellen. [2]Die bauvorlageberechtigte Person hat die Bauvorlagen durch Unterschrift anzuerkennen.

§ 71 Vorbescheid. (1) [1]Vor Einreichung des Bauantrages kann zu Fragen des Bauvorhabens ein Bescheid (Vorbescheid) beantragt werden. [2]Der Vorbescheid gilt zwei Jahre.

(2) § 69, § 72 Abs. 1 bis 3, §§ 73 und 74, § 75 Abs. 1 bis 3 und § 77 Abs. 2 gelten entsprechend.

(3) [1]Betreffen die Fragen nach Absatz 1 die Errichtung oder Änderung eines Gebäudes, müssen die dem Antrag auf Vorbescheid beizufügenden Bauvorlagen von einer Entwurfsverfasserin oder einem Entwurfsverfasser, die oder der bauvorlageberechtigt ist, unterschrieben sein; § 70 gilt entsprechend. [2]Dies gilt nicht für einen Antrag auf Vorbescheid, mit dem nur über die Vereinbarkeit mit den planungsrechtlichen Vorschriften über die Art der baulichen Nutzung, die Bauweise und die überbaubare Grundstücksfläche entschieden werden soll.

§ 72 Behandlung des Bauantrages. (1) [1]Die Bauaufsichtsbehörde hat innerhalb einer Woche nach Eingang des Bauantrages zu prüfen,

1. ob der Bauantrag und die Bauvorlagen den Anforderungen des § 69 und den Vorschriften der aufgrund des § 85 Abs. 3 erlassenen Rechtsverordnung entsprechen,
2. ob die Erteilung der Baugenehmigung von der Zustimmung, dem Einvernehmen, Benehmen oder von der Erteilung einer weiteren Genehmigung oder Erlaubnis einer anderen Behörde abhängig ist,
3. welche anderen Behörden oder Dienststellen zu beteiligen sind und
4. welche Sachverständigen heranzuziehen sind.

[2]Die Bauaufsichtsbehörde soll den Bauantrag zurückweisen, wenn die Bauvorlagen unvollständig sind oder erhebliche Mängel aufweisen. [3]Unmittelbar nach Abschluss der Prüfung nach Satz 1 hat die Bauaufsichtsbehörde den Bauantrag und die dazugehörenden Bauvorlagen mit Ausnahme der bautechnischen Nachweise der Gemeinde zuzuleiten.

(2) [1]Bedarf die Erteilung der Baugenehmigung nach landesrechtlichen Vorschriften der Zustimmung, des Einvernehmens oder des Benehmens einer anderen Körperschaft, Behörde oder Dienststelle, so gelten diese als erteilt, wenn sie nicht innerhalb von zwei Monaten nach Eingang des Ersuchens unter Angabe der Gründe verweigert werden. [2]Hat eine andere Behörde oder Dienststelle eine Stellungnahme nicht innerhalb eines Monats nach Aufforderung abgegeben, so kann die Bauaufsichtsbehörde ohne die Stellungnahme entscheiden. [3]Bearbeitungs- und Ausschlussfristen in anderen Rechtsvorschriften bleiben unberührt.

(3) [1]Entscheidungen und Stellungnahmen nach Absatz 2 sollen gleichzeitig eingeholt werden. [2]Eine gemeinsame Besprechung der nach Absatz 2 zu beteiligenden Stellen (Antragskonferenz) soll einberufen werden, wenn dies der beschleunigten Abwicklung des Baugenehmigungsverfahrens dienlich ist. [3]Förmlicher Erklärungen der Zustimmung, des Einvernehmens oder Benehmens nach Absatz 2 Satz 1 bedarf es nicht, wenn die dort genannten Behörden oder Dienststellen derselben Körperschaft wie die Bauaufsichtsbehörde angehören.

(4) Die Beachtung der technischen Regeln ist, soweit sie nach § 3 Abs. 3 eingeführt sind, zu prüfen.

(5) [1]Einer Prüfung bautechnischer Nachweise, die von einem Prüfamt für Baustatik allgemein geprüft sind (Typenprüfung), bedarf es nicht. [2]Typenprüfungen anderer Länder gelten auch im Land Nordrhein-Westfalen.

(6) [1]Legt die Bauherrin oder der Bauherr Bescheinigungen einer oder eines staatlich anerkannten Sachverständigen im Sinne des § 85 Abs. 2 Nr. 4 vor, so wird vermutet, dass die bauaufsichtlichen Anforderungen insoweit erfüllt sind. [2]Im Hinblick auf die Standsicherheit und den Brandschutz einer baulichen Anlage sind Bescheinigungen über die Prüfung der entsprechenden Nachweise und Bauvorlagen erforderlich. [3]Die Bauaufsichtsbehörde kann die Vorlage solcher Bescheinigungen verlangen. [4]Die Bauaufsichtsbehörde ist zu einer Überprüfung des Inhalts der Bescheinigungen nicht verpflichtet. [5]Mit der Vorlage der Bescheinigungen sind der Bauaufsichtsbehörde die staatlich anerkannten Sachverständigen nach § 85 Abs. 2 Satz 1 Nr. 4 zu benennen, die mit den stichprobenhaften Kontrollen der Bauausführung beauftragt worden sind. [6]Die Sätze 1 bis 5 gelten im Hinblick auf den Brandschutz einer baulichen Anlage nicht für Sonderbauten (§ 54).

§ 73 Abweichungen. (1) [1]Soweit in diesem Gesetz oder in aufgrund dieses Gesetzes erlassenen Vorschriften nichts anderes geregelt ist, kann die Genehmigungsbehörde Abweichungen von bauaufsichtlichen Anforderungen dieses Gesetzes und der aufgrund dieses Gesetzes erlassenen Vorschriften zulassen, wenn sie unter Berücksichtigung des Zwecks der jeweiligen Anforderungen und unter Würdigung der nachbarlichen Interessen mit den öffentlichen Belangen vereinbar sind. [2]Abweichungen von § 6 sind insbesondere zulässig, wenn durch das Vorhaben nachbarliche Interessen nicht stärker oder nur unwesentlich stärker beeinträchtigt werden als bei einer Bebauung des Grundstücks, die nach § 6 zulässig wäre. [3]Unter den Voraussetzungen des Satzes 1 sind Abweichungen zuzulassen, wenn sie der Verwirklichung von Vorhaben zur Einsparung von Wasser oder Energie dienen. [4]Soll von einer technischen Anforderung abgewichen werden, ist der Genehmigungsbehörde nachzuweisen, dass dem Zweck dieser Anforderung auf andere Weise entsprochen wird.

(2) Ist für bauliche Anlagen oder andere Anlagen und Einrichtungen im Sinne von § 1 Abs. 1 Satz 2, die keiner Baugenehmigung bedürfen, eine Abweichung erforderlich, so ist sie schriftlich zu beantragen.

§ 74 Öffentlichkeitsbeteiligung, Beteiligung der Angrenzer. (1) Auf das Baugenehmigungsverfahren findet § 25 Absatz 3 des Verwaltungsverfahrensgesetzes für das Land Nordrhein-Westfalen keine Anwendung.

(2) [1]Die Eigentümerinnen und Eigentümer sowie die Erbbauberechtigten angrenzender Grundstücke (Angrenzer) sind nach den Absätzen 3 bis 5 zu beteiligen. [2]Die Vorschriften des Verwaltungsverfahrensgesetzes für das Land Nordrhein-Westfalen sind insoweit nicht anzuwenden.

(3) [1]Die Bauaufsichtsbehörden sollen die Angrenzer vor Zulassung von Abweichungen benachrichtigen, wenn zu erwarten ist, dass öffentlich-rechtlich geschützte nachbarliche Belange berührt werden. [2]Einwendungen sind innerhalb eines Monats nach Zugang der Benachrichtigung bei der Bauaufsichtsbehörde schriftlich oder zu Protokoll vorzubringen.

(4) Die Benachrichtigung entfällt, wenn die zu benachrichtigenden Angrenzer die Lagepläne und Bauzeichnungen unterschrieben oder der Zulassung von Abweichungen zugestimmt haben.

(5) [1]Wird den Einwendungen nicht entsprochen, so ist die Entscheidung über die Abweichung dem Angrenzer zuzustellen. [2]Wird den Einwendungen entsprochen, kann auf die Zustellung der Entscheidung verzichtet werden.

§ 74a Ausnahmen und Befreiungen nach dem Bauplanungsrecht. [1]Ausnahmen und Befreiungen von den Festsetzungen eines Bebauungsplans, einer sonstigen städtebaulichen Satzung nach § 34 BauGB oder von Regelungen der Baunutzungsverordnung (BauNVO) über die zulässige Art der baulichen Nutzung nach § 34 Abs. 2 Halbsatz 2 BauGB, über die nicht in einem Baugenehmigungsverfahren entschieden wird, sind schriftlich zu beantragen. [2]Der Antrag ist zu begründen; ihm sind die zu seiner Beurteilung erforderlichen Unterlagen beizufügen. [3]Die Bauaufsichtsbehörde hat über den Antrag innerhalb von 6 Wochen nach Eingang des Antrags bei ihr zu entscheiden.

§ 75 Baugenehmigung und Baubeginn. (1) [1]Die Baugenehmigung ist zu erteilen, wenn dem Vorhaben öffentlich-rechtliche Vorschriften nicht entgegenstehen. [2]Die Baugenehmigung bedarf der Schriftform; sie braucht nicht begründet zu werden. [3]Eine Ausfertigung der mit einem Genehmigungsvermerk versehenen Bauvorlagen ist der Antragstellerin oder dem Antragsteller mit der Baugenehmigung zuzustellen.

(2) Die Baugenehmigung gilt auch für und gegen die Rechtsnachfolgerin oder den Rechtsnachfolger der Bauherrin oder des Bauherrn.

(3) [1]Die Baugenehmigung wird unbeschadet der privaten Rechte Dritter erteilt. [2]Sie lässt aufgrund anderer Vorschriften bestehende Verpflichtungen zum Einholen von Genehmigungen, Bewilligungen, Erlaubnissen und Zustimmungen oder zum Erstatten von Anzeigen unberührt.

(4) [1]Die Bauaufsichtsbehörde hat die Gemeinde von der Erteilung, Verlängerung, Ablehnung, Rücknahme und dem Widerruf einer Baugenehmigung, Teilbaugenehmigung, eines Vorbescheides, einer Zustimmung oder einer Abweichung zu unterrichten. [2]Eine Ausfertigung des Bescheides ist beizufügen.

(5) Vor Zugang der Baugenehmigung darf mit der Bauausführung nicht begonnen werden.

(6) [1]Vor Baubeginn muss die Grundrissfläche und die Höhenlage der genehmigten baulichen Anlage abgesteckt sein. [2]Baugenehmigungen und Bauvorlagen müssen an der Baustelle von Baubeginn an vorliegen.

(7) [1]Die Bauherrin oder der Bauherr oder die Bauleiterin oder der Bauleiter hat den Ausführungsbeginn genehmigungsbedürftiger Vorhaben nach § 63 Abs. 1 mindestens eine Woche vorher der Bauaufsichtsbehörde schriftlich anzuzeigen. [2]Die Bauaufsichtsbehörde unterrichtet das Staatliche Amt für Arbeitsschutz und das Staatliche Umweltamt, soweit es im Baugenehmigungsverfahren beteiligt wurde.

§ 76 Teilbaugenehmigung. (1) [1]Ist ein Bauantrag eingereicht, so kann der Beginn der Bauarbeiten für die Baugrube und für einzelne Bauteile oder Bauabschnitte auf schriftlichen Antrag schon vor Erteilung der Baugenehmigung schriftlich gestattet werden (Teilbaugenehmigung). [2]§ 75 gilt entsprechend.

(2) In der Baugenehmigung können für die bereits begonnenen Teile des Bauvorhabens zusätzliche Anforderungen gestellt werden, wenn sich bei der weiteren Prüfung der Bauvorlagen ergibt, dass die zusätzlichen Anforderungen wegen der öffentlichen Sicherheit oder Ordnung erforderlich sind.

§ 77 Geltungsdauer der Genehmigung. (1) Die Baugenehmigung und die Teilbaugenehmigung erlöschen, wenn innerhalb von drei Jahren nach Erteilung der Genehmigung mit der Ausführung des Bauvorhabens nicht begonnen oder die Bauausführung ein Jahr unterbrochen worden ist.

(2) [1]Die Frist nach Absatz 1 kann auf schriftlichen Antrag jeweils bis zu einem Jahr verlängert werden. [2]Sie kann auch rückwirkend verlängert werden.

§ 78 Typengenehmigung. (1) [1]Für bauliche Anlagen, die in derselben Ausführung an mehreren Stellen errichtet werden sollen, kann die oberste Bauaufsichtsbehörde eine allgemeine Genehmigung (Typengenehmigung) erteilen, wenn die baulichen Anlagen den bauaufsichtlichen Vorschriften entsprechen, ihre Brauchbarkeit für den jeweiligen Verwendungszweck nachgewiesen ist und ein öffentliches Interesse vorliegt. [2]Eine Typengenehmigung kann auch erteilt werden für bauliche Anlagen, die in unterschiedlicher Ausführung, aber nach einem bestimmten System und aus bestimmten Bauteilen an mehreren Stellen errichtet werden sollen; in der Typengenehmigung ist die zulässige Veränderbarkeit festzulegen. [3]Für Fliegende Bauten wird eine Typengenehmigung nicht erteilt.

(2) [1]Die Typengenehmigung bedarf der Schriftform. [2]Sie darf nur unter dem Vorbehalt des Widerrufs und nur für eine bestimmte Frist erteilt werden, die fünf Jahre nicht überschreiten soll. [3]Sie kann auf schriftlichen Antrag jeweils bis zu fünf Jahren verlängert werden. [4]§ 77 Abs. 2 Satz 2 gilt entsprechend. [5]Eine Ausfertigung der mit dem Genehmigungsvermerk zu versehenden Bauvorlagen ist der Antragstellerin oder dem Antragsteller mit der Typengenehmigung zuzustellen.

(3) Typengenehmigungen anderer Länder gelten auch im Land Nordrhein-Westfalen.

(4) § 69 Abs. 1 und 2, § 72 Abs. 1 Satz 2 und Abs. 4 sowie § 73 gelten entsprechend.

(5) Eine Typengenehmigung entbindet nicht von der Verpflichtung, eine Baugenehmigung (§ 75) oder eine Zustimmung (§ 80) einzuholen.

(6) [1]Die in der Typengenehmigung entschiedenen Sachverhalte brauchen von der Bauaufsichtsbehörde nicht geprüft zu werden. [2]Soweit es aufgrund örtlicher Verhältnisse im Einzelfall erforderlich ist, kann die Bauaufsichtsbehörde weitere Auflagen machen oder genehmigte Typen ausschließen.

§ 79 Fliegende Bauten. (1) [1]Fliegende Bauten sind bauliche Anlagen, die geeignet und bestimmt sind an verschiedenen Orten wiederholt aufgestellt und zerlegt zu werden. [2]Baustelleneinrichtungen und Baugerüste gelten nicht als Fliegende Bauten.

(2) [1]Fliegende Bauten bedürfen, bevor sie erstmals aufgestellt und in Gebrauch genommen werden, einer Ausführungsgenehmigung. [2]§ 54 Abs. 2 Nrn. 4 bis 12, 21 und 23 gilt entsprechend. [3]Dies gilt nicht für Fliegende Bauten bis zu 5 m Höhe, die nicht dazu bestimmt sind, von Besucherinnen und Besuchern betreten zu werden sowie für Zelte bis zu einer Grundfläche von 75 m^2.

(3) [1]Die Ausführungsgenehmigung wird von der Bauaufsichtsbehörde erteilt, in deren Bereich die Antragstellerin oder der Antragsteller ihre oder seine Hauptwohnung oder ihre oder seine gewerbliche Niederlassung hat. [2]Hat die Antragstellerin oder der Antragsteller ihre oder seine Hauptwohnung oder ihre oder seine gewerbliche Niederlassung außerhalb der Bundesrepublik Deutschland, so ist die Bauaufsichtsbehörde zuständig, in deren Bereich der Fliegende Bau erstmals aufgestellt und in Gebrauch genommen werden soll. [3]Ausführungsgenehmigungen anderer Länder gelten auch im Land Nordrhein-Westfalen.

(4) Die oberste Bauaufsichtsbehörde kann bestimmen, dass Ausführungsgenehmigungen für Fliegende Bauten nur durch bestimmte Bauaufsichtsbehörden erteilt werden dürfen.

(5) [1]Die Ausführungsgenehmigung wird für eine bestimmte Frist erteilt, die höchstens fünf Jahre betragen soll; sie kann auf schriftlichen Antrag jeweils bis zu fünf Jahren verlängert werden; § 77 Abs. 2 Satz 2 gilt entsprechend. [2]Die Ausführungsgenehmigung wird in ein Prüfbuch eingetragen, dem eine Ausfertigung der mit einem Genehmigungsvermerk zu versehenden Bauvorlagen beizufügen ist. [3]In der Ausführungsgenehmigung kann bestimmt werden, dass Anzeigen nach Absatz 7 nicht erforderlich sind, wenn eine Gefährdung im Sinne des § 3 Abs. 1 nicht zu erwarten ist.

(6) [1]Die Inhaberin oder der Inhaber der Ausführungsgenehmigung hat den Wechsel ihrer oder seiner Hauptwohnung oder ihrer oder seiner gewerblichen Niederlassung oder die Übertragung eines Fliegenden Baues an Dritte der Bauaufsichtsbehörde anzuzeigen, die die Ausführungsgenehmigung erteilt hat. [2]Die Behörde hat die Änderungen in das Prüfbuch einzutragen und sie, wenn mit den Änderungen ein Wechsel der Zuständigkeit verbunden ist, der nunmehr zuständigen Behörde mitzuteilen.

(7) [1]Fliegende Bauten, die nach Absatz 2 Satz 1 einer Ausführungsgenehmigung bedürfen, dürfen unbeschadet anderer Vorschriften nur in Gebrauch

genommen werden, wenn ihre Aufstellung der Bauaufsichtsbehörde des Aufstellungsortes unter Vorlage des Prüfbuches angezeigt ist. [2]Die Bauaufsichtsbehörde kann die Inbetriebnahme dieser Fliegenden Bauten von einer Gebrauchsabnahme abhängig machen, wenn dies aus Gründen der Standsicherheit oder Betriebssicherheit erforderlich ist. [3]Technisch schwierige Fliegende Bauten sowie Zelte und Tribünen, die in wechselnden Größen aufgestellt werden können, sind immer einer Gebrauchsabnahme zu unterziehen. [4]Das Ergebnis der Abnahme ist in das Prüfbuch einzutragen.

(8) [1]Die für die Erteilung der Gebrauchsabnahme zuständige Bauaufsichtsbehörde kann Auflagen machen oder die Aufstellung oder den Gebrauch Fliegender Bauten untersagen, soweit dies nach den örtlichen Verhältnissen oder zur Abwehr von Gefahren erforderlich ist, insbesondere weil die Betriebssicherheit oder Standsicherheit nicht oder nicht mehr gewährleistet ist oder weil von der Ausführungsgenehmigung abgewichen wird. [2]Wird die Aufstellung oder der Gebrauch aufgrund von Mängeln am Fliegenden Bau untersagt, so ist dies in das Prüfbuch einzutragen. [3]Die für die Ausführungsgenehmigung zuständige Behörde ist zu benachrichtigen, das Prüfbuch ist einzuziehen und ihr zuzuleiten, wenn die Herstellung ordnungsgemäßer Zustände innerhalb angemessener Frist nicht zu erwarten ist.

(9) [1]Bei Fliegenden Bauten, die von Besucherinnen und Besuchern betreten und längere Zeit an einem Aufstellungsort betrieben werden, kann die für die Gebrauchsabnahme zuständige Bauaufsichtsbehörde aus Gründen der Sicherheit Nachabnahmen durchführen. [2]Das Ergebnis der Nachabnahme ist in das Prüfbuch einzutragen.

(10) § 69, § 72 Abs. 1 Satz 2 und § 81 Abs. 1, 3 und 4 gelten entsprechend.

(11) Absätze 2 bis 10 finden auf Fliegende Bauten, die der Landesverteidigung dienen, keine Anwendung.

§ 80 Öffentliche Bauherren. (1) [1]Bauliche Anlagen sowie andere Anlagen und Einrichtungen bedürfen keiner Baugenehmigung, Bauüberwachung und Bauzustandsbesichtigung, wenn

1. der öffentliche Bauherr die Leitung der Entwurfsarbeiten und die Bauüberwachung einer Baudienststelle des Bundes, eines Landes oder eines Landschaftsverbandes übertragen hat und
2. die Baudienststelle mindestens mit einer Person, die aufgrund eines Hochschulabschlusses der Fachrichtungen Architektur oder Bauingenieurwesen die Berufsbezeichnung „Ingenieurin" oder „Ingenieur" führen darf und die insbesondere die erforderlichen Kenntnisse des öffentlichen Baurechts, der Bautechnik und der Baugestaltung hat, und mit sonstigen geeigneten Fachkräften ausreichend besetzt ist.

[2]Solche Anlagen und Einrichtungen bedürfen der Zustimmung der oberen Bauaufsichtsbehörde, wenn sie nach § 63 Abs. 1 genehmigungsbedürftig wären (Zustimmungsverfahren). [3]§§ 68 Abs. 1 Satz 4, 69 Abs. 1 und 2 und 71 bis 77 gelten entsprechend. [4]Die Gemeinde ist zu dem Vorhaben zu hören.

(2) [1]Hat eine Gemeinde ihr nach § 36 Abs. 1 Satz 1 und 2 des Baugesetzbuches erforderliches Einvernehmen rechtswidrig versagt, so kann die obere Bauaufsichtsbehörde das fehlende Einvernehmen nach Maßgabe der Sätze 2 bis 4 ersetzen. [2]§§ 119 und 120 der Gemeindeordnung finden keine Anwendung. [3]Die Zustimmung gilt zugleich als Ersatzvornahme im Sinne des § 36 Abs. 2 des Baugesetzbuches. [4]Sie ist insoweit zu begründen. [5]Der Gemeinde ist vor Erlass der Zustimmung Gelegenheit zu geben, binnen angemessener Frist erneut über das gemeindliche Einvernehmen zu entscheiden. [6]Gegen die Entscheidung der oberen Bauaufsichtsbehörde ist unmittelbar der Rechtsweg zu den Verwaltungsgerichten eröffnet.*

(3) Über Abweichungen entscheidet die obere Bauaufsichtsbehörde im Zustimmungsverfahren.

(4) [1]Bauliche Anlagen sowie andere Anlagen und Einrichtungen, die unmittelbar der Landesverteidigung dienen, sind abweichend von den Absätzen 1 und 2 der oberen Bauaufsichtsbehörde in geeigneter Weise zur Kenntnis zu bringen. [2]Im Übrigen wirken die Bauaufsichtsbehörden nicht mit.

(5) Der öffentliche Bauherr trägt die Verantwortung, dass Entwurf und Ausführung der baulichen Anlagen sowie anderer Anlagen und Einrichtungen im Sinne des § 1 Abs. 1 Satz 2 den öffentlich-rechtlichen Vorschriften entsprechen.

§ 81 Bauüberwachung. (1) [1]Während der Ausführung eines genehmigten Bauvorhabens überprüft die Bauaufsichtsbehörde die Einhaltung der öffentlich-rechtlichen Vorschriften und Anforderungen und die ordnungsgemäße Erfüllung der Pflichten der am Bau Beteiligten (Bauüberwachung). [2]Die Bauüberwachung kann auf Stichproben beschränkt werden. [3]Sie entfällt, soweit Bescheinigungen staatlich anerkannter Sachverständiger nach § 85 Abs. 2 Satz 1 Nr. 4 gemäß § 68 Abs. 2 oder § 72 Abs. 6 vorliegen; in diesem Fall kontrollieren staatlich

---

* Gemäß § 2 Nr. 4 a) i.V.m. § 5 Abs. 3 S. 3, 4 des Ersten Gesetzes zum Bürokratieabbau [Bürokratieabbaugesetz I] v. 13.3.2007 (GV NRW S. 133) gilt für Verwaltungsakte, die vor dem Ablauf des 31.12.12 bekanntgegeben worden sind, Folgendes:

„Ergänzend zum 5. Teil, 3. Abschnitt und abweichend von § 80 Abs. 2 gilt folgendes zur Ersetzung des gemeindlichen Einvernehmens:

(1) [1]Hat eine Gemeinde ihr nach § 36 Abs. 1 Sätze 1 und 2 BauGB erforderliches Einvernehmen rechtswidrig versagt, so hat die zuständige Bauaufsichtsbehörde das fehlende Einvernehmen nach Maßgabe der Absätze 2 bis 4 zu ersetzen. [2]Wird in einem anderen Genehmigungsverfahren über die Zulässigkeit des Vorhabens entschieden, tritt die für dieses Verfahren zuständige Behörde an die Stelle der Bauaufsichtsbehörde.

(2) § 122 der Gemeindeordnung findet keine Anwendung.

(3) Die Genehmigung gilt zugleich als Ersatzvornahme im Sinne des § 123 Gemeindeordnung. Sie ist zu begründen. Eine Anfechtungsklage hat auch insoweit keine aufschiebende Wirkung, als die Genehmigung als Ersatzvornahme gilt. Die Baugeneh migung kann, soweit sie als Ersatzvornahme gilt, nicht gesondert nach § 126 der Gemeindeordnung angefochten werden.

(4) Die Gemeinde ist vor Erlass der Genehmigung anzuhören. Dabei ist ihr Gelegenheit zu geben, binnen angemessener Frist erneut über das gemeindliche Einvernehmen zu entscheiden.“

anerkannte Sachverständige stichprobenhaft, ob das Bauvorhaben entsprechend den Bescheinigungen ausgeführt wird. [4]Bei Vorhaben, die im vereinfachten Genehmigungsverfahren (§ 68) genehmigt werden, kann die Bauaufsichtsbehörde auf die Bauüberwachung verzichten.

(2) [1]Der Bauaufsichtsbehörde ist die Einhaltung der Grundrissflächen und Höhenlagen der baulichen Anlagen nachzuweisen. [2]Wenn es die besonderen Grundstücksverhältnisse erfordern, kann sie die Vorlage eines amtlichen Nachweises verlangen.

(3) Die Bauaufsichtsbehörde und die von ihr Beauftragten können Proben von Bauprodukten und, soweit erforderlich, auch aus fertigen Bauteilen entnehmen und prüfen lassen.

(4) Den mit der Überwachung beauftragten Personen ist jederzeit Einblick in die Genehmigungen, Zulassungen, Prüfzeugnisse, Übereinstimmungserklärungen, Übereinstimmungszertifikate, Überwachungsnachweise, Zeugnisse und Aufzeichnungen über die Prüfungen von Bauprodukten, in die Bautagebücher und andere vorgeschriebene Aufzeichnungen zu gewähren.

§ 82 Bauzustandsbesichtigung. (1) [1]Die Bauzustandsbesichtigung zur Fertigstellung des Rohbaus und der abschließenden Fertigstellung genehmigter baulicher Anlagen sowie anderer Anlagen und Einrichtungen (§ 63) wird von der Bauaufsichtsbehörde durchgeführt. [2]Die Bauzustandsbesichtigung kann auf Stichproben beschränkt werden und entfällt, soweit Bescheinigungen staatlich anerkannter Sachverständiger nach § 85 Abs. 2 Satz 1 Nr. 4 gemäß § 72 Abs. 6 vorliegen. [3]Bei Vorhaben, die im vereinfachten Genehmigungsverfahren (§ 68) genehmigt werden, kann die Bauaufsichtsbehörde auf die Bauzustandsbesichtigung verzichten.

(2) [1]Die Fertigstellung des Rohbaues und die abschließende Fertigstellung genehmigter baulicher Anlagen sowie anderer Anlagen und Einrichtungen (§ 63 Abs. 1) sind der Bauaufsichtsbehörde von der Bauherrin oder dem Bauherrn oder der Bauleiterin oder dem Bauleiter jeweils eine Woche vorher anzuzeigen, um der Bauaufsichtsbehörde eine Besichtigung des Bauzustandes zu ermöglichen. [2]Die Bauaufsichtsbehörde kann darüber hinaus verlangen, dass ihr oder von ihr Beauftragten Beginn und Beendigung bestimmter Bauarbeiten von der Bauherrin oder dem Bauherrn oder der Bauleiterin oder dem Bauleiter angezeigt werden.

(3) [1]Der Rohbau ist fertiggestellt, wenn die tragenden Teile, Schornsteine, Brandwände und die Dachkonstruktion vollendet sind. [2]Zur Besichtigung des Rohbaues sind die Bauteile, die für die Standsicherheit und, soweit möglich, die Bauteile, die für den Brand- und Schallschutz wesentlich sind, derart offen zu halten, dass Maße und Ausführungsart geprüft werden können. [3]Die abschließende Fertigstellung umfasst die Fertigstellung auch der Wasserversorgungsanlagen und Abwasseranlagen.

(4) [1]Mit der Anzeige der abschließenden Fertigstellung von Bauvorhaben, für die der Bauaufsichtsbehörde Bescheinigungen von staatlich anerkannten Sachverständigen nach § 85 Abs. 2 Satz 1 Nr. 4 gemäß § 68 Abs. 2 und § 72 Abs. 6 vorliegen, sind von den Sachverständigen Bescheinigungen einzurei-

chen, wonach sie sich durch stichprobenhafte Kontrollen während der Bauausführung davon überzeugt haben, dass die baulichen Anlagen entsprechend den erstellten Nachweisen errichtet oder geändert worden sind. [2]Bauzustandsbesichtigungen finden insoweit nicht statt.

(5) [1]Die Bauherrin oder der Bauherr hat für die Besichtigung und die damit verbundenen möglichen Prüfungen die erforderlichen Arbeitskräfte und Geräte bereitzustellen. [2]Über das Ergebnis der Besichtigung ist auf Verlangen der Bauherrin oder des Bauherrn eine Bescheinigung auszustellen.

(6) Mit der Fortsetzung der Bauarbeiten darf erst einen Tag nach dem in der Anzeige nach Absatz 1 genannten Zeitpunkt der Fertigstellung des Rohbaues begonnen werden, soweit die Bauaufsichtsbehörde nicht einem früheren Beginn zugestimmt hat.

(7) Die Bauaufsichtsbehörde kann verlangen, dass bei Bauausführungen die Arbeiten erst fortgesetzt oder die Anlagen erst benutzt werden, wenn sie von ihr oder einer oder einem beauftragten Sachverständigen geprüft worden sind.

(8) [1]Bauliche Anlagen sowie andere Anlagen und Einrichtungen im Sinne des Absatzes 1 dürfen erst benutzt werden, wenn sie ordnungsgemäß fertiggestellt und sicher benutzbar sind, frühestens jedoch eine Woche nach dem in der Anzeige nach Absatz 1 genannten Zeitpunkt der Fertigstellung. [2]Die Bauaufsichtsbehörde soll auf Antrag gestatten, dass die Anlage oder Einrichtung ganz oder teilweise schon früher benutzt wird, wenn wegen der öffentlichen Sicherheit oder Ordnung Bedenken nicht bestehen.

§ 83 Baulast und Baulastenverzeichnis. (1) [1]Durch Erklärung gegenüber der Bauaufsichtsbehörde kann die Grundstückseigentümerin oder der Grundstückseigentümer öffentlich-rechtliche Verpflichtungen zu einem ihr oder sein Grundstück betreffenden Tun, Dulden oder Unterlassen übernehmen, die sich nicht schon aus öffentlich-rechtlichen Vorschriften ergeben (Baulast). [2]Besteht an dem Grundstück ein Erbbaurecht, so ist auch die Erklärung der oder des Erbbauberechtigten erforderlich. [3]Baulasten werden unbeschadet der Rechte Dritter mit der Eintragung in das Baulastenverzeichnis wirksam und wirken auch gegenüber der Rechtsnachfolgerin oder dem Rechtsnachfolger.

(2) Die Erklärung nach Absatz 1 bedarf der Schriftform; die Unterschrift muss öffentlich beglaubigt oder vor der Bauaufsichtsbehörde geleistet oder vor ihr anerkannt werden.

(3) [1]Die Baulast geht nur durch schriftlichen, im Baulastenverzeichnis zu vermerkenden Verzicht der Bauaufsichtsbehörde unter. [2]Auf Antrag der Grundstückseigentümerin oder des Grundstückseigentümers ist der Verzicht zu erklären, wenn ein öffentliches Interesse an der Baulast nicht mehr besteht.

(4) [1]Das Baulastenverzeichnis wird von der Bauaufsichtsbehörde geführt. [2]In das Baulastenverzeichnis können auch Auflagen, Bedingungen, Befristungen und Widerrufsvorbehalte eingetragen werden.

(5) Wer ein berechtigtes Interesse darlegt, kann in das Baulastenverzeichnis Einsicht nehmen oder sich Abschriften erteilen lassen.

SECHSTER TEIL

Bußgeldvorschriften, Rechtsvorschriften, bestehende Anlagen und Einrichtungen

§ 84 Bußgeldvorschriften. (1) Ordnungswidrig handelt, wer vorsätzlich oder fahrlässig

1. entgegen § 5 Abs. 6 Zu- und Durchfahrten sowie befahrbare Flächen durch Einbauten einengt, nicht ständig freihält oder Fahrzeuge dort abstellt,
2. es entgegen § 14 Abs. 3 unterlässt, ein Baustellenschild aufzustellen,
3. Bauprodukte mit dem Ü-Zeichen kennzeichnet, ohne dass dafür die Voraussetzungen nach § 25 Abs. 4 vorliegen,
4. Bauprodukte entgegen § 20 Abs. 1 Nr. 1 ohne das Ü-Zeichen verwendet,
5. Bauarten entgegen § 24 ohne allgemeine bauaufsichtliche Zulassung, allgemeines bauaufsichtliches Prüfzeugnis oder Zustimmung im Einzelfall anwendet,
6. entgegen § 57 Abs. 1 Satz 1 zur Ausführung eines genehmigungsbedürftigen Bauvorhabens oder eines Bauvorhabens nach § 67 eine Unternehmerin oder einen Unternehmer oder eine Bauleiterin oder einen Bauleiter nicht beauftragt,
7. entgegen § 57 Abs. 2 Satz 3 genehmigungsbedürftige Abbrucharbeiten in Selbst- oder Nachbarschaftshilfe ausführt,
8. entgegen § 57 Abs. 5 Satz 1 oder § 67 Abs. 5 Satz 1 vor Beginn der Bauarbeiten die Namen der Bauleiterin oder des Bauleiters und der Fachbauleiterinnen oder Fachbauleiter oder während der Bauausführung einen Wechsel dieser Personen oder entgegen § 57 Abs. 5 Satz 3 einen Wechsel in der Person der Bauherrin oder des Bauherrn nicht oder nicht rechtzeitig mitteilt,
9. entgegen § 66 Satz 2 eine Anlage benutzt, ohne eine Bescheinigung der Unternehmerinnen oder Unternehmer oder Sachverständiger vorliegen zu haben,
10. entgegen § 67 Abs. 2 ohne Einreichen von Bauvorlagen bei der Gemeinde oder vor Ablauf eines Monats nach Eingang der Bauvorlagen bei der Gemeinde bauliche Anlagen nach § 67 Abs. 1 oder 7 errichtet, ändert oder nutzt,
11. entgegen § 67 Abs. 4 oder 5 die dort genannten Nachweise und Bescheinigungen nicht vorliegen hat,
12. entgegen § 68 Abs. 2, § 81 Abs. 2 oder § 82 Abs. 4 Satz 1 die dort genannten Nachweise oder Bescheinigungen nicht einreicht,
13. eine bauliche Anlage oder andere Anlagen und Einrichtungen im Sinne des § 1 Abs. 1 Satz 2 ohne Baugenehmigung nach § 75 oder Teilbaugenehmigung nach § 76 oder abweichend davon errichtet, ändert, nutzt, abbricht oder ihre Nutzung ändert,
14. entgegen § 75 Abs. 6 Satz 2 Baugenehmigungen und Bauvorlagen an der Baustelle nicht vorliegen hat,
15. entgegen § 75 Abs. 7 den Ausführungsbeginn genehmigungsbedürftiger Vorhaben oder solcher nach § 67 Abs. 1 nicht oder nicht rechtzeitig mitteilt,

16. Fliegende Bauten ohne Ausführungsgenehmigung nach § 79 Abs. 2 Satz 1 erstmals aufstellt oder in Gebrauch nimmt oder ohne Gebrauchsabnahme nach § 79 Abs. 7 Satz 2 oder 3 in Gebrauch nimmt,
17. die nach § 82 Abs. 2 vorgeschriebenen oder verlangten Anzeigen nicht oder nicht rechtzeitig erstattet,
18. entgegen § 82 Abs. 6 oder 7 mit der Fortsetzung der Bauarbeiten beginnt,
19. entgegen § 82 Abs. 8 Satz 1 bauliche Anlagen oder andere Anlagen oder Einrichtungen vorzeitig benutzt,
20. einer aufgrund dieses Gesetzes ergangenen Rechtsverordnung oder örtlichen Bauvorschrift zuwiderhandelt, sofern die Rechtsverordnung oder die örtliche Bauvorschrift für einen bestimmten Tatbestand auf diese Bußgeldvorschrift verweist.

(2) Ordnungswidrig handelt auch, wer wider besseres Wissen unrichtige Angaben macht oder unrichtige Pläne oder Unterlagen vorlegt, um einen nach diesem Gesetz vorgesehenen Verwaltungsakt zu erwirken oder zu verhindern.

(3) Die Ordnungswidrigkeit kann mit einer Geldbuße bis zu 100 000 DM oder 50 000 EURO, in den Fällen des Absatzes 1 Nr. 13 mit einer Geldbuße bis zu 500 000 DM oder 250 000 EURO geahndet werden.

(4) [1]Ist eine Ordnungswidrigkeit nach Absatz 1 Nummern 3 bis 5 begangen worden, so können Gegenstände, auf die sich die Ordnungswidrigkeit bezieht, eingezogen werden. [2]§ 23 des Gesetzes über Ordnungswidrigkeiten ist anzuwenden.

(5) Verwaltungsbehörde im Sinne des § 36 Abs. 1 Nr. 1 des Gesetzes über Ordnungswidrigkeiten ist die untere Bauaufsichtsbehörde, in den Fällen des Absatzes 1 Nr. 1 hinsichtlich des Abstellens von Fahrzeugen die örtliche Ordnungsbehörde.

(6) Soweit in Bußgeldvorschriften, die aufgrund der Landesbauordnung (BauO NW) in der Fassung der Bekanntmachung vom 27. Januar 1970 (GV. NRW. S. 96), zuletzt geändert durch Gesetz vom 18. Mai 1982 (GV. NRW. S. 248), erlassen sind, auf § 101 Abs. 1 Nr. 1 jenes Gesetzes verwiesen wird und in Bußgeldvorschriften, die aufgrund der Landesbauordnung (BauO NW) vom 26. Juni 1984 (GV. NRW. S. 419), zuletzt geändert durch Gesetz vom 24. November 1992 (GV. NRW. S. 467), erlassen sind, auf § 79 Abs. 1 Nr. 14 jenes Gesetzes verwiesen wird, gelten solche Verweisungen als Verweisungen auf § 84 Abs. 1 Nr. 20.

§ 85 Rechtsverordnungen und Verwaltungsvorschriften. (1) Zur Verwirklichung der in § 3 bezeichneten allgemeinen Anforderungen wird die oberste Bauaufsichtsbehörde ermächtigt, durch Rechtsverordnung Vorschriften zu erlassen über

1. die nähere Bestimmung allgemeiner Anforderungen in den §§ 4 bis 53,
2. den Nachweis der Befähigung der in § 20 Abs. 5 genannten Personen; dabei können Mindestanforderungen an die Ausbildung, die durch Prüfung nachzuweisende Befähigung und die Ausbildungsstätten einschließlich der Anerkennungsvoraussetzungen gestellt werden,

3. die Überwachung von Tätigkeiten mit einzelnen Bauprodukten nach § 20 Abs. 6; dabei können für die Überwachungsstellen über die in § 28 festgelegten Mindestanforderungen hinaus weitere Anforderungen im Hinblick auf die besonderen Eigenschaften und die besondere Verwendung der Bauprodukte gestellt werden,
4. die nähere Bestimmung allgemeiner Anforderungen in § 43, insbesondere über Feuerungsanlagen und Anlagen zur Verteilung von Wärme oder zur Warmwasserversorgung sowie über deren Betrieb, über Brennstoffleitungsanlagen, über Aufstellräume für Feuerstätten, Verbrennungsmotoren und Verdichter sowie über die Lagerung von Brennstoffen,
5. besondere Anforderungen oder Erleichterungen, die sich aus der besonderen Art oder Nutzung der baulichen Anlagen und Räume für Errichtung, Änderung, Instandhaltung, Betrieb und Benutzung ergeben (§§ 54 und 55), sowie über die Anwendung solcher Anforderungen auf bestehende bauliche Anlagen dieser Art,
6. wiederkehrende Prüfung von Anlagen oder Einrichtungen, die zur Verhütung erheblicher Gefahren ständig ordnungsgemäß instandgehalten werden müssen, und die Erstreckung dieser Nachprüfungspflicht auf bestehende Anlagen oder Einrichtungen,
7. die Vergütung der Sachverständigen, denen nach diesem Gesetz oder nach Vorschriften aufgrund dieses Gesetzes Aufgaben übertragen werden; die Vergütung ist nach den Grundsätzen des Gebührengesetzes für das Land Nordrhein-Westfalen (GebG NRW) in der Fassung der Bekanntmachung vom 23. August 1999 (GV. NRW. S. 524) festzusetzen,
8. die Anwesenheit von Fachleuten beim Betrieb technisch schwieriger Anlagen und Einrichtungen, wie Bühnenbetriebe und technisch schwierige Fliegende Bauten,
9. den Nachweis der Befähigung der in Nummer 8 genannten Fachleute.

(2) [1]Die oberste Bauaufsichtsbehörde wird ermächtigt zur Vereinfachung oder Beschleunigung des Baugenehmigungsverfahrens oder zur Entlastung der Bauaufsichtsbehörden durch Rechtsverordnung Vorschriften zu erlassen über

1. weitere und weitergehende Ausnahmen von der Genehmigungspflicht,
2. den vollständigen oder teilweisen Wegfall der bautechnischen Prüfung bei bestimmten Arten von Bauvorhaben,
3. die Übertragung von Prüfaufgaben der Bauaufsichtsbehörde im Rahmen des bauaufsichtlichen Verfahrens einschließlich der Bauüberwachung und Bauzustandsbesichtigung auf Sachverständige oder sachverständige Stellen,
4. die staatliche Anerkennung von Sachverständigen, die von der Bauherrin oder dem Bauherrn mit der Erstellung von Nachweisen und Bescheinigungen beauftragt werden,
5. die Verpflichtung der Betreiberinnen oder Betreiber mit der wiederkehrenden Prüfung bestimmter Anlagen und Einrichtungen nach Absatz 1 Nr. 6 Sachverständige oder Sachkundige zu beauftragen.

[2]Sie kann dafür bestimmte Voraussetzungen festlegen, die die Verantwortlichen nach den §§ 57 bis 59a oder die Sachverständigen zu erfüllen haben; sie muss dies in den Fällen des Satzes 1 Nummern 2 bis 5 tun. [3]Dabei können insbesondere die Fachbereiche, in denen Sachverständige tätig werden, sowie Mindestanforderungen an die Fachkenntnisse sowie in zeitlicher und sachlicher Hinsicht an die Berufserfahrung festgelegt, eine laufende Fortbildung vorgeschrieben, durch Prüfungen nachzuweisende Befähigung bestimmt, der Nachweis der persönlichen Zuverlässigkeit und einer ausreichenden Haftpflichtversicherung gefordert und Altersgrenzen festgesetzt werden. [4]Sie kann darüber hinaus auch eine besondere Anerkennung der Sachverständigen vorschreiben, das Verfahren und die Voraussetzungen für die Anerkennung, ihren Widerruf, ihre Rücknahme und ihr Erlöschen und die Vergütung der Sachverständigen sowie für Prüfungen, die Bestellung und Zusammensetzung der Prüfungsorgane und das Prüfungsverfahren regeln.

(3) [1]Die oberste Bauaufsichtsbehörde wird ermächtigt zum bauaufsichtlichen Verfahren und für die Fälle des § 67 durch Rechtsverordnung Vorschriften zu erlassen über
1. Umfang, Inhalt und Zahl der Bauvorlagen,
2. die erforderlichen Anträge, Anzeigen, Nachweise und Bescheinigungen,
3. das Verfahren im Einzelnen.

[2]Sie kann dabei für verschiedene Arten von Bauvorhaben unterschiedliche Anforderungen und Verfahren festlegen.

(4) Die oberste Bauaufsichtsbehörde wird ermächtigt, durch Rechtsverordnung vorzuschreiben, dass die am Bau Beteiligten (§§ 57 bis 59a) zum Nachweis der ordnungsgemäßen Bauausführung Bescheinigungen, Bestätigungen oder Nachweise dieser Personen, von Sachverständigen, Fachleuten oder Behörden über die Einhaltung bauaufsichtlicher Anforderungen vorzulegen haben.

(5) [1]Die oberste Bauaufsichtsbehörde wird ermächtigt, durch Rechtsverordnung die Befugnisse auf andere als in diesen Vorschriften aufgeführte Behörden zu übertragen für:
1. die Anerkennung von Prüf-, Zertifizierungs- und Überwachungsstellen (§ 28 Abs. 1 und 3),
2. die Erteilung von Typengenehmigungen (§ 78).

[1]Die Befugnis nach Nummern 1 und 2 kann auch auf eine Behörde eines anderen Landes übertragen werden, die der Aufsicht einer obersten Bauaufsichtsbehörde untersteht oder an deren Willensbildung die oberste Bauaufsichtsbehörde mitwirkt. [2]Die Befugnis nach Nummern 1 und 2 darf nur im Einvernehmen mit der obersten Bauaufsichtsbehörde ausgeübt werden.

(6) Die oberste Bauaufsichtsbehörde kann durch Rechtsverordnung
1. das Ü-Zeichen festlegen und zu diesem Zeichen zusätzliche Angaben verlangen,
2. das Anerkennungsverfahren nach § 28 Abs. 1, die Voraussetzungen für die Anerkennung, ihren Widerruf und ihr Erlöschen regeln, insbesondere auch Altersgrenzen festlegen, sowie eine ausreichende Haftpflichtversicherung fordern,

3. die Vergütung der nach § 28 Abs. 1 dieses Gesetzes und § 11 Abs. 1 Bauproduktengesetz anerkannten Prüf-, Zertifizierungs- und Überwachungsstellen festsetzen.

(7) [1]Die oberste Bauaufsichtsbehörde wird ermächtigt, durch Rechtsverordnung zu bestimmen, dass die Anforderungen der aufgrund des § 11 des Gerätesicherheitsgesetzes erlassenen Rechtsverordnungen entsprechend für Anlagen gelten, die weder gewerblichen noch wirtschaftlichen Zwecken dienen und in deren Gefahrenbereich auch keine Arbeitnehmer beschäftigt werden. [2]Sie kann auch die Verfahrensvorschriften dieser Verordnungen für anwendbar erklären oder selbst das Verfahren bestimmen sowie Zuständigkeiten und Gebühren regeln. [3]Dabei kann sie auch vorschreiben, dass danach zu erteilende Erlaubnisse die Baugenehmigung oder Zustimmung nach § 80 einschließlich etwaiger Abweichungen (§ 73) einschließen sowie, dass § 12 Abs. 2 des Gerätesicherheitsgesetzes insoweit Anwendung findet.

(8) Die Rechtsverordnungen werden nach Anhörung des zuständigen Ausschusses des Landtags erlassen.

(9) Das für die Bauaufsicht zuständige Ministerium erlässt die zur Durchführung dieses Gesetzes oder der Rechtsvorschriften aufgrund dieses Gesetzes erforderlichen Verwaltungsvorschriften.

§ 86 Örtliche Bauvorschriften. (1) Die Gemeinden können örtliche Bauvorschriften als Satzung erlassen über:
1. die äußere Gestaltung baulicher Anlagen sowie von Werbeanlagen und Warenautomaten zur Durchführung baugestalterischer Absichten in bestimmten, genau abgegrenzten bebauten oder unbebauten Teilen des Gemeindegebietes; dabei können sich die Vorschriften über Werbeanlagen auch auf deren Art, Größe und Anbringungsort erstrecken;
2. besondere Anforderungen an bauliche Anlagen, Werbeanlagen und Warenautomaten zum Schutz bestimmter Bauten, Straßen, Plätze oder Ortsteile von städtebaulicher, künstlerischer oder geschichtlicher Bedeutung sowie von Denkmälern und Naturdenkmälern; dabei können nach den örtlichen Gegebenheiten insbesondere bestimmte Arten von Werbeanlagen und Warenautomaten ausgeschlossen oder auf Teile baulicher Anlagen und auf bestimmte Farben beschränkt werden;
3. die Lage, Größe, Beschaffenheit, Ausstattung und Unterhaltung von Kinderspielflächen (§ 9 Abs. 2);
4. die Gestaltung, Begrünung und Bepflanzung der Gemeinschaftsanlagen, der Lagerplätze, der Stellplätze, der Standplätze für Abfallbehälter und der unbebauten Flächen der bebauten Grundstücke, der Campingplätze und Wochenendplätze sowie die Begrünung baulicher Anlagen; dabei kann bestimmt werden, dass Vorgärten nicht als Stellplätze, als Abstell- oder als Lagerplatz oder als Arbeitsfläche hergerichtet oder benutzt werden dürfen;
5. die Verpflichtung zur Herstellung, das Verbot der Herstellung sowie über Art, Höhe und Gestaltung von Einfriedungen;

6. geringere als die in § 6 Abs. 5 und 6 vorgeschriebenen Maße zur Wahrung der bauhistorischen Bedeutung oder der sonstigen erhaltenswerten Eigenart eines Ortsteiles; dabei sind die Ortsteile in der Satzung genau zu bezeichnen.

(2) Durch örtliche Bauvorschriften als Satzung kann ferner bestimmt werden, dass
1. für besondere schutzwürdige Gebiete für genehmigungsfreie Werbeanlagen und Warenautomaten eine Genehmigung eingeführt wird,
2. im Gemeindegebiet oder in Teilen davon bei bestehenden baulichen Anlagen Kinderspielflächen nach § 9 Abs. 2 Satz 5 herzustellen sind.

(3) [1]Anforderungen nach den Absätzen 1 und 2 können innerhalb der örtlichen Bauvorschrift auch in Form zeichnerischer Darstellungen gestellt werden. [2]Ihre Bekanntgabe kann dadurch ersetzt werden, dass dieser Teil der örtlichen Bauvorschriften bei der Gemeinde zur Einsicht ausgelegt wird; hierauf ist in den örtlichen Bauvorschriften hinzuweisen.

(4) Örtliche Bauvorschriften können auch als Festsetzungen in einen Bebauungsplan im Sinne von § 8 oder § 12 des Baugesetzbuches aufgenommen werden; in diesem Fall sind die Vorschriften des Baugesetzbuches über die Aufstellung, Änderung, Ergänzung und Aufhebung der Bebauungspläne einschließlich ihrer Genehmigung und ihrer Sicherung (§§ 1 bis 18 Baugesetzbuch) sowie über die Wirksamkeitsvoraussetzungen (§§ 214 bis 216 Baugesetzbuch) anzuwenden.

(5) [1]Abweichungen (§ 73) von örtlichen Bauvorschriften werden im Einvernehmen mit der Gemeinde von der Bauaufsichtsbehörde zugelassen. [2]§ 36 Abs. 2 Satz 2 des Baugesetzbuches gilt entsprechend.

§ 87 Bestehende Anlagen und Einrichtungen. (1) Entsprechen rechtmäßig bestehende bauliche Anlagen sowie andere Anlagen und Einrichtungen im Sinne von § 1 Abs. 1 Satz 2 nicht den Vorschriften dieses Gesetzes oder Vorschriften aufgrund dieses Gesetzes, so kann verlangt werden, dass die Anlagen diesen Vorschriften angepasst werden, wenn dies im Einzelfall wegen der Sicherheit für Leben oder Gesundheit erforderlich ist.

(2) Sollen bauliche Anlagen wesentlich geändert werden, so kann gefordert werden, dass auch die nicht unmittelbar berührten Teile der Anlage mit diesem Gesetz oder den aufgrund dieses Gesetzes erlassenen Vorschriften in Einklang gebracht werden, wenn
1. die Bauteile, die diesen Vorschriften nicht mehr entsprechen, mit den Änderungen in einem konstruktiven Zusammenhang stehen und
2. die Durchführung dieser Vorschriften bei den von den Änderungen nicht berührten Teilen der baulichen Anlage keine unzumutbaren Mehrkosten verursacht.

SIEBENTER TEIL

Übergangs-, Änderungs- und Schlussvorschriften

§ 88 Übergangsvorschrift. Anerkennungen von Stellen als Prüf-, Überwachungs- und Zertifizierungsstellen nach bisherigem Recht gelten bis zum 31. Dezember 2012.

§ 89 *(Änderungsvorschriften; gegenstandslos)*

§ 90 *(Inkrafttreten, Außerkrafttreten, eingeleitete Verfahren)*

§ 91 Berichtspflicht. Die Landesregierung berichtet dem Landtag bis zum 31. Dezember 2012 und danach alle fünf Jahre über die Notwendigkeit und Zweckmäßigkeit der Regelungen der Bauordnung.

Bauordnung für das Land Nordrhein-Westfalen 2016 (Landesbauordnung 2016 – BauO NRW 2016)

in der Fassung der Bekanntmachung vom 15. Dezember 2016 (GV NRW S. 1162);
zuletzt geändert durch Gesetz vom 21. Dezember 2017 (GV NRW S. 1005).

Die §§ 3, 17 bis 25, § 86 Absatz 11 und § 87 sind am 28.6.2017 in Kraft getreten. Gleichzeitig sind die §§ 3 und 20 bis 28 der Landesbauordnung in der Fassung der Bekanntmachung vom 1. März 2000 (GV. NRW. S. 256) (Nr. 19 dieser Sammlung – „Landesbauordnung 2000") außer Kraft getreten.

§ 86 Absatz 1 Nummer 2 und 3, Absatz 5 bis 7 ist am 28.12.2017 in Kraft getreten.

Im Übrigen tritt das Gesetz am 1.1.2019 in Kraft. Gleichzeitig tritt die „Landesbauordnung 2000" mit Ausnahme ihres § 51 außer Kraft. § 51 der „Landesbauordnung 2000" tritt zum 1.1.2020 außer Kraft.

Aufgrund von § 90 Absatz 5 sind vor dem 1.10.2018 eingeleitete Verfahren auf Antrag der Bauherrin oder des Bauherrn nach der „Landesbauordnung 2000" fortzuführen, wenn die Bauvorlagen vollständig und ohne erhebliche Mängel eingereicht wurden.

INHALTSÜBERSICHT*

* *Die zum Zeitpunkt der Drucklegung noch nicht in Kraft getretenen Vorschriften sind kursiv abgedruckt.*

Teil 1

Allgemeine Vorschriften

§ 1 Anwendungsbereich. *(1) [1]Dieses Gesetz gilt für bauliche Anlagen und Bauprodukte. [2]Es gilt auch für Grundstücke sowie für andere Anlagen und Einrichtungen, an die in diesem Gesetz oder in Vorschriften auf Grund dieses Gesetzes Anforderungen gestellt werden.*

(2) Dieses Gesetz gilt nicht für

1. *Anlagen des öffentlichen Verkehrs einschließlich Zubehör, Nebenanlagen und Nebenbetriebe, mit Ausnahme von Gebäuden,*
2. *Anlagen, soweit sie der Bergaufsicht unterliegen, mit Ausnahme von Gebäuden,*
3. *Leitungen, die der öffentlichen Versorgung mit Wasser, Gas, Elektrizität, Wärme, der öffentlichen Abwasserentsorgung oder der Telekommunikation dienen,*
4. *Rohrleitungen, die dem Ferntransport von Stoffen dienen, einschließlich ihrer unterirdischen Anlagen und Einrichtungen und*
5. *Kräne.*

§ 2 Begriffe. *(1) [1]Bauliche Anlagen sind mit dem Erdboden verbundene, aus Bauprodukten hergestellte Anlagen. [2]Eine Verbindung mit dem Erdboden be-*

steht auch dann, wenn die Anlage durch eigene Schwere auf dem Erdboden ruht oder auf ortsfesten Bahnen begrenzt beweglich ist oder wenn die Anlage nach ihrem Verwendungszweck dazu bestimmt ist, überwiegend ortsfest benutzt zu werden. ³Als bauliche Anlagen gelten

1. *Aufschüttungen und Abgrabungen,*
2. *Lager-, Abstell- und Ausstellungsplätze,*
3. *Camping- und Wochenendplätze,*
4. *Sport- und Spielflächen,*
5. *Stellplätze,*
6. *Gerüste,*
7. *Hilfseinrichtungen zur statischen Sicherung von Bauzuständen und*
8. *umfriedete Flächen, innerhalb derer sich Besucher einer öffentlich zugänglichen Veranstaltung oder Einrichtung (zum Beispiel Freizeit- und Vergnügungsparks) aufhalten.*

(2) ¹Gebäude sind selbständig benutzbare, überdachte bauliche Anlagen, die von Menschen betreten werden können und geeignet oder bestimmt sind, dem Schutz von Menschen, Tieren oder Sachen zu dienen. ²Windenergieanlagen sind keine Gebäude.

(3) ¹Gebäude werden in folgende Gebäudeklassen eingeteilt:

1. *Gebäudeklasse 1:*
   a) freistehende Gebäude mit einer Höhe bis zu 7 m und nicht mehr als zwei Nutzungseinheiten von insgesamt nicht mehr als 400 m² und
   b) freistehende land- oder forstwirtschaftlich genutzte Gebäude und Gebäude vergleichbarer Nutzung,
2. *Gebäudeklasse 2:*
   Gebäude mit einer Höhe bis zu 7 m und nicht mehr als zwei Nutzungseinheiten von insgesamt nicht mehr als 400 m²,
3. *Gebäudeklasse 3:*
   sonstige Gebäude mit einer Höhe bis zu 7 m,
4. *Gebäudeklasse 4:*
   Gebäude mit einer Höhe bis zu 13 m und Nutzungseinheiten mit jeweils nicht mehr als 400 m²,
5. *Gebäudeklasse 5:*
   sonstige Gebäude einschließlich unterirdischer Gebäude.

²Höhe im Sinne des Satzes 1 ist das Maß der Fußbodenoberkante des höchstgelegenen Geschosses, in dem ein Aufenthaltsraum möglich ist, über der Geländeoberfläche im Mittel. ³Die Grundflächen der Nutzungseinheiten im Sinne dieses Gesetzes sind die Brutto-Grundflächen. ⁴Bei der Berechnung der Brutto-Grundflächen nach Satz 1 bleiben Flächen in Kellergeschossen außer Betracht.

(4) Geländeoberfläche ist die Fläche, die sich aus der Baugenehmigung oder den Festsetzungen des Bebauungsplanes ergibt, im Übrigen die natürliche Geländeoberfläche.

(5) ¹Oberirdische Geschosse sind Geschosse, deren Deckenoberkante im Mittel mehr als 1,60 m über die Geländeoberfläche hinausragt. ²Im Übrigen

sind sie Kellergeschosse. [3]Hohlräume zwischen der obersten Decke und dem Dach, in denen Aufenthaltsräume nicht möglich sind, sind keine Geschosse.

(6) [1]Vollgeschosse sind oberirdische Geschosse, die eine lichte Höhe von mindestens 2,30 m haben. [2]Ein oberstes Geschoss ist nur dann ein Vollgeschoss, wenn es die in Satz 1 genannte Höhe über mehr als zwei Drittel der Grundfläche des darunter liegenden Geschosses hat.

(7) Aufenthaltsräume sind Räume, die zum nicht nur vorübergehenden Aufenthalt von Menschen bestimmt oder geeignet sind.

(8) [1]Stellplätze sind Flächen, die dem Abstellen von Kraftfahrzeugen außerhalb der öffentlichen Verkehrsfläche dienen. [2]Garagen sind ganz oder teilweise umschlossene Räume zum Abstellen von Kraftfahrzeugen.

(9) Bauprodukte sind

1. *Produkte, Baustoffe, Bauteile und Anlagen sowie Bausätze gemäß Artikel 2 Nummer 2 der Verordnung (EU) Nr. 305/2011 des Europäischen Parlaments und des Rates vom 9. März 2011 zur Festlegung harmonisierter Bedingungen für die Vermarktung von Bauprodukten und Aufhebung der Richtlinie 89/106/EWG des Rates (ABl. L 88 vom 4.4.2011, S. 5, L 103 vom 12.4.2013, S. 10, L 92 vom 8.4.2015, S. 118), die zuletzt durch Verordnung (EU) Nr. 574/2014 (ABl. L 159 vom 28.5.2014, S. 41) geändert worden ist, die hergestellt werden, um dauerhaft in bauliche Anlagen eingebaut zu werden und*
2. *aus Produkten, Baustoffen, Bauteilen sowie Bausätzen gemäß Artikel 2 Nummer 2 der Verordnung (EU) Nr. 305/2011 vorgefertigte Anlagen, die hergestellt werden, um mit dem Erdboden verbunden zu werden, wie Fertighäuser, Fertiggaragen und Silos.*

(10) Bauart ist das Zusammenfügen von Bauprodukten zu baulichen Anlagen oder Teilen von baulichen Anlagen.

(11) Barrierefrei sind bauliche Anlagen, soweit sie für alle Menschen ihrem Zweck entsprechend in der allgemein üblichen Weise, ohne besondere Erschwernis und grundsätzlich ohne fremde Hilfe auffindbar, zugänglich und nutzbar sind.

(12) Feuerstätten sind in oder an Gebäuden ortsfest benutzte Anlagen oder Einrichtungen, die dazu bestimmt sind, durch Verbrennung Wärme zu erzeugen.

§ 3 Allgemeine Anforderungen. (1) Bauliche Anlagen sowie andere Anlagen und Einrichtungen im Sinne von § 1 Absatz 1 Satz 2 sind so anzuordnen, zu errichten, zu ändern und instand zu halten, dass die öffentliche Sicherheit oder Ordnung, insbesondere Leben, Gesundheit oder die natürlichen Lebensgrundlagen, nicht gefährdet wird.

(2) [1]Die der Wahrung der Belange nach Absatz 1 dienenden allgemein anerkannten Regeln der Technik sind zu beachten. [2]Als allgemein anerkannte Regeln der Technik gelten auch die von der obersten Bauaufsichtsbehörde durch Verwaltungsvorschrift (§ 86 Absatz 11) als Technische Baubestimmungen eingeführten technischen Regeln.

(3) Für den Abbruch baulicher Anlagen sowie anderer Anlagen und Einrichtungen im Sinne des § 1 Absatz 1 Satz 2 und für die Änderung ihrer Benutzung gelten Absätze 1 und 2 sinngemäß.

Teil 2

Das Grundstück und seine Bebauung

§ 4 Bebauung der Grundstücke mit Gebäuden. *(1) Gebäude dürfen nur errichtet werden, wenn gesichert ist, dass bis zum Beginn ihrer Benutzung*

1. das Grundstück in angemessener Breite an einer befahrbaren öffentlichen Verkehrsfläche liegt oder das Grundstück eine befahrbare, öffentlich-rechtlich gesicherte Zufahrt zu einer befahrbaren öffentlichen Verkehrsfläche hat; Wohnwege, an denen nur Gebäude der Gebäudeklassen 1 bis 3 zulässig sind, brauchen nur befahrbar zu sein, wenn sie länger als 50 m sind,

2. die erforderlichen Anlagen zur Versorgung mit Trink- und Löschwasser vorhanden und benutzbar sind und

3. die erforderlichen Abwasseranlagen vorhanden und benutzbar sind und die Abwasserbeseitigung entsprechend den wasserrechtlichen Vorschriften gewährleistet ist.

(2) [1]Ein Gebäude auf mehreren Grundstücken ist nur zulässig, wenn durch Baulast gesichert ist, dass keine Verhältnisse eintreten können, die den Vorschriften dieses Gesetzes oder den auf Grund dieses Gesetzes erlassenen Vorschriften zuwiderlaufen. [2]Einer Sicherung nach Satz 1 bedarf es nicht, wenn eine Außenwand und das Dach eines Gebäudes durch Maßnahmen zur Wärmedämmung entsprechend der Energieeinsparverordnung vom 24. Juli 2007 (BGBl. I S. 1519) in der jeweils geltenden Fassung geändert werden.

§ 5 Zugänge und Zufahrten auf den Grundstücken. *(1) [1]Von öffentlichen Verkehrsflächen ist insbesondere für die Feuerwehr ein geradliniger Zu- oder Durchgang zu schaffen*

1. zur Vorderseite rückwärtiger Gebäude sowie

2. zur Rückseite von Gebäuden, wenn eine Rettung von Menschen außer vom Treppenraum nur von der Gebäuderückseite aus möglich ist.

[2]Zu Gebäuden, bei denen die Oberkante der Brüstung von zum Anleitern bestimmten Fenstern oder Stellen mehr als 8 m über Gelände liegt,

1. ist in den Fällen des Satzes 1 anstelle eines Zu- oder Durchgangs eine Zu- oder Durchfahrt zu schaffen und

2. sind die dafür erforderlichen Aufstell- und Bewegungsflächen für Hubrettungsfahrzeuge vorzusehen.

[3]Bei Gebäuden, die ganz oder mit Teilen mehr als 50 m von einer öffentlichen Verkehrsfläche entfernt sind, sind Zufahrten oder Durchfahrten nach Satz 2 zu den vor und hinter den Gebäuden gelegenen Grundstücksteilen und Bewegungsflächen herzustellen, wenn sie aus Gründen des Feuerwehreinsatzes erforderlich sind.

(2) [1]Zu- und Durchfahrten, Aufstellflächen und Bewegungsflächen müssen für Feuerwehrfahrzeuge ausreichend befestigt und tragfähig sein. [2]Sie sind als solche zu kennzeichnen und ständig frei zu halten. [3]Die Kennzeichnung von Zufahrten muss von der öffentlichen Verkehrsfläche aus sichtbar sein. [4]Fahrzeuge dürfen auf den Flächen nach Satz 1 nicht abgestellt werden.

§ 6 Abstandflächen. *(1) [1]Vor den Außenwänden von Gebäuden sind Abstandflächen von oberirdischen Gebäuden freizuhalten. [2]Innerhalb der überbaubaren Grundstücksfläche ist eine Abstandfläche nicht erforderlich gegenüber Grundstücksgrenzen,*

1. *gegenüber denen nach planungsrechtlichen Vorschriften ohne Grenzabstand oder mit geringerem Grenzabstand als nach den Absätzen 5 und 6 gebaut werden muss oder*
2. *gegenüber denen nach planungsrechtlichen Vorschriften ohne Grenzabstand gebaut werden darf, wenn gesichert ist, dass auf dem Nachbargrundstück ohne Grenzabstand gebaut wird.*

(2) [1]Die Abstandflächen müssen auf dem Grundstück selbst liegen. [2]Sie dürfen auch auf öffentlichen Verkehrsflächen, öffentlichen Grünflächen und öffentlichen Wasserflächen liegen, jedoch nur bis zu deren Mitte. [3]Abstandflächen dürfen sich ganz oder teilweise auf andere Grundstücke erstrecken, wenn durch Baulast gesichert ist, dass sie nur mit in der Abstandfläche zulässigen baulichen Anlagen überbaut werden und auf die auf diesen Grundstücken erforderlichen Abstandflächen nicht angerechnet werden.

(3) Die Abstandflächen dürfen sich nicht überdecken; dies gilt nicht für

1. *Außenwände, die in einem Winkel von mehr als 75 Grad zueinander stehen,*
2. *Außenwände zu einem fremder Sicht entzogenen Gartenhof bei Wohngebäuden mit nicht mehr als zwei Wohnungen und*
3. *Gebäude und andere bauliche Anlagen, die in den Abstandflächen zulässig sind oder gestattet werden.*

(4) [1]Die Tiefe der Abstandfläche bemisst sich nach der Wandhöhe. [2]Sie wird senkrecht zur Wand gemessen. [3]Als Wandhöhe gilt das Maß von der Geländeoberfläche bis zur Schnittlinie der Wand mit der Dachhaut oder bis zum oberen Abschluss der Wand. [4]Besteht eine Außenwand aus Wandteilen unterschiedlicher Höhe, so ist die Wandhöhe je Wandteil zu ermitteln. [5]Bei geneigter Geländeoberfläche ist die im Mittel gemessene Wandhöhe maßgebend. [6]Diese ergibt sich aus den Wandhöhen an den Gebäudekanten oder den vertikalen Begrenzungen der Wandteile. [7]Abgrabungen, die der Belichtung oder dem Zugang oder der Zufahrt zu einem Gebäude dienen, bleiben bei der Ermittlung der Abstandfläche außer Betracht, auch soweit sie nach § 8 Absatz 3 die Geländeoberfläche zulässigerweise verändern. [8]Zur Wandhöhe werden hinzugerechnet:

1. *voll die Höhe von*
   a) *Dächern und Dachteilen mit einer Dachneigung von mehr als 70 Grad und*
   b) *Giebelflächen im Bereich dieser Dächer und Dachteile, wenn beide Seiten eine Dachneigung von mehr als 70 Grad haben,*

2. zu einem Drittel die Höhe von

a) Dächern und Dachteilen mit einer Dachneigung von mehr als 45 Grad,

b) Dächern mit Dachgauben oder Dachaufbauten, deren Gesamtlänge je Dachfläche mehr als die Hälfte der darunter liegenden Gebäudewand beträgt und

c) Giebelflächen im Bereich von Dächern und Dachteilen, wenn nicht beide Seiten eine Dachneigung von mehr als 70 Grad haben.

[9]Das sich ergebende Maß ist H.

(5) [1]Die Tiefe der Abstandflächen beträgt, soweit in einer örtlichen Bauvorschrift nach § 88 Absatz 1 Nummer 6 nichts anderes bestimmt ist,

1. 0,8 H,

2. 0,5 H in Kerngebieten und

3. 0,25 H in Gewerbegebieten und Industriegebieten.

[2]Zu öffentlichen Verkehrsflächen, öffentlichen Grünflächen und öffentlichen Wasserflächen beträgt die Tiefe der Abstandfläche

1. 0,4 H und

2. 0,25 H in Kerngebieten, Gewerbegebieten und Industriegebieten.

[3]In Sondergebieten können geringere Tiefen der Abstandflächen gestattet werden, wenn die Nutzung des Sondergebiets dies rechtfertigt. [4]Zu angrenzenden anderen Baugebieten gilt die jeweils größere Tiefe der Abstandfläche. [5]In allen Fällen muss die Tiefe der Abstandflächen mindestens 3 m betragen. [6]Absatz 16 bleibt unberührt.

(6) [1]Auf einer Länge der Außenwände und von Teilen der Außenwände von nicht mehr als 16 m genügt gegenüber jeder Grundstücksgrenze und gegenüber jedem Gebäude auf demselben Grundstück als Tiefe der Abstandflächen 0,4 H, in Kerngebieten 0,25 H, mindestens jedoch 3 m. [2]Bei hintereinander liegenden Außenwänden wird nur die Außenwand mit der größten Länge auf die Länge nach Satz 1 angerechnet.

(7) [1]Bei der Bemessung der Abstandfläche bleiben außer Betracht, wenn sie nicht mehr als 1,60 m vor die Außenwand vortreten,

1. das Erd- und Kellergeschoss erschließende Hauseingangstreppen und ihre Überdachungen, wenn sie von den gegenüberliegenden Nachbargrenzen mindestens 1,50 m entfernt sind,

2. untergeordnete Bauteile wie Gesimse, Dachvorsprünge und Terrassenüberdachungen, wenn sie von den gegenüberliegenden Nachbargrenzen mindestens 2 m entfernt sind, und

3. untergeordnete Vorbauten wie Erker, Balkone, Altane, Treppenräume und Aufzüge, wenn sie von den gegenüberliegenden Nachbargrenzen mindestens 2 m entfernt sind. Dies gilt auch für parallel zur Außenwand angebrachte und nicht mehr als 0,25 m vor diese hervortretende Solaranlagen.

[2]Vorbauten sind untergeordnet, wenn sie insgesamt nicht mehr als ein Drittel der Länge der jeweiligen Außenwand in Anspruch nehmen. [3]Soweit Vorbauten übereinander liegen, wird ihre Länge nur einmal gezählt.

[4]Bei der Ermittlung des Maßes nach Satz 1 bleiben Loggien außer Betracht.

(8) [1]Die seitlichen Wände von Zwerchhäusern lösen keine Abstandfläche aus, wenn
*1. die Ansichtsfläche des Zwerchhauses nicht mehr als 5 m², *
2. die Höhe der seitlichen Wände nicht mehr als 2,80 m,
3. die Dachneigung des Zwerchhauses nicht mehr als 45 Grad und
4. die Gesamtlänge aller Zwerchhäuser nicht mehr als die Hälfte der Länge der darunter liegenden Gebäudewand
beträgt.

[2]Die Ansichtsfläche nach Satz 1 Nummer 1 ist die Fläche des Zwerchhauses, die parallel zur Außenwand (Traufseite) des Gebäudes verläuft. [3]Die Höhe der seitlichen Wände nach Satz 1 Nummer 2 bemisst sich von der Fußbodenoberkante des Zwerchhauses bis zur Schnittlinie mit der Dachhaut des Zwerchhauses.

(9) Bei der Bemessung der Abstandfläche bleibt die Errichtung von Solaranlagen auf Gebäuden außer Betracht
1. wenn die Module nicht mehr als 0,25 m über der Dachhaut liegen und
2. sie bei geneigten Dächern den Dachfirst nicht überragen.

(10) [1]Gegenüber Gebäuden und Grundstücksgrenzen gelten die Absätze 1 bis 7 entsprechend für Anlagen, die nicht Gebäude sind,
1. soweit sie höher als 2 m über der Geländeoberfläche sind und von ihnen Wirkungen wie von Gebäuden ausgehen oder
2. soweit sie höher als 1 m über der Geländeoberfläche sind und dazu geeignet sind, von Menschen betreten zu werden.

[2]Für Windenergieanlagen gelten die Absätze 4 bis 7 nicht. [3]Bei diesen Anlagen bemisst sich die Tiefe der Abstandfläche nach 35 Prozent ihrer größten Höhe. [4]Die größte Höhe errechnet sich bei Anlagen mit Horizontalachse aus der Höhe der Rotorachse über der geometrischen Mitte des Mastes zuzüglich des Rotorradius. [5]Die Abstandfläche ist ein Kreis um den geometrischen Mittelpunkt des Mastes.

(11) [1]Garagen einschließlich Abstellräume, überdachte Stellplätze sowie Gebäude bis zu 30 m³ Brutto-Rauminhalt, die als Gewächshaus oder zu Abstellzwecken genutzt werden, mit einer mittleren Wandhöhe bis zu 3 m über der Geländeoberfläche an der Grenze sind ohne eigene Abstandflächen sowie in den Abstandflächen eines Gebäudes zulässig
1. ohne Öffnungen in den der Nachbargrenze zugekehrten Wänden,
2. einschließlich darauf errichteter untergeordneter Anlagen zur Gewinnung von Solarenergie und Antennenanlagen jeweils bis zu 1,50 m Höhe,
3. auch, wenn sie nicht an die Grundstücksgrenze oder an ein Gebäude angebaut werden und
4. auch, wenn das Gebäude über einen Zugang zu einem anderen Gebäude verfügt.

[2]Absatz 4 gilt nicht. [3]Die Höhe von Giebelflächen ist bei der Berechnung der mittleren Wandhöhe zu berücksichtigen. [4]Die Höhe von Dächern und Dachteilen mit einer Dachneigung von mehr als 30 Grad werden der mittleren Wandhöhe hinzugerechnet. [5]Die Gesamtlänge der Bebauung nach Satz 1 darf je

Nachbargrenze 9 m und auf einem Grundstück zu allen Nachbargrenzen insgesamt 15 m nicht überschreiten.

[6]Gebäude nach Satz 1 bleiben auch dann ohne eigene Abstandflächen und in den Abstandflächen eines Gebäudes zulässig, wenn auf ihnen Dachterrassen, Balkone und Altane errichtet werden, die einen Abstand von mindestens 3 m zur Grundstücksgrenze einhalten. [7]Bei Dachterrassen ist der begehbare Teil des Daches zu umwehren.

(12) Liegen sich Wände desselben Gebäudes oder Wände von Gebäuden auf demselben Grundstück gegenüber, so können geringere Abstandflächen als nach den Absätzen 5 und 6 gestattet werden, wenn die Belichtung der Räume nicht wesentlich beeinträchtigt wird und wenn wegen des Brandschutzes Bedenken nicht bestehen.

(13) Bei der Änderung von vor dem 1. Januar 2017 zulässigerweise errichteten Gebäuden mit Wohnungen bleiben Aufzüge, die vor die Außenwand vortreten, bei der Bemessung der Abstandflächen außer Betracht, wenn sie nicht länger als 2,50 m und nicht höher als der obere Abschluss des obersten angefahrenen Geschosses mit Wohnungen sind, nicht mehr als 2,50 m vor die Außenwand vortreten und von den gegenüberliegenden Nachbargrenzen mindestens 1,50 m entfernt sind.

(14) [1]Bei bestehenden Gebäuden ist die nachträgliche Bekleidung oder Verblendung von Außenwänden sowie die nachträgliche Anhebung der Dachhaut zulässig, wenn die Baumaßnahme der Verbesserung des Wärmeschutzes dient und wenn die Stärke der Bekleidung oder Verblendung beziehungsweise die Anhebung der Dachhaut nicht mehr als 0,25 m und der verbleibende Abstand zur Nachbargrenze mindestens 2,50 m beträgt. [2]Darüber hinaus können unter Würdigung nachbarlicher Belange und der Belange des Brandschutzes geringere Tiefen der Abstandflächen gestattet werden, wenn die Baumaßnahme der Verbesserung des Wärmeschutzes dient. [3]Die Sätze 1 und 2 gelten auch für Außenwände, deren Abstandfläche Absatz 5 nicht entspricht.

(15) [1]Bei Gebäuden, die ohne Einhaltung von Abstandflächen oder mit geringeren Tiefen der Abstandflächen als nach den Absätzen 5 und 6 bestehen, sind zulässig

1. *Änderungen innerhalb des Gebäudes,*
2. *Nutzungsänderungen, wenn der Abstand des Gebäudes zu den Nachbargrenzen mindestens 2,50 m beträgt und*
3. *Änderungen, wenn der Abstand des Gebäudes zu den Nachbargrenzen mindestens 2,50 m beträgt, ohne Veränderung von Länge und Höhe der diesen Nachbargrenzen zugekehrten Wände und Dachflächen und ohne Einrichtung neuer Öffnungen oder Vergrößerung bestehender Öffnungen in diesen Wänden und Dachflächen.*

[2]Darüber hinaus gehende Änderungen und Nutzungsänderungen können unter Würdigung nachbarlicher Belange und der Belange des Brandschutzes gestattet werden. [3]Die Sätze 1 und 2 gelten nicht für Gebäude nach Absatz 11.

(16) In überwiegend bebauten Gebieten können geringere Tiefen der Abstandflächen gestattet oder verlangt werden, wenn die Gestaltung des Straßenbildes oder besondere städtebauliche Verhältnisse dies auch unter Würdigung nachbarlicher Belange rechtfertigen.

§ 7 Teilung von Grundstücken. (1) [1]Die Teilung eines bebauten Grundstücks bedarf zu ihrer Wirksamkeit der Genehmigung der Bauaufsichtsbehörde. [2]Einer Genehmigung bedarf es nicht, wenn der Bund, das Land, eine Gemeinde oder ein Gemeindeverband als Erwerber, Eigentümer oder Verwalter beteiligt ist.

(2) [1]Die Genehmigung darf nur versagt werden, wenn durch die Teilung Verhältnisse geschaffen würden, die den Vorschriften dieses Gesetzes oder den auf Grund dieses Gesetzes erlassenen Vorschriften zuwiderlaufen. [2]Die Bauaufsichtsbehörde hat innerhalb eines Monats nach Eingang des Antrags über die Teilung zu entscheiden. [3]Ist ihr dies nicht möglich, so kann sie die Frist durch Zwischenbescheid gegenüber der Antragstellerin oder dem Antragsteller um höchstens zwei Monate verlängern. [4]Die Genehmigung gilt als erteilt, wenn nicht innerhalb der Frist über sie entschieden wurde.

(3) [1]Die Teilung darf in das Liegenschaftskataster erst übernommen werden, wenn ein Genehmigungsbescheid vorgelegt ist. [2]Bedarf die Teilung keiner Genehmigung oder gilt sie als genehmigt, so hat die Genehmigungsbehörde auf Antrag von Beteiligten darüber ein Zeugnis auszustellen. [3]Das Zeugnis steht einer Genehmigung gleich.

(4) § 69 Absatz 1 und § 72 Absatz 1 Satz 2 gelten entsprechend.

§ 8 Nicht überbaute Flächen, Spielflächen, Geländeoberflächen. (1) [1]Die nicht überbauten Flächen der bebauten Grundstücke sind wasseraufnahmefähig zu belassen oder herzustellen, zu begrünen, zu bepflanzen und so zu unterhalten, soweit sie nicht für eine andere zulässige Verwendung benötigt werden. [2]Werden diese Flächen als Zugänge, Zufahrten, Flächen für die Feuerwehr (§ 5), Stellplätze, Abstellplätze, Lagerplätze oder als Arbeitsfläche benötigt, so kann auch deren Wasseraufnahmefähigkeit, Begrünung und Bepflanzung verlangt werden, soweit es Art und Größe dieser Anlagen zulassen. [3]Satz 1 findet keine Anwendung, soweit Bebauungspläne oder andere Satzungen Festsetzungen zu den nicht überbauten Flächen treffen.

(2) [1]Bei der Errichtung von Gebäuden mit mehr als einer Wohnung ist auf dem Baugrundstück oder in unmittelbarer Nähe auf einem anderen geeigneten Grundstück, dessen dauerhafte Nutzung für diesen Zweck öffentlich-rechtlich gesichert sein muss, eine ausreichend große Spielfläche für Kleinkinder anzulegen. [2]Dies gilt nicht, wenn in unmittelbarer Nähe eine sonstige für die Kinder nutzbare Spielfläche geschaffen wird oder vorhanden ist oder eine solche Spielfläche wegen der Art und der Lage der Wohnung nicht erforderlich ist. [3]Bei bestehenden Gebäuden nach Satz 1 kann die Bereitstellung von Spielflächen für Kleinkinder verlangt werden, wenn dies die Gesundheit und der Schutz der Kinder erfordern. [4]Die Spielfläche muss barrierefrei erreichbar sein.

(3) Veränderungen der Geländeoberfläche dürfen nur genehmigt werden, wenn dadurch keine Nachteile für Nachbargrundstücke oder öffentliche Verkehrsflächen entstehen und das Straßen-, Orts- oder Landschaftsbild nicht gestört wird.

Teil 3
Bauliche Anlagen

Abschnitt 1
Allgemeine Anforderungen an die Bauausführung

§ 9 Gestaltung. *(1) Bauliche Anlagen sowie andere Anlagen und Einrichtungen im Sinne des § 1 Absatz 1 Satz 2 müssen nach Form, Maßstab, Verhältnis der Baumassen und Bauteile zueinander, Werkstoff und Farbe so gestaltet sein, dass sie nicht verunstaltet wirken.*

(2) [1]Bauliche Anlagen sowie andere Anlagen und Einrichtungen im Sinne des § 1 Absatz 1 Satz 2 sind mit ihrer Umgebung so in Einklang zu bringen, dass sie das Straßen-, Orts- oder Landschaftsbild nicht verunstalten oder deren beabsichtigte Gestaltung nicht stören. [2]Auf die erhaltenswerten Eigenarten der Umgebung ist Rücksicht zu nehmen.

§ 10 Anlagen der Außenwerbung und Warenautomaten. *(1) Anlagen der Außenwerbung (Werbeanlagen) sind alle ortsfesten Einrichtungen, die der Ankündigung oder Anpreisung oder als Hinweis auf Gewerbe oder Beruf dienen und vom öffentlichen Verkehrsraum aus sichtbar sind.*

(2) [1]Werbeanlagen dürfen weder bauliche Anlagen noch das Straßen-, Orts- oder Landschaftsbild verunstalten oder die Sicherheit und Ordnung des Verkehrs gefährden. [2]Eine Verunstaltung liegt auch vor, wenn durch Werbeanlagen der Ausblick auf begrünte Flächen verdeckt oder die einheitliche Gestaltung und die architektonische Gliederung baulicher Anlagen gestört wird. [3]Der Betrieb von Werbeanlagen darf nicht zu schädlichen Umwelteinwirkungen, zu unzumutbaren Beeinträchtigungen von Menschen oder zu schwerwiegenden Störungen von Tieren führen. [4]Die störende Häufung von Werbeanlagen ist unzulässig.

(3) [1]Außerhalb der im Zusammenhang bebauten Ortsteile sind Werbeanlagen unzulässig. [2]Ausgenommen sind, soweit in anderen Vorschriften nichts anderes bestimmt ist,

1. *Werbeanlagen an der Stätte der Leistung,*
2. *Schilder, die Inhaber und Art gewerblicher Betriebe kennzeichnen (Hinweisschilder), wenn sie vor Ortsdurchfahrten auf einer Tafel zusammengefasst sind,*
3. *einzelne Hinweiszeichen an Verkehrsstraßen und Wegabzweigungen, die im Interesse des Verkehrs auf außerhalb der Ortsdurchfahrten liegende Betriebe oder versteckt liegende Stätten aufmerksam machen,*

4. Werbeanlagen an und auf Flugplätzen, Sportplätzen, Sportanlagen und Versammlungsstätten, soweit sie nicht in die freie Landschaft wirken und

5. Werbeanlagen auf Ausstellungs- oder Messegeländen.

(4) [1]In Kleinsiedlungsgebieten, Dorfgebieten, reinen Wohngebieten, allgemeinen Wohngebieten und besonderen Wohngebieten sind nur Werbeanlagen an der Stätte der Leistung sowie Anlagen für amtliche Mitteilungen und zur Unterrichtung der Bevölkerung über kirchliche, kulturelle, politische, sportliche und ähnliche Veranstaltungen zulässig. [2]Die jeweils freie Fläche dieser Anlagen darf auch für andere Werbung verwendet werden. [3]In reinen Wohngebieten darf an der Stätte der Leistung nur mit Hinweisschildern geworben werden. [4]An Gebäuden, die nach ihrer Zweckbestimmung auf Verkehrsflächen öffentlicher Straßen errichtet werden, können auch untergeordnete andere Werbeanlagen zugelassen werden, soweit sie das Ortsbild nicht beeinträchtigen.

(5) Die Absätze 1 bis 3 gelten für Warenautomaten entsprechend.

(6) Die Vorschriften dieses Gesetzes sind nicht anzuwenden auf

1. Anschläge und Lichtwerbung an dafür genehmigten Säulen, Tafeln und Flächen,

2. Werbemittel an Zeitungs- und Zeitschriftenverkaufsstellen,

3. Auslagen und Dekorationen in Fenstern und Schaukästen und

4. Wahlwerbung für die Dauer eines Wahlkampfes.

§ 11 Baustellen. *(1) Baustellen sind so einzurichten, dass bauliche Anlagen sowie andere Anlagen und Einrichtungen im Sinne des § 1 Absatz 1 Satz 2 ordnungsgemäß errichtet, geändert oder abgebrochen werden können und Gefahren oder vermeidbare Belästigungen nicht entstehen.*

(2) [1]Bei Bauarbeiten, durch die unbeteiligte Personen gefährdet werden können, ist die Gefahrenzone abzugrenzen oder durch Warnzeichen zu kennzeichnen. [2]Soweit erforderlich, sind Baustellen mit einem Bauzaun abzugrenzen, mit Schutzvorrichtungen gegen herabfallende Gegenstände zu versehen und zu beleuchten.

(3) Bei der Ausführung genehmigungsbedürftiger Bauvorhaben nach § 62 Absatz 1 hat die Bauherrin oder der Bauherr an der Baustelle ein Schild, das die Bezeichnung des Bauvorhabens und die Namen und Anschriften der Entwurfsverfasserin oder des Entwurfsverfassers, der Unternehmerin oder des Unternehmers für den Rohbau und der Bauleiterin oder des Bauleiters enthalten muss, dauerhaft und von der öffentlichen Verkehrsfläche aus sichtbar anzubringen.

(4) Bäume, Hecken und sonstige Bepflanzungen, die auf Grund anderer Rechtsvorschriften zu erhalten sind, müssen während der Bauausführung geschützt werden.

§ 12 Standsicherheit. *(1) [1]Jede bauliche Anlage muss im Ganzen und in ihren Teilen sowie für sich allein standsicher sein. [2]Die Standsicherheit anderer bau-*

licher Anlagen und die Tragfähigkeit des Baugrundes des Nachbargrundstücks dürfen nicht gefährdet werden.

(2) Die Verwendung gemeinsamer Bauteile für mehrere Anlagen ist zulässig, wenn öffentlich-rechtlich gesichert ist, dass die gemeinsamen Bauteile beim Abbruch einer der Anlagen bestehen bleiben.

§ 13 Schutz gegen schädliche Einflüsse. *[1]Bauliche Anlagen sowie andere Anlagen und Einrichtungen im Sinne des § 1 Absatz 1 Satz 2 müssen so angeordnet, beschaffen und gebrauchstauglich sein, dass durch Wasser, Feuchtigkeit, pflanzliche oder tierische Schädlinge sowie andere chemische, physikalische oder biologische Einflüsse Gefahren oder unzumutbare Belästigungen nicht entstehen. [2]Baugrundstücke müssen für bauliche Anlagen entsprechend geeignet sein.*

§ 14 Brandschutz. *(1) Bauliche Anlagen sowie andere Anlagen und Einrichtungen im Sinne des § 1 Absatz 1 Satz 2 sind so anzuordnen, zu errichten, zu ändern und instand zu halten, dass der Entstehung eines Brandes und der Ausbreitung von Feuer und Rauch (Brandausbreitung) vorgebeugt wird und bei einem Brand die Rettung von Menschen und Tieren sowie wirksame Löscharbeiten möglich sind.*

(2) Zur Brandbekämpfung muss eine ausreichende Wassermenge zur Verfügung stehen.

§ 15 Wärmeschutz, Schallschutz und Erschütterungsschutz. *(1) Gebäude müssen einen ihrer Nutzung und den klimatischen Verhältnissen entsprechenden Wärmeschutz haben.*

(2) [1]Gebäude müssen einen ihrer Lage und Nutzung entsprechenden Schallschutz haben. [2]Geräusche, die von ortsfesten Anlagen oder Einrichtungen in baulichen Anlagen oder auf Baugrundstücken ausgehen, sind so zu dämmen, dass Gefahren oder unzumutbare Belästigungen nicht entstehen.

(3) Erschütterungen oder Schwingungen, die von ortsfesten Anlagen oder Einrichtungen in baulichen Anlagen oder auf Baugrundstücken ausgehen, sind so zu dämmen, dass Gefahren oder unzumutbare Belästigungen nicht entstehen.

§ 16 Verkehrssicherheit. *(1) Bauliche Anlagen und die dem Verkehr dienenden nicht überbauten Flächen von bebauten Grundstücken müssen verkehrssicher sein.*

(2) Die Sicherheit oder Ordnung des öffentlichen Verkehrs darf durch bauliche Anlagen sowie andere Anlagen und Einrichtungen im Sinne des § 1 Absatz 1 Satz 2 oder ihre Nutzung nicht gefährdet werden.

Abschnitt 2

Bauarten und Bauprodukte

§ 17 Bauarten. (1) Bauarten dürfen nur angewendet werden, wenn bei ihrer Anwendung die baulichen Anlagen bei ordnungsgemäßer Instandhaltung während einer dem Zweck entsprechenden angemessenen Zeitdauer die Anforderungen dieses Gesetzes oder auf Grund dieses Gesetzes erfüllen und für ihren Anwendungszweck tauglich sind.

(2) [1]Bauarten, die von Technischen Baubestimmungen nach § 87 Absatz 2 Nummer 2 oder Nummer 3 Buchstabe a wesentlich abweichen oder für die es allgemein anerkannte Regeln der Technik nicht gibt, dürfen bei der Errichtung, Änderung und Instandhaltung baulicher Anlagen nur angewendet werden, wenn für sie

1. eine allgemeine Bauartgenehmigung durch das Deutsche Institut für Bautechnik oder
2. eine vorhabenbezogene Bauartgenehmigung durch die oberste Bauaufsichtsbehörde

erteilt worden ist.

[2]§ 21 Absatz 2 bis 7 und § 23 Absatz 2 gelten entsprechend.

(3) [1]Anstelle einer allgemeinen Bauartgenehmigung genügt ein allgemeines bauaufsichtliches Prüfzeugnis für Bauarten, wenn die Bauart nach allgemein anerkannten Prüfverfahren beurteilt werden kann. [2]In der Verwaltungsvorschrift nach § 86 Absatz 11 werden diese Bauarten mit der Angabe der maßgebenden technischen Regeln bekannt gemacht. [3]§ 22 Absatz 2 gilt entsprechend.

(4) Wenn Gefahren im Sinne des § 3 Absatz 1 nicht zu erwarten sind, kann die oberste Bauaufsichtsbehörde im Einzelfall oder für genau begrenzte Fälle allgemein festlegen, dass eine Bauartgenehmigung nicht erforderlich ist.

(5) [1]Bauarten bedürfen einer Bestätigung ihrer Übereinstimmung mit den Technischen Baubestimmungen nach § 87, den allgemeinen Bauartgenehmigungen, den allgemeinen bauaufsichtlichen Prüfzeugnissen für Bauarten oder den vorhabenbezogenen Bauartgenehmigungen. [2]Als Übereinstimmung gilt auch eine Abweichung, die nicht wesentlich ist. [3]§ 24 Absatz 2 gilt für den Anwender der Bauart entsprechend.

(6) [1]Bei Bauarten, deren Anwendung in außergewöhnlichem Maß von der Sachkunde und Erfahrung der damit betrauten Personen oder von einer Ausstattung mit besonderen Vorrichtungen abhängt, kann in der Bauartgenehmigung oder durch Rechtsverordnung der obersten Bauaufsichtsbehörde vorgeschrieben werden, dass der Anwender über solche Fachkräfte und Vorrichtungen verfügt und den Nachweis hierüber gegenüber einer Prüfstelle nach § 25 Absatz 1 Nummer 6 zu erbringen hat. [2]In der Rechtsverordnung können Mindestanforderungen an die Ausbildung, die durch Prüfung nachzuweisende Befähigung und die Ausbildungsstätten einschließlich der Anerkennungsvoraussetzungen gestellt werden.

(7) Für Bauarten, die einer außergewöhnlichen Sorgfalt bei Ausführung oder Instandhaltung bedürfen, kann in der Bauartgenehmigung oder durch Rechtsverordnung der obersten Bauaufsichtsbehörde die Überwachung dieser Tätigkeiten durch eine Überwachungsstelle nach § 25 Absatz 1 Nummer 5 vorgeschrieben werden.

§ 18 Allgemeine Anforderungen für die Verwendung von Bauprodukten. (1) Bauprodukte dürfen nur verwendet werden, wenn bei ihrer Verwendung die bauliche Anlagen bei ordnungsgemäßer Instandhaltung während einer dem Zweck entsprechenden angemessenen Zeitdauer die Anforderungen dieses Gesetzes oder auf Grund dieses Gesetzes erfüllen und gebrauchstauglich sind.

(2) Bauprodukte, die in Vorschriften anderer Vertragsstaaten des Abkommens vom 2. Mai 1992 (ABl. L 1 vom 3.1.1994, S. 3) über den europäischen Wirtschaftsraum genannten technischen Anforderungen entsprechen, dürfen verwendet werden, wenn das geforderte Schutzniveau in Bezug auf Sicherheit, Gesundheit und Gebrauchstauglichkeit gleichermaßen dauerhaft erreicht wird.

(3) [1]Bei Bauprodukten, deren Herstellung in außergewöhnlichem Maß von der Sachkunde und Erfahrung der damit betrauten Personen oder von einer Ausstattung mit besonderen Vorrichtungen abhängt, kann in der allgemeinen bauaufsichtlichen Zulassung, in der Zustimmung im Einzelfall oder durch Rechtsverordnung der obersten Bauaufsichtsbehörde vorgeschrieben werden, dass der Hersteller über solche Fachkräfte und Vorrichtungen verfügt und den Nachweis hierüber gegenüber einer Prüfstelle nach § 25 Absatz 1 Nummer 6 zu erbringen hat. [2]In der Rechtsverordnung können Mindestanforderungen an die Ausbildung, die durch Prüfung nachzuweisende Befähigung und die Ausbildungsstätten einschließlich der Anerkennungsvoraussetzungen gestellt werden.

(4) Für Bauprodukte, die wegen ihrer besonderen Eigenschaften oder ihres besonderen Verwendungszwecks einer außergewöhnlichen Sorgfalt bei Einbau, Transport, Instandhaltung oder Reinigung bedürfen, kann in der allgemeinen bauaufsichtlichen Zulassung, in der Zustimmung im Einzelfall oder durch Rechtsverordnung der obersten Bauaufsichtsbehörde die Überwachung dieser Tätigkeiten durch eine Überwachungsstelle nach § 25 Absatz 1 Nummer 5 vorgeschrieben werden, soweit diese Tätigkeiten nicht bereits durch die Verordnung (EU) Nr. 305/2011 erfasst sind.

§ 19 Anforderungen für die Verwendung von CE-gekennzeichneten Bauprodukten. [1]Ein Bauprodukt, das die CE-Kennzeichnung trägt, darf verwendet werden, wenn die erklärten Leistungen den in diesem Gesetz oder auf Grund dieses Gesetzes festgelegten Anforderungen für diese Verwendung entsprechen. [2]Die §§ 20 bis 25 Absatz 1 gelten nicht für Bauprodukte, die die CE-Kennzeichnung auf Grund der Verordnung (EU) Nr. 305/2011 tragen.

§ 20 Verwendbarkeitsnachweise. (1) Ein Verwendbarkeitsnachweis (§§ 21 bis 23) ist für ein Bauprodukt erforderlich, wenn

1. es keine Technische Baubestimmung und keine allgemein anerkannte Regel der Technik gibt,
2. das Bauprodukt von einer Technischen Baubestimmung (§ 87 Absatz 2 Nummer 3) wesentlich abweicht oder
3. eine Verordnung nach § 86 Absatz 7 es vorsieht.

(2) Ein Verwendbarkeitsnachweis ist nicht erforderlich für ein Bauprodukt,

1. das von einer allgemein anerkannten Regel der Technik abweicht oder
2. das für die Erfüllung der Anforderungen dieses Gesetzes oder auf Grund dieses Gesetzes nur eine untergeordnete Bedeutung hat.

§ 21 Allgemeine bauaufsichtliche Zulassung. (1) Das Deutsche Institut für Bautechnik erteilt unter den Voraussetzungen des § 20 Absatz 1 eine allgemeine bauaufsichtliche Zulassung für Bauprodukte, wenn deren Verwendbarkeit im Sinne des § 18 Absatz 1 nachgewiesen ist.

(2) [1]Die zur Begründung des Antrags erforderlichen Unterlagen sind beizufügen. [2]Soweit erforderlich, sind Probestücke von der Antragstellerin oder vom Antragsteller zur Verfügung zu stellen oder durch Sachverständige, die das Deutsche Institut für Bautechnik bestimmen kann, zu entnehmen oder Probeausführungen unter Aufsicht der Sachverständigen herzustellen. [3]§ 72 Absatz 1 Satz 2 gilt entsprechend.

(3) Das Deutsche Institut für Bautechnik kann für die Durchführung der Prüfung die sachverständige Stelle und für Probeausführungen die Ausführungsstelle und Ausführungszeit vorschreiben.

(4) [1]Die allgemeine bauaufsichtliche Zulassung wird widerruflich und für eine bestimmte Frist erteilt, die in der Regel fünf Jahre beträgt. [2]Die Zulassung kann mit Nebenbestimmungen erteilt werden. [3]Sie kann auf schriftlichen Antrag in der Regel um fünf Jahre verlängert werden. [4]§ 79 Absatz 2 Satz 2 gilt entsprechend.

(5) Die Zulassung wird unbeschadet der Rechte Dritter erteilt.

(6) Das Deutsche Institut für Bautechnik macht die von ihm erteilten allgemeinen bauaufsichtlichen Zulassungen nach Gegenstand und wesentlichem Inhalt öffentlich bekannt.

(7) Allgemeine bauaufsichtliche Zulassungen nach dem Recht anderer Länder gelten auch im Land Nordrhein-Westfalen.

§ 22 Allgemeines bauaufsichtliches Prüfzeugnis. (1) [1]Bauprodukte, die nach allgemein anerkannten Prüfverfahren beurteilt werden, bedürfen anstelle einer allgemeinen bauaufsichtlichen Zulassung nur eines allgemeinen bauaufsichtlichen Prüfzeugnisses. [2]Dies wird mit der Angabe der maßgebenden technischen Regeln in den Technischen Baubestimmungen nach § 86 Absatz 11 bekanntgemacht.

(2) [1]Ein allgemeines bauaufsichtliches Prüfzeugnis wird von einer Prüfstelle nach § 25 Absatz 1 Nummer 1 für Bauprodukte nach Absatz 1 erteilt, wenn deren Verwendbarkeit im Sinne des § 18 Absatz 1 nachgewiesen ist. [2]§ 21

Absatz 2 und Absatz 4 bis 7 gilt entsprechend. [3]Die Anerkennungsbehörde für Stellen nach § 25 Absatz 1 Nummer 1 und § 86 Absatz 5 kann allgemeine bauaufsichtliche Prüfzeugnisse zurücknehmen oder widerrufen. [4]Die §§ 48 und 49 des Verwaltungsverfahrensgesetzes für das Land Nordrhein-Westfalen in der Fassung der Bekanntmachung vom 12. November 1999 (GV. NRW. S. 602), das zuletzt durch Artikel 1 des Gesetzes vom 20. Mai 2014 (GV. NRW. S. 294) geändert worden ist, finden Anwendung.

§ 23 Nachweis der Verwendbarkeit von Bauprodukten im Einzelfall.

(1) [1]Mit Zustimmung der obersten Bauaufsichtsbehörde dürfen unter den Voraussetzungen des § 20 Absatz 1 im Einzelfall Bauprodukte verwendet werden, wenn ihre Verwendbarkeit im Sinne des § 18 Absatz 1 nachgewiesen ist. [2]Wenn Gefahren im Sinne des § 3 nicht zu erwarten sind, kann die oberste Bauaufsichtsbehörde im Einzelfall erklären, dass ihre Zustimmung nicht erforderlich ist.

(2) Die Zustimmung für Bauprodukte nach Absatz 1, die in Baudenkmälern nach § 2 Absatz 2 des Denkmalschutzgesetzes vom 11. März 1980 (GV. NRW. S. 226, ber. S. 716), das zuletzt durch Gesetz vom 16. Juli 2013 (GV. NRW. S. 488) geändert worden ist, verwendet werden, erteilt die untere Bauaufsichtsbehörde.

§ 24 Übereinstimmungsbestätigung und Zertifizierung. (1) [1]Bauprodukte bedürfen einer Bestätigung ihrer Übereinstimmung mit den Technischen Baubestimmungen nach § 87 Absatz 2, den allgemeinen bauaufsichtlichen Zulassungen, den allgemeinen bauaufsichtlichen Prüfzeugnissen oder den Zustimmungen im Einzelfall. [2]Als Übereinstimmung gilt auch eine Abweichung, die nicht wesentlich ist.

(2) [1]Die Bestätigung der Übereinstimmung erfolgt durch Übereinstimmungserklärung des Herstellers nach folgenden Maßgaben:

1. Der Hersteller darf eine Übereinstimmungserklärung nur abgeben, wenn er durch werkseigene Produktionskontrolle sichergestellt hat, dass das von ihm hergestellte Bauprodukt den maßgebenden technischen Regeln, der allgemeinen bauaufsichtlichen Zulassung, dem allgemeinen bauaufsichtlichen Prüfzeugnis oder der Zustimmung im Einzelfall entspricht.
2. In den Technischen Baubestimmungen nach § 87 Absatz 2, in den allgemeinen bauaufsichtlichen Zulassungen, in den allgemeinen bauaufsichtlichen Prüfzeugnissen oder in den Zustimmungen im Einzelfall kann eine Prüfung der Bauprodukte durch eine Prüfstelle vor Abgabe der Übereinstimmungserklärung vorgeschrieben werden, wenn dies zur Sicherung einer ordnungsgemäßen Herstellung erforderlich ist. In diesen Fällen hat die Prüfstelle das Bauprodukt daraufhin zu überprüfen, ob es den maßgebenden technischen Regeln, der allgemeinen bauaufsichtlichen Zulassung, dem allgemeinen bauaufsichtlichen Prüfzeugnis oder der Zustimmung im Einzelfall entspricht.
3. In den Technischen Baubestimmungen nach § 87 Absatz 2, in den allgemeinen bauaufsichtlichen Zulassungen oder in den Zustimmungen im

Einzelfall kann eine Zertifizierung vor Abgabe der Übereinstimmungserklärung vorgeschrieben werden, wenn dies zum Nachweis einer ordnungsgemäßen Herstellung eines Bauproduktes erforderlich ist. Die oberste Bauaufsichtsbehörde kann im Einzelfall die Verwendung von Bauprodukten ohne Zertifizierung gestatten, wenn nachgewiesen ist, dass diese Bauprodukte den technischen Regeln, Zulassungen, Prüfzeugnissen oder Zustimmungen nach Absatz 1 entsprechen.

[2]Bauprodukte, die nicht in Serie hergestellt werden, bedürfen nur einer Übereinstimmungserklärung nach Absatz 2 Nummer 1, sofern nichts anderes bestimmt ist.

(3) [1]Dem Hersteller ist ein Übereinstimmungszertifikat von einer Zertifizierungsstelle nach § 25 zu erteilen, wenn das Bauprodukt

1. den Technischen Baubestimmungen nach § 87 Absatz 2, der allgemeinen bauaufsichtlichen Zulassung, dem allgemeinen bauaufsichtlichen Prüfzeugnis oder der Zustimmung im Einzelfall entspricht und
2. einer werkseigenen Produktionskontrolle sowie einer Fremdüberwachung nach Maßgabe des Satzes 2 unterliegt.

[2]Die Fremdüberwachung ist von Überwachungsstellen nach § 25 Absatz 1 Nummer 4 durchzuführen. [3]Die Fremdüberwachung hat regelmäßig zu überprüfen, ob das Bauprodukt den Technischen Baubestimmungen nach § 87, der allgemeinen bauaufsichtlichen Zulassung, dem allgemeinen bauaufsichtlichen Prüfzeugnis oder der Zustimmung im Einzelfall entspricht.

(4) Die Übereinstimmungserklärung hat der Hersteller durch Kennzeichnung der Bauprodukte mit dem Übereinstimmungszeichen (Ü-Zeichen) unter Hinweis auf den Verwendungszweck abzugeben.

(5) Das Ü-Zeichen ist auf dem Bauprodukt, auf einem Beipackzettel oder auf seiner Verpackung oder, wenn dies Schwierigkeiten bereitet, auf dem Lieferschein oder auf einer Anlage zum Lieferschein anzubringen.

(6) Ü-Zeichen aus anderen Ländern und aus anderen Staaten gelten auch im Land Nordrhein-Westfalen.

§ 25 Prüf-, Zertifizierungs- und Überwachungsstellen. (1) [1]Die oberste Bauaufsichtsbehörde kann eine natürliche oder juristische Person als

1. Prüfstelle für die Erteilung allgemeiner bauaufsichtlicher Prüfzeugnisse (§ 22 Absatz 2),
2. Prüfstelle für die Überprüfung von Bauprodukten vor Bestätigung der Übereinstimmung (§ 24 Absatz 2 Nummer 2),
3. Zertifizierungsstelle (§ 24 Absatz 3),
4. Überwachungsstelle für die Fremdüberwachung (§ 24 Absatz 3),
5. Überwachungsstelle für die Überwachung nach § 17 Absatz 7 und § 18 Absatz 4 oder
6. Prüfstelle für die Überwachung nach § 17 Absatz 6 und 18 Absatz 3

anerkennen, wenn sie oder die bei ihr Beschäftigten nach ihrer Ausbildung, Fachkenntnis, persönlichen Zuverlässigkeit, ihrer Unparteilichkeit und ihren

Leistungen die Gewähr dafür bieten, dass diese Aufgaben den öffentlich rechtlichen Vorschriften entsprechend wahrgenommen werden, und wenn sie über die erforderlichen Vorrichtungen verfügen. [2]Satz 1 ist entsprechend auf die Behörden anzuwenden, wenn sie ausreichend mit geeigneten Fachkräften besetzt und mit den erforderlichen Vorrichtungen ausgestattet sind.

(2) Die Anerkennung von Prüf-, Zertifizierungs- und Überwachungsstellen anderer Länder gilt auch im Land Nordrhein-Westfalen.

Abschnitt 3

Brandverhalten von Baustoffen und Bauteilen, Wände, Decken und Dächer

§ 26 Allgemeine Anforderungen an das Brandverhalten von Baustoffen und Bauteilen. *(1) [1]Baustoffe werden nach den Anforderungen an ihr Brandverhalten unterschieden in*

1. nichtbrennbar,
2. schwerentflammbar und
3. normalentflammbar.

[2]Baustoffe, die nicht mindestens normalentflammbar sind (leichtentflammbare Baustoffe), dürfen nicht verwendet werden; dies gilt nicht, wenn sie in Verbindung mit anderen Baustoffen nicht leichtentflammbar sind.

(2) [1]Bauteile werden nach den Anforderungen an ihre Feuerwiderstandsfähigkeit unterschieden in

1. feuerbeständig,
2. hochfeuerhemmend und
3. feuerhemmend.

[2]Die Feuerwiderstandsfähigkeit bezieht sich bei tragenden und aussteifenden Bauteilen auf deren Standsicherheit im Brandfall, bei raumabschließenden Bauteilen auf deren Widerstand gegen die Brandausbreitung. [3]Bauteile werden zusätzlich nach dem Brandverhalten ihrer Baustoffe unterschieden in

1. Bauteile aus nichtbrennbaren Baustoffen,
2. Bauteile, deren tragende und aussteifende Teile aus nichtbrennbaren Baustoffen bestehen und die bei raumabschließenden Bauteilen zusätzlich eine in Bauteilebene durchgehende Schicht aus nichtbrennbaren Baustoffen haben,
3. Bauteile, deren tragende und aussteifende Teile aus brennbaren Baustoffen bestehen und die allseitig eine brandschutztechnisch wirksame Bekleidung aus nichtbrennbaren Baustoffen (Brandschutzbekleidung) und Dämmstoffe aus nichtbrennbaren Baustoffen haben und
4. Bauteile aus brennbaren Baustoffen.

[4]Soweit in diesem Gesetz oder in Vorschriften auf Grund dieses Gesetzes nichts anderes bestimmt ist, müssen

1. Bauteile, die feuerbeständig sein müssen, mindestens den Anforderungen des Satzes 3 Nummer 2 und
2. Bauteile, die hochfeuerhemmend sein müssen, mindestens den Anforderungen des Satzes 3 Nummer 3
entsprechen.

§ 27 Tragende Wände und Stützen. *(1) [1]Tragende und aussteifende Wände und Stützen müssen im Brandfall ausreichend lang standsicher sein. [2]Sie müssen*
1. in Gebäuden der Gebäudeklasse 5 feuerbeständig,
2. in Gebäuden der Gebäudeklasse 4 hochfeuerhemmend und
3. in Gebäuden der Gebäudeklassen 2 und 3 feuerhemmend
sein.

[3]Satz 2 gilt
1. für Geschosse im Dachraum nur, wenn darüber noch Aufenthaltsräume möglich sind, und
2. nicht für Balkone, ausgenommen offene Gänge, die als notwendige Flure dienen.
[4]Im Falle des Satzes 3 Nummer 1 bleibt § 29 Absatz 4 unberührt.

(2) Im Kellergeschoss müssen tragende und aussteifende Wände und Stützen
1. in Gebäuden der Gebäudeklassen 3 bis 5 feuerbeständig und
2. in Gebäuden der Gebäudeklassen 1 und 2 feuerhemmend
sein.

§ 28 Außenwände. *(1) Außenwände und Außenwandteile wie Brüstungen und Schürzen sind so auszubilden, dass eine Brandausbreitung auf und in diesen Bauteilen ausreichend lang begrenzt ist.*

(2) [1]Nichttragende Außenwände und nichttragende Teile tragender Außenwände müssen aus nichtbrennbaren Baustoffen bestehen. [2]Sie sind aus brennbaren Baustoffen zulässig, wenn sie als raumabschließende Bauteile feuerhemmend sind. [3]Die Sätze 1 und 2 gelten nicht für
1. Türen und Fenster,
2. Fugendichtungen und
3. brennbare Dämmstoffe in nichtbrennbaren geschlossenen Profilen der Außenwandkonstruktionen.

(3) [1]Oberflächen von Außenwänden sowie Außenwandbekleidungen müssen einschließlich der Dämmstoffe und Unterkonstruktionen schwerentflammbar sein. [2]Dämmstoffe und Unterkonstruktionen aus normalentflammbaren Baustoffen sind zulässig, wenn die Anforderungen nach Absatz 1 erfüllt sind. [3]Balkonbekleidungen, die über die erforderliche Umwehrungshöhe hinaus hochgeführt werden, und mehr als zwei Geschosse überbrückende Solaranlagen an Außenwänden müssen schwerentflammbar sein. [4]Schwerentflammbare Baustoffe in Bauteilen nach den Sätzen 1 und 3 dürfen nicht brennend abfallen oder abtropfen.

(4) [1]Bei Außenwandkonstruktionen mit geschossübergreifenden Hohl- oder Lufträumen wie hinterlüfteten Außenwandbekleidungen sind gegen die Brand-

ausbreitung besondere Vorkehrungen zu treffen. [2]Satz 1 gilt für Doppelfassaden entsprechend.

(5) Die Absätze 2, 3 und 4 Satz 1 gelten nicht für Gebäude der Gebäudeklassen 1 bis 3. Absatz 4 Satz 2 gilt nicht für Gebäude der Gebäudeklassen 1 und 2.

§ 29 Trennwände. *(1) Trennwände müssen als raumabschließende Bauteile von Räumen oder Nutzungseinheiten innerhalb von Geschossen ausreichend lang widerstandsfähig gegen die Brandausbreitung sein.*

(2) Trennwände sind erforderlich

1. *zwischen Nutzungseinheiten sowie zwischen Nutzungseinheiten und anders genutzten Räumen, ausgenommen notwendigen Fluren,*
2. *zum Abschluss von Räumen mit Explosions- oder erhöhter Brandgefahr,*
3. *zwischen Aufenthaltsräumen und anders genutzten Räumen im Kellergeschoss und*
4. *zwischen Aufenthaltsräumen und Wohnungen einschließlich ihrer Zugänge und nichtausgebauten Räumen im Dachraum.*

(3) [1]Trennwände nach Absatz 2 Nummer 1 und 3 müssen die Feuerwiderstandsfähigkeit der tragenden und aussteifenden Bauteile des Geschosses haben, jedoch mindestens feuerhemmend sein. [2]Trennwände nach Absatz 2 Nummer 2 müssen feuerbeständig sein. [3]Trennwände nach Absatz 2 Nummer 4 müssen mindestens feuerhemmend sein.

(4) [1]Die Trennwände nach Absatz 2 sind bis zur Rohdecke, im Dachraum bis unter die Dachhaut zu führen. [2]Werden in Dachräumen Trennwände nur bis zur Rohdecke geführt, ist diese Decke als raumabschließendes Bauteil einschließlich der sie tragenden und aussteifenden Bauteile feuerhemmend herzustellen.

(5) [1]Öffnungen in Trennwänden nach Absatz 2 sind nur zulässig, wenn sie auf die für die Nutzung erforderliche Zahl und Größe beschränkt sind. [2]Sie müssen feuerhemmende, dicht- und selbstschließende Abschlüsse haben.

(6) Die Absätze 1 bis 5 gelten nicht für Wohngebäude der Gebäudeklassen 1 und 2.

§ 30 Brandwände. *(1) Brandwände müssen als raumabschließende Bauteile zum Abschluss von Gebäuden (Gebäudeabschlusswand) oder zur Unterteilung von Gebäuden in Brandabschnitte (innere Brandwand) ausreichend lang die Brandausbreitung auf andere Gebäude oder Brandabschnitte verhindern.*

(2) [1]Brandwände sind erforderlich

1. *als Gebäudeabschlusswand, wenn diese Abschlusswände an oder mit einem Abstand von weniger als 2,50 m gegenüber der Grundstücksgrenze errichtet werden, es sei denn, dass ein Abstand von mindestens 5 m zu bestehenden oder nach den baurechtlichen Vorschriften zulässigen künftigen Gebäuden öffentlich-rechtlich gesichert ist,*
2. *als innere Brandwand (Gebäudetrennwand) zur Unterteilung ausgedehnter Gebäude in Abständen von nicht mehr als 40 m. Größere Abstände können*

gestattet werden, wenn die Nutzung des Gebäudes es erfordert und wenn Bedenken wegen des Brandschutzes nicht bestehen und

3. als Gebäudeabschlusswand zwischen Wohngebäuden und angebauten landwirtschaftlich genutzten Gebäuden oder angebauten Gebäuden mit vergleichbarer Nutzung sowie als innere Brandwand zwischen dem Wohnteil und dem landwirtschaftlich oder vergleichbar genutzten Teil eines Gebäudes.

[2]Gemeinsame Brandwände sind zulässig. [3]Satz 1 Nummer 1 und 2 gelten nicht für

1. Terrassenüberdachungen, Balkone und Altane,
2. Außenwände, bei denen geringere Tiefen der Abstandflächen nach § 6 Absatz 14 oder 15 gestattet werden und
3. seitliche Wände von Vorbauten wie Erker, die nicht mehr als 1,60 m vor der Flucht der vorderen oder hinteren Außenwand des Nachbargebäudes vortreten, wenn sie von dem Nachbargebäude oder der Nachbargrenze einen Abstand einhalten, der ihrer eigenen Ausladung entspricht, mindestens jedoch 1 m beträgt.

(3) [1]Brandwände müssen auch unter zusätzlicher mechanischer Beanspruchung feuerbeständig sein und aus nichtbrennbaren Baustoffen bestehen. [2]Anstelle von Brandwänden sind in den Fällen des Absatzes 2 Satz 1 Nummer 1 und 2 zulässig:

1. für Gebäude der Gebäudeklasse 4 Wände, die auch unter zusätzlicher mechanischer Beanspruchung hochfeuerhemmend sind,
2. für Gebäude der Gebäudeklassen 1 bis 3 hochfeuerhemmende Wände und
3. für Gebäude der Gebäudeklassen 1 bis 3 Gebäudeabschlusswände, die jeweils von innen nach außen die Feuerwiderstandsfähigkeit der tragenden und aussteifenden Teile des Gebäudes, mindestens jedoch feuerhemmende Bauteile, und von außen nach innen die Feuerwiderstandsfähigkeit feuerbeständiger Bauteile haben.

[3]In den Fällen des Absatzes 2 Satz 1 Nummer 3 sind anstelle von Brandwänden feuerhemmende Wände zulässig, wenn der Brutto-Rauminhalt des landwirtschaftlich genutzten Gebäudes oder Gebäudeteils nicht größer als 2000 m^3 ist.

(4) [1]Brandwände müssen bis zur Bedachung durchgehen und in allen Geschossen übereinander angeordnet sein. [2]Abweichend davon dürfen anstelle innerer Brandwände Wände geschossweise versetzt angeordnet werden, wenn

1. die Wände im Übrigen Absatz 3 Satz 1 entsprechen,
2. die Decken, soweit sie in Verbindung mit diesen Wänden stehen, feuerbeständig sind, aus nichtbrennbaren Baustoffen bestehen und keine Öffnungen haben,
3. die Bauteile, die diese Wände und Decken unterstützen, feuerbeständig sind und aus nichtbrennbaren Baustoffen bestehen,
4. die Außenwände in der Breite des Versatzes in dem Geschoss oberhalb oder unterhalb des Versatzes feuerbeständig sind und
5. Öffnungen in den Außenwänden im Bereich des Versatzes so angeordnet oder andere Vorkehrungen so getroffen sind, dass eine Brandausbreitung in andere Brandabschnitte nicht zu befürchten ist.

(5) [1]Brandwände sind 0,30 m über die Bedachung zu führen oder in Höhe der Dachhaut mit einer beiderseits 0,50 m auskragenden feuerbeständigen Platte aus nichtbrennbaren Baustoffen abzuschließen. [2]Darüber dürfen brennbare Teile des Daches nicht hinweggeführt werden. [3]Bei Gebäuden der Gebäudeklassen 1 bis 3 sind Brandwände mindestens bis unter die Dachhaut zu führen. [4]Verbleibende Hohlräume sind vollständig mit nichtbrennbaren Baustoffen auszufüllen.

(6) [1]Müssen Gebäude oder Gebäudeteile, die über Eck zusammenstoßen, durch eine Brandwand getrennt werden, so muss die Wand über die innere Ecke mindestens 3 m hinausragen. [2]Dies gilt nicht, wenn die Gebäude oder Gebäudeteile in einem Winkel von mehr als 120 Grad über Eck zusammenstoßen oder mindestens eine Außenwand auf 5 m Länge als öffnungslose feuerbeständige Wand aus nichtbrennbaren Baustoffen, bei Gebäuden der Gebäudeklassen 1 bis 4 als öffnungslose hochfeuerhemmende Wand ausgebildet ist.

(7) [1]Bauteile mit brennbaren Baustoffen dürfen über Brandwände oder die feuerbeständige Platte nach Absatz 5 Satz 1 nicht hinweggeführt werden. [2]Bei Außenwandkonstruktionen, die eine seitliche Brandausbreitung begünstigen können wie hinterlüftete Außenwandbekleidungen oder Doppelfassaden, sind gegen die Brandausbreitung im Bereich der Brandwände besondere Vorkehrungen zu treffen. [3]Außenwandbekleidungen von Gebäudeabschlusswänden und inneren Brandwänden, die über Dach als Außenwand höherer Gebäudeteile geführt werden, müssen einschließlich der Dämmstoffe und Unterkonstruktionen nichtbrennbar sein. [4]Bauteile dürfen in Brandwände nur soweit eingreifen, dass deren Feuerwiderstandsfähigkeit nicht beeinträchtigt wird. [5]Für Leitungen, Leitungsschlitze und Schornsteine gilt dies entsprechend.

(8) [1]Öffnungen in Brandwänden sind unzulässig. [2]Sie sind in inneren Brandwänden nur zulässig, wenn sie auf die für die Nutzung erforderliche Zahl und Größe beschränkt sind. [3]Die Öffnungen müssen feuerbeständige, dicht- und selbstschließende Abschlüsse haben.

(9) In inneren Brandwänden sind feuerbeständige Verglasungen nur zulässig, wenn sie auf die für die Nutzung erforderliche Zahl und Größe beschränkt sind.

(10) Die Absätze 4 bis 9 gelten entsprechend auch für Wände, die nach Absatz 3 Satz 2 und 3 anstelle von Brandwänden zulässig sind.

§ 31 Decken. *(1) [1]Decken müssen als tragende und raumabschließende Bauteile zwischen Geschossen im Brandfall ausreichend lang standsicher und widerstandsfähig gegen die Brandausbreitung sein. [2]Sie müssen*

1. in Gebäuden der Gebäudeklasse 5 feuerbeständig,
2. in Gebäuden der Gebäudeklasse 4 hochfeuerhemmend und
3. in Gebäuden der Gebäudeklassen 2 und 3 feuerhemmend

sein. [3]Satz 2 gilt

1. für Geschosse im Dachraum nur, wenn darüber Aufenthaltsräume möglich sind, und

2. nicht für Balkone, ausgenommen offene Gänge, die als notwendige Flure dienen.

[4]Im Falle des Satzes 3 Nummer 1 bleibt § 29 Absatz 4 unberührt.

(2) [1]Im Kellergeschoss müssen Decken

1. in Gebäuden der Gebäudeklassen 3 bis 5 feuerbeständig und
2. in Gebäuden der Gebäudeklassen 1 und 2 feuerhemmend

sein. [2]Decken müssen feuerbeständig sein

1. unter und über Räumen mit Explosions- oder erhöhter Brandgefahr, ausgenommen in Wohngebäuden der Gebäudeklassen 1 und 2, und
2. zwischen dem landwirtschaftlich genutzten Teil und dem Wohnteil eines Gebäudes.

(3) Der Anschluss der Decken an die Außenwand ist so herzustellen, dass er den Anforderungen aus Absatz 1 Satz 1 genügt.

(4) Öffnungen in Decken, für die eine Feuerwiderstandsfähigkeit vorgeschrieben ist, sind nur zulässig

1. in Gebäuden der Gebäudeklassen 1 und 2,
2. innerhalb derselben Nutzungseinheit mit nicht mehr als insgesamt 400 m² in nicht mehr als zwei Geschossen und
3. im Übrigen, wenn sie auf die für die Nutzung erforderliche Zahl und Größe beschränkt sind und Abschlüsse mit der Feuerwiderstandsfähigkeit der Decke haben.

§ 32 ***Dächer.*** *(1) Bedachungen müssen gegen eine Brandbeanspruchung von außen durch Flugfeuer und strahlende Wärme ausreichend lang widerstandsfähig sein (harte Bedachung).*

(2) [1]Bedachungen, die die Anforderungen nach Absatz 1 nicht erfüllen, sind zulässig bei Gebäuden der Gebäudeklassen 1 bis 3, wenn die Gebäude

1. einen Abstand von der Grundstücksgrenze von mindestens 12 m,
2. von Gebäuden auf demselben Grundstück mit harter Bedachung einen Abstand von mindestens 15 m,
3. von Gebäuden auf demselben Grundstück mit Bedachungen, die die Anforderungen nach Absatz 1 nicht erfüllen, einen Abstand von mindestens 24 m und
4. von Gebäuden auf demselben Grundstück ohne Aufenthaltsräume und ohne Feuerstätten mit nicht mehr als 50 m³ Brutto-Rauminhalt sowie von Gebäuden mit Abstellräumen nach § 6 Absatz 11 einen Abstand von mindestens 5 m

einhalten. [2]Soweit Gebäude nach Satz 1 Abstand halten müssen, genügt bei Wohngebäuden der Gebäudeklassen 1 und 2 in den Fällen

1. der Nummer 1 ein Abstand von mindestens 6 m,
2. der Nummer 2 ein Abstand von mindestens 9 m und
3. der Nummer 3 ein Abstand von mindestens 12 m.

[3]Auf den Abstand nach Satz 1 Nummer 1 und Satz 2 Nummer 1 dürfen angrenzende öffentliche Verkehrsflächen, öffentliche Grünflächen und öffentliche Wasserflächen bis zu ihrer Mitte angerechnet werden.

(3) Die Absätze 1 und 2 gelten nicht für
1. *lichtdurchlässige Bedachungen aus nichtbrennbaren Baustoffen; brennbare Fugendichtungen und brennbare Dämmstoffe in nichtbrennbaren Profilen sind zulässig,*
2. *Dachflächenfenster, Oberlichter und Lichtkuppeln von Wohngebäuden,*
3. *Eingangsüberdachungen und Vordächer aus nichtbrennbaren Baustoffen und*
4. *Eingangsüberdachungen aus brennbaren Baustoffen, wenn die Eingänge nur zu Wohnungen führen.*

(4) Abweichend von den Absätzen 1 und 2 sind
1. *lichtdurchlässige Teilflächen aus brennbaren Baustoffen in Bedachungen nach Absatz 1 und*
2. *begrünte Bedachungen*

zulässig, wenn eine Brandentstehung bei einer Brandbeanspruchung von außen durch Flugfeuer und strahlende Wärme nicht zu befürchten ist oder Vorkehrungen hiergegen getroffen werden.

(5) [1]Dachüberstände, Dachgesimse, Zwerchhäuser und Dachaufbauten, lichtdurchlässige Bedachungen, Dachflächenfenster, Lichtkuppeln und Oberlichte und Solaranlagen sind so anzuordnen und herzustellen, dass Feuer nicht auf andere Gebäudeteile und Nachbargrundstücke übertragen werden kann. [2]Von der Außenfläche von Brandwänden und von der Mittellinie gemeinsamer Brandwände müssen
1. *mindestens 1,25 m entfernt sein*
   a) *Dachflächenfenster, Oberlichte, Lichtkuppeln und Öffnungen in der Bedachung, wenn diese Wände nicht mindestens 0,30 m über die Bedachung geführt sind und*
   b) *Photovoltaikanlagen, Zwerchhäuser, Dachgauben und ähnliche Dachaufbauten aus brennbaren Baustoffen, wenn sie nicht durch diese Wände gegen Brandübertragung geschutzt sind, und*
2. *mindestens 0,50 m entfernt sein*
   a) *Photovoltaikanlagen, deren Außenseiten und Unterkonstruktion aus nichtbrennbaren Baustoffen bestehen und*
   b) *Solarthermieanlagen.*

[3]Die Sätze 1 und 2 gelten auch bei Wänden, die anstelle von Brandwänden zulässig sind.

(6) [1]Dächer von traufseitig aneinandergebauten Gebäuden müssen als raumabschließende Bauteile für eine Brandbeanspruchung von innen nach außen einschließlich der sie tragenden und aussteifenden Bauteile feuerhemmend sein. [2]Öffnungen in diesen Dachflächen müssen waagerecht gemessen mindestens 2 m von der Brandwand oder der Wand, die anstelle der Brandwand zulässig ist, entfernt sein. [3]Eine geringere Entfernung ist zulässig, wenn der Abstand zu Öffnungen in der gegenüberliegenden Dachfläche mindestens 4 m beträgt.

(7) [1]Dächer von Anbauten, die an Außenwände mit Öffnungen oder ohne Feuerwiderstandsfähigkeit anschließen, müssen innerhalb eines Abstands von 5 m von diesen Wänden als raumabschließende Bauteile für eine Brandbeanspruchung von innen nach außen einschließlich der sie tragenden und aussteifenden Bauteile die Feuerwiderstandsfähigkeit der Decken des Gebäudeteils haben, an den sie angebaut werden. [2]Dies gilt nicht für Anbauten an Wohngebäude der Gebäudeklassen 1 bis 3.

(8) Dächer an Verkehrsflächen und über Eingängen müssen Vorrichtungen zum Schutz gegen das Herabfallen von Schnee und Eis haben, wenn dies die Verkehrssicherheit erfordert.

(9) Für vom Dach aus vorzunehmende Arbeiten sind sicher benutzbare Vorrichtungen anzubringen.

Abschnitt 4

Rettungswege, Treppen, Aufzüge und Öffnungen

§ 33 Erster und zweiter Rettungsweg. *(1) [1]Für jede Nutzungseinheit müssen in jedem Geschoss mit einem Aufenthaltsraum mindestens zwei voneinander unabhängige Rettungswege ins Freie vorhanden sein. [2]Beide Rettungswege dürfen jedoch innerhalb des Geschosses über denselben notwendigen Flur führen.*

(2) [1]Für Nutzungseinheiten nach Absatz 1, die nicht zu ebener Erde liegen, muss der erste Rettungsweg über eine notwendige Treppe führen. [2]Der zweite Rettungsweg kann über eine weitere notwendige Treppe oder eine mit Rettungsgeräten der Feuerwehr erreichbare Stelle der Nutzungseinheit führen. [3]Der zweite Rettungsweg über Rettungsgeräte der Feuerwehr ist nur zulässig, wenn keine Bedenken wegen der Personenrettung bestehen. [4]Ein zweiter Rettungsweg ist nicht erforderlich,

1. *wenn die Rettung über einen sicher erreichbaren Treppenraum möglich ist, in den Feuer und Rauch nicht eindringen können (Sicherheitstreppenraum) oder*
2. *für zu ebener Erde liegende Räume, die einen unmittelbaren Ausgang ins Freie haben, der von jeder Stelle des Raumes in höchstens 15 m Entfernung erreichbar ist.*

(3) Gebäude, deren zweiter Rettungsweg über Rettungsgeräte der Feuerwehr führt und bei denen die Oberkante der Brüstung von zum Anleitern bestimmten Fenstern oder Stellen mehr als 8 m über der Geländeoberfläche liegt, dürfen nur errichtet werden, wenn die Feuerwehr über die erforderlichen Rettungsgeräte wie Hubrettungsfahrzeuge verfügt.

§ 34 Treppen. *(1) [1]Jedes nicht zu ebener Erde liegende Geschoss und der benutzbare Dachraum eines Gebäudes müssen über mindestens eine Treppe zugänglich sein (notwendige Treppe). [2]Statt notwendiger Treppen sind Rampen mit flacher Neigung zulässig.*

(2) [1]Einschiebbare Treppen und Rolltreppen sind als notwendige Treppen unzulässig. [2]In Gebäuden der Gebäudeklassen 1 und 2 sind einschiebbare Treppen und Leitern als Zugang zu einem Dachraum ohne Aufenthaltsräume zulässig.

(3) [1]Die tragenden Teile notwendiger Treppen müssen

1. *in Gebäuden der Gebäudeklasse 5 feuerhemmend und aus nichtbrennbaren Baustoffen,*
2. *in Gebäuden der Gebäudeklasse 4 aus nichtbrennbaren Baustoffen und*
3. *in Gebäuden der Gebäudeklasse 3 aus nichtbrennbaren Baustoffen oder feuerhemmend*

sein. [2]Tragende Teile von Außentreppen nach § 35 Absatz 1 Satz 3 Nummer 3 müssen für Gebäude der Gebäudeklassen 3 bis 5 aus nichtbrennbaren Baustoffen bestehen.

(4) [1]Notwendige Treppen sind in einem Zuge zu allen angeschlossenen Geschossen zu führen. [2]Sie müssen mit den Treppen zum Dachraum unmittelbar verbunden sein. [3]Dies gilt nicht für Treppen

1. *in Gebäuden der Gebäudeklassen 1 bis 3 und*
2. *nach § 35 Absatz 1 Satz 3 Nummer 2.*

(5) [1]Die nutzbare Breite der Treppenläufe und Treppenabsätze notwendiger Treppen muss mindestens 1 m betragen. [2]In Wohngebäuden mit nicht mehr als zwei Wohnungen genügt eine Breite von 0,80 m. [3]Eine geringere Breite als 1 m kann beim nachträglichen Einbau von Treppenliften gestattet werden, wenn

1. *die Führungskonstruktion des Treppenliftes höchstens 0,20 m breit und 0,50 m hoch ist, gemessen von der unteren Begrenzung des Lichtraumprofils der Treppe,*
2. *bei einer Leerfahrt des Lifts eine zusammenhängende Restlaufbreite der Treppe von mindestens 0,60 m verbleibt und*
3. *der nicht benutzte Lift sich in einer Parkposition befindet, die den Treppenlauf nicht mehr als nach Nummer 1 zulässig einschränkt.*

(6) [1]Treppen müssen mindestens einen festen und griffsicheren Handlauf haben. [2]Für Treppen sind Handläufe auf beiden Seiten und Zwischenhandläufe vorzusehen, soweit die Verkehrssicherheit dies erfordert.

(7) [1]Die freien Seiten der Treppenläufe, Treppenabsätze und Treppenöffnungen müssen durch Geländer gesichert werden. [2]Fenster, die unmittelbar an Treppen liegen und deren Brüstungen unter der notwendigen Geländerhöhe liegen, sind zu sichern.

(8) Treppengeländer müssen mindestens 0,90 m, bei Treppen mit mehr als 12 m Absturzhöhe mindestens 1,10 m hoch sein.

(9) [1]Eine Treppe darf nicht unmittelbar hinter einer Tür beginnen, die in Richtung der Treppe aufschlägt. [2]Zwischen Treppe und Tür ist ein Treppenabsatz anzuordnen, der mindestens so tief sein soll, wie die Tür breit ist.

(10) Die Absätze 3 bis 7 gelten nicht für Treppen innerhalb von Wohnungen.

*§ 35 **Notwendige Treppenräume, Ausgänge.** (1) [1]Jede notwendige Treppe muss zur Sicherstellung der Rettungswege aus den Geschossen ins Freie in einem eigenen, durchgehenden Treppenraum liegen (notwendiger Treppenraum). [2]Notwendige Treppenräume müssen so angeordnet und ausgebildet sein, dass die Nutzung der notwendigen Treppen im Brandfall ausreichend lang möglich ist. [3]Notwendige Treppen sind ohne eigenen Treppenraum zulässig*

1. *in Gebäuden der Gebäudeklassen 1 und 2,*
2. *für die Verbindung von höchstens zwei Geschossen innerhalb derselben Nutzungseinheit von insgesamt nicht mehr als 200 m², wenn in jedem Geschoss ein anderer Rettungsweg erreicht werden kann und*
3. *als Außentreppe, wenn ihre Nutzung ausreichend sicher ist und im Brandfall nicht gefährdet werden kann.*

(2) [1]Von jeder Stelle eines Aufenthaltsraumes sowie eines Kellergeschosses muss mindestens ein Ausgang in einen notwendigen Treppenraum oder ins Freie in höchstens 35 m Entfernung erreichbar sein. [2]Übereinanderliegende Kellergeschosse müssen jeweils mindestens zwei Ausgänge in notwendige Treppenräume oder ins Freie haben. [3]Sind mehrere notwendige Treppenräume erforderlich, müssen sie so verteilt sein, dass sie möglichst entgegengesetzt liegen und dass die Rettungswege möglichst kurz sind.

(3) [1]Jeder notwendige Treppenraum muss einen unmittelbaren Ausgang ins Freie haben. [2]Sofern der Ausgang eines notwendigen Treppenraumes nicht unmittelbar ins Freie führt, muss der Raum zwischen dem notwendigen Treppenraum und dem Ausgang ins Freie

1. *mindestens so breit sein wie die dazugehörigen Treppenläufe,*
2. *Wände haben, die die Anforderungen an die Wände des Treppenraumes erfüllen,*
3. *rauchdichte und selbstschließende Abschlüsse zu notwendigen Fluren haben und*
4. *ohne Öffnungen zu anderen Räumen, ausgenommen zu notwendigen Fluren, sein.*

(4) [1]Die Wände notwendiger Treppenräume müssen als raumabschließende Bauteile

1. *in Gebäuden der Gebäudeklasse 5 die Bauart von Brandwänden haben,*
2. *in Gebäuden der Gebäudeklasse 4 auch unter zusätzlicher mechanischer Beanspruchung hochfeuerhemmend sein und*
3. *in Gebäuden der Gebäudeklasse 3 feuerhemmend sein.*

[2]Dies ist nicht erforderlich für Außenwände von Treppenräumen, die aus nichtbrennbaren Baustoffen bestehen und durch andere an diese Außenwände anschließende Gebäudeteile im Brandfall nicht gefährdet werden können. [3]Der obere Abschluss notwendiger Treppenräume muss als raumabschließendes Bauteil die Feuerwiderstandsfähigkeit der Decken des Gebäudes haben. [4]Dies gilt nicht, wenn der obere Abschluss das Dach ist und die Treppenraumwände bis unter die Dachhaut reichen oder ein Hohlraum nach § 2 Absatz 5 Satz 3 ist.

(5) In notwendigen Treppenräumen und in Räumen nach Absatz 3 Satz 2 müssen

1. Bekleidungen, Putze, Dämmstoffe, Unterdecken und Einbauten aus nichtbrennbaren Baustoffen bestehen,

2. Wände und Decken aus brennbaren Baustoffen eine Bekleidung aus nichtbrennbaren Baustoffen in ausreichender Dicke haben und

3. Bodenbeläge, ausgenommen Gleitschutzprofile, aus mindestens schwerentflammbaren Baustoffen bestehen.

(6) [1]In notwendigen Treppenräumen müssen Öffnungen

1. zu Kellergeschossen, zu nicht ausgebauten Dachräumen, Werkstätten, Läden, Lager- und ähnlichen Räumen sowie zu sonstigen Räumen und Nutzungseinheiten mit einer Fläche von mehr als 200 m², ausgenommen Wohnungen, mindestens feuerhemmende, rauchdichte und selbstschließende Abschlüsse,

2. zu notwendigen Fluren rauchdichte und selbstschließende Abschlüsse,

3. zu sonstigen Räumen und Nutzungseinheiten, ausgenommen Wohnungen, mindestens dicht- und selbstschließende Abschlüsse und

4. zu Wohnungen mindestens dichtschließende Abschlüsse

haben. [2]Die Feuerschutz- und Rauchschutzabschlüsse dürfen lichtdurchlässige Seitenteile und Oberlichte enthalten, wenn der Abschluss insgesamt nicht breiter als 2,50 m ist.

(7) [1]Notwendige Treppenräume müssen zu beleuchten sein. [2]Notwendige Treppenräume ohne Fenster müssen in Gebäuden mit einer Höhe nach § 2 Absatz 3 Satz 2 von mehr als 13 m eine Sicherheitsbeleuchtung haben.

(8) [1]Notwendige Treppenräume müssen belüftet und zur Unterstützung wirksamer Löscharbeiten entraucht werden können. [2]Sie müssen

1. in jedem oberirdischen Geschoss unmittelbar ins Freie führende Fenster mit einem freien Querschnitt von mindestens 0,50 m² haben, die geöffnet werden können oder

2. an der obersten Stelle eine Öffnung zur Rauchableitung haben.

[3]In den Fällen des Satzes 2 Nummer 1 ist in Gebäuden der Gebäudeklasse 5 an der obersten Stelle zusätzlich eine Öffnung zur Rauchableitung erforderlich. [4]In den Fällen des Satzes 2 Nummer 2 sind in Gebäuden der Gebäudeklassen 4 und 5, soweit dies zur Erfüllung der Anforderungen nach Satz 1 erforderlich ist, besondere Vorkehrungen zu treffen. [5]Öffnungen zur Rauchableitung nach den Sätzen 2 und 3 müssen in jedem Treppenraum einen freien Querschnitt von insgesamt mindestens 1 m² und Vorrichtungen zum Öffnen ihrer Abschlüsse haben, die vom Erdgeschoss sowie vom obersten Treppenabsatz aus bedient werden können.

(9) In Geschossen mit mehr als vier Wohnungen oder Nutzungseinheiten vergleichbarer Größe müssen notwendige Flure angeordnet sein.

§ 36 Notwendige Flure und Gänge. *(1) [1]Flure, über die Rettungswege aus Aufenthaltsräumen oder aus Nutzungseinheiten mit Aufenthaltsräumen zu Aus-*

gängen in notwendige Treppenräume oder ins Freie führen (notwendige Flure), müssen so angeordnet und ausgebildet sein, dass die Nutzung im Brandfall ausreichend lang möglich ist. [2]Notwendige Flure sind nicht erforderlich

1. *in Wohngebäuden der Gebäudeklassen 1 und 2,*
2. *in sonstigen Gebäuden der Gebäudeklassen 1 und 2, ausgenommen in Kellergeschossen,*
3. *innerhalb von Nutzungseinheiten mit nicht mehr als 200 m² und innerhalb von Wohnungen und*
4. *innerhalb von Nutzungseinheiten, die einer Büro- oder Verwaltungsnutzung dienen, mit nicht mehr als 400 m²; das gilt auch für Teile größerer Nutzungseinheiten, wenn diese Teile nicht größer als 400 m² sind, Trennwände nach § 29 Absatz 2 Nummer 1 haben und jeder Teil unabhängig von anderen Teilen Rettungswege nach § 33 Absatz 1 hat.*

(2) [1]Notwendige Flure müssen so breit sein, dass sie für den größten zu erwartenden Verkehr ausreichen. [2]In den Fluren ist eine Folge von weniger als drei Stufen unzulässig.

(3) [1]Notwendige Flure sind durch nichtabschließbare, rauchdichte und selbstschließende Abschlüsse in Rauchabschnitte zu unterteilen. [2]Die Rauchabschnitte sollen nicht länger als 30 m sein. [3]Die Abschlüsse sind bis an die Rohdecke zu führen. [4]Sie dürfen bis an die Unterdecke der Flure geführt werden, wenn die Unterdecke feuerhemmend ist. [5]Notwendige Flure mit nur einer Fluchtrichtung, die zu einem Sicherheitstreppenraum führen, dürfen nicht länger als 15 m sein. [6]Die Sätze 1 bis 5 gelten nicht für offene Gänge nach Absatz 5.

(4) [1]Die Wände notwendiger Flure müssen als raumabschließende Bauteile feuerhemmend, in Kellergeschossen, deren tragende und aussteifende Bauteile feuerbeständig sein müssen, feuerbeständig sein. [2]Die Wände sind bis an die Rohdecke zu führen. [3]Sie dürfen bis an die Unterdecke der Flure geführt werden, wenn die Unterdecke feuerhemmend und ein demjenigen nach Satz 1 vergleichbarer Raumabschluss sichergestellt ist. [4]Türen in diesen Wänden müssen dicht schließen. [5]Öffnungen zu Lagerbereichen im Kellergeschoss müssen feuerhemmende, dicht- und selbstschließende Abschlüsse haben.

(5) [1]Für Wände und Brüstungen notwendiger Flure mit nur einer Fluchtrichtung, die als offene Gänge vor den Außenwänden angeordnet sind, gilt Absatz 4 entsprechend. [2]Fenster sind in diesen Außenwänden ab einer Brüstungshöhe von 0,90 m zulässig.

(6) [1]In notwendigen Fluren sowie in offenen Gängen nach Absatz 5 müssen

1. *Bekleidungen, Putze, Unterdecken und Dämmstoffe aus nichtbrennbaren Baustoffen bestehen und*
2. *Wände und Decken aus brennbaren Baustoffen eine Bekleidung aus nichtbrennbaren Baustoffen in ausreichender Dicke haben.*

[2]Fußbodenbeläge müssen mindestens schwerentflammbar sein.

§ 37 Aufzüge. *(1) [1]Aufzugsanlagen müssen den weitergehenden bundesgesetzlichen Anforderungen entsprechen, die für überwachungsbedürftige Anla-*

gen, die gewerblichen oder wirtschaftlichen Zwecken dienen oder in deren Gefahrenbereich Arbeitnehmer beschäftigt werden, gelten. [2]Dies gilt auch für die Vorschriften über die Prüfungen mit der Maßgabe, dass festgestellte Mängel auch der unteren Bauaufsichtsbehörde mitzuteilen sind.

(2) [1]Aufzüge im Innern von Gebäuden müssen eigene Fahrschächte haben, um eine Brandausbreitung in andere Geschosse ausreichend lang zu verhindern. [2]In einem Fahrschacht dürfen bis zu drei Aufzüge liegen. [3]Aufzüge ohne eigene Fahrschächte sind zulässig
1. *innerhalb eines notwendigen Treppenraumes, ausgenommen in Hochhäusern,*
2. *innerhalb von Räumen, die Geschosse überbrücken,*
3. *zur Verbindung von Geschossen, die offen miteinander in Verbindung stehen dürfen und*
4. *in Gebäuden der Gebäudeklassen 1 und 2.*

[4]Sie müssen sicher umkleidet sein.

(3) [1]Die Fahrschachtwände müssen als raumabschließende Bauteile
1. *in Gebäuden der Gebäudeklasse 5 feuerbeständig und aus nichtbrennbaren Baustoffen,*
2. *in Gebäuden der Gebäudeklasse 4 hochfeuerhemmend und*
3. *in Gebäuden der Gebäudeklasse 3 feuerhemmend*

sein. [2]Fahrschachtwände aus brennbaren Baustoffen müssen schachtseitig eine Bekleidung aus nichtbrennbaren Baustoffen in ausreichender Dicke haben. [3]Fahrschachttüren und andere Öffnungen in Fahrschachtwänden mit erforderlicher Feuerwiderstandsfähigkeit sind so herzustellen, dass die Anforderungen nach Absatz 2 Satz 1 nicht beeinträchtigt werden.

(4) [1]Fahrschächte müssen zu lüften sein und eine Öffnung zur Rauchableitung mit einem freien Querschnitt von mindestens 2,5 Prozent der Fahrschachtgrundfläche, mindestens jedoch 0,10 m² haben. [2]Diese Öffnung darf einen Abschluss haben, der im Brandfall selbsttätig öffnet und von mindestens einer geeigneten Stelle aus bedient werden kann. [3]Die Lage der Rauchaustrittsöffnungen muss so gewählt werden, dass der Rauchaustritt durch Windeinfluss nicht beeinträchtigt wird.

(5) Bei Aufzügen, die außerhalb von Gebäuden liegen oder die nicht mehr als drei übereinanderliegende Geschosse verbinden, sowie bei vereinfachten Güteraufzügen, Kleingüteraufzügen, Lagerhausaufzügen, Rollstuhlaufzügen und bei Aufzugsanlagen, die den bundesrechtlichen Vorschriften für überwachungsbedürftige Anlagen nicht unterliegen, kann von den Anforderungen nach den Absätzen 1 und 2 abgewichen werden, wenn wegen der Betriebssicherheit und des Brandschutzes Bedenken nicht bestehen.

(6) [1]Aufzüge müssen barrierefrei sein. [2]Vor den Aufzügen muss eine ausreichende Bewegungsfläche vorhanden sein.

(7) [1]Gebäude mit mehr als drei oberirdischen Geschossen müssen Aufzüge in ausreichender Zahl haben. [2]Von diesen Aufzügen muss in Gebäuden mit mehr als fünf oberirdischen Geschossen mindestens ein Aufzug Krankentragen und

Lasten aufnehmen können und Haltestellen in allen Geschossen haben. [3]Dieser Aufzug muss von der öffentlichen Verkehrsfläche und von allen Nutzungseinheiten in dem Gebäude aus barrierefrei erreichbar sein.

(8) [1]Fahrkörbe zur Aufnahme einer Krankentrage müssen eine nutzbare Grundfläche von mindestens 1,10 m × 2,10 m haben. [2]Türen müssen eine lichte Durchgangsbreite von mindestens 0,90 m haben. [3]In einem Aufzug für Rollstühle und Krankentragen darf der für Rollstühle nicht erforderliche Teil der Fahrkorbgrundfläche durch eine verschließbare Tür abgesperrt werden.

§ 38 Fenster, Türen, Kellerlichtschächte. *(1) Können die Fensterflächen nicht gefahrlos vom Erdboden, vom Innern des Gebäudes, von Loggien oder Balkonen aus gereinigt werden, so sind Vorrichtungen wie Aufzüge, Halterungen oder Stangen anzubringen, die eine Reinigung von außen ermöglichen.*

(2) [1]Glastüren und andere Glasflächen, die bis zum Fußboden allgemein zugänglicher Verkehrsflächen herabreichen, sind so zu kennzeichnen, dass sie leicht erkannt werden können. [2]Weitere Schutzmaßnahmen sind für größere Glasflächen vorzusehen, wenn dies die Verkehrssicherheit erfordert.

(3) Eingangstüren von Nutzungseinheiten müssen eine lichte Durchgangsbreite von mindestens 0,90 m haben.

(4) [1]Jedes Kellergeschoss ohne Fenster muss mindestens eine Öffnung ins Freie haben, um eine Rauchableitung zu ermöglichen. [2]Gemeinsame Kellerlichtschächte für übereinanderliegende Kellergeschosse sind unzulässig.

(5) [1]Fenster, die als Rettungswege nach § 33 Absatz 2 Satz 2 dienen, müssen im Lichten mindestens 0,90 m × 1,20 m groß sein. [2]Sie dürfen nicht höher als 1,20 m über der Fußbodenoberkante angeordnet sein. [3]Liegen diese Fenster in Dachschrägen oder Dachaufbauten, so darf ihre Unterkante oder ein davor liegender Auftritt von der Traufkante horizontal gemessen nicht mehr als 1 m entfernt sein. [4]Der Abstand kann in Abstimmung mit der Brandschutzdienststelle vergrößert werden. [5]Von den Fenstern müssen sich Menschen zu öffentlichen Verkehrsflächen oder zu Flächen für die Feuerwehr bemerkbar machen können.

§ 39 Umwehrungen. *(1) [1]In, an und auf baulichen Anlagen sind Flächen, die im Allgemeinen zum Begehen bestimmt sind und unmittelbar an mehr als 1 m tiefer liegende Flächen angrenzen, zu umwehren. [2]Dies gilt nicht, wenn eine Umwehrung dem Zweck der Fläche widerspricht, wie bei Verladerampen, Kais und Schwimmbecken.*

(2) Nicht begehbare Oberlichter und Glasabdeckungen in Flächen, die im Allgemeinen zum Begehen bestimmt sind, sind zu umwehren, wenn sie weniger als 0,50 m aus diesen Flächen herausragen.

(3) [1]Kellerlichtschächte und Betriebsschächte, die an Verkehrsflächen liegen, sind zu umwehren oder verkehrssicher abzudecken. [2]Abdeckungen an und in öffentlichen Verkehrsflächen müssen gegen unbefugtes Abheben gesichert sein.

(4) Notwendige Umwehrungen müssen folgende Mindesthöhen haben:

1. *Umwehrungen zur Sicherung von Öffnungen in begehbaren Decken, Dächern sowie Umwehrungen von Flächen mit einer Absturzhöhe von 1 m bis zu 12 m: 1 m und*
2. *Umwehrungen von Flächen mit mehr als 12 m Absturzhöhe: 1,10 m.*

(5) [1]Fensterbrüstungen müssen bei einer Absturzhöhe von bis zu 12 m mindestens 0,90 m, darüber mindestens 1 m hoch sein. [2]Die Höhe bestimmt sich von der betretbaren Fläche vor der Brüstung bis zu deren Oberkante. [3]Geringere Brüstungshöhen sind zulässig, wenn durch andere Umwehrungen diese Mindesthöhen eingehalten werden. [4]In diesem Fall sind die Mindesthöhen nach Absatz 4 einzuhalten. [5]Im Erdgeschoss können geringere Brüstungshöhen gestattet werden.

Abschnitt 5

Haustechnische Anlagen

§ 40 Leitungsanlagen. *(1) [1]Leitungen dürfen durch raumabschließende Bauteile, für die eine Feuerwiderstandsfähigkeit vorgeschrieben ist, nur hindurchgeführt werden, wenn eine Brandausbreitung ausreichend lang nicht zu befürchten ist oder Vorkehrungen hiergegen getroffen sind. [2]Dies gilt nicht*
1. *für Gebäude der Gebäudeklassen 1 und 2,*
2. *innerhalb von Wohnungen und*
3. *innerhalb derselben Nutzungseinheit mit nicht mehr als insgesamt 400 m² in nicht mehr als zwei Geschossen.*

(2) In notwendigen Treppenräumen, in Räumen zwischen notwendigen Treppenräumen und Ausgängen ins Freie und in notwendigen Fluren sind Leitungsanlagen nur zulässig, wenn eine Nutzung als Rettungsweg im Brandfall ausreichend lang möglich ist.

§ 41 Installationsschächte und Installationskanäle. *(1) Für Schächte und Kanäle zur Installation von Leitungs- oder Lüftungsanlagen (Installationsschächte und Installationskanäle) gelten § 40 Absatz 1 sowie § 42 Absatz 2 und 3 entsprechend.*

(2) Eine Bauart von Installationsschächten und -kanälen muss so ausgeführt werden, dass sie der Feuerwiderstandsfähigkeit der von ihnen durchdrungenen raumabschließenden Bauteile entsprechen oder in der Ebene dieser raumabschließenden Bauteile eine Unterteilung mit Abschlussen entsprechender Feuerwiderstandsfähigkeit erfolgt.

§ 42 Lüftungsanlagen. *(1) [1]Lüftungsanlagen müssen betriebssicher sein. [2]Sie dürfen den ordnungsgemäßen Betrieb von Feuerstätten nicht beeinträchtigen. [3]Feuer und Rauch dürfen nicht in andere Geschosse, Brandabschnitte, Treppenräume oder notwendige Flure übertragen werden können.*

(2) [1]Lüftungsleitungen sowie deren Bekleidungen und Dämmstoffe müssen aus nichtbrennbaren Baustoffen bestehen. [2]Brennbare Baustoffe sind zulässig, wenn Bedenken wegen des Brandschutzes nicht bestehen. [3]Lüftungsleitungen dürfen raumabschließende Bauteile, für die eine Feuerwiderstandsfähigkeit vorgeschrieben ist, nur überbrücken, wenn sie
1. in der höchsten vorgeschriebenen Feuerwiderstandsfähigkeit der von ihnen durchdrungenen raumabschließenden Bauteile ausgeführt werden oder
2. Brandschutzklappen mit der vorgeschriebenen Feuerwiderstandsfähigkeit der durchdrungenen Bauteile in diesen vorgesehen werden.

[4]Mündungen von Lüftungsleitungen sind so anzuordnen oder auszustatten, dass Rauch nicht durch sie eindringen und aus ihnen austretender Rauch nicht an anderer Stelle in das Gebäude eintreten kann. [5]Feuerwiderstandsfähige Lüftungsleitungen müssen so ausgeführt werden, dass sie insbesondere bei wechselnden Belastungen im Betrieb (Druck, Temperatur und Feuchtigkeit) keine unzulässigen Veränderungen erfahren können, die die Feuerwiderstandsfähigkeit beeinträchtigen. [6]Brandschutzklappen müssen mindestens thermische Auslöseelemente haben, die bei einer Temperatur von 72 Grad Celsius ein selbsttätiges Schließen einleiten. [7]Lediglich in Zuluftleitungen von Warmluftheizungsanlagen dürfen auch Auslöselemente mit einer Auslösetemperatur von 95 Grad Celsius verwendet werden.

(3) [1]Lüftungsanlagen sind so herzustellen, dass sie Gerüche und Staub nicht in andere Räume übertragen. [2]Die Weiterleitung von Schall in fremde Räume muss ausreichend gedämmt sein.

(4) [1]Lüftungsleitungen dürfen nicht in Abgasanlagen eingeführt werden. [2]In Lüftungsleitungen dürfen Abgase von Feuerstätten eingeleitet werden, wenn die Abluft ins Freie geführt wird und Bedenken wegen der Betriebssicherheit und des Brandschutzes nicht bestehen und die Verbrennungsgase nicht zu Gefahren und unzumutbaren Belästigungen führen können. [3]Die Abluft ist ins Freie zu führen. [4]Nicht zur Lüftungsanlage gehörende Einrichtungen sind in Lüftungsleitungen unzulässig.

(5) Für raumlufttechnische Anlagen und Warmluftheizungen gelten die Absätze 1 bis 4 sinngemäß.

(6) Die Absätze 2 und 3 gelten nicht
1. für Gebäude der Gebäudeklassen 1 und 2,
2. innerhalb von Wohnungen und
3. innerhalb derselben Nutzungseinheit mit nicht mehr als 400 m^2 in nicht mehr als zwei Geschossen.

(7) [1]Fensterlose Bäder und Toilettenräume müssen wirksam maschinell gelüftet werden. [2]Die Absätze 2 und 6 gelten entsprechend. [3]Abweichend von Absatz 2 dürfen auch Lüftungssysteme mit anderen Absperrelementen verwendet werden, wenn für diese Systeme ein bauaufsichtlicher Verwendbarkeitsnachweis vorliegt und keine anderen Räume von dieser Lüftungsanlage be- oder entlüftet werden.

(8) Öffnungen zu Lüftungszwecken ohne Anschluss von Lüftungsleitungen sind in feuerwiderstandsfähigen, raumabschließenden Bauteilen zulässig, wenn sie mit einem zum Verschließen dieser Öffnungen vorgesehenen Bauprodukt mit bauaufsichtlichem Verwendbarkeitsnachweis ausgestattet werden.

§ 43 Feuerungsanlagen, Wärme- und Brennstoffversorgungsanlagen.

(1) [1]Feuerstätten und Abgasanlagen, wie Schornsteine, Abgasleitungen und Verbindungsstücke (Feuerungsanlagen), Anlagen zur Abführung von Verbrennungsgasen ortsfester Verbrennungsmotoren sowie Behälter und Rohrleitungen für brennbare Gase und Flüssigkeiten müssen betriebssicher und brandsicher sein und dürfen auch sonst nicht zu Gefahren und unzumutbaren Belästigungen führen können. [2]Die Weiterleitung von Schall in fremde Räume muss ausreichend gedämmt sein. [3]Abgasanlagen müssen leicht und sicher zu reinigen sein. [4]Feuerungsanlagen für feste Brennstoffe dürfen in einem Abstand von weniger als 100 m zu Wald nur errichtet oder betrieben werden, wenn durch geeignete Maßnahmen gewährleistet ist, dass kein Waldbrand entsteht.

(2) Für die Anlagen zur Verteilung von Wärme und zur Warmwasserversorgung gilt Absatz 1 Satz 1 und 2 sinngemäß.

(3) Feuerstätten, ortsfeste Verbrennungsmotore und Verdichter sowie Behälter für brennbare Gase und Flüssigkeiten dürfen nur in Räumen aufgestellt werden, bei denen nach Lage, Größe, baulicher Beschaffenheit und Benutzungsart Gefahren nicht entstehen können.

(4) [1]Die Abgase der Feuerstätten sind durch Abgasanlagen über Dach, die Verbrennungsgase ortsfester Verbrennungsmotoren sind durch Anlagen zur Abführung dieser Gase über Dach abzuleiten. [2]Abgasanlagen sind in solcher Zahl und Lage und so herzustellen, dass die Feuerstätten des Gebäudes ordnungsgemäß angeschlossen werden können.

(5) [1]Bei der Errichtung oder Änderung von Schornsteinen sowie beim Anschluss von Feuerstätten an Schornsteine oder Abgasleitungen hat die Bauherrin oder der Bauherr sich von der bevollmächtigten Bezirksschornsteinfegermeisterin oder dem bevollmächtigten Bezirksschornsteinfegermeister bescheinigen zu lassen, dass die Abgasanlage sich in einem ordnungsgemäßen Zustand befindet und für die angeschlossenen Feuerstätten geeignet ist. [2]Bei der Errichtung von Schornsteinen soll vor Erteilung der Bescheinigung auch der Rohbauzustand besichtigt worden sein. [3]Stellt die bevollmächtigte Bezirksschornsteinfegermeisterin oder der bevollmächtigte Bezirksschornsteinfegermeister Mängel fest, hat sie oder er diese Mängel der Bauaufsichtsbehörde mitzuteilen. [4]Satz 1 gilt nicht für Abgasanlagen, die gemeinsam mit der Feuerstätte in Verkehr gebracht werden und ein gemeinsames CE-Zeichen tragen dürfen.

(6) Gasfeuerstätten dürfen in Räumen nur aufgestellt werden, wenn durch besondere Vorrichtungen an den Feuerstätten oder durch Lüftungsanlagen sichergestellt ist, dass gefährliche Ansammlungen von unverbranntem Gas in den Räumen nicht entstehen.

(7) Brennstoffe sind so zu lagern, dass Gefahren oder unzumutbare Belästigungen nicht entstehen.

§ 44 Wasserversorgungsanlagen. *(1) Wasserversorgungsanlagen sind so anzuordnen, herzustellen und instand zu halten, dass sie betriebssicher sind und Gefahren oder unzumutbare Belästigungen nicht entstehen können.*

(2) [1]Jede Wohnung und jede sonstige Nutzungseinheit müssen einen eigenen Wasserzähler haben. [2]Dies gilt nicht bei Nutzungsänderungen, wenn die Anforderung nach Satz 1 nur mit unverhältnismäßigem Aufwand erfüllt werden kann.

§ 45 Blitzschutzanlagen. *Bauliche Anlagen, bei denen nach Lage, Bauart oder Nutzung Blitzschlag leicht eintreten und zu schweren Folgen führen kann, sind mit dauernd wirksamen Blitzschutzanlagen zu versehen.*

§ 46 Aufbewahrung fester Abfallstoffe. *(1) Feste Abfallstoffe dürfen innerhalb von Gebäuden vorübergehend aufbewahrt werden, in Gebäuden der Gebäudeklassen 3 bis 5 jedoch nur, wenn die dafür bestimmten Räume*

1. *Trennwände und Decken als raumabschließende Bauteile mit der Feuerwiderstandsfähigkeit der tragenden Wände haben,*
2. *Öffnungen vom Gebäudeinneren zum Aufstellraum mit feuerhemmenden, dicht und selbstschließenden Abschlüssen haben,*
3. *unmittelbar vom Freien entleert werden können und*
4. *eine ständig wirksame Lüftung haben.*

(2) [1]Vorhandene Abfallschächte dürfen nicht betrieben werden. [2]Der Betrieb von Abfallschächten, die zum Zeitpunkt des Inkrafttretens dieser Vorschrift betrieben werden, kann widerruflich unter der Voraussetzung genehmigt werden, dass der Betreiber den sicheren und störungsfreien Betrieb und eine wirksame Abfalltrennung ständig überwacht und dies dokumentiert. [3]Den Bauaufsichtsbehörden sind diese Aufzeichnungen auf Verlangen vorzulegen.

Abschnitt 6

Aufenthaltsräume und Wohnungen

§ 47 Aufenthaltsräume. *(1) [1]Aufenthaltsräume müssen eine für ihre Benutzung ausreichende Grundfläche und eine lichte Höhe von mindestens 2,40 m haben. [2]Für Aufenthaltsräume in Wohngebäuden der Gebäudeklassen 1 und 2 kann eine lichte Höhe von mindestens 2,30 m gestattet werden. [3]Für Aufenthaltsräume im Dachraum und im Kellergeschoss, im Übrigen für einzelne Aufenthaltsräume und Teile von Aufenthaltsräumen genügt eine lichte Höhe von mindestens 2,20 m. [4]Aufenthaltsräume unter einer Dachschräge müssen eine lichte Höhe von 2,20 m über mindestens der Hälfte ihrer Grundfläche haben. [5]Raumteile mit einer lichten Höhe bis zu 1,50 m bleiben außer Betracht.*

(2) [1]Aufenthaltsräume müssen unmittelbar ins Freie führende Fenster von solcher Zahl und Beschaffenheit haben, dass die Räume ausreichend Tageslicht erhalten und belüftet werden können (notwendige Fenster). [2]Das Rohbaumaß der Fensteröffnungen muss mindestens ein Achtel der Grundfläche des Raumes betragen. [3]Ein geringeres Maß ist zulässig, wenn wegen der Lichtverhältnisse Bedenken nicht bestehen. [4]Oberlichter anstelle von Fenstern sind zulässig, wenn wegen der Nutzung des Aufenthaltsraumes Bedenken nicht bestehen.

(3) Verglaste Vorbauten und Loggien sind vor notwendigen Fenstern zulässig, wenn eine ausreichende Lüftung und Beleuchtung mit Tageslicht sichergestellt ist.

(4) [1]Aufenthaltsräume, deren Nutzung eine Beleuchtung mit Tageslicht verbietet, sind ohne Fenster zulässig, wenn eine wirksame Lüftung gesichert ist. [2]Küchen sind ohne eigene Fenster zulässig, wenn sie eine Sichtverbindung zu einem Aufenthaltsraum mit Fenstern nach Absatz 2 Satz 1 bis 3 haben und eine wirksame Lüftung gesichert ist. [3]Bei Aufenthaltsräumen, die nicht dem Wohnen dienen, ist anstelle einer ausreichenden Beleuchtung mit Tageslicht und Lüftung durch Fenster eine Ausführung nach Satz 1 zulässig, wenn wegen der Gesundheit Bedenken nicht bestehen. [4]Aufenthaltsräume, die dem Wohnen dienen, dürfen anstelle einer Lüftung durch Fenster mechanisch betriebene Lüftungsanlagen haben, wenn wegen der Gesundheit Bedenken nicht bestehen.

(5) [1]In Kellergeschossen sind Aufenthaltsräume zulässig, deren Nutzung eine Beleuchtung mit Tageslicht verbietet, ferner Verkaufsräume, Gaststätten, ärztliche Behandlungsräume, Sport- und Spielräume sowie ähnliche Räume. [2]Absatz 4 gilt sinngemäß. [3]Einzelne Aufenthaltsräume, die dem Wohnen dienen, sind im Kellergeschoss zulässig, wenn sie zu einer Wohnung im Erdgeschoss gehören und mit dieser über eine in der Wohnung liegende Treppe unmittelbar verbunden sind. [4]Im Übrigen sind Aufenthaltsräume und Wohnungen in Kellergeschossen nur zulässig, wenn das Gelände vor Außenwänden mit notwendigen Fenstern in einer für die Beleuchtung mit Tageslicht ausreichenden Entfernung und Breite nicht mehr als 0,80 m über dem Fußboden liegt.

***§ 48 Wohnungen.** (1) [1]Jede Wohnung muss von anderen Wohnungen und fremden Räumen baulich abgeschlossen sein und einen eigenen, abschließbaren Zugang unmittelbar vom Freien, von einem Treppenraum, einem Flur oder einem anderen Vorraum haben. [2]Dies gilt nicht für Wohnungen in Wohngebäuden mit nicht mehr als zwei Wohnungen. [3]Wohnungen in Gebäuden, die nicht nur zum Wohnen dienen, müssen einen besonderen Zugang haben. [4]Gemeinsame Zugänge sind zulässig, wenn Gefahren oder unzumutbare Belästigungen für die Benutzerinnen und Benutzer der Wohnungen nicht entstehen.*

(2) [1]In Gebäuden mit mehr als zwei Wohnungen müssen die Wohnungen eines Geschosses barrierefrei, aber nicht uneingeschränkt mit dem Rollstuhl nutzbar sein. [2]In Gebäuden, die gemäß § 37 Absatz 7 Satz 1 Aufzüge haben müssen, müssen alle Wohnungen barrierefrei, aber nicht uneingeschränkt mit

dem Rollstuhl nutzbar sein. [3]Von den Wohnungen nach Satz 1 und 2 müssen in Gebäuden mit mehr als acht Wohnungen eine, in Gebäuden mit mehr als 15 Wohnungen zwei uneingeschränkt mit dem Rollstuhl nutzbar sein. [4]Die Verpflichtung nach Satz 1 kann auch durch entsprechende Wohnungen in mehreren Geschossen erfüllt werden. [5]Abweichungen von den Sätzen 1 bis 3 können bei der Änderung oder Nutzungsänderung von Gebäuden zugelassen werden, soweit die Anforderungen nur mit unverhältnismäßigem Mehraufwand erfüllt werden können.

(3) [1]Wohnungen müssen durchlüftet werden können. [2]Reine Nordlage aller Wohn- und Schlafräume ist unzulässig.

(4) [1]Jede Wohnung muss eine Küche oder Kochnische haben sowie über einen Abstellraum verfügen. [2]Der Abstellraum soll mindestens 6 m² groß sein. [3]Davon soll außer in Wohngebäuden mit nicht mehr als zwei Wohnungen eine Abstellfläche von mindestens 0,5 m² innerhalb der Wohnung liegen.

(5) Für Gebäude mit mehr als zwei Wohnungen sind Abstellräume für Kinderwagen und Fahrräder sowie für Rollstühle, Rollatoren und ähnliche Hilfsmittel in ausreichender Größe herzustellen.

(6) Bei Gebäuden mit barrierefreien Wohnungen müssen alle gemeinschaftlich genutzten Räume, Flächen und Nebenanlagen barrierefrei sein.

(7) Für Gebäude mit mehr als zwei Wohnungen sollen ausreichend große Trockenräume zur gemeinschaftlichen Benutzung eingerichtet werden.

(8) [1]In Wohnungen müssen Schlafräume und Kinderzimmer sowie Flure, über die Rettungswege von Aufenthaltsräumen führen, jeweils mindestens einen Rauchwarnmelder haben. [2]Dieser muss so eingebaut oder angebracht und betrieben werden, dass Brandrauch frühzeitig erkannt und gemeldet wird. [3]Wohnungen, die bis zum 31. März 2013 errichtet oder genehmigt sind, haben die Eigentümer spätestens bis zum 31. Dezember 2016 entsprechend den Anforderungen nach den Sätzen 1 und 2 auszustatten. [4]Die Betriebsbereitschaft der Rauchwarnmelder hat der unmittelbare Besitzer sicherzustellen, es sei denn, der Eigentümer hat diese Verpflichtung bis zum 31. März 2013 selbst übernommen.

§ 49 Bäder und Toilettenräume. *(1) Jede Wohnung muss ein Bad mit Badewanne oder Dusche haben.*

(2) [1]Jede Wohnung und jede Nutzungseinheit mit Aufenthaltsräumen muss mindestens eine Toilette haben. [2]Toilettenräume für Wohnungen müssen innerhalb der Wohnung liegen.

Abschnitt 7

Besondere Anlagen

§ 50 Stellplätze und Garagen, Abstellplätze für Fahrräder. *(1) [1]Die Gemeinden können durch Satzung regeln, dass bei Errichtung, Änderung oder Nutzungsänderung baulicher Anlagen, bei denen ein Zu- und Abgangsverkehr mittels Kraftfahrzeug oder Fahrrad zu erwarten ist, Stellplätze oder Garagen und Abstellplätze für Fahrräder hergestellt werden müssen. [2]Sie können auch bestimmen, dass an Stelle der Stellplätze oder Garagen ein Geldbetrag an die Gemeinde zu zahlen ist, wenn die Herstellung notwendiger Stellplätze oder Garagen nicht oder nur unter großen Schwierigkeiten möglich ist oder aus städtebaulichen Gründen untersagt wurde.*

(2) [1]Bei Errichtung, Änderung und Nutzungsänderung baulicher Anlagen nach § 48 Absatz 2 und § 54 Absatz 1 müssen geeignete Stellplätze für Menschen mit Behinderungen in ausreichender Zahl und Größe hergestellt werden. [2]Diese Stellplätze sollen in der Nähe der barrierefreien Eingänge angeordnet werden.

§ 51 Ställe, Dungstätten und Gärfutterbehälter. *(1) [1]Ställe sind so anzuordnen, zu errichten und instand zu halten, dass eine ordnungsgemäße Tierhaltung sichergestellt ist und die Umgebung nicht unzumutbar belästigt wird. [2]Ställe müssen ausreichend zu lüften sein.*

(2) [1]Die ins Freie führenden Stalltüren dürfen nicht nach innen aufschlagen. [2]Ihre Zahl, Höhe und Breite müssen so groß sein, dass die Tiere bei Gefahr ohne Schwierigkeiten ins Freie gelangen können.

(3) [1]Bauteile wie Wände, Decken, Fußböden müssen gegen schädliche Einflüsse der Stallluft, der Jauche und des Flüssigmists geschützt sein. [2]Der Fußboden des Stalles oder darunter liegende Auffangräume für Abgänge müssen wasserdicht sein. [3]Für Pferdeställe, Schafställe, Ziegenställe und Kleintierställe sowie für Offenställe, Laufställe und für Räume, in denen Tiere nur vorübergehend untergebracht werden, können Abweichungen zugelassen werden.

(4) [1]Für Stalldung sind Dungstätten mit wasserdichten Böden anzulegen. [2]Die Wände müssen bis in ausreichender Höhe wasserdicht sein. [3]Flüssige Abgänge aus Ställen und Dungstätten sind in wasserdichte Jauchebehälter oder Flüssigmistbehälter zu leiten, die keine Verbindung zu anderen Abwasseranlagen haben dürfen.

(5) Dungstätten, Jauchebehälter und Flüssigmistbehälter sollen
1. von Öffnungen zu Aufenthaltsräumen mindestens 5 m,
2. von der Nachbargrenze mindestens 2 m,
3. von öffentlichen Verkehrsflächen mindestens 10 m und
4. von Brunnen und oberirdischen Gewässern mindestens 15 m
entfernt sein.

(6) [1]Gärfutterbehälter, die nicht nur vorübergehend benutzt werden, müssen dichte Wände und Böden haben und so angeordnet, hergestellt und instandge-

halten werden, dass Gefahren oder unzumutbare Belästigungen nicht entstehen. [2]Die Sickersäfte sind einwandfrei zu beseitigen. [3]Absatz 5 Nummer 4 gilt entsprechend.

§ 52 ***Behelfsbauten und untergeordnete Gebäude.*** *(1) Die §§ 26 bis 51 gelten nicht für Anlagen, die nach ihrer Ausführung für eine dauernde Nutzung nicht geeignet sind oder die für eine begrenzte Zeit aufgestellt werden sollen (Behelfsbauten).*

(2) Absatz 1 gilt auch für
1. *Gebäude ohne Aufenthaltsräume und ohne Feuerstätten mit nicht mehr als 50 m^3 Brutto-Rauminhalt,*
2. *freistehende andere Gebäude, die eingeschossig sind und nicht für einen Aufenthalt oder nur für einen vorübergehenden Aufenthalt bestimmt sind wie Lauben und Unterkunftshütten sowie*
3. *Gebäude mit Abstellräumen nach § 6 Absatz 11.*

(3) [1]Gebäude nach Absatz 1, die überwiegend aus brennbaren Baustoffen bestehen, dürfen nur erdgeschossig hergestellt werden. [2]Ihre Dachräume dürfen nicht nutzbar sein und müssen von den Giebelseiten oder vom Flur aus für die Brandbekämpfung erreichbar sein. [3]Brandwände (§ 30) sind mindestens alle 30 m anzuordnen und stets 0,30 m über Dach und vor die Seitenwände zu führen.

§ 53 ***Sonderbauten.*** *(1) [1]Für bauliche Anlagen und Räume besonderer Art oder Nutzung (Sonderbauten) können im Einzelfall zur Verwirklichung der allgemeinen Anforderungen nach § 3 Absatz 1 besondere Anforderungen gestellt werden. [2]Erleichterungen können im Einzelfall gestattet werden, soweit es der Einhaltung von Vorschriften*
1. *wegen der besonderen Art oder Nutzung baulicher Anlagen und Räume oder*
2. *wegen der besonderen Anforderungen nach Satz 1*

nicht bedarf.

(2) Anforderungen und Erleichterungen können sich insbesondere erstrecken auf
1. *die Abstände von Nachbargrenzen, von anderen baulichen Anlagen auf dem Grundstück und von öffentlichen Verkehrsflächen sowie auf die Größe der auf Baugrundstücken freizuhaltenden Flächen,*
2. *die Anordnung der baulichen Anlagen auf dem Grundstück,*
3. *die Öffnungen nach öffentlichen Verkehrsflächen und nach angrenzenden Grundstücken,*
4. *die Bauart und Anordnung aller für die Standsicherheit, Verkehrssicherheit, den Brand-, Wärme-, Schall- oder Gesundheitsschutz wesentlichen Bauteile und die Verwendung von Baustoffen,*
5. *Brandschutzeinrichtungen und Brandschutzvorkehrungen,*
6. *die Feuerungsanlagen und Heizräume,*
7. *die Anordnung und Herstellung der Aufzüge sowie die Treppen, Treppenräume, Flure, Ausgänge, sonstige Rettungswege und ihre Kennzeichnung,*

8. *die zulässige Zahl der Benutzerinnen und Benutzer, Anordnung und Zahl der zulässigen Sitzplätze und Stehplätze bei Versammlungsstätten, Gaststätten, Vergnügungsstätten, Tribünen und Fliegenden Bauten,*
9. *die Lüftung und Rauchableitung,*
10. *die Beleuchtung und Energieversorgung,*
11. *die Wasserversorgung für Löschzwecke,*
12. *die Aufbewahrung und Beseitigung von Abwasser und von Abfällen,*
13. *die Stellplätze und Garagen sowie die Abstellplätze für Fahrräder,*
14. *die Anlage von Zu- und Abfahrten,*
15. *die Anlage von Grünstreifen, Baumbepflanzungen und anderen Pflanzungen sowie die Begrünung von Aufschüttungen und Abgrabungen,*
16. *Löschwasser-Rückhalteanlagen,*
17. *die Qualifikation der Bauleiterin oder des Bauleiters, der Fachbauleiterinnen und der Fachbauleiter und der Unternehmerinnen und Unternehmer,*
18. *die Bestellung und die Qualifikation einer oder eines Brandschutzbeauftragten,*
19. *die Pflicht, ein Brandschutzkonzept vorzulegen und dessen Inhalt,*
20. *weitere Bescheinigungen, die nach Fertigstellung des Rohbaus oder nach abschließender Fertigstellung der baulichen Anlagen zu erbringen sind,*
21. *Nachweise über die Nutzbarkeit der Rettungswege im Brandfall,*
22. *Prüfungen und Prüfungen, die von Zeit zu Zeit zu wiederholen sind (wiederkehrende Prüfungen), sowie die Bescheinigungen, die hierfür zu erbringen sind,*
23. *den Betrieb und die Nutzung und*
24. *Gebäudefunkanlagen für die Feuerwehr.*

(3) Große Sonderbauten sind

1. *Hochhäuser (Gebäude mit einer Höhe nach § 2 Absatz 3 Satz 2 von mehr als 22 m),*
2. *bauliche Anlagen mit mehr als 30 m Höhe,*
3. *Gebäude und Räume mit mehr als 1 600 m² Grundfläche; ausgenommen Gewächshäuser ohne Verkaufsstätten, die einem land- oder forstwirtschaftlichen Betrieb oder einem Betrieb der gartenbaulichen Erzeugung dienen, und Wohngebäude,*
4. *Verkaufsstätten, deren Verkaufsräume und Ladenstraßen eine Grundfläche von mehr als 800 m² haben,*
5. *Messe- und Ausstellungsbauten,*
6. *Büro- und Verwaltungsgebäude mit mehr als 3000 m² Geschossfläche,*
7. *Kirchen und Versammlungsstätten mit Räumen für mehr als 200 Besucher,*
8. *Sportstätten mit mehr als 1 600 m² Grundfläche oder mehr als 200 Besucherplätzen, Freisportanlagen mit mehr als 400 Tribünenplätzen,*
9. *Krankenhäuser und sonstige Einrichtungen zur Unterbringung oder Pflege von Personen sowie Tageseinrichtungen für Menschen mit Behinderungen und alte Menschen,*

10. Kindertageseinrichtungen mit dem Aufenthalt für Kinder dienenden Räumen außerhalb des Erdgeschosses,
11. Gaststätten mit mehr als 40 Gastplätzen in Gebäuden oder mehr als 1000 Gastplätzen im Freien, Beherbergungsbetriebe mit mehr als 30 Betten und Vergnügungsstätten,
12. Schulen, Hochschulen und ähnliche Einrichtungen,
13. Abfertigungsgebäude, zum Beispiel von Flughäfen und Bahnhöfen,
14. Justizvollzugsanstalten und bauliche Anlagen für den Maßregelvollzug,
15. bauliche Anlagen und Räume, deren Nutzung durch Umgang oder Lagerung von Stoffen mit Explosions- oder erhöhter Brandgefahr verbunden ist,
16. Garagen mit mehr als 1000 m² Nutzfläche,
17. Camping- und Wochenendplätze,
18. Freizeit- und Vergnügungsparks,
19. Regallager mit einer Oberkante Lagerguthöhe von mehr als 9 m und
20. Zelte, soweit sie nicht Fliegende Bauten sind.

§ 54 Barrierefreiheit öffentlich zugänglicher baulicher Anlagen.

(1) [1]Bauliche Anlagen, die öffentlich zugänglich sind, und bauliche Anlagen für alte Menschen, Personen mit Kleinkindern und für Menschen mit Behinderungen müssen im erforderlichen Umfang barrierefrei sein. [2]Öffentlich zugänglich sind bauliche Anlagen, wenn und soweit sie nach ihrem Zweck im Zeitraum ihrer Nutzung von im Vorhinein nicht bestimmbaren Personen aufgesucht werden können. [3]Wohngebäude sind nicht öffentlich zugänglich im Sinne dieser Vorschrift.

(2) Werden rechtmäßig bestehende bauliche Anlagen nach Absatz 1 Satz 1 oder ihre Nutzung geändert, so kann eine Abweichung von den Anforderungen nach Absatz 1 Satz 1 zugelassen werden, wenn ihre Erfüllung einen unverhältnismäßigen Mehraufwand erforderte.

Teil 4

Die am Bau Beteiligten

§ 55 Grundsatz. *Bei der Errichtung, Änderung, Instandhaltung, Nutzungsänderung oder dem Abbruch baulicher Anlagen sowie anderer Anlagen und Einrichtungen im Sinne des § 1 Absatz 1 Satz 2 sind die Bauherrin oder der Bauherr und im Rahmen ihres Wirkungskreises die anderen am Bau Beteiligten (§§ 57 bis 59) dafür verantwortlich, dass die öffentlich-rechtlichen Vorschriften eingehalten werden.*

§ 56 Bauherrin, Bauherr. *(1) [1]Die Bauherrin oder der Bauherr hat zur Vorbereitung und Ausführung eines genehmigungsbedürftigen Bauvorhabens eine Entwurfsverfasserin oder einen Entwurfsverfasser (§ 57), Unternehmerinnen oder Unternehmer (§ 58) und eine Bauleiterin oder einen Bauleiter (§ 59) zu* *beauftragen. [2]Die Bauherrin oder der Bauherr hat gegenüber der Bauaufsichtsbehörde die nach den öffentlich-rechtlichen Vorschriften erforderlichen Anzeigen, Nachweise und Unterlagen zu erbringen, soweit hierzu nicht die Bauleiterin oder der Bauleiter verpflichtet ist.*

(2) [1]Bei technisch einfachen baulichen Anlagen und anderen Anlagen und Einrichtungen im Sinne des § 1 Absatz 1 Satz 2 kann die Bauaufsichtsbehörde darauf verzichten, dass eine Entwurfsverfasserin oder ein Entwurfsverfasser und eine Bauleiterin oder ein Bauleiter beauftragt werden. [2]Bei Bauarbeiten, die in Selbst- oder Nachbarschaftshilfe ausgeführt werden, ist die Beauftragung von Unternehmerinnen oder Unternehmern nicht erforderlich, wenn dabei genügend Fachkräfte mit der nötigen Sachkunde, Erfahrung und Zuverlässigkeit mitwirken. [3]Genehmigungsbedürftige Abbrucharbeiten dürfen nicht in Selbst- oder Nachbarschaftshilfe ausgeführt werden.

(3) [1]Sind die von der Bauherrin oder vom Bauherrn beauftragten Personen für ihre Aufgabe nach Sachkunde und Erfahrung nicht geeignet, so kann die Bauaufsichtsbehörde vor und während der Bauausführung verlangen, dass ungeeignete Beauftragte durch geeignete ersetzt oder Sachverständige beauftragt werden. [2]Die Bauaufsichtsbehörde kann die Bauarbeiten einstellen lassen, bis geeignete Beauftragte oder Sachverständige beauftragt sind.

(4) Die Bauherrin oder der Bauherr trägt die Kosten für

1. *die Entnahme von Proben und deren Prüfung (§ 82 Absatz 3) und*
2. *für die Tätigkeit von Sachverständigen oder sachverständigen Stellen auf Grund von § 61 Absatz 4 sowie von Rechtsverordnungen nach § 86 Absatz 2 Nummer 3.*

(5) [1]Die Bauherrin oder der Bauherr hat vor Baubeginn die Namen der Bauleiterin oder des Bauleiters und der Fachbauleiterinnen oder Fachbauleiter und während der Bauausführung einen Wechsel dieser Personen mitzuteilen. [2]Die Bauaufsichtsbehörde kann verlangen, dass für bestimmte Arbeiten die Unternehmerinnen oder Unternehmer namhaft gemacht werden. [3]Wechselt die Bauherrin oder der Bauherr, so hat die neue Bauherrin oder der neue Bauherr dies der Bauaufsichtsbehörde unverzüglich schriftlich mitzuteilen.

§ 57 Entwurfsverfasserin, Entwurfsverfasser. *(1) [1]Die Entwurfsverfasserin oder der Entwurfsverfasser muss nach Sachkunde und Erfahrung zur Vorbereitung des jeweiligen Bauvorhabens geeignet sein. [2]Sie oder er ist für die Vollständigkeit und Brauchbarkeit ihres oder seines Entwurfs verantwortlich. [3]Die Entwurfsverfasserin oder der Entwurfsverfasser hat dafür zu sorgen, dass die für die Ausführung notwendigen Einzelzeichnungen, Einzelberechnungen und Anweisungen geliefert werden und dem genehmigten Entwurf und den öffentlich-rechtlichen Vorschriften entsprechen.*

(2) [1]Besitzt die Entwurfsverfasserin oder der Entwurfsverfasser auf einzelnen Fachgebieten nicht die erforderliche Sachkunde und Erfahrung, so hat sie oder er dafür zu sorgen, dass geeignete Fachplanerinnen oder Fachplaner herangezogen werden. [2]Diese sind für die von ihnen gelieferten Unterlagen ver-

antwortlich. [3]Für das ordnungsgemäße Ineinandergreifen aller Fachentwürfe bleibt die Entwurfsverfasserin oder der Entwurfsverfasser verantwortlich.

(3) Brandschutzkonzepte für bauliche Anlagen werden von staatlich anerkannten Sachverständigen nach § 86 Absatz 2 Satz 1 Nummer 4 für die Prüfung des Brandschutzes, von öffentlich bestellten und vereidigten Sachverständigen für vorbeugenden Brandschutz nach § 36 der Gewerbeordnung in der Fassung der Bekanntmachung vom 22. Februar 1999 (BGBl. I S. 202), die durch Artikel 10 des Gesetzes vom 11. März 2016 (BGBl. I S. 396) geändert worden ist, oder von Personen aufgestellt, die im Einzelfall für die Aufgabe nach Sachkunde und Erfahrung vergleichbar geeignet sind.

§ 58 Unternehmerin, Unternehmer. *(1) [1]Jede Unternehmerin oder jeder Unternehmer ist für die ordnungsgemäße, den allgemein anerkannten Regeln der Technik und den Bauvorlagen entsprechende Ausführung der von ihr oder ihm übernommenen Arbeiten und insoweit für die ordnungsgemäße Einrichtung und den sicheren bautechnischen Betrieb der Baustelle sowie für die Einhaltung der Arbeitsschutzbestimmungen verantwortlich. [2]Sie oder er hat die erforderlichen Nachweise und Unterlagen über die Verwendbarkeit der verwendeten Bauprodukte und Bauarten zu erbringen und auf der Baustelle bereitzuhalten. [3]Sie oder er darf, unbeschadet der Vorschriften des § 77, Arbeiten nicht ausführen oder ausführen lassen, bevor nicht die dafür notwendigen Unterlagen und Anweisungen an der Baustelle vorliegen.*

(2) Die Unternehmerin oder der Unternehmer hat auf Verlangen der Bauaufsichtsbehörde für Bauarbeiten, bei denen die Sicherheit der baulichen Anlagen sowie anderer Anlagen und Einrichtungen in außergewöhnlichem Maße von der besonderen Sachkenntnis und Erfahrung der Unternehmerin oder des Unternehmers oder von einer Ausstattung des Unternehmens mit besonderen Vorrichtungen abhängt, nachzuweisen, dass sie oder er für diese Bauarbeiten geeignet ist und über die erforderlichen Vorrichtungen verfügt.

(3) [1]Besitzt eine Unternehmerin oder ein Unternehmer für einzelne Arbeiten nicht die erforderliche Sachkunde und Erfahrung, so hat sie oder er dafür zu sorgen, dass Fachunternehmerinnen oder Fachunternehmer oder Fachleute herangezogen werden. [2]Diese sind für ihre Arbeiten verantwortlich. [3]Für das ordnungsgemäße Ineinandergreifen ihrer oder seiner Arbeiten mit denen der Fachunternehmerinnen oder Fachunternehmer oder Fachleute ist die Unternehmerin oder der Unternehmer verantwortlich.

§ 59 Bauleiterin, Bauleiter. *(1) [1]Die Bauleiterin oder der Bauleiter hat darüber zu wachen, dass die Baumaßnahme dem öffentlichen Baurecht, insbesondere den allgemein anerkannten Regeln der Technik und den Bauvorlagen, entsprechend durchgeführt wird und die dafür erforderlichen Weisungen zu erteilen. [2]Sie oder er hat im Rahmen dieser Aufgabe auf die sichere bautechnische Einrichtung und den sicheren bautechnischen Betrieb der Baustelle, insbesondere auf das gefahrlose Ineinandergreifen der Arbeiten der Unternehmerinnen oder der Unternehmer und auf die Einhaltung der Ar-*

beitsschutzbestimmungen zu achten. [3]Die Verantwortlichkeit der Unternehmerinnen oder Unternehmer bleibt unberührt.

(2) [1]Die Bauleiterin oder der Bauleiter muss über die für ihre oder seine Aufgabe erforderliche Sachkunde und Erfahrung verfügen. [2]Verfügt sie oder er auf einzelnen Teilgebieten nicht über die erforderliche Sachkunde und Erfahrung, so hat sie oder er dafür zu sorgen, dass Fachbauleiterinnen oder Fachbauleiter herangezogen werden. [3]Diese treten insoweit an die Stelle der Bauleiterin oder des Bauleiters. [4]Die Bauleiterin oder der Bauleiter hat die Tätigkeit der Fachbauleiterinnen oder Fachbauleiter und ihre oder seine Tätigkeit aufeinander abzustimmen.

Teil 5
Bauaufsichtsbehörden und Verwaltungsverfahren

Abschnitt 1
Bauaufsichtsbehörden

§ 60 Aufbau und Zuständigkeit der Bauaufsichtsbehörden. *(1) Bauaufsichtsbehörden sind:*
1. *Oberste Bauaufsichtsbehörde: das für die Bauaufsicht zuständige Ministerium,*
2. *Obere Bauaufsichtsbehörde: die Bezirksregierungen für die kreisfreien Städte und Kreise sowie in den Fällen des § 81, im Übrigen die Landräte als untere staatliche Verwaltungsbehörden und*
3. *Untere Bauaufsichtsbehörden:*
   a) die kreisfreien Städte, die Großen kreisangehörigen Städte und die Mittleren kreisangehörigen Städte sowie
   b) die Kreise für die übrigen kreisangehörigen Gemeinden

als Ordnungsbehörden.

(2) [1]Die den Bauaufsichtsbehörden obliegenden Aufgaben gelten als solche der Gefahrenabwehr. [2]§ 88 bleibt unberührt.

(3) Die Bauaufsichtsbehörden sind zur Durchführung ihrer Aufgaben ausreichend mit Personen zu besetzen, die auf Grund eines Hochschulabschlusses der Fachrichtungen Architektur oder Bauingenieurwesen die Berufsbezeichnung „Ingenieurin" oder „Ingenieur" führen dürfen und die insbesondere die erforderlichen Kenntnisse des öffentlichen Baurechts, der Bautechnik und der Baugestaltung haben.

§ 61 Aufgaben und Befugnisse der Bauaufsichtsbehörden. *(1) [1]Die Bauaufsichtsbehörden haben bei der Errichtung, der Änderung, dem Abbruch, der Nutzung, der Nutzungsänderung sowie der Instandhaltung baulicher Anlagen sowie anderer Anlagen und Einrichtungen im Sinne des § 1 Absatz 1 Satz 2 dar-*

über zu wachen, dass die öffentlich-rechtlichen Vorschriften und die auf Grund dieser Vorschriften erlassenen Anordnungen eingehalten werden. [2]Sie haben in Wahrnehmung dieser Aufgaben nach pflichtgemäßem Ermessen die erforderlichen Maßnahmen zu treffen. [3]Die gesetzlich geregelten Zuständigkeiten und Befugnisse anderer Behörden bleiben unberührt.

(2) Die Bauaufsichtsbehörden können bei der Errichtung oder Änderung baulicher Anlagen verlangen, dass die Geländeoberfläche erhalten oder verändert wird, um eine Störung des Straßen-, Orts- oder Landschaftsbildes zu vermeiden oder zu beseitigen oder um die Geländeoberfläche der Höhe der Verkehrsflächen oder der Nachbargrundstücke anzugleichen.

(3) [1]Auch nach Erteilung einer Baugenehmigung nach § 77 oder einer Zustimmung nach § 81 können Anforderungen gestellt werden, um dabei nicht voraussehbare Gefahren oder unzumutbare Belästigungen von der Allgemeinheit oder denjenigen, die die bauliche Anlage benutzen, abzuwenden. [2]Satz 1 gilt entsprechend, wenn bauliche Anlagen oder andere Anlagen oder Einrichtungen im Sinne von § 1 Absatz 1 Satz 2 ohne Genehmigung oder Zustimmung errichtet werden dürfen.

(4) Die Bauaufsichtsbehörden können zur Erfüllung ihrer Aufgaben Sachverständige und sachverständige Stellen, insbesondere für die Prüfung von Brandschutzkonzepten staatlich anerkannte Sachverständige, heranziehen.

(5) Sind Bauprodukte entgegen § 24 Absatz 4 mit dem Ü-Zeichen gekennzeichnet, so kann die Bauaufsichtsbehörde die Verwendung dieser Bauprodukte untersagen und deren Kennzeichnung entwerten oder beseitigen lassen.

(6) Die Einstellung der Bauarbeiten kann angeordnet werden, wenn Bauprodukte verwendet werden,

1. *die entgegen der Verordnung (EU) Nr. 305/2011 keine CE-Kennzeichnung oder entgegen § 24 Absatz 4 kein Ü-Zeichen tragen und*
2. *die unberechtigt mit der CE-Kennzeichnung nach der Verordnung (EU) Nr. 305/2011 oder dem Ü-Zeichen (§ 24 Absatz 4) gekennzeichnet sind.*

(7) [1]Die Bauaufsichtsbehörden sollen die Beseitigung einer baulichen Anlage fordern, wenn diese

1. *ohne Baugenehmigung errichtet wurde,*
2. *keinen Bestandsschutz genießt und*
3. *auch mit geänderter Nutzung nicht genehmigt werden kann.*

[2]Die Bauaufsichtsbehörden können den Fortbestand einer derartigen Anlage insbesondere dulden, wenn diese

1. *vor 1960 errichtet wurde,*
2. *seitdem nicht geändert oder in ihrer Nutzung geändert wurde,*
3. *die Bauaufsichtsbehörden seit mindestens 10 Jahren Kenntnis von der Rechtswidrigkeit der baulichen Anlage haben und*
4. *von der baulichen Anlage keine Gefahr für Leben oder Gesundheit ausgeht.*

[3]Die Duldung erfolgt mit der Maßgabe, dass die bauliche Anlage und ihre Nutzung nicht geändert werden dürfen. [4]Maßnahmen zur Instandhaltung und zur Energieeinsparung sind im Rahmen des vorhandenen Baukörpers zulässig.

(8) [1]Die mit dem Vollzug dieses Gesetzes beauftragten Personen sind berechtigt, in Ausübung ihres Amtes Grundstücke und bauliche Anlagen einschließlich der Wohnungen zu betreten. [2]Das Grundrecht der Unverletzlichkeit der Wohnung (Artikel 13 des Grundgesetzes) wird insoweit eingeschränkt.

Abschnitt 2

Genehmigungspflicht, Genehmigungsfreiheit

§ 62 Grundsatz. *(1) Die Errichtung, die Änderung, die Nutzungsänderung und der Abbruch baulicher Anlagen sowie anderer Anlagen und Einrichtungen im Sinne des § 1 Absatz 1 Satz 2 bedürfen einer Baugenehmigung, soweit in den §§ 64, 65, 80 und 81 nichts anderes bestimmt ist.*

(2) Die Genehmigungsfreiheit nach den §§ 64, 65 und 80 sowie die Beschränkung der bauaufsichtlichen Prüfung nach § 67 entbinden nicht von der Verpflichtung zur Einhaltung der Anforderungen, die durch öffentlich-rechtliche Vorschriften an Anlagen gestellt werden, und lassen die bauaufsichtlichen Eingriffsbefugnisse unberührt.

§ 63 Vorrang anderer Gestattungsverfahren. *(1) Folgende Gestattungen schließen eine Genehmigung nach § 62 Absatz 1 sowie eine Zustimmung nach § 81 ein:*

1. *die Genehmigung nach § 4 und § 16 Absatz 1 des Bundes-Immissionsschutzgesetzes in der Fassung der Bekanntmachung vom 17. Mai 2013 (BGBl. I S. 1274), das zuletzt durch Artikel 76 der Verordnung vom 31. August 2015 (BGBl. I S. 1474) geändert worden ist, auch wenn sie im vereinfachten Verfahren nach § 19 des Bundes-Immissionsschutzgesetzes erteilt wird,*
2. *die Anlagengenehmigung nach § 8 des Gentechnikgesetzes in der Fassung der Bekanntmachung vom 16. Dezember 1993 (BGBl. I S. 2066), das zuletzt durch Artikel 55 der Verordnung vom 31. August 2015 (BGBl. I S. 1474) geändert worden ist,*
3. *die Genehmigung nach § 35 Absatz 3 des Kreislaufwirtschaftsgesetzes vom 24. Februar 2012 (BGBl. I S. 212), das zuletzt durch Artikel 4 des Gesetzes vom 4. April 2016 (BGBl. I S. 569) geändert worden ist und*
4. *die Verbindlichkeitserklärung eines Sanierungsplanes nach § 13 Absatz 6 des Bundes-Bodenschutzgesetzes vom 17. März 1998 (BGBl. I S. 502), das zuletzt durch Artikel 101 der Verordnung vom 31. August 2015 (BGBl. I S. 1474) geändert worden ist, oder nach § 15 Absatz 3 des Landesbodenschutzgesetzes vom 9. Mai 2000 (GV. NRW. S. 439), das zuletzt durch Artikel 12 des Gesetzes vom 21. März 2013 (GV. NRW. S. 148) geändert worden ist.*

(2) Die Vorschriften über gesetzlich geregelte Planfeststellungsverfahren bleiben unberührt.

(3) Handelt es sich bei dem genehmigungsbedürftigen Vorhaben um ein solches, das nach dem Gesetz über die Umweltverträglichkeitsprüfung in der Fassung der Bekanntmachung vom 24. Februar 2010 (BGBl. I S. 94), das zuletzt durch Artikel 2 des Gesetzes vom 21. Dezember 2015 (BGBl. I S. 2490) geändert worden ist, oder nach dem Gesetz über die Umweltverträglichkeitsprüfung im Lande Nordrhein-Westfalen, veröffentlicht durch Artikel 1 des Gesetzes zur Umsetzung der Richtlinie des Rates vom 27. Juni 1985 über die Umweltverträglichkeitsprüfung bei bestimmten öffentlichen und privaten Projekten (85/337/EWG) im Lande NRW vom 29. April 1992 (GV. NRW. S. 175), das zuletzt durch Artikel 4 des Gesetzes vom 16. März 2010 (GV. NRW. S. 185) geändert worden ist, einer Umweltverträglichkeitsprüfung bedarf, so muss das Genehmigungsverfahren den Anforderungen des Gesetzes über die Umweltverträglichkeitsprüfung im Lande Nordrhein-Westfalen entsprechen.

§ 64 Genehmigungsfreie Vorhaben. *(1) Die Errichtung oder Änderung folgender baulicher Anlagen sowie anderer Anlagen und Einrichtungen im Sinne des § 1 Absatz 1 Satz 2 bedarf keiner Baugenehmigung:*

1. *Gebäude bis zu 30 m³ Brutto–Rauminhalt ohne Aufenthaltsräume, Ställe, Toiletten oder Feuerstätten, im Außenbereich nur, wenn sie einem land- oder forstwirtschaftlichen Betrieb dienen (§ 35 Absatz 1 Nummer 1 des Baugesetzbuches in der Fassung der Bekanntmachung vom 23. September 2004 (BGBl. I S. 2414), das zuletzt durch Artikel 6 des Gesetzes vom 20. Oktober 2015 (BGBl. I S. 1722) geändert worden ist); dies gilt nicht für Garagen und Verkaufs- und Ausstellungsstände,*
2. *Gartenlauben in Kleingartenanlagen nach dem Bundeskleingartengesetz vom 28. Februar 1983 (BGBl. I S. 210), das zuletzt durch Artikel 11 des Gesetzes vom 19. September 2006 (BGBl. I S. 2146) geändert worden ist,*
3. *Wochenendhäuser auf genehmigten Wochenendplätzen,*
4. *Gebäude bis zu 4 m Firsthöhe, die nur zum vorübergehenden Schutz von Pflanzen und Tieren bestimmt sind und die einem land- oder forstwirtschaftlichen Betrieb dienen,*
5. *Gewächshäuser ohne Verkaufsstätten mit einer Firsthöhe bis zu 5 m und nicht mehr als 1 600 m² Grundfläche, die einem land- oder forstwirtschaftlichen Betrieb oder einem Betrieb der gartenbaulichen Erzeugung im Sinne des § 35 Absatz 1 Nummern 1 und 2 und des § 201 des Baugesetzbuches dienen,*
6. *Fahrgastunterstände des öffentlichen Personenverkehrs oder der Schülerbeförderung,*
7. *Schutzhütten für Wanderer,*
8. *Anlagen an und in oberirdischen Gewässern einschließlich der Lande- und Umschlagstellen und der Rückhaltebecken, Anlagen der Gewässerbenutzung wie Anlagen zur Entnahme von Wasser, Anlagen zur Einleitung von Abwasser, Stauanlagen, Anlagen der Gewässerunterhaltung und des Gewässerausbaues, Deiche, Dämme und Stützmauern, mit Ausnahme von Gebäuden, Aufbauten und Überbrückungen,*

9. *nichttragende oder nichtaussteifende Bauteile innerhalb baulicher Anlagen; dies gilt nicht für Wände, Decken und Türen von notwendigen Fluren als Rettungswege,*
10. *Verkleidungen von Balkonbrüstungen,*
11. *Terrassenüberdachungen mit einer Fläche bis zu 30 m² und einer Tiefe bis zu 3 m,*
12. *Lüftungsanlagen, raumlufttechnische Anlagen, Warmluftheizungen, Installationsschächte und Installationskanäle, die keine Gebäudetrennwände und, außer in Gebäuden der Gebäudeklassen 1, 2 und 3, keine Geschosse überbrücken; § 65 Satz 1 Nummer 7 bleibt unberührt,*
13. *bauliche Anlagen, die der Telekommunikation, der allgemeinen Versorgung mit Elektrizität, Gas, Öl, Wärme und Wasser dienen, wie Transformatoren-, Schalt-, Regler- oder Pumpstationen, bis 20 m² Grundfläche und 5 m Höhe,*
14. *Energieleitungen einschließlich ihrer Masten und Unterstützungen,*
15. *Behälter und Flachsilos bis zu 50 m³ Fassungsvermögen und bis zu 3 m Höhe außer ortsfesten Behältern für brennbare oder schädliche Flüssigkeiten oder für verflüssigte oder nicht verflüssigte Gase und offenen Behältern für Jauche und Flüssigmist,*
16. *Abwasserbehandlungsanlagen mit Ausnahme von Gebäuden,*
17. *Aufzüge, mit Ausnahme solcher in Sonderbauten (§ 53),*
18. *Anlagen, die einer Genehmigung nach § 7 des Atomgesetzes in der Fassung der Bekanntmachung vom 15. Juli 1985 (BGBl. I S. 1565), das zuletzt durch Artikel 1 des Gesetzes vom 20. November 2015 (BGBl. I S. 2053) geändert worden ist, bedürfen,*
19. *Füllanlagen für Kraftfahrzeuge an Tankstellen,*
20. *Einfriedungen bis zu 2 m, an öffentlichen Verkehrsflächen bis zu 1 m Höhe über der Geländeoberfläche, im Außenbereich nur bei Grundstücken, die bebaut sind oder deren Bebauung genehmigt ist,*
21. *offene Einfriedungen für landwirtschaftlich (§ 201 des Baugesetzbuches) oder forstwirtschaftlich genutzte Grundstücke im Außenbereich,*
22. *Brücken und Durchlässe bis zu 5 m Lichtweite,*
23. *Stützmauern bis zu 2 m Höhe über der Geländeoberfläche,*
24. *Unterstützungen von Seilbahnen,*
25. *Parabolantennen mit Reflektorschalen bis zu einem Durchmesser von 1,20 m und bis zu einer Höhe von 10 m, sonstige Antennen und Sendeanlagen einschließlich der Masten mit einer Höhe bis zu 10 m, zugehörige nach der Nummer 13 zulässige Versorgungseinheiten, der Austausch einzelner Antennen an bestehenden Masten und die Änderung der Nutzung oder der äußeren Gestalt der baulichen Anlage, wenn die Antenne, Sendeanlage oder die Versorgungseinheit in, auf oder an einer bestehenden baulichen Anlage errichtet werden,*
26. *ortsveränderliche Antennenträger, die nur vorübergehend aufgestellt werden,*
27. *Blitzschutzanlagen,*
28. *Signalhochbauten der Landesvermessung,*

29. *Fahnenmasten,*
30. *Flutlichtanlagen bis zu 10 m Höhe über der Geländeoberfläche,*
31. *nicht überdachte Stellplätze für Personenkraftwagen und Motorräder bis zu insgesamt 100 m², *
32. *überdachte und nicht überdachte Fahrradabstellplätze bis zu insgesamt 100 m², *
33. *Ausstellungsplätze, Abstellplätze und Lagerplätze bis zu 300 m² Fläche, außer in Wohngebieten und im Außenbereich,*
34. *unbefestigte Lagerplätze, die einem land- oder forstwirtschaftlichen Betrieb dienen, für die Lagerung land- oder forstwirtschaftlicher Produkte,*
35. *bauliche Anlagen, die der Gartengestaltung oder der zweckentsprechenden Einrichtung von Gärten dienen, wie Bänke, Sitzgruppen, Pergolen,*
36. *bauliche Anlagen, die der zweckentsprechenden Einrichtung von Sport- und Spielflächen dienen, wie Tore für Ballspiele, Schaukeln und Klettergerüste, ausgenommen Tribünen,*
37. *Wasserbecken bis zu 100 m³ Fassungsvermögen einschließlich dazugehöriger luftgetragener Schwimmbeckenüberdachungen, außer im Außenbereich,*
38. *Landungsstege,*
39. *Rutschbahnen, Sprungschanzen und Sprungtürme bis zu 10 m Höhe,*
40. *Werbeanlagen und Hinweiszeichen nach § 10 Absatz 3 Nummer 3 bis zu einer Größe von 1 m², *
41. *Werbeanlagen an der Stätte der Leistung in Gewerbe-, Industrie- und vergleichbaren Sondergebieten und auf Flugplätzen, Sportanlagen, an und in abgegrenzten Versammlungsstätten, sowie auf Ausstellungs- und Messegeländen, soweit sie nicht in die freie Landschaft wirken,*
42. *Werbeanlagen für zeitlich begrenzte Veranstaltungen, insbesondere für Ausverkäufe und Schlussverkäufe an der Stätte der Leistung,*
43. *Werbeanlagen, die an der Stätte der Leistung vorübergehend angebracht oder aufgestellt sind, soweit sie nicht fest mit dem Boden oder anderen baulichen Anlagen verbunden sind,*
44. *Warenautomaten,*
45. *Gerüste und Hilfseinrichtungen zur statischen Sicherung von Bauzuständen,*
46. *Baustelleneinrichtungen einschließlich der Lagerhallen, Schutzhallen und Unterkünfte,*
47. *Behelfsbauten, die der Landesverteidigung, dem Katastrophenschutz oder der Unfallhilfe für kurze Zeit dienen,*
48. *bauliche Anlagen, die zu Straßenfesten, Märkten und ähnlichen Veranstaltungen nur für kurze Zeit aufgestellt werden und die keine Fliegenden Bauten sind,*
49. *bauliche Anlagen, die für höchstens drei Monate auf genehmigtem Messe- und Ausstellungsgelände errichtet werden, ausgenommen Fliegende Bauten,*
50. *Zugänge und Zufahrten, ausgenommen solche nach § 5,*

51. *selbständige Aufschüttungen oder Abgrabungen bis zu 2 m Höhe oder Tiefe, im Außenbereich nur, wenn die Aufschüttungen und Abgrabungen nicht mehr als 400 m² Fläche haben,*
52. *Regale mit einer Lagerhöhe (Oberkante Lagergut) von bis zu 7,50 m Höhe,*
53. *Anlagen zur Nutzung erneuerbarer Energien:*
    a) *Solaranlagen in, an und auf Dach- und Außenwandflächen oder als untergeordnete Nebenanlagen,*
    b) *Kleinwindanlagen bis zu 10 m Anlagengesamthöhe, außer in reinen, allgemeinen und besonderen Wohngebieten sowie Mischgebieten,*
54. *Denkmale, Skulpturen und Brunnenanlagen sowie Grabdenkmale und Grabsteine auf Friedhöfen,*
55. *Brunnen,*
56. *Fahrzeugwaagen,*
57. *Hochsitze und*
58. *unbedeutende bauliche Anlagen und Einrichtungen, soweit sie nicht durch die Nummern 1 bis 57 erfasst sind, wie Überdachungen von Hauseingängen oder Kellertreppen mit einer Größe von bis zu 3 m², Teppichstangen, Markisen, nicht überdachte Terrassen sowie Kleintierställe bis zu 5 m³.*

(2) Keiner Baugenehmigung bedürfen ferner:

1. *eine geringfügige, die Standsicherheit nicht berührende Änderung tragender oder aussteifender Bauteile innerhalb von Gebäuden; die nicht geringfügige Änderung dieser Bauteile, wenn eine Sachkundige oder ein Sachkundiger der Bauherrin oder dem Bauherrn die Ungefährlichkeit der Maßnahme schriftlich bescheinigt,*
2. *die Änderung der äußeren Gestaltung durch Anstrich, Verputz, Verfugung, Dacheindeckung, durch Einbau oder Austausch von Fenstern und Türen, Austausch von Umwehrungen sowie durch Bekleidungen und Verblendungen; dies gilt nicht in Gebieten, für die eine örtliche Bauvorschrift nach § 88 Absatz 1 Nummer 1 oder 2 besteht,*
3. *die mit Solaranlagen in, an und auf Dach- und Außenwandflächen verbundene Änderung der Nutzung oder der äußeren Gestalt des Gebäudes,*
4. *die mit Kleinwindanlagen bis zu 10 m Anlagengesamthöhe verbundene Änderung der Nutzung oder der äußeren Gestalt des Gebäudes, außer in reinen, allgemeinen und besonderen Wohngebieten sowie Mischgebieten,*
5. *Nutzungsänderungen, wenn die Errichtung oder Änderung der Anlage für die neue Nutzung genehmigungsfrei wäre,*
6. *das Auswechseln von gleichartigen Teilen haustechnischer Anlagen, wie Abwasseranlagen, Lüftungsanlagen und Feuerungsanlagen,*
7. *das Auswechseln von Belägen auf Sport- und Spielflächen und*
8. *die Instandhaltung von baulichen Anlagen sowie anderen Anlagen und Einrichtungen.*

(3) [1]Der Abbruch oder die Beseitigung von baulichen Anlagen sowie anderen Anlagen und Einrichtungen nach Absatz 1 bedarf keiner Baugenehmigung. [2]Dies gilt auch für den Abbruch oder die Beseitigung von

1. genehmigungsfreien Anlagen nach § 65,
2. Gebäuden bis zu 300 m³ umbauten Raum,
3. ortsfesten Behältern,
4. luftgetragenen Überdachungen,
5. Mauern und Einfriedungen,
6. Schwimmbecken,
7. Regalen,
8. Stellplätzen für Kraftfahrzeuge,
9. Lager- und Abstellplätzen,
10. Fahrradabstellplätzen,
11. Camping- und Wochenendplätzen und
12. Werbeanlagen.

§ 65 Genehmigungsfreie Anlagen. [1]*Die Errichtung oder Änderung folgender Anlagen bedarf keiner Genehmigung:*
1. Anlagen zur Verteilung von Wärme bei Wasserheizungsanlagen einschließlich der Wärmeerzeuger,
2. Feuerungsanlagen,
   a) in Serie hergestellte Blockheizkraftwerke und
   b) in Serie hergestellte Brennstoffzellen,
3. Wärmepumpen,
4. ortsfeste Behälter für brennbare oder schädliche Flüssigkeiten bis zu 50 m³ Fassungsvermögen, für Flüssiggas bis unter 3 t, für sonstige verflüssigte oder nicht verflüssigte Gase bis zu 5 m³ Fassungsvermögen,
5. Wasserversorgungsanlagen einschließlich der Warmwasserversorgungsanlagen und ihre Wärmeerzeuger,
6. Abwasseranlagen, soweit sie nicht als Abwasserbehandlungsanlagen von der Genehmigungspflicht freigestellt sind (§ 64 Absatz 1 Nummer 16) und
7. Lüftungsanlagen, raumlufttechnische Anlagen und Warmluftheizungen in Wohnungen oder ähnlichen Nutzungseinheiten.

[2]*Die Bauherrin oder der Bauherr hat sich vor der Benutzung der Anlagen von der Unternehmerin oder dem Unternehmer oder einer oder einem Sachverständigen bescheinigen zu lassen, dass die Anlagen den öffentlich-rechtlichen Vorschriften entsprechen.* [3]*Soweit eine Bescheinigung nach § 43 Absatz 5 von bevollmächtigten Bezirksschornsteinfegermeisterinnen oder bevollmächtigten Bezirksschornsteinfegermeistern über die Eignung der Abgasanlagen für die angeschlossenen Feuerstätten erforderlich ist, muss hierüber keine erneute Bescheinigung nach Satz 2 ausgestellt werden.* [4]*Die Eigentümerinnen und Eigentümer der genehmigungsfreien Anlagen haben die Bescheinigungen aufzubewahren und an etwaige Rechtsnachfolgerinnen und Rechtsnachfolger zu übergeben.*

Abschnitt 3

Verwaltungsverfahren

§ 66 Genehmigungsverfahren. *[1]Bei großen Sonderbauten (§ 53 Absatz 3) prüft die Bauaufsichtsbehörde die Übereinstimmung*

1. mit den Vorschriften über die Zulässigkeit der baulichen Anlagen nach den §§ 29 bis 38 des Baugesetzbuches,
2. mit den Anforderungen nach den Vorschriften dieses Gesetzes und auf Grund dieses Gesetzes und
3. mit anderen öffentlich-rechtlichen Vorschriften, deren Einhaltung nicht in einem anderen Genehmigungs-, Erlaubnis- oder sonstigen Zulassungsverfahren geprüft wird.

[2]Die Anforderungen des baulichen Arbeitsschutzes werden nicht geprüft.

§ 67 Einfaches Genehmigungsverfahren. *(1) [1]Bei der Errichtung und Änderung von baulichen Anlagen sowie anderen Anlagen und Einrichtungen im Sinne des § 1 Absatz 1 Satz 2, die keine großen Sonderbauten sind, prüft die Bauaufsichtsbehörde nur die Vereinbarkeit des Vorhabens mit*

1. den Vorschriften der §§ 29 bis 38 des Baugesetzbuches,
2. den §§ 4, 6, 8 Absatz 2, §§ 9, 10, 48 Absatz 2, 5 und 6 und den §§ 50 und 54, bei Sonderbauten auch mit den Brandschutzvorschriften,
3. den örtlichen Bauvorschriften nach § 88 und
4. anderen öffentlich-rechtlichen Vorschriften, deren Einhaltung nicht in einem anderen Genehmigungs-, Erlaubnis- oder sonstigen Zulassungsverfahren geprüft wird.

[2]Die Anforderungen des baulichen Arbeitsschutzes werden nicht geprüft. [3]Das einfache Genehmigungsverfahren wird auch durchgeführt, wenn durch eine Nutzungsänderung eine bauliche Anlage entsteht, die kein großer Sonderbau ist.

(2) Über Abweichungen (§ 74) von den nach Absatz 1 Satz 1 nicht zu prüfenden Vorschriften entscheidet die Bauaufsichtsbehörde auf besonderen Antrag.

(3) [1]Die Bauaufsichtsbehörde hat über den Bauantrag innerhalb einer Frist von sechs Wochen nach Eingang des vollständigen Antrags bei ihr zu entscheiden, wenn

1. das Vorhaben im Geltungsbereich eines Bebauungsplanes im Sinne des § 30 Absatz 1 oder § 30 Absatz 2 des Baugesetzbuches liegt oder
2. für das Bauvorhaben ein Vorbescheid (§ 71) erteilt worden ist, in dem über die Zulässigkeit des Vorhabens auf dem Grundstück, die Bebaubarkeit des Grundstücks, die Zugänge auf dem Grundstück sowie über die Abstandflächen entschieden wurde.

[2]Die Bauaufsichtsbehörde kann die Frist aus wichtigen Gründen bis zu sechs Wochen verlängern. [3]Als wichtige Gründe gelten insbesondere die notwendige Beteiligung anderer Behörden oder die notwendige Entscheidung über eine Be-

freiung nach § 31 Absatz 2 des Baugesetzbuches oder eine Abweichung nach § 74 dieses Gesetzes.

§ 68 Bautechnische Nachweise und Bescheinigungen staatlich anerkannter Sachverständiger. *(1) [1]Spätestens mit der Anzeige des Baubeginns sind bei der Bauaufsichtsbehörde zusammen mit den in Bezug genommenen bautechnischen Nachweisen einzureichen*

1. *Bescheinigungen einer oder eines staatlich anerkannten Sachverständigen nach § 86 Absatz 2 Satz 1 Nummer 4, dass Nachweise über den Schallschutz und den Wärmeschutz aufgestellt oder geprüft wurden,*
2. *Bescheinigungen eines oder einer staatlich anerkannten Sachverständigen nach § 86 Absatz 2 Satz 1 Nummer 4 über die Prüfung des Standsicherheitsnachweises und*
3. *die Bescheinigung einer oder eines staatlich anerkannten Sachverständigen nach § 86 Absatz 2 Satz 1 Nummer 4, dass das Vorhaben den Anforderungen an den Brandschutz entspricht; dies gilt nicht für Wohngebäude der Gebäudeklassen 1 bis 3 und Sonderbauten mit Ausnahme von Garagen mit einer Nutzfläche über 100 m² bis 1000 m².*

[2]Gleichzeitig sind der Bauaufsichtsbehörde schriftliche Erklärungen staatlich anerkannter Sachverständiger vorzulegen, wonach sie zur stichprobenhaften Kontrolle der Bauausführung beauftragt wurden. [3]Soll bei der Errichtung geschlossener Garagen mit einer Nutzfläche über 100 m² bis 1000 m² eine natürliche Lüftung vorgesehen werden, so muss zuvor von einer oder einem staatlich anerkannten Sachverständigen die Unbedenklichkeit bescheinigt worden sein. [4]Die Bescheinigung ist auf Grund durchgeführter Messungen innerhalb eines Monats nach Inbetriebnahme der Garage von der oder dem Sachverständigen zu bestätigen. [5]Auf Antrag der Bauherrin oder des Bauherrn kann die Bauaufsichtsbehörde die bautechnischen Nachweise prüfen. [6]Dies gilt auch für die Anforderungen an den baulichen Brandschutz, soweit hierüber Sachverständigenbescheinigungen vorzulegen sind.

(2) Die bautechnischen Nachweise müssen für

1. *freistehende landwirtschaftliche Betriebsgebäude, auch mit Wohnteil, bis zu zwei Geschossen über der Geländeoberfläche, ausgenommen solche mit Anlagen für Jauche und Flüssigmist und*
2. *eingeschossige Gebäude mit einer Grundfläche bis 200 m²*

nicht von staatlich anerkannten Sachverständigen nach § 86 Absatz 2 Satz 1 Nummer 4 aufgestellt oder geprüft werden.

(3) Für die folgenden Vorhaben müssen die Unterlagen nach Absatz 1 nicht vorgelegt werden:

1. *Gewächshäuser mit einer Firsthöhe bis zu 5 m und nicht mehr als 1 600 m² Grundfläche,*
2. *Garagen und überdachte Stellplätze mit einer Nutzfläche bis 100 m²,*
3. *untergeordnete Gebäude (§ 52),*
4. *Wasserbecken bis zu 100 m³, einschließlich ihrer Überdachungen,*

5. *Verkaufs- und Ausstellungsstände,*
6. *Einfriedungen,*
7. *Aufschüttungen und Abgrabungen und*
8. *Werbeanlagen.*

§ 69 Bauantrag, Bauvorlagen. *(1) [1]Der Bauantrag ist schriftlich mit allen für seine Bearbeitung sowie für die Beurteilung des Bauvorhabens erforderlichen Unterlagen (Bauvorlagen) in ausreichender Anzahl bei der Bauaufsichtsbehörde einzureichen. [2]Es kann gestattet werden, dass einzelne Bauvorlagen nachgereicht werden. [3]Bei Wohngebäuden der Gebäudeklassen 1 bis 3 ist den Bauvorlagen eine Erklärung der Entwurfsverfasserin oder des Entwurfsverfassers beizufügen, dass das Vorhaben den Anforderungen an den Brandschutz entspricht. [4]Mit den Bauvorlagen für große Sonderbauten gemäß § 53 Absatz 3 ist ein Brandschutzkonzept einzureichen.*

(2) [1]Die Bauherrin oder der Bauherr und die Entwurfsverfasserin oder der Entwurfsverfasser haben den Bauantrag, die Entwurfsverfasserin oder der Entwurfsverfasser die Bauvorlagen zu unterschreiben. [2]Die von den Fachplanerinnen oder Fachplanern nach § 57 Absatz 2 bearbeiteten Unterlagen müssen auch von diesen unterschrieben sein. [3]Für Bauvorhaben auf fremden Grundstücken kann die Zustimmung der Grundstückseigentümerin oder des Grundstückseigentümers zu dem Bauvorhaben gefordert werden.

(3) Treten bei einem Bauvorhaben mehrere Personen als Bauherrinnen oder Bauherren auf, ist gegenüber der Bauaufsichtsbehörde eine Vertreterin oder ein Vertreter zu bestellen, die oder der die der Bauherrin oder dem Bauherrn nach den öffentlich-rechtlichen Vorschriften obliegenden Verpflichtungen zu erfüllen hat.

§ 70 Bauvorlageberechtigung. *(1) [1]Bauvorlagen für die Errichtung und Änderung von Gebäuden müssen von einer bauvorlageberechtigten Entwurfsverfasserin oder einem bauvorlageberechtigten Entwurfsverfasser durch Unterschrift anerkannt sein (§ 69 Absatz 2 Satz 1). [2]§ 57 Absatz 1 bleibt unberührt.*

(2) Absatz 1 gilt nicht für Bauvorlagen für
1. *Garagen und überdachte Stellplätze bis zu 100 m² Nutzfläche sowie überdachte Fahrradabstellplätze,*
2. *Behelfsbauten und untergeordnete Gebäude (§ 52),*
3. *eingeschossige Wintergärten mit einer Grundfläche von bis zu 25 m²,*
4. *eingeschossige Gebäude mit einer Grundfläche von bis zu 250 m², in denen sich keine Aufenthaltsräume, Ställe, Aborte oder Feuerstätten befinden,*
5. *Dachgauben, wenn ihre Breite insgesamt höchstens ein Drittel der Breite der darunter liegenden Außenwand beträgt,*
6. *Terrassenüberdachungen,*
7. *Balkone und Altane, die bis zu 1,50 m vor die Außenwand vortreten und*
8. *Aufzugschächte, die an den Außenwänden von Wohngebäuden der Gebäudeklassen 1 und 2 errichtet werden.*

(3) Bauvorlageberechtigt ist, wer

1. *die Berufsbezeichnung „Architektin" oder „Architekt" führen darf,*
2. *als Mitglied einer Ingenieurkammer in die von der Ingenieurkammer-Bau Nordrhein-Westfalen geführte Liste der Bauvorlageberechtigten eingetragen ist; Eintragungen anderer Länder gelten auch im Land Nordrhein-Westfalen, soweit diese an die Mitgliedschaft in einer Ingenieurkammer geknüpft sind,*
3. *auf Grund des Baukammerngesetzes vom 16. Dezember 2003 (GV. NRW. S. 786), das zuletzt durch Gesetz vom 9. Dezember 2014 (GV. NRW. S. 876) geändert worden ist, die Berufsbezeichnung „Innenarchitektin" oder „Innenarchitekt" führen darf, durch eine ergänzende Hochschulprüfung ihre oder seine Befähigung nachgewiesen hat, Gebäude gestaltend zu planen, und mindestens zwei Jahre in der Planung und Überwachung der Ausführung von Gebäuden praktisch tätig war,*
4. *auf Grund des Baukammerngesetzes die Berufsbezeichnung „Innenarchitektin" oder „Innenarchitekt" führen darf, für die mit der Berufsaufgabe der Innenarchitektinnen und Innenarchitekten verbundene bauliche Änderung von Gebäuden,*
5. *auf Grund des Ingenieurgesetzes vom 5. Mai 1970 (GV. NRW. S. 312), das zuletzt durch Artikel 2 des Gesetzes vom 28. Mai 2013 (GV. NRW. S. 272) geändert worden ist, als Angehörige oder Angehöriger der Fachrichtung Architektur (Studiengang Innenarchitektur) die Berufsbezeichnung „Ingenieurin" oder „Ingenieur" führen darf, während eines Zeitraums von zwei Jahren vor dem 1. Januar 1990 wiederholt Bauvorlagen für die Errichtung oder Änderung von Gebäuden als Entwurfsverfasserin oder Entwurfsverfasser durch Unterschrift anerkannt hat und Mitglied der Architektenkammer Nordrhein-Westfalen oder der Ingenieurkammer-Bau Nordrhein-Westfalen ist oder*
6. *die Befähigung zum höheren oder gehobenen bautechnischen Verwaltungsdienst besitzt, für ihre oder seine dienstliche Tätigkeit.*

(4) [1]In die Liste der Bauvorlageberechtigten ist auf Antrag von der Ingenieurkammer-Bau Nordrhein-Westfalen einzutragen, wer einen berufsqualifizierenden Hochschulabschluss eines Studiums der Fachrichtung Bauingenieurwesen nachweist und danach mindestens zwei Jahre in der Planung und Überwachung der Ausführung von Gebäuden praktisch tätig war. [2]Dem Antrag sind die zur Beurteilung erforderlichen Unterlagen beizufügen. [3]Die Ingenieurkammer-Bau Nordrhein-Westfalen stellt eine Empfangsbestätigung nach § 71b Absatz 3 und 4 des Verwaltungsverfahrensgesetzes für das Land Nordrhein-Westfalen aus. [4]Hat die Anerkennungsbehörde nicht innerhalb einer Frist von drei Monaten entschieden, gilt die Anerkennung als erteilt. [5]Es gilt § 42a des Verwaltungsverfahrensgesetzes für das Land Nordrhein-Westfalen mit der Maßgabe, dass die Fristverlängerung zwei Monate nicht übersteigen darf.

(5) [1]Personen, die in einem anderen Mitgliedstaat der Europäischen Union oder einem nach dem Recht der Europäischen Gemeinschaften gleichgestellten

Staat als Bauvorlageberechtigte niedergelassen sind, sind ohne Eintragung in die Liste nach Absatz 3 Nummer 2 und ohne Nachweis einer Kammermitgliedschaft bauvorlageberechtigt, wenn sie

1. eine vergleichbare Berechtigung besitzen und

2. dafür dem Absatz 4 Satz 1 vergleichbare Anforderungen erfüllen mussten.

2Sie haben das erstmalige Tätigwerden als Bauvorlageberechtigte vorher der Ingenieurkammer-Bau Nordrhein-Westfalen anzuzeigen und dabei

1. eine Bescheinigung darüber, dass sie in einem Mitgliedstaat der Europäischen Union oder einem nach dem Recht der Europäischen Gemeinschaften gleichgestellten Staat rechtmäßig als Bauvorlageberechtigte niedergelassen sind und ihnen die Ausübung dieser Tätigkeiten zum Zeitpunkt der Vorlage der Bescheinigung nicht, auch nicht vorübergehend, untersagt ist und

2. einen Nachweis darüber, dass sie im Staat ihrer Niederlassung für die Tätigkeit als Bauvorlageberechtigte mindestens die Voraussetzungen des Absatzes 4 Satz 1 erfüllen mussten, vorzulegen. Sie sind in einem Verzeichnis zu führen.

3Die Ingenieurkammer-Bau Nordrhein-Westfalen hat auf Antrag zu bestätigen, dass die Anzeige nach Satz 2 erfolgt ist. 4Sie kann das Tätigwerden als bauvorlageberechtigte Person untersagen und die Eintragung in dem Verzeichnis nach Satz 2 löschen, wenn die Voraussetzungen des Satzes 1 nicht erfüllt sind.

(6) 1Personen, die in einem anderen Mitgliedstaat der Europäischen Union oder einem nach dem Recht der Europäischen Gemeinschaften gleichgestellten Staat als Bauvorlageberechtigte niedergelassen sind, ohne im Sinne des Absatzes 5 Satz 1 Nummer 2 vergleichbar zu sein, sind bauvorlageberechtigt, wenn ihnen die Ingenieurkammer-Bau Nordrhein-Westfalen bescheinigt hat, dass sie die Anforderungen des Absatzes 4 Satz 1 erfüllen. 2Sie sind in einem Verzeichnis zu führen. 3Die Bescheinigung wird auf Antrag erteilt. 4Absatz 4 Satz 2 bis 5 ist entsprechend anzuwenden.

(7) 1Anzeigen und Bescheinigungen nach den Absätzen 5 und 6 sind nicht erforderlich, wenn bereits in einem anderen Land eine Anzeige erfolgt ist oder eine Bescheinigung erteilt wurde. 2Eine weitere Eintragung in die von der Ingenieurkammer-Bau Nordrhein-Westfalen geführten Verzeichnisse erfolgt nicht. 3Verfahren nach den Absätzen 4 bis 6 können über eine einheitliche Stelle nach den Vorschriften des Verwaltungsverfahrensgesetzes für das Land Nordrhein-Westfalen abgewickelt werden.

(8) 1Juristische Personen des öffentlichen Rechts und Unternehmen dürfen Bauvorlagen als Entwurfsverfasser unterschreiben, wenn sie diese unter der Leitung einer bauvorlageberechtigten Person, die der juristischen Person oder dem Unternehmen angehören muss, aufstellen. 2Die bauvorlageberechtigte Person hat die Bauvorlagen durch Unterschrift anzuerkennen.

§ 71 Vorbescheid. *(1) 1Vor Einreichung des Bauantrages kann zu Fragen des Bauvorhabens ein Bescheid (Vorbescheid) beantragt werden. 2Der Vorbescheid gilt drei Jahre.*

(2) §§ 69, 72 Absatz 1 bis 3, §§ 74, 75, 77 Absatz 1 bis 3 und § 79 Absatz 2 gelten entsprechend.

(3) [1]Betreffen die Fragen nach Absatz 1 die Errichtung oder Änderung eines Gebäudes, müssen die dem Antrag auf Vorbescheid beizufügenden Bauvorlagen von einer Entwurfsverfasserin oder einem Entwurfsverfasser, die oder der bauvorlageberechtigt ist, unterschrieben sein. [2]§ 70 gilt entsprechend. [3]Dies gilt nicht für einen Antrag auf Vorbescheid, mit dem nur über die Vereinbarkeit mit den planungsrechtlichen Vorschriften über die Art der baulichen Nutzung, die Bauweise und die überbaubare Grundstücksfläche entschieden werden soll.

§ 72 Behandlung des Bauantrages. *(1) [1]Die Bauaufsichtsbehörde hat innerhalb einer Woche nach Eingang des Bauantrages zu prüfen,*

1. *ob der Bauantrag und die Bauvorlagen den Anforderungen des § 69 und den Vorschriften einer auf Grund des § 86 Absatz 3 erlassenen Rechtsverordnung entsprechen,*
2. *ob die Erteilung der Baugenehmigung von der Zustimmung, dem Einvernehmen, Benehmen oder von der Erteilung einer weiteren Genehmigung oder Erlaubnis einer anderen Behörde abhängig ist,*
3. *welche anderen Behörden oder Dienststellen zu beteiligen sind und*
4. *welche Sachverständigen heranzuziehen sind.*

[2]Die Bauaufsichtsbehörde soll den Bauantrag zurückweisen, wenn die Bauvorlagen unvollständig sind oder erhebliche Mängel aufweisen. [3]Unmittelbar nach Abschluss der Prüfung nach Satz 1 hat die Bauaufsichtsbehörde den Bauantrag und die dazugehörenden Bauvorlagen mit Ausnahme der bautechnischen Nachweise der Gemeinde zuzuleiten.

(2) [1]Bedarf die Erteilung der Baugenehmigung nach landesrechtlichen Vorschriften der Zustimmung, des Einvernehmens oder des Benehmens einer anderen Körperschaft, Behörde oder Dienststelle, so gelten diese als erteilt, wenn sie nicht innerhalb von zwei Monaten nach Eingang des Ersuchens unter Angabe der Gründe verweigert werden. [2]Hat eine andere Behörde oder Dienststelle eine Stellungnahme nicht innerhalb eines Monats nach Aufforderung abgegeben, so kann die Bauaufsichtsbehörde ohne die Stellungnahme entscheiden. [3]Bearbeitungs- und Ausschlussfristen in anderen Rechtsvorschriften bleiben unberührt.

(3) [1]Entscheidungen und Stellungnahmen nach Absatz 2 sollen gleichzeitig eingeholt werden. [2]Eine gemeinsame Besprechung der nach Absatz 2 zu beteiligenden Stellen (Antragskonferenz) soll einberufen werden, wenn dies der beschleunigten Abwicklung des Baugenehmigungsverfahrens dienlich ist. [3]Förmlicher Erklärungen der Zustimmung, des Einvernehmens oder Benehmens nach Absatz 2 Satz 1 bedarf es nicht, wenn die dort genannten Behörden oder Dienststellen derselben Körperschaft wie die Bauaufsichtsbehörde angehören.

(4) Die Beachtung der technischen Regeln ist, soweit sie nach § 3 Absatz 2 eingeführt sind, zu prüfen.

(5) [1]Einer Prüfung bautechnischer Nachweise, die von einem Prüfamt für Baustatik allgemein geprüft sind (Typenprüfung), bedarf es nicht. [2]Typenprüfungen anderer Länder gelten auch im Land Nordrhein-Westfalen.

§ 73 ***Ersetzen gemeindlichen Einvernehmens.*** *(1) [1]Hat eine Gemeinde ihr nach § 88 Absatz 5 oder nach § 36 Absatz 1 Satz 1 und 2 des Baugesetzbuches erforderliches Einvernehmen rechtswidrig versagt, so hat die zuständige Bauaufsichtsbehörde das fehlende Einvernehmen nach Maßgabe der Absätze 2 bis 4 zu ersetzen. [2]Wird in einem anderen Genehmigungsverfahren über die Zulässigkeit des Vorhabens entschieden, tritt die für dieses Verfahren zuständige Behörde an die Stelle der Bauaufsichtsbehörde.*

(2) § 122 der Gemeindeordnung für das Land Nordrhein-Westfalen in der Fassung der Bekanntmachung vom 14. Juli 1994 (GV. NRW. S. 666), die zuletzt durch Artikel 2 des Gesetzes vom 25. Juni 2015 (GV. NRW. S. 496) geändert worden ist, findet keine Anwendung.

(3) [1]Die Genehmigung gilt zugleich als Ersatzvornahme im Sinne des § 123 der Gemeindeordnung für das Land Nordrhein-Westfalen. [2]Sie ist zu begründen. [3]Eine Anfechtungsklage hat auch insoweit keine aufschiebende Wirkung, als die Genehmigung als Ersatzvornahme gilt. [4]Die Baugenehmigung kann, soweit sie als Ersatzvornahme gilt, nicht gesondert nach § 126 der Gemeindeordnung für das Land Nordrhein-Westfalen angefochten werden.

(4) [1]Die Gemeinde ist vor Erlass der Genehmigung anzuhören. [2]Dabei ist ihr Gelegenheit zu geben, binnen angemessener Frist erneut über das gemeindliche Einvernehmen zu entscheiden.

§ 74 ***Abweichungen.*** *(1) [1]Soweit in diesem Gesetz oder in auf Grund dieses Gesetzes erlassenen Vorschriften nichts anderes geregelt ist, kann die Genehmigungsbehörde Abweichungen von bauaufsichtlichen Anforderungen dieses Gesetzes und der auf Grund dieses Gesetzes erlassenen Vorschriften zulassen, wenn sie unter Berücksichtigung des Zwecks der jeweiligen Anforderungen und unter Würdigung der nachbarlichen Interessen mit den öffentlichen Belangen vereinbar sind. [2]Unter den Voraussetzungen des Satzes 1 sind Abweichungen zuzulassen, wenn sie der Verwirklichung von Vorhaben zur Einsparung von Wasser oder Energie dienen. [3]Soll von einer technischen Anforderung abgewichen werden, ist der Genehmigungsbehörde nachzuweisen, dass dem Zweck dieser Anforderung auf andere Weise entsprochen wird.*

(2) [1]Ist für bauliche Anlagen oder andere Anlagen und Einrichtungen im Sinne von § 1 Absatz 1 Satz 2, die keiner Baugenehmigung bedürfen, eine Abweichung erforderlich, so ist sie schriftlich zu beantragen. [2]Die Bauaufsichtsbehörde hat über den Abweichungsantrag innerhalb einer Frist von sechs Wochen nach Eingang des vollständigen Antrags bei ihr zu entscheiden. [3]Sie kann die Frist aus wichtigen Gründen bis zu sechs Wochen verlängern.

§ 75 ***Beteiligung der Angrenzer und der Öffentlichkeit.*** *(1) [1]Die Eigentümerinnen und Eigentümer sowie die Erbbauberechtigten angrenzender Grundstü-*

cke (Angrenzer) sind nach den Absätzen 2 bis 4 zu beteiligen. [2]Die Vorschriften des Verwaltungsverfahrensgesetzes für das Land Nordrhein-Westfalen sind insoweit nicht anzuwenden.

(2) [1]Die Bauaufsichtsbehörden sollen die Angrenzer vor Zulassung von Abweichungen benachrichtigen, wenn zu erwarten ist, dass öffentlich-rechtlich geschützte nachbarliche Belange berührt werden. [2]Einwendungen sind innerhalb eines Monats nach Zugang der Benachrichtigung bei der Bauaufsichtsbehörde schriftlich oder zu Protokoll vorzubringen.

(3) Die Benachrichtigung entfällt, wenn die zu benachrichtigenden Angrenzer die Lagepläne und Bauzeichnungen unterschrieben oder der Zulassung von Abweichungen zugestimmt haben.

(4) [1]Wird den Einwendungen nicht entsprochen, so ist die Entscheidung über die Abweichung dem Angrenzer zuzustellen. [2]Wird den Einwendungen entsprochen, kann auf die Zustellung der Entscheidung verzichtet werden.

(5) Bei der Errichtung, Änderung oder Nutzungsänderung einer baulichen Anlage nach § 54 Absatz 1 ist der oder dem zuständigen Behindertenbeauftragten oder der örtlichen Interessenvertretung der Menschen mit Behinderungen Gelegenheit zur Stellungnahme zu geben.

§ 76 Ausnahmen und Befreiungen nach dem Bauplanungsrecht. *[1]Ausnahmen und Befreiungen von den Festsetzungen eines Bebauungsplans, einer sonstigen städtebaulichen Satzung nach § 34 des Baugesetzbuches oder von Regelungen über die zulässige Art der baulichen Nutzung nach § 34 Absatz 2 Halbsatz 2 des Baugesetzbuches, über die nicht in einem Baugenehmigungsverfahren entschieden wird, sind schriftlich zu beantragen. [2]Der Antrag ist zu begründen. [3]Ihm sind die zu seiner Beurteilung erforderlichen Unterlagen beizufügen. [4]§ 74 Absatz 2 Satz 2 und 3 gilt entsprechend.*

§ 77 Baugenehmigung und Baubeginn. *(1) [1]Die Baugenehmigung ist zu erteilen, wenn dem Vorhaben öffentlich-rechtliche Vorschriften nicht entgegenstehen. [2]Die Baugenehmigung bedarf der Schriftform. [3]Sie braucht nicht begründet zu werden. [4]Eine Ausfertigung der mit einem Genehmigungsvermerk versehenen Bauvorlagen ist der Antragstellerin oder dem Antragsteller mit der Baugenehmigung zuzustellen.*

(2) Die Baugenehmigung gilt auch für und gegen die Rechtsnachfolgerin oder den Rechtsnachfolger der Bauherrin oder des Bauherrn.

(3) [1]Die Baugenehmigung wird unbeschadet der privaten Rechte Dritter erteilt. [2]Sie lässt auf Grund anderer Vorschriften bestehende Verpflichtungen zum Einholen von Genehmigungen, Bewilligungen, Erlaubnissen und Zustimmungen oder zum Erstatten von Anzeigen unberührt.

(4) [1]Die Bauherrin oder der Bauherr und die späteren Eigentümerinnen und Eigentümer haben die Baugenehmigung einschließlich der Bauvorlagen sowie bautechnische Nachweise und Bescheinigungen von Sachverständigen aufzubewahren. [2]Diese Unterlagen sind an etwaige Rechtsnachfolger weiterzugeben.

[3]*Die Bauaufsichtsbehörde hat die Bauvorlagen einer baulichen Anlage so lange aufzubewahren, wie diese besteht.* [4]*Bei Archivierung in elektronischer Form muss gewährleistet sein, dass die Unterlagen nicht nachträglich verändert werden können.*

(5) [1]*Die Bauaufsichtsbehörde hat die Gemeinde von der Erteilung, Verlängerung, Ablehnung, Rücknahme und dem Widerruf einer Baugenehmigung, Teilbaugenehmigung, eines Vorbescheides, einer Zustimmung oder einer Abweichung zu unterrichten.* [2]*Eine Ausfertigung des Bescheides ist beizufügen.*

(6) Vor Zugang der Baugenehmigung darf mit der Bauausführung nicht begonnen werden.

(7) [1]*Vor Baubeginn muss die Grundrissfläche und die Höhenlage der genehmigten baulichen Anlage abgesteckt sein.* [2]*Eine Kopie der Baugenehmigungen und Bauvorlagen muss an der Baustelle von Baubeginn an vorliegen.*

(8) [1]*Die Bauherrin oder der Bauherr hat den Ausführungsbeginn genehmigungsbedürftiger Vorhaben nach § 62 Absatz 1 mindestens eine Woche vorher der Bauaufsichtsbehörde schriftlich anzuzeigen.* [2]*Die Bauaufsichtsbehörde unterrichtet die untere Immissionsschutzbehörde sowie die untere Naturschutzbehörde, soweit sie im Baugenehmigungsverfahren beteiligt wurden.*

§ 78 Teilbaugenehmigung. *(1)* [1]*Ist ein Bauantrag eingereicht, so kann der Beginn der Bauarbeiten für die Baugrube und für einzelne Bauteile oder Bauabschnitte auf schriftlichen Antrag schon vor Erteilung der Baugenehmigung schriftlich gestattet werden (Teilbaugenehmigung).* [2]*§ 77 gilt entsprechend.*

(2) In der Baugenehmigung können für die bereits begonnenen Teile des Bauvorhabens zusätzliche Anforderungen gestellt werden, wenn sich bei der weiteren Prüfung der Bauvorlagen ergibt, dass die zusätzlichen Anforderungen wegen der öffentlichen Sicherheit oder Ordnung erforderlich sind.

§ 79 Geltungsdauer der Genehmigung. *(1) Die Baugenehmigung und die Teilbaugenehmigung erlöschen, wenn innerhalb von drei Jahren nach Erteilung der Genehmigung mit der Ausführung des Bauvorhabens nicht begonnen oder die Bauausführung ein Jahr unterbrochen worden ist.*

(2) [1]*Die Frist nach Absatz 1 kann auf schriftlichen Antrag jeweils bis zu einem Jahr verlängert werden.* [2]*Sie kann auch rückwirkend verlängert werden.*

§ 79a Typengenehmigung. *(1)* [1]*Für bauliche Anlagen, die in derselben Ausführung an mehreren Stellen errichtet werden sollen, kann die oberste Bauaufsichtsbehörde eine allgemeine Genehmigung (Typengenehmigung) erteilen, wenn die baulichen Anlagen den bauaufsichtlichen Vorschriften entsprechen, ihre Brauchbarkeit für den jeweiligen Verwendungszweck nachgewiesen ist und kein öffentliches Interesse dagegen spricht.* [2]*Eine Typengenehmigung kann auch erteilt werden für bauliche Anlagen, die in unterschiedlicher Ausführung, aber nach einem bestimmten System und aus bestimmten Bauteilen an mehreren Stellen errichtet werden sollen; in der Typengenehmigung ist die zulässige*

Veränderbarkeit festzulegen. [3]Für Fliegende Bauten wird eine Typengenehmigung nicht erteilt.

(2) [1]Die Typengenehmigung bedarf der Schriftform. [2]Sie darf nur unter dem Vorbehalt des Widerrufs und nur für eine bestimmte Frist erteilt werden, die fünf Jahre nicht überschreiten soll. [3]Sie kann auf schriftlichen Antrag jeweils bis zu fünf Jahren verlängert werden. [4]§ 79 Absatz 2 Satz 2 gilt entsprechend. [5]Eine Ausfertigung der mit dem Genehmigungsvermerk zu versehenden Bauvorlagen ist der Antragstellerin oder dem Antragsteller mit der Typengenehmigung zuzustellen.

(3) Typengenehmigungen anderer Länder gelten auch im Land Nordrhein-Westfalen.

(4) § 69 Absatz 1 und 2, § 72 Absatz 1 Satz 2 und Absatz 4 sowie § 74 gelten entsprechend.

(5) Eine Typengenehmigung entbindet nicht von der Verpflichtung, eine Baugenehmigung (§ 77) oder eine Zustimmung (§ 81) einzuholen.

(6) [1]Die in der Typengenehmigung entschiedenen Sachverhalte sind von der jeweiligen Bauaufsichtsbehörde nicht mehr zu prüfen. [2]Soweit es auf Grund örtlicher Verhältnisse im Einzelfall erforderlich ist, kann die Bauaufsichtsbehörde weitere Auflagen machen oder genehmigte Typen ausschließen.

§ 80 Fliegende Bauten. *(1) [1]Fliegende Bauten sind bauliche Anlagen, die geeignet und bestimmt sind, an verschiedenen Orten wiederholt aufgestellt und zerlegt zu werden. [2]Baustelleneinrichtungen und Baugerüste gelten nicht als Fliegende Bauten.*

(2) [1]Fliegende Bauten bedürfen, bevor sie erstmals aufgestellt und in Gebrauch genommen werden, einer Ausführungsgenehmigung. [2]Dies gilt nicht für

1. *Fliegende Bauten mit einer Höhe bis zu 5 m, die nicht dazu bestimmt sind, von Besuchern betreten zu werden,*
2. *Kinderfahrgeschäfte mit einer Höhe bis zu 5 m, die eine Geschwindigkeit von höchstens 1 m/s haben,*
3. *Bühnen, die Fliegende Bauten sind, einschließlich Überdachungen und sonstigen Aufbauten mit einer Höhe bis zu 5 m, einer Grundfläche bis zu 100 m² und einer Fußbodenhöhe bis zu 1,50 m,*
4. *eingeschossige Zelte und betretbare Verkaufsstände, die Fliegende Bauten sind, jeweils mit einer Grundfläche bis zu 75 m² und*
5. *aufblasbare Spielgeräte mit einer Höhe des betretbaren Bereichs von bis zu 5 m oder mit überdachten Bereichen, bei denen die Entfernung zum Ausgang nicht mehr als 3 m, sofern ein Absinken der Überdachung konstruktiv verhindert wird, nicht mehr als 10 m, beträgt.*

(3) [1]Die Ausführungsgenehmigung wird von der Bauaufsichtsbehörde erteilt, in deren Bereich die Antragstellerin oder der Antragsteller ihre oder seine Hauptwohnung oder ihre oder seine gewerbliche Niederlassung hat. [2]Hat die Antragstellerin oder der Antragsteller ihre oder seine Hauptwohnung oder ihre

oder seine gewerbliche Niederlassung außerhalb der Bundesrepublik Deutschland, so ist die Bauaufsichtsbehörde zuständig, in deren Bereich der Fliegende Bau erstmals aufgestellt und in Gebrauch genommen werden soll. [3]Ausführungsgenehmigungen anderer Länder gelten auch im Land Nordrhein-Westfalen.

(4) Die oberste Bauaufsichtsbehörde kann bestimmen, dass Ausführungsgenehmigungen für Fliegende Bauten nur durch bestimmte Bauaufsichtsbehörden erteilt werden dürfen.

(5) [1]Die Ausführungsgenehmigung wird für eine bestimmte Frist erteilt, die höchstens fünf Jahre betragen soll. [2]Sie kann auf schriftlichen Antrag jeweils bis zu fünf Jahre verlängert werden. [3]§ 79 Absatz 2 Satz 2 gilt entsprechend. [4]Die Ausführungsgenehmigung wird in ein Prüfbuch eingetragen, dem eine Ausfertigung der mit einem Genehmigungsvermerk zu versehenden Bauvorlagen beizufügen ist. [5]In der Ausführungsgenehmigung kann bestimmt werden, dass Anzeigen nach Absatz 7 nicht erforderlich sind, wenn eine Gefährdung im Sinne des § 3 Absatz 1 nicht zu erwarten ist.

(6) [1]Die Inhaberin oder der Inhaber der Ausführungsgenehmigung hat den Wechsel ihrer oder seiner Hauptwohnung oder ihrer oder seiner gewerblichen Niederlassung oder die Übertragung eines Fliegenden Baues an Dritte der Bauaufsichtsbehörde anzuzeigen, die die Ausführungsgenehmigung erteilt hat. [2]Die Behörde hat die Änderungen in das Prüfbuch einzutragen und sie, wenn mit den Änderungen ein Wechsel der Zuständigkeit verbunden ist, der nunmehr zuständigen Behörde mitzuteilen.

(7) [1]Fliegende Bauten, die nach Absatz 2 Satz 1 einer Ausführungsgenehmigung bedürfen, dürfen unbeschadet anderer Vorschriften nur in Gebrauch genommen werden, wenn ihre Aufstellung der Bauaufsichtsbehörde des Aufstellungsortes unter Vorlage des Prüfbuches angezeigt ist. [2]Die Bauaufsichtsbehörde kann die Inbetriebnahme dieser Fliegenden Bauten von einer Gebrauchsabnahme abhängig machen, wenn dies aus Gründen der Standsicherheit oder Betriebssicherheit erforderlich ist. [3]Technisch schwierige Fliegende Bauten sowie Zelte und Tribünen, die in wechselnden Größen aufgestellt werden können, sind immer einer Gebrauchsabnahme zu unterziehen. [4]Das Ergebnis der Abnahme ist in das Prüfbuch einzutragen.

(8) [1]Die für die Erteilung der Gebrauchsabnahme zuständige Bauaufsichtsbehörde kann Auflagen machen oder die Aufstellung oder den Gebrauch Fliegender Bauten untersagen, soweit dies nach den örtlichen Verhältnissen oder zur Abwehr von Gefahren erforderlich ist, insbesondere weil die Betriebssicherheit oder Standsicherheit nicht oder nicht mehr gewährleistet ist oder weil von der Ausführungsgenehmigung abgewichen wird. [2]Wird die Aufstellung oder der Gebrauch auf Grund von Mängeln am Fliegenden Bau untersagt, so ist dies in das Prüfbuch einzutragen. [3]Die für die Ausführungsgenehmigung zuständige Behörde ist zu benachrichtigen, das Prüfbuch ist einzuziehen und ihr zuzuleiten, wenn die Herstellung ordnungsgemäßer Zustände innerhalb angemessener Frist nicht zu erwarten ist.

(9) [1]Bei Fliegenden Bauten, die von Besucherinnen und Besuchern betreten und längere Zeit an einem Aufstellungsort betrieben werden, kann die für die Gebrauchsabnahme zuständige Bauaufsichtsbehörde aus Gründen der Sicherheit Nachabnahmen durchführen. [2]Das Ergebnis der Nachabnahme ist in das Prüfbuch einzutragen.

(10) §§ 69, 72 Absatz 1 Satz 2 und § 82 Absatz 1, 3 und 4 gelten entsprechend.

(11) Absätze 2 bis 10 finden auf Fliegende Bauten, die der Landesverteidigung, dem Katastrophenschutz oder der Unfallhilfe dienen, keine Anwendung.

§ 81 Öffentliche Bauherren. *(1) [1]Bauliche Anlagen sowie andere Anlagen und Einrichtungen bedürfen keiner Baugenehmigung, Bauüberwachung und Bauzustandsbesichtigung, wenn*
1. *der öffentliche Bauherr die Leitung der Entwurfsarbeiten und die Bauüberwachung einer Baudienststelle des Bundes, eines Landes oder eines Landschaftsverbandes übertragen hat und*
2. *die Baudienststelle mindestens mit einer Person, die auf Grund eines Hochschulabschlusses der Fachrichtungen Architektur oder Bauingenieurwesen die Berufsbezeichnung „Ingenieurin“ oder „Ingenieur“ führen darf und die insbesondere die erforderlichen Kenntnisse des öffentlichen Baurechts, der Bautechnik und der Baugestaltung hat, und mit sonstigen geeigneten Fachkräften ausreichend besetzt ist.*

[2]Solche Anlagen und Einrichtungen bedürfen der Zustimmung der oberen Bauaufsichtsbehörde, wenn sie nach § 62 Absatz 1 genehmigungsbedürftig wären (Zustimmungsverfahren). [3]§ 67 Absatz 1, § 69 Absatz 1 und 2 und §§ 71 bis 79 gelten entsprechend. [4]Die Gemeinde ist zu dem Vorhaben zu hören.

(2) Über Abweichungen entscheidet die obere Bauaufsichtsbehörde im Zustimmungsverfahren.

(3) [1]Bauliche Anlagen sowie andere Anlagen und Einrichtungen, die unmittelbar der Landesverteidigung dienen, sind abweichend von den Absätzen 1 und 2 der oberen Bauaufsichtsbehörde in geeigneter Weise zur Kenntnis zu bringen. [2]Im Übrigen wirken die Bauaufsichtsbehörden nicht mit.

(4) Der öffentliche Bauherr trägt die Verantwortung, dass Entwurf und Ausführung der baulichen Anlagen sowie anderer Anlagen und Einrichtungen im Sinne des § 1 Absatz 1 Satz 2 den öffentlich-rechtlichen Vorschriften entsprechen.

§ 82 Bauüberwachung. *(1) [1]Während der Ausführung eines genehmigten Bauvorhabens überprüft die Bauaufsichtsbehörde die Einhaltung der öffentlich-rechtlichen Vorschriften und Anforderungen und die ordnungsgemäße Erfüllung der Pflichten der am Bau Beteiligten (Bauüberwachung). [2]Die Bauüberwachung ist beschränkt auf den Umfang der im Baugenehmigungsverfahren zu prüfenden Bauvorlagen und kann stichprobenhaft durchgeführt werden. [3]Bei Vorhaben, die im einfachen Genehmigungsverfahren (§ 67) genehmigt werden, kann die Bauaufsichtsbehörde auf die Bauüberwachung verzichten.*

(2) [1]Der Bauaufsichtsbehörde ist die Einhaltung der Grundrissflächen und Höhenlagen der baulichen Anlagen nachzuweisen. [2]Wenn es die besonderen Grundstücksverhältnisse erfordern, kann sie die Vorlage eines amtlichen Nachweises verlangen.

(3) Die Bauaufsichtsbehörde und die von ihr Beauftragten können Proben von Bauprodukten und, soweit erforderlich, auch aus fertigen Bauteilen entnehmen und prüfen lassen.

(4) Den mit der Überwachung beauftragten Personen ist jederzeit Einblick in die Genehmigungen, Zulassungen, Prüfzeugnisse, Übereinstimmungszertifikate, Zeugnisse und Aufzeichnungen über die Prüfungen von Bauprodukten, in die CE-Kennzeichnungen und Leistungserklärungen nach der Verordnung (EU) Nr. 305/2011, in die Bautagebücher und andere vorgeschriebene Aufzeichnungen zu gewähren.

(5) Die Bauaufsichtsbehörde soll, soweit sie im Rahmen der Bauüberwachung Erkenntnisse über systematische Rechtsverstöße gegen die Verordnung (EU) 305/2011 erlangen, diese der für die Marktüberwachung zuständigen Stelle mitteilen.

§ 83 Bauzustandsbesichtigung. *(1) [1]Die Bauzustandsbesichtigung zur Fertigstellung des Rohbaus und der abschließenden Fertigstellung genehmigter baulicher Anlagen sowie anderer Anlagen und Einrichtungen (§ 62) wird von der Bauaufsichtsbehörde durchgeführt. [2]Die Bauzustandsbesichtigung ist beschränkt auf den Umfang der im Baugenehmigungsverfahren zu prüfenden Bauvorlagen und kann stichprobenhaft durchgeführt werden. [3]Bei Vorhaben, die im einfachen Genehmigungsverfahren (§ 67) genehmigt werden, kann die Bauaufsichtsbehörde auf die Bauzustandsbesichtigung verzichten.*

(2) [1]Die Fertigstellung des Rohbaus und die abschließende Fertigstellung genehmigter baulicher Anlagen sowie anderer Anlagen und Einrichtungen (§ 62 Absatz 1) sind der Bauaufsichtsbehörde von der Bauleiterin oder dem Bauleiter jeweils eine Woche vorher anzuzeigen, um der Bauaufsichtsbehörde eine Besichtigung des Bauzustandes zu ermöglichen. [2]Ist eine Bauleiterin oder ein Bauleiter der Bauaufsichtsbehörde nicht benannt worden, trifft die Pflicht die Bauherrin oder den Bauherrn. [3]Die Bauaufsichtsbehörde kann verlangen, dass ihr oder von ihr Beauftragten Beginn und Beendigung bestimmter Bauarbeiten von der Bauherrin oder dem Bauherrn oder der Bauleiterin oder dem Bauleiter angezeigt werden.

(3) [1]Der Rohbau ist fertiggestellt, wenn die tragenden Teile, Schornsteine, Brandwände und die Dachkonstruktion vollendet sind. [2]Zur Besichtigung des Rohbaus sind die Bauteile, die für die Standsicherheit und, soweit möglich, die Bauteile, die für den Brand- und Schallschutz wesentlich sind, derart offen zu halten, dass Maße und Ausführungsart geprüft werden können. [3]Die abschließende Fertigstellung umfasst die Fertigstellung auch der Wasserversorgungsanlagen und Abwasseranlagen.

(4) [1]Mit der Anzeige der abschließenden Fertigstellung von Bauvorhaben, für die der Bauaufsichtsbehörde Bescheinigungen von staatlich anerkannten Sachverständigen gemäß § 68 vorliegen, sind von den Sachverständigen Bescheinigungen einzureichen, wonach sie sich durch stichprobenhafte Kontrollen während der Bauausführung davon überzeugt haben, dass die baulichen Anlagen entsprechend den erstellten Nachweisen errichtet oder geändert worden sind. [2]Bauzustandsbesichtigungen finden insoweit nicht statt.

(5) [1]Die Bauherrin oder der Bauherr hat für die Besichtigung und die damit verbundenen möglichen Prüfungen die erforderlichen Arbeitskräfte und Geräte bereitzustellen. [2]Über das Ergebnis der Besichtigung ist auf Verlangen der Bauherrin oder des Bauherrn eine Bescheinigung auszustellen.

(6) Mit der Fortsetzung der Bauarbeiten darf erst einen Tag nach dem in der Anzeige nach Absatz 2 genannten Zeitpunkt der Fertigstellung des Rohbaus begonnen werden, soweit die Bauaufsichtsbehörde nicht einem früheren Beginn zugestimmt hat.

(7) Die Bauaufsichtsbehörde kann verlangen, dass bei Bauausführungen die Arbeiten erst fortgesetzt oder die Anlagen erst benutzt werden, wenn sie von ihr oder einer oder einem beauftragten Sachverständigen geprüft worden sind.

(8) [1]Bauliche Anlagen sowie andere Anlagen und Einrichtungen im Sinne des Absatzes 1 dürfen erst benutzt werden, wenn sie ordnungsgemäß fertig gestellt und sicher benutzbar sind, frühestens jedoch eine Woche nach dem in der Anzeige nach Absatz 2 genannten Zeitpunkt der Fertigstellung. [2]Die Bauaufsichtsbehörde soll auf Antrag gestatten, dass die Anlage oder Einrichtung ganz oder teilweise schon früher benutzt wird, wenn wegen der öffentlichen Sicherheit oder Ordnung Bedenken nicht bestehen.

§ 84 Baulast und Baulastenverzeichnis. *(1) [1]Durch Erklärung gegenüber der Bauaufsichtsbehörde kann die Grundstückseigentümerin oder der Grundstückseigentümer öffentlich-rechtliche Verpflichtungen zu einem ihr oder sein Grundstück betreffenden Tun, Dulden oder Unterlassen übernehmen, die sich nicht schon aus öffentlich-rechtlichen Vorschriften ergeben (Baulast). [2]Besteht an dem Grundstück ein Erbbaurecht, so ist auch die Erklärung der oder des Erbbauberechtigten erforderlich. [3]Baulasten werden unbeschadet der Rechte Dritter mit der Eintragung in das Baulastenverzeichnis wirksam und wirken auch gegenüber der Rechtsnachfolgerin oder dem Rechtsnachfolger.*

(2) [1]Die Erklärung nach Absatz 1 bedarf der Schriftform. [2]Die Unterschrift muss öffentlich, von einer Gemeinde oder von einer gemäß § 2 des Vermessungs- und Katastergesetzes vom 1. März 2005 (GV. NRW. S. 174), das zuletzt durch Artikel 2 des Gesetzes vom 1. April 2014 (GV. NRW. S. 256) geändert worden ist, zuständigen Stelle beglaubigt oder vor der Bauaufsichtsbehörde geleistet oder vor ihr anerkannt werden.

(3) [1]Die Baulast geht nur durch schriftlichen, im Baulastenverzeichnis zu vermerkenden Verzicht der Bauaufsichtsbehörde unter. [2]Auf Antrag der Grund-

stückseigentümerin oder des Grundstückseigentümers ist der Verzicht zu erklären, wenn ein öffentliches Interesse an der Baulast nicht mehr besteht.

(4) [1]Das Baulastenverzeichnis wird von der Bauaufsichtsbehörde geführt. [2]In das Baulastenverzeichnis können auch Auflagen, Bedingungen, Befristungen und Widerrufsvorbehalte eingetragen werden.

(5) [1]Wer ein berechtigtes Interesse darlegt, kann in das Baulastenverzeichnis Einsicht nehmen oder sich Abschriften erteilen lassen. [2]Bei Öffentlich bestellten Vermessungsingenieurinnen und -ingenieuren ist ein berechtigtes Interesse grundsätzlich anzunehmen.

Teil 6

Bußgeldvorschriften, Rechtsvorschriften, bestehende Anlagen und Einrichtungen

§ 85 Bußgeldvorschriften. *(1) Ordnungswidrig handelt, wer vorsätzlich oder fahrlässig*

1. *entgegen § 5 Absatz 2 Zu- und Durchfahrten sowie befahrbare Flächen nicht ständig freihält oder Fahrzeuge auf ihnen abstellt,*
2. *es entgegen § 11 Absatz 3 unterlässt, ein Baustellenschild aufzustellen,*
3. *Bauprodukte mit dem Ü-Zeichen kennzeichnet, ohne dass dafür die Voraussetzungen nach § 24 Absatz 2 vorliegen,*
4. *Bauprodukte entgegen § 24 Absatz 4 ohne das Ü-Zeichen verwendet,*
5. *Bauarten entgegen § 17 ohne Bauartgenehmigung oder ohne allgemeines bauaufsichtliches Prüfzeugnis anwendet,*
6. *entgegen § 56 Absatz 1 Satz 1 zur Ausführung eines genehmigungsbedürftigen Bauvorhabens eine Unternehmerin oder einen Unternehmer oder eine Bauleiterin oder einen Bauleiter oder eine Entwurfsverfasserin oder einen Entwurfsverfasser nicht beauftragt,*
7. *entgegen § 56 Absatz 2 Satz 3 genehmigungsbedürftige Abbrucharbeiten in Selbst- oder Nachbarschaftshilfe ausführt,*
8. *entgegen § 56 Absatz 5 Satz 1 vor Beginn der Bauarbeiten die Namen der Bauleiterin oder des Bauleiters und der Fachbauleiterinnen oder Fachbauleiter oder während der Bauausführung einen Wechsel dieser Personen oder entgegen § 56 Absatz 5 Satz 3 einen Wechsel in der Person der Bauherrin oder des Bauherrn nicht oder nicht rechtzeitig mitteilt,*
9. *entgegen § 65 Satz 2 eine Anlage benutzt, ohne eine Bescheinigung der Unternehmerinnen oder Unternehmer oder Sachverständigen vorliegen zu haben,*
10. *entgegen § 68 Absatz 1, § 82 Absatz 2 oder § 83 Absatz 4 Satz 1 die dort genannten Nachweise oder Bescheinigungen nicht einreicht,*
11. *eine bauliche Anlage oder andere Anlagen und Einrichtungen im Sinne des § 1 Absatz 1 Satz 2 ohne Baugenehmigung nach § 77 oder Teilbaugeneh-*

migung nach § 78 oder abweichend davon errichtet, ändert, nutzt, abbricht oder ihre Nutzung ändert,

12. *entgegen § 77 Absatz 7 Satz 2 eine Kopie der Baugenehmigungen und Bauvorlagen an der Baustelle nicht vorliegen hat,*
13. *entgegen § 77 Absatz 8 den Ausführungsbeginn genehmigungsbedürftiger Vorhaben nicht oder nicht rechtzeitig mitteilt,*
14. *Fliegende Bauten ohne Ausführungsgenehmigung nach § 80 Absatz 2 Satz 1 erstmals aufstellt oder in Gebrauch nimmt oder ohne Gebrauchsabnahme nach § 80 Absatz 7 Satz 2 oder 3 in Gebrauch nimmt,*
15. *die nach § 83 Absatz 2 vorgeschriebenen oder verlangten Anzeigen nicht oder nicht rechtzeitig erstattet,*
16. *entgegen § 83 Absatz 6 oder 7 mit der Fortsetzung der Bauarbeiten beginnt,*
17. *entgegen § 83 Absatz 8 Satz 1 bauliche Anlagen oder andere Anlagen oder Einrichtungen vorzeitig benutzt,*
18. *einer auf Grund dieses Gesetzes ergangenen Rechtsverordnung oder örtlichen Bauvorschrift zuwiderhandelt, sofern die Rechtsverordnung oder die örtliche Bauvorschrift für einen bestimmten Tatbestand auf diese Bußgeldvorschrift verweist oder*
19. *einer vollziehbaren schriftlichen Anordnung der Bauaufsichtsbehörde zuwiderhandelt, die auf Grund dieses Gesetzes oder auf Grund einer nach diesem Gesetz ergangenen Rechtsverordnung oder Satzung erlassen worden ist, sofern die Anordnung auf die Bußgeldvorschrift verweist.*

(2) Ordnungswidrig handelt auch, wer wider besseres Wissen unrichtige Angaben macht oder unrichtige Pläne oder Unterlagen vorlegt, um einen nach diesem Gesetz vorgesehenen Verwaltungsakt zu erwirken oder zu verhindern.

(3) Die Ordnungswidrigkeit kann mit einer Geldbuße bis zu einhunderttausend Euro, in den Fällen des Absatzes 1 Nummer 11 mit einer Geldbuße bis zu fünfhunderttausend Euro geahndet werden.

(4) [1]Ist eine Ordnungswidrigkeit nach Absatz 1 Nummer 3 bis 5 begangen worden, so können Gegenstände, auf die sich die Ordnungswidrigkeit bezieht, eingezogen werden. [2]§ 23 des Gesetzes über Ordnungswidrigkeiten in der Fassung der Bekanntmachung vom 19. Februar 1987 (BGBl. I S. 602), das zuletzt durch Artikel 4 des Gesetzes vom 13. Mai 2015 (BGBl. I S. 706) geändert worden ist, ist anzuwenden.

(5) Verwaltungsbehörde im Sinne des § 36 Absatz 1 Nummer 1 des Gesetzes über Ordnungswidrigkeiten ist die untere Bauaufsichtsbehörde, in den Fällen des Absatzes 1 Nummer 1 hinsichtlich des Abstellens von Fahrzeugen die örtliche Ordnungsbehörde.

(6) Soweit in Bußgeldvorschriften, die auf Grund der Landesbauordnung in der Fassung der Bekanntmachung vom 27. Januar 1970 (GV. NRW. S. 96), die zuletzt durch Artikel 8 des Gesetzes vom 18. Mai 1982 (GV. NRW. S. 248) geändert worden ist, erlassen sind, auf § 101 Absatz 1 Nummer 1 jenes Gesetzes

verwiesen wird und in Bußgeldvorschriften, die auf Grund der Landesbauordnung vom 26. Juni 1984 (GV. NRW. S. 419), die zuletzt durch Gesetz vom 24. November 1992 (GV. NRW. S. 467) geändert worden ist, erlassen sind, auf § 79 Absatz 1 Nummer 14 jenes Gesetzes verwiesen wird, gelten solche Verweisungen als Verweisungen auf § 85 Absatz 1 Nummer 18.

§ 86 Rechtsverordnungen und Verwaltungsvorschriften. *(1) Zur Verwirklichung der in § 3 Absatz 1, § 17 Absatz 1 und § 18 Absatz 1 bezeichneten allgemeinen Anforderungen wird die oberste Bauaufsichtsbehörde ermächtigt, durch Rechtsverordnung Vorschriften zu erlassen über*

1. *die nähere Bestimmung allgemeiner Anforderungen in den §§ 4 bis 52,*
2. den Nachweis der Befähigung der in § 17 Absatz 6 und § 18 Absatz 3 genannten Personen; dabei können Mindestanforderungen an die Ausbildung, die durch Prüfung nachzuweisende Befähigung und die Ausbildungsstätten einschließlich der Anerkennungsvoraussetzungen gestellt werden,
3. die Überwachung von Tätigkeiten bei Bauarten nach § 17 Absatz 7 und mit einzelnen Bauprodukten nach § 18 Absatz 4; dabei können für die Überwachungsstellen über die in § 25 Absatz 1 Nummer 5 festgelegten Mindestanforderungen hinaus weitere Anforderungen im Hinblick auf die besonderen Eigenschaften und die besondere Verwendung der Bauprodukte gestellt werden,
4. *die nähere Bestimmung allgemeiner Anforderungen in § 43, insbesondere über Feuerungsanlagen und Anlagen zur Verteilung von Wärme oder zur Warmwasserversorgung sowie über deren Betrieb, über Brennstoffleitungsanlagen, über Aufstellräume für Feuerstätten, Verbrennungsmotoren und Verdichter sowie über die Lagerung von Brennstoffen,*
5. *die nähere Bestimmung allgemeiner Anforderungen in §§ 40 bis 42, insbesondere über Lüftungs- und Leitungsanlagen sowie über deren Betrieb und über deren Aufstellräume,*
6. *besondere Anforderungen oder Erleichterungen, die sich aus der besonderen Art oder Nutzung der baulichen Anlagen und Räume für Errichtung, Änderung, Instandhaltung, Betrieb und Benutzung ergeben (§§ 53 und 54), sowie über die Anwendung solcher Anforderungen auf bestehende bauliche Anlagen dieser Art,*
7. *wiederkehrende Prüfung von Anlagen oder Einrichtungen, die zur Verhütung erheblicher Gefahren ständig ordnungsgemäß instandgehalten werden müssen, und die Erstreckung dieser Nachprüfungspflicht auf bestehende Anlagen oder Einrichtungen,*
8. *die Vergütung der Sachverständigen, denen nach diesem Gesetz oder nach Vorschriften auf Grund dieses Gesetzes Aufgaben übertragen werden; die Vergütung ist nach den Grundsätzen des Gebührengesetzes für das Land Nordrhein-Westfalen in der Fassung der Bekanntmachung vom 23. August 1999 (GV. NRW. S. 524), das zuletzt durch Gesetz vom 8. Dezember 2015 (GV. NRW. S. 836) geändert worden ist, festzusetzen,*

9. die Anwesenheit von Fachleuten beim Betrieb technisch schwieriger Anlagen und Einrichtungen, wie Bühnenbetriebe und technisch schwierige Fliegende Bauten und

10. den Nachweis der Befähigung der in Nummer 9 genannten Fachleute.

(2) [1]Die oberste Bauaufsichtsbehörde wird ermächtigt, zur Vereinfachung oder Beschleunigung des Baugenehmigungsverfahrens oder zur Entlastung der Bauaufsichtsbehörden durch Rechtsverordnung Vorschriften zu erlassen über

1. weitere und weitergehende Ausnahmen von der Genehmigungspflicht,
2. den vollständigen oder teilweisen Wegfall der bautechnischen Prüfung bei bestimmten Arten von Bauvorhaben,
3. die Übertragung von Prüfaufgaben der Bauaufsichtsbehörde im Rahmen des bauaufsichtlichen Verfahrens einschließlich der Bauüberwachung und Bauzustandsbesichtigung auf Sachverständige oder sachverständige Stellen,
4. die staatliche Anerkennung von Sachverständigen, die von der Bauherrin oder dem Bauherrn mit der Erstellung von Nachweisen und Bescheinigungen beauftragt werden und
5. die Verpflichtung der Betreiberinnen oder Betreiber, mit der wiederkehrenden Prüfung bestimmter Anlagen und Einrichtungen nach Absatz 1 Nummer 7 Sachverständige oder Sachkundige zu beauftragen.

[2]Sie kann dafür bestimmte Voraussetzungen festlegen, die die Verantwortlichen nach den §§ 56 bis 59 oder die Sachverständigen zu erfüllen haben. [3]Sie muss dies in den Fällen des Satzes 1 Nummer 2 bis 5 tun. [4]Dabei können insbesondere die Fachbereiche, in denen Sachverständige tätig werden, sowie Mindestanforderungen an die Fachkenntnisse sowie in zeitlicher und sachlicher Hinsicht an die Berufserfahrung festgelegt, eine laufende Fortbildung vorgeschrieben, durch Prüfungen nachzuweisende Befähigung bestimmt, der Nachweis der persönlichen Zuverlässigkeit und einer ausreichenden Haftpflichtversicherung gefordert und Altersgrenzen festgesetzt werden. [5]Sie kann darüber hinaus auch eine besondere Anerkennung der Sachverständigen vorschreiben, das Verfahren und die Voraussetzungen für die Anerkennung, ihren Widerruf, ihre Rücknahme und ihr Erlöschen und die Vergütung der Sachverständigen sowie für Prüfungen, die Bestellung und Zusammensetzung der Prüfungsorgane und das Prüfungsverfahren regeln.

(3) [1]Die oberste Bauaufsichtsbehörde wird ermächtigt, zum bauaufsichtlichen Verfahren durch Rechtsverordnung Vorschriften zu erlassen über

1. Umfang, Inhalt und Zahl der Bauvorlagen,
2. die erforderlichen Anträge, Anzeigen, Nachweise und Bescheinigungen und
3. das Verfahren im Einzelnen.

[2]Sie kann dabei für verschiedene Arten von Bauvorhaben unterschiedliche Anforderungen und Verfahren festlegen.

(4) Die oberste Bauaufsichtsbehörde wird ermächtigt, durch Rechtsverordnung vorzuschreiben, dass die am Bau Beteiligten (§§ 56 bis 59) zum Nachweis der ordnungsgemäßen Bauausführung Bescheinigungen, Bestätigungen oder

Nachweise dieser Personen, von Sachverständigen, Fachleuten oder Behörden über die Einhaltung bauaufsichtlicher Anforderungen vorzulegen haben.

(5) [1]Die oberste Bauaufsichtsbehörde wird ermächtigt, durch Rechtsverordnung die Befugnisse für die Anerkennung von Prüf-, Zertifizierungs- und Überwachungsstellen (§ 25) auf andere Behörden zu übertragen. [2]Die Befugnis nach Satz 1 kann auch auf eine Behörde eines anderen Landes übertragen werden, die der Aufsicht einer obersten Bauaufsichtsbehörde untersteht oder an deren Willensbildung die oberste Bauaufsichtsbehörde mitwirkt. [3]Die Befugnis darf nur im Einvernehmen mit der obersten Bauaufsichtsbehörde ausgeübt werden.

(6) Die oberste Bauaufsichtsbehörde kann durch Rechtsverordnung

1. das Ü-Zeichen festlegen und zu diesem Zeichen zusätzliche Angaben verlangen und
2. das Anerkennungsverfahren nach § 25 Absatz 1, die Voraussetzungen für die Anerkennung, ihren Widerruf und ihr Erlöschen regeln, insbesondere auch Altersgrenzen festlegen, sowie eine ausreichende Haftpflichtversicherung fordern.

(7) Die oberste Bauaufsichtsbehörde kann durch Rechtsverordnung vorschreiben, dass für bestimmte Bauprodukte und Bauarten, auch soweit sie Anforderungen nach anderen Rechtsvorschriften unterliegen, hinsichtlich dieser Anforderungen § 17 Absatz 2 und §§ 20 bis 25 ganz oder teilweise anwendbar sind, wenn die anderen Rechtsvorschriften dies verlangen oder zulassen.

(8) [1]Die oberste Bauaufsichtsbehörde wird ermächtigt, durch Rechtsverordnung zu bestimmen, dass die Anforderungen der auf Grund des § 34 des Produktsicherheitsgesetzes vom 8. November 2011 (BGBl. I S. 2178, 2179; 2012 I S. 131), das durch Artikel 435 der Verordnung vom 31. August 2015 (BGBl. I S. 1474) geändert worden ist, erlassenen Rechtsverordnungen entsprechend für Anlagen gelten, die weder gewerblichen noch wirtschaftlichen Zwecken dienen und in deren Gefahrenbereich auch keine Arbeitnehmer beschäftigt werden. [2]Sie kann auch die Verfahrensvorschriften dieser Verordnungen für anwendbar erklären oder selbst das Verfahren bestimmen sowie Zuständigkeiten und Gebühren regeln. [3]Dabei kann sie auch vorschreiben, dass danach zu erteilende Erlaubnisse die Baugenehmigung oder Zustimmung nach § 81 einschließlich etwaiger Abweichungen (§ 74) einschließen sowie, dass § 35 des Produktsicherheitsgesetzes insoweit Anwendung findet.

(9) Die Rechtsverordnungen werden nach Anhörung des zuständigen Ausschusses des Landtags erlassen.

(10) Die oberste Bauaufsichtsbehörde erlässt die zur Durchführung dieses Gesetzes oder der Rechtsvorschriften auf Grund dieses Gesetzes erforderlichen Verwaltungsvorschriften.

(11) Die oberste Bauaufsichtsbehörde erlässt die zur Durchführung dieses Gesetzes oder der Rechtsvorschriften auf Grund dieses Gesetzes erforderlichen Technischen Baubestimmungen auf der Grundlage der vom Deutschen Institut

für Bautechnik im Einvernehmen mit den Obersten Bauaufsichtsbehörden der Länder veröffentlichten Technischen Baubestimmungen als technische Verwaltungsvorschriften.

§ 87 Technische Baubestimmungen. (1) [1]Die Anforderungen nach § 3 Absatz 1 können durch Technische Baubestimmungen konkretisiert werden. [2]Von den in den Technischen Baubestimmungen enthaltenen Planungs-, Bemessungs- und Ausführungsregelungen kann abgewichen werden, wenn mit einer anderen Lösung in gleichem Maße die Anforderungen erfüllt werden und in der Technischen Baubestimmung eine Abweichung nicht ausgeschlossen ist. [3]§ 17 Absatz 2 und § 20 Absatz 1 bleiben unberührt.

(2) Die Konkretisierungen können durch Bezugnahmen auf technische Regeln und deren Fundstellen oder auf andere Weise erfolgen, insbesondere in Bezug auf:

1. bestimmte bauliche Anlagen oder ihre Teile,
2. die Planung, Bemessung und Ausführung baulicher Anlagen und ihrer Teile,
3. die Leistung von Bauprodukten in bestimmten baulichen Anlagen oder ihren Teilen, insbesondere:
   a) Planung, Bemessung und Ausführung baulicher Anlagen bei Einbau eines Bauprodukts,
   b) Merkmale von Bauprodukten, die sich für einen Verwendungszweck auf die Erfüllung der Anforderungen nach § 3 Absatz 1 auswirken,
   c) Verfahren für die Feststellung der Leistung eines Bauproduktes im Hinblick auf Merkmale, die sich für einen Verwendungszweck auf die Erfüllung der Anforderungen nach § 3 Absatz 1 auswirken,
   d) zulässige oder unzulässige besondere Verwendungszwecke,
   e) die Festlegung von Klassen und Stufen in Bezug auf bestimmte Verwendungszwecke und
   f) die für einen bestimmten Verwendungszweck anzugebende oder erforderliche und anzugebende Leistung in Bezug auf ein Merkmal, das sich für einen Verwendungszweck auf die Erfüllung der Anforderungen nach § 3 Absatz 1 auswirkt, soweit vorgesehen in Klassen und Stufen,
4. die Bauarten und die Bauprodukte, die nur eines allgemeinen bauaufsichtlichen Prüfzeugnisses nach § 17 Absatz 3 und nach § 22 Absatz 1 bedürfen,
5. Voraussetzungen zur Abgabe der Übereinstimmungserklärung für ein Bauprodukt nach § 24 Absatz 2 und
6. die Art, den Inhalt und die Form technischer Dokumentation.

(3) Die Technischen Baubestimmungen sollen nach den Grundanforderungen gemäß Anhang I der Verordnung (EU) Nr. 305/2011 gegliedert sein.

(4) Die Technischen Baubestimmungen enthalten eine nicht abschließende Liste von Bauprodukten, die keines Verwendbarkeitsnachweises nach § 20 Absatz 1 bedürfen.

§ 88 Örtliche Bauvorschriften. *(1) Die Gemeinden können örtliche Bauvorschriften als Satzung erlassen über:*

1. *die äußere Gestaltung baulicher Anlagen sowie von Werbeanlagen und Warenautomaten zur Durchführung baugestalterischer Absichten in bestimmten, genau abgegrenzten bebauten oder unbebauten Teilen des Gemeindegebietes; dabei können sich die Vorschriften über Werbeanlagen auch auf deren Art, Größe und Anbringungsort erstrecken,*
2. *besondere Anforderungen an bauliche Anlagen, Werbeanlagen und Warenautomaten zum Schutz bestimmter Bauten, Straßen, Plätze oder Ortsteile von städtebaulicher, künstlerischer oder geschichtlicher Bedeutung sowie von Denkmälern und Naturdenkmälern; dabei können nach den örtlichen Gegebenheiten insbesondere bestimmte Arten von Werbeanlagen und Warenautomaten ausgeschlossen oder auf Teile baulicher Anlagen und auf bestimmte Farben beschränkt werden,*
3. *die Lage, Größe und Beschaffenheit von Kinderspielflächen (§ 8 Absatz 2),*
4. *die Gestaltung, Begrünung und Bepflanzung der Gemeinschaftsanlagen, der Lagerplätze, der Stellplätze, der Standplätze für Abfallbehälter und der unbebauten Flächen der bebauten Grundstücke, der Campingplätze und Wochenendplätze; dabei kann bestimmt werden, dass Vorgärten nicht als Stellplätze, als Abstell- oder als Lagerplatz oder als Arbeitsfläche hergerichtet oder benutzt werden dürfen,*
5. *die Verpflichtung zur Herstellung, das Verbot der Herstellung sowie über Art, Höhe und Gestaltung von Einfriedungen und*
6. *geringere als die in § 6 Absatz 5 und 6 vorgeschriebenen Maße zur Wahrung der bauhistorischen Bedeutung oder der sonstigen erhaltenswerten Eigenart eines Ortsteiles; dabei sind die Ortsteile in der Satzung genau zu bezeichnen.*

(2) Durch örtliche Bauvorschriften als Satzung kann ferner bestimmt werden, dass

1. *für besondere schutzwürdige Gebiete für genehmigungsfreie Werbeanlagen und Warenautomaten eine Genehmigung eingeführt wird und*
2. *im Gemeindegebiet oder in Teilen davon bei bestehenden baulichen Anlagen Kinderspielflächen nach § 8 Absatz 2 Satz 3 herzustellen sind.*

(3) [1]Anforderungen nach den Absätzen 1 und 2 können innerhalb der örtlichen Bauvorschrift auch in Form zeichnerischer Darstellungen gestellt werden. [2]Ihre Bekanntgabe kann dadurch ersetzt werden, dass dieser Teil der örtlichen Bauvorschriften bei der Gemeinde zur Einsicht ausgelegt wird. [3]Hierauf ist in den örtlichen Bauvorschriften hinzuweisen.

(4) [1]Örtliche Bauvorschriften können auch als Festsetzungen in einen Bebauungsplan im Sinne von § 8 oder § 12 des Baugesetzbuches aufgenommen werden. [2]In diesem Fall sind die Vorschriften des Baugesetzbuches über die Aufstellung, Änderung, Ergänzung und Aufhebung der Bebauungspläne einschließlich ihrer Genehmigung und ihrer Sicherung (§§ 1 bis 18 des Baugesetzbuches) sowie über die Wirksamkeitsvoraussetzungen (§§ 214 bis 216 des Baugesetzbuches) anzuwenden.

(5) [1]Abweichungen (§ 74) von örtlichen Bauvorschriften werden im Einvernehmen mit der Gemeinde von der Bauaufsichtsbehörde zugelassen. [2]§ 36 Absatz 2 Satz 2 des Baugesetzbuches gilt entsprechend.

§ 89 Bestehende Anlagen und Einrichtungen. *(1) Entsprechen rechtmäßig bestehende bauliche Anlagen sowie andere Anlagen und Einrichtungen im Sinne von § 1 Absatz 1 Satz 2 nicht den Vorschriften dieses Gesetzes oder Vorschriften auf Grund dieses Gesetzes, so kann verlangt werden, dass die Anlagen diesen Vorschriften angepasst werden, wenn dies im Einzelfall wegen der Sicherheit für Leben oder Gesundheit erforderlich ist.*

(2) [1]Sollen bauliche Anlagen wesentlich geändert werden, so kann gefordert werden, dass auch die nicht unmittelbar berührten Teile der Anlage mit diesem Gesetz oder den auf Grund dieses Gesetzes erlassenen Vorschriften in Einklang gebracht werden. [2]Dies soll gefordert werden, wenn durch eine Änderung die barrierefreie Nutzung einer baulichen Anlage nach § 54 verbessert werden kann. [3]Voraussetzung für die Forderung ist, dass
1. *die Bauteile, die diesen Vorschriften nicht mehr entsprechen, mit den Änderungen in einem konstruktiven Zusammenhang stehen und*
2. *die Durchführung dieser Vorschriften bei den von den Änderungen nicht berührten Teilen der baulichen Anlage keinen unverhältnismäßigen Mehraufwand verursacht.*

Teil 7

Schlussbestimmungen

§ 90 Inkrafttreten, Außerkrafttreten, Übergangsvorschriften. (1) [1]Die §§ 3, 17 bis 25, § 86 Absatz 11 und § 87 treten sechs Monate nach der Verkündung in Kraft. [2]Gleichzeitig treten die §§ 3 und 20 bis 28 der Landesbauordnung in der Fassung der Bekanntmachung vom 1. März 2000 (GV. NRW. S. 256), die zuletzt durch Artikel 2 des Gesetzes vom 20. Mai 2014 (GV. NRW. S. 294) geändert worden ist, außer Kraft. [3]§ 86 Absatz 1 Nummer 2 und 3, Absatz 5 bis 7 tritt am 28. Dezember 2017 in Kraft. [4]Im Übrigen tritt das Gesetz am 1. Januar 2019 in Kraft. [5]Gleichzeitig tritt die Landesbauordnung in der Fassung der Bekanntmachung vom 1. März 2000, mit Ausnahme ihres § 51, außer Kraft. [6]§ 51 der Landesbauordnung in der Fassung der Bekanntmachung vom 1. März 2000 tritt zum 1. Januar 2020 außer Kraft. [7]Bis zu diesem Zeitpunkt haben die Bauaufsichtsbehörden in Gebieten, für die die zuständige Kommune keine Satzung über notwendige Stellplätze oder Fahrradabstellplätze erlassen hat, diese Vorschrift anzuwenden.

(2) [1]Die Verwendung des Ü-Zeichens auf Bauprodukten, die die CE-Kennzeichnung auf Grund der Verordnung (EU) Nr. 305/2011 tragen, ist mit dem Inkrafttreten der in Absatz 1 Satz 1 genannten Vorschriften nicht mehr zulässig. [2]Sind bereits in Verkehr gebrachte Bauprodukte, die die CE-Kennzeichnung auf

Grund der Verordnung (EU) Nr. 305/2011 tragen, mit dem Ü-Zeichen gekennzeichnet, verliert das Ü-Zeichen mit dem Inkrafttreten dieses Gesetzes seine Gültigkeit.

(3) Bis zum Inkrafttreten dieses Gesetzes für Bauarten erteilte allgemeine bauaufsichtliche Zulassungen oder Zustimmungen im Einzelfall gelten als Bauartengenehmigung fort.

(4) [1]Bestehende Anerkennungen als Prüf-, Überwachungs- und Zertifizierungsstellen bleiben in dem bis zum Inkrafttreten dieses Gesetzes geregelten Umfang wirksam. [2]Vor dem Inkrafttreten dieses Gesetzes gestellte Anträge gelten als Anträge nach diesem Gesetz.

(5) Vor dem 1. Oktober 2018 eingeleitete Verfahren sind nach Inkrafttreten dieses Gesetzes auf Antrag der Bauherrin oder des Bauherrn nach dem zuvor geltenden Recht fortzuführen, wenn die Bauvorlagen vollständig und ohne erhebliche Mängel eingereicht wurden (§ 72 Absatz 1 Satz 2).

§ 91 Berichtspflicht. *[1]Die Landesregierung berichtet dem Landtag bis zum 31. Dezember 2022 und danach alle fünf Jahre über die Notwendigkeit und Zweckmäßigkeit der Regelungen dieses Gesetzes. [2]Insbesondere berichtet sie über die Dauer von Genehmigungsverfahren und über die Zahl der im Berichtszeitraum genehmigten barrierefreien und rollstuhlgerechten Wohnungen.*

Straßen- und Wegegesetz des Landes Nordrhein-Westfalen (StrWG NRW)

in der Fassung der Bekanntmachung vom 23. September 1995 (GV NRW S. 1028, ber. GV NRW 1996 S. 81, 141, 216, 355, ber. 2007 S. 327); zuletzt geändert durch Gesetz vom 15. November 2016 (GV NRW S. 934).

INHALTSVERZEICHNIS

ERSTER TEIL
Allgemeine Bestimmungen

1. Abschnitt
Grundsatzvorschriften

§ 1 Geltungsbereich. [1]Das Gesetz regelt die Rechtsverhältnisse der öffentlichen Straßen. [2]Für Bundesfernstraßen gilt es nur, soweit diese ausdrücklich genannt sind.

§ 2 Öffentliche Straßen. (1) Öffentliche Straßen im Sinne dieses Gesetzes sind diejenigen Straßen, Wege und Plätze, die dem öffentlichen Verkehr gewidmet sind.

(2) Zur öffentlichen Straße gehören:
1. der Straßenkörper; das sind insbesondere
   a) der Straßenuntergrund, die Erdbauwerke einschließlich der Böschungen, der Straßenunterbau, der Straßenoberbau, die Brücken, Tunnel, Dämme, Durchlässe, Gräben, Entwässerungsanlagen, Stützwände und Lärmschutzanlagen;
   b) die Fahrbahn, die Trennstreifen, die befestigten Seitenstreifen (Stand-, Park- und Mehrzweckstreifen), die Bankette und die Bushaltestellenbuchten sowie die Rad- und Gehwege, auch wenn sie ohne unmittelbaren räumlichen Zusammenhang im wesentlichen mit der für den Kraftfahrzeugverkehr bestimmten Fahrbahn gleichlaufen (unselbständige Rad- und Gehwege), sowie Parkplätze, Parkbuchten und Rastplätze, soweit sie mit einer Fahrbahn in Zusammenhang stehen (unselbständige Parkflächen, unselbständige Rastplätze) und die Flächen verkehrsberuhigter Bereiche;
2. der Luftraum über dem Straßenkörper;
3. das Zubehör; das sind insbesondere die amtlichen Verkehrszeichen, die Verkehrseinrichtungen und sonstigen Anlagen aller Art, die der Sicherheit, Ordnung oder Leichtigkeit des Verkehrs oder dem Schutz der Anlieger dienen, und die Bepflanzung;
4. die Nebenanlagen; das sind Anlagen, die überwiegend den Aufgaben der Straßenbauverwaltung dienen, insbesondere Straßenmeistereien, Gerätehöfe, Lager, Lagerplätze, Ablagerungs- und Entnahmestellen, Hilfsbetriebe und -einrichtungen.

(3) Bei öffentlichen Straßen auf Deichen, Staudämmen und Staumauern gehören zum Straßenkörper lediglich der Straßenoberbau, die Fahrbahn, die Trennstreifen, die befestigten Seitenstreifen sowie die unselbständigen Rad- und Gehwege und die unselbständigen Parkflächen.

§ 3 Einteilung der öffentlichen Straßen. (1) Die öffentlichen Straßen werden nach ihrer Verkehrsbedeutung in folgende Straßengruppen eingeteilt:

1. Landesstraßen und Radschnellverbindungen des Landes,
2. Kreisstraßen,
3. Gemeindestraßen,
4. sonstige öffentliche Straßen.

(2) [1]Landesstraßen sind Straßen mit mindestens regionaler Verkehrsbedeutung, die den durchgehenden Verkehrsverbindungen dienen oder zu dienen bestimmt sind; sie sollen untereinander und zusammen mit den Bundesfernstraßen ein zusammenhängendes Netz bilden. [2]Radschnellverbindungen des Landes sind Wege, Straßen oder Teile von diesen, die dem Fahrradverkehr mit eigenständiger regionaler Verkehrsbedeutung zu dienen bestimmt sind; sie sollen untereinander oder mit anderen Radschnellverbindungen ein zusammenhängendes Netz bilden. [3]Die Bestimmung von Wegen, Straßen oder Teilen von diesen zur Radschnellverbindung nimmt das für das Straßenwesen zuständige Ministerium im Einvernehmen mit den jeweils als Träger der Straßenbaulast betroffenen Kreisen, kreisfreien Städten und Gemeinden vor.

(3) Kreisstraßen sind Straßen mit überörtlicher Verkehrsbedeutung, die den zwischenörtlichen Verkehrsverbindungen dienen oder zu dienen bestimmt sind; sie sollen mindestens einen Anschluß an eine Bundesfernstraße, Landesstraße oder Kreisstraße haben.

(4) [1]Gemeindestraßen sind Straßen, die vorwiegend dem Verkehr und der Erschließung innerhalb des Gemeindegebietes dienen oder zu dienen bestimmt sind. [2]Das sind:
1. Straßen, bei denen die Belange des Verkehrs überwiegen (Hauptverkehrsstraßen, Zubringerstraßen u.a.);
2. Straßen, bei denen die Belange der Erschließung der anliegenden Grundstücke überwiegen (Anliegerstraßen, verkehrsberuhigte Bereiche, Fußgängerbereiche u.a.);
3. alle sonstigen nicht unter 1. und 2. fallenden Straßen, die von der Gemeinde für den öffentlichen Verkehr gewidmet sind.

(5) [1]Sonstige öffentliche Straßen sind alle dem öffentlichen Verkehr gewidmeten Straßen, welche keiner anderen Straßengruppe angehören. [2]Zu den sonstigen öffentlichen Straßen gehören insbesondere die Eigentümerstraßen und -wege.

§ 4 Straßenverzeichnisse und Straßennummern. (1) [1]Für die Landesstraßen, Radschnellverbindungen des Landes, Kreisstraßen und Gemeindestraßen werden Straßenverzeichnisse als Bestandsverzeichnisse geführt. [2]Der Landesbetrieb Straßenbau führt die Verzeichnisse Landesstraßen, Radschnellverbindungen des Landes und Kreisstraßen. [3]Die Gemeinden führen die Verzeichnisse für die Gemeindestraßen. [4]In die Verzeichnisse sind alle Straßen entsprechend ihrer Zugehörigkeit zu einer Straßengruppe, der Widmungsinhalt, die Träger der Straßenbaulast, die etwa vorhandenen Ortsdurchfahrten sowie die Länge der Straßen einschließlich der Rad- und Gehwege aufzunehmen. [5]Die Gemeindestraßen sollen zusätzlich nach ihrer Bedeutung oder Bestimmung im Sinne von § 3 Abs. 4 Nrn. 1 bis 3 gekennzeichnet werden. [6]Für Straßen nach § 3

Abs. 4 Nr. 1 (Hauptverkehrsstraßen) unterrichten die Gemeinden den Landesbetrieb Straßenbau auf Anfrage über den Bestand. [7]Veränderungen haben die Straßenbaubehörden der verzeichnisführenden Behörde unverzüglich anzuzeigen. [8]Die Einsicht in die Straßenverzeichnisse steht jedermann frei.

(2) [1]Die Landesstraßen, Radschnellverbindungen des Landes und Kreisstraßen werden mit Nummern bezeichnet. [2]Die Nummern für die Landesstraßen und Radschnellverbindungen des Landes werden von dem für das Straßenwesen zuständigen Ministerium, die der Kreisstraßen vom Landesbetrieb Straßenbau bestimmt. [3]Die Gemeinden können die öffentlichen Straßen mit einem Namen oder einer Nummer bezeichnen.

(3) Das für das Straßenwesen zuständige Ministerium wird ermächtigt, im Einvernehmen mit dem für das amtliche Vermessungswesen zuständige Ministerium durch Rechtsverordnung Einzelheiten zu den Straßenverzeichnissen zu regeln.

§ 5 Ortsdurchfahrten. (1) [1]Eine Ortsdurchfahrt ist der Teil einer Landesstraße oder Kreisstraße oder Radschnellverbindung des Landes, der innerhalb der geschlossenen Ortslage liegt und auch zur Erschließung der anliegenden Grundstücke bestimmt ist. [2]Geschlossene Ortslage ist der Teil des Gemeindebezirks, der in geschlossener oder offener Bauweise zusammenhängend bebaut ist. [3]Einzelne unbebaute Grundstücke, zur Bebauung ungeeignetes oder ihr entzogenes Gelände oder einseitige Bebauung unterbrechen den Zusammenhang nicht.

(2) [1]Die Ortsdurchfahrt einer Landesstraße oder einer Radschnellverbindung des Landes setzt der Landesbetrieb Straßenbau im Einvernehmen mit der Gemeinde und der Bezirksregierung fest. [2]Die Festsetzung ist mit Rechtsbehelfsbelehrung öffentlich bekanntzumachen.

(3) [1]Die Ortsdurchfahrt einer Kreisstraße setzt der Kreis im Einvernehmen mit der Gemeinde und der Bezirksregierung fest. [2]In kreisfreien Städten setzt die Stadt im Einvernehmen mit der Bezirksregierung die Ortsdurchfahrt fest. [3]Absatz 2 Satz 2 gilt für die Ortsdurchfahrten von Kreisstraßen entsprechend.

(4) Bei der Festsetzung der Ortsdurchfahrt kann von Absatz 1 abgewichen werden, wenn die Länge der Ortsdurchfahrt wegen der Art der Bebauung in einem offensichtlichen Mißverhältnis zur Einwohnerzahl steht oder wenn es aus Gründen der ordnungsgemäßen und wirtschaftlichen Durchführung von Bau- und Unterhaltungsmaßnahmen geboten ist.

(5) [1]Reicht die festgesetzte Ortsdurchfahrt einer Landesstraße für den Verkehr nicht aus, so soll der Landesbetrieb Straßenbau im Einvernehmen mit der Gemeinde und der Bezirksregierung eine Straße, die nach ihrem Ausbauzustand für die Aufnahme des Verkehrs geeignet ist, als zusätzliche Ortsdurchfahrt festsetzen. [2]Satz 1 gilt für Ortsdurchfahrten von Kreisstraßen entsprechend; die zusätzliche Ortsdurchfahrt wird im Einvernehmen mit der Gemeinde und der Bezirksregierung vom Kreis, in kreisfreien Städten im Einvernehmen mit der Bezirksregierung von der Stadt, festgesetzt.

§ 6 Widmung. (1) [1]Widmung ist die Allgemeinverfügung, durch die Straßen, Wege und Plätze die Eigenschaft einer öffentlichen Straße erhalten. [2]Sie ist mit Rechtsbehelfsbelehrung öffentlich bekanntzumachen und wird frühestens im Zeitpunkt der öffentlichen Bekanntmachung wirksam.

(2) [1]Die Widmung verfügt die Straßenbaubehörde. [2]Ist die widmende Straßenbaubehörde nicht Behörde des Trägers der Straßenbaulast, so ist zur Widmung dessen schriftliche Zustimmung erforderlich. [3]Die Widmung eines nichtöffentlichen Weges, der außerhalb einer Ortsdurchfahrt in eine Bundesstraße, Landesstraße oder Kreisstraße einmündet, zu einer Straße im Sinne des § 3 Abs. 1 Nr. 3 oder Nr. 4 bedarf der vorherigen Zustimmung der Straßenbaubehörde für die Bundesstraße, Landesstraße oder Kreisstraße.

(3) In der Widmung sind die Straßengruppe, zu der die Straße gehört (Einstufung), und Beschränkungen der Widmung auf bestimmte Benutzungsarten, Benutzungszwecke oder Benutzerkreise sowie etwaige sonstige Besonderheiten festzulegen (Widmungsinhalt).

(4) [1]Nachträgliche Beschränkungen der Widmung richten sich nach den Vorschriften über die Einziehung (§ 7). [2]Sonstige nachträgliche Änderungen des Widmungsinhalts sind durch Widmungsverfügung festzulegen.

(5) Voraussetzung für die Widmung ist, daß der Träger der Straßenbaulast Eigentümer des der Straße dienenden Grundstücks ist oder daß der Eigentümer und ein sonst zur Nutzung dinglich Berechtigter der Widmung zugestimmt oder den Besitz durch Vertrag überlassen haben oder daß der Träger der Straßenbaulast den Besitz des der Straße dienenden Grundstücks durch Einweisung (§ 37 Landesenteignungs- und -entschädigungsgesetz in Verbindung mit § 50) oder in einem sonstigen gesetzlich geregelten Verfahren erlangt hat.

(6) Durch privatrechtliche Verfügungen oder durch Verfügungen im Wege der Zwangsvollstreckung oder der Enteignung über die der Straße dienenden Grundstücke oder Rechte an ihnen wird die Widmung nicht berührt.

(7) [1]Bei Straßen, deren Bau oder wesentliche Änderung durch Planfeststellung geregelt wird, kann die Widmung in diesem Verfahren mit der Maßgabe verfügt werden, daß sie mit der Verkehrsübergabe wirksam wird, wenn die Voraussetzungen des Absatzes 5 zu diesem Zeitpunkt vorliegen. [2]Die Straßenbaubehörde hat den Zeitpunkt der Verkehrsübergabe, die Straßengruppe sowie Beschränkungen und Besonderheiten der Widmung im Sinne von Absatz 3 der Straßenaufsichtsbehörde anzuzeigen.

(8) [1]Wird eine Straße verbreitert, begradigt, unerheblich verlegt oder ergänzt, so gilt der neue Straßenteil durch die Verkehrsübergabe als gewidmet, sofern die Voraussetzungen des Absatzes 5 vorliegen. [2]Einer öffentlichen Bekanntmachung nach Absatz 1 bedarf es nicht.

§ 7 Einziehung, Teileinziehung. (1) [1]Einziehung ist die Allgemeinverfügung, durch die eine gewidmete Straße die Eigenschaft einer öffentlichen Straße verliert. [2]Teileinziehung ist die Allgemeinverfügung, durch die die Widmung einer Straße nachträglich auf bestimmte Benutzungsarten, Benutzungszwecke oder Benutzerkreise beschränkt wird. [3]Einziehung und Teileinziehung sind von der Straßenbaubehörde mit Rechtsbehelfsbelehrung öffentlich bekanntzumachen und werden im Zeitpunkt der öffentlichen Bekanntmachung wirksam.

(2) [1]Hat eine Straße keine Verkehrsbedeutung mehr oder liegen überwiegende Gründe des öffentlichen Wohles für ihre Beseitigung vor, so soll die Straßenbaubehörde die Einziehung der Straße verfügen. [2]§ 6 Abs. 2 Satz 2 gilt entsprechend.

(3) Liegen überwiegende Gründe des öffentlichen Wohles für eine Teileinziehung vor, so kann die Straßenbaubehörde die Teileinziehung verfügen.

(4) [1]Die Absicht der Einziehung oder Teileinziehung ist von den berührten Gemeinden auf Kosten des Trägers der Straßenbaulast mindestens drei Monate vorher ortsüblich bekanntzumachen, um Gelegenheit zu Einwendungen zu geben; dabei ist unter Angabe von Zeit und Ort darauf hinzuweisen, daß bei der Gemeinde Karten der betroffenen Straße zur Einsicht bereitliegen. [2]Von der Bekanntmachung kann abgesehen werden, wenn die zur Einziehung oder Teileinziehung vorgesehenen Strecken in dem in einem Planfeststellungsverfahren ausgelegten Plan als solche kenntlich gemacht worden sind.

(5) [1]Werden durch Planfeststellung der Bau oder die wesentliche Änderung von Straßen geregelt, so können Einziehung und Teileinziehung in diesem Verfahren mit der Maßgabe verfügt werden, daß sie mit der Sperrung wirksam werden. [2]Die Straßenbaubehörde hat den Zeitpunkt der Sperrung und den Inhalt der Verfügung der Straßenaufsichtsbehörde anzuzeigen.

(6) [1]Wird im Zusammenhang mit einer Maßnahme nach § 6 Abs. 8 Satz 1 der Teil einer öffentlichen Straße dem Verkehr nicht nur vorübergehend entzogen, so gilt dieser Teil mit der Sperrung als eingezogen. [2]Einer Bekanntmachung nach Absatz 1 Satz 3 und Absatz 4 bedarf es in diesem Fall nicht.

(7) [1]Mit der Einziehung einer Straße entfallen Gemeingebrauch (§ 14) und widerrufliche Sondernutzungen (§§ 18 ff.). [2]Bei Teileinziehung einer Straße werden Gemeingebrauch und widerrufliche Sondernutzungen entsprechend eingeschränkt.

§ 8 Umstufung. (1) [1]Umstufung ist die Allgemeinverfügung, durch die eine öffentliche Straße bei Änderung ihrer Verkehrsbedeutung der entsprechenden Straßengruppe zugeordnet wird (Aufstufung, Abstufung). [2]Die Umstufung ist mit Rechtsbehelfsbelehrung öffentlich bekanntzumachen.

(2) Änderungen der Verkehrsbedeutung, die eine Umstufung erforderlich machen können, haben die Straßenbaubehörden den Straßenaufsichtsbehörden anzuzeigen.

(3) [1]Die Umstufungen verfügt die für die Straße höherer Verkehrsbedeutung (§ 3 Absatz 1) zuständige Straßenaufsichtsbehörde. [2]Die beteiligten Träger der Straßenbaulast sind vorher mit dem Ziel einer einvernehmlichen Regelung zu

hören. [3]Sind Straßen verschiedener Straßengruppen umzustufen, können die jeweiligen Straßenaufsichtsbehörden eine Festlegung der Zuständigkeit für die Verfügung der Umstufung im gegenseitigen Einvernehmen treffen.

(4) Werden infolge großräumiger Planungen oder Programme des Bundes oder des Landes Umstufungen erforderlich, so stellt das für das Straßenwesen zuständige Ministerium im Einvernehmen mit dem für Raumordnung und Landesplanung zuständigen Ministerium und nach Anhörung des Regionalrates und der zuständigen Ausschüsse des Landtags ein Umstufungsprogramm auf.

(5) [1]Die Umstufung soll nur zum Beginn eines Haushaltsjahres wirksam und mindestens drei Monate vorher angekündigt werden. [2]Im Einvernehmen mit dem neuen Träger der Straßenbaulast kann ein anderer Zeitpunkt bestimmt werden.

(6) [1]Im Falle der Abstufung einer Bundesfernstraße bestimmt das für das Straßenwesen zuständige Ministerium die neue Straßengruppe. [2]Der neue Träger der Straßenbaulast ist vorher zu hören.

§ 9 Straßenbaulast. (1) [1]Die Straßenbaulast umfaßt alle mit dem Bau und der Unterhaltung zusammenhängenden Aufgaben. [2]Die Träger der Straßenbaulast haben nach ihrer Leistungsfähigkeit die Straßen in einem dem regelmäßigen Verkehrsbedürfnis genügenden Zustand zu bauen, um- und auszubauen, zu erweitern oder sonst zu verbessern sowie zu unterhalten. [3]Soweit sie hierzu unter Berücksichtigung ihrer Leistungsfähigkeit außerstande sind, haben sie auf den nicht verkehrssicheren Zustand vorbehaltlich anderweitiger Anordnungen der Straßenverkehrsbehörden durch Verkehrszeichen oder Verkehrseinrichtungen hinzuweisen.

(2) [1]Beim Bau und bei der Unterhaltung der Straßen sind die allgemein anerkannten Regeln der Technik, die Belange des Umweltschutzes, des Städtebaus, des öffentlichen Personennahverkehrs, der im Straßenverkehr besonders gefährdeten Personengruppen sowie des Rad- und Fußgängerverkehrs angemessen zu berücksichtigen. [2]Die Belange von Menschen mit Behinderung und anderer Menschen mit Mobilitätsbeeinträchtigung sind mit dem Ziel zu berücksichtigen, möglichst weitgehende Barrierefreiheit zu erreichen.

(3) [1]Die Träger der Straßenbaulast sollen nach besten Kräften über die ihnen nach Absatz 1 obliegenden Aufgaben hinaus bei Schnee und Eisglätte räumen und streuen. [2]Die Vorschriften des Gesetzes über die Reinigung öffentlicher Straßen bleiben unberührt.

§ 9a Hoheitsverwaltung, bautechnische Sicherheit. (1) [1]Die mit dem Bau und der Unterhaltung der öffentlichen Straßen einschließlich der Bundesfernstraßen zusammenhängenden Aufgaben obliegen den Bediensteten der damit befaßten Körperschaften als Amtspflichten in Ausübung hoheitlicher Tätigkeit. [2]Das gleiche gilt für die Erhaltung der Verkehrssicherheit.

(2) [1]Die Straßen sind so herzustellen und zu unterhalten, daß sie den Erfordernissen der Sicherheit und Ordnung genügen. [2]Einer Genehmigung, Zustim-

mung, Anzeige, Erlaubnis, Überwachung und Abnahme bedarf es, ausgenommen für Gebäude, nicht, wenn die baulichen Anlagen zur Erfüllung der Straßenbaulast unter verantwortlicher Leitung einer Straßenbaubehörde erstellt werden. [3]Satz 2 gilt für bauliche Anlagen von Gemeinden nur dann, wenn diese untere Bauaufsichtsbehörden gemäß § 60 Absatz 1 Nummer 3 der Landesbauordnung in der Fassung der Bekanntmachung vom 1. März 2000 (GV. NRW. S. 256), die zuletzt durch Artikel 2 des Gesetzes vom 20. Mai 2014 (GV. NRW. S. 294) geändert worden ist, sind. [4]Die Straßenbaubehörde trägt die Verantwortung dafür, daß die öffentlich-rechtlichen Vorschriften eingehalten und die sicherheitstechnischen Erfordernisse erfüllt werden.

(3) Die Straßenbaubehörde kann bestimmte Aufgaben, die ihr aufgrund des Absatzes 2 anstelle der Bauaufsichtsbehörde obliegen, nach den für die Bauaufsichtsbehörde geltenden Vorschriften auf besondere Sachverständige übertragen.

(4) Absatz 3 gilt für die Verwaltung der Bundesfernstraßen entsprechend.

2. Abschnitt

Eigentum

§ 10 Wechsel der Straßenbaulast. (1) Beim Wechsel der Straßenbaulast gehen das Eigentum des bisherigen Trägers der Straßenbaulast an der Straße sowie alle Rechte und Pflichten, die mit der Straße im Zusammenhang stehen, entschädigungslos auf den neuen Träger der Straßenbaulast über, soweit das Eigentum bisher bereits dem Land, einer Gemeinde oder einem Gemeindeverband zustand.

(2) Absatz 1 gilt nicht für

1. das Eigentum an Nebenanlagen (§ 2 Abs. 2 Nr. 4);
2. das Eigentum an Leitungen, die der bisherige Träger der Straßenbaulast für Zwecke der öffentlichen Ver- und Entsorgung in die Straße verlegt hat;
3. Rechte und Pflichten des bisherigen Trägers der Straßenbaulast aus Gebietsversorgungsverträgen;
4. Verbindlichkeiten des bisherigen Trägers der Straßenbaulast aus der Durchführung früherer Bau- und Unterhaltungsmaßnahmen.

(3) [1]Hat der bisherige Eigentümer berechtigterweise besondere Anlagen in der Straße gehalten, so ist der neue Eigentümer verpflichtet, diese in dem bisherigen Umfang zu dulden. [2]§ 18 Abs. 3 und 4 und § 16 gelten entsprechend.

(4) [1]Der bisherige Träger der Straßenbaulast hat dem neuen Träger der Straßenbaulast dafür einzustehen, daß sich die Straße in dem durch die bisherige Straßengruppe gebotenen Umfang in einem der Verkehrssicherheit und der ordnungsgemäßen Unterhaltung entsprechenden Zustand befindet und er den notwendigen Grunderwerb durchgeführt hat. [2]Ist eine abzustufende Straße nicht ordnungsgemäß ausgebaut, so hat er dafür nur insoweit einzustehen, als der Ausbauzustand hinter den Anforderungen der künftigen Straßengruppe zurückbleibt.

(5) [1]Hat der bisherige Träger der Straßenbaulast für den Bau oder die Änderung der Straße das Eigentum an einem Grundstück erworben, so hat der neue Träger der Straßenbaulast einen Anspruch auf Übertragung des Eigentums. [2]Steht dem bisherigen Träger der Straßenbaulast ein für Zwecke des Satzes 1 erworbener Anspruch auf Übertragung des Eigentums an einem Grundstück zu, so ist er verpflichtet, das Eigentum an dem Grundstück zu erwerben und nach Erwerb auf den neuen Träger der Straßenbaulast zu übertragen. [3]Die Verpflichtungen nach den Sätzen 1 und 2 bestehen nur insoweit, als das Grundstück dauernd für die Straße benötigt wird. [4]Dem bisherigen Träger der Straßenbaulast steht für Verbindlichkeiten, die nach dem Wechsel der Straßenbaulast fällig werden, gegen den neuen Träger der Straßenbaulast ein Anspruch auf Erstattung der Aufwendungen zu. [5]Im übrigen wird das Eigentum ohne Entschädigung übertragen.

§ 11 Eigentumserwerb. (1) Der Träger der Straßenbaulast soll das Eigentum an den der Straße dienenden Grundstücken erwerben.

(2) [1]Stehen die für die Straße in Anspruch genommenen Grundstücke nicht im Eigentum des Trägers der Straßenbaulast, so hat dieser auf Antrag des Eigentümers oder eines sonst dinglich Berechtigten die Grundstücke spätestens innerhalb einer Frist von fünf Jahren seit Inbesitznahme zu erwerben. [2]Diese Frist ist gehemmt, solange der Erwerb der Grundstücke durch vom Träger der Straßenbaulast nicht zu vertretende Umstände verzögert wird. [3]Waren bei Inkrafttreten dieses Gesetzes bereits Grundstücke für eine Straße in Anspruch genommen, so beginnt die Frist mit Inkrafttreten dieses Gesetzes zu laufen. [4]Kommt der Träger der Straßenbaulast dieser Verpflichtung nicht nach, so kann der Berechtigte die ihm nach den §§ 10 bis 13 des Landesenteignungs- und -entschädigungsgesetzes zustehenden Ansprüche unmittelbar bei der Enteignungsbehörde geltend machen. [5]Für das Verfahren gelten die §§ 27 und 28 des Landesenteignungs- und -entschädigungsgesetzes.

(3) [1]Ist eine Planfeststellung oder eine Plangenehmigung nach § 38 nicht erfolgt und sind Grundstücke für die Straße in Anspruch genommen worden, so stellt die Enteignungsbehörde auf Antrag des Trägers der Straßenbaulast im Enteignungsbeschluß zugleich die Zulässigkeit der Enteignung fest. [2]§ 4 Abs. 1 und 2 des Landesenteignungs- und -entschädigungsgesetzes ist anzuwenden.

(4) Ist bei Inkrafttreten dieses Gesetzes dem Träger der Straßenbaulast durch eine Dienstbarkeit oder ein sonstiges dingliches Recht die Verfügungsbefugnis eingeräumt, gilt Absatz 2 nicht, solange dieses Recht besteht.

(5) Bis zum Erwerb der für die Straße in Anspruch genommenen Grundstücke nach Maßgabe des Absatzes 2 oder 3 stehen dem Träger der Straßenbaulast die Rechte und Pflichten des Eigentümers der Ausübung nach in dem Umfange zu, in dem dies die Aufrechterhaltung des Gemeingebrauchs erfordert.

§ 12 Rückübertragung von Eigentum und Vorkaufsrecht. (1) Bei Einziehung einer Straße kann der frühere Eigentümer, wenn das Eigentum nach § 10

Abs. 1 übergegangen war, innerhalb eines Jahres verlangen, daß ihm das Eigentum ohne Entschädigung zurückübertragen wird.

(2) [1]Waren die für die eingezogene Straße in Anspruch genommenen Grundstücke außerhalb eines Enteignungsverfahrens durch Vertrag erworben, so steht dem jeweiligen Eigentümer des durch den ursprünglichen Erwerb verkleinerten Grundstücks ein gesetzliches Vorkaufsrecht zu. [2]Durch eine Rückübertragung des Eigentums nach Absatz 1 wird dieses Vorkaufsrecht nicht berührt.

(3) [1]Auf das Vorkaufsrecht (Absatz 2) sind die §§ 504 bis 510, 513, 1098 Abs. 2, 1099 bis 1102 und 1103 Abs. 1 des Bürgerlichen Gesetzbuchs entsprechend anzuwenden. [2]Das Vorkaufsrecht bedarf nicht der Eintragung in das Grundbuch.

§ 13 Grundbuchberichtigung und Vermessung. (1) [1]Beim Übergang des Eigentums nach § 10 Abs. 1 ist der Antrag auf Berichtigung des Grundbuchs von der Straßenbaubehörde des neuen Trägers der Straßenbaulast zu stellen. [2]Der Antrag muß vom Leiter der Behörde oder seinem Vertreter unterschrieben und mit dem Dienstsiegel oder Dienststempel versehen sein. [3]Zum Nachweis des Eigentums gegenüber dem Grundbuchamt genügt die in den Antrag aufzunehmende Erklärung, daß das Grundstück dem neuen Träger der Straßenbaulast gehört.

(2) Die Kosten der Vermessung und Vermarkung eines nach § 10 Abs. 1 übergehenden Grundstücks hat der neue Träger der Straßenbaulast zu tragen.

(3) Wird das Eigentum nach § 12 Abs. 1 zurückübertragen, so hat der bisherige Träger der Straßenbaulast die Kosten für die Vermessung, die Vermarkung und Beurkundung zu tragen.

(4) Für die Eintragung des Eigentumsübergangs in das Grundbuch werden in den Fällen des § 10 Absatz 1 oder des § 12 Absatz 1 Kosten nach dem Gerichts- und Notarkostengesetz vom 23. Juli 2013 (BGBl. I S. 2568), das zuletzt durch Artikel 4 des Gesetzes vom 23. November 2015 (BGBl. I S. 2090) geändert worden ist, nicht erhoben.

3. Abschnitt
Gemeingebrauch, Sondernutzungen und sonstige Benutzung

§ 14 Gemeingebrauch. (1) [1]Der Gebrauch der öffentlichen Straßen ist jedermann im Rahmen der Widmung und der verkehrsrechtlichen Vorschriften gestattet (Gemeingebrauch). [2]Auf die Aufrechterhaltung des Gemeingebrauchs besteht kein Rechtsanspruch.

(2) Im Rahmen des Gemeingebrauchs hat der fließende Verkehr den Vorrang vor dem ruhenden, soweit sich aus der Widmung der Straße und dem Straßenverkehrsrecht nichts anderes ergibt.

(3) [1]Kein Gemeingebrauch liegt vor, wenn die Straße nicht vorwiegend zu dem Verkehr benutzt wird, dem sie zu dienen bestimmt ist. [2]Der Straßenanliegergebrauch (§ 14a) bleibt unberührt.

(4) Die Erhebung von Gebühren für die Ausübung des Gemeingebrauchs bedarf einer besonderen gesetzlichen Regelung.

§ 14a Straßenanliegergebrauch. (1) Eigentümer und Besitzer von Grundstücken, die an einer öffentlichen Straße gelegen sind (Straßenanlieger), dürfen innerhalb der geschlossenen Ortslage die an die Grundstücke angrenzenden Straßenteile über den Gemeingebrauch hinaus benutzen, soweit diese Benutzung zur Nutzung des Grundstücks erforderlich ist, den Gemeingebrauch nicht dauernd ausschließt oder erheblich beeinträchtigt oder in den Straßenkörper eingreift.

(2) Den Straßenanliegern steht unbeschadet des § 20 Abs. 5 kein Anspruch darauf zu, daß die Straße nicht geändert oder eingezogen wird.

§ 15 Beschränkungen des Gemeingebrauchs. (1) [1]Der Gemeingebrauch kann vorbehaltlich anderer Anordnungen der Straßenverkehrsbehörden durch die Straßenbaubehörden beschränkt werden, wenn dies wegen des baulichen Zustandes der Straße notwendig ist. [2]Die Beschränkungen sind von der Straßenbaubehörde in einer den Verkehrsbedürfnissen entsprechenden Weise kenntlich zu machen. [3]Die Straßenverkehrsbehörde sowie die Gemeinden, die die Straße berührt, sind rechtzeitig vor der beabsichtigten Beschränkung des Gemeingebrauchs zu unterrichten; in unvorhergesehenen Fällen ist die Benachrichtigung nachzuholen. [4]Die Vorschriften über die Einziehung und Teileinziehung (§ 7) bleiben unberührt.

(2) Der Träger der Straßenbaulast für eine Straße, deren Gemeingebrauch durch die Straßenbaubehörde dauernd beschränkt wird, ist verpflichtet, die Kosten für die Herstellung der erforderlichen Ersatzstraßen oder -wege zu erstatten, es sei denn, daß er die Herstellung auf Antrag des zuständigen Trägers der Straßenbaulast der Ersatzstraße oder des Ersatzweges selbst übernimmt.

§ 16 Vergütung von Mehrkosten. (1) [1]Wenn eine Straße wegen der Art des Gebrauchs durch einen anderen aufwendiger hergestellt oder ausgebaut werden muß, als es dem regelmäßigen Verkehrsbedürfnis entspricht, hat der andere dem Träger der Straßenbaulast die Mehrkosten für den Bau und die Unterhaltung zu vergüten. [2]Das gilt nicht für Bushaltestellenbuchten und die Sonderfahrstreifen des Linien- und Schulbusverkehrs. [3]Der Träger der Straßenbaulast kann angemessene Vorauszahlungen oder Sicherheiten verlangen.

(2) Absatz 1 gilt entsprechend, wenn eine Straße aus anderen Gründen auf Veranlassung eines anderen aufwendiger hergestellt oder ausgebaut wird oder wenn Anlagen errichtet oder umgestaltet werden müssen, ohne daß der Träger der Straßenbaulast in Erfüllung seiner Aufgaben aus der Straßenbaulast oder aufgrund besonderer gesetzlicher Vorschriften dazu verpflichtet ist.

§ 16a Umleitungen. (1) Bei vorübergehenden Verkehrsbeschränkungen auf Straßen nach § 15 Abs. 1 sind die Träger der Straßenbaulast anderer öffentlicher Straßen einschließlich der Bundesfernstraßen verpflichtet, die Umleitung des Verkehrs auf ihren Straßen zu dulden.

(2) [1]Vor Anordnung einer Beschränkung sind der Träger der Straßenbaulast der Umleitungsstrecke, die Straßenverkehrsbehörden und die Gemeinden, deren Gebiet die Straße berührt, zu unterrichten. [2]Die Straßenbaubehörde hat im Benehmen mit dem Träger der Straßenbaulast der Umleitungsstrecke festzustellen, welche Maßnahmen notwendig sind, um die Umleitungsstrecke für die Aufnahme des zusätzlichen Verkehrs verkehrssicher zu machen. [3]Die hierfür nötigen Mehraufwendungen sind dem Träger der Straßenbaulast der Umleitungsstrecke zu erstatten. [4]Dies gilt auch für die Aufwendungen, die der Träger der Straßenbaulast der Umleitungsstrecke zur Beseitigung der durch die Umleitung verursachten Schäden machen muß.

(3) [1]Muß die Umleitung ganz oder zum Teil über private Wege geleitet werden, die dem öffentlichen Verkehr dienen, so ist der Eigentümer zur Duldung der Umleitung verpflichtet. [2]Absatz 2 Sätze 2 und 3 gelten entsprechend. [3]Der Träger der Straßenbaulast ist verpflichtet, nach Aufhebung der Umleitung auf Antrag des Eigentümers den früheren Zustand des Weges wiederherzustellen.

(4) Die Absätze 1 und 3 gelten entsprechend, wenn neue Landes- oder Kreisstraßen vorübergehend über andere dem öffentlichen Verkehr dienende Straßen oder Wege an das Straßennetz angeschlossen werden müssen.

§ 17 Verunreinigung, Abfall. (1) Wer eine Straße über das übliche Maß hinaus verunreinigt, hat die Verunreinigung ohne Aufforderung unverzüglich zu beseitigen; andernfalls kann der Träger der Straßenbaulast die Verunreinigung auf Kosten des Verursachers beseitigen.

(2) [1]Der Träger der Straßenbaulast kann Abfall, der im Bereich von Straßen außerhalb im Zusammenhang bebauter Ortsteile fortgeworfen oder verbotswidrig gelagert wird, auf Kosten des Verursachers entsorgen. [2]Dies gilt auch für Bundesfernstraßen.

§ 18 Sondernutzungen. (1) [1]Die Benutzung der Straßen über den Gemeingebrauch hinaus ist unbeschadet des § 14a Abs. 1 Sondernutzung. [2]Die Sondernutzung bedarf der Erlaubnis der Straßenbaubehörde. [3]In Ortsdurchfahrten bedarf sie der Erlaubnis der Gemeinde; soweit die Gemeinde nicht Träger der Straßenbaulast ist, darf sie die Erlaubnis nur mit Zustimmung der Straßenbaubehörde erteilen. [4]Eine Erlaubnis soll nicht erteilt werden, wenn Menschen mit Behinderung durch die Sondernutzung in der Ausübung des Gemeingebrauchs erheblich beeinträchtigt werden.

(2) [1]Die Erlaubnis darf nur auf Zeit oder auf Widerruf erteilt werden. [2]Sie kann mit Bedingungen und mit Auflagen verbunden werden. [3]Ist die Gemeinde nicht Träger der Straßenbaulast, so hat sie eine widerruflich erteilte Erlaubnis zu widerrufen, wenn die Straßenbaubehörde dies aus Gründen des Straßenbaues oder der Sicherheit oder Leichtigkeit des Verkehrs verlangt.

(3) [1]Der Erlaubnisnehmer hat auf Verlangen der für die Erlaubnis zuständigen Behörde die mit der Sondernutzung verbundenen Anlagen auf seine Kosten zu ändern und dem Träger der Straßenbaulast alle Kosten zu ersetzen, die diesem durch die Sondernutzung zusätzlich entstehen. [2]Hierfür kann der Träger der Straßenbaulast angemessene Vorauszahlungen oder Sicherheiten verlangen.

(4) [1]Der Erlaubnisnehmer ist verpflichtet, die mit der Sondernutzung verbundenen Anlagen nach den bestehenden gesetzlichen Vorschriften und anerkannten Regeln der Technik zu errichten und zu unterhalten. [2]Arbeiten an der Straße bedürfen der Zustimmung der Straßenbaubehörde. [3]Beim Erlöschen oder beim Widerruf der Erlaubnis sowie bei der Einziehung der Straße hat der Erlaubnisnehmer auf Verlangen der Straßenbaubehörde innerhalb einer angemessenen Frist die Anlagen zu entfernen und den benutzten Straßenteil in einen ordnungsgemäßen Zustand zu versetzen.

(5) Wechselt der Träger der Straßenbaulast, so bleibt eine nach Absatz 1 erteilte Erlaubnis bestehen.

(6) Der Erlaubnisnehmer hat gegen den Träger der Straßenbaulast keinen Ersatzanspruch bei Widerruf der Erlaubnis oder bei Sperrung, Änderung oder Einziehung der Straße.

(7) Sonstige nach öffentlichem Recht erforderliche Genehmigungen, Erlaubnisse oder Bewilligungen werden durch die Sondernutzungserlaubnis nicht ersetzt.

§ 19 Sondernutzungen an Ortsdurchfahrten und an Gemeindestraßen. [1]Die Gemeinde kann durch Satzung bestimmte Sondernutzungen in den Ortsdurchfahrten und in den Gemeindestraßen von der Erlaubnispflicht befreien und die Ausübung regeln. [2]Die Satzung bedarf für die nicht in der Baulast der Gemeinde stehenden Ortsdurchfahrten der Zustimmung des Trägers der Straßenbaulast.

§ 19a Sondernutzungsgebühren. (1) [1]Für Sondernutzungen können Gebühren erhoben werden. [2]Sie stehen in Ortsdurchfahrten den Gemeinden, im übrigen dem Träger der Straßenbaulast zu.

(2) [1]Die Kreise und Gemeinden können die Gebühren nur aufgrund von Satzungen erheben. [2]Das für das Straßenwesen zuständige Ministerium wird ermächtigt, die Höhe der Gebühren durch Rechtsverordnung zu regeln, soweit sie dem Land als Träger der Straßenbaulast zustehen. [3]Bei Bemessung der Gebühren sind Art und Ausmaß der Einwirkung auf die Straße und den Gemeingebrauch sowie das wirtschaftliche Interesse des Gebührenschuldners zu berücksichtigen.

§ 20 Straßenanlieger, Zufahrten, Zugänge. (1) [1]Zufahrten sind die für die Benutzung mit Fahrzeugen bestimmten Verbindungen von anliegenden Grundstücken und von nicht öffentlichen Wegen mit Straßen. [2]Die Anlage neuer oder die wesentliche Änderung bestehender Zufahrten oder Zugänge zu einer Landesstraße, einer Radschnellverbindung des Landes oder einer Kreisstraße außerhalb von Ortsdurchfahrten gilt als Sondernutzung. [3]Dies gilt auch, wenn eine Zufahrt oder ein Zugang gegenüber dem bisherigen Zustand einem wesentlich größeren oder andersartigen Verkehr dienen soll.

(2) § 18 Abs. 4 findet mit der Maßgabe Anwendung, daß die Straßenbaubehörde von dem Erlaubnisnehmer alle Maßnahmen hinsichtlich der örtlichen Lage, der Art und Ausgestaltung der Zufahrt oder des Zugangs verlangen kann, die aus Gründen der Sicherheit oder Leichtigkeit des Verkehrs erforderlich sind.

(3) Einer Erlaubnis nach § 18 bedarf es nicht,

a) wenn Zufahrten oder Zugänge zu baulichen Anlagen geschaffen oder geändert werden, für welche eine Zustimmung oder Genehmigung nach § 25 erteilt wird oder als erteilt gilt;
b) wenn der Bau oder die Änderung von Zufahrten oder Zugängen in einem Flurbereinigungsverfahren oder in einem anderen förmlichen Verfahren unanfechtbar angeordnet ist.

(4) Für die Unterhaltung der Zufahrten und Zugänge, die nicht auf einer Erlaubnis nach § 18 beruhen, gelten § 18 Abs. 4 Sätze 1 und 2 sowie § 22 entsprechend.

(5) [1]Werden durch die Änderung oder Einziehung einer Straße Zufahrten oder Zugänge zu Grundstücken auf Dauer unterbrochen oder wird die Benutzung erheblich erschwert, so hat der Träger der Straßenbaulast einen angemessenen Ersatz zu schaffen oder, soweit dies nicht zumutbar ist, eine angemessene Entschädigung in Geld zu leisten. [2]Mehrere Anliegergrundstücke können durch eine gemeinsame Zufahrt angeschlossen werden, deren Unterhaltung nach Absatz 4 den Anliegern gemeinsam obliegt. [3]Die Verpflichtung nach Satz 1 entsteht nicht, wenn die Grundstücke eine anderweitige ausreichende Verbindung zu dem öffentlichen Straßennetz besitzen oder wenn die Zufahrten oder Zugänge auf einer widerruflichen Erlaubnis beruhen. [4]§ 42 Abs. 2 findet Anwendung.

(6) [1]Werden durch Straßenarbeiten Zufahrten oder Zugänge für längere Zeit unterbrochen oder wird ihre Benutzung erheblich erschwert, ohne daß von Behelfsmaßnahmen eine wesentliche Entlastung ausgeht, und wird dadurch die wirtschaftliche Existenz eines anliegenden Betriebes gefährdet, so kann dessen Inhaber eine Entschädigung in Höhe des Betrages beanspruchen, der erforderlich ist, um das Fortbestehen des Betriebes bei Anspannung der eigenen Kräfte und unter Berücksichtigung der gegebenen Anpassungsmöglichkeiten zu sichern. [2]Der Anspruch richtet sich gegen den, zu dessen Gunsten die Arbeiten im Straßenbereich erfolgen. [3]Beruhen Zufahrten oder Zugänge auf einer widerruflichen Erlaubnis, so besteht kein Anspruch. [4]Absatz 5 Sätze 3 und 4 gelten entsprechend.

(7) [1]Soweit es die Sicherheit oder Leichtigkeit des Verkehrs erfordert, kann die Straßenbaubehörde nach Anhörung der Betroffenen anordnen, daß Zufahr-

ten oder Zugänge geändert oder verlegt oder, wenn das Grundstück eine anderweitige ausreichende Verbindung zu dem öffentlichen Straßennetz besitzt, geschlossen werden. [2]Absatz 5 gilt entsprechend. [3]Die Befugnis zum Widerruf einer Erlaubnis nach § 18 Abs. 2 bleibt unberührt.

(8) [1]Wird durch den Bau oder die Änderung einer Straße der Zutritt von Licht oder Luft zu einem Grundstück auf Dauer entzogen oder erheblich beeinträchtigt, hat der Träger der Straßenbaulast für dadurch entstehende Vermögensnachteile eine angemessene Entschädigung in Geld zu leisten. [2]§ 42 Abs. 2 findet Anwendung.

(9) Hat der Entschädigungsberechtigte die Entstehung eines Vermögensschadens mitverursacht, so gilt § 254 des Bürgerlichen Gesetzbuches entsprechend.

§ 21 Besondere Veranstaltungen. [1]Ist nach den Vorschriften des Straßenverkehrsrechts eine Erlaubnis für eine übermäßige Straßenbenutzung oder eine Ausnahmegenehmigung erforderlich, so bedarf es keiner Erlaubnis nach § 18 Abs. 1. [2]Vor ihrer Entscheidung hat die hierfür zuständige Behörde die sonst für die Sondernutzungserlaubnis zuständige Behörde zu hören. [3]Die von dieser geforderten Bedingungen, Auflagen und Sondernutzungsgebühren sind dem Antragsteller in der Erlaubnis oder der Ausnahmegenehmigung aufzuerlegen.

§ 22 Unerlaubte Benutzung einer Straße. [1]Wird eine Straße ohne die erforderliche Erlaubnis benutzt oder kommt der Erlaubnisnehmer seinen Verpflichtungen nicht nach, so kann die für die Erteilung der Sondernutzungserlaubnis zuständige Behörde die erforderlichen Maßnahmen zur Beendigung der Benutzung oder zur Erfüllung der Auflagen anordnen. [2]Sind solche Anordnungen nicht oder nur unter unverhältnismäßigem Aufwand möglich oder nicht erfolgversprechend, so kann sie den rechtswidrigen Zustand auf Kosten des Pflichtigen beseitigen oder beseitigen lassen.

§ 23 Sonstige Benutzung. (1) Die Einräumung von Rechten zur Benutzung des Eigentums an Straßen richtet sich nach bürgerlichem Recht, wenn sie den Gemeingebrauch nicht beeinträchtigt, wobei eine vorübergehende Beeinträchtigung für Zwecke der öffentlichen Versorgung oder der Entsorgung außer Betracht bleibt.

(2) In Ortsdurchfahrten, deren Straßenbaulast nicht bei der Gemeinde liegt, hat der Träger der Straßenbaulast auf Antrag der Gemeinde die Verlegung von Leitungen, die für Zwecke der öffentlichen Versorgung oder Entsorgung der Gemeinde erforderlich sind, unentgeltlich zu gestatten.

(3) [1]Im übrigen dürfen in Ortsdurchfahrten, deren Straßenbaulast nicht bei der Gemeinde liegt, Leitungen für Zwecke der öffentlichen Versorgung und Entsorgung nur mit Zustimmung der Gemeinde verlegt werden. [2]Die Zustimmung ist zu erteilen, wenn es das Wohl der Allgemeinheit erfordert. [3]Der Zustimmung bedarf es nicht, wenn es sich um Leitungen eines Unternehmens han-

delt, das das Recht hat, die Gemeindestraßen zur Versorgung oder Entsorgung des Gemeindegebietes zu benutzen.

(4) § 18 Abs. 4 bleibt unberührt.

(5) Soweit nicht eine vertragliche Regelung besteht, gelten § 18 Abs. 3 und 4 entsprechend.

§ 24 Enteignungsbeschränkung. Die Enteignung einer Straße ist nur insoweit zulässig, als die mit der Enteignung angestrebte Benutzung weder im Widerspruch zur Widmung steht noch den Bestand der Straße beeinträchtigt.

4. Abschnitt

Anbau an Straßen und Schutzmaßnahmen

§ 25 Bauliche Anlagen an Straßen. (1) Außerhalb der Ortsdurchfahrten bedürfen Baugenehmigungen oder nach anderen Vorschriften notwendige Genehmigungen der Zustimmung der Straßenbaubehörde, wenn bauliche Anlagen jeder Art

1. längs der Landesstraßen, Radschnellverbindungen des Landes und Kreisstraßen in einer Entfernung bis zu 40 m, gemessen vom äußeren Rand der für den Kraftfahrzeugverkehr, bei einer Radschnellverbindung des Landes der für den Fahrradverkehr bestimmten Fahrbahn, errichtet, erheblich geändert oder anders genutzt werden sollen;
2. über Zufahrten oder Zugänge an Landesstraßen, Radschnellverbindungen des Landes und Kreisstraßen unmittelbar oder mittelbar angeschlossen oder bei bereits bestehendem Anschluss erheblich geändert oder anders genutzt werden sollen.

(2) [1]Die Zustimmung nach Absatz 1 darf nur versagt oder mit Bedingungen und Auflagen erteilt werden, wenn eine konkrete Beeinträchtigung der Sicherheit oder Leichtigkeit des Verkehrs zu erwarten ist oder Ausbauabsichten sowie Straßenbaugestaltung dies erfordern. [2]Die Zustimmung gilt als erteilt, wenn sie nicht innerhalb von zwei Monaten nach Eingang der erforderlichen Antragsunterlagen bei der Straßenbaubehörde unter Angabe der Gründe versagt wird.* ** [3]Diese Belange sind auch bei der Erteilung von Baugenehmigungen innerhalb der Ortsdurchfahrten von Landesstraßen, Radschnellverbindungen des Landes und Kreisstraßen zu beachten.

* Abweichung für die Modellregion Ostwestfalen-Lippe (GV NRW 2004, S. 134).

** Gemäß § 2 Nr. 1 a) i.V.m. § 5 Abs. 3 S. 1, 4 des Ersten Gesetzes zum Bürokratieabbau [Bürokratieabbaugesetz I] v. 13.3.2007 (GV NRW S. 133) gilt für Verwaltungsakte, die vor dem Ablauf des 31.12.10 bekanntgegeben worden sind, Folgendes: „Abweichend von § 25 Abs. 2 Satz 2 StrWG gilt die Zustimmung als erteilt, wenn sie nicht innerhalb eines Monats nach Eingang der erforderlichen Antragsunterlagen bei der Straßenbaubehörde unter Angaben von Gründen versagt wird."

(3) Bei geplanten Landesstraßen, Radschnellverbindungen des Landes und Kreisstraßen gelten die Beschränkungen des Absatzes 1 vom Beginn der Auslegung der Pläne im Planfeststellungsverfahren oder von dem Zeitpunkt an, in dem gemäß § 73 Absatz 3 des Verwaltungsverfahrensgesetzes für das Land Nordrhein-Westfalen in der Fassung der Bekanntmachung vom 12. November 1999 (GV. NRW. S. 602), das zuletzt durch Artikel 1 des Gesetzes vom 20. Mai 2014 (GV. NRW. S. 294) geändert worden ist, den Betroffenen und Vereinigungen Gelegenheit gegeben worden ist, den Plan einzusehen.

(4) [1]Bedürfen die baulichen Anlagen im Sinne des Absatzes 1 keiner Baugenehmigung oder keiner Genehmigung nach anderen Vorschriften, so tritt an die Stelle der Zustimmung die Genehmigung der Straßenbaubehörde. [2]Die Genehmigung gilt als erteilt, wenn sie nicht innerhalb eines Monats nach Eingang der erforderlichen Antragsunterlagen versagt wird.* [3]Das für das Straßenwesen zuständige Ministerium kann im Benehmen mit dem für die Bauaufsicht zuständigen Ministerium für bestimmte Fälle allgemein festlegen, daß die Genehmigung nicht erforderlich ist.

(5) Die Absätze 1 bis 4 gelten nicht, soweit das Bauvorhaben den Festsetzungen eines Bebauungsplanes entspricht (§ 9 Baugesetzbuch), der mindestens die Begrenzung der Verkehrsflächen sowie die an diesen gelegenen überbaubaren Grundstücksflächen enthält und unter Mitwirkung des Trägers der Straßenbaulast zustandegekommen ist.

(6) [1]Die Gemeinden können durch Satzung vorschreiben, daß bestimmte Gemeindestraßen außerhalb der geschlossenen Ortslage vom Anbau im Sinne des Absatzes 1 und von Zufahrten zu Bauanlagen freizuhalten sind, soweit dies für die Sicherheit oder Leichtigkeit des Verkehrs erforderlich ist. [2]Dabei kann der Abstand geringer festgesetzt werden.

§ 26 Entschädigung bei Anbaubeschränkungen. (1) [1]Wird infolge der Anwendung des § 25 die bauliche Nutzung eines Grundstücks, auf deren Zulassung bisher ein Rechtsanspruch bestand, ganz oder teilweise aufgehoben, so kann der Eigentümer insoweit eine angemessene Entschädigung in Geld verlangen, als seine Vorbereitungen zur baulichen Nutzung des Grundstücks in dem bisher zulässigen Umfang für ihn an Wert verlieren oder eine wesentliche Wertminderung des Grundstücks eintritt. [2]Zur Entschädigung ist der Träger der Straßenbaulast verpflichtet. [3]§ 42 Abs. 2 findet Anwendung.

(2) Im Falle des § 25 Abs. 3 entsteht der Anspruch nach Absatz 1 erst, wenn der Plan festgestellt oder genehmigt oder mit seiner Ausführung begonnen wor-

---

* Gemäß § 2 Nr. 1 a) i.V.m. § 5 Abs. 3 S. 1, 4 des Ersten Gesetzes zum Bürokratieabbau [Bürokratieabbaugesetz I] v. 13.3.2007 (GV NRW S. 133) gilt für Verwaltungsakte, die vor dem Ablauf des 31.12.11 bekanntgegeben worden sind, Folgendes:
„Abweichend von § 25 Abs. 4 Satz 2 StrWG gilt die Genehmigung als erteilt, wenn sie nicht innerhalb eines Monats nach Eingang der erforderlichen Antragsunterlagen versagt wird."

den ist, spätestens jedoch nach Ablauf von vier Jahren, nachdem die Beschränkungen des § 25 Abs. 1 in Kraft getreten sind.

§ 27 Freihaltung der Sicht bei Kreuzungen und Einmündungen. (1) [1]Bauliche Anlagen jeder Art dürfen außerhalb der Ortsdurchfahrten nicht errichtet oder geändert werden, wenn dadurch die Sicht bei höhengleichen Kreuzungen von Straßen oder von Straßen mit dem öffentlichen Verkehr dienenden Schienenbahnen behindert und die Verkehrssicherheit beeinträchtigt wird. [2]Das gleiche gilt auch für die höhengleichen Einmündungen von Straßen.

(2) § 26 ist entsprechend anzuwenden.

§ 28 Anlagen der Außenwerbung. (1) [1]Anlagen der Außenwerbung dürfen außerhalb der Ortsdurchfahrten von Landesstraßen, Radschnellverbindungen des Landes und Kreisstraßen in einer Entfernung bis zu 20 m, gemessen vom äußeren Rand der für den Kraftfahrzeugverkehr, bei einer Radschnellverbindung des Landes der für den Fahrradverkehr bestimmten Fahrbahn, nicht errichtet werden. [2]Im übrigen stehen sie den baulichen Anlagen des § 25 Abs. 1 und des § 27 gleich. [3]Für nichtamtliche Hinweiszeichen bis zu einer Größe von 1 m^2 und für Anlagen gemäß § 13 Abs. 3 Nrn. 1 und 2 der Landesbauordnung und für Werbeanlagen an Fahrgastunterständen des öffentlichen Personenverkehrs oder der Schülerbeförderung soll die Straßenbaubehörde Ausnahmen vom Verbot des Satzes 1 zulassen, wenn eine konkrete Beeinträchtigung der Sicherheit oder Leichtigkeit des Verkehrs nicht zu erwarten ist.* ** [4]Ausnahmen können mit Bedingungen und Auflagen versehen werden. [5]Für Anlagen nach Satz 3, die einer Baugenehmigung bedürfen, darf die Baugenehmigung nur mit vorheriger Zustimmung der Straßenbaubehörde erteilt werden.

(2) An und auf Brücken über Landesstraßen, Radschnellverbindungen des Landes und Kreisstraßen außerhalb der Ortsdurchfahrten dürfen Anlagen der Außenwerbung nicht angebracht oder aufgestellt werden.

(3) Weitergehende bundes- oder landesrechtliche Vorschriften bleiben unberührt.

§ 29 *(weggefallen)*

§ 30 Schutzmaßnahmen. (1) Die Eigentümer und die Besitzer von Grundstücken an öffentlichen Straßen haben die zum Schutze der Straße vor nachtei-

---

* Abweichung für die Modellregion Ostwestfalen-Lippe (GV NRW 2004, S. 134).

** Gemäß § 2 Nr. 1 b) i.V.m. § 5 Abs. 3 S. 2, 4 des Ersten Gesetzes zum Bürokratieabbau [Bürokratieabbaugesetz I] v. 13.3.2007 (GV NRW S. 133) gilt für Verwaltungsakte, die vor dem Ablauf des 31.12.11 bekanntgegeben worden sind, Folgendes: „Abweichend von § 28 Abs. 1 Satz 3 soll die Straßenbaubehörde für nichtamtliche Hinweiszeichen bis zu einer Größe von 1 m^2 und für Anlagen gemäß § 13 Abs. 3 Nrn. 1 und 2 der Landesbauordnung und für Werbeanlagen an Fahrgastunterständen des öffentlichen Personenverkehrs oder der Schülerbeförderung Ausnahmen vom Verbot des Satzes 1 zulassen, wenn eine konkrete Beeinträchtigung der Sicherheit oder Leichtigkeit des Verkehrs nicht zu erwarten ist."

ligen Einwirkungen der Natur (z.B. Schneeverwehungen, Steinschlag, Überschwemmungen) notwendigen Einrichtungen zu dulden.

(2) [1]Anpflanzungen sowie Zäune, Stapel, Haufen und andere mit dem Grundstück nicht fest verbundene Einrichtungen dürfen nicht angelegt werden, wenn sie die Verkehrssicherheit beeinträchtigen. [2]Soweit sie bereits vorhanden sind, haben die Eigentümer und die Besitzer ihre Beseitigung zu dulden.

(3) [1]Die Straßenbaubehörde hat den Betroffenen die Anlage von Einrichtungen nach Absatz 1 oder die Durchführung der Maßnahmen nach Absatz 2 Satz 2 zwei Wochen vorher schriftlich anzukündigen, es sei denn, daß Gefahr im Verzug ist. [2]Die Betroffenen können die Maßnahmen im Benehmen mit der Straßenbaubehörde selbst durchführen.

(4) [1]Werden Anpflanzungen oder Einrichtungen entgegen Absatz 2 Satz 1 angelegt, so sind sie auf schriftliches Verlangen der Straßenbaubehörde von den nach Absatz 1 Verpflichteten binnen angemessener Frist zu beseitigen. [2]Nach Ablauf der Frist kann die Straßenbaubehörde die Anpflanzungen oder Einrichtungen auf Kosten der Verpflichteten beseitigen oder beseitigen lassen. [3]Bei Gefahr im Verzug kann die Straßenbaubehörde ohne weiteres die Anpflanzungen oder Einrichtungen beseitigen oder beseitigen lassen.

(5) [1]Der Träger der Straßenbaulast hat den Eigentümern oder Besitzern in den Fällen des Absatzes 1 und des Absatzes 2 Satz 2 die durch die Duldung verursachten Aufwendungen und Schäden angemessen zu ersetzen. [2]§ 42 Abs. 2 findet Anwendung. [3]Haben die Entschädigungberechtigten die Entstehung eines Vermögensnachteils mitverursacht, so gilt § 254 des Bürgerlichen Gesetzbuches entsprechend.

§ 31 Schutzwald. (1) Wald längs der Straße ist auf Antrag der Straßenbaubehörde nach § 49 des Landesforstgesetzes zu Schutzwald zu erklären, soweit dies zum Schutz der Straße gegen nachteilige Einwirkungen der Natur oder im Interesse der Sicherheit des Verkehrs notwendig ist.

(2) Die Schutzwalderklärung kann auch erfolgen, um nachteilige Einwirkungen von der Straße auf die benachbarten Grundstücke zu verhindern oder zu mindern.

(3) [1]Der Schutzwald ist vom Eigentümer oder Nutzungsberechtigten zu erhalten und den Schutzzwecken entsprechend zu bewirtschaften. [2]Die Überwachung obliegt der Forstbehörde im Benehmen mit der Straßenbaubehörde.

(4) Aus den in Absätzen 1 und 2 genannten Gründen können auch Bäume, Sträucher, Hecken und sonstige Feld- und Ufergehölze im Abstand bis zu 40 m vom Straßenkörper zu Schutzwald erklärt werden.

(5) [1]Für die Entschädigung der Eigentümer und Nutzungsberechtigten gilt § 51 des Landesforstgesetzes. [2]Entschädigungspflichtig ist der Träger der Straßenbaulast, dessen Straßenbaubehörde die Schutzwalderklärung beantragt hat.

§ 32 Pflanzungen an Straßen. (1) [1]Die Bepflanzung des Straßenkörpers und der Nebenanlagen, ihre Pflege und Unterhaltung bleiben dem Träger der

Straßenbaulast vorbehalten. [2]Soweit im Zuge von Ortsdurchfahrten nicht die Gemeinde Träger der Straßenbaulast ist, soll die Bepflanzung im Benehmen mit der Gemeinde erfolgen. [3]Dem Naturschutz und der Landschaftspflege ist Rechnung zu tragen.

(2) [1]Die Eigentümer und die Besitzer von Grundstücken an öffentlichen Straßen haben die Einwirkungen von Pflanzungen im Bereich des Straßenkörpers und der Nebenanlagen und die Maßnahmen zu ihrer Erhaltung und Ergänzung zu dulden. [2]Sie haben der Straßenbaubehörde rechtzeitig vorher anzuzeigen, wenn sie Wurzeln von Straßenbäumen abschneiden wollen.

5. Abschnitt
Straßenkreuzungen, Kreuzungen mit Gewässern

§ 33 Kreuzungen und Einmündungen öffentlicher Straßen. (1) [1]Kreuzungen (§§ 34, 35) sind höhengleiche und höhenungleiche Überschneidungen öffentlicher Straßen. [2]Einmündungen öffentlicher Straßen in andere stehen den Kreuzungen gleich. [3]Münden mehrere Straßen an einer Stelle in eine andere Straße ein, so gelten diese Einmündungen als Kreuzung aller beteiligten Straßen.

(2) Wird über den Bau neuer sowie über die wesentliche Änderung bestehender Kreuzungen durch Planfeststellung oder Plangenehmigung entschieden, so ist dabei zugleich die Aufteilung der Kosten zu regeln, soweit die beteiligten Baulastträger keine Vereinbarung geschlossen haben.

§ 34 Kostentragung bei Kreuzungen öffentlicher Straßen. (1) [1]Beim Bau einer Kreuzung hat der Träger der Straßenbaulast der neu hinzukommenden Straße die kreuzungsbedingten Kosten zu tragen. [2]Dies gilt auch dann, wenn die vorhandene Straße gleichzeitig ausgebaut wird. [3]Zu den Kosten gehören auch die Kosten der Änderungen, die durch die neue Kreuzung an den anderen öffentlichen Straßen unter Berücksichtigung der übersehbaren Verkehrsentwicklung notwendig sind. [4]Die Änderung einer bestehenden Kreuzung ist als neue Kreuzung zu behandeln, wenn eine Straße, die nach der Beschaffenheit ihrer Fahrbahn nicht geeignet und nicht dazu bestimmt war, einen allgemeinen Kraftfahrzeugverkehr aufzunehmen, zu einer diesem Verkehr dienenden Straße ausgebaut wird.

(2) [1]Werden mehrere Straßen gleichzeitig neu angelegt oder an bestehenden Kreuzungen Anschlußstellen neu geschaffen, so haben die Träger der Straßenbaulast die kreuzungsbedingten Kosten im Verhältnis der Fahrbahnbreiten der an der Kreuzung beteiligten Straßenäste zu tragen. [2]Bei der Bemessung der Fahrbahnbreiten sind die Trennstreifen und befestigten Seitenstreifen sowie Rad- und Gehwege einzubeziehen.

(3) Wird eine höhenungleiche Kreuzung geändert, so fallen die dadurch entstehenden Kosten

1. demjenigen Träger der Straßenbaulast zur Last, der die Änderung verlangt;
2. den beteiligten Trägern der Straßenbaulast zur Last, die die Änderung verlangen, und zwar im Verhältnis der Fahrbahnbreiten der an der Kreuzung beteiligten Straßenäste nach der Änderung.

(4) [1]Muß eine höhengleiche Kreuzung wegen des Ausbaues einer oder mehrerer Straßen geändert werden, so gilt für die dadurch entstehenden Kosten der Änderung Absatz 3 entsprechend. [2]Muß eine höhengleiche Kreuzung ohne gleichzeitigen Ausbau einer Straße geändert werden, weil es die Verkehrsverhältnisse erfordern, so hat der Träger der Straßenbaulast der Straße höherer Verkehrsbedeutung die Änderungskosten zu tragen.

(5) Die Vorschriften der Absätze 1 bis 4 gelten nicht, soweit etwas anderes vereinbart ist.

(6) Ergänzungen an Kreuzungen sind wie Änderungen zu behandeln.

§ 35 Unterhaltung der Kreuzungen öffentlicher Straßen. (1) Bei höhengleichen Kreuzungen hat der Träger der Straßenbaulast der Straße höherer Verkehrsbedeutung (§ 3 Abs. 1) die Kreuzungsanlage zu unterhalten.

(2) Bei höhenungleichen Kreuzungen hat der Träger der Straßenbaulast der Straße höherer Verkehrsbedeutung das Kreuzungsbauwerk, die übrigen Teile der Kreuzungsanlage der Träger der Straßenbaulast der Straße, zu der sie gehören, zu unterhalten.

(3) Abweichende Regelungen werden in dem Zeitpunkt hinfällig, in dem nach Inkrafttreten dieses Gesetzes eine wesentliche Änderung oder Ergänzung an der Kreuzung durchgeführt ist.

(4) Die Vorschriften der Absätze 1 und 2 gelten nicht, soweit etwas anderes vereinbart wird.

§ 35a Kostentragung bei Kreuzungen mit Gewässern. (1) [1]Werden Straßen neu angelegt oder ausgebaut und müssen dazu Kreuzungen mit Gewässern (Brücken oder Unterführungen) hergestellt oder bestehende Kreuzungen geändert werden, so hat der Träger der Straßenbaulast die dadurch entstehenden Kosten zu tragen. [2]Die Kreuzungsanlagen sind so auszuführen, daß unter Berücksichtigung der übersehbaren Entwicklung der wasserwirtschaftlichen Verhältnisse der Wasserabfluß nicht nachteilig beeinflußt wird.

(2) [1]Werden Gewässer ausgebaut (§ 31 Wasserhaushaltsgesetz) und werden dazu Kreuzungen mit Straßen hergestellt oder bestehende Kreuzungen geändert, so hat der Träger des Ausbauvorhabens die dadurch entstehenden Kosten zu tragen. [2]Wird eine neue Kreuzung erforderlich, weil ein Gewässer hergestellt wird, so ist die übersehbare Verkehrsentwicklung auf der Straße zu berücksichtigen. [3]Wird die Herstellung oder Änderung einer Kreuzung erforderlich, weil das Gewässer wesentlich umgestaltet wird, so sind die gegenwärtigen Verkehrsbedürfnisse zu berücksichtigen. [4]Verlangt der Träger der Straßenbaulast weitergehende Änderungen, so hat er die Mehrkosten hierfür zu tragen.

(3) [1]Wird eine Straße neu angelegt und wird gleichzeitig ein Gewässer hergestellt oder aus anderen als straßenbaulichen Gründen wesentlich umgestaltet, so daß eine neue Kreuzung entsteht, so haben der Träger der Straßenbaulast und der Unternehmer des Gewässerausbaus die Kosten der Kreuzung je zur Hälfte zu tragen. [2]Gleichzeitigkeit im Sinne des Satzes 1 liegt vor, wenn baureife Pläne vorhanden sind, die eine gleichzeitige Baudurchführung ermöglichen.

(4) [1]Werden eine Straße und ein Gewässer gleichzeitig ausgebaut und wird infolge dessen eine bestehende Kreuzungsanlage geändert oder durch einen Neubau ersetzt, so haben der Träger des Gewässerausbaus und der Träger der Straßenbaulast die dadurch entstehenden Kosten für die Kreuzungsanlage in dem Verhältnis zu tragen, in dem die Kosten bei getrennter Durchführung der Maßnahme zueinander stehen würden. [2]Absatz 3 Satz 2 gilt entsprechend.

(5) Kommt über die Kreuzungsmaßnahme oder ihre Kosten keine Einigung zustande, so ist darüber durch Planfeststellung oder Plangenehmigung zu entscheiden.

§ 35b Unterhaltung der Kreuzungen mit Gewässern. (1) [1]Der Träger der Straßenbaulast hat die Kreuzungsanlagen von Straßen und Gewässern auf seine Kosten zu unterhalten, soweit nichts anderes vereinbart oder durch Planfeststellung oder Plangenehmigung bestimmt wird. [2]Die Unterhaltungspflicht des Trägers der Straßenbaulast erstreckt sich nicht auf Leitwerke, Leitpfähle, Dalben, Absetzpfähle und ähnliche Einrichtungen zur Sicherung der Durchfahrt unter Brücken im Zuge von Straßen für die Schifffahrt sowie auf Schifffahrtszeichen. [3]Soweit diese Einrichtungen auf Kosten des Trägers der Straßenbaulast herzustellen waren, hat dieser dem Unterhaltungspflichtigen die Unterhaltungskosten und die Kosten des Betriebs dieser Einrichtungen zu ersetzen oder abzulösen.

(2) [1]Wird im Falle des § 35a Abs. 2 eine neue Kreuzung hergestellt, hat der Träger des Ausbauvorhabens die Mehrkosten für die Unterhaltung und den Betrieb der Kreuzungsanlage zu erstatten oder abzulösen. [2]Ersparte Unterhaltungskosten für den Fortfall vorhandener Kreuzungsanlagen sind anzurechnen.

§ 36 Ermächtigung zu Rechtsverordnungen. (1) Das für das Straßenwesen zuständige Ministerium wird ermächtigt, Rechtsverordnungen zu erlassen, durch die

1. der Umfang der Kosten nach § 34 näher bestimmt wird;
2. bestimmt wird, welche Straßenanlagen zur Kreuzungsanlage und welche Teile der Kreuzungsanlage nach § 35 Abs. 1 und 2 zu der einen oder zu der anderen Straße gehören.

(2) Das für das Straßenwesen zuständige Ministerium wird ermächtigt, im Einvernehmen mit dem für die Wasserwirtschaft zuständigen Ministerium Rechtsverordnungen zu erlassen, durch die

1. der Umfang der Kosten nach § 35a näher bestimmt wird;
2. die Berechnung und die Zahlung von Ablösungsbeträgen nach § 35b Abs. 2 näher bestimmt werden.

6. Abschnitt

Planung, Planfeststellung, Plangenehmigung und Enteignung

§ 37 Planung und Linienbestimmung. (1) [1]Bei Planungen, welche den Bau neuer oder die wesentliche Änderung bestehender Landesstraßen, Radschnellverbindungen des Landes, Kreisstraßen und Gemeindestraßen im Sinne von § 3 Absatz 4 Satz 2 Nummer 1 betreffen, sind die Grundsätze und Ziele der Raumordnung und Landesplanung unbeschadet sonstiger Erfordernisse nach anderen gesetzlichen Vorschriften zu beachten. [2]Die öffentlichen und privaten Belange sind gemäß dem Stand der Planung gegeneinander und untereinander abzuwägen.

(2) [1]Dem Bau oder der wesentlichen Änderung bestehender Landesstraßen, Radschnellverbindungen des Landes und Kreisstraßen geht die Abstimmung des grundsätzlichen Verlaufs, der Streckencharakteristik und der Netzverknüpfung voraus. [2]Die Linienabstimmung erfolgt in einem Verfahren, an dem die Träger öffentlicher Belange, die Bürger sowie bei Landesstraßen und Radschnellverbindungen des Landes der Regionalrat zu beteiligen sind. [3]Soweit für den Bau oder die Änderung/Erweiterung einer Straße nach § 1 in Verbindung mit Anlage 1 Nummer 5 bis 8 des Gesetzes über die Umweltverträglichkeitsprüfung im Lande Nordrhein-Westfalen vom 29. April 1992 (GV NRW S. 175), das zuletzt durch Artikel 4 des Gesetzes vom 16. März 2010 (GV NRW S. 185) geändert worden ist, eine Umweltverträglichkeitsprüfung oder eine Vorprüfung des Einzelfalls durchzuführen ist, ist diese nach dem Stand der Planung durchzuführen. [4]Die Umweltverträglichkeitsprüfung sowie die Vorprüfung des Einzelfalles müssen den Anforderungen des Gesetzes über die Umweltverträglichkeitsprüfung im Lande Nordrhein-Westfalen NW entsprechen. [5]Die Sätze 3 und 4 gelten nicht für den Bau von Ortsumgehungen. [6]Die Beteiligung der Träger öffentlicher Belange und der Bürgerinnen und Bürger ist innerhalb von vier Monaten nach Ablauf der Auslegungsfrist nach Absatz 4 Satz 2 abzuschließen.

(3) [1]Die Linienabstimmung für Landesstraßen und Radschnellverbindungen des Landes führen der Landesbetrieb Straßenbau und die Bezirksregierungen durch. [2]Der Bezirksregierung obliegt dabei die Beteiligung der Träger öffentlicher Belange und des Regionalrates. [3]Nach Abschluss des Abstimmungsverfahrens bestimmt sie die Planung und mit Zustimmung des für das Straßenwesen zuständigen Ministeriums die Linienführung. [4]Die Zustimmung ist innerhalb von zwei Monaten nach Abschluss des Linienbestimmungsverfahrens einzuholen.

(4) [1]Die Planung und Linienabstimmung für Kreisstraßen obliegt dem Träger der Straßenbaulast. [2]Eine Linienbestimmung findet nicht statt. [3]Bei Meinungsverschiedenheiten von Behörden bei der Planung von Kreisstraßen entscheidet das für das Straßenwesen zuständige Ministerium im Benehmen mit den obersten Bundes- und im Einvernehmen mit den obersten Landesbehörden,

deren Belange durch die Planung berührt sind. [4]Der Beginn und das Ende des Planungsverfahrens sind der obersten Straßenbaubehörde anzuzeigen.

(5) [1]Zur Beteiligung der Bürgerinnen und Bürger an der Planung soll allen, deren Belange von der Planung berührt sein können, sowie anerkannten Naturschutzvereinigungen im Sinne des § 66 Absatz 1 des Landesnaturschutzgesetzes vom 21. Juli 2000 (GV. NRW. S. 568), das durch Artikel 1 des Gesetzes vom 15. November 2016 (GV. NRW. S. 934) neu gefasst worden ist, Gelegenheit zur Stellungnahme gegeben werden. [2]Hierzu sind die Planungsentwürfe in den berührten Gemeinden nach vorheriger ortsüblicher Bekanntmachung einen Monat öffentlich auszulegen. [3]Soweit verschiedene Lösungen in Betracht kommen, sollen diese aufgezeigt werden. [4]Stellungnahmen können bis zu zwei Wochen nach Ablauf der Auslegungsfrist erfolgen. [5]Danach soll die Gemeinde unter Beteiligung des Trägers der Straßenbaulast Gelegenheit zur Erläuterung und Erörterung der Planung geben. [6]Bei Abgabe ihrer eigenen Stellungnahme unterrichtet die Gemeinde den Träger der Straßenbaulast über die vorgebrachten Bedenken und Anregungen; sie soll dabei auch auf die Bedenken und Anregungen eingehen. [7]Das Ergebnis der Bürgerbeteiligung ist in die Abwägung der Belange bei der Linienbestimmung bzw. bei der Bestimmung der Planung und Linienführung einzubeziehen. [8]Die Öffentlichkeit ist über die abgestimmte, bei Landesstraßen und Radschnellverbindungen des Landes bestimmte Planung durch ortsübliche Bekanntmachung zu unterrichten. [9]Rechtsansprüche werden durch die Einbeziehung der Öffentlichkeit nicht begründet; die Verfolgung von Rechten im nachfolgenden Zulassungsverfahren bleibt unberührt. [10]Von der Beteiligung an der Planung kann abgesehen werden, wenn ein vorbereitender Bauleitplan oder ein genehmigter Braunkohlenplan (§ 26 Landesplanungsgesetz in der Fassung der Bekanntmachung vom 3. Mai 2005 (GV NRW S. 430), das zuletzt durch Art. 2 des Gesetzes vom 29. Januar 2013 (GV NRW S. 33) geändert worden ist) die Planung bereits enthält.

(6) [1]Die abgestimmte, bei Landesstraßen und Radschnellverbindungen des Landes bestimmte Planung ist im Flächennutzungsplan zu vermerken. [2]Soweit sie von mindestens regionaler Bedeutung ist, ist die Planung im Regionalplan darzustellen. [3]Die rechtsverbindliche Entscheidung über die Planung erfolgt erst durch die Feststellung des Planes (Planfeststellungsbeschluss) oder durch Erteilung der Plangenehmigung oder einen die Planfeststellung ersetzenden Bebauungsplan.

(7) [1]Bei Planungen, welche die Änderung bestehender oder den Bau neuer Landesstraßen, Radschnellverbindungen des Landes und Kreisstraßen zur Folge haben können, hat die planende Behörde den Träger der Straßenbaulast unbeschadet weitergehender gesetzlicher Vorschriften rechtzeitig zu beteiligen. [2]Bei den übrigen Straßen und Wegen ist die Straßenbaubehörde rechtzeitig zu beteiligen.

§ 37a Vorarbeiten. (1) [1]Eigentümerinnen und Eigentümer sowie sonstige Nutzungsberechtigte haben zur Vorbereitung der Planung und der Baudurchführung notwendige Vermessungen, Boden- und Grundwasseruntersuchungen einschließlich der vorübergehenden Anbringung von Markierungszeichen und sonstigen Vorarbeiten durch die Straßenbaubehörde oder von ihr Beauftragte zu dulden. [2]Wohnungen und eingefriedete Grundstücke dürfen nur mit Zustimmung der Besitzerin oder des Besitzers betreten werden. [3]Satz 2 gilt nicht für Arbeits-, Betriebs- oder Geschäftsräume während der jeweiligen Arbeits-, Geschäfts- oder Aufenthaltszeiten.

(2) Die Absicht, Boden- und Grundwasseruntersuchungen sowie sonstige Vorarbeiten auszuführen, ist dem Eigentümer oder sonstigen Nutzungsberechtigten mindestens zwei Wochen vorher unmittelbar oder durch ortsübliche Bekanntmachung in den Gemeinden, in deren Bereich die Vorarbeiten durchzuführen sind, durch die Straßenbaubehörde bekanntzugeben.

(3) Die Absicht, Vermessungsarbeiten auszuführen, soll dem Eigentümer oder sonstigen Nutzungsberechtigten vorher mitgeteilt werden, soweit dies mit Rücksicht auf die Interessen der Betroffenen, die Sicherheit der Ausführenden, den mit der Mitteilung verbundenen Aufwand und den zügigen Ablauf der örtlichen Arbeiten tunlich erscheint.

(4) [1]Entstehen durch eine Maßnahme nach Absatz 1 einem Eigentümer oder sonstigen Nutzungsberechtigten unmittelbare Vermögensnachteile, so hat der Träger der Straßenbaulast eine angemessene Entschädigung in Geld zu leisten. [2]§ 42 Abs. 2 findet Anwendung.

§ 37b Planungsgebiete. (1) [1]Um die Planung zu sichern, kann bei Landesstraßen und Radschnellverbindungen des Landes das für das Straßenwesen zuständige Ministerium durch Rechtsverordnung, bei Kreisstraßen der Träger der Straßenbaulast durch Satzung für die Dauer von höchstens zwei Jahren Planungsgebiete festlegen. [2]Die Gemeinden und Kreise, deren Bereich durch die festzulegenden Planungsgebiete betroffen wird, sind vorher zu hören. [3]Auf die Planungsgebiete findet § 40 Abs. 1 mit der Maßgabe Anwendung, daß die Veränderungssperre mit dem Inkrafttreten der Verordnung oder Satzung beginnt. [4]Die Frist kann, wenn besondere Umstände es erfordern, durch Rechtsverordnung oder Satzung auf höchstens vier Jahre verlängert werden. [5]Die Festlegung tritt mit Beginn der Auslegung der Pläne im Planfeststellungsverfahren außer Kraft. [6]Ihre Dauer ist auf die Vierjahresfrist des § 40 Abs. 2 anzurechnen.

(2) [1]Die Festlegung des Planungsgebietes ist in den Gemeinden, deren Gebiet betroffen wird, ortsüblich bekanntzumachen. [2]Dabei ist unter Angabe von Zeit und Ort darauf hinzuweisen, daß während der Geltungsdauer der Festlegung bei den Gemeinden Karten des Planungsgebietes zur Einsicht bereitliegen.

(3) Die Straßenbaubehörde kann Ausnahmen von der Veränderungssperre zulassen, wenn überwiegende öffentliche Belange nicht entgegenstehen.

§ 38 Planfeststellung, Plangenehmigung. (1) [1]Landesstraßen und Kreisstraßen dürfen nur gebaut oder geändert werden, wenn der Plan vorher festgestellt ist. [2]Gleiches gilt für Radschnellverbindungen des Landes und Gemeindestraßen, sofern für diese eine Umweltverträglichkeitsprüfung durchzuführen ist. [3]Bei der Planfeststellung sind die von dem Vorhaben berührten öffentlichen und privaten Belange einschließlich der Umweltverträglichkeitsprüfung im Rahmen der Abwägung zu berücksichtigen. [4]Im Planfeststellungsverfahren ist über die Kosten zu entscheiden, die die am Verfahren Beteiligten zu tragen haben. [5]Es gelten die §§ 72 bis 78 des Verwaltungsverfahrensgesetzes für das Land Nordrhein-Westfalen, soweit nicht in diesem Gesetz etwas anderes bestimmt ist.

(2) [1]Soweit für den Bau, die Änderung oder die Erweiterung einer Straße nach § 1 in Verbindung mit Anlage 1 Nummer 5 bis 8 des Gesetzes über die Umweltverträglichkeitsprüfung im Lande Nordrhein-Westfalen eine Umweltverträglichkeitsprüfung oder eine Vorprüfung des Einzelfalls durchzuführen ist, muss die Durchführung den Anforderungen des Gesetzes über die Umweltverträglichkeitsprüfung im Lande Nordrhein-Westfalen entsprechen. [2]Soweit bereits eine Umweltverträglichkeitsprüfung im Rahmen der Linienabstimmung erfolgt ist, soll die Prüfung der Umweltverträglichkeit auf zusätzliche oder andere erhebliche Umweltauswirkungen des Vorhabens beschränkt werden.

(3) [1]Planfeststellung und Plangenehmigung entfallen in Fällen von unwesentlicher Bedeutung im Sinne von § 74 Absatz 7 des Verwaltungsverfahrensgesetzes für das Land Nordrhein-Westfalen. [2]Die Entscheidung hierüber trifft der Träger der Straßenbaulast.

(4) [1]Bebauungspläne nach § 9 des Baugesetzbuches ersetzen die Planfeststellung. [2]Für den Bau und für die wesentliche Änderung vorhandener Straßen ist die Umweltverträglichkeit zu prüfen; § 17 des Gesetzes über die Umweltverträglichkeitsprüfung in der Fassung der Bekanntmachung vom 24. Februar 2010 (BGBl I S. 94) ist anzuwenden. [3]Wird eine Ergänzung notwendig oder soll von Festsetzungen des Bebauungsplans abgewichen werden, so ist die Planfeststellung insoweit zusätzlich durchzuführen. [4]In diesen Fällen gelten die §§ 40, 43 Absatz 1, 2, 4 und 5 sowie § 44 Absatz 1 bis 4 des Baugesetzbuches.

(5) Für den Bau oder die Änderung von Gemeindestraßen im Außenbereich (§ 35 des Baugesetzbuches) und von Radschnellverbindungen des Landes, für die keine Umweltverträglichkeitsprüfung durchzuführen ist, ist die Planfeststellung oder Plangenehmigung zulässig.

(6) Die der Sicherheit und Ordnung dienenden Anlagen an Landesstraßen und Kreisstraßen, wie Polizeistationen, Einrichtungen der Unfallhilfe und der Verkehrsüberwachung, können, wenn sie eine unmittelbare Zufahrt zu diesen Straßen haben, zur Festsetzung der Flächen in die Planfeststellung oder Plangenehmigung einbezogen werden.

(7) [1]Bei der Änderung einer Landesstraße, Radschnellverbindungen des Landes, Kreisstraße oder Gemeindestraße kann von einer förmlichen Erörterung im Sinne von § 73 Absatz 6 des Verwaltungsverfahrensgesetzes für das Land Nordrhein-Westfalen und von § 9 des Gesetzes über die Umweltverträg-

lichkeitsprüfung abgesehen werden. [2]Vor dem Abschluss des Planfeststellungsverfahrens ist denjenigen, die rechtzeitig Einwendungen erhoben haben, Gelegenheit zur Äußerung innerhalb eines Monats zu geben.

(8) [1]Die Planfeststellungsbehörde kann den Plan auf begründeten Antrag des Trägers der Straßenbaulast um höchstens fünf Jahre verlängern, bevor er nach § 75 Absatz 4 des Verwaltungsverfahrensgesetzes für das Land Nordrhein-Westfalen außer Kraft tritt. [2]Vor der Entscheidung ist eine auf den Antrag begrenzte Anhörung nach dem für die Planfeststellung vorgeschriebenen Verfahren durchzuführen. [3]Für die Zustellung und Auslegung sowie die Anfechtung der Entscheidung über die Verlängerung sind die Bestimmungen über den Planfeststellungsbeschluss entsprechend anzuwenden.

§ 39 Behörden des Planfeststellungs- und Plangenehmigungsverfahrens.
(1) Anhörungsbehörde (§ 73 Verwaltungsverfahrensgesetz für das Land Nordrhein-Westfalen) ist die Bezirksregierung.

(2) [1]Die Bezirksregierung stellt den Plan fest und erteilt die Plangenehmigung. [2]Sie trifft die Entscheidung, ob an Stelle eines Planfeststellungsbeschlusses eine Plangenehmigung erteilt. [3]Bestehen bei Landesstraßen oder Radschnellverbindungen des Landes zwischen ihr und einer anderen beteiligten Behörde Meinungsverschiedenheiten, so hat sie die Entscheidung des für das Straßenwesen zuständigen Ministeriums einzuholen. [4]Dieses soll sich vor einer Entscheidung mit den beteiligten Bundes- und Landesministerien ins Benehmen setzen.

§ 40 Veränderungssperre, Vorkaufsrecht. (1) [1]Vom Beginn der Auslegung der Pläne im Planfeststellungsverfahren oder von dem Zeitpunkt an, in dem den Betroffenen Gelegenheit gegeben wird, den Plan einzusehen (§ 73 Abs. 3 Verwaltungsverfahrensgesetz für das Land Nordrhein-Westfalen), dürfen auf den vom Plan betroffenen Flächen bis zu ihrer Übernahme durch den Träger der Straßenbaulast wesentlich erschwerende Veränderungen nicht vorgenommen werden. [2]Veränderungen, die in rechtlich zulässiger Weise vorher begonnen worden sind, Unterhaltungsarbeiten und die Fortführung einer bisher ausgeübten Nutzung werden hiervon nicht berührt.

(2) [1]Dauert die Veränderungssperre länger als vier Jahre, so können die Eigentümer für die dadurch entstehenden Vermögensnachteile vom Träger der Straßenbaulast eine angemessene Entschädigung in Geld verlangen. [2]Sie können ferner die Übernahme der vom Plan betroffenen Flächen verlangen, wenn es ihnen mit Rücksicht auf die Veränderungssperre wirtschaftlich nicht zuzumuten ist, die Grundstücke in der bisherigen oder einer anderen zulässigen Art zu benutzen. [3]Kommt keine Einigung über die Übernahme zustande, so können die Eigentümer die Entziehung des Eigentums an den Flächen verlangen. [4]Im übrigen gilt § 42.

(3) Die Straßenbaubehörde kann Ausnahmen von der Veränderungssperre zulassen, wenn sie im Einzelfall zu einer offenbar nicht beabsichtigten Härte

führen würde und die Ausnahme mit den öffentlichen Belangen vereinbar ist oder wenn Gründe des allgemeinen Wohls die Ausnahme erfordern.

(4) In den Fällen des Absatzes 1 Satz 1 steht dem Träger der Straßenbaulast an den betroffenen Flächen ein Vorkaufsrecht zu.

§ 40a Einstellung des Planfeststellungsverfahrens. [1]Wird das Vorhaben vor Erlaß des Planfeststellungsbeschlusses aufgegeben, so stellt die Planfeststellungsbehörde das Verfahren durch Beschluß ein. [2]Der Beschluß ist in den Gemeinden, in denen die Pläne ausgelegen haben, ortsüblich bekanntzumachen. [3]Damit enden die Veränderungssperre nach § 40 und die Anbaubeschränkungen nach § 25 Abs. 3.

§ 41 Vorzeitige Besitzeinweisung. (1) [1]Ist der sofortige Beginn von Bauarbeiten geboten und weigert sich der Eigentümer oder Besitzer, den Besitz eines für die Straßenbaumaßnahme benötigten Grundstücks durch Vereinbarung unter Vorbehalt aller Entschädigungsansprüche zu überlassen, so hat die Enteignungsbehörde den Träger der Straßenbaulast auf Antrag nach Feststellung des Plans oder Erteilung der Plangenehmigung in den Besitz einzuweisen. [2]Der Planfeststellungsbeschluß oder die Plangenehmigung müssen vollziehbar sein. [3]Weiterer Voraussetzungen bedarf es nicht.

(2) Für das Verfahren gelten die Vorschriften des Abschnittes 2 des Landesenteignungs- und -entschädigungsgesetzes, soweit in den folgenden Absätzen nichts anderes bestimmt ist.

(3) Die Enteignungsbehörde hat spätestens sechs Wochen nach Eingang des Antrags auf Besitzeinweisung mit den Beteiligten mündlich zu verhandeln.

(4) [1]Der Beschluß über die Besitzeinweisung ist dem Antragsteller und den Betroffenen spätestens zwei Wochen nach der mündlichen Verhandlung zuzustellen. [2]Die Besitzeinweisung wird in dem von der Enteignungsbehörde bezeichneten Zeitpunkt wirksam. [3]Dieser Zeitpunkt soll auf höchstens zwei Wochen nach Zustellung der Anordnung über die vorzeitige Besitzeinweisung an den unmittelbaren Besitzer festgesetzt werden.

(5) [1]Wird der festgestellte Plan oder die Plangenehmigung aufgehoben, so ist auch der Beschluß über die Besitzeinweisung aufzuheben und der vorherige Besitzer wieder in den Besitz einzuweisen. [2]Im übrigen gilt § 38 Abs. 3 des Landesenteignungs- und -entschädigungsgesetzes.

§ 42 Enteignung, Entschädigungsansprüche. (1) [1]Der Träger der Straßenbaulast hat im Rahmen eines festgestellten Planes oder einer erteilten Plangenehmigung das Recht der Enteignung. [2]Der Planfeststellungsbeschluß oder die Plangenehmigung ist für die Enteignungsbehörde bindend. [3]Das Landesenteignungs- und -entschädigungsgesetz ist anzuwenden.

(2) [1]Soweit der Träger der Straßenbaulast nach Vorschriften dieses Gesetzes oder aufgrund eines Planfeststellungsbeschlusses (§ 39 in Verbindung mit § 74 Abs. 2 Satz 3 bzw. § 75 Abs. 2 Satz 4 Verwaltungsverfahrensgesetz für das

Land Nordrhein-Westfalen) oder einer Plangenehmigung verpflichtet ist, eine Entschädigung in Geld zu leisten, und über die Höhe der Entschädigung keine Einigung zwischen dem Betroffenen und dem Träger der Straßenbaulast zustande kommt, entscheidet auf Antrag eines der Beteiligten die Enteignungsbehörde. [2]Für das Verfahren gelten die enteignungsrechtlichen Vorschriften über die Feststellung von Entschädigungen entsprechend.

(3) Wenn sich ein Betroffener mit der Übertragung oder Beschränkung des Eigentums oder eines anderen Rechts rechtsverbindlich einverstanden erklärt hat, jedoch über die Entschädigung keine Einigung erzielt wurde, kann das Entschädigungsverfahren durch die Enteignungsbehörde auf Antrag eines Beteiligten unmittelbar durchgeführt werden.

ZWEITER TEIL

Träger der Straßenbaulast für Landstraßen, Radschnellverbindungen des Landes und Kreisstraßen

§ 43 Träger der Straßenbaulast. (1) [1]Träger der Straßenbaulast sind:
1. für die Landesstraßen und Radschnellverbindungen des Landes das Land;
2. für die Kreisstraßen die Kreise und die kreisfreien Städte.

[2]Die Straßenbaulast des Landes erstreckt sich auch auf solche Radschnellverbindungen, die als unselbstständige Radwege im Sinne des § 2 Absatz 2 Nummer 1 Buchstabe b an Kreisstraßen, Gemeindestraßen oder sonstigen öffentlichen Straßen gemäß § 3 Absatz 5 geführt werden. [3]Satz 1 und 2 gelten nicht für die Ortsdurchfahrten, soweit für diese die Straßenbaulast nach den folgenden Bestimmungen den Gemeinden obliegt (§ 44).

(2) Die Aufgaben des Trägers der Straßenbaulast für das Land werden vom Landesbetrieb Straßenbau wahrgenommen.

§ 44 Träger der Straßenbaulast für Ortsdurchfahrten. (1) [1]Gemeinden mit mehr als 80 000 Einwohnern sind Träger der Straßenbaulast für die Ortsdurchfahrten. [2]Maßgebend ist die bei der Volkszählung festgestellte Einwohnerzahl. [3]Die Ergebnisse einer Volkszählung werden mit Beginn des dritten Haushaltsjahres verbindlich, das dem Jahr der Volkszählung folgt.

(2) [1]Werden Gemeindegrenzen geändert oder Gemeinden neugebildet, ist die bei der Volkszählung festgestellte Einwohnerzahl des neuen Gemeindegebietes maßgebend. [2]In diesen Fällen wechselt die Straßenbaulast für die Ortsdurchfahrten mit Beginn des dritten Haushaltsjahres nach dem Jahr der Gebietsänderung, wenn sie bisher dem Land oblag oder von einem Kreis auf eine kreisangehörige Gemeinde übergeht, sonst mit der Gebietsänderung.

(3) [1]Die Gemeinde bleibt abweichend von Absatz 1 Träger der Straßenbaulast für die Ortsdurchfahrten, wenn sie es mit Zustimmung des für die Kommunalaufsicht zuständigen Ministeriums gegenüber dem für das Straßenwesen

zuständigen Ministerium erklärt. [2]Eine Gemeinde mit mehr als 50 000 Einwohnern, aber nicht mehr als 80 000 Einwohnern wird Träger der Straßenbaulast für die Ortsdurchfahrten, wenn sie es mit Zustimmung des für die Kommunalaufsicht zuständigen Ministeriums gegenüber dem für das Straßenwesen zuständigen Ministerium erklärt. [3]Absatz 1 Satz 2 und Absatz 2 Satz 1 gelten entsprechend.

(4) Soweit dem Land und den Kreisen die Straßenbaulast für die Ortsdurchfahrten obliegt, erstreckt sich diese nicht auf die Gehwege und Parkplätze.

(5) Bau- und Unterhaltungsmaßnahmen im Zuge einer Ortsdurchfahrt oder im Bereich des an sie unmittelbar angrenzenden Teils einer Landesstraße, Radschnellverbindungen des Landes oder Kreisstraße sind, wenn für beide Teile der Straße nicht dieselbe Straßenbaubehörde zuständig ist, im gegenseitigen Benehmen durchzuführen.

(6) Soweit nach den Absätzen 3 und 4 das Land und die Kreise nicht Träger der Straßenbaulast sind, obliegt die Straßenbaulast den Gemeinden.

§ 45 Straßenbaulast Dritter. (1) Die §§ 43 und 44 gelten nicht, soweit die Straßenbaulast auf Grund anderer gesetzlicher Vorschriften oder auf Grund öffentlich-rechtlicher Verpflichtungen anderen Trägern obliegt oder übertragen wird.

(2) Bürgerlich-rechtliche Verpflichtungen Dritter zur Erfüllung der Aufgabe aus der Straßenbaulast lassen die Straßenbaulast als solche unberührt.

§ 46 Unterhaltung von Straßenteilen bei fremder Baulast. [1]Obliegt nach § 45 die Straßenbaulast für die im Zuge einer Straße gelegenen Straßenteile, z.B. Brücken und Durchlässe, einem Dritten, so ist der nach §§ 43 und 44 an sich zuständige Träger der Straßenbaulast im Falle einer gegenwärtigen Gefahr für die öffentliche Sicherheit oder Ordnung berechtigt, nach vorheriger Ankündigung auf Kosten des Dritten alle Maßnahmen zu ergreifen, die im Interesse der Erhaltung der Verkehrssicherheit erforderlich sind. [2]In dringenden Ausnahmefällen kann die vorherige Ankündigung unterbleiben.

DRITTER TEIL
Gemeindestraßen und sonstige öffentliche Straßen

1. Abschnitt
Gemeindestraßen

§ 47 Straßenbaulast für Gemeindestraßen. (1) Träger der Straßenbaulast für die Gemeindestraßen sind die Gemeinden.

(2) Die Gemeinden sind zum Bau oder zur Änderung von Gemeindestraßen im Sinne von § 3 Abs. 4 Satz 2 Nr. 2 nur im Rahmen der bestehenden baurechtlichen und gemeinderechtlichen Bestimmungen verpflichtet.

(3) Soweit die Straßenbaulast auf Grund anderer gesetzlicher Vorschriften oder auf Grund öffentlich-rechtlicher Verpflichtungen anderen Trägern obliegt oder übertragen wird, gelten die Vorschriften der Absätze 1 und 2 nicht.

(4) Die Vorschriften des § 45 Abs. 2 und § 46 sind entsprechend anzuwenden.

§ 48 Beschränkt-öffentliche Gemeindestraßen. Die Gemeinden können für die von ihnen nur für einen beschränkten öffentlichen Verkehr gewidmeten Straßen den Widmungsinhalt (§ 6 Abs. 3) durch Satzung festlegen.

§ 49 Radverkehrsnetze. (1) Die Gemeinden sollen in Abstimmung mit den anderen Trägern der Straßenbaulast darauf hinwirken, daß ein zusammenhängendes Netz für den Radverkehr im Gemeindegebiet geschaffen wird.

(2) In gleicher Weise sollen die Kreise darauf hinwirken, daß ein zusammenhängendes überörtliches Netz für den Radverkehr geschaffen wird.

2. Abschnitt

Sonstige öffentliche Straßen

§ 50 Straßenbaulast für sonstige öffentliche Straßen und Wege. (1) [1]Der Träger der Straßenbaulast für die sonstigen öffentlichen Straßen und Wege wird in der Widmungsverfügung (§ 6 Abs. 1 bis 3) bestimmt. [2]§ 6 Abs. 5 bleibt unberührt.

(2) Die Straßenbaulast beschränkt sich auf die Unterhaltung der Straßen und Wege in dem Umfang, in dem sie bei ihrer Errichtung bestimmt war, sofern die Widmung nichts anderes bestimmt oder nicht weitergehende öffentlich-rechtliche Verpflichtungen bestehen.

§ 51 Anwendung von Vorschriften bei sonstigen öffentlichen Straßen.

(1) Auf die sonstigen öffentlichen Straßen finden die allgemeinen Vorschriften dieses Gesetzes (Erster Teil) mit Ausnahme der §§ 5, 9a, 18 bis 23, 25 bis 28 sowie §§ 37 bis 42 Anwendung.

(2) Die Benutzung der sonstigen öffentlichen Straßen über den Gemeingebrauch hinaus (Sondernutzung) regelt sich ausschließlich nach bürgerlichem Recht.

3. Abschnitt

§ 52 *(weggefallen)*

VIERTER TEIL

Aufsicht und Zuständigkeiten

§ 53 Straßenaufsicht. (1) Die Erfüllung der den Trägern der Straßenbaulast nach den gesetzlichen Vorschriften obliegenden Aufgaben wird, soweit diese nicht dem Land obliegt, durch die Straßenaufsicht überwacht.

(2) [1]Ist ein anderer als das Land Träger der Straßenbaulast und kommt dieser seinen Pflichten nicht nach, so kann die Straßenaufsichtsbehörde anordnen, dass er die notwendigen Maßnahmen innerhalb einer bestimmten Frist durchführt. [2]Kommt ein Träger der Straßenbaulast der Anordnung nicht nach, so kann die Straßenaufsichtsbehörde die notwendigen Maßnahmen an seiner Stelle und auf seine Kosten selbst durchführen oder durch einen anderen durchführen lassen. [3]Für die Durchführung der Straßenaufsicht finden die Vorschriften der Gemeinde- und Kreisordnung über die Kommunalaufsicht Anwendung.

§ 54 Straßenaufsichtsbehörden. (1) Oberste Straßenaufsichtsbehörde ist das für das Straßenwesen zuständige Ministerium, obere Straßenaufsichtsbehörde die Bezirksregierung, untere Straßenaufsichtsbehörde die Landrätin oder der Landrat als untere staatliche Verwaltungsbehörde.

(2) Straßenaufsichtsbehörde ist:

1. für die Ortsdurchfahrten der Landesstraßen und Radschnellverbindungen des Landes, soweit nicht das Land Träger der Straßenbaulast ist, für die Kreisstraßen einschließlich der Ortsdurchfahrten und für die Gemeindestraßen und sonstigen öffentlichen Straßen in den kreisfreien Städten die Bezirksregierung;
2. für die übrigen Gemeindestraßen und die sonstigen öffentlichen Straßen die Landrätin oder der Landrat als untere staatliche Verwaltungsbehörde.

§ 55 Bautechnische Regelungen. [1]Das für das Straßenwesen zuständige Ministerium kann im Benehmen mit dem für den Städtebau zuständigen Ministerium bautechnische Regelungen für den Bau und die Unterhaltung von Landesstraßen, Radschnellverbindungen des Landes und Kreisstraßen sowie im Einvernehmen mit dem für den Städtebau zuständigen Ministerium bautechnische Regelungen über die Ausgestaltung von Gemeindestraßen im Sinne von § 3 Absatz 4 Satz 2 Nummer 1 einführen. [2]Bautechnische Regelungen gelten als allgemein anerkannte Regeln der Technik.

§ 56 Straßenbaubehörden. (1) Oberste Straßenbaubehörde ist das für das Straßenwesen zuständige Ministerium.

(2) [1]Die Aufgaben der Straßenbaubehörden werden wahrgenommen:

1. für Landesstraßen und Radschnellverbindungen des Landes vom Landesbetrieb Straßenbau, soweit nicht die Gemeinden Träger der Straßenbaulast für Ortsdurchfahrten sind;
2. für die Kreisstraßen von den Kreisen, soweit nicht die Gemeinden Träger der Straßenbaulast für die Ortsdurchfahrten sind, und den kreisfreien Städten;

3. für die Gemeindestraßen sowie für die Ortsdurchfahrten im Zuge von Landesstraßen, Radschnellverbindungen des Landes und Kreisstraßen von den Gemeinden, soweit ihnen für diese die Straßenbaulast obliegt;
4. für sonstige öffentliche Straßen von dem Träger der Straßenbaulast, wenn dieser eine Körperschaft oder eine Stiftung des öffentlichen Rechts ist. [2]Bei den übrigen Straßen dieser Straßengruppe werden die Befugnisse der Straßenbaubehörde durch die zuständige Gemeinde ausgeübt.

(3) [1]Die Gemeinden, die Kreise und die nach Absatz 2 Nummer 1 für die Landesstraßen und Radschnellverbindungen des Landes zuständigen Straßenbaubehörden können gegen Ersatz der entstehenden Kosten Vereinbarungen über die Übertragung von Verwaltung und Unterhaltung einschließlich des Um- und Ausbaues der Straßen treffen, für die sie die Aufgaben des Trägers der Straßenbaulast wahrnehmen. [2]Die Rechte des Trägers der Straßenbaulast bleiben unberührt. [3]Die nach Satz 1 übertragenen Aufgaben der Straßenbaubehörde sind im Einvernehmen mit dem Träger der Straßenbaulast auszuüben.

§ 57 *(weggefallen)*

§ 58 *(weggefallen)*

FÜNFTER TEIL

Ordnungswidrigkeiten, Übergangs- und Schlußvorschriften

1. Abschnitt

Ordnungswidrigkeiten

§ 59 Ordnungswidrigkeiten. (1) Ordnungswidrig handelt, wer vorsätzlich oder fahrlässig
1. entgegen § 18 Abs. 1 eine Straße über den Gemeingebrauch hinaus ohne Erlaubnis benutzt,
2. nach § 18 Abs. 2 erteilten vollziehbaren Auflagen nicht nachkommt,
3. entgegen § 18 Abs. 4
   a) Anlagen nicht vorschriftsgemäß errichtet oder unterhält oder
   b) auf vollziehbares Verlangen der zuständigen Behörde Anlagen nicht entfernt oder den benutzten Straßenteil nicht in einen ordnungsgemäßen Zustand versetzt,
4. entgegen § 20 Abs. 1 in Verbindung mit § 18 Abs. 1 Zufahrten oder Zugänge ohne Erlaubnis anlegt oder ändert,
5. entgegen § 20 Abs. 4 in Verbindung mit § 18 Abs. 4 Zufahrten oder Zugänge nicht vorschriftsmäßig unterhält,
6. einer nach § 20 Abs. 7 ergangenen vollziehbaren Anordnung nicht nachkommt,

7. ohne die gemäß § 25 erforderliche Zustimmung oder Genehmigung der Straßenbaubehörde bauliche Anlagen errichtet oder über Zufahrten oder Zugänge an Landesstraßen, Radschnellverbindungen des Landes oder Kreisstraßen unmittelbar oder mittelbar anschließt.
8. Bedingungen oder vollziehbaren Auflagen gemäß § 25 Abs. 2, auch in Verbindung mit § 25 Abs. 4, oder gemäß § 28 Abs. 1 nicht nachkommt, unter denen einem Vorhaben zugestimmt oder eine Ausnahme vom Verbot des § 28 Abs. 1 zugelassen wurde,
9. Anlagen der Außenwerbung entgegen § 28 Abs. 1, auch in Verbindung mit § 25 oder § 27 errichtet oder entgegen § 28 Abs. 2 an oder auf Brücken anbringt oder aufstellt,
10. entgegen § 30 Abs. 1 die notwendigen Einrichtungen nicht duldet oder entgegen § 30 Abs. 2 Satz 1 Anpflanzungen oder Einrichtungen, die die Verkehrssicherheit beeinträchtigen, anlegt oder entgegen § 30 Abs. 2 Satz 2 ihre Beseitigung nicht duldet,
11. entgegen § 31 Abs. 3 Schutzwald nicht erhält oder nicht den Schutzzwecken entsprechend bewirtschaftet,
12. entgegen § 37a Abs. 1 Satz 1 Vorarbeiten oder die vorübergehende Anbringung von Markierungszeichen nicht duldet,
13. entgegen § 40 Abs. 1 auf den von dem Plan betroffenen Flächen oder in dem nach § 37b festgelegten Planungsgebiet Veränderungen vornimmt.

(2) Ordnungswidrigkeiten nach Absatz 1 Nrn. 1 bis 6 und 10 bis 12 können mit einer Geldbuße bis zu tausend Euro, Ordnungswidrigkeiten nach Absatz 1 Nrn. 7 bis 9 und 13 können mit einer Geldbuße bis zu zehntausend Euro geahndet werden.

2. Abschnitt
Übergangsvorschriften

§ 60 Vorhandene Straßen. [1]Öffentliche Straßen im Sinne dieses Gesetzes sind auch diejenigen Straßen, Wege und Plätze, welche nach bisherigem Recht die Eigenschaft einer öffentlichen Straße besitzen; soweit sie bisher von einer Gemeinde zu unterhalten waren, gelten sie als Gemeindestraßen, im übrigen als sonstige öffentliche Straßen. [2]Die bisherigen Träger der Straßenbaulast haben die Straßen auch weiter zu unterhalten.

§ 61 *(weggefallen)*

§ 62 *(weggefallen)*

§ 63 Eigentum (Zu §§ 11 und 13). Bei Inkrafttreten dieses Gesetzes bestehende, von der Regelung des § 11 Abs. 1 und des § 13 Abs. 2 abweichende Vereinbarungen bleiben unberührt.

§ 64 Sondernutzungen (Zu §§ 18 ff.). (1) [1]Bei Inkrafttreten dieses Gesetzes bestehende unwiderrufliche Nutzungsrechte an öffentlichen Straßen können, soweit dies zur Erfüllung der Aufgaben des Trägers der Straßenbaulast erforderlich ist, durch Enteignung aufgehoben werden. [2]§ 42 gilt entsprechend.

(2) Für Sondernutzungen, die bei Inkrafttreten dieses Gesetzes durch bürgerlich-rechtliche Verträge vereinbart sind, gelten die Vorschriften für Sondernutzungen (§§ 18 ff.) von dem Zeitpunkt an, zu dem die Verträge erstmals nach Inkrafttreten dieses Gesetzes kündbar sind.

(3) Der bisher ortsübliche Gebrauch der Ortsdurchfahrten und der Gemeindestraßen über den Gemeingebrauch hinaus bleibt bis zum Erlaß einer Satzung nach § 19 zugelassen.

§ 65 *(weggefallen)*

§ 66 *(weggefallen)*

§ 67 *(weggefallen)*

3. Abschnitt

Schlußvorschriften

§ 68 *(weggefallen)*

§ 69 *(weggefallen)*

§ 70 Durchführungsvorschriften. (1) Das für das Straßenwesen zuständige Ministerium erläßt im Einvernehmen mit den beteiligten Ministerien die zur Durchführung dieses Gesetzes erforderlichen Allgemeinen Verwaltungsvorschriften.

(2) Das für das Straßenwesen zuständige Ministerium kann seine Befugnisse nach diesem Gesetz ganz oder zum Teil auf die nachgeordneten Behörden übertragen.

§ 71 Inkrafttreten. Dieses Gesetz tritt am 1. Januar 1962 in Kraft.*

---

* *Die Vorschrift betrifft das Inkrafttreten des Gesetzes in der Fassung vom 28. November 1961.*

Gesetz über die Beamtinnen und Beamten des Landes Nordrhein-Westfalen (Landesbeamtengesetz – LBG NRW)

in der Fassung der Bekanntmachung vom 14. Juni 2016
(GV NRW S. 310, ber. GV NRW S. 642);
zuletzt geändert durch Gesetz vom 19. September 2017 (GV NRW S. 764).

INHALTSÜBERSICHT

Abschnitt 1

Allgemeine Vorschriften

§ 1 Anwendungsbereich. (1) Dieses Gesetz gilt für die Beamtinnen und Beamten des Landes, der Gemeinden und Gemeindeverbände sowie der sonstigen der Aufsicht des Landes unterstehenden Körperschaften, Anstalten und Stiftungen des öffentlichen Rechts, soweit das Beamtenstatusgesetz vom 17. Juni 2008 (BGBl. I S. 1010) in der jeweils geltenden Fassung keine anderweitige Regelung enthält.

(2) Die Kirchen und öffentlich-rechtlichen Religionsgemeinschaften können Vorschriften dieses Gesetzes für anwendbar erklären.

(3) Die Landesregierung kann Körperschaften, Anstalten und Stiftungen des öffentlichen Rechts durch Rechtsverordnung das Recht verleihen, Beamtinnen und Beamte zu haben (Dienstherrnfähigkeit).

§ 2 Begriffsbestimmungen. (1) [1]Oberste Dienstbehörde ist

1. für die Beamtinnen und Beamten des Landes die oberste Behörde des Geschäftsbereichs, in dem sie ein Amt bekleiden,
2. für die Beamtinnen und Beamten der Gemeinden und Gemeindeverbände die Vertretung der Gemeinde oder des Gemeindeverbandes und
3. für die Beamtinnen und Beamten der sonstigen der Aufsicht des Landes unterstehenden Körperschaften, Anstalten und Stiftungen des öffentlichen Rechts das nach Gesetz oder Satzung zuständige Organ.

[2]Satz 1 Nummer 1 gilt für Beamtinnen und Beamte ohne Amt entsprechend. [3]Für Ruhestandsbeamtinnen und Ruhestandsbeamte, frühere Beamtinnen und Beamte und deren Hinterbliebene gilt als oberste Dienstbehörde die letzte oberste Dienstbehörde. [4]Ist eine oberste Dienstbehörde nicht vorhanden, so bestimmt für die Beamtinnen und Beamten der Gemeinden, der Gemeindeverbände und der sonstigen der Aufsicht des Landes unterstehenden Körperschaften, Anstalten und Stiftungen des öffentlichen Rechts die oberste Aufsichtsbehörde, wer die Aufgaben der obersten Dienstbehörde wahrnimmt. [5]§ 1 Absatz 1 des Gesetzes zur Regelung der Dienstaufsicht über die Bezirksregierungen in Personalangelegenheiten vom 9. Mai 2000 (GV. NRW. 2000, S. 462) in der jeweils geltenden Fassung bleibt unberührt.

(2) [1]Dienstvorgesetzte Stelle ist

1. für Beamtinnen und Beamte des Landes die oberste Dienstbehörde, soweit durch Gesetz oder Verordnung nichts anderes bestimmt ist,
2. für Beamtinnen und Beamte der Gemeinden und Gemeindeverbände die durch das Kommunalverfassungsrecht bestimmte Stelle und
3. für Beamtinnen und Beamte der sonstigen der Aufsicht des Landes unterstehenden Körperschaften, Anstalten und Stiftungen des öffentlichen Rechts die durch Gesetz oder Satzung bestimmte Stelle.

[2]Absatz 1 Satz 3 und 4 gilt entsprechend.

(3) Für Beamtinnen und Beamte des Landes kann die oberste Dienstbehörde für Entscheidungen nach Absatz 4 durch Rechtsverordnung eine andere dienstvorgesetzte Stelle bestimmen.

(4) [1]Für Beamtinnen und Beamte des Landes trifft die dienstvorgesetzte Stelle die beamtenrechtlichen Entscheidungen über die persönlichen Angelegenheiten der ihr nachgeordneten Beamtinnen und Beamten, soweit nicht nach Gesetz oder Verordnung eine andere Stelle zuständig ist; sie kann sich dabei nach Maßgabe der für ihre Behörde geltenden Geschäftsordnung vertreten lassen. [2]Für Beamtinnen und Beamte der Gemeinden und Gemeindeverbände sowie für Beamtinnen und Beamte der sonstigen der Aufsicht des Landes unterstehenden Körperschaften, Anstalten und Stiftungen des öffentlichen Rechts gilt Satz 1 entsprechend, soweit nicht nach den für sie geltenden Vorschriften eine andere Stelle zuständig ist.

(5) [1]Vorgesetzte Person ist, wer dienstliche Anordnungen erteilen kann. [2]Wer vorgesetzte Person ist, bestimmt sich nach dem Aufbau der öffentlichen Verwaltung.

Abschnitt 2

Beamtenverhältnis

§ 3 Voraussetzungen des Beamtenverhältnisses. (1) [1]Wer in das Beamtenverhältnis berufen werden soll, muss die für die beabsichtigte Laufbahn vorgeschriebene oder – mangels solcher Vorschriften – übliche Vorbildung besitzen (Laufbahnbewerberin oder Laufbahnbewerber). [2]In das Beamtenverhältnis kann auch berufen werden, wer die erforderliche Befähigung durch Lebens- und Berufserfahrung innerhalb oder außerhalb des öffentlichen Dienstes erworben hat (andere Bewerberin oder anderer Bewerber); dies gilt nicht für die Wahrnehmung solcher Aufgaben, für die eine bestimmte Vorbildung, Ausbildung oder Prüfung durch besondere Rechtsvorschrift zwingend vorgeschrieben ist oder nach ihrer Eigenart zwingend erforderlich ist.

(2) [1]Ausnahmen nach § 7 Absatz 3 des Beamtenstatusgesetzes erlässt die oberste Dienstbehörde. [2]Für die Beamtinnen und Beamten der Gemeinden und Gemeindeverbände und der sonstigen der Aufsicht des Landes unterstehenden Körperschaften, Anstalten und Stiftungen des öffentlichen Rechts liegt die Zuständigkeit bei der obersten Aufsichtsbehörde.

§ 4 Beamtenverhältnis auf Zeit. [1]Die Fälle und Voraussetzungen der Ernennung von Beamtinnen und Beamten auf Zeit werden durch Gesetz bestimmt. [2]Durch Rechtsverordnung des für Inneres zuständigen Ministeriums und des Finanzministeriums kann zugelassen werden, dass für einzelne Verwaltungszweige und Aufgabengebiete der Gemeinden, der Gemeindeverbände und der sonstigen der Aufsicht des Landes unterstehenden Körperschaften, Anstalten und Stiftungen des öffentlichen Rechts an Stelle von Beamtinnen und Beamten auf Lebenszeit Beamtinnen und Beamte auf Zeit berufen werden. [3]Die Zeitdauer muss bei den Beamtinnen und Beamten der Gemeinden und der Gemeindeverbände zwölf Jahre betragen, bei den Beamtinnen und Beamten der sonstigen Körperschaften, Anstalten und Stiftungen des öffentlichen Rechts muss sie mindestens sechs Jahre betragen. [4]Über die Berufung auf Zeit darf frühestens sechs Monate vor Freiwerden der Stelle entschieden werden. [5]Soweit Gesetze oder Verordnungen nicht anderes bestimmen, ist die Beamtin oder der Beamte auf Zeit nach Ablauf der Amtszeit verpflichtet, das Amt weiterzuführen, wenn sie oder er unter nicht ungünstigeren Bedingungen für wenigstens die gleiche Zeit wieder ernannt werden soll.

§ 5 Begriff und Gliederung der Laufbahnen. (1) [1]Es gibt Laufbahnen mit Vorbereitungsdienst und Laufbahnen besonderer Fachrichtung. [2]Eine Laufbahn umfasst alle Ämter, die derselben Fachrichtung und derselben Laufbahngruppe angehören; zur Laufbahn gehört auch der Vorbereitungsdienst.

(2) [1]Es gibt die Laufbahngruppen 1 und 2. [2]Innerhalb der Laufbahngruppen gibt es nach Maßgabe des Besoldungsrechts erste und zweite Einstiegsämter. [3]Der Zugang zu einer Laufbahngruppe und innerhalb einer Laufbahngruppe zu einem Einstiegsamt richtet sich nach den in § 6 normierten Zugangsvoraussetzungen. [4]Besondere fachgesetzliche Regelungen bleiben unberührt.

(3) [1]Laufbahnen besonderer Fachrichtung sind:
1. Gesundheit,
2. technische Dienste (einschließlich naturwissenschaftlicher Dienste),
3. nichttechnische Dienste,
4. Bildung und Wissenschaft.

[2]Die Zuordnung der bisherigen Laufbahnen und der fachlichen Schwerpunkte zu den jeweiligen Laufbahnen besonderer Fachrichtung erfolgt nach Maßgabe der Laufbahnverordnung in der jeweils geltenden Fassung.

(4) Die Laufbahnbefähigung gilt für alle innerhalb einer Fachrichtung wahrzunehmenden Ämter einer Laufbahngruppe, soweit nicht für einzelne Ämter eine bestimmte Vorbildung, Ausbildung oder Prüfung durch besondere Rechtsvorschrift zwingend vorgeschrieben oder ihrer Eigenart nach zwingend erforderlich ist oder besondere Voraussetzungen nach § 8 Absatz 2 (Erwerb der fachlichen Voraussetzungen bei Laufbahnen besonderer Fachrichtung) gefordert worden sind.

§ 6 Zugangsvoraussetzungen zu den Laufbahnen. (1) Für den Zugang zu den Laufbahnen ist als Bildungsvoraussetzung mindestens zu fordern:
1. für die Laufbahngruppe 1, erstes Einstiegsamt, der erfolgreiche Besuch einer Hauptschule oder ein gesetzlich als gleichwertig anerkannter Bildungsstand,
2. für die Laufbahngruppe 1, zweites Einstiegsamt,
   a) der mittlere Schulabschluss (Fachoberschulreife) oder ein gesetzlich als gleichwertig anerkannter Bildungsstand oder
   b) der erfolgreiche Besuch einer Hauptschule oder ein gesetzlich als gleichwertig anerkannter Bildungsstand sowie eine förderliche abgeschlossene

Berufsausbildung oder eine abgeschlossene Ausbildung in einem öffentlich-rechtlichen Ausbildungsverhältnis,

3. für die Laufbahngruppe 2, erstes Einstiegsamt,
   a) eine zu einem Hochschulstudium berechtigende Schulbildung oder ein gesetzlich als gleichwertig anerkannter Bildungsstand oder
   b) das Abschlusszeugnis eines zu einem Bachelorgrad oder einer entsprechenden Qualifikation führenden geeigneten Studiums an einer Fachhochschule, einer Universität, einer technischen Hochschule, einer Berufsakademie oder einer gleichstehenden Hochschule,
4. für die Laufbahngruppe 2, zweites Einstiegsamt,
   a) ein mit einem Mastergrad abgeschlossenes, geeignetes Hochschulstudium oder
   b) ein gleichwertiger Abschluss an einer Universität, einer technischen Hochschule oder einer anderen gleichstehenden Hochschule.

(2) [1]Als weitere Voraussetzung für den Zugang zu den Laufbahnen mit Vorbereitungsdienst sind der für das jeweilige Einstiegsamt vorgesehene Vorbereitungsdienst und das Bestehen der jeweils vorgesehenen Prüfung erforderlich. [2]Für Laufbahnen besonderer Fachrichtung ist zusätzlich zu den Voraussetzungen des Absatzes 1 Nummer 2 Buchstabe b, 3 Buchstabe b und 4 eine hauptberufliche Tätigkeit notwendig.

(3) Besondere fachgesetzliche Regelungen bleiben unberührt.

§ 7 Anforderungen an den Vorbereitungsdienst. (1) [1]Soweit ein Vorbereitungsdienst vorgesehen ist, sollen die Laufbahnbewerberinnen und Laufbahnbewerber diesen im Beamtenverhältnis auf Widerruf ableisten; die für die Ordnung der Laufbahn zuständige oberste Dienstbehörde kann für Gruppen von Laufbahnbewerberinnen und Laufbahnbewerbern in den Rechtsverordnungen nach Absatz 2 oder den Laufbahnverordnungen Ausnahmen zulassen. [2]In einer Rechtsverordnung nach Absatz 2 oder durch Gesetz kann bestimmt werden, dass der Vorbereitungsdienst abweichend von Satz 1 in einem öffentlich-rechtlichen Ausbildungsverhältnis außerhalb eines Beamtenverhältnisses abgeleistet wird, wenn ein öffentliches Interesse dies rechtfertigt. [3]Auf Laufbahnbewerberinnen und -bewerber, die ihren Vorbereitungsdienst in einem solchen öffentlich-rechtlichen Ausbildungsverhältnis ableisten, finden die für die Beamtinnen und Beamten geltenden Vorschriften mit Ausnahme des § 7 Absatz 1 und des § 38 des Beamtenstatusgesetzes und der §§ 44, 63 bis 65, 75 und 79 entsprechende Anwendung, soweit nicht durch Gesetz oder auf Grund eines Gesetzes etwas anderes bestimmt wird. [4]Sie sind zu Beginn der Ausbildung nach § 1 des Verpflichtungsgesetzes vom 2. März 1974 (BGBl. I S. 469, 547) in der jeweils geltenden Fassung auf die gewissenhafte Erfüllung ihrer Obliegenheiten zu verpflichten.

(2) [1]Die für die Ordnung einer Laufbahn zuständige oberste Landesbehörde erlässt für die jeweilige Laufbahn im Bereich der Landesverwaltung und für die der Aufsicht unterstehenden Gemeinden, Gemeindeverbände und sonstigen

Körperschaften, Anstalten und Stiftungen des öffentlichen Rechts im Einvernehmen mit dem für Inneres zuständigen Ministerium und dem Finanzministerium zur Ausführung der Bestimmungen nach § 9 Absatz 1 Nummer 1, 2 und 7 und nach Maßgabe der Verordnung nach § 9 Absatz 1 Vorschriften über die Ausbildung und Prüfung der Beamtinnen und Beamten durch Rechtsverordnung. [2]Dabei sollen insbesondere geregelt werden

1. die Voraussetzungen für die Zulassung zum Vorbereitungsdienst,
2. der Inhalt und das Ziel der Ausbildung während des Vorbereitungsdienstes,
3. die Ausgestaltung des Vorbereitungsdienstes und Abweichungen von seiner regelmäßigen Dauer auch hinsichtlich Beurlaubungen und Teilzeitbeschäftigungen,
4. die Art und der Umfang der theoretischen und der praktischen Ausbildung,
5. die Anrechnung von förderlichen Zeiten auf den Vorbereitungsdienst,
6. die Beurteilung der Leistungen während des Vorbereitungsdienstes,
7. die Art und die Zahl der Prüfungsleistungen,
8. das Verfahren der Prüfung,
9. die Berücksichtigung von Leistungen nach Nummer 6 bei der Festlegung der Prüfungsergebnisse,
10. die Prüfungsnoten, die eine nach der Leistung der Kandidatin oder des Kandidaten abgestufte Beurteilung ermöglichen,
11. die Ermittlung und die Feststellung des Prüfungsergebnisses,
12. die Bildung der Prüfungsausschüsse,
13. die Wiederholung von Prüfungsleistungen und der gesamten Prüfung.

[3]Ferner kann für die Einstellung in das Beamtenverhältnis auf Widerruf eine Höchstaltersgrenze festgelegt werden, die sich aus der jeweiligen Höchstaltersgrenze des § 14 Absatz 3 und 6 abzüglich der Dauer des Vorbereitungsdienstes ergibt. [4]§ 14 Absatz 5, 7, 10 und 11 findet entsprechende Anwendung. [5]Sind Ämter einer Laufbahn im Geschäftsbereich mehrerer oberster Landesbehörden vorhanden, bestimmt das für Inneres zuständige Ministerium die für die Ordnung der Laufbahn zuständige oberste Landesbehörde. [6]Besondere fachgesetzliche Regelungen bleiben unberührt.

(3) Die Rechtsverordnung nach Absatz 2 kann nach Maßgabe der Verordnung nach § 9 Absatz 1 Regelungen zur beruflichen Entwicklung über eine modulare Qualifizierung und zu den Anforderungen an eine berufliche Entwicklung durch ein Studium sowie Anforderungen an einen Laufbahnwechsel nach § 22 Absatz 2 vorsehen.

§ 8 Erwerb der fachlichen Voraussetzung bei Laufbahnen besonderer Fachrichtung. (1) [1]Die Einrichtung von Laufbahnen besonderer Fachrichtung setzt voraus, dass die Ausbildungsinhalte eines Vorbereitungsdienstes mindestens gleichwertig durch Kenntnisse und Fähigkeiten aus einer hauptberuflichen Tätigkeit ersetzt werden können. [2]Vom Zeitpunkt des Inkrafttretens einer Rechtsverordnung nach § 7 Absatz 2, die den Erwerb der Befähigung durch einen Vorbereitungsdienst vorschreibt, ist die Einstellung solcher Bewerberinnen und Bewerber in die entsprechende Laufbahn mit Vorbereitungsdienst nicht mehr zulässig, die ihre Befähigung nach den Vorschriften über Beamtinnen oder Beamte besonderer Fachrichtung erworben haben. [3]Die Rechtsverordnung kann für eine Übergangszeit hiervon abweichen.

(2) [1]Als hauptberufliche Tätigkeit können nur solche Tätigkeiten anerkannt werden, die nach den Grundsätzen der funktionsbezogenen Bewertung gleichwertige Kenntnisse und Fertigkeiten des auszuübenden Amtes vermitteln. [2]Nähere Bestimmungen hierzu trifft die Laufbahnverordnung. [3]Sie kann insbesondere Regelungen treffen über
1. Art und Umfang der hauptberuflichen Tätigkeit,
2. weitere über § 6 hinausgehende Qualifikationen.

(3) In der Rechtsverordnung nach § 9 können von § 6 abweichende Bildungsvoraussetzungen für den Zugang zur Laufbahn besonderer Fachrichtung Bildung und Wissenschaft geregelt werden.

(4) Für die Laufbahnen besonderer Fachrichtung kann die oberste Dienstbehörde Regelungen nach § 7 Absatz 3 treffen.

§ 9 Laufbahnverordnung. (1) [1]Die Landesregierung erlässt unter Berücksichtigung der Erfordernisse der einzelnen Verwaltungen durch Rechtsverordnung Vorschriften über die Laufbahnen der Beamtinnen und Beamten (Laufbahnverordnung). [2]Dabei sind auch nach Maßgabe der §§ 5 bis 23 insbesondere zu regeln
1. die Voraussetzungen für die Einrichtung und Ausgestaltung von Laufbahnen, insbesondere Regelungen zum Befähigungserwerb sowie die Feststellung der bei einem anderen Dienstherrn erworbenen Laufbahnbefähigung,
2. Mindestanforderungen an einen Vorbereitungsdienst, insbesondere seine Dauer, seine Kürzung durch Anrechnung und seine Verlängerung sowie seinen Abschluss,
3. Mindestanforderungen an eine hauptberufliche Tätigkeit,
4. Art, Dauer und Berechnung der Probezeit, ihre Verlängerung und die Anrechnung von Zeiten hauptberuflicher Tätigkeit sowie die Dauer der Mindestprobezeit,
5. Beförderungsvoraussetzungen,
6. die in der Laufbahn regelmäßig zu durchlaufenden Ämter, sowie die davon abweichende vorzeitige Beförderung auf der Grundlage einer Qualifizierung oder eines Studiums,
7. die Voraussetzungen für den Aufstieg in das erste Einstiegsamt der Laufbahngruppe 2 (Laufbahnbefähigung im Wege des Aufstiegs),
8. die Einstellungsvoraussetzungen für andere Bewerberinnen und Bewerber,
9. der Verzicht auf eine erneute Probezeit, die in einem früheren Richter- oder Beamtenverhältnis bereits abgeleistet worden ist,
10. der Verzicht auf das erneute Durchlaufen von Laufbahnämtern, die in einem früheren Richter- oder Beamtenverhältnis bereits erreicht worden sind,

11. die inhaltlichen Anforderungen für die Anerkennung einer Laufbahnbefähigung bei einem Laufbahnwechsel sowie die Ausgestaltung des Laufbahnwechsels,
12. Kosten und Kostenerstattung für eine berufliche Qualifizierung oder ein Studium und
13. Festlegung von Höchstaltersgrenzen für die Einstellung oder Übernahme ins Beamtenverhältnis.

(2) Absatz 1 und die §§ 5 bis 16 und 19 bis 23 gelten nicht für Beamtinnen und Beamte auf Zeit.

§ 10 Sicherung der Mobilität. (1) [1]Eine nach dem 1. April 2009 beim Bund oder in einem anderen Land erworbene Laufbahnbefähigung soll als Befähigung für eine Laufbahn vergleichbarer Fachrichtung in Nordrhein-Westfalen anerkannt werden. [2]Soweit die Ausbildung bei dem anderen Dienstherrn hinsichtlich der Dauer oder der Inhalte ein erhebliches Defizit gegenüber der Ausbildung in Nordrhein-Westfalen aufweist, das nicht bereits durch die vorhandene Berufserfahrung ausgeglichen ist, kann die Anerkennung vom Ableisten einer Unterweisung oder von Fortbildungsmaßnahmen abhängig gemacht werden.

(2) Für die vor dem 1. April 2009 erworbenen Laufbahnbefähigungen trifft die Laufbahnverordnung nähere Regelungen.

(3) [1]Die Befähigung für die Laufbahn, in die eingestellt, gewechselt oder von einem Dienstherrn versetzt werden soll, ist von der einstellenden oder aufnehmenden Behörde festzustellen und der Beamtin oder dem Beamten schriftlich mitzuteilen. [2]Für den Bereich der Landesverwaltung erfolgt die Feststellung mit Zustimmung der für die Ausgestaltung der neuen Laufbahn zuständigen obersten Dienstbehörde oder der von ihr bestimmten Stelle. [3]Die Regelungen des § 14 Absatz 3 des Lehrerausbildungsgesetzes vom 12. Mai 2009 (GV. NRW. S. 308) in der jeweils geltenden Fassung bleiben unberührt.

(4) [1]Die Laufbahnbefähigung anderer Bewerberinnen und Bewerber, welche durch den Landespersonalausschuss eines anderen Landes oder des Bundes festgestellt wurde, wird in Nordrhein-Westfalen nicht anerkannt. [2]In diesen Fällen ist die Laufbahnbefähigung durch den Landespersonalausschuss des Landes Nordrhein-Westfalen festzustellen.

§ 11 Anerkennung der Laufbahnbefähigung auf Grund der Richtlinie 2005/36/EG und auf Grund in Drittstaaten erworbener Berufsqualifikation. (1) Die Laufbahnbefähigung kann auch

1. auf Grund der Richtlinie 2005/36/EG des Europäischen Parlaments und des Rates vom 7. September 2005 über die Anerkennung von Berufsqualifikationen (ABl. L 255 vom 30.9. 2005, S. 22, L 271 vom 16.10.2007, S. 18, L 093 vom 4.4.2008, S. 28, L 33 vom 3.2.2009, S. 49, L 305 vom 24.10.2014, S. 115) die zuletzt durch die Richtlinie 2013/55/EU (ABl. L 354 vom 28.12.2013, S. 132) geändert worden ist oder

2. nach Maßgabe des § 7 des Beamtenstatusgesetzes auf Grund einer auf eine Tätigkeit in einer öffentlichen Verwaltung vorbereitenden Berufsqualifikation, die in einem vom § 7 Absatz 1 Nummer 1 Buchstabe c des Beamtenstatusgesetzes nicht erfassten Drittstaat erworben ist,

anerkannt werden.

(2) [1]Das Nähere, insbesondere das Anerkennungsverfahren sowie die Ausgleichsmaßnahmen, regelt das für Inneres zuständige Ministerium, für die Laufbahnen der Lehrerinnen und Lehrer das für das Schulwesen zuständige Ministerium, durch Rechtsverordnung. [2]Das Berufsqualifikationsfeststellungsgesetz NRW vom 28. Mai 2013 (GV. NRW. S. 272) in der jeweils geltenden Fassung findet insoweit keine Anwendung. [3]Ergänzende Festlegungen können die Rechtsverordnungen nach § 7 regeln.

(3) Die deutsche Sprache muss in dem für die Wahrnehmung der Aufgaben der Laufbahn erforderlichen Maße beherrscht werden.

§ 12 Andere Bewerberinnen oder andere Bewerber. (1) Von anderen Bewerberinnen oder von anderen Bewerbern (§ 3 Absatz 1 Satz 2) dürfen die für die Laufbahn vorgeschriebene Vorbildung, Ausbildung (Vorbereitungsdienst oder hauptberufliche Tätigkeit) und Laufbahnprüfung nicht gefordert werden.

(2) Für andere Bewerberinnen und andere Bewerber kann Art und Umfang der zu fordernden Lebens- und Berufserfahrung in der Laufbahnverordnung bestimmt werden.

(3) Die Befähigung anderer Bewerberinnen oder anderer Bewerber für die Laufbahn, in der sie verwendet werden sollen, wird durch den Landespersonalausschuss festgestellt; die Feststellung ist nicht zulässig in den Fällen des § 3 Absatz 1 Satz 2 Halbsatz 2.

§ 13 Probezeit. (1) [1]Eignung, Befähigung und fachliche Leistung sind in einer Probezeit unter Anlegung eines strengen Maßstabs, bei Probezeiten oberhalb von zwölf Monaten wiederholt, zu beurteilen. [2]Die regelmäßige Probezeit dauert drei Jahre. [3]Ein Verzicht auf eine Probezeit durch Kürzung und Anrechnung ist mit Ausnahme der Einstellung früherer Richterinnen und Richter und Beamtinnen und Beamter nicht zulässig.

(2) Die Probezeit kann bei anderen Bewerberinnen und Bewerbern durch den Landespersonalausschuss gekürzt werden.

(3) [1]Dienstzeiten im öffentlichen Dienst oder als Lehrkraft an Ersatzschulen und Zeiten einer hauptberuflichen Tätigkeit, die öffentlichen Belangen des Bundes oder eines Landes dient, können auf die Probezeit angerechnet werden. [2]Die Zeit einer Tätigkeit, die nach ihrer Art und Bedeutung nicht mindestens einem Amt der betreffenden Laufbahn entsprochen hat, bleibt unberücksichtigt.

(4) Das Nähere regelt die Laufbahnverordnung.

§ 14 Einstellung. (1) [1]Eine Ernennung zur Begründung des Beamtenverhältnisses (Einstellung) ist nur in den Einstiegsämtern der Laufbahn zulässig. [2]Die

Einstiegsämter bestimmen sich nach dem Besoldungsrecht. [3]Der Landespersonalausschuss kann Ausnahmen von Satz 1 zulassen.

(2) [1]Soweit im Zuständigkeitsbereich der Ernennungsbehörde in der angestrebten Laufbahn innerhalb der Ämtergruppe mit gleichem Einstiegsamt weniger Frauen als Männer sind, sind Frauen bei gleicher Eignung, Befähigung und fachlicher Leistung bevorzugt einzustellen, sofern nicht in der Person eines Mitbewerbers liegende Gründe überwiegen; ist die Landesregierung die für die Ernennung zuständige Behörde, so ist maßgebend der Zuständigkeitsbereich der obersten Landesbehörde, die den Einstellungsvorschlag macht; Beamtinnen und Beamte in einem Vorbereitungsdienst, der auch Voraussetzung für die Ausübung eines Berufes außerhalb des öffentlichen Dienstes ist, werden bei der Ermittlung der Beschäftigungsanteile nicht berücksichtigt. [2]Für die Verleihung laufbahnfreier Ämter gilt Satz 1 Halbsatz 1 und 2 entsprechend; in diesen Fällen treten an die Stelle der Laufbahn die jeweiligen Ämter mit gleichem Endgrundgehalt und gleicher Amtsbezeichnung. [3]Weitere Abweichungen von dem gemäß Satz 1 maßgeblichen Bezugsbereich oder in Bezug auf die Vergleichsgruppenbildung regelt die oberste Dienstbehörde durch Rechtsverordnung. [4]Für Beförderungen gilt § 19 Absatz 6.

(3) Als Laufbahnbewerberin oder Laufbahnbewerber darf in das Beamtenverhältnis auf Probe eingestellt werden, wer das 42. Lebensjahr noch nicht vollendet hat.

(4) Absatz 3 gilt entsprechend bei der Einstellung in das Beamtenverhältnis auf Lebenszeit von Beamtinnen und Beamten anderer Dienstherrn sowie von früheren Beamtinnen und Beamten.

(5) [1]Die Höchstaltersgrenze der Absätze 3 und 4 erhöht sich um Zeiten

1. der Ableistung einer Dienstpflicht nach Artikel 12a des Grundgesetzes,
2. der Teilnahme an Maßnahmen im Sinne des § 34 Absatz 2 der Freistellungs- und Urlaubsverordnung NRW vom 10. Januar 2012 (GV. NRW. S. 2; ber. S. 92) in der jeweils geltenden Fassung,
3. der tatsächlichen Betreuung eines minderjährigen Kindes oder
4. der tatsächlichen Pflege einer oder eines nach § 7 Absatz 3 des Pflegezeitgesetzes vom 28. Mai 2008 (BGBl. I S. 874, 896) in der jeweils geltenden Fassung pflegebedürftigen nahen Angehörigen, deren oder dessen Pflegebedürftigkeit nach § 3 Absatz 2 des vorgenannten Gesetzes nachgewiesen ist.

[2]In den Fällen des Satzes 1 Nummer 3 und 4 erhöht sich die Höchstaltersgrenze um jeweils bis zu drei Jahre, bei mehreren Kindern oder Angehörigen um insgesamt bis zu sechs Jahre, sofern über einen dementsprechenden Zeitraum keine berufliche Tätigkeit im Umfang von in der Regel mehr als zwei Drittel der jeweiligen regelmäßigen Arbeitszeit ausgeübt wurde.

(6) [1]Schwerbehinderte Menschen und ihnen gemäß § 2 Absatz 3 des Neunten Buches Sozialgesetzbuch – Rehabilitation und Teilhabe behinderter Menschen – (Artikel 1 des Gesetzes vom 19. Juni 2001, BGBl. I S. 1046, 1047) in der jeweils geltenden Fassung gleichgestellte behinderte Menschen dürfen auch

eingestellt werden, wenn sie das 45. Lebensjahr noch nicht vollendet haben. [2]Absatz 5 findet in diesen Fällen keine Anwendung.

(7) § 7 Absatz 6 des Soldatenversorgungsgesetzes in der Fassung der Bekanntmachung vom 16. September 2009 (BGBl. I S. 3054) in der jeweils geltenden Fassung bleibt unberührt.

(8) [1]Planstelleninhaberinnen und Planstelleninhaber an Ersatzschulen dürfen in das Beamtenverhältnis auch eingestellt werden, wenn sie das 55. Lebensjahr noch nicht vollendet haben. [2]Bei Auflösung einer Ersatzschule nach § 111 des Schulgesetzes NRW vom 15. Februar 2005 (GV. NRW. S. 102) in der jeweils geltenden Fassung in den einstweiligen Ruhestand versetzte Planstelleninhaberinnen und Planstelleninhaber dürfen eingestellt werden, wenn sie das 60. Lebensjahr noch nicht vollendet haben. [3]Absatz 5 findet in diesen Fällen keine Anwendung.

(9) [1]Eine Höchstaltersgrenze gilt nicht

1. für die Berufung in ein Beamtenverhältnis auf Probe nach § 21 Absatz 1,
2. für den Wechsel aus dem Richterverhältnis in das Beamtenverhältnis und umgekehrt innerhalb des Geltungsbereichs dieses Gesetzes oder
3. für die Einstellung in das Beamtenverhältnis auf Probe im Anschluss an die Beendigung eines Vorbereitungsdienstes, wenn bei dessen Beginn für die Einstellung in das Beamtenverhältnis auf Widerruf eine Höchstaltersgrenze festgelegt war.

[2]Ein Überschreiten der Höchstaltersgrenze ist unbeachtlich, wenn die Laufbahnbewerberin oder der Laufbahnbewerber an dem Tag, an dem sie oder er den Antrag auf Einstellung gestellt hat, das jeweilige Höchstalter nicht vollendet hatte und die Einstellung innerhalb eines Jahres nach der Antragstellung erfolgt.

(10) [1]Weitere Ausnahmen von der jeweiligen Höchstaltersgrenze können zugelassen werden, und zwar

1. für einzelne Fälle oder Gruppen von Fällen, wenn der Dienstherr ein erhebliches dienstliches Interesse daran hat, Bewerberinnen oder Bewerber als Fachkräfte zu gewinnen, zu behalten oder
2. für einzelne Fälle, wenn sich nachweislich der berufliche Werdegang aus von der Bewerberin oder dem Bewerber nicht zu vertretenden Gründen in einem Maß verzögert hat, welches die Anwendung der Höchstaltersgrenze unbillig erscheinen ließe.

[2]Ein erhebliches dienstliches Interesse im Sinne von Nummer 1 liegt insbesondere vor, wenn die Ausnahmeerteilung zur Sicherstellung der Erledigung der öffentlichen Aufgabe erforderlich ist.

(11) Über die Ausnahmen gemäß Absatz 10 entscheidet für die Beamtinnen und Beamten

1. des Landes die oberste Dienstbehörde als Aufsichtsbehörde im Einvernehmen mit dem für Inneres zuständigen Ministerium und dem Finanzministerium,

2. der Landschaftsverbände, des Landesverbandes Lippe und des Regionalverbandes Ruhr das für Inneres zuständige Ministerium als Aufsichtsbehörde,
3. der Gemeinden und der sonstigen Gemeindeverbände die Aufsichtsbehörde, in den Fällen der auf Gruppen bezogenen Ausnahmen nach Absatz 10 Satz 1 Nummer 1 die Bezirksregierung als Aufsichtsbehörde und
4. der der Aufsicht des Landes unterstehenden Körperschaften, Anstalten und Stiftungen des öffentlichen Rechts, mit Ausnahme der Gemeinden und Gemeindeverbände, die Aufsichtsbehörde, bei Lehrerinnen und Lehrern im Einvernehmen mit der Schulaufsichtsbehörde.

(12) Der Abschnitt 5 des Gendiagnostikgesetzes vom 31. Juli 2009 (BGBl. I S. 2529, 3672) in der jeweils geltenden Fassung ist entsprechend anzuwenden auf
1. alle Personen,
   a) die in einem öffentlich-rechtlichen Dienstverhältnis im Anwendungsbereich dieses Gesetzes stehen,
   b) die sich für ein öffentlich-rechtliches Dienstverhältnis beworben haben oder
   c) deren öffentlich-rechtliches Dienstverhältnis beendet ist und
2. alle Dienstherren im Anwendungsbereich dieses Gesetzes.

§ 15 Voraussetzung der Ernennung auf Lebenszeit. Ein Beamtenverhältnis auf Probe ist in ein solches auf Lebenszeit umzuwandeln, wenn die beamtenrechtlichen Voraussetzungen hierfür erfüllt sind.

§ 16 Zuständigkeit und Wirkung der Ernennung. (1) [1]Die Landesregierung ernennt die Beamtinnen und Beamten des Landes. [2]Sie kann die Befugnis auf andere Stellen übertragen.

(2) [1]Die Beamtinnen und Beamten der Gemeinden und Gemeindeverbände sowie der sonstigen der Aufsicht des Landes unterstehenden Körperschaften, Anstalten und Stiftungen des öffentlichen Rechts werden von den nach Gesetz, Verordnung oder Satzung hierfür zuständigen Stellen ernannt. [2]Die Ernennungsurkunde einer kommunalen Wahlbeamtin oder eines kommunalen Wahlbeamten darf erst ausgehändigt werden, wenn die Wahl nicht innerhalb eines Monats nach ihrer Durchführung nach den dafür geltenden Vorschriften beanstandet worden ist oder wenn eine gesetzlich vorgeschriebene Bestätigung der Wahl vorliegt.

(3) Die Ernennung wird mit dem Tag der Aushändigung der Ernennungsurkunde wirksam, wenn nicht in der Urkunde ausdrücklich ein späterer Tag bestimmt ist.

(4) Mit der Ernennung erlischt das privatrechtliche Arbeitsverhältnis zum Dienstherrn.

§ 17 Verfahren und Rechtsfolgen bei nichtiger oder rücknehmbarer Ernennung. (1) [1]In den Fällen des § 11 des Beamtenstatusgesetzes ist die Nichtigkeit festzustellen und dies der oder dem Ernannten oder im Falle des Todes den versorgungsberechtigten Hinterbliebenen schriftlich bekannt zu geben.

[2]Sobald der Grund für die Nichtigkeit bekannt wird, kann der oder dem Ernannten jede weitere Führung der Dienstgeschäfte verboten werden; im Fall des § 8 Absatz 1 Nummer 1 des Beamtenstatusgesetzes ist sie zu verbieten. [3]Das Verbot der Amtsführung kann erst ausgesprochen werden, wenn im Fall
1. des § 11 Absatz 1 Nummer 1 des Beamtenstatusgesetzes die schriftliche Bestätigung der Wirksamkeit der Ernennung,
2. des § 11 Absatz 1 Nummer 2 des Beamtenstatusgesetzes die Bestätigung der Ernennung oder
3. des § 11 Absatz 1 Nummer 3 des Beamtenstatusgesetzes die Zulassung einer Ausnahme

abgelehnt worden ist. [4]Die bis zum Verbot der Führung der Dienstgeschäfte vorgenommenen Amtshandlungen der oder des Ernannten sind in gleicher Weise gültig, wie wenn die Ernennung wirksam gewesen wäre. [5]Die gewährten Leistungen können belassen werden.

(2) [1]In den Fällen des § 12 des Beamtenstatusgesetzes muss die Ernennung innerhalb einer Frist von sechs Monaten zurückgenommen werden, nachdem die dienstvorgesetzte Stelle von der Ernennung und dem Grund der Rücknahme Kenntnis erlangt hat. [2]Vor der Rücknahme ist die Beamtin oder der Beamte zu hören, soweit dies möglich ist. [3]Die Rücknahmeerklärung ist der Beamtin oder dem Beamten und im Falle des Todes den versorgungsberechtigten Hinterbliebenen schriftlich bekannt zu geben. [4]Absatz 1 Satz 2, 4 und 5 gilt entsprechend.

§ 18 Mitgliedschaft im Parlament. [1]Legt eine Beamtin oder ein Beamter, deren oder dessen Rechte und Pflichten aus dem Beamtenverhältnis wegen einer Mitgliedschaft im Europäischen Parlament, im Bundestag, im Landtag oder in einer gesetzgebenden Körperschaft eines anderen Landes ruhen oder die oder der wegen einer Mitgliedschaft in einer gesetzgebenden Körperschaft eines anderen Landes ohne Besoldung beurlaubt ist, das Mandat nieder und bewirbt sie oder er sich anschließend erneut um einen Sitz im Europäischen Parlament, im Bundestag, im Landtag oder in einer gesetzgebenden Körperschaft eines anderen Landes, so ist die Übertragung eines anderen Amtes mit höherem Endgrundgehalt und die Übertragung eines anderen Amtes beim Wechsel der Laufbahngruppe nicht zulässig. [2]Dies gilt entsprechend für die Zeit zwischen zwei Wahlperioden.

§ 19 Beförderung. (1) [1]Beförderungen sind die
1. Ernennung unter Verleihung eines anderen Amtes mit höherem Endgrundgehalt und anderer Amtsbezeichnung,
2. Ernennung unter Verleihung eines anderen Amtes mit höherem Endgrundgehalt bei gleicher Amtsbezeichnung und
3. Ernennung unter Verleihung eines anderen Amtes mit gleichem Endgrundgehalt und anderer Amtsbezeichnung beim Wechsel der Laufbahngruppe.

[2]Amtszulagen gelten als Bestandteile des Grundgehaltes.

(2) [1]Eine Beförderung ist nicht zulässig
1. während der Probezeit,

2. vor Ablauf eines Jahres seit Beendigung der Probezeit sowie
3. vor Ablauf eines Jahres seit der letzten Beförderung, es sei denn, dass das bisherige Amt nicht zu durchlaufen war.

[2]Innerhalb von zwei Jahren vor Eintritt in den Ruhestand wegen Erreichens der Altersgrenze ist eine weitere Beförderung nicht zulässig. [3]Abweichend von Nummer 2 kann die Beamtin oder der Beamte wegen besonderer Leistungen ohne Mitwirkung des Landespersonalausschusses befördert werden.

(3) [1]Vor Feststellung der Eignung für einen höher bewerteten Dienstposten in einer Erprobungszeit, für die durch Rechtsverordnung nach § 9 und § 110 Absatz 1 eine Dauer von mindestens drei Monaten festzulegen ist, darf die Beamtin oder der Beamte nicht befördert werden. [2]Dies gilt nicht für Beförderungen in Ämter, deren Inhaberinnen oder Inhaber richterliche Unabhängigkeit besitzen, Staatsanwältinnen oder Staatsanwälte, Beamtinnen oder Beamte im Sinne von § 37 oder Wahlbeamtinnen oder Wahlbeamte sind; in den Rechtsverordnungen nach Satz 1 können weitere Ausnahmen für Fälle des Aufstiegs zugelassen werden, wenn diesen eine Prüfung vorausgeht.

(4) Regelmäßig zu durchlaufende Beförderungsämter dürfen mit Ausnahme von Beförderungen auf der Grundlage von § 9 Absatz 1 Satz 2 Nummer 6 zweiter Halbsatz nicht übersprungen werden.

(5) Der Landespersonalausschuss kann Ausnahmen von den Beförderungsverboten (Absatz 2) und vom Verbot der Sprungbeförderung (Absatz 4) zulassen.

(6) [1]Beförderungen sind nach den Grundsätzen des § 9 des Beamtenstatusgesetzes vorzunehmen. [2]Soweit im Bereich der für die Beförderung zuständigen Behörde im jeweiligen Beförderungsamt der Ämtergruppe eines Einstiegsamtes in einer Laufbahn weniger Frauen als Männer sind, sind Frauen bei gleicher Eignung, Befähigung und fachlicher Leistung bevorzugt zu befördern, sofern nicht in der Person eines Mitbewerbers liegende Gründe überwiegen; ist die Landesregierung die für die Beförderung zuständige Behörde, so ist maßgebend der Geschäftsbereich der obersten Landesbehörde, die den Beförderungsvorschlag macht.

§ 20 Nachteilsausgleich. (1) Schwangerschaft, Mutterschutz, Elternzeit und die Betreuung von Kindern unter achtzehn Jahren oder die Pflege einer oder eines nach ärztlichem Gutachten pflegebedürftigen Angehörigen dürfen sich bei der Einstellung und der beruflichen Entwicklung nach Maßgabe der Absätze 2 und 3 nicht nachteilig auswirken.

(2) [1]Haben sich die Anforderungen an die fachliche Eignung einer Bewerberin oder eines Bewerbers für die Einstellung in den öffentlichen Dienst in der Zeit erhöht, in der sich die Bewerbung um Einstellung infolge der Geburt oder Betreuung eines Kindes verzögert hat, und hat sie oder er sich innerhalb von drei Jahren nach der Geburt dieses Kindes beworben, ist der Grad der fachlichen Eignung nach den Anforderungen zu prüfen, die zu dem Zeitpunkt bestanden haben, zu dem sie oder er sich ohne die Geburt des Kindes hätte bewerben

können. [2]Für die Berechnung des Zeitraums der Verzögerung sind die Fristen nach dem Bundeselterngeld- und Elternzeitgesetz vom 5. Dezember 2006 (BGBl. I S. 2748) in der jeweils geltenden Fassung sowie dem Mutterschutzgesetz vom 20. Juni 2002 (BGBl. I S. 2318) in der jeweils geltenden Fassung zugrunde zu legen. [3]Die Sätze 1 und 2 gelten entsprechend für die Verzögerung der Einstellung wegen der tatsächlichen Pflege einer oder eines nach ärztlichem Gutachten pflegebedürftigen sonstigen Angehörigen.

(3) [1]Zum Ausgleich beruflicher Verzögerungen infolge

1. der Geburt oder der tatsächlichen Betreuung eines Kindes unter achtzehn Jahren oder
2. der tatsächlichen Pflege einer oder eines nach ärztlichem Gutachten pflegebedürftigen Angehörigen

ist eine Beförderung ohne Mitwirkung des Landespersonalausschusses abweichend von § 19 Absatz 2 Nummer 1 und 2 während der Probezeit und vor Ablauf eines Jahres seit Beendigung der Probezeit möglich. [2]Das Ableisten der regelmäßigen Probezeit bleibt unberührt. [3]Satz 1 gilt nicht während eines Vorbereitungsdienstes, wenn dieser im Beamtenverhältnis auf Probe durchgeführt wird.

(4) [1]Die Absätze 2 und 3 sind in den Fällen des Nachteilsausgleichs für ehemalige Beamtinnen und Beamte der Bundespolizei, für ehemalige Soldatinnen und Soldaten nach dem Arbeitsplatzschutzgesetz in der Fassung der Bekanntmachung vom 16. Juli 2009 (BGBl. I S. 2055) in der jeweils geltenden Fassung und dem Soldatenversorgungsgesetz in der Fassung der Bekanntmachung vom 16. September 2009 (BGBl. I S. 3054) in der jeweils geltenden Fassung sowie für ehemalige Zivildienstleistende nach dem Zivildienstgesetz in der Fassung der Bekanntmachung vom 17. Mai 2005 (BGBl. I S. 1346) in der jeweils geltenden Fassung und Entwicklungshelferinnen und Entwicklungshelfer nach dem Entwicklungshelfer-Gesetz vom 18. Juni 1969 (BGBl. I S. 549) in der jeweils geltenden Fassung entsprechend anzuwenden. [2]Dies gilt auch für die Teilnahme an Maßnahmen im Sinne des § 34 Absatz 2 der Freistellungs- und Urlaubsverordnung NRW vom 10. Januar 2012 (GV. NRW. S. 2, ber. S. 92) in der jeweils geltenden Fassung.

§ 21 Ämter mit leitender Funktion im Beamtenverhältnis auf Probe.

(1) [1]Ein Amt mit leitender Funktion im Sinne des Absatzes 7 wird zunächst im Beamtenverhältnis auf Probe übertragen. [2]Die regelmäßige Probezeit beträgt zwei Jahre. [3]Die oberste Dienstbehörde kann eine Verkürzung der Probezeit zulassen; die Mindestprobezeit beträgt ein Jahr. [4]Zeiten, in denen der Beamtin oder dem Beamten eine leitende Funktion nach Satz 1 bereits übertragen worden ist, können auf die Probezeit angerechnet werden. [5]Beurlaubungszeiten ohne Dienstbezüge, Freistellungszeiten innerhalb einer Teilzeitbeschäftigung und Krankheitszeiten von mehr als drei Monaten gelten nicht als Probezeit. [6]Für die Berechnung der Probezeit bei einer Teilzeitbeschäftigung gilt die Regelung zur Probezeit in Abschnitt 1 der Laufbahnverordnung entsprechend. [7]Es ist nicht zulässig, die Probezeit zu verlängern.

(2) [1]In ein Amt nach Absatz 1 darf nur berufen werden, wer

1. sich in einem Beamtenverhältnis auf Lebenszeit oder in einem Richterverhältnis auf Lebenszeit befindet und
2. in dieses Amt auch als Beamtin oder Beamter auf Lebenszeit berufen werden könnte.

[2]Eine Richterin oder ein Richter darf in ein Beamtenverhältnis auf Probe nach Absatz 1 nur berufen werden, wenn sie oder er zugleich zustimmt, bei Fortsetzung des Richterverhältnisses auf Lebenszeit auch in einem anderen Richteramt desselben Gerichtszweiges verwendet zu werden.

(3) [1]Vom Tag der Ernennung ruhen für die Dauer des Beamtenverhältnisses auf Probe die Rechte und Pflichten aus dem Amt, das der Beamtin oder dem Beamten zuletzt im Beamtenverhältnis oder im Richterverhältnis auf Lebenszeit übertragen worden ist, mit Ausnahme der Pflicht zur Amtsverschwiegenheit und des Verbotes der Annahme von Belohnungen und Geschenken; das Beamtenverhältnis oder das Richterverhältnis auf Lebenszeit besteht fort. [2]Dienstvergehen, die mit Bezug auf das Beamtenverhältnis oder das Richterverhältnis auf Lebenszeit oder das Beamtenverhältnis auf Probe begangen worden sind, werden so verfolgt, als stünde die Beamtin oder der Beamte nur im Beamtenverhältnis oder im Richterverhältnis auf Lebenszeit.

(4) [1]Der Landespersonalausschuss kann Ausnahmen von Absatz 2 Satz 1 zulassen. [2]Befindet sich die Beamtin oder der Beamte nur in dem Beamtenverhältnis auf Probe nach Absatz 1, bleiben die für die Beamtinnen und Beamten auf Probe geltenden Vorschriften des Landesdisziplinargesetzes vom 16. November 2004 (GV. NRW. S. 624) in der jeweils geltenden Fassung unberührt.

(5) [1]Mit dem erfolgreichen Abschluss der Probezeit ist der Beamtin oder dem Beamten das Amt nach Absatz 1 auf Dauer im Beamtenverhältnis auf Lebenszeit zu übertragen; eine erneute Berufung der Beamtin oder des Beamten in ein Beamtenverhältnis auf Probe zur Übertragung dieses Amtes innerhalb eines Jahres ist nicht zulässig. [2]Wird das Amt nicht auf Dauer übertragen, endet der Anspruch auf Besoldung aus diesem Amt. [3]Weitergehende Ansprüche bestehen nicht.

(6) § 19 Absatz 3 Satz 1 findet keine Anwendung.

(7) [1]Ämter im Sinne des Absatzes 1 sind

1. im Landesdienst die
   a) Ämter der erstmalig als Referatsleiterin oder Referatsleiter in den obersten Landesbehörden oder den diesen angegliederten Dienststellen eingesetzten Beamtinnen oder Beamten sowie die mindestens der Besoldungsordnung B 4 angehörenden Ämter der in den obersten Landesbehörden oder den diesen angegliederten Dienststellen tätigen Beamtinnen und Beamten,
   b) mindestens der Besoldungsgruppe A 15 oder der Besoldungsordnung B angehörenden Ämter der Leiterinnen und Leiter von Behörden, Einrichtungen und Landesbetriebe sowie von Justizvollzugsanstalten,

c) der Besoldungsgruppe A 16 oder der Besoldungsordnung B angehörenden Ämter der Leiterinnen und Leiter von Teilen (Abteilungen oder Gruppen) der den obersten Landesbehörden nachgeordneten Behörden, Einrichtungen und Landesbetriebe,
d) Ämter der Besoldungsgruppe A 16 bei den Polizeibehörden,
e) Ämter der Leiterinnen und Leiter öffentlicher Schulen sowie der Leiterinnen und Leiter von Zentren für schulpraktische Lehrerausbildung,
f) Ämter der als Leiterinnen oder Leiter einer Oberfinanzdirektion eingesetzten Beamtinnen oder Beamten, die zugleich Bundesbeamtinnen oder Bundesbeamte sind, sowie das Amt der Leiterin oder des Leiters der Zentralstelle für die Vergabe von Studienplätzen,

2. im Dienst der Gemeinden und Gemeindeverbände die Ämter der Leiterinnen und Leiter von Organisationseinheiten, die der Hauptverwaltungsbeamtin oder dem Hauptverwaltungsbeamten oder einer anderen Wahlbeamtin oder einem anderen Wahlbeamten oder dieser oder diesem in der Führungsfunktion vergleichbaren Beschäftigten unmittelbar unterstehen, sofern in der Hauptsatzung allgemein für diese Ämter die Übertragung auf Probe bestimmt ist und
3. im Dienst der sonstigen der Aufsicht des Landes unterstehenden Körperschaften, Anstalten und Stiftungen des öffentlichen Rechts die Ämter, die nach Maßgabe einer von der zuständigen obersten Aufsichtsbehörde zu erlassenden Rechtsverordnung dazu bestimmt werden.

[2]Bei jeder Beförderung in ein Amt, das von Buchstabe a bis e erfasst wird, ist erneut eine Probezeit zu leisten. [3]Dies gilt nicht, wenn die Beförderung nur darauf beruht, dass sich die besoldungsrechtliche Zuordnung des Amtes ändert, ohne dass dies mit einer Änderung der Funktion verbunden ist.

(8) Absatz 1 gilt nicht für die Ämter der Mitglieder des Landesrechnungshofes nach § 2 Absatz 1 des Gesetzes über den Landesrechnungshof Nordrhein-Westfalen vom 19. Juni 1994 (GV. NRW. S. 428) in der jeweils geltenden Fassung sowie für die Ämter, die

1. auf Grund anderer gesetzlicher Vorschriften im Beamtenverhältnis auf Zeit übertragen werden oder
2. in § 37 Absatz 1 genannt sind.

(9) [1]Die Beamtin oder der Beamte führt während ihrer oder seiner Amtszeit nur die Amtsbezeichnung des nach Absatz 1 übertragenen Amtes. [2]Wird das Amt nach Absatz 1 nicht auf Dauer übertragen, darf sie oder er die Amtsbezeichnung nach Satz 1 mit dem Ausscheiden aus dem Beamtenverhältnis auf Probe nicht weiterführen.

(10) Die Beamtin oder der Beamte ist mit

1. der Übertragung eines Amtes nach Absatz 8 bei demselben Dienstherrn oder
2. Beendigung ihres oder seines Beamtenverhältnisses oder Richterverhältnisses auf Lebenszeit

aus dem Beamtenverhältnis auf Probe nach Absatz 1 entlassen.

§ 22 Laufbahnwechsel. (1) [1]Ein Laufbahnwechsel in ein statusgleiches Amt einer anderen Laufbahn ist nur zulässig, wenn die Beamtin oder der Beamte die Befähigung für die neue Laufbahn besitzt oder die für die Wahrnehmung der Aufgaben der neuen Laufbahn erforderlichen Fähigkeiten und Kenntnisse nach den Vorgaben des Laufbahnrechts erworben hat. [2]§§ 26 und 29 des Beamtenstatusgesetzes und § 25 bleiben unberührt.

(2) [1]Über den Laufbahnwechsel entscheidet die für die Ordnung der neuen Laufbahn zuständige oberste Dienstbehörde oder die von ihr bestimmte Stelle. [2]Der Laufbahnwechsel nach Absatz 1 ist nicht zulässig, wenn für die neue Laufbahn eine bestimmte Vorbildung, Ausbildung oder Prüfung durch besondere Rechtsvorschrift zwingend vorgeschrieben oder nach ihrer Eigenart zwingend erforderlich ist.

(3) Für den Aufstieg gilt § 23 in Verbindung mit den Regelungen des Laufbahnrechts.

(4) Das Nähere regelt die Verordnung nach § 9.

§ 23 Aufstieg. (1) Der Aufstieg ist auch ohne Erfüllung der Zugangsvoraussetzungen (§ 6) möglich, wenn die für die höhere Laufbahngruppe erforderlichen Kenntnisse und Fähigkeiten vorliegen.

(2) Bei einem Aufstieg handelt es sich um eine Ernennung nach § 8 Absatz 1 Nummer 4 des Beamtenstatusgesetzes.

(3) Das Nähere regeln die Verordnungen nach § 9.

Abschnitt 3

Wechsel innerhalb des Landes

§ 24 Abordnung. (1) [1]Eine Abordnung ist die vorübergehende Übertragung einer dem Amt der Beamtin oder des Beamten entsprechenden Tätigkeit bei einer anderen Dienststelle desselben oder eines anderen Dienstherrn unter Beibehaltung der Zugehörigkeit zur bisherigen Dienststelle. [2]Die Abordnung kann ganz oder teilweise erfolgen.

(2) Beamtinnen und Beamte können, wenn hierfür ein dienstlicher Grund besteht, vorübergehend ganz oder teilweise zu einer ihrem Amt entsprechenden Tätigkeit an eine andere Dienststelle eines Dienstherrn im Geltungsbereich dieses Gesetzes abgeordnet werden.

(3) [1]Aus dienstlichen Gründen können Beamtinnen und Beamte vorübergehend ganz oder teilweise auch zu einer nicht ihrem Amt entsprechenden Tätigkeit abgeordnet werden, wenn ihnen die Wahrnehmung der neuen Tätigkeit auf Grund ihrer Vorbildung oder Berufsausbildung zuzumuten ist. [2]Dabei ist auch die Abordnung zu einer Tätigkeit, die nicht ihrem Amt mit demselben Endgrundgehalt entspricht, zulässig. [3]Die Abordnung nach den Sätzen 1 und 2

bedarf der Zustimmung der Beamtin oder des Beamten, wenn sie die Dauer von zwei Jahren übersteigt.

(4) [1]Die Abordnung zu einem anderen Dienstherrn bedarf der Zustimmung der Beamtin oder des Beamten. [2]Abweichend von Satz 1 ist die Abordnung auch ohne Zustimmung der Beamtin oder des Beamten zulässig, wenn die neue Tätigkeit einem Amt mit demselben Endgrundgehalt auch einer gleichwertigen oder anderen Laufbahn entspricht und die Abordnung die Dauer von fünf Jahren nicht übersteigt.

(5) Vor der Abordnung ist die Beamtin oder der Beamte zu hören.

(6) [1]Die Abordnung zu einem anderen Dienstherrn wird von dem abgebenden im Einverständnis mit dem aufnehmenden Dienstherrn verfügt; das Einverständnis ist schriftlich zu erklären. [2]In der Verfügung ist zum Ausdruck zu bringen, dass das Einverständnis vorliegt. [3]Zur Zahlung der der Beamtin oder dem Beamten zustehenden Leistungen ist auch der Dienstherr verpflichtet, zu dem die Beamtin oder der Beamte abgeordnet ist.

§ 25 Versetzung. (1) Eine Versetzung ist die auf Dauer angelegte Übertragung eines anderen Amtes bei einer anderen Dienststelle bei demselben oder einem anderen Dienstherrn.

(2) [1]Beamtinnen und Beamte können in ein anderes Amt einer Laufbahn, für die sie die Befähigung besitzen, versetzt werden, wenn sie es beantragen oder ein dienstliches Bedürfnis besteht. [2]Eine Versetzung bedarf nicht ihrer Zustimmung, wenn das neue Amt zum Bereich desselben Dienstherrn gehört, derselben Laufbahn angehört wie das bisherige Amt und mit mindestens demselben Endgrundgehalt verbunden ist; Stellenzulagen gelten hierbei nicht als Bestandteile des Grundgehaltes. [3]Vor der Versetzung ist die Beamtin oder der Beamte zu hören.

(3) [1]Aus dienstlichen Gründen können Beamtinnen oder Beamte ohne ihre Zustimmung in ein Amt mit demselben Endgrundgehalt auch einer anderen Laufbahn, auch im Bereich eines anderen Dienstherrn, versetzt werden; Stellenzulagen gelten hierbei nicht als Bestandteile des Grundgehaltes. [2]§ 22 bleibt unberührt.

(4) Besitzen die Beamtinnen und Beamten nicht die Befähigung für die andere Laufbahn, haben sie an Maßnahmen für den Erwerb der neuen Befähigung teilzunehmen.

(5) [1]Werden die Beamtinnen und Beamten in ein Amt eines anderen Dienstherrn versetzt, wird das Beamtenverhältnis mit dem neuen Dienstherrn fortgesetzt; auf die beamten- und besoldungsrechtliche Stellung der Beamtinnen und Beamten finden die im Bereich des neuen Dienstherrn geltenden Vorschriften Anwendung. [2]Die Versetzung wird von dem abgebenden im Einvernehmen mit dem aufnehmenden Dienstherrn verfügt; das Einverständnis ist schriftlich zu erklären. [3]In die Verfügung ist aufzunehmen, dass das Einverständnis vorliegt.

§ 26 Umbildung, Auflösung und Verschmelzung von Behörden. (1) [1]Wird eine Behörde aufgelöst oder auf Grund eines Gesetzes oder einer Verordnung der Landesregierung mit einer anderen verschmolzen oder in ihrem Aufbau wesentlich verändert, so können die auf Lebenszeit und auf Zeit ernannten Beamtinnen und Beamten dieser Behörden, deren Aufgabengebiet von der Auflösung oder Umbildung berührt wird, in den einstweiligen Ruhestand versetzt werden, wenn eine Versetzung nach § 25 nicht möglich ist. [2]Die Versetzung in den einstweiligen Ruhestand darf nur innerhalb von sechs Monaten nach Auflösung der Behörde oder nach Inkrafttreten des Gesetzes oder der Verordnung ausgesprochen werden und ist nur innerhalb der Zahl der aus diesem Anlass eingesparten Planstellen zulässig. [3]In dem Gesetz oder in der Verordnung kann ein anderer Zeitpunkt für den Beginn der Frist bestimmt werden.

(2) [1]Ist bei Auflösung oder einer wesentlichen Änderung des Aufbaus oder der Aufgaben einer Behörde oder der Verschmelzung von Behörden eine dem bisherigen Amt entsprechende Verwendung nicht möglich, können Beamtinnen und Beamte, deren Aufgabengebiet davon berührt wird, auch ohne ihre Zustimmung in ein anderes Amt derselben Laufbahn mit geringerem Grundgehalt im Bereich desselben oder eines anderen Dienstherrn im Land Nordrhein-Westfalen versetzt werden. [2]Das Grundgehalt muss mindestens dem des Amtes entsprechen, das sie vor ihrem bisherigen Amt innehatten.

Abschnitt 4
Beendigung des Beamtenverhältnisses

§ 27 Entlassung. (1) Beamtinnen und Beamte sind zu entlassen, wenn sie bei Übertragung eines Amtes, das kraft Gesetzes mit dem Mandat unvereinbar ist, Mitglied des Europäischen Parlaments, des Bundestages oder des Landtags waren und nicht innerhalb der von der obersten Dienstbehörde gesetzten angemessenen Frist ihr Mandat niederlegen.

(2) Beamtinnen und Beamte sind ferner zu entlassen, wenn sie als Beamtinnen und Beamte auf Zeit ihrer Verpflichtung nach § 4 letzter Satz und § 119 Absatz 2 Satz 4 nicht nachkommen.

(3) [1]Das Verlangen, entlassen zu werden, muss schriftlich erklärt werden. [2]Ein Verlangen in elektronischer Form ist nicht zulässig. [3]Die Erklärung kann, solange die Entlassungsverfügung der Beamtin oder dem Beamten noch nicht zugegangen ist, innerhalb von zwei Wochen nach Zugang bei der dienstvorgesetzten Stelle, mit Zustimmung der nach § 28 Absatz 1 Satz 1 zuständigen Stelle auch nach Ablauf dieser Frist, zurückgenommen werden.

(4) [1]Die Entlassung ist für den beantragten Zeitpunkt auszusprechen. [2]Sie kann jedoch solange hinausgeschoben werden, bis die Beamtin oder der Beamte ihre oder seine Amtsgeschäfte ordnungsgemäß erledigt hat; eine Frist von drei Monaten darf dabei nicht überschritten werden.

§ 28 Entlassungsverfahren. (1) [1]Die Entlassung wird von der Stelle verfügt, die nach § 16 Absatz 1 und 2 für die Ernennung der Beamtin oder des Beamten zuständig wäre. [2]Die Entlassung bedarf der Schriftform. [3]Eine Verfügung in elektronischer Form ist ausgeschlossen.

(2) Die Entlassung tritt im Falle des § 23 Absatz 1 Satz 1 Nummer 1 des Beamtenstatusgesetzes mit der Zustellung der Entlassungsverfügung, im Falle des § 27 Absatz 2 mit dem Ablauf der Amtszeit, im Übrigen mit dem Ende des Monats ein, in dem die Entlassungsverfügung der Beamtin oder dem Beamten zugestellt worden ist.

(3) [1]Nach der Entlassung besteht kein Anspruch auf Leistungen des Dienstherrn, soweit gesetzlich nichts anderes bestimmt ist. [2]Die Amtsbezeichnung und die im Zusammenhang mit dem Amt verliehenen Titel dürfen nur geführt werden, wenn die Erlaubnis nach § 77 Absatz 4 erteilt ist. [3]Tritt die Entlassung im Laufe eines Kalendermonats ein, so können die für den Entlassungsmonat gezahlten Dienst- oder Anwärterbezüge der Beamtin oder dem Beamten belassen werden.

§ 29 Verlust der Beamtenrechte und Wiederaufnahmeverfahren. (1) [1]Endet das Beamtenverhältnis nach § 24 des Beamtenstatusgesetzes, so haben frühere Beamtinnen und Beamte keinen Anspruch auf Leistungen des Dienstherrn, soweit gesetzlich nichts anderes bestimmt ist. [2]Sie dürfen die Amtsbezeichnung und die im Zusammenhang mit dem Amt verliehenen Titel nicht führen.

(2) [1]Im Fall des § 24 Absatz 2 des Beamtenstatusgesetzes haben Beamtinnen und Beamte, sofern sie die Altersgrenze noch nicht erreicht haben und noch dienstfähig sind, Anspruch auf Übertragung eines Amtes derselben oder einer mindestens gleichwertigen Laufbahn wie ihr bisheriges Amt und mit mindestens demselben Endgrundgehalt (§ 25 Absatz 2 Satz 2). [2]Bis zur Übertragung des neuen Amtes erhalten sie die Leistungen des Dienstherrn, die ihnen aus ihrem bisherigen Amt zugestanden hätten.

(3) [1]Ist auf Grund des im Wiederaufnahmeverfahren festgestellten Sachverhaltes oder auf Grund eines rechtskräftigen Strafurteile, das nach der früheren Entscheidung ergangen ist, ein Disziplinarverfahren mit dem Ziel der Entfernung aus dem Beamtenverhältnis eingeleitet worden, so verliert die Beamtin oder der Beamte die ihr oder ihm nach Absatz 2 zustehenden Ansprüche, wenn auf Entfernung aus dem Beamtenverhältnis erkannt wird. [2]Bis zur rechtskräftigen Entscheidung können die Ansprüche nicht geltend gemacht werden.

(4) Absatz 3 gilt entsprechend in Fällen der Entlassung von Beamtinnen und Beamten auf Probe oder auf Widerruf wegen eines Verhaltens der in § 23 Absatz 3 Nummer 1 des Beamtenstatusgesetzes bezeichneten Art.

§ 30 Gnadenerweis. (1) [1]Der Ministerpräsidentin oder dem Ministerpräsidenten steht hinsichtlich des Verlustes der Beamtenrechte das Gnadenrecht zu. [2]Sie oder er kann die Befugnis auf andere Stellen übertragen.

(2) Wird im Gnadenwege der Verlust der Beamtenrechte in vollem Umfang beseitigt, so gilt von diesem Zeitpunkt an § 24 Absatz 2 des Beamtenstatusgesetzes entsprechend.

§ 31 Ruhestand wegen Erreichens der Altersgrenze. (1) [1]Beamtinnen und Beamte auf Lebenszeit und auf Zeit treten mit dem Ende des Monats in den Ruhestand, in dem sie die für sie jeweils geltende Altersgrenze erreichen. [2]Die Altersgrenze wird in der Regel mit Vollendung des 67. Lebensjahres erreicht (Regelaltersgrenze), soweit nicht gesetzlich eine andere Altersgrenze (besondere Altersgrenze) bestimmt ist. [3]Für Leiterinnen und Leiter und Lehrerinnen und Lehrer an öffentlichen Schulen gilt als Altersgrenze das Ende des Schulhalbjahres, in dem das 67. Lebensjahr vollendet wird.

(2) [1]Beamtinnen und Beamte auf Lebenszeit und auf Zeit, die vor dem 1. Januar 1947 geboren sind, erreichen die Regelaltersgrenze mit Vollendung des 65. Lebensjahres. [2]Für Beamtinnen und Beamte auf Lebenszeit und auf Zeit, die nach dem 31. Dezember 1946 geboren sind, wird die Regelaltersgrenze wie folgt angehoben:

Geburtsjahr	Anhebung um Monate	Altersgrenze	Monate
1947	1	65	1
1948	2	65	2
1949	3	65	3
1950	4	65	4
1951	5	65	5
1952	6	65	6
1953	7	65	7
1954	8	65	8
1955	9	65	9
1956	10	65	10
1957	11	65	11
1958	12	66	0
1959	14	66	2
1960	16	66	4
1961	18	66	6
1962	20	66	8
1963	22	66	10
1964	24	67	0

[3]Leiterinnen und Leiter und Lehrerinnen und Lehrer an öffentlichen Schulen treten mit dem Ende des Schulhalbjahres nach Erreichen der jeweiligen Altersgrenze in den Ruhestand.

(3) Beamtinnen und Beamte auf Zeit treten, soweit sie nicht nach § 27 Absatz 2 entlassen werden, ferner mit Ablauf ihrer Amtszeit in den Ruhestand, wenn sie insgesamt eine mindestens zehnjährige ruhegehaltfähige Dienstzeit abgeleistet haben; andernfalls sind sie entlassen.

(4) Wer die Altersgrenze überschritten hat, darf nicht zur Beamtin oder zum Beamten ernannt werden.

(5) [1]Erreichen die in den einstweiligen Ruhestand versetzten Beamtinnen oder Beamte die Altersgrenze, so gelten sie in dem Zeitpunkt als dauernd in den Ruhestand getreten, in dem sie als Beamtinnen und Beamte auf Lebenszeit oder auf Zeit wegen Erreichens der Altersgrenze in den Ruhestand treten würden. [2]Die in den einstweiligen Ruhestand versetzten Beamtinnen oder Beamte auf Zeit gelten auch mit Ablauf der Amtszeit als dauernd in den Ruhestand getreten.

§ 32 Hinausschieben des Ruhestandeintritts. (1) [1]Der Eintritt in den Ruhestand kann auf Antrag der Beamtin oder des Beamten um bis zu drei Jahre, jedoch nicht über das Ende des Monats, in dem das 70. Lebensjahr vollendet wird hinaus, hinausgeschoben werden, wenn dies im dienstlichen Interesse liegt. [2]Der Antrag ist spätestens sechs Monate vor Eintritt in den Ruhestand zu stellen. [3]Im Verlängerungszeitraum ist die Beamtin oder der Beamte auf ihren oder seinen Antrag hin jederzeit in den Ruhestand zu versetzen; die beantragte Versetzung kann aus zwingenden dienstlichen Gründen um bis zu drei Monate hinausgeschoben werden. [4]Für das Hinausschieben des Ruhestandseintritts nach Satz 1 ist bei den übrigen kommunalen Wahlbeamtinnen und Wahlbeamten im Sinne des § 119 die Zustimmung mit der Mehrheit der gesetzlichen Zahl des betreffenden Wahlgremiums erforderlich.

(2) [1]Wenn dienstliche Gründe im Einzelfall die Fortführung der Dienstgeschäfte erfordern, kann die für die Versetzung in den Ruhestand zuständige Stelle mit Zustimmung der obersten Dienstbehörde und der Beamtin oder des Beamten den Eintritt in den Ruhestand für eine bestimmte Dauer, die jeweils ein Jahr und insgesamt drei Jahre nicht übersteigen darf, hinausschieben. [2]Bei Wahlbeamtinnen und Wahlbeamten bedarf diese Entscheidung einer Zweidrittelmehrheit der gesetzlichen Mitgliederzahl des betreffenden Wahlgremiums.

(3) Die Absätze 1 und 2 gelten bei einer gesetzlich bestimmten besonderen Altersgrenze entsprechend.

§ 33 Dienstunfähigkeit, Antragsruhestand. (1) [1]Bestehen Zweifel über die Dienstunfähigkeit der Beamtin oder des Beamten, so ist sie oder er verpflichtet, sich nach Weisung der dienstvorgesetzten Stelle durch eine Ärztin oder einen Arzt der unteren Gesundheitsbehörde untersuchen und, falls ein Arzt der unteren Gesundheitsbehörde dies für erforderlich hält, auch beobachten zu lassen. [2]Gesetzliche Vorschriften, die für einzelne Beamtengruppen andere Voraussetzungen für die Beurteilung der Dienstunfähigkeit bestimmen, bleiben unberührt. [3]Die Frist nach § 26 Absatz 1 Satz 2 des Beamtenstatusgesetzes beträgt sechs Monate.

(2) [1]Beantragt die Beamtin oder der Beamte, sie oder ihn nach § 26 Absatz 1 Satz 1 des Beamtenstatusgesetzes in den Ruhestand zu versetzen, so hat die dienstvorgesetzte Stelle nach Einholung eines amtlichen Gutachtens der unte-

ren Gesundheitsbehörde zu erklären, ob sie sie oder ihn nach pflichtgemäßem Ermessen für dauernd unfähig hält, ihre oder seine Amtspflichten zu erfüllen. [2]Die nach § 36 Absatz 1 zuständige Stelle ist an die Erklärung der dienstvorgesetzten Stelle nicht gebunden, sie kann auch andere Beweise erheben.

(3) [1]Ohne Nachweis der Dienstunfähigkeit kann eine Beamtin oder ein Beamter auf Lebenszeit oder auf Zeit auf ihren oder seinen Antrag in den Ruhestand versetzt werden

1. frühestens mit Vollendung des 63. Lebensjahres,
2. als schwerbehinderter Mensch im Sinne von § 2 Absatz 2 des Neunten Buches Sozialgesetzbuch – Rehabilitation und Teilhabe behinderter Menschen – (Artikel 1 des Gesetzes vom 19. Juni 2001, BGBl. I S. 1046) in der jeweils geltenden Fassung frühestens mit Vollendung des 60. Lebensjahres.

[2]Aus dienstlichen Gründen kann bei Leiterinnen und Leitern und Lehrerinnen und Lehrern an öffentlichen Schulen die Versetzung in den Ruhestand bis zum Ende des laufenden Schuljahres hinausgeschoben werden.

§ 34 Versetzung in den Ruhestand wegen Dienstunfähigkeit. (1) [1]Hält die dienstvorgesetzte Stelle nach Einholung eines amtlichen Gutachtens der unteren Gesundheitsbehörde die Beamtin oder den Beamten für dienstunfähig, so teilt die dienstvorgesetzte Stelle der Beamtin oder dem Beamten oder der Vertreterin oder dem Vertreter unter Angabe der Gründe mit, dass eine Versetzung in den Ruhestand beabsichtigt sei. [2]Die Beamtin oder der Beamte oder die Vertreterin oder der Vertreter kann innerhalb eines Monats gegen die beabsichtigte Maßnahme Einwendungen erheben.

(2) [1]Die Entscheidung über die Zurruhesetzung trifft die nach § 36 Absatz 1 zuständige Stelle. [2]Wird die Dienstfähigkeit der Beamtin oder des Beamten festgestellt, so ist das Verfahren einzustellen. [3]Wird die Dienstunfähigkeit festgestellt, so ist die Beamtin oder der Beamte mit dem Ende des Monats, in dem ihr oder ihm oder der Vertreterin oder dem Vertreter die Verfügung zugestellt worden ist, in den Ruhestand zu versetzen.

(3) [1]Behält dic Beamtin oder der Beamte nach der Entscheidung gemäß Absatz 2 Satz 3 wegen eines eingelegten Rechtsmittels Anspruch auf Besoldung, so werden mit dem Ende des Monats, in dem ihr oder ihm oder der Vertreterin oder dem Vertreter die Verfügung zugestellt worden ist, die Dienstbezüge einbehalten, die das Ruhegehalt übersteigen. [2]Hat die Entscheidung gemäß Absatz 2 Satz 3 keinen Bestand, sind die einbehaltenen Beträge nachzuzahlen.

§ 35 Wiederherstellung der Dienstfähigkeit. (1) [1]Die Beamtinnen und Beamten sind verpflichtet, zur Wiederherstellung ihrer Dienstfähigkeit an geeigneten und zumutbaren gesundheitlichen und beruflichen Rehabilitationsmaßnahmen teilzunehmen. [2]Diese Verpflichtung gilt auch zur Vermeidung einer drohenden Dienstunfähigkeit. [3]Vor der Versetzung in den Ruhestand sind sie auf diese Pflicht hinzuweisen, es sei denn, nach den Umständen des Einzelfalls kommt eine erneute Berufung in das Beamtenverhältnis nicht in Betracht. [4]Der

Dienstherr hat, sofern keine anderen Ansprüche bestehen, die Kosten für die erforderlichen Maßnahmen nach Satz 1 und Satz 2 zu tragen.

(2) [1]Beantragt die Beamtin oder der Beamte nach Wiederherstellung ihrer oder seiner Dienstfähigkeit, sie oder ihn erneut in das Beamtenverhältnis zu berufen, so ist diesem Antrag zu entsprechen, falls nicht zwingende dienstliche Gründe entgegenstehen. [2]Der Antrag muss vor Ablauf von fünf Jahren seit Beginn des Ruhestandes und spätestens zwei Jahre vor Erreichen der Altersgrenze gestellt werden.

§ 36 Zuständigkeit, Beginn des Ruhestands. (1) [1]Die Versetzung in den Ruhestand wird, soweit durch Gesetz, Verordnung oder Satzung nichts anderes bestimmt ist, von der Stelle verfügt, die nach § 16 Absatz 1 und 2 für die Ernennung der Beamtin oder des Beamten zuständig wäre. [2]Die Verfügung ist der Beamtin oder dem Beamten mitzuteilen; sie kann bis zum Beginn des Ruhestandes zurückgenommen werden. [3]Eine Verfügung in elektronischer Form ist ausgeschlossen.

(2) [1]Der Ruhestand beginnt, abgesehen von den Fällen des § 31 Absatz 1 Satz 1 und Absatz 3 und der §§ 38, 115 und § 123 Absatz 3, mit dem Ende des Monats, in dem die Verfügung über die Versetzung in den Ruhestand der Beamtin oder dem Beamten zugestellt worden ist. [2]Auf Antrag oder mit ausdrücklicher Zustimmung der Beamtin oder des Beamten kann ein früherer Zeitpunkt festgesetzt werden.

§ 37 Einstweiliger Ruhestand. (1) Die Landesregierung kann jederzeit in den einstweiligen Ruhestand versetzen

1. die Chefin der Staatskanzlei und Staatssekretärin oder den Chef der Staatskanzlei und Staatssekretär sowie Staatsekretärinnen und Staatssekretäre,
2. Regierungspräsidentinnen oder Regierungspräsidenten,
3. die Leiterin oder den Leiter der für den Verfassungsschutz zuständigen Abteilung,
4. die Regierungssprecherin oder den Regierungssprecher,
5. Polizeipräsidentinnen oder Polizeipräsidenten,

soweit sie Beamtinnen oder Beamte auf Lebenszeit sind.

(2) Für die in Absatz 1 bezeichneten Beamtinnen und Beamten entscheidet in den Fällen des § 12 Absatz 3, § 13 Absatz 2, § 14 Absatz 1 Satz 1, § 19 Absatz 5 an Stelle des Landespersonalausschusses die Landesregierung.

§ 38 Beginn des einstweiligen Ruhestands. [1]Der einstweilige Ruhestand beginnt, wenn nicht im Einzelfall ausdrücklich ein späterer Zeitpunkt festgelegt wird, mit dem Zeitpunkt, in dem die Versetzung in den einstweiligen Ruhestand der Beamtin oder dem Beamten bekannt gegeben wird, spätestens jedoch mit dem Ende der drei Monate, die auf den Monat der Bekanntgabe folgen. [2]Die Verfügung kann bis zum Beginn des Ruhestands zurückgenommen werden.

§ 39 Wiederverwendung aus dem einstweiligen Ruhestand. Nach Ablauf von fünf Jahren seit Beginn des einstweiligen Ruhestands ist eine erneute Berufung in das Beamtenverhältnis nur mit Zustimmung der Beamtin oder des Beamten zulässig, wenn sie oder er das 55. Lebensjahr vollendet hat.

§ 40 Einstweiliger Ruhestand bei organisatorischen Veränderungen. [1]Die Versetzung in den einstweiligen Ruhestand darf in den Fällen des § 31 des Beamtenstatusgesetzes nur innerhalb von sechs Monaten nach Inkrafttreten des Gesetzes oder der Verordnung ausgesprochen werden. [2]In dem Gesetz oder in der Verordnung kann ein anderer Zeitpunkt für den Beginn der Frist bestimmt werden.

§ 41 Voraussetzung für Eintritt in den Ruhestand. [1]Für den Eintritt in den Ruhestand gelten die Vorschriften der §§ 27 bis 40. [2]Sind die Voraussetzungen des § 4 Absatz 1 des Landesbeamtenversorgungsgesetzes vom 14. Juni 2016 (GV. NRW. S. 310) in der jeweils geltenden Fassung nicht erfüllt, so endet das Beamtenverhältnis statt durch Eintritt in den Ruhestand durch Entlassung.

Abschnitt 5

Rechtliche Stellung im Beamtenverhältnis

§ 42 Fortbildung und Personalentwicklung. (1) [1]Der Dienstherr fördert und entwickelt die Eignung, Leistung und Befähigung der Beamtinnen und Beamten auf der Grundlage von Personalentwicklungskonzepten. [2]Dabei sind die Grundsätze der interkulturellen Öffnung der Verwaltung und die Notwendigkeit, interkulturelle Kompetenzen zu entwickeln, in angemessenem Umfang miteinzubeziehen.

(2) Beamtinnen und Beamte sind verpflichtet, ihre Kenntnisse und Fähigkeiten zu erhalten und fortzuentwickeln und insbesondere an Fortbildungen in dienstlichem Interesse teilzunehmen.

(3) [1]Die Beamtinnen und Beamten haben einen Anspruch auf Teilnahme an für ihre berufliche Tätigkeit förderlichen Fortbildungsmaßnahmen, soweit dienstliche Belange nicht entgegenstehen. [2]Satz 1 gilt entsprechend für Beamtinnen und Beamte, die sich in Elternzeit befinden oder zur Betreuung von Kindern oder Pflege einer oder eines nach ärztlichem Gutachten pflegebedürftigen Angehörigen beurlaubt sind.

(4) [1]Die dienstvorgesetzte Stelle ist verpflichtet, ein Personalentwicklungskonzept zu erstellen und dies regelmäßig fortzuentwickeln. [2]Dies kann auch in Form einer Dienstvereinbarung geschehen.

(5) Die näheren Anforderungen an Personalentwicklungskonzepte und an Fortbildungsmaßnahmen können die Laufbahnverordnungen regeln.

§ 43 Unterrichtung der Öffentlichkeit. Die Leitung der Behörde entscheidet, wer Auskünfte an die Öffentlichkeit erteilt.

§ 44 Aufenthalt in der Nähe des Dienstortes. Wenn besondere dienstliche Verhältnisse es dringend erfordern, kann die Beamtin oder der Beamte angewiesen werden, sich während der dienstfreien Zeit erreichbar in der Nähe seines Dienstortes aufzuhalten.

§ 45 Dienstkleidung. [1]Die Landesregierung erlässt die Bestimmungen über Dienstkleidung, die bei Ausübung des Amtes üblich oder erforderlich ist. [2]Sie kann die Ausübung dieser Befugnis auf andere Stellen übertragen.

§ 46 Diensteid. (1) Die Beamtin oder der Beamte hat folgenden Diensteid zu leisten: „Ich schwöre, dass ich das mir übertragene Amt nach bestem Wissen und Können verwalten, Verfassung und Gesetze befolgen und verteidigen, meine Pflichten gewissenhaft erfüllen und Gerechtigkeit gegen jedermann üben werde. So wahr mir Gott helfe."

(2) Der Eid kann auch ohne die Worte „So wahr mir Gott helfe" geleistet werden.

(3) Lehnt eine Beamtin oder ein Beamter aus Glaubens- oder Gewissensgründen die Ablegung eines Eides ab, so kann sie oder er an Stelle der Worte „Ich schwöre" die Worte „Ich gelobe" oder eine andere Beteuerungsformel sprechen.

(4) In den Fällen, in denen nach § 7 Absatz 3 des Beamtenstatusgesetzes eine Ausnahme von § 7 Absatz 1 Nummer 1 des Beamtenstatusgesetzes zugelassen worden ist, kann an Stelle des Eides ein Gelöbnis vorgeschrieben werden.

§ 47 Befreiung von Amtshandlungen. (1) Beamtinnen und Beamte sind von Amtshandlungen zu befreien, die sich gegen sie selbst oder Angehörige richten würden, zu deren Gunsten ihnen wegen familienrechtlicher Beziehungen im Strafverfahren das Zeugnisverweigerungsrecht zusteht.

(2) Gesetzliche Vorschriften, nach denen Beamtinnen und Beamte von einzelnen Amtshandlungen ausgeschlossen sind, bleiben unberührt.

§ 48 Pflicht zur Nebentätigkeit. [1]Beamtinnen und Beamte sind verpflichtet, auf Verlangen der dienstvorgesetzten Stelle eine Nebentätigkeit (Nebenamt, Nebenbeschäftigung) im öffentlichen Dienst zu übernehmen und fortzuführen, sofern diese Tätigkeit ihrer Vorbildung oder Berufsausbildung entspricht und sie nicht über Gebühr in Anspruch nimmt. [2]Durch die Nebentätigkeit dürfen dienstliche Interessen nicht beeinträchtigt werden. [3]Ergibt sich eine solche Beeinträchtigung während der Ausübung der Nebentätigkeit, so ist das Verlangen zu widerrufen.

§ 49 Genehmigungspflichtige Nebentätigkeit. (1) [1]Die Beamtin oder der Beamte bedarf, soweit sie oder er nicht nach § 48 zur Übernahme verpflichtet ist, der vorherigen Genehmigung

1. zur Übernahme eines Nebenamtes,

2. zur Übernahme einer Nebenbeschäftigung gegen Vergütung, zu einer gewerblichen Tätigkeit, zur Mitarbeit in einem Gewerbebetrieb oder zur Ausübung eines freien Berufes und
3. zum Eintritt in den Vorstand, Aufsichtsrat, Verwaltungsrat oder in ein sonstiges Organ einer Gesellschaft oder eines in einer anderen Rechtsform betriebenen Unternehmens, soweit diese einen wirtschaftlichen Zweck verfolgen, sowie zur Übernahme einer Treuhänderschaft.

[2]Die Wahrnehmung eines öffentlichen Ehrenamtes sowie einer unentgeltlichen Vormundschaft, Betreuung, Pflegschaft oder Testamentsvollstreckung gilt nicht als Nebentätigkeit. [3]Ihre Übernahme ist der dienstvorgesetzten Stelle vor Aufnahme schriftlich anzuzeigen.

(2) [1]Die Genehmigung ist zu versagen, wenn die Nebentätigkeit dienstliche Interessen beeinträchtigen kann. [2]Ein solcher Versagungsgrund liegt insbesondere vor, wenn die Nebentätigkeit
1. nach Art und Umfang die Arbeitskraft der Beamtin oder des Beamten so stark in Anspruch nimmt, dass die ordnungsgemäße Erfüllung ihrer oder seiner dienstlichen Pflichten behindert werden kann,
2. die Beamtin oder den Beamten in einen Widerstreit mit den dienstlichen Pflichten bringen kann,
3. in einer Angelegenheit ausgeübt wird, in der die Behörde oder Einrichtung, der die Beamtin oder der Beamte angehört, tätig wird oder werden kann,
4. die Unparteilichkeit oder die Unbefangenheit der Beamtin oder des Beamten beeinflussen kann,
5. zu einer wesentlichen Einschränkung der künftigen dienstlichen Verwendbarkeit der Beamtin oder des Beamten führen kann oder
6. dem Ansehen der öffentlichen Verwaltung abträglich sein kann.

[3]Die Voraussetzung des Satzes 2 Nummer 1 gilt in der Regel als erfüllt, wenn die zeitliche Beanspruchung durch eine oder mehrere Nebentätigkeiten in der Woche ein Fünftel der regelmäßigen wöchentlichen Arbeitszeit überschreitet. [4]Im Falle einer begrenzten Dienstfähigkeit (§ 27 des Beamtenstatusgesetzes) gilt Satz 3 mit der Maßgabe, dass die herabgesetzte wöchentliche Arbeitszeit zugrunde zu legen ist.

(3) [1]Die Genehmigung ist für jede einzelne Nebentätigkeit zu erteilen und auf längstens fünf Jahre zu befristen. [2]Sie kann mit Auflagen und Bedingungen versehen werden. [3]Die Genehmigung erlischt bei Versetzung zu einer anderen Dienststelle.

(4) Ergibt sich nach der Erteilung der Genehmigung eine Beeinträchtigung dienstlicher Interessen, so ist die Genehmigung zu widerrufen.

§ 50 Nebentätigkeit bei Freistellung vom Dienst. Während einer Freistellung vom Dienst nach §§ 64, 73 Absatz 3 oder der Verordnung nach § 74 Absatz 2 dürfen nur solche Nebentätigkeiten genehmigt werden, die dem Zweck der Freistellung nicht zuwiderlaufen.

§ 51 Nicht genehmigungspflichtige Nebentätigkeit. (1) Nicht genehmigungspflichtig ist

1. die Verwaltung eigenen oder der Nutznießung der Beamtin oder des Beamten unterliegenden Vermögens,
2. eine schriftstellerische, wissenschaftliche, künstlerische oder Vortragstätigkeit,
3. die mit Lehr- oder Forschungsaufgaben zusammenhängende selbständige Gutachtertätigkeit von Lehrerinnen und Lehrern an öffentlichen Hochschulen, die als solche zu Beamtinnen oder Beamten ernannt sind, und Beamtinnen und Beamten an wissenschaftlichen Instituten und Anstalten außerhalb der öffentlichen Hochschulen,
4. die Tätigkeit zur Wahrung von Berufsinteressen der Beamtinnen und Beamten in
   a) Gewerkschaften und Berufsverbänden oder
   b) Organen von Selbsthilfeeinrichtungen und
5. die unentgeltliche Tätigkeit in Organen von Genossenschaften.

(2) [1]Durch die Nebentätigkeit dürfen dienstliche Interessen nicht beeinträchtigt werden. [2]Ergibt sich eine solche Beeinträchtigung, so ist die Nebentätigkeit ganz oder teilweise zu untersagen.

§ 52 Ausübung der Nebentätigkeit, Verfahren, Tätigkeit von Ruhestandsbeamtinnen und Ruhestandsbeamten und früheren Beamtinnen und Beamten mit Versorgungsbezügen. (1) [1]Nebentätigkeiten, welche die Beamtin oder der Beamte nicht auf Verlangen (§ 48), Vorschlag oder Veranlassung ihrer oder seiner dienstvorgesetzten Stelle übernommen hat, darf sie oder er nur außerhalb der Arbeitszeit ausüben. [2]Ausnahmen dürfen nur in besonders begründeten Fällen zugelassen werden, wenn dienstliche Gründe nicht entgegenstehen und die versäumte Arbeitszeit nachgeleistet wird.

(2) [1]Anträge auf Erteilung einer Genehmigung (§§ 49, 54) oder auf Zulassung einer Ausnahme (Absatz 1 Satz 2) und Entscheidungen über diese Anträge sowie das Verlangen nach § 48 und nach Absatz 4 bedürfen der Schriftform. [2]Die Beamtin oder der Beamte hat die für die Entscheidungen erforderlichen Nachweise, insbesondere über Art und Umfang der Nebentätigkeit sowie die Entgelte und geldwerten Vorteile hieraus, zu erbringen; sie oder er hat jede Änderung unverzüglich schriftlich anzuzeigen.

(3) Der Vorschlag und die Veranlassung der dienstvorgesetzten Stelle (Absatz 1 Satz 1) sind aktenkundig zu machen.

(4) Die Beamtin oder der Beamte ist auf Verlangen der dienstvorgesetzten Stelle verpflichtet, über Art und Umfang der von ihr oder ihm ausgeübten Nebentätigkeit und die Höhe der dafür empfangenen Vergütung Auskunft zu geben.

(5) [1]Der Zeitraum gemäß § 41 Satz 1 des Beamtenstatusgesetzes beträgt für Ruhestandsbeamtinnen und Ruhestandsbeamte oder frühere Beamtinnen und Beamte mit Versorgungsbezügen fünf Jahre, bei Eintritt in den Ruhestand nach § 31 Absatz 1 drei Jahre. [2]Ein Verbot nach § 41 Satz 2 des Beamtenstatusgeset-

zes wird durch die letzte dienstvorgesetzte Stelle ausgesprochen; es endet spätestens mit Ablauf der in Satz 1 genannten Fristen.

§ 53 Meldung von Nebeneinnahmen. Die Beamtin oder der Beamte legt am Ende eines jeden Jahres ihrer oder seiner dienstvorgesetzten Stelle eine jeden Einzelfall erfassende Aufstellung über Art und Umfang der Nebentätigkeit sowie über die Vergütungen vor, die sie oder er für eine genehmigungspflichtige oder eine nach § 51 Absatz 1 Nummer 2, 3 und 4 Buchstabe b nicht genehmigungspflichtige Nebentätigkeit innerhalb oder außerhalb des öffentlichen Dienstes erhalten hat, wenn diese insgesamt die in der Rechtsverordnung nach § 57 zu bestimmende Höchstgrenze übersteigen.

§ 54 Inanspruchnahme von Einrichtungen, Personal oder Material des Dienstherrn. (1) [1]Die Beamtin oder der Beamte darf bei der Ausübung von Nebentätigkeiten Einrichtungen, Personal oder Material des Dienstherrn nur mit Genehmigung in Anspruch nehmen. [2]Sie oder er hat hierfür ein angemessenes Entgelt zu entrichten; das Entgelt kann auch nach einem Hundertsatz der für die Nebentätigkeit bezogenen Vergütung bemessen werden.

(2) [1]Die Genehmigung, Einrichtungen des Dienstherrn in Anspruch zu nehmen, um in ihnen außerhalb der allgemeinen Dienststunden mit Personal des Dienstherrn Nebentätigkeiten auszuüben, kann davon abhängig gemacht werden, dass dem Personal ein angemessener Anteil an der Vergütung für die Nebentätigkeit gewährt wird. [2]Der Anteil ist nach dem Teil der Vergütung zu bemessen, der nach Abzug des durch die Beamtin oder den Beamten entrichteten Entgelts (Absatz 1 Satz 2) verbleibt.

§ 55 Ersatzpflicht des Dienstherrn. [1]Die Beamtin oder der Beamte, die oder der aus einer Tätigkeit im Vorstand, Aufsichtsrat, Verwaltungsrat oder in einem sonstigen Organ einer Gesellschaft, Genossenschaft oder eines in einer anderen Rechtsform betriebenen Unternehmens, die sie oder er auf Verlangen, Vorschlag oder Veranlassung ihrer oder seiner dienstvorgesetzten Stelle im dienstlichen Interesse übernommen hat, haftbar gemacht wird, hat gegen den Dienstherrn Anspruch auf Ersatz des ihr oder ihm entstandenen Schadens. [2]Ist der Schaden vorsätzlich oder grob fahrlässig herbeigeführt worden, so ist der Dienstherr nur dann ersatzpflichtig, wenn die Beamtin oder der Beamte auf Verlangen einer oder eines Vorgesetzten gehandelt hat.

§ 56 Beendigung von mit dem Amt verbundener Nebentätigkeit. Endet das Beamtenverhältnis, so enden, wenn im Einzelfall nichts anderes bestimmt ist, auch die Nebenämter und Nebenbeschäftigungen, die der Beamtin oder dem Beamten im Zusammenhang mit ihrem oder seinem Hauptamt übertragen sind oder die sie oder er auf Verlangen, Vorschlag oder Veranlassung ihrer oder seiner dienstvorgesetzten Stelle übernommen hat.

§ 57 Regelung der Nebentätigkeit. [1]Die zur Ausführung der §§ 48 bis 56 notwendigen Vorschriften über die Nebentätigkeit der Beamtinnen und Beamten erlässt die Landesregierung durch Rechtsverordnung. [2]In ihr ist insbesondere zu bestimmen,

1. welche Tätigkeiten als öffentlicher Dienst im Sinne dieser Vorschriften anzusehen sind oder ihm gleichstehen; dabei sollen Tätigkeiten bei Einrichtungen und Unternehmen, die zu mehr als 50 Prozent in öffentlicher Hand sind oder fortlaufend unterhalten werden oder von der öffentlichen Hand zumindest wirtschaftlich beherrscht werden und Vergütungen jedenfalls mittelbar aus Beiträgen der öffentlichen Hand fließen, der Tätigkeit im öffentlichen Dienst gleichgestellt werden,
2. in welchen Fällen von geringer Bedeutung oder bei welcher wiederkehrenden Tätigkeit dieser Art die Genehmigung zur Ausübung der Nebentätigkeit als allgemein erteilt gilt,
3. welche nicht genehmigungspflichtigen oder allgemein genehmigten Nebentätigkeiten der dienstvorgesetzten Stelle unter Angabe von Art und Umfang sowie der voraussichtlich zu erwartenden Entgelte oder geldwerten Vorteile anzuzeigen sind,
4. in welchen Fällen für die Wahrnehmung von Aufgaben, die im Hauptamt erledigt werden können oder für welche die Beamtin oder der Beamte im Hauptamt entlastet wird, eine Vergütung ausnahmsweise zugelassen wird,
5. ob und inwieweit die Beamtin oder der Beamte für eine im öffentlichen Dienst ausgeübte oder auf Verlangen, Vorschlag oder Veranlassung ihres oder seines Dienstherrn übernommene Nebentätigkeit eine Vergütung erhält oder eine erhaltene Vergütung abzuführen hat,
6. unter welchen Voraussetzungen die Beamtin oder der Beamte zur Ausübung von Nebentätigkeiten Einrichtungen, Personal und Material des Dienstherrn in Anspruch nehmen darf und in welcher Höhe hierfür ein Entgelt an den Dienstherrn zu entrichten ist; das Entgelt ist mindestens kostendeckend zu bemessen und soll den besonderen Vorteil berücksichtigen, der der Beamtin oder dem Beamten durch die Inanspruchnahme entsteht; es darf nur entfallen
   a) bei der Wahrnehmung eines Nebenamtes,
   b) wenn die Nebentätigkeit unentgeltlich durchzuführen ist oder
   c) wenn die Kosten von einem Dritten in vollem Umfang getragen werden,
7. das Nähere zu § 54 Absatz 2.

§ 58 Dienstaufgabe als Nebentätigkeit. Übt eine Beamtin oder ein Beamter eine Tätigkeit, die zu ihren oder seinen dienstlichen Aufgaben (Hauptamt, Nebenamt) gehört, wie eine Nebenbeschäftigung gegen Vergütung aus, so hat sie oder er die Vergütung an den Dienstherrn abzuführen.

§ 59 Verbot der Annahme von Belohnungen, Geschenken und sonstigen Vorteilen. Einzelheiten zum Verbot der Annahme von Belohnungen, Geschenken und sonstigen Vorteilen regelt das für Inneres zuständige Ministerium durch Verwaltungsvorschrift.

§ 60 Arbeitszeit. (1) [1]Die regelmäßige Arbeitszeit darf im Jahresdurchschnitt einundvierzig Stunden in der Woche nicht überschreiten. [2]Die durchschnittliche Wochenarbeitszeit vermindert sich für jeden gesetzlichen Feiertag, der auf einen Werktag fällt, um die Stunden, die an diesem Tag zu leisten wären.

(2) [1]Soweit der Dienst in Bereitschaft besteht, kann die Arbeitszeit entsprechend den dienstlichen Bedürfnissen verlängert werden. [2]Im wöchentlichen Zeitraum dürfen im Jahresdurchschnitt achtundvierzig Stunden einschließlich Mehrarbeitsstunden nicht überschritten werden.

(3) [1]Das Nähere zu den Absätzen 1 und 2 sowie zu § 61 Absatz 1 regelt die Landesregierung durch Rechtsverordnung. [2]Das gilt insbesondere für Regelungen über

1. die Dauer, die Verlängerung und die Verkürzung der regelmäßigen Arbeitszeit,
2. dienstfreie Zeiten,
3. den Ort und die Zeit der Dienstleistung,
4. den Bereitschaftsdienst,
5. die Mehrarbeit in Einzelfällen,
6. den Arbeitsversuch,
7. Langzeitarbeitskonten,

ferner für Regelungen der Pausen und der Dienststunden in der Landesverwaltung.

§ 61 Mehrarbeit. (1) [1]Die Beamtin oder der Beamte ist verpflichtet, ohne Entschädigung über die regelmäßige Arbeitszeit hinaus Dienst zu tun, wenn zwingende dienstliche Verhältnisse es erfordern. [2]Wird sie oder er durch eine dienstlich angeordnete oder genehmigte Mehrarbeit mehr als fünf Stunden im Monat über die regelmäßige Arbeitszeit hinaus beansprucht, so ist ihr oder ihm innerhalb eines Jahres für die über die regelmäßige Arbeitszeit hinaus geleistete Mehrarbeit entsprechende Dienstbefreiung zu gewähren.

(2) Ist die Dienstbefreiung aus zwingenden dienstlichen Gründen nicht möglich, so können an ihrer Stelle Beamtinnen und Beamte in Besoldungsgruppen mit aufsteigenden Gehältern für einen Zeitraum von längstens 480 Stunden im Jahr eine Mehrarbeitsvergütung erhalten.

§ 62 Fernbleiben vom Dienst. (1) [1]Die Beamtin oder der Beamte darf dem Dienst nicht ohne Genehmigung fernbleiben. [2]Dienstunfähigkeit infolge Krankheit ist auf Verlangen nachzuweisen.

(2) Verliert die Beamtin oder der Beamte wegen schuldhaften Fernbleibens vom Dienst ihren oder seinen Anspruch auf Dienstbezüge, so wird dadurch eine disziplinarrechtliche Verfolgung nicht ausgeschlossen.

§ 63 Voraussetzungslose Teilzeitbeschäftigung. (1) Beamtinnen und Beamten mit Dienstbezügen kann auf Antrag Teilzeitbeschäftigung bis auf die Hälfte der regelmäßigen Arbeitszeit und bis zur jeweils beantragten Dauer bewilligt werden, wenn dienstliche Belange nicht entgegenstehen.

(2) Bei der Genehmigung von Nebentätigkeiten gilt § 49 Absatz 2 Satz 3 mit der Maßgabe, dass von der regelmäßigen wöchentlichen Arbeitszeit ohne Rücksicht auf die Bewilligung von Teilzeitbeschäftigung auszugehen ist.

(3) [1]Die dienstvorgesetzte Stelle kann auch nachträglich die Dauer der Teilzeitbeschäftigung beschränken oder den Umfang der zu leistenden Arbeitszeit erhöhen, soweit zwingende dienstliche Belange dies erfordern. [2]Sie soll eine Änderung des Umfangs der Teilzeitbeschäftigung oder den Übergang zur Vollzeitbeschäftigung zulassen, wenn der Beamtin oder dem Beamten die Teilzeitbeschäftigung im bisherigen Umfang nicht mehr zugemutet werden kann und dienstliche Belange nicht entgegenstehen. [3]Der Antrag auf Verlängerung der Teilzeitbeschäftigung ist spätestens sechs Monate vor Ablauf der genehmigten Freistellung zu stellen.

§ 64 Teilzeitbeschäftigung und Urlaub aus familiären Gründen.

(1) [1]Einer Beamtin oder einem Beamten mit Dienstbezügen ist auf Antrag, wenn zwingende dienstliche Belange nicht entgegenstehen, Teilzeitbeschäftigung bis auf die Hälfte der regelmäßigen Arbeitszeit oder Urlaub ohne Besoldung zu bewilligen zur tatsächlichen Betreuung oder Pflege von

1. mindestens einem Kind unter 18 Jahren oder
2. einer oder einem nach § 7 Absatz 3 des Pflegezeitgesetzes vom 28. Mai 2008 (BGBl. I S. 874, 896) in der jeweils geltenden Fassung pflegebedürftigen nahen Angehörigen.

[2]Während der Zeit des Urlaubs nach Satz 1, § 67 oder § 74 Absatz 2 kann Teilzeitbeschäftigung auch mit weniger als der Hälfte der regelmäßigen Arbeitszeit bewilligt werden, wenn zwingende dienstliche Belange nicht entgegenstehen.

(2) [1]Beamtinnen oder Beamten auf Widerruf, die ihren Vorbereitungsdienst nach dem 31. Dezember 2017 begonnen haben, kann aus den in Absatz 1 genannten Gründen Teilzeitbeschäftigung mit mindestens der Hälfte der regelmäßigen Arbeitszeit bewilligt werden, soweit die Struktur der Ausbildung nicht entgegensteht und den unverzichtbaren Erfordernissen der Ausbildung Rechnung getragen wird. [2]Nähere Regelungen trifft die Verordnung nach § 7 Absatz 2.

(3) [1]Urlaub nach Absatz 1 darf auch in Verbindung mit Urlaub nach § 70 Absatz 1 insgesamt die Dauer von 15 Jahren nicht überschreiten. [2]Dabei bleiben Zeiten einer unterhälftigen Teilzeitbeschäftigung während einer Elternzeit nach § 74 Absatz 2 und einer Freistellung zur Pflege und Betreuung von Angehörigen nach § 67 unberücksichtigt. [3]Der Bewilligungszeitraum kann bei Beamtinnen und Beamten im Schul- und Hochschuldienst bis zum Ende des laufenden Schuljahrs, Semesters oder Trimesters ausgedehnt werden. [4]Dies gilt auch bei Wegfall der tatbestandlichen Voraussetzungen des Absatzes 1.

(4) [1]Der Antrag auf Verlängerung einer Teilzeitbeschäftigung ist spätestens sechs Monate vor Ablauf der genehmigten Freistellung zu stellen. [2]Ein Übergang zur Vollzeitbeschäftigung oder eine Änderung des Umfangs der Teilzeitbeschäftigung ist auf Antrag zuzulassen, wenn der Beamtin oder dem Beamten die Fortsetzung der bewilligten Teilzeitbeschäftigung nicht mehr zugemutet werden kann und dienstliche Belange nicht entgegenstehen. [3]Dies gilt entsprechend für eine Verlängerung eines Urlaubs oder eine Rückkehr aus dem Urlaub mit dem Ziel, eine Vollzeit- oder Teilzeitbeschäftigung aufzunehmen.

(5) [1]Während der Zeit des Urlaubs nach Absatz 1 besteht ein Anspruch auf Leistungen der Krankenfürsorge in entsprechender Anwendung der Beihilferegelungen für Beamtinnen und Beamte mit Besoldung. [2]Dies gilt nicht, wenn die Beamtin oder der Beamte berücksichtigungsfähige Angehörige oder berücksichtigungsfähiger Angehöriger einer oder eines Beihilfeberechtigten wird oder Anspruch auf Familienversicherung nach § 10 des Fünften Buches Sozialgesetzbuch – Gesetzliche Krankenversicherung – (Artikel I des Gesetzes vom 20. Dezember 1988, BGBl. I S. 2477, 2482) vom 20. Dezember 1988 in der jeweils geltenden Fassung hat.

§ 65 Teilzeitbeschäftigung im Blockmodell. (1) [1]Wenn dienstliche Belange nicht entgegenstehen, kann Teilzeitbeschäftigung auf Antrag auch in der Weise bewilligt werden, dass während eines Teils des Bewilligungszeitraums die Arbeitszeit bis zur regelmäßigen Arbeitszeit erhöht und diese Arbeitszeiterhöhung während des unmittelbar daran anschließenden Teils des Bewilligungszeitraums durch eine entsprechende Ermäßigung der Arbeitszeit oder durch eine ununterbrochene Freistellung vom Dienst ausgeglichen wird. [2]Der gesamte Bewilligungszeitraum darf höchstens sieben Jahre betragen.

(2) [1]In Fällen von Teilzeitbeschäftigung nach § 64 kann die Ermäßigung der Arbeitszeit oder die ununterbrochene Freistellung auch zu Beginn oder während des Bewilligungszeitraums in Anspruch genommen werden. [2]Der Bewilligungszeitraum wird unterbrochen für die Dauer einer Elternzeit oder einer Familienpflege- oder Pflegezeit. [3]In Fällen von Teilzeitbeschäftigung nach § 67 erfolgt die Ermäßigung der Arbeitszeit während der Pflegephase zu Beginn des Bewilligungszeitraums.

(3) [1]Treten während des Bewilligungszeitraums nach Absatz 1 Umstände ein, welche die vorgesehene Abwicklung unmöglich machen, so ist die Teilzeitbeschäftigung mit Wirkung für die Vergangenheit zu widerrufen
1. bei Beendigung des Beamtenverhältnisses im Sinne des § 21 des Beamtenstatusgesetzes,
2. bei Dienstherrnwechsel oder
3. in besonderen Härtefällen, wenn der Beamtin oder dem Beamten die Fortsetzung der Teilzeitbeschäftigung nicht mehr zuzumuten ist.

[2]Gleichzeitig mit dem Widerruf wird der Arbeitszeitstatus entsprechend der nach dem Modell zu erbringenden Dienstleistung festgesetzt. [3]Zuviel gezahlte Bezüge sind von den Beamtinnen und Beamten zurück zu zahlen, zu wenig gezahlte Bezüge sind vom Dienstherrn nachzuzahlen. [4]Dies gilt nicht, soweit der Ausgleich über Arbeitszeit oder Freistellung bereits erfolgt ist oder die Beamtin oder der Beamte verstirbt. [5]§ 15 des Landesbesoldungsgesetzes vom 14. Juni 2016 (GV. NRW. S. 310) bleibt unberührt. [6]In Fällen des § 64 besteht ein Rückkehranspruch unter den Voraussetzungen des § 64 Absatz 4.

§ 66 Altersteilzeit. (1) [1]Beamtinnen und Beamten mit Dienstbezügen kann auf Antrag, der sich auf die Zeit bis zum Beginn des Ruhestandes erstrecken

muss, Teilzeitbeschäftigung als Altersteilzeit mit der Hälfte der in den letzten fünf Jahren vor Beginn der Altersteilzeit durchschnittlich zu leistenden Arbeitszeit bewilligt werden, wenn
1. die Beamtin oder der Beamte das 55. Lebensjahr vollendet hat; die Dauer der Altersteilzeitbeschäftigung darf dabei zehn Jahre nicht übersteigen und
2. dringende dienstliche Belange nicht entgegenstehen.

[2]Ergeben sich bei der Ermittlung des zeitlichen Umfangs der Altersteilzeitbeschäftigung Stundenbruchteile, können diese auf volle Stunden aufgerundet werden, sofern personalwirtschaftliche Belange dies erfordern. [3]§ 63 Absatz 2 und 3 gilt entsprechend.

(2) [1]Altersteilzeit kann auch in der Weise bewilligt werden, dass die Beamtin oder der Beamte die bis zum Beginn des Ruhestandes zu erbringende Dienstleistung vollständig vorab leistet und anschließend voll vom Dienst freigestellt wird (Blockmodell). [2]Altersteilzeitbeschäftigung mit weniger als der Hälfte der regelmäßigen Arbeitszeit soll nur im Blockmodell bewilligt werden; dabei muss die Beamtin oder der Beamte in der Phase der vorab zu erbringenden Dienstleistung mit mindestens der Hälfte der regelmäßigen Arbeitszeit, im Fall des § 64 Absatz 1 Satz 2 im Umfang der bisherigen Teilzeitbeschäftigung, Dienst leisten.

(3) [1]Die oberste Dienstbehörde kann von der Anwendung der Vorschrift ganz absehen oder sie auf bestimmte Verwaltungsbereiche oder Beamtengruppen beschränken. [2]Die oberste Dienstbehörde kann auch allgemein oder für bestimmte Verwaltungsbereiche oder Beamtengruppen vorschreiben, dass
1. Altersteilzeit nur im Blockmodell bewilligt werden darf oder
2. die Altersteilzeitbeschäftigung mit bis zu 65 Prozent der nach Absatz 1 maßgeblichen bisherigen Arbeitszeit zu leisten ist, sofern personalwirtschaftliche Belange dies erfordern.

(4) Während der Zeit einer unterhälftigen Altersteilzeitbeschäftigung besteht Anspruch auf Leistungen der Krankenfürsorge in entsprechender Anwendung der Beihilferegelungen für Beamtinnen und Beamte mit Dienstbezügen.

§ 67 Familienpflegezeit, Pflegezeit. [1]Freistellungen im Rahmen der Pflegezeit und Familienpflegezeit sind zu gewähren. [2]Die Landesregierung regelt durch Rechtsverordnung die der Eigenart des öffentlichen Dienstes entsprechende Anwendung der Vorschriften des Pflegezeitgesetzes vom 28. Mai 2008 (BGBl. I S. 874, 896) und des Familienpflegezeitgesetzes vom 6. Dezember 2011 (BGBl. I S. 2564) in ihrer jeweils geltenden Fassung auf Beamtinnen und Beamte mit Besoldung. [3]Sie trifft insbesondere Regelungen über
1. die Voraussetzungen der Inanspruchnahme,
2. die Dauer,
3. den Entlassungsschutz,
4. die Kostenübernahme für ärztliche Bescheinigungen durch den Dienstherrn,
5. die Teilzeitbeschäftigung,
6. die Fortzahlung von Leistungen des Dienstherrn.

[4]Für die Dauer einer vollständigen Freistellung nach dem Pflegezeitgesetz gilt § 64 Absatz 5 entsprechend.

§ 68 Informationspflicht. Wird Teilzeitbeschäftigung oder Urlaub ohne Besoldung beantragt, sind die Beamtinnen und Beamten auf die Folgen ermäßigter Arbeitszeit oder langfristiger Urlaube hinzuweisen, insbesondere auf die Folgen für Ansprüche auf Grund beamtenrechtlicher Regelungen.

§ 69 Benachteiligungsverbot. Die Ermäßigung der Arbeitszeit darf das berufliche Fortkommen nicht beeinträchtigen; eine unterschiedliche Behandlung von Beamtinnen und Beamten mit ermäßigter Arbeitszeit gegenüber Beamtinnen und Beamten mit regelmäßiger Arbeitszeit ist nur zulässig, wenn zwingende sachliche Gründe sie rechtfertigen.

§ 70 Urlaub aus arbeitsmarktpolitischen Gründen. (1) [1]Beamtinnen und Beamten mit Dienstbezügen kann in Bereichen, in denen wegen der Arbeitsmarktsituation ein außergewöhnlicher Bewerberüberhang besteht und deshalb ein dringendes öffentliches Interesse daran gegeben ist, verstärkt Bewerberinnen und Bewerber im öffentlichen Dienst zu beschäftigen,

1. auf Antrag Urlaub ohne Dienstbezüge bis zur Dauer von insgesamt höchstens sechs Jahren oder
2. nach Vollendung des 55. Lebensjahres auf Antrag, der sich bis auf die Zeit bis zum Beginn des Ruhestandes erstrecken muss, Urlaub ohne Dienstbezüge

bewilligt werden, wenn dienstliche Belange nicht entgegenstehen.

(2) [1]Dem Antrag nach Absatz 1 darf nur entsprochen werden, wenn die Beamtin oder der Beamte erklärt, während der Dauer des Bewilligungszeitraumes auf die Ausübung genehmigungspflichtiger Nebentätigkeiten gegen Vergütung zu verzichten und Tätigkeiten nach § 51 gegen Vergütung nur in dem Umfang auszuüben, wie sie oder er sie bei Vollzeitbeschäftigung ohne Verletzung dienstlicher Pflichten ausüben könnte. [2]Ausnahmen von Satz 1 sind nur zulässig, soweit sie dem Zweck der Bewilligung des Urlaubs nicht zuwiderlaufen. [3]Eine Rückkehr aus dem Urlaub kann zugelassen werden, wenn der Beamtin oder dem Beamten die Fortsetzung des Urlaubs nicht zugemutet werden kann und dienstliche Belange nicht entgegenstehen.

(3) [1]Urlaub nach Absatz 1 darf auch im Zusammenhang mit Urlaub nach § 64 Absatz 1 die Dauer von 15 Jahren nicht überschreiten. [2]Bei Beamtinnen und Beamten im Schul- und Hochschuldienst kann der Bewilligungszeitraum bis zum Ende des laufenden Schulhalbjahres, Semesters oder Trimesters ausgedehnt werden. [3]Der Antrag auf Verlängerung eines Urlaubs nach Absatz 1 Nummer 1 ist spätestens sechs Monate vor Ablauf der genehmigten Freistellung zu stellen. [4]In den Fällen des Absatzes 1 Nummer 2 findet Satz 1 keine Anwendung, wenn es der Beamtin oder dem Beamten nicht mehr zuzumuten ist, zur Voll- oder Teilzeitbeschäftigung zurückzukehren.

(4) [1]Urlaub nach Absatz 1 Nummer 2 kann bereits nach Vollendung des 50. Lebensjahres bewilligt werden. [2]Absatz 3 Satz 1 findet Anwendung.

§ 71 Erholungsurlaub. [1]Der Beamtin oder dem Beamten steht jährlich ein Erholungsurlaub unter Fortgewährung der Leistungen des Dienstherrn zu. [2]Die Landesregierung regelt durch Rechtsverordnung Einzelheiten der Urlaubsgewährung, insbesondere Dauer und Voraussetzungen der Inanspruchnahme, sowie Voraussetzungen und Umfang einer Abgeltung.

§ 72 Urlaub aus anderen Anlässen, Mandatsträgerinnen und Mandatsträger. (1) [1]Die Landesregierung regelt durch Rechtsverordnung die Bewilligung von Urlaub aus anderen Anlässen (Sonderurlaub) und bestimmt insbesondere

1. die Anlässe für die Urlaubsgewährung,
2. die Dauer des Sonderurlaubs,
3. die Erteilung des Urlaubs (Gewährleistung des Dienstbetriebes, Widerruf, Anrechnung auf den Erholungsurlaub),
4. die Fortzahlung von Leistungen des Dienstherrn.

[2]Sofern eine oder mehrere Beurlaubungen ohne Dienstbezüge nach Satz 1 30 Tage insgesamt im Kalenderjahr nicht überschreiten, werden für die Dauer dieser Beurlaubungen Beihilfen gewährt.

(2) [1]Stimmen Beamtinnen und Beamte ihrer Aufstellung als Bewerberin oder Bewerber für die Wahl zum Europäischen Parlament, zum Bundestag, zum Landtag, zu der gesetzgebenden Körperschaft eines anderen Landes oder zu einer kommunalen Vertretungskörperschaft zu, so ist ihr oder ihm auf ihren oder seinen Antrag innerhalb der letzten zwei Monate vor dem Wahltag der zur Vorbereitung seiner Wahl erforderliche Urlaub ohne Besoldung zu gewähren. [2]Für die Dauer der Beurlaubung werden Beihilfen gewährt.

(3) [1]Zur Ausübung eines Mandats in der Vertretung einer Gemeinde oder eines Gemeindeverbandes oder einer Bezirksvertretung sowie für die Tätigkeit als Mitglied eines nach Kommunalverfassungsrecht gebildeten Ausschusses ist der Beamtin oder dem Beamten der erforderliche Urlaub unter Belassung der Leistungen des Dienstherrn zu gewähren. [2]Das gilt auch für die von einer kommunalen Vertretung gewählten ehrenamtlichen Mitglieder von Ausschüssen, die auf Grund eines Gesetzes gebildet worden sind, sowie für Beamtinnen und Beamte, die als Mitglied der Vertretung einer Gemeinde Mitglied eines Regionalrates sind.

§ 73 Folgen aus der Übernahme oder Ausübung eines Mandats. (1) Die beamtenrechtlichen Folgen, die sich aus der Übernahme oder Ausübung eines Mandats im Europäischen Parlament, im Bundestag, im Landtag oder in der Vertretungskörperschaft einer Gemeinde, eines Gemeindeverbandes oder einer sonstigen der Aufsicht des Landes unterstehenden Körperschaft, Anstalt oder Stiftung des öffentlichen Rechts ergeben, werden unbeschadet der Vorschriften der §§ 18, 27 Absatz 1, § 72 Absatz 2 und 3 in besonderen Gesetzen und Verordnungen geregelt.

(2) Für eine Beamtin oder einen Beamten, die oder der in die gesetzgebende Körperschaft eines anderen Landes gewählt worden und deren oder dessen Amt

kraft Gesetzes mit dem Mandat unvereinbar ist, gelten § 16 Absatz 3 und die §§ 32 bis 34 des Abgeordnetengesetzes des Landes Nordrhein-Westfalen vom 5. April 2005 (GV. NRW. S. 252) in der jeweils geltenden Fassung entsprechend.

(3) [1]Einer oder einem in die gesetzgebende Körperschaft eines anderen Landes gewählten Beamtin oder Beamten, deren oder dessen Amt mit dem Mandat vereinbar ist, ist zur Ausübung des Mandats auf Antrag

1. Teilzeitbeschäftigung in der Weise zu bewilligen, dass die Arbeitszeit bis auf 30 Prozent der regelmäßigen Arbeitszeit ermäßigt wird, oder
2. ein Urlaub ohne Leistungen des Dienstherrn zu gewähren;

der Antrag soll jeweils für einen Zeitraum von mindestens sechs Monaten gestellt werden. [2]In den Fällen des Satzes 1 ist § 10 Absatz 6 Nummer 4, im Falle der Nummer 2 ferner § 25 des Abgeordnetengesetzes des Landes Nordrhein-Westfalen sinngemäß anzuwenden.

§ 74 Mutterschutz, Elternzeit, Arbeitsschutz. (1) [1]Die Landesregierung regelt durch Rechtsverordnung die der Eigenart des öffentlichen Dienstes entsprechende Anwendung der Vorschriften des Mutterschutzgesetzes auf Beamtinnen. [2]Sie trifft insbesondere Regelungen über

1. Beschäftigungsverbote und Stillzeiten,
2. die Zahlung von Besoldung und Mutterschaftsgeld,
3. Arbeitserleichterungen,
4. Entlassungsverbote,
5. die Unterrichtungspflicht der Beamtin gegenüber dem Dienstherrn,
6. die Kostenübernahme für ärztliche Zeugnisse durch den Dienstherrn.

(2) [1]Die Landesregierung regelt durch Rechtsverordnung die der Eigenart des öffentlichen Dienstes entsprechende Anwendung der Vorschriften des Bundeselterngeld- und Elternzeitgesetzes über die Elternzeit. [2]Sie trifft insbesondere Regelungen über

1. die Voraussetzungen der Inanspruchnahme,
2. die Dauer,
3. den Entlassungsschutz,
4. die Teilzeitbeschäftigung.

[3]Für die Dauer der Elternzeit gilt § 64 Absatz 5 entsprechend.

(3) [1]Die auf Grund der §§ 18 und 19 des Arbeitsschutzgesetzes vom 7. August 1996 (BGBl. I S. 1246) in der jeweils geltenden Fassung erlassenen Verordnungen der Bundesregierung gelten entsprechend. [2]Durch Rechtsverordnung der Landesregierung kann ferner bestimmt werden, dass Vorschriften des Arbeitsschutzgesetzes für bestimmte Tätigkeiten ganz oder zum Teil nicht anzuwenden sind, soweit öffentliche Belange, insbesondere die Aufrechterhaltung oder die Wiederherstellung der öffentlichen Sicherheit, dies zwingend erfordern, und wie in diesen Fällen die Sicherheit und der Gesundheitsschutz bei der Arbeit unter Berücksichtigung der Ziele des Arbeitsschutzes auf andere Weise gewährleistet werden. [3]Das Jugendarbeitsschutzgesetz vom 12. April

1976 (BGBl. I S. 965) in der jeweils geltenden Fassung gilt für jugendliche Beamtinnen und Beamte entsprechend. [4]Soweit die Eigenart des Polizeivollzugsdienstes und die Belange der inneren Sicherheit es erfordern, kann das für Inneres zuständige Ministerium durch Rechtsverordnung Ausnahmen von den Vorschriften des Jugendarbeitsschutzgesetzes für jugendliche Polizeivollzugsbeamtinnen und Polizeivollzugsbeamte zulassen.

§ 75 Beihilfen in Geburts-, Krankheits-, Pflege- und Todesfällen. (1) Beihilfeberechtigt sind
1. Beamtinnen und Beamte mit Anspruch auf Besoldung,
2. Versorgungsempfängerinnen und Versorgungsempfänger, versorgungsberechtigte Witwen oder Witwer und ihre versorgungsberechtigten Kinder sowie hinterbliebene eingetragene Lebenspartnerinnen oder Lebenspartner,
3. frühere Beamtinnen und Beamte mit Anspruch auf einen Unterhaltsbeitrag oder Übergangsgeld nach dem Landesbeamtenversorgungsgesetz und
4. frühere Beamtinnen und Beamte auf Zeit während des Anspruchs von Übergangsgeld nach dem Landesbeamtenversorgungsgesetz.

(2) [1]Beihilfeberechtigte nach Absatz 1 erhalten für sich, ihrer oder ihren nicht selbst beihilfeberechtigten Ehegattin oder Ehegatten oder eingetragene Lebenspartnerin oder eingetragenen Lebenspartner, wenn sie oder er nicht über ein zur wirtschaftlichen Selbstständigkeit führendes Einkommen verfügt, sowie ihre oder seine nicht selbst beihilfeberechtigten berücksichtigungsfähigen Kinder Beihilfen als Ergänzung zu der aus den laufenden Bezügen zu bestreitenden Eigenvorsorge. [2]Soweit die selbst beihilfeberechtigte Ehegattin, der selbst beihilfeberechtigte Ehegatte, die eingetragene Lebenspartnerin oder der eingetragene Lebenspartner der Beamtin oder des Beamten als Tarifbeschäftigte oder Tarifbeschäftigter mit weniger als der regelmäßigen wöchentlichen Arbeitszeit beschäftigt ist, erhält die Beihilfeberechtigte oder der Beihilfeberechtigte keinen Ausgleich für die auf Grund der Teilzeitbeschäftigung reduzierte Beihilfe der Ehegattin, des Ehegatten, der eingetragenen Lebenspartnerin oder des eingetragenen Lebenspartners.

(3) Beihilfeberechtigte erhalten Beihilfen zu der Höhe nach angemessenen Aufwendungen für medizinisch notwendige Maßnahmen, deren Wirksamkeit und therapeutischer Nutzen nachgewiesen sind
1. zur Vorbeugung und Linderung von Erkrankungen oder Behinderungen, zur Erhaltung und Wiederherstellung der Gesundheit und Besserung des Gesundheitszustandes (einschließlich Rehabilitation),
2. zur Früherkennung von Krankheiten,
3. in Geburtsfällen,
4. bei nicht rechtswidrigem Schwangerschaftsabbruch, bei nicht rechtswidriger Sterilisation sowie in Ausnahmefällen zur Empfängnisverhütung und bei künstlicher Befruchtung sowie
5. in Pflegefällen.

(4) [1]Beihilfen dürfen nur insoweit geleistet werden, als sie zusammen mit von dritter Seite zustehenden Erstattungen die dem Grunde nach beihilfefähigen Aufwendungen nicht überschreiten. [2]Dabei sind insbesondere Ansprüche auf Heilfürsorge, auf Krankenpflege und auf sonstige Sachleistungen sowie Ansprüche auf Kostenerstattung auf Grund von Rechtsvorschriften und auf Grund arbeitsvertraglicher Vereinbarungen in der Höhe zu berücksichtigen, in der sie ohne Verzicht auf Leistungen oder Nichtinanspruchnahme von Leistungen zustehen; Leistungen von Versicherungen können berücksichtigt werden.

(5) [1]Aufwendungen für die Inanspruchnahme von gesondert berechneter Unterkunft und Verpflegung sowie gesondert berechneten ärztlichen oder zahnärztlichen Leistungen im Rahmen von stationären, teilstationären oder vor- und nachstationären Behandlungen sind jeweils nach Abzug folgender Eigenbeteiligungen beihilfefähig:
bei Inanspruchnahme
1. von gesondert berechneten ärztlichen oder zahnärztlichen Leistungen zehn Euro täglich für höchstens 30 Tage im Kalenderjahr,
2. von gesondert berechneter Unterkunft und Verpflegung 15 Euro täglich für höchstens 30 Tage im Kalenderjahr.

[2]Aufwendungen, die durch die Inanspruchnahme von Krankenanstalten ohne Versorgungsvertrag nach dem Fünften Buch Sozialgesetzbuch entstehen, sind nur in der Höhe beihilfefähig, wie sie in der dem Behandlungsort nächstgelegenen Klinik der Maximalversorgung entstehen würden. [3]Hiervon sind als Eigenbeteiligung für die Beihilfeberechtigte oder den Beihilfeberechtigten und ihre oder seine berücksichtigungsfähigen Angehörigen jeweils 25 Euro täglich für höchstens 30 Tage im Kalenderjahr in Abzug zu bringen.

(6) Beihilfeberechtigte können je Kalenderjahr, in dem Aufwendungen entstehen, zu einer vertretbaren – den Familienstand, die Anzahl der Kinder und die Besoldungsgruppe berücksichtigenden – pauschalen Selbstbeteiligung an den Aufwendungen (Kostendämpfungspauschale) herangezogen werden.

(7) [1]Beihilfen werden als Prozentsatz der beihilfefähigen Aufwendungen (Bemessungssatz) oder als Pauschalen (Zuschuss) gezahlt. [2]Der Bemessungssatz beträgt für Beihilfeberechtigte mindestens 50 Prozent, für Ehegattinnen und Ehegatten, eingetragene Lebenspartnerinnen und Lebenspartner sowie Versorgungsempfängerinnen und Versorgungsempfänger höchstens 70 Prozent, für berücksichtigungsfähige Kinder und eigenständig beihilfeberechtigte Waisen höchstens 80 Prozent. [3]Sind zwei oder mehr Kinder berücksichtigungsfähig, beträgt der Bemessungssatz für die oder den Beihilfeberechtigten 70 Prozent, bei mehreren Beihilfeberechtigten jedoch nur bei einer oder einem von ihnen. [4]In besonderen Härtefällen kann eine Erhöhung des Bemessungssatzes vorgesehen werden; dies gilt nicht, wenn die oder der Beihilfeberechtigte für sich und ihre oder seine berücksichtigungsfähigen Angehörigen für ambulante und stationäre Krankheits- und Pflegefälle keinen ausreichenden Versicherungsschutz nachweisen kann.

(8) [1]Das Finanzministerium regelt das Nähere durch Rechtsverordnung. [2]Darin können unabhängig von der Notwendigkeit und Angemessenheit der Aufwendungen unter Beachtung der Grundsätze beamtenrechtlicher Fürsorge Bestimmungen getroffen werden

1. hinsichtlich der Berücksichtigungsfähigkeit von Angehörigen der oder des Beihilfeberechtigten im Sinne des Absatzes 2,
2. hinsichtlich des Inhalts und des Umfangs der Beihilfeleistungen
   a) durch die Einführung von Höchstgrenzen,
   b) durch die Beschränkung auf bestimmte Indikationen,
   c) durch die Beschränkung oder den Ausschluss von Aufwendungen für Untersuchungen und Behandlungen nach wissenschaftlich nicht allgemein anerkannten oder unwirtschaftlichen Methoden,
   d) durch die Beschränkung oder den Ausschluss von Aufwendungen für Behandlungen außerhalb des Wohnortes, Beförderungen, ärztliche und zahnärztliche (einschließlich implantologische) und kieferorthopädische sowie funktionsanalytische und funktionstherapeutische Leistungen, psychotherapeutische Leistungen, Heilpraktikerleistungen, die Beschäftigung von Pflege- und Hauspflegekräften, für stationäre Pflege, stationäre Rehabilitationsmaßnahmen, stationäre Müttergenesungskuren oder Mutter-/Vater-Kind–Kuren, ambulante Kur- und Rehabilitationsmaßnahmen, nicht verschreibungspflichtige oder verschreibungspflichtige Arzneimittel, unwirtschaftliche oder unwirksame Arzneimittel, Medizinprodukte sowie Heil- und Hilfsmittel,
   e) durch Regelungen zur Feststellung der wirtschaftlichen Selbstständigkeit der Ehegattin oder des Ehegatten oder eingetragenen Lebenspartnerin oder Lebenspartners,
   f) durch die Beschränkung oder den Ausschluss von Beihilfen zu Aufwendungen, die in Ländern außerhalb der Mitgliedstaaten der Europäischen Union entstanden sind,
   g) in Todesfällen,
3. über die Höhe der Kostendämpfungspauschale und
4. hinsichtlich des Verfahrens über die Verwendung einer elektronischen Gesundheitskarte, wobei der Zugriff der Beihilfestellen auf Daten über die in Anspruch genommenen Leistungen und deren Kosten zu beschränken ist.

(9) [1]Kostendämpfungspauschale und Eigenbehalte nach Absatz 5 Satz 1 und 3 sowie Eigenbehalte, die durch die Begrenzung von zahntechnischen Leistungen entstehen, dürfen die Belastungsgrenze von 2 Prozent der Jahresdienstbezüge oder Jahresversorgungsbezüge nach beamtenrechtlichen Vorschriften oder Grundsätzen nicht übersteigen. [2]Bei der Ermittlung der Jahresbezüge ist der Bruttobetrag maßgebend. [3]Variable Bezügebestandteile, kinderbezogene Anteile im Familienzuschlag sowie Renten aus der gesetzlichen Rentenversicherung und einer zusätzlichen Alters- und Hinterbliebenenversorgung der oder des Beihilfeberechtigten bleiben außer Ansatz.

§ 76 Behördliches Gesundheitsmanagement. (1) Gesundheitsmanagement ist die strategische Steuerung und Integration der gesundheitsrelevanten Maßnahmen und Prozesse in der Behörde.

(2) [1]Die oberste Dienstbehörde erstellt ein Rahmenkonzept für das Gesundheitsmanagement und entwickelt dieses regelmäßig fort. [2]Für die in § 2 Absatz 2 Satz 1 Nummer 2 und 3 genannten Beamtinnen und Beamten erstellt die dienstvorgesetzte Stelle das Rahmenkonzept.

(3) [1]Jede Behörde entwickelt in diesem Rahmen ihr eigenes Konzept oder einen Katalog zum Behördlichen Gesundheitsmanagement. [2]Für Schulen handelt die zuständige obere Schulaufsichtsbehörde. [3]Dabei sollen insbesondere gesundheitsbelastende Faktoren identifiziert werden sowie Möglichkeiten diesen zu begegnen. [4]Gesundheitsrelevante Maßnahmen des Arbeits- und Gesundheitsschutzes, der Personal- und Organisationsentwicklung, der Gesundheitsförderung sowie der Mitarbeiterführung sollen aufeinander abgestimmt werden.

§ 77 Führung der Amtsbezeichnung. (1) [1]Die Landesregierung setzt die Amtsbezeichnung der Beamtinnen oder der Beamten fest, soweit sie diese Befugnis nicht durch andere Behörden ausüben lässt. [2]Die Amtsbezeichnung der Beamtinnen und Beamten der Gemeinden, der Gemeindeverbände und der Sparkassen wird von den obersten Dienstbehörden festgesetzt. [3]Andere gesetzliche Vorschriften bleiben unberührt.

(2) [1]Die Beamtin oder der Beamte führt im Dienst die Amtsbezeichnung des ihr oder ihm übertragenen Amtes. [2]Sie oder er darf sie auch außerhalb des Dienstes führen. [3]Sie oder er hat jedoch keinen Anspruch auf Anrede mit der Amtsbezeichnung. [4]Nach dem Übertritt in ein anderes Amt darf die Beamtin oder der Beamte die bisherige Amtsbezeichnung nicht mehr führen; in den Fällen der Versetzung in ein Amt mit geringerem Endgrundgehalt (§ 26) gelten Absatz 3 Satz 2 und 3 entsprechend.

(3) [1]Ruhestandsbeamtinnen und Ruhestandsbeamte dürfen die ihnen bei Eintritt in den Ruhestand zustehende Amtsbezeichnung mit dem Zusatz „außer Dienst (a. D.)“ und die ihnen im Zusammenhang mit dem Amt verliehenen Titel weiterführen. [2]Wird ihnen ein neues Amt übertragen, so erhalten sie die Amtsbezeichnung des neuen Amtes; gehört dieses Amt nicht einer Besoldungsgruppe mit mindestens demselben Endgrundgehalt (§ 15 Absatz 2 des Beamtenstatusgesetzes) an wie das bisherige Amt, so dürfen sie neben der neuen Amtsbezeichnung die des früheren Amtes mit dem Zusatz „außer Dienst (a. D.)“ führen. [3]Ändert sich die Bezeichnung des früheren Amtes, so darf die geänderte Amtsbezeichnung geführt werden.

(4) [1]Einer entlassenen Beamtin oder einem entlassenen Beamten kann die Erlaubnis erteilt werden, die Amtsbezeichnung mit dem Zusatz „außer Dienst (a. D.)“ sowie die im Zusammenhang mit dem Amt verliehenen Titel zu führen. [2]Die Erlaubnis kann zurückgenommen werden, wenn die frühere Beamtin oder der frühere Beamte sich ihrer als nicht würdig erweist. [3]Entsprechendes gilt bei Verlust der Beamtenrechte.

(5) Die Amtsbezeichnungen werden in männlicher und weiblicher Form geführt.

§ 78 Zusatz zur Amtsbezeichnung. [1]Eine Amtsbezeichnung, die herkömmlich für ein Amt verwendet wird, das eine bestimmte Befähigung voraussetzt und einen bestimmten Aufgabenkreis umfasst, darf nur einer Beamtin oder einem Beamten verliehen werden, die oder der ein solches Amt bekleidet. [2]Die Amtsbezeichnung der Beamtinnen und Beamten der Gemeinden, der Gemeindeverbände und der sonstigen der Aufsicht des Landes unterstehenden Körperschaften, Anstalten und Stiftungen des öffentlichen Rechts darf nicht zu einer Verwechselung mit einer Amtsbezeichnung für Beamtinnen und Beamte des Landes führen. [3]Sie soll einen auf den Dienstherrn hinweisenden Zusatz enthalten. [4]Einer Amtsbezeichnung für Beamtinnen und Beamte des Landes darf sie nur nachgebildet werden, wenn die Ämter nach ihrem Inhalt gleichwertig sind.

§ 79 Leistungen des Dienstherrn. (1) [1]Die Beamtin oder der Beamte erhält Leistungen des Dienstherrn (Besoldung, Versorgung und sonstige Leistungen) im Rahmen der darüber erlassenen besonderen Bestimmungen. [2]Aus Anlass der Vollendung einer fünfundzwanzigjährigen, einer vierzigjährigen und einer fünfzigjährigen Dienstzeit im öffentlichen Dienst kann der Beamtin oder dem Beamten eine Jubiläumszuwendung gewährt werden. [3]Das Nähere regelt die Landesregierung durch Rechtsverordnung.

(2) Sonstige Leistungen sind Kostenerstattungen und Fürsorgeleistungen, soweit sie nicht zur Besoldung und nicht zur Versorgung gehören.

(3) § 15 Absatz 2 des Landesbesoldungsgesetzes vom 14. Juni 2016 (GV. NRW. S. 310) in der jeweils geltenden Fassung gilt entsprechend für sonstige Leistungen.

§ 80 Pflicht zum Schadensersatz. (1) [1]Ansprüche nach § 48 des Beamtenstatusgesetzes verjähren in drei Jahren von dem Zeitpunkt an, in dem der Dienstherr von dem Schaden und der Person des Ersatzpflichtigen Kenntnis erlangt hat, ohne Rücksicht auf diese Kenntnis in zehn Jahren von der Begehung der Handlung an. [2]Hat der Dienstherr einer oder einem Dritten Schadensersatz geleistet, so tritt an die Stelle des Zeitpunktes, in dem der Dienstherr von dem Schaden Kenntnis erlangt, der Zeitpunkt, in dem der Ersatzanspruch der oder des Dritten dieser oder diesem gegenüber vom Dienstherrn anerkannt oder dem Dienstherrn gegenüber rechtskräftig festgestellt wird.

(2) Leistet die Beamtin oder der Beamte dem Dienstherrn Ersatz und hat dieser einen Ersatzanspruch gegen eine Dritte oder einen Dritten, so geht der Ersatzanspruch auf die Beamtin oder den Beamten über.

§ 81 Übergang eines Schadensersatzanspruchs auf den Dienstherrn. [1]Werden Beamtinnen und Beamte, Versorgungsberechtigte oder deren Angehörige körperlich verletzt oder getötet, geht ein gesetzlicher Schadensersatzanspruch, der diesen Personen infolge der Körperverletzung oder der Tötung gegen Dritte zusteht, insoweit auf den Dienstherrn über, als dieser

1. während einer auf der Körperverletzung beruhenden Aufhebung der Dienstfähigkeit oder
2. infolge der Körperverletzung oder der Tötung

zur Gewährung von Leistungen verpflichtet ist. [2]Ist eine Versorgungskasse zur Gewährung der Leistung verpflichtet, geht der Anspruch auf sie über. [3]Der Übergang des Anspruchs kann nicht zum Nachteil der Verletzten oder der Hinterbliebenen geltend gemacht werden.

§ 82 Ersatz von Sachschäden. (1) [1]Sind in Ausübung des Dienstes Kleidungsstücke oder sonstige Gegenstände, die üblicherweise im Dienst mitgeführt werden, beschädigt oder zerstört worden oder abhandengekommen, so kann dafür Ersatz geleistet werden. [2]Das Zurücklegen des Weges nach und von der Dienststelle gehört nicht zum Dienst im Sinne des Satzes 1. [3]Anträge auf Gewährung von Sachschadenersatz sind innerhalb einer Ausschlussfrist von drei Monaten zu stellen.

(2) [1]Ersatz kann auch geleistet werden, wenn bei der ordnungsgemäßen Wahrnehmung von Rechten oder bei der Erfüllung von Pflichten nach dem Landespersonalvertretungsgesetz vom 3. Dezember 1974 (GV. NRW. S. 1514) in der jeweils geltenden Fassung oder dem Neunten Buch Sozialgesetzbuch ein Schaden im Sinne des Absatzes 1 eingetreten ist. [2]Absatz 1 Satz 2 gilt entsprechend.

§ 82a Zahlung durch den Dienstherrn bei Schmerzensgeldansprüchen.

(1) [1]Wird eine Dritte oder ein Dritter durch rechtskräftiges Endurteil eines deutschen Gerichts verurteilt, an eine Beamtin oder einen Beamten wegen eines Schadens, der nicht Vermögensschaden ist, eine billige Entschädigung in Geld (Schmerzensgeld) zu zahlen, so soll der Dienstherr diese Entschädigung auf Antrag ganz oder teilweise bewirken, sofern

1. der Schaden entstanden ist, weil die Dritte oder der Dritte den Körper, die Gesundheit, die Freiheit oder die sexuelle Selbstbestimmung der Beamtin oder des Beamten schuldhaft und im dienstlichen Zusammenhang verletzt hat,
2. trotz des Versuchs der Vollstreckung in das Vermögen der oder des Dritten die Schmerzensgeldforderung der Beamtin oder des Beamten noch in Höhe von mindestens 250 Euro besteht,
3. dem Endurteil kein Verfahren nach §§ 592 bis 600 der Zivilprozessordnung zugrunde liegt und
4. dies zur Vermeidung einer unbilligen Härte notwendig ist.

[2]Ein vollstreckbarer Vergleich nach § 794 Absatz 1 Nummer 1 der Zivilprozessordnung über die Zahlung eines Schmerzensgeldes steht einem Endurteil nach Satz 1 gleich, soweit die vereinbarte Höhe der Entschädigung angemessen ist.

(2) Der Dienstherr kann Leistungen nach Absatz 1 ganz oder teilweise ablehnen, wenn auf Grund desselben Sachverhalts eine einmalige Unfallentschädigung oder einmalige Entschädigung (§ 51 des Landesbeamtenversorgungsgesetzes) oder ein Unfallausgleich (§ 41 des Landesbeamtenversorgungsgesetzes) gezahlt wird.

(3) [1]Der Antrag nach Absatz 1 ist innerhalb einer Ausschlussfrist von zwei Jahren zu stellen. [2]Die Frist beginnt mit der Rechtskraft des Endurteils und in den Fällen des Absatzes 1 Satz 2 mit der Vollstreckbarkeit des Vergleichs. [3]Dem Antrag ist ein Nachweis des Vollstreckungsversuches beizufügen. [4]Die Entscheidung trifft die oberste Dienstbehörde oder die von ihr bestimmte Stelle. [5]Soweit der Dienstherr die Zahlung übernommen hat, gehen Ansprüche gegen Dritte auf ihn über. [6]Der Übergang der Ansprüche kann nicht zum Nachteil der oder des Geschädigten geltend gemacht werden.

(4) [1]Verletzt eine Dritte oder ein Dritter in den Fällen des §§ 827, 828 des Bürgerlichen Gesetzbuches im dienstlichen Zusammenhang den Körper, die Gesundheit, die Freiheit oder die sexuelle Selbstbestimmung einer Beamtin oder eines Beamten, ohne für den hieraus entstehenden Schaden verantwortlich zu sein, so kann das Land der Beamtin oder dem Beamten wegen des Schadens, der nicht Vermögensschaden ist, auf Antrag eine eigene Entschädigung leisten, soweit dies zur Vermeidung einer unbilligen Härte geboten ist. [2]Über den Antrag entscheidet eine beim Landesamt für Besoldung und Versorgung Nordrhein-Westfalen eingerichtete Ombudsstelle.

§ 83 Personalakten – allgemein. (1) [1]Für jede Beamtin und jeden Beamten ist eine Personalakte zu führen. [2]Sie kann in Teilen oder vollständig automatisiert geführt werden. [3]Die Personalakte kann nach sachlichen Gesichtspunkten in Grundakte und Teilakten gegliedert werden. [4]Teilakten können bei der für den betreffenden Aufgabenbereich zuständigen Behörde geführt werden. [5]Nebenakten (Unterlagen, die sich auch in der Grundakte oder in Teilakten befinden) dürfen nur geführt werden, wenn die personalverwaltende Behörde nicht zugleich Beschäftigungsbehörde ist oder wenn mehrere personalverwaltende Behörden für die Beamtin oder den Beamten zuständig sind; sie dürfen nur solche Unterlagen enthalten, deren Kenntnis zur rechtmäßigen Aufgabenerledigung der betreffenden Behörde erforderlich ist. [6]In die Grundakte ist ein vollständiges Verzeichnis aller Teil- und Nebenakten aufzunehmen. [7]Wird die Personalakte nicht in Schriftform oder vollständig automatisiert geführt, legt die personalverwaltende Stelle jeweils schriftlich fest, welche Teile in welcher Form geführt werden und nimmt dies in das Verzeichnis nach Satz 6 auf.

(2) [1]Zugang zur Personalakte dürfen nur Beschäftigte haben, die im Rahmen der Personalverwaltung mit der Bearbeitung von Personalangelegenheiten beauftragt sind, und nur soweit dies zu Zwecken der Personalverwaltung oder der Personalwirtschaft erforderlich ist; dies gilt auch für den Zugang im automatisierten Abrufverfahren. [2]Satz 1 gilt entsprechend für Beauftragte des Dienstherrn, soweit sie zur Wahrnehmung besonderer Belange an Personalentschei-

dungen zu beteiligen sind. [3]Zugang zur Personalakte haben ferner die mit Angelegenheiten der Innenrevision beauftragten Beschäftigten, soweit sie die zur Durchführung ihrer Aufgaben erforderlichen Erkenntnisse andernfalls nur mit unverhältnismäßigem Aufwand oder unter Gefährdung des Prüfzwecks gewinnen könnten.

(3) [1]Nicht Bestandteil der Personalakte sind Unterlagen, die besonderen, von der Person und dem Dienstverhältnis sachlich zu trennenden Zwecken dienen, insbesondere Prüfungs-, Sicherheits- und Kindergeldakten. [2]Kindergeldakten können mit Besoldungs- und Versorgungsakten verbunden geführt werden, wenn diese von der übrigen Personalakte getrennt sind und von einer von der Personalverwaltung getrennten Organisationseinheit bearbeitet werden. [3]§ 35 des Ersten Buches Sozialgesetzbuch – Allgemeiner Teil – (Artikel I des Gesetzes vom 11. Dezember 1975, BGBl. I S. 3015) in der jeweils geltenden Fassung und die §§ 67 bis 78 des Zehnten Buches Sozialgesetzbuch – Sozialverwaltungsverfahren und Sozialdatenschutz – in der Fassung der Bekanntmachung vom 18. Januar 2001 (BGBl. I S. 130) in der jeweils geltenden Fassung bleiben unberührt.

(4) [1]Der Dienstherr darf personenbezogene Daten über Bewerberinnen und Bewerber, Beamtinnen und Beamte und ehemalige Beamtinnen und Beamte nur erheben, soweit dies zur Begründung, Durchführung, Beendigung oder Abwicklung des Dienstverhältnisses oder zur Durchführung organisatorischer, personeller und sozialer Maßnahmen, insbesondere auch zu Zwecken der Personalplanung und des Personaleinsatzes, erforderlich ist oder eine Rechtsvorschrift dies erlaubt. [2]Fragebogen, mit denen solche personenbezogenen Daten erhoben werden, bedürfen der Genehmigung durch die zuständige oberste Dienstbehörde.

§ 84 Beihilfeakten. [1]Unterlagen über Beihilfen sind stets als Teilakte zu führen. [2]Diese ist von der übrigen Personalakte getrennt aufzubewahren. [3]Sie soll in einer von der übrigen Personalverwaltung getrennten Organisationseinheit bearbeitet werden; Zugang sollen nur Beschäftigte dieser Organisationseinheit haben. [4]Die Beihilfeakte darf für andere als für Beihilfezwecke nur verwendet oder weitergegeben werden, wenn die oder der Beihilfeberechtigte und die oder der bei der Beihilfegewährung berücksichtigte Angehörige im Einzelfall einwilligen, die Einleitung oder Durchführung eines im Zusammenhang mit einem Beihilfeantrag stehenden behördlichen oder gerichtlichen Verfahrens dies erfordert oder soweit es zur Abwehr erheblicher Nachteile für das Gemeinwohl, einer sonst unmittelbar drohenden Gefahr für die öffentliche Sicherheit oder einer schwerwiegenden Beeinträchtigung der Rechte einer anderen Person erforderlich ist. [5]Die Sätze 1 bis 4 gelten entsprechend für Unterlagen über Heilfürsorge und Heilverfahren.

§ 85 Anhörung. [1]Die Beamtin oder der Beamte ist zu Beschwerden, Behauptungen und Bewertungen, die für sie oder ihn ungünstig sind oder ihr oder ihm nachteilig werden können, vor deren Aufnahme in die Personalakte zu hören, soweit die Anhörung nicht nach anderen Rechtsvorschriften erfolgt. [2]Die Äußerung der Beamtin oder des Beamten ist zur Personalakte zu nehmen.

§ 86 Akteneinsicht. (1) Die Beamtin oder der Beamte hat, auch nach Beendigung des Beamtenverhältnisses, ein Recht auf Einsicht in seine vollständige Personalakte.

(2) [1]Einer oder einem Bevollmächtigten der Beamtin oder des Beamten ist Einsicht zu gewähren, soweit dienstliche Gründe nicht entgegenstehen. [2]Dies gilt auch für Hinterbliebene, wenn ein berechtigtes Interesse glaubhaft gemacht wird, und deren Bevollmächtigte. [3]Für Auskünfte aus der Personalakte gelten die Sätze 1 und 2 entsprechend.

(3) [1]Die personalaktenführende Behörde bestimmt, wo die Einsicht gewährt wird. [2]Soweit dienstliche Gründe nicht entgegenstehen, können Auszüge, Abschriften, Ablichtungen oder Ausdrucke gefertigt werden; der Beamtin oder dem Beamten ist auf Verlangen ein Ausdruck der zu ihrer oder seiner Person automatisiert gespeicherten Personalaktendaten zu überlassen.

(4) [1]Die Beamtin oder der Beamte hat ein Recht auf Einsicht auch in andere Akten, die personenbezogene Daten über sie oder ihn enthalten und für ihr oder sein Dienstverhältnis verarbeitet oder genutzt werden, soweit gesetzlich nichts anderes bestimmt ist; dies gilt nicht für Sicherheitsakten. [2]Die Einsichtnahme ist unzulässig, wenn die Daten der oder des Betroffenen mit Daten Dritter oder geheimhaltungsbedürftigen nichtpersonenbezogenen Daten derart verbunden sind, dass ihre Trennung nicht oder nur mit unverhältnismäßig großem Aufwand möglich ist. [3]In diesem Fall ist der Beamtin oder dem Beamten Auskunft zu erteilen.

§ 87 Vorlage und Auskunft. (1) [1]Ohne Einwilligung der Beamtin oder des Beamten ist es zulässig, die Personalakte für Zwecke der Personalverwaltung oder Personalwirtschaft der obersten Dienstbehörde oder einer im Rahmen der Dienstaufsicht weisungsbefugten Behörde vorzulegen. [2]Das Gleiche gilt für Behörden im Bereich desselben Dienstherrn, soweit die Vorlage zur Vorbereitung oder Durchführung einer Personalentscheidung notwendig ist. [3]Ärztinnen und Ärzten, die im Auftrag der personalverwaltenden Behörde ein medizinisches Gutachten erstellen, darf die Personalakte ebenfalls ohne Einwilligung vorgelegt werden. [4]Für Auskünfte aus der Personalakte gelten die Sätze 1 bis 3 entsprechend. [5]Soweit eine Auskunft ausreicht, ist von einer Vorlage abzusehen.

(2) [1]Auskünfte an Dritte dürfen nur mit Einwilligung der Beamtin oder des Beamten erteilt werden, es sei denn, dass die Abwehr einer erheblichen Beeinträchtigung des Gemeinwohls oder der Schutz berechtigter, höherrangiger Interessen der oder des Dritten die Auskunftserteilung zwingend erfordert. [2]Inhalt und Empfänger der Auskunft sind der Beamtin oder dem Beamten schriftlich mitzuteilen.

(3) Vorlage und Auskunft sind auf den jeweils erforderlichen Umfang zu beschränken.

§ 88 Entfernung von Personalaktendaten. (1) [1]Unterlagen über Beschwerden, Behauptungen und Bewertungen, auf die die Tilgungsvorschriften des Disziplinarrechts keine Anwendung finden, sind,

1. falls diese sich als unbegründet oder falsch erwiesen haben, mit Zustimmung der Beamtin oder des Beamten unverzüglich aus der Personalakte zu entfernen und zu vernichten oder
2. falls sie für die Beamtin oder den Beamten ungünstig sind oder ihr oder ihm nachteilig werden können, auf Antrag der Beamtin oder des Beamten nach zwei Jahren zu entfernen und zu vernichten. Dies gilt nicht für dienstliche Beurteilungen.

[2]Die Frist nach Satz 1 Nummer 2 wird durch erneute Sachverhalte im Sinne dieser Vorschrift oder durch die Einleitung eines Straf- oder Disziplinarverfahrens unterbrochen. [3]Stellt sich der erneute Vorwurf als unbegründet oder falsch heraus, gilt die Frist als nicht unterbrochen.

(2) [1]Mitteilungen in Strafsachen, soweit sie nicht Bestandteil einer Disziplinarakte sind, sowie Auskünfte aus dem Bundeszentralregister sind mit Zustimmung der Beamtin oder des Beamten nach zwei Jahren zu entfernen und zu vernichten. [2]Absatz 1 Satz 3 und 4 gilt entsprechend.

§ 89 Verarbeitung und Übermittlung von Personalaktendaten. (1) [1]Personalaktendaten dürfen in Dateien nur für Zwecke der Personalverwaltung oder der Personalwirtschaft verarbeitet werden. [2]Ihre Übermittlung ist nur nach Maßgabe des § 87 zulässig. [3]Ein automatisierter Datenabruf durch andere Behörden ist unzulässig, soweit durch besondere Rechtsvorschrift nichts anderes bestimmt ist.

(2) Personalaktendaten im Sinne des § 84 dürfen automatisiert nur im Rahmen ihrer Zweckbestimmung und nur von den übrigen Personaldateien technisch und organisatorisch getrennt verarbeitet werden.

(3) Von den Unterlagen über medizinische oder psychologische Untersuchungen und Tests dürfen im Rahmen der Personalverwaltung nur die Ergebnisse automatisiert verarbeitet werden, soweit sie die Eignung betreffen und ihre Verarbeitung dem Schutz der Beamtin oder des Beamten dient.

(4) Beamtenrechtliche Entscheidungen dürfen nicht ausschließlich auf Informationen und Erkenntnisse gestützt werden, die unmittelbar durch automatisierte Verarbeitung personenbezogener Daten gewonnen werden.

(5) [1]Bei erstmaliger Speicherung ist der oder dem Betroffenen die Art der über sie oder ihn gemäß Absatz 1 gespeicherten Daten mitzuteilen, bei wesentlichen Änderungen ist sie oder er zu benachrichtigen. [2]Ferner sind die Verarbeitungsformen automatisierter Personalverwaltungsverfahren zu dokumentieren und einschließlich des jeweiligen Verwendungszweckes sowie der regelmäßi-

gen Empfängerinnen oder Empfänger und des Inhalts automatisierter Datenübermittlung allgemein bekanntzugeben.

§ 90 Aufbewahrung. (1) [1]Personalakten sind nach ihrem Abschluss von der personalaktenführenden Behörde fünf Jahre aufzubewahren. [2]Personalakten sind abgeschlossen,

1. wenn die Beamtin oder der Beamte ohne Versorgungsansprüche aus dem öffentlichen Dienst ausgeschieden ist, mit Ablauf des Jahres der Vollendung der gesetzlichen Altersgrenze, im Falle der Weiterbeschäftigung über die gesetzliche Altersgrenze hinaus mit Ablauf des Jahres, in dem das Beschäftigungsverhältnis geendet hat; in den Fällen des § 24 des Beamtenstatusgesetzes und des § 10 des Landesdisziplinargesetzes jedoch erst, wenn mögliche Versorgungsempfängerinnen oder Versorgungsempfänger nicht mehr vorhanden sind,
2. wenn die Beamtin oder der Beamte ohne versorgungsberechtigte Hinterbliebene verstorben ist, mit Ablauf des Todesjahres oder
3. wenn nach der verstorbenen Beamtin oder dem verstorbenen Beamten versorgungsberechtigte Hinterbliebene vorhanden sind, mit Ablauf des Jahres, in dem der letzte Anspruch auf Versorgungsbezüge erloschen ist.

(2) [1]Unterlagen über Beihilfen, Heilfürsorge, Heilverfahren, Unterstützungen, Erholungsurlaub, Erkrankungen, Umzugs- und Reisekosten sind fünf Jahre nach Ablauf des Jahres, in dem die Bearbeitung des einzelnen Vorgangs abgeschlossen wurde, aufzubewahren. [2]Unterlagen, aus denen die Art einer Erkrankung ersichtlich ist, sind unverzüglich zurückzugeben, wenn sie für den Zweck, zu dem sie vorgelegt worden sind, nicht mehr benötigt werden; dies gilt nicht für Unterlagen über Beihilfen, soweit sie in einem elektronischen Verfahren gespeichert werden.

(3) Versorgungsakten sind zehn Jahre nach Ablauf des Jahres, in dem die letzte Versorgungszahlung geleistet worden ist, aufzubewahren; besteht die Möglichkeit eines Wiederauflebens des Anspruchs, sind die Akten mindestens dreißig Jahre aufzubewahren.

(4) [1]Die Personalakten sind nach Ablauf der Aufbewahrungsfristen den zuständigen Archiven anzubieten. [2]Die nicht übernommenen Personalakten sind zu vernichten.

(5) [1]Auf Mikrofilm übernommene Personalakten dürfen vorzeitig vernichtet werden, jedoch frühestens drei Jahre nach Ablauf des Jahres, in dem das Beschäftigungsverhältnis geendet hat. [2]Für die Aufbewahrung und für die Vernichtung von Mikrofilmen gelten die Absätze 1 bis 4 entsprechend.

§ 91 Übertragung von Aufgaben der Personalverwaltung. (1) [1]Der Dienstherr kann Aufgaben der Personalverwaltung zur Durchführung auf eine personalverwaltende Stelle eines anderen Dienstherrn übertragen. [2]Die Aufgabenübertragung kann sich auf die Durchführung von Widerspruchsverfahren und die Vertretung des Dienstherrn in gerichtlichen Verfahren erstrecken. [3]Der Dienstherr darf die zur Aufgabenerfüllung erforderlichen Personalaktendaten an die personalverwaltende Stelle übermitteln.

(2) Die mit der Durchführung beauftragte personalverwaltende Stelle handelt in Vertretung des die Aufgabe übertragenden Dienstherrn.

(3) Für die mit der Durchführung beauftragte personalverwaltende Stelle gelten die Regelungen der §§ 83 bis 90 sowie § 50 des Beamtenstatusgesetzes entsprechend.

(4) Die Absätze 1 bis 3 gelten entsprechend für die Tätigkeit der kommunalen Versorgungskassen gemäß Gesetz über die kommunalen Versorgungskassen und Zusatzversorgungskassen im Land Nordrhein-Westfalen.

(5) [1]Der Dienstherr kann sich zur Erfüllung seiner Verpflichtungen im Rahmen der Beihilfebearbeitung nach § 75 auch geeigneter Stellen außerhalb des öffentlichen Dienstes bedienen und diesen die zur Beihilfebearbeitung erforderlichen Daten übermitteln. [2]Die beauftragte Stelle darf die Daten, die ihr im Rahmen der Beihilfebearbeitung bekannt werden, nur für diesen Zweck verarbeiten. [3]§§ 84 und 89 Absatz 2 sowie § 11 des Datenschutzgesetzes Nordrhein-Westfalen in der Fassung der Bekanntmachung vom 9. Juni 2000 (GV. NRW. S. 542) in der jeweils geltenden Fassung gelten entsprechend.

§ 91a Verarbeitung von Personalakten im Auftrag. (1) Die Verarbeitung von Personalaktendaten im Auftrag der personalverwaltenden Behörde ist auch außerhalb des öffentliches Dienstes zulässig,

1. soweit sie erforderlich ist für die automatisierte Erledigung von Aufgaben, und
2. wenn der Auftraggeber die Einhaltung der beamten- und datenschutzrechtlichen Vorschriften durch den Auftragnehmer regelmäßig kontrolliert.

(2) [1]Die Auftragserteilung bedarf der vorherigen Zustimmung der obersten Dienstbehörde. [2]Zu diesem Zweck hat der Auftraggeber der obersten Dienstbehörde rechtzeitig vor der Auftragserteilung schriftlich mitzuteilen:

1. den Auftragnehmer, die von diesem getroffenen technischen und organisatorischen Maßnahmen und die ergänzenden Festlegungen nach Absatz 3,
2. die Aufgabe, zu deren Erfüllung der Auftragnehmer die Daten verarbeiten soll,
3. die Art der Daten, die für den Auftraggeber verarbeitet werden sollen, und den Kreis der Beschäftigten, auf den sich diese Daten beziehen, sowie
4. die beabsichtigte Erteilung von Unteraufträgen durch den Auftragnehmer.

(3) [1]In dem Auftrag ist insbesondere schriftlich festzulegen:

1. der Gegenstand und die Dauer des Auftrags,
2. der Umfang, die Art und der Zweck der vorgesehenen Datenverarbeitung, die Art der Daten und der Kreis der Betroffenen,
3. die nach § 10 des Datenschutzgesetzes Nordrhein-Westfalen zu treffenden technischen und organisatorischen Maßnahmen,
4. die Berichtigung, Löschung, und Sperrung von Daten und gegebenenfalls die Vernichtung der Papierakte,

5. die von dem Auftragnehmer vorzunehmenden Kontrollen der Datenverarbeitung, insbesondere die Überprüfung, ob das Ergebnis bildlich und inhaltlich mit der Papierakte übereinstimmt,
6. die Kontrollrechte des Auftraggebers und die entsprechenden Duldungs- und Mitwirkungspflichten des Auftragnehmers,
7. mitzuteilende Verstöße des Auftragnehmers oder der bei ihm beschäftigten Personen gegen Vorschriften zum Schutz personenbezogener Daten oder gegen die im Auftrag getroffenen Festlegungen,
8. der Umfang der Weisungsbefugnisse, die sich der Auftraggeber gegenüber dem Auftragnehmer vorbehält,
9. die Verpflichtung des Auftragnehmers, den Auftraggeber unverzüglich darauf hinzuweisen, wenn er der Ansicht ist, dass eine Weisung des Auftraggebers gegen dieses Gesetz oder andere Vorschriften über den Datenschutz verstößt und
10. die Rückgabe überlassener Datenträger und die Löschung beim Auftragnehmer gespeicherter Daten, sobald diese für die Erfüllung des Auftrags nicht mehr benötigt werden, spätestens nach Beendigung des Auftrags.

[2]Soweit der Auftragnehmer eine nichtöffentliche Stelle ist, ist auch festzulegen, dass der Auftragnehmer die Kontrolle durch die Landesbeauftragte oder den Landesbeauftragten für Datenschutz und Informationsfreiheit zu dulden hat. [3]Diese Kontrolle richtet sich nach den maßgeblichen datenschutzrechtlichen Bestimmungen.

(4) [1]Eine nichtöffentliche Stelle darf nur beauftragt werden, wenn
1. beim Auftraggeber sonst Störungen im Geschäftsablauf auftreten können oder der Auftragnehmer die übertragenen Aufgaben erheblich kostengünstiger erledigen kann und
2. die beim Auftragnehmer mit der Datenverarbeitung beauftragten Beschäftigten besonders auf den Schutz der Personalaktendaten verpflichtet sind.

[2]Satz 1 Nummer 1 findet keine Anwendung für Gemeinden und Gemeindeverbände.

(5) [1]Der Auftragnehmer darf die Daten nur im Rahmen der Weisungen des Auftraggebers verarbeiten. [2]Der Auftragnehmer darf die Daten nur für die im Auftrag festgelegten Zwecke verarbeiten und nur für die im Auftrag festgelegte Dauer speichern.

(6) Die Rechte der betroffenen Person nach dem Datenschutzgesetz Nordrhein-Westfalen sind gegenüber dem Auftraggeber geltend zu machen.

(7) [1]Unteraufträge dürfen nur mit vorheriger Zustimmung des Auftraggebers erteilt werden. [2]Für Unterauftragnehmer gelten die für den Auftragnehmer bestehenden Vorgaben entsprechend.

§ 92 Dienstliche Beurteilung, Dienstzeugnis. (1) [1]Eignung, Befähigung und fachliche Leistung der Beamtin oder des Beamten sind mindestens vor Ablauf der Probezeit dienstlich zu beurteilen. [2]Sie sollen ferner in regelmäßigen Zeitabständen und anlässlich einer Versetzung beurteilt werden; die obersten

Dienstbehörden bestimmen die Zeitabstände und können Ausnahmen für Gruppen von Beamtinnen und Beamten zulassen. [3]Die Beurteilungen sind mit einem Gesamturteil abzuschließen und sollen einen Vorschlag für die weitere dienstliche Verwendung enthalten. [4]Sie sind zu den Personalakten der Beamtin oder des Beamten zu nehmen. [5]Der Beamtin oder dem Beamten ist Gelegenheit zu geben, von ihrer oder seiner Beurteilung vor Aufnahme in die Personalakten Kenntnis zu nehmen und sie mit der oder dem Vorgesetzten zu besprechen. [6]Eine Gegenäußerung der Beamtin oder des Beamten ist ebenfalls zu den Personalakten zu nehmen. [7]Das Nähere regeln die Laufbahnverordnungen.

(2) [1]Die Landesregierung wird ermächtigt, Vorschriften über eine fiktive Fortschreibung dienstlicher Beurteilungen zu treffen. [2]Sofern in den Fällen des Satzes 1 die Verleihung eines höherwertigen Amtes von einer Erprobung oder einer Probezeit abhängig ist, kann in der Rechtsverordnung vorgesehen und können nähere Regelungen dazu getroffen werden, dass eine Erprobung oder Probezeit für dieses Amt als erfolgreich abgeleistet angesehen werden kann, wenn sich die Beamtin oder der Beamte in der tatsächlich wahrgenommenen Funktion, die von ihren Anforderungen dem Beförderungsamt vergleichbar ist, bewährt hat und dies festgestellt wurde.

(3) [1]Der Beamtin oder dem Beamten wird beim Nachweis eines berechtigten Interesses und nach Beendigung des Beamtenverhältnisses auf ihren oder seinen Antrag ein Dienstzeugnis über Art und Dauer der von ihr oder ihm bekleideten Ämter erteilt. [2]Das Dienstzeugnis muss auf Verlangen der Beamtin oder des Beamten auch über die von ihr oder ihm ausgeübte Tätigkeit und ihre oder seine Leistungen Auskunft geben.

§ 93 Beteiligung der Spitzenorganisationen. (1) [1]Die Entwürfe allgemeiner beamtenrechtlicher Regelungen werden den Spitzenorganisationen der zuständigen Gewerkschaften und Berufsverbände mit einer angemessenen Frist im Rahmen der vertrauensvollen Zusammenarbeit zur Stellungnahme zugeleitet. [2]Die Stellungnahmen sind auf Verlangen zu erörtern. [3]Die Spitzenorganisationen können weiterhin verlangen, dass ihre Vorschläge, die in Gesetzentwürfen keine Berücksichtigung finden, mit Begründung und einer Stellungnahme der Landesregierung dem Landtag mitgeteilt werden.

(2) [1]Jede Spitzenorganisation und das für Inneres zuständige Ministerium sowie das Finanzministerium kommen regelmäßig zu gemeinsamen Gesprächen über allgemeine Regelungen beamtenrechtlicher Verhältnisse zusammen; ist ein anderes Ministerium für eine solche Regelung zuständig, ist dieses hinzuzuziehen. [2]Beide Seiten können aus besonderem Anlass ein solches Gespräch verlangen, das innerhalb eines Monats stattzufinden hat.

(3) [1]Spitzenorganisationen im Sinne der Absätze 1 und 2 und des § 53 des Beamtenstatusgesetzes sind die für den Bereich des Landes gebildeten Zusammenschlüsse von Gewerkschaften und Berufsverbänden, die für die Vertretung der Belange von Beamtinnen und Beamten im Sinne des § 3 des Beamtenstatusgesetzes erhebliche Bedeutung haben. [2]Ihnen stehen die Gewerkschaften

und Berufsverbände gleich, die keinem solchen Zusammenschluss angehören, aber die sonstigen Voraussetzungen des Satzes 1 erfüllen.

§ 94 Errichtung Landespersonalausschuss. [1]Zur Wahrnehmung der Aufgaben nach § 97 wird ein Landespersonalausschuss errichtet. [2]Er übt seine Tätigkeit innerhalb der gesetzlichen Schranken unabhängig und in eigener Verantwortung aus.

§ 95 Zusammensetzung. (1) Der Landespersonalausschuss besteht aus 14 ordentlichen und 14 stellvertretenden Mitgliedern.

(2) Je ein Mitglied und die Stellvertreterin oder der Stellvertreter werden durch das für Inneres zuständige Ministerium, das Finanzministerium, das Justizministerium, das für Schulwesen und das für Soziales zuständige Ministerium sowie durch die Präsidentin oder den Präsidenten des Landesrechnungshofs bestimmt.

(3) [1]Die übrigen acht ordentlichen Mitglieder und ihre Stellvertreterinnen oder Stellvertreter werden von der Landesregierung auf Vorschlag des für Inneres zuständigen Ministeriums auf die Dauer von vier Jahren berufen, davon zwei ordentliche und zwei stellvertretende Mitglieder auf Grund einer Benennung durch die Landesorganisationen der kommunalen Spitzenverbände und sechs ordentliche und sechs stellvertretende Mitglieder auf Grund einer Benennung durch die Spitzenorganisationen der zuständigen Gewerkschaften im Lande. [2]Für jedes zu berufende Mitglied und deren Stellvertreterinnen oder Stellvertreter müssen je drei Beamtinnen oder Beamte benannt werden.

(4) Die ordentlichen Mitglieder und ihre Stellvertreterinnen oder Stellvertreter müssen Beamtinnen oder Beamte der in § 1 bezeichneten Dienstherren sein.

(5) [1]Die den Spitzenorganisationen der zuständigen Gewerkschaften im Lande zustehenden Sitze werden nach dem d'Hondt'schen Höchstzahlenverfahren verteilt. [2]Dabei sind die Zahlen der Mitglieder, die Beamtinnen oder Beamte der in § 1 bezeichneten Dienstherren sind, zugrunde zu legen.

(6) Vorsitzende oder Vorsitzender des Landespersonalausschusses ist das von dem für Inneres zuständige Ministerium bestimmte Mitglied.

§ 96 Unabhängigkeit, Ausscheiden der Mitglieder. (1) [1]Die Mitglieder des Landespersonalausschusses sind unabhängig und nur dem Gesetz unterworfen. [2]Sie üben ihre Tätigkeit innerhalb dieser Schranken in eigener Verantwortung aus. [3]Die berufenen ordentlichen Mitglieder und ihre Stellvertreterinnen oder Stellvertreter scheiden aus dem Landespersonalausschuss außer durch Zeitablauf (§ 95 Absatz 3) oder durch Beendigung des Beamtenverhältnisses zu einem der in § 1 bezeichneten Dienstherren nur unter den gleichen Voraussetzungen aus, unter denen Mitglieder einer Kammer oder eines Senats für Disziplinarsachen wegen rechtskräftiger Verurteilung im Strafverfahren oder im Disziplinarverfahren ihr Amt verlieren; § 39 des Beamtenstatusgesetzes findet keine Anwendung.

(2) Die Mitglieder des Landespersonalausschusses dürfen wegen ihrer Tätigkeit weder dienstlich gemaßregelt noch benachteiligt werden.

(3) [1]§ 82 Absatz 1 gilt entsprechend, wenn ein Mitglied des Landespersonalausschusses in Ausübung ihrer oder seiner Tätigkeit im Landespersonalausschuss einen Schaden erleidet. [2]Erleidet ein Mitglied des Landespersonalausschusses in Ausübung oder infolge ihrer oder seiner Tätigkeit im Landespersonalausschuss einen Unfall, so gelten die Vorschriften des Landesbeamtenversorgungsgesetzes über die Unfallfürsorge entsprechend.

§ 97 Aufgaben. (1) Der Landespersonalausschuss entscheidet darüber, ob
1. in Einzelfällen oder allgemein Ausnahmen zugelassen werden
   a) nach § 13 Absatz 2 Satz 2, § 14 Absatz 1 Satz 1, § 19 Absatz 5, § 21 Absatz 4,
   b) im Landesdisziplinargesetz nach § 8 Absatz 4 Satz 4 und Absatz 5 Satz 3, § 9 Absatz 3 Satz 2 und Absatz 4 Satz 3 sowie § 10 Absatz 6 Satz 1 Halbsatz 2,
   c) von Vorschriften der Verordnungen nach § 9 Absatz 1 und § 110 Absatz 1, soweit diese die Entscheidung dem Landespersonalausschuss vorbehalten,

   und
2. andere Bewerberinnen oder Bewerber die erforderliche Befähigung besitzen (§ 12 Absatz 3).

(2) [1]Der Landespersonalausschuss wirkt mit bei der allgemeinen Anerkennung von Prüfungen. [2]Er kann Vorschläge zur Änderung beamtenrechtlicher Vorschriften und ihrer Handhabung machen.

(3) [1]Die Landesregierung kann dem Landespersonalausschuss durch Rechtsverordnung weitere Aufgaben übertragen. [2]Der Landespersonalausschuss kann nach Maßgabe der Rechtsverordnung solche Aufgaben durch einen von ihm zu bestellenden Ausschuss wahrnehmen lassen, dessen Mitglieder nicht dem Landespersonalausschuss angehören müssen. [3]Für diesen Ausschuss gilt § 94 Satz 2, für seine Mitglieder § 96 Absatz 1 Satz 1 und 2, Absatz 2 und 3 entsprechend.

(4) Über die Durchführung der Aufgaben hat der Landespersonalausschuss die Landesregierung jeweils zum Ablauf des in § 95 Absatz 3 Satz 1 genannten Zeitraums zu unterrichten.

§ 98 Geschäftsordnung. Der Landespersonalausschuss gibt sich eine Geschäftsordnung.

§ 99 Verfahren. (1) [1]Die Sitzungen des Landespersonalausschusses sind nicht öffentlich. [2]Er kann jedoch Beauftragten beteiligter Verwaltungen und anderen Personen die Anwesenheit bei der Verhandlung gestatten.

(2) Die Beauftragten der beteiligten Verwaltungen sind auf Verlangen zu hören.

(3) [1]Beschlüsse werden mit Stimmenmehrheit gefasst. [2]Zur Beschlussfähigkeit ist die Anwesenheit von mindestens zehn Mitgliedern erforderlich. [3]Bei Stimmengleichheit entscheidet die Stimme der oder des Vorsitzenden.

§ 100 Verhandlungsleitung, Geschäftsstelle. (1) Die oder der Vorsitzende des Landespersonalausschusses leitet die Verhandlungen.

(2) Zur Vorbereitung der Verhandlungen und Durchführung der Beschlüsse bedient sie oder er sich der für den Landespersonalausschuss im für Inneres zuständigen Ministerium einzurichtenden Geschäftsstelle.

§ 101 Beweiserhebung, Amtshilfe. (1) [1]Der Landespersonalausschuss kann zur Durchführung seiner Aufgaben in entsprechender Anwendung der Verwaltungsgerichtsordnung Beweise erheben. [2]Er darf Zeuginnen oder Zeugen, Sachverständige und Beteiligte nicht beeidigen.

(2) Alle Dienststellen haben dem Landespersonalausschuss unentgeltlich Amtshilfe zu leisten und ihm auf Verlangen Auskünfte zu erteilen und Akten vorzulegen, soweit dies zur Durchführung seiner Aufgaben erforderlich ist.

§ 102 Beschlüsse. (1) [1]Beschlüsse des Landespersonalausschusses, die allgemeine Bedeutung haben, sind bekanntzumachen. [2]Das Nähere regelt die Geschäftsordnung.

(2) Soweit dem Landespersonalausschuss eine Entscheidungsbefugnis zusteht, binden seine Beschlüsse die beteiligten Verwaltungen.

Abschnitt 6
Rechtsweg

§ 103 Verwaltungsrechtsweg, Vorverfahren, Beschwerden. (1) [1]Für Klagen der Beamtinnen und Beamten, Ruhestandsbeamtinnen und Ruhestandsbeamten, früheren Beamtinnen und Beamten und der Hinterbliebenen aus dem Beamtenverhältnis findet ein Widerspruchsverfahren nicht statt. [2]Dies gilt nicht für Maßnahmen, denen die Bewertung einer Leistung im Rahmen einer berufsbezogenen Prüfung zugrunde liegt, sowie für Maßnahmen in besoldungs-, versorgungs-, beihilfe-, heilfürsorge-, reisekosten-, trennungsentschädigungs- und umzugskostenrechtlichen Angelegenheiten.

(2) [1]Die Beamtin oder der Beamte kann Anträge und Beschwerden vorbringen; hierbei hat sie oder er den Dienstweg einzuhalten. [2]Der Beschwerdeweg bis zur obersten Dienstbehörde steht offen. [3]Richtet sich die Beschwerde gegen die unmittelbare Vorgesetzte oder den unmittelbaren Vorgesetzten (§ 2 Absatz 5), so kann sie bei der nächsthöheren Vorgesetzten oder dem nächsthöheren Vorgesetzten unmittelbar eingereicht werden. [4]Die Beamtin oder der Beamte kann jederzeit Eingaben an den Landtag unmittelbar richten.

§ 104 Vertretung bei Klagen aus dem Beamtenverhältnis. [1]Bei Klagen aus dem Beamtenverhältnis wird der Dienstherr durch die dienstvorgesetzte Stelle vertreten. [2]Für Klagen aus dem Beamtenverhältnis von Beamtinnen und Beamten des Landes kann die oberste Dienstbehörde durch Rechtsverordnung eine andere Vertretung bestimmen.

§ 105 Zustellung. Verfügungen und Entscheidungen, die der Beamtin oder dem Beamten oder der oder dem Versorgungsberechtigten nach den Vorschriften dieses Gesetzes mitzuteilen sind, sind zuzustellen, wenn durch sie eine Frist in Lauf gesetzt oder Rechte der Beamtin oder des Beamten oder der oder des Versorgungsberechtigten durch sie berührt werden.

Abschnitt 7

Besondere Beamtengruppen

§ 106 Beamtinnen und Beamte des Landtags. (1) [1]Die Beamtinnen und Beamten des Landtags sind Beamtinnen und Beamte des Landes. [2]Die Ernennung, Entlassung und Zurruhesetzung der Beamtinnen und Beamten des Landtags werden durch die Präsidentin oder den Präsidenten des Landtags im Benehmen mit dem Landtagspräsidium vorgenommen. [3]Oberste Dienstbehörde und dienstvorgesetzte Stelle der Beamtinnen und Beamten des Landtags ist die Präsidentin oder der Präsident des Landtags.

(2) Die Direktorin oder der Direktor beim Landtag kann jederzeit in den einstweiligen Ruhestand versetzt werden, soweit sie oder er Beamtin oder Beamter auf Lebenszeit ist.

(3) § 37 Absatz 2 gilt mit der Maßgabe, dass an die Stelle der Landesregierung die Präsidentin oder der Präsident des Landtages tritt.

§ 107 Ehrenbeamtinnen und Ehrenbeamte. (1) Für Ehrenbeamtinnen und Ehrenbeamte gelten die Vorschriften dieses Gesetzes mit folgenden Maßgaben:

1. Ehrenbeamtinnen und Ehrenbeamte können jederzeit verabschiedet werden. Sie sind zu verabschieden, wenn die sonstigen Voraussetzungen für die Versetzung einer Beamtin oder eines Beamten in den Ruhestand oder in den einstweiligen Ruhestand gegeben sind; es gilt jedoch keine Altersgrenze.
2. § 16 Absatz 3, §§ 24, 25, 32 Absatz 2, §§ 49 bis 54, 57, 60, 61, 75 und 79 finden keine Anwendung. Hauptberufliche Beamtinnen oder Beamte dürfen nach Erreichen der Altersgrenze nicht zur Weiterführung ihrer bisherigen Amtsaufgaben in ein Ehrenbeamtenverhältnis berufen werden.

(2) [1]Im Übrigen regeln sich die Rechtsverhältnisse der Ehrenbeamtinnen und Ehrenbeamten nach den besonderen für die einzelnen Gruppen der Ehrenbeamtinnen und Ehrenbeamten geltenden Vorschriften. [2]Für die Mitglieder eines von der Vertretung einer Gemeinde oder eines Gemeindeverbandes gewählten Ausschusses, die in dieser Eigenschaft zu Ehrenbeamtinnen oder Ehrenbeamten zu

ernennen sind, nimmt die Aufsichtsbehörde der Gemeinde oder des Gemeindeverbandes die Befugnisse der dienstvorgesetzten Stelle wahr.

§ 108 Beamtinnen und Beamte des Landesrechnungshofs. [1]Für die Beamtinnen und Beamten im Geschäftsbereich des Landesrechnungshofs gelten die Vorschriften dieses Gesetzes, soweit im Gesetz über den Landesrechnungshof nichts anderes bestimmt ist; § 39 des Beamtenstatusgesetzes gilt jedoch nicht für die Präsidentin oder den Präsidenten und die anderen Mitglieder des Landesrechnungshofs. [2]Oberste Dienstbehörde und dienstvorgesetzte Stelle der Mitglieder und der anderen Beamtinnen und Beamten im Geschäftsbereich des Landesrechnungshofs ist die Präsidentin oder der Präsident des Landesrechnungshofs.

§ 109 Polizeivollzugsdienst. (1) Für die Polizeivollzugsbeamtinnen und Polizeivollzugsbeamten gelten die Vorschriften dieses Gesetzes, soweit nachstehend nichts anderes bestimmt ist.

(2) [1]In das Beamtenverhältnis auf Probe darf eingestellt werden, wer das 40. Lebensjahr noch nicht vollendet hat. [2]§ 14 Absatz 4, 5, 7 und 9 bis 11 gilt entsprechend.

(2a) [1]Zur Ausbildung für den Laufbahnabschnitt III des Polizeivollzugsdienstes können Beamtinnen und Beamte des Polizeivollzugsdienstes zugelassen werden, die die Ausbildung an der Fachhochschule abgeleistet und das 40. Lebensjahr noch nicht vollendet haben. [2]§ 14 Absatz 5 Satz 1 Nummer 2 bis 4 und Satz 2 gilt entsprechend. [3]Von Satz 1 kann das für Inneres zuständige Ministerium darüber hinaus Ausnahmen bis zu einer Überschreitung von drei Jahren zulassen, wenn eine Zulassung unter Einhaltung der Höchstaltersgrenze aus einem von der Beamtin oder dem Beamten nicht zu vertretenden Grund nicht möglich war. [4]Über die Zulassung von Ausnahmen entscheidet das für Inneres zuständige Ministerium vor dem Auswahlverfahren.

(3) [1]In das Beamtenverhältnis auf Widerruf darf eingestellt werden, wer das 37. Lebensjahr noch nicht vollendet hat. [2]§ 14 Absatz 5, 7, 10 und 11 findet entsprechende Anwendung.

(4) Welche Beamtengruppen zum Polizeivollzugsdienst gehören, bestimmt das für Inneres zuständige Ministerium im Einvernehmen mit dem Finanzministerium durch Rechtsverordnung.

§ 110 Laufbahn, Arbeitszeit. (1) [1]Die Laufbahn der Polizeivollzugsbeamtinnen und Polizeivollzugsbeamten ist eine Einheitslaufbahn. [2]Das für Inneres zuständige Ministerium erlässt im Einvernehmen mit dem Finanzministerium durch Rechtsverordnung besondere Vorschriften über die Laufbahn der Polizeivollzugsbeamtinnen und Polizeivollzugsbeamten; in der Verordnung sind insbesondere zu regeln

1. die Voraussetzungen für die Einstellung in den Polizeivollzugsdienst,
2. der Erwerb der Befähigung für den Laufbahnabschnitt II und III sowie
3. die in § 9 Absatz 1 Nummer 2, 4 bis 6, 9 und 10 genannten Regelungsinhalte.

(2) [1]Das für Inneres zuständige Ministerium erlässt im Einvernehmen mit dem Finanzministerium zur Ausführung der Bestimmungen der Laufbahnverordnung durch Rechtsverordnung Vorschriften über die Ausbildung und Prüfung der Polizeivollzugsbeamtinnen und Polizeivollzugsbeamten. [2]Dabei sind insbesondere zu regeln
1. das Ziel, der Inhalt und die Ausgestaltung der Ausbildung für den Laufbahnabschnitt II und III,
2. das Verfahren für die Auswahl der Beamtinnen und Beamten, die zur beruflichen Entwicklung in den nächsthöheren Laufbahnabschnitt zugelassen werden sollen sowie
3. die in § 7 Absatz 2 Satz 2 Nummer 5 bis 13 genannten Regelungsinhalte.

(3) Das für Inneres zuständige Ministerium erlässt durch Rechtsverordnung besondere Bestimmungen über die Arbeitszeit der Polizeivollzugsbeamtinnen und Polizeivollzugsbeamten, insbesondere über
1. die Dauer, die Verlängerung und die Verkürzung der regelmäßigen Arbeitszeit und der Dienstschichten,
2. unregelmäßige Arbeitszeiten,
3. den Bereitschaftsdienst und die Rufbereitschaft,
4. dienstfreie Zeiten,
5. die Pausen, die Arbeitszeiteinteilung und die Dienststundenregelung.

(4) Der Wechsel des Laufbahnabschnitts stellt einen Ernennungstatbestand nach § 8 Absatz 1 Nummer 4 des Beamtenstatusgesetzes dar.

§ 111 Gemeinschaftsunterkunft, Verpflegung. [1]Polizeivollzugsbeamtinnen und Polizeivollzugsbeamte sind auf Anordnung verpflichtet, in einer Gemeinschaftsunterkunft zu wohnen und an einer Gemeinschaftsverpflegung teilzunehmen. [2]Diese Verpflichtung kann Polizeivollzugsbeamtinnen und Polizeivollzugsbeamten, die Beamtinnen und Beamte auf Lebenszeit oder verheiratet sind oder in einer Lebenspartnerschaft leben, nur für besondere Einsätze oder Lehrgänge oder ihre oder seine Aus- und Weiterbildung in der Bereitschaftspolizei auferlegt werden.

§ 112 Dienstkleidung, Freie Heilfürsorge. (1) [1]Polizeivollzugsbeamtinnen und Polizeivollzugsbeamte haben Anspruch auf unentgeltliche Ausstattung mit der Bekleidung und Ausrüstung, die die besondere Art des Dienstes erfordert. [2]Das Nähere regelt das für Inneres zuständige Ministerium im Einvernehmen mit dem Finanzministerium.

(2) [1]Polizeivollzugsbeamtinnen und Polizeivollzugsbeamte haben Anspruch auf freie Heilfürsorge, solange ihnen Besoldung zusteht, Elternzeit oder Pflegezeit nach der auf Grund des § 74 Absatz 2 zu erlassenden Rechtsverordnung oder Urlaub nach § 72 Absatz 1 Satz 2 oder § 72 Absatz 2 gewährt wird. [2]Dies gilt auch während einer Beurlaubung nach § 64 Absatz 1 in Verbindung mit Absatz 2, sofern die Beamtin oder der Beamte nicht Anspruch auf Familienversicherung nach § 10 des Fünften Buches Sozialgesetzbuch hat. [3]Die Heilfürsorge umfasst alle zu Erhaltung oder Wiederherstellung der Polizeidienstfähigkeit

notwendigen und angemessenen Aufwendungen des Landes. [4]Das Nähere, insbesondere über den Umfang der freien Heilfürsorge und die Angemessenheit der Aufwendungen des Landes, regelt das für Inneres zuständige Ministerium im Einvernehmen mit dem Finanzministerium durch Rechtsverordnung.

§ 113 Untersagen des Tragens der Dienstkleidung. (1) Polizeivollzugsbeamtinnen und Polizeivollzugsbeamten, denen nach § 39 des Beamtenstatusgesetzes die Führung der Dienstgeschäfte verboten ist, kann auch das Tragen der Dienstkleidung und Ausrüstung, der Aufenthalt in den Polizeiunterkünften und die Führung dienstlicher Ausweise oder Abzeichen untersagt werden.

(2) Absatz 1 gilt auch für die vorläufige Dienstenthebung auf Grund des Landesdisziplinargesetzes.

§ 114 Eintritt in den Ruhestand. (1) Polizeivollzugsbeamtinnen und Polizeivollzugsbeamte auf Lebenszeit treten mit Ende des Monats, in dem sie das 62. Lebensjahr vollenden, in den Ruhestand.

(2) [1]Die Altersgrenze nach Absatz 1 verringert sich um ein Jahr für 25 Dienstjahre, die im Wechselschichtdienst abgeleistet wurden. [2]Wechselschichtdienst sind Zeiten, in denen die Beamtin oder der Beamte ständig nach einem Schichtplan (Dienstplan) eingesetzt ist, der einen regelmäßigen Wechsel der täglichen Arbeitszeit in Wechselschichten (wechselnde Arbeitsschichten, in denen ununterbrochen bei Tag und Nacht, werktags, sonntags und feiertags gearbeitet wird) vorsieht. [3]Die Beamtin oder der Beamte hat die Zeiten nachzuweisen.

(3) Ohne Nachweis der Dienstunfähigkeit können Polizeivollzugsbeamtinnen und Polizeivollzugsbeamte auf Lebenszeit auf Antrag frühestens mit Vollendung des 60. Lebensjahres in den Ruhestand versetzt werden.

§ 115 Dienstunfähigkeit. (1) Die Polizeivollzugsbeamtin oder der Polizeivollzugsbeamte ist dienstunfähig, wenn sie oder er den besonderen gesundheitlichen Anforderungen für den Polizeivollzugsdienst nicht mehr genügt und nicht zu erwarten ist, dass sie oder er die volle Verwendungsfähigkeit innerhalb von zwei Jahren wiedererlangt (Polizeidienstunfähigkeit), es sei denn, die auszuübende Funktion erfordert bei Beamtinnen und Beamten auf Lebenszeit diese besonderen gesundheitlichen Anforderungen auf Dauer nicht mehr uneingeschränkt.

(2) Vor der Zurruhesetzung einer Polizeivollzugsbeamtin oder eines Polizeivollzugsbeamten wegen Dienstunfähigkeit ist ein amtliches Gutachten der unteren Gesundheitsbehörde oder ein Gutachten einer beamteten Polizeiärztin oder eines beamteten Polizeiarztes einzuholen.

(3) [1]Wird die Polizeivollzugsbeamtin oder der Polizeivollzugsbeamte polizeidienstunfähig, so soll sie oder er, falls nicht zwingende dienstliche Gründe entgegenstehen, in ein Amt einer anderen Laufbahn bei einem der in § 1 bezeichneten Dienstherren versetzt werden, wenn die sonstigen Voraussetzungen

des § 25 erfüllt sind. [2]Soweit die Polizeivollzugsbeamtin oder der Polizeivollzugsbeamte für die neue Laufbahn die Befähigung nicht besitzt, hat sie oder er die ihr oder ihm gebotene Gelegenheit wahrzunehmen, die ergänzenden Kenntnisse und Fähigkeiten nach Maßgabe der Rechtsverordnungen zu den §§ 7 und 9 zu erwerben. [3]§ 26 Absatz 1 Satz 3 und Absatz 2 des Beamtenstatusgesetzes bleiben unberührt.

§ 116 Feuerwehrtechnischer Dienst. (1) [1]Auf die Beamtinnen und Beamten des feuerwehrtechnischen Dienstes des Landes und in den Feuerwehren der Gemeinden und Gemeindeverbände finden die für die Beamtinnen und Beamten allgemein geltenden Vorschriften dieses Gesetzes Anwendung, soweit nachstehend nichts anderes bestimmt ist. [2]Welche Beamtinnen und Beamte zur Feuerwehr gehören, bestimmt das für Inneres zuständige Ministerium im Einvernehmen mit dem Finanzministerium durch Rechtsverordnung.

(2) Es gelten § 112 Absatz 1 Satz 1, § 113, außerdem für die Beamtinnen und Beamten in den Feuerwehren der Gemeinden und Gemeindeverbände und die Beamtinnen und Beamten in den Feuerwehren des Landes § 110 Absatz 3 sowie für die Beamtinnen und Beamten des feuerwehrtechnischen Dienstes des Landes § 112 Absatz 1 Satz 2 entsprechend.

(3) Die Beamtinnen und Beamten in den Feuerwehren treten mit dem Ende des Monats, in dem sie das 60. Lebensjahr vollenden, in den Ruhestand.

(4) [1]Das für Inneres zuständige Ministerium erlässt im Einvernehmen mit dem Finanzministerium durch Rechtsverordnung spezielle Vorschriften über die Laufbahnen der Beamtinnen und Beamten des feuerwehrtechnischen Dienstes. [2]Diese bestimmt neben den in § 9 genannten Regelungstatbeständen insbesondere

1. die Voraussetzungen für die Einstellung in den feuerwehrtechnischen Dienst,
2. der Erwerb der Befähigung für die Laufbahngruppen des feuerwehrtechnischen Dienstes,
3. die Voraussetzungen für den Aufstieg in das erste Einstiegsamt der Laufbahngruppe 2 (Laufbahnbefähigung im Wege des Aufstiegs),
4. die Voraussetzungen für die Beförderung und
5. in welchem Umfang eine Tätigkeit in einer Feuerwehr außerhalb eines Beamtenverhältnisses auf die Probezeit angerechnet werden darf.

§ 117 Allgemeiner Vollzugsdienst und Werkdienst bei den Justizvollzugsanstalten, Vollzugsdienst in Abschiebungshaftvollzugseinrichtungen und Technischer Aufsichtsdienst in untertägigen Bergwerksbetrieben. (1) Die Beamtinnen und Beamten des allgemeinen Vollzugsdienstes und des Werkdienstes bei den Justizvollzugsanstalten und des Vollzugsdienstes in Abschiebungshaftvollzugseinrichtungen treten mit Ende des Monats, in dem sie das 62. Lebensjahr vollenden, in den Ruhestand.

(2) Ohne Nachweis der Dienstunfähigkeit können Beamtinnen und Beamte auf Lebenszeit auf Antrag frühestens mit Vollendung des 60. Lebensjahres in den Ruhestand versetzt werden.

(3) [1]Vor der Zurruhesetzung von Beamtinnen und Beamten bei Justizvollzugsanstalten wegen Dienstunfähigkeit kann die ärztliche Untersuchung auch durch ein Gutachten einer oder eines vom Justizministerium bestellten beamteten Vollzugsärztin oder Vollzugsarztes erfolgen. [2]Entsprechendes gilt bei Beamtinnen oder Beamten des allgemeinen Vollzugsdienstes, wenn eine Befreiung von bestimmten Diensten beantragt wird. [3]Die Sätze 1 und 2 finden auf Beamtinnen und Beamte in Abschiebungshaftvollzugseinrichtungen keine Anwendung.

(4) [1]Für die technischen Aufsichtsbeamtinnen und Aufsichtsbeamten der gemäß § 69 Absatz 1 des Bundesberggesetzes vom 13. August 1980 (BGBl. I S. 1310) in der jeweils geltenden Fassung zuständigen Bergbehörde Nordrhein-Westfalen, die mindestens 25 Jahre für die Sicherheit untertägiger Bergwerksbetriebe zuständig sind und die mittels regelmäßiger Grubenfahrten die Aufsicht sowie die Kontrolle bei Schadensereignissen durchführen, gelten die Absätze 1 und 2 entsprechend. [2]Zeiten einer Beschäftigung mit ständigen Arbeiten unter Tage können auf die in Satz 1 geregelte Zeit angerechnet werden. [3]Das Nähere regelt das für Bergbau zuständige Ministerium im Einvernehmen mit dem für Inneres zuständigen Ministerium und dem Finanzministerium durch Rechtsverordnung.

§ 118 Bürgermeisterinnen und Bürgermeister, Landrätinnen und Landräte. (1) Auf die Bürgermeisterinnen und Bürgermeister finden die für die Beamtinnen und Beamten allgemein geltenden Vorschriften Anwendung, soweit nachstehend nichts anderes bestimmt ist.

(2) [1]Bürgermeisterinnen und Bürgermeister sind Wahlbeamtinnen und Wahlbeamte in einem Beamtenverhältnis auf Zeit. [2]Sie sind nicht verpflichtet, sich einer Wiederwahl zu stellen.

(3) [1]Das Beamtenverhältnis wird mit dem Tage der Annahme der Wahl, frühestens mit dem Ausscheiden der Vorgängerin oder des Vorgängers aus dem Amt, begründet (Amtsantritt) und bedarf keiner Ernennung. [2]Es endet mit Ablauf der Amtszeit. [3]Das Beamtenverhältnis ist nichtig, wenn die zugrunde liegende Wahl unwirksam ist. [4]Die bis zur rechtskräftigen Feststellung der Unwirksamkeit der Wahl vorgenommenen Amtshandlungen sind in gleicher Weise gültig, wie wenn sie eine Beamtin oder ein Beamter ausgeführt hätte. [5]Die gewährten Leistungen können belassen werden.

(4) [1]Für Bürgermeisterinnen und Bürgermeister gilt keine Altersgrenze. [2]Auf den Eintritt in den Ruhestand finden §§ 31 und 33 Absatz 3 keine Anwendung. [3]Sie treten mit Ablauf ihrer Amtszeit in den Ruhestand, wenn sie

1. insgesamt eine mindestens achtjährige ruhegehaltfähige Dienstzeit erreicht und das 45. Lebensjahr vollendet haben,
2. eine ruhegehaltfähige Dienstzeit im Sinne des § 6 des Landesbeamtenversorgungsgesetzes von 18 Jahren erreicht haben oder
3. als Beamtin oder Beamter auf Zeit eine Gesamtdienstzeit von acht Jahren erreicht haben.

[4]Anderenfalls sind sie entlassen. [5]Die ruhegehaltfähige Dienstzeit im Sinne des Satzes 3 Nummer 1 schließt neben den kraft Gesetzes zu berücksichtigenden Zeiten auch solche Zeiten ein, die durch Ermessensentscheidung als ruhegehaltfähige Dienstzeit anerkannt worden sind.

(5) Ein einmal entstandener Anspruch auf Gewährung eines Ruhegehalts aus einem früheren Beamtenverhältnis auf Zeit bleibt bestehen, auch wenn sich daran ein Beamtenverhältnis auf Zeit nahtlos anschließt und dieses neue Beamtenverhältnis durch Entlassung endet.

(6) [1]Auf abgewählte Bürgermeisterinnen und Bürgermeister findet § 30 Absatz 3 Satz 3 des Beamtenstatusgesetzes entsprechende Anwendung. [2]Mit Ablauf der Amtszeit gilt Absatz 4 entsprechend.

(7) [1]Die Aufgaben der für die Ernennung zuständigen Stelle nimmt im Falle der Entlassung (§ 28) und der Versetzung in den Ruhestand (§ 36) sowie für Entscheidungen nach § 57 die Aufsichtsbehörde wahr, soweit gesetzlich nichts anderes bestimmt ist. [2]In den Fällen des § 34 dieses Gesetzes, der §§ 27 und 37 des Beamtenstatusgesetzes sowie des § 54 Absatz 3 des Landesbeamtenversorgungsgesetzes nimmt die Aufsichtsbehörde die Aufgaben der dienstvorgesetzten Stelle wahr.

(8) Bei Anwendung des § 88 des Landesbeamtenversorgungsgesetzes gilt ein am 30. September 1999 bestehendes Beamtenverhältnis auf Zeit als ein unmittelbar vorangehendes öffentlich-rechtliches Dienstverhältnis im Sinne dieser Vorschrift.

(9) § 24 des Abgeordnetengesetzes des Landes Nordrhein-Westfalen gilt für Bürgermeisterinnen und Bürgermeister, die in den Bundestag gewählt worden sind, entsprechend.

(10) Für Landrätinnen und Landräte gelten die Absätze 1 bis 9 entsprechend.

§ 119 Übrige kommunale Wahlbeamtinnen und Wahlbeamte. (1) Auf die übrigen kommunalen Wahlbeamtinnen und Wahlbeamten finden die für die Beamtinnen und Beamten allgemein geltenden Vorschriften dieses Gesetzes Anwendung, soweit nachstehend nichts anderes bestimmt ist.

(2) [1]Die übrigen kommunalen Wahlbeamtinnen und Wahlbeamten werden für die Dauer von acht Jahren in das Beamtenverhältnis auf Zeit berufen. [2]Über die Berufung darf frühestens sechs Monate vor Freiwerden der Stelle entschieden werden. [3]Bei ihrer erstmaligen Berufung in ein Beamtenverhältnis auf Zeit müssen sie unter Berücksichtigung der Regelaltersgrenze nach § 31 Absatz 2 die Voraussetzungen zur Ableistung einer Dienstzeit nach Satz 1 erfüllen können. [4]Sie sind verpflichtet, das Amt nach einer ersten und zweiten Wiederwahl weiterzuführen. [5]Die Berufung in das Beamtenverhältnis ist nichtig, wenn die ihr zugrunde liegende Wahl unwirksam ist. [6]Die bis zur rechtskräftigen Feststellung der Unwirksamkeit der Wahl vorgenommenen Amtshandlungen sind in gleicher Weise gültig, wie wenn sie eine Beamtin oder ein Beamter ausgeführt hätte.

(3) [1]Auf die übrigen kommunalen Wahlbeamtinnen und Wahlbeamten finden im Falle der Abberufung oder Abwahl § 38 dieses Gesetzes und § 30 Absatz 3 des Beamtenstatusgesetzes entsprechende Anwendung. [2]Mit Erreichen der Altersgrenze oder mit Ablauf der Amtszeit gilt § 31 Absatz 1 bis 3 entsprechend. [3]§ 24 des Abgeordnetengesetzes des Landes Nordrhein-Westfalen gilt für die übrigen kommunalen Wahlbeamtinnen und Wahlbeamten, die in den Bundestag gewählt worden sind, entsprechend.

§ 120 Wissenschaftliches und künstlerisches Personal an den Hochschulen, Wahl der hauptberuflichen Mitglieder des Rektorats. (1) Auf die Professorinnen und Professoren, Juniorprofessorinnen und Juniorprofessoren, wissenschaftlichen und künstlerischen Mitarbeiterinnen und Mitarbeiter, Lehrkräfte für besondere Aufgaben, die als solche an einer Hochschule des Landes in das Beamtenverhältnis berufen sind, und die in § 134 genannten Beamtinnen und Beamten finden die für die Beamtinnen und Beamten allgemein geltenden Vorschriften dieses Gesetzes Anwendung, soweit gesetzlich nichts anderes bestimmt ist.

(2) Für Ernennungen gilt § 14 Absatz 2 Satz 2 mit der Maßgabe, dass die jeweiligen Ämter mit gleichem Endgrundgehalt und gleicher Amtsbezeichnung demselben Fachbereich zugeordnet sind und Professorinnen und Professoren und Juniorprofessorinnen und Juniorprofessoren im privatrechtlichen Beschäftigungsverhältnis in die Berechnung nach § 14 Absatz 2 Satz 1 einbezogen werden.

(3) Bei der Wahl der hauptberuflichen Mitglieder des Rektorats findet § 4 Satz 4 keine Anwendung.

§ 121 Staatsangehörigkeit, Erholungsurlaub. (1) Sollen Professorinnen und Professoren, Juniorprofessorinnen und Juniorprofessoren oder wissenschaftliche und künstlerische Mitarbeiterinnen und Mitarbeiter in ein Beamtenverhältnis berufen werden, können Ausnahmen von § 7 Absatz 1 Nummer 1 und Absatz 2 des Beamtenstatusgesetzes nach § 7 Absatz 3 des Beamtenstatusgesetzes von der obersten Dienstbehörde zugelassen werden.

(2) Beamtinnen und Beamte, die im Rahmen ihrer Dienstaufgaben zur Lehrtätigkeit verpflichtet sind, müssen ihren Erholungsurlaub in der vorlesungsfreien Zeit nehmen.

§ 122 Arten und Verlängerung des Beamtenverhältnisses. (1) Die Professorinnen und Professoren werden in ein Beamtenverhältnis auf Lebenszeit berufen.

(2) [1]Professorinnen und Professoren können zur Deckung eines vorübergehenden Lehrbedarfs, zur Wahrnehmung der Funktion einer Oberärztin oder eines Oberarztes oder aus sonstigen Gründen, die eine Befristung nahe legen, in ein Beamtenverhältnis auf Zeit berufen werden. [2]Die Dauer des Beamtenverhältnisses darf zur Wahrnehmung der Funktion einer Oberärztin oder eines Oberarztes sechs Jahre, in den übrigen Fällen nach Satz 1 fünf Jahre nicht über-

steigen. [3]Sofern dienstliche Gründe nicht entgegenstehen, ist das Beamtenverhältnis auf Antrag aus den in Satz 4 genannten Gründen zu verlängern. [4]Gründe für eine Verlängerung sind
1. Urlaub nach § 64 oder § 70,
2. Urlaub zur Ausübung eines Mandats,
3. Urlaub für eine wissenschaftliche oder künstlerische Tätigkeit oder eine außerhalb des Hochschulbereichs oder im Ausland durchgeführte wissenschaftliche, künstlerische oder berufliche Aus-, Fort- oder Weiterbildung,
4. Grundwehr- und Zivildienst,
5. Inanspruchnahme von Elternzeit und Pflegezeit nach den Regelungen über die Elternzeit und Pflegezeit oder Beschäftigungsverbot nach den Regelungen über den Mutterschutz in dem Umfang, in dem eine Erwerbstätigkeit nicht erfolgt ist oder
6. Geburt oder die Adoption eines minderjährigen Kindes.

(3) [1]Absatz 2 gilt entsprechend im Fall einer
1. Teilzeitbeschäftigung,
2. Ermäßigung der Arbeitszeit zur Ausübung eines Mandats oder
3. Freistellung zur Wahrnehmung von Aufgaben in einer Personal- oder Schwerbehindertenvertretung oder zur Wahrnehmung von Aufgaben nach § 3 Absatz 4 Satz 1 und § 24 des Hochschulgesetzes des Landes Nordrhein-Westfalen vom 16. September 2014 (GV. NRW. S. 547) in der jeweils geltenden Fassung, § 22 des Kunsthochschulgesetzes vom 13. März 2008 (GV. NRW. S. 195) in der jeweils geltenden Fassung,

wenn die Ermäßigung mindestens ein Fünftel der regelmäßigen Arbeitszeit betrug. [2]Eine Verlängerung darf den Umfang des Urlaubs, der Freistellung oder der Ermäßigung der Arbeitszeit und in den Fällen des Absatzes 2 Satz 4 Nummer 1 bis 3 und des Absatzes 3 die Dauer von jeweils zwei Jahren, in den Fällen des Absatzes 2 Satz 4 Nummer 6 die Dauer von jeweils einem Jahr, nicht überschreiten. [3]Mehrere Verlängerungen nach Absatz 2 Satz 4 Nummer 1 bis 4 und Absatz 3 dürfen insgesamt die Dauer von drei Jahren, in den Fällen des Absatzes 2 Satz 4 Nummer 6 insgesamt die Dauer von zwei Jahren, nicht überschreiten. [4]Verlängerungen nach Absatz 2 Nummer 5 dürfen, auch wenn sie mit anderen Verlängerungen zusammentreffen, insgesamt vier Jahre nicht überschreiten. [5]Verlängerungen nach Absatz 2 Satz 4 Nummer 6 dürfen nicht zu einer Erweiterung des Umfangs der Verlängerungsmöglichkeiten nach den Sätzen 3 und 4 führen. [6]Eine erneute Berufung in ein Beamtenverhältnis auf Zeit ist nicht zulässig. [7]§ 31 Absatz 3 findet keine Anwendung. [8]Mit Ablauf der Amtszeit ist die Beamtin oder der Beamte entlassen.

(4) Zur Feststellung der pädagogischen Eignung können Professorinnen und Professoren auch in ein Beamtenverhältnis auf Probe berufen werden.

§ 123 Sonderregelungen. (1) [1]Die Vorschriften über die Laufbahnen, den einstweiligen Ruhestand und die Arbeitszeit sind auf die Professorinnen und Professoren nicht anzuwenden. [2]§§ 63 bis 70 gelten entsprechend. [3]Erfordern die Aufgaben einer Hochschuleinrichtung ausnahmsweise eine regelmäßige oder planmäßige Anwesenheit, so kann das für Wissenschaft und Forschung zuständige Ministerium im Einvernehmen mit dem für Inneres zuständigen Ministerium und dem Finanzministerium durch Rechtsverordnung für bestimmte Gruppen von Beamtinnen und Beamten die Vorschriften über die Arbeitszeit für anwendbar erklären. [4]§ 11 des Besoldungsgesetzes für das Land Nordrhein-Westfalen in Verbindung mit § 62 Absatz 2 dieses Gesetzes finden Anwendung.

(2) [1]Die Professorinnen und Professoren können nur mit ihrer Zustimmung abgeordnet oder versetzt werden. [2]Abordnung und Versetzung in ein gleichwertiges Amt an einer anderen Hochschule sind auch ohne Zustimmung der Professorin oder des Professors zulässig, wenn die Hochschule oder die Hochschuleinrichtung, an der sie oder er tätig ist, aufgelöst oder mit einer anderen Hochschule zusammengeschlossen wird oder wenn der Studiengang, in dem sie oder er überwiegend tätig ist, ganz oder teilweise aufgegeben oder an eine andere Hochschule verlegt wird; in diesen Fällen beschränkt sich eine Mitwirkung der aufnehmenden Hochschule oder Hochschuleinrichtung auf eine Anhörung. [3]Bei der Auflösung, der Verschmelzung oder einer wesentlichen Änderung des Aufbaues oder der Aufgaben von Hochschulen des Landes, deren Ausbildungsgänge ausschließlich auf den öffentlichen Dienst ausgerichtet sind, gelten für Professorinnen und Professoren, deren Aufgabengebiet davon berührt wird, §§ 24 und 25 entsprechend, wenn eine ihrem bisherigen Amt entsprechende Verwendung nicht möglich ist.

(3) [1]Fällt der Monat, in dem eine Professorin oder ein Professor die Altersgrenze erreicht, in die Vorlesungszeit, so tritt sie oder er abweichend von § 31 Absatz 1 Satz 1 mit Ablauf des letzten Monats der Vorlesungszeit in den Ruhestand. [2]Satz 1 gilt nicht für Professorinnen und Professoren, deren Beamtenverhältnis auf Lebenszeit wegen der Berufung in ein Beamtenverhältnis auf Zeit als Rektorin oder Rektor, Kanzlerin oder Kanzler, Präsidentin oder Präsident oder Vizepräsidentin oder Vizepräsident ruht.

(4) [1]Professorinnen oder Professoren dürfen im Rahmen von § 77 Absatz 3 und 4 ihre Amtsbezeichnung ohne Zusatz weiterführen. [2]§ 77 Absatz 2 Satz 3 findet nach der Ernennung zur Präsidentin oder zum Präsidenten, zur Vizepräsidentin oder zum Vizepräsidenten oder zur Rektorin oder zum Rektor, zur Prorektorin oder zum Prorektor keine Anwendung.

§ 124 Juniorprofessorinnen und Juniorprofessoren. (1) [1]Die Juniorprofessorinnen und Juniorprofessoren werden in ein Beamtenverhältnis auf Zeit berufen. [2]Die Dauer der Berufung richtet sich nach § 39 Absatz 5 des Hochschulgesetzes, § 32 Absatz 4 des Kunsthochschulgesetzes. [3]Für eine darüber hinausgehende Verlängerung gilt § 122 Absatz 2 Satz 3 und 4 und Absatz 3 entsprechend. [4]Eine erneute Berufung als Juniorprofessorin oder Juniorprofessor ist ausgeschlossen. [5]Dies gilt nicht für die erstmalige Berufung auf eine Juniorprofessur, bei der der Juniorprofessorin oder dem Juniorprofessor zugesichert wird, dass hinsichtlich ihrer oder seiner Bewerbung auf eine anschließende Professur in einem Beamtenverhältnis auf Lebenszeit oder einem unbefristeten Beschäftigungsverhältnis auf die Ausschreibung der Professur verzichtet wird (Tenure Track). [6]§ 31 Absatz 3 findet keine Anwendung; mit Ablauf der Amtszeit ist die Beamtin oder der Beamte entlassen.

(2) [1]Die Vorschriften über die Laufbahnen, den einstweiligen Ruhestand, die Probezeit und die Arbeitszeit sind auf die Juniorprofessorinnen und Juniorprofessoren nicht anzuwenden. [2]§ 123 Absatz 1 Satz 2 bis 4 und Absatz 2 gelten entsprechend.

§ 125 Nebentätigkeit. (1) Zur Übernahme einer Nebentätigkeit sind Professorinnen und Professoren sowie Juniorprofessorinnen und Juniorprofessoren nur insoweit verpflichtet, als die Nebentätigkeit in unmittelbarem Zusammenhang mit ihren Dienstaufgaben in Lehre, Forschung, Kunst und künstlerischen Entwicklungsvorhaben steht.

(2) [1]Das wissenschaftliche und künstlerische Personal (§ 120) hat nicht genehmigungspflichtige Nebentätigkeiten im Sinne des § 51 Absatz 1 Nummer 2 und 3, die gegen Vergütung ausgeübt werden sollen, der dienstvorgesetzten Stelle vor Aufnahme unter Angabe von Art und Umfang der Nebentätigkeit sowie der voraussichtlich zu erwartenden Entgelte und geldwerten Vorteile anzuzeigen. [2]Die oberste Dienstbehörde kann bei geringfügigen Nebentätigkeiten auf die Anzeige allgemein verzichten.

(3) Das für Wissenschaft und Forschung zuständige Ministerium erlässt für das wissenschaftliche und künstlerische Personal (§ 120) nach Anhörung der Hochschulen im Einvernehmen mit dem für Inneres zuständigen Ministeriums und dem Finanzministerium die Rechtsverordnung nach § 57 einschließlich näherer Bestimmungen zu Absatz 1 und 2.

Abschnitt 8

Rechtstellung der Beamtinnen und Beamten und Versorgungsempfängerinnen und -empfänger bei der Umbildung von Körperschaften

§ 126 Eingliederung von Körperschaften. (1) Die Beamtinnen oder Beamten einer juristischen Person des öffentlichen Rechts mit Dienstherrnfähigkeit (Körperschaft), die vollständig in eine andere Körperschaft eingegliedert wird, treten mit der Umbildung kraft Gesetzes in den Dienst der aufnehmenden Körperschaft über.

(2) [1]Die Beamtinnen oder Beamten einer Körperschaft, die vollständig in mehrere andere Körperschaften eingegliedert wird, sind anteilig in den Dienst der aufnehmenden Körperschaften zu übernehmen. [2]Die beteiligten Körperschaften haben innerhalb einer Frist von sechs Monaten nach dem Zeitpunkt, in

dem die Umbildung vollzogen ist, im Einvernehmen miteinander zu bestimmen, von welchen Körperschaften die einzelnen Beamtinnen oder Beamten zu übernehmen sind. [3]Solange eine Beamtin oder ein Beamter nicht übernommen ist, haften alle aufnehmenden Körperschaften für die ihr oder ihm zustehenden Bezüge als Gesamtschuldner.

(3) [1]Die Beamtinnen oder Beamten einer Körperschaft, die teilweise in eine oder mehrere andere Körperschaften eingegliedert wird, sind zu einem verhältnismäßigen Teil, bei mehreren Körperschaften anteilig, in den Dienst der aufnehmenden Körperschaften zu übernehmen. [2]Absatz 2 Satz 2 findet Anwendung.

(4) Absatz 1 bis 3 gelten entsprechend, wenn eine Körperschaft mit einer oder mehreren anderen Körperschaften zu einer neuen Körperschaft zusammengeschlossen wird, wenn aus einer Körperschaft oder aus Teilen einer Körperschaft eine oder mehrere neue Körperschaften gebildet werden, oder wenn Aufgaben einer Körperschaft vollständig oder teilweise auf eine oder mehrere andere Körperschaften übergehen.

§ 127 Rechtsfolgen der Umbildung. (1) Tritt eine Beamtin oder ein Beamter auf Grund des § 126 kraft Gesetzes in den Dienst einer anderen Körperschaft oder wird sie oder er auf Grund des § 126 Absatz 2 oder 3 von einer anderen Körperschaft übernommen, wird das Beamtenverhältnis mit dem neuen Dienstherrn fortgesetzt.

(2) Im Falle des § 126 Absatz 1 ist der Beamtin oder dem Beamten von der aufnehmenden oder neuen Körperschaft die Fortsetzung des Beamtenverhältnisses schriftlich zu bestätigen.

(3) [1]In den Fällen des § 126 Absatz 2 und 3 wird die Übernahme von der Körperschaft verfügt, in deren Dienst die Beamtin oder der Beamte treten soll; die Verfügung wird mit der Zustellung an die Beamtin oder den Beamten wirksam. [2]Die Beamtin oder der Beamte ist verpflichtet, der Übernahmeverfügung Folge zu leisten; kommt sie oder er der Verpflichtung nicht nach, so ist sie oder er zu entlassen.

(4) Absatz 1 bis 3 gelten entsprechend in den Fällen des § 126 Absatz 4.

§ 128 Rechtsstellung der Beamtinnen und Beamten. (1) [1]Beamtinnen und Beamten, die nach § 126 in den Dienst einer anderen Körperschaft kraft Gesetzes übertreten oder übernommen werden, soll ein gleich zu bewertendes Amt übertragen werden, das ihrem bisherigen Amt nach Bedeutung und Inhalt ohne Rücksicht auf Dienststellung und Dienstalter entspricht. [2]Wenn eine dem bisherigen Amt entsprechende Verwendung nicht möglich ist, kann ihnen auch ein anderes Amt mit geringerem Grundgehalt übertragen werden. [3]Das Grundgehalt muss mindestens dem des Amtes entsprechen, das die Beamtinnen und Beamten vor dem bisherigen Amt innehatten. [4]In diesem Fall dürfen sie neben der neuen Amtsbezeichnung die des früheren Amtes mit dem Zusatz „außer Dienst" („a.D.") führen.

(2) [1]Die aufnehmende oder neue Körperschaft kann, wenn die Zahl der bei ihr nach der Umbildung vorhandenen Beamtinnen und Beamten den tatsächlichen Bedarf übersteigt, innerhalb einer Frist von sechs Monaten Beamtinnen und Beamte auf Lebenszeit oder Zeit in den einstweiligen Ruhestand versetzen, wenn deren Aufgabengebiet von der Umbildung berührt wurde. [2]Die Frist des Satzes 1 beginnt im Falle des § 126 Absatz 1 mit dem Übertritt, in den Fällen des § 126 Absatz 2 und 3 mit der Bestimmung derjenigen Beamtinnen und Beamten, zu deren Übernahme die Körperschaft verpflichtet ist; entsprechendes gilt in den Fällen des § 126 Absatz 4. [3]Bei Beamtinnen und Beamten auf Zeit, die nach Satz 1 in den einstweiligen Ruhestand versetzt sind, endet der einstweilige Ruhestand mit Ablauf der Amtszeit; sie gelten in diesem Zeitpunkt als dauernd in den Ruhestand versetzt, wenn sie bei Verbleiben im Amt mit Ablauf der Amtszeit in den Ruhestand getreten wären.

§ 129 Vorbereitung der Umbildung. [1]Ist innerhalb absehbarer Zeit mit einer Umbildung im Sinne des § 126 zu rechnen, so können die obersten Dienstbehörden der beteiligten Körperschaften anordnen, dass Beamtinnen oder Beamte, deren Aufgabengebiet von der Umbildung voraussichtlich berührt wird, nur mit ihrer Genehmigung ernannt werden dürfen. [2]Die Anordnung darf höchstens für die Dauer eines Jahres ergehen. [3]Sie ist den beteiligten Körperschaften zuzustellen. [4]Die Genehmigung soll nur versagt werden, wenn durch derartige Ernennungen die Durchführung der nach den §§ 126 bis 128 erforderlichen Maßnahmen wesentlich erschwert würde.

§ 130 Rechtsstellung der Versorgungsempfängerinnen und Versorgungsempfänger. (1) Die Vorschriften des § 126 Absatz 1 und 2 und des § 127 gelten entsprechend für die im Zeitpunkt der Umbildung bei der abgebenden Körperschaft vorhandenen Versorgungsempfängerinnen und Versorgungsempfänger.

(2) In den Fällen des § 126 Absatz 3 bleiben die Ansprüche der im Zeitpunkt der Umbildung vorhandenen Versorgungsempfängerinnen und Versorgungsempfänger gegenüber der abgebenden Körperschaft bestehen.

(3) Absatz 1 und 2 gelten entsprechend in den Fällen des § 126 Absatz 4.

Abschnitt 9

Übergangs- und Schlussvorschriften

§ 131 Laufbahnbefähigung. Abweichend von § 6 Absatz 1 Satz 1 Nummer 4 und von § 7 Absatz 1 wird die Befähigung für die Laufbahn des allgemeinen Verwaltungsdienstes auch durch einen Ausbildungsgang nach § 5b des Deutschen Richtergesetzes in der bis zum 15. September 1984 geltenden Fassung in Verbindung mit Artikel 3 des Dritten Gesetzes zur Änderung des Deutschen Richtergesetzes vom 25. Juli 1984 (BGBl. I S. 995) erworben.

§ 132 Übergangsregelung für die Überführung von bestehenden Laufbahnen in die neue Laufbahngruppenstruktur. [1]Beamtinnen und Beamte sowie Bewerberinnen und Bewerber, die die Laufbahnbefähigung im Geltungsbereich dieses Gesetzes vor dem 1. Juli 2016 erworben haben, besitzen die Befähigung für eine Laufbahn nach § 6. [2]Dabei entspricht

1. die Laufbahngruppe des einfachen Dienstes der Laufbahngruppe 1 mit dem ersten Einstiegsamt,
2. die Laufbahngruppe des mittleren Dienstes der Laufbahngruppe 1 mit dem zweiten Einstiegsamt,
3. die Laufbahngruppe des gehobenen Dienstes der Laufbahngruppe 2 mit dem ersten Einstiegsamt und
4. die Laufbahngruppe des höheren Dienstes der Laufbahngruppe 2 mit dem zweiten Einstiegsamt.

§ 133 Übergang Altersteilzeit, Altersurlaub. (1) Für Beamtinnen und Beamte, die Altersteilzeit oder Altersurlaub bis zum Inkrafttreten des Landesbeamtengesetzes vom 21. April 2009 (GV. NRW. S. 224), das zuletzt durch Artikel I des Gesetzes vom 9. Dezember 2014 (GV. NRW. S. 874) geändert worden ist, angetreten haben, verbleibt es bei der damaligen Altersgrenze.

(2) Für Beamtinnen und Beamte, die Altersteilzeit vor dem 31. Dezember 2012 angetreten haben, verbleibt es bei dem damaligen Arbeitsmaß.

§ 134 Rechtsstellung der von Änderungen nicht erfassten Beamtinnen und Beamten. (1) Auf Beamtinnen und Beamte, die nach dem Hochschulgesetz oder dem Fachhochschulgesetz öffentlicher Dienst vom 29. Mai 1984 (GV. NRW. 1984 S. 303) nicht als Professorinnen und Professoren, Hochschulassistentinnen und Hochschulassistenten, wissenschaftliche Mitarbeiterinnen und Mitarbeiter oder Lehrkräfte für besondere Aufgaben übernommen worden sind, finden § 199 Absatz 1 sowie die §§ 202 bis 206 und die §§ 209 bis 216 des Beamtengesetzes für das Land Nordrhein-Westfalen in der Fassung der Bekanntmachung vom 25. Februar 1975 (GV. NRW. S. 204) mit folgenden Maßgaben weiterhin Anwendung:

1. § 200 Absatz 2 und § 202 gelten für Hochschullehrinnen und Hochschullehrer im Sinne des § 199 Absatz 1 der bisherigen Fassung und Fachhochschullehrerinnen und Fachhochschullehrer, § 202 Absatz 3 auch für Direktorinnen und Direktoren der Institute für Leibesübungen und Akademische Räte entsprechend.
2. Bei Beamtinnen und Beamten auf Widerruf wird das Beamtenverhältnis nach den bisher geltenden Vorschriften beendet.

(2) [1]Auf die Hochschulassistentinnen und Hochschulassistenten finden die sie betreffenden Vorschriften des Beamtengesetzes für das Land Nordrhein-Westfalen in der Fassung der Bekanntmachung vom 1. Mai 1981 (GV. NRW. S. 234), zuletzt geändert durch Artikel 6 des Gesetzes vom 18. November 2008 (GV. NRW. S. 706), in der vor dem 22. November 1987 geltenden Fassung weiterhin Anwendung. [2]Entsprechendes gilt für § 203a in der vor dem 22. Novem-

ber 1987 geltenden Fassung für wissenschaftliche Mitarbeiterinnen und Mitarbeiter, die nach dieser Vorschrift in ein Beamtenverhältnis auf Zeit berufen worden sind.

(3) Auf die Hochschuldozentinnen und Hochschuldozenten, wissenschaftlichen und künstlerischen Assistentinnen und Assistenten, Oberassistentinnen und Oberassistenten sowie Oberingenieurinnen und Oberingenieure finden die sie betreffenden Vorschriften des Beamtengesetzes für das Land Nordrhein-Westfalen in der Fassung der Bekanntmachung vom 1. Mai 1981 (GV. NRW. S. 234), in der vor dem Inkrafttreten des Hochschulreform-Weiterentwicklungsgesetzes vom 30. November 2004 (GV. NRW. S. 752) weiterhin Anwendung.

§ 135 Besitzstandswahrung bei der Entpflichtung. (1) [1]Das Recht der nach § 119 des Gesetzes über die wissenschaftlichen Hochschulen übergeleiteten ordentlichen Professorinnen und Professoren, nach Erreichen der Altersgrenze von ihren amtlichen Pflichten entbunden zu werden (Entpflichtung), bleibt unberührt; das gilt auch bei einem Wechsel des Dienstherrn. [2]In diesen Fällen werden die Dienstbezüge nach der Entpflichtung und die Versorgungsbezüge der Hinterbliebenen auf der Grundlage des am 31. Dezember 1979 geltenden Versorgungs- und Besoldungsrechts gewährt. [3]Dabei wird das Grundgehalt nach der Erfahrungsstufe zugrunde gelegt, die bis zum Zeitpunkt der Entpflichtung hätte erreicht werden können; allgemeine Änderungen der Dienst- und Versorgungsbezüge im Sinne des § 84 Absatz 1 und 2 des Landesbeamtenversorgungsgesetzes sind zu berücksichtigen.

(2) [1]Absatz 1 findet auf Antrag der Professorin oder des Professors keine Anwendung. [2]Der Antrag kann nur gestellt werden, solange die Professorin oder der Professor noch nicht entpflichtet ist. [3]Ist die Professorin oder der Professor vor der Entpflichtung verstorben, ohne einen Antrag nach den Sätzen 1 und 2 gestellt zu haben, so werden die Hinterbliebenenbezüge auf Grund der Besoldungsgruppe berechnet, in die die Professorin oder der Professor zuletzt eingestuft war.

(3) Für die Entpflichtung der nach § 119 des Gesetzes über die wissenschaftlichen Hochschulen übergeleiteten ordentlichen Professorinnen und Professoren gilt § 32 entsprechend.

(4) Die Rechtsverhältnisse der am 31. Dezember 1979 entpflichteten oder im Ruhestand befindlichen Beamtinnen und Beamten im Sinne des Abschnitts XIII in der vor dem 1. Januar 1980 geltenden Fassung und der zu diesem Zeitpunkt versorgungsberechtigten Hinterbliebenen dieser Beamtinnen und Beamten bleiben unberührt.

§ 136 Satzungen. [1]Satzungen von Körperschaften, Anstalten und Stiftungen des öffentlichen Rechts, die das Recht begründen, Beamtinnen oder Beamte zu haben, bedürfen der Genehmigung. [2]Die Genehmigung erteilt die oberste Aufsichtsbehörde im Einvernehmen mit dem für Inneres zuständigen Ministerium.

§ 137 Rechtsverordnungen. Das für Inneres zuständige Ministerium kann im Einvernehmen mit dem Finanzministerium durch Rechtsverordnung

1. nach Anhörung des Ausschusses für Kommunalpolitik des Landtags nähere Vorschriften über die Aufstellung und Ausführung der Stellenpläne der Gemeinden und der Gemeindeverbände erlassen,
2. Ausnahmen von § 110 Absatz 1 zulassen für Bewerberinnen und Bewerber, die unmittelbar in den Laufbahnabschnitt III der Polizeilaufbahn eingestellt werden; die Bewerberinnen oder Bewerber müssen die Voraussetzungen des § 7 Absatz 1 erfüllen.

§ 138 Inkrafttreten, Außerkrafttreten. [1]Dieses Gesetz tritt am 1. Juli 2016 in Kraft. [2]Gleichzeitig tritt das Landesbeamtengesetz vom 21. April 2009 (GV. NRW. S. 224), das zuletzt durch Artikel I des Gesetzes vom 9. Dezember 2014 (GV. NRW. S. 874) geändert worden ist, außer Kraft.

Gesetz zum Schutz personenbezogener Daten (Datenschutzgesetz Nordrhein-Westfalen – DSG NRW)

in der Fassung der Bekanntmachung vom 9. Juni 2000 (GV NRW S. 542); zuletzt geändert durch Gesetz vom 6. Dezember 2016 (GV NRW S. 1052).

INHALTSÜBERSICHT

VIERTER TEIL
Straf- und Bußgeldvorschriften; Übergangsvorschriften

ERSTER TEIL
Allgemeiner Datenschutz

Erster Abschnitt
Allgemeine Bestimmungen

§ 1 Aufgabe. Aufgabe dieses Gesetzes ist es, den Einzelnen davor zu schützen, dass er durch die Verarbeitung personenbezogener Daten durch öffentliche Stellen in unzulässiger Weise in seinem Recht beeinträchtigt wird, selbst über die Preisgabe und Verwendung seiner Daten zu bestimmen (informationelles Selbstbestimmungsrecht).

§ 2 Anwendungsbereich. (1) [1]Dieses Gesetz gilt für die Behörden, Einrichtungen und sonstigen öffentlichen Stellen des Landes, die Gemeinden und Gemeindeverbände sowie für die sonstigen der Aufsicht des Landes unterstehenden juristischen Personen des öffentlichen Rechts und deren Vereinigungen (öffentliche Stellen), soweit diese personenbezogene Daten verarbeiten. [2]Für den Landtag und für die Gerichte sowie für die Behörden der Staatsanwaltschaft gilt dieses Gesetz, soweit sie Verwaltungsaufgaben wahrnehmen; darüber hinaus gelten für die Behörden der Staatsanwaltschaft, soweit sie keine Verwaltungsaufgaben wahrnehmen, nur die Vorschriften des Zweiten Teils dieses Gesetzes. [3]Für den Landesrechnungshof und die Staatlichen Rechnungsprüfungsämter gelten der Dritte Abschnitt des Ersten Teils und der Zweite Teil sowie die §§ 8 und 32a nur, soweit sie Verwaltungsaufgaben wahrnehmen. [4]Für die Ausübung des Gnadenrechts findet das Gesetz keine Anwendung.

(2) [1]Von den Vorschriften dieses Gesetzes gelten nur die Vorschriften des Zweiten Teils sowie die §§ 8, 28 bis 31 und § 32a dieses Gesetzes, soweit

1. wirtschaftliche Unternehmen der Gemeinden oder Gemeindeverbände ohne eigene Rechtspersönlichkeit (Eigenbetriebe),
2. öffentliche Einrichtungen, die entsprechend den Vorschriften über die Eigenbetriebe geführt werden,
3. der Aufsicht des Landes unterstehende juristische Personen des öffentlichen Rechts, die am Wettbewerb teilnehmen,

personenbezogene Daten zu wirtschaftlichen Zwecken oder Zielen verarbeiten. [2]Im Übrigen sind mit Ausnahme der §§ 4d bis 4g sowie des § 38 die für nichtöffentliche Stellen geltenden Vorschriften des Bundesdatenschutzgesetzes einschließlich der Straf- und Bußgeldvorschriften anzuwenden. [3]Unbeschadet der Regelung des Absatzes 1 Satz 1 gelten Schulen der Gemeinden und Gemeindeverbände, soweit sie in inneren Schulangelegenheiten personenbezogene Daten verarbeiten, als öffentliche Stellen im Sinne dieses Gesetzes.

(3) Soweit besondere Rechtsvorschriften auf die Verarbeitung personenbezogener Daten anzuwenden sind, gehen sie den Vorschriften dieses Gesetzes vor.

§ 3 Begriffsbestimmungen. (1) Personenbezogene Daten sind Einzelangaben über persönliche oder sachliche Verhältnisse einer bestimmten oder bestimmbaren natürlichen Person (betroffene Person).

(2) [1]Datenverarbeitung ist das Erheben, Speichern Verändern, Übermitteln, Sperren, Löschen sowie Nutzen personenbezogener Daten. [2]Im Einzelnen ist

1. Erheben (Erhebung) das Beschaffen von Daten über die betroffene Person,
2. Speichern (Speicherung) das Erfassen, Aufnehmen oder Aufbewahren von Daten auf einem Datenträger zum Zwecke ihrer weiteren Verarbeitung,
3. Verändern (Veränderung) das inhaltliche Umgestalten gespeicherter Daten,
4. Übermitteln (Übermittlung) das Bekanntgeben gespeicherter oder durch Datenverarbeitung gewonnener Daten an einen Dritten in der Weise, dass die Daten durch die verantwortliche Stelle weitergegeben oder zur Einsichtnahme bereitgehalten werden oder dass der Dritte zum Abruf in einem automatisierten Verfahren bereitgehaltene Daten abruft,
5. Sperren (Sperrung) das Verhindern weiterer Verarbeitung gespeicherter Daten,
6. Löschen (Löschung) das Unkenntlichmachen gespeicherter Daten,
7. Nutzen (Nutzung) jede sonstige Verwendung personenbezogener Daten,

ungeachtet der dabei angewendeten Verfahren.

(3) Verantwortliche Stelle ist die Stelle im Sinne des § 2 Abs. 1, die personenbezogene Daten in eigener Verantwortung selbst verarbeitet oder in ihrem Auftrag von einer anderen Stelle verarbeiten lässt.

(4) [1]Empfänger ist jede Person oder Stelle, die Daten erhält. [2]Dritter ist jede Person oder Stelle außerhalb der verantwortlichen Stelle. [3]Dritte sind nicht die betroffene Person sowie diejenigen Personen oder Stellen, die im Inland oder im übrigen Geltungsbereich der Rechtsvorschriften zum Schutz personenbezogener Daten der Mitgliedstaaten der Europäischen Union personenbezogene Daten im Auftrag verarbeiten.

(5) Automatisiert ist eine Datenverarbeitung, wenn sie durch Einsatz eines gesteuerten technischen Verfahrens selbsttätig abläuft.

(6) Eine Akte ist jede der Aufgabenerfüllung dienende Unterlage, die nicht Teil der automatisierten Datenverarbeitung ist.

(7) Anonymisieren ist das Verändern personenbezogener Daten derart, dass die Einzelangaben über persönliche oder sachliche Verhältnisse nicht mehr oder nur mit einem unverhältnismäßigen Aufwand einer bestimmten oder bestimmbaren natürlichen Person zugeordnet werden können.

(8) [1]Pseudonymisieren ist das Verändern personenbezogener Daten derart, dass die Einzelangaben über persönliche oder sachliche Verhältnisse ohne Nutzung der Zuordnungsfunktion nicht oder nur mit einem unverhältnismäßigen Aufwand einer bestimmten oder bestimmbaren natürlichen Person zugeordnet werden können. [2]Die datenverarbeitende Stelle darf keinen Zugriff auf die Zuordnungsfunktion haben; diese ist an dritter Stelle zu verwahren.

§ 4 Zulässigkeit der Datenverarbeitung. (1) [1]Die Verarbeitung personenbezogener Daten ist nur zulässig, wenn
a) dieses Gesetz oder eine andere Rechtsvorschrift sie erlaubt oder
b) die betroffene Person eingewilligt hat.
[2]Die Einwilligung ist die widerrufliche, freiwillige und eindeutige Willenserklärung der betroffenen Person, einer bestimmten Datenverarbeitung zuzustimmen. [3]Sie bedarf der Schriftform, soweit nicht wegen besonderer Umstände eine andere Form angemessen ist. [4]Soll die Einwilligung zusammen mit anderen Erklärungen schriftlich erteilt werden, ist die betroffene Person auf die Einwilligung schriftlich besonders hinzuweisen. [5]Sie ist in geeigneter Weise über die Bedeutung der Einwilligung, insbesondere über den Verwendungszweck der Daten, bei einer beabsichtigten Übermittlung über die Empfänger der Daten aufzuklären; sie ist unter Darlegung der Rechtsfolgen darauf hinzuweisen, dass sie die Einwilligung verweigern und mit Wirkung für die Zukunft widerrufen kann. [6]Die Einwilligung kann auch elektronisch erklärt werden, wenn sichergestellt ist, dass
1. sie nur durch eine eindeutige und bewusste Handlung der handelnden Person erfolgen kann,
2. sie nicht unerkennbar verändert werden kann,
3. ihr Urheber erkannt werden kann,
4. die Einwilligung bei der verarbeitenden Stelle protokolliert wird und
5. der betroffenen Person jederzeit Auskunft über den Inhalt ihrer Einwilligung gegeben werden kann.

(2) [1]Die Planung, Gestaltung und Auswahl informationstechnischer Produkte und Verfahren haben sich an dem Ziel auszurichten, so wenig personenbezogene Daten wie möglich zu erheben und weiterzuverarbeiten (Datenvermeidung). [2]Produkte und Verfahren, deren Vereinbarkeit mit den Vorschriften über den Datenschutz und die Datensicherheit in einem förmlichen Verfahren (Datenschutzaudit) festgestellt wurde, sollen vorrangig berücksichtigt werden.

(3) [1]Die Verarbeitung personenbezogener Daten über die rassische oder ethnische Herkunft, politische Meinungen, religiöse oder weltanschauliche Überzeugungen, die Gewerkschaftszugehörigkeit, die Gesundheit oder das Sexualleben ist nur zulässig, wenn sie in einer Rechtsvorschrift geregelt ist, die den Zweck der Verarbeitung bestimmt sowie angemessene Garantien zum Schutz des Rechtes auf informationelle Selbstbestimmung vorsieht. [2]Darüber hinaus ist die Verarbeitung dieser Daten zulässig, wenn
1. die betroffene Person eingewilligt hat,
2. sie ausschließlich im Interesse der betroffenen Person liegt,

3. sie sich auf Daten bezieht, die die betroffene Person selbst öffentlich gemacht hat,
4. sie
   a) auf der Grundlage der §§ 15, 28 und 29,
   b) zur Geltendmachung rechtlicher Ansprüche vor Gericht oder
   c) für die Abwehr von Gefahren für die öffentliche Sicherheit, für Zwecke der Strafrechtspflege oder zum Schutz vergleichbarer Rechtsgüter

   erforderlich ist.

(4) Soweit gesetzlich unter Wahrung der berechtigten Interessen der betroffenen Person nichts anderes bestimmt ist, dürfen Entscheidungen, die für die betroffene Person eine rechtliche Folge nach sich ziehen oder sie erheblich beeinträchtigen, nicht ausschließlich auf eine automatisierte Verarbeitung personenbezogener Daten zum Zweck der Bewertung einzelner Persönlichkeitsmerkmale gestützt werden, ohne dass der betroffenen Person die Geltendmachung der eigenen Interessen möglich gemacht worden ist.

(5) [1]Wenn die betroffene Person schriftlich begründet, dass der im Übrigen rechtmäßigen Verarbeitung ihrer Daten oder einer bestimmten Datenverarbeitungsform ein schutzwürdiges besonderes persönliches Interesse entgegensteht, erfolgt die Verarbeitung ihrer personenbezogenen Daten nur, wenn eine Abwägung im Einzelfall ergibt, dass das Interesse der datenverarbeitenden Stelle gegenüber dem Interesse der betroffenen Person überwiegt. [2]Die betroffene Person ist über das Ergebnis zu unterrichten.

(6) [1]Die Datenverarbeitung soll so organisiert sein, dass bei der Verarbeitung, insbesondere der Übermittlung, der Kenntnisnahme im Rahmen der Aufgabenerfüllung und der Einsichtnahme, die Trennung der Daten nach den jeweils verfolgten Zwecken und nach unterschiedlichen Betroffenen möglich ist. [2]Sind personenbezogene Daten in Akten derart verbunden, dass ihre Trennung nach erforderlichen und nicht erforderlichen Daten auch durch Vervielfältigung und Unkenntlichmachung nicht oder nur mit unverhältnismäßigem Aufwand möglich ist, sind auch die Kenntnisnahme, die Weitergabe innerhalb der datenverarbeitenden Stelle und die Übermittlung der Daten, die nicht zur Erfüllung der jeweiligen Aufgaben erforderlich sind, zulässig, soweit nicht schutzwürdige Belange der betroffenen Person oder Dritter überwiegen. [3]Die nicht erforderlichen Daten unterliegen insoweit einem Verwertungsverbot.

§ 4a Verbunddateien. (1) [1]Die Einrichtung gemeinsamer oder verbundener automatisierter Verfahren, in und aus denen mehrere öffentliche Stellen personenbezogene Daten verarbeiten sollen, ist nur zulässig, wenn dies unter Berücksichtigung der schutzwürdigen Belange der betroffenen Personen und der Aufgaben der beteiligten Stellen angemessen ist. [2]Die Vorschriften über die Zulässigkeit des einzelnen Abrufs bleiben unberührt. [3]Die beteiligten Stellen haben die Datenart, die Aufgaben jeder beteiligten Stelle, den Zweck und den Umfang ihrer Verarbeitungsbefugnis sowie diejenige Stelle festzulegen, welche die datenschutzrechtliche Verantwortung gegenüber den betroffenen Personen trägt. [4]Der Landesbeauftragte für Datenschutz und Informationsfreiheit ist vorab zu unterrichten.

(2) [1]Innerhalb einer öffentlichen Stelle bedarf die Einrichtung gemeinsamer oder verbundener automatisierter Verfahren, mit denen personenbezogene Daten aus unterschiedlichen Aufgabengebieten verarbeitet werden sollen, der Zulassung durch die Leitung der Stelle. [2]Für die Zulässigkeit gilt Absatz 1 Satz 1 und 2 entsprechend.

§ 5 Rechte der betroffenen Person. [1]Jeder hat nach Maßgabe dieses Gesetzes ein Recht auf
1. Auskunft, Einsichtnahme (§ 18),
2. Widerspruch aus besonderem Grund (§ 4 Abs. 5),
3. Unterrichtung (§§ 12 Abs. 2, 13 Abs. 2 Satz 2, 16 Abs. 1 Satz 2 und 3),
4. Berichtigung, Sperrung oder Löschung (§ 19),
5. Schadensersatz (§ 20),
6. Anrufung des Landesbeauftragten für Datenschutz und Informationsfreiheit (§ 25 Abs. 1),
7. Auskunft aus dem beim zuständigen behördlichen Datenschutzbeauftragten geführten Verfahrensverzeichnis (§ 8).

[2]Diese Rechte können auch durch die Einwilligung der betroffenen Person nicht ausgeschlossen oder beschränkt werden.

§ 6 Datengeheimnis. Denjenigen Personen, die bei öffentlichen Stellen oder ihren Auftragnehmern dienstlichen Zugang zu personenbezogenen Daten haben, ist es untersagt, solche Daten unbefugt zu einem anderen als dem zur jeweiligen rechtmäßigen Aufgabenerfüllung gehörenden Zweck zu verarbeiten oder zu offenbaren; dies gilt auch nach Beendigung ihrer Tätigkeit.

§ 7 Sicherstellung des Datenschutzes. Die obersten Landesbehörden, die Gemeinden und Gemeindeverbände sowie die sonstigen der Aufsicht des Landes unterstehenden juristischen Personen des öffentlichen Rechts und deren Vereinigungen ungeachtet ihrer Rechtsform haben jeweils für ihren Bereich die Ausführung dieses Gesetzes sowie anderer Rechtsvorschriften über den Datenschutz sicherzustellen.

§ 8 Verfahrensverzeichnis. (1) Jede datenverarbeitende Stelle, die für den Einsatz eines Verfahrens zur automatisierten Verarbeitung personenbezogener Daten verantwortlich ist, hat in einem für den behördlichen Datenschutzbeauftragten bestimmten Verzeichnis festzulegen:
1. Name und Anschrift der datenverarbeitenden Stelle,
2. die Zweckbestimmung und die Rechtsgrundlage der Datenverarbeitung,
3. die Art der gespeicherten Daten,
4. den Kreis der Betroffenen,
5. die Art regelmäßig zu übermittelnder Daten, deren Empfänger sowie die Art und Herkunft regelmäßig empfangener Daten,
6. die zugriffsberechtigten Personen oder Personengruppen,

7. die technischen und organisatorischen Maßnahmen nach § 10,
8. die Technik des Verfahrens, einschließlich der eingesetzten Hard- und Software,
9. Fristen für die Sperrung und Löschung nach § 19 Abs. 2 und Abs. 3,
10. eine beabsichtigte Datenübermittlung an Drittstaaten nach § 17 Abs. 2 und Abs. 3,
11. die begründeten Ergebnisse der Vorabkontrollen nach § 10 Abs. 3 Satz 1.

(2) [1]Die Angaben des Verfahrensverzeichnisses können bei der datenverarbeitenden Stelle von jeder Person eingesehen werden; dies gilt für die Angaben zu den Nummern 7, 8 und 11 nur, soweit dadurch die Sicherheit des technischen Verfahrens nicht beeinträchtigt wird. [2]Satz 1 gilt nicht für

1. Verfahren nach dem Verfassungsschutzgesetz Nordrhein-Westfalen,
2. Verfahren, die der Gefahrenabwehr oder der Strafrechtspflege dienen,
3. Verfahren der Steuerfahndung,

soweit die datenverarbeitende Stelle eine Einsichtnahme im Einzelfall mit der Erfüllung ihrer Aufgaben für unvereinbar erklärt. [3]Die Gründe dafür sind aktenkundig zu machen und die antragstellende Person ist darauf hinzuweisen, dass sie sich an den Landesbeauftragten für den Datenschutz und Informationsfreiheit wenden kann. [4]Dem Landesbeauftragten für Datenschutz und Informationsfreiheit ist auf sein Verlangen Einsicht zu gewähren.

§ 9 Automatisiertes Abrufverfahren und regelmäßige Datenübermittlung. (1) Die Einrichtung eines automatisierten Verfahrens, das die Übermittlung personenbezogener Daten durch Abruf ermöglicht, ist nur zulässig, soweit dies durch Bundes- oder Landesrecht bestimmt ist.

(2) [1]Die Ministerien werden ermächtigt, für die Behörden und Einrichtungen ihres Geschäftsbereichs sowie für die der Rechtsaufsicht des Landes unterliegenden sonstigen öffentlichen Stellen die Einrichtung automatisierter Abrufverfahren durch Rechtsverordnung zuzulassen. [2]Ein solches Verfahren darf nur eingerichtet werden, soweit dies unter Berücksichtigung des informationellen Selbstbestimmungsrechts des betroffenen Personenkreises und der Aufgaben der beteiligten Stellen angemessen ist. [3]Die Vorschriften über die Zulässigkeit des einzelnen Abrufs bleiben unberührt. [4]Die Datenempfänger, die Datenart und der Zweck des Abrufs sind festzulegen. [5]Der Landesbeauftragte für Datenschutz und Informationsfreiheit ist zu unterrichten.

(3) Die am Abrufverfahren beteiligten Stellen haben die nach § 10 erforderlichen Maßnahmen zu treffen.

(4) Für die Einrichtung automatisierter Abrufverfahren innerhalb einer öffentlichen Stelle gelten nur Absatz 2 Satz 2 bis 4 sowie Absatz 3 entsprechend.

(5) Personenbezogene Daten dürfen für Stellen außerhalb des öffentlichen Bereichs zum automatisierten Abruf nicht bereitgehalten werden; dies gilt nicht für die betroffene Person.

(6) Die Absätze 1 bis 5 gelten nicht für Datenbestände, die jedermann ohne oder nach besonderer Zulassung zur Benutzung offen stehen oder deren Veröffentlichung zulässig wäre.

(7) [1]Absatz 1 und Absatz 2 Satz 1 und 5 sowie Absatz 5 finden keine Anwendung, soweit die zur Übermittlung vorgesehenen Daten mit schriftlicher Einwilligung der betroffenen Personen zum Zwecke der Übermittlung im automatisierten Abrufverfahren gespeichert sind. [2]§ 4 Abs. 1 Satz 4 und 5 gilt entsprechend.

(8) Die Absätze 1 bis 7 sind auf die Zulassung regelmäßiger Datenübermittlungen entsprechend anzuwenden.

§ 10 Technische und organisatorische Maßnahmen. (1) Die Ausführung der Vorschriften dieses Gesetzes sowie anderer Vorschriften über den Datenschutz ist durch technische und organisatorische Maßnahmen sicherzustellen.

(2) Dabei sind Maßnahmen zu treffen, die geeignet sind zu gewährleisten, dass

1. nur Befugte personenbezogene Daten zur Kenntnis nehmen können (Vertraulichkeit),
2. personenbezogene Daten während der Verarbeitung unversehrt, vollständig und aktuell bleiben (Integrität),
3. personenbezogene Daten zeitgerecht zur Verfügung stehen und ordnungsgemäß verarbeitet werden können (Verfügbarkeit),
4. jederzeit personenbezogene Daten ihrem Ursprung zugeordnet werden können (Authentizität),
5. festgestellt werden kann, wer wann welche personenbezogenen Daten in welcher Weise verarbeitet hat (Revisionsfähigkeit),
6. die Verfahrensweisen bei der Verarbeitung personenbezogener Daten vollständig, aktuell und in einer Weise dokumentiert sind, dass sie in zumutbarer Zeit nachvollzogen werden können (Transparenz).

(3) [1]Die zu treffenden technischen und organisatorischen Maßnahmen sind auf der Grundlage eines zu dokumentierenden Sicherheitskonzepts zu ermitteln, zu dessen Bestandteilen die Vorabkontrolle hinsichtlich möglicher Gefahren für das in § 1 geschützte Recht auf informationelle Selbstbestimmung gehört, die vor der Entscheidung über den Einsatz oder einer wesentlichen Änderung eines automatisierten Verfahrens durchzuführen ist. [2]Das Verfahren darf nur eingesetzt werden, wenn diese Gefahren nicht bestehen oder durch Maßnahmen nach den Absätzen 1 und 2 verhindert werden können. [3]Das Ergebnis der Vorabkontrolle ist aufzuzeichnen. [4]Die Wirksamkeit der Maßnahmen ist unter Berücksichtigung sich verändernder Rahmenbedingungen und Entwicklungen der Technik zu überprüfen. [5]Die sich daraus ergebenden notwendigen Anpassungen sind zeitnah umzusetzen.

(4) Der Landesrechnungshof kann von der zu prüfenden Stelle verlangen, dass für ein konkretes Prüfungsverfahren die notwendigen Maßnahmen nach den Absätzen 1 bis 3 zeitnah geschaffen werden.

§ 10a Datenschutzaudit. [1]Die öffentlichen Stellen können zur Verbesserung von Datenschutz und Datensicherheit sowie zum Erreichen größtmöglicher Datensparsamkeit ihr Datenschutzkonzept sowie ihre technischen Einrichtungen durch unabhängige und zugelassene Gutachter prüfen und bewerten sowie das Ergebnis der Prüfung veröffentlichen lassen. [2]Sie können auch bereits geprüfte und bewertete Datenschutzkonzepte und Programme zum Einsatz bringen. [3]Die näheren Anforderungen an die Prüfung und Bewertung, das Verfahren sowie die Auswahl und Zulassung der Gutachter werden durch besonderes Gesetz geregelt.

§ 11 Verarbeitung personenbezogener Daten im Auftrag. (1) [1]Werden personenbezogene Daten im Auftrag einer öffentlichen Stelle verarbeitet, bleibt der Auftraggeber für die Einhaltung der Vorschriften dieses Gesetzes und anderer Vorschriften über den Datenschutz verantwortlich. [2]Der Auftraggeber ist verantwortliche Stelle im Sinne dieses Gesetzes; die in § 5 genannten Rechte sind ihm gegenüber geltend zu machen. [3]Der Auftragnehmer darf personenbezogene Daten nur im Rahmen der Weisungen des Auftraggebers verarbeiten. [4]Der Auftraggeber hat den Auftragnehmer unter besonderer Berücksichtigung seiner Eignung für die Gewährleistung der nach § 10 notwendigen technischen und organisatorischen Maßnahmen sorgfältig auszuwählen. [5]Der Auftrag ist schriftlich zu erteilen, wobei erforderlichenfalls ergänzende Weisungen zu technischen und organisatorischen Maßnahmen und etwaige Unterauftragsverhältnisse festzulegen sind.

(2) Soweit der Landesbetrieb Information und Technik NRW (IT.NRW), die Fachrechenzentren, die Hochschulrechenzentren und die kommunalen Datenverarbeitungseinrichtungen personenbezogene Daten im Auftrag öffentlicher Stellen verarbeiten, gelten für sie außer §§ 6 und 10 auch § 22 sowie §§ 24 und 25 dieses Gesetzes unmittelbar.

(3) [1]Sofern die Vorschriften dieses Gesetzes auf den Auftragnehmer keine Anwendung finden, ist der Auftraggeber verpflichtet sicherzustellen, dass der Auftragnehmer die Bestimmungen dieses Gesetzes befolgt und sich, sofern die Datenverarbeitung im Geltungsbereich dieses Gesetzes durchgeführt wird, der Kontrolle des Landesbeauftragten für Datenschutz und Informationsfreiheit unterwirft. [2]Bei einer Auftragsdurchführung außerhalb des Geltungsbereichs dieses Gesetzes ist die zuständige Datenschutzkontrollbehörde zu unterrichten.

(4) [1]Externe Personen und Stellen, die mit der Wartung und Systembetreuung von Einrichtungen zur automatisierten Datenverarbeitung beauftragt sind, unterliegen den Regelungen der Datenverarbeitung im Auftrag. [2]Sie müssen die notwendige fachliche Qualifikation und Zuverlässigkeit aufweisen. [3]Der Auftraggeber hat vor Beginn der Arbeiten sicherzustellen, dass der Auftragnehmer personenbezogene Daten nur zur Kenntnis nehmen kann soweit dies unvermeidlich ist. [4]Dies gilt auch für die Kenntnisnahme von Daten, die Berufs- oder besonderen Amtsgeheimnissen unterliegen. [5]Der Auftragnehmer hat dem Auf-

traggeber zuzuordnende personenbezogene Daten unverzüglich nach Erledigung des Auftrages zu löschen. [6]Die Dokumentation der Maßnahmen ist zum Zweck der Datenschutzkontrolle drei Jahre aufzubewahren.

Zweiter Abschnitt

Rechtsgrundlagen der Datenverarbeitung

§ 12 Erhebung. (1) [1]Das Erheben personenbezogener Daten ist nur insoweit zulässig, als ihre Kenntnis zur rechtmäßigen Erfüllung der Aufgaben der erhebenden Stelle erforderlich ist. [2]Durch die Art und Weise der Erhebung darf das allgemeine Persönlichkeitsrecht der betroffenen Person nicht beeinträchtigt werden. [3]Personenbezogene Daten sind bei der betroffenen Person mit ihrer Kenntnis zu erheben; bei anderen Stellen oder Personen dürfen sie ohne ihre Kenntnis nur unter den Voraussetzungen des § 13 Abs. 2 Satz 1 Buchstabe a und c bis g oder i erhoben werden.

(2) [1]Werden Daten bei der betroffenen Person erhoben so ist sie über den Verwendungszweck und eine etwaige beabsichtigte Übermittlung aufzuklären. [2]Werden Daten aufgrund einer Rechtsvorschrift erhoben, so ist die betroffene Person in geeigneter Weise über diese aufzuklären. [3]Soweit eine Auskunftspflicht besteht oder die Angaben Voraussetzung für die Gewährung von Rechtsvorteilen sind, ist die betroffene Person hierauf, sonst auf die Freiwilligkeit ihrer Angaben hinzuweisen. [4]Werden Daten ohne Kenntnis der betroffenen Person erstmals erhoben, so ist sie bei Beginn der Speicherung oder im Fall einer vorgesehenen Übermittlung bei der ersten Übermittlung davon zu benachrichtigen, wenn die Erfüllung der Aufgaben dadurch nicht wesentlich beeinträchtigt wird. [5]Satz 4 gilt nicht, wenn die betroffene Person auf andere Weise Kenntnis erhält, die Übermittlung durch Gesetz oder eine andere Rechtsvorschrift ausdrücklich vorgesehen ist oder die Daten für Zwecke von Statistiken, die durch Gesetz oder eine andere Rechtsvorschrift vorgeschrieben sind, verarbeitet werden. [6]Mitzuteilen ist, welche Daten von welcher Stelle zu welchem Zweck auf welcher Rechtsgrundlage erhoben oder an wen sie übermittelt worden sind.

(3) [1]Werden Daten bei einer dritten Person oder einer nicht-öffentlichen Stelle erhoben, so ist diese auf Verlangen über den Verwendungszweck aufzuklären. [2]Soweit eine Auskunftspflicht besteht, ist sie hierauf, sonst auf die Freiwilligkeit ihrer Angaben hinzuweisen.

§ 13 Zweckbindung bei Speicherung, Veränderung und Nutzung. (1) [1]Das Speichern, Verändern und Nutzen personenbezogener Daten ist zulässig, wenn es zur rechtmäßigen Erfüllung der Aufgaben der öffentlichen Stelle erforderlich ist. [2]Die Daten dürfen nur für Zwecke weiterverarbeitet werden, für die sie erhoben worden sind. [3]Daten, von denen die Stelle ohne Erhebung Kenntnis erlangt hat, dürfen nur für Zwecke genutzt werden, für die sie erstmals gespeichert worden sind.

(2) [1]Sollen personenbezogene Daten zu Zwecken weiterverarbeitet werden, für die sie nicht erhoben oder erstmals gespeichert worden sind, ist dies nur zulässig, wenn

a) eine Rechtsvorschrift dies erlaubt oder die Wahrnehmung einer durch Gesetz oder Rechtsverordnung zugewiesenen einzelnen Aufgabe die Verarbeitung dieser Daten zwingend voraussetzt,
b) die betroffene Person eingewilligt hat,
c) Angaben der betroffenen Person überprüft werden müssen, weil tatsächliche Anhaltspunkte für deren Unrichtigkeit bestehen,
d) es zur Abwehr erheblicher Nachteile für das Gemeinwohl oder einer sonst unmittelbar drohenden Gefahr für die öffentliche Sicherheit oder zur Abwehr einer schwerwiegenden Beeinträchtigung der Rechte einer anderen Person erforderlich ist,
e) die Einholung der Einwilligung der betroffenen Person nicht möglich ist oder mit unverhältnismäßig hohem Aufwand verbunden wäre, aber offensichtlich ist, dass es in ihrem Interesse liegt und sie in Kenntnis des anderen Zwecks ihre Einwilligung erteilen würde,
f) sie aus allgemein zugänglichen Quellen entnommen werden können oder die speichernde Stelle sie veröffentlichen dürfte, es sei denn, dass das Interesse der betroffenen Person an dem Ausschluss der Speicherung oder einer Veröffentlichung der gespeicherten Daten offensichtlich überwiegt,
g) es zu Zwecken einer öffentlichen Auszeichnung oder Ehrung der betroffenen Person erforderlich ist,
h) sich bei Gelegenheit der rechtmäßigen Aufgabenerfüllung Anhaltspunkte für Straftaten oder Ordnungswidrigkeiten ergeben und die Unterrichtung der für die Verfolgung oder Vollstreckung zuständigen Behörden geboten erscheint oder
i) zur Durchsetzung öffentlich-rechtlicher Geldforderungen ein rechtliches Interesse an der Kenntnis der zu verarbeitenden Daten vorliegt und kein Grund zu der Annahme besteht, dass das schutzwürdige Interesse der betroffenen Person an der Geheimhaltung überwiegt.

[2]Die betroffene Person ist außer im Fall des Buchstaben b davon in geeigneter Weise zu unterrichten, sofern nicht die Aufgabenerfüllung wesentlich beeinträchtigt wird. [3]Unterliegen die personenbezogenen Daten einem Berufs- oder besonderen Amtsgeheimnis und sind sie der verantwortlichen Stelle von der zur Verschwiegenheit verpflichteten Person in Ausübung ihrer Berufs- oder Amtspflicht übermittelt worden, findet Satz 1 Buchstabe c bis i keine Anwendung.

(3) [1]Eine Verarbeitung zu anderen Zwecken liegt nicht vor, wenn sie der Wahrnehmung von Aufsichts- und Kontrollbefugnissen, der Rechnungsprüfung oder der Durchführung von Organisationsuntersuchungen dient. [2]Zulässig ist auch die Verarbeitung zu Ausbildungs- und Prüfungszwecken, soweit nicht

berechtigte Interessen der betroffenen Person an der Geheimhaltung der Daten offensichtlich überwiegen.

§ 14 Übermittlung innerhalb des öffentlichen Bereichs. (1) [1]Die Übermittlung personenbezogener Daten an öffentliche Stellen ist zulässig, wenn sie zur rechtmäßigen Erfüllung der Aufgaben der übermittelnden Stelle oder des Empfängers erforderlich ist und die Voraussetzungen des § 13 Abs. 1 Satz 2 oder Satz 3 oder des Absatzes 2 Satz 1 vorliegen, sowie zur Wahrnehmung von Aufgaben nach § 13 Abs. 3. [2]Die Übermittlung ist ferner zulässig, soweit es zur Entscheidung in einem Verwaltungsverfahren der Beteiligung mehrerer öffentlicher Stellen bedarf.

(2) [1]Die Verantwortung für die Übermittlung trägt die übermittelnde Stelle. [2]Erfolgt die Übermittlung auf Grund eines Ersuchens des Empfängers, hat die übermittelnde Stelle lediglich zu prüfen, ob das Übermittlungsersuchen im Rahmen der Aufgaben des Empfängers liegt. [3]Die Rechtmäßigkeit des Ersuchens prüft sie nur, wenn im Einzelfall hierzu Anlass besteht; der Empfänger hat der übermittelnden Stelle die für diese Prüfung erforderlichen Angaben zu machen. [4]Erfolgt die Übermittlung durch automatisierten Abruf (§ 9), so trägt die Verantwortung für die Rechtmäßigkeit des Abrufs der Empfänger.

(3) Der Empfänger darf die übermittelten Daten nur für die Zwecke verarbeiten, zu deren Erfüllung sie ihm übermittelt worden sind; § 13 Abs. 2 findet entsprechende Anwendung.

(4) Die Absätze 1 bis 3 gelten entsprechend, wenn personenbezogene Daten innerhalb einer öffentlichen Stelle weitergegeben werden.

§ 15 Übermittlung an öffentlich-rechtliche Religionsgesellschaften. Die Übermittlung personenbezogener Daten an Stellen der öffentlich-rechtlichen Religionsgesellschaften ist in entsprechender Anwendung der Vorschriften über die Datenübermittlung an öffentliche Stellen zulässig sofern sichergestellt ist, dass bei dem Empfänger ausreichende Datenschutzmaßnahmen getroffen sind.

§ 16 Übermittlung an Personen oder Stellen außerhalb des öffentlichen Bereichs. (1) [1]Die Übermittlung personenbezogener Daten an Personen oder Stellen außerhalb des öffentlichen Bereichs ist zulässig, wenn

a) sie zur rechtmäßigen Erfüllung der in der Zuständigkeit der übermittelnden Stelle liegenden Aufgaben erforderlich ist und die Voraussetzungen des § 13 Abs. 1 vorliegen,

b) die Voraussetzungen des § 13 Abs. 2 Satz 1 Buchstabe a, b, d, f oder i vorliegen,

c) der Auskunftsbegehrende ein rechtliches Interesse an der Kenntnis der zu übermittelnden Daten glaubhaft macht und kein Grund zu der Annahme besteht, dass das Geheimhaltungsinteresse der betroffenen Person überwiegt, oder

d) sie im öffentlichen Interesse liegt oder hierfür ein berechtigtes Interesse geltend gemacht wird und die betroffene Person in diesen Fällen der Datenübermittlung nicht widersprochen hat.

[2]Bei Übermittlungen nach Satz 1 Buchstabe b, soweit sie unter den Voraussetzungen des § 13 Abs. 2 Satz 1 Buchstabe i erfolgen, sowie in den Fällen des Satzes 1 Buchstabe c wird die betroffene Person vor der Mitteilung gehört, es sei denn, es ist zu besorgen, dass dadurch die Verfolgung des Interesses vereitelt oder wesentlich erschwert würde, und eine Abwägung ergibt, dass dieses Interesse das Interesse der betroffenen Person an ihrer vorherigen Anhörung überwiegt; ist die Anhörung unterblieben, wird die betroffene Person nachträglich unterrichtet. [3]In den übrigen Fällen des Satzes 1 ist die betroffene Person über die beabsichtigte Übermittlung, die Art der zu übermittelnden Daten und den Verwendungszweck in geeigneter Weise zu unterrichten, sofern nicht die Aufgabenerfüllung wesentlich beeinträchtigt wird.

(2) [1]Der Empfänger darf die übermittelten Daten nur für die Zwecke verarbeiten, zu denen sie ihm übermittelt wurden. [2]Hierauf ist er bei der Übermittlung hinzuweisen.

§ 17 Übermittlung an ausländische Stellen. (1) [1]Die Zulässigkeit der Übermittlung an öffentliche und nicht-öffentliche Stellen außerhalb des Geltungsbereichs des Grundgesetzes richtet sich nach den §§ 14 und 16. [2]Die Übermittlung an Stellen außerhalb der Mitgliedstaaten der Europäischen Union ist nur zulässig, wenn dort ein angemessenes Datenschutzniveau gewährleistet ist. [3]Vor der Entscheidung über die Angemessenheit des Datenschutzniveaus ist der Landesbeauftragte für Datenschutz und Informationsfreiheit zu hören.

(2) Fehlt es an einem angemessenen Datenschutzniveau, so ist die Übermittlung nur zulässig, wenn

1. die betroffene Person in die Übermittlung eingewilligt hat,
2. die Übermittlung zur Wahrung eines überwiegenden öffentlichen Interesses oder zur Geltendmachung, Ausübung oder Verteidigung eines rechtlichen Interesses erforderlich ist,
3. die Übermittlung zur Wahrung lebenswichtiger Interessen der betroffenen Person erforderlich ist,
4. die Übermittlung aus einem für die Öffentlichkeit bestimmten Register erfolgt oder
5. die Übermittlung genehmigt wird, wenn die empfangende Stelle ausreichende Garantien hinsichtlich des Schutzes der informationellen Selbstbestimmung bietet. Die für die Genehmigungserteilung zuständige Stelle oder zuständigen Stellen bestimmt die Landesregierung durch Rechtsverordnung.

(3) Die empfangende Stelle ist darauf hinzuweisen, dass die Daten nur zu den Zwecken verarbeitet werden dürfen, für die sie übermittelt wurden.

Dritter Abschnitt

Rechte der betroffenen Person

§ 18 Auskunft, Einsichtnahme. (1) [1]Der betroffenen Person ist von der verantwortlichen Stelle auf Antrag Auskunft zu erteilen über

1. die zu ihrer Person verarbeiteten Daten,
2. den Zweck und die Rechtsgrundlage der Verarbeitung,
3. die Herkunft der Daten und die Empfänger von Übermittlungen sowie
4. die allgemeinen technischen Bedingungen der automatisierten Verarbeitung der zur eigenen Person verarbeiteten Daten.

[2]Dies gilt nicht für personenbezogene Daten, die ausschließlich zu Zwecken der Datensicherung oder der Datenschutzkontrolle gespeichert sind.

(2) [1]Auskunft oder Einsichtnahme sind zu gewähren, soweit die betroffene Person Angaben macht, die das Auffinden der Daten mit angemessenem Aufwand ermöglichen. [2]Auskunftserteilungen und Einsichtnahme sind gebührenfrei, die Erstattung von Auslagen kann verlangt werden.

(3) Die Verpflichtung zur Auskunftserteilung oder zur Gewährung der Einsichtnahme entfällt, soweit

a) dies die ordnungsgemäße Erfüllung der Aufgaben der verantwortlichen Stelle erheblich gefährden würde,
b) dies die öffentliche Sicherheit gefährden oder sonst dem Wohle des Bundes oder eines Landes Nachteile bereiten würde,
c) die personenbezogenen Daten oder die Tatsache ihrer Speicherung nach einer Rechtsvorschrift oder wegen der berechtigten Interessen einer dritten Person geheimgehalten werden müssen.

(4) [1]Einer Begründung für die Auskunftsverweigerung bedarf es nur dann nicht, wenn durch die Mitteilung der Gründe der mit der Auskunftsverweigerung verfolgte Zweck gefährdet würde. [2]In diesem Fall sind die wesentlichen Gründe für die Entscheidung aufzuzeichnen.

(5) [1]Bezieht sich die Auskunftserteilung oder die Einsichtnahme auf die Herkunft personenbezogener Daten von Behörden des Verfassungsschutzes, der Staatsanwaltschaft und der Polizei, von Landesfinanzbehörden, soweit diese personenbezogene Daten in Erfüllung ihrer gesetzlichen Aufgaben im Anwendungsbereich der Abgabenordnung zur Überwachung und Prüfung speichern, sowie von den in § 19 Abs. 3 Bundesdatenschutzgesetz genannten Behörden, ist sie nur mit Zustimmung dieser Stellen zulässig. [2]Gleiches gilt für die Übermittlung personenbezogener Daten an diese Behörden. [3]Für die Versagung der Zustimmung gelten, soweit dieses Gesetz auf die genannten Behörden Anwendung findet, die Absätze 3 und 4 entsprechend.

(6) Werden Auskunft oder Einsichtnahme nicht gewährt, ist die betroffene Person darauf hinzuweisen, dass sie sich an den Landesbeauftragten für Datenschutz und Informationsfreiheit wenden kann.

§ 19 Berichtigung, Sperrung und Löschung. (1) [1]Personenbezogene Daten sind zu berichtigen, wenn sie unrichtig sind. [2]Sind personenbezogene Daten zu berichtigen, so ist in geeigneter Weise kenntlich zu machen, zu welchem Zeitpunkt und aus welchem Grund diese Daten unrichtig waren oder geworden sind.

(2) [1]Personenbezogene Daten sind zu sperren, wenn

a) ihre Richtigkeit von der betroffenen Person bestritten wird und sich weder die Richtigkeit noch die Unrichtigkeit feststellen lässt,
b) die betroffene Person an Stelle der Löschung nach Absatz 3 Satz 1 Buchstabe a die Sperrung verlangt,
c) die weitere Speicherung im Interesse der betroffenen Person geboten ist,
d) sie nur zu Zwecken der Datensicherung oder der Datenschutzkontrolle gespeichert sind.

[2]In den Fällen nach Satz 1 Buchstabe c und d sind die Gründe aufzuzeichnen. [3]Bei automatisierten Dateien ist die Sperrung grundsätzlich durch technische Maßnahmen sicherzustellen; im Übrigen ist ein entsprechender Vermerk anzubringen. [4]Gesperrte Daten dürfen über die Speicherung hinaus nicht mehr weiterverarbeitet werden, es sei denn, dass dies zur Behebung einer bestehenden Beweisnot oder aus sonstigen im überwiegenden Interesse der verantwortlichen Stelle oder eines Dritten liegenden Gründen unerlässlich ist oder die betroffene Person eingewilligt hat.

(3) [1]Personenbezogene Daten sind zu löschen, wenn

a) ihre Speicherung unzulässig ist oder
b) ihre Kenntnis für die speichernde Stelle zur Aufgabenerfüllung nicht mehr erforderlich ist.

[2]Sind personenbezogene Daten in Akten gespeichert und ist die nach § 4 Abs. 6 vorgesehene Abtrennung nicht möglich, ist die Löschung nach Satz 1 Buchstabe b nur durchzuführen, wenn die gesamte Akte zur Aufgabenerfüllung nicht mehr erforderlich ist, es sei denn, dass die betroffene Person die Löschung verlangt und die weitere Speicherung sie in unangemessener Weise beeinträchtigen würde. [3]Soweit hiernach eine Löschung nicht in Betracht kommt, sind die personenbezogenen Daten auf Antrag der betroffenen Person zu sperren.

(4) Abgesehen von den Fällen des Absatzes 3 Satz 1 Buchstabe a ist von einer Löschung abzusehen, soweit die gespeicherten Daten auf Grund von Rechtsvorschriften einem Archiv zur Übernahme anzubieten oder von einem Archiv zu übernehmen sind.

(5) [1]Über die Berichtigung unrichtiger Daten, die Sperrung bestrittener Daten und die Löschung oder Sperrung unzulässig gespeicherter Daten sind unverzüglich die betroffene Person und die Stellen zu unterrichten, denen die Daten übermittelt worden sind. [2]Die Unterrichtung kann unterbleiben, wenn sie einen erheblichen Aufwand erfordern würde und nachteilige Folgen für die betroffene Person nicht zu befürchten sind.

§ 20 Schadensersatz. (1) [1]Wird der betroffenen Person durch eine nach den Vorschriften dieses Gesetzes oder nach anderen Vorschriften über den Datenschutz unzulässige oder unrichtige Verarbeitung ihrer personenbezogenen Daten ein Schaden zugefügt, so ist ihr der Träger der verantwortlichen Stelle zum Schadensersatz verpflichtet. [2]In schweren Fällen kann die betroffene Person auch wegen des Schadens, der nicht Vermögensschaden ist, eine angemessene Entschädigung in Geld verlangen.

(2) [1]Ist der Schaden durch Verarbeitung der Daten in einer automatisierten Datei entstanden, besteht die Entschädigungspflicht unabhängig von einem Verschulden der verantwortlichen Stelle. [2]In diesem Fall haftet der Ersatzpflichtige gegenüber der betroffenen Person für jedes schädigende Ereignis bis zu einem Betrag von 500 000 Deutsche Mark oder 250 000 Euro. [3]Im Übrigen setzt die Verpflichtung zum Schadensersatz Verschulden voraus. [4]Der verantwortlichen Stelle obliegt in Fällen des Satzes 3 die Beweislast, dass sie die unzulässige oder unrichtige Verarbeitung der Daten nicht zu vertreten hat. [5]Mehrere Ersatzpflichtige haften als Gesamtschuldner.

(3) [1]Auf eine schuldhafte Mitverursachung des Schadens durch die betroffene Person sind die §§ 254 und 839 Abs. 3 des Bürgerlichen Gesetzbuches entsprechend anzuwenden. [2]Auf die Verjährung finden die für unerlaubte Handlungen geltenden Verjährungsvorschriften des Bürgerlichen Gesetzbuches entsprechende Anwendung.

(4) Weitergehende sonstige Schadensersatzansprüche bleiben unberührt.

ZWEITER TEIL

Landesbeauftragter für den Datenschutz und Informationsfreiheit

§ 21 Berufung und Rechtsstellung. (1) [1]Der Landtag wählt auf Vorschlag der Landesregierung einen Landesbeauftragten für Datenschutz und Informationsfreiheit mit mehr als der Hälfte der gesetzlichen Zahl seiner Mitglieder. [2]Dieser muss die Befähigung zum Richteramt oder zum höheren Dienst haben und die zur Erfüllung seiner Aufgaben erforderliche Fachkunde besitzen. [3]Die Amts- und Funktionsbezeichnung „Der Landesbeauftragte für Datenschutz und Informationsfreiheit“ wird in männlicher oder weiblicher Form geführt.

(2) [1]Der Landesbeauftragte für Datenschutz und Informationsfreiheit wird jeweils für die Dauer von acht Jahren in ein Beamtenverhältnis auf Zeit berufen. [2]Nach Ende der Amtszeit bleibt er bis zur Ernennung eines Nachfolgers im Amt. [3]Die Wiederwahl ist zulässig. [4]Der Landesbeauftragte für Datenschutz und Informationsfreiheit ist in Ausübung seines Amtes unabhängig und nur dem Gesetz unterworfen. [5]Der Landesbeauftragte für Datenschutz und Informationsfreiheit bestellt eine Mitarbeiterin oder einen Mitarbeiter zur Stellvertreterin oder zum Stellvertreter. [6]Diese oder dieser führt die Geschäfte im Verhinderungsfall.

(3) [1]Der Landesbeauftragte für Datenschutz und Informationsfreiheit ist eine Landesbehörde; er hat seinen Sitz in Düsseldorf. [2]Er ist oberste Dienstbehörde und trifft Entscheidungen nach § 37 Beamtenstatusgesetz für sich und seine Bediensteten in eigener Verantwortung. [3]Die Bediensteten unterstehen nur seinen Weisungen.

(3a) Für die beamtenrechtlichen Angelegenheiten des Landesbeauftragten für Datenschutz und Informationsfreiheit in Person ist das Ministerium für Inneres und Kommunales zuständig, mit der Maßgabe, dass die Wahrnehmung der Zuständigkeit die Unabhängigkeit des Landesbeauftragten für Datenschutz und Informationsfreiheit nicht beeinträchtigt.

(3b) [1]In Disziplinarangelegenheiten des Landesbeauftragten für Datenschutz und Informationsfreiheit in Person entscheiden die Richterdienstgerichte. [2]Auf das Verfahren vor den Richterdienstgerichten sind die Vorschriften des Landesrichter- und Staatsanwältegesetzes vom 8. Dezember 2015 (GV. NRW. S. 812) in der jeweils geltenden Fassung anzuwenden. [3]Die nach diesen Vorschriften zustehenden Befugnisse der Antrag stellenden Stellen übt der Präsident des Landtags aus. [4]Die nicht ständigen Beisitzer des Richterdienstgerichtes müssen Mitglieder der Verwaltungsgerichtsbarkeit sein.

(4) Dem Landesbeauftragten für Datenschutz und Informationsfreiheit ist die für die Erfüllung seiner Aufgaben notwendige Personal- und Sachausstattung zur Verfügung zu stellen; sie ist im Einzelplan des Landtages in einem eigenen Kapitel auszuweisen.

(5) [1]Der Landesbeauftragte für Datenschutz und Informationsfreiheit ist für alle beamten- und disziplinarrechtlichen Entscheidungen sowie für alle arbeitsrechtlichen Entscheidungen hinsichtlich seiner Beschäftigten zuständig. [2]Ihre Einbeziehung in den Personalaustausch in der Landesverwaltung wird gewährleistet. [3]Näheres zur Personalgewinnung und zur Personalverwaltung kann der Landesbeauftragte für Datenschutz und Informationsfreiheit mit dem Ministerium für Inneres und Kommunales vereinbaren.

(6) Der Landesbeauftragte für Datenschutz und Informationsfreiheit kann sich jederzeit an den Landtag wenden.

§ 21a Übergangsregelung. (1) [1]Bis zum Zusammentreten zur ersten Sitzung des gewählten Personalrates beim Landesbeauftragten für Datenschutz und Informationsfreiheit bleibt der Personalrat des Ministeriums für Inneres und Kommunales für Beschäftigte des Landesbeauftragten für Datenschutz und Informationsfreiheit zuständig. [2]Die Schwerbehindertenvertretung des Ministeriums für Inneres und Kommunales führt die Geschäfte bis zur Bekanntgabe des Wahlergebnisses der Schwerbehindertenvertretung beim Landesbeauftragten für Datenschutz und Informationsfreiheit zunächst weiter; diese übergangsweise Zuständigkeit im Bereich der Schwerbehindertenvertretung endet jedoch spätestens sechs Monate nach Inkrafttreten des Gesetzes.

(2) Bis zur Ausweisung der Personal- und Sachausstattung in einem eigenen Kapitel im Einzelplan des Landtages gemäß § 21 Absatz 4 Datenschutzgesetz

Nordrhein-Westfalen durch den Haushaltsgesetzgeber erhält der Landesbeauftragte für Datenschutz und Informationsfreiheit aus dem eigenen Kapitel im Einzelplan des Ministeriums für Inneres und Kommunales die Haushaltsmittel zur Erfüllung seiner Aufgaben.

§ 22 Aufgaben und Befugnisse. (1) [1]Der Landesbeauftragte für Datenschutz und Informationsfreiheit überwacht die Einhaltung der Vorschriften dieses Gesetzes sowie anderer Vorschriften über den Datenschutz bei den öffentlichen Stellen. [2]Den Stellen kann der Landesbeauftragte für Datenschutz und Informationsfreiheit auch Empfehlungen zur Verbesserung des Datenschutzes geben, insbesondere die Landesregierung und einzelne Ministerien, Gemeinden und Gemeindeverbände sowie die übrigen öffentlichen Stellen in Fragen des Datenschutzes beraten und informieren.

(2) [1]Die öffentlichen Stellen sind verpflichtet, den Landesbeauftragten für Datenschutz und Informationsfreiheit bei der Aufgabenerfüllung zu unterstützen und Amtshilfe zu leisten. [2]Gesetzliche Geheimhaltungsvorschriften können einem Auskunfts- oder Einsichtsverlangen nicht entgegengehalten werden. [3]Dem Landesbeauftragten für Datenschutz und Informationsfreiheit sind insbesondere

1. Auskunft über die Fragen zu erteilen sowie Einsicht in alle Datenverarbeitungsvorgänge, Dokumentationen und Aufzeichnungen zu gewähren, die im Zusammenhang mit der Verarbeitung personenbezogener Daten stehen, namentlich auch in die gespeicherten Daten,
2. jederzeit Zutritt zu allen Diensträumen und Zugriff auf elektronische Dienste zu gewähren und
3. Kopien von Unterlagen, von automatisierten Dateien, von deren Verfahren und von organisatorischen Regelungen zur Mitnahme zur Verfügung zu stellen, soweit nicht die Aufgabenerfüllung der verantwortlichen Stelle wesentlich gefährdet wird. Die Gefährdung ist schriftlich zu begründen.

[4]Die Rechte nach Satz 3 dürfen nur vom Landesbeauftragten für Datenschutz und Informationsfreiheit persönlich ausgeübt werden, wenn die oberste Landesbehörde im Einzelfall feststellt, dass die Sicherheit des Bundes oder eines Landes dies gebietet. [5]In diesem Fall müssen personenbezogene Daten einer betroffenen Person, der von der datenverarbeitenden Stelle Vertraulichkeit besonders zugesichert worden ist, auch ihm gegenüber nicht offenbart werden.

(3) [1]Der Landesbeauftragte für Datenschutz und Informationsfreiheit ist frühzeitig über Planungen zur Entwicklung, zum Aufbau oder zur wesentlichen Veränderung automatisierter Datenverarbeitungs- und Informationssysteme zu unterrichten, sofern in dem jeweiligen System personenbezogene Daten verarbeitet werden sollen. [2]Dasselbe gilt bei Entwürfen für Rechts- oder Verwaltungsvorschriften des Landes, wenn sie eine Verarbeitung personenbezogener Daten vorsehen.

(4) [1]Der Landesbeauftragte für Datenschutz und Informationsfreiheit ist befugt, personenbezogene Daten, die ihm durch Beschwerden, Anfragen, Hinweise und Beratungswünsche bekannt werden, zu verarbeiten, soweit dies zur

Erfüllung seiner Aufgaben erforderlich ist. [2]Er darf im Rahmen von Kontrollmaßnahmen personenbezogene Daten auch ohne Kenntnis der betroffenen Person erheben. [3]Von einer Benachrichtigung der betroffenen Person kann nach pflichtgemäßem Ermessen abgesehen werden. [4]Die nach den Sätzen 1 und 2 erhobenen und verarbeiteten Daten dürfen nicht zu anderen Zwecken weiterverarbeitet werden.

(5) [1]Der Landesbeauftragte für Datenschutz und Informationsfreiheit arbeitet mit den Behörden und sonstigen Stellen zusammen die für die Kontrolle der Einhaltung der Vorschriften über den Datenschutz in der Europäischen Union, im Bund und in den Ländern zuständig sind. [2]Aufsichtsbehörde im Sinne des § 38 Bundesdatenschutzgesetz ist der Landesbeauftragte für Datenschutz und Informationsfreiheit.

§ 23 Vorverfahren. Abweichend von § 68 der Verwaltungsgerichtsordnung findet ein Vorverfahren nicht statt.

§ 24 Beanstandungen durch den Landesbeauftragten. (1) [1]Stellt der Landesbeauftragte für Datenschutz und Informationsfreiheit Verstöße gegen die Vorschriften dieses Gesetzes, gegen andere Vorschriften über den Datenschutz oder sonstige Mängel bei der Verarbeitung personenbezogener Daten fest, so beanstandet er diese

1. bei der Landesverwaltung gegenüber der zuständigen obersten Landesbehörde, beim Landesrechnungshof gegenüber der Präsidentin oder dem Präsidenten,
2. bei der Kommunalverwaltung gegenüber der jeweils verantwortlichen Gemeinde oder dem verantwortlichen Gemeindeverband,
3. bei den wissenschaftlichen Hochschulen, Gesamthochschulen und Fachhochschulen gegenüber dem Hochschulpräsidenten oder dem Rektor, bei öffentlichen Schulen gegenüber dem Leiter der Schule,
4. bei den sonstigen Körperschaften, Anstalten und Stiftungen des öffentlichen Rechts gegenüber dem Vorstand oder dem sonst vertretungsberechtigten Organ

und fordert zur Stellungnahme innerhalb einer von ihm zu bestimmenden Frist auf. [2]In den Fällen von Satz 1 Nr. 2 bis 4 unterrichtet der Landesbeauftragte für Datenschutz und Informationsfreiheit gleichzeitig auch die zuständige Aufsichtsbehörde.

(2) Der Landesbeauftragte für Datenschutz und Informationsfreiheit kann von einer Beanstandung absehen oder auf eine Stellungnahme der betroffenen Stelle verzichten, wenn es sich um unerhebliche Mängel handelt oder wenn ihre Behebung sichergestellt ist.

(3) Mit der Beanstandung kann der Landesbeauftragte für Datenschutz und Informationsfreiheit Vorschläge zur Beseitigung der Mängel und zur sonstigen Verbesserung des Datenschutzes verbinden.

(4) [1]Die gemäß Absatz 1 abzugebende Stellungnahme soll auch eine Darstellung der Maßnahmen enthalten, die auf Grund der Beanstandung des Lan-

desbeauftragten für Datenschutz und Informationsfreiheit getroffen worden sind. [2]Die in Absatz 1 Nr. 2 bis 4 genannten Stellen leiten der zuständigen Aufsichtsbehörde eine Abschrift ihrer Stellungnahme an den Landesbeauftragten für Datenschutz und Informationsfreiheit zu.

§ 25 Anrufungsrecht der betroffenen Person. (1) Wer der Ansicht ist, dass gegen Vorschriften dieses Gesetzes oder gegen andere Datenschutzvorschriften verstoßen worden ist oder ein solcher Verstoß bevorsteht, hat das Recht, sich unmittelbar an den Landesbeauftragten für Datenschutz und Informationsfreiheit zu wenden; dies gilt auch für Bedienstete öffentlicher Stellen, ohne dass der Dienstweg eingehalten werden muss.

(2) Niemand darf deswegen benachteiligt oder gemaßregelt werden, weil er sich an den Landesbeauftragten für Datenschutz und Informationsfreiheit wendet.

§ 26 *(aufgehoben)*

§ 27 Datenschutzbericht, Gutachtertätigkeit und Informationspflichten. (1) [1]Der Landesbeauftragte für Datenschutz und Informationsfreiheit legt dem Landtag und der Landesregierung jeweils für zwei Kalenderjahre einen Bericht über seine Tätigkeit vor (Datenschutzbericht). [2]Die Landesregierung nimmt hierzu gegenüber dem Landtag schriftlich Stellung. [3]Der Landesbeauftragte für Datenschutz und Informationsfreiheit berät und informiert mit dem Bericht und auf andere Weise die Bürger sowie die Öffentlichkeit zu Fragen des Datenschutzes.

(2) Der Landtag kann den Landesbeauftragten für Datenschutz und Informationsfreiheit mit der Erstattung von Gutachten in Datenschutzfragen betrauen.

(3) [1]Auf Ersuchen des Landtages hat der Landesbeauftragte für Datenschutz und Informationsfreiheit zu aktuellen Entwicklungen von besonderer datenschutzrechtlicher Bedeutung zu berichten. [2]Der Landtag kann die Anwesenheit des Landesbeauftragten für Datenschutz und Informationsfreiheit verlangen. [3]Schriftliche Äußerungen gegenüber dem Landtag sind gleichzeitig der Landesregierung zu übersenden.

DRITTER TEIL
Besonderer Datenschutz

§ 28 Datenverarbeitung für wissenschaftliche Zwecke. (1) [1]Die Verarbeitung personenbezogener Daten zu wissenschaftlichen Zwecken soll in anonymisierter Form erfolgen. [2]Stehen einer Anonymisierung wissenschaftliche Gründe entgegen, dürfen die Daten auch verarbeitet werden, wenn sie pseudonymisiert werden und der mit der Forschung befasste Personenkreis oder die empfangende Stelle oder Person keinen Zugriff auf die Zuordnungsfunktion hat. [3]Datenerfassung, Anonymisierung oder Pseudonymisierung kann auch durch die mit der Forschung befassten Personen erfolgen, wenn sie zuvor nach dem Verpflichtungsgesetz zur Verschwiegenheit verpflichtet worden sind und unter der Aufsicht der übermittelnden Stelle stehen.

(2) Ist eine Anonymisierung oder Pseudonymisierung nicht möglich, so dürfen personenbezogene Daten für ein bestimmtes Forschungsvorhaben verarbeitet werden, wenn
1. die betroffene Person eingewilligt hat,
2. schutzwürdige Belange der betroffenen Person wegen der Art der Daten oder der Art der Verwendung nicht beeinträchtigt werden oder
3. der Zweck der Forschung auf andere Weise nicht oder nur mit unverhältnismäßig großem Aufwand erreicht werden kann und das öffentliche Interesse an der Durchführung des Forschungsvorhabens die schutzwürdigen Belange der betroffenen Person überwiegt.

(3) [1]Sobald es der Forschungszweck gestattet, sind die Daten zu anonymisieren, hilfsweise zu pseudonymisieren. [2]Die Merkmale, mit deren Hilfe ein Personenbezug wiederhergestellt werden kann, sind gesondert zu speichern; sie müssen gelöscht werden, sobald der Forschungszweck dies zulässt. [3]Sollen personenbezogene Daten für einen anderen als den ursprünglichen Forschungszweck verarbeitet werden, ist dies nur nach Maßgabe der Absätze 1 und 2 zulässig.

(4) Die zu wissenschaftlichen Zwecken verarbeiteten Daten dürfen nur veröffentlicht werden, wenn
1. die betroffene Person eingewilligt hat oder
2. das öffentliche Interesse an der Darstellung des Forschungsergebnisses die schutzwürdigen Belange der betroffenen Person erheblich überwiegt.

(5) [1]Soweit öffentliche Stellen personenbezogene Daten übermitteln, haben sie diejenigen empfangenden Stellen, auf die dieses Gesetz keine Anwendung findet, darauf zu verpflichten, die Vorschriften der Absätze 1 bis 4 einzuhalten und jederzeit Kontrollen durch den Landesbeauftragten für Datenschutz und Informationsfreiheit zu ermöglichen. [2]Bei einer Datenübermittlung an Stellen außerhalb des Geltungsbereichs dieses Gesetzes hat die übermittelnde Stelle die für den Empfänger zuständige Datenschutzkontrollbehörde zu unterrichten.

§ 29 Datenverarbeitung bei Dienst- und Arbeitsverhältnissen. (1) [1]Daten von Bewerbern und Beschäftigten dürfen nur verarbeitet werden, wenn dies zur Eingehung, Durchführung, Beendigung oder Abwicklung des Dienst- oder Arbeitsverhältnisses oder zur Durchführung organisatorischer, personeller und sozialer Maßnahmen, insbesondere auch zu Zwecken der Personalplanung und des Personaleinsatzes, erforderlich ist oder eine Rechtsvorschrift, ein Tarifvertrag oder eine Dienstvereinbarung dies vorsieht. [2]Abweichend von § 16 Abs. 1 ist eine Übermittlung der Daten von Beschäftigten an Personen und Stellen außerhalb des öffentlichen Bereichs nur zulässig, wenn der Empfänger ein rechtliches Interesse darlegt, der Dienstverkehr es erfordert oder die betroffene Person eingewilligt hat. [3]Die Datenübermittlung an einen künftigen Dienstherrn oder Arbeitgeber ist nur mit Einwilligung der betroffenen Person zulässig.

(2) Die beamtenrechtlichen Vorschriften über die Führung von Personalakten (§ 50 Beamtenstatusgesetz, §§ 84-92 des Landesbeamtengesetzes für das Land Nordrhein-Westfalen) sind für alle nicht beamteten Beschäftigten einer öffentlichen Stelle entsprechend anzuwenden, soweit nicht die Besonderheiten des Tarif- und Arbeitsrechts hinsichtlich der Aufnahme und Entfernung von bestimmten Vorgängen und Vermerken eine abweichende Behandlung erfordern.

(3) [1]Die Weiterverarbeitung der bei ärztlichen oder psychologischen Untersuchungen und Tests zum Zwecke der Eingehung eines Dienst- oder Arbeitsverhältnisses erhobenen Daten ist nur mit schriftlicher Einwilligung der betroffenen Person zulässig. [2]Die Einstellungsbehörde darf vom untersuchenden Arzt in der Regel nur die Übermittlung des Ergebnisses der Eignungsuntersuchung und dabei festgestellter Risikofaktoren verlangen.

(4) [1]Personenbezogene Daten, die vor der Eingehung eines Dienst- oder Arbeitsverhältnisses erhoben wurden, sind unverzüglich zu löschen, sobald feststeht, dass ein Dienst- oder Arbeitsverhältnis nicht zustande kommt, es sei denn, dass die betroffene Person in die weitere Speicherung eingewilligt hat. [2]Nach Beendigung eines Dienst- oder Arbeitsverhältnisses sind personenbezogene Daten zu löschen, wenn diese Daten nicht mehr benötigt werden, es sei denn, dass Rechtsvorschriften entgegenstehen; § 19 Abs. 3 Satz 2 und 3 sowie Abs. 4 finden Anwendung.

(5) Die Ergebnisse medizinischer oder psychologischer Untersuchungen und Tests der Beschäftigten dürfen automatisiert nur verarbeitet werden, wenn dies dem Schutz der Beschäftigten dient.

(6) Soweit Daten der Beschäftigten im Rahmen der Durchführung der technischen und organisatorischen Maßnahmen nach § 10 gespeichert werden, dürfen sie nicht zu Zwecken der Verhaltens- oder Leistungskontrolle genutzt werden.

(7) Beurteilungen dürfen nicht allein auf Informationen gestützt werden, die unmittelbar durch automatisierte Datenverarbeitung gewonnen werden.

§ 29a Mobile personenbezogene Datenverarbeitungssysteme. (1) Informationstechnische Systeme zum Einsatz in automatisierten Verfahren, die an die Betroffenen ausgegeben werden und die über eine von der ausgebenden Stelle oder Dritten bereitgestellte Schnittstelle Daten automatisiert austauschen können (mobile Datenverarbeitungssysteme, z.B. Chipkarten), dürfen nur mit Einwilligung der betroffenen Person nach ihrer vorherigen umfassenden Aufklärung eingesetzt werden.

(2) [1]Für die Betroffenen muss jederzeit erkennbar sein,

1. ob und durch wen Datenverarbeitungsvorgänge auf dem mobilen Datenverarbeitungssystem oder durch dieses veranlasst stattfinden,

2. welche personenbezogenen Daten der betroffenen Person verarbeitet werden und
3. welcher Verarbeitungsvorgang im Einzelnen abläuft oder angestoßen wird.

[2]Den Betroffenen müssen die Informationen nach Nummer 2 und 3 auf ihren Wunsch auch schriftlich in Papierform mitgeteilt werden.

(3) [1]Die Betroffenen sind bei der Ausgabe des mobilen Datenverarbeitungssystems über die ihnen nach § 5 zustehenden Rechte aufzuklären. [2]Sofern zur Wahrnehmung der Informationsrechte besondere Geräte oder Einrichtungen erforderlich sind, hat die ausgebende Stelle dafür Sorge zu tragen, dass diese in angemessenem Umfang zur Verfügung stehen.

(4) [1]Abweichend von Absatz 1 dürfen Leitstellen und Befehlsstellen der in Satz 4 genannten Einrichtungen und Organisationen zur Bestimmung des geografischen Standorts personenbezogene Daten der von ihnen gesteuerten Einsatzkräfte mittels elektronsicher Einrichtungen durch eine Funktion des Digitalfunks für Behörden und Organisationen mit Sicherheitsaufgaben (BOS-Digitalfunk) oder durch andere technische Mittel ohne Einwilligung der Betroffenen verarbeiten, soweit dies aus dienstlichen Gründen zur Sicherheit oder zur Koordinierung der Einsatzkräfte erforderlich ist. [2]Standortdaten dürfen ausschließlich zu den in Satz 1 festgelegten Zwecken verarbeitet werden. [3]Die Daten sind unverzüglich zu löschen, wenn sie zur Erreichung des Zwecks der Speicherung nicht mehr erforderlich sind. [4]Satz 1 bis 3 gelten für Einsatzkräfte der Berechtigten des § 4 Absatz 1 Nummern 1.1, 1.5, 1.6, 1.7 und 1.9 der BOS-Funkrichtlinie in der Fassung der Bekanntmachung vom 7. September 2009 (GMBl. 2009, S. 803), soweit es sich hierbei um kommunale Behörden oder um Landesbehörden handelt.

(5) [1]Ausgenommen von dem Erfordernis der Einwilligung gemäß Absatz 1 ist der Einsatz informationstechnischer Systeme im Sinne des Absatzes 1 zulässig, soweit dieser aus zwingenden dienstlichen Gründen, insbesondere aus Gründen der Informationssicherheit, erforderlich ist. [2]Ein solcher Einsatz darf nur erfolgen, soweit dies unter Berücksichtigung des informationellen Selbstbestimmungsrechts des betroffenen Personenkreises und der Aufgaben der beteiligten Stellen angemessen ist. [3]Die durch den Einsatz dieser Systeme erfassten personenbezogenen Daten dürfen ausschließlich für die in Satz 1 genannten Gründe verarbeitet werden. [4]Die Daten sind unverzüglich zu löschen, wenn sie zur Erreichung des Zwecks der Speicherung nicht mehr erforderlich sind. [5]Die zuständige oberste Landesbehörde wird ermächtigt, durch Rechtsverordnung diesen Einsatz informationstechnischer Systeme zuzulassen. [6]Sie hat hierbei die Datenempfänger, die Datenart, Anlass und Zweck der Verarbeitung, ihre Form, das Nähere über das Verfahren der Verarbeitung sowie die umfassende Aufklärung der betroffenen Personen festzulegen. [7]Der Landesbeauftragte für Datenschutz und Informationsfreiheit ist zu unterrichten.

§ 29b Optisch-elektronische Überwachung. (1) [1]Die nicht mit einer Speicherung verbundene Beobachtung öffentlich zugänglicher Bereiche mit optisch-elektronischen Einrichtungen ist zulässig, soweit dies der Wahrnehmung des Hausrechts dient und keine Anhaltspunkte dafür bestehen, dass schutzwürdige Interessen betroffener Personen überwiegen. [2]Die Tatsache der Beobachtung ist, soweit nicht offenkundig, den Betroffenen durch geeignete Maßnahmen erkennbar zu machen.

(2) [1]Die Speicherung von nach Absatz 1 Satz 1 erhobenen Daten ist nur bei einer konkreten Gefahr zu Beweiszwecken zulässig, wenn dies zum Erreichen der verfolgten Zwecke unverzichtbar ist. [2]Die Daten sind unverzüglich zu löschen, wenn sie hierzu nicht mehr erforderlich sind; dies ist in angemessenen Zeitabständen zu prüfen.

(3) [1]Werden die gespeicherten Daten einer bestimmten Person zugeordnet und verarbeitet, so ist diese jeweils davon zu benachrichtigen. [2]Von einer Benachrichtigung kann abgesehen werden, solange das öffentliche Interesse an einer Strafverfolgung das Benachrichtigungsrecht der betroffenen Person erheblich überwiegt.

§ 30 Fernmessen und Fernwirken. (1) [1]Öffentliche Stellen dürfen ferngesteuerte Messungen oder Beobachtungen (Fernmessdienste) in Wohnungen oder Geschäftsräumen nur vornehmen, wenn die betroffene Person zuvor über den Verwendungszweck sowie über Art, Umfang und Zeitraum des Einsatzes unterrichtet worden ist und nach der Unterrichtung schriftlich eingewilligt hat. [2]Entsprechendes gilt, soweit eine Übertragungseinrichtung dazu dienen soll, in Wohnungen oder Geschäftsräumen andere Wirkungen auszulösen (Fernwirkdienste). [3]Die Einrichtung von Fernmess- und Fernwirkdiensten ist nur zulässig, wenn die betroffene Person erkennen kann, wann ein Dienst in Anspruch genommen wird und welcher Art dieser Dienst ist; dies gilt nicht für Fernmess- und Fernwirkdienste der Versorgungsunternehmen. [4]Die betroffene Person kann ihre Einwilligung jederzeit widerrufen, soweit dies mit der Zweckbestimmung des Dienstes vereinbar ist. [5]Das Abschalten eines Dienstes gilt im Zweifel als Widerruf der Einwilligung.

(2) [1]Eine Leistung, der Abschluss oder die Abwicklung eines Vertragsverhältnisses dürfen nicht davon abhängig gemacht werden, dass die betroffene Person nach Absatz 1 Satz 1 oder 2 einwilligt. [2]Verweigert oder widerruft sie ihre Einwilligung, so dürfen ihr keine Nachteile entstehen, die über die unmittelbaren Folgekosten hinausgehen.

(3) [1]Soweit im Rahmen von Fernmess- oder Fernwirkdiensten personenbezogene Daten erhoben werden, dürfen diese nur zu den vereinbarten Zwecken verarbeitet werden. [2]Sie sind zu löschen, sobald sie zur Erfüllung dieser Zwecke nicht mehr erforderlich sind.

§ 31 Nutzung von Verwaltungsdaten für die Erstellung von Statistiken. [1]Für die Erstellung von Statistiken dürfen öffentliche Stellen personenbezogene Daten weiterverarbeiten, soweit diese bei der rechtmäßigen Erfüllung der in ihrer Zuständigkeit liegenden Aufgaben angefallen sind. [2]Die Veröffentlichungen dürfen keine Angaben enthalten, die den Bezug auf eine bestimmte Person zulassen.

§ 32 Nutzung von Einzelangaben aus der amtlichen Statistik durch Gemeinden und Gemeindeverbände. (1) Dürfen den Gemeinden und Gemeindeverbänden auf Grund gesetzlicher Ermächtigungen zur Durchführung eigener statistischer Aufgaben Einzelangaben aus der amtlichen Statistik (Datensätze) für ihren Zuständigkeitsbereich übermittelt werden, so ist dies nur zulässig auf Datenträgern, die zur maschinellen Weiterverarbeitung bestimmt sind.

(2) Datenträger dürfen nur den für die Durchführung statistischer Aufgaben zuständigen Stellen der Gemeinden und Gemeindeverbände übermittelt werden, die organisatorisch und räumlich von den anderen Verwaltungsstellen der Körperschaft getrennt, gegen den Zutritt unbefugter Personen hinreichend geschützt und mit eigenem Personal ausgestattet sind, das die Gewähr für Zuverlässigkeit und Verschwiegenheit bietet, schriftlich auf das Statistikgeheimnis verpflichtet worden und während der Tätigkeit in der Statistikdienststelle nicht mit anderen Aufgaben des Verwaltungsvollzuges betraut ist.

(3) Die in den Statistikdienststellen der Gemeinden und Gemeindeverbände tätigen Personen dürfen die aus den nach Absatz 1 übermittelten Einzelangaben gewonnenen personenbezogenen Erkenntnisse während und nach ihrer Tätigkeit in der Statistikdienststelle nicht in anderen Verfahren oder für andere Zwecke verarbeiten oder offenbaren.

(4) [1]Eine Durchführung eigener statistischer Aufgaben im Sinne des Absatzes 1 liegt nur vor, wenn aus den übermittelten Einzelangaben auf Grund vorgegebener sachlicher Kriterien Zahlensummen (Tabellen) erstellt werden, aus denen kein Bezug auf eine bestimmte Person hergestellt werden kann. [2]Die Speicherung der übermittelten Einzelangaben in Dateien für andere als statistische Nutzungen und ihre Zusammenführung mit anderen Einzelangaben, aus denen ein Bezug zu personenbezogenen Daten hergestellt werden kann, sind unzulässig.

(5) [1]Die Übermittlung nach Absatz 1 ist nach Zeitpunkt Art der übermittelten Daten, Zweck der Übermittlung und Empfänger von der übermittelnden Dienststelle nach Art und Zeitpunkt der Nutzung von der Dienststelle, die die Daten erhalten hat, aufzuzeichnen. [2]Die Aufzeichnungen sind fünf Jahre aufzubewahren.

§ 32a Behördliche Datenschutzbeauftragte. (1) [1]Öffentliche Stellen, die personenbezogene Daten verarbeiten, haben einen internen Beauftragten für den Datenschutz sowie einen Vertreter zu bestellen. [2]Der Beauftragte muss die erforderliche Sachkenntnis und Zuverlässigkeit besitzen. [3]Mehrere Stellen können gemeinsam einen Beauftragten für den Datenschutz bestellen, wenn dadurch die Erfüllung seiner Aufgabe nicht beeinträchtigt wird. [4]Bei Bedarf kann eine Stelle auch mehrere Beauftragte sowie mehrere Vertreter bestellen. [5]Der Beauftragte unterstützt die Stelle bei der Sicherstellung des Datenschutzes. [6]Er berät die datenverarbeitende Stelle bei der Gestaltung und Auswahl von Verfahren zur Verarbeitung personenbezogener Daten und überwacht bei der Einführung neuer Verfahren oder der Änderung bestehender Verfahren die Einhaltung der einschlägigen Vorschriften. [7]Er ist bei der Erarbeitung behördeninterner Regelungen und Maßnahmen zur Verarbeitung personenbezogener Daten frühzeitig zu beteiligen und hat die Einhaltung der datenschutzrechtlichen Vorschriften zu überwachen, die mit der Verarbeitung personenbezogener Daten befassten Personen mit den Bestimmungen dieses Gesetzes sowie den sonstigen Vorschriften über den Datenschutz vertraut zu machen und die Vorabkontrolle durchzuführen. [8]Satz 5 findet auch Anwendung auf die Tätigkeit von Personalvertretungen, soweit bei diesen personenbezogene Daten verarbeitet werden.

(2) [1]Der Beauftragte ist in seiner Eigenschaft als behördlicher Datenschutzbeauftragter der Leitung der öffentlichen Stelle unmittelbar zu unterstellen und in dieser Funktion weisungsfrei. [2]Er darf wegen der Erfüllung seiner Aufgaben nicht benachteiligt werden. [3]Während seiner Tätigkeit darf er mit keiner Aufgabe betraut sein, deren Wahrnehmung zu Interessenkollision führen könnte.

(3) [1]Die verantwortliche Stelle ist verpflichtet, dem Beauftragten die Beschreibung aller automatisiert geführten Verfahren, in denen personenbezogene Daten verarbeitet werden, mit den nach § 8 Abs. 1 vorgesehenen Angaben vorzulegen. [2]Der Beauftragte führt das Verfahrensverzeichnis. [3]Er gewährt jeder Person unentgeltlich nach Maßgabe des § 8 Abs. 2 Einsicht in das Verfahrensverzeichnis. [4]Das Einsichtsrecht in die Verfahrensverzeichnisse, die bei den in § 2 Abs. 2 Satz 1 genannten Stellen geführt werden, kann verwehrt werden, soweit damit Betriebs- oder Geschäftsgeheimnisse offenbart würden. [5]Wird keine Einsicht gewährt, ist in geeigneter Weise Auskunft zu erteilen; die Gründe für die Verweigerung der Einsichtnahme sind aktenkundig zu machen und die einsichtverlangende Person ist darauf hinzuweisen, dass sie sich an den Landesbeauftragten für Datenschutz und Informationsfreiheit wenden kann. [6]Dem Landesbeauftragten für Datenschutz und Informationsfreiheit ist auf sein Verlangen Einsicht in das Verfahrensverzeichnis zu gewähren.

(4) [1]Bedienstete der öffentlichen Stellen können sich jederzeit in Angelegenheiten des Datenschutzes unmittelbar an den Beauftragten wenden. [2]Der Beauftragte ist zur Verschwiegenheit über die Identität der betroffenen Person sowie über Umstände, die Rückschlüsse auf diese zulassen, verpflichtet, soweit er von der betroffenen Person davon nicht befreit wurde.

VIERTER TEIL
Straf- und Bußgeldvorschriften; Übergangsvorschriften

§ 33 Straftaten. (1) [1]Wer gegen Entgelt oder in der Absicht, sich oder einen anderen zu bereichern oder einen anderen zu schädigen, entgegen den Vorschriften über den Datenschutz in diesem Gesetz oder in anderen Rechtsvorschriften des Landes Nordrhein-Westfalen personenbezogene Daten, die nicht offenkundig sind,

1. erhebt, speichert, zweckwidrig verwendet, verändert, weitergibt, zum Abruf bereithält oder löscht,
2. abruft, einsieht, sich verschafft oder durch Vortäuschung falscher Tatsachen ihre Weitergabe an sich oder andere veranlasst,

wird mit Freiheitsstrafe bis zu zwei Jahren oder mit Geldstrafe bestraft. [2]Ebenso wird bestraft, wer unter den in Satz 1 genannten Voraussetzungen Einzelangaben über persönliche oder sachliche Verhältnisse einer nicht mehr bestimmbaren Person mit anderen Informationen zusammenführt und dadurch die betroffene Person wieder bestimmbar macht. [3]Der Versuch ist strafbar.

(2) Absatz 1 findet nur Anwendung, soweit die Tat nicht nach anderen Vorschriften mit Strafe bedroht ist.

§ 34 Ordnungswidrigkeiten. (1) [1]Ordnungswidrig handelt, wer entgegen den Vorschriften über den Datenschutz in diesem Gesetz oder in anderen Rechtsvorschriften des Landes Nordrhein-Westfalen personenbezogene Daten, die nicht offenkundig sind,

1. erhebt, speichert, zweckwidrig verwendet, verändert, weitergibt, zum Abruf bereithält oder löscht,
2. abruft, einsieht, sich verschafft oder durch Vortäuschung falscher Tatsachen ihre Weitergabe an sich oder andere veranlasst.

[2]Ordnungswidrig handelt auch, wer unter den in Satz 1 genannten Voraussetzungen Einzelangaben über persönliche oder sachliche Verhältnisse einer nicht mehr bestimmbaren Person mit anderen Informationen zusammenführt und dadurch die betroffene Person wieder bestimmbar macht.

(2) Die Ordnungswidrigkeit kann mit einer Geldbuße bis zu 100 000 Deutschen Mark oder 50 000 Euro geahndet werden.

(3) Verwaltungsbehörde im Sinne des § 36 Abs. 1 Nr. 1 des Gesetzes über Ordnungswidrigkeiten ist für die Verfolgung und Ahndung von Ordnungswidrigkeiten

a) nach den Absätzen 1 und 2 die Bezirksregierung,
b) nach § 43 des Bundesdatenschutzgesetzes und nach § 16 Absatz 2 Nummer 2 bis 5 des Telemediengesetzes der Landesbeauftragte für Datenschutz und Informationsfreiheit.

§ 35 Übergangsvorschriften. (1) Verarbeitungen personenbezogener Daten, die zum Zeitpunkt des In-Kraft-Tretens dieses Gesetzes* bereits begonnen wurden, sind innerhalb von drei Jahren nach diesem Zeitpunkt mit den Vorschriften dieses Gesetzes in Übereinstimmung zu bringen.

(2) [1]Für Behörden des Justizvollzuges gilt § 18 mit der Maßgabe, dass die betroffene Person Auskunft oder Akteneinsicht erhält, soweit sie zur Wahrnehmung ihrer Rechte oder berechtigten Interessen auf die Kenntnis gespeicherter Daten angewiesen ist. [2]§ 185 des Strafvollzugsgesetzes bleibt unberührt.

(3) [1]Für Dateien, die bereits zum Register des Landesbeauftragten für Datenschutz und Informationsfreiheit gemeldet sind, finden die Vorschriften des § 8 Abs. 1 und des § 32a Abs. 3 erstmals in Fällen eintretender Veränderungen Anwendung. [2]Im Übrigen wird die Dateienregisterverordnung vom 11. April 1989 (GV NRW S. 226) aufgehoben.

* Dies bezieht sich auf das Gesetz zur Änderung des Datenschutzgesetzes Nordrhein-Westfalen (DSG NW) vom 9. Mai 2000 (GV. NRW. S. 452), in Kraft getreten am 31. Mai 2000.

Gesetz über die Freiheit des Zugangs zu Informationen für das Land Nordrhein-Westfalen (Informationsfreiheitsgesetz Nordrhein-Westfalen – IFG NRW)

In der Fassung der Bekanntmachung vom 27. November 2001 (GV NRW S. 806);
zuletzt geändert durch Gesetz vom 2. Oktober 2014 (GV NRW S. 622).

INHALTSVERZEICHNIS

§ 1 Zweck des Gesetzes. Zweck dieses Gesetzes ist es, den freien Zugang zu den bei den öffentlichen Stellen vorhandenen Informationen zu gewährleisten und die grundlegenden Voraussetzungen festzulegen, unter denen derartige Informationen zugänglich gemacht werden sollen.

§ 2 Anwendungsbereich. (1) [1]Dieses Gesetz gilt für die Verwaltungstätigkeit der Behörden, Einrichtungen und sonstigen öffentlichen Stellen des Landes, der Gemeinden und Gemeindeverbände sowie der sonstigen der Aufsicht des Landes unterstehenden juristischen Personen des öffentlichen Rechts und deren Vereinigungen (öffentliche Stellen). [2]Behörde im Sinne dieses Gesetzes ist jede Stelle, die Aufgaben der öffentlichen Verwaltung wahrnimmt.

(2) [1]Für den Landtag und für die Gerichte sowie für die Behörden der Staatsanwaltschaft gilt dieses Gesetz, soweit sie Verwaltungsaufgaben wahrnehmen. [2]Entsprechendes gilt für den Landesrechnungshof und die Staatlichen Rechnungsprüfungsämter.

(3) Für Forschungseinrichtungen, Hochschulen und Prüfungseinrichtungen gilt dieses Gesetz nur, soweit sie nicht im Bereich von Forschung, Lehre, Leistungsbeurteilungen und Prüfungen tätig werden.

(4) Sofern eine natürliche oder juristische Person des Privatrechts öffentlich-rechtliche Aufgaben wahrnimmt, gilt sie als Behörde im Sinne dieses Gesetzes.

§ 3 Begriffsbestimmungen. [1]Informationen im Sinne dieses Gesetzes sind alle in Schrift-, Bild-, Ton- oder Datenverarbeitungsform oder auf sonstigen Informationsträgern vorhandenen Informationen, die im dienstlichen Zusammenhang erlangt wurden. [2]Informationsträger sind alle Medien, die Informationen in Schrift-, Bild-, Ton- oder Datenverarbeitungsform oder in sonstiger Form speichern können.

§ 4 Informationsrecht. (1) Jede natürliche Person hat nach Maßgabe dieses Gesetzes gegenüber den in § 2 genannten Stellen Anspruch auf Zugang zu den bei der Stelle vorhandenen amtlichen Informationen.

(2) [1]Soweit besondere Rechtsvorschriften über den Zugang zu amtlichen Informationen, die Auskunftserteilung oder die Gewährung von Akteneinsicht bestehen, gehen sie den Vorschriften dieses Gesetzes vor. [2]Im Rahmen dieses Gesetzes entfällt die Pflicht zur Amtsverschwiegenheit.

§ 5 Verfahren. (1) [1]Der Zugang zu den bei den öffentlichen Stellen vorhandenen Informationen wird auf Antrag gewährt. [2]Der Antrag kann schriftlich, mündlich oder in elektronischer Form gestellt werden. [3]Er muss hinreichend bestimmt sein und insbesondere erkennen lassen, auf welche Informationen er gerichtet ist. [4]Anträge auf Zugang zu amtlichen Informationen der Verwaltungstätigkeit von Schulen sind in inneren Schulangelegenheiten an die Schulaufsicht, in äußeren Schulangelegenheiten an die Schulträger zu richten. [5]Begehrt die Antragstellerin oder der Antragsteller eine bestimmte Art des Informationszugangs, so darf nur dann eine andere Art bestimmt werden, wenn hierfür ein wichtiger Grund vorliegt.

(2) [1]Die Information soll unverzüglich, spätestens innerhalb eines Monats nach Antragstellung, zugänglich gemacht werden. [2]Die inhaltliche Richtigkeit der Information ist nicht zu überprüfen. [3]Die Ablehnung eines Antrages nach Absatz 1 oder die Beschränkung des beantragten Zugangs zu einer Information ist schriftlich zu erteilen und zu begründen; bei mündlicher Antragstellung gilt die Schriftform nur auf ausdrückliches Verlangen der Antragstellerin oder des Antragstellers. [4]Die informationssuchende Person ist im Falle der Ablehnung auch auf ihr Recht nach § 13 Abs. 2 hinzuweisen.

(3) Ist die Gewährung des Informationszugangs von der Einwilligung einer betroffenen Person abhängig, gilt diese Einwilligung als verweigert, wenn sie nicht innerhalb eines Monats nach Anfrage durch die öffentliche Stelle vorliegt.

(4) Der Antrag kann abgelehnt werden, wenn die Information der Antragstellerin oder dem Antragsteller bereits zur Verfügung gestellt worden ist oder wenn sich die Antragstellerin oder der Antragsteller die Information in zumutbarer Weise aus allgemein zugänglichen Quellen beschaffen kann.

(5) [1]Bei Anträgen, die von mehr als 20 Personen auf Unterschriftenlisten unterzeichnet oder in Form vervielfältigter gleichlautender Texte eingereicht werden (gleichförmige Anträge), gelten die §§ 17 und 19 des Verwaltungsverfahrensgesetzes entsprechend. [2]Sind mehr als 20 Personen aufzufordern, einen gemeinsamen Vertreter zu bestellen, kann die öffentliche Stelle die Aufforderung ortsüblich bekanntmachen.

§ 6 Schutz öffentlicher Belange und der Rechtsdurchsetzung. [1]Der Antrag auf Informationszugang ist abzulehnen, soweit und solange

a) das Bekanntwerden der Information die Landesverteidigung, die internationalen Beziehungen, die Beziehungen zum Bund oder zu einem Land oder die öffentliche Sicherheit oder Ordnung, insbesondere die Tätigkeit der Polizei, des Verfassungsschutzes, der Staatsanwaltschaften oder der Behörden des Straf- und Maßregelvollzugs einschließlich ihrer Aufsichtsbehörden beeinträchtigen würde oder
b) durch die Bekanntgabe der Information der Verfahrensablauf eines anhängigen Verwaltungsverfahrens, eines Ordnungswidrigkeitenverfahrens, eines Disziplinarverfahrens oder der Erfolg einer bevorstehenden behördlichen Maßnahme erheblich beeinträchtigt würde oder
c) durch das Bekanntwerden der Information Angaben und Mitteilungen öffentlicher Stellen des Bundes oder anderer Länder ohne deren Zustimmung offenbart würden.

[2]Entsprechendes gilt, wenn konkrete Anhaltspunkte dafür bestehen, dass die Information zu einer Gefährdung der öffentlichen Sicherheit oder Ordnung missbräuchlich verwendet werden soll.

§ 7 Schutz des behördlichen Entscheidungsbildungsprozesses. (1) Der Antrag auf Informationszugang ist abzulehnen für Entwürfe zu Entscheidungen, für Arbeiten und Beschlüsse zu ihrer unmittelbaren Vorbereitung sowie für Protokolle vertraulicher Beratungen.

(2) Der Antrag soll abgelehnt werden, wenn

a) sich der Inhalt der Information auf den Prozess der Willensbildung innerhalb von und zwischen öffentlichen Stellen bezieht oder
b) das Bekanntwerden des Inhalts der Information die Funktionsfähigkeit und die Eigenverantwortung der Landesregierung beeinträchtigt oder
c) es sich um Informationen handelt, die ausschließlich Bestandteil von Vorentwürfen und Notizen sind, die nicht Bestandteil eines Vorgangs werden sollen und alsbald vernichtet werden.

(3) [1]Informationen, die nach Absatz 1 vorenthalten worden sind, sind nach Abschluss des jeweiligen Verfahrens zugänglich zu machen. [2]Für Protokolle vertraulichen Inhalts gilt dies nur für die Ergebnisse.

§ 8 Schutz von Betriebs- und Geschäftsgeheimnissen. [1]Der Antrag auf Informationszugang ist abzulehnen, soweit durch die Übermittlung der Information ein Betriebs- oder Geschäftsgeheimnis offenbart wird und dadurch ein wirtschaftlicher Schaden entstehen würde. [2]Entsprechendes gilt für Informationen, die wegen ihrer volkswirtschaftlichen Bedeutung im öffentlichen Interesse geheimzuhalten sind. [3]Sätze 1 und 2 gelten nicht, wenn die Allgemeinheit ein überwiegendes Interesse an der Gewährung des Informationszugangs hat und der eintretende Schaden nur geringfügig wäre. [4]Im Zweifelsfall ist der oder dem Betroffenen vorher Gelegenheit zur Stellungnahme zu geben. [5]Betroffen sein kann auch eine öffentliche Stelle.

§ 9 Schutz personenbezogener Daten. (1) Der Antrag auf Informationszugang ist abzulehnen, soweit durch das Bekanntwerden der Information personenbezogene Daten offenbart werden, es sei denn,

a) die betroffene Person hat eingewilligt oder
b) die Offenbarung ist durch ein Gesetz oder aufgrund eines Gesetzes erlaubt oder
c) die Offenbarung ist zur Abwehr erheblicher Nachteile für das Allgemeinwohl oder von Gefahren für Leben, Gesundheit, persönliche Freiheit oder sonstiger schwerwiegender Beeinträchtigungen der Rechte Einzelner geboten oder
d) die Einholung der Einwilligung der betroffenen Person ist nicht oder nur mit unverhältnismäßigem Aufwand möglich und es offensichtlich ist, dass die Offenbarung im Interesse der betroffenen Person liegt oder
e) die Antragstellerin oder der Antragsteller macht ein rechtliches Interesse an der Kenntnis der begehrten Information geltend und überwiegende schutzwürdige Belange der betroffenen Person stehen der Offenbarung nicht entgegen.

(2) [1]Soll Zugang zu personenbezogenen Informationen nach Absatz 1 Buchstabe b bis e gewährt werden, ist die betroffene Person von der Freigabe der Information zu benachrichtigen, wenn dies nicht mit einem unverhältnismäßigen Aufwand verbunden ist. [2]Können durch den Zugang zu einer Information schutzwürdige Belange der betroffenen Person beeinträchtigt werden, so hat die öffentliche Stelle dieser vorher Gelegenheit zur Stellungnahme zu geben.

(3) Dem Antrag auf Informationszugang soll in der Regel stattgegeben werden, soweit sich die Angaben auf Namen, Titel, akademischen Grad, Berufs- und Funktionsbezeichnung, Büroanschrift und Rufnummer beschränken und

a) die betroffene Person als Amtsträger an dem jeweiligen Vorgang mitgewirkt hat oder
b) die betroffene Person als Gutachter, Sachverständiger oder in vergleichbarer Weise eine Stellungnahme in einem Verfahren abgegeben hat,

es sei denn, der Offenbarung stehen schutzwürdige Belange der betroffenen Person entgegen.

§ 10 Einwilligung der betroffenen Person. (1) [1]Im Fall des § 9 Abs. 1 Buchstabe a) ist zu prüfen, ob dem Antrag auf Informationszugang nach Abtrennung oder Schwärzung der personenbezogenen Daten stattgegeben werden kann. [2]Ist dies nicht oder nur mit unverhältnismäßigem Aufwand möglich, hat die öffentliche Stelle unverzüglich die Einwilligung der betroffenen Person einzuholen. [3]Wird die Einwilligung nicht erteilt oder gilt sie nach § 5 Abs. 3 als verweigert, besteht der Anspruch auf Informationszugang nicht.

(2) Die öffentlichen Stellen treffen gemäß § 4 Abs. 6 des Datenschutzgesetzes Nordrhein-Westfalen geeignete Maßnahmen, damit Informationen, die dem Anwendungsbereich der §§ 6 bis 9 unterfallen, möglichst ohne unverhältnismäßigen Aufwand abgetrennt werden können.

§ 11 Kosten. (1) [1]Für Amtshandlungen, die aufgrund dieses Gesetzes vorgenommen werden, werden Gebühren erhoben. [2]Die Ablehnung eines Antrages auf Informationszugang ist gebührenfrei.

(2) [1]Die Landesregierung wird ermächtigt, im Einvernehmen mit dem Landtagsausschuss für Innere Verwaltung und Verwaltungsstrukturreform die Gebührentatbestände und die Gebühren durch Rechtsverordnung (Gebührenordnung) zu bestimmen. [2]Die Bestimmungen des Gebührengesetzes des Landes Nordrhein-Westfalen bleiben im Übrigen unberührt.

§ 12 Veröffentlichungspflichten. [1]Geschäftsverteilungspläne, Organigramme und Aktenpläne sind nach Maßgabe dieses Gesetzes allgemein zugänglich zu machen. [2]Die öffentlichen Stellen sollen Verzeichnisse führen, aus denen sich die vorhandenen Informationssammlungen und -zwecke erkennen lassen. [3]Soweit möglich hat die Veröffentlichung in elektronischer Form zu erfolgen. [4]§ 4 Abs. 2 Satz 1 dieses Gesetzes bleibt unberührt.

§ 13 Beauftragte oder Beauftragter für das Recht auf Information. (1) Für die Sicherstellung des Rechts auf Information ist die oder der Landesbeauftragte für den Datenschutz zuständig.

(2) [1]Jeder hat das Recht, die Landesbeauftragte oder den Landesbeauftragten für den Datenschutz als Beauftragte oder Beauftragten für das Recht auf Information anzurufen. [2]Das Datenschutzgesetz Nordrhein-Westfalen gilt entsprechend.

(3) [1]Die oder der Landesbeauftragte für den Datenschutz legt dem Landtag und der Landesregierung jeweils für zwei Kalenderjahre einen Bericht über ihre oder seine Tätigkeit als Beauftragte oder Beauftragter für das Recht auf Information vor. [2]§ 27 des Datenschutzgesetzes Nordrhein-Westfalen gilt entsprechend.

§ 14 Inkrafttreten. Dieses Gesetz tritt am 1. Januar 2002 in Kraft.

Stichwortverzeichnis

Die fetten Zahlen bezeichnen die Gesetze,
die mageren die Paragraphen bzw. Artikel

UN JARDIN POUR MON CHAT

« Les chiens ont des maîtres, les chats ont des serviteurs. »

Dave Barry

Ce livre est dédicacé à Pantoufle, à Câline, à Zoé, à Zadig, à Leia (pardon, Princesse Leia) et à tous les autres chats de rencontre.

TEXTES DE SERGE SCHALL
DESSINS DE TITWANE

UN JARDIN POUR MON CHAT

plume de carotte